CW01213642

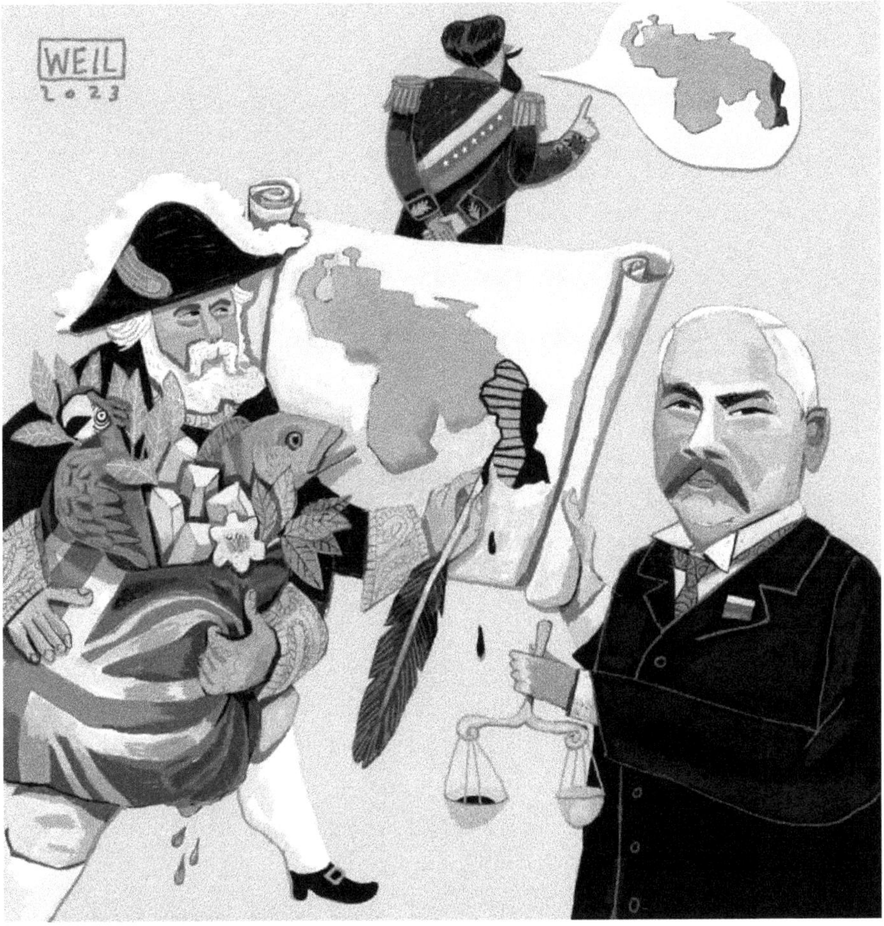
WEIL
2023

Academia de Ciencias Políticas y Sociales

RAFAEL BADELL MADRID

LA RECLAMACIÓN DE VENEZUELA SOBRE EL TERRITORIO ESEQUIBO

**PRÓLOGO
HÉCTOR FAÚNDEZ LEDESMA**

Serie Estudios
139

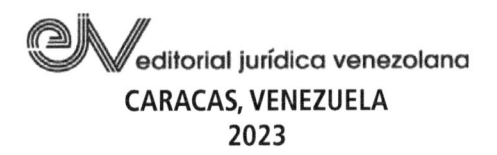

editorial jurídica venezolana
CARACAS, VENEZUELA
2023

B141
    Badell Madrid, Rafael

      La reclamación de Venezuela sobre el Territorio Esequibo / Rafael Badell Madrid; prólogo Héctor Faúndez Ledesma. -- Caracas: Academia de Ciencias Políticas y Sociales, 2023.
      978 p.
    Serie Estudios, 139

    ISBN: 978-980-416-055-4
    Depósito legal: DC2023000375

    1. TERRITORIO ESEQUIBO 2. RELACIONES FRONTERIZAS
    3. RECLAMACIÓN TERRITORIAL I. Título II. Faúndez Ledesma, Héctor

© LA RECLAMACIÓN DE VENEZUELA SOBRE EL TERRITORIO ESEQUIBO
© 1ª Edición, Copyright, 2023
© Rafael Badell Madrid

Queda hecho el depósito de ley
Depósito legal: DC2023000375

ISBN: 978-980-416-055-4

Caricatura: Roberto Weil
Portada: Evelyn Barboza
Diagramación: Oralia Hernández

Queda prohibida la reproducción parcial o total de este libro, por medio de cualquier proceso reprográfico o fónico, especialmente por fotocopia, microfilme, offset o mimeógrafo.

Impreso en Venezuela
Printed in Venezuela

Academia de Ciencias Políticas y Sociales

Junta Directiva
Período 2023-2024

Presidente: *Luciano Lupini Bianchi*
Primer Vicepresidente: *Rafael Badell Madrid*
Segundo Vicepresidente: *Cecilia Sosa Gómez*
Secretario: *Gerardo Fernández Villegas*
Tesorero: *Salvador Yannuzzi Rodríguez*
Bibliotecario: *Juan Cristóbal Carmona Borjas*

Individuos de Número

Luis Ugalde, S.J.
Margarita Escudero León *(e)*
Juan Carlos Pró-Rísquez
José Muci-Abraham
Enrique Urdaneta Fontiveros
Alberto Arteaga Sánchez
Jesús María Casal
León Henrique Cottin
Allan Randolph Brewer-Carías
Eugenio Hernández-Bretón
Carlos Eduardo Acedo Sucre
Luis Cova Arria
Humberto Romero-Muci
Ramón Guillermo Aveledo
Hildegard Rondón de Sansó
Colette Capriles Sandner *(e)*
Josefina Calcaño de Temeltas (+)

Guillermo Gorrín Falcón
James-Otis Rodner
Ramón Escovar León
Román J. Duque Corredor
Gabriel Ruan Santos
José Antonio Muci Borjas
Carlos Ayala Corao
César A. Carballo Mena
Julio Rodríguez Berrizbeitia
Magaly Vásquez González *(e)*
Héctor Faúndez Ledesma
Carlos Leáñez Sievert
Luis Guillermo Govea U., h
Oscar Hernández Álvarez
Fortunato González Cruz
Luis Napoleón Goizueta H.

Dedico este libro a mi queridísima esposa María Amparo, y a nuestros tres maravillosos hijos: Jessica, Rafael Andrés y María.

LA RECLAMACIÓN DE VENEZUELA
SOBRE EL TERRITORIO ESEQUIBO

ÍNDICE

Prólogo
Héctor Faúndez Ledesma 21
I.   Introducción 43
II.   Consideraciones generales 59
III.   Tratado de Washington del 2 de febrero de 1897 97
    1. Consideraciones generales 97
    2. Del tribunal arbitral 98
    3. El derecho aplicable a la controversia 104
    4. El laudo arbitral 111
    5. Firma del tratado 111
    6. Invalidez del compromiso arbitral 115
IV.   Laudo Arbitral de París del 3 de octubre de 1899 121
    1. Consideraciones generales 121
    2. Nulidad del Laudo Arbitral de París 126
        2.1. Consideraciones generales 126
        2.2. Nulidad del Laudo Arbritral de París por violación al debido proceso 134
        2.3. Nulidad del Laudo Arbritral de París por exceso de poder 159
        2.4. Nulidad del Laudo Arbitral de París por *ultra petita* 164
        2.5 Nulidad del Laudo Arbritral de París por falta de motivación 168
        2.6. Nulidad del Laudo Arbritral de París por falta al deber de imparcialidad 174
    3. Ejecución del laudo 193
    4. Consecuencias de la nulidad del Laudo Arbitral de París 197
        4.1. El Laudo de París del 3 de octubre de 1899 no tiene carácter definitivo ni obligatorio 198
        4.2. El Laudo de París del 3 de octubre de 1899 no produce los efectos de la cosa juzgada 202
        4.3. El Laudo de París del 3 de octubre de 1899 es jurídicamente inexistente 204
    5. Recapitulación 206

V.	Antecedentes del Acuerdo de Ginebra......................................	207
VI.	Acuerdo de Ginebra	231
VII.	Protocolo de Puerto España...	237
VIII.	Aplicación del Acuerdo de Ginebra	243
IX.	La Corte Internacional de Justicia..	265
	1. Consideraciones generales..	265
	1.1. La Corte Internacional de Justicia y su régimen jurídico: Estatuto, Reglamento, Directivas Prácticas y Resoluciones..	266
	2. Aspectos procesales..	270
	2.1. Iniciación del procedimiento	270
	2.1.1. Inicio del procedimiento mediante solicitud de iniciación (Artículo 40.1 del Estatuto).................	270
	2.1.2. Inicio del procedimiento mediante notificación de acuerdo especial (Artículo 40.1 del Estatuto; Artículo 46 del Reglamento; Directiva Práctica I)	271
	2.1.3. Inicio del procedimiento mediante remisión especial (Artículo 87 del Reglamento)......................	271
	2.1.4. Competencia	272
	2.1.4.1. Competencia *ratione personae*................	272
	2.1.4.2. Competencia *ratione materiae*	274
	2.1.4.3. Competencia *ratione temporis*	276
	2.1.4.4. Incidencia sobre competencia.................	277
	2.1.4.5. Sentencia sobre competencia de fecha 18 de diciembre de 2020................................	282
	2.1.4.6. Votos salvados en la sentencia de la Corte Internacional de Justicia sobre competencia de fecha 18 de diciembre 2020	288
	2.1.4.7. Procedimiento posterior a la sentencia de 18 de diciembre de 2020	297
	2.1.5. Notificaciones (Artículo 40.2 y 40.3 del Estatuto)	299
	2.1.6. De los escritos de las partes (Artículo 46 del Reglamento; Directiva Práctica II y Directiva Práctica III)	299
	2.1.7. Agentes (Artículo 42 del Estatuto; Artículo 42 del Reglamento)...	300

2.1.8. Jueces *ad hoc* 307
2.1.9. Orden del procedimiento mediante providencias (Artículo 44 del Reglamento) 311
2.1.10. Idiomas oficiales 313
2.2. Sustanciación del proceso 314
   2.2.1. Alegatos y defensas... 315
      2.2.1.1. Memoria (Artículo 43 del Estatuto; Artículos 45 y 49 del Reglamento).......... 315
      2.2.1.2. Contramemoria (Artículo 43 del Estatuto; Artículos 45 y 49 del Reglamento).. 361
   2.2.2. Procedimientos incidentales............................... 362
      2.2.2.1. Medidas provisionales (Artículo 41 del Estatuto; Artículos 73 al 78 del Reglamento)... 362
         2.2.2.1.1. Consideraciones generales 362
         2.2.2.1.2. Tramite de las medidas provisionales................................. 365
            a. Estatuto de la Corte Internacional de Justicia......... 365
            b. Reglamento de la Corte Internacional de Justicia......... 365
            c. Requisitos para que la Corte Internacional de Justicia otorgue medidas provisionales 367
         2.2.2.1.3. Características 367
            a. Provisionalidad y temporalidad................................... 367
            b. Carácter preventivo o cautelar 369
            c. Obligatoriedad.................... 369
         2.2.2.1.4. Comité ad hoc de supervisión de medidas provisionales y su relación con la Carta de las Naciones Unidas 371
         2.2.2.1.5. Las medidas provisionales en la jurisprudencia de la Corte internacional de Justicia............. 372

     a. El precedente de la Corte Permanente de Justicia Internacional........................... 372
     b. Primera etapa de la jurisprudencia de la Corte internacional de Justicia................ 373
     c. Caso La Grand 374
     d. Medidas provisionales de carácter general y medidas provisionales de carácter específico........................... 375
   2.2.2.1.6. Las medidas provisionales como estrategia procesal de la República Bolivariana de Venezuela en el caso 171 de la Corte Internacional de Justicia   377
   2.2.2.1.7. Consideraciones finales........... 381
  2.2.2.2. Excepciones preliminares (Artículos 79, 79bis y 79ter del Reglamento)................ 382
   2.2.2.2.1. Consideraciones generales...... 382
   2.2.2.2.2. Excepciones preliminares opuestas por Venezuela.......... 387
   2.2.2.2.3. Argumentos de Venezuela en el procedimiento incidental de excepciones preliminares sobre admisibilidad de la demanda de la República Cooperativa de Guyana................ 391
   2.2.2.2.4. Argumentos de la República Cooperativa de Guyana en el procedimiento incidental de excepciones preliminares sobre admisibilidad de la demanda de la República Cooperativa de Guyana................ 403
   2.2.2.2.5. Solicitud de las partes a la Corte Internacional de Justicia   417

2.2.2.2.6. Sentencia de la Corte Internacional de Justicia de fecha 6 de abril de 2023 sobre las excepciones preliminares presentadas por la República Bolivariana de Venezuela 417
    a. La admisibilidad de las excepciones preliminares presentadas por la República Bolivariana de Venezuela.... 419
    b. Examen de fondo de la excepción preliminar 420
        b.1. Análisis particular del Acuerdo de Ginebra del 17 de febrero de 1966 421
    c. La Corte Internacional de Justicia ratificó su competencia 425
    d. Declaraciones separadas 427
        d.1. Declaración del juez Dalveer Bhandari 427
        d.2. Opinión separada del juez Patrick Robinson .. 428
        d.3. Declaración del juez Iwasawa Yuji 429
        d.4. Declaración del juez *ad hoc* designado por la República Cooperativa de Guyana Rüdiger Wolfrum 430
        d.5. Opinión parcialmente individual y parcialmente disidente del juez *ad hoc* designado por la República Bolivariana de Venezuela Philipe Couvreur 431

     2.2.2.3. Reconvención (Artículo 80 del Reglamento) 436
     2.2.2.4. Intervención de terceros (Artículos 62 y 63 del Estatuto; Artículos 81 al 86 del Reglamento) 437
   2.2.3. Pruebas (Artículos 50, 51 y 52 del Estatuto; Artículos 57, 62, 63, 64, 66, 71, 72, 79, 79bis, 79ter del Reglamento)... 440
     2.2.3.1. Consideraciones generales...................... 440
     2.2.3.2. Pruebas referidas a la violación del debido proceso.. 445
     2.2.3.3. Pruebas en relación al vicio de exceso de poder 451
     2.2.3.4. Pruebas relacionadas con el vicio de de *ultra petita* 456
     2.2.3.5. Pruebas en relación a la falta de motivación 460
     2.2.3.6. Pruebas referidas a la violación del deber de imparcialidad 464
 2.3. Terminación del proceso 476
   2.3.1. Sentencia (Artículos 56, 57, 58, 59, 60 y 61 del Estatuto).. 476
     2.3.1.1. Carácter inapelable de las sentencias 482
     2.3.1.2. La Corte Internacional de Justicia y la sentencia de fondo por medio de la cual se resolverá la controversia entre la República Cooperativa de Guyana y Venezuela 484
     2.3.1.3. Derecho aplicable a la controversia entre la República Cooperativa de Guyana y Venezuela... 486
     2.3.1.4. La delimitación de áreas marinas y submarinas 489
   2.3.2. Desistimiento (Artículos 88 y 89 del Reglamento) 490

X. Personajes en la controversia 493

XI. Fechas en la controversia... 603

XII. Anexos 715

1. Bula papal de Alejandro VI "inter caetera" de fecha 4 de mayo de 1493 mediante la cual se dividieron los territorios de América del Sur entre España y Portugal con base en los descubrimientos de ambas naciones 715

2. Tratado de Tordesillas de fecha 7 de junio de 1494 que precisó con mayor detalle la división y amplió el territorio portugués hasta 350 leguas de Cabo Verde. (Extracto)....................... 720

3. Tratado definitivo de paz y comercio ajustado entre S. M. C. y los Estados Generales de las Provincias Unidas. Firmado en Münster, 30 de enero de 1648 por medio del cual el Reino de España cedió a Holanda los campamentos de Demerara, Berbice y Esequibo, situados al este del río Esequibo 721

4. Tratado de paz y amistad de Utrecht entre España y el Reino Unido de fecha 13 de julio de 1713 738

5. Tratado firmado en Madrid el 13 de enero de 1750 para determinar los límites de los Estados pertenecientes a las coronas de España y Portugal, en Asia y América....................................... 757

6. Decreto de Simón Bolívar de fecha 15 de octubre de 1817 mediante el cual se incorpora la provincia de Guayana a la República de Venezuela y señala sus departamentos 766

7. Ley de división territorial de la República de Colombia de 25 de junio de 1824 768

8. Tratado de cooperación y amistad entre Colombia y el Reino Unido adoptado el 1 de abril de 1825, aprobado por decreto del congreso de Colombia del 23 de mayo de 1825 y ratificado por el gobierno de Colombia en la misma fecha 774

9. Tratado de reconocimiento, paz y amistad firmado en Madrid el 30 de marzo de 1845 mediante el cual España reconoció a la República de Venezuela... 780

10. Comunicación del Cónsul General Británico en Caracas Belford Hinton Wilson al Secretario de Estado y Relaciones Exteriores de Venezuela Vicente Lecuna sobre la propuesta del gobierno británico al venezolano de convenir el compromiso de ambos países de no ocupar el territorio disputado y cesar las mutuas acusaciones sobre la usurpación territorial (primera nota que compone el tratado de *status quo* de 1850)......... 786

11. Carta de Vicente Lecuna del 20 de diciembre de 1850 en la que responde a la comunicación de los ingleses de 18 de noviembre de 1850 (segunda nota que compone el Tratado de *status quo* de 1850).. 790
12. Nota del Ministro de Relaciones Exteriores de Venezuela Diego Bautista Urbaneja al Ministro Residente de su Majestad Británica Sr. F. R. Saint John de fecha 26 de enero de 1887...... 792
13. Nota del Ministro de Relaciones Exteriores de Venezuela, Diego Bautista Urbaneja, al Ministro Residente de su Majestad Británica F.R. Saint John mediante la cual se produce la ruptura de relaciones diplomáticas entre Venezuela y el Reino Unido de fecha 20 de febrero de 1887.. 798
14. Carta del general Domingo Sifontes dirigida a Carlos Pumar, director del diario caraqueño El Tiempo, de fecha 19 de abril de 1895 806
15. Comunicación del Secretario de Estado de los Estados Unidos Unidos de América, Richard Olney, dirigido a Thomas R. Bayard de fecha 20 de julio de 1895 (cañonazo de las 20 puntas) 812
16. Mensaje del presidente Grover Cleveland ante el Congreso de los Estados Unidos de América relativo a la controversia sobre límites venezolanos, y correspondencia sobre el mismo asunto con el gobierno británico de fecha 17 de diciembre de 1895 838
17. Tratado arbitral de Washington suscrito entre Venezuela y el Reino Unido de fecha 2 de febrero de 1897............................... 842
18. Diálogo entre el árbitro Lord Rusell y el expresidente de los Estados Unidos de América, Benjamín Harrison, actuando "en defensa de los intereses de Venezuela" como su abogado.......... 847
19. Laudo Arbitral de París de fecha 3 de octubre de 1899............. 850
20. Memorándum póstumo del abogado Severo Mallet-Prevost publicado en American Journal of International Law en julio de 1944 por su socio y albacea Otto Schoenrich........................ 853
21. Extracto de la comunicación de Perry Allen, quien representó a Venezuela como uno de los tres secretarios del Tribunal Arbitral de París 1899, dirigida al Embajador de Venezuela en México Dr. Manuel Antonio Pulido Méndez, el 19 de marzo de 1951 862

22. *Aide memoire* presentado por el Dr. Marcos Falcón Briceño, Ministro de Relaciones Exteriores de Venezuela, al Hon. R. A. Butler, Ministro de Relaciones exteriores del Reino Unido e Irlanda del Norte, el 5 de noviembre de 1963, en la conferencia que celebraron en Londres 866

23. Acuerdo para resolver la controversia entre Venezuela y el Reino Unido e Irlanda del Norte sobre la frontera entre Venezuela y Guayana Británica de fecha 17 de febrero de 1966 868

24. Protocolo al acuerdo de resolver la controversia entre Venezuela y el Reino Unido e Irlanda del Norte sobre la frontera entre Venezuela y Guayana Británica firmado en Ginebra el 17 de febrero de 1966 ("Protocolo de Puerto España"). Firmado en Puerto España el 18 de junio de 1970 871

25. Declaración del Ministro de Relaciones Exteriores de Venezuela Doctor José Alberto Zambrano Velasco referente a la no prórroga del Protocolo de Puerto España de fecha 10 de abril de 1981 874

26. Comunicado del Ministerio de Relaciones Exteriores de Venezuela referente a las disposiciones del Artículo IV del Acuerdo de Ginebra de fecha 11 de diciembre de 1981 876

27. Demanda de la República Cooperativa de Guyana contra la República Bolivariana de Venezuela ante la Corte Internacional de Justicia de fecha 29 de marzo de 2018 880

28. Sentencia de la Corte Internacional de Justicia de fecha 18 de diciembre de 2020 sobre competencia en el caso del Laudo Arbitral del 3 de octubre de 1899 (República Cooperativa de Guyana contra la República Bolivariana de Venezuela) 897

29. Sentencia de la Corte Internacional de Justicia de fecha 6 de abril de 2023 que declaró sin lugar las excepciones preliminares presentadas por la República Bolivariana de Venezuela relativas a la admisibilidad de la demanda de la República Cooperativa de Guyana 935

XIII. Bibliografía 965

PRÓLOGO

El Dr. Rafael Badell Madrid me ha distinguido con la honrosa y grata tarea de prologar su último libro, esta vez sobre *La reclamación venezolana sobre el territorio Esequibo*. Se trata de la obra más completa escrita sobre este tema hasta el momento, que se refiere a cada uno de los elementos pertinentes para entenderla, y que comprende desde los orígenes de la disputa territorial por el Esequibo hasta la fase en que hoy se encuentra, justo después de la decisión de la Corte Internacional de Justicia sobre la excepción preliminar de admisibilidad planteada por Venezuela. Puede que no coincidamos en todos los aspectos, ni tengamos una interpretación idéntica de cada pasaje de esta historia, o de cada regla jurídica que haya estado –o esté– en juego; pero ambos tenemos la misma esperanza de que, al final de este proceso, se repare la injusticia cometida en contra de Venezuela. El lector puede tener la certeza de que el libro que hoy nos ofrece el Dr. Badell –con el estilo de un abogado litigante de primer nivel– es un alegato encendido, y muy bien documentado, de la defensa de los legítimos derechos de Venezuela en el territorio situado al oeste del río Esequibo.

Aunque el hilo conductor de esta obra es la controversia jurídica entre las partes, en su exposición, el Dr. Badell hace gala de sus conocimientos históricos y de las consideraciones políticas o de otro tipo que, en cada momento, han tenido su efecto sobre el desarrollo de esta disputa territorial. Con un estilo ágil y ligero, el autor salta de las reflexiones jurídicas a las históricas o políticas, al contexto de los hechos, o a la percepción que de ellos tenían los distintos actores de esta disputa bicentenaria, y al papel que le correspondió a cada uno de sus protagonistas. En un tema tan vasto como éste, su análisis es amplio y agudo, abarcando tanto los aspectos teóricos como los prácticos. En él se examinan las reglas acordadas por las partes en el Tratado de 1897, pero también los antecedentes del arbitraje internacional, y la forma como ellos inciden en este caso concreto. Para no dejar cabos sueltos, todo ese estudio –desarrollado en nueve capítulos– va acompañado de una relación de los personajes que han intervenido en esta controversia incluyendo, también, a quienes hemos sido meros cronistas, y a veces críticos de la estrategia escogida por quienes tienen la representación de Venezuela.

Seguidamente, el Dr. Badell nos ofrece una relación cronológica de los principales eventos, y cierra con un anexo documental. A partir de allí, los hechos, las fechas y los personajes, pueden ser cotejados con comodidad. Durante su lectura, esta nueva forma de presentar el caso nos obliga, a cada momento, a remitirnos a un punto que ya ha sido tratado en el libro, pero cuya reiteración se justifica porque se trata de aspectos transversales, que no se pueden desligar del resto de los elementos que forman parte de esta disputa. Ese enfoque, que tiene repercusiones en la forma de presentar lo que hoy está planteado ante la Corte, nos trae recuerdos amargos de la forma cómo se gestó una trampa procesal que ofende el sentimiento nacional. El presente texto nos ofrece una mirada fresca y distinta de la controversia por el Esequibo, a la que no estamos acostumbrados.

El Dr. Badell sitúa los orígenes de esta controversia en 1822, cuando, por primera vez, se detectó la presencia de colonos ingleses al oeste del río Esequibo, más allá de lo que –conforme al Tratado de Londres de 1814, en que las Provincias Unidas de los Países Bajos le cedieron a Gran Bretaña parte de sus posesiones en Guyana–, podía legítimamente ser reclamado por Gran Bretaña. En efecto, es a partir de ese momento que comenzaron las gestiones –entonces a cargo de Colombia, de la que Venezuela formaba parte– para que se delimitara la frontera entre Colombia (la Gran Colombia) y la colonia de Guyana Británica. En las instrucciones que, en ese momento, se le había dado al Ministro de Colombia en Londres –Rafael Revenga–, se le indicaba que era absolutamente indispensable que los colonos a que ya se ha hecho referencia debían ponerse bajo la protección y obediencia de las leyes de [la Gran] Colombia, o debían retirarse a sus antiguas posesiones, para lo que se les daría el tiempo necesario. Sin embargo, el Ministro Revenga ni siquiera tuvo oportunidad de discutir la cuestión de límites con las autoridades del Reino Unido y, a partir de 1840, Gran Bretaña comenzó una incesante expansión de sus fronteras al oeste del río Esequibo, siempre trazadas unilateralmente, y siempre a costa de un territorio que España había reclamado como suyo, y en cuyos derechos fue sucedida por Venezuela. El descubrimiento de yacimientos auríferos, en la segunda mitad del siglo XIX, sólo iba a exacerbar esta situación, con nuevas incursiones británicas, nuevos mapas, y nuevas líneas fronterizas, siempre en detrimento de Venezuela, y siempre trazadas unilateralmente por Gran Bretaña.

En 1824, en la división territorial de Colombia, la provincia de Guyana llegaba hasta el río Esequibo. En su introducción, junto con referirse a los antecedentes históricos de esta controversia, el Dr. Badell hace mención a un mapa elaborado por Agustín Codazzi, con la indicación del límite oriental de Venezuela. Se trata, en realidad, de dos mapas, uno designado como *Carta de la República de Colombia dividida por Departamentos* (sin fecha), y otro titulado *Mapa Político de la República de Venezuela en 1840*[1]. En el primero de estos mapas, se observa que el Departamento del Orinoco llegaba hasta el río Esequibo, con excepción de dos pequeños sectores, marcados por Codazzi como "*Territorio que se considera usurpado por los ingleses*". En el segundo de esos mapas –de 1840–, Codazzi omite toda referencia a territorios usurpados por los ingleses y, simplemente, traza la frontera oriental de Venezuela al oeste del río Esequibo.

El Dr. Badell recuerda que, el 16 de julio de 1824, cuando la naciente república de Colombia solicitó el reconocimiento del Reino Unido de Gran Bretaña e Irlanda, se dejó expresa constancia que este país se extendía "por el mar del norte, *desde el río Esequibo o confines de la provincia de Guyana*". En diciembre de 1824, el Reino Unido reconoció a Colombia como Estado independiente, sin hacer ninguna objeción a los límites reclamados por Colombia. En realidad, la condición que había impuesto el Reino Unido para otorgar ese reconocimiento era que ambos países firmaran un Tratado de Amistad, Comercio y Navegación, el cual se suscribió, en la ciudad de Bogotá, el 18 de abril de 1825, sin que en ninguna de sus disposiciones se objetara los límites previamente reclamados por Colombia.

---

[1] Ambos publicados por Thierry Frères, en 1840, en París, y reproducidos por Hermann González Oropeza, *Atlas de la Historia Cartográfica de Venezuela*, Editorial PAPI S. R. L., Caracas, 1983, Láminas XCVI A-B, pp. 285 y 287.

Lo que vino después es una sucesión de mapas, elaborados por el naturalista Robert Schomburgk o atribuidos a él. El primero de ellos un simple croquis, producto de su visita, de 1835 a 1839, por encargo de la *Royal Geographical Society*, de Londres, que ya se apartaba de la línea de reclamación venezolana, atribuyéndole a Gran Bretaña territorios que previamente, en 1824, al momento del reconocimiento de Colombia (de la que Venezuela había formado parte, hasta su desintegración en 1830), Gran Bretaña había reconocido como colombianos. A ese croquis siguió, en 1840, un mapa encargado por el gobierno británico, en el que Schomburgk añadió nuevos territorios al Imperio Británico, llegando prácticamente hasta la desembocadura del río Orinoco. Tal era la falta de fundamentos de esa nueva línea fronteriza que hasta los miembros del gabinete británico tuvieron dificultades para digerirla y hacerla suya[2]. En respuesta a la protesta venezolana, el gobierno británico consintió en retirar los postes levantados por la misión de Schomburgk. Pero, como el Cid Campeador, a Schomburgk se le atribuirían mapas incluso después de su muerte, ocurrida en Berlín, en marzo de 1865. En efecto, en 1887, Gran Bretaña invocó una nueva línea, supuestamente trazada por Schomburgk, que se internaba 167.830 kilómetros cuadrados al oeste del río Esequibo; pero esa no era, todavía, la línea de máxima pretensión de los británicos.

En el mapa elaborado por Thomas Heyward Gignilliat, en 1896 (reproducido por el Dr. Badell), se observa cómo la reclamación británica fue creciendo progresivamente. Otros mapas dan cuenta de lo mismo. De un primer croquis de Schomburgk pasamos a una segunda línea de Schomburgk, más ambiciosa que la anterior, luego, aunque, en 1844, la línea Aberdeen redujo esas pretensiones, en 1881 pasamos a la línea de Granville, que seguía extendiéndose hacia el oeste. A ésta siguió, en 1886, la línea de Rosebery, más insaciable que la anterior, seguida de una línea de Salisbury, de 1890, que continuó avanzando, hasta formular, en 1893, nuevas pretensiones territoriales.

Andrew Carnegie se refirió al apetito por el territorio que caracterizaría a las razas de habla inglesa, al extremo de que –según sus palabras– algunos de su raza pensaban que era prerrogativa suya

---

[2] Cfr. Minuta del 7 de septiembre de 1841, firmada por Lord Stanley, Ministro de Colonias.

adquirirlo. Refiriéndose específicamente al caso de la pequeña isla de Gran Bretaña, Carnegie observa que ésta no tenía a dónde extenderse y, "*por las buenas o por las malas*", los británicos habían adquirido territorios en todo el mundo, sin importar lo distantes que se encontraran. En su opinión, no podía haber una mejor ilustración de este *modus operandi* que las relaciones de Gran Bretaña con Venezuela. Con fina ironía, Andrew Carnegie se refirió a ese constante cambio de posiciones por parte de Gran Bretaña en la controversia del Esequibo. Según Carnegie, Gran Bretaña comenzó, modestamente, reclamando una frontera que, como Venezuela no aceptó, decidió dejar pasar un tiempo antes de insistir en ella. Luego, Venezuela se encontró con que la frontera británica se había desplazado todavía mucho más dentro de su territorio, a lo cual siguió otra protesta de Venezuela y otro descanso de Inglaterra. Pero, una vez que se reavivó la cuestión, Gran Bretaña descubrió que se había equivocado de nuevo, y que no había reclamado suficiente territorio, por lo que su tercera reclamación se extendió aún más allá de la segunda. Finalmente, se trazó una cuarta línea, que abarcaba valiosos yacimientos auríferos, y que situaba a Gran Bretaña a orillas del río Orinoco[3]. Carnegie observa que, en un editorial del periódico londinense *Dayly News*, se expresaba la convicción de que la reclamación británica era justa ("*We believe the British claim to be just.*"); pero —como sarcásticamente apunta Carnegie—, se omitía indicar *cuál* de las muchas reclamaciones británicas era la justa. Para Carnegie, probablemente la primera reclamación era justa; la segunda reclamación era más justa, y la tercera reclamación era aún más justa, puesto que era la que le daba más territorio a Gran Bretaña. Éste era, en su opinión, uno de los más flagrantes ejercicios de la fuerza bruta en contra de un país débil, para ilustrar la propensión de la raza de habla inglesa a absorber tanto

---

[3] Cfr. Andrew Carnegie, *The Venezuelan Question*, en The North American Review, vol. 162. N° 471, February 1896, pp. 131 a 134. "She begins modestly by claiming a boundary; Venezuela requests her to submit her claims to arbitration; this is refused; the matter rests awhile, when it appears that the boundary of England has been shifted a good deal and embraces more territory adjoining Venezuela; another remonstrance from Venezuela, and another rest When the question revives, Britain discovers she was mistaken again and did not claim enough, and her third claim extends far beyond the second. Finally, there is a fourth line drawn which reaches over valuable auriferous deposits, and really lands Great Britain on the banks of the Orinoco".

territorio como fuera posible[4]. Según Carnegie, la verdad pura y simple era que, en el pasado, siguiendo su instinto de expansión, los británicos le habían puesto la mano a todos los territorios que podían adquirir en Europa, Asia, y África; y, habiéndolo hecho con éxito, ellos tenían el propósito de llevar a cabo esta misma política en el continente americano, esta vez a costa de la débil república de Venezuela[5].

Los mapas en que se basaban las reclamaciones británicas no eran creíbles ni para ellos mismos. En efecto, en un memorándum de junio de 1886, el Bibliotecario de la Oficina de Asuntos Extranjeros del Reino Unido, señor Edward Herslet, restó importancia a dichos mapas, señalando que los límites indicados en ellos por Robert Schomburgk no debían tomarse como fidedignos, ya que tales límites nunca habían sido ajustados por los respectivos gobiernos. En el mismo sentido, en una nota de junio de 1886, del Ministro de Colonias británico, señor Charles Harris, dirigida a Herslet, aquel sostenía que, al parecer, el Ministerio de Colonias tenía un mapa *más o menos oficial*, pero que difería ampliamente del mapa original de Schomburgk, y que, privadamente, habrían escuchado que la línea fronteriza –presentada a Venezuela como un ultimátum– no podía ser defendida en absoluto.

El canje de notas de 1850, entre Gran Bretaña y Venezuela, que tuvo lugar por iniciativa de la primera, es de particular importancia en esta disputa. En efecto, el 18 de noviembre de 1850, el Cónsul General Británico en Caracas envió una comunicación al Ministro de Relaciones Exteriores de Venezuela, declarando que el Gobierno Británico no tenía la intención de ocupar el territorio que entonces se disputaban ambas naciones, e invitaba al Gobierno Venezolano a hacer una declaración semejante. Esa comunicación fue respondida, el 20 de diciembre de 1850, en los mismos términos, comprometiéndose ambas partes a preservar el *status quo*. Por lo tanto, se suponía que ninguna de las naciones en disputa iba a incrementar sus reclamaciones territoriales, o iba a exacerbar un conflicto que ya era suficientemente grave. Incluso, el memorándum de Edward Herslet, referido en el párrafo anterior, sostenía que, mediante el Acuerdo de 1850, los respectivos gobiernos

---

[4] Cfr. Ibid., p. 134.
[5] Cfr. Ibid., p. 141.

de Gran Bretaña y Venezuela se habían comprometido a "no invadir u ocupar el territorio ocupado por ambos." Sin embargo, el Acuerdo de 1850 no fue obstáculo para nuevas incursiones de los ingleses en territorios que, hasta ese momento, no habían estado en disputa; además, el descubrimiento de yacimientos de oro en la región de Yuruari hizo surgir nuevos mapas, e hizo que la línea fronteriza reclamada por Gran Bretaña se siguiera desplazando hacia el oeste.

Como parte de esa estrategia expansionista por parte de Gran Bretaña, en enero de 1895, aprovechando que los guardias venezolanos se encontraban realizando ejercicios de campo, las tropas inglesas tomaron posesión de un puesto militar venezolano, arriaron la bandera venezolana, e izaron la propia. Sin embargo, como relata el Dr. Badell, en lo que se conoce como el incidente de Yuruán –por haber tenido lugar en las riberas del río del mismo nombre, antes de su confluencia con el río Cuyuní–, las tropas venezolanas recuperaron rápidamente ese puesto y capturaron a los ingleses involucrados en dicha aventura.

En un país que recién nacía a la vida independiente, las incursiones de colonos ingleses, en territorios que Venezuela consideraba que histórica y jurídicamente le pertenecían, se hicieron habituales. A pesar de las repetidas protestas venezolanas, los territorios indebidamente ocupados nunca fueron evacuados. Esos hechos, unidos a la presencia de naves británicas en la boca del Orinoco y a la negativa británica a someter esta controversia al arbitraje internacional, hicieron que –después de protestar oficialmente por los actos de despojo en su contra–, el 20 de febrero de 1887, Venezuela rompiera relaciones diplomáticas con el Reino Unido de Gran Bretaña e Irlanda. Esa medida, aunque plenamente justificada, tuvo el efecto de cortar las comunicaciones directas con Gran Bretaña, por lo que Venezuela debió recurrir a la intercesión de terceros Estados –y particularmente de los Estados Unidos– para procurar resolver esta controversia territorial.

La petición de apoyo a la proposición venezolana para recurrir al arbitraje internacional encontró buena acogida en el presidente de los Estados Unidos, Grover Cleveland. La administración del presidente Cleveland tomó cartas en el asunto y, con la Doctrina Monroe como fundamento, el 20 de julio de 1895, le envió un mensaje al Primer Ministro británico, Salisbury, indicando que no se toleraría que ninguna potencia europea asumiera por la fuerza el dominio de un Estado americano. En dicho mensaje se expresaba que las pretensiones británicas respecto de territorio venezolano no estaban fundadas en el Derecho, y que la línea Schomburgk era imposible de ser considerada como tal, puesto que sólo había tenido origen en razones de conveniencia y oportunidad. Lo mismo se decía de las otras líneas fronterizas que, desde 1840, había invocado Gran Bretaña, pero siempre como líneas convencionales –no como líneas de Derecho–, y que ellas nunca habían contado con el consentimiento de Venezuela. Teniendo en cuenta la disparidad de fuerzas entre Gran Bretaña y Venezuela, el mensaje concluía dándole un ultimátum a Gran Bretaña para que aceptara someter la disputa territorial con Venezuela a un arbitraje. Como el gobierno británico se tardó en responder, en su mensaje al Congreso de los Estados Unidos del 17 de diciembre de 1895, el presidente Cleveland manifestó que la disputa había llegado a un punto en el que le incumbía a Estados Unidos tomar medidas para determinar por sí mismo, con suficiente certeza, cuál era la línea divisoria entre ambos países. Para ese efecto, Cleveland dispuso la designación de una Comisión encargada de estudiar los límites de Venezuela con la Colonia de Guyana Británica, la que debería presentar un informe con sus resultados, los cuales Estados Unidos tendría como definitivos y se encargaría de defenderlos. El gobierno británico vio la situación así creada con grave preocupación pues, ante un ultimátum, ningún Estado podría ceder sin deshonor. Pero, con esa Comisión ya en marcha, Gran Bretaña acabó por aceptar someterse al arbitraje, aunque en sus propios términos.

Con acierto, el libro que el lector tiene entre sus manos comienza por relatar las circunstancias en que se llegó al Tratado de Washington de 1897, que es el compromiso arbitral suscrito entre el Reino Unido de Gran Bretaña e Irlanda, por una parte, y la república de Venezuela, por la otra, y que condujo al laudo arbitral del 3 de octubre de 1899. Puesto que es el compromiso arbitral lo que le confiere competencia al Tribunal, y puesto que es dicho compromiso el que marca los límites de esa competencia, antes de entrar a debatir si el laudo es nulo o es válido, lo primero que hay que examinar es la validez del compromiso arbitral, y la naturaleza de los asuntos que en él se encomendó a los árbitros.

El compromiso arbitral fue negociado por Estados Unidos y Gran Bretaña, sin la participación de Venezuela, y sin consultar a ésta en puntos de crucial importancia, como eran la regla de la prescripción, o el efecto de la presencia de colonos que no actuaban en nombre de ningún Estado, y la ausencia –por sugerencia de Richard Olney, Secretario de Estado de los Estados Unidos–[6] de toda mención al Acuerdo de 1850, que había congelado las pretensiones de las partes en el estado en que se encontraban. Respecto de la composición del Tribunal, Estados Unidos aceptó el veto de Gran Bretaña a la presencia de un árbitro venezolano[7] –pues no había, entre ellos, ninguno que mereciera el apelativo de jurista–, y se le presentó a Venezuela como un gran logro que, en su lugar, hubiera dos árbitros estadounidenses. Para el Imperio Británico era duro tener que aceptar el arbitraje con una nación con apenas medio siglo de vida independiente, y que se debatía en medio de una guerra civil. Pero, si el arbitraje era inevitable, lo que el Imperio Británico no podía consentir era que Venezuela fuera tratada en pie de igualdad con la que todavía era reina de los mares, y la nación más poderosa del mundo.

El tratado así negociado –como si se tratara de un compromiso entre Estados Unidos y Gran Bretaña, o como si Venezuela fuera un protectorado o un Estado vasallo de Estados Unidos–, le fue presentado a Venezuela como un hecho consumado, y sólo para poner su firma. James Storrow, un abogado estadounidense que había sido contratado por Venezuela para que le asesorara, le informó al Secretario de Estado de Estados Unidos –quien no era su cliente– que, después de presentarles el texto del tratado para su aprobación, los venezolanos se habían comportado *"como si se les estuviera pidiendo una opinión."*

Los términos del compromiso arbitral eran ofensivamente leoninos y, en circunstancias normales, hubieran hecho que ese tratado tuviera que ser rechazado de plano por Venezuela. Pero la presión de Estados Unidos –que ya comenzaba a cultivar una *"relación especial"* con Gran Bretaña–, unida a la amenaza de dejarla abandonada a su suerte,

---

[6] Cfr. Carta a Julian Pancefote, del 29 de octubre de 1896.
[7] Cfr. carta de Salisbury, Primer Ministro Británico, a Julian Pauncefote, del 5 de junio de 1896, en la que el primero insistía en que los árbitros de la parte venezolana deberían ser designados por Estados Unidos.

forzaron a Venezuela a firmar –y luego ratificar– dicho tratado. Puede que la presión ejercida sobre Venezuela no haya sido de tal entidad como para constituir el tipo de coacción que hace que un tratado sea nulo. Pero, lo cierto es que la forma como se negoció este tratado, así como el hecho de que Venezuela fue engañada sobre el sentido y alcance de algunas de sus disposiciones clave, como la regla de la prescripción –respecto de la cual Estados Unidos y Gran Bretaña habían convenido en una interpretación particular, que no le fue informada a Venezuela–, hacía que no se hubiera formado la necesaria "voluntad común de las partes" para fijar los límites de la competencia del tribunal que se estaba creando.

El Dr. Badell considera que el compromiso arbitral es nulo, y hay muchas razones para considerar que así es. Sin embargo, sin dejar de ser un punto importante, considero que esto no es lo fundamental en esta controversia. Puede que las circunstancias en que se suscribió el Tratado de Washington no sean suficientes para invalidarlo; pero dicho tratado es el pecado original en el que echó raíces el laudo de París. Incluso si se determinara que el compromiso arbitral suscrito entre Gran Bretaña y Venezuela es válido, las circunstancias en que se llegó a este Tratado son la punta del hilo de una madeja marcada por el fraude y el engaño, que permitió la constitución irregular de un tribunal carente de imparcialidad, que siguió con una farsa procesal, y que culminó con un laudo arbitral amañado, desprovisto de todo fundamento. Puede que, por las razones que sea, Venezuela haya dado un consentimiento válido al Tratado de 1897. Sin embargo, nada de eso justificaba prescindir de los principios de equidad y de las reglas de Derecho Internacional aplicables al proceso arbitral y al laudo, incluidas las reglas expresamente acordadas por las partes en el referido tratado.

En el texto que prologamos, el Dr. Badell analiza tanto el contenido del laudo de París como el procedimiento previo del cual aquel es la culminación, para luego internarse en las consideraciones que llevan a sostener que el laudo es nulo. El autor se refiere al Acuerdo de Ginebra como un hito fundamental en el esfuerzo por resolver esta controversia. También menciona el Protocolo de Puerto España –que tuvo el efecto de suspender por doce años la aplicación del Acuerdo de Ginebra–, y el regreso al Acuerdo de Ginebra, con la intervención de sucesivos buenos oficiantes designado por el Secretario General de la ONU. Lo cierto es que, ya sea por la terquedad de Guyana o por la torpeza de nuestros negociadores –o por ambas–, el mecanismo de los buenos oficios resultó un absoluto fracaso, que terminó por agotar la paciencia de los dos últimos Secretarios Generales de la ONU, Ban Ki-moon y António Guterres. Esa circunstancia hizo que, en los términos del artículo IV.2 del Acuerdo de Ginebra, el Secretario General de la ONU, António Guterres, escogiera el arreglo judicial ante la Corte Internacional de Justicia como el siguiente medio de solución pacífica a intentar para resolver esta controversia. A partir de esa decisión, el 29 de marzo de 2018, Guyana introdujo su demanda ante la Corte, pidiendo que se confirme la validez del laudo de París. Pero, con acierto, el Dr. Badell recuerda que el objeto del Acuerdo de Ginebra es resolver la controversia *fronteriza* entre las partes, dejando de lado la cuestión de la nulidad o validez del laudo.

El capítulo IX del libro está dedicado a la Corte Internacional de Justicia, instancia en la que actualmente se encuentra esta controversia. El autor se refiere a la competencia del Tribunal, a la forma como se inicia el procedimiento ante ella, a las reglas procesales que lo rigen, y a la forma cómo este trámite deberá concluir, con una sentencia definitiva e inapelable, que pondrá fin a la controversia por el territorio situado al oeste del río Esequibo.

El Dr. Badell se refiere ampliamente a la excepción preliminar planteada por Venezuela el 7 de junio de 2022, que estimaba que la demanda introducida por Guyana era inadmisible, por faltar una parte indispensable en el procedimiento, y por falta de *locus standi* del demandante. Resumidamente, en dicho documento, Venezuela alegaba que la demanda de Guyana era inadmisible, porque el Reino Unido de Gran Bretaña e Irlanda del Norte es una parte indispensable en este procedimiento, sin cuya participación el caso no podía continuar. En segundo lugar, Venezuela sostenía que la parte legitimada para demandar era el Reino Unido, y no Guyana. Ello sería así porque es el Reino Unido quien fue parte en el compromiso arbitral de 1897, luego, en el procedimiento arbitral que condujo al laudo de París y, finalmente, quien se obligó por el Acuerdo de Ginebra. El Reino Unido sigue siendo parte en el Acuerdo de Ginebra y, según Venezuela, los compromisos y responsabilidades adquiridos por aquel respecto de Venezuela serían el objeto mismo de la decisión en que la Corte basa su jurisdicción sobre el caso. Según la excepción preliminar planteada por Venezuela, el objeto de la decisión que pide Guyana sería *la conducta* del Reino Unido en el arbitraje que resultó en el laudo, y la Corte no podría decidir sobre la nulidad del mismo en ausencia de una de las partes en el procedimiento que le dio origen. A Venezuela le preocupaba que una eventual decisión sobre la nulidad del laudo no fuera vinculante para el Reino Unido, por no haber sido parte en el actual procedimiento ante la Corte Internacional de Justicia. Venezuela alegaba que, al momento de celebrarse dichos actos, la República Cooperativa de Guyana no existía como entidad política independiente. Respecto del Acuerdo de Ginebra –que fue firmado por el Primer Ministro de la Guyana Británica–, Venezuela observa que, en los términos del artículo VIII del referido Acuerdo, después de obtenida su independencia, Guyana pasaría a ser parte en el mismo, junto con el Reino Unido y Venezuela. Por lo tanto, en opinión de Venezuela, Guyana sería una parte marginal en el Acuerdo de Ginebra –al que habría llegado a ser parte no por aplicación de las reglas de sucesión de Estados–, y su único papel sería buscar un arreglo práctico y satisfactorio de la controversia, pero no entrar a debatir sobre la validez de un laudo resultante de un procedimiento en el que ella no habría participado. Por ende, de acuerdo con la excepción preliminar planteada por Venezuela, Guyana carecería de *locus standi* para pedir a la Corte que declare la validez del laudo del 3 de octubre de 1899. Venezuela sostenía que la disputa sobre la nulidad o validez del laudo sólo podía ser resuelta por aquellos que fueron partes en el procedimiento arbitral que concluyó con el referido laudo. Adicionalmente –en un argumento relativo al fondo de la controversia, que no tenía que ver con la excepción preliminar–, Venezuela sostuvo que ella no podía ser obligada a probar la nulidad del laudo, porque nunca se comprometió a eso, y porque el Acuerdo de Ginebra sólo obliga a las partes a encontrar una solución amistosa y mutuamente satisfactoria.

El autor de este texto no elude hacer una relación pormenorizada de los argumentos de Guyana en relación con la excepción preliminar planteada por Venezuela, los cuales, en lo fundamental, fueron acogidos por la sentencia dictada por la Corte el 6 de abril pasado. Lo Corte observa que, mientras el artículo I del Acuerdo de Ginebra describe la disputa como una existente entre el Reino Unido y Venezuela, el artículo II no le asigna ningún papel al Reino Unido en la etapa inicial del procedimiento de solución de la controversia y que, más bien, colocó la responsabilidad para designar a los representantes de la Comisión Mixta –prevista en el Acuerdo de Ginebra– sólo en la Guyana Británica y en Venezuela. La Corte hizo notar que las referencias a Guyana Británica, en el artículo II del Acuerdo de Ginebra, se distinguían de las referencias al Reino Unido en otras disposiciones del Tratado, y considera digno de mencionar el que se llegara a este compromiso a pesar de que Guyana Británica todavía era una colonia del Reino Unido y que todavía no era una parte en el tratado. Como observa la Corte, tampoco hay, en los párrafos 1 y 2 del artículo IV del Acuerdo de Ginebra, referidos a las fases finales del procedimiento de arreglo de la controversia, ninguna referencia al Reino Unido. En ambos párrafos se hace mención únicamente de los gobiernos de Guyana y de Venezuela. Por lo tanto, la Corte entiende que el Acuerdo de Ginebra específica, en sus disposiciones, el papel que les corresponde a Guyana y Venezuela, sin asignar ninguno al Reino Unido en la elección del medio de solución de esta controversia, o en la participación en la misma. El Tribunal considera que el esquema establecido por los artículos II y IV del Acuerdo de Ginebra refleja el entendimiento común de todas las partes en dicho acuerdo, en el sentido de que la controversia que existía entre el Reino Unido y Venezuela sería resuelta por Guyana y Venezuela, a través de los mecanismos previstos en dicho tratado. A juicio de la Corte, el Reino Unido estaba consciente de la disputa concerniente a la validez del laudo de 1899, que incluía alegaciones de conductas ilegales por las autoridades de dicho país al momento del arbitraje; sin embargo, el Reino Unido aceptó el esquema establecido en el artículo IV del Acuerdo de Ginebra, mediante el cual Guyana y Venezuela podrían someter esta disputa a uno de los mecanismos de solución de controversias indicados en el artículo 33 de la Carta de las Naciones Unidas, sin la participación del Reino Unido. Esta conclusión es apoyada por las reglas de interpretación de los tratados y por la práctica ulterior de los Estados. La Corte observa que ni el Reino Unido buscó participar en el procedimiento establecido por el artículo IV del Acuerdo de Ginebra para resolver esta controversia, ni las partes (Guyana y Venezuela) demandaron esa participación.

Además, el proceso de buenos oficios del Secretario General de las Naciones Unidas involucró exclusivamente a los gobiernos de Guyana y Venezuela, lo que, a juicio de la Corte, indica que existía un acuerdo entre las partes en cuanto a que al Reino Unido no le correspondía ningún papel en la solución de esta controversia. Por esas consideraciones –y otras, que no es el caso referir en este breve prólogo–, la Corte concluyo –por catorce votos contra uno– que, en virtud del Acuerdo de Ginebra, el Reino Unido aceptó que la disputa entre Guyana y Venezuela podía resolverse por uno de los medios de solución de controversias previstos en el artículo 33 de la Carta de Naciones Unidas, y que al Reino Unido no le correspondería ningún papel en dicho procedimiento. A dicho razonamiento, el juez Bhandari agregó que Venezuela y Guyana también aceptaron este entendimiento y que, en cualquier caso, al hacerse parte en el Acuerdo de Ginebra, Venezuela habría renunciado a cualquier derecho que pudiera tener a objetar que esta disputa fuera resuelta por un procedimiento en el que no fuera parte el Reino Unido. Además, el juez ad-hoc Wolfrum recordó que el precedente invocado por Venezuela –el caso del *Oro Monetario Removido de Roma en 1943*– tenía el propósito de *proteger* procesalmente los derechos de un tercer Estado y que, en el presente caso, ese tercer Estado –el Reino Unido– estaba plenamente consciente de las implicaciones que la aplicación del Acuerdo de Ginebra podía tener para sus intereses.

En consecuencia, la Corte rechazó la excepción preliminar interpuesta por Venezuela, con lo que se reanudó el procedimiento para conocer del fondo de la controversia. La Corte ha fijado el 8 de abril de 2024 como fecha límite para que Venezuela presente su contra-memoria.

Como puso de relieve el juez ad-hoc Wolfrum en su declaración, la sentencia no significa que la Corte no pueda considerar toda la información proporcionada por las partes en lo concerniente a la alegada conducta fraudulenta de los árbitros[8]. Fuera de eso, es ocioso negar lo que es evidente: el recurso intentado por Venezuela fue rechazado. Pero, a pesar de la derrota sufrida por Venezuela en la decisión sobre este incidente procesal, hay que hacer notar que la clave de este asunto no estaba en la respuesta que se diera a la excepción preliminar

---

[8] Cfr. párrafo 6 de la Declaración del juez Rüdiger Wolfrum.

planteada por Venezuela, pues ese no es el objeto de la controversia. En realidad, este incidente nunca debió plantearse por parte de Venezuela, exponiéndonos a una segunda derrota judicial en poco más de dos años. Debo recordar que, durante décadas, la posición de la cancillería venezolana había sido sumamente sólida y categórica en relación con la controversia del Esequibo, y se resumía en tres ideas muy simples: a) el proceso arbitral que condujo al laudo de París fue una farsa, b) el laudo del 3 de octubre de 1899 es nulo, y c) Venezuela tiene títulos históricos y jurídicos sobre el territorio situado al oeste del río Esequibo que son incontrovertibles. Con el Acuerdo de Ginebra, a eso se sumó el compromiso de las partes de buscar *"un arreglo práctico"* y mutuamente satisfactorio, lo cual constituye el objeto y fin del tratado. Con una disputa territorial que ya está cercana a cumplir dos siglos, cincuenta y siete años después de suscrito el Acuerdo de Ginebra, Venezuela no tenía necesidad de maniobras dilatorias de ningún tipo. Venezuela no tiene por qué evadir entrar en la cuestión de fondo que hoy está planteada ante la Corte Internacional de Justicia, y que tiene que ver con la nulidad o validez del laudo, y con la determinación de la frontera terrestre definitiva entre Guyana y Venezuela. Respecto de ambos puntos, Venezuela tiene argumentos y pruebas. Muchos de esos argumentos y pruebas, demostrando que Venezuela tiene la razón y la justicia de su parte, han sido desarrollados en el libro que hoy prologamos.

Mediante un comunicado oficial del mismo día 6 de abril de 2023, junto con "celebrar" esta sentencia, pues entiende que valida sus argumentos, el gobierno de Venezuela manifestó que "Venezuela no reconoce el mecanismo judicial como medio de resolución de" esta controversia, y que "evaluará sus implicaciones". Sin embargo, una vez que hemos llegado a esta encrucijada, me parece que el país no comprendería que Venezuela no hiciera oír su voz, que sus argumentos sobre el fondo no se hicieran valer ante la Corte Internacional de Justicia, y que no se presentaran ante ella las pruebas que los respaldan. Al designar un juez ad-hoc, al nombrar a su agente y a su agente alterno, y al presentar sus alegatos en la fase de excepciones preliminares, Venezuela ya reconoció la competencia de la Corte y ya compareció en el procedimiento ante ella. Ese fue un acto responsable, que hay que celebrar. Ahora, con la certeza de que el laudo es nulo, y con la convicción de que la razón y la justicia están de parte de Venezuela, lo que está pendiente es hacer la tarea que tenemos por delante, y hacerla bien.

El objeto del Acuerdo de Ginebra no es determinar si el laudo de París es válido o es nulo –cuestión que las partes prefirieron eludir–, sino la búsqueda de un arreglo práctico para resolver la controversia sobre *la frontera* entre Venezuela y Guyana Británica. Venezuela no tiene que demostrar la nulidad de un laudo que resulta evidente de su propio texto. Pero, puestos en ese trance –y sin perjuicio de reiterar que ese asunto se dejó de lado por las partes en el Acuerdo de Ginebra–, hay múltiples razones para sostener que el laudo es nulo. A juicio del Dr. Rafael Badell, resumidamente, el laudo es nulo por violaciones al debido proceso, por exceso de poder, por fallar *ultra petita*, por falta de motivación, y por falta de imparcialidad del Tribunal. A mayor abundamiento, el Dr. Badell también se refiere a la composición irregular del Tribunal que, sin duda, es otra circunstancia que debe tenerse muy en cuenta al momento de determinar si el laudo es nulo o es válido. Para el autor del libro que hoy prologamos, el laudo arbitral es un acto jurídicamente inexistente, que no tiene más valor que el de un papel con tinta vertida sobre él.

En los términos del artículo III del Tratado de Washington de 1897, la tarea del Tribunal arbitral era *"investigar y establecer"* la extensión de los territorios que legalmente podían ser reclamados por las Provincias Unidas de los Países Bajos o por el Reino de España "al momento de la adquisición por Gran Bretaña de la Colonia de Guyana Británica", lo cual había ocurrido en 1814, con la celebración del Tratado de Londres. En el texto del laudo, el Tribunal arbitral no dejó constancia ni de lo uno ni de lo otro. No hay ninguna forma de afirmar si cumplió o no cumplió con la tarea de *"investigar"* quién tenía un justo título a esos territorios, y tampoco hay forma de saber si logró *"establecer"* –y por qué medios– a quién correspondía el ejercicio de soberanía sobre esos territorios. Muy por el contrario, en vez de establecer qué territorios pertenecían a quién, en 1814, que era la fecha crítica a que se refiere el Tratado de Washington, el Tribunal *adjudicó* a Gran Bretaña tanto los territorios en disputa como otros que no lo estaban, como resultado del Acuerdo de 1850. Esa no era la tarea que se le había encomendado al

Tribunal y, en ese aspecto, el Tribunal se excedió en sus atribuciones, con el efecto de viciar de nulidad el laudo del 3 de octubre de 1899. Hay una diferencia entre *establecer* a quién pertenece algo y *adjudicar* ese algo a alguien.

El Tribunal no estaba facultado para decidir según su propio criterio, pues no era éste un arbitraje en equidad. El artículo IV del Tratado de 1897 señalaba las reglas por las que debía guiarse el Tribunal al decidir sobre los asuntos que se habían sometido a su consideración. Dichas reglas eran: a) la regla de la prescripción adquisitiva, que se fijaba en cincuenta años, b) el reconocimiento de derechos basados en cualquier otro fundamento reconocido por el Derecho Internacional, o por los principios del Derecho Internacional que los árbitros consideraran aplicables, a condición de que no fueran incompatibles con la regla de la prescripción, y c) el efecto que el Tribunal podría dar a la ocupación de parte del territorio en disputa por los ciudadanos de cualquiera de las partes en esta controversia, teniendo en cuenta la razón, la justicia, los principios de Derecho Internacional, y la equidad. Esas reglas –que habían sido negociadas por Gran Bretaña, pero no por Venezuela–, se adoptaron en detrimento de la posición venezolana, y se le impusieron a Venezuela. Pero no hay ningún indicio de que el Tribunal se haya guiado por estas reglas, o por otras, Y, si es lo primero, tampoco hay ninguna indicación de cuál de esas reglas es la que condujo al Tribunal a adoptar la decisión que adoptó, y cuál fue la interpretación que hizo de la misma.

Tampoco formaba parte de las competencias del Tribunal arbitral regular la navegación de los ríos, o determinar las tasas arancelarias que podían cobrar los Estados litigantes. El compromiso arbitral acordado por las partes era para resolver una controversia fronteriza. Nada más.

Si la tarea que se le había encomendado al Tribunal era investigar y establecer la extensión de los territorios que pertenecían a una u otra de las partes en disputa, el artículo V del compromiso arbitral mandaba que, en la ejecución de dicha tarea, se examinaran *cuidadosamente* todas las cuestiones que se plantearan ante el Tribunal. No hay forma de saber si el Tribunal examinó todas esas cuestiones, ni si lo hizo en forma *cuidadosa*. Muy por el contrario, de lo que hay constancia es de la forma atropellada y negligente como lo hizo.

A pesar de la abundante documentación presentada por las partes y de la complejidad de algunos de sus argumentos[9], de los más de 2.600 documentos que las partes le presentaron al Tribunal, del material aportado por la Comisión de límites designada por el presidente Cleveland (consistente en catorce volúmenes de documentos, con un atlas que contenía setenta y cinco mapas), a pesar de que los alegatos finales de cada una de las partes habían durado trece días, y no obstante las más de tres mil doscientas páginas de actas de las sesiones, cuando apenas habían transcurrido seis días después de finalizadas las audiencias, a las 12.05 pm del martes 3 de octubre de 1899, en la ciudad de París, en una ceremonia pública celebrada en uno de los salones del Ministerio de Asuntos Exteriores de Francia –en el *Quai d'Orsay*–, el tribunal arbitral, que había sido designado para resolver la controversia fronteriza entre Venezuela y la Colonia Británica de Guyana, anunció su sentencia, acordada por unanimidad. Para la dicha del lector, el libro del Dr. Badell sí examina cada uno de los puntos que –por la prisa en decidir– el Tribunal arbitral omitió considerar.

El laudo que comentamos no sólo fue adoptado en forma apresurada, sin tiempo para examinar cuidadosamente cada una de las cuestiones planteadas ante el Tribunal, sino que no tiene ni un párrafo –ni siquiera una frase– que sirva de fundamento al fallo. Como bien apunta el Dr. Badell, la obligación de motivar el laudo era parte del Derecho Internacional de la época. Que el laudo fuera unánime no excusaba de la obligación de explicar cómo y por qué se había llegado a esa decisión.

---

[9] El memorial de Guyana recuerda que el procedimiento constó de una fase escrita y una fase oral, y que la fase escrita consistió en tres rondas de argumentos escritos, sometidos simultáneamente por las partes. La primera ronda tuvo lugar el 15 de marzo de 1899. El escrito de Venezuela tenía una extensión de 236 páginas y más de 900 páginas de anexos documentales, ofrecidos a manera de prueba. El escrito de Gran Bretaña constaba de 164 páginas, y más de 1600 páginas de anexos documentales. El 15 de julio de 1898 las partes presentaron una segunda ronda de alegatos escritos, de extensión similar a la anterior, y también con pruebas documentales. Para los argumentos orales, después de su instalación, el 25 de enero de 1899, el Tribunal celebró cincuenta y seis sesiones, que incluyeron más de doscientas horas de argumentos orales y de testimonios. Las actas indican que los argumentos orales de cada una de las partes duraron trece días. Cfr. Memoria de Guyana, presentada a la Corte Internacional de Justicia el 8 de marzo de 2022, en el caso *Arbitral Award of 3 October 1899 (Guyana v. Venezuela)*, vol. I, párrafos 3.41 al 3.44.

En su exposición, el Dr. Badell hace una extensa relación de las ocasiones en que, desde el primer momento, Venezuela objetó el laudo arbitral dictado en París el 3 de octubre de 1899. Sirva eso como respuesta al argumento de Guyana de que, con su supuesto silencio, durante 63 años, Venezuela habría dado su aquiescencia a la validez del laudo. En cualquier caso, si el laudo es válido, cabe preguntarse para qué –y por qué– se necesita recurrir al argumento de la pretendida aquiescencia de Venezuela; a la inversa, si el laudo es nulo, lo que hay que preguntarse es cómo la aquiescencia de Venezuela podría subsanar irregularidades procesales que no tienen remedio.

El laudo del 3 de octubre de 1899 –que habla por sí solo– es el mejor ejemplo de una chapuza jurídica, que pretendió resolver la controversia territorial, entonces existente entre Gran Bretaña y Venezuela, y que ahora ha sido heredada por Guyana. Guyana pretende que el laudo de París es *"pleno, perfecto e inapelable"*, y que tiene el efecto de cosa juzgada. Pero, para que eso ocurriera, era necesario un laudo bien dictado. Nada termina si no está terminado correctamente. La Corte Internacional de Justicia tendrá que revisar si ese laudo es válido, como afirma Guyana, o si es nulo, como sostiene Venezuela. El sentido de la justicia, la doctrina, la jurisprudencia, y la práctica internacional, están del lado de Venezuela.

Si se determina que el laudo es válido, ese es el fin del asunto. Venezuela tendrá que hacer honor a su tradición de respeto por el Derecho Internacional, y tendrá que aceptar el resultado. Por el contrario, si se determina que el laudo es nulo, la Corte tendrá que pasar a resolver lo que ella llama "la cuestión relacionada con la determinación de la frontera terrestre definitiva entre Guyana y Venezuela." Otra cosa es saber cuál podría ser el camino que escoja la Corte para abordar esta segunda cuestión. Puestos en esa encrucijada, en opinión de quien escribe estas líneas, la Corte tiene cuatro opciones:

1) Lo que se desprende de la sentencia de la CIJ sobre su jurisdicción en este caso es que la Corte podría asumir por sí misma la tarea de decidir sobre la controversia fronteriza; sin embargo, a la luz del Acuerdo de Ginebra –que es en el que la Corte funda su competencia–, esa tarea parece difícil de asumir por un tribunal de justicia, pues el propósito del Acuerdo de Ginebra es *"un arreglo práctico"*, que sea mutuamente satisfactorio para las

partes. La función de un Tribunal es aplicar el Derecho, y no tratar de encontrar arreglos prácticos que dejen satisfechas a ambas partes. Cuesta imaginar cómo la Corte podría hacer ambas cosas a la vez. La determinación de si el laudo es válido o es nulo es una cuestión estrictamente jurídica, que, en los términos del artículo 36.2 del Estatuto de la Corte Internacional de Justicia, es de los asuntos a los que se extiende su jurisdicción. Pero la determinación de un *"arreglo práctico"* sobre la frontera entre Guyana y Venezuela no es una cuestión jurídica, y no se aviene con las funciones propias de un tribunal de justicia;

2) En estricto Derecho, declarada la nulidad de un laudo, la consecuencia lógica es que se retrotrae la situación a su estado inmediatamente anterior al acto anulado. En consecuencia, la Corte podría reenviar el caso a los Estados partes para que, en los términos del Tratado de Washington de 1897, estos designen un nuevo Tribunal arbitral, para que determine la frontera entre ambos países. Sin embargo, puesto que, en el Acuerdo de Ginebra –que es el que sirve de marco jurídico para determinar la competencia de la CIJ–, las partes convinieron en buscar *"soluciones satisfactorias para el arreglo práctico de la controversia"*, retrotraer a las partes al estado inmediatamente anterior al laudo, para que se dicte uno nuevo, según las reglas de un tratado que ha perdido su vigencia pues ha sido sucedido por otro, no parece ser procedente en este caso;

3) Declarada la nulidad del laudo, dado que las reglas y procedimientos previstos en el Acuerdo de Ginebra están dirigidos a la búsqueda de *"un arreglo práctico"* –lo cual se aleja de la estricta aplicación del Derecho–, la Corte podría devolver el asunto al Secretario General de la ONU, para que –en ejercicio de la competencia que le confiere el artículo IV.2 del Acuerdo de Ginebra– sea éste quien escoja otro medio adecuado para resolver la controversia sobre la frontera; y

4) Por último, la Corte podría reenviar este tramo del caso a los Estados partes en la controversia, para que sean ellos quienes determinen la frontera definitiva entre ambos países, en términos compatibles con el Acuerdo de Ginebra.

De las cuatro opciones anteriores, las dos últimas son las que mejor se avienen a los términos del Acuerdo de Ginebra que, por lo demás, es el marco de referencia de la competencia de la Corte Internacional de Justicia en este caso, según lo decidido por ella en su sentencia del 18 de diciembre de 2020.

En las dos primeras de esas hipótesis, si se determina que el Derecho aplicable es el Derecho acordado por las partes en el Tratado de Washington de 1897 (es decir, el compromiso arbitral), la Corte –o quien corresponda– tendría que evaluar los títulos de las partes al momento en que se produjo la cesión de territorios por parte de las Provincias Unidas de los Países Bajos a Gran Bretaña, según el Tratado de Londres de 1814. Si se quiere correr la fecha crítica a un punto posterior –lo que favorecería a Guyana–, habrá que tener en cuenta el Acuerdo de 1850, que congeló las reclamaciones de ambas partes en el punto en que se encontraban, o –si todavía se quiere acercar más esa fecha crítica, para tener en cuenta las extravagantes reclamaciones inglesas, que cada vez demandaban territorios situados más al occidente del río Esequibo–, habrá que atenerse a las reglas acordadas en el compromiso arbitral de 1897 respecto de la ocupación y la prescripción. Esa es la historia, y esos son algunos de los hitos más notables de este litigio; pero es difícil ignorar que, mediante el Acuerdo de Ginebra, las partes convinieron en un nuevo marco jurídico para resolver esta controversia, que deja sin efecto el Tratado de Washington de 1897.

Según el punto de referencia que se tenga presente, la controversia del Esequibo ya ha cumplido, o ya está cercana a cumplir dos siglos[10]. Éste es el asunto de mayor trascendencia que ha debido enfrentar Venezuela en toda su historia republicana, y que ha marcado el alma de los venezolanos con el sentimiento de que el compromiso arbitral –negociado a espaldas de Venezuela– fue un engaño, que el proceso arbitral fue un fraude, que el laudo de París fue un despojo, que el

---

[10] El Dr. Badell entiende que ella se inició en 1822, cuando se detectó la presencia de colonos ingleses al oeste del río Esequibo. Para el cronista de la oficina de la historia de los Estados Unidos del Departamento de Estado de los Estados Unidos, esta disputa comenzó oficialmente en 1841, cuando el gobierno venezolano protestó las incursiones británicas en territorio venezolano. Cfr. Office of the Historian, https://history.state.gov/milestones/1866-1898/venezuela.

territorio situado al oeste del río Esequibo pertenece legítimamente a Venezuela, y que ésta es una injusticia histórica que debe ser reparada. Esta vez, estamos ante un Tribunal debidamente constituido, independiente e imparcial, en el que las partes están en igualdad procesal. Nuestras pruebas serán recibidas y nuestros argumentos serán debidamente considerados. Como corresponde, la Corte examinara los hechos y el Derecho aplicable. En esta ocasión, no habrá pretextos para que, incluso si la sentencia es unánime, ésta no sea debidamente fundamentada. Ésta es la oportunidad que Venezuela esperaba para hacer oír su voz y su reclamo. ¡No la desperdiciemos! Depende de nosotros presentar nuestros argumentos de manera convincente; de modo que, si quienes nos representan son incapaces de hacer esta tarea, no culpemos a los demás, aceptemos el resultado con madurez, y no inventemos supuestas conspiraciones.

Éste es un libro escrito con toda la pasión del autor por la reclamación de Venezuela respecto del territorio Esequibo, en la que ha puesto a valer sus vastos conocimientos jurídicos y sus dotes de investigador, regresando al redil del Derecho Internacional Público, en el que le conocí hace ya cuarenta años. Además, este texto llega en el momento oportuno, cuando al caso pendiente ante la Corte Internacional de Justicia aún le espera un largo recorrido. No me cabe duda que el equipo de abogados que hoy representa a Venezuela en este asunto podrá nutrirse del aporte jurídico y argumental que hoy nos ofrece el Dr. Rafael Badell; pero la responsabilidad de defender los derechos e intereses de Venezuela –y de hacerlo bien– le corresponde exclusivamente a ellos.

Héctor Faúndez Ledesma
Palmyra, 16 de abril de 2023.

I. INTRODUCCIÓN

En 1822, hace más de doscientos años, se detectó en los dominios de Venezuela, que para ese momento formaba parte de la República de Colombia, la presencia de ocupaciones de colonos ingleses provenientes de Demerara y Berbice cerca del río Esequibo, más allá de los territorios que le correspondían al Reino Unido de acuerdo a lo dispuesto en el Tratado de Londres del 13 de agosto de 1814.

El territorio que Holanda había cedido al Reino Unido por dicho Tratado se concretaba a los campamentos de Demerara, Berbice y Esequibo, conformados por un espacio geográfico de no más de 32.186 kilómetros cuadrados; que a su vez Holanda había adquirido de España mediante el Tratado de Münster de 1648. Los territorios cedidos por España a Holanda y, posteriormente, al Reino Unido nunca superaron la margen oriental del río Esequibo.

En ese mismo momento, a partir de 1822, comenzaron las gestiones para que los ingleses convinieran en la fijación de una línea divisoria entre la Guayana Británica y Colombia. Ello no ocurrió y por el contrario en 1840, el Reino Unido trazó unilateralmente una línea de demarcación que indebidamente añadió a su territorio un área de la Nación venezolana de 141.930 kilómetros cuadrados, partiendo de la boca del Río Amacuro y siguiendo una dirección norte-sur hasta llegar al Roraima y ese es, precisamente, el origen de la controversia. De allí en adelante el Reino Unido inició la expansión en el territorio del Esequibo.

En 1887, durante el tercer gobierno de Antonio Guzmán Blanco, con motivo del descubrimiento de yacimientos auríferos, el Reino Unido consideró, de nuevo de forma unilateral, que la frontera con Venezuela consistía en una línea desde la costa hasta Upata con lo que se usurpaban 203.310 km^2 de territorio perteneciente a Venezuela.

La incursión de colonos provenientes de Demerara y Berbice al oeste del río Esequibo, los mapas unilateralmente elaborados por el Reino Unido y las violaciones del Reino Unido a la soberanía del territorio de Venezuela, fueron siempre rechazados por Venezuela.

La expansión del Reino Unido en América constituía una clara violación a la doctrina proclamada el 2 de diciembre de 1823 por el Presidente de los Estados Unidos de América James Monroe, quien en su mensaje anual al Congreso insistió en que el continente americano no era susceptible de colonización y que las potencias europeas no podrían extender sus dominios en él, so pena de que tales hechos fueran observados como una afrenta directa a los derechos e intereses de los Estados Unidos.

Visto el avance del Reino Unido sobre territorios de Venezuela, el Presidente de los Estados Unidos de América, Grover Cleveland, en mensaje al Congreso el 17 de diciembre de 1895, invocó la doctrina Monroe, lo que motivó que el Congreso de ese país se interesara en determinar la verdadera línea divisoria entre la República de Venezuela y la Guayana Británica.

A consecuencia de la presión de los Estados Unidos de América, el Reino Unido aceptó finalmente someter la controversia a un Arbitraje, que vino a concretarse el 3 de octubre de 1899, durante los últimos días de la presidencia de Ignacio Andrade y en el medio de la Revolución Liberal Restauradora, cuando se dictó el Laudo de París, por medio del cual se adjudicaron al Reino Unido 159.500 kilómetros, bastante más que el territorio cedido por Holanda al Reino Unido, mediante el ya mencionado Tratado de Londres del 13 de agosto de 1814.

El Laudo Arbitral de París fue el producto de una farsa procesal. Es nulo por las múltiples violaciones directas al Tratado de Washington de 1897 y al derecho internacional vigente para el momento en el cual se dictó y, también, por haber violado el debido proceso, por haber incurrido en el vicio de exceso de poder, por haber decidido más allá de lo requerido al tribunal arbitral y, en consecuencia, haber incurrido en el vicio de *ultra petita*; por carecer de motivación y por falta al deber de imparcialidad de los árbitros.

No obstante la nulidad del Laudo Arbitral de París, el Reino Unido obligó a Venezuela a ejecutarlo bajo la amenaza de que haría la demarcación unilateralmente si Venezuela no participaba. El Laudo Arbitral de París se ejecutó dentro de una enorme crisis política, social y económica en Venezuela, en medio del derrocamiento del Presidente Ignacio

Andrade por parte de Cipriano Castro. Mientras las comisiones de demarcación procedían a la ejecución de laudo, Venezuela sufría en 1902 el bloqueo de sus costas y las amenazas de invasión por parte del Reino Unido, Alemania e Italia.

Durante todo el siglo XX la reclamación de Venezuela por el territorio Esequibo siempre estuvo presente. En el gobierno del General Juan Vicente Gómez hubo varios intentos por parte del Reino Unido de ocupar territorios más allá de lo que el Laudo Arbitral de París había establecido, con particular interés en las Bocas del Orinoco. Ante estos hechos, la respuesta del gobierno fue un rechazo contundente.

El 14 de octubre de 1938, el Dr. Carlos Álamo Ybarra, en su trabajo de incorporación a la Academia de Ciencias Políticas y Sociales titulado "Fronteras de Venezuela con la Guayana Inglesa", estudió por primera vez en forma sistemática y con rigor científico la controversia del Esequibo y especialmente sus antecedentes.

En enero de 1944, el Presidente de Venezuela Isaías Medina Angarita de visita en la ciudad de Nueva York, acompañado del Embajador de Venezuela en Washington, Diógenes Escalante, exigió la reparación de la injusticia cometida por el laudo y el Embajador Diógenes Escalante precisó que Venezuela estaba en espera de que la injusticia fuera reparada.

En esa visita a Nueva York, el Presidente Medina Angarita se reunió con *Severo Mallet-Prevost* abogado del equipo de defensa de Venezuela en el arbitraje de París, y le otorgó la Orden del Libertador por su compromiso con la defensa de los derechos territoriales de Venezuela.

Desde el mismo momento en el que se dictó el Laudo de París comenzó a sospecharse que el presidente del tribunal arbitral, Fiódor Fiódorovich Martens, había violado gravemente el deber de imparcialidad. Se formularon denuncias y comentarios al respecto por los medios de comunicación, a través de publicaciones jurídicas y por los que habían estado cerca de los participantes en el Arbitraje.

Todo ello quedó plenamente comprobado en julio de 1949 cuando se publicó en el *American Journal of International Law* el memorándum póstumo de Severo Mallet-Prevost, quien había fallecido el 10 de diciembre de 1948 en Nueva York.

En el memorándum, Severo Mallet-Prevost señaló que él y el Presidente Benjamín Harrison tuvieron conocimiento de la confabulación que existió entre el Presidente del tribunal arbitral, Fiódor Fiódorovich Martens y los árbitros ingleses Lord Russell y Lord Collins.

Mallet-Prevost denunció que Fiódor Fiódorovich Martens se reunió con los árbitros americanos, David Josiah Brewer y Melville Weston Fuller, para presionarlos para que aceptaran tomar una decisión unánime.

El 30 de marzo de 1948, el presidente Rómulo Betancourt, quien encabezó la delegación de Venezuela que asistió a la IX Conferencia Internacional Americana, expresó que *"Al propugnar el principio de autodeterminación de los pueblos coloniales para decidir acerca de su propio destino no negamos en forma alguna el derecho de ciertas naciones de América a obtener determinadas porciones de territorio hemisférico que en justicia les pueda corresponder, ni renunciamos a lo que los venezolanos, llegado el caso de una serena y cordial revalorización histórica y geográfica de lo americano, pudieran hacer valer en pro de sus aspiraciones territoriales sobre zonas hoy en tutelaje colonial y que antes estuvieron dentro de nuestro propio ámbito"*[1].

Durante el segundo gobierno de Rómulo Betancourt, la reclamación de Venezuela por el territorio del Esequibo tomó mucha fuerza. Betancourt, en su mensaje al Congreso el 12 de marzo de 1962, señaló que: *"El diferendo entre la débil Venezuela y la arrogante Albión de los días de la reina Victoria, fue resuelto en un inicuo e inaceptable, y siempre rechazado por Venezuela, laudo pronunciado por un tribunal político y no de derecho, en sentencia del 3 de octubre de 1899. Jamás Venezuela ha admitido ni admitirá que tan extensa porción de territorio legítimamente suyo deje de estar encuadrado dentro de su geografía"*[2].

A propósito de esto la Cámara de Diputados del Congreso dictó una Acuerdo, resultado de las sesiones del 28 de marzo y del 4 de abril de 1962, para *"Respaldar la política de Venezuela sobre el diferendo limítrofe entre la posesión inglesa y nuestro país en cuanto se refiere al territorio del cual fuimos despojados por el colonialismo; y, por otra*

---

[1] Hermann González Oropeza y Pablo Ojer, Celigueta, *Informe que los expertos venezolanos para la cuestión de límites con Guayana Británica presentan al gobierno nacional*, Ministerio de Relaciones Exteriores, Caracas, 1967. pp. 23-24.

[2] Naudy Suárez Figueroa (comp.), *Rómulo Betancourt. Selección de escritos* políticos *(1929-1981)*, Fundación Rómulo Betancourt, Caracas, 2006. p. 387.

parte, apoyar sin reservas la total independencia de la Guayana Inglesa y su incorporación al sistema democrático de vida"[3].

En ese gobierno de Betancourt el reclamo del Esequibo fue impulsado por el Embajador Carlos Sosa Rodríguez ante la 130° reunión del XVI Período Anual de Sesiones de la Asamblea General de las Naciones Unidas en fecha 22 de febrero de 1962, donde ratificó la posición sostenida por el Ministerio de Relaciones Exteriores de Venezuela según la cual un cambio de status de la colonia de la Guayana Británica no cambiaría la legítima aspiración venezolana de obtener justicia.

Marcos Falcón Briceño ante la 348° Sesión del Comité Político Especial de la XVII Asamblea de las Naciones Unidas en fecha 12 de noviembre de 1962, ratificó la posición del Embajador Carlos Sosa Rodríguez respecto de la reclamación e invocó la histórica postura venezolana de que el Laudo Arbitral de París es nulo.

Dos años después, el 7 de marzo de 1964, en su mensaje ante el Congreso Nacional, el Presidente Rómulo Betancourt dio cuenta de las gestiones que el Ministerio de Relaciones Exteriores de Venezuela había realizado ante el Reino Unido y señaló que: *"Las negociaciones han seguido y, en bien de la República y para reparar una injusticia que se le hizo a Venezuela, deberán ser continuadas. El remate de ellas debe ser la incorporación al territorio nacional de una zona que desde un punto de vista jurídico-histórico, jamás dejó de pertenecer a Venezuela"*[4].

Todas esas gestiones diplomáticas constituyeron un importante antecedente al Acuerdo de Ginebra que fue firmado el 17 de febrero de 1966 para buscar soluciones satisfactorias para el arreglo práctico de la controversia.

El Acuerdo de Ginebra tuvo por virtud reconocer la existencia de una contención entre ambos países, de forma que el Laudo Arbitral de París no puso fin a la controversia; pero además, eliminó el efecto de cosa juzgada del Laudo Arbitral de París de 1899 y eliminó la intangibilidad de dicho Laudo.

El mismo Acuerdo establece que en caso de no avenirse las partes en la escogencia del medio de solución, referirán la decisión del asunto

---

[3] Ídem.
[4] Efraín Schacht Aristigueta, "Aspectos jurídicos y políticos del Tratado de Ginebra", en Coord. Tomás Enrique Carrillo Batalla, *La reclamación venezolana sobre la Guayana Esequiba*, Serie Eventos, 2, Academia de Ciencias Políticas y Sociales, Caracas, 2008. p. 33.

a *"un órgano internacional apropiado que ambos Gobiernos acuerden"*. Si este acuerdo no ocurría, deberían plantearlo al Secretario General de la Organización de las Naciones Unidas (ONU). De no resultar efectivo el medio de solución elegido, el órgano que lo seleccionó o, en su caso, el Secretario General de la ONU, elegiría otro medio del artículo 33 de la Carta de las Naciones Unidas (CNU). Esta selección de medios de solución se repetiría hasta que se resolviera la disputa o hasta que se agotaran los medios del artículo 33, lo que ocurriera primero.

El 18 de junio de 1970, durante el primer gobierno del Presidente Rafael Caldera se suscribió el Protocolo de Puerto España entre Venezuela, el Reino Unido y la República Cooperativa de Guyana con la finalidad de fue suspender por un período de 12 años la aplicación del Acuerdo de Ginebra, renovable, en principio, por doce años más, salvo que las partes acordaran un período distinto no menor de cinco años.

En 1981, en el gobierno el Presidente Luis Herrera Campíns, Venezuela denunció el Protocolo de Puerto España y manifestó su voluntad de no renovarlo de conformidad con el artículo V.

El Laudo de París no fue capaz de solucionar la controversia que ahora, más de ciento veinte años después, se encuentra en la jurisdicción de la Corte Internacional de Justicia (CIJ), luego que en fecha 29 de marzo de 2018, la República Cooperativa de Guyana demandó a Venezuela ante esa CIJ[5], de conformidad con el parágrafo primero del artículo 36 del Estatuto de la CIJ (Estatuto), el parágrafo primero del artículo 40 del Estatuto y el artículo 38 del Reglamento de la CIJ (Reglamento).

En respuesta, la CIJ, mediante sentencia de fecha 18 de diciembre de 2020, se declaró competente para conocer de la demanda con fundamento en el parágrafo 2 del artículo IV del Acuerdo de Ginebra y el 8 de marzo de 2021 dictó una providencia (*order*), conforme a lo previsto en el artículo 48 del Estatuto, por medio de la cual estableció los plazos dentro del proceso para la presentación de la memoria y la contramemoria, con arreglo al parágrafo segundo del artículo 43 del Estatuto.

Conforme a la referida resolución, la República Cooperativa de Guyana tenía hasta el 8 de marzo de 2022 para presentar su Memoria y

---

[5] International Court of Justice, "Application instituting proceedings", de fecha 29 de marzo de 2018. Disponible en https://www.icj-cij.org/sites/default/files/case-related/171/171-20180329-APP-01-00-EN.pdf.

Venezuela hasta el 8 de marzo de 2023 para producir su correspondiente contramemoria. En cumplimiento de ello, el 8 de marzo de 2022, la República Cooperativa de Guyana presentó su Memoria.

Para ese momento Venezuela aún no había comparecido al proceso y había expresado su rechazo a la jurisdicción de la CIJ mediante un memorándum y una carta. El memorándum del 28 de noviembre de 2019, suscrito por el Ministro de Relaciones Exteriores, Jorge Arreaza, negó la jurisdicción de la CIJ y descartó la posibilidad de un arreglo judicial. En el referido memorándum se insistió en solucionar la controversia a través de la negociación y acudir a los medios políticos con arreglo al Acuerdo de Ginebra.

El 24 de julio de 2021, el Ministro de Relaciones Exteriores de Venezuela, Jorge Arreaza, dirigió una carta al Presidente de la CIJ, Abdulqawui Ahmed Yusuf, por medio de la cual se insistió en las razones por las cuales la CIJ no era competente para conocer del asunto. Venezuela ratificó los argumentos expuestos en el memorándum enviado el 28 de noviembre de 2019 e insistió en que el objeto del Acuerdo de Ginebra es superar la controversia sobre la validez del Laudo Arbitral de París y sustituirla por un arreglo práctico aceptable para ambas partes.

El 6 de junio de 2022, luego de consignado el Memorial por parte de la República Cooperativa de Guyana, y cuando habían transcurrido casi tres meses del plazo para que Venezuela consignara su contramemoria, Venezuela envió una comunicación a la CIJ mediante la cual, de conformidad con el artículo 42 del Estatuto y el artículo 40 del Reglamento, designó Agente en el juicio por ante la CIJ al Embajador Samuel Moncada Acosta, Representante Permanente de Venezuela ante la ONU y Co-Agentes al Embajador Félix Plasencia González, Ex Ministro del Poder Popular para las Relaciones Exteriores de la República Bolivariana de Venezuela y a la profesora Elsie Rosales García.

El 7 de junio de 2022, Venezuela compareció ante la CIJ y opuso excepciones preliminares sobre la admisibilidad de la demanda de la República Cooperativa de Guyana, de conformidad con lo establecido en el artículo 79 del Reglamento. A consecuencia de ello, el 13 de junio de 2022, la CIJ dictó una providencia por medio de la cual fijó un plazo hasta el 7 de octubre de 2022 para que la República Cooperativa de Guyana presentara sus observaciones y alegatos sobre las objeciones preliminares planteadas por Venezuela. Además, indicó la CIJ que la determinación del procedimiento posterior sería dada a conocer en una futura decisión.

La República Cooperativa de Guyana presentó sus observaciones y alegatos escritos sobre las objeciones preliminares planteadas por Venezuela y, de conformidad con lo establecido en el parágrafo segundo del artículo 79ter del Reglamento, la CIJ llamó a las partes a exponer sus alegatos en audiencias orales que se desarrollaron entre el 17 y 22 de noviembre de 2022.

A los representantes de Venezuela les correspondió exponer sus argumentos durante la primera audiencia pública que tuvo lugar el jueves 17 de noviembre de 2022. De igual manera, los representantes de la República Cooperativa de Guyana expusieron sus argumentos sobre la improcedencia de la excepciones preliminares el viernes 18 de noviembre de 2022. El lunes 21 de noviembre de 2022 Venezuela presentó su réplica a los argumentos de la República Cooperativa de Guyana y el martes 22 de noviembre de 2022 la República Cooperativa de Guyana presentó su contrarréplica.

Corte Internacional de Justicia reunida en rondas de audiencias con ocasión de las excepciones preliminares de admisibilidad opuestas por Venezuela

El 6 de abril de 2023 la CIJ dictó sentencia sobre el asunto de la excepción preliminar de admisibilidad de la demanda de la República Cooperativa de Guyana presentada por la República Bolivariana de Venezuela el 7 de junio de 2022.

En primer lugar, la CIJ unánimemente encontró que la excepción preliminar presentada por la República Bolivariana de Venezuela es admisible.

Luego, con catorce votos a favor y el voto en contra del Juez ad hoc Sr. Couvreur, la CIJ declaró sin lugar la excepción preliminar presentada por la República Bolivariana de Venezuela.

Finalmente, con catorce votos a favor y el voto en contra del Juez ad hoc Sr. Couvreur, la CIJ ratificó que puede decidir sobre el fondo de las reclamaciones de la República Cooperativa de Guyana, en la medida en que se encuentren dentro del ámbito del párrafo 138, subpárrafo 1, de la Sentencia del 18 de diciembre de 2020.

La CIJ, luego de la lectura pública de la sentencia que resolvió el procedimiento incidental de excepciones preliminares iniciado por la República Bolivariana de Venezuela, ese mismo día 6 de abril de 2023, dictó una providencia fijando el día 8 de abril de 2024 como límite para que Venezuela presente su contramemoria, esto es, sus alegatos y defensas de fondo en respuesta a las pretensiones de la República Cooperativa de Guyana relativas a la nulidad o validez del Laudo Arbitral de París del 3 de octubre de 1899.

La reclamación de Venezuela sobre el territorio Esequibo ha llamado mi atención desde hace más de cuarenta años cuando en 1982 comencé a dar clases de Derecho Internacional Público en la Universidad Católica Andrés Bello, unos pocos meses después que el Protocolo de Puerto España dejó de tener vigencia y se volvió a la aplicación del Acuerdo de Ginebra.

Ahora, visto que la resolución del asunto se halla en la jurisdicción de la CIJ, luego de la demanda interpuesta por la República Cooperativa de Guyana, y el alto interés que este asunto tiene para todos los venezolanos, me parece pertinente formular estos comentarios sobre el tema.

Voy a tratar de hacerlo de manera sencilla para que llegue a todos los lectores, aún a los no especializados; para ello intentaré hacerlo de tres maneras. Primero, me voy a referir a los acontecimientos jurídicos más importantes ocurridos en estos doscientos años, pero también a sus antecedentes y a algunos hechos que han impactado la reclamación; entre ellos, el Tratado de Status Quo de 1850, por medio del cual Venezuela y el Reino Unido se comprometieron a mantener la situación fronteriza, tal y como se encontraba para ese momento, evitando ocupar el territorio en discusión; el Tratado de Washington de 1897; el Laudo de París de 1899; el Acuerdo de Ginebra de 1966 y el Protocolo de Puerto España de 1970. También formularé algunas consideraciones sobre la CIJ, su régimen jurídico tanto sustantivo como procesal, los aspectos que ya se han desarrollado en esa instancia judicial y los que están por ocurrir.

Una segunda forma de aproximarnos al tema es a través de los personajes que han sido protagonistas, para lo bueno y para lo malo, no sólo de lo ocurrido en los últimos doscientos años, sino desde 1493 cuando el Papa Alejandro VI suscribió la Bula Menor Intercétera, mediante la cual se dividió a los territorios de América del sur entre España y Portugal.

En tercer lugar, voy a presentar el asunto a través de las fechas relevantes en la reclamación, que también comienzan en 1493 con la mencionada Bula Menor Intercétera dictada por Papa Alejandro VI, que es considerado el primer documento que constituye un título jurídico sobre los territorios en disputa y en 1494 cuando con el Tratado de Tordesillas se consagró la soberanía de España y Portugal en el continente americano.

Para cumplir el propósito tendré en cuenta que este muy importante y delicado tema ha sido estudiado extensamente por muchos miembros de la Academia de Ciencias Políticas y Sociales, entre ellos: Carlos Álamo Ybarra[6], Isidro Morales Paúl[7], Carlos Sosa Rodríguez[8], René De Sola[9], Allan Brewer-Carías[10], Luis Cova Arria[11], Eugenio Hernández-

---

[6] Carlos Álamo Ybarra, *Fronteras de Venezuela con la Guayana Británica*, Academia de Ciencias Políticas y Sociales - Editorial Élite, Caracas, 1938.

[7] Isidro Morales Paúl, "Análisis crítico del problema fronterizo «Venezuela-Gran Bretaña»", *Boletín de la Academia de Ciencias Políticas y Sociales*, número 91, Caracas, 1983; Véase también Isidro Morales Paúl, "El juicio arbitral sobre la Guayana Esequiba de 1899 y la violación de los principios del debido proceso en perjuicio de Venezuela", en Tomás Enrique Carrillo Batalla, *La reclamación venezolana sobre la Guayana Esequiba*, Academia de Ciencias Políticas y Sociales, Serie Eventos 2, Caracas, 2008.

[8] Carlos Sosa Rodríguez, "El acta de Washington y el laudo de París", *Boletín de la Academia de Ciencias Políticas y Sociales*, número 91, Caracas, 1983.

[9] René De Sola, "Valuación actualizada del Acuerdo de Ginebra", *Boletín de la Academia de Ciencias Políticas y Sociales*, número 91, Caracas, 1983.

[10] Allan Brewer-Carías, "Territorio de Venezuela. Período Republicano", en *Diccionario de Historia de Venezuela*, Tomo II, Fundación Polar, Caracas, 1989. pp. 867-874; Allan

Bretón[12], Gabriel Ruan Santos[13], Humberto Romero-Muci[14], Héctor Faúndez Ledesma[15], Carlos Ayala Corao[16], Cecilia Sosa Gómez[17],

---

Brewer-Carías, "Guyana-Venezuela Border Dispute", *Max Planck Encyclopedia of Public International Law*, septiembre de 2006. Disponible en https://allanbrewercarias.net/Content/449725d9-f1cb-474b-8ab2-41efb849fea8/Content/Guyana-Venezuela%20Border%20Dispute.%20Max%20Planck%20EPIL,%202006.pdf. Allan Brewer-Carías "La formación de la república y de su territorio en las constituciones del siglo XIX. Un legado del proceso constitucional que comenzó con la Ley Fundamental de la República de Colombia promulgada por Simón Bolívar, en Angostura, el 17 de diciembre de 1819", en *Boletín de la Academia de Ciencias Políticas y Sociales*, número 164, abril-junio, Caracas, 2021; Véase también Allan Brewer-Carías, "Conclusiones Coloquios de la Academia de Ciencias Políticas y Sociales sobre la reclamación del territorio Esequibo", en *Boletín de la Academia de Ciencias Políticas y Sociales*, número 168, abril-junio, Caracas, 2022.

[11] Luis Cova Arria, "Principales aspectos de la situación jurídica de la reclamación venezolana sobre la Guyana Esequiba", en Cecilia Sosa Gómez y Jesús María Casal (Coord.), *¿Qué hacer con la justicia? El caso venezolano*, Academia de Ciencias Políticas y Sociales - Centro para la Integración y el Derecho Público, Caracas, 2020; "La Academia de Ciencias Políticas y Sociales y la defensa del territorio Esequibo", *Boletín de la Academia de Ciencias Políticas y Sociales*, número 164, abril-junio, Caracas, 2021, y del mismo autor "Conclusiones: coloquios de la Academia de Ciencias Políticas y Sociales sobre la Reclamación del Territorio Esequibo", *Boletín de la Academia de Ciencias Políticas y Sociales*, número 168, abril-junio, Caracas, 2022.

[12] Eugenio Hernández-Bretón, "La necesaria defensa del territorio Esequibo", en *Boletín de la Academia de Ciencias Políticas y Sociales*, número 164, abril-junio, Caracas, 2021.

[13] Gabriel Ruan Santos, "La Academia de Ciencias Políticas y Sociales y la reclamación de Venezuela por la Guayana Esequiba. Algunos antecedentes" en *Boletín de la Academia de Ciencias Políticas y Sociales*, número 164, abril-junio, Caracas, 2021; véase del mismo autor "Los títulos de la reclamación por la Guayana Esequiba. Especial referencia a la cláusula de prescripción", en *Boletín de la Academia de Ciencias Políticas y Sociales*, número 165, julio-septiembre, Caracas, 2021; véase además "La supuesta aquiescencia de Venezuela en la disputa por la Guayana Esequiba. Especial referencia al Acuerdo de Ginebra" en *Libro Homenaje a Cecilia Sosa Gómez*, Tomo I, Academia de Ciencias Políticas y Sociales, Caracas, 2021.

[14] Humberto Romero-Muci, "Palabras del Dr. Humberto Romero-Muci para el coloquio sobre la Academia de Ciencias Políticas y Sociales en la defensa del territorio Esequibo", en *Boletín de la Academia de Ciencias Políticas y Sociales*, número 164, abril-junio, Caracas, 2021.

[15] Héctor Faúndez Ledesma, *La competencia contenciosa de la Corte Internacional de Justicia y el caso Guayana vs. Venezuela*, Serie Estudios 126, Academia de Ciencias Políticas y Sociales - Editorial Jurídica Venezolana, Caracas, 2020; Véase Héctor Faúndez Ledesma, "La competencia de la CIJ respecto de la cuestión relacionada con el arreglo definitivo de la controversia sobre la frontera entre Guyana y Venezuela", en *Boletín de la Academia de Ciencias Políticas y Sociales*, número 167, enero-marzo, Caracas, 2022; en cuanto a la nulidad de Laudo Arbitral de París véase Héctor Faúndez Ledesma, "La nulidad del Laudo de París, del 3 de octubre de 1899", en *Boletín de la Academia de Ciencias Políticas y Sociales*, número 167, enero-marzo, Caracas, 2022; téngase en cuenta igualmente Héctor Faúndez Ledesma, "La controversia del Esequibo y las condiciones de validez del Laudo de París del 3 de octubre de 1899", en *Libro Homenaje a Cecilia Sosa Gómez*, Tomo I,

Jesús María Casal[18], Julio Rodríguez Berrizbeitia[19], Luciano Lupini Bianchi[20], Ramón Escovar León[21] y mi persona, previamente, también lo he hecho[22].

    Academia de Ciencias Políticas y Sociales, Caracas, 2021. Véase además, Héctor Faúndez Ledesma, "La necesidad de medidas provisionales en el caso Guyana c. Venezuela", en *Boletín de la Academia de Ciencias Políticas y Sociales*, número 166, octubre-diciembre, Caracas, 2021; y, del mismo autor, "Medidas cautelares en el caso Guyana c. Venezuela" artículo publicado en *El Nacional* en fecha 19 de noviembre de 2021. Disponible en: https://www.elnacional.com/opinion/medidas-cautelares-en-el-caso-guyana-c-venezuela/. Asimismo véase Héctor Faúndez Ledesma, "La controversia del Esequibo como legado del colonialismo", artículo publicado en *El Nacional* en fecha 6 de mayo de 2022. Disponible en: https://www.elnacional.com/opinion/la-controversia-del-esequibo-como-legado-del-colonialismo/; Héctor Faúndez Ledesma, "Estirando la mecha en la Corte Internacional de Justicia", artículo publicado en *El Nacional* en fecha 7 de octubre de 2022. Disponible en: https://www.elnacional.com/opinion/columnista/estirando-la-mecha-en-la-corte-internacional-de-justicia/; Héctor Faúndez Ledesma, "El Esequibo y el último conejo en la manga", artículo publicado en *El Nacional* en fecha 25 de noviembre de 2022. Disponible en: https://www.elnacional.com/opinion/el-esequibo-y-el-ultimo-conejo-en-la-manga/.

16 Carlos Ayala Corao, "Palabras de apertura", *Boletín de la Academia de Ciencias Políticas y Sociales*, número 166, octubre-diciembre, 2021, pp. 429 y ss. Téngase en cuenta su participación en varias de las conferencias celebradas dentro del ciclo de coloquios sobre la controversia del Esequibo, véase "La Academia de Ciencias Políticas y Sociales y la defensa de territorio Esequibo" de fecha 6 de mayo de 2021, disponible en: https://www.youtube.com/watch?v=tYYwRUGV-7Y; "La formación de la República y el territorio venezolano en las constituciones de Venezuela", de fecha 20 de mayo de 2021, disponible en: https://www.youtube.com/watch?v=QjmXTxgqIHk&t=2866s; "El laudo arbitral del 3 de octubre de 1899 y el memorándum Mallet-Prevost", de fecha 19 de agosto de 2021, disponible en: https://www.youtube.com/watch?v=YAuecChpzHg&t=2901s.

17 Cecilia Sosa Gómez, "Formación de la República y el territorio venezolano en las constituciones de Venezuela", en *Boletín de la Academia de Ciencias Políticas y Sociales*, número 164, abril-junio, Caracas, 2021.

18 Jesús María Casal, "Cinco vertientes constitucionales de la reclamación del Esequibo" en *Boletín de la Academia de Ciencias Políticas y Sociales*, número 164, abril-junio, Caracas, 2021.

19 Julio Rodríguez Berrizbeitia, "Las reglas del Tratado de Washington de 1897 y los títulos históricos del territorio del Esequibo", en *Boletín de la Academia de Ciencias Políticas y Sociales*, número 165, julio-septiembre, Caracas, 2021. Julio Rodríguez Berrizbeitia, "Palabras de Clausura del Presidente de la Academia de Ciencias Políticas y Sociales", *Boletín de la Academia de Ciencias Políticas y Sociales*, número 168, abril-junio, Caracas, 2022.

20 Luciano Lupini Bianchi, "Palabras de apertura del XII coloquio sobre la controversia del Esequibo, pronunciadas por el primer vicepresidente de la Academia de Ciencias Políticas y Sociales", *Boletín de la Academia de Ciencias Políticas y Sociales*, número 168, abril-junio, Caracas, 2022.

21 Ramón Escovar León, "La controversia con Guyana: Venezuela debe presentar la contramemoria", artículo publicado en *El Nacional*, 31 de mayo de 2022. Disponible en: https://www.elnacional.com/opinion/la-controversia-con-guyana-venezuela-debe-presentar-la-contramemoria/; Ramón Escovar León, "El Esequibo y la unidad nacional", artículo

Tengo presente también la publicación del libro *La reclamación venezolana sobre la Guayana Esequiba* coordinado por el académico Tomás Enrique Carrillo Batalla en el año 2008[23]. Asimismo, la Academia de Ciencias Políticas y Sociales ha emitido varios pronunciamientos sobre la controversia que tienen hoy una gran importancia[24].

Además, están publicados en los Boletines de la Academia de Ciencias Políticas y Sociales valiosos estudios y documentos sobre el tema, entre ellos, el memorándum póstumo de Severo Mallet-Prevost[25] y los trabajos publicados por varios expertos en la materia, como: Marcos Falcón Briceño[26], Armando Rojas[27], Elbano Provenzali[28], Sadio Garavini[29], Gerson Revanales[30], Eloy Torres Román[31], Allan Estrada

---

publicado en *El Nacional*, 2 de febrero de 2021. Disponible en: https://www.elnacional.com/opinion/el-esequibo-y-la-unidad-nacional/; Véase también Ramón Escovar León, "La sentencia de la Corte Internacional de justicia en el conflicto de Guyana vs Venezuela", artículo publicado en *El Nacional*, 22 de diciembre de 2020. Disponible en: https://www.elnacional.com/opinion/la-sentencia-de-la-corte-internacional-de-justicia-en-el-conflicto-de-guyana-vs-venezuela/; Igualmente téngase en cuenta Ramón Escovar León, "Marcos Falcón Briceño y el Esequibo", artículo publicado en *El Nacional*, 7 de julio de 2020. Disponible en: https://www.elnacional.com/opinion/marcos-falcon-briceno-y-el-esequibo/.

22 Rafael Badell Madrid, "La nulidad del Laudo de París del 3 de octubre de 1899", en *Boletín de la Academia de Ciencias Políticas y Sociales*, número 165, julio-septiembre, 2021; véase también Rafael Badell Madrid, "Comentarios sobre la controversia con Guyana" en *Libro Homenaje a Cecilia Sosa Gómez*, Tomo I, Academia de Ciencias Políticas y Sociales, Caracas, 2021. pp. 731-814.

23 Tomás Enrique Carrillo Batalla (coord.), *La reclamación venezolana sobre la Guayana Esequiba*, Academia de Ciencias Políticas y Sociales, Serie Eventos 2, Caracas, 2008.

24 Humberto Romero-Muci (coord.), *Doctrina Académica Institucional*, Editorial Jurídica Venezolana, Caracas, 2019. Véase en la página web de la Academia de Ciencias Políticas Sociales el apartado de pronunciamientos donde se encuentran publicados los relativos a la controversia del Esequibo, disponible en: https://www.acienpol.org.ve/pronunciamientos-acienpol/.

25 Otto Schoenrich, "Materia de excepcional importancia para la historia diplomática de Venezuela. La disputa de límites entre Venezuela y La Guayana Británica", en *Boletín de la Academia de Ciencias Políticas y Sociales*, Vol. 14, No. 1-2-3-4, Caracas, 1949.

26 Marcos Falcón Briceño, "Orígenes de la actual reclamación de la Guayana Esequiba", en *Boletín de la Academia de Ciencias Políticas y Sociales*, número 91, Caracas, 1983.

27 Armando Rojas, "La reclamación de la Guayana Esequiba. Gestiones diplomáticas realizadas por Venezuela durante el siglo XIX" en *Boletín de la Academia de Ciencias Políticas y Sociales*, número 91, Caracas, 1983.

28 Elbano Provenzali Heredia, "Cronología de una solidaridad. Documentos brasileños revelan los derechos de Venezuela sobre la Guyana Esequiba", en *Boletín de la Academia de Ciencias Políticas y Sociales*, número 93-94, Caracas, 1983.

29 Sadio Garavini di Turno, "Guyana: El Acuerdo de Ginebra en la actualidad", en *Boletín de la Academia de Ciencias Políticas y Sociales*, número 153, Caracas, 2014; véase Sadio

Morales[32], Asdrúbal Aguiar[33], Milagros Betancourt[34], Antonio Remiro Brotóns[35], Emilio Figueredo[36], Juan Carlos Sainz Borgo[37], Jorge Cardona Llorens[38], Víctor Rodríguez Cedeño[39], Josmar Fernández[40],

---

Garavini di Turno, "El Acuerdo de Ginebra y la controversia del Esequibo", en *Boletín de la Academia de Ciencias Políticas y Sociales*, número 165, julio-septiembre, Caracas, 2021; y Sadio Garavini di Turno, "La demanda de Guyana, la competencia de la Corte Internacional de Justicia y las opciones de Venezuela", en *Boletín de la Academia de Ciencias Políticas y Sociales*, número 166, octubre-diciembre, Caracas, 2021.

[30] Gerson Revanales, "Venezuela: un caso de debilidad jurídica, política, y diplomática en la reclamación del Esequibo", en *Boletín de la Academia de Ciencias Políticas y Sociales*, número 158, Caracas, 2019.

[31] Eloy Torres Román, "Los antecedentes de la controversia del Esequibo", en *Boletín de la Academia de Ciencias Políticas y Sociales*, número 164, abril-junio, Caracas, 2021.

[32] Allan Amilkar Estrada Morales, "Diferendo territorial entre Guatemala vs. Belice", en *Boletín de la Academia de Ciencias Políticas y Sociales*, número 165, julio-septiembre, Caracas, 2021.

[33] Asdrúbal Aguiar, "El compromiso arbitral de Washington sobre la reclamación Esequiba y el Derecho internacional", en *Boletín de la Academia de Ciencias Políticas y Sociales*, número 165, julio-septiembre, Caracas, 2021; véase también Asdrúbal Aguiar, "La competencia de la Corte Internacional de Justicia y la cuestión conexa sobre la frontera entre Guyana y Venezuela", en *Boletín de la Academia de Ciencias Políticas y Sociales*, número 167, enero-marzo, Caracas, 2022.

[34] Milagros Betancourt, El Laudo Arbitral del 3 de octubre de 1899 a la luz de la Jurisprudencia de la Corte Internacional de Justicia, en *Boletín de la Academia de Ciencias Políticas y Sociales*, número 165, julio-septiembre, Caracas, 2021.

[35] Antonio Remiro Brotóns, "El Acuerdo de Ginebra y la controversia del Esequibo", en *Boletín de la Academia de Ciencias Políticas y Sociales*, número 165, julio-septiembre, Caracas, 2021.

[36] Emilio Figueredo, "El Acuerdo de Ginebra y su significado en la controversia territorial entre Venezuela y Guyana", en *Boletín de la Academia de Ciencias Políticas y Sociales*, número 165, julio-septiembre, Caracas, 2021.

[37] Juan Carlos Sainz-Borgo, "El Acuerdo de Ginebra a la luz del Derecho de los Tratados", en *Boletín de la Academia de Ciencias Políticas y Sociales*, número 165, julio-septiembre, Caracas, 2021; véase también Juan Carlos Sainz-Borgo, "La recuperación de Esequibo. Anotaciones desde la estrategia procesal", *Revista de Derecho Público*, número 167-168, Editorial Jurídica Venezolana, Caracas, 2021.

[38] Jorge Cardona Llorens, "La competencia de la Corte Internacional de Justicia en materia contenciosa, el principio de la competencia sobre la competencia y la ejecución de las sentencias de la Corte", en *Boletín de la Academia de Ciencias Políticas y Sociales*, número 166, octubre-diciembre, Caracas, 2021.

[39] Víctor Rodríguez Cedeño, "Las implicaciones de la no comparecencia en el procedimiento contencioso ante la Corte Internacional de Justicia: Reglas y principios aplicables a la luz de la práctica de la Corte", en *Boletín de la Academia de Ciencias Políticas y Sociales*, número 166, octubre-diciembre, Caracas, 2021; véase también Víctor Rodríguez Cedeño, "Sobre el principio del uti possidetis iuris en el contexto de la controversia territorial sobre el Esequibo", en *Boletín de la Academia de Ciencias Políticas y Sociales*, número 167, enero-marzo, Caracas, 2022.

Jesús Ollarves[41], Orlando Guerrero Mayorga[42], José Toro Hardy[43] y Ricardo Salvador De Toma-García[44].

Tomo en cuenta que recientemente la Academia de Ciencias Políticas y Sociales publicó el valioso libro *La Controversia del Esequibo*, que recoge el ciclo de doce eventos celebrados entre el 6 de mayo de 2021 hasta el 31 de marzo de 2022 bajo el auspicio de la Academia de Ciencias Políticas y Sociales.

Hay además, estudios referidos a los aspectos históricos de la controversia. En primer lugar, el valioso aporte de los historiadores Hermann González Oropeza y Pablo Ojer Celigueta, quienes viajaron a Londres y realizaron una muy importante investigación en los archivos confidenciales británicos. El resultado de su labor fue publicado en 1967 en el *Informe que los expertos venezolanos para la cuestión de límites con Guayana Británica presentan al gobierno nacional, Ministerio de Relaciones Exteriores*[45].

El informe contiene detalles como notas en diarios, comentarios de personajes que participaron en el arbitraje de París, mapas y reacciones de prensa sobre el procedimiento y el Laudo Arbitral de París. Toda la información publicada en el informe está respaldada por documentos presentados al Reino Unido en conversaciones entre expertos, que son producto de las 15 sesiones que tuvieron lugar en Londres entre febrero y mayo de 1964.

---

[40] Josmar Fernández, "La plataforma continental y la frontera marítima entre Guyana y Venezuela", en *Boletín de la Academia de Ciencias Políticas y Sociales*, número 167, enero-marzo, Caracas, 2022.

[41] Jesús Ollarves, "La plataforma continental y la frontera marítima entre Guyana y Venezuela. Reflexiones sobre los problemas en torno a la delimitación de la frontera marítima entre Venezuela y Guyana y el derecho aplicable", en *Boletín de la Academia de Ciencias Políticas y Sociales*, número 167, enero-marzo, Caracas, 2022.

[42] Orlando Guerrero Mayorga, "El Laudo del Rey de España Alfonso XIII del 23 de diciembre de 1906", en *Boletín de la Academia de Ciencias Políticas y Sociales*, número 167, enero-marzo, Caracas, 2022.

[43] José Toro Hardy, "Ponencia de José Toro Hardy ante la Academia de Ciencias Políticas y Sociales", en *Boletín de la Academia de Ciencias Políticas y Sociales*, número 168, abril-junio, Caracas, 2022.

[44] Ricardo Salvador De Toma-García, "Panorama y crítica de los intereses geopolíticos en la región", en *Boletín de la Academia de Ciencias Políticas y Sociales*, número 168, abril-junio, Caracas, 2022.

[45] Hermann González Oropeza y Pablo Ojer Celigueta, *Informe que los expertos venezolanos para la cuestión de límites con Guayana Británica presentan al gobierno nacional*, Ministerio de Relaciones Exteriores, Caracas, 1967.

También he considerado los trabajos de los historiadores venezolanos Manuel Donís Ríos[46] y Edgardo Mondolfi Gudat[47], ambos Individuos de Número de la Academia Nacional de la Historia. Además de todo lo anterior, tenemos presente el estudio del historiador colombiano José Manuel Restrepo, titulado *Historia de la Revolución de la República de Colombia*[48], que contiene información relevante relacionada con los límites de Venezuela durante la existencia de la Gran Colombia.

Mis consideraciones sobre este interesante tema van precedidas de un prólogo elaborado por una de las personas que más conoce del tema, el académico y profesor Dr. Héctor Faúndez Ledesma. Además, el libro que recoge todo es posible gracias al generoso financiamiento de nuestro muy apreciado amigo, brillante abogado y exitoso empresario presidente de Bancamiga Dr. Carmelo De Grazia Suárez. A ambos le manifiesto mi profundo agradecimiento.

Además, agradezco a Wilfredo Monsalve por su ayuda en la tarea de investigación; a Evelyn Barboza por el diseño de la portada y a Oralia Hernández por su impecable labor de diagramación.

---

[46] Manuel Donís Ríos, "Antecedentes de la reclamación venezolana del territorio Esequibo", en *Boletín de la Academia de Ciencias Políticas y Sociales*, número 164, abril-junio, Caracas, 2021; Manuel Donís Ríos, "Presentación" en *El reclamo Esequibo. Un compromiso nacional vigente ante la historia y la justicia*, Abediciones, Universidad Católica Andrés Bello, Caracas, 2021; Manuel Donís Ríos, *El Esequibo. Una reclamación histórica*, Abediciones - Konrad Adenauer Stifung, Caracas, 2016; Manuel Donís Ríos, "La reclamación del territorio Esequibo: 1899-1966", *Boletín de la Academia Nacional de la Historia*, número 394, Caracas, 2016.

[47] Edgardo Mondolfi Gudat, "Apuntes en torno al Acuerdo de Ginebra", artículo publicado en *Prodavinci* el 3 de julio de 2021. Disponible en: https://prodavinci.com/apuntes-en-torno-al-acuerdo-de-ginebra/.

[48] José Manuel Restrepo, Historia de la Revolución de la República de Colombia, tomo I, Librería Americana, París, 1827.

II. CONSIDERACIONES GENERALES

Mediante el Tratado de Londres del 13 de agosto de 1814, el Reino Unido adquirió los establecimientos holandeses de Berbice, Demerara y Esequibo situados al este del río Esequibo que, a su vez, Holanda había adquirido de España a través del Tratado de Münster de fecha 24 de octubre de 1648. Todos estos campamentos se ubicaban al este del río

Esequibo. De manera que todos los dominios situados al oeste del río Esequibo siempre pertenecieron a Venezuela.

A través de la Real Cédula de fecha 8 de septiembre de 1777 se había constituido la Capitanía General de Venezuela. Ese mismo año se dispuso la separación de las provincias de Cumaná, Guayana y Maracaibo e Islas de Trinidad y Margarita del Virreinato y Capitanía General del Nuevo Reino de Granada para incorporarlas a la Capitanía General de Venezuela[49]. Luego, el artículo 128 de la primera Constitución de Venezuela del 21 de diciembre de 1811, que se dictó después de la independencia del 5 de julio de 1811, estableció que: *"Luego que libres de la opresión que sufren las Provincias de Coro, Maracaibo y Guayana, puedan y quieran unirse a la Confederación, serán admitidas a ella, sin que la violenta separación en que a su pesar y el nuestro han permanecido, pueda alterar para con ellas los principios de igualdad, justicia y fraternidad, de que gozarán luego como todas las demás Provincias de la unión"*[50].

Más adelante, en medio de las guerras para consolidar la independencia, el 7 de agosto de 1817, Simón Bolívar envió una carta al coronel Leandro Palacios desde la Baja Guayana en la que expresó: *"¡Al fin tengo el gusto de ver libre a Guayana! La capital se nos rindió el 18 del pasado, y estas fortalezas el 3 del corriente. El país no ha quedado en el mejor estado, por lo que es la población, que casi se ha aniquilado*

---

[49] Cfr. Irene Loreto González, *Génesis del constitucionalismo en Venezuela*, Centro de Investigaciones Jurídicas, Caracas, 2005. p. 74.
[50] Allan Randolph Brewer-Carías, *Las constituciones de Venezuela*, Academia de Ciencias Políticas y Sociales, Caracas, 1997. pp. 555 y ss.

en los siete meses de sitio, y porque una gran parte de la gente emigró con los españoles"[51].

El 15 de octubre de 1817 Simón Bolívar, desde el Cuartel General de Angostura, emitió un decreto por medio del cual incorporó la provincia de Guayana a la República de Venezuela y señaló cuáles eran sus departamentos. El artículo 1 del referido decreto estableció que *"La Provincia de Guayana en toda su extensión queda reunida al territorio de Venezuela, y formará desde hoy una parte integrante de la República"*[52].

Para el momento en el cual se sancionó la Constitución de Angostura, 15 de agosto de 1819, Guayana era una de las provincias de Venezuela. En efecto, ese texto constitucional dentro del Título 2°, sección 1°, en el artículo 2 estableció que: *"El Territorio de la República de Venezuela se divide en diez Provincias, que son: BARCELONA, BARINAS, CARACAS, CORO, CUMANA, GUAYANA, MARACAYBO, MARGARITA, MERIDA, y TRUJILLO. Sus límites y demarcaciones se fijarán por el Congreso"*[53].

El 17 de diciembre de 1819 el Congreso de Angostura sancionó la Ley Fundamental de Colombia, cuyo artículo 2 estableció el principio *uti possidetis iuris* en los siguientes términos: *"Su territorio será el que comprendían la antigua Capitanía General de Venezuela, y el Virreinato del nuevo Reino de Granada, abrazando una extensión de 115 mil leguas cuadradas, cuyos términos precisos se fijarán en mejores circunstancias"*[54].

Con la referida Ley Fundamental de Colombia y, en especial con la disposición citada del artículo 2 se complementó el decreto de Simón Bolívar del 15 de octubre de 1817, al regular expresamente el principio *uti possidetis iuris* según el cual Venezuela tenía los mismos límites que en su momento tuvo la Capitanía General de Venezuela[55].

---

[51] Véase el artículo de Rafael Castro, "Las revoluciones son esencialmente transformaciones culturales" publicado el 10 de agosto de 2015. Disponible en: https://www.aporrea.org/actualidad/a212082.html.
[52] Véase Decreto del Libertador Simón Bolívar fechado en Angostura el 15 de octubre de 1817, por el cual incorpora la provincia de Guayana a la República de Venezuela y señala sus departamentos. Disponible en: http://www.archivodellibertador.gob.ve/escritos/buscador/spip.php?article2283.
[53] Allan Brewer-Carías, *Las constituciones de Venezuela*, ob. cit., pp. 619 y ss.
[54] *Ibíd.*, pp. 643-644.
[55] *Ídem.*

El 20 de febrero de 1821, el diplomático Francisco Antonio Zea, quien había sido Vicepresidente de la República de Colombia desde el 17 de diciembre de 1819 hasta 19 de marzo de 1820 y Embajador de la República de Colombia en el Reino Unido desde el 16 de junio de 1820 hasta el 28 de noviembre de 1820, dirigió una comunicación al Ministro de Asuntos Exteriores del Reino Unido, Robert Stewart -Vizconde de Castlereagh-, para aclarar la situación de la frontera oriental de Colombia.

En la referida comunicación expresó: *"La República de Colombia ocupa en la América del Sur la parte más septentrional, extendiéndose en latitud desde los 12° N, hasta 69 S, y en longitud desde 589 hasta los 81 Q del meridiano de Greenwich. Sus límites son al Este el Océano Atlántico que baña sus costas desde las bocas del Orinoco hasta Cabo Nassau; desde este cabo arranca una línea N.S. que partiendo de este cabo termina en el río Esequibo, siendo la ribera izquierda de este río la frontera con la Guayana Holandesa"*[56].

A lo anterior sigue la Ley Fundamental de la Unión de los Pueblos de Colombia, sancionada por el Congreso de la Villa del Rosario de Cúcuta el 15 de agosto de 1821, cuyo artículo 5 ratificó el *uti possidetis iuris*:

> *"El territorio de la República de Colombia será el comprendido dentro de los límites de la antigua capitanía general de Venezuela y el virreinato y capitanía del Nuevo Reino de Granada. Pero la asignación de sus términos precisos queda reservada para tiempo más oportuno"*[57].

También debe tenerse en cuenta que la Constitución de la República de Colombia del 30 de agosto de 1821 -a la que el Presidente Simón Bolívar le puso el ejecútese el 6 de octubre de 1821[58]- tomó en cuenta el principio *uti possidetis iuris* e integró a Guayana dentro de su territorio. En efecto, el artículo 6 estableció que: *"El territorio de Colombia es el*

---

[56] Herman González Oropeza y Pablo Ojer Celigueta, ob. cit., p. 33.
[57] Allan Brewer-Carías, *Las constituciones de Venezuela*, ob. cit., pp. 645-646.
[58] Al respecto véase Rafael Badell Madrid, "Consideraciones sobre la Constitución de Colombia de 1821", *Boletín de la Academia de Ciencias Políticas y Sociales*, número 165, Caracas, 2021. p. 541 y ss

mismo que comprendían el antiguo Virreinato de la Nueva Granada y la Capitanía general de Venezuela".

En 1822 se detectó la presencia de ocupaciones de colonos ingleses provenientes de Demerara y Berbice cerca del río Esequibo en los dominios de Venezuela que formaba parte de la República de Colombia. En respuesta, el gobierno colombiano, por órgano del Ministerio de Relaciones Exteriores, instruyó a su Ministro Plenipotenciario en Londres, José Rafael Revenga, para que conviniera con los ingleses en la fijación de la línea divisoria entre la Guayana Británica y Colombia.

Las referidas instrucciones eran del siguiente tenor: *"Séame lícito, sin embargo, llamar particularmente la atención de Usted al artículo 2 del proyecto de tratado en punto de límites. Los ingleses poseen en el día la Guayana Holandesa, por cuya parte son nuestros vecinos. Convenga usted tan exactamente, como sea posible, sobre fijar la línea divisoria de uno y otro territorio, según los últimos tratados entre España y Holanda. Los colonos de Demerara y Berbice tienen usurpada una gran porción de tierra que, según aquéllos, nos pertenece del lado del río Esequibo. Es absolutamente indispensable que dichos colonos, o se pongan bajo la protección y obediencia de nuestras leyes, o que se retiren a sus antiguas posesiones. Al efecto se les dará el tiempo necesario según se establece en el proyecto"*[59].

Sin embargo, el Ministro Plenipotenciario José Rafael Revenga no pudo cumplir las instrucciones que había recibido *"por no habérsele presentado la oportunidad de discutir la cuestión de límites durante su misión en Inglaterra"*[60]. Si bien esas instrucciones no se concretaron, esto demuestran claramente el rechazo inmediato de las ocupaciones británicas en el territorio de Venezuela, que en ese momento estaba unida a Colombia.

De forma que la incursión de colonos provenientes de Demerara y Berbice al oeste del río Esequibo fue siempre rechazada con contundencia y la defensa del territorio Esequibo ha estado presente en la

---

[59] Véase en el libro *Historia oficial de la discusión entre Venezuela y la Gran Bretaña sobre sus límites en la Guayana*, L. Weiss & Company impresores, Nueva York, 1896. p. 6. Disponible en: https://play.google.com/store/books/details?id=b8FAAQAAMAAJ&rdid=book-b8FAAQAAMAAJ&rdot=1

[60] *Ídem.*

historia de Venezuela, incluso, cuando formaba parte del territorio de la República de Colombia.

Para el año 1824 la República de Colombia estaba conformada por los territorios que correspondían al Virreinato de la Nueva Granada, la Capitanía General de Venezuela, Panamá -que se adhirió a Colombia el 28 de noviembre de 1821, el mismo día que obtuvo su independencia- y las provincias quiteñas que se unieron a Colombia mediante proclamas provinciales, primero la Provincia de Cuenca en abril de 1822 y después las de Quito y Guayaquil, en mayo y julio del mismo año, respectivamente[61].

El límite oriental de la República de Colombia fue ratificado por la Ley de División Territorial de la República de Colombia de 25 de junio de 1824 que estableció que el territorio de la república se dividiría en doce departamentos, incluido el Departamento del Orinoco que, de acuerdo con el artículo 2 *eiusdem*, tenía entre sus provincias las de Cumaná, Barcelona, Guayana y Margarita.

El mismo artículo 2 establecía que la provincia de Guayana estaba compuesta por los cantones de Santo Tomás de Angostura, Río Negro, Alto Orinoco, Caura, Guayana Vieja, Caroní, Upata, La Pastora y La Barceloneta[62]. Esta Ley de División Territorial del 25 de junio de 1824 estuvo vigente para el Estado de Venezuela -aún después de la desintegración de Colombia- hasta el gobierno de José Tadeo Monagas, cuando fue sancionada la Ley del 28 de Abril de 1856 que estableció la División Territorial de la República de Venezuela.

La situación limítrofe de la República de Colombia para el año 1824 puede apreciarse con toda claridad en la *Carta de la República de Colombia dividida en 12 departamentos en 1824*, un mapa publicado en el *Atlas Físico y Político de la República de Venezuela* elaborado por el Coronel de ingenieros Agustín Codazzi.

En la *Carta de la República de Colombia dividida en 12 departamentos en 1824*, el territorio de la República de Colombia fue estableci-

---

[61] Véase Rafael Badell Madrid, "Consideraciones sobre la Constitución de Colombia de 1821", ob. cit., p. 542 y ss.

[62] Allan Brewer-Carías, "La formación de la república y de su territorio en las constituciones del siglo XIX. Un legado del proceso constitucional que comenzó con la Ley Fundamental de la República de Colombia promulgada por Simón Bolívar, en Angostura, el 17 de diciembre de 1819", ob. cit.

do de conformidad con el principio *uti possidetis iuris* y comprendía los territorios de la provincia de Guayana que llegaban hasta el río Esequibo. Como observa Brewer-Carías *"el territorio del Cantón de Upata de la Provincia de Guayana se extiende hasta el río Esequibo, con exclusión de la zona entre la desembocadura del río Moruco y el río Esequibo, que aparece en este caso con la indicación de: "TERRITORIO QUE SE CONSIDERA USURPADO POR LOS INGLESES", lo que se repite en la zona de la ribera Oeste de las nacientes del río Esequibo"*[63].

La República de Colombia se disolvió luego de enfrentar problemas de orden político, económico y social. Los hechos del movimiento político conocido como *La Cosiata*, liderado por el General José Antonio Páez con el apoyo de las municipalidades de Caracas y Valencia, contribuyeron a la extinción de la República de Colombia[64]. La falta de consenso en torno a la adopción de la forma de Estado suscitado entre centralistas y federalistas fue uno de los elementos que aceleró el proceso de disolución. El último intento de resolver las tensiones entre los partidarios de esas dos corrientes fue la Convención de Ocaña del 9 de abril de 1827 que no tuvo éxito[65].

A lo anterior sigue el Decreto Orgánico de la Dictadura dictado por Simón Bolívar el 7 de agosto de 1828, con el que cesó la vigencia la Constitución de la República de Colombia debido a la ruptura del hilo constitucional.

Tras la ruptura del hilo constitucional producida por el decreto de la dictadura se convocó la celebración de un Congreso Constituyente en Bogotá. El colegio electoral de Venezuela formuló un proyecto de instrucciones para los diputados que asistirían en representación del país, en el cual se estableció *"la necesidad de sostener la Constitución de la Villa del Rosario de Cúcuta"*[66]. Sin embargo, *"el Congreso Cons-*

---

[63] *Ibíd.*, p. 146.
[64] Véase Rafael Badell Madrid, "Consideraciones sobre la Constitución de Colombia de 1821", ob. cit., pp. 532 y 549.
[65] *Ídem.*
[66] Allan Brewer-Carías, *La Constitución de la República de Colombia de 30 de agosto de 1821. Producto de la unión de los pueblos de Venezuela y de la Nueva Granada propuesta por Simón Bolívar. Sus antecedentes y condicionantes*, Academia de Ciencias Políticas y Sociales - Academia Colombiana de Jurisprudencia - Editorial Jurídica Venezolana - Editorial Temis, Caracas/Bogotá, 2021. p. 303.

tituyente de Bogotá inició sus labores el de 2 de enero de 1830, pero Venezuela no participó. El 13 de enero de 1830 el General José Antonio Páez convocó el Congreso de Valencia que se instaló el 6 de mayo de 1830 y sancionó la Constitución del Estado de Venezuela el 22 de septiembre de 1830"[67].

Aun después de la separación de Venezuela de la República de Colombia los límites territoriales fijados en la Ley de División Territorial de 1824 se mantuvieron y Venezuela ejerció soberanía sobre los territorios que pertenecieron a la Capitanía General de Venezuela.

Como lo señaló el historiador colombiano José Manuel Restrepo, durante el mismo período en el que existió la República de Colombia los límites por la Costa del Atlántico fueron:*"...desde el Cabo Nassau,* **o más bien desde el río Esequibo**, *antiguo límite de la Guayana Holandesa, hasta el Cabo Gracias a Dios en la provincia de Honduras por los quince grados de latitud norte, e incluyendo las islas de Margarita, San Andrés, Vieja providencia , y otras aún más pequeñas"*[68]. (Resaltado añadido).

Además, señaló José Manuel Restrepo que el río Esequibo:*"...sigue dividiendo la Guayana inglesa de la de Colombia hasta la embocadura del río Cuyuní en él, siendo el territorio occidental de Colombia y el oriental de la Inglaterra. El río Cuyuní es la línea divisoria desde su embocadura en el Esequibo basta la confluencia del Maceroni: de allí sigue hacia el norte hasta el Río Pumarón y después su curso hasta el mar en el cabo Nassau. Aquí terminan los límites entre Colombia y la Guayana ahora inglesa que empiezan a los 2 grados 10 minutos latitud norte hacia el S. E de los Macusis"*[69].

El enviado Extraordinario y Ministro Plenipotenciario José Rafael Revenga fue sustituido por José Manuel Hurtado, quien el 16 de julio de 1824 solicitó al Reino Unido que diera su reconocimiento a la República de Colombia como Estado independiente. En esa oportunidad se insistió -una vez más- que el límite entre la República de Colombia

---

[67] Véase Rafael Badell Madrid, "Consideraciones sobre la Constitución de Colombia de 1821", ob. cit., pp. 621-622.

[68] Véase José Manuel Restrepo, *Historia de la Revolución de la República de Colombia*, tomo I, Librería Americana, París, 1827, p. 13.

[69] *Ibíd.*, pp. 17-18.

y la Colonia Británica de Guayana, perteneciente al Reino Unido, era el río Esequibo.

En efecto, José Manuel Hurtado expresó: *"Este bello y rico país se extiende por el mar del norte, desde el río Esequibo o confines de la provincia de Guayana hasta el río de las Culebras, que la separa de Guatemala"*[70].

El historiador venezolano Manuel Donís Ríos indica que la referida frase de José Manuel Hurtado *"desde el río Esequibo o confines de la provincia de Guyana"* debe ser interpretada de conformidad con los límites existentes para el momento, es decir: *"Al oriente, la antigua Capitanía General de Venezuela, ahora parte integrante de la República de Colombia bajo la denominación Departamento de Venezuela, tenía como límite con la Guayana Británica el río Esequibo. Al Sur del río Esequibo la Capitanía General de Venezuela llegaba hasta la desembocadura del río Amazonas, en virtud de la capitulación de Guayana obtenida por Antonio de Berrío en 1582"*[71].

En el mes de diciembre de 1824 el Reino Unido reconoció a la República de Colombia como Estado independiente. La decisión del Reino Unido fue notificada a España ese mismo año de 1824 y la noticia se recibió con júbilo en América[72]. El Reino Unido había establecido como condición para otorgar ese reconocimiento que la República de Colombia suscribiera un Tratado de Cooperación y Amistad entre los dos países, el cual efectivamente se firmó el 18 de abril de 1825[73].

---

[70] Manuel Donís Ríos, *El Esequibo. Una reclamación histórica*, Abediciones - Konrad Adenauer Stifung, Caracas, 2016. p. 58. El autor indica que existen fuertes indicios que permiten concluir que la memoria fue redactada por Don Andrés Bello que para el momento cumplía funciones pública como Secretario de la República de Colombia en Londres: *"Existen razones para suponer que Andrés Bello tuvo al menos parte en la redacción de este documento. Pero el propio Bello permite considerar tal autoría"*.

[71] Ídem.

[72] Julio Alberto Peña Acevedo, "Cronología de Guyana, cuarta entrega, Gran Colombia". Publicado el 19 de marzo de 2015. Disponible en: https://elespacioacuaticovenezolano.com/2015/03/19/1552jualpeac/.

[73] Ídem. El autor sigue la obra de Bierck Harold, *Vida Pública de Don Pedro Gual*, p. 268. Explica Peña Acevedo que este tratado fue ratificado por el Senado el 23 de mayo 1825 y canjeadas las ratificaciones el 07 de noviembre de 1825. Añade que *"En el tratado con Gran Bretaña, la presión imperial británica fue más fuerte aún, porque exigió como condición para el reconocimiento de la independencia de Colombia la firma del Tratado de Amistad, Comercio y Navegación. Venezuela da a conocer a Gran Bretaña que la frontera*

La importancia del asunto radica en que ese Tratado de Cooperación y Amistad entre Colombia y Gran Bretaña reconoció que el río Esequibo era el límite fronterizo de la República de Colombia con la Colonia de Guayana Británica.

En 1835, no obstante este reconocimiento expreso de la República de Colombia como Estado independiente, el Reino Unido inició la expansión en el territorio del Esequibo con el objetivo de dominar el río Orinoco, lo que permitiría el control fluvial de la parte septentrional de América del Sur y la explotación de los recursos minerales de este territorio.

Ese año 1835, en nombre de la Royal Geographical Society de Londres y con el apoyo de la Colonial Office, el geógrafo y naturalista Robert Hermann Schomburgk trazó la primera línea de demarcación fronteriza entre Venezuela y Guayana Británica. Con este trazado se fijó la frontera en el río Esequibo, aunque la línea *"se aparta de dicho río como a unas 45 millas aproximadamente de la costa, en la confluencia de los Ríos Mazaruni y Cuyuní con el Esequibo y desde ese punto forma una especie de bolsa, al oeste del Río Esequibo, hasta el punto de la costa donde desemboca el Río Moroco"*[74].

Esta primera línea Schomburgk estableció como frontera un territorio de 4.920 km^2 más allá del río Esequibo, concretamente *"en el área comprendida desde la costa, entre las desembocaduras de los Ríos Esequibo y Moroco; la línea curva que sigue el curso del río Moroco hasta llegar a la confluencia de los ríos Mazaruni y Cuyuní con el Esequibo y por último el Río Esequibo aguas abajo hasta su desembocadura en el mar"*[75].

En 1840, durante el segundo gobierno del General José Antonio Páez, Robert Schomburgk, esta vez enviado por el gobierno inglés, trazó una segunda línea de demarcación que añadió un área de 141.930

---

con la Guayana Británica estaba situada en el río Esequibo. Mapas similares al de Hamilton Adams, procedente del Atlas de Wilkinson (1827), circularon en Gran Bretaña en la segunda mitad de la década de 1820. Pese al reconocimiento diplomático y comercial dado a la República de Colombia por parte de Gran Bretaña, los mapas británicos presentaron reiteradamente la frontera entre Colombia y Brasil de acuerdo a los intereses británicos en la región y no como aspiraban las autoridades Gran colombianas".

[74] Carlos Sosa Rodríguez, ob. cit., p. 122.
[75] *Ídem.*

kilómetros cuadrados, partiendo de la boca del Río Amacuro, siguiendo una dirección norte-sur hasta llegar al Roraima. Esta es la conocida pseudolínea Schomburgk reflejada en el *Sketch Map* de los *Parliamentary Papers de 1840*[76], que es precisamente el origen de la controversia. Además de esta nueva línea, por medio de la cual se realizó el trazado arbitrario de los límites entre ambos Estados, Schomburgk levantó postes con las iniciales de la Reina Victoria, marcó árboles y ejecutó actos de posesión en los territorios que abarcaba la línea, llegando hasta Punta Barima en la misma desembocadura del río Orinoco.

Esta nueva línea trazada por Schomburgk fue rechazada por Venezuela e incluso por el propio por el Foreign Office del Reino Unido y por la Colonial Office, por considerarla sesgada y parcializada, aunque en verdad este trazado obedecía a órdenes del gobierno británico con un claro interés en el potencial minero de la zona[77].

El 7 de septiembre de 1841 el Ministro de las Colonias, Lord Stanley, firmó una minuta que indicaba *"Los mapas en mi poder [Mapas de Schomburgk] no nos permiten ver el curso seguido por el Sr. Schomburgk y él no presta facilidades para hacer un trazado del mismo. Extractos de este informe deben comunicarse a la Real Sociedad de Geografía, pero debe tenerse cuidado en no insertar acusaciones vagas contra el Gobierno de Venezuela, las cuales, aunque posiblemente fundadas, carecen de la autoridad suficiente y aunque la tuvieran quizás no proporcionarían ventaja alguna sí se publicaran. El Sr. Schomburgk no proporciona ningún dato en que fundamentar la frontera reclamada por él, que según él define una y otra vez, fundamenta los 'indudables' derechos de la Corona Británica"*[78].

---

[76] Héctor Faúndez Ledesma, *La competencia contenciosa de la Corte Internacional de Justicia y el caso Guayana vs. Venezuela*, ob. cit., p. 23.

[77] Véase Hermann González Oropeza y Pablo Ojer, ob. cit., p. 11. Véase también Isidro Morales Paúl, "El juicio arbitral sobre la Guayana Esequiba de 1899 y la violación de los principios del debido proceso en perjuicio de Venezuela", ob. cit., pp. 309 y *ss*. El Dr. Morales Paúl indicó en su trabajo lo siguiente: *"El Laudo Arbitral, prototipo de lo que no debe ser un Laudo, siguió la falsa línea Schomburgk, que sólo era una aspiración inglesa aparentemente trazada por quien copió otros cartógrafos en la misión de complacer a su cliente y patrón"*.

[78] William Dávila Barrios (ed.), *Libro blanco: La reclamación venezolana del territorio Esequibo*, Asamblea Nacional, Caracas, 2020. p. 135.

En ese mismo momento, septiembre de 1841, Venezuela protestó estos hechos y envió a Londres al diplomático Alejo Fortique, quien con la ayuda del historiador Rafael María Baralt tenía la misión de aclarar la situación y alcanzar una solución. Las instrucciones dadas por el gobierno venezolano a Alejo Fortique fueron las siguientes: *"Aunque el derecho de Venezuela sobre Guayana deba establecerse por V. S. hasta las riberas del Esequibo, no pretende el Gobierno que se haga valer en toda esta extensión porque desea allanar por su parte todos los obstáculos para un pronto arreglo, y claro es que el Gobierno "Inglés no convendría en ceder sus establecimientos del Pumarón y Moroco. Así, pues, podrá V. S. dirigir el curso de la negociación, cediendo por grados hasta convenir en que los límites entre Venezuela y la Guayana Inglesa queden fijados en los puntos siguientes: - el río "Moroco hasta sus cabeceras en las montañas de Imataca; la fila más "alta de éstas, siguiendo hacia el Sur a encontrar el caño Tupuro; las aguas de éste hasta entrar en el Cuyuní; y continuando por la orilla septentrional de éste hasta su desembocadura sobre la boca del río Esequibo y la margen izquierda de este último hacia el Sur, hasta su "confluencia con el Rupununi, en que concluye esta línea"*[79].

El diplomático Alejo Fortique y el Secretario de Relaciones Exteriores del Reino Unido, Lord Aberdeen, cruzaron al menos siete misivas entre noviembre de 1841 y enero de 1842. A través de ellas Alejo Fortique pidió a Lord Aberdeen la remoción de los postes levantados por Robert Schomburgk; la eliminación de un puesto militar levantado en territorio venezolano en el que se había izado la bandera británica y que se accediera a la negociación de un tratado con el fin de fijar la frontera entre ambos territorios.

En respuesta a las referidas comunicaciones enviadas por el diplomático Alejo Fortique, el Secretario de Relaciones Exteriores de Inglaterra, Lord Aberdeen, manifestó no tener conocimiento del puesto militar y consideró que los postes levantados por Robert Schomburgk no debían tener mayor importancia que unas líneas trazadas con tinta

---

[79] Véase en el libro *Historia oficial de la discusión entre Venezuela y la Gran Bretaña sobre sus límites en la Guayana,* ob. cit., p. 34. Disponible en: https://play.google.com/store/books/details?id=b8FAAQAAMAAJ&rdid=book-b8FAAQAAMAAJ&rdot=1.

en un mapa. El Secretario de Relaciones Exteriores inglés expresó que esto no debía percibirse como el ejercicio de actos de soberanía.

Ante la insistencia de Alejo Fortique, quien defendió con vehemencia la posición del gobierno venezolano, el 31 de enero de 1842 el gobierno inglés, por intermedio del Secretario de Estado de las Colonias, Edward George Geoffrey Smith Stanley, instruyó al gobernador de la Guayana Británica, Henry Light, la remoción de los postes levantados por Robert Schomburgk[80]. Así lo comunicó el gobernador en su carta:

> *"El Sr. Henry Light al Sr. F. O'Leary.*
>
> *Señor:*
>
> *Tengo el honor de informar a Vd., para satisfacción del Gobierno de Venezuela, que* **he recibido instrucciones del muy honorable Secretario de Estado de las Colonias para remover los postes colocados por el Sr. Schomburgk en el Barima y en otras partes**, *en el estudio de los supuestos límites de la Guayana Británica. Dadas estas instrucciones, confío en que serán recibidas como una prenda de las amistosas intenciones del Gobierno de Su Majestad, y serán obedecidas cuanto antes sea posible. Entretanto, si algún retardo ocurriere en dar cumplimiento a las órdenes que he recibido, fío a los buenos oficios de Usted indicar al Gobierno Venezolano que puede considerar removido todo motivo de reconvención por la concesión a él hecha por los Ministros Británicos. Tengo el honor de ser, Señor, de Vd. muy obediente y humilde servidor.*
>
> *HENRY LIGHT, Gobernador de la Guayana Británica.*
>
> *Sr. Daniel F. O'Leary, Caracas"*[81].

Sin embargo, la eliminación de aquellos postes no terminó con la usurpación y debido a las crecientes tensiones entre Venezuela y el Reino Unido, el 18 de noviembre de 1850, el Cónsul General Británico en Caracas, Belford Hinton Wilson, envió una comunicación al Secretario

---

[80] Carlos Sosa Rodríguez, ob. cit., p. 122.
[81] Véase en el libro *Historia oficial de la discusión entre Venezuela y la Gran Bretaña sobre sus límites en la Guayana*, ob. cit., p. 19. Disponible en: https://play.google.com/store/books/details?id=b8FAAQAAMAAJ&rdid=book-b8FAAQAAMAAJ&rdot=1.

de Estado y Relaciones Exteriores de Venezuela, Vicente Lecuna, por medio de la cual las autoridades británicas se comprometieron a no usurpar ni ocupar los territorios en disputa.

Mediante la referida comunicación se denunció la *"propaganda de falsedad y calumnia"* en contra de las políticas del gobierno británico y se pretendía neutralizar el rumor que circulaba en Venezuela acerca de que *"Gran Bretaña intenta reclamar la Provincia de la Guayana Venezolana"*[82]. El cónsul británico afirmó en esa misma comunicación que había sido instruido *"para declarar que mientras por una parte el Gobierno de Su Majestad no tiene ánimo de ocupar o usurpar el territorio disputado, por otra, no mirará con indiferencia las agresiones de Venezuela a ese territorio"*[83].

En la misma comunicación expresó que *"No puede el Gobierno venezolano, sin cometer una injusticia con la Gran Bretaña, desconfiar por un momento de la sinceridad de la declaración formal, que ahora se hace en nombre y de orden expresa del Gobierno de Su Majestad, de que* **la Gran Bretaña no tiene intención de ocupar ni usurpar el territorio disputado***; por consecuencia, el Gobierno Venezolano no puede, con igual espíritu de buena fe y amistad, negarse a hacer una declaración semejante al Gobierno de Su Majestad, a saber, que Venezuela misma no tiene intención de ocupar ni usurpar el territorio disputado"*[84]. (Resaltado añadido).

El 20 de diciembre de 1850 se produjo la respuesta de Venezuela al Reino Unido a través del Secretario de Relaciones Exteriores de Venezuela, Vicente Lecuna, quien declaró que *"el Gobierno no tiene dificultad para declarar, como lo hace, que Venezuela no tiene intención alguna de ocupar ni usurpar ninguna parte del territorio cuyo dominio se controvierte, ni verá con indiferencia que proceda de otro modo la Gran Bretaña"*[85].

---

[82] José Rafael Gamero Lanz, "Convenio de Status Quo del 18 de noviembre de 1850", artículo publicado en fecha 19 de noviembre de 2018. Disponible en: https://www.linkedin.com/pulse/convenio-de-status-quo-del-18-noviembre-1850-jos%C3%A9-rafael-gamero-lanz/?originalSubdomain=es.
[83] Ídem.
[84] Ídem.
[85] Véase en *Historia oficial de la discusión entre Venezuela y la Gran Bretaña sobre sus límites en la Guayana*, ob. cit.

Este cruce de estas notas entre ambos países buscaba evitar que empeoraran las relaciones diplomáticas entre los dos países, que pasaban por un delicado momento en virtud de las ocupaciones británicas, y su principal efecto fue que el Reino Unido y Venezuela se comprometieron a mantener la situación fronteriza tal y como se encontraba para ese momento, evitando ocupar el territorio en discusión, comprendido entre la segunda línea Schomburgk y el Esequibo.

Es decir que mediante este canje de notas se estableció un acuerdo o *modus vivendi* entre el Reino Unido y Venezuela. El referido canje de notas constituye en efecto un *modus vivendi*, es decir, un tratado temporal o provisional entre Venezuela y el Reino Unido, según el cual ambos países se obligaban a mantener el estado de las cosas (status quo), tal y como se encontraba a finales de 1850.

Como afirma Sureda Delgado en referencia al Tratado de Status Quo de 18 de noviembre de 1850, "*Venezuela y Gran Bretaña firman un compromiso, mediante en el cual, el territorio disputado no podrá ser ocupado ni usurpado por ninguno de los dos países. Sin embargo, los ingleses haciendo caso omiso del acuerdo, avanzando en detrimento de la geografía patria*"[86].

La expresión *modus vivendi* es una de las múltiples denominaciones que se da a los tratados internacionales. Como indica Guerra Iñiguez, los tratados "*reciben diversos nombres atendiendo a ciertas apreciaciones muy relativas, por ejemplo, se les llama convención o convenio, declaración, acta, protocolo, acuerdo, modus vivendi, concordato, cambio de notas, pero sin que esta denominación tenga importancia jurídica alguna*"[87].

El *modus vivendi* es un acuerdo de carácter temporal que tiene como propósito el de llegar a uno definitivo o más permanente[88]. Son compromisos temporales o provisionales entre Estados en materias muy específicas[89].

---

[86] Rafael Sureda Delgado, ob. cit., p. 42.
[87] Daniel Guerra Iñiguez, *Derecho internacional público*, segunda edición, Grafiunica, Caracas, 1976. p. 129.
[88] Temístocles Lastenio Bravo Suárez, *Derecho Internacional Público Contemporáneo*, Editorial Área de Innovación y Desarrollo, Alicante, 2018. p. 26.
[89] *Ibíd.*, 130.

Según indica Alfred Verdross, un tratado internacional puede ser suscrito *"directamente merced a un acuerdo entre monarcas absolutos, o a un cambio de notas entre el gobierno y un representante diplomático extranjero, o a un cambio de notas entre ambos gobiernos"*[90], tal como lo hicieron Venezuela y el Reino Unido, mediante la notas intercambiadas por sus representantes diplomáticos, el Secretario de Relaciones Exteriores de Venezuela, Vicente Lecuna, y el Cónsul General Británico en Caracas, Belford Hinton Wilson.

En efecto, se trata de un *modus vivendi* de status quo, por eso es frecuente que suela aludirse a este compromiso como Tratado de Status Quo. Esta denominación de significación bélica *tratado de status quo* tiene origen en la alocución latina *statu quo ante bellum*, que se refiere al retorno del estado de las cosas a como se encontraban antes de la guerra[91]. El derecho internacional público adoptó la expresión *status quo*, tanto para referirse a la restitución del estado de las cosas al del momento previo a la guerra -*statu quo ante bellum*- como para referirse, en general, al estado de las cosas en un momento histórico concreto.

La expresión *statu qu*o, según la Real Academia Española se refiere a un *"estado de cosas en un determinado momento"*[92]. En consecuencia, el efecto de un Tratado de Status Quo referente a límites fronterizos entre naciones es mantener en el tiempo la situación limítrofe existente para el momento en que se suscribe la convención (*modus vivendi*). Lo anterior, en el caso de la controversia entre Venezuela y el Reino Unido, significa mantener la situación fronteriza existente a finales de 1850 y detener el avance de la ilegítima expansión británica.

Con el Tratado de Status Quo de 1850, el Reino Unido aceptó detener el avance de su expansión en el territorio venezolano. En virtud de ello sería posible invocar la doctrina del Estoppel, *"una institución*

---

[90] Alfred Verdross, *Derecho Internacional Público*, sexta edición, Biblioteca Jurídica Aguilar, Madrid, 1976. p. 149.

[91] Sobre ello véase Santiago Mendizabal, "Jus Post Bellum: ¿Qué tan útil es para Relaciones Internacionales?", *El Outsider*, número 5, Universidad San Francisco de Quito, Quito, 2020. El autor al referirse al *Jus Post Bellum* en la teoría de la guerra justa propuesta por Walzer menciona el *statu quo ante bellum* y lo define como *"la misma estabilidad que existía antes del conflicto"*.

[92] Real Academia Española, *Diccionario de la lengua española*, 23.ª ed., versión 23.4 en línea, https://dle.rae.es. Consultado el 27 de octubre de 2021.

que nace en el derecho privado anglosajón, y que es semejante a la idea presente en el sistema europeo continental de la doctrina de los actos propios"[93].

El Estoppel o doctrina de los actos propios implica en el derecho internacional que un Estado no puede invocar a su favor derechos a los cuales previamente ha renunciado por vía de actos o declaraciones que fijan una posición concreta sobre el asunto.

Mediante actos oficiales del Estado el Reino Unido desistió de avanzar su expansión en territorio venezolano. La doctrina de los actos propios o Estoppel hizo que el Reino Unido se obligara a ser coherente con la posición que fijó mediante comunicaciones diplomáticas oficiales, como las que constituyeron el Tratado de Status Quo de 1850.

Como indica Llanos Mansilla *"el Estado tiene el derecho a alegar una causal que lo favorezca para anular el tratado o darlo por terminado o retirarse de él o suspender su aplicación, pero está impedido de hacerlo en virtud de actos propios anteriores que lo inhabilitan a ello, El Estoppel es, en otras palabras, la omisión de una protesta"*[94].

El principal efecto Estoppel es *"la inadmisibilidad de la pretensión de un Estado en cuanto contradice su actitud anterior"*[95] que *"sea por su reconocimiento, manifestación, su conducta o su silencio, dicho Estado ha mantenido una actitud contraria al derecho que ahora pretende reclamar"*[96].

Sin embargo, el Tratado de Status Quo de 1850 fue objeto de graves violaciones por parte del Reino Unido. La expansión del Reino Unido sobre territorios de Venezuela continuó después de 1850, sobre todo a partir de 1880, durante el segundo gobierno de Antonio Guzmán Blanco, cuando con motivo del descubrimiento de yacimientos auríferos, la pretensión del Reino Unido *"llegó a tales extremos que casi pasa el lindero por el pueblo de Upata, arrancando por supuesto desde las bocas del Orinoco"*[97].

---

[93] Francisco Peña Silva, "Los actos unilaterales de los Estados", *Revista de Derecho (Valdivia)*, N°2 diciembre, Universidad Austral de Chile, Valdivia, 2020. p. 183.
[94] Hugo Llanos Mansilla, *Teoría y práctica del derecho internacional público*, primera edición, Editorial Jurídica de Chile, Santiago de Chile, 1977. p. 258.
[95] *Ibíd.*, 259.
[96] *Ídem.*
[97] Marcos Falcón Briceño, ob. cit., p. 43.

Tengamos en cuenta que el Tratado de Reconocimiento de la soberanía de Venezuela sobre el territorio conocido bajo el antiguo nombre de Capitanía General de Venezuela, suscrito por España el 30 de marzo de 1845, incluyó la Provincia de Guyana, que limitaba al Este con el Río Esequibo.

Las intenciones de expansión británicas se ven claramente reflejadas en una tercera línea Schomburgk de 1887 que alcanzaba 167.830 km^2 de territorio y estuvo basada en el mapa de *Hebert* de 1842[98]. Los ingleses trataron de hacer ver que esa siempre había sido su pretensión, pero realmente no lo era.

Los británicos no se conformaron con la tercera línea Schomburgk. En 1887, durante el tercer gobierno de Antonio Guzmán Blanco, el Reino Unido consideró unilateralmente que la frontera con Venezuela consistía en una línea desde la costa hasta Upata con lo que ya usurpaban 203.310 km^2 de territorio perteneciente a Venezuela[99].

La expansión de la línea y la ocupación ilegítima de colonos ingleses en tierras venezolanas hizo que Venezuela exigiera la inmediata desocupación de sus tierras pues, como se indicó en la nota de rechazo a las actuaciones británicas, el Reino Unido *"ha vulnerado los derechos de soberanía e independencia de Venezuela privándola de la más santa e inviolable de las propiedades de una nación, a saber, la de su territorio"*[100].

El inmenso poder del Reino Unido, en contraste con la enorme debilidad de la Venezuela de finales del siglo XIX, le permitió insistir en la expansión y sus ilegitimas demarcaciones unilaterales trataron de ser documentadas en distintos mapas.

---

[98] Sobre el autor de este mapa no se conoce mayor detalle, véase Carlos Sosa Rodríguez, ob. cit., p. 123 donde el académico se refiere al creador del mapa de 1842 como *"un Señor Hebert"*. Igualmente véase Hermann González Oropeza y Pablo Ojer, *Informe que los expertos venezolanos para la cuestión de límites con Guayana Británica presentan al gobierno nacional*, Ministerio de Relaciones Exteriores, Caracas, 1967, p. 11 donde señalan que *"En 1887 el gobierno británico publicó el mapa de un tal Hebert"* y al referirse al mapa le denominan *"línea adulterada"*. La representación cartográfica, según el Reino Unido, data del año 1842 y fue tomada en 1887 por los británicos para representar una tercera línea Schomburgk que usurpó 167.830 km2 de territorio venezolano.

[99] Carlos Sosa Rodríguez, ob. cit., p. 123.

[100] *Ídem*.

En 1844 la pretensión británica disminuyó con relación a la segunda línea Schomburgk y el Reino Unido propuso la Línea de Aberdeen que iniciaba en el río Moroco, entre Pomarón y Punta Barima.

Entre las líneas de demarcación propuestas por el Reino Unido se encuentran, en 1881 la Línea Granville que iniciaba a veintinueve millas del río Moroco con dirección a Punta Barima; en 1886 la Línea de Rosebery, que se extendió a un lugar de la costa occidental del río Guaima con dirección a Punta Barima; en 1890 la Línea de Salisbury que, usurpando un mayor territorio, estableció la frontera en la boca del río Amacuro en el Orinoco; en 1893 la nueva Línea de Rosebery que avanzó aún más hacia el oeste y el interior de Venezuela y estableció la frontera desde el occidente del río Amacuro hasta las nacientes del río Cumano y de la Sierra de Usupamo[101].

En el mes de junio de 1886, el Reino Unido, bajo instrucciones de Granville George Leveson-Gower, 3rd Earl Granville, ordenó la rectificación de la frontera de la Colonia de la Guayana Británica con Venezuela y la destrucción de las copias anteriores de los mapas[102].

El 1 de junio de 1886 el Sr. Edward Hertslet, Bibliotecario del Foreign Office británico, escribió un memorándum en el que en referencia a alguna de las delimitaciones unilaterales trazadas por el gobierno británico, reconoció el valor del Tratado de Status Quo suscrito entre Venezuela y el Reino Unido mediante notas diplomáticas a finales de 1850. En efecto, el Sr. Herslet indicó lo siguiente: *"Los límites indicados en este mapa son los establecidos por el difunto Sir Robert Schomburgk, que se dedicó a explorar la Colonia durante los años 1835 a 1839, bajo la dirección de la Rotal Geographical Society.* ***Pero los límites así establecidos entre Brasil, por un lado, y Venezuela, por el otro, y la Colonia de la Guayana Británica no deben tomarse como fidedignos, ya que nunca han sido ajustados por los respectivos Gobiernos y subsiste un compromiso entre los Gobiernos de Gran Bretaña y Venezuela por***

---

[101] Para un estudio detallado sobre las demás líneas creadas por el Reino Unido, véase Héctor Faúndez Ledesma, *La competencia contenciosa de la Corte Internacional de Justicia y el caso Guayana vs. Venezuela*, ob. cit., pp. 78 y ss.

[102] Public Record Office (London) F.O. 80/373. Reproducido en el apéndice de la obra Hermann González Oropeza, S.J. and Pablo Ojer, ob. cit., p. 35.

el cual ninguno tiene la libertad de invadir u ocupar territorio reclamado por ambos"[103]. (Resaltado añadido).

También en junio de 1886, el Ministro de Colonias del Reino Unido, Charles A. Harris, envió una carta al Bibliotecario del Foreign Office británico, E. Hertslet, en la que escribió: *"Me temo que esta cuestión de la frontera con Venezuela está en un estado muy poco satisfactorio. El Ministerio de Colonias parece tener un mapa más o menos oficial que difiere ampliamente del mapa original de Schomburgk, y ahora hemos oído privadamente que la línea de nuestra frontera que fue oficialmente presentada como nuestro ultimátum a Venezuela no puede ser garantizada en absoluto; pero el Ministerio de Colonias va a enviar un topógrafo con una escolta policial a fin de demarcar la frontera y además se va a enviar una escuadra británica para que patrulle frente al Orinoco"*[104].

En una nota remitida el 26 de enero de 1887, el Ministro de Relaciones Exteriores de Venezuela Diego Bautista Urbaneja, señaló que Venezuela: *"Protesta ante el Gobierno de su Majestad Británica, ante todas las naciones civilizadas, ante el mundo en general, contra los actos de despojo, que en su detrimento ha consumado el Gobierno de la Gran Bretaña y que en ningún tiempo ni por ningún motivo reconocerá como capaces de alterar en lo más mínimo los derechos que ha heredado de España"*[105].

En esa misma nota el Ministro de Relaciones Exteriores, Diego Bautista Urbaneja, finalizó expresando que:*"...el Presidente de la República reclama de S. M. B. la evacuación del territorio venezolano desde las bocas del Orinoco hasta el Pomarón, que indebidamente ella ha ocupado; en la inteligencia de que, si para el 20 de febrero próximo, época de la reunión del Congreso, a quien el Gobierno debe dar cuenta de todo, no se hubiere contestado, o se hubiere contestado*

---

[103] Reproduced in Writter, J G., *The International Arbitration Process*, Oceana Publications, Inc. Dobs Ferry, New York, 1979. Volume III. Chapter VIII. The Venezuela-Guyana Boundary Dispute. An In-Depth Documentary Case Study of Nullity of an Arbitral Award. pp. 145-146.

[104] Ministerio de Relaciones Exteriores, *La Reclamación Esequiba*, Documentos, Caracas, 1984. p. 178.

[105] Carlos Sosa Rodríguez, ob. cit., pp. 123-124.

negativamente, desde entonces quedarán cortadas las relaciones diplomáticas entre los dos países"[106].

El 20 de febrero de 1887 se rompieron las relaciones diplomáticas entre Venezuela y el Reino Unido mediante una nueva nota enviada por el Ministro de Relaciones Exteriores Diego Bautista Urbaneja. El ministro venezolano, luego de hacer una exposición de los títulos de Venezuela y de los constantes abusos del Reino Unido en territorio venezolano, expresó: *"En consecuencia, Venezuela, no debiendo conservar amistosas relaciones con un Estado que así la injuria, las suspende desde este día. Y protesta ante el Gobierno de Su Majestad Británica, ante todas las naciones civilizadas, ante el mundo en general, contra los actos de despojo que en su detrimento ha consumado el Gobierno de la Gran Bretaña"*[107].

Tres meses después, el 12 de mayo de 1887 el Congreso de Venezuela presentó una denuncia acerca de la violación de la Doctrina Monroe por parte del Reino Unido, con el objetivo de persuadir a Norteamérica para intervenir en la controversia limítrofe[108].

Venezuela había solicitado el apoyo de los Estados Unidos para que mediara en la controversia con el Reino Unido y logró que el 20 de julio de 1888, durante el gobierno de Juan Pablo Rojas Paúl, el Secretario de Estado de los Estados Unidos de América Richard Olney enviara una nota al Reino Unido defendiendo la posición de Venezuela con relación al territorio en disputa.

El 6 de octubre de 1892 finalizó la Revolución Legalista que llevó a Joaquín Crespo al poder. Ese año se designó Ministro de Relaciones Exteriores al Dr. Pedro Ezequiel Rojas, lo que fue muy importante para la reclamación venezolana, por cuanto Ezequiel Rojas estableció contacto con el abogado y diplomático americano William Lindsay Scruggs a quien le encomendó iniciar una campaña en los Estados Unidos para apoyar a Venezuela[109].

---

[106] Véase en el libro *Historia oficial de la discusión entre Venezuela y la Gran Bretaña sobre sus límites en la Guayana*, ob. cit., p. 155.
[107] *Ibíd.*, p. 175.
[108] Claudio A. Briceño Monzón ,0 José Alberto Olivar y Luis Alberto Buttó (coords.), *La cuestión Esequibo. Memoria y soberanía.*, Universidad Metropolitana, Caracas, 2016. p. 66.
[109] Marcos Falcón Briceño, ob. cit., p. 44.

Para Marcos Falcón Briceño fue William L. Scruggs quien despertó el interés del Presidente de los Estados Unidos Grover Cleveland en la controversia limítrofe de Venezuela con la Colonia de la Guayana Británica. William Lindsay Scruggs utilizó sus muy buenas relaciones y no sólo conversó con el Presidente Grover Cleveland, sino también con diputados y senadores del Congreso de los Estados Unidos. Marcos Falcón Briceño señaló que *"podría decirse que Scruggs es uno de los padres de las relaciones públicas cuando todavía no existía la palabra"*[110].

William L. Scruggs había escrito un libro titulado *Agresiones británicas contra Venezuela. La doctrina Monroe a prueba*[111] que fue determinante para que Venezuela lograra la cooperación de los Estados Unidos en la resolución de la controversia sostenida con el Reino Unido. Ese libro fue un medio de divulgación de lo que estaba ocurriendo, según comenta Marcos Falcón Briceño: *"Una noche en la Casa Blanca Scruggs tuvo una larga conversación con el Presidente Cleveland. Cleveland se interesó en el asunto y le pidió más de un ejemplar de "Agresiones británicas contra Venezuela". Cleveland dice que él mismo se va a interesar en el asunto y ahora hay un nuevo Secretario de Estado, hombre muy distinto al anterior, Gresham, quien era de carácter tranquilo, muy diferente a quién le sustituía, Richard Olney, hombre de temperamento agresivo, que toma las cosas con ánimo resuelto y produce una nota al Embajador en Londres, Sr. Bayard, para que informara al Primer Ministro Británico Lord Salisbury de la situación que estaba planteada. Esa nota la llamaba Cleveland, el cañonazo de 20 pulgadas. Salisbury se tomó su tiempo para contestarla, pero como ésta tardaba, Cleveland reaccionó en forma inteligente y efectiva. Dirigió un mensaje al Congreso en el cual pedía que se designara una comisión que estudiara el problema de Guayana y fijara sus límites con Venezuela. Estos límites serán los definitivos"*[112].

La prensa venezolana también reaccionó a la agresión y usurpación británica sobre el territorio venezolano. El 2 de junio de 1894 el periódico caraqueño *El Diablo* publicó una caricatura titulada: *En las garras*

---
[110] Ídem.
[111] Ídem.
[112] Ibíd., p. 45.

del león. En ella se observa al león británico, que se encuentra *en posesión de su presa* -Venezuela- y, atrás, derrotado, aparece el Presidente Joaquín Crespo y el Congreso expectante[113]:

"En las garras del león" publicada en *El Diablo,* año IV, número 87, Caracas, 2 de junio de 1894. Colección Hemeroteca de la Biblioteca Nacional

La caricatura publicada en el diario caraqueño fue acompañada por las siguientes palabras: *"Ya el león británico ha hecho presa de inmensas porciones de territorio venezolano. La nación ha agotado los recursos legales. Ahora está a la espera de las decisiones del Congreso. Venezuela en vano ha protestado en contra de la usurpación (...) Ni las vías diplomáticas, ni los buenos oficios de naciones amigas, todo, todo ha sido ineficaz ante los designios colonizadores e imperialistas de Inglaterra"*[114].

Unos pocos meses después, el 15 de agosto de 1894, el mismo periódico *El* Diablo publicó otra caricatura, esta vez referida a las controversias limítrofes con Colombia y Guayana que Venezuela experimentó

---

[113] Véase caricatura "En las garras del león" publicada en *El Diablo*, año IV, número 87, Caracas, 2 de junio de 1894. Colección Hemeroteca de la Biblioteca Nacional.

[114] Véase en Andrés Eloy Burgos Gutiérrez (ed.), *Memorias de 34 enero-febrero 2016*, Ministerio del Poder Popular para la Cultura - Centro Nacional de la Historia, Caracas, 2016 *Venezuela*, número. p. 25.

durante la última parte del siglo XIX. En esa ilustración se observa al Ministro de Relaciones Exteriores de Venezuela, Pedro Ezequiel Rojas, huyendo del Presidente Joaquín Crespo que se encuentra en una silla leyendo la Constitución, mientras que debajo de su asiento aparecen dos explosivos que están a punto de estallar, uno de ellos dice *"Límites con Guayana"* y en el otro se lee *"Límites con Colombia"*[115].

"¿Cuál?" publicada en El Diablo, año IV, N° 97, Caracas, 15 de agosto de 1894.
Colección Hemeroteca de la Biblioteca Nacional[116]

El 3 de diciembre de 1894, en su último mensaje ante el Parlamento, cuando el mandatario norteamericano Grover Cleveland manifestó su interés en participar en las discusiones para asegurar la paz por medio del arbitraje, a fin de frenar las aspiraciones de supremacía británica en Sudamérica[117].

En la madrugada del 2 de enero de 1895, a diez meses de haberse fundado el pueblo El Dorado, tuvo lugar el Incidente del Yuruán[118],

---

[115] Véase caricatura "¿Cuál?" publicada en *El Diablo*, año IV, N° 97, Caracas, 15 de agosto de 1894.
[116] Véase también en Andrés Eloy Burgos Gutiérrez (ed.), ob. cit., p. 22.
[117] Claudio A. Briceño Monzón, José Alberto Olivar y Luis Alberto Buttó (coords.), ob. cit., p. 66.
[118] Héctor Faúndez Ledesma, *La competencia contenciosa de la Corte Internacional de Justicia y el caso Guayana vs. Venezuela*, ob. cit., p. 24. Véase también Andrés Eloy Burgos Gutiérrez (ed.), ob. cit., p. 14.

también conocido como Incidente del Cuyuní, que fue un enfrentamiento entre tropas venezolanas y británicas. Conviene tener presente que la creación de El Dorado fue ordenada sobre la base de *"la necesidad que tienen los venezolanos de enfrentar la calculada invasión de Inglaterra, aprovechando tanto la debilidad militar de Venezuela como los conflictos políticos internos sucesivos que la desmoralizaban y desangraban"*[119].

El Incidente del Yuruán consistió en la ocupación por parte de varios ingleses dirigidos por Douglas Barnes de un puesto militar venezolano desocupado, mientras los guardias se encontraban en práctica de ejercicios ordinarios[120]. Las tropas inglesas arriaron la bandera de Venezuela e izaron la bandera británica con la intención de controlar el puesto con el fin de luego *"tomar las tierras de El Callao, pasando por Upata, Tumeremo y El Dorado, además de otras zonas que, se rumoraba, estaban repletas de oro"*[121].

Las autoridades militares venezolanas, encabezadas por el General Domingo Sifontes, *el llanero intelectual*, reaccionaron inmediatamente ante la ocupación del puesto militar venezolano y actuaron en su defensa. La orden de recuperar el puesto militar venezolano fue dada al Capitán Andrés Avelino Domínguez, segundo al mando del General Domingo Sifontes, quien la cumplió exitosamente y detuvo a los ocho ingleses que fueron enviados a Ciudad Bolívar, incluido el Inspector Douglas Barnes[122].

---

[119] *Ídem.*
[120] Véase Juan Matorano, "El incidente del Yuruán, evidencia del expansionismo inglés", 2015. Disponible en: https://www.facebook.com/venezuelaesequiba/posts/1774219026194258/. Véase también Juan Matorano, "La carta de Domingo Sifontes sobre el incidente del Cuyuní", publicado en *Aporrea* el 29 de julio de 2015. Disponible en: https://www.aporrea.org/actualidad/a211477.html.
[121] Véase el artículo "Domingo Sifontes, el venezolano que hizo correr a los ingleses" publicado en *La Razón* durante el año 2015. Disponible en: https://larazon.net/2015/06/domingo-sifontes-el-venezolano-que-hizo-correr-a-los-ingleses/.
[122] Juan Matorano, "La carta de Domingo Sifontes sobre el incidente del Cuyuní", ob. cit. Véase también William Dávila Barrios (ed.), ob. cit., p. 49.

General Domingo Sifontes[123]

El General Domingo Sifontes remitió una carta a Carlos Pumar, director del diario caraqueño El Tiempo, la cual fue publicada el 22 de abril de 1895 en el número 629 del diario El Tiempo[124] y en la que relató los hechos. Señaló que los antecedentes del Incidente del Yuruán se remontaron a marzo de 1894 cuando fue designado Comisario Nacional del Cuyuní y sus afluentes y se le encomendaron labores de colonización, población, civilización de los indígenas de la zona, el cuidado de las tropas y la creación de subcomisarías. Todas las cumplió eficientemente[125].

Su labor de fomento de la colonización y población en la zona le llevó a *"verificar desmontes considerables en las riberas del Yuruán y el Cuyuní"*[126]. Para ese momento *"sólo existían entre una y otra ribera, nueve casas: 6 en la izquierda y 3 en la derecha. De éstas últimas dos con sus respectivas labranzas, fueron fundadas en 1870, por José Francisco y Loreto Lira Miguel Angel González y Lorenzo Rivas; y la otra construida en 1890, por un súbdito británico llamado Mc Turk, frente a la desembocadura del Yuruán, y en la cual residían seis individuos de la misma nacionalidad, ocupados en los trabajos de un pequeño*

---

[123] Retrato del General Domingo Sifontes. Imagen tomada de https://es.wikipedia.org/wiki/Domingo_Antonio_Sifontes#/media/Archivo:General_Domingo_Antonio_Sifontes.jpg.
[124] Juan Matorano, "La carta de Domingo Sifontes sobre el incidente del Cuyuní", ob. cit.
[125] Véase el artículo "Domingo Sifontes, el venezolano que hizo correr a los ingleses" publicado en La Razón durante el año 2015. Disponible en: https://larazon.net/2015/06/domingo-sifontes-el-venezolano-que-hizo-correr-a-los-ingleses/.
[126] Juan Matorano, "La carta de Domingo Sifontes sobre el incidente del Cuyuní", ob. cit.

conuco, y, desde abril o mayo, bajo las órdenes del titulado Inspector Barnes"[127].

La información suministrada por el General Domingo Sifontes está representada gráficamente en el *Plano Topográfico de la Estación Venezolana "El Dorado" en el Cuyuní-Guayana*:

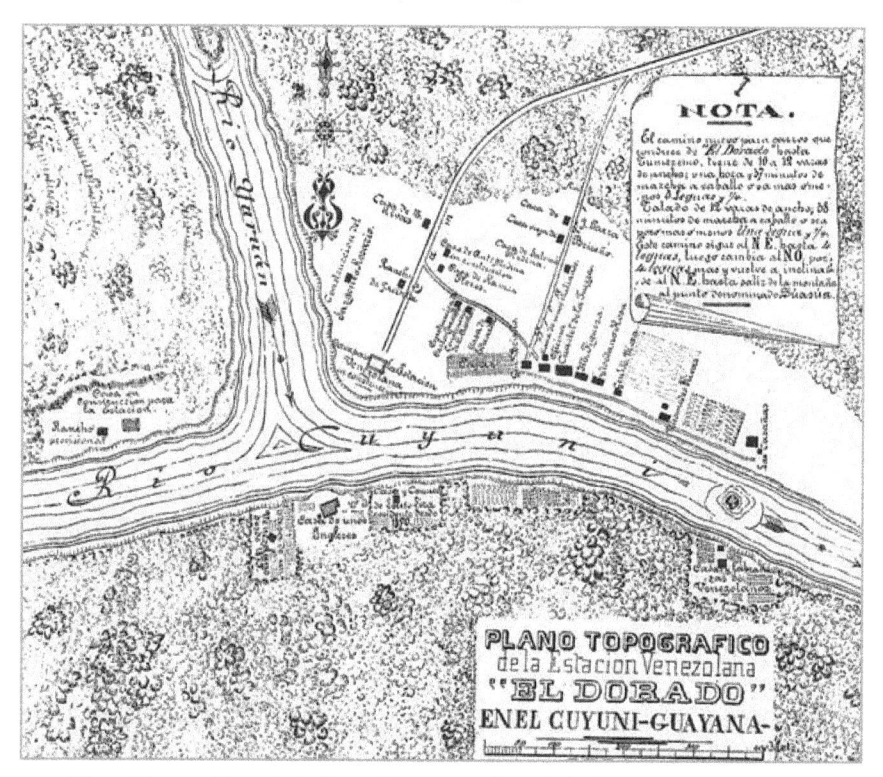

Plano Topográfico de la Estación venezolana del El Dorado 1894-1895.
Colección de la Fundación de la Guayana Esequiba[128]

Entre el General Domingo Sifontes y el Inspector Douglas Barnes siempre hubo una relación respetuosa que se mantuvo incluso en momentos delicados. Un primer ejemplo de esto fue el apoyo que brindó el General Domingo Sifontes a un joven alemán de nombre Guillermo

---
[127] *Ídem*.
[128] Fundación de la Guayana Esequiba, "CUYUNI (El Incidente del Cuyuní o del Yuruán)". Disponible en: http://laguayanaesequiba.blogspot.com/search/label/El%20General%20Domingo%20Antonio%20Sifontes.

Faull, a quien el Inspector Douglas Barnes pretendía desalojar de la margen derecha del río Cuyuní. El General Domingo Sifontes afirmó en su carta lo siguiente: "*Este incidente, sin embargo, no alteró mis buenas relaciones con Barnes, quien por su fino trato, se captó mi aprecio personal*"[129].

No obstante la cordial relación que existió entre las dos autoridades principales en la zona, el General Domingo Sifontes escribió en la carta que "*el conflicto ocurrido el 02 de enero fue premeditado por los colonos usurpadores de Demerara, lo comprueba el editorial del Argosy, del 24 de noviembre del año próximo pasado, en el cual se pronosticaba una colisión probable entre venezolanos e ingleses del Yuruán, y de antemano se lamentaba la pérdida de preciosas vidas, por supuesto de ingleses, a la vez que son perjudicaba a los venezolanos los más hirientes calificativos y los más atroces dicterios*"[130].

El Inspector Douglas Barnes y sus hombres atentaron contra la soberanía de Venezuela. Sin embargo, durante su detención fueron tratados dignamente y en respeto de sus derechos. En efecto, el General Domingo Sifontes se refirió en su carta a su llegada a El Dorado el 8 de enero de 1895 y expresó lo siguiente: "*Procedí a instruir el sumario de ley. Contestes las declaraciones tomadas, entre estas, la del mismo Barnes, puesta en inglés de su puño y letra, la detención fue decretada*"[131].

Una vez liberados los usurpadores por orden del presidente Joaquín Crespo, el Inspector Douglas Barnes envió una carta desde Upata, de fecha 21 de enero de 1895, al General Domingo Sifontes en la que expresó lo siguiente: "*No puedo sin embargo dejar a Venezuela sin manifestar a usted que desde nuestra salida del Cuyuní el señor Luis Manuel Salazar nos ha prodigado los mayores cuidados y atención en todo lo que hemos necesitado, y que no tenemos nada de qué quejarnos. Lo mismo debo decir de sus compañeros. Doy a usted personalmente las gracias por todas las molestias que se ha tomado…*"[132].

No obstante lo anterior, este Inspector Douglas Barnes narró en Londres una versión de los hechos totalmente distinta. Por ello, el

---

[129] Juan Matorano, "La carta de Domingo Sifontes sobre el incidente del Cuyuní", ob. cit.
[130] Ídem.
[131] Ídem.
[132] Ídem.

General Domingo Sifontes escribió en la carta a la que nos hemos referido lo siguiente: *"¿Cómo se compadece este procedimiento con lo manifestado luego por Barnes en su Informe, en el cual aparece exagerando mezquinamente los hechos, a la vez que oculta otros que podrían enaltecerle si fuera verídico y justo?"*[133].

El General Domingo Sifontes no sólo fue traicionado por el Inspector Douglas Barnes, sino también por César Urdaneta quien delante de los miembros del grupo que escoltaba al Inspector Douglas Barnes, dijo:

> *"-...ya sé que a ustedes los han maltratado mucho*
> *- No señor, -contesto el inglés- a nosotros se nos ha tratado bien y el General Sifontes nos pagó un pequeño daño que nos hizo su gente.*
> *- No; yo sé que los han tratado muy mal. El General Sifontes es el culpable de todo lo sucedido. El Gobierno ha desaprobado su proceder y lo llama a Caracas. Yo vengo a reemplazarlo. Así pues yo espero que ustedes regresaran conmigo para su puesto, pues conmigo tendrán toda clase de garantías..."*[134].

Como expresó el General Domingo Sifontes *"Un colono de Demerara no defendería mejor que Urdaneta la causa de la Usurpación"*[135]. En todo caso, la respuesta contundente de las tropas venezolanas en el Incidente del Yuruán hizo que el General Domingo Sifontes pasara a la historia como un defensor del territorio nacional. En el estado Bolívar, un municipio lleva su nombre[136] y con razón, pues *"tener a los ingleses allí en Cuyuní frente al El Dorado con "Department of Police of Cuyuní and Yuruan Rivers" como bien claro decía el letrero puesto en la fachada del Bungalow, no era para quedarse tranquilo a la espera del visto bueno del Presidente Crespo que absurdamente le pidió a Sifontes más o menos que se hiciera el loco, sino que había que proceder como bien procedió aunque con ingratos resultados, pues luego de detener al*

---
[133] Ídem.
[134] Ídem.
[135] Ídem.
[136] Véase el artículo "Domingo Sifontes, el venezolano que hizo correr a los ingleses" publicado en La Razón durante el año 2015. Disponible en: https://larazon.net/2015/06/domingo-sifontes-el-venezolano-que-hizo-correr-a-los-ingleses/.

comisionado inglés Douglas D. Barnes junto con la oficialidad y la tropa y remitidos todos a Ciudad Bolívar, fueron puestos en libertad casi en el acto por el gobernador o presidente del Estado, General Manuel Gómez Gil"[137].

Cuando ocurrió el narrado incidente del Yuruán las relaciones entre los Estados Unidos de América y el Reino Unido no eran cordiales y la delicada situación de la frontera entre Venezuela y la Guayana Británica generó mayores tensiones entre ambos países[138]. De forma que el mencionado "*Incidente del Yuruán*", llevó a los Estados Unidos a tomar posición al respecto; sobre este punto volveremos más adelante.

El 22 de febrero de 1895, el Congreso de los EEUU envió resoluciones al gobierno inglés y al venezolano, sugiriéndoles que se adhirieran a la intención de su mandatario en cuanto al arbitraje. El 1 de enero de 1896, el presidente norteamericano designó la Comisión Investigadora de Límites de Guayana[139].

Mc Dougall, "La cuestión Guayana", en *El Diablo*, año IV, N° 105, Caracas, 10 de junio de 1895. Colección Hemeroteca de la Biblioteca Nacional

---

[137] Américo Fernández, "El Incidente del Cuyuní", artículo publicado en la web *Crónicas de Guayana* el 29 de marzo de 2014 y editado el 4 de abril de 2021. Disponible en: https://xn--crnicasguayana-mob.info/el-incidente-del-cuyuni/.

[138] Héctor Faúndez Ledesma, *La competencia contenciosa de la Corte Internacional de Justicia y el caso Guyana vs. Venezuela*, ob. cit., pp. 83-84.

[139] Claudio A. Briceño Monzón, José Alberto Olivar y Luis Alberto Buttó (coords.), ob. cit., p. 66.

La tensión en las relaciones del Reino Unido y Venezuela también se reflejó en las publicaciones de la prensa nacional. Un ejemplo de ello fue la publicación de la caricatura de Mc Dougall, titulada *La cuestión Guayana*, en el periódico caraqueño *El Diablo* del 10 de junio de 1895. Allí se observa al gran león británico que aparece engrandeciendo el territorio con las garras sobre los ríos Barima, Amacuro, Cuyuní y Yuruán[140]:

También se publicaron caricaturas en la prensa venezolana que hacían referencia a la intervención de los Estados Unidos de América. En especial, resalta una caricatura hecha por Mc Dougall publicada -al igual que la anterior ilustración- el 10 de junio de 1895 en el mismo número 105 del periódico caraqueño *El Diablo*.

Esta caricatura lleva por título *La doctrina Monroe*, en ella aparecen seis ratas identificadas con los nombres Italia, Holanda, España, Reino Unido, Francia y Alemania comiendo el *Queso Sudamérica* y, en un sillón, vigilando y controlándolas a todas está el gato Sam del señor Monroe[141].

Mc Dougall, "La Doctrina Monroe", en *El Diablo*, año IV, N° 105, Caracas, 10 de junio de 1895. Colección Hemeroteca de la Biblioteca Nacional

---

[140] Mc Dougall, "La cuestión Guayana", en *El Diablo*, Caracas, año IV, N° 105, 10 de junio de 1895. Colección Hemeroteca de la Biblioteca Nacional.

[141] Mc Dougall, "La Doctrina Monroe", en El Diablo, año IV, N° 105, Caracas, 10 de junio de 1895. Colección Hemeroteca de la Biblioteca Nacional. Véase también en Andrés Eloy Burgos Gutiérrez (ed.), *Memorias de Venezuela*, número 34 enero-febrero 2016, Ministerio del Poder Popular para la Cultura - Centro Nacional de la Historia, Caracas, 2016. p. 24.

El 20 de julio de 1895 el Secretario de Estado de los Estados Unidos Richard Olney, envió un telegrama al Sr. Thomas Bayard, Embajador de los Estados Unidos de América en el Reino Unido, en defensa de los intereses de Venezuela. Este telegrama fue conocido como "El Cañonazo de 20 puntas" por el importante impacto que tuvo en los ingleses.

En ese documento se expresó, en clara referencia a la doctrina Monroe, lo siguiente: *"Los Estados de la América del Norte y del Sur, por su proximidad geográfica, por simpatía natural, por la semejanza de sus constituciones gubernamentales, son amigos y aliados, comercial y políticamente, de los Estados Unidos. Permitir que cualquiera de ellos sea subyugado por una potencia europea es trocar por completo la situación, y significa la pérdida de todas las ventajas consiguientes a sus naturales relaciones con nosotros. Pero no es esto todo. El pueblo de los Estados Unidos tiene un interés vital en la causa del gobierno del pueblo por sí mismo. Ha asegurado este derecho para sí y su posteridad, a costa de mucha sangre y dinero. Lo ha ejercido y ha demostrado su benéfica acción por medio de una carrera sin ejemplo en cuanto se refiere a la grandeza nacional y a la felicidad individual. Cree que posee la virtud de sanar a las naciones y que la civilización debe avanzar o retroceder a medida que se extienda o estreche su supremacía. Imbuido en estos sentimientos, no sería quizá imposible que el pueblo de los Estados Unidos se viese impelido a una activa propaganda en favor de una causa tan estimada para él mismo y para el género humano. Pero el tiempo de las Cruzadas ha pasado, y él se contenta con proclamar y defender el derecho del gobierno del pueblo por sí mismo, como lo requieren su propia seguridad y prosperidad. Bajo ese aspecto, sobre todo, cree que no debe tolerarse a ninguna potencia europea que asuma por la fuerza el dominio político de un Estado americano"*[142].

El telegrama indicó que las contradictorias pretensiones británicas sobre el territorio de Venezuela nunca se habían fundado en derecho:*"...En estas circunstancias parece imposible considerar como de derecho la línea de Schomburgk reclamada por la Gran Bretaña; ni de otro modo que como una línea que tuvo su origen en razones de conveniencia y oportunidad. Desde 1840 ha indicado la Gran Bretaña, de

---

[142] Véase en el libro *Historia oficial de la discusión entre Venezuela y la Gran Bretaña sobre sus límites en la Guayana*, ob. cit., pp. 293 -318.

tiempo en tiempo, otras líneas de frontera, pero todas ellas como líneas convencionales, para las cuales se ha solicitado el consentimiento de Venezuela, pero que, en ningún caso, según se cree, han sido reclamadas como un derecho..."[143].

En el telegrama reconocía la disparidad de fuerzas entre ambos Estados que obligaba a Venezuela a procurar la solución de la disputa sólo a través de los medios pacíficos. Se indicó que *"La disparidad de fuerza entre los reclamantes es tal, que Venezuela sólo puede esperar el establecimiento de sus derechos por medio de métodos pacíficos-por medio de un arreglo con su adversario, ya sea sobre el asunto mismo, ya sobre el arbitramento"*[144].

Era claro que las aspiraciones expansionistas del Reino Unido en América constituían una violación a la doctrina proclamada el 2 de diciembre de 1823 por el quinto presidente de los Estados Unidos de América *James Monroe,* quien en su mensaje anual al Congreso expresó que el continente americano no era susceptible de colonización y que las potencias europeas no podrán extender sus dominios en él, so pena de que tales hechos sean observados como una afrenta directa a los derechos e intereses de los Estados Unidos.

La doctrina Monroe que quedó resumida en la frase *"America para los americanos"* se entendió *"como un principio que afecta a los derechos e intereses de los Estados Unidos, que los continentes americanos, por la condición de libres e independientes que han adquirido y mantienen, no deben en lo adelante ser considerados como objetos de una colonización futura por ninguna potencia europea..."*[145].

De forma que visto el avance del Reino Unido en los territorios de Venezuela, el Presidente de Estados Unidos de América, Grover Cleveland, en un mensaje al Congreso el 17 de diciembre de 1895, invocó la doctrina Monroe y expresó *"La disputa ha llegado a un punto tal, que ahora le incumbe a los EE UU tomar medidas para determinar, con*

---

[143] *Historia oficial de la discusión entre Venezuela y la Gran Bretaña sobre sus límites en la Guayana,* ob. cit., p. 293 y ss.
[144] *Ibíd.,* p. 304.
[145] Véase "La Doctrina de Monroe (1823) Fragmento del Séptimo Mensaje Anual del Presidente Santiago Monroe al Congreso el 2 de Diciembre de 1823", en Virtual Library of Inter-American Peace Iniciatives. Disponible en: https://www.oas.org/sap/peacefund/VirtualLibrary/MonroeDoctrine/Treaty/MonroeDoctrineSpanish.pdf.

suficiente certeza para justificarla, cual es la verdadera línea divisoria entre la República de Venezuela y la Guayana inglesa. Cuando se termine dicho informe y sea aceptado, será en mi opinión, deber de los EE UU, resistir por todos los medios en su poder, como una agresión premeditada a sus derechos e intereses, la apropiación por parte de la Gran Bretaña de cualquier tierra, así como el ejercicio de su jurisdicción gubernamental en cualquier territorio que, tras la investigación, hayamos determinado pertenece por derecho a Venezuela"[146].

El mensaje del Presidente Grover Cleveland motivó la suscripción de un acto del Congreso de los Estados Unidos, aprobado en fecha de 21 de diciembre de 1895, en el que la Cámara de Representantes y el Senado acordaron"*...una asignación para los gastos de una comisión que averigüe la verdadera línea divisoria entre la República de Venezuela y la Guayana Británica, e informe acerca de ella. Decrétase por el Senado y la Cámara de Representantes de los Estados Unidos de América reunidos en Congreso: Se destina la suma de cien mil dólares o la parte de ella que sea necesario, para los gastos de una comisión, que será nombrada por el Presidente, para que averigüe la verdadera línea divisoria entre la República de Venezuela y la Guayana Británica, e informe del resultado"*[147].

Los resultados de la investigación realizada por la comisión presidencial para la averiguación del verdadero límite entre Venezuela y la Guayana Británica indicaron que no había pruebas contundentes de ocupación holandesa para el año 1648 ni al norte, ni al oeste del río Esequibo, ni de la isla denominada Kikoveral. Tampoco se hallaron elementos que señalaran ocupación en Punta Barima antes del año 1648[148].

El 6 de mayo de 1896, la comisión presidencial de investigación se dirigió al Secretario de Estado, Richard Olney, en los siguientes términos *"Esos puntos de vista generales en base a los cuales el Gobierno Británico fundamentó su derecho a Punta Barima, no encuentran*

---

[146] Tomás Enrique Carrillo Batalla (coord.), *La reclamación venezolana sobre la Guayana Esequiba*, Academia de Ciencias Políticas y Sociales, Serie Eventos 2, Caracas, 2008. p. 433-434.

[147] *Historia oficial de la discusión entre Venezuela y la Gran Bretaña sobre sus límites en la Guayana,* ob. cit., p. 336.

[148] Cfr. Tomás Enrique Carrillo Batalla (coord.), ob. cit., p. 434.

respaldo, tan lejos como hemos podido establecerlo, en los trabajos de historiadores de la colonia, bien sean ingleses y holandeses. De si los holandeses realmente ocuparon Punta Barima o no, parece que para 1680 a más tardar, esa ocupación, si alguna vez existió, había cesado y ese punto fue definitivamente abandonado"[149].

Los resultados de la investigación de la comisión presidencial ratificaron el inmenso valor del *"Mapa de una parte de Venezuela y de la Guayana Británica demostrativo del avance de las pretensiones inglesas en el territorio venezolano"* elaborado por T. Hayward Gignilliat publicado en 1896. Ese mapa formó parte del Libro Amarillo de los Estados Unidos de Venezuela que presentó el Ministro de Relaciones Exteriores de Venezuela, Pedro Ezequiel Rojas, ante el Congreso durante el mandato del Presidente Joaquín Crespo[150].

En el *Mapa* están representadas las múltiples demarcaciones unilaterales del Reino Unido y reflejaba el deseo del Reino Unido de abarcar mayores territorios en el mundo. La leyenda, incluida al pie del documento: *"En 1814 Inglaterra adquirió de los Holandeses unas 20.000 millas cuadradas de tierra en Guayana. De 1839 a 1841 comisionó a Sir Robert Schomburgk, sin conocimiento o anuencia de Venezuela, para trazar una línea que abarcaba cerca de 60.000 millas cuadradas de territorio. Para 1885 dicho territorio había ido extendiéndose a fuerza de alteraciones de la mencionada línea hasta medir 76.000 millas cuadradas. El año siguiente creció de un salto hasta 109.000 millas cuadradas. Venezuela nunca ha reconocido ninguna de estas líneas ni aun como señal de territorio en disputa"*[151].

En 1844 la pretensión británica disminuyó, con relación a la segunda línea Schomburgk y el Reino Unido propuso la Línea de Aberdeen que iniciaba en el río Moroco, entre Pomarón y Punta Barima. En 1881, el Reino Unido estableció la Línea Granville que iniciaba a 29 millas del río Moroco con dirección a Punta Barima. En 1886 la pretensión británica aumentó con la Línea de Rosebery, extendiéndose a un lugar de la costa occidental del río Guaima con dirección a Punta Barima. En 1890 el Reino Unido avanzó su pretensión de usurpar territorio

---
[149] Ibíd., p. 435.
[150] Véase en Andrés Eloy Burgos Gutiérrez (ed.), ob. cit., p. 37.
[151] Ídem.

venezolano mediante la Línea de Salisbury que estableció la frontera en la boca del río Amacuro en el Orinoco. En 1893 la expansión británica avanzó aún más hacia el oeste y el interior del territorio Venezolano, mediante una nueva Línea de Rosebery que estableció la frontera desde el occidente del río Amacuro hasta las nacientes del río Cumano y de la Sierra de Usupamo[152].

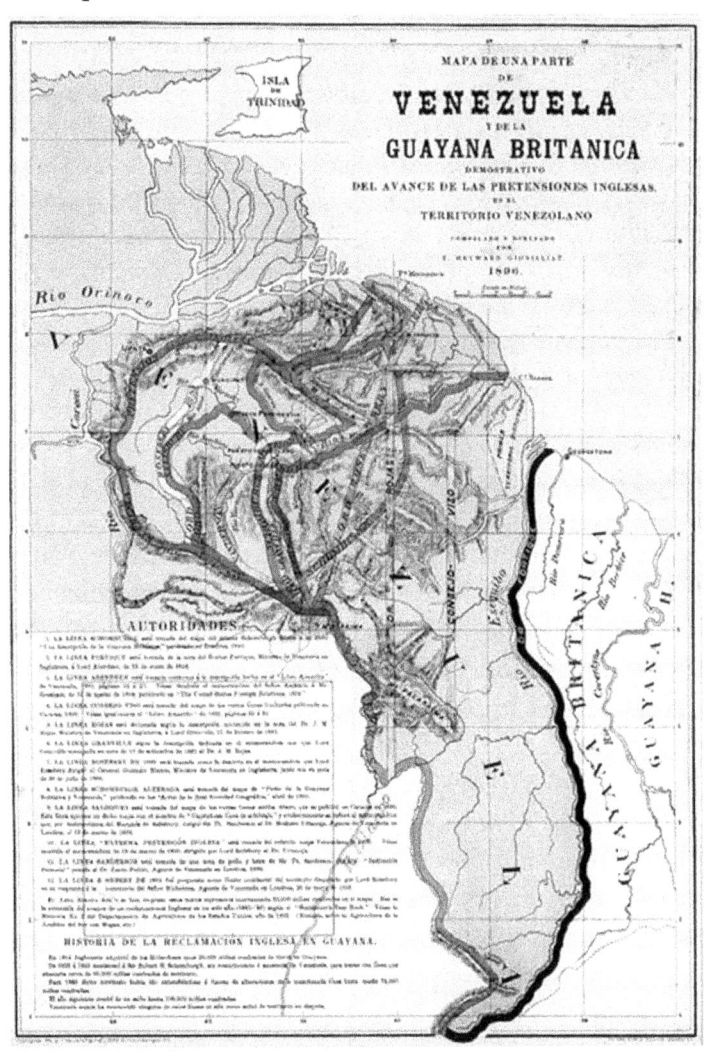

---

[152] Para un estudio más detallado sobre las demás líneas creadas por el Reino Unido, véase: La danza de los mapas ingleses en Héctor Faúndez Ledesma, *La competencia contenciosa de la Corte Internacional de Justicia y el caso Guayana vs. Venezuela*, ob. cit., pp. 78 y ss.

La expansión británica carecía de todo fundamento jurídico y sólo obedecía a la creciente *geofagia* del Reino Unido. Esto es comprobado por la carta enviada por el Dr. Tomás Michelena -designado por el Ministerio de Relaciones Exteriores al Reino Unido como Agente Confidencial con Pleno Poder *ad hoc*- a Lord Rosebery, Secretario de Estado de Relaciones Exteriores del Reino Unido, de fecha 29 de septiembre de 1893 que fue del tenor que sigue:

"Su Excelencia puede ahora fácilmente tomar nota de las sutiles diferencias en las diversas líneas fronterizas propuestas por el Gobierno de Su Majestad Británica en 1841, 1881, 1886, 1890 y en la actualidad; la tendencia siempre persistente a ampliar los límites de la colonia de la Guayana Británica a expensas del territorio de Venezuela, y la manifiesta discrepancia entre las propuestas de Su Excelencia en 1886 y la actual pretensión de que Venezuela acepte sin compensación alguna la línea Schomburgk ampliada, que priva a Venezuela no sólo del río Guaima, importante deseo del Ministerio de Relaciones Exteriores, sino también del río Barima y de la Punta del mismo nombre, con sus territorios adyacentes"[153].

Antes de la intervención de los Estados Unidos de América, los ingleses rechazaron varias veces las propuestas de Venezuela de dirimir la controversia mediante arbitraje, debido a que no tenían títulos de derecho sobre los territorios en discusión.

Venezuela sí poseía todos los títulos jurídicos e históricos sobre el territorio y, por ende, un arreglo judicial no era conveniente para el Reino Unido. En efecto *"Son también hechos perfectamente conocidos los esfuerzos de Venezuela por obtener una solución pacífica del litigio fronterizo creado prematuramente por el naturalista prusiano. La nueva evidencia revela que Gran Bretaña rechazó las constantes propuestas venezolanas para someter la cuestión a arbitraje porque su gobierno consideraba que carecía de argumentos y que una decisión plenamente judicial había de serle desfavorable"*[154].

---

[153] Annex 4 to the Letter of the Agent of the Bolivarian Republic of Venezuela to the Registrar of the Court, dated 8 November 2022, I.DD No. 001763.
[154] Hermann González y Pablo Ojer, ob. cit., p. 11.

El permanente rechazo del Reino Unido a las propuestas de Venezuela de resolver la disputa mediante arbitraje recuerda las palabras de García-Velutini cuando expresó, refiriéndose al arbitraje como medio pacífico de solución de controversias, que: *"Desafortunadamente no siempre se hace uso de él; y es más grave todavía la situación, cuando teniendo algún Estado una firme voluntad de acudir a tal procedimiento, sin embargo, se ven defraudadas muchas veces sus buenas intenciones, ya sea por la injusticia, por un negocio o trato político de por medio, o por las influencias de estados prepotentes, que hacen inaceptables los fallos arbitrales por injustos y violatorios de todo derecho y equidad"*[155].

La insistencia de Venezuela en resolver la controversia mediante arbitraje fue confirmada en el mencionado Cañonazo de las 20 Puntas que el Secretario de Estado de los Estados Unidos, Sr. Richard Olney, envió al Embajador de los Estados Unidos en el Reino Unido, Sr. Thomas Bayard. En efecto se señala:*"…Venezuela, por una parte, ha estado ofreciendo y pidiendo el arbitramento, mientras que, por la otra, la Gran Bretaña ha contestado insistiendo en la condición de que todo arbitramento debe referirse únicamente a la porción del territorio en disputa, que está situada al oeste de una línea designada por ella misma…"*[156].

El deseo de Venezuela de resolver la controversia mediante arbitraje y la vacilación del Reino Unido fueron respaldadas por una publicación de Andrew Carnegie titulada *The Venezuelan Question*, publicada en *The North American Review* en 1896, en la que señaló: *"(Gran Bretaña) comienza modestamente a reclamar una frontera; Venezuela le pide que someta sus reclamos a arbitraje; esto es rechazado; el asunto descansa un tiempo, cuando parece que la frontera de Inglaterra ha sido desplazada mucho y abarca más territorio adyacente a Venezuela; otra protesta de Venezuela, y otro descanso. Cuando la cuestión se reaviva, Gran Bretaña descubre que se equivocó de nuevo y no reclamó lo suficiente, y su tercera reclamación se extiende mucho más allá de*

---

[155] Oscar García-Velutini, *Facultad, acción y efecto de arbitrar*, Editorial Arte, Caracas, 1960. pp. 16-17.
[156] Véase en el libro *Historia oficial de la discusión entre Venezuela y la Gran Bretaña sobre sus límites en la Guayana,* ob. cit., pp. 293 -318.

la segunda. Por último, se traza una cuarta línea que se extiende sobre valiosos yacimientos auríferos y que realmente sitúa a Gran Bretaña a orillas del Orinoco"[157].

Sólo después de *"un largo proceso de reclamos de Venezuela por los continuos y persistentes despojos por parte de Inglaterra, quién tuvo la osadía de ocupar por la fuerza la orilla del Orinoco, y ante tales hechos, Venezuela logró involucrar a Estados Unidos para la mediación del conflicto..."*[158].

---

[157] *The North American Review*,Vo. 162, No. 471, 1896. pp. 133-134.
[158] Alfonso Rivas Quintero, *Derecho* constitucional, Clemente Editores, Valencia, 2002. pp. 237-238.

III. TRATADO DE WASHINGTON DEL 2 DE FEBRERO DE 1897

1. Consideraciones generales

Con el respaldo de los Estados Unidos, Venezuela finalmente logró que el Reino Unido accediera a participar en un mecanismo de solución pacífica para la disputa territorial relativa a la delimitación de la frontera oriental con la Colonia de Guyana Británica y en enero de 1896 se iniciaron las negociaciones para la suscripción de un tratado de arbitraje que resolviera la controversia. Para ello el Presidente de los Estados Unidos de América, Grover Cleveland, nombró una comisión para la investigación de los límites de Venezuela con Guayana Británica.

Para las conversaciones que tuvieron lugar en Washington, el Reino Unido envió a su Embajador en los Estados Unidos de América, Julián Pauncefote; en representación de Venezuela acudió el Ministro Plenipotenciario José Andrade y los Estados Unidos enviaron a su Secretario de Estado, Richard Olney.

Las reuniones entre los representantes del Reino Unido y los Estados Unidos de América, con poca participación de Venezuela, tuvieron como resultado la firma del Tratado de Washington del 2 de febrero de 1897, mediante el cual el Reino Unido y Venezuela se comprometieron a resolver la disputa territorial a través de un arbitraje.

Es conveniente resaltar, en primer lugar, que este tratado de arbitraje fue redactado sólo en inglés, el idioma de una de las partes y no se contempló hacer la correspondiente versión en español que era el idioma de Venezuela, la otra parte.

La ausencia del idioma español en el Tratado Arbitral de Washington es un reflejo de la debilidad de Venezuela durante la negociación. En efecto, la precariedad de Venezuela durante la discusión de las cláusulas del tratado de arbitraje se debía a que era un país pequeño, con menos de un siglo de haber conseguido la independencia y afectado por severas crisis internas de la más diversa índole. Es poco lo que pudo hacer José Andrade, único representante de Venezuela que participó en las negociaciones, a diferencia de los representantes de los Estados Unidos de América, Richard Olney, y el Reino Unido, Julián Pauncefote, que, entre ellos, negociaron prácticamente todo el contenido del Tratado de Washington.

No tomar en cuenta el idioma español en la formulación del Tratado de Washington -y tampoco en el procedimiento arbitral- es probablemente una consecuencia de la creencia del Reino Unido de que se estaba negociando un tratado de arbitraje con los Estados Unidos de América y no con Venezuela. Ciertamente, la visión colonialista del Reino Unido, importante potencia imperial del momento, no permitía apreciar a Venezuela como un igual, sino como un Estado semi-bárbaro o semi-salvaje. Sin ir muy lejos, Fiódor Fiódorovich Martens -que como veremos más adelante fue el presidente del tribunal arbitral de París que se constituiría como consecuencia del Tratado de Washington- compartía este mismo criterio[159]. Para el Reino Unido negociar directamente con Venezuela equivalía a rebajarse y abandonar su posición dominante, precisamente por eso sólo accedió a resolver la disputa mediante arbitraje ante la intervención de los Estados Unidos de América.

2. Del tribunal arbitral

De conformidad con el artículo I del Tratado de Washington se procedería a nombrar inmediatamente el tribunal arbitral para determinar la línea divisoria entre los Estados Unidos de Venezuela y la Colonia de la Guayana Británica.

En ejecución de esta disposición, el 25 de enero de 1899, se instaló el tribunal arbitral en el Palacio de Orsay, en la ciudad de París. Este tribunal arbitral debía dictar un laudo de derecho que determinara la línea divisoria que constituye la frontera oriental de Venezuela, pero terminó dictando una farsa de Laudo dirigido a beneficiar abiertamente al Reino Unido.

El artículo II del Tratado de Washington estableció la composición del tribunal arbitral que debía estar conformado por cinco juristas, ninguno de ellos nombrado por Venezuela. En efecto, los árbitros serían

---

[159] Véase Héctor Gros Espiell (trad.), *Rusia e Inglaterra en Asia Central*, traducida y comentada por Héctor Gros Espiell, Ediciones de la Presidencia de la República, Caracas, 1981. p. 50-51.

designados de la siguiente manera: dos por parte de Venezuela, pero, uno nombrado por el Presidente de los Estados Unidos de Venezuela, a saber Melville Weston Fuller, Presidente de la Corte Suprema de Justicia de los Estados Unidos de América, y el otro, nombrado por los jueces de la Corte Suprema de los Estados Unidos de América, a saber, David Josiah Brewer, juez de la Corte Suprema de los Estados Unidos de América. Dos árbitros en cambio sí serían designados por el Reino Unido, nombrados por los miembros de la Comisión Judicial del Consejo Privado de Su Majestad, a saber, el Barón Herschell y Sir Richard Henn Collins, uno de los jueces de la Corte Suprema de Judicatura de Su Majestad. El árbitro, jurista que sería elegido por las cuatro personas nombradas y quien sería Presidente del Tribunal, resultó el ruso Fiódor Fiódorovich Martens. El Barón Herschell, que representaba al Reino Unido, falleció el 1 de marzo de 1899 y fue sustituido por Charles Russel of Killowen, miembro del Consejo Privado de la Reina Victoria.

El Tratado de Washington no contempló, por tanto, la participación de Venezuela en el arbitraje, como se evidencia de su artículo II, de modo que Venezuela no eligió a ningún árbitro, como sí lo hicieron el Reino Unido y los Estados Unidos. Aún más, en caso de muerte, ausencia o incapacidad de alguno de los árbitros el mismo artículo II del Tratado de Washington estableció que: *"Si tal vacante ocurre entre los nombrados por parte de Venezuela, el sustituto será elegido por los Justicias de la Corte Suprema de los Estados Unidos de América por mayoría; y si ocurriere entre los nombrados por parte de la Gran Bretaña, elegirán al sustituto, por mayoría, los que fueren entonces miembros de la Comisión Judicial del Consejo Privado de Su Majestad"*[160].

La nula participación de árbitros venezolanos en la composición del tribunal arbitral es producto de la visión colonialista del Reino Unido, que sólo aceptó resolver la disputa mediante arbitraje si la contraparte era representada por los Estados Unidos de América porque, según ellos, no había juristas venezolanos aptos para asumir las funciones de árbitro. Esto se deduce de todo el curso del procedimiento arbitral, pero también de una carta enviada por Julian Pauncefote, Embajador

---

[160] Héctor Faúndez Ledesma, *La competencia contenciosa de la Corte Internacional de Justicia y el caso Guayana vs. Venezuela*, ob. cit., p. 337.

del Reino Unido, a Lord Salisbury, Primer Ministro del Reino Unido, de fecha 18 de diciembre de 1896 en la que afirmó lo siguiente: *"No hay peligro de que el Sr. Olney escuche ni por un momento el aullido venezolano pidiendo una modificación de nuestros términos de arbitraje. Pero me inquieta un poco la posibilidad de que no inste a los jueces estadounidenses a nombrar a un venezolano como árbitro... Puede parecer injusto que haya dos ingleses de nuestro lado y ningún venezolano del otro, pero el venezolano aceptó ser representado por los EE.UU. y ciertamente me comprometí a que la cuestión sería arbitrada precisamente como si la controversia fuera entre G. Bretaña y los EE.UU. por la razón, entre otras, de que no conocemos a ningún jurista venezolano digno de ese nombre, a quien pudiéramos consentir en confiar las funciones de árbitro en tal caso"*[161].

En efecto, *"las condiciones en las que Venezuela aceptó ser representada, sin protectorado ni institución reguladora alguna, por un tercer país parecen poco frecuentes en los procedimientos de arbitraje y revelan una situación cuasi colonial"*[162].

Pero en todo caso es claro que la necesidad de árbitros juristas evidencia que conforme al Tratado (artículos III y IV) el tribunal arbitral debía proceder en derecho a resolver la controversia. No obstante, fue, precisamente, el presidente del tribunal arbitral, Fiódor Fiódorovich Martens, quien convirtió el arbitraje en un acuerdo político y omitió aplicar el derecho, forzando la decisión de los demás árbitros que conformaban el tribunal arbitral. En efecto, durante el receso de dos semanas que se tomó el tribunal arbitral, Fiódor Fiódorovich Martens se reunió en Londres con los árbitros ingleses, los presionó y logró cambiar su pensamiento sobre la controversia.

Fiódor Fiódorovich Martens se reunió también con los árbitros americanos que habían sido designados para representar los intereses de Venezuela y les propuso que decidieran en forma unánime o, de lo contrario, votaría junto con los árbitros británicos a favor de la línea

---

[161] Annex 5 to the Letter of the Agent of the Bolivarian Republic of Venezuela to the Registrar of the Court, datd 8 November 2022, I.DD No. 001763.
[162] Paul Reuter, *La motivation et la révision des sentences arbitrales à laConférence de la Paix de La Haye (1899) et le conflit frontalier entre le Royaume Uni et le Venezuela*, 1968. Mélanges offerts à Juraj Andrassy. M. Nijhoff, La Haye, 1968. p. 246.

reclamada por el Reino Unido; aquello implicaba que Venezuela perdería las Bocas del Río Orinoco y así lo expresó el árbitro David Josiah Brewer al abogado Severo Mallet-Prevost que asistía a Venezuela en el arbitraje. "*...Martens ha venido a vernos y nos informa que Russell y Collins están dispuestos a decidir en favor de la línea de Schomburgk que, partiendo de la Punta Barima en la costa, daría a la Gran Bretaña el dominio de la boca principal del Orinoco: que si nosotros insistimos en tornar por punto de partida el Río Moroco él estará con los británicos y aprobará la línea de Schomburgk como el verdadero límite... Martens, estaba ansioso por obtener una decisión unánime, y si nosotros queríamos aceptar la línea que proponía, él aseguraba la aquiescencia de Lord Russell y Lord Collins a fin de hacer unánime la decisión*"[163].

Conforme a lo señalado en el artículo III del Tratado de Washington, el tribunal arbitral tenía la obligación de "*investigar y cerciorarse de la extensión de los territorios respectivamente, o que pudieran ser legítimamente reclamados por aquellas o éste, al tiempo de la adquisición de la Colonia de la Guayana Británica por el Reino Unido, y determinar la línea divisoria entre los Estados Unidos de Venezuela y la Colonia de la Guayana Británica*".

La terminología empleada en la redacción del artículo se refiere a *investigar y cerciorarse*, lo que implicaba que los árbitros examinarían cada uno de los títulos de las partes, cosa que nunca ocurrió. De haberse cumplido con la obligación del artículo III, no se habría otorgado un territorio tan extenso a los ingleses. Venezuela tenía todos los títulos legítimos sobre el territorio controvertido, el Reino Unido no tenía nada más que delimitaciones unilaterales que carecían de valor jurídico.

El artículo V del Tratado de Washington estableció el deber de los árbitros de reunirse en la ciudad de París "*dentro de los sesenta días después de la entrega de los argumentos impresos del artículo VIII*", teniendo la posibilidad de reunirse en otra ciudad si así lo convenían. Además, esta norma establecía la obligación de los árbitros de examinar y decidir imparcial y cuidadosamente las cuestiones que las partes hayan sometido a su conocimiento.

---

[163] Véase Memorándum póstumo de Severo Mallet-Prevost en Otto Schoenrich, ob. cit., p. 30.

El artículo V reguló dos asuntos más, estos son que las decisiones del tribunal debían ser adoptadas por mayoría absoluta de todos los árbitros y el deber de las partes de nombrar agentes que la representaran ante el tribunal arbitral.

Venezuela estuvo representada por cinco abogados. El primero de ellos fue Benjamín Harrison, Expresidente de los Estados Unidos; el segundo fue James Russell Soley, historiador naval; el tercero fue Benjamín F. Tracy, Ex Secretario de Guerra de los Estados Unidos; el cuarto José María Rojas, diplomático que ocupó varias veces el cargo de Ministro Plenipotenciario y único venezolano de este grupo; y Severo Mallet-Prevost, el abogado más joven del grupo.

El Reino Unido nombró un equipo de cuatro abogados, todos ellos ingleses. Sir Richard Everard Webster, que durante el arbitraje de París ocupaba el cargo de Fiscal General del Reino Unido, Sir Robert Reid, quien también había sido Fiscal General del Reino Unido antes del arbitraje de París, G.R. Askwith y Sidney Arthur Taylor Rowlatt.

El artículo VI del Tratado de Washington fijó el lapso de ocho meses, a partir de la fecha en que se verificó el canje de las ratificaciones de las Estados partes, para entrega de los alegatos impresos de las partes, así como toda la documentación, correspondencia y demás pruebas pertinentes en que se fundamentaren.

Además se estableció en el artículo VII un lapso de cuatro meses a partir la entrega de los alegatos impresos para consignar por duplicado a los árbitros y al agente de la contraparte su contra alegato. También, en esa misma oportunidad se dispuso la posibilidad de consignar nuevas pruebas. Finalmente, indica la norma que *"Si en el Alegato sometido a los Árbitros una u otra parte hubiere especificado o citado algún informe o documentos que esté en su exclusiva posesión, sin agregar copia, tal parte quedan obligadas, si la otra ejerce conveniente pedirla, a suministrarle copia de él; y una u otra parte podrá excitar a la otra, por medio de los Árbitros, a producir los originales o copias certificadas de los papeles aducidos, como pruebas, dando en cada caso aviso de esto dentro de los treinta días; después de la presentación del Alegato; y el original o la copia pedidos se entregaran tan pronto corno sea posible y dentro de un plazo que no exceda de cuarenta días; después del recibo del aviso"*.

El artículo VIII guarda relación con el artículo V, pues fijó el lapso de tres meses luego de la expiración del tiempo de presentación del contra alegato para para la entrega de argumentos impresos que contengan los puntos y pruebas que fundamentan la posición de cada parte. En efecto, disponía la norma que *"El Agente de cada parte, dentro de los tres meses después de la expiración del tiempo señalado para la entrega del Contra-Alegato por ambas partes, deberá entregar por duplicado a cada uno de dichos Árbitros y al Agente de la otra parte un argumento impreso que señale los puntos y cite las pruebas en que se funda su Gobierno, y cualesquiera de las dos partes podrá también apoyarlo ante los Árbitros con argumentos orales de su Abogado; y los Árbitros podrán, si desean mayor esclarecimiento con respecto a algún punto, requerir sobre él una exposición o argumentos escritos o impresos, o argumentos orales del Abogado; pero en tal caso al otra parte tendrá derecho a contestar oralmente o por escrito, según fuere el caso"*.

El artículo IX reguló lo relativo a las prórrogas de los lapsos procesales que podrían ser acordadas por los árbitros respecto de los artículos VI, VII y VIII y serían de treinta días adicionales al lapso previamente establecido y el artículo X fijó un lapso de tres meses, una vez concluida la argumentación de las partes, para que el tribunal arbitral y de ser posible, dictase el laudo definitivo. Asimismo, reguló lo requisitos de forma del laudo: escrito, fechado y firmado por cada uno de los árbitros que la acepten. Además, *"la decisión se extenderá por duplicado; de ella se entregará un ejemplar al Agente de los Estados Unidos de Venezuela para su Gobierno, y el otro se entregará al Agente de la Gran Bretaña para su Gobierno"*.

Los árbitros estaban obligados a llevar *"un registro exacto de sus procedimientos"* y, a tales fines, *"podrán elegir y emplear las personas que necesiten para su ayuda"*, de acuerdo a lo previsto en el artículo XI.

El artículo XII estipulaba la forma en la que serían sufragados los gastos de las partes concernientes a los honorarios de sus agentes, abogados, de los árbitros, preparación y sometimiento de la controversia al tribunal arbitral. Finaliza la norma indicando que *"los dos Gobiernos satisfarán por partes iguales todos los demás gastos relativos al Arbitraje"*.

3. El derecho aplicable a la controversia

El artículo IV del Tratado de Washington estableció el derecho aplicable a la controversia entre Venezuela y el Reino Unido al disponer que *"al decidir los asuntos sometidos a los árbitros, éstos se cerciorarán de todos los hechos que estimen necesarios para la decisión de la controversia, y se gobernarán por las siguientes reglas en que están convenidas las altas partes contratantes como reglas que han de considerarse aplicables al caso, y por los principios de derecho internacional no incompatibles con ellas, que los árbitros juzgaren aplicables al mismo"*.

Esas reglas fueron:

a) "Una posesión adversa o prescripción por el término de cincuenta años constituirá un buen título. Los árbitros podrán estimar que la dominación política exclusiva de un Distrito, así como la efectiva colonización de él son suficientes para constituir una posesión adversa o crear títulos de prescripción.

b) Los árbitros podrán reconocer y hacer efectivos derechos y reivindicaciones que se apoyen en cualquier otro fundamento válido conforme al derecho internacional y en cualesquiera principios de derecho internacional que los Árbitros estimen aplicables al caso y que no contravengan a la regla precedente.

c) Al determinar la línea divisoria, si el tribunal hallare que el territorio de una parte ha estado en la fecha de este tratado ocupado por los ciudadanos o súbditos de la otra parte, se dará a tal ocupación el efecto, que, en opinión del tribunal, requieran la razón, la justicia, los principios del derecho internacional y la equidad del caso".

La primera obligación para los árbitros era *cerciorarse de los hechos que estimaren necesarios para decidir*. Este deber fue violado porque nunca se tuvieron en cuenta los títulos de Venezuela y mucho menos hubo interés en asegurarse de algún hecho que respaldara la posición venezolana, cuestión que resulta evidente en el laudo.

La segunda obligación de los árbitros era gobernarse por el derecho aplicable seleccionado por las partes. Para ese momento el derecho aplicable estaba conformado por las reglas contenidas en el propio artículo IV y el derecho internacional vigente para la época.

Sin embargo, el artículo IV del Tratado de Washington, que -como dijimos- estableció el derecho aplicable, indicaba que los árbitros debían regirse por las reglas fijadas en ese mismo artículo "*y por los principios de derecho internacional no incompatibles con ellas, que los árbitros juzgaren aplicables*". Con esa última frase se restringieron los principios de derecho internacional, para que sólo funcionaran cuando no violaran las reglas del Tratado de Washington negociadas por el representante del Reino Unido, Julián Pauncefote, y el de los Estados Unidos, Richard Olney.

En efecto, las reglas establecidas en el artículo IV del Tratado de Washington resultaron claramente violatorias a los principios del derecho internacional vigentes para la época. Específicamente la regla a del artículo IV, conocida como cláusula de la prescripción, y que estableció una modalidad de prescripción adquisitiva distinta para beneficiar al Reino Unido, fue contraria a los principios del derecho internacional.

Es probable "*que Inglaterra buscara imponer su propio derecho positivo en la redacción del Artículo IV del Tratado de Arbitraje, con la anuencia de otro país anglosajón como los EE.UU, el cual privilegiaba la llamada "posesión inmemorial" como el título al cual debía darse preferencia en la confrontación de los títulos, para lo cual debería haberse exigido una posesión centenaria y no la menor y acomodaticia posesión cincuentenaria*"[164].

Como hemos señalado en otra oportunidad "*Es curioso -y también oportuno para Inglaterra- que se haya establecido una prescripción cincuentenaria que permitiría adquirir muchos más territorios en lugar de establecer, al menos, una prescripción centenaria que era más acorde con los principios del derecho internacional pero que, de otra parte, resultaba menos beneficiosa para los ingleses por cuanto les impediría obtener un territorio tan vasto*"[165].

---

[164] Véase Gabriel Ruan Santos, "Los títulos de la reclamación por la Guayana Esequiba. especial referencia a la cláusula de prescripción", *Boletín de la Academia de Ciencias Políticas y Sociales*, número 165 julio-septiembre 2021, Caracas, 2021.

[165] Véase Rafael Badell Madrid, "La nulidad del Laudo de París del 3 de octubre de 1899", en *Boletín de la Academia de Ciencias Políticas y Sociales*, número 165, julio-septiembre, 2021.

Los negociadores del tratado arbitral, el Embajador del Reino Unido en los Estados Unidos, Julián Pauncefote, y el Secretario de Estado de los Estados Unidos, Richard Olney, sabían que establecer sólo esa condición al derecho aplicable traería problemas y por ello regularon una segunda condición al derecho aplicable, esta fue, que sólo aplicarían *"los principios de derecho internacional no incompatibles con ellas"*.

Es necesario tener presente que el 5 de junio de 1896 Lord Salisbury envió un telegrama a Julián Pauncefote, Embajador Británico en Washington, contentivo de un fragmento en el que señaló que: *"El Gobierno de Su Majestad aceptaría la 4ª cláusula del Tratado propuesto en la forma sugerida por usted... Su aplicación a Venezuela también sería aceptada si los Estados Unidos con este fin se ponen en el lugar de Venezuela, y el arreglo para el cual una Convención subsidiaria será requerida. Los Estados Unidos deberán seleccionar al Árbitro. Según la versión admitida de la cláusula 4, el tribunal revisor por parte venezolana no debe ser el Tribunal Supremo de Caracas, sino el Tribunal Supremo de Washington, y cualquier decisión a la que se someta Estados Unidos, o que no sea anulada por el Tribunal Supremo de Washington, Venezuela debe comprometerse a tomarla"*[166].

En cuanto a la interpretación de la regla "a", Richard Olney le dijo al Ministro José Andrade que ésta aplicaba sólo a ocupaciones anteriores a 1814, fecha en la que el Reino Unido había adquirido los establecimientos de Berbice, Demerara y Esequibo de Holanda. Si eso hubiere sido así, entonces, el Reino Unido únicamente habría tenido derecho sobre los territorios que le había cedido Holanda mediante el Tratado de Londres de 1814.

Richard Olney explicó que la regla *"a"*, referida a la prescripción, aplicaba sólo a un territorio muy pequeño entre los ríos Pomarón, Moruco y Esequibo; pero realmente él sabía cuál era el verdadero propósito de la regla de prescripción, que había pactado en un acuerdo secreto con el Embajador del Reino Unido en los Estados Unidos, Julián Pauncefote, el 12 de noviembre de 1896[167].

---

[166] Annex 4 to the Letter of the Agent of the Bolivarian Republic of Venezuela to the Registrar of the Court, dated 8 November 2022, I.DD No. 001763.

[167] Carlos Sosa Rodríguez, ob. cit., p. 126.

Por su parte, la interpretación de los ingleses fue que la regla "*a*" aplicaba a toda ocupación de más de cincuenta años de duración, posterior a 1814, fecha en la que el Reino Unido y Holanda firmaron el Tratado de Londres, al que nos hemos referido en varias ocasiones durante este estudio.

En primer lugar, esta interpretación pasa por alto el Tratado de Status Quo de 1850 suscrito mediante canje de notas diplomáticas entre el Cónsul General Británico en Caracas, Belford Hinton Wilson, y el Secretario de Relaciones Exteriores de Venezuela, Vicente Lecuna, del 18 de noviembre y 20 de diciembre de 1850, respectivamente. Según ese tratado internacional ambas partes se comprometieron a mantener el estado de las cosas tal y como se encontraba a finales de 1850. De modo que, tanto Venezuela como el Reino Unido tenían el deber de no avanzar en sus ocupaciones en el territorio controvertido.

A pesar de su enorme importancia no hubo ninguna referencia en el Tratado de Washington de 1897 al tratado de Status Quo de 1850 y la interpretación que se dio a la cláusula de la prescripción fue contraria a ese *modus vivendi* por medio del cual ambas partes se habían comprometido a mantener la situación fronteriza tal y como se encontraba para ese momento.

Recordemos que las partes se habían comprometido a no ocupar el territorio en discusión comprendido entre la pseudo línea Schomburgk, máxima aspiración del Reino Unido, y el Esequibo. De forma que la interpretación respecto de la posesión nunca podía referirse a ese lapso de tiempo.

Lo cierto es que el Reino Unido nunca respetó el Tratado de Status Quo de 1850. Al contrario y como se deduce de sus actuaciones posteriores, el Reino Unido insistió en hacer avanzar su pretensión sobre el territorio venezolano de una forma cada vez más agresiva y descarada. La interpretación de la regla "a" del artículo IV del Tratado de Washington desconoce el Tratado de Status Quo y con ello decide ignorar su violación y desestimando su valor jurídico.

El hecho de haber dejado sin valor el Tratado de Status Quo de 1850 no fue casual. En efecto, Richard Olney, Secretario de Estados de los Estados Unidos de América, envió una carta a Julian Pauncefote, Embajador del Reino Unido en Washington, de fecha 29 de octubre de

1896, en la que señaló lo siguiente: *"Creo que lo más deseable es no dar al Acuerdo de 1850 ningún estatus en la cara de la Convención, ni siquiera por referencia, y mucho menos por un intento de definir su alcance y significado. Un intento de interpretarlo nos involucraría en un debate prolongado y pospondría indefinidamente la consecución del objetivo que ahora tenemos en mente"*[168].

La interpretación dada a la regla "a" del artículo IV del Tratado de Washington contraría el principio *uti possidetis iuris* que desde la independencia ha sido un principio de suprema importancia para los países americanos e incluso, por su utilidad en cuanto a la delimitación de fronteras, ha sido utilizado por países de otros continentes en casos resueltos por la CIJ, tal como lo veremos más adelante.

Ratificar que el principio *uti possidetis iuris* es una máxima fundamental en el derecho internacional que ha sido ampliamente aceptada por la comunidad internacional. Este principio establece que los Estados deben mantener las fronteras que tenían en el momento de su independencia, a menos que las partes involucradas acuerden otra cosa, lo que evidentemente no ocurrió en el caso de la controversia entre Venezuela y el Reino Unido.

En el contexto de Sudamérica, la aplicación del principio *uti possidetis iuris* es esencial debido a la tradición histórica de la región. Durante el proceso de independencia sudamericano se establecieron límites territoriales precisos en función de los límites de las antiguas colonias. Estos límites han sido respetados durante más de dos siglos.

Es importante destacar que en el caso de la controversia entre Venezuela y el Reino Unido, no se trataba de establecer un límite por primera vez, dado que Venezuela ya tenía límites claros que fueron reconocidos por el propio Reino Unido y España durante el siglo XIX.

Por lo tanto, la aplicación del principio *uti possidetis* iuris siempre ha sido crucial para garantizar la integridad territorial y la soberanía de Venezuela en la región.

El tribunal arbitral de París excluyó indebidamente la aplicación del principio *uti possidetis iuris* y dio preminencia al principio

---

[168] Annex 6 to the Lettter of the Agent of the Bolivarian Republic of Venezuela to the Registrar of the Court, dated 8 November 2022, I.DD No. 001763.

uti possidetis facti con el fin de legitimar la ocupación ilegal del Reino Unido dentro de territorio venezolano[169].

En violación del principio *uti possidetis iuris*, durante las negociaciones entre Richard Olney, Secretario de Estado de los Estados Unidos de América, y Julián Pauncefote, Embajador del Reino Unido en los Estados Unidos de América, se estableció la regla de la prescripción y se dio preeminencia al principio del *uti possidetis facti*.

La regla de la prescripción tuvo como objetivo restar valor al argumento de inconstitucionalidad que defendía el Ministro José Andrade según el cual la Constitución de 1893 -vigente para el momento de la celebración del tratado- no permitía la enajenación de ninguna parte del territorio de la República.

De manera que la explicación que se dio a Venezuela sobre el sentido y alcance de las reglas del artículo IV fue distinta a la interpretación que le daban los británicos y que fue la que se finalmente se aplicó en el Laudo Arbitral del 3 de octubre de1899[170].

Esta regla "a" *"contiene los elementos constitutivos de la indefensión en que se colocaron los intereses de Venezuela"*[171] y este aspecto es determinante para el establecimiento de la nulidad del compromiso arbitral. Como afirmó Isidro Morales Paúl *"precisamente en la cláusula de prescripción radica la columna vertebral del problema"*[172].

La interpretación dada a la regla "*a*" favoreció abiertamente al Reino Unido, quien a través de una prescripción, inexistente por cierto debido al tratado de status quo, obtuvo título sobre el territorio disputado. *"Venezuela tuvo que aceptar el Tratado de Arbitraje de 1897 bajo presión indebida por parte de los Estados Unidos y Gran Bretaña, los cuales negociaron las bases del compromiso con exclusión del*

---

[169] Víctor Rodríguez Cedeño, "La nulidad del laudo arbitral de 1899 y la titularidad jurídica de Venezuela sobre el Territorio Esequibo", artículo publicado en *El Nacional* en fecha 14 de febrero de 2023. Disponible en: https://www.elnacional.com/opinion/la-nulidad-del-laudo-arbitral-de-1899-y-la-titularidad-juridica-de-venezuela-sobre-el-territorio-esequibo/.

[170] Sobre esto véase Carlos Sosa Rodríguez, ob. cit.

[171] Isidro Morales Paúl, "Análisis crítico del problema fronterizo «Venezuela-Gran Bretaña»", ob. cit., p. 179.

[172] *Ibíd.*, p. 187.

Gobierno venezolano, al cual se le dieron explicaciones que lo indujeron a error"[173].

El diálogo entre el árbitro Lord Russell y el Expresidente de los Estados Unidos de América comprueba la diferencia entre las interpretaciones de Venezuela y el Reino Unido en cuanto a la cláusula de la prescripción. En efecto, los abogados de Venezuela, Benjamin Harrison y James Russell Soley, dieron a entender -erróneamente- al tribunal arbitral de París que el Tratado de Londres estaba sujeto a las modificaciones que puedan derivar de las reglas a), b) o c) del Tratado de Washington.

El abogado James Russell Soley explicó al árbitro Lord Russell que la Convención de Viena sobre Derecho de los Tratados, que refleja el Derecho Internacional consuetudinario acatado pacíficamente, establece que:

"Para los efectos de la interpretación de un Tratado el contexto comprenderá, además del texto, incluidos su preámbulo y anexos:
a.- todo Acuerdo que se refiera al Tratado y haya sido concertado entre todas las partes con motivo de la celebración del tratado..."

El abogado James Russell Soley prosiguió en su explicación señalando que *"de acuerdo con la doctrina, la declaración interpretativa puede formar parte del Tratado o bien puede ser una interpretación auténtica emanada de las partes involucradas"*. Aunque el Secretario de Estado de los Estados Unidos de América, Richard Olney, no era parte en el Tratado de Washington, *"no representó a Venezuela ni suscribió el mismo, tampoco tenía la autoridad para elaborar o suscribir notas interpretativas en representación de Venezuela. Por consiguiente unas notas realizadas por él, conjuntamente con el Embajador Pauncefote, ni eran interpretación auténtica, ni eran interpretativas, ni tenían valor alguno, ni obligaban en modo alguno a Venezuela"*.

En definitiva, el documento que analizamos indica en sus últimas líneas que lo cierto es que el Reino Unido confesó *"que acordó el arbitraje bajo condición de que se agregarse la cláusula de la prescripción o posesión adversa de 50 años como integrante de un título válido, pero*

---
[173] Herman González Oropeza y Pablo Ojer Celigueta, ob. cit., p. 26.

además, que ese período de posesión adversa o prescripción se contase a partir de 1814".

4. El laudo arbitral

El artículo XIII estableció el carácter definitivo del laudo arbitral al señalar que *"las Altas Partes Contratantes se obligan a considerar el resultado de los procedimientos del Tribunal de Arbitraje como arreglo pleno, perfecto y definitivo de todas las cuestiones sometidas a los Árbitros"*.

Sin embargo, un tratado negociado y redactado sin la participación de un representante de las partes en la negociación, en el que se incluyeron normas que violaban los principios del derecho internacional público, no puede llevar a un *arreglo pleno, perfecto y definitivo* de la controversia.

Para que el laudo arbitral fuera un arreglo pleno, perfecto y definitivo, debía concordarse el artículo XIII con las demás disposiciones del Tratado de Washington, especialmente, los artículos II, III y IV. De esa concordancia se deduce que era obvio que el Tratado de Washington estableció las reglas para un arbitraje de derecho y, por lo tanto, un arreglo pleno, perfecto y definitivo sólo tendría esas características si era dictado conforme a normas de derecho, adminiculadas con su respectivo razonamiento jurídico por parte de los árbitros.

5. Firma del tratado

Finalmente, el artículo XIV contemplaba el deber de las partes de ratificar el Tratado de Washington. En efecto, disponía la norma que *"el presente Tratado será debidamente ratificado por el Presidente de los Estados Unidos de Venezuela con la aprobación del Congreso de ellos, y por Su Majestad Británica; y las ratificaciones se canjearán en Washington o en Londres dentro de los seis meses contados desde la fecha del presente Tratado"*.

El 2 de febrero de 1897, José Andrade y Julián Pauncefote firmaron el Tratado de Arbitraje -denominado Tratado de Washington- entre los Estados Unidos de Venezuela y Su Majestad la Reina del Reino Unido de la Gran Bretaña e Irlanda, que luego fue ratificado por el Congreso de Venezuela el 7 de abril de 1897 y con él quedaron escritas las bases sobre las cuales debía resolverse la controversia.

Para el momento en que se negociaba el tratado de arbitraje muchos sectores de la sociedad venezolana -e incluso la opinión pública latinoamericana y estadounidense- se pronunciaron en contra de su aprobación. Sin embargo, el Secretario de Estado de los Estados Unidos, Richard Olney, ejerció fuerte presión sobre Venezuela para que aceptara el compromiso, pues de no hacerlo la nación quedaría desamparada en su lucha contra el Reino Unido[174]. De manera que Venezuela no suscribió el Tratado de Washington de forma libre y su participación en la negociación del tratado de arbitraje fue simbólica o inexistente. Como señala Sosa Rodríguez *"Venezuela es tratada como si fuera una colonia o un país bajo mandato"*[175].

Como hemos señalado previamente, una vez que los Estados Unidos invocaron la doctrina Monroe se interesaron por la controversia y se subrogaron en la posición de Venezuela. Es cierto que si ello no hubiere ocurrido difícilmente el Reino Unido habría aceptado acudir al arbitraje que Venezuela venía solicitado con insistencia a los fines de resolver el problema limítrofe y a quien el Reino Unido menospreciaba abiertamente. En aquella época un país pequeño e inestable como Venezuela no podía enfrentarse, sin ayuda ni respaldo, a una potencia como el Reino Unido. La ayuda de Estados Unidos era indispensable.

Sin embargo, posteriormente, los Estados Unidos de América y el Reino Unido mejoraron notablemente sus relaciones y Venezuela, sin saberlo todavía, dejó de tener el apoyo que le había brindado inicialmente Estados Unidos de América. El retiro del apoyo de los Estados Unidos de América se notó desde el momento de la negociación del Tratado de Washington, con el acuerdo secreto sobre la regla de la prescripción, suscrito entre el Secretario de Estado Richard Olney y el Embajador Julián Pauncefote el 12 de noviembre de 1896.

También quedó claro con la selección de los árbitros regulada en el Tratado de Washington, donde sólo se incluyeron árbitros ingleses y norteamericanos, excluyendo la participación de los venezolanos en su propia disputa territorial y creando una desigualdad inadmisible en un procedimiento arbitral.

---

[174] Cfr. Hermann González Oropeza, "Dos aspectos del reclamo Esequibo" en *Boletín de la Academia de Ciencias Políticas y Sociales*, número 91, Caracas, 1983. p. 110.

[175] Carlos Sosa Rodríguez, ob. cit., p. 127.

El acercamiento entre los Estados Unidos de América y el Reino Unido pudo haber ocurrido porque a finales de 1895 y principios de 1896 tuvo lugar en África del Sur la denominada Incursión de Jameson[176], que fue un movimiento encabezado por el inglés Leander Starr James con el propósito de provocar el alzamiento de trabajadores británicos expatriados en la República de Transvaal.

Ante esa situación el Kaiser Guillermo II -último emperador alemán y Rey de Prusia- ofreció su apoyo al Presidente de la República de Transvaal, Paul Kruger[177]. Lo anterior generó una alianza de Alemania con la República de Transvaal en contra del Reino Unido. Alemania era una preocupación para el Reino Unido por el crecimiento de su poderío marítimo. Esto promovió el estrechamiento de las relaciones entre el Reino Unido y los Estados Unidos de América[178] que percibían a los alemanes como una amenaza inminente a su hegemonía, lo que sirvió como punto de encuentro entre ambas potencias.

Ese mismo año 1896, la prensa de los Estados Unidos de América reaccionó ante la aceptación del Reino Unido de resolver la disputa territorial con Venezuela mediante arbitraje y publicó una caricatura donde se ve al Tío Sam y a John Bull brindando frente a un mapa de Venezuela[179]:

---

[176] Marcos Falcón Briceño, ob. cit., p. 46.
[177] Ídem.
[178] Ídem.
[179] *The shape of Guyana. Road to arbitration*. La publicación es una serie de tres partes publicada en el *Stabroek News* de octubre de 1998. http://www.guyana.org/features/shape_guyana.html

El 21 de noviembre de 1896 se publicó en la Revista *Punch or de London Charivari* una caricatura denominada *"Pudín de paz*. En esa caricatura se observa al Tío Sam y a John Bull compartiendo el alimento cuyo recipiente indica *Venezuela Arbitration*:

"Pudín de paz", publicada en la Revista *Punch or de London* Charivari, Londres, 21 de noviembre de 1896[180]

Después, en 1897 se publicó en El Diablo, Caracas, año VI, número 125 un artículo con ilustración titulado "El porqué del arreglo Anglo-Venezolano" donde se observa al Tío Sam (representación de los Estados Unidos) golpeando a John Bull (Representación del Reino Unido):

"El porqué del arreglo Anglo-Venezolano", publicado en *El Diablo*, año VI, número 125, Caracas, circa 1897[181].

---
[180] Véase en Andrés Eloy Burgos Gutiérrez (ed.), ob. cit., p. 23.
[181] *Ídem*.

El texto que acompaña la caricatura indica:

"*El Tío Samuel y John Bull / Unas veces se pelean / Y otras, cual buenos hermanos, / Se acarician y se besan, / En uno de esos berrinches / Salió a flote Venezuela / A la que John Bull quería / Con entusiasmo de… suegra, / Y el bonachón de Samuel, / Agarrando las tijeras / Que le dio el sastre Monroe / Para vestir la América / Inventó comisionados, / Y revisión de fronteras…*"[182].

Las caricaturas anteriores demuestran la percepción que se tenía de los Estados Unidos de América respecto de la legítima reclamación venezolana antes, durante y después del arbitraje. De manera que el cambio de posición de los Estados Unidos respecto del apoyo brindado a Venezuela durante la controversia limítrofe con la Colonia Británica de Guayana no sólo fue reflejado en comunicaciones, instrucciones, investigaciones y notas diplomáticas, también fue expresado en la prensa internacional cuando se suscribió el Tratado de Washington en 1897.

6. Invalidez del compromiso arbitral

Conviene tener presente que una de las causales reconocidas por la doctrina para establecer la nulidad de los laudos arbitrales es la invalidez del propio compromiso de arbitraje; es decir, del instrumento mediante el cual se manifestó el consentimiento de las partes en someter su disputa al examen de los árbitros. De forma que la validez o invalidez del Tratado de Washington de 1899 es un aspecto importante, aunque no el único, en el análisis de la nulidad del Laudo de París de 1899 porque éste está tan viciado que es per se nulo con independencia del vicio de origen que se menciona.

Es evidente que sin el debido y correcto compromiso arbitral no existe jurisdicción para el tribunal. Pero también es cuestionable la jurisdicción del tribunal arbitral cuando el tratado de arbitraje es susceptible de ser reprochado por elementos que creen dudas razonables sobre su validez. Discutir la validez del compromiso arbitral *"origina la cuestión más amplia de indagar la validez del tratado, y la de establecer*

---

[182] *Ídem*.

hasta qué punto la parte de un tratado puede repudiarlo argumentando la invalidez, después de haber actuado de acuerdo con él"[183].

Respecto de esto Max Sorensen señala que *"la invalidez del compromiso es generalmente considerada como causal posible de nulidad"*[184] y una posición similar ha sido sostenida por Alfred Verdross, quien considera *"la falta de un tratado o compromiso de arbitraje válido"*[185] o nulidad del compromiso arbitral, como una causal de nulidad de los laudos arbitrales.

Algunas de las razones que permiten dudar sobre la validez del Tratado de Washington son las siguientes:

1.- Venezuela no suscribió el Tratado de Washington de 1899 en forma libre. Conforme al derecho de los tratados existen tres elementos centrales para su formulación, a saber, capacidad, consentimiento y legalidad del objeto del tratado[186].

Esta primera razón se refiere al consentimiento que en el caso del Tratado Arbitral de Washington no fue manifestado libremente por Venezuela. Al contrario, en varias oportunidades se obligó a Venezuela a aceptar las disposiciones del acuerdo arbitral que estaba siendo negociado por la otra parte y un tercero.

Tengamos en cuenta, por ejemplo, que Venezuela fue apartada varias veces de las negociaciones del acuerdo arbitral. Así ocurrió en las conversaciones en las que se discutió la regla de la prescripción, donde el ministro venezolano José Andrade fue progresivamente excluido de lo que terminó siendo una negociación entre el Secretario de Estado de los Estados Unidos, Richard Olney, y el Embajador del Reino Unido en los Estados Unidos, Julián Pauncefote, que terminó en un pacto secreto suscrito sólo entre ellos el 12 de noviembre de 1896.

La regla "a" del artículo IV fue explicada a los venezolanos de forma diferente sólo para conseguir que la aceptaran sin quejas. En efecto, como ya lo hemos señalado el Richard Olney explicó al ministro venezolano, José Andrade, que la regla de la prescripción aplicaba sólo a ocupaciones anteriores de 1814 y que se refería a un territorio muy pequeño entre los ríos Pomarón, Moruco y Esequibo.

---

[183] Max Sorensen, ob. cit., p. 644.
[184] *Ídem*.
[185] Alfred Verdross, ob. cit., p. 399.
[186] *Ibíd.*, p. 222.

Pero muy diferente fue la interpretación de los ingleses, según la cual la regla aplicaba a toda ocupación que para el 1897 hubiere tenido una duración de 50 años. La intención detrás de la interpretación británica era invalidar el argumento de inconstitucionalidad que defendía el ministro José Andrade. En efecto, la Constitución de 1893, vigente para el momento de celebración del Tratado de Washington, no permitía la enajenación de ninguna parte del territorio de la República. Esta prohibición se encontraba presente en el texto constitucional de manera implícita, como tradicionalmente había sido desde 1864, y fue recogida más tarde en forma expresa a partir de la Constitución de 1904. En efecto *"La prohibición de enajenar en forma alguna el territorio resultaba tácitamente establecida por la mencionada supresión; esta prohibición tácita que existía bajo el imperio de las constituciones de 1864, 1874, 1881, 1891 y 1893, fue luego transformada en prohibición expresa en la Constitución de 1901 (Art. 5) y en todas las posteriores, 1904 (Art. 6); 1909 (Art. 11); 1914 (Art, 7); 1922 (Art.7); 1925 (~.2); 1929 (Art. 2); 1931 (Art. 2); 1936 (Art. 2); 1947 (Art. 1º.);1953 (Art. 2) y la de 1961 (Art. 8)"*[187].

Estados Unidos amenazó a Venezuela con retirarle su apoyo si no suscribía el tratado aceptando sus disposiciones. De forma que *"Venezuela tuvo que aceptar el Tratado de Arbitraje de 1897 bajo presión indebida por parte de los Estados Unidos y Gran Bretaña, los cuales negociaron las bases del compromiso con exclusión del Gobierno venezolano, al cual se le dieron explicaciones que lo indujeron a error"*[188].

2.- La participación de Venezuela en la negociación del tratado de arbitraje fue meramente simbólica y casi inexistente. Como señala Sosa Rodríguez *"Venezuela es tratada como si fuera una colonia o un país bajo mandato"*[189].

Así lo demuestra la propia redacción del artículo II conforme al cual *"El Tribunal se compondrá de cinco Juristas; dos de parte de Venezuela, nombrados, uno por el Presidente de los Estados Unidos de Venezuela, a saber, el Honorable Melville Weston Fuller, Justicia Mayor de los Estados Unidos de América, y uno por los Justicia de la Corte Suprema de los Estados Unidos de América, a saber, el Honorable David Josiah*

---

[187] Carlos Sosa Rodríguez, ob. cit., p. 131.
[188] Herman González Oropeza y Pablo Ojer Celigueta, ob. cit., p. 26.
[189] Carlos Sosa Rodríguez, ob. cit., p. 127.

Brewer, Justicia de la Corte Suprema de los Estados Unidos de América; dos de parte de la Gran Bretaña, nombrados por los miembros de la Comisión Judicial del Consejo Privado de Su Majestad. a saber, el Muy Honorable Barón Herschell, Caballero Gran Cruz de la Muy Honorable Orden del Baño, y el Honorable Sir Richard Henn Collins, Caballero, uno de los Justicias de la Corte Suprema de Judicatura de Su Majestad; y de un quinto jurista que será elegido por las cuatro personas así nombradas. o, en el evento de no lograr ellas acordarse en la designación dentro de los tres meses contados desde la fecha del canje de las ratificaciones del presente Tratado, por Su Majestad el Rey de Suecia y Noruega. El Jurista a quien se elija será Presidente del Tribunal".

De la redacción de esta disposición se entiende, como ya ha sido expuesto, que Venezuela no eligió ningún árbitro. Los árbitros que "representaron" nuestros intereses en el tribunal fueron elegidos por los Estados Unidos de América. Los árbitros de esta forma totalmente indirecta supuestamente "*designados por la parte venezolana*" fueron David Josiah Brewer y Melville Weston Fuller, ambos jueces de la Corte Suprema de los Estados Unidos de América. Por la parte británica, los árbitros fueron Sir Richard Henn Collins y el Barón Herschell, pero, en vista del fallecimiento de este último, se nombró al Barón Charles Russell of Killowen, miembro del consejo privado de la reina Victoria.

Los árbitros designados, dos por la parte venezolana y los otros dos por el Reino Unido, convinieron en la designación del ruso Fiódor Fiódorovich Martens, como presidente del tribunal arbitral. Además, el equipo de abogados que defendió a Venezuela no tuvo sino un sólo venezolano. En efecto, los abogados defensores de la parte venezolana fueron los estadounidenses Severo Mallet-Prevost, Benjamín Harrison (Expresidente de los Estados Unidos), James Russell Soley, Benjamín F. Tracy (Exsecretario de Guerra de EEUU) y, el único venezolano, José María Rojas como Agente del gobierno, acompañado de José Andrade (Embajador venezolano en Londres y Roma).

En cambio, los abogados defensores de la parte británica sí fueron ingleses. El Reino Unido eligió como árbitros a Sir Richard E. Webster (Procurador General), Sir Robert Reid (Exprocurador general), G. R. Askwith, S. A. Rowlatt y, como Agente del gobierno a George Buchanan.

Incluso, de conformidad con el artículo II del tratado, en caso de muerte de alguno de los árbitros, el proceso de selección sería distinto según fuera un árbitro designado por Venezuela o por el Reino Unido: *"En caso de muerte, ausencia o incapacidad para servir de cualquiera de los cuatro Árbitros arriba mencionados, o en el evento de que alguno de ellos no llegue a ejercer las funciones de tal por omisión, renuncia o cesación, se sustituirá inmediatamente por otro Jurista de reputación. Si tal vacante ocurre entre los nombrados por parte de Venezuela, el sustituto será elegido por los Justicias de la Corte Suprema de los Estados Unidos de América por mayoría; y si ocurriere entre los nombrados por parte de la Gran Bretaña, elegirán al sustituto, por mayoría, los que fueren entonces miembros de la Comisión Judicial del Consejo Privado de Su Majestad. Si vacare el puesto de quinto árbitro, se le elegirá sustituto del modo aquí estipulado en cuanto al nombramiento primitivo".*

En este caso, si fallecían los árbitros *"nombrados por Venezuela"* no serían elegidos por Venezuela, sino por la Corte Suprema de los Estados Unidos. En cambio, sí fallecía uno de los árbitros nombrados por el Reino Unido, el sustituto debía ser elegido por la Comisión Judicial del Consejo Privado de Su Majestad.

3.- El Tratado de Washington no tuvo en cuenta el Tratado de Status Quo celebrado entre Venezuela y el Reino Unido mediante el canje de notas diplomáticas en noviembre de 1850 al que nos hemos referido con detalle en líneas anteriores. Por el contrario se omitió convenientemente para los intereses de los ingleses y se excluyó su aplicación por un acuerdo secreto entre los americanos y los británicos.

Richard Olney, en carta de fecha 29 de octubre de 1896, dirigida a Julián Pauncefote, Embajador del Reino Unido en los Estados Unidos, mencionó la "falta de conveniencia" de invocar Tratado de Status Quo de 1850 cuando escribió que: *"Es muy conveniente, según creo, que no se le dé al Acuerdo de 1850 ningún "status" en la letra misma del Convenio, ni siquiera por medio de una referencia, mucho menos intentando definir su extensión y significado. Si se intenta interpretarlo, esto nos envolvería en un prolongado debate que pospondría indefinidamente la obtención del fin que ahora tenemos en mente. El Acuerdo se presentará, y deberá ser presentado, ante el Tribunal Arbitral según el curso natural de las cosas, y será interpretado por ese Tribunal con la ayuda de hechos, documentos y consideraciones de los cuales nosotros no tenernos ahora ningún conocimiento"*[190].

Luego, Richard Olney, en contradicción con la referida carta, engañó nuevamente a Venezuela cuando expresó en una nueva comunicación de fecha 29 de julio de 1898 dirigida a expresidente Benjamín Harrison, principal abogado de la defensa venezolana, que con el Tratado de Status Quo de 1850 sus derechos estaban garantizados en los siguientes términos: *"Puedo añadirle que tanto el Sr. Storrow como yo consideramos legalmente imposible que pudiera haber posesión adversa o prescripción alguna en contra del Acuerdo de 1850, una posición en la cual nos pareció que el Gobierno Británico se comprometió en forma totalmente pública y enfática"*[191].

Además, aunque no se haya tomado en consideración el Tratado de Status Quo del 18 de noviembre 1850, existía un principio del derecho internacional que protegía los intereses de Venezuela: el principio según el cual *"carecen de valor probatorio los actos de soberanía realizados, ya sea durante la celebración de negociaciones o una vez surgida la controversia"*[192].

Las consecuencias de un tratado arbitral nulo se reflejan en la decisión final del tribunal que será igualmente nula. Esta es también una razón que permite afirmar que el Laudo Arbitral de París contiene vicios que comprometen su validez jurídica y la controversia jamás se ha resuelto.

No hay duda de que la manera en que procedieron el Reino Unido y los Estados Unidos de América durante la negociación y aplicación del Tratado de Washington afectó su validez jurídica. Además, la violación de los legítimos derechos de Venezuela no terminó allí, sino que continuó durante el procedimiento arbitral y persistió cuando se dictó y ejecutó el Laudo Arbitral de París, el cual, como hemos dicho tuvo graves vicios que llevan igualmente a afirmar su invalidez.

---

[190] Herman González Oropeza y Pablo Ojer Celigueta, ob. cit., p. 38.
[191] *Ibíd.*, p. 41.
[192] Isidro Morales Paúl, "El juicio arbitral sobre la Guayana Esequiba de 1899 y la violación de los principios del debido proceso en perjuicio de Venezuela", ob. cit., p. 334.

IV. LAUDO ARBITRAL DE PARÍS DEL 3 DE OCTUBRE DE 1899

1. Consideraciones generales

A la una de la tarde de día martes 3 de octubre de 1899, en el Palacio de Orsay, luego de cincuenta y cuatro audiencias, de cuatro horas de duración cada una, celebradas por el tribunal arbitral, durante los últimos días de la presidencia de Ignacio Andrade, y en medio de la Revolución Liberal Restauradora, se leyó, dictó y publicó el Laudo Arbitral de París.

En seis párrafos, ochocientas cuarenta y cuatro palabras, y sin ninguna motivación, el tribunal arbitral decidió por unanimidad adjudicar al Reino Unido 159.500 kilómetros, que constituían más del noventa por ciento del territorio controvertido y que era bastante más que el territorio al que el Reino Unido tenía derecho por habérselo cedido Holanda mediante del Tratado de Londres el 13 de agosto de 1814.

El territorio que había cedido Holanda al Reino Unido se concretaba a los campamentos de Demerara, Berbice y Esequibo, conformados por un espacio geográfico de no más de 32.186 kilómetros cuadrados[193] que a su vez Holanda había adquirido de España mediante el Tratado de Münster.

De modo que los territorios cedidos a Holanda y posteriormente al Reino Unido nunca superaron la margen oriental del río Esequibo. Como señala Héctor Faúndez, la dimensión de lo que el Laudo de París adjudicó al Reino Unido *"es mayor que la superficie conjunta de Suiza, Bélgica y los Países Bajos, e incluso mayor que la superficie conjunta de toda Inglaterra y Gales"*[194].

Ello abarca también la proyección de la fachada atlántica en aguas internacionales de Venezuela, que en la actualidad ha sido usurpada por

---

[193] René De Sola, "Valuación actualizada del Acuerdo de Ginebra", en Tomás Enrique Carrillo Batalla (Coord.), *La reclamación venezolana sobre la Guayana Esequiba*, Serie Eventos, 2, Academia de Ciencias Políticas y Sociales, Caracas, 2008. p. 84.

[194] Héctor Faúndez Ledesma, "Presentación", en Héctor Faúndez Ledesma y Rafael Badell Madrid (coords.), ob. cit., p. 17.

la República Cooperativa de Guyana, *"cercenando así nuestros derechos de mar territorial, zona económica contigua y plataforma continental"*[195] que son de la exclusiva jurisdicción de Venezuela, *"en violación directa del Acuerdo de Ginebra y en detrimento de la soberanía territorial de Venezuela"*[196].

A través del laudo de París del 3 de octubre de 1899:

1. Se fijó la línea divisoria entre ambos territorios que inició en la costa a Punta Playa, siguió en línea recta hasta la confluencia del río Barima y el río Muruma. Desde ese punto, avanzó por el medio de la corriente del río Muruma hasta su fuente y de allí hasta la confluencia entre el río Haiowa y el río Amacuro. La línea continuó por el medio de la corriente del río Amacuro hasta su fuente en la Sierra Imataca. Luego siguió por el suroeste, a través las cumbres más elevadas de la Sierra Imataca, hasta llegar al punto más alto de dicha cordillera, frente a la fuente del río Barima. Desde allí, avanzó a la cima de la cordillera principal en dirección sureste hasta llegar a la fuente del río Acarabisi y siguió por el medio de su corriente hasta el río Cuyuní, desde donde continuó por la orilla norte del río Cuyuní hasta su unión con el río Wenamu. Luego, siguió por el medio de la corriente del río Wenamu hasta su fuente más occidental y avanzó en forma recta hasta la cima del Monte Roraima. La línea siguió a la fuente del río Cotinga, continuó por el medio de su corriente hasta su confluencia con el río Takutu y avanzó a través del medio de su corriente hasta llegar a su fuente. Desde allí siguió en línea recta hasta el punto más occidental de la Sierra Akarai, y avanzando por su cúspide llegó hasta la fuente del río Corentín, también llamado río Cutari.

---

[195] Carlos Ayala Corao, "Palabras del académico Carlos Ayala Corao, en la apertura del décimo encuentro sobre la plataforma continental y la frontera marítima entre Guyana y Venezuela", *Boletín de la Academia de Ciencias Políticas y Sociales*, número 167, enero-marzo, Caracas, 2022.

[196] Luis Cova Arria, "La Academia de Ciencias Políticas y Sociales y la defensa del territorio Esequibo, *Boletín de la Academia de Ciencias Políticas y Sociales*, número 164, Caracas, 2021.

2. Seguidamente, indican los árbitros que la línea de demarcación que hemos descrito sería fijada sin perjuicio y con reserva de asuntos entre Venezuela, el Reino Unido y Brasil.
3. Estableció, decidiendo sobre un asunto ajeno a la controversia, que los ríos Amacuro y Barima quedarán abiertos a la navegación de buques comerciales pertenecientes a cualquier nación.
4. Estableció, con relación al punto anterior, el pago de derecho de faro y otros derechos análogos, sin especificar cuáles eran esos derechos. La condición para ello fue que los derechos de Venezuela y el Reino Unido sobre las partes de los ríos que le correspondieran se fijaran en una misma tasa.
5. El laudo decidió prohibir la exigencia de derechos de aduana por parte de ambas naciones cuando se trate de mercaderías transportadas en buques, navíos o botes. Conforme al laudo, esos derechos sólo serían exigibles cuando se tratase de mercaderías desembarcadas en los territorios de Venezuela y del Reino Unido.

El Laudo fue firmado por todos los árbitros: el presidente del tribunal arbitral Fiódor Fiódorovich Martens y los árbitros Melville Weston Fuller, David Josiah Brewer, Russel of Killowen y Richard Henn Collins.

Como afirma García-Velutini, *"el pueblo y el gobierno de Venezuela sin aceptarlo nunca, siempre han protestado ese Laudo de fecha 3 de Octubre de 1899, por el cual se la despojó del territorio de la Guayana Esequiba"*[197]. En tal sentido conviene recordar que ya en 1842 en la Universidad Central de Venezuela el estudiante Tito Alfaro, quien presentaba su tesis, coincidió con la opinión del Dr. Nicanor Borges, jurado de la tesis y quien luego fue Ministro de Relaciones Exteriores de Venezuela, según la cual *"El Esequibo es el verdadero límite entre Venezuela y la Guayana Esequiba"*[198].

La tesis del estudiante Tito Alfaro sobre el importante tema de la integridad territorial de Venezuela fue aprobada con honores. Como indica Oscar José Márquez: *"Con el trascurrir del tiempo Tito Alfaro,*

---

[197] Oscar García-Velutini, ob. cit., p. 18.
[198] *Ídem.*

se convierte en un eminente jurista, se desempeña como docente en la UCV, y vocal de su Tribunal Académico en la década de 1850; integrara la Alta Corte Federal en 1864; se desempeña a partir de 1870 como Auditor de Guerra en el Ejército en tiempo de Guzmán Blanco"[199].

El 2 de octubre de 1899, un día antes de que se publicara el laudo, el secretario privado de Lord Russell, J. R. Block, escribió en su diario lo siguiente: *"Venezuela. La componenda de Martens nos ha dado la victoria. Archivos privados"*[200]. Allí se establece con claridad que el arreglo, que debió ser de derecho, acabó siendo una componenda, palabra que define la Real Academia de la Lengua Española como *"Arreglo o transacción censurable o de carácter inmoral"*. El Laudo no fue una decisión jurídica, fue en efecto producto de un arreglo político dirigido por el propio Presidente del tribunal arbitral.

El 3 de octubre de 1899 se conoció el contenido del Laudo arbitral de París y al día siguiente José María Rojas, único abogado venezolano que formaba parte del equipo de defensa de Venezuela, señaló que la decisión era *"irrisoria y una manifiesta injusticia"*[201].

Ocho días después de la publicación del laudo, el 11 de octubre de 1899, la revista británica *Punch, or the London Charivari* publicó una caricatura titulada *"Peace and Plenty"* en la que el personaje principal es Robert Gascoyne-Cecil, conocido como Lord Salisbury, quien ocupaba en ese momento el cargo de Primer Ministro del Reino Unido.

En esa caricatura se observa al Primer Ministro del Reino Unido, Lord Salisbury escapando con varios documentos, incluida la línea Schomburgk y algunos títulos sobre minas y bosques que había obtenido el Reino Unido gracias al Laudo Arbitral de París. En la parte inferior de la imagen se lee lo siguiente: «*Lord Salisbury (chuckling) "I like arbitration – in the Proper Place!"*» es decir, *"Lord Salisbury (riendo entre dientes) y diciendo: "Me gusta el arbitraje - ¡en el Lugar Apropiado!"*[202].

---

[199] Óscar José Márquez, "Programa de la Tesis sostenida por el Estudiante Tito Alfaro en 1842", Universidad Central de Venezuela. Disponible en: https://ley.exam-10.com/pravo/2546/index.html.
[200] Hermann González Oropeza y Pablo Ojer Celigueta, ob. cit., p. 41.
[201] *Ibíd.*, p. 21.
[202] Véase en Andrés Eloy Burgos Gutiérrez (ed.), ob. cit.

Lord Salisbury no ocultaba su aversión hacia el arbitraje. En múltiples ocasiones, en su condición de Primer Ministro del Reino Unido y también como Ministro de Asuntos Exteriores, se negó a resolver la disputa limítrofe con Venezuela mediante arbitraje. En efecto Lord Salisbury "*Permitió que la correspondencia con el Secretario Olney sobre la controversia de los límites de Venezuela se llevara a cabo de manera superficial, dando por sentado el Ministerio de Asuntos Exteriores que nuestra mediación en nombre de la república sudamericana era meramente académica, y persistiendo, por tanto, en su arrogante negativa a someter la disputa a arbitraje*"[203].

A la anterior reacción de prensa, que representó la percepción de la comunidad internacional al conocer el contenido del Laudo Arbitral de París, se añade -también en 1899- la revista *Review of Reviews*, una publicación intercontinental con sedes en Londres, Nueva York y Melbourne, fundada por William Thomas Stead entre 1890 y 1893 que criticó al laudo y señaló que: "*El territorio que el Laudo concedió a Venezuela no vale ni un billete de cinco libras*"[204].

---

[203] Mayo W. Hazeltine, "The United States and the Late Lord Salisbury1", *The North American Review*, número 564, University of Northern Iowa, 1903. p. 722. Disponible en: https://www.jstor.org/stable/pdf/25119479.pdf?refreqid=excelsior%3A2beedb316f54eb3b39334e139239a6b5&ab_segments=&origin=&acceptTC=1.

[204] Andrés Eloy Burgos Gutiérrez (ed.), ob. cit.

2. Nulidad del Laudo Arbitral de París

2.1. Consideraciones generales

Es verdad que el arbitraje internacional no siempre fue un medio jurídico de solución de controversias entre Estados, pero lo que si es cierto es que para el 3 de octubre de 1899, cuando se dictó el Laudo Arbitral de París, el arbitraje ya era considerado un medio jurídico para la solución pacífica de controversias internacionales. Para esa fecha ya se entendía claramente que se trataba de un procedimiento mediante el cual dos o más Estados en conflicto someten sus diferencias al conocimiento de un órgano permanente o de personas designadas especialmente por las partes, quienes tratarán de solucionar la diferencia surgida a través de la aplicación de las normas de derecho vigentes, las estipulaciones del tratado de arbitraje y a los alegado y probado en el curso del procedimiento. También podrían los árbitros decidir procediendo ex aequo et bono, es decir, aplicando principios de equidad, si ello hubiere sido pactado así expresamente[205].

Hasta mitad del siglo XVIII el arbitraje internacional era un medio político-diplomático conforme al cual se dictaban decisiones de naturaleza política no sustentadas en derecho. En ese tipo de arbitrajes se seleccionaba como árbitros a personas reconocidas o con poder y credibilidad, como reyes y papas y las decisiones no eran producto del razonamiento jurídico, ni se fundamentaban en derecho.

El arbitraje como medio de solución pacífica de controversias entre los Estados ha pasado por varias etapas y ha tenido una notable evolución en derecho internacional público. La resolución de tres casos muy importantes contribuyó a la evolución del arbitraje, al punto que los laudos se convirtieron en decisiones de derecho. El primero fue el arbitraje producto del Tratado de Jay de 19 de noviembre de 1794, conocido como el primer arbitraje que tuvo lugar en América durante la modernidad[206]. El Tratado de Jay fue suscrito entre el Reino Unido y los Estados Unidos

---

[205] Daniel Guerra Iñíguez, ob. cit., p. 437.
[206] Enrique Lagos Valenzuela, "Los Estados Unidos de América y el Arbitraje", Anales de la Facultad de Derecho Vol. IV, N° 13 a 16, Universidad de Chile, 1938. Disponible en: http://web.uchile.cl/vignette/analesderecho/CDA/an_der_simple/0,1362,SCID%253D330%2526ISID%253D16%2526PRT%253D304,00.html

para solucionar las diferencias surgidas con ocasión de la independencia de las antiguas colonias inglesas en América del Norte. Luego tuvo lugar el arbitraje entre los Estados Unidos y el Reino de España cuyo fundamento fue el Tratado de Amistad, Límites y Navegación entre Su Majestad Católica y los Estados Unidos de América, firmado el 27 de octubre de 1795. En tercer lugar, el Tratado de Washington suscrito en mayo de 1871, en virtud de las reclamaciones del Alabama y que condujo al laudo arbitral dictado el 14 de septiembre de 1872.

En relación al primero de los arbitrajes mencionados, que fue consecuencia de la aplicación del Tratado de Jay de 19 de noviembre de 1794, Faúndez Ledesma señala que: *"A partir de fines del siglo XVIII, con la celebración del Tratado Jay, entre Gran Bretaña y los Estados Unidos de América, el arbitraje se puso de moda nuevamente, asumiendo distintas modalidades: las comisiones mixtas, el arbitraje de reyes, tribunales colegiados (con o sin participación de nacionales de las partes), y árbitros únicos"*[207].

Luego tuvo lugar un arbitraje muy importante entre los Estados Unidos y el Reino de España cuyo fundamento fue el Tratado de Amistad, Límites y Navegación entre Su Majestad Católica y los Estados Unidos de América firmado el 27 de octubre de 1795 y el cual contó con 23 artículos[208]. La controversia fue producto de las denuncias de ciudadanos norteamericanos por los daños que habían sufrido sus propiedades con ocasión de la conducta de los súbditos de Su Majestad Católica Carlos IV de España.

El Tratado de Amistad, Límites y Navegación entre Su Majestad Católica y los Estados Unidos de América también se estableció la fórmula de las comisiones mixtas compuestas de tres integrantes de los cuales uno sería designado por los Estados Unidos, otro por España y el último sería nombrado por ambos de común acuerdo[209].

---

[207] Héctor Faúndez Ledesma, *La competencia contenciosa de la Corte Internacional de Justicia y el caso Guayana vs. Venezuela*, Academia de Ciencias Políticas y Sociales - Editorial Jurídica Venezolana, Caracas, 2020. pp. 55 y ss.

[208] Tratado de amistad, límites y navegación entre Su Majestad Católica y los Estados Unidos de América, firmado a 27 de octubre de 1795. Disponible en: https://www.dipublico.org/118369/tratado-de-amistad-limites-y-navegacion-entre-su-majestad-catolica-y-los-estados-unidos-de-america-firmado-a-27-de-octubre-de-1795/

[209] Véase Enrique Lagos Valenzuela, ob. cit.

Ese caso constituye un hito importante en cuanto a las bases del arbitraje internacional, en especial, en lo relacionado con la *"fijación de plazos, requisitos y presentación por escrito de las pruebas, juramento de los comisionados, audiencia forzosa de los testigos, etc"*[210].

El estilo norteamericano -en cuanto a la resolución de controversias en forma pacífica mediante el arbitraje internacional- era incluir en los tratados internacionales una serie de normas que definían la conformación y funcionamiento de las comisiones mixtas. Pero no incluían en sus tratados cláusulas compromisorias, esto es, disposiciones que establecieran la jurisdicción de tribunales arbitrales para resolver conflictos derivados de una relación jurídica determinada.

De hecho, una primera aproximación de los Estados Unidos de América a la figura de la cláusula compromisoria ocurrió con el tratado que suscribió con Colombia el 3 de octubre de 1824. En efecto *"los Estados de Norte América celebraron con el Gobierno de Colombia, el 3 de Octubre de 1824, poco antes de la victoria de Ayacucho, el primer tratado de amistad, comercio y navegación suscrito en América. Pero en dicho tratado, según lo hemos visto ya, no se contempla propiamente la cláusula compromisoria de nuestra referencia, sino un procedimiento de representaciones, requerimientos y satisfacciones diplomáticas, en los casos de injurias o daños, con el objeto de arreglar pacífica y cordialmente toda diferencia. No se estipula explícitamente el arbitraje. La fórmula empleada por los Estados Unidos durante más de medio siglo, hasta después del arbitraje del Alabama en 1872, en sus relaciones con las repúblicas hispano-americanas, "con ser pacífica y destinada a evitar actos de violencia -dice Gaspar Toro,- no era la formal cláusula compromisoria que, pasada en realidad de América a Europa, se generalizó allí, fijándose en el derecho convencional". Y agrega: las repúblicas latinoamericanas sí que pasaron más adelante en los tratados que ellas ajustaron desde los primeros días de su vida independiente. En su incansable anhelo de unión y de paz, fatigaron su ingenio ideando fórmulas de procedimientos amigables para arreglar sus diferencias "sin ocurrir jamás, según sus términos al ominoso y detestable medio de las armas"*[211].

---

[210] *Ídem.*
[211] *Ídem.*

Por último, nos referimos al caso de las reclamaciones del Alabama que fue muy importante en el desarrollo de la figura del arbitraje y con un gran impacto general en el derecho internacional de la época. Durante la guerra civil estadounidense (1861-1865) el Reino Unido se declaró neutral mediante la Ley de neutralidad firmada por la Reina Victoria el 13 de mayo de 1861. Sin embargo, el deber de neutralidad fue violado, pues el Reino Unido dotó de buques a los confederados.

El corsario Alabama junto con otro corsario llamado el Florida asediaron a la marina mercante americana acabando con casi la mitad de sus buques para finales de la guerra civil estadounidense. Esto ocasionó diversos daños en materias primas. Además hubo asuntos conexos entre los Estados partes como la actividad pesquera ilegal en aguas canadienses y la muerte de civiles súbditos de la corona británica en la Guerra de Secesión.

Como consecuencia de lo anterior, los Estados Unidos formularon una serie de reclamaciones contra el Reino Unido, por lo que las partes suscribieron el Tratado de Washington en mayo de 1871 para resolver la controversia entre ambos países. En ese Tratado de Washington se establecieron las reglas de neutralidad con las que debían cumplir los Estados en un contexto bélico como el de aquel momento. Estas reglas fueron:

> *"Un gobierno neutral debe:*
> *1. Emplear toda la diligencia necesaria para impedir que en su jurisdicción, se ponga en condiciones de navegar, equipar o armar cualquiera navío sobre el que tenga fundadas sospechas de estar destinado a hacer la guerra contra una Potencia con la cual se encuentra en paz, y asimismo, emplear idéntica diligencia para impedir salga dé su jurisdicción todo navío destinado a la guerra como queda más arriba indicado, habiendo sido transformado en su totalidad o en parte para su uso en la guerra.*
> *2. No permitir ni tolerar que uno de los beligerantes haga de sus puertos o de sus aguas la base de operaciones navales contra el otro, o se sirva de ellos para renovar o aumentar sus aprovisionamientos militares o sus armas, o para efectuar recluta de hombres.*
> *3. Ejercer toda diligencia en sus puertos y aguas, y con respecto a todas las personas que se encuentran en su jurisdicción, para*

impedir toda violación de las obligaciones y de los deberes enunciados"[212].

El laudo arbitral fue dictado el 14 de septiembre de 1872 y al Reino Unido se le condenó a pagar una indemnización de 15.5 millones de dólares aproximadamente. A partir de este momento el caso se convirtió en una referencia para futuros arbitrajes.

El caso de las reclamaciones del Alabama dio inicio a un acelerado proceso de evolución del arbitraje que le convirtió en una vía idónea para alcanzar arreglos de derecho, en contraste con los arbitrajes de reyes o personalidades que proferían arreglos políticos como se acostumbraba hasta entonces.

El caso de las reclamaciones del Alabama contribuyó con el desarrollo del arbitraje. En esta nueva etapa se requería que los árbitros fueran juristas, que cumplieran con los deberes de imparcialidad e independencia, que motivaran los laudos arbitrales y que valoraran los principios y costumbres del derecho internacional vigentes al momento de emitir sus decisiones. De allí que en la I Conferencia de La Haya de 1899, cuya propuesta fue enviada por el Conde Mouravieff en nombre del Zar Ruso Nicolás II, se trataron de establecer lineamientos respecto del procedimiento arbitral y demás medios pacíficos de resolución de controversias que culminaron en la Convención sobre el Arreglo Pacífico de Controversias Internacionales fruto de aquella importante reunión[213].

En virtud de esta evolución del arbitraje es muy claro que para el 3 de octubre de 1899 cuando se dictó el Laudo Arbitral de París el arbitraje ya era considerado un medio jurídico para la solución pacífica de controversias internacionales. Es decir que ya los laudos eran considerados escritos y motivados, fundados en derecho, vinculantes para las partes y con efecto de cosa juzgada, por medio de los cuales se resuelve definitivamente una controversia que las partes han sometido

---

[212] Véase "Reglas del Tratado de Washington, entre Gran Bretaña y Estados Unidos, de 8 mayo 1871, referente a la reclamación sobre el "Alabama" (Reglas de Washington)", disponible en: https://www.dipublico.org/109354/reglas-del-tratado-de-washington-entre-gran-bretana-y-estados-unidos-de-8-mayo-1871-referente-a-la-reclamacion-sobre-el-alabama-reglas-de-washington/

[213] International Court of Justice, History of the Court. Disponible en: https://www.icj-cij.org/en/history.

libremente al conocimiento de árbitros en virtud de un compromiso arbitral previamente suscrito. Si el laudo arbitral o sentencia arbitral decide el conflicto de acuerdo a derecho se considera definitivo y, en consecuencia, obliga a las partes desde el momento de su pronunciamiento por el tribunal arbitral, sin que se requiera su aceptación posterior[214].

Cuando estamos ante un arbitraje internacional entre Estados "*Nos hallamos, pues, ante un procedimiento que tiene por objeto resolver con carácter definitivo y obligatorio las controversias entre sujetos de Derecho internacional, mediante órganos por ellos elegidos, ya sea por aplicación del Derecho internacional público o, en su caso, por consideraciones de equidad. Esta modalidad descansa, pues, en el consentimiento de los Estados, como consecuencia del carácter voluntario de la jurisdicción internacional existiendo varias fórmulas para expresar ese consentimiento; la controversia es sometida a un tercero imparcial que puede ser un árbitro único o un órgano colegiado; la sentencia dictada es definitiva y obligatoria para las partes, poniendo fin al litigio*"[215].

Hemos dicho que los laudos arbitrales son decisiones escritas, fundamentados en derecho, sujetos al thema decidendum, motivados, definitivos y obligatorios y con efecto de cosa juzgada.

Efectivamente, el laudo arbitral tiene como principal característica el de ser escrito. Al ser un acto formal que resuelve definitiva e irrevocablemente -en principio- una controversia que las partes han sometido a los árbitros es necesario que se produzca por escrito y contar con las firmas de cada uno de los árbitros seleccionados por las partes. Esto incluye, las aclaratorias y votos salvados de los árbitros que no estén de acuerdo con la decisión final, si los hubiere.

El laudo arbitral, salvo que las partes hayan pactado que se decida *ex aequo et bono*, deberá fundamentarse en derecho. La expresión "*fundamentado en derecho*" alude a que el laudo arbitral debe ser dictado de conformidad con el derecho internacional público vigente para el momento en el cual se dicta, conforme a sus principios, normas escritas y normas de derecho consuetudinario o *ius* cogens y respetando las normas jurídicas aplicables a la controversia, es decir, a la convenido por

---

[214] Hugo Llanos Mansilla, ob. cit., p. 577.
[215] José Carlos Fernández Rozas, "El arbitraje internacional y sus dualidades", *Anuario Argentino de Derecho Internacional*, número XV, Córdoba, 2006. p. 15.

las partes en el compromiso arbitral y tomando en cuenta lo alegado y probado por las partes.

El laudo arbitral debe estar sujeto al *thema decidendum*, es decir, que los árbitros no pueden exceder los límites objetivos de la controversia que las partes han sometido a su conocimiento. De no cumplir con esta característica, el laudo arbitral podría afectar la situación jurídica de otros sujetos de derecho internacional que no son partes en el arbitraje. Esta característica del laudo arbitral guarda relación con el fundamento convencional del arbitraje. Como hemos dicho antes, el arbitraje se basa en el consentimiento de las partes para resolver sus disputas a través de este mecanismo. Ese consentimiento se manifiesta en un compromiso arbitral previo que delimita el alcance de la controversia, en consecuencia, los árbitros sólo pueden y deben actuar dentro de los límites fijados por las partes en el compromiso.

El laudo arbitral, sin importar que sea de derecho o de equidad, deberá ser motivado. La motivación del laudo arbitral de derecho implica el razonamiento detallado de las razones de hecho y de derecho que llevaron al tribunal arbitral a decidir en la forma en que lo hizo. Ese razonamiento supone hacer referencia a los hechos y a los fundamentos legales del laudo. La motivación, además de ser una característica del laudo arbitral es un deber de los árbitros, quienes están en la obligación de rendir cuenta a las partes y garantizar la transparencia en la decisión. Incluso si se trata de un laudo arbitral de equidad, los árbitros deben explicar los motivos que conforme a su leal saber y entender los llevaron a dictar la decisión final.

La motivación del laudo es fundamental para poder controlar su legalidad. Como mecanismo de control, la motivación cumple la función de verificar que el laudo arbitral esté fundamentado en derecho y ayuda a determinar si los árbitros han decidido sujetos al *thema decidendum* que las partes han delimitado en el compromiso arbitral.

Este deber de motivación fue recogido en el Proyecto de Reglamento sobre Procedimiento Arbitral Internacional de 1875 elaborado por el Instituto de Derecho Internacional en el artículo 23, conforme al cual:

> *"El laudo arbitral será por escrito y **estará motivado**, salvo que el convenio arbitral disponga otra cosa. Deberá ser firmado por*

cada miembro del tribunal arbitral. Si una minoría se niega a firmar, bastará la firma de la mayoría, junto con una declaración escrita de que la minoría se ha negado a firmar"[216]. (Resaltado añadido).

El carácter definitivo de los laudos arbitrales implica que la decisión del tribunal arbitral *"es obligatoria para las partes que han recurrido al procedimiento"*[217]. Como señala Guerra Iñiguez, la intención de las partes de hacer del laudo una decisión definitiva y obligatoria *"consta generalmente en el compromiso y no podría rechazarse su cumplimiento porque no se hubiese consignado en el compromiso, ya que no tendría sentido recurrir a un procedimiento de esta naturaleza y dejar pendiente su acatamiento al capricho o a la buena fe de las partes..."*[218].

Este carácter definitivo y obligatorio de los laudos arbitrales fue reconocido por el artículo 18 de la Convención de La Haya para la resolución pacífica de controversias internacionales de 29 de julio de 1899, mediante el cual se estableció que *"La convención de arbitraje implica el compromiso de someterse al Laudo de buena fe"*[219].

En el mismo sentido La Convención de La Haya para la resolución pacífica de controversias internacionales de 18 de octubre de 1907 estableció en el artículo 37 que *"El arbitraje internacional tiene por objeto la resolución de controversias entre Estados por jueces de su propia elección y sobre la base del respeto a la ley. El recurso al arbitraje implica la obligación de someterse al Laudo de buena fe"*[220].

---

[216] Instituto de Derecho Internacional, *Projet de règlement pour la procédure arbitrale internationale*, Session de La Haye, 1875. p. 5. Texto original del artículo: *"La sentence arbitrale doit être rédigée par écrit et contenir un exposé des motifs sauf dispense stipulée par le compromis. Elle doit être signée par chacun des membres du tribunal arbitral. Si une minorité refuse de signer, la signature de la majorité suffit, avec déclaration écrite que la minorité a refusé de signer".*

[217] Daniel Guerra Iñiguez, ob. cit., p. 449.

[218] *Ídem.*

[219] Véase Convención de La Haya para la resolución pacífica de controversias internacionales del 29 de julio de 1899. Disponible en: https://docs.pca-cpa.org/2016/01/Convenci%C3%B3n-de-1899-para-la-resoluci%C3%B3n-pac%C3%ADfica-de-controversias-internacionales.pdf.

[220] Véase Convención de La Haya para la resolución pacífica de controversias internacionales de 18 de octubre de 1907. Disponible en: https://docs.pca-cpa.org/2016/01/

La decisión de la CIJ de 18 de diciembre de 1960 sobre el caso del Laudo Arbitral del Rey de España de 1906 sirvió para demostrar que *"la fuente del carácter obligatorio de las decisiones internacionales reside en el acuerdo de las Partes para someter un determinado caso a arbitraje o decisión judicial, por lo cual, es esencialmente convencional. Lo antes expuesto, sin embargo, no implica que el acuerdo arbitral o la declaración de aceptación de la jurisdicción obligatoria de la Corte deba contener expresamente una mención al cumplimiento y ejecución del laudo o sentencia dictada, por este tercero escogido voluntariamente por las Partes para decidir su controversia, aunque usualmente se suela hacer"*[221].

2.2. Nulidad del Laudo Arbitral de París por violación al debido proceso

El Laudo Arbitral de París del 3 de octubre de 1899 es nulo por múltiples violaciones al derecho internacional del momento en el que fue dictado; es nulo por haber violado el debido proceso y haber dejado a una de las partes en indefensión; es nulo por haber incurrido en el vicio de exceso de poder; es nulo por haber decidido más allá de lo requerido al tribunal arbitral y, en consecuencia, haber incurrido en el vicio de *ultra petita*; es nulo por carecer de motivación y por falta al deber de imparcialidad de los árbitros. Vamos a referirnos ahora concretamente a la nulidad del Laudo de París por la violación al debido proceso.

Conforme a los términos del Tratado de Washington y, en particular, de acuerdo a los establecidos en los artículos III y IV, se trataba claramente de un arbitraje de derecho y como tal los árbitros debían respetar la letra y espíritu del Tratado de Washington, estudiar,

---

Convenci%C3%B3n-de-1907-para-la-resoluci%C3%B3n-pac%C3%ADfica-de-controversias-internacionales.pdf. Sobre la norma del artículo 37 de esta convención el tratadista Alfred Verdross, ob. cit., p. 399, indica que "Según el Convenio de la Haya de 18 de octubre de 1907, las sentencias arbitrales tienen carácter de definitivas. No hay recurso ordinario ni segunda instancia". En el mismo sentido véase Daniel Guerra Iñiguez, ob. cit., p. 449.

[221] Tania Elena Pacheco Blandino, *La res judicata en la Corte Internacional de Justicia: un enfoque práctico*, Universidad Autónoma de Madrid, Madrid, 2011. p. 446.

investigar y cerciorarse de los títulos de derecho de cada una de las partes y adminicularlo al derecho internacional del momento.

No obstante lo anterior, el Tribunal Arbitral de París no investigó ni se cercioró de la legitimidad y legalidad de los títulos de Venezuela, todo lo contrario, los desechó en contravención del artículo III del tratado de arbitraje que estableció que *"**El Tribunal investigará y se cerciorará** de la extensión de los territorios respectivamente, o que pudieran ser **legalmente reclamados** por aquellas o éste, al tiempo de la adquisición de la Colonia de la Guayana Británica por la Gran Bretaña, y determinará la línea divisoria entre los Estados Unidos de Venezuela y la Colonia de la Guayana Británica"*[222]. (Resaltado añadido).

La expresión *legalmente reclamados* suponía que para resolver la controversia, los árbitros debían atenerse sólo a los títulos y, a su vez, decidir conforme a los principios de derecho internacional vigentes para el momento.

Los árbitros tenían la obligación de analizar los títulos de las partes y considerar el derecho aplicable al momento de la controversia, teniendo en cuenta que el alcance de la controversia se concretaba a los territorios *que pudieran ser legalmente reclamados* por las partes.

La obligación de *investigar y cerciorarse* suponía que los árbitros debían atender a los títulos de derecho de cada una de las partes y corroborar que efectivamente eran susceptibles de ser considerados como pruebas de sus pretensiones.

Esta obligación está también en el artículo V del tratado conforme al cual los árbitros debían *examinar y decidir imparcial y cuidadosamente las cuestiones* que se les hubieren sometido. En efecto, el artículo V del Tratado de Washington estableció: *"Los Árbitros se reunirán en París dentro de los sesenta días después de la entrega de los argumentos impresos mencionados en el artículo VIII, y procederán a **examinar y decidir imparcial y cuidadosamente las cuestiones que se les hayan sometido o se les presentaren**, según aquí se estipula, por parte de los Gobiernos de los Estados Unidos de Venezuela y de Su Majestad Británica respectiva"*[223]. (Resaltado añadido).

---

[222] Héctor Faúndez Ledesma, ob. cit., p. 337.
[223] *Ibíd.*, p. 338.

De los artículos citados se desprenden dos obligaciones para los árbitros. En primer lugar, examinar las cuestiones que le hayan sido sometidas y, en segundo lugar, decidir sobre ellas de manera imparcial y cuidadosa. Sin embargo, no fue así. Los árbitros decidieron con total arbitrariedad y sin tomar en cuenta ninguno de los títulos válidos de Venezuela.

Un ejemplo de un elemento de convicción que no fue valorado por el tribunal arbitral es la carta de fecha 4 de marzo de 1842 de Henry Light, gobernador de la Colonia de Guayana Británica, dirigida a Lord Stanley, Ministro de Colonias. Esta era una prueba fundamental en favor de las pretensiones de Venezuela por cuanto el gobernador expresó que no tenían reclamación alguna sobre el río Amacuro, al oeste del río Barima. Con esta carta quedó claro que incluso el gobernador Henry Light sabía de la ilegitimidad de la segunda línea Schomburgk cuando escribió lo siguiente:

> "... *Nosotros no tenemos ninguna reclamación sobre el río Amacuro, al oeste del Barima, aunque en el viejo mapa del Mayor L. von Bouchenroeder, publicado en 1798, el primer río está marcado al este del segundo, y ambos desembocando en el Orinoco. Tanto el mapa del señor Schomburgk como el del señor Codazzi sitúan estos ríos en la posición adecuada, con el Amacuro entrando en el Orinoco desde el sur oeste del Barima. [...].*
> **Yo creo que el señor Schomburgk asume que el Amacuro es la frontera, solamente por razones de conveniencia. [...].**
> *Ni el Barima ni el Amacuro pueden ahora ser de ninguna importancia para Gran Bretaña, y sólo podrían ser ocupados a un costo de vidas y dinero que no lo haría conveniente; pero debemos tener cuidado de que una potencia más importante que Venezuela no tome posesión de ellos.*
> *La existencia de las repúblicas hispano americanas parece depender tanto de partidos políticos siempre listos para disputar por el poder, que uno podría preguntarse qué es lo que impide que una de las provincias en disputa, deseando obtener ayuda externa, le ofreciera a los Estados Unidos o a Francia, o a cualquier otra potencia, un asentamiento, simplemente por la locura de los sentimientos partidistas, listos para zambullirse en la insensatez de obtener alguna ventaja temporal sobre la facción opuesta. [...].*

[...] la Guyana Británica nunca debe someterse a tener las banderas de Francia o de los Estados Unidos, o de cualquier otra potencia, ondeando en sus fronteras. [...]"[224].

Con este documento se puso de manifiesto, no sólo la falta de interés de los ingleses en ocupar los territorios que abarcó la segunda línea Schomburgk, sino la inviabilidad de tales ocupaciones que, según el gobernador, *"sólo podrían ser ocupados a un costo de vidas y dinero que no lo haría conveniente"*[225].

Ese documento no fue tomado en cuenta por el tribunal arbitral. Venezuela sabía de la existencia de esta carta, pero desconocía su contenido. En su momento, los representantes de Venezuela pidieron al tribunal que exigiera a los británicos que la revelaran, sin embargo, la respuesta fue una negativa que se fundaba en *consideraciones de alta política*.

Con esta negativa el Tribunal Arbitral de París infringió además el artículo VII del Tratado de Washington que estableció la obligación de las partes de suministrar las pruebas que estuviesen en su exclusiva posesión si la otra parte así lo requiere:

> *"...Si en el Alegato sometido a los Árbitros una u otra parte hubiere especificado o citado algún informe o documentos que esté en su exclusiva posesión, sin agregar copia, tal parte quedan obligadas, si la otra ejerce conveniente pedirla, a suministrarle copia de él; y una u otra parte podrá excitar a la otra, por medio de los Árbitros, a producir los originales o copias certificadas de los papeles aducidos, como pruebas, dando en cada caso aviso de esto dentro de los treinta días; después de la presentación del Alegato; y el original o la copia pedidos se entregaran tan pronto corno sea posible y dentro de un plazo que no exceda de cuarenta días; después del recibo del aviso"*[226].

---

[224] Cit. en Héctor Faúndez Ledesma, ob. cit., pp. 166-167. Carta del 4 de marzo de 1842, de Henry Light, Gobernador de la colonia de Guyana Británica, a Lord Stanley, Ministro de Colonias Inglés, Foreign Office, 80/108. Palabras traducidas por el autor citado.
[225] *Ídem*.
[226] Héctor Faúndez Ledesma, ob. cit., pp. 338-339.

A pesar de lo establecido en ese artículo, sólo se tuvo conocimiento del contenido del documento luego de que se abrieron los archivos confidenciales ingleses, momento en el que se descubrieron ese y otros documentos de gran valor probatorio que los árbitros dejaron de lado, a pesar del deber que tenían, de acuerdo al artículo V del Tratado de Washington, de *"examinar y decidir imparcial y cuidadosamente las cuestiones que se les hayan sometido o se les presentaren"*[227].

Otra violación grave de las obligaciones que el tratado imponía a los árbitros está relacionada con la denominada primera línea Schomburgk de 1835 que no fue tomada en cuenta por los jueces. Esta primera línea de Schomburgk *"sólo se aparta de dicho río como a unas 45 millas aproximadamente de la costa, en la confluencia de los Ríos Mazaruni y Cuyuní con el Esequibo y desde ese punto forma una especie de bolsa, al oeste del Río Esequibo, hasta el punto de la costa donde desemboca el Río Moroco"*[228].

Aunque la primera línea Schomburgk es la menos agresiva en comparación con las futuras delimitaciones inglesas, fue construida sobre la base de antiguas demarcaciones igualmente arbitrarias. En efecto, la primigenia línea Schomburgk fue trazada considerando los mapas de Deslile que datan del 22 de marzo del año 1700 que fueron malinterpretados *"casi desde el principio por D'Anville (1748), un individuo cuyo nombre e influencia fueron suficientes para perpetuar hasta hoy, los errores por él introducidos"*[229].

La línea de D'Anville delimitó la frontera entre las posesiones españolas y holandesas, pero difería notoriamente de lo establecido en los mapas de Deslile. Más tarde, John Arrowsmith *"trazó dos líneas, una línea limitando la ocupación holandesa al río Pomerón y otra similar a la trazada por Deslisle y D'Anville"*[230].

Los mapas de Arrowsmith fueron estudiados con detalle por el abogado Severo Mallet-Prevost quien concluyó que *"dicho autor no tenía intención alguna de publicar una línea nueva, considerándola*

---

[227] Ídem.
[228] Carlos Sosa Rodríguez, ob. cit., p. 122.
[229] Isidro Morales Paúl, ob. cit., "El juicio arbitral sobre la Guayana Esequiba de 1899 y la violación de los principios del debido proceso en perjuicio de Venezuela", p. 342.
[230] Ibíd., p. 343.

enteramente arbitraria"[231]. La primera línea Schomburgk se fundamentó en estos antecedentes cartográficos, por lo tanto, es igual o más arbitraria que las delimitaciones previas.

El tribunal arbitral ignoró la existencia de la primera línea Schomburgk y, por el contrario, tomó en cuenta la línea expandida del mapa de *Hebert* de 1842. Sobre esta línea existen indicios de falsificación y alteración. En efecto *"Venezuela tiene pruebas de que el Foreign Office británico no conoció esa línea hasta junio de 1886. Ya esto es más que un grave indicio de que se trataba de una reciente corrupción del mapa original que reposaba desde 1842 en el Colonial Office"*[232].

De otra parte, debe tenerse en cuenta también la regla *"c"* del artículo IV que precisa la aplicación del derecho internacional, en los siguientes términos:

> *"Los Árbitros podrán reconocer y hacer efectivos derechos y reivindicaciones que se apoyen en cualquier otro fundamento válido conforme al derecho internacional y en cualesquiera principios de derecho internacional que los Árbitros estimen aplicables al caso..."*[233].

De conformidad con lo establecido en los artículos citados, el arbitraje sería de derecho y, como tal, los árbitros debían respetar la letra del Tratado de Washington de 1897, estudiar, investigar y cerciorarse de los títulos de derecho de cada una de las partes y adminicularlo al derecho internacional del momento.

Contrariamente a todo lo expuesto, los árbitros decidieron con total arbitrariedad, sin tomar en cuenta los títulos válidos de Venezuela y en abierta violación al debido proceso y al derecho aplicable para el momento, no obstante que Venezuela poseía y posee títulos de derecho que fundamentan la legítima su titularidad sobre el territorio Esequibo.

Además, consta en diferentes fuentes de naturaleza histórica que España -en los tiempos de la colonia- ejerció verdaderos actos de soberanía sobre el territorio en disputa. Como señala Guerra Iñiguez *"la*

---

[231] *Ídem.*
[232] Hermann González Oropeza y Pablo Ojer, ob. cit., p. 13.
[233] Héctor Faúndez Ledesma, ob. cit., p. 338.

ocupación está íntimamente vinculada con el descubrimiento"[234], es fácil comprender que España adquirió estos territorios a través de este medio.

En el derecho internacional público la ocupación es uno de los medios originarios de adquisición de territorios. De allí que la ocupación de territorios mediante asentamientos humanos y muestras de ejercicio de poder en ellos tiene una relevancia jurídica central por cuanto es uno de los medios originarios de adquisición del territorio, reconocido por la doctrina del derecho internacional[235].

Los actos de ocupación, si bien no están dotados del mismo valor que los títulos jurídicos, son pruebas fehacientes de que el territorio al oeste del río Esequibo fue ocupado y dominado por España y que a través del principio *uti possidetis iuris* y, luego, de un tratado de reconocimiento fue adquirido por Venezuela.

Debemos tener en cuenta que el principio *uti possidetis iuris* es una máxima jurídica con origen en el derecho romano que además constituye un principio del derecho internacional público americano adoptado por los nuevos Estados independientes. Según este principio los territorios de los Estados nacientes serían los mismos que fueron dominados por sus respectivas colonias. Este principio es de gran utilidad práctica, aún en nuestros días, por cuanto facilitó la delimitación territorial entre varios países sudamericanos durante la emancipación.

Como ha indicado Claudio Briceño Monzón *"La soberanía de Venezuela sobre el Territorio Esequibo se fundamenta en hechos históricos y geográficos. En la delimitación de sus fronteras, Venezuela ha invocado a su favor documentos, entre ellos, las Cédulas Reales, que confirman sus derechos indudables desde tiempos coloniales. Dichos documentos se fundamentan en el principio de Utis Possidetis Juris como título legítimo de su dominio eminente en el que convinieron todas las repúblicas suramericanas al terminar sus guerras*

---

[234] Daniel Guerra Iñiguez, ob. cit., p. 179.
[235] Véase la ponencia de Luís García Corrochano en el evento sobre Las reglas del Tratado de Washington de 1897 realizado en el marco del Ciclo de Conferencias sobre la Controversia del Esequibo organizado por la Academia de Ciencias Políticas y Sociales en fecha 15 de julio de 2021. Disponible en: https://www.youtube.com/watch?v=j0EhW5TrAOI.

de independencia de conservar los territorios que correspondían a sus provincias bajo el dominio español"[236].

En cuanto al territorio de Venezuela y su proceso histórico-jurídico de formación, hay que atender muy especialmente a todo lo expresado por Brewer-Carías en relación a que *"la demarcación del territorio se siguió el principio del derecho internacional público americano conocido como el uti possidetis juris, según el cual la República de Colombia tenía derechos sobre los territorios que correspondían, en 1810 a la Capitanía General de Venezuela y al Virreinato de Nueva Granada"*[237].

El valor del principio *uti possidetis iuris* en la reclamación del territorio Esequibo ha sido un asunto de especial relevancia que se remonta a los tiempos del nacimiento de la República y permanece con pleno vigor en nuestros días. *"Venezuela siempre ha invocado como medio para dilucidar la cuestión limítrofe, la orientación que brinda la división administrativa que la corona española hizo sobre esa extensión territorial y que denominó Capitanía General de Venezuela y además ha invocado y acogido los resultados que emergen de los tratados de límites que antes de 1810 España hubiese celebrado con otros países"*[238].

El primer documento que constituye un título jurídico sobre los territorios en disputa es la Bula Menor Intercétera dictada por Papa Alejandro VI de 1493, mediante la cual se dividió a los territorios de América del sur entre España y Portugal con base en los descubrimientos de ambas naciones.

Las Bulas Alejandrinas constituyen una serie de documentos pontificios emanados en 1493 luego del primer viaje de Cristóbal Colón. Luego de este importante hecho surgieron una serie de controversias entre España y Portugal.

---

[236] Claudio Alberto Briceño Monzón, "La Guayana Esequiba: Frontera Oriental de Venezuela" en *El reclamo Esequibo un compromiso nacional vigente ante la historia y la justicia*, compilado por Manuel Donís Ríos, Universidad Católica Andrés Bello, 2021. p. 16.

[237] Véase Allan Randolph Brewer-Carías, "La formación de la república y de su territorio en las constituciones del siglo XIX. Un legado del proceso constitucional que comenzó con la Ley Fundamental de la República de Colombia promulgada por Simón Bolívar, en Angostura, el 17 de diciembre de 1819", ob. cit.

[238] Alfonso Rivas Quintero, *Derecho* constitucional, Clemente Editores, Valencia, 2002. p. 232.

Las Bulas papales de Alejandro VI tenían la finalidad de resolver estos asuntos territoriales. Hubo tres documentos de esta naturaleza. *"El primero, del 3 de mayo de 1493 concedió a España "por la autoridad de Dios omnipotente", el dominio exclusivo y perpetuo de los nuevos territorios. El segundo, expedido el 4 de mayo del mismo año, fijó una línea divisoria de norte a sur a unos 560 kilómetros al oeste de las islas de Cabo Verde. El papa afirmó que todas las tierras descubiertas o por descubrir al oeste de esa línea pertenecían a España, a Portugal pertenecían las descubiertas al este. El tercer decreto parecía aumentar la influencia de España en el este, hasta la India. Esto último no fue del agrado del rey Juan II de Portugal, por lo cual, apeló a España y negoció directamente con los Reyes Católicos"*[239].

La inconformidad con la tercera Bula Alejandrina llevó a Portugal a apelar de la decisión y esto condujo a la negociación directa entre Portugal y los reyes católicos. El resultado de ello, fue el Tratado de Tordesillas, firmado del 7 de junio de 1494, un acuerdo complementario a la Bula Intercétera que precisó con mayor detalle la división y amplió el territorio portugués hasta 350 leguas de Cabo Verde. Con esto, el tratado consagró la soberanía de España y Portugal en el continente americano mediante la repartición de zonas de navegación y conquista entre ambas naciones.

Para el año 1498 exploradores españoles descubrieron y colonizaron estos territorios. Cristóbal Colón lo hizo durante su tercer viaje en el Golfo de Paria y el Delta del Orinoco y, más tarde, en 1499 Alonso de Ojeda incursionó en la costa de Guayana y conquistó más de mil kilómetros de costa guayanesa por las zonas del río Orinoco y el río Amazonas[240]. Es claro que correspondían a España los títulos sobre estas

---

[239] Véase "Bulas Alejandrinas" en *Biblioteca de la Universidad Pontificia Bolivariana*. Disponible en: https://bibliotecas.upb.edu.co/index.php/sin-categoria/1388-bulas-alejandrinas. *"Los documentos originales de las Bulas Alejandrinas se conservan en el Archivo General de Simancas; el Archivo de Indias y el Archivo Nacional de la Torre do Tombo de Lisboa"*.

[240] Véase en general el pormenorizado recuento de títulos históricos de Venezuela sobre el territorio en reclamación en la obra del académico Dr. Carlos Álamo Ybarra, ob. cit. Véase también Rafael Sureda Delgado, *Venezuela y Gran Bretaña. Historia de una usurpación*, Tomo I, Trabajo presentado a la ilustre Universidad Central de Venezuela para ascender, en el escalafón docente, a la categoría de Profesor Asistente, Caracas, 1974. p. 26.

tierras, así lo había representado el Planisferio de Juan de la Cosa, el primer mapamundi que incluyó a América y que data del año 1500[241]. En 1502 tuvo lugar una segunda expedición dirigida por el Capitán Alonso de Ojeda por la costa entre el río Orinoco y el río Esequibo[242].

Después, entre 1531 y 1532, el militar y explorador, Diego de Ordaz, exploró desde el Río Orinoco hasta el Meta, así como las cuencas del río Cuyuní y Mazaruní. Luego, Carlos V le concedió el gobierno del territorio[243]. En 1533 los españoles se introdujeron por el río Maraven, como denominaban los lugareños al Esequibo. El descubrimiento e inspección del Río Esequibo se debe, en gran medida, al capitán Juan de Esquivel, uno de los principales exploradores españoles.

En 1562 y 1569 se efectuaron más de veinte expediciones en el Orinoco y el interior de Guayana, todas dirigidas por súbditos de la corona española que contaban con las autorizaciones necesarias para ello.

Brewer-Carías indica que la provincia de Guayana fue creada formalmente por la Real Cédula de fecha 18 de noviembre de 1568, en la que se dispuso que la Audiencia de Santa Fe debía autorizar a Gonzalo Jiménez de Quesada para realizar expediciones y actos de posesión en las tierras al este del Nuevo Reino de Granada. Esta orden fue ejecutada finalmente por Antonio de Berrío en 1569[244].

Los siglos XVI y XVII se caracterizaron por el ejercicio de actos de soberanía de España en estos territorios. Las reglas del derecho internacional aceptadas en forma pacífica sólo exigían para hablar de un título *ius ad rem* el haber descubierto un territorio sin requerir la celebración de algún acto solemne. Ese título debía ser complementado con la posterior posesión efectiva del territorio.

No puede negarse que España cumplió con ambos requisitos. Difícilmente podría negarse que los españoles descubrieron y conquistaron estas tierras. Más complicado aún es negar su dominio, difícil de

---

[241] *Ídem.*
[242] Rafael Sureda Delgado, ob. cit., p. 27.
[243] Véase Carlos Álamo Ybarra, ob. cit.
[244] Allan Brewer-Carías, "La formación de la república y de su territorio en las constituciones del siglo XIX. Un legado del proceso constitucional que comenzó con la Ley Fundamental de la República de Colombia promulgada por Simón Bolívar, en Angostura, el 17 de diciembre de 1819", ob. cit.

consolidar por *"la actitud hostil de los indios caribes hacia los españoles, a favor de los holandeses"*[245].

Apenas en 1581 los holandeses ocuparon territorios situados al este del río Esequibo. Es cierto que los holandeses intentaron invadir los territorios situados al oeste del río Esequibo, pero siempre fracasaron en ese cometido porque *"en todas las oportunidades fueron duramente repelidos por los españoles"*[246].

En 1591 los españoles iniciaron el proceso de colonización del territorio Esequibo y en 1594 España tomó posesión de la Provincia de Guayana, hecho que consta en un conjunto de cartas descubiertas en 1595[247]. En 1596 se enviaron 2000 colonos españoles al territorio Esequibo a objeto de colonizar esas tierras[248].

Entre de 1596 y 1617, los españoles se dedicaron a efectuar actos de colonización del territorio Esequibo y *"repelen los continuos intentos de invasión del inglés Walter Raleigh y de los propios holandeses"*[249]. En 1623 los holandeses lograron establecer un fuerte en la Isla Kikoveral, específicamente en la confluencia de los ríos Cuyuní y Esequibo[250]. Agrega Sureda Delgado que los holandeses: *"años más tarde ocupan una pequeña zona entre el río Pomarón y la costa"*[251]. Ambas ocupaciones tuvieron una duración muy escasa[252].

El 30 de enero de 1648 se firmó el Tratado de Münster, mediante el cual España reconoció las posesiones de los holandeses en Guayana[253]. Sin embargo, en ningún momento tales posesiones holandesas estuvieron situadas al oeste del río Esequibo.

Aún más, cuando se suscribió el Tratado de Münster *"España había descubierto y explorado la América; había descubierto, explorado, poseído y colonizado a Guyana; mantenido poder no disputado sobre el Orinoco y la envidiada región interna, cuya fabulosa riqueza había sido*

---
[245] Isidro Morales Paúl, "El juicio arbitral sobre la Guayana Esequiba de 1899 y la violación de los principios del debido proceso en perjuicio de Venezuela", ob. cit., p. 319.
[246] Rafael Sureda Delgado, ob. cit., p. 28.
[247] Ídem.
[248] Ídem.
[249] Ibíd., pp. 28-29.
[250] Ídem.
[251] Ídem.
[252] Ídem.
[253] Ídem.

causa de tantas expediciones extranjeras inútilmente emprendidas y de tanta sangre inútilmente derramada; la llave de lo interior estaba en sus manos únicamente; hacia la grande hoya interior del Cuyuní-Mazaruni ella había impulsado sus caminos y extendido sus conquistas; y ella guardaba la entrada, la sola entrada a esa hoya por las sabanas de suave undulación del Orinoco; el Esequibo mismo ella lo había colonizado, cultivado, fortificado..."[254].

Debemos insistir en la relevancia de los Tratados de Utrecht -muy importantes en la delimitación del territorio- por cuanto mediante compromiso de 13 de julio de 1713, el Reino Unido se obligó a dar ayuda a los españoles *"para que los límites antiguos de sus dominios de América se restituyan y fijen como estaban en tiempos de Carlos II"*[255].

En efecto, la última parte del artículo VIII del Tratado de Utrecht estableció lo siguiente: *"para que se conserven más enteros los dominios de la América española, promete la reina de la Gran Bretaña que solicitará y dará ayuda a los españoles para que los límites antiguos de sus dominios de América se restituyan y fijen como estaban en tiempo del referido rey católico Carlos II, si acaso se hallare que en algún modo o por algún pretexto hubieren padecido alguna desmembración o quiebra después de la muerte del dicho rey católico Carlos II"*[256].

Entre 1713 a 1725 los colonos holandeses establecieron pequeños puestos en Wacuco y Pomarón que tuvieron una duración no mayor a dos años luego de su creación[257]. Aunque sí mantuvieron *"una colonia entre el Mazaruni y el Cuyuni a orillas del Esequibo, en su margen izquierda, pero no más allá"*[258].

En 1734 Don Carlos de Sucre, Gobernador de Cumaná, provincia de la que Guayana formaba parte, convino con los prelados de las comunidades religiosas en dividir la comarca en tres zonas misionales. La asignada a los Padres Capuchinos incluía el territorio que se extiende *"desde la Boca Grande de Orinoco hasta la colonia de Esequibo"*[259].

---

[254] Ministerio de Relaciones Exteriores de Venezuela, *Libro amarillo*, Caracas, 1899. pp. 109 y 110. Cit. en Rafael Sureda Delgado, ob. cit., p. 30.
[255] Carlos Álamo Ybarra, ob. cit., pp. 25-26.
[256] Tratado de Paz y Amistad de Utrecht entre España y Gran Bretaña de fecha 13 de julio de 1713. Disponible en: https://es.wikisource.org/wiki/Tratado_de_Paz_y_Amistad_de_Utrecht_entre_Espa%C3%B1a_y_Gran_Breta%C3%B1a.
[257] Rafael Sureda Delgado, ob. cit., p. 30.
[258] *Ídem*.

Esto es particularmente importante porque las misiones religiosas cumplen la función de ser instrumentos de ocupación efectiva, con lo que se demuestra el ejercicio de soberanía sobre esos territorios[260].

Luego, el 13 de enero de 1750, Fernando VI de España y Juan V de Portugal, firmaron el Tratado de Madrid que demarcó las fronteras entre las colonias suramericanas de España y Portugal.[261]. Justo ese año se publicó el siguiente mapa titulado "Nueve Granade, Caracas et Guyanés". Este mapa es relevante desde que indica que el territorio situado al oeste del río Esequibo era para ese momento denominado Guayana Española (*Guyane Spagnole*). De él se deduce que los títulos de Venezuela sobre el territorio controvertido siempre han sido suficientes y definitivos cuestión que se refleja en los mapas elaborados en distintas épocas de nuestra historia.

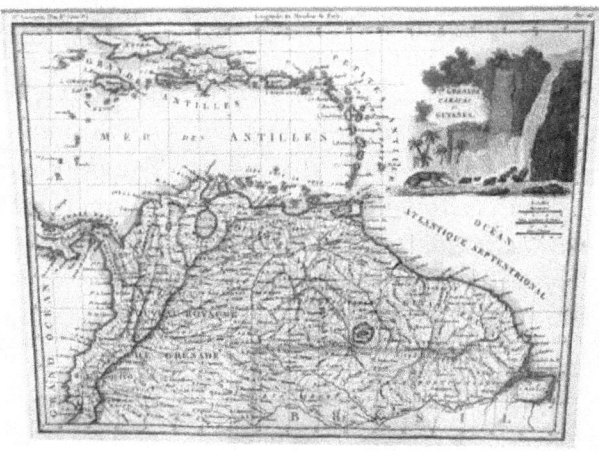

Sabemos que los mapas por sí mismos no tienen valor de títulos y que su eficacia se limita a demostrar las aspiraciones de las partes "y *especialmente hacen prueba contra aquél que los hubiera elaborado por su carácter unilateral*"[262]. En sentido similar Héctor Faúndez in-

---
[259] Ibíd., p. 15.
[260] De hecho, en la investigación cuya realización fue acordada por el Congreso de los Estados Unidos a instancia del Presidente Glover Cleveland en fecha de 21 de diciembre de 1895 para investigar a profundidad todo lo relacionado con la controversia entre Venezuela y el Reino Unido, fueron tomados en cuenta estos asentamientos misionales que, como señalamos, fungen como instrumentos de ocupación efectiva del territorio en disputa.
[261] Ibíd., p. 23.
[262] Gabriel Ruan Santos, "Los títulos de la reclamación por la Guayana esequiba. Especial referencia a la "cláusula de prescripción", *Boletín de la Academia de Ciencias Políticas y*

dica que "*Los mapas oficiales no constituían (ni constituyen) un título de dominio o de adquisición de territorio y, procediendo de parte interesada, tampoco constituían (ni constituyen) un medio de prueba de la extensión de los territorios bajo el dominio soberano de cada Estado; pero sí son un valioso medio de prueba de la contraparte, para mostrar hasta dónde llegaban las pretensiones territoriales de quien, alguna vez, exhibió esos mapas como oficiales*"[263].

Para 1750 ni siquiera había sido creada la Capitanía General de Venezuela, pero sí se había celebrado el Tratado de Münster el 24 de octubre de 1648, por medio del cual el Reino de España cedió a Holanda los campamentos de Demerara, Berbice y Esequibo. Sin embargo, todos los territorios objeto de cesión se encontraban al este del río Esequibo.

De lo anterior se concluye que todos los territorios ubicados al oeste del río Esequibo pertenecían al Reino de España. Ello tiene por consecuencia que luego de su independencia Venezuela sucedió al Reino de España en sus derechos sobre estas tierras. Desde luego eso incluye el espacio geográfico que se reputa en este mapa como Guayana Española.

Los holandeses intentaron establecer nuevos puestos en el río Cuyuní entre 1754 y 1772. Sin embargo, estos intentos fueron repelidos por los españoles "*que habían ampliado la ocupación con infinidad de pueblos y aldeas, a parte de las numerosísimas misiones religiosas llegadas al territorio*"[264].

El 4 de junio de 1762, el Rey de Castilla, "*expidió en Aranjuez un real título erigiendo toda la Guayana en Comandancia separada, con inmediata subordinación al Virreinato de Nueva Granada*"[265]. Luego, el 5 de mayo de 1768, se estableció mediante Real Cédula que el límite sur de Guayana sería el río Amazonas y la separó de Nueva Andalucía[266].

Sociales, número 165 julio-septiembre 2021, Caracas, 2021.
[263] Héctor Faúndez Ledesma, *La competencia contenciosa de la Corte Internacional de Justicia y el caso Guayana vs. Venezuela*, ob. cit., p. 78.
[264] *Ibíd.*, pp. 30-31.
[265] *Ibíd.*, p. 17.
[266] Allan Brewer-Carías, "La formación de la república y de su territorio en las constituciones del siglo XIX. Un legado del proceso constitucional que comenzó con la Ley Fundamental de la República de Colombia promulgada por Simón Bolívar, en Angostura, el 17 de diciembre de 1819", ob. cit. "*En 1768 se agregó a la Provincia la Comandancia General del Orinoco y Río Negro, cuyos linderos llegaban por el sur hasta el Amazonas*".

A ello seguiría la creación de la Capitanía General de Venezuela, mediante Real Cédula de 8 de septiembre de 1777. Ese mismo año se dispuso la separación de las provincias de Cumaná, Guayana y Maracaibo e Islas de Trinidad y Margarita del Virreinato y Capitanía General del Nuevo Reino de Granada para incorporarlas a la Capitanía General de Venezuela[267].

En 1779 José de Ávalos, Intendente General de Venezuela, autorizó al oficial José Felipe de Inciarte, para que desarrollara labores de reconocimiento y población en la zona oriente del Bajo Orinoco[268].

En 1790 se publicó un nuevo mapa titulado *"Caracas and Guyanas"* al igual que el mapa publicado en 1750, indica cuál era el territorio de la Guyana Española (*Spanish Guyana*) cuya frontera oriental coincide, precisamente, con el río Esequibo. En este sentido, esta representación cartográfica tiene un gran valor al señalar cuales eran los dominios del Reino de España para el momento. Este mapa fue realizado luego de la celebración del Tratado de Münster de fecha 24 de octubre de 1648. Con ello queda demostrado que ya para el año de realización de este mapa (1790) el Reino de España había cedido a Holanda los campamentos de Demerara, Berbice y Esequibo; todos ellos ubicados el este del río Esequibo.

---

[267] *Cfr.* Irene Loreto González, *Génesis del constitucionalismo en Venezuela*, Centro de Investigaciones Jurídicas, Caracas, 2005. p. 74.
[268] *Cfr.* Carlos Álamo Ybarra, ob. cit., p. 19.

El 1 de enero de 1799, Francisco de Miranda publicó el mapa elaborado por Juan de la Cruz Cano y Olmedilla, conocido también como Mapa Geográfico de América Meridional, en el que se estableció la frontera de la Capitanía y Guyana en el río Esequibo. Esto contó con el patrocinio del Reino Unido y fue publicado en Londres[269] por William Faden, geógrafo real del rey Jorge III. Smith, en un artículo, llama al mapa de Cano el equivalente sudamericano del mapa de Mitchell de las colonias británicas de 1755[270]:

---

[269] Carlos Sosa Rodríguez, ob. cit., p. 121.
[270] Véase Mapa Geográfico de América Meridional. Disponible en: https://www.davidrumsey.com/luna/servlet/detail/RUMSEY~8~1~3373~330002:Mapa-Geografico-de-America-Meridion.

En el mes de junio de 1803, el Reino Unido ocupó "*la región situada entre los ríos Esequibo y Demerara y se mantiene allí hasta que el 13 de agosto de 1814 se firma el Tratado de Londres*"[271].

El 28 de mayo de 1811 se firmó el Tratado Alianza y Confederación entre Cundinamarca y Venezuela -también conocido como el Tratado Lozano-Cortés- por medio del cual se establecieron las bases del *uti possidetis iuris*.

La Constitución de 1811, sancionada el 21 de diciembre estableció en el artículo 128 que *"Luego que libres de la opresión que sufren las Provincias de Coro, Maracaibo y Guayana, puedan y quieran unirse a la Confederación, serán admitidas a ella, sin que la violenta separación en que a su pesar y el nuestro han permanecido, pueda alterar para con ellas los principios de igualdad, justicia y fraternidad, de que gozarán luego como todas las demás Provincias de la unión"*[272].

El 13 de agosto de 1814 se firmó el Tratado de Londres mediante el cual Holanda cedió al Reino Unido los establecimientos holandeses de Berbice, Demerara y Esequibo situados al este del río Esequibo que, a su vez, Holanda había adquirido de España a través del Tratado de Münster de fecha 24 de octubre de 1648. Todos estos campamentos se ubicaban al este del río Esequibo y conformaban aproximadamente un territorio de 51.700 kilómetros cuadrados.

Poco tiempo después, el 7 de agosto de 1817, Simón Bolívar en carta al coronel Leandro Palacios, desde la Baja Guayana, expresó: *"¡Al fin tengo el gusto de ver libre a Guayana! La capital se nos rindió el 18 del pasado, y estas fortalezas el 3 del corriente. El país no ha quedado en el mejor estado, por lo que es la población, que casi se ha aniquilado en los siete meses de sitio, y porque una gran parte de la gente emigró con los españoles"*[273].

En fecha 15 de octubre de 1817, desde el Cuartel General de Angostura, Simón Bolívar emitió un decreto por el cual incorporó la

---

[271] José Vargas Ponce, "¡La Guayana Esequiba es de Venezuela!, Disponible en https://josevargasponce.wordpress.com/2011/10/29/la-guayana-esequiba-es-de-venezuela/.

[272] Allan Randolph Brewer-Carías, *Las constituciones de Venezuela*, Academia de Ciencias Políticas y Sociales, Caracas, 1997. pp. 555 y ss.

[273] Véase el artículo de Rafael Castro, "Las revoluciones son esencialmente transformaciones culturales" publicado el 10 de agosto de 2015. Disponible en: https://www.aporrea.org/actualidad/a212082.html.

provincia de Guayana a la República de Venezuela y señaló sus departamentos. El artículo 1 estableció que *"La Provincia de Guayana en toda su extensión queda reunida al territorio de Venezuela, y formará desde hoy una parte integrante de la República"*[274].

El tratamiento específico de los límites de la República en el departamento del Bajo Orinoco fue previsto en los siguientes términos: *"Al Norte: las corrientes de Orinoco desde la boca del Caroní hasta la embocadura al mar por río grande, y la costa del mar hasta el fuerte Muruca exclusive. Al Oriente, y Sur: los límites con las posesiones extranjeras. Al Occidente: los que se han señalado al Departamento del centro por el Oriente"*[275].

También se incorporó a Guayana como provincia en la Constitución de Angostura, de fecha 15 de agosto de 1819 que contó con la participación de los diputados por Guayana Eusebio Afanador, Juan Vicente Cardozo y Juan Tomás Machado. Dentro del Título 2°, sección 1°, el artículo 2 estableció: *"El Territorio de la República de Venezuela se divide en diez Provincias, que son: BARCELONA, BARINAS, CARACAS, CORO, CUMANA, GUAYANA, MARACAYBO, MARGARITA, MERIDA, y TRUJILLO. Sus límites y demarcaciones se fijarán por el Congreso"*[276].

El 17 de diciembre de 1819 el Congreso de Angostura sancionó la Ley Fundamental de Colombia, cuyo artículo 2 estableció también el *uti possidetis iuris* en los siguientes términos: *"Su territorio será el que comprendían la antigua Capitanía General de Venezuela, y el Virreinato del nuevo Reino de Granada, abrazando una extensión de 115 mil leguas cuadradas, cuyos términos precisos se fijarán en mejores circunstancias"*[277].

Con la Ley Fundamental de Colombia y, en especial, con la disposición citada del artículo 2 se complementó el decreto de Simón Bolívar de 15 de octubre de 1817 al que ya nos hemos referido antes. Ese decreto no había considerado de forma expresa el principio del *uti possidetis*

---

[274] Véase Decreto del Libertador Simón Bolívar fechado en Angostura el 15 de octubre de 1817, por el cual incorpora la provincia de Guayana a la República de Venezuela y señala sus departamentos. Disponible en: http://www.archivodellibertador.gob.ve/escritos/buscador/spip.php?article2283.
[275] *Ídem*.
[276] Allan Randolph Brewer-Carías, *Las constituciones de Venezuela*, ob. cit., pp. 619 y ss.
[277] *Ibíd.*, pp. 643-644.

iuris al establecer los límites y dejó fuera de los dominios venezolanos *"una pequeña porción en la línea de la playa del mar Atlántico al oeste de la desembocadura del río Esequibo hasta el rio Moruco"*[278]. Esto fue subsanado con la derogación tácita del decreto, producida por la referida ley según la cual, ahora sí, el territorio de Venezuela sería el mismo que el de la Capitanía General de Venezuela[279].

El 20 de febrero de 1821 el diplomático Francisco Antonio Zea, que antes había sido Vicepresidente de la República de Colombia desde el 17 de diciembre de 1819 hasta 19 de marzo de 1820 y Embajador de la República de Colombia en el Reino Unido desde el 16 de junio de 1820 hasta el 28 de noviembre de 1820, dirigió una comunicación al Ministro de Asuntos Exteriores del Reino Unido, Robert Stewart -Vizconde de Castlereagh- para aclarar la situación de la frontera oriental de Colombia. En la referida comunicación expresó:

> *"La República de Colombia ocupa en la América del Sur la parte más septentrional, extendiéndose en latitud desde los 12° N, hasta 69 S, y en longitud desde 589 hasta los 81 Q del meridiano de Greenwich.*
> *Sus límites son al Este el Océano Atlántico que baña sus costas desde las bocas del Orinoco hasta Cabo Nassau; desde este cabo arranca una línea N.S. que partiendo de este cabo termina en el río Esequibo, siendo la ribera izquierda de este río la frontera con la Guayana Holandesa"*[280].

A lo anterior sigue la Ley Fundamental de la Unión de los Pueblos de Colombia del 15 de agosto de 1821, sancionada por el Congreso de la Villa del Rosario de Cúcuta, cuyo artículo 5 ratificó el *uti possidetis iuris* de la siguiente manera:

> *"El territorio de la República de Colombia será el comprendido dentro de los límites de la antigua capitanía general de Venezuela y el virreinato y capitanía del Nuevo Reino de Granada. Pero*

---

[278] Allan Randolph Brewer-Carías, "La formación de la república y de su territorio en las constituciones del siglo XIX. Un legado del proceso constitucional que comenzó con la Ley Fundamental de la República de Colombia promulgada por Simón Bolívar, en Angostura, el 17 de diciembre de 1819", ob. cit.

[279] *Ídem.*

[280] Herman González Oropeza y Pablo Ojer, ob. cit., p. 33.

la asignación de sus términos precisos queda reservada para tiempo más oportuno "[281].

También la Constitución de la República de Colombia de 1821 que tomó en cuenta el principio *uti possidetis iuris* integró a Guayana dentro de su territorio. En efecto, el artículo 6 que estableció lo siguiente: *"El territorio de Colombia es el mismo que comprendían el antiguo Virreinato de la Nueva Granada y Capitanía general de Venezuela"*[282].

Esto fue ratificado por la Ley de División Territorial de la República de Colombia de 25 de junio de 1824, que estableció que el territorio de la República se dividiría en doce departamentos, incluido el Departamento del Orinoco que de acuerdo con el artículo 2 *eiusdem* tenía entre sus provincias las de Cumaná, Barcelona, Guayana y Margarita. El mismo artículo 2 establecía que la provincia de Guayana estaba compuesta por los cantones de Santo Tomás de Angostura, Río Negro, Alto Orinoco, Caura, Guayana Vieja, Caroní, Upata, La Pastora y La Barceloneta[283].

La Ley de División Territorial de fecha 25 de junio de 1824 siguió vigente incluso después de la desintegración de Colombia al ser adoptada por el Estado de Venezuela. Esto es fundamental para la comprensión de la historia limítrofe venezolana. Luego de la separación de Venezuela de la República de Colombia se mantuvieron los mismos límites territoriales fijados en la Ley de División Territorial de 1824.

De manera que la composición territorial del Estado de Venezuela siguió siendo la misma. Venezuela seguía ejerciendo su soberanía sobre el mismo territorio que en el pasado fue el asiento de la Capitanía General de Venezuela. Esa situación permaneció hasta que durante el gobierno de José Tadeo Monagas fue sancionada la Ley del 28 de Abril de 1856 que estableció la División Territorial de la República de Venezuela.

El 16 de julio de 1824 la República de Colombia solicitó al Reino Unido su reconocimiento como nación independiente. Ese mismo año

---

[281] Allan Randolph Brewer-Carías, *Las constituciones de Venezuela*, ob. cit., pp. 645-646.
[282] *Ibíd.*, pp. 647 y ss.
[283] Allan Randolph Brewer-Carías, "La formación de la república y de su territorio en las constituciones del siglo XIX. Un legado del proceso constitucional que comenzó con la Ley Fundamental de la República de Colombia promulgada por Simón Bolívar, en Angostura, el 17 de diciembre de 1819", ob. cit.

José Manuel Hurtado fue nombrado Enviado Extraordinario y Ministro Plenipotenciario de Colombia como sustituto del Doctor Rafael Revenga con el cometido principal de obtener ese reconocimiento[284]. El Reino Unido dio su reconocimiento sin reservas a la República de Colombia.

Este *"... reconocimiento de Colombia viene por la influencia de Canning a lord Liverpool donde este somete un memorándum al gabinete favoreciendo al reconocimiento de nuevos estados"*[285]. En diciembre de 1824 la decisión del Reino Unido de reconocer a Colombia como Estado independiente fue notificada a España y, ese mismo año, se conoció con alegría en América[286].

El reconocimiento del Reino Unido a la República de Colombia fue expresado mediante el Tratado de Cooperación y Amistad entre Colombia y Gran Bretaña adoptado el 1 de abril de 1825, aprobado por decreto del Congreso de Colombia del 23 de mayo de 1825 y ratificado por el gobierno de Colombia en la misma fecha. Las ratificaciones fueron canjeadas el 7 de noviembre de 1825. Este tratado fue impuesto por el Reino Unido como condición para reconocer a Colombia. El artículo 1 del referido tratado estableció:

> *"Habrá perpetua, firme y sincera amistad entre la República y pueblo de Colombia, y los dominios súbditos de Su Majestad el Rey del Reino de la Gran Bretaña e Irlanda, sus herederos y sucesores"*[287].

La Constitución de Venezuela de 1830 mantuvo dentro de su territorio a Guayana al establecer expresamente en el artículo 5 el principio del *uti possidetis iuris* en los siguientes términos: *"El territorio de Venezuela comprende todo lo que antes de la transformación política de 1810 se denominaba Capitanía General de Venezuela. Para su mejor*

---

[284] Julio Alberto Peña Acevedo, "Cronología de Guyana, cuarta entrega, Gran Colombia". Publicado el 19 de marzo de 2015. Disponible en: https://elespacioacuaticovenezolano.com/2015/03/19/1552jualpeac/
[285] *Ídem*.
[286] *Ídem*.
[287] Ministerio de Relaciones Exteriores de Colombia, Tratado de Cooperación y Amistad entre Colombia y Gran Bretaña adoptado el 1 de abril de 1825, disponible en: http://apw.cancilleria.gov.co/Tratados/adjuntosTratados/UK-01-04-1825.PDF.

administración se dividirá en Provincias, Cantones y Parroquias, cuyos límites fijará la ley"[288].

En el año 1840 los límites de la República de Colombia establecidos de conformidad con el principio del *uti possidetis iuris* fueron representados gráficamente en la *Carta de la República de Colombia dividida en 12 departamentos en 1824*, incluido en el *Atlas Físico y Político de la República de Venezuela* elaborado por el coronel de ingenieros Agustín Codazzi.

Los límites representados en la *Carta de la República de Colombia dividida en 12 departamentos en 1824* comprendían los territorios de la provincia de Guayana y en ellos se dejó constancia de cómo en algunas porciones de territorio existían para aquel momento ocupaciones inglesas calificadas de usurpaciones como puede verse a continuación:

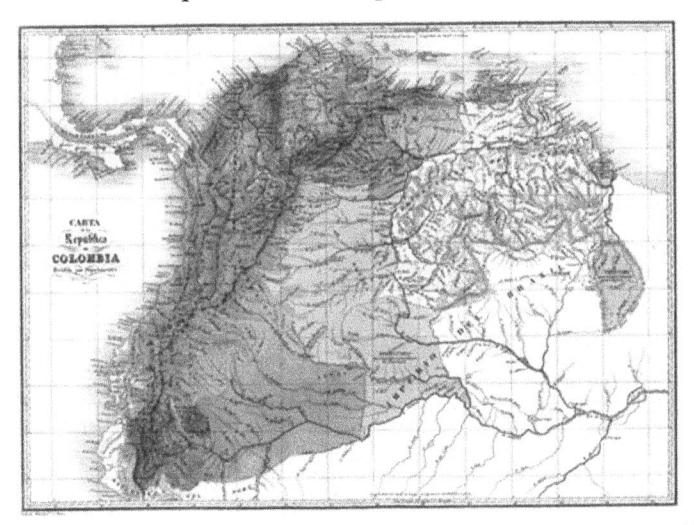

Carta de la República de Colombia dividida en 12 departamentos en 1824.
Tomado del Atlas Físico y Político de la República de Venezuela
elaborado por Agustín Codazzi[289]

Brewer-Carías señala que en dicha carta *"el territorio del Cantón de Upata de la Provincia de Guayana se extiende hasta el río Esequibo,*

---
[288] Allan Randolph Brewer-Carías, *Las constituciones de Venezuela*, ob. cit., pp. 707 y ss.
[289] Cit. en Allan Randolph Brewer-Carías, "La formación de la república y de su territorio en las constituciones del siglo XIX. Un legado del proceso constitucional que comenzó con la Ley Fundamental de la República de Colombia promulgada por Simón Bolívar, en Angostura, el 17 de diciembre de 1819", ob. cit., p. 143.

con exclusión de la zona entre la desembocadura del río Moruco y el río Esequibo, que aparece en este caso con la indicación de: "TERRITORIO QUE SE CONSIDERA USURPADO POR LOS INGLESES", lo que se repite en la zona de la ribera Oeste de las nacientes del río Esequibo"[290].

El *Mapa Político de la República de Venezuela en 1840* también fue incluido en el *Atlas Físico y Político de la República de Venezuela*. De él se deduce que la frontera oriental de la República de Venezuela era el río Esequibo. Aunque, al igual que en la *Carta de la República de Colombia dividida en 12 departamentos en 1824*, no se incluye el territorio de la ribera oeste de las nacientes del río Esequibo y tampoco el territorio en el que se ubica la desembocadura de los ríos Moruco y Esequibo, que aparecían en la *Carta de la República de Colombia dividida en 12 departamentos en 1824* como "territorio que se considera usurpado por los ingleses", aunque en el *Mapa Político de la República de Venezuela en 1840* ya no se observa dicho señalamiento:

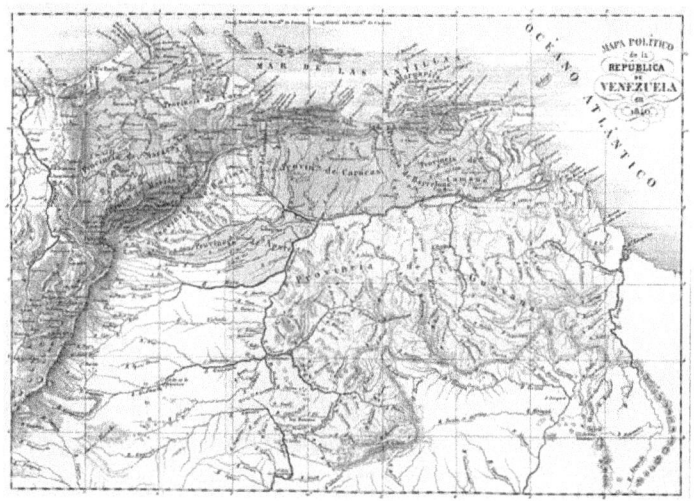

Mapa Político de la República de Venezuela en 1840. Tomado del Atlas Físico y Político de la República de Venezuela elaborado por Agustín Codazzi[291].

Luego, mediante el Tratado de Paz y Reconocimiento de 1845, después de los procesos de independencia, España renunció a todos los

---
[290] Ibíd., p. 146.
[291] Ibíd., p. 143.

derechos que tenía sobre el territorio venezolano. España reconoció a través de este tratado que la provincia de Guayana formaba parte del territorio de la República.

Asimismo debe tenerse en cuenta la "Ley de 28 de abril de 1856 que estableció la División Territorial de la Republica"[292] que hemos comentado preliminarmente al referirnos a la Ley de División Territorial de la República de Colombia de fecha 25 de junio de 1824, la cual fue su antecedente inmediato por cuanto esta última siguió vigente hasta 1856.

Sobre la Ley de 28 de abril de 1856 que estableció la División Territorial de la República aprobada y sancionada por parte del Congreso de la República de Venezuela hay que destacar la norma del artículo 1º que dispuso lo siguiente:

> *"La ciudad de Santiago de León de Caracas, cuna del Libertador Simón Bolívar, es la Capital de la República de Venezuela; y el territorio de ésta se divide en veintiuna Provincias que se denominarán así: Cumaná, Maturín, Margarita, Barcelona, Guayana, Amazonas, Apure, Caracas, Guárico, Aragua, Carabobo, Cojedes, Portuguesa, Barinas, Barquisimeto, Yaracuy, Coro, Trujillo, Maracaibo, Mérida y Táchira"*[293].

En realidad no sorprende el hecho de que se haya incluido dentro de las provincias integrantes de la República de Venezuela a la Provincia de Guayana. Al contrario, ello es la consecuencia natural de los títulos históricos y jurídicos que respaldaban la pertenencia del territorio Esequibo a Venezuela desde los inicios de la República.

La Ley de 28 de abril de 1856 detalla aún más el territorio de la República y, desde luego, especifica los cantones que componen la Provincia de Guayana que, conforme a lo establecido en el artículo 7º de ese cuerpo normativo, estuvo formada por *"los cantones Héres, Upata*

---

[292] Esta ley de división territorial ha sido la primera y única que ha tenido Venezuela durante su historia en esa materia.

[293] Ley de 28 de abril de 1856, que establece la División Territorial de la Republica aprobada y sancionada por parte del Congreso de la República de Venezuela. Disponible en: https://docs.venezuela.justia.com/federales/leyes/ley-del-28-de-abril-de-1856-que-establece-la-division-territorial-de-la-republica-de-venezuela.pdf

y Alto Orinoco; su capital Ciudad Bolívar"[294]. Esta misma norma del artículo 7º se subdividió en tres parágrafos que indican la división de cada cantón:

> *"Parágrafo Primero.- El cantón Héres se compone de las parroquias Ciudad Bolívar, Panapana, Barcelonesa, Aripao, Borbón, Moitaco, La Piedra, Puruey, Antigua Guayana, Piacoa y Curiapo; su cabecera Ciudad Bolívar.*
> *Parágrafo Segundo.- El cantón Upata se compone de las parroquias Upata, Puerto de Tablas, Cupapui, Pastora, San Antonio, Tumeremo, Gurí, Palmar, Miamo, Caruachi, Tupuquen, Guasipati y Carapo; su cabecera Upata.*
> *Parágrafo Tercero.- El cantón Alto Orinoco se compone de las parroquias Caicara, Cuchibero, Altagracia y Urbana; su cabecera Caicara"*[295].

De otra parte el artículo 8º ratificó que pertenecían a la Provincia de Guayana *"las islas que forman el Orinoco, inclusive todas las del Delta superior e inferior, y las playas denominadas de la manteca, inclusa la de Pararuma"*[296].

En cuanto a los elementos probatorios que llevan a la convicción de que Venezuela siempre ha tenido legítimos derechos sobre el territorio en disputa no podemos ignorar la importancia de un mapa publicado en 1860 bajo el título *"Caracas and Guiana"*:

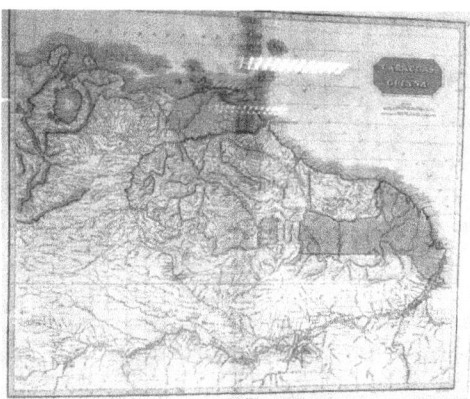

---

[294] *Ídem.*
[295] *Ídem.*
[296] *Ídem.*

Este mapa establece el territorio que correspondía al Reino de España y sobre esa porción de espacio geográfico indica *Spanish Guiana*, en clara referencia a lo que antes de la independencia de Venezuela era la Guayana Española.

Asimismo, señala expresamente que el territorio de la Guayana Holandesa, marcada en el mapa como *Dutch Guiana*, comienza al este del río Esequibo. Ese territorio es el que había cedido el Reino de España a Holanda a través del Tratado de Münster del 24 de octubre de 1648.

De manera que los títulos de Venezuela se encuentran claramente contenidos no sólo en documentos históricos, sino también en cuerpos normativos de derecho interno y de derecho internacional y ninguno de ellos fue tomado en cuenta por el Tribunal Arbitral de París que no cumplió con su cometido y obligación de cerciorarse de la legitimidad y legalidad de estos títulos que demuestran los derechos de Venezuela sobre el territorio en disputa.

Como hemos dicho y ratificamos, la obligación de *investigar y cerciorarse* suponía que los árbitros debían atender a los títulos de derecho de cada una de las partes y corroborar que efectivamente eran susceptibles de ser considerados como pruebas de sus pretensiones, contrariamente a ello los árbitros decidieron con absoluta arbitrariedad haciendo caso omiso a los abundantes títulos válidos de Venezuela.

Si los árbitros hubieran cumplido con el deber de averiguar y asegurarse de la validez de los títulos jurídicos de las partes, habría sido imposible que otorgara tan amplio territorio a los ingleses, lo cual hizo en clara violación de los históricos derechos territoriales de Venezuela.

2.3. Nulidad del Laudo Arbitral de París por exceso de poder

El Laudo arbitral de París es nulo por haber incurrido en el vicio de exceso de poder cuando aplicó erróneamente la regla de prescripción en favor del Reino Unido violando el artículo IV del tratado de arbitraje el cual disponía lo siguiente: *"Una posesión adversa o prescripción por el término de cincuenta años constituirá un buen título. Los árbitros podrán estimar que la dominación política exclusiva de un Distrito, así como la efectiva colonización de él son suficientes para constituir una posesión adversa o crear títulos de prescripción"*[297].

Como antes se explicó, el Tratado de Washington incorporó la regla *"a"*, conocida como la cláusula de la prescripción, lo que no significaba la posibilidad de hacer uso de ella con predominancia a la existencia de títulos jurídicos válidos como los que tenía y tiene Venezuela. Se incurrió en una errada y desviada interpretación de dicha regla cuando se impuso el principio del *uti possidetis facti* sobre el *uti possidetis iuris*, verdadero eje del problema[298]. Esto se hizo, bajo el argumento de que el *uti possidetis iuris*, por ser un principio de derecho internacional americano, sólo era aplicable entre los Estados de la región bajo conquista. De manera que el Reino Unido, al no ser parte de los Estados bajo dominio colonial, no debía ser sujeto de la aplicación del mismo.

No era nada conveniente para el Reino Unido que el derecho aplicable implicara la valoración del principio del *uti possidetis iuris*. En realidad ese principio debió ser clave en la determinación de la frontera. No sólo era un principio que formó parte de nuestra tradición constitucional desde la independencia, sino que también ha sido reconocido en reiteradas ocasiones por la jurisprudencia y doctrina internacionales[299].

En todo caso, no cabe duda de que la aplicación del *uti possidetis iuris* habría beneficiado a Venezuela que de conformidad con este principio adquirió todos los territorios que pertenecían a la Capitanía

---

[297] Héctor Faúndez Ledesma, ob. cit., p. 337.
[298] Véase Isidro Morales Paúl, "Análisis crítico del problema fronterizo «Venezuela-Gran Bretaña»", ob. cit., p. 192.
[299] Véase la disertación de Víctor Rodríguez Cedeño en el evento de la Academia de Ciencias Políticas y Sociales titulado "Competencia de la CIJ y determinación de la frontera terrestre entre Guyana y Venezuela" celebrado en fecha 20 de enero de 2022. Disponible en: https://www.youtube.com/watch?v=UCFlmNhatQg. Para demostrar la consolidación del principio del *uti possidetis iuris* menciona en su intervención una serie de laudos internacionales que lo reconocen, v. gr., el Laudo de la Reina María Cristina de España (Isla de Aves 1865) y el Laudo del Presidente de Francia de fecha 11 de septiembre de 1900 que reconoce la vigencia de los títulos heredados de la corona. Llega a la conclusión de que, en efecto, el principio del *uti possidetis iuris* no es un principio político sino eminentemente jurídico.

General de Venezuela desde 1777. Es aquí donde empieza a cobrar relevancia la noción de fecha crítica, pues surgió la necesidad de establecer el momento concreto que debía ser considerado por el tribunal para aplicar esta regla.

Recordemos que se conoce como fecha crítica -y así lo ha definido la jurisprudencia- *"aquella, a partir de la cual, los actos de las partes no pueden alterar la situación legal, bien sea para mejorar o perjudicar los derechos de dichas partes"*[300].

El establecimiento de una fecha crítica se fundamentó en el principio de buena fe que debe regir a las partes en el proceso con el fin de no empeorar la situación conflictiva existente entre ellas. En la controversia entre Venezuela y el Reino Unido existía -como suele ocurrir en los diferendos territoriales- una fecha crítica predeterminada.

Esa fecha crítica predeterminada fue la acordada mediante las manifestaciones de voluntad de funcionarios debidamente autorizados y capaces para hacerlo que tuvo lugar el 18 de noviembre del año 1850, por virtud del canje de notas diplomáticas *"que tuvo por objeto esencial, el acabar con el estado tensión y hostilidad existentes en ese momento entre Venezuela y Gran Bretaña y al propio tiempo lograr una certeza jurídica al congelar el apetito usurpador de la Gran Bretaña Imperial"*[301], asunto que ha sido abordado precedentemente en este estudio.

Aun prescindiendo de la fecha crítica convencional del Acuerdo de Status Quo de 18 de noviembre de 1850, existía otra fecha crítica como era la del 13 de agosto de 1814, momento en el que Holanda cedió al Reino Unido sus dominios al este del río Esequibo.

A Venezuela se le hizo creer por medio de sus representantes que el tribunal aplicaría la regla de la prescripción a un período anterior al 13 de agosto de 1814 y que, además, sólo sería sobre una pequeña porción de territorio.

Sin embargo, esta regla se aplicó -para beneficio de los ingleses- hacia el futuro y no hacia el pasado. Eso mismo lo sostuvo ante el tribunal -sorprendentemente- el Expresidente de los Estados Unidos,

---
[300] Isidro Morales Paúl, "El juicio arbitral sobre la Guayana Esequiba de 1899 y la violación de los principios del debido proceso en perjuicio de Venezuela", ob. cit., p. 356.
[301] Ibíd., p. 359.

Benjamín Harrison, que actuaba en representación de Venezuela cuando, refiriéndose a la correspondencia secreta entre el Secretario de Estado, Richard Olney y el Embajador de Reino Unido en Washington, Julián Pauncefote, afirmó lo siguiente:

> *"Sería una candidez de mi parte si no dijese que ellas, claramente, parecen indicar que el Sr. Olney y Sr. Julián Pauncefote entendieron que el período de prescripción se aplica a los años posteriores a 1814"*[302].

En otras palabras, se tomaron las cartas confidenciales de dos individuos que no tenían autorización para obligar a la República de Venezuela para comprometer al país en una manifestación de voluntad completamente contraria a sus propios intereses en la controversia.

En efecto, con el aval de uno de los abogados de Venezuela se tomó la correspondencia de dos sujetos sin carácter de representantes como una declaración interpretativa perjudicial a la nación. Como bien se ha señalado en una investigación relativa a este asunto *"aquí no se trata de un representante debidamente acreditado, sino del representante de un tercer Estado que celebra un acuerdo secreto, sin autoridad alguna para comprometer a nadie, acuerdo que asombrosamente es admitido en el proceso, incorporado a la evidencia y, en consecuencia, produce plenos efectos procesales. No se puede encontrar en la historia judicial de las naciones, mayor atropello, en desmérito y a espaldas del país cuyos intereses estaban debatiéndose"*[303].

El laudo estableció que la línea de demarcación entre los Estados Unidos de Venezuela y la Guayana Británica era como sigue:

> *"Principiando en la Costa a la Punta Playa la línea de demarcación correrá por línea recta a la confluencia del Río Barima con el Río Mururuma, y continuará por el medio de la corriente de este Río hasta su fuente, y de este punto a la unión del Río Haiowa con el Amacuro, y continuará por el medio de la corriente del Amacuro hasta su fuente en la Sierra Imataca, y de allí al Sudoeste por la cima más alta del Espolón de la Sierra*

---
[302] *Ibíd.*, p. 374.
[303] *Ibíd.*, pp. 376-378.

Imataca hasta el punto más elevado de la Cordillera Principal, al Sudeste, hasta la fuente del Acarabisi, y de este punto continuará por el medio de la corriente de este Río hasta el Cuyuní, y de allá correrá por la orilla septentrional del Río Cuyuní al Oeste hasta su confluencia en el Wenamu, y de este punto seguirá el medio de la corriente del Wenamu hasta su fuente más occidental, y de este punto por línea recta a la cumbre del Monte Roraima, y del Monte Roraima a la Fuente del Cotinga, y continuará por el medio de la corriente de este Río hasta su unión con el Takutu, y seguirá el medio de la corriente del Takutu hasta su fuente, y de este punto por línea recta al punto más occidental de la Sierra Akarai, continuará por la cúspide de la Sierra Akarai hasta la fuente del Corentín llamado Río Cutari. Queda siempre entendido que la línea de demarcación establecida por este fallo existe sin perjuicio y con reserva de cualquier cuestión que ahora exista o que ocurriese para determinación entre los Estados Unidos de Venezuela y la República del Brasil o entre esta República y el Gobierno de Su Majestad"[304].

En el año 1967, durante la presidencia de Raúl Leoni, los padres jesuitas Hermann González Oropeza y Pablo Ojer publicaron el *"Informe que los expertos venezolanos para la cuestión de límites con Guayana Británica presentan al gobierno nacional, Ministerio de Relaciones Exteriores"*[305]. Para la elaboración del informe, Hermann González Oropeza y Pablo Ojer Celigueta se basaron en los documentos confidenciales británicos.

Al escribir sobre el informe presentado por los expertos venezolanos, el García-Velutini insiste en recordar que *"la primera conclusión que se formula en aquél es la de que Venezuela tuvo que aceptar el Tratado de Arbitraje de 1897 bajo presión indebida y engaño por parte de los Estados Unidos y de Gran Bretaña, los cuales negociaron las bases del compromiso con exclusión del gobierno venezolano en la última y decisiva fase de la negociación; y Venezuela, continúa el Informe, fue de tal manera preterida, que Estados Unidos de Norte América y Gran Bretaña acordaron desde el comienzo de la negociación*

---

[304] Héctor Faúndez Ledesma, ob. cit., pp. 342-343.
[305] Hermann González Oropeza y Pablo Ojer Celigueta, ob. cit.

que ningún jurista venezolano habría de formar parte del tribunal de arbitraje"[306].

Del referido informe se desprende que aun asumiendo la regla de prescripción de esa forma incorrecta, de ella no se deduce la posibilidad de otorgar el enorme territorio que se adjudicó al Reino Unido. En efecto, está demostrado en el mapa incluido en el informe mencionado que el territorio que podía adquirir el Reino Unido mediante la regla de prescripción era mucho menor al que el laudo le adjudicó finalmente.

En el mapa, que analizaremos al abordar las pruebas de Venezuela se observan con claridad los territorios ocupados por los ingleses en 1840; después, entre 1886 y 1890 y, luego con posterioridad a 1890. De forma que la cláusula de prescripción no era aplicable a un territorio tan vasto como el que finalmente se adjudicó al Reino Unido, al contrario, la regla de prescripción sólo podía aplicarse, si ello hubiere sido procedente en derecho, que lo era, sobre una porción territorial considerablemente más pequeña[307].

En definitiva, el territorio reflejado en el mapa es notablemente inferior al que se le adjudicó al Reino Unido en el Laudo arbitral de París, pues, incluso en la peor de las interpretaciones eran estos los territorios a los que podía aplicarse la regla de la prescripción. Por ello el Laudo arbitral de París aplicó erróneamente la regla de prescripción en favor del Reino Unido, con lo que violó el artículo IV del Tratado de arbitraje y, en consecuencia, incurrió en el vicio de exceso de poder.

2.4. Nulidad del Laudo Arbitral de París por *ultra petita*

Es claro que conforme al artículo I del Tratado de Washington, el tribunal arbitral tenía la sola misión de *"determinar la línea divisoria entre los Estados Unidos de Venezuela y la Colonia de la Guayana Británica"*[308]. Asimismo, de acuerdo al artículo III, el tribunal debía *investigar y cerciorarse* de la extensión de los territorios que pudieran ser legalmente reclamados y debía determinar la línea divisoria entre los Estados Unidos de Venezuela y la Colonia de la Guayana Británica.

---

[306] Oscar García-Velutini, ob. cit., p. 17.
[307] Hermann González Oropeza y Pablo Ojer, ob. cit., p. 15.
[308] Héctor Faúndez Ledesma, ob. cit., p. 336.

El laudo arbitral debe estar sujeto al *thema decidendum*, es decir, que los árbitros no pueden exceder los límites objetivos de la controversia que las partes han sometido a su conocimiento. El laudo arbitral no puede decidir sobre aspectos que van más allá de lo solicitado por las partes y no puede afectar la situación jurídica de otros sujetos de derecho internacional que no son partes en el arbitraje.

Esta característica del laudo arbitral es consecuencia del fundamento convencional del arbitraje, desde que éste se basa en el consentimiento de las partes otorgado para resolver sus disputas por vía de este mecanismo. El referido consentimiento se manifiesta en un compromiso arbitral previo, el cual delimita el alcance de la controversia y determina la materia sobre la cual los árbitros pueden y deben actuar, convirtiéndose en el límite preciso de sus competencias.

El Laudo Arbitral de París violó estos límites e incurrió en el vicio de ultra petita, en primer lugar, por cuanto decidió sobre el régimen de navegación en los ríos Barima y Amacuro que nada tenía que ver con el objeto de la controversia delimitado en el Tratado, y, de otra parte, se involucró y afectó con la decisión a Estados que no suscribieron el Tratado de Arbitraje, pronunciándose sobre cuestiones limítrofes que incluso eran discutidas en ese momento, como la frontera entre la Guayana Británica y Brasil.

En efecto, el tribunal arbitral ignoró el límite objetivo cuando se pronunció sobre el régimen de vías fluviales y dotó de carácter internacional las actividades de navegación en el río Barima y el río Amacuro, cuestión que no tenía cabida alguna en el Tratado. Y, además, lo ignoró cuando se pronunció sobre las tasas aduaneras entre los Estados en disputa. En este sentido, el Laudo determinó lo siguiente:

> *"Al fijar la mencionada línea de demarcación los Árbitros consideran y deciden que, en tiempo de paz, los ríos Amacuro y Barima quedarán abiertos a la navegación de los buques de comercio de todas las naciones, salvo todo justo reglamento y el pago de derecho de faro u otros análogos, a condición que los derechos exigidos por la República de Venezuela y por el Gobierno de la Colonia de la Guayana Británica con respecto del tránsito de buques por las partes de dichos ríos que respectivamente les pertenecen, se fijen a la misma tasa para los buques*

de Venezuela y los de la Gran Bretaña, la cual no excederá a la que se exija de cualquiera otra nación. Queda también entendido que ningún derecho de aduana podrá ser exigido, ya por la República de Venezuela, ya por la colonia de la Guayana Británica, con respecto de mercaderías transportadas en los buques, navíos o botes pasando por dichos ríos, pero los derechos de aduana serán exigibles solamente con respecto de las mercaderías desembarcadas respectivamente en el territorio de Venezuela y en el de la Gran Bretaña"[309].

Es evidente que conforme con lo anterior, el laudo violó el aspecto subjetivo de su competencia al afectar Estados que no habían suscrito el tratado arbitral, por cuanto definió además límites territoriales de Guayana con respecto a Brasil y Surinam.

El Laudo de París afectó a Brasil cuando adjudicó al Reino Unido el límite de los ríos Cotinga y Takutu, territorios que eran objeto de disputa entre el Reino Unido y Brasil. En efecto, el laudo señaló cuando determinó la frontera:

*"...y del Monte Roraima a la **Fuente del Cotinga**, y continuará por el medio de la corriente de este Río hasta su unión con el **Takutu**, y seguirá el medio de la corriente del **Takutu** hasta su fuente, y de este punto por línea recta al punto más occidental de la Sierra Akarai..."*[310]. (Resaltado añadido).

De hecho, cuando se firmó el Tratado de Washington en 1897, Brasil anticipó los posibles efectos que podrían tener lugar con el laudo. Antes de ser dictado el Laudo arbitral de París de 1899, el gobierno del Brasil presentó una protesta contra la redacción del Tratado de Arbitraje de 1897, específicamente sobre la generalidad del artículo III, tras considerar que su contenido era propenso a comprometer negativamente los derechos del Brasil en su litigio territorial con los británicos. La protesta brasileña fue enviada al Presidente del tribunal arbitral y también al gobierno británico y venezolano.

---
[309] *Ibíd.*, p. 343.
[310] *Ibíd.*, p. 342.

De forma que el Laudo Arbitral de París desmejoró la situación del Brasil al adjudicar al Reino Unido tierras que estas dos naciones disputaban, lo que ocasionó protestas formales del Ministerio de Relaciones Exteriores de Brasil.

Las consideraciones que hizo Brasil al anticipar y, posteriormente, elevar su protesta, fueron correctas. El contenido de la Circular del Ministerio de Relaciones Exteriores de Brasil a las Misiones Diplomáticas brasileñas de fecha 7 de diciembre de 1899 en Río de Janeiro expresa en este sentido la afectación y perplejidad que causó el laudo a Brasil, al haber fijado la decisión como frontera entre los Estados Unidos de Venezuela y el Reino Unido el límite de los ríos Cotingo y Takutu que eran objeto de litigio entre el Reino Unido y Brasil[311].

Expresa la circular que con el laudo se violó el principio de derecho internacional según el cual las sentencias arbitrales sólo pueden decidir sobre la base de lo que ha sido pactado en el tratado de arbitraje. La violación de los límites de la controversia supuso que el territorio venezolano se extendiera hasta territorios brasileños, incluyendo las vertientes meridionales de la sierra Aracay objeto de litigio entre Brasil y Francia[312].

Tanto para Venezuela como para el Reino Unido era imposible acordar que su frontera pasara por los ríos Cotingo y Takutu, mucho menos por la sierra de Aracay. En efecto *"Venezuela no podría, porque su límite con Brasil está estipulado en el Tratado de 5 de mayo de 1859 y excluye aquellas regiones, Gran Bretaña no podría, porque aquel límite es el objeto del litigio que ella va a someter a arbitraje con Brasil"*[313].

Finalmente, la circular señaló que el tribunal arbitral de París sentenció más allá de la jurisdicción que había sido fijada en el Tratado de Washington, incurriendo en el vicio de *ultra petita* cuando se pronunció sobre cuestiones *"no reclamadas ni por Venezuela ni por Gran Bretaña, atribuyendo a Venezuela la región amazónica que ella no disputa a Brasil y atribuyendo a la Guyana Británica aun contra Venezuela, solamente la línea Schomburgk en la parte reclamada contra Brasil"*[314].

---
[311] Elbano Provenzali Heredia, ob. cit., pp. 76-77.
[312] *Ídem.*
[313] *Ídem.*
[314] *Ídem.*

En el mismo sentido, en 1938 -hace más de ochenta años-, el académico Dr. Carlos Álamo Ybarra señaló a este respecto que el laudo desmejoró *"la situación del Brasil al adjudicarle a la Gran Bretaña tierras que estas dos naciones discutían, lo cual engendró protestas de la Cancillería de Rio de Janeiro, significadas en París y Londres"*[315].

El Laudo Arbitral de París afectó a Estados que no habían suscrito el Tratado de Washington del 2 de febrero de 1897 y de esta forma violó un principio fundamental en materia de derecho arbitral internacional: la relatividad de los laudos. Dicho principio, derivado de la naturaleza contractual del arbitraje, es la traducción del principio de relatividad de los contratos, de origen civilista, al campo del arbitraje internacional.

Según este principio, además de los límites objetivos de la controversia -no ir más allá de la materia controvertida- existen límites subjetivos -no afectar con la decisión a sujetos no involucrados en el litigio- y con el Laudo Arbitral de París ambos límites fueron transgredidos.

Los árbitros ignoraron las reglas del Tratado de Washington decidiendo asuntos sobre los cuales no tenía competencia alguna, lo que aumentó las causales de nulidad del Laudo Arbitral de París"[316]. De forma tal que al incurrir en el vicio de exceso de poder y, concretamente, en el vicio de *ultra petita*, el laudo arbitral es un acto nulo.

2.5. Nulidad del Laudo Arbitral de París por falta de motivación

El Tratado de Washington de 1897 y los principios generales del derecho internacional exigían como presupuesto de validez del laudo que el mismo fuera dictado con arreglo a derecho. Esto suponía incluir en la decisión la necesaria y suficiente motivación que permitiera conocer a las partes la valoración de los árbitros respecto de cada uno de los títulos jurídicos presentados y la explicación jurídica razonada de por qué decidieron de la forma como lo hicieron.

El deber de motivación se desprende, en primer lugar, del artículo III del Tratado de Washington que estableció que el Tribunal *investigará y se cerciorará de la extensión de los territorios respectivamente, o*

---

[315] Carlos Álamo Ybarra, ob. cit., p. 87.
[316] Hermann González Oropeza y Pablo Ojer, ob. cit., p. 16.

que pudieran ser legalmente reclamados por las partes[317]. Si el tribunal tenía la obligación de atender a los fundamentos legales de los títulos de cada una de las partes, entonces debía dar cuenta de cómo lo había hecho.

Además, como ya lo hemos dicho precedentemente, para el momento de la decisión era ya un principio de derecho internacional que en los arbitrajes de derecho los laudos debían ser motivados. Así quedó plasmado con el precedente de las reclamaciones del Alabama, donde los árbitros elaboraron un laudo que explicó con detalles el razonamiento detrás de la decisión que tomaron.

Igualmente, el deber de motivación fue recogido en el en el artículo 23 del Proyecto de Reglamento sobre Procedimiento Arbitral Internacional de 1875 elaborado por el Instituto de Derecho Internacional, conforme al cual:

> *"El laudo arbitral será por escrito y **estará motivado**, salvo que el convenio arbitral disponga otra cosa. Deberá ser firmado por cada miembro del tribunal arbitral. Si una minoría se niega a firmar, bastará la firma de la mayoría, junto con una declaración escrita de que la minoría se ha negado a firmar"*[318]. (Resaltado añadido).

Esta disposición pone de manifiesto la importancia de la motivación según los principios del derecho internacional para el momento de la disputa, el cual sólo era dispensable en los casos en que las partes así lo convinieran. Pero en el arbitraje de París, las partes jamás relevaron a los árbitros del deber de motivar.

También estaba claro que para el momento de la controversia la motivación era una exigencia de la costumbre -fuente de derecho internacional- cuando el artículo 52 de la Convención para el Arreglo

---

[317] Héctor Faúndez Ledesma, ob. cit., p. 337.
[318] Instituto de Derecho Internacional, *Projet de règlement pour la procédure arbitrale internationale*, Session de La Haye, 1875. p. 5. Texto original del artículo: *"La sentence arbitrale doit être rédigée par écrit et contenir un exposé des motifs sauf dispense stipulée par le compromis. Elle doit être signée par chacun des membres du tribunal arbitral. Si une minorité refuse de signer, la signature de la majorité suffit, avec déclaration écrite que la minorité a refusé de signer".*

Pacífico de los Conflictos Internacionales, principal resultado de la Convención de La Haya de 1899, estableció:

> *"La sentencia arbitral, aceptada por la mayoría de los votos, deberá estar motivada. Se redactará por escrito y la firmará cada uno de los miembros del Tribunal. Los miembros que hayan quedado en minoría pueden, al firmar, hacer constar su disentimiento"*[319].

De manera que la motivación era requisito de validez de las sentencias arbitrales que para el momento eran consideradas verdaderos arreglos de derecho. Aunque Fiódor Fiódorovich Martens -Presidente del Tribunal Arbitral de París- intentó varias veces en la I Conferencia de la Haya imponer su tesis sobre que los laudos arbitrales no debían ser motivados, no lo logró.

En efecto, en las discusiones que tuvieron lugar en aquella convención, Fiódor Fiódorovich Martens esgrimió como una de las razones para prescindir de la motivación de los laudos arbitrales que:

> *"Exigirles (a los árbitros) que motiven sus decisiones sería imponerles una de las obligaciones más delicadas, y quizás y tal vez incluso avergonzarlos seriamente, si sus conciencias judiciales no se encuentran de acuerdo con las exigencias de sus gobiernos o de las sensibilidades de la opinión pública de sus países"*[320].

Para Fiódor Fiódorovich Martens, desde el punto de vista jurídico la motivación suponía una gran ventaja, pero desde el punto de vista práctico no era así. En este planteamiento el ruso sólo fue apoyado por Mr. Holls, delegado de los Estados Unidos.

Sin embargo, otros representantes presentes en esa reunión, como el Dr. Phillip Zorn, consejero judicial privado, profesor de la Universidad

---

[319] James Brown Scott (dir.), ob. cit., p. 244. Texto original del artículo: *"The award, given by a majority of votes, must state the reasons on which it is based. It is drawn up in writing and signed by each member of the tribunal. Those members who are in the minority may record their dissent when signing"*.

[320] Ibíd., p. 740.

de Königsberg, que asistió en calidad de delegado científico por Alemania; Chevalier Descamps, senador, que asistió como representante de Bélgica; y el Delegado Plenipotenciario y Miembro del Consejo de Estado de Holanda, Tobías Michael Carel Asser, refutaron sus argumentos y sostuvieron la posición mayoritaria para el momento según la cual los laudos debían ser motivados. Esta posición fue la que efectivamente se impuso en el artículo 52 de la Convención para el Arreglo Pacífico de Controversias Internacionales emanada de la misma reunión.

Los árbitros, que eran todos juristas reconocidos y de dilatada experiencia en materia de derecho internacional y, en especial, de arbitraje, sabían de la vigencia de esos principios de derecho internacional. Si alguien conocía el derecho aplicable, era Fiódor Fiódorovich Martens que asistió como representante de Rusia a la I Conferencia de La Haya mientras se desarrollaba el arbitraje de París. Esto hizo que se suspendieran las audiencias en tres oportunidades, una a finales de junio y las otras dos en julio de 1899.

Como señaló Marcos Falcón Briceño, refiriéndose a Fiódor Fiódorovich Martens *"al mismo tiempo que es elegido Presidente del Tribunal Arbitral, está asistiendo como Delegado de Rusia a las sesiones de la Primera Conferencia Internacional de la Paz. Una conferencia importante porque allí se establecen reglas sobre el arbitraje"*[321]. De manera que conocía de primera mano todo lo que se discutía en la conferencia y la importancia de las ideas que allí se concertaron.

Fiódor Fiódorovich Martens conocía muy bien que el deber de motivación de los laudos era una obligación que se desprendía de los principios del derecho internacional. Esto quedó demostrado cuando participó como árbitro único en una controversia entre el Reino Unido y Holanda surgida por la detención arbitraria del capitán del ballenero Costa Rica Packet.

El laudo que dictó Fiódor Fiódorovich Martens el 25 de febrero de 1897 para resolver el Caso Costa Rica Packet estuvo plenamente motivado. *"Primero, Federico de Martens señaló el monto de las indemnizaciones por daños causados a la tripulación del ballenero. Luego, reconoció el derecho aplicable al caso, el derecho de gentes. Expuso*

---

[321] Marcos Falcón Briceño, ob. cit., p. 48.

detalladamente el alcance de la soberanía territorial del Estado en el mar territorial, la naturaleza y régimen jurídico de las naves mercantes. Además, en este caso sí se consideraron las pruebas pues el laudo expresa como todos los documentos aportados evidencian la falta de fundamento de la detención. Federico de Martens obró de maneras completamente distintas en este caso y en el de Venezuela"[322].

A lo anterior se suma el hecho de que todos los árbitros del tribunal sabían que estaban en la obligación de examinar detalladamente cada uno de los títulos y, sin embargo, no lo hicieron. Más grave aún es que no lo hayan hecho cuando era obvio que tenían pleno conocimiento de cuál era el derecho aplicable.

Por todas estas razones, el laudo es nulo pues no atendió al derecho aplicable que se desprendía de los principios generales del derecho internacional. Estos principios eran vinculantes para las partes y generaban la obligación de los árbitros de resolver la controversia con arreglo a derecho y no en forma arbitraria ni bajo la conciencias judiciales acordes con *"las exigencias de sus gobiernos"* que en efecto, debía avergonzar a quienes así procedieran, pero no sólo por quedarse desvelados por una motivación no coherente con el derecho, como sugirió Fiódor Fiódorovich Martens, sino también por pretender que la omisión de las razones pueda legitimar tan antiético proceder.

El tribunal arbitral estaba obligado a explicar cómo llegó a su decisión de adjudicar al Reino Unidos estos territorios y cuál fue la valoración de las pruebas que a estos efectos habría realizado.

Como afirma Héctor Faúndez, de conformidad con el artículo IV del tratado *"había tres opciones para adjudicar todo o parte del territorio en disputa a una de las partes en litigio, era natural y obvio que habría que indicar a partir de cuál de esas reglas se había llegado a esa decisión, y porqué"*[323].

La primera opción era mediante la aplicación de la regla "a" del artículo IV que estableció la posesión adversa o prescripción, que hemos analizado ya; la segunda posibilidad era mediante la aplicación de la regla *"b"* del artículo IV según la cual los árbitros podían *"reconocer y*

---

[322] Héctor Faúndez Ledesma, ob. cit., pp. 123-124.
[323] *Ibíd.*, p. 115.

hacer efectivos derechos y reivindicaciones que se apoyen en cualquier otro fundamento válido conforme al derecho internacional"[324] o principios del derecho internacional siempre que no contravinieran la regla de la prescripción; la tercera y última sólo podía darse en caso de ocupación por parte de súbditos en el territorio de la otra parte, caso en el que se daría a tales ocupaciones *"el efecto que, en opinión del Tribunal, requieran la razón, la justicia, los principios del derecho internacional y la equidad del caso"*[325].

Sin embargo, ninguna de estas reglas se razonan como motivos de la decisión, los árbitros ignoraron este deber y dictaron una sentencia insuficiente en la que se establece el límite entre dos Estados sin justificación legal alguna; cuestión que vicia la decisión y la convierte en nula.

A este respecto tengamos en cuenta lo escrito en *La Voce della Verità*, una gaceta italiana, específicamente de Italia central, publicada durante el siglo XIX y dirigida por Carlo Galvani, en fecha 29 de octubre de 1899, poco tiempo después de conocerse el contenido del laudo. Esta fuente fue referida por los jesuitas Hermann González y Pablo Ojer en su informe: *"La Comisión, de hecho, no tomó en cuenta los argumentos de las dos partes. No juzgó sobre la base de los derechos, sino que arbitrariamente trazó lo que había de ser un compromiso, el cual, sin embargo, concede la mayor parte al más fuerte. En efecto, a Inglaterra le otorgaron cinco sextas partes y a Venezuela sólo una sexta parte, pero el tribunal no se tomó la molestia de explicar sobre qué bases jurídicas se apoyaba esa partición"*[326].

Finalmente, la falta de motivación fue severamente criticada y se acuñó una frase: *"Si el arbitraje es en principio un llamado a la razón contra la fuerza, ¿puede la razón prescindir de las razones? (...) No se debe confundir el concepto de Tribunal Arbitral por el de Tribunal Arbitrario"*[327].

---

[324] *Ibíd.*, p. 337.
[325] *Ibíd.*, p. 338.
[326] Véase en Hermann González Oropeza y Pablo Ojer, ob. cit., p. 52.
[327] Véase el artículo "Laudo Arbitral de París". Disponible en: https://es.wikipedia.org/wiki/Laudo_Arbitral_de_Par%C3%ADs.

2.6. Nulidad del Laudo Arbitral de París por falta al deber de imparcialidad

El Laudo arbitral de París es nulo, además, porque violó principios de derecho internacional al haber faltado los árbitros al deber de neutralidad e imparcialidad, desde que al menos el Presidente del tribunal arbitral Fiódor Fiódorovich Martens actuó abiertamente de manera parcializada. Hay pruebas que determinan que Fiódor Fiódorovich Martens manipuló y coaccionó a los demás árbitros para obtener una decisión unánime a favor del Reino Unido, convirtiendo un laudo de derecho en un arreglo político.

Los principios del derecho internacional en materia de arbitraje, vinculantes todos, exigían que en la composición de los tribunales arbitrales se tomara en cuenta un elemento indispensable, la neutralidad de los árbitros.

El Tratado de Washington de 1897 en el artículo II estableció la forma en la que se designarían los árbitros. El tribunal estaría compuesto por un total de cinco juristas, dos seleccionados *"por Venezuela"* que, como ya hemos dicho, serían nombrados:

> *"...uno por el Presidente de los Estados Unidos de Venezuela, a saber, el Honorable Melville Weston Fuller, Justicia Mayor de los Estados Unidos de América, y uno por los Justicia de la Corte Suprema de los Estados Unidos de América, a saber, el Honorable David Josiah Brewer, Justicia de la Corte Suprema de los Estados Unidos de América"* [328].

Los otros dos árbitros seleccionados por los miembros de la comisión judicial del Consejo Privado de la reina Victoria fueron finalmente Lord Russell of Killowen y Sir Richard Henn Collins. El Presidente del tribunal arbitral sería un quinto jurista seleccionado por los otros cuatro árbitros[329]. De conformidad con esta disposición del Tratado, el Presidente del tribunal arbitral, elegido por los árbitros ingleses y estadounidenses, fue el ruso Fiódor Fiódorovich Martens, quien como se señaló anteriormente había expresado su preocupación en la Primera

---
[328] Héctor Faúndez Ledesma, ob. cit., pp. 336-337.
[329] *Ídem.*

I Conferencia de La Haya mientras se desarrollaba el arbitraje de París, con la exigencia de la motivación por la vergüenza que causaría dejar en evidencia la cesión de la conciencia judicial de los árbitros por una actuación determinada por los intereses políticos de sus países, lo cual ocurrió, precisamente en este caso.

Por otra parte, debemos reiterar lo establecido en el artículo V del Tratado de Washington por cuanto de allí deriva el deber de imparcialidad según el cual, los árbitros *"procederán a examinar y decidir **imparcial y cuidadosamente** las cuestiones que se les hayan sometido o se les presentaren"*[330]. (Resaltado añadido).

Sin embargo, contrariamente a lo establecido en el Tratado de Washington de 1897 y los principios vigentes en materia de arbitraje internacional, la imparcialidad de Fiódor Fiódorovich Martens fue dudosa desde el comienzo. Fiódor Fiódorovich Martens era un funcionario activo de su país y ello asomaba la posibilidad de que estuviera influenciado por los intereses de su nación más que por la idea la imparcialidad, como indica Falcón Briceño, *"al mismo tiempo que es elegido Presidente del Tribunal Arbitral, está asistiendo como Delegado de Rusia a las sesiones de la Primera Conferencia Internacional de la Paz. Una conferencia importante porque allí se establecen reglas sobre el arbitraje"*[331].

De forma que Fiódor Fiódorovich Martens era representante de Rusia y actuaba movido por intereses políticos. Además, queda claro que había participado en la Conferencia de La Haya de 1899 y que conocía todo lo que allí se discutió.

En relación con lo anterior, Falcón Briceño observa también que *"en el fondo de De Martens había más que todo un hombre práctico, como él mismo decía, un político, de manera que, y es natural, siendo un funcionario del imperio ruso, su pensamiento político estuviera vinculado desde luego al pensamiento y a los intereses políticos de Rusia"*[332].

Fiódor Fiódorovich Martens, a pesar de ser jurista, no se guiaba por el derecho sino por la diplomacia y las relaciones políticas. Como observa Héctor Faúndez *"Martens no pensaba en el Derecho Internacional*

---

[330] Ibíd., p. 338.
[331] Ídem.
[332] Marcos Falcón Briceño, ob. cit., p. 48.

como algo distinto a la diplomacia y superior a ella, sino que, como estudioso del Derecho Internacional, consideraba su deber profesional respaldar las políticas de su gobierno a cualquier precio; su motivación era abrumadoramente -si no exclusivamente- política y patriótica"[333].

Llama la atención que siendo una figura tan relevante en el foro arbitral internacional se conocieran no sólo sus visiones políticas, sino también sus criterios sobre asuntos controversiales relacionados con el arbitraje, lo que pudo haber inclinado a los ingleses a elegirlo porque tenía una visión política del arbitraje y, además, sostenía la tesis de que los laudos no requerían ser motivados.

Tengamos también en cuenta que para Fiódor Fiódorovich Martens las potencias eran superiores a los pueblos salvajes o bárbaros, como le gustaba llamar a los países menos desarrollados. Esta posición quedó plasmada en una de sus obras en los siguientes términos: *"Sin embargo, cabe preguntarse cuál de estas dos opiniones, tan divergentes en sus puntos de partida y tan coherentes en sus conclusiones finales, es la verdadera. ¿Es realmente cierto que una lucha entre Rusia e Inglaterra a orillas del Indo es una necesidad absoluta y una fatalidad implacable? ¿Están estas dos grandes potencias civilizadas real e inevitablemente obligadas por alguna ley inmutable a dar a los pueblos salvajes de Asia el triste espectáculo de una lucha amarga y despiadada? ¿Es digno de la civilización europea, de la que Inglaterra y Rusia son los únicos representantes en Asia Central, evocar los instintos pervertidos de las hordas asiáticas y aprovecharse del odio salvaje que estos bárbaros sienten hacia todas las naciones cristianas y civilizadas? ¿Se ha reflexionado seriamente sobre esta cuestión?: quién se beneficiará, en última instancia, de esta lucha entre Inglaterra y Rusia; ¿cuál de estas dos potencias, victoriosas en los campos de batalla, estará en condiciones de mantener bajo su dominio a todas las naciones asiáticas y a todas las tribus salvajes y saqueadoras a cuya ayuda debe su éxito?"*[334].

---

[333] Héctor Faúndez Ledesma, "La controversia del Esequibo y el fantasma de Federico de Martens", *Revista de Derecho Público*, número 169-170, enero-junio, Editorial Jurídica Venezolana, Caracas, 2022. p. 11.

[334] Véase Héctor Gros Espiell (trad.), *Rusia e Inglaterra en Asia Central*, traducida y comentada por Héctor Gros Espiell, Ediciones de la Presidencia de la República, Caracas, 1981. p. 50-51.

A juicio del Presidente del tribunal arbitral, las naciones civilizadas deben asumir el rol que *"la providencia divina"*[335] les ha asignado *"para el bien de las naciones salvajes"*[336]. Ese determinismo sobre el rol de las naciones en el concierto internacional es clave para entender la actitud de Fiódor Fiódorovich Martens en el arbitraje de París. Claramente sólo buscó favorecer los intereses de la nación civilizada para *"ejemplarizar la necesaria solidaridad y cooperación anglorusa"*[337] de la que era partidario.

Como afirmó Héctor Gros Espiell, en los comentarios que hace a la obra de Fiódor Fiódorovich Martens, no cabe duda que *"las ideas de Martens sobre las relaciones anglo-rusas y sobre los pueblos "civilizados y los "semi bárbaros" o "semi salvajes", podían, en efecto, haber tenido influencia decisiva en la solución adoptada en el laudo arbitral de 199, frente al hecho de que en múltiples estudios sobre el tema se ha sostenido, con plena razón, que esa sentencia fue, en realidad un acto político-diplomático, un acuerdo anglo-ruso, vinculado probablemente a un contrato o convenio entre ambos países"*[338].

Fiódor Fiódorovich Martens sostenía que el derecho internacional sólo era aplicable a naciones civilizadas. En su obra *"Rusia e Inglaterra en Asia Central"* definió al derecho internacional como *"el compendio de principios que regulan las relaciones de las naciones para prosecución de sus fines comunes"*[339].

Para Fiódor Fiódorovich Martens el derecho internacional -así definido- era producto de las ideas morales y jurídicas europeas y, en consecuencia, no aplicable a la otra categoría de naciones que denominó semi-bárbaras. El Presidente del tribunal arbitral de París consideraba que a estas naciones no se aplicaba el derecho internacional, sino que sus relaciones con las naciones civilizadas debían regirse por el derecho natural. La justificación de esta idea la expresa en los términos siguientes:

> *"...Sería pueril exigir de naciones que se encuentran en este estado de naturaleza, acciones que no derivan de otra fuente que*

---

[335] *Ídem.*
[336] *Ídem.*
[337] *Ibíd.*, p. 52.
[338] *Ibíd.*, p. 16.
[339] *Ibid.*, p. 57.

no sea la conciencia y que no se explican por otra razón que no sea la solidaridad de intereses y la reciprocidad de esfuerzos dirigidos a un mismo fin social... "[340].

Gros Espiell en sus comentarios a la obra de Fiódor Fiódorovich Martens señala que esta supuesta *"aplicación"* del derecho natural en las relaciones entre naciones civilizadas y *"semi-civilizadas"* no es más que una fachada para permitir a las potencias europeas imponer su voluntad en sobre la de los países más débiles[341]. Este fue el caso de Venezuela en el arbitraje de París en1899.

Un hecho que ratifica la visión de Fiódor Fiódorovich Martens es que *"defendió el régimen de capitulaciones -caracterizado por la investidura de la autoridad consular con atribuciones judiciales-, existente desde el siglo XVI en países de Oriente, mediante el cual los nacionales de potencias europeas estaban exentos de la jurisdicción territorial (particularmente de la jurisdicción penal) de los Estados en que se encontraban, quedando sometidos únicamente a la jurisdicción consular del Estado del cual eran nacionales que, por esta vía, extendía extraterritorialmente la aplicación de sus leyes"*[342].

De conformidad con la visión de Fiódor Fiódorovich Martens sobre las capitulaciones *"esta institución tenía como fundamento la considerable diferencia en el grado de desarrollo cultural entre países europeos y no europeos; esta noción sería más ampliamente desarrollada en su libro sobre El Derecho Internacional de las naciones civilizadas (1881-1882), en el que profundiza en la distinción entre naciones civilizadas (las únicas a las que se aplicaba el Derecho Internacional) y naciones no civilizadas (a las que no se aplicaba el Derecho Internacional), que era una tesis más o menos compartida por los teóricos del Derecho Internacional del siglo XIX"*[343].

La visión de Fiódor Fiódorovich Martens es producto de su pasado colonial. Al respecto indica Héctor Faúndez que Fiódor Fiódorovich Martens tenía una relación cercana con Leopoldo II de Bélgica *"y sus*

---

[340] Ibíd., p. 59.
[341] Ídem.
[342] Héctor Faúndez Ledesma, "La controversia del Esequibo y el fantasma de Federico de Martens", ob. cit., p. 12.
[343] Ídem.

actividades pro colonialistas, particularmente en el Estado Libre del Congo, le llevaron a defender el proyecto de Leopoldo II en esa, su colonia personal, y a justificar un sistema sin precedentes de explotación intensiva del caucho y del marfil, a costa del trabajo forzado, la mutilación de las manos de quienes no rendían lo suficiente, o incluso la muerte de los congoleños más rebeldes. A juicio de Martens, gracias a la generosidad y el genio político del Rey Leopoldo, el Estado Libre del Congo tendría un régimen de plena conformidad con los requisitos de la cultura europea"[344].

Además de las consideraciones anteriores, la violación del deber de imparcialidad por parte de Fiódor Fiódorovich Martens está respaldada por las investigaciones de los jesuitas Hermann González Oropeza y Pablo Ojer concretada en el *Informe que los expertos venezolanos para la cuestión de límites con Guayana Británica presentan al gobierno nacional* publicado en 1967.

De ese informe se deduce que Venezuela posee documentos, comunicaciones y notas de presa que demuestran que se trató de una componenda. Algunos de estos documentos son:

1.- En el diario del secretario privado de Lord Russell, J. R. Block, con fecha de 2 de octubre de 1899, un día antes del laudo, figura una afirmación lapidaria: *"Venezuela. La componenda de Martens nos ha dado la victoria. Archivos privados"*[345].

2.- Diario de la señora *Caroline Harrison*, esposa del Presidente *Benjamín Harrison*, fechado 3 de octubre de 1899, donde, refiriéndose al Reino Unido, expresó: *"Esta mañana el Tribunal fue convocado para oír la decisión. Fue exactamente lo que se podía haber esperado; cuando Inglaterra vaya a devolver algo que retiene aun dudosamente, será el fin del mundo. Algo de lo que tomó ha concedido, pero en los alegatos se demostró que mucho no lo poseía legalmente. Todos nos hallamos más bien furiosos. Rusia era el quinto en el Tribunal, y es su diplomacia ponerse del lado de Inglaterra: la balanza de poder, etc...."*[346].

---

[344] Ibíd., p. 14.
[345] Hermann González Oropeza y Pablo Ojer, ob. cit., p. 42
[346] Ídem.

Lo que refleja esta nota es que en efecto el Reino Unido devolvió una porción del territorio usurpado a Venezuela. Sin embargo, esa devolución fue insuficiente por cuanto los títulos de las partes demostraban que Venezuela poseía legítimamente más territorio del que el Laudo Arbitral de París le otorgó. La reacción fue de rechazo contra una decisión en la que el Presidente del tribunal arbitral Fiódor Fiódorovich Martens no actuó como tercero imparcial, sino que favoreció abiertamente a los ingleses.

3.- Comunicación de Lord Russell, árbitro principal del Reino Unido, a Lord Salisbury, de fecha 7 de octubre de 1899, refiriéndose a Fiódor Fiódorovich Martens, Presidente del tribunal arbitral indicó lo siguiente: *"parecía que buscaba medios de llegar a líneas de compromiso, y pensaba que era su deber lograr a toda costa, a ser posible, una decisión unánime. Más aún, lamento verme en la obligación de decir que en entrevista privada intimó a Lord y Justicia Collins, en tanto que le urgía a reducir el reclamo británico, que si no lo hacíamos, él se podría ver obligado, con el objeto de obtener la adhesión de los Árbitros venezolanos a acordar una línea que podría no ser justa con Gran Bretaña. No me cabe duda de que habló en sentido contrario a los Árbitros venezolanos, y temo que posiblemente fue mucho peor el medio de incitarles a que aceptaran el laudo en su forma actual. Sea lo que sea, huelga decir que el Sr. de Martens revelaba un estado de espíritu muy intranquilo"*[347].

4.- Comunicación de Severo Mallet-Prevost de fecha 26 de octubre de 1899, trece días después de dictado el laudo, dirigida al profesor George L. Burr que expresó lo siguiente: *"Nuestros Árbitros fueron forzados a aceptar la decisión, y con estricto carácter confidencial, no dudo en asegurarle a usted que los Árbitros británicos no se rigieron por consideración alguna de Derecho o Justicia, y que el Árbitro ruso probablemente fue inducido a adoptar la posición que tomó por razones totalmente extrañas a la cuestión. Sé que esto sólo va a abrirle el apetito, pero al presente no puedo hacer otra cosa. El resultado, a mi juicio, es una bofetada al Arbitraje"*[348].

---
[347] Ídem.
[348] Ídem.

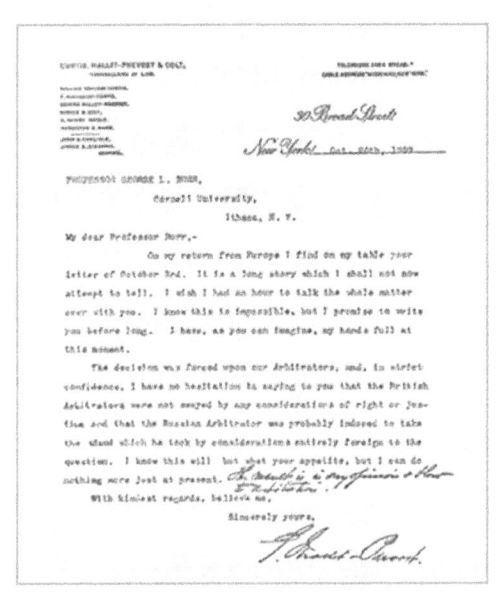

Carta tomada del informe elaborado por Hermann González y Pablo Ojer[349]

5.- Comunicación de Richard Olney al Presidente Grover Cleveland el 27 de diciembre de 1899 en la que señaló lo siguiente: *"No lo he vuelto a ver a usted después de la sentencia en el asunto de los límites de Venezuela. A raíz de su regreso a Nueva York, el Sr. MalletPrevost, el abogado más joven de Venezuela estaba ansioso de contarme cómo habían pasado las cosas y por qué ocurrieron así. En una de mis visitas a Nueva York le invité a comer con el resultado de que habló más y comió menos, y de que el tiempo que duró la comida fue, más que de tomar alimentos y refrescos, de intensa ira y amargura de espíritu por el procedimiento y decisión del Tribunal de Arbitraje. Me abstengo de entrar en detalles, pues no me cabe duda de que usted se habrá enterado de ellos por otras fuentes. Lo peor de todo, por lo visto, no es tanto la pérdida de territorio por parte de Venezuela, cuanto el descrédito general del arbitraje. Según mi informante, tanto el Presidente de la Corte, como Brewer se muestran contrarios al arbitraje como fórmula de resolver controversias internacionales mientras no haya un procedimiento que garantice los derechos de las Partes. El exsecretario John*

---
[349] *Ibíd.*, p. 43.

W. Foster, con quien comí el otro día, dijo que Fuller y Brewer regresaron al país bastante enfermos de arbitraje"[350].

Con la referida carta quedó claro que lo ocurrido en el arbitraje y lo reflejado en el Laudo Arbitral de París de 1899 hizo que el medio de resolución de controversias perdiera credibilidad. Los árbitros que participaron en el procedimiento desarrollaron cierta aversión por el arbitraje.

De manera que hoy con esta información y la recabada en la investigación de los jesuitas Hermann González Oropeza y Pablo Ojer *"se puede apreciar con más claridad es que el Laudo de 1899 no estuvo basado realmente en un análisis jurídico donde haya existido unanimidad de criterio sino que más bien fue la consecuencia de un pacto entre los integrantes del tribunal, quienes fueron fieles a sus intereses"*[351].

Una persona como Fiódor Fiódorovich de Martens, que ejerció funciones como Consejero de Zar Nicolás II y era funcionario activo del Ministerio de Relaciones Exteriores de Rusia, no podía ser considerada imparcial ni independiente. Cuando se firmó el Tratado de Washington de 2 de febrero de 1897 el deber de imparcialidad y el deber de independencia ya eran reglas de derecho no escrito. De conformidad con dichas reglas, Fiódor Fiódorovich Martens no podía ser presidente del tribunal arbitral de París *"en un asunto en el que, claramente, tanto él en lo personal como en su condición de funcionario de la nación a la cual servía, tenía un conflicto de intereses que le impedía actuar con ecuanimidad"*[352].

6.- Memorándum de Severo Mallet-Prevost. Las sospechas de que el presidente del tribunal arbitral, Fiódor Fiódorovich Martens, había violado gravemente el deber de imparcialidad, quedaron plenamente comprobadas cuando se publicó el memorándum que había dejado Severo Mallet-Prevost, uno de los abogados que representaba a Venezuela, fallecido el 10 de diciembre de 1948 en Nueva York. Severo Mallet-Prevost había designado como albacea al abogado Otto Schoenrich, socio de la firma de abogados a la que pertenecía (Curtis,

---

[350] *Ibíd.*, p. 44.
[351] William Dávila Barrios (ed.), ob. cit., p. 14.
[352] Héctor Faúndez Ledesma, "La controversia del Esequibo y el fantasma de Federico de Martens", ob. cit., p. 18.

Mallet-Prevost, Colt & Mosle) y le había encargado que publicara el documento luego de su muerte.

El memorándum fue publicado en julio de 1949 en el *American Journal of International Law* y también, ese mismo año, en el Boletín de la Academia de Ciencias Políticas y Sociales de Venezuela, específicamente en el volumen 14, bajo el título de *"Materia de excepcional importancia para la historia diplomática de Venezuela. La disputa de límites entre Venezuela y La Guayana Británica"*[353].

En su memorándum, Severo Mallet-Prevost reconoció que él y el Presidente Benjamín Harrison tuvieron conocimiento de la confabulación que existió entre el Presidente del tribunal arbitral Fiódor Fiódorovich Martens y los árbitros ingleses Lord Russell y Lord Collins. Incluso, *The Times*, un periódico londinense, publicó una declaración de la agencia de noticias Reuters que contenía las declaraciones del presidente Benjamin Harrison y Severo Mallet-Prevost donde expresaron que *"nada había en la historia de la controversia que explicase adecuadamente la línea fronteriza establecida en el Laudo"*[354].

El abogado Severo Mallet-Prevost relata que Russell siempre tuvo una actitud reticente e inclinada en favor del Reino Unido, era del criterio de que los árbitros tienen una vinculación política y consideraba que no era necesario que los arbitrajes internacionales se ciñeran exclusivamente a fundamentos legales.

Severo Mallet-Prevost narra que en una comida íntima organizada por Henry White, que ocupaba el cargo de encargado de negocios de los Estados Unidos, en la ciudad de Londres coincidieron Lord Russell, el juez Josiah Brewer y él. Severo Mallet-Prevost expresó en el Memorándum refiriéndose a Lord Russell lo siguiente: *"Me tocó sentarme a su lado, y en el curso de la conversación me aventuré a expresar la opinión de que los arbitramentos internacionales deberían basar sus decisiones únicamente sobre fundamentos legales. Lord Russell respondió inmediatamente: Estoy enteramente en desacuerdo con usted. Pienso que los arbitrajes internacionales deberían ser conducidos por*

---

[353] Otto Schoenrich, ob. cit.
[354] Exposición del Embajador de Venezuela Doctor Carlos Sosa Rodríguez ante la ONU el 22 de febrero de 1962. Disponible en: http://esequibonuestro.blogspot.com/2012/03/exposicion-del-embajador-de-venezuela.html.

vías más amplias y que deberían tomar en consideración cuestiones de política internacional. Desde aquel momento comprendí que no podíamos contar con Lord Russell para decidir la cuestión fronteriza sobre la base del derecho estricto"[355].

Una percepción completamente distinta tuvo Severo Mallet-Prevost de Lord Collins, a quien conoció el 1º de junio de 1899 luego de pronunciarse los discursos del Procurador General del Reino Unido, Sir Richard Webster, y el autor de este memorándum, los cuales duraron 26 días[356]. Lord Collins se mostró mucho más animado, dispuesto a indagar y, sobre todo, a comprender y analizar la controversia y los títulos que fundamentaban las pretensiones de las partes. Sobre él, dice Severo Mallet-Prevost que *"era completamente obvio que Lord Collins estaba sinceramente interesado en darse cuenta totalmente de los hechos del asunto y en determinar la ley aplicable a tales hechos. El, por supuesto, no dio indicación acerca de cómo votaría en la cuestión; pero toda su actitud y las numerosas preguntas que formuló eran críticas de los alegatos británicos y daban la impresión de que se iba inclinando hacia el lado de Venezuela"*[357].

Sin embargo, esas impresiones cambiaron radicalmente luego del receso de dos semanas que tuvo lugar una vez concluidos los discursos mencionados. En ese momento los árbitros ingleses viajaron a Londres junto con el Presidente del tribunal arbitral Fiódor Fiódorovich Martens.

Según consta en el Memorándum de Mallet-Prevost, cuando Lord Collins volvió del Reino Unido a París, luego de aquellas vacaciones, no era el mismo que se había marchado. Evidentemente ocurrieron en Reino Unido varios hechos que desconocemos pero que probablemente obedecían a intereses políticos de las potencias implicadas en la controversia: Rusia, el Reino Unido y los Estados Unidos de América. Severo Mallet-Prevost estaba convencido de que algo había ocurrido. En efecto: *"El señor MalletPrevost afirmó que él estaba seguro de que la actitud de los miembros británicos y el miembro ruso del Tribunal Arbitral*

---

[355] Véase el Memorándum de Severo Mallet-Prevost en Otto Schoenrich, ob. cit., p. 32.
[356] *Cfr.* Otto Schoenrich, ob. cit., p. 32.
[357] *Ídem.*

era el resultado de una negociación entre Gran Bretaña y Rusia por el cual las dos Potencias indujeron a sus representantes en el Tribunal a votar como lo hicieron, y Gran Bretaña probablemente dio a Rusia ventajas en otra parte del globo"[358].

En este sentido conviene tomar en cuenta la carta que Sir Richard Webster, el abogado del Reino Unido, envió a Lord Salisbury, Primer Ministro del Reino Unido, de fecha 19 de julio de 1899 en la que expresó lo siguiente: *"No me propongo hacer ninguna concesión. Si tengo alguna razón para creer que el Tribunal está en mi contra en esta parte del caso, haré todo lo posible para que los árbitros británicos conozcan nuestra opinión sobre la posición"*[359].

Era obvio que ninguno de los árbitros británicos cumplían con el deber de imparcialidad que es un deber fundamental en los arbitrajes internacionales. En todo caso esta sospecha queda confirmada mediante otra carta del mismo Richard Webster enviada a Joseph Chamberlain, Secretario de Estado para Colonias, con fecha de 19 de julio de 1899 en la que expresó lo que sigue: *"Si considero necesario emprender alguna acción independiente, lo haré en privado a través de nuestros propios Árbitros y sólo cuando esté convencido de que, teniendo en cuenta las expresiones de opinión de parte de algún miembro del Tribunal, es deseable que nuestros árbitros aprecien nuestra puntos de vista"*[360].

De hecho, el abogado Richard Webster volvió a comunicarse con Lord Salisbury y con Joseph Chamberlain el 3 de octubre de 1899. Al primero le dijo: *"Hay uno o dos asuntos importantes en relación con el arbitraje que no puedo expresar muy bien por escrito"*[361] y al segundo

---

[358] *Ibíd.* p. 30.
[359] Letter of Sir Richard E. Webster to the Marquis of Salisbury, 19 July 1899, Christ Church College, Oxford, Cecil Papers, Special Correspondence. Annex 8 to the Letter of the Agent of the Bolivarian Republic of Venezuela rto the Registrar of the Court, dated 8 November 2022, I.DD No. 001763.
[360] Letter of Sir Richard E. Webster to Mr. Chamberlain, 19 July 1899, Chamberlain Papers, Birmingham University Library, J.C. 7/5. Anex 9 to the Letter of the Agent of the Bolivarian Republic of Venezuela to the Registrar of the Court, dated 8 November 2022, I.DD No. 001763.
[361] Letter of Sir Richard E. Webster to the Marquis of Salisbury, 3 October 1899, Christ Church College, Oxford, Cecil Papers, Special Correspondence. Annex 11 to the Letter of the Agent of the Bolivarian Republic of Venezuela rto the Registrar of the Court, dated 8 November 2022, I.DD No. 001763.

le escribió lo siguiente: *"Cuando pueda dedicarme unos minutos, hay uno o dos asuntos relacionados con el arbitraje de los que me gustaría hablar con usted. No puedo expresarlas muy bien por escrito"*[362].

Todo lo anterior confirma que no puede entenderse en su totalidad la controversia territorial de Venezuela y el Reino Unido sin observar al Laudo Arbitral del 3 de octubre de 1899 *"dentro de un marco histórico general y en función de las relaciones anglo-rusas en la segunda mitad del siglo XIX, habida cuenta de sus intereses específicos"*[363].

La componenda de la que sospechaba Mallet-Prevost se hizo evidente cuando Fiódor Fiódorovich Martens se reunió con los árbitros americanos David Josiah Brewer y Melville Weston Fuller para proponerles que si aceptaban tomar una decisión unánime, Venezuela conservaría las Bocas del Orinoco, pero, si no lo hacían, el ruso se alinearía con los árbitros ingleses, cuestión que supondría una peor situación para Venezuela.

El 31 de agosto de 1907, varios años después de la ejecución coactiva del Laudo Arbitral de París, tuvo lugar un hecho que respalda la veracidad de las sospechas de Mallet-Prevost. En esa fecha, se firmó el Tratado Anglo-Ruso de Mutua Cordialidad que alivió las tensiones entre Rusia y el Reino Unido en Asia Central y mejoró las relaciones entre ambos países; con la convención tuvo lugar la independencia de Afganistán, de Persia y de Tíbet. Así lo confirma el Dr. Gros Espiell cuando observa que: *"La aproximación anglo-rusa, iniciada en 1895, de acuerdo a las ideas que Martens había expuesto ya en 1879, se concretaría final y definitivamente en la Convención Relativa a Persia, Afganistán y Tibet, firmada en San Petersburgo por Isvlasky, Ministro de Relaciones Exteriores del Imperio ruso y Nicolson, Embajador inglés, el 31 de agosto de 1907"*[364].

El Tratado Anglo-Ruso de Mutua Cordialidad fue uno de los acuerdos que junto a la Alianza Franco-Rusa y la Entente *Cordiale* Franco-

---

[362] Letter of Sir Richard E. Webster to Mr. Chamberlain, 3 October 1899, Chamberlain Papers, Birmingham University Library, J.C. 7/5. Anex 9 to the Letter of the Agent of the Bolivarian Republic of Venezuela to the Registrar of the Court, dated 8 November 2022, I.DD No. 001763.
[363] Héctor Gros Espiell (trad.), ob. cit., p. 48.
[364] *Ibíd.*, p. 72.

Británica consolidaron la Triple Entente[365], conformada por Francia, Rusia y el Reino Unido. La principal motivación de este Tratado fue *"la creciente agresividad alemana"* y, en virtud de ello, el Reino Unido y Rusia *"liquidaron finalmente sus históricas diferencias coloniales"*[366].

Para restar valor y credibilidad a este contundente memorándum del abogado Severo Mallet-Prevost, la República Cooperativa de Guyana ha sostenido en su demanda ante la CIJ que el memorándum fue revelado muchos años después de dictarse el laudo y que es dudoso por las estrechas relaciones de su autor con el Estado venezolano que le premió incluso con la Orden del Libertador[367]. Tal consideración resulta bastante banal, pues no existe relación de causalidad sustentable entre la recepción de una condecoración con la elaboración de una carta con efecto póstumo, de la que ningún beneficio se extrae para el signatario o interés alguno que éste represente en el momento de su producirse su difusión.

- Otras pruebas

El Memorándum de Severo Mallet-Prevost no es el único documento que puso de manifiesto los vicios del Laudo Arbitral de París. Hubo

---

[365] María Sol Aldonate, "A 110 años. Formación de la Triple Entente", Universidad de la Plata - Instituto de Relaciones Internacionales, Buenos Aires, 2017. *"En 1912, Francia y Rusia ratificaron su alianza a través de un protocolo, en el que se establecía que ambas potencias apoyaban los objetivos político-estratégicos de la otra y ambas se comprometían a intervenir si alguna de ellas era atacada. Por su parte, Gran Bretaña que había entrado a la alianza con una motivación diferente (estaba preocupada por mantener su dominio de los mares y el poderío de su Imperio) consideró adecuado fortalecer su posición en el Mar del Norte frente a los avances alemanes".*

[366] Véase "Acuerdo Anglo-Ruso 1907" en *Glosario de Historia de las Relaciones Internacionales durante el siglo XX*. Disponible en: http://www.historiasiglo20.org/GLOS/angloruso.htm.

[367] *International Court of Justice*, "Memorial of Guyana", Volume I, p. 13. *"En la búsqueda de ese objetivo, Venezuela se propuso impugnar la validez del Laudo que hasta entonces había respetado, afirmado y sostenido durante más de seis décadas. Con este fin, Venezuela invocó un memorando secreto, supuestamente redactado en 1944 por Severo Mallet-Prevost, un miembro menor del equipo legal de Venezuela en el arbitraje de 1899, con supuestas instrucciones de que no se publicara hasta después de su muerte (que ocurrió en 1949). Se dice que el memorando fue redactado más de 45 años después de los acontecimientos que supuestamente describía, y en el mismo año en que Venezuela entregó al Sr. Mallet-Prevost la Orden del Libertador "en testimonio de la alta estima que el pueblo venezolano tiene y tendrá siempre de él".*

muchas reacciones contrarias al Laudo antes de conocerse el Memorándum de Severo Mallet-Prevost. La primera reacción ante el Laudo Arbitral de París que confirma lo dicho por el abogado Sever Mallet-Prevost fue la carta escrita por César Zumeta, escritor, periodista e intelectual venezolano y un importante ideólogo del positivismo gomecista, publicada en el diario caraqueño El Tiempo, el 17 de octubre de 1899, y referida por los jesuitas Hermann González y Pablo Ojer en su informe, en la cual dejó claro el efecto negativo que tuvo el Laudo Arbitral de París en el foro arbitral internacional creando una suerte de aversión al mecanismo. César Zumeta expresó: *"La decisión del Tribunal de París, de la cual ya habrá tenido usted la pena de informar a sus lectores, parece haber asombrado a los amigos de Venezuela en el exterior como si fuese una novedad inesperada. El ex-Presidente de los Estados Unidos, Sr. Harrison, el Justicia Brewer, uno de los árbitros designados por Venezuela, el abogado Sr. Mallet-Prevost, el mundo diplomático y hasta la prensa inglesa, declaran que las naciones se cuidarán mucho en lo adelante de fiar la defensa de sus derechos a Tribunales del carácter de éste que acaba de condenarnos"*[368].

Luego el 18 de octubre de 1899, en una publicación del *Idaho Daily Statesman*, un diario de los Estados Unidos, se criticó fuertemente el arbitraje de París en los siguientes términos: *"El plan consistió en asegurar el apoyo del Sr. de Martens, Presidente del tribunal. Esto se llevó a cabo por la intervención de los rusos quienes deseaban que él se pusiera de lado de Gran Bretaña con el objeto de obtener el apoyo inglés para los planes rusos en China. Todo esto se cumplió con el más absoluto secreto, sólo cuando los Árbitros y se reunieron para el laudo, se aclaró la situación a los miembros americanos del Tribunal. Vinieron a saber que la mayoría se había puesto de acuerdo sobre lo que se había de hacer: otorgar a Gran Bretaña todo lo que reclamaba"*[369].

Está también la comunicación previa del propio Severo Mallet-Prevost de fecha 26 de octubre de 1899, trece días después de dictado el laudo, dirigida al profesor George L. Burr, antes citada, donde, insistimos en la importancia de sus afirmaciones, éste indica lo siguiente:

---
[368] Hermann González Oropeza y Pablo Ojer, ob. cit., p. 42.
[369] Ídem.

"Nuestros Árbitros fueron forzados a aceptar la decisión, y con estricto carácter confidencial, no dudo en asegurarle a usted que los Árbitros británicos no se rigieron por consideración alguna de Derecho o Justicia, y que el Árbitro ruso probablemente fue inducido a adoptar la posición que tomó por razones totalmente extrañas a la cuestión. Sé que esto sólo va a abrirle el apetito, pero al presente no puedo hacer otra cosa. El resultado, a mi juicio, es una bofetada al Arbitraje"[370].

El escritor L. de la Chanonie formuló una crítica al arbitraje de París en el número 3º del tomo III de la *Revue d'Europe* publicada en marzo de 1900. En esa publicación L. de la Chanonie denuncia -muchos años antes- las mismas irregularidades que luego fueron expuestas en el memorándum póstumo de Severo Mallet-Prevost y observa que: *"...el Sr. De Martens propuso entonces a los árbitros americanos, conceder a Venezuela, en compensación por los territorios de la línea Schomburgk, la posesión absoluta del Orinoco, retirando la frontera inglesa a unas veinte leguas del río; añadió que si los árbitros de Venezuela no aceptaban este arreglo, votaría con los árbitros ingleses para acabar de una vez, lo que aseguraría a Inglaterra la posesión de uno de los lados del delta del Orinoco. La perplejidad de los árbitros americanos fue grande, y su turbación profunda; al cabo de algunas horas de reflexión, juzgaron que era necesario ante todo poner al gran río fuera de las garras de Inglaterra; prefirieron aceptar un arreglo enojoso a no obtener nada, y finalmente, constreñidos por una necesidad imperiosa, se adhirieron a la sentencia arbitral; he aquí la unanimidad de los jueces tan cacareada por la prensa inglesa la cual la ha interpretado como una prueba irrefutable de los indudables derechos de Gran Bretaña. La publicación dada aquí a los debates secretos, pone las cosas en su punto. Una simple pregunta: si la disputa, en vez de haberse planteado entre un pequeño Estado y una gran Potencia, hubiera enfrentado a Inglaterra, Rusia, Francia o Alemania, ¿habría terminado en tres días y con tanto desenfado, un conflicto que, en caso de necesidad, hallara en la fuerza su legítimo recurso? Pero Venezuela no tiene el poder marítimo y militar que permite hablar alto; no ha podido apoyar con las armas el rechazo de una decisión no tanto arbitral cuanto arbitraria,*

---

[370] *Ídem.*

cuya injusticia resultaba notoria. El derecho internacional le abría el camino a una apelación platónica, herida de antemano de esterilidad (...) Pero eso se calló"[371].

Cuarenta y nueve años antes de la publicación del memorándum de Severo Mallet-Prevost-, L. de la Chanonie afirmó que el Presidente del tribunal arbitral faltó al deber de imparcialidad y fue el principal artífice de una componenda que perjudicó a Venezuela, el país más débil en la controversia.

Un año después Grover Cleveland, Presidente de los Estados Unidos de América envió una carta a Richard Olney, Secretario de Estado de los Estados Unidos de América, de fecha 3 de marzo de 1901, en la que expresó lo siguiente: *"Al repasar el tema, me sorprende ver cuán mezquina y egoísta fue realmente la actuación de Gran Bretaña"*[372].

Existen varios documentos posteriores que hacen referencia al memorándum de Severo Mallet-Prevost. Entre ellos, la carta de fecha 19 de marzo de 1951 escrita por Perry Allen, representante de Venezuela como uno de los tres secretarios del tribunal arbitral de París, dirigida a Pulido Méndez, Embajador de Venezuela en México. En la referida carta se lee:*"Tanto el gobierno de los Estados Unidos como el de Venezuela entendía que la cuestión presentada al Tribunal de Arbitraje, tendría que ser fallada de acuerdo con los hechos comprobados y las leyes aplicables al caso, y es fácil comprender la sorpresa de Mallet-Prevost según lo relata él mismo en su memorándum publicado después de su muerte, por su socio el juez Schoenrich, en que se refería a una comida a la que asistió, sentado al lado del árbitro británico Lord Russell, en la Embajada americana en Londres antes de trasladarse a París, para la celebración de la sección preliminar del Tribunal Arbitraje en el mes de enero 1899. Copio sus propias palabras tomadas de ese memorándum cuya copia tengo a la vista: "...me senté al lado de Lord Russell, y en el curso de la Conversación me atreví a expresar la opinión de que los arbitrajes internacionales deben de basar sus decisiones exclusivamente en terreno legal. Lord Russell me replico inmediatamente "...difiero*

---

[371] Ibíd., pp. 50-51.
[372] Library of Congress of the United States, Grover Cleveland Papers, Vol. 357, fol. 38.199. V. aussi Allan Nervins, *Letters de Grover Cleveland (1850-1908)*, New York, Houghton Mifflin, 1933.

completamente de su opinión. Creo que los arbitrajes internacionales deben de orientarse por vías más amplias y que deben de tomar en consideración las cuestiones de política internacional..." Para mí, el modo indicado por Lord Russell para resolver la controversia entre la Gran Bretaña y Venezuela hubiera figurado en el convenio de arbitraje como regla de conducta, ni el Gobierno de Venezuela, ni el de los Estados Unidos lo habrían aceptado. Lo que pasó después ha hecho resaltar la falta de una regla precisa de conducta consignada por escrito en el protocolo para el gobierno de los árbitros y la "farsa" en realidad representada por el fallo que se dictó. Sir Richard Webster abrió el debate en parís, y recuerdo que me llamó la atención el hecho de que a cada rato el que hablaba fue interrumpido por el "árbitro ingles Lord Russell", (...) tendiente a causar en los oyentes la impresión de que él era uno de los abogados de parte de la Gran Bretaña y no uno de los jueces del Tribunal de Arbitraje. Esto me parece de mucha importancia pues todo el mundo sabe que en los juicios entre particulares, los jueces están sujetos a recusación si aparece (...) que no pueden ser jueces imparciales. Y por razones semejantes, si en un tribunal de arbitraje (...) ese juez es súbdito o ciudadano de una de las partes litigantes, y como tal, por obstinación o por patriotismo no puede concebir que su propio país deje de tener razón en la controversia, en ese caso debiere de existir un derecho de parte de la otra nación de recusarlo, ¿si no es recusable y se estimara que en todo caso debe de emitir su fallo a favor de su propio país, no resulta que es en realidad juez y parte? Lo que no puede tolerarse en esos juicios entre particulares. Si los árbitros de cada gobierno creen que su deber les impone la obligación de fallar siempre a favor del suyo, ¿no es evidente que para ganar la partida (...) alguno de ellos haga una conquista de un tercer árbitro en discordia?, y si eso es así, ¿ habrá duda de que tales arbitrajes son manera de "farsa"? (...). En fin (...) terminados los debates (...) los dos árbitros ingleses se fueron a Londres llevándose con ellos el Presidente ruso del Tribunal F. de Martens (...). Recuerdo bien el día señalado por el Tribunal de Arbitraje para dar el fallo para dar su fallo. El Presidente de Martens (...) dijo (...) que en el presente arbitraje todos los árbitros estaban de acuerdo y por lo tanto que la controversia había sido decidida por el voto "unánime" de ellos: dándose a entender que no había* *hallado ninguna diferencia de opinión entre ellos, por lo que debía estimarse que el fallo era en todo un justo, legal y equitativo, y debía de ser satisfactorio para todas las partes interesadas (...) fallo que por su injusticia causo consternación, no sólo entre los abogados de Venezuela sino de parte de su gobierno y el de los Estados Unidos"*[373].

El artículo publicado por el Juez William Cullen Dennis en el volumen 44 de *The American Journal of International Law* en 1960 contiene el testimonio del agente británico ante el tribunal arbitral de París, George Buchanan de 1910. El Juez William Cullen Dennis expresó en ese documento lo siguiente: *"Sucede que tuve otro contacto personal, o casi contacto, con este interesante incidente internacional. Mi conversación con el Sr. Mallet-Prevost tuvo lugar en el edificio del Departamento de Estado, y sin duda antes del 19 de julio de 1910, cuando dejé el Departamento. En todo caso, tuvo lugar antes de mi viaje a La Haya al final del verano y en el otoño de 1910 en calidad de Agente de los Estados Unidos en el Arbitraje de la "Orinoco Steamship" con Venezuela. Poco después de mi llegada a La Haya, de acuerdo con lo acostumbrado y las instrucciones de la Legación Americana, dejé tarjetas de presentación a varios miembros del cuerpo diplomático, entre ellos Sir George Buchanan, entonces ministro británico en La Haya, que había sido agente británico en el arbitraje anglo-venezolano sobre la frontera de Guayana en 1899. Sir George devolvió el saludo; después nos encontramos y caímos en una conversación, que, naturalmente, dadas las circunstancias, se dirigió al arbitraje de la frontera entre Venezuela y Guayana Británica. Lamento que no puedo recordar mi conversación con Sir George con la misma claridad y precisión como en el caso de la que tuve con Mallet-Prevost. Aparte de nuestra mutua presunción de que la decisión sobre la frontera de Guayana fue un compromiso, lo que resalta en mi memoria con mayor claridad es su crítica a la forma detallada como Sir Richard Webster, Attorney General de Gran Bretaña, y el Sr. Mallet-Prevost desarrollaron su argumentación ante el Tribunal Arbitral. Sé ciertamente, y tengo conciencia de que así pensé entonces, que lo dicho por Sir George no me dejó en mi mente el más ligero*

---

[373] Véase el contenido completo de la carta en: http://bibliografilaguayanaesequibacom.blogspot.com/2012/12/extracto-de-la-comunicacion-de-perry.html.

motivo para dudar de la historia interna sobre la manera cómo se llegó a la decisión según me la había contado el Sr. Mallet-Prevost"[374].

De manera que no es sólo el memorándum de Severo Mallet-Prevost, sino muchos otros documentos los que demuestran que los árbitros y, principalmente el presidente del tribunal arbitral, Fiódor Fiódorovich Martens, violaron gravemente el deber de neutralidad e imparcialidad y convirtieron el laudo de derecho en un arreglo político.

3. Ejecución del laudo

Para el momento en el que se dictó el Laudo de París, Venezuela se encontraba en total caos, dentro de *"una anarquía aterradora, y ya no se respeta nada, no hay leyes, no hay propiedad, no hay libertad, no hay vida, no hay nacionalidad, porque el único imperio es el de la fuerza brutal ejercida por hordas salvajes tanto gubernamentales como rebeldes"* [375].

El 23 de octubre de 1899, apenas veinte días después de dictado el Laudo, el Presidente de la República, Ignacio Andrade, fue derrocado por el general Cipriano Castro, líder de la llamada Revolución Liberal Restauradora. Para ese momento la Constitución vigente en Venezuela era la de 1893 -dictada durante el gobierno de Joaquín Crespo- que establecía en el artículo 4º que las *"Secciones"* -que eran entidades contenidas en los Estados y coincidían con las entidades federales existentes durante la vigencia de la Constitución de 1864 sancionada bajo el gobierno de Juan Crisóstomo Falcón- tenían la posibilidad constitucional de recuperar su categoría de Estados cuando así lo acordaran las dos terceras partes de sus Distritos.

El Congreso venezolano, considerando la necesidad de que las *"Secciones"* de los Estados recuperaran su condición de Estados autónomos, acordó la enmienda de los artículos 1, 2 y 4 de la Constitución de 1893. Mientras la enmienda se materializaba el Congreso determinó

---

[374] Ministerio del Poder Popular para Relaciones Exteriores, *Guayana Esequiba. Historia de un despojo*, Caracas, 2015. pp. 131-132.

[375] Ídem. "...*El Embajador de Italia Giovanni Paolo Ribera afirmó que imperaba:"...un'anarchia spaventosa, e non si rispetta più nulla, né leggi, né proprietà, né libertà, né vita, né nazionalità, ché unico impero è quello della forza brutale esercitata da orde selvagge sia governative che ribelli"*.

que las Secciones debían organizarse de forma autónoma y facultó al Presidente Ignacio Andrade para que procediera a la designación de presidentes provisionales de las Secciones[376]. Esto provocó la reacción de los caudillos regionales que consideraron que se trataba de una ruptura del hilo constitucional, lo cual finalizó con *"la llegada de los andinos al poder y el fin del ciclo histórico-político que se inició después de las guerras federales"*.[377] Cipriano Castro buscaba rescatar *"el hilo constitucional que dice haber roto Andrade"*[378].

Tres meses luego de conocerse la decisión del tribunal arbitral, el Expresidente de los Estados Unidos, Benjamín Harrison, señaló que *"La decisión en el caso de Venezuela, como un compromiso, dio a Venezuela los puntos estratégicos, pero la despojó de una inmensa parte de territorio que un tribunal imparcial le habría adjudicado, y de ello no cabe duda alguna. La idea europea moderna es que no hay nada ilegal ni siquiera inmoral en la apropiación de territorios de Estados más débiles"*[379].

Vista la injusticia de los dispuesto por el Laudo de París, Venezuela trató de posponer la demarcación de los límites. Sin embargo, el Reino Unido exigió la ejecución del laudo y amenazó con ejecutarlo unilateralmente si Venezuela se negaba a participar.

El 22 de octubre de 1899, el Ministerio de Relaciones Exteriores de Venezuela, dirigiéndose a Felipe de Aguerrevere, comisionado en la demarcación, expresó respecto de la línea establecida por el tribunal arbitral que: *"Se trata de una línea establecida de hecho, sin ningún apoyo ni fundamento histórico, geográfico, ni político. En consecuencia, y porque el laudo había sido abiertamente injusto con Venezuela, instruyó a los comisionados venezolanos que refirieran todo al más severo procedimiento"*[380].

En el mes de julio de 1900 la delegación inglesa en Caracas intimó al gobierno venezolano a que enviara en su representación una

---

[376] Véase Allan Randolph Brewer-Carías, *Historia constitucional de Venezuela*, Tomo I, Editorial Alfa, Caracas, 2008. pp. 412-413.
[377] *Ídem*.
[378] Rafael Arráiz Lucca, *Las constituciones de Venezuela (1811-1999)*, Editorial Alfa, Caracas, 2021. p. 51.
[379] René De Sola, ob. cit., p. 65.
[380] Hermann González Oropeza y Pablo Ojer, ob. cit., p. 22.

comisión demarcadora a Punta Playa y, de resistirse a este requerimiento, el Reino Unido procedería a la demarcación unilateral. La presión ejercida por el Reino Unido amenazaba con causar mayores males que los ya había generado el Laudo Arbitral de París.

El término para que Venezuela participara en la demarcación fue notificado por el representante británico en Caracas a finales de julio. Se fijó el 3 de octubre de 1900 para que Venezuela participara en la demarcación, con la amenaza de proceder a una demarcación unilateral de la frontera si ello no fuere así.[381]

Luego, el 8 de octubre de 1900 el representante británico envió otra notificación, esta vez informó que el gobernador de la Guayana Británica había recibido instrucciones de proceder a la demarcación y el 19 de octubre de 1900 ya se había levantado el primer hito fronterizo en Punta Playa[382].

En esas condiciones se constituyeron las comisiones de demarcación que funcionaron entre 1900 y 1905. De las labores desarrolladas por dichas comisiones se levantaron actas en las que se reflejó la frontera entre Venezuela y Guayana Británica en los siguientes términos:

> *"La frontera comienza en Punta Playa en un poste sumergido por el mar... y se dirige en línea recta a la boca del Mururuma. Remonta el río Mururuma hasta su nacimiento frente a un poste que tiene por coordenadas 8° 19' 00" y 59° 48' 22" 7. De este poste se dirige en línea recta a la boca del río Haiowa en el Amacuro...*
> *De la boca del Haiowa sigue por el curso del Rio Amacuro hasta su fuente en la Sierra de Imataca... Desde este punto se continúa por la Sierra de Imataca, por los picos más altos espolón de la montaña, al punto más elevado de dicha Sierra enfrente de las cabeceras del Barima... y de ahí por la cima más elevada de la Montaña de Imataca, a un punto situado 300 metros y cuyas coordenadas son: 7° 10' 10" lat. y 60° 20' 39" long...*
> *De la fuente del Acarabisi... baja por el curso de este río hasta su desembocadura en el Cuyuní... De aquí en adelante, aguas arriba del Cuyuní y por su margen septentrional hasta la boca del*

---

[381] Ibíd., p. 21.
[382] Ídem.

Wenamo... Remonta el Wenamo hasta su fuente más occidental... punto este último que marca el comienzo de una línea geodésica en cuyo extremo meridional indicado por un poste, termina la frontera entre Venezuela y la Guayana Británica..."[383].

A Venezuela no le quedó otra opción que aceptar la ejecución del laudo[384]. En efecto: *"Es cierto que Venezuela ejecutó el Laudo. Lo ejecutó por presión de Gran Bretaña, porque el Cónsul Inglés en Caracas expresó en nota inquisitiva, que iba a iniciar la demarcación del terreno y que la harían unilateralmente si Venezuela no participaba. De inmediato iniciaron la demarcación por Punta de Barima. A Venezuela no le quedó más recurso que concurrir a esa demarcación*[385]. Según el informe elaborado por los jesuitas Hermann González y Pablo Ojer: *"la participación de Venezuela en la demarcación de la frontera revistió un carácter puramente técnico. A ello fue forzado el país por circunstancias para él insuperables"*[386].

En 1902, mientras las comisiones de demarcación procedían a la ejecución de laudo, Venezuela sufría el bloqueo de sus costas y las amenazas de invasión por parte de sus acreedores: Alemania, Italia y del Imperio Británico. Además, a la exigencia de pago de la deuda externa se unieron *"...las reclamaciones que hacían los súbditos de esos países por los daños que habían sufrido sus propiedades durante los frecuentes combates y escaramuzas entre las montoneras, producto de la inestabilidad política de la época en el país"*[387].

De forma que el Laudo Arbitral de París se ejecutó dentro de una enorme crisis política, social y económica; en medio del derrocamiento por parte del general Cipriano Castro del Presidente Ignacio Andrade quien huyó del país en 1899; las amenazas del Reino Unido de ejecutar el laudo de forma unilateral en caso de que Venezuela se negara a par-

---

[383] Véase Carlos Álamo Ybarra, ob. cit., pp. 87-90.
[384] Manuel Donís Ríos, "La reclamación del territorio Esequibo: 1899-1966", ob. cit., p. 5.
[385] Isidro Morales Paúl, "Análisis crítico del problema fronterizo «Venezuela-Gran Bretaña»", ob. cit., p. 189.
[386] *Ibíd.*, p. 28.
[387] Alexis Palencia Hernández, "Escuadra venezolana en tiempos de Castro", en *Tiempo y espacio*, número 64, Universidad Pedagógica Experimental Libertador, Caracas, 2015. p. 486. Disponible en: http://ve.scielo.org/pdf/te/v25n64/art22.pdf.

ticipar; la caída del precio del café que era una de las más importantes fuentes de ingresos de Venezuela desde 1811; y el bloqueo de las costas venezolanas con ocasión de las amenazas de invasión por parte de Alemania, Italia y del mismo Imperio Británico para obligar al país al pago de la deuda externa.

4. Consecuencias de la nulidad del Laudo Arbitral de París

El Laudo Arbitral de París del 3 de octubre de 1899 es nulo de forma absoluta, por tal razón no tiene carácter definitivo, ni es obligatorio; no tiene los efectos de la cosa juzgada y se considera un acto jurídicamente inexistente, desde que fue dictado en violación a las normas del tratado de arbitraje que le dio origen, en contra del derecho internacional vigente para el momento que se dictó, en violación del debido proceso e incurriendo en el vicio de exceso de poder y de *ultra petita*, además, fue totalmente inmotivado y violó el deber de imparcialidad de los árbitros.

Los tres caracteres de un laudo arbitral, a saber, su carácter definitivo, la obligatoriedad, el efecto de cosa juzgada y el principio de intangibilidad de la cosa juzgada, tienen un elemento común, esto es, el consentimiento de las partes respecto del arbitraje como medio seleccionado para resolver la disputa y la sujeción de los árbitros a los términos de tal consentimiento. De no existir consentimiento manifestado en forma libre e inequívoca, o de apartarse los árbitros de los términos de tal consentimiento, el laudo arbitral jamás podría ser un decisión definitiva u obligatoria de la controversia. Una decisión de estas características carece de justicia.

Si un laudo arbitral no tiene carácter definitivo ni obligatorio y, en consecuencia, no está protegido por el principio de intangibilidad de la cosa juzgada, es porque no ha sido debidamente dictado. En algún aspecto del compromiso han fallado las partes o en algún aspecto del laudo han fracasado los árbitros que han pronunciado una decisión de esa naturaleza. Podría haber sido la incorrecta valoración del consentimiento manifestado por una de las partes; el irrespeto de los principios inherentes al debido proceso; la violación de los deberes de imparcialidad e independencia de los árbitros; o la infracción abierta de los principios derecho internacional.

Sea cual fuere la razón, un laudo arbitral pierde su propia naturaleza cuando no es definitivo, obligatorio, ni está protegido por el efecto de cosa juzgada. La única consecuencia de esto es que el laudo será considerado un acto jurídicamente inexistente. En otras palabras, el valor de un laudo arbitral que no ha sido debidamente dictado no es mayor al de un papel con tinta vertida sobre él.

Analizaremos cada uno de estos caracteres y sus consecuencias en las siguientes líneas.

4.1. El Laudo de París del 3 de octubre de 1899 no tiene carácter definitivo ni obligatorio

El Laudo Arbitral de París no resolvió en forma definitiva la controversia limítrofe entre Venezuela y el Reino Unido, desde que es nulo de nulidad absoluta y por tanto carece de validez jurídica, no tiene carácter definitivo y no es vinculante u obligatorio para las partes.

El carácter definitivo de los laudos arbitrales supone que la decisión de los árbitros resuelve definitivamente y sin apelación la controversia. La lógica de esta afirmación es que en el derecho internacional no existe un órgano superior o súper-Estado que garantice la ejecución de las decisiones[388] ni que funcione como segundo grado de jurisdicción a los efectos de recurrir de la decisión. Por lo tanto, la decisión final es la de los árbitros que actúan con fundamento en el poder que las partes les han conferido mediante sus respectivas manifestaciones de voluntad.

Sin embargo, "*el principio del carácter definitivo de los laudos arbitrales está sujeto a la calificación de que en ciertas circunstancias los laudos pueden ser nulos*"[389]. Las circunstancias que condicionan la validez de los laudos arbitrales son precisamente la aparición de graves vicios en la forma en que fueron dictados o en su contenido que acarrean su nulidad y comprometen la apariencia externa de que la decisión dictada. Así lo estableció el artículo 54 de la Convención de La Haya de 1899 para la Resolución Pacífica de Controversias Internacionales: "*El Laudo, **debidamente pronunciado** y notificado a los agentes*

---

[388] Véase Daniel Guerra Iñíguez, ob. cit., p. 449.
[389] Max Sorensen, ob. cit., p. 643.

de las Partes, resuelve la controversia definitiva e inapelablemente"[390]. (Resaltado añadido). De manera que un laudo arbitral es definitivo sólo cuando ha sido debidamente dictado[391], lo cual no ocurrió en el caso del Laudo Arbitral de París.

Debemos tener presente que el Laudo Arbitral de París fue dictado luego de que se publicara la Convención de la Haya de 1899 para la Resolución Pacífica de Controversias Internacionales y que los árbitros que conformaban el tribunal arbitral que dictó el Laudo de París conocían perfectamente esa Convención.

La I Conferencia de La Haya fue el foro donde se discutieron todos los proyectos que luego se convirtieron en convenciones, incluida la Convención de la Haya de 1899 para la Resolución Pacífica de Controversias Internacionales. El presidente del tribunal arbitral de París, Fiódor Fiódorovich Martens, participó en esa I Conferencia de la Haya de 1899, lo que ocasionó la suspensión de las audiencias en tres oportunidades, una a finales de junio y las otras dos en julio de 1899.

Con relación al carácter definitivo de los laudos arbitrales, tengamos en cuenta que en Venezuela para el año 1904, durante el gobierno de Cipriano Castro, el Ministerio de Relaciones Exteriores de Venezuela tomó posición respecto de la revisabilidad de las decisiones arbitrales admitiéndola en ciertos casos. La doctrina sostenida por el Ministerio de Relaciones Exteriores de Venezuela fue la de que, en ocasiones, la presunción de que los árbitros han actuado correctamente puede ser eliminada; en esos casos, *"los laudos no deben merecer el respeto ni tiene la autoridad que el compromiso les acuerda"*[392].

En esa misma oportunidad el Ministerio de Relaciones Exteriores agregó que: *"El carácter de decisión definitiva no puede otorgársele siempre a los laudos arbitrales por el sólo motivo de emanar de las personas designadas para constituir la comisión arbitral, pues si el*

---

[390] Convención de La Haya de 1899 para la Resolución Pacífica de Controversias Internacionales. Disponible en: https://docs.pca-cpa.org/2016/01/Convenci%C3%B3n-de-1899-para-la-resoluci%C3%B3n-pac%C3%ADfica-de-controversias-internacionales.pdf.

[391] Véase Héctor Faúndez Ledesma, "La nulidad del Laudo de París, del 3 de octubre de 1899", en Héctor Faúndez Ledesma y Rafael Badell Madrid (coords.), *La controversia del Esequibo*, Academia de Ciencias Políticas y Sociales - Editorial Jurídica Venezolana, Serie Eventos 34, Caracas, 2022. p. 680.

[392] Daniel Guerra Iñíguez, ob. cit., p. 450.

Tratado les atribuye de antemano aquel carácter, no es sino en el concepto de que semejantes decisiones no adolecerán de ningún vicio que las haga ineficaces. La causa del arbitraje sufriría gravísimo perjuicio si se llegara a aceptar el principio de que toda decisión arbitral debe cumplirse, cualquiera que ella sea. Ya los publicistas se han pronunciado en favor del derecho que les asiste a los Estados para solicitar la invalidación de ciertos laudos y bien conocidas son las causas que en opinión de ellos pueden dar lugar al ejercicio de esos recursos"[393].

Por otra parte, el carácter obligatorio de los laudos arbitrales, al igual que el carácter definitivo, surge del compromiso arbitral mediante el cual las partes manifiestan su voluntad de resolver una controversia -o varias de ellas- a través del arbitraje. De allí la importancia de preservar el carácter vinculante de la decisión arbitral y respetar el pacto suscrito entre ellas.

La importancia de la voluntad de las partes concretada en el compromiso arbitral es de tal importancia que incluso si no se establece la obligatoriedad del laudo arbitral en una cláusula del compromiso, éste sigue siendo vinculante para las partes. En efecto, explica Guerra Iñíguez que *"no tendría sentido recurrir a un procedimiento de esta naturaleza y dejar pendiente su acatamiento al capricho o a la buena fe de las partes"*[394]. Aunque como indica Max Sorensen *"un laudo arbitral es obligatorio sólo para las partes en litigio y no obliga a terceros"*[395]. Esta última idea obedece al clásico principio de relatividad de los contratos.

En cuanto al carácter obligatorio del laudo arbitral, aplica la misma lógica que para el carácter definitivo, es decir: sólo será obligatorio el laudo arbitral que haya sido debidamente dictado. En este sentido, conviene destacar que los vicios de nulidad absoluta en los que incurre el Laudo Arbitral de París eliminan su carácter obligatorio dado que, como se ha explicado, sólo resultan válidos y vinculantes para las partes aquellos laudos arbitrales que han cumplido con las garantías procesales necesarias para ser considerados laudos debidamente dictados.

---

[393] *Ídem.*
[394] Daniel Guerra Iñíguez, ob. cit., p. 449.
[395] Max Sorensen, ob. cit., p. 643.

En efecto, como señala Faúndez Ledesma, para que un laudo arbitral sea debidamente dictado debe ser posible verificar que: "...*dicho acto emana de un tribunal debidamente constituido según un compromiso arbitral, que lo decidido corresponde al objeto de la controversia según lo pactado por las partes, que se haya oído a las partes en un proceso desarrollado con las debidas garantías judiciales, que las partes hayan tenido oportunidad de confrontar la evidencia y de presentar alegatos en su defensa, que se haya decidido según las reglas de Derecho sustantivo acordadas por las partes, y que no haya elementos que permitan dudar de la imparcialidad del tribunal o de fraude de alguna de las partes. No se trata de discutir si el laudo es manifiestamente equivocado o injusto, sino si se ajusta a lo que las partes le encomendaron al tribunal y si se observaron las reglas de procedimiento inherentes al debido proceso. Aunque cualquiera de estas irregularidades no es algo demasiado frecuente en la vida internacional, tampoco es inusual que ellas puedan estar presentes en un caso particular, como atestigua la jurisprudencia internacional*"[396].

El Laudo Arbitral de París no fue debidamente dictado, antes y por el contrario, fue dictado en violación a las normas del Tratado de Arbitraje que le dio origen; en contra del derecho internacional vigente para el momento que se dictó; en violación del debido proceso e incurriendo en el vicio de exceso de poder y de *ultra petita*; además fue totalmente inmotivado y violó el deber de imparcialidad de los árbitros.

De otra parte, que Venezuela haya participado en la demarcación no convalida los graves vicios que posee el Laudo Arbitral de París. No los convalida porque los vicios de tal entidad; por su naturaleza estos graves vicios que implican una nulidad absoluta son inconvalidables.

Como ya se ha señalado y se explicará detalladamente más adelante, el Laudo Arbitral de París se ejecutó dentro de una inmensa crisis en Venezuela en lo político, social y económico; en momentos del derrocamiento de su Presidente; bajo las amenazas del Reino Unido de ejecutar el laudo de forma unilateral, y en pleno bloqueo de las costas venezolanas y amenazas de invasión por parte de Alemania, Italia y del mismo Imperio Británico, para obligar al país al pago de la deuda externa.

---

[396] Héctor Faúndez Ledesma, "La nulidad del Laudo de París, del 3 de octubre de 1899", ob. cit., p. 681.

Teniendo en cuenta esas condiciones, no es posible afirmar que Venezuela aceptó voluntariamente el Laudo Arbitral de París cuya ejecución fue producto de la coacción. En efecto: *"en el caso del laudo de 1899, debe reiterarse que el hecho de haberse producido la demarcación, no invalida la posición reiterada de Venezuela en cuanto la injusticia cometida y las presiones recibidas para "ejecutar" el laudo. Nuestro país no ha dejado de denunciar su inconformidad en cuanto al desarrollo de los hechos y ha mantenido una posición constante y reiterada de no reconocer el laudo por su naturaleza nula e írrita"*[397].

4.2. El Laudo de París del 3 de octubre de 1899 no produce los efectos de la cosa juzgada

Al estar viciado de nulidad absoluta, el Laudo Arbitral de París no tiene efecto de cosa juzgada, ni se aplica el principio de intangibilidad que se predica de los laudos arbitrales *"que significa que una decisión judicial o arbitral que ha puesto fin a un proceso no puede ser revisada"*[398]. Como afirma Diez de Velasco: *"El valor jurídico de la sentencia [laudo arbitral], como hemos dicho, es obligatorio para las partes. Ello se desprende del compromiso en el que tácita o expresamente se comprometen a observarla. La misma es válida sin necesidad de aceptación o ratificación por las partes; **y produce entre éstas el efecto de cosa juzgada**"*[399].(Resaltado añadido).

El efecto impeditivo de la *res iudicata* genera la protección del laudo arbitral mediante el principio de intangibilidad de la cosa juzgada que implica *"que una decisión judicial o arbitral que ha puesto fin a un proceso no puede ser revisada"*[400]. El principio de intangibilidad de la cosa juzgada fue reconocido expresamente en el anteriormente citado

---

[397] Milagros Betancourt Catala, "El Laudo Arbitral del 3 de octubre de 1899 a la luz de la jurisprudencia de la Corte Internacional de Justicia", en Héctor Faúndez Ledesma y Rafael Badell Madrid (coords.), ob. cit., p. 328.

[398] Héctor Faúndez Ledesma, "La nulidad del Laudo de París, del 3 de octubre de 1899", ob. cit, p. 680.

[399] Manuel Diez de Velasco Vallejo, *Instituciones de Derecho Internacional Público*, decimoctava edición, Editorial Tecnos, Madrid, 2013. p. 961.

[400] Héctor Faúndez Ledesma, "La nulidad del Laudo de París, del 3 de octubre de 1899", en *Boletín de la Academia de Ciencias Políticas y Sociales*, número 167, enero-marzo, Caracas, 2022.

artículo 54 de la Convención de La Haya para la resolución pacífica de controversias internacionales del 29 de julio de 1899, mediante la cual se estableció que: "*El Laudo, debidamente pronunciado y notificado a los agentes de las Partes, **resuelve la controversia definitiva e inapelablemente***"[401]. (Resaltado añadido).

Sin embargo, como se deduce del referido artículo 54 de la Convención de La Haya, el efecto de cosa juzgada y el principio de intangibilidad que impide la revisión de la decisión arbitral sólo es efectivo cuando el laudo arbitral ha sido debidamente pronunciado, lo que implica a su vez que se han cumplido los requisitos intrínsecos y extrínsecos para su validez, es decir, que se haya producido de acuerdo a derecho.

Para que un laudo arbitral esté protegido por el efecto de la cosa juzgada y el principio de intangibilidad "*se supone que estamos frente a un documento que, prima facie, presenta las características de un laudo arbitral y no de un acto de naturaleza diferente, como sería un documento apócrifo, uno que emana de una de las partes en la controversia, la declaración de un tercero que no tiene el carácter de árbitro, o un documento que no fue aprobado como la decisión de la mayoría de los miembros del Tribunal arbitral. Pero tampoco produce el efecto de cosa juzgada un laudo que resuelve una controversia distinta a la que le fue encomendada al Tribunal, **o un laudo que resolvió la controversia aplicando reglas distintas a las acordadas por las partes***". (Resaltado añadido)[402].

Se derivan entonces dos elementos indispensables para que arbitraje esté protegido por el efecto de la cosa juzgada y el principio de intangibilidad, que se trate de una decisión que tenga la naturaleza de un arbitraje y que resuelva la controversia de acuerdo a lo acordado por las partes.

Ambos elementos fueron violados en el Laudo de París. La naturaleza del arbitraje que se predica como un elemento sustancial para que el arbitraje sea válido no se cumple si la decisión no ha respetado las

---

[401] Véase Convención de La Haya para la resolución pacífica de controversias internacionales del 29 de julio de 1899. Disponible en: https://docs.pca-cpa.org/2016/01/Convenci%C3%B3n-de-1899-para-la-resoluci%C3%B3n-pac%C3%ADfica-de-controversias-internacionales.pdf.

[402] *Ibíd.*, p. 681.

garantías del debido proceso. Además, la cosa juzgada no es incompatible con un control mínimo que permita verificar que el procedimiento se ha tramitado debidamente[403]. De no ser así, las más graves injusticias, expresadas a través de decisiones arbitrarias quedarían definitivamente firmes y nada habría que hacer.

En todo caso, el Acuerdo de Ginebra de 17 de febrero de 1966 reconoció la existencia de una contención respecto de la validez del Laudo Arbitral de París y declaró que es necesario alcanzar una solución práctica y mutuamente aceptable para las partes. La necesidad de lograr una solución práctica supone que el problema limítrofe entre Venezuela y la República Cooperativa de Guyana -antes colonia del Reino Unido- nunca fue resuelto.

Por ello, se afirma que entre los principales efectos del Acuerdo de Ginebra están el de *"levantar el efecto de cosa juzgada del Laudo y la reapertura de la discusión sobre la frontera de los dos países"*[404]. Tal como afirmó el Isidro Morales Paúl, el Acuerdo de Ginebra es el único instrumento que logra tres cosas muy importantes para la reclamación venezolana sobre la frontera oriental: (i) reconoce la existencia de una controversia; (ii) pone en tela de juicio el efecto de cosa juzgada del Laudo Arbitral de París y (iii) reactiva oficialmente de la discusión sobre el Laudo Arbitral de París[405].

4.3. El Laudo de París del 3 de octubre de 1899 es jurídicamente inexistente

El Laudo Arbitral de París es nulo de nulidad absoluta y por tanto se considera un acto jurídicamente inexistente desde el mismo momento en que fue dictado. En efecto, un laudo arbitral viciado de nulidad absoluta, como es el caso del Laudo Arbitral de París, no requiere *"que la validez del laudo tenga que ser impugnada, o que su nulidad deba*

---

[403] *Ídem.*
[404] Gabriel Ruan Santos, "La Academia de Ciencias Políticas y Sociales y la reclamación de Venezuela por la Guayana Esequiba. Algunos antecedentes", en Tomás Enrique Carrillo Batalla (Coord.), ob. cit., p. 62.
[405] Isidro Morales Paúl, "Análisis crítico del problema fronterizo Venezuela-Gran Bretaña", en Tomás Enrique Carrillo Batalla (Coord.), ob. cit., pp. 201-202.

ser judicialmente declarada"[406]. El Laudo Arbitral de París es un acto jurídicamente inexistente en virtud de los graves vicios en los que se incurrieron. En efecto, como ha indicado el Héctor Faúndez Ledesma: *"Lo que hace que un laudo sea nulo no es el hecho de que sea impugnado dentro de un plazo determinado o ante la instancia establecida para evaluar su validez (si es que la hubiera), sino la circunstancia de que adolece de irregularidades que no se pueden subsanar; si los vicios son de tal envergadura, no hay que alegar la nulidad para que ésta surta efectos. Si, como en el presente caso, el exceso de poder del Tribunal, las irregularidades en su composición, o la falta de motivación del laudo como consecuencia de su arbitrariedad, son tan evidentes, no es necesario que la validez del laudo tenga que ser impugnada, o que su nulidad deba ser judicialmente declarada. Jurídicamente, ese es un acto inexistente"*[407].

No es la primera vez que la CIJ debe decidir un caso en el que se denuncia la inexistencia jurídica de una fallo arbitral, ya lo hizo el 18 de noviembre de 1960 en el caso del Laudo Arbitral dictado por el Rey de España el 23 de diciembre de 1906. En aquella oportunidad Nicaragua alegó la nulidad del laudo sosteniendo que era inexistente por haber sido dictado por un árbitro que no tenía legitimidad de origen. La CIJ decidió que como Honduras no denunció en su momento la legitimidad del árbitro único y continuó con el procedimiento no podía declarar la nulidad del laudo por esa razón.

Sin embargo, el caso del Laudo Arbitral de París es muy distinto al caso del Laudo Arbitral dictado por el Rey de España. En efecto, hay muchas más irregularidades en el Laudo Arbitral de París como la violación a las normas del tratado de arbitraje que le dio origen; la inobservancia del derecho internacional vigente para el momento que se dictó; la violación del debido proceso y el vicio de exceso de poder y de ultra petita; además fue totalmente inmotivado y violó el deber de imparcialidad de los árbitros.

---

[406] Héctor Faúndez Ledesma, *La competencia contenciosa de la Corte Internacional de Justicia y el caso Guayana vs. Venezuela*, ob. cit., p. 157.

[407] Héctor Faúndez Ledesma, "La nulidad del Laudo de París, del 3 de octubre de 1899", ob. cit., p. 687.

5. Recapitulación

El Laudo Arbitral de París del 3 de octubre de 1899 es nulo de forma radical y jurídicamente inexistente por múltiples violaciones al derecho internacional del momento en el que fue dictado; es nulo por haber violado el debido proceso y haber dejado a una de las partes en indefensión; por haber incurrido en el vicio de exceso de poder; por haber decidido más allá de lo requerido al tribunal arbitral y, en consecuencia, haber incurrido en el vicio de *ultra petita*; es nulo por carecer de motivación y es nulo por falta al deber de imparcialidad de los árbitros.

Que Venezuela haya participado en la demarcación no convalida los graves vicios que posee el Laudo Arbitral de París. El Laudo Arbitral de París se ejecutó dentro de una enorme crisis política, social y económica en Venezuela y bajo las amenazas del Reino Unido de ejecutar el laudo de forma unilateral, en caso de que Venezuela se negara a participar y en pleno bloqueo de las costas venezolanas y amenazas de invasión por parte de Alemania, Italia y del mismo Imperio Británico.

Para que se aplique el principio conforme al cual un laudo arbitral es definitivo y obligatorio, produce efecto de cosa juzgada y goza de la protección del principio de intangibilidad es necesario que la decisión se corresponda a las características esenciales del arbitraje y, por ende, haya respetado las garantías del debido proceso y así mismo se haya dictado con arreglo a lo acordado por las partes. Nada de esto ocurrió en el caso del Laudo Arbitral de París.

Comoquiera que el Laudo Arbitral de París es nulo de nulidad absoluta, éste no tiene carácter definitivo ni es obligatorio, carece de los efectos de la cosa juzgada y del principio de intangibilidad y debe considerarse jurídicamente inexistente.

El Acuerdo de Ginebra de 17 de febrero de 1966 reconoció la existencia de una contención respecto de la validez del Laudo Arbitral de París y al declarar que era necesario alcanzar una solución práctica y mutuamente aceptable para las partes, implícitamente reconoció que el mismo no constituía un instrumento válido para la resolución de la controversia territorial. La necesidad de alcanzar una solución práctica, supone que el problema limítrofe entre Venezuela y la República Cooperativa de Guyana nunca fue resuelto.

V. ANTECEDENTES DEL ACUERDO DE GINEBRA

Venezuela procedió a la ejecución del Laudo Arbitral de París bajo circunstancias completamente desfavorables, dentro de una enorme crisis política, social y económica; en medio del derrocamiento por parte del general Cipriano Castro del Presidente Ignacio Andrade quien huyó del país en 1899; las amenazas del Reino Unido de ejecutar el laudo de forma unilateral, en caso de que Venezuela se negara a participar; la caída del precio del café que era una de las más importantes fuentes de ingreso de Venezuela desde 1811 y el bloqueo de las costas venezolanas con ocasión de las amenazas de invasión por parte de Alemania, Italia y del mismo Imperio Británico para obligar al país al pago de la deuda externa.

Durante la primera parte del siglo XX, la reclamación venezolana por el territorio Esequibo siempre estuvo presente. En el gobierno del General Juan Vicente Gómez hubo varios intentos por parte del Reino Unido de ocupar territorios más allá de lo que el Laudo Arbitral de París había establecido, con particular interés en las Bocas del Orinoco. Ante estos hechos, la respuesta del gobierno fue un rechazo contundente. En especial, como indica el historiador Manuel Donís Ríos, debemos destacar que "*...el general Gómez actuó con firmeza en 1930 cuando se conoció la presencia de extranjeros en la Gran Sabana, estado Bolívar. Provenientes de Guayana Británica penetraron misioneros adventistas en la región y se establecieron con casa, capilla y escuelas elementales de inglés en diversos lugares. En palabras de fray Cesáreo de Armellada: "Representó un verdadero peligro para la integridad territorial, pues además de enseñar el idioma inglés, timbraban sus documentos con el membrete de "British Guiana", como pudimos ver en varios papeles, abandonados al ser expulsados de la región al instalarse nuestras misiones capuchinas*"[408].

---

[408] Manuel Donís Ríos, "Antecedentes de la reclamación venezolana del territorio Esequibo", en Héctor Faúndez Ledesma y Rafael Badell Madrid (Coords.), ob. cit., p. 179.

El 14 de octubre de 1938 el Dr. Carlos Álamo Ybarra, en su trabajo de incorporación a la Academia de Ciencias Políticas y Sociales titulado "Fronteras de Venezuela con la Guayana Inglesa"[409], estudió por primera vez en forma sistemática y con rigor científico la controversia del Esequibo y especialmente sus antecedentes.

El Dr. Carlos Álamo Ybarra refiere con profundidad a los títulos históricos y jurídicos que asisten a Venezuela en la reclamación desde la llegada de los españoles al continente americano; además aborda el autor el triste resultado de las deliberaciones del tribunal arbitral de París plasmado en el Laudo Arbitral de París del 3 de octubre de 1899. El arbitraje no fue en aquella ocasión un medio pacífico para obtener justicia conforme a las reglas de derecho, al contrario, como indicó el mismo Dr. Álamo Ybarra *"el arbitraje preconizado como medio plausible de arreglar las desavenencias internacionales, fue la forma de ceder por las buenas lo que por la fuerza se nos quería arrebatar"*[410].

En el año 1944, durante el gobierno de Isaías Medina Angarita, se enfatizó la reivindicación del territorio Esequibo. Ese año, el Ministro de Relaciones Exteriores de Venezuela Caracciolo Parra Pérez gestionó la incorporación de Venezuela como parte de la Carta del Atlántico del 14 de agosto de 1941. En esa carta el Presidente de los Estados Unidos, Franklin Delano Roosevelt, y el Primer Ministro del Reino Unido, Winston Churchill, acordaron principios comunes de su política nacional y en ellos fundaron *"sus esperanzas en un futuro mejor para el mundo"*[411]. Entre estos principios estuvieron:

"1. Sus países no buscan ningún engrandecimiento territorial o de otro tipo; 2. No desean ver ningún cambio territorial que no esté de acuerdo con los votos libremente expresados de los pueblos interesados; 3. Respetan el derecho que tienen todos los pueblos de escoger la forma de gobierno bajo la cual quieren vivir, y desean que sean restablecidos los derechos soberanos y el libre ejercicio del gobierno a aquellos a quienes les han sido arrebatados por la fuerza; 4. Se esforzarán, respetando

---

[409] Carlos Álamo Ybarra, *Fronteras de Venezuela con la Guayana Británica*, Academia de Ciencias Políticas y Sociales – Editorial Élite, Caracas, 1938.
[410] Ibíd., p. 87.
[411] Véase Carta del Atlántico del 14 de agosto de 1941. Disponible aquí.

totalmente sus obligaciones existentes, en extender a todos los Estados, pequeños o grandes, victoriosos o vencidos, la posibilidad de acceso a condiciones de igualdad al comercio y a las materias primas mundiales que son necesarias para su prosperidad económica; 5. Desean realizar entre todas las naciones la colaboración más completa, en el dominio de la economía, con el fin de asegurar a todos las mejoras de las condiciones de trabajo, el progreso económica y la protección social; 6. Tras la destrucción total de la tiranía nazi, esperan ver establecer una paz que permita a todas las naciones vivir con seguridad en el interior de sus propias fronteras y que garantice a todos los hombres de todos los países una existencia libre sin miedo ni pobreza; 7. Una paz así permitirá a todos los hombres navegar sin trabas sobre los mares y los océanos; 8. Tienen la convicción de que todas las naciones del mundo, tanto por razones de orden práctico como de carácter espiritual, deben renunciar totalmente al uso de la fuerza. Puesto que ninguna paz futura puede ser mantenida si las armas terrestres, navales o aéreas continúan siendo empleadas por las naciones que la amenazan, o son susceptibles de amenazarla con agresiones fuera de sus fronteras, consideran que, en espera de poder establecer un sistema de seguridad general, amplio y permanente, el desarme de tales naciones es esencial. Igualmente ayudarán y fomentarán todo tipo de medidas prácticas que alivien el pesado fardo de los armamentos que abruma a los pueblos pacíficos"[412].

En enero de 1944, como consecuencia de la adhesión de Venezuela a la Carta del Atlántico, el Presidente de Venezuela Isaías Medina Angarita se encontraba en la ciudad de Nueva York, junto a Embajador de Venezuela en Washington Diógenes Escalante. Allí exigió *"la reparación amistosa de la injusticia cometida por el laudo"*[413] y el Embajador Diógenes Escalante señaló que *"Venezuela aceptó el laudo, pero Venezuela espera que la injusticia sea reparada"*[414].

De la frase anterior se entienden dos cosas fundamentales para la comprensión del sentimiento nacional provocado por el Laudo Arbitral

---
[412] *Ídem.*
[413] Hermann González Oropeza y Pablo Ojer, ob. cit., p. 23.
[414] Marcos Falcón Briceño, ob. cit., p. 51.

de París de 1899. En primer lugar, la inconformidad de Venezuela con la decisión y, de otra parte, la esperanza de una reparación futura de lo que fue una grave injusticia.

En esa visita a Nueva York el Presidente Isaías Medina Angarita se reunió con *Severo Mallet-Prevost*, quien había formado parte del grupo de abogados que trabajó en la defensa de Venezuela en el arbitraje de París y le otorgó la Orden del Libertador, por su compromiso con la defensa de los derechos territoriales de Venezuela[415].

Rómulo Betancourt tuvo una actuación muy preponderante en la reclamación de los derechos de Venezuela sobre el territorio Esequibo. Rómulo Betancourt construyó los asideros políticos y jurídicos de la justificada reclamación territorial de Venezuela sobre la Guayana Esequiba, luego de que se dictó el Laudo de París de 1899.

Las gestiones de Rómulo Betancourt constituyen el antecedente más importante del Acuerdo de Ginebra, mediante el cual se reconoció la existencia de la contención venezolana sobre la nulidad del Laudo Arbitral de París. De ese tratado se deduce que la decisión arbitral no está protegida por el principio de intangibilidad de la cosa juzgada y tampoco tiene carácter definitivo.

En dos momentos Rómulo Betancourt intervino en ese asunto con resultados muy positivos. Primero, en 1948, durante el gobierno del Presidente Rómulo Gallegos, cuando encabezó la delegación de Venezuela que asistió a la IX Conferencia Internacional Americana. Luego siendo Rómulo Betancourt Presidente de la República entre 1959 y 1964, llevó adelante una política exterior brillante y exitosa en la que se estableció como prioridad la defensa de los derechos territoriales de Venezuela.

En efecto, el 30 de marzo de 1948, en la IX Conferencia Interamericana celebrada en la ciudad de Bogotá, donde se aprobó la Carta de la Organización de los Estados Americanos, el Presidente Rómulo Betancourt expresó que *"Al propugnar el principio de autodeterminación de los pueblos coloniales para decidir acerca de su propio destino no negamos en forma alguna el derecho de ciertas naciones de América a obtener determinadas porciones de territorio hemisférico que en*

---

[415] Véase Marcos Falcón Briceño, ob. cit., p. 51.

justicia les pueda corresponder, ni renunciamos a lo que los venezolanos, llegado el caso de una serena y cordial revalorización histórica y geográfica de lo americano, pudieran hacer valer en pro de sus aspiraciones territoriales sobre zonas hoy en tutelaje colonial y que antes estuvieron dentro de nuestro propio ámbito "[416].

A juicio de Efraín Schacht Aristigueta esa contundente declaración *"echaba por primera vez después de cincuenta años atrás en que se dictó el Laudo de París, de 1899, los asideros políticos y jurídicos de nuestra justificada reclamación territorial sobre la Guayana Esequiba"*[417].

Desde que se dictó el Laudo de París todo el país experimentó una gran sensación de injusticia, que se incrementó una vez publicado el memorándum del abogado Severo Mallet-Prevost en la revista *American Journal of International Law* en julio de 1949 y el disgusto colectivo aumentó cuando fueron abiertos los archivos confidenciales británicos y de los Estados Unidos de América.

Con la publicación del memorándum del abogado Severo Mallet-Prevost se hizo aún más evidente la farsa que fue el arbitraje de París. Había ahora documentos que demostraban que el Laudo Arbitral de París fue un injusto arreglo político impuesto por el Presidente del tribunal arbitral Fiódor Fiódorovich Martens.

En 1951, durante el gobierno del Presidente Interino Germán Suárez Flamerich, el Ministro de Relaciones Exteriores de Venezuela, Luís Gómez Ruíz, durante la IV Reunión de Consulta de los Ministros de Relaciones Exteriores de los Países Americanos, se expresó partidario de un verdadero arreglo de la frontera este de Venezuela.

En esa misma reunión, la representación venezolana señaló que: *"Es criterio del Gobierno de Venezuela que ninguno de los cambios de status que puedan ocurrir en la Guayana Británica como consecuencia de la situación internacional o de las medidas que fueren adoptadas en el futuro, o como resultado del progreso de los habitantes de dicho territorio hacia la determinación de sus propios destinos, será obstáculo para que Venezuela, en vista de las peculiares circunstancias que prevalecieron cuando fue señalada su línea fronteriza con la mencionada*

---

[416] Hermann González Oropeza y Pablo Ojer, ob. cit., pp. 23-24.
[417] *Ídem.*

colonia, haga valer sus justas aspiraciones de que se reparen conforme a una rectificación equitativa, los perjuicios sufridos por la Nación· en dicha oportunidad"[418].

En 1954, durante el gobierno de Marcos Pérez Jiménez, en la X Conferencia Interamericana celebrada en la ciudad de Caracas, Ramón Carmona, actuando como consultor jurídico del Ministerio de Relaciones Exteriores de Venezuela, ratificó lo dicho en 1951 cuando expresó que: *"En cuanto al caso concreto de la Guayana Británica, el Gobierno de Venezuela declara que ninguno de los cambios de "status" que puedan ocurrir en ese país vecino, puede ser obstáculo para que el Gobierno Nacional interpretando el sentimiento unánime del pueblo venezolano, y en vista de las peculiares circunstancias que prevalecieron en relación con el señalamiento de su línea fronteriza con la mencionada Guayana, haga valer su justa aspiración de que se reparen, conforme una rectificación equitativa, los perjuicios sufridos por la Nación en esa oportunidad... "*[419].

Finalmente, en aquella X Conferencia Interamericana se manifestó, como conclusión respecto de los derechos territoriales de Venezuela que: *"De conformidad con lo que antecede, ninguna decisión que en materia de colonias se adopte en la presente Conferencia podrá menoscabar los derechos que a Venezuela corresponden por este respecto ni ser interpretada, en ningún caso, como una renuncia de los mismos"*[420].

Este criterio fue ratificado nuevamente en 1956 por el Ministro de Relaciones Exteriores de Venezuela, José Loreto Arismendi y en 1960, durante el segundo gobierno de Rómulo Betancourt, por el diplomático y diputado Rigoberto Henríquez Vera, quien en el seno la Cámara de Diputados del Congreso de la República y delante de una delegación parlamentaria del Reino Unido, señaló que: *"Un cambio de status en la Guayana Inglesa no podrá invalidar las justas aspiraciones de nuestro pueblo de que se reparen de manera equitativa, y mediante cordial entendimiento, los grandes perjuicios que sufrió la nación en virtud del injusto fallo de 1899, en el cual privaron peculiares circunstancias*

---

[418] Carlos Sosa Rodríguez, ob. cit., p. 152.
[419] Hermann González Oropeza y Pablo Ojer, ob. cit., p. 23-24.
[420] *Ibíd.*, pp. 23-24.

ocasionando a nuestro país la pérdida de más de sesenta mil millas cuadradas de su territorio"[421].

Durante el segundo gobierno de Rómulo Betancourt, la reclamación venezolana tomó una fuerza aún mayor por varias razones. Primero, el Dr. Carlos Sosa Rodríguez ratificó en febrero de 1962, ante la Comisión de Administración Fiduciaria y Territorios no Autónomos de la ONU, la posición sostenida por el Ministerio de Relaciones Exteriores de Venezuela según la cual un cambio de status de la colonia de la Guayana Británica no cambiaría la legítima aspiración venezolana de obtener justicia[422].

Luego, el Presidente Rómulo Betancourt, en un mensaje al Congreso el 12 de marzo de 1962, señaló que: *"El diferendo entre la débil Venezuela y la arrogante Albión de los días de la reina Victoria, fue resuelto en un inicuo e inaceptable, y siempre rechazado por Venezuela, laudo pronunciado por un tribunal político y no de derecho, en sentencia del 3 de octubre de 1898. Jamás Venezuela ha admitido ni admitirá que tan extensa porción de territorio legítimamente suyo deje de estar encuadrado dentro de su geografía"*[423].

A propósito de esto la Cámara de Diputados del Congreso dictó una Acuerdo, resultado de las sesiones del 28 de marzo y del 4 de abril de 1962, para *"Respaldar la política de Venezuela sobre el diferendo limítrofe entre la posesión inglesa y nuestro país en cuanto se refiere al territorio del cual fuimos despojados por el colonialismo; y, por otra parte, apoyar sin reservas la total independencia de la Guayana Inglesa y su incorporación al sistema democrático de vida"*[424].

Las gestiones diplomáticas llevadas a cabo durante el segundo gobierno del Presidente Rómulo Betancourt fueron muy importantes y exitosas. El reclamo del Esequibo fue impulsado por el Embajador Carlos Sosa Rodríguez ante la 130º reunión del XVI Período Anual de Sesiones de la Asamblea General de las Naciones Unidas en fecha 22 de febrero de 1962, donde ratificó la posición sostenida por el

---

[421] Hermann González Oropeza y Pablo Ojer, ob. cit., p. 25.
[422] *Ídem*.
[423] Naudy Suárez Figueroa (comp.), *Rómulo Betancourt. Selección de escritos* políticos *(1929-1981)*, Fundación Rómulo Betancourt, Caracas, 2006. p. 387.
[424] *Ídem*.

Ministerio de Relaciones Exteriores de Venezuela según la cual un cambio de status de la colonia de la Guayana Británica no cambiaría la legítima aspiración venezolana de obtener justicia[425], cuestión que hizo en los siguientes términos: "*...reviste particular importancia para Venezuela el proceso de evolución política, mediante el cual, pacíficamente, habrá de adquirir su independencia el pueblo de la Guayana Británica, que comparte fronteras con el nuestro y cuyo destino de nación soberana, incorporada en el plan de igualdad al concierto de los demás Estados del continente, propiciamos con genuino sentimiento americano. En esta oportunidad, en que apoyamos plenamente el conocimiento derechos que corresponden a la población de la Guayana Británica, no podríamos, sin embargo, sin traicionar a nuestro propio pueblo venezolano, olvidarnos de sus derechos, de sus reivindicaciones de fronteras, y silenciar en este foro mundial su legítimo reclamo de que se rectifique una injusticia histórica*"[426].

Igualmente fundamental fue la brillante y oportuna declaración del Ministro de Relaciones Exteriores de Venezuela Marcos Falcón Briceño ante la 348° Sesión del Comité Político Especial de la XVII Asamblea de las Naciones Unidas en fecha 12 de noviembre de 1962. Allí Marcos Falcón Briceño ratificó la posición del Embajador Carlos Sosa Rodríguez respecto de la reclamación e invocó la histórica postura venezolana de que el Laudo Arbitral de París es nulo[427].

En efecto el Ministro de Relaciones Exteriores de Venezuela Dr. Marcos Falcón Briceño indicó que: "*También quiere ratificar Venezuela su franco apoyo a la independencia de la Guayana Británica, y por ese motivo espera que en las conversaciones que desea tener con el Reino Unido para buscar el mejor camino de una solución pacífica de esa controversia, tengan plena participación también los representantes del gobierno de Guayana Británica*"[428].

---

[425] Hermann González Oropeza y Pablo Ojer, ob. cit., p. 25.
[426] Efraín Schacht Aristigueta, "Aspectos jurídicos y políticos del Tratado de Ginebra", ob. cit., p. 33.
[427] Hermann González Oropeza y Pablo Ojer, *Informe que los expertos venezolanos para la cuestión de límites con Guayana Británica presentan al gobierno nacional*, Ministerio de Relaciones Exteriores, Caracas, 1967. p. 25.
[428] Efraín Schacht Aristigueta, "Aspectos jurídicos y políticos del Tratado de Ginebra", ob. cit., p. 33.

Un año después, el 5 de noviembre de 1963, con ocasión de la Primera Reunión de Ministros de Relaciones Exteriores de Venezuela y el Reino Unido, el Ministro de Relaciones Exteriores de Venezuela Marcos Falcón Briceño insistió y envió un *aide memoire* donde ratificó los argumentos de Venezuela y exigió la devolución del territorio del que fuimos despojados[429].

En ese documento, el Ministro de Relaciones Exteriores Marcos Falcón Briceño expresó lo siguiente:

1) *"La línea del Laudo sigue muy de cerca la "Línea Expandida" de Schomburgk. Los archivos británicos demuestran que los mapas sobre los cuales se basó esta línea eran adulterados. Más aún, la evidencia británica que mostraba cómo la Línea original de Schomburgk seguía a lo largo del río Esequibo y que la línea restringida de "Schomburgk" tuvo carácter oficial, fue ocultada al Tribunal.*

2) *La injusticia del Laudo es de tal naturaleza que dio a la Guyana Británica unas seis mil ochocientas millas cuadradas (17.604 km.^{2} aproximadamente) del territorio oficialmente reconocido por Gran Bretaña como venezolano sin discusión, hasta la aparición de la espuria "Línea Schomburgk Expandida" en 1886, y este territorio era sólo una parte del área legítimamente reclamada por Venezuela.*

3) *La línea del Laudo fue virtualmente fijada por Gran Bretaña en julio de 1899 y extrajudicialmente impuesta por los abogados británicos a los Jueces británicos quienes actuaron como abogados parcializados de su país más bien que como Jueces.*

4) *La aceptación de línea del Laudo fue impuesta a los Jueces mediante presión indebida por parte del Presidente del Tribunal Profesor Frederick de Martens.*

5) *La línea del Laudo no fue una línea de derecho sino una de compromiso político, calificada de "componenda" y "farsa" aun por funcionarios británicos.*

6) *El Tribunal excedió sus poderes. Llegó aun hasta el extremo de decretar la libre navegación de los Ríos Amacuro y*

---

[429] Cfr. *Ídem.*

Barima, decisión evidentemente concebida para asegurar exclusivamente los intereses de la Gran Bretaña.

7) *Al firma el Tratado de Arbitraje de 1897 bajo coacción moral, Venezuela fue también engañada en cuanto al significado de la cláusula de prescripción.*

8) *Hasta 1899 no tuvo Venezuela conocimiento de la correspondencia oficial y secreta que condujo al Tratado de 1897. Además, es ahora cuando Venezuela viene a saber que los abogados británicos ejercieron presión indebida sobre los abogados americanos a fin de forzarlos a aceptar la interpretación británica de la cláusula de prescripción.*

9) *A pesar del hecho de que Venezuela fue coaccionada para que adhiriera al Tratado, confiaba no obstante que el Tratado garantizaba un proceso judicial con exclusión de poder para efectuar cualquiera transacción política o diplomática. Sin embargo, la decisión dictada el 3 de octubre de 1899 fue de transacción, no de derecho.*

LA VERDAD HISTÓRICA Y LA JUSTICIA EXIGEN QUE VENEZUELA RECLAME LA TOTAL DEVULUCIÓN DEL TERRITORIO DEL CUAL SE HA VISTO DESPOSEIDA, y a este respecto cuenta confiadamente con la buena voluntad y la cooperación del Gobierno de su Majestad"[430].

El 7 de marzo de 1964, en su mensaje ante el Congreso Nacional, el Presidente Rómulo Betancourt dio cuenta de las gestiones que el Ministerio de Relaciones Exteriores de Venezuela había realizado ante el Reino Unido y señaló que: *"Las negociaciones han seguido y, en bien de la República y para reparar una injusticia que se le hizo a Venezuela, deberán ser continuadas. El remate de ellas debe ser la incorporación al territorio nacional de una zona que desde un punto de vista jurídico-histórico, jamás dejó de pertenecer a Venezuela"*[431].

---

[430] Ministerio de Relaciones Exteriores (1982). *Reclamación de la Guayana Esequiba*. Documentos 1962-1981, Caracas. pp. 23-24.

[431] *Ídem.*

La reclamación formulada ante estos importantes foros internacionales dio lugar a un gran triunfo diplomático para Venezuela. Pocos días después de las palabras del Ministro de Relaciones Exteriores de Venezuela, Marcos Falcón Briceño, la ONU aprobó un acuerdo conforme al cual Venezuela, el Reino Unido y las autoridades de Guayana Británica se comprometieron a examinar los archivos relacionados con la controversia.

Ratificamos una vez más la importancia de las investigaciones de los padres jesuitas Pablo Ojer Celigueta y Hermann González Oropeza concretadas en el "*Informe que los expertos venezolanos para la cuestión de límites con Guayana Británica presentan al gobierno nacional*"[432], publicado el 18 de marzo de 1965.

El informe presentado por Ojer y González se refiere a los títulos de Venezuela sobre el territorio Esequibo; los detalles de la controversia entre Venezuela y el Reino Unido durante el siglo XIX; la falta de participación de Venezuela en la formulación del Tratado de Washington de 1897 y las razones por las cuales el Laudo Arbitral de París es nulo. Además, el informe incluye declaraciones de personajes que participaron en el arbitraje de París, las reacciones de la prensa internacional y varios mapas que demuestran que el procedimiento fue abiertamente violatorio de los legítimos derechos de Venezuela.

En cuanto a los títulos de Venezuela sobre el territorio Esequibo el informe señala cómo España fue el Estado que descubrió y colonizó el territorio de Guayana, labor que fue reconocida por las demás potencias entre los siglos XV y XVI. Cuando se firmó el Tratado de Münster no existía ningún puesto holandés ubicado al oeste del río Esequibo.

Los expertos jesuitas, Ojer y González, relatan que los holandeses tuvieron sólo puestos insignificantes que duraron muy poco tiempo y que constituían violaciones al Tratado de Münster. Sostienen que cuando se firmó el Tratado de Londres en 1814 el Reino Unido obtuvo el territorio de la Guayana Británica. Sin embargo, el límite con Venezuela siempre estuvo situado en el río Esequibo. Esto consta en el Mapa de Cruz

---

[432] Hermann González Oropeza y Pablo Ojer Celigueta, *Informe que los expertos venezolanos para la cuestión de límites con Guayana Británica presentan al gobierno nacional*, Ministerio de Relaciones Exteriores, Caracas, 1967.

Cano, publicado por Francisco de Miranda en 1799 con el beneplácito del gobierno británico.

Ojer y González indican en el informe que incluso cuando Venezuela formaba parte de la República de Colombia, siempre se dio a conocer al Reino Unido que la frontera con la Colonia de la Guayana Británica era la línea del río Esequibo. Estas afirmaciones se encuentran respaldadas por las declaraciones diplomáticas de Francisco Antonio Zea en 1821; José Rafael Revenga en 1823; José Manuel Hurtado en 1824 y Pedro Gual en 1825. Además, como indican los padres jesuitas en su informe, *"España, al firmar en Madrid el 30 de marzo de 1845 el Tratado de reconocimiento de la soberanía de nuestro país sobre el territorio conocido bajo el antiguo nombre de la Capitanía General de Venezuela, incluyó en ella la Provincia de Guayana, que limitaba al Este por el río Esequibo"*[433].

El informe contiene un estudio sobre la controversia anglo-venezolana donde se expone el progresivo aumento de las pretensiones británicas luego de la publicación de la primera línea Schomburgk en 1835 y el inicio formal de la controversia en 1840 con la denominada pseudo-línea Schomburgk.

Según la información recabada por los expertos de los archivos confidenciales británicos *"tanto el Foreign Office como el Colonial Office rechazaron los argumentos de Schomburgk en favor de su pseudo-línea de 1840. Aquellos dos Ministerios llegaron a la conclusión de que el naturalista prusiano había mal interpretado los documentos históricos y los había utilizado con parcialidad y sectarismo"*[434].

Además el informe relata que cuando Schomburgk fue comisionado nuevamente para realizar labores de exploración de la frontera entre Venezuela y la Guayana Británica -con base en la línea de 1840- excedió las instrucciones que el gobierno le había dado y *"levantó postes, marcó arboles e hizo actos de posesión que dieron origen a formales protestas por parte de Venezuela"*[435].

Aún más, como indican Ojer y González, *"las minutas de lord Aberdeen en 1841 califican las acciones Schomburgk de prematuras y*

---
[433] Ibíd., p. 8.
[434] Ídem.
[435] Ibid., p. 10.

afirman que siendo su comisión de survey (exploración) no tenía por qué tomar posesión"[436].

En todo caso, de la revisión de los archivos británicos por parte de los expertos jesuitas se deduce que *"la documentación interna del Foreign Office, del Colonial Office y del Gobierno de Demerara revela que la publicación de los mapas que llevaban aquella pseudo-línea Schomburgk de 1840 tenía un carácter oficial y representaba la máxima reclamación británica frente a Venezuela. Así conocemos hoy que fue bajo la dirección del Gobierno británico y del Gobierno de Demerara como se prepararon los siguientes mapas: (a) El Mapa del Memorándum del Foreign Office de 1857 acerca de la controversia con Guayana; (b) El mapa del Memorándum, de C. Chalmers, Crown Surveyor of the Colony (1867); (c) El mapa Schomburgk-Walker de 1872; (d) El mapa de Brown de 1875; (e) El mapa de Stanford de 1875"*[437]. Todos estos mapas permiten apreciar con meridiana claridad que el Reino Unido reconoció desde 1840 hasta 1886 *"como territorios venezolanos sin disputa todo el alto Barima y todo el Cuyuní desde sus fuentes hasta la desembocadura del Otomong"*[438].

La presión de los intereses de la industria minera del Reino Unido hizo que las aspiraciones británicas crecieran rápidamente. El Reino Unido *"avanzó aún más sus ambiciones colonialistas hasta cerca de Upata, a pocos kilómetros del Orinoco, con la llamada línea de la máxima reclamación británica"*[439].

Las investigaciones de Ojer y González confirmaron que *"Gran Bretaña rechazó las constantes propuestas venezolanas para someter la cuestión a arbitraje porque su gobierno consideraba que carecía de argumentos y que una decisión plenamente judicial había de serle desfavorable"*[440] y por ello rechazó siempre resolver la disputa territorial con Venezuela mediante un arbitraje.

---

[436] Ídem.
[437] Ídem.
[438] Ídem.
[439] Ibíd., p. 11.
[440] Ídem.

Los investigadores Ojer y González explican los motivos por los cuales el Reino Unido cambió constantemente de posición con relación a la frontera de la Colonia de la Guayana Británica con Venezuela. Expresan que estos cambios se debieron a que el Reino Unido nunca confió en sus títulos sobre el territorio en disputa[441]. Por eso es que *"las líneas Aberdeen (1844), Granville (1881), Rosebery (1886) etc., responden a los intereses que en cada época tenían los colonos de Guayana Británica"*[442].

Cuando el Reino Unido por fin aceptó resolver la controversia con Venezuela mediante arbitraje luego de la intervención de los Estados Unidos de América, comenzaron las negociaciones del Tratado Arbitral de Washington. Con relación a este tratado Ojer y González indican que *"la actual investigación comprueba que durante el curso de las negociaciones se le mantuvo marginada, particularmente en la fase final y más importante. Consultada sobre la cláusula de la prescripción, se prosiguieron las negociaciones a pesar y en contra de las objeciones de la Cancillería venezolana. Más aún, Richard Olney acordó con Gran Bretaña la exclusión de Venezuela del Tribunal Arbitral"*[443].

Por lo que se refiere a la regla de la prescripción, incluida del artículo IV del Tratado de Washington, el referido informe permite concluir que aun asumiendo la regla de prescripción de la forma incorrecta como fue interpretada por los ingleses, de ella no se deduce la posibilidad de otorgar el enorme territorio que se adjudicó al Reino Unido. Esto puede observarse claramente en el mapa incluido en el informe, que analizamos en el punto de este estudio relativo a la nulidad del Laudo Arbitral de París por exceso de poder, mediante el cual se identificaron los territorios ocupados por los ingleses en 1840; después, entre 1886 y 1890 y, luego con posterioridad a 1890[444].

Otra violación grave de las obligaciones que el tratado imponía a los árbitros está relacionada con la denominada primera línea Schomburgk de 1835, que no fue tomada en cuenta por los jueces. Esta primera línea

---
[441] Ídem.
[442] Ídem.
[443] Ídem.
[444] Ibíd., p. 15.

de Schomburgk "*sólo se aparta de dicho río como a unas 45 millas aproximadamente de la costa, en la confluencia de los Ríos Mazaruni y Cuyuní con el Esequibo y desde ese punto forma una especie de bolsa, al oeste del Río Esequibo, hasta el punto de la costa donde desemboca el Río Moroco*"[445]. Antes y por el contrario, el tribunal arbitral tomó en cuenta la línea expandida del mapa de Hebert de 1842 una línea sobre la cual existen importantes indicios de falsificación y alteración, a saber:

> "*Venezuela tiene pruebas de que el Foreign Office británico no conoció esa línea hasta junio de 1886. Ya esto es más que un grave indicio de que se trataba de una reciente corrupción del mapa original que reposaba desde 1842 en el Colonial Office*"[446].

En cuanto a los vicios del Laudo Arbitral de París, el informe indica que "*el primer vicio del Laudo de 1899 consiste en que pretendió atribuir valor jurídico a una línea adulterada por Gran Bretaña: la llamada línea expandida del mapa de Hebert de 1842*"[447].

La falta de motivación también fue denunciada en el informe como uno de los vicios del Laudo Arbitral de París. Al respecto indicaron lo siguiente: "*Estamos en capacidad de afirmar que el Tribunal arbitral que dictó la sentencia en el conflicto fronterizo británico-venezolano no cumplió su deber y, por lo tanto, al presentar una decisión sin la parte motiva correspondiente, no procedió de acuerdo con las normas del derecho internacional. La decisión del Tribunal Arbitral carece, en consecuencia, de validez en el derecho internacional, al menos a partir de la fecha en la cual la invalidez es invocada*"[448].

Ojer y González señalaron en su informe que el Laudo Arbitral de París incurrió también en el vicio de exceso de poder. En primer lugar hay que tener presente, tal y como apuntan los expertos cuyo informe comentamos que "*el compromiso arbitral, tal y como fue establecido en 1897, había previsto que la decisión debería basarse sobre los

---

[445] Véase Hermann González Oropeza y Pablo Ojer Celigueta, ob. cit. Véase también Carlos Sosa Rodríguez, "El acta de Washington y el laudo de París", *Boletín de la Academia de Ciencias Políticas y Sociales*, número 91, Caracas, 1983. p. 122.
[446] Hermann González Oropeza y Pablo Ojer Celigueta, ob. cit., p. 13.
[447] *Ídem.*
[448] *Ibíd.*, p. 14.

principios de derecho y en particular sobre el principio del uti possidetis juris de 1810"[449].

A pesar de los términos establecidos en el Tratado de Washington y como lo confirmó el informe *"la decisión del Tribunal arbitral no tuvo en cuenta ni el principio del uti possidetis juris ni la estipulación contenida en la regla a) del Art. IV, y, aun en la interpretación más favorable para la Gran Bretaña, el Tribunal se excedió en sus poderes, ya que no expuso las razones por las cuales atribuyó a ese país e dominio sobre ese territorio durante los cincuenta años anteriores a la sentencia, siendo lo único cierto que esos territorios, antes de 1810, pertenecían a la Capitanía General de Venezuela, futuro Estado independiente"*[450].

Además, el Laudo Arbitral de París incurrió en el vicio de ultra petita desde que *"el Tribunal arbitral fue mucho más allá de sus facultades al decidir y regular una cuestión cuyo examen no había sido previsto en el compromiso arbitral; es decir, decidió y reglamentó la libre navegación de los ríos Barima y Amacuro"*[451].

Ojer y González ratificaron en su investigación que el Laudo Arbitral de París tuvo otro vicio que *"consiste en no haber sido una decisión de derecho, conforme a lo pactado sino un compromiso"*[452]. Así lo reconocen la prensa americana y europea; los miembros del tribunal arbitral de París y los abogados de las partes[453].

Los documentos revisados por Ojer y González en los archivos británicos indicaron que *"el laudo fue un compromiso obtenido por extorsión"*[454] con la naturaleza de un negocio político. Varias declaraciones coinciden en esta conclusión, entre ellas, las de Severo Mallet-Prevost; George Buchanan; Perry Allen; Sir Richard Webster; Lord Russell; José María Rojas; José Andrade; L. de la Chanonie; Georges A. Pariset; Caroline Harrison; Charles Alexander Harris; A. L. Mason y R.J. Block[455].

Ojer y González coincidieron con la opinión de varios expertos en materia de arbitraje internacional entre Estados en que: *"los autores y*

---

[449] *Ídem.*
[450] *Ibíd.*, p. 16.
[451] *Ídem.*
[452] *Ibid.*, p. 17.
[453] *Ídem.*
[454] *Ídem.*
[455] *Ídem.*

la práctica del derecho internacional admiten en general la nulidad de las sentencias en dos casos: en el de la incompetencia del juez (ausencia de un compromiso o de un tratado de arbitraje válido), o en el caso del exceso de poder (extensión de la decisión sobre materias que no estaban incluidas en la convención arbitral o judicial, o aplicación de reglas como las de la equidad, por ejemplo, que habían sido explícita o implícitamente excluidas por las partes)"[456].

En cuanto a la ejecución del Laudo Arbitral de París, Ojer y González insistieron en que *"si Venezuela concurrió con Gran Bretaña en la demarcación de la llamada frontera del laudo, fue por la tremenda presión de las circunstancias, por evitarse mayores males"*[457]. Además señalaron que la participación de la comisión venezolana en la demarcación era de carácter estrictamente técnico y *"no implicaban el asentimiento a la supuesta sentencia del Tribunal de Arbitraje"*[458].

Venezuela protestó el Laudo Arbitral de París desde que fue dictado. Los expertos afirman en su informe que la primera reclamación oficial ante el Laudo Arbitral de París la formuló José María Rojas quien fue el único abogado venezolano que formó parte del equipo de defensa del país durante el arbitraje de París. El 4 de octubre de 1899, una vez dictado el Laudo Arbitral de París, criticó severamente la decisión señalando que se trataba de una decisión irrisoria y una manifiesta injusticia[459]. El Presidente Ignacio Andrade también criticó el Laudo Arbitral de París e indicó que la decisión *"sólo había restituido a Venezuela una parte de su territorio usurpado"*[460].

La prensa venezolana reaccionó inmediatamente criticando el Laudo Arbitral de París. En efecto, los expertos Ojer y González reportaron en su informe que el 17 de octubre de 1899 el diario El Tiempo denunció la decisión arbitral[461].

En una nota del 4 de diciembre de 1899, el Ministro Británico en Caracas para ese momento, *"expuso su criterio acerca de la justicia*

---

[456] *Ibid.*, p. 16.
[457] *Ibíd.*, p. 22.
[458] *Ídem.*
[459] *Ibíd.*, p. 21.
[460] *Ídem.*
[461] *Ídem.*

del llamado laudo"462. Ante esta situación, el Ministro de Relaciones Exteriores de Venezuela respondió algunos días después e indicó que podía refutar los argumentos del Ministro Británico en Caracas463. En atención a ello, el Ministerio de Relaciones Exteriores "*llegó a la conclusión de que la decisión arbitral contenía tales vicios que le autorizaban a invocar su invalidez. Decidió no denunciarla por no poder enfrentarse a la formidable potencia de su adversario, pues ya no contaba con el apoyo de los Estados Unidos, que habían venido a una entente con el Reino Unido*"464.

El acercamiento entre los Estados Unidos de América y el Reino Unido durante el arbitraje de París se hizo más evidente con las palabras de la prensa inglesa un día después de dictarse el Laudo Arbitral de París que decían lo siguiente: "*No dudamos que los Estados Unidos obliguen a Venezuela a aceptar el veredicto y que actuarán adecuadamente en caso de que se presentes problemas con respecto al cumplimiento de la decisión*"465.

La reclamación venezolana por el territorio Esequibo en algunos momentos de nuestra historia no pudo ser planteada con toda la fuerza que merecía, pero esto tuvo sus razones. En efecto, señala el informe, "*la situación interna e internacional de Venezuela en la primera mitad del siglo XX la forzaron a posponer la denuncia del laudo. Pero la prensa, los autores venezolanos, los maestros venezolanos, ininterrumpidamente enseñaron a las sucesivas generaciones que la frontera del laudo no correspondía a los legítimos derechos de Venezuela*"466.

El 5 de diciembre de 1899 el Ministro Británico en Caracas envió una nota al gobierno del Reino Unido donde indicó que Venezuela tenía intenciones de postergar la demarcación de la frontera establecida en el Laudo Arbitral de París467.

Según Ojer Celigueta y González "*en julio de 1900 el Ministro británico notificó al Gobierno de Venezuela que si antes del 3 de octubre no enviaba la Comisión, procedería Gran Bretaña sola a iniciar la*

---

462 *Ídem.*
463 *Ídem.*
464 *Ídem.*
465 *Ídem.*
466 *Ibíd.*, p. 22.
467 *Ibíd.*, p. 21

demarcación. El 8 de octubre el mismo Ministro notificaba a la Cancillería venezolana que el Gobernador de Guayana Británica había sido instruido para que comenzara los trabajos de demarcación. El día 19 ya habían levantado los Comisarios británicos el hito de Punta Playa. Venezuela, ante esta presión manifiesta, no tuvo otra alternativa que la de proceder al envío de la Comisión demarcadora"[468].

Según relata el informe, Venezuela desde 1915 hasta 1917 *"insistió en vano ante la Gran Bretaña para rehacer la demarcación de algunos sectores de la frontera, el Gobierno británico se resistió a ello apoyándose en las dolorosas circunstancias bélicas por las que atravesaba su país"*[469]. Venezuela tuvo que aguardar por mejores condiciones para reclamar con toda la fuerza que exigía una injusticia de aquella magnitud, pero la posición de rechazo hacia el Laudo Arbitral de París había sido fijada desde el 4 de octubre de 1899.

Durante el siglo XX en múltiples ocasiones se insistió en la necesidad de reparar la grave injusticia sufrida por Venezuela como consecuencia del Laudo Arbitral de París. Entre ellas, Ojer y González señalan las siguientes:

i. En 1944, el Embajador de Venezuela en Washington, Diógenes Escalante, *"invocando el nuevo espíritu de equidad entre las naciones, exigió en 1944 la reparación amistosa de la injusticia cometida por el laudo"*[470].

ii. El 30 de junio de 1944, durante la sesión de la Cámara de Diputados del Congreso de Venezuela el diputado José A. Marturet "ratificó la tradicional posición de Venezuela ante el laudo, exigiendo **la revisión de sus fronteras con la Guayana inglesa**"[471]. (Resaltado añadido).

iii. El 17 de julio de 1944, el presidente del Congreso de Venezuela, Manuel Egaña durante la sesión de clausura de ese órgano legislativo se pronunció en respaldo de la posición del ejecutivo y dijo: *"Y aquí quiero recoger y confirmar el anhelo de revisión, planteado ante el mundo y en presencia del ciudadano*

---

[468] Ídem.
[469] Ibíd., p. 22.
[470] Ibíd., p. 23.
[471] Ídem.

Presidente de la República por el Embajador Escalante y ante este Congreso, categóricamente, por el Diputado Marturet; quiero recoger y confirmar, repito, el anhelo de revisión de la sentencia por la cual el imperialismo inglés nos despojó de una gran parte de nuestra Guayana"[472].

iv. El 18 de julio de 1944, las declaraciones de prensa de los miembros de las Comisiones Permanentes de Relaciones Exteriores de las Cámaras Legislativas, *"quienes representaban a diferentes partidos políticos, se manifestaron también sobre la necesidad de revisar el laudo de 1899"*[473].

v. El 30 de marzo de 1948 Rómulo Betancourt, quien encabezó la delegación de Venezuela que asistió a la IX Conferencia Internacional Americana, expresó que *"Al propugnar el principio de autodeterminación de los pueblos coloniales para decidir acerca de su propio destino no negamos en forma alguna el derecho de ciertas naciones de América a obtener determinadas porciones de territorio hemisférico que en justicia les pueda corresponder, ni renunciamos a lo que los venezolanos, llegado el caso de una serena y cordial revalorización histórica y geográfica de lo americano, pudieran hacer valer en pro de sus aspiraciones territoriales sobre zonas hoy en tutelaje colonial y que antes estuvieron dentro de nuestro propio ámbito"*[474].

vi. En 1949 se publicó el Memorándum de Severo Mallet-Prevost *"que reveló las intimidades de la farsa de París"*[475]. Lo que ocasiones que los historiadores venezolanos, bajo las instrucciones del Ministerio de Relaciones Exteriores de Venezuela, *"se apresaron a buscar en los archivos británicos nuevos documentos que irían aclarando aún más los detalles de aquella farsa. Se había cumplido 50 años y por primera vez se podían estudiar esos documentos en los archivos públicos de Gran Bretaña"*[476].

---

[472] Ídem.
[473] Ídem.
[474] Ibíd., pp. 23-24.
[475] Ibíd., p. 24.
[476] Ídem.

vii. En 1951, durante el gobierno del Presidente Interino Germán Suárez Flamerich, el Ministro de Relaciones Exteriores de Venezuela, Luís Gómez Ruíz, durante la IV Reunión de Consulta de los Ministros de Relaciones Exteriores de los Países Americanos, exigió *"la rectificación equitativa de la injusticia cometida por el Tribunal de Arbitraje"*[477]. Por otra parte y durante ese mismo momento, el Encargado de la Cancillería, Rafael Gallegos Medina, declaró ante la prensa caraqueña que: *"La Cancillería nunca ha renunciado a esa justa aspiración de los venezolanos"*[478].

viii. En marzo de 1954 durante la X Conferencia Interamericana reunida en Caracas, el consultor jurídico del Ministerio de Relaciones Exteriores, Ramón Carmona, expresó lo siguiente *"De conformidad con lo que antecede, ninguna decisión que en materia de colonias se adopte en la presente Conferencia podrá menoscabar los derechos que a Venezuela corresponden por este respecto ni ser interpretada, en ningún caso, como una renuncia de los mismos"*[479].

ix. En febrero de 1956 el Ministro de Relaciones Exteriores de Venezuela, José Loreto Arismendi, *"ratificó la tradicional posición venezolana acerca de los límites con aquella colonia, en el sentido de que no sería afectada por ningún cambio de status que en ese territorio limítrofe se produjera"*[480].

x. En marzo de 1960 el diplomático y diputado Rigoberto Henríquez Vera, en el seno la Cámara de Diputados del Congreso de la República y delante de una delegación parlamentaria del Reino Unido, señaló que: *"Un cambio de status en la Guayana Inglesa no podrá invalidar las justas aspiraciones de nuestro pueblo de que se reparen de manera equitativa, y mediante cordial entendimiento, los grandes perjuicios que sufrió la nación en virtud del injusto fallo de 1899, en el cual privaron*

---

[477] *Ídem.*
[478] *Ídem.*
[479] *Ídem.*
[480] *Ibíd.*, p. 25.

peculiares circunstancias ocasionando a nuestro país la pérdida de más de sesenta mil millas cuadradas de su territorio"[481].

xi. En febrero de 1962 el Embajador de Venezuela ante la ONU, Dr. Carlos Sosa Rodríguez, ratificó ante la Comisión de Administración Fiduciaria y Territorios no Autónomos de la ONU la posición sostenida por el Ministerio de Relaciones Exteriores de Venezuela según la cual un cambio de status de la colonia de la Guayana Británica no cambiaría la legítima aspiración venezolana de obtener justicia[482].

xii. Durante las sesiones de fecha 28 de marzo y 4 de abril de 1962 de la Cámara de Diputados del Congreso de Venezuela *"después de oír las intervenciones de los representantes de todos los partidos políticos en apoyo de la posición de la Cancillería venezolana sobre el laudo, aprobó el siguiente acuerdo: "Respaldar la política de Venezuela sobre el diferendo limítrofe entre la posesión inglesa y nuestro país en cuanto se refiere al territorio del cual fuimos despojados por el colonialismo; y, por otra parte, apoyar sin reservas la total independencia de la Guayana Inglesa y su incorporación al sistema democrático de vida"*[483].

xiii. El 12 de noviembre de 1962 Marcos Falcón Briceño, Ministro de Relaciones Exteriores de Venezuela, ratificó ante la 348° Sesión del Comité Político Especial de la XVII Asamblea de las Naciones Unidas la posición del Embajador Carlos Sosa Rodríguez respecto de la reclamación e invocó la histórica postura venezolana de que el Laudo Arbitral de París es nulo[484].

Según en el informe luego de las conversaciones entre los representantes del Reino Unido y Venezuela *"se produjo un acuerdo entre aquellos dos países, con la concurrencia del Gobierno de Guayana Británica, en el sentido de que los tres Gobiernos examinarían los documentos relativos a esta cuestión, y que informarían a las Naciones*

---

[481] *Ídem.*
[482] *Ídem.*
[483] *Ibíd.*, p. 25.
[484] *Ídem.*

Unidas sobre los resultados de las conversaciones. Así lo declaró, con autorización de las partes interesadas, el Presidente del Comité Político Especial, señor Leopoldo Benítez (representante del Ecuador) el 16 de noviembre de 1962"[485].

El informe tiene un valor adicional y es que, tal como indica la primera página: *"Cada una de las afirmaciones contenidas en este Informe están respaldadas por sus respectivos documentos, los cuales fueron presentados a Gran Bretaña en las conversaciones entre expertos, durante las 15 sesiones que tuvieron lugar en Londres entre los meses de febrero y mayo del año 1964"*[486].

El informe de Ojer y González es uno de los más contundentes elementos con los que cuenta Venezuela para demostrar la nulidad del Laudo Arbitral de París. Al referirse a este informe el Dr. Óscar García-Velutini recuerda que *"la primera conclusión que se formula en aquél es la de que Venezuela tuvo que aceptar el Tratado de Arbitraje de 1897 bajo presión indebida y engaño por parte de los Estados Unidos y de Gran Bretaña, los cuales negociaron las bases del compromiso con exclusión del gobierno venezolano en la última y decisiva fase de la negociación; y Venezuela, continúa el Informe, fue de tal manera preterida, que Estados Unidos de Norte América y Gran Bretaña acordaron desde el comienzo de la negociación que ningún jurista venezolana habría de formar parte del tribunal de arbitraje"*[487].

---

[485] *Ibíd.*, p. 26.
[486] Hermann González Oropeza y Pablo Ojer Celigueta, ob. cit., p. 1.
[487] Oscar García-Velutini, ob. cit., p. 17.

VI. ACUERDO DE GINEBRA

Los graves vicios en los que incurrió el Laudo de París del 3 de octubre de 1899 y todas los rechazos y gestiones realizadas a los largo de todo el siglo XX por juristas, historiadores, diplomáticos, ministros, presidentes y academias consolidaron el criterio de que el Laudo de París no tiene el efecto de cosa juzgada y no fue una solución justa y definitiva a la controversia planteada por Venezuela por el territorio del Esequibo. Esto trajo como consecuencia que durante el gobierno del Presidente Raúl Leoni, el 17 de febrero de 1966, el Ministro de Relaciones Exteriores de Venezuela, Ignacio Iribarren Borges, el Secretario de Estado de Relaciones Exteriores del Reino Unido, Michael Stewart y el Primer Ministro de la Guayana Británica Forbes Burnham firmaran el denominado Acuerdo de Ginebra.

El Acuerdo de Ginebra fue un *"Acuerdo para resolver la controversia entre Venezuela y el Reino Unido de Gran Bretaña e Irlanda del Norte sobre la frontera entre Venezuela y Guayana Británica"*. El propósito del Acuerdo de Ginebra es poner fin a la contención de Venezuela y el Reino Unido generada por el Laudo Arbitral de París del 3 de octubre de 1899. Con esta convención ambos países se comprometieron al establecimiento de una comisión mixta con el fin de solucionar la controversia mediante un arreglo práctico.

La República Cooperativa de Guyana, antes de alcanzar su independencia, había participado activamente en las negociaciones que tuvieron como resultado el Acuerdo de Ginebra[488] y, luego, el 26 de mayo de 1966, pocos meses después que se firmó el Acuerdo de Ginebra, el Reino Unido reconoció la independencia de la República Cooperativa de Guyana.

De inmediato, el 26 de mayo de 1966, el Ministro de Relaciones Exteriores de la República de Venezuela, Ignacio Iribarren Borges,

---

[488] *Cfr.* Héctor Faúndez Ledesma, *La competencia contenciosa de la Corte Internacional de Justicia y el caso Guayana vs. Venezuela*, Academia de Ciencias Políticas y Sociales, Editorial Jurídica Venezolana, Caracas, 2020. p. 193.

envió desde Caracas la respectiva nota de reconocimiento del nuevo Estado. Ese reconocimiento se limitó al territorio del nuevo Estado situado al este del Río Esequibo, salvaguardando los derechos de Venezuela sobre la Guayana Esequiba. En este sentido, Venezuela formuló una reserva relativa a la reclamación territorial de su frontera oriental y señaló que el reconocimiento *"que Venezuela hace del nuevo Estado de Guyana, no implica por parte de nuestro país renuncia o disminución de los derechos territoriales reclamados, ni de ninguna manera afecta los derechos de soberanía que se desprenden de la reclamación surgida en la contención venezolana de que el llamado Laudo Arbitral de París de 1899 sobre la frontera entre Venezuela y la Guayana Británica, es nulo e írrito"*[489].

A lo anterior, el gobierno de Venezuela añadió lo siguiente: *"Por lo tanto, Venezuela reconoce como territorio del nuevo Estado el que se sitúa al Este de la margen derecho del río Esequibo, y reitera ante el nuevo país, y ante la comunidad internacional, que se reserva expresamente sus derechos de soberanía territorial sobre toda la zona que se encuentra a la margen izquierda del precitado río; en consecuencia, el territorio de la Guayana Esequiba sobre el cual Venezuela se reserva expresamente sus derechos soberanos, limita al Este con el nuevo Estado de Guyana, a través de la línea del río Esequibo, tomado éste desde su nacimiento hasta su desembocadura en el Océano Atlántico"*[490].

El Reino Unido y luego, la República Cooperativa de Guyana han sostenido la validez del Laudo Arbitral de París mientras que para Venezuela se trata de una decisión nula e írrita. Esta contención fue recogida en el artículo I del Acuerdo:

> *"Se establece una Comisión Mixta con el encargo de buscar soluciones satisfactorias para el arreglo práctico de la controversia entre Venezuela y el Reino Unido surgida como consecuencia de la contención venezolana de que el Laudo Arbitral de 1899 sobre la frontera entre Venezuela y Guayana Británica es **nulo e írrito**"*. (Resaltado añadido).

---

[489] Rafael Sureda Delgado, *Venezuela y Gran Bretaña. Historia de una usurpación*, Tomo II, Trabajo presentado a la Ilustre Universidad Central de Venezuela para ascender, en el escalafón docente, a la categoría de Profesor Asistente, Caracas, 1974. p. 285.

[490] *Ídem*.

De conformidad con el artículo II del Acuerdo de Ginebra, se nombrarían cuatro representantes. Dos de ellos por el gobierno venezolano y los otros dos por el gobierno de la Guayana Británica. Dichos representantes serían quienes conformarían la comisión mixta. Según el artículo III del Acuerdo, la comisión mixta tendría también la obligación de presentar informes cada seis meses a partir de la celebración de la primera reunión.

Por otra parte, el artículo IV estableció lo que debía hacerse si la comisión no llegaba a ningún acuerdo en los cuatro años siguientes a partir de la firma del Tratado. Ello consistiría en escoger sin demora alguno de los mecanismos de solución previstos en el artículo 33 de la Carta de las Naciones Unidas (CNU) que indica:

> *1. "Las partes en una controversia cuya continuación sea susceptible de poner en peligro el mantenimiento de la paz y la seguridad internacionales tratarán de buscarle solución, ante todo, mediante la negociación, la investigación, la mediación, la conciliación, el arbitraje, el arreglo judicial, el recurso a organismos o acuerdos regionales u otros medios pacíficos de su elección.*
> *2. El Consejo de Seguridad, si lo estimare necesario, instará a las partes a que arreglen sus controversias por dichos medios".*

El mismo acuerdo establece que en caso de no llegar a ningún acuerdo en la selección del medio de solución, referirían la decisión del asunto a *"un órgano internacional apropiado que ambos Gobiernos acuerden"*. Si este acuerdo no ocurría, deberían plantearlo al Secretario General de la ONU. De no resultar efectivo el medio de solución elegido, el órgano que lo seleccionó o, en su caso, el Secretario General de la ONU, elegiría otro medio del artículo 33 de la CNU. Esta selección de medios de solución se repetiría hasta que se resolviera la disputa o hasta que se agotaran los medios del artículo 33, lo que ocurriera primero.

Según el artículo V del Acuerdo de Ginebra, su contenido no puede interpretarse en forma alguna como *"una renuncia o disminución por parte de Venezuela, el Reino Unido o la Guayana Británica de cualesquiera bases de reclamación de soberanía territorial en los Territorios de Venezuela o Guayana Británica"*. El Acuerdo de Ginebra tampoco menoscabaría lo expresado previamente en la forma de reclamaciones previamente formuladas.

El artículo V del Acuerdo de Ginebra además establece que *"Ningún acto o actividad que se lleve a cabo mientras se halle en vigencia este Acuerdo constituirá fundamento para hacer valer, apoyar o negar una reclamación de soberanía territorial en los Territorios de Venezuela o la Guayana británica"*. La única excepción sería cuando tales actos hayan sido producto de los acuerdos alcanzados en el marco del funcionamiento de las comisiones mixtas y hayan sido debidamente protocolizados.

El artículo VI del Acuerdo de Ginebra estableció la fecha en la cual debía reunirse la comisión mixta prevista en la convención en los siguientes términos: *"La Comisión Mixta celebrará su primera reunión en la fecha y lugar que sean acordados entre los Gobiernos de Venezuela y Guayana Británica. Esta reunión se celebrará lo antes posible después del nombramiento de sus miembros. Posteriormente, la Comisión Mixta se reunirá cuando y en la forma que acordaren los Representantes"*. Por otra parte, el artículo VII del Acuerdo de Ginebra estableció que la Convención comenzaría a estar vigente desde el día de su firma.

El artículo VIII del Acuerdo de Ginebra dispuso que *"Al obtener Guayana Británica su Independencia, el Gobierno de Guyana será en adelante parte del presente Acuerdo,* **además** *del Gobierno de Venezuela y del Gobierno del Reino Unido de Gran Bretaña e Irlanda del Norte"*. (Resaltado añadido).

El Reino Unido siempre ha sido parte del problema limítrofe, desde inicios del siglo XIX hasta que se reconoció a la República Cooperativa de Guyana como Estado independiente y más allá, pues, incluso, el Reino Unido firmó el 18 de junio de 1970, junto con Venezuela y la República Cooperativa de Guyana, el Protocolo de Puerto España por medio del cual se acordó suspender por un período de 12 años la aplicación del Acuerdo de Ginebra.

Esta consideración es muy importante en el procedimiento que cursa actualmente por ante la CIJ. Con fundamento en el Acuerdo de Ginebra y en el Protocolo de Puerto España podría llamarse al Reino Unido para que se haga parte en el juicio por ante la CIJ. Este es el criterio de Antonio Remiro-Brotóns quien afirma que *"la República Cooperativa de Guyana no se obligó por el Acuerdo de Ginebra mediante la aplicación de las reglas relativas a una sucesión de Estados, heredando o subrogándose en las obligaciones del Reino Unido, sino que lo hizo por y para sí misma, en virtud de una cláusula del mismo Acuerdo, libremente consentida por su representante*"[491].

El criterio de Remiro-Brotóns es compartido por Juan Carlos Sainz-Borgo quien considera importante"*...la necesidad de evaluar si se dio o no la sucesión del estado entre Guyana y el Reino Unido. Tema este complejo en el derecho internacional, y de la cual existe una Convención de Viena sobre sucesión de estados en Derecho de los Tratados*"[492].

El Acuerdo de Ginebra generó varios logros importantes. Como indicó Isidro Morales Paúl, mediante este Acuerdo se alcanzaron tres logros importantes para la reclamación venezolana sobre su frontera oriental: (i) se reconoció la existencia de una controversia; (ii) se puso en tela de juicio el efecto de cosa juzgada del Laudo Arbitral de París y (iii) se reactivó oficialmente de la discusión sobre el Laudo Arbitral de París[493].

Reconocer la existencia de una controversia, tal como lo hace el artículo I del Acuerdo de Ginebra, implica tácitamente que la disputa nunca fue solucionada. Como lo analizamos al referirnos a los caracteres de los laudos arbitrales, en principio, una decisión arbitral tiene carácter definitivo y obligatorio cuestión que a su vez, fundamenta la protección de la decisión mediante el efecto de cosa juzgada y el principio de intangibilidad. Sin embargo, el Laudo Arbitral de París es -como vimos- un acto jurídicamente inexistente debido a los varios vicios que posee y que acarrean su nulidad, lo cual se reconoce con la firma del Acuerdo de Ginebra. Por ello el artículo I del Acuerdo de Ginebra no hace más que reconocer lo que desde el 3 de octubre de 1899 siempre fue así. El Laudo Arbitral de París no fue un arreglo pleno, perfecto y

---

[491] Antonio Remiro-Brotóns, "El Acuerdo de Ginebra y la controversia del Esequibo", en Héctor Faúndez Ledesma y Rafael Badell Madrid (coords.), ob. cit., p. 356.

[492] Véase Juan Carlos Sainz-Borgo, "El Acuerdo de Ginebra a la luz del derecho de los tratados", *Boletín de la Academia de Ciencias Políticas y Sociales*, número 167, enero-marzo, Caracas, 2022.

[493] Isidro Morales Paúl, "Análisis crítico del problema fronterizo Venezuela-Gran Bretaña", en Tomás Enrique Carrillo Batalla (Coord.), ob. cit., pp. 201-202.

definitivo; en consecuencia la controversia nunca ha sido resuelta y de allí que el Acuerdo de Ginebra fue suscrito a objeto de hallar una solución práctica y mutuamente satisfactoria para las partes involucradas.

VII. PROTOCOLO DE PUERTO ESPAÑA

El 18 de junio de 1970, durante el primer gobierno del Presidente Rafael Caldera, se suscribió el Protocolo de Puerto España entre Venezuela, el Reino Unido y la República Cooperativa de Guyana. En representación de Venezuela firmó el Ministro de Relaciones Exteriores, Arístides Calvani; por el Reino Unido firmó el Alto Comisionado del Reino Unido e Irlanda del Norte en Trinidad y Tobago, Roland Charles Colin Hunt, y en representación de la República Cooperativa de Guyana firmó el Ministro de Estado, Shridath Surendranath Ramphal.

Para el momento de suscribirse el Protocolo de Puerto España, Venezuela se encontraba negociando la delimitación de áreas marinas y submarinas al norte del Golfo de Venezuela con la República de Colombia[494]. Por esta razón Venezuela decidió paralizar los efectos del Acuerdo de Ginebra y atender los problemas limítrofes que tenía con la República de Colombia[495]. En efecto, *"Venezuela se encontraba amenazada tanto por la República de Colombia, como por la República Cooperativa de Guyana, por lo que se decidió congelar las negociaciones con Guyana por doce años, para lograr estabilizar la política fronteriza"*[496].

El Protocolo de Puerto España fue suscrito cuatro años después de la adopción del Acuerdo de Ginebra, tiempo durante el cual la Comisión Mixta no logró solucionar la controversia. La finalidad del Protocolo de Puerto España fue suspender por un período de 12 años la aplicación del Acuerdo de Ginebra, paralizando la controversia y retrasando la aplicación de los medios de solución previstos en el artículo 33 de la CNU.

El Protocolo de Puerto España estableció en su preámbulo lo siguiente: *"Convencidos de que la promoción de la confianza mutua y de*

---

[494] Sobre esto véase en general Leandro Area Pereira "A vuelo de pájaro: La delimitación de las áreas marinas y submarinas al norte del Golfo de Venezuela", en *La diplomacia venezolana en democracia (1958-1998)*. Fernando Gerbasi (comp.), Kalathos Ediciones, Madrid, 2018.
[495] Andrés Eloy Burgos Gutiérrez (ed.), ob. cit., p. 49.
[496] *Ídem.*

un intercambio positivo y amistoso entre Guyana y Venezuela llevará a un mejoramiento de sus relaciones, como corresponde a naciones vecinas y amantes de la paz" se acordaron los seis artículos que componen el Protocolo de Puerto España.

El artículo I del Protocolo de Puerto España estableció que durante su vigencia los gobiernos de Venezuela y la República Cooperativa de Guyana explorarían todas las posibilidades para mejorar su entendimiento recíproco, principalmente a través de los canales diplomáticos de revisiones periódicas de sus relaciones para mejorarlas.

El artículo II indicó que durante la vigencia del Protocolo de Puerto España no se formularían reclamaciones de soberanía territorial entre Venezuela y la República Cooperativa de Guyana. El artículo II se complementa con el artículo III que declaró la suspensión del funcionamiento del artículo IV del Acuerdo de Ginebra y expresó que:

> *"...el funcionamiento de dicho Artículo se reanudará en el punto en que ha sido suspendido, es decir, como si el Informe Final de la Comisión Mixta hubiera sido presentado en esa fecha, a menos que el Gobierno de Guyana y el Gobierno de Venezuela hayan antes declarado conjuntamente por escrito que han llegado a un acuerdo completo para la solución de la controversia a la que se refiere el Acuerdo de Ginebra o que han convenido en uno de los medios de arreglo pacífico previstos en el Artículo 33 de la Carta de las Naciones Unidas".*

El artículo IV del Protocolo de Puerto España ratificó la vigencia del artículo V del Acuerdo de Ginebra, independientemente de encontrarse en vigor el Protocolo de Puerto España, con la precisión de que se sustituyen las palabras "Guayana Británica" -anterior denominación colonial de la República Cooperativa de Guyana- por la palabra "Guyana". El artículo V del Acuerdo de Ginebra establece:

> *"(1) Con el fin de facilitar la mayor medida posible de cooperación y mutuo entendimiento, nada de lo contenido en este Acuerdo será interpretado como una renuncia o disminución per parte de Venezuela, el Reino Unido o la Guayana Británica de cualesquiera bases de reclamación de soberanía territorial en los Territorios de Venezuela o Guayana Británica o de cuales quiera derechos que se hubiesen hecho valer previamente, o de*

reclamaciones de tal soberanía territorial o como prejuzgando su posición con respecte a su reconocimiento o no reconocimiento de un derecho a, reclame o base de reclame por cualquiera de ellos sobre tal soberanía territorial.

(2) Ningún acto o actividad que se lleve a cabo mientras se halle en vigencia este Acuerdo constituirá fundamento para hacer valer, apoyar o negar una reclamación de soberanía territorial en los Territorios de Venezuela o la Guayana Británica, ni para crear derechos de soberanía en dichos Territorios, excepto en cuanto tales actos o actividades sean resultado de cualquier convenio logrado por la Comisión Mixta y aceptado por escrito por el Gobierno de Venezuela y el Gobierno de Guyana. Ninguna nueva reclamación o ampliación de una reclamación existente a soberanía territorial en dichos Territorios será hecha valer mientras este Acuerdo esté en vigencia, ni se hará valer reclamación alguna sino en la Comisión Mixta mientras tal Comisión exista".

El artículo IV del Protocolo de Puerto España, además, eliminó dos frases del artículo V del Acuerdo de Ginebra, a saber:

"(a) « , excepto en cuanto tales actos o actividades sean resultado de cualquier convenio logrado por la Comisión Mixta y aceptado por escrito por el Gobierno de Venezuela y el Gobierno de Guyana", y

(b) « , ni se hará valer reclamación alguna sino en la Comisión Mixta mientras tal comisión exista»".

Por su parte, el artículo V del Protocolo de Puerto España estableció el período de vigencia de la convención, previendo que permanecería en vigor durante un período inicial de doce años, renovables, en principio, por doce años más, salvo que las partes acordaran un período distinto no menor de cinco años. Esta norma también reguló la forma en que debían acordarse las prórrogas del Protocolo de Puerto España que sería a través de un acuerdo escrito de ambas naciones, antes de concluir el período de doce años en curso.

El artículo V reguló además la forma de terminación del Protocolo de Puerto España, estableciendo que a tales fines era necesario que el gobierno que pretendiera terminar el protocolo enviara una notificación al otro gobierno con seis meses de anticipación a la fecha de terminación del período en curso. De no efectuarse tal notificación, operaría la reconducción tácita del Protocolo de Puerto España por doce años más. Finalmente, el artículo VI del Protocolo indicó que su entrada en vigor sería en la fecha de su firma.

El 4 de abril de 1981, el presidente Luis Herrera Campíns hizo público mediante un comunicado que el gobierno de Venezuela, en aquel momento, no tenía ninguna disposición de prorrogar el Protocolo de Puerto España[497].

El 10 de abril de 1981 se conoció la declaración del Ministro de Relaciones Exteriores, José Alberto Zambrano Velasco, referida a la no prórroga del Acuerdo de Ginebra. En dicha declaración el Ministro de Relaciones Exteriores expresó, entre otras cosas, lo siguiente:

> *"El Gobierno Nacional ha hecho pública, por comunicado de fecha 4 de abril de 1981, la decisión del Presidente Herrera Campíns de no prorrogar el Protocolo de Puerto España. Esta es, sin duda, una determinación trascendental, que sitúa en una clara perspectiva nuestra justa reclamación sobre el Territorio Esequibo. Por eso, continuar la controversia sobre si debe o no denunciarse el Protocolo de Puerto España; o si debió o no firmarse hace once años, parece innecesario y aún estéril. La decisión del Gobierno no se presta a interpretaciones: sin detenerse a valorar el significado histórico del Protocolo de Puerto España, es lo cierto que dicho instrumento no se renovará. El Gobierno juzga que deben explorarse nuevos caminos para materializar nuestra reclamación y estima interpretar, con su decisión, el sentir nacional"*[498].

El 11 de diciembre de 1981 el Ministerio de Relaciones Exteriores emitió un comunicado acerca de las disposiciones del artículo IV del Acuerdo de Ginebra que tras la no renovación del Protocolo de Puerto España contenía la ruta a seguir para lograr la resolución de la

---

[497] "Del Acuerdo de Ginebra al Protocolo de Puerto España", en portal web *El Espacio Acuático Venezolano*. Disponible en: https://elespacioacuaticovenezolano.com/2015/09/24/del-acuerdo-de-ginebra-al-protocolo-de-puerto-espana-sectoracuatico-elesequiboesnuestro/.

[498] "Declaración del Canciller Doctor José Alberto Zambrano Velasco referente a la no prórroga del Protocolo de Puerto España (Caracas, 10 de abril de 1981)" en portal web *El Esequibo en nuestro*. Disponible en: http://esequibonuestro.blogspot.com/search?q=4+de+abril+de+1981.

controversia limítrofe entre Venezuela y la República Cooperativa de Guyana. Ese comunicado expresó:

> *"Al cabo de más de once años de aplicación del Protocolo de Puerto España, el Presidente Luís Herrera Campíns, interpretando un amplio consenso nacional, y en la plena convicción de que esa determinación es la más adecuada para el interés del país y para la garantía de la paz y la seguridad internacionales, ha decidido poner cese a la aplicación de ese Tratado a partir del 18 de junio de 1982.*
> *Como consecuencia de esa decisión, desde la mencionada fecha, nuestra reclamación se regirá por el Acuerdo de Ginebra y, en concreto, por las disposiciones de su Artículo IV, el cual remite a los medios de solución pacífica recogidos por el Artículo 33 de la Carta de las Naciones Unidas que son: 1) Negociación, 2) Investigación, 3) Mediación, 4) Conciliación, 5) Arbitraje; 6) Arreglo Judicial; 7) Recurso a Organismos o Acuerdos Regionales; 8) Otros medios pacíficos.*
> *La decisión del Gobierno venezolano de no prorrogar el Protocolo de Puerto España, comporta la firme determinación de cumplir y exigir el cumplimiento del Acuerdo de Ginebra. Este Tratado establece una obligación de negociar una solución satisfactoria para el arreglo práctico de la controversia, de modo que ésta quede resuelta en forma que resulte aceptable para ambas partes. Hemos denunciado reiteradamente que Guyana no ha dado cumplimiento a esa obligación de negociar de buena fe. En este momento, cuando se da un nuevo giro a la cuestión, Venezuela renueva la esperanza de que Guyana rectificará esa conducta y de que se emprenderán auténticas negociaciones, destinadas a resolver la controversia.*
> *La fuerza de la posición de Venezuela no radica solamente en la razón que la asiste frente a la injusticia cometida, sino también, e inseparablemente, en su tradicional respeto por los compromisos internacionales que ha contraído y en su disposición de dar aplicación al Acuerdo de Ginebra"*[499].

---

[499] "Comunicado de la Cancillería de Venezuela referente a las disposiciones del Artículo IV del Acuerdo de Ginebra (Caracas, 11 de diciembre de 1981)" en portal web *El Esequibo en nuestro*. Disponible en: http://esequibonuestro.blogspot.com/2012/06/comunicado-de-la-cancilleria-de.html.

VIII. APLICACIÓN DEL ACUERDO DE GINEBRA

Finalizada la suspensión provocada por la aplicación del Protocolo de Puerto España, según el parágrafo primero del artículo IV del Acuerdo de Ginebra, la comisión mixta debía buscar una solución pacífica a la controversia.

El 12 de marzo de 1982, el Presidente Luis Herrera Campíns en su mensaje ante el Congreso de la República de Venezuela se refirió al estado de las relaciones diplomáticas con ocasión de la prescripción del Protocolo de Puerto España y el rechazo de Venezuela al Proyecto Hidroeléctrico Alto Mazaruni. Sus palabras fueron del siguiente tenor:

> "... *En abril de 1981 visitó a Venezuela el Presidente de la República Cooperativa de Guyana, Forbes Burnham, con quien conversé sobre los temas de común interés y, en particular, sobre nuestra reclamación histórica de la Zona del Esequibo y de nuestra oposición a la construcción de la Represa del Ato Mazaruni, mientras el problema no sea resuelto*"[500].

El 1 de abril de 1982, durante la reunión de Ministros de Relaciones Exteriores de la Comunidad del Caribe (CARICOM) celebrada en Belice, se aprobó un pronunciamiento que ratificó que las partes debían "*cumplir escrupulosamente las provisiones del Acuerdo de Ginebra y buscar arreglos de la controversia territorial por medios pacíficos*"[501].

El 17 de junio de 1982 el Ministro de Relaciones Exteriores, José Alberto Zambrano Velasco, expresó en un discurso ante el Congreso Nacional de Venezuela lo siguiente: "*No cabe duda de que, analizado con la mayor objetividad, el Protocolo de Puerto España ha justificado*

---

[500] Ministerio de Relaciones Exteriores, *Boletín Nº 5 del Archivo de la Casa Amarilla*, año 1998, p. 422. Cit. en El Espacio Acuático Venezolano, Décima quinta entrega: el territorio Esequibo recopilación histórica de la controversia 1979-1984. p. 6. Disponible en: https://www.avdm-cmi.com/_files/ugd/7a5940_a598fe76dece4d4a9d5c522538843be6.pdf.

[501] El Espacio Acuático Venezolano, Décima quinta entrega: el territorio Esequibo recopilación histórica de la controversia 1979-1984. p. 7. Disponible en: https://www.avdm-cmi.com/_files/ugd/7a5940_a598fe76dece4d4a9d5c522538843be6.pdf.

su existencia. Ante el pueblo guyanés ha quedado claramente demostrado que su permanente crisis económica y social no deriva, como quiso hacerlo creer su Gobierno, de un pretendido acoso venezolano. La perpetuación del régimen personalista existente en Guyana, en medio de acusaciones de manipulación electoral ha ido erosionando ante la Comunidad Internacional la imagen inicial, cuidadosamente cultivada, de una dirigencia patriótica recién llegada a la independencia, empeñada en la defensa de su país frente a un vecino codicioso. La paciente y serena actuación de Venezuela ha contrarrestado los intentos de configurarle una imagen de agresor y una sostenida acción diplomática ha hecho conocer ante los países del mundo los fundamentos de elemental justicia de la reclamación venezolana y la disposición permanente de nuestro país de alcanzar soluciones razonables por las vías pacíficas"[502].

Al día siguiente de aquella declaración, el 18 de junio de 1982 el Ministro de Relaciones Exteriores de Venezuela, José Alberto Zambrano Velasco, envió la comunicación GM-N° 135 dirigida al gobierno de la República Cooperativa de Guyana, en el cual ratificó la decisión del gobierno venezolano de no extender la vigencia del Protocolo de Puerto España más allá de ese mismo día 18 de junio de 1982. Zambrano Velasco envió otra comunicación (GM-N° 136) de iguales características pero dirigida al gobierno del Reino Unido e Irlanda del Norte[503].

La no renovación del Protocolo de Puerto España tuvo como efecto inmediato la reactivación del Acuerdo de Ginebra como único instrumento para la solución pacífica de la controversia. En este sentido, el 1 de julio de 1982, el gobierno venezolano propuso al gobierno de la República Cooperativa de Guyana la realización de negociaciones directas con el fin de solucionar la disputa[504], con fundamento en el Acuerdo de Ginebra.

Una semana después, el 8 de julio de 1982, el Ministro de Relaciones Exteriores, José Alberto Zambrano Velasco, durante la Convención

---
[502] Ídem.
[503] Ídem.
[504] Ibíd., p. 8.

de Gobernadores celebrada en Ciudad Bolívar, se refirió a la actitud del gobierno venezolano con ocasión de la plena reactivación del Acuerdo de Ginebra en los siguientes términos:

> *"El Acuerdo de Ginebra permite a las Partes un amplio margen de apreciación en relación con los métodos a seguir para la solución del diferendo, y con la calificación de "aceptable" para su solución. Sin embargo, esta libertad, por amplia que fuere, tiene su límite en cualquier actitud contraria al espíritu y a los términos del Acuerdo. A este respecto se estableció la previsión de que se debe buscar una solución "práctica", "aceptable para las dos Partes". No es, pues, una solución cualquiera la que debe ser buscada. Las Partes tienen la obligación estricta de no hacer nada, que represente un obstáculo a tal búsqueda. En razón de esta obligación fundamental, el Acuerdo estableció un sistema muy amplio de vías y medios para resolver el litigio. Nada de lo expuesto autoriza, sin embargo, a una de las partes a presentar el problema desde el principio, en forma que cierre toda posibilidad de buscar un compromiso, como resultó de la actitud guyanesa durante la etapa de la Comisión Mixta, y a que se detenga el desarrollo de las negociaciones, pues en este caso se obstaculiza de tal manera la realización de los fines del Acuerdo, que ello realmente autoriza a pensar que se le quiere dejar sin efecto"*[505].

El 2 de agosto de 1982 ocurrieron dos cosas importantes para la reclamación en el marco del proceso de reactivación del Acuerdo de Ginebra. En primer lugar, el Ministro de Relaciones Exteriores de Venezuela, José Alberto Zambrano Velasco, mediante comunicación N° DG-401, informó el Secretario General de la ONU, Javier Pérez de Cuéllar, que en fecha 18 de junio de 1982 el Acuerdo de Ginebra del 17 de febrero de 1966 recobró plena vigencia. El segundo evento importante fue que la República Cooperativa de Guyana no aceptó resolver la controversia mediante negociaciones directas -como lo había propuesto Venezuela el 1 de julio de 1982- y sugirió resolver la disputa mediante arreglo judicial de la CIJ[506].

---
[505] *Ídem.*
[506] *Ibíd.*, p. 9.

El 30 de agosto de 1982, mediante Nota GM-185, el gobierno de Venezuela rechazó la sugerencia de arreglo judicial formulada por la República Cooperativa de Guyana e insistió en una negociación de bases más amplias que hagan posible solucionar satisfactoriamente la controversia[507].

El 19 de septiembre de 1982, ante la falta de consenso respecto del medio de solución de la controversia, el gobierno venezolano informó a la República Cooperativa de Guyana y al Reino Unido e Irlanda del Norte que sometería la selección del medio de solución de la controversia al Secretario General de Naciones Unidas[508]. Ese mismo día, el Ministro de Relaciones Exteriores de Venezuela, José Alberto Zambrano Velasco, procedió muy diligentemente y mediante comunicación GM-N° 214, expresando al Secretario General de Naciones Unidas, Javier Pérez de Cuéllar, lo siguiente: *"El Gobierno de Venezuela ha llegado al convencimiento de que el organismo internacional más apropiado para señalar el medio de solución es el Secretario General de O.N.U., quien aceptó esta responsabilidad por nota del 04ABR1966, suscrita por U. Thant, y cuya actuación fue expresamente convenida por las Partes en el texto mismo del Acuerdo de Ginebra"*[509].

El 27 de septiembre de 1982, el Ministro de Relaciones Exteriores de Venezuela, José Alberto Zambrano Velasco, durante el Trigésimo Séptimo Período de la Asamblea General de Naciones Unidas, expresó: *"La Historia de esta humillante mutilación no puede ser olvidada por los venezolanos. Toda nuestra tradición, todos nuestros instintos nos llevan al deseo de mantener y desarrollar con el pueblo guyanés, que en verdad fue, como nosotros, víctima del imperialismo británico y que, como nosotros, pertenece a los pueblos que tratan de alcanzar el desarrollo, las más estrechas relaciones de amistad, cooperación y solidaridad... La verdad es clara, ni la ambición territorial ni la codicia de riquezas ajenas alimentan la reivindicación venezolana"*[510].

El 28 de marzo de 1983, la República Cooperativa de Guyana aceptó la intervención del Secretario General de Naciones Unidas, Javier

---

[507] *Ídem.*
[508] *Ídem.*
[509] *Ídem.*
[510] *Ibíd.*, p. 10.

Pérez de Cuéllar, para seleccionar el medio de solución de la controversia. Al día siguiente, el 29 de marzo de 1983, el Ministro de Relaciones Exteriores de la República Cooperativa de Guyana informó al Ministro de Relaciones Exteriores de Venezuela su aceptación de *"referir la decisión acerca del medio de solución al Secretario General de la Organización de las Naciones Unidas"*[511].

El 31 de marzo de 1983, el Secretario General de Naciones Unidas, Javier Pérez de Cuéllar, aceptó intervenir en la selección del medio de solución de la controversia, de conformidad con el mandato del parágrafo segundo del artículo IV del Acuerdo de Ginebra[512].

Una vez que se oficializó la intervención del Secretario General de Naciones Unidas, con arreglo a lo establecido en el parágrafo segundo del artículo IV del Acuerdo de Ginebra, el 31 de agosto de 1983, Diego Cordovez fue designado enviado especial del Secretario General de Naciones Unidas, Javier Pérez de Cuéllar.

A Diego Cordovez se le encomendó una misión exploratoria que implicó visitar Caracas y Georgetown entre el 21 y 24 de agosto de 1983, con el propósito de conocer la posición de las partes respecto de la elección de los medios para una solución pacífica. Luego de varias reuniones propuso una solución a las partes que consistía en establecer una comisión de conciliación o grupo de contacto. Venezuela rechazó la propuesta y se optó por emplear el mecanismo de los buenos oficios.

El 6 de junio de 1984, el Embajador Emilio Figueredo Planchart fue designado Representante Personal del Ministro de Relaciones Exteriores de Venezuela, Isidro Morales Paúl, ante Shridath Ramphal a objeto de gestionar acercamientos informales sobre la búsqueda de una solución a la controversia entre Venezuela y la República Cooperativa de Guyana. Se trató de gestiones de oficio que se intentaron al margen de los mecanismos previstos en el Acuerdo de Ginebra[513].

El 20 de septiembre de 1984, visto el otorgamiento de concesiones de explotación petrolera en la zona en reclamación por parte del

---

[511] *Ibíd.*, p. 12.
[512] *Ídem.*
[513] El Espacio Acuático Venezolano, Décima sexta entrega: el territorio Esequibo recopilación histórica de la controversia 1984-1989. p. 1. Disponible en: https://www.avdm-cmi.com/_files/ugd/7a5940_03ed442c422f4dbf86baca55b30ec88a.pdf.

gobierno de la República Cooperativa de Guyana, el Ministro de Relaciones Exteriores de Venezuela, Isidro Morales Paúl, dirigió una misiva al Ministro de Relaciones Exteriores de la República Cooperativa de Guyana, Rashleigh Jackson, en la que expresó lo siguiente:

> "...Por otra parte, si bien el Gobierno de Venezuela ve con complacencia cualquier actividad que tienda al mejoramiento económico y social de Guyana, al propio tiempo resulta pertinente, dentro del clima de cordialidad que ha caracterizado las relaciones entre ambos países, que el Gobierno de Guyana considere la preocupación que ocasiona la realización de convenios con participación de terceros, dentro del área de reclamación..."[514].

El 6 de febrero de 1985, Emilio Figueredo Planchart es acreditado oficialmente como Embajador en Misión Especial ante las Naciones Unidas para la aplicación del Acuerdo de Ginebra[515]. Luego de su designación, entre el 20 y 22 de marzo de 1985, se celebraron varias reuniones que cristalizaron en la propuesta oficiosa del representante Diego Cordovez, también conocida como la fórmula Cordovez, la cual no resultó compatible con los intereses nacionales de Venezuela[516]. El 4 de julio de 1985, el Ministerio de Relaciones Exteriores de Venezuela, en análisis conjunto con asesores, determinó la inconveniencia de la fórmula Cordovez y convino en sugerir una fórmula de buenos oficios[517].

Durante el mes de septiembre, el Ministro de Relaciones Exteriores de Venezuela, Simón Alberto Consalvi, explicó al Ministro de Relaciones Exteriores de la República Cooperativa de Guyana, Rashleigh Jackson, cuáles eran las reservas de Venezuela respecto de la fórmula Cordovez y adelantó la fórmula de buenos oficios que funcionaría mediante el nombramiento de una personalidad elegida por ambas partes a objeto de asistirlas en los puntos controvertidos del diferendo territorial[518].

Las reservas de Venezuela fueron tomadas en consideración por Diego Cordovez, quien revisó su primera propuesta y presentó una

---

[514] *Ibíd.*, p. 2.
[515] *Ídem.*
[516] *Ídem.*
[517] *Ibíd.*, p. 3.
[518] *Ídem.*

nueva que tampoco fue aceptada por Venezuela, quien la consideró "mejorable"[519]. En noviembre, Rubén Carpio Castillo y Oswaldo Álvarez Paz sostuvieron una reunión con Diego Cordovez y le propusieron nuevas modificaciones. Esto se materializó en una tercera versión de la fórmula Cordovez que fue presentada a las partes en julio de 1986, junto con un Aide Memoire de Naciones Unidas.

El mecanismo propuesto por Cordovez consistió en el *"establecimiento de un Grupo de Contacto para el arreglo de la controversia, formado por cinco miembros. Cada gobierno designaría dos miembros, uno de su nacionalidad, y el otro debía tener nacionalidad diferente. Los cuatro miembros escogerían el quinto miembro, quien sería el presidente del Grupo de Contacto; pero la nacionalidad debía ser diferente a la de los otros cuatro miembros seleccionados. El Grupo de Contacto adoptaría sus decisiones por consenso y su propósito sería lograr una solución aceptable y definitiva; podría presentar informes parciales al Secretario General, y al final de su trabajo presentaría el Informe definitivo al Secretario General"*[520].

Aunque la tercera versión de la fórmula Cordovez -explicada en el parágrafo anterior- era mucho mejor que la primera, también fue rechazada por la partes por su excesivo formalismo y rigidez *"que limitaba las posibilidad de contacto directo entre los Gobiernos de Venezuela y Guyana"*[521].

En febrero de 1987, el gobierno venezolano dio instrucciones al Embajador Pedro Sorensen para que planteara *"al más alto nivel guyanés una fórmula de los buenos oficios que fuera lo más flexible, sencilla, menos elaborada y menos específica: un procedimiento en el cual, todo fluya de manera natural y permita a las partes abordar el problema sin estar obligados a adoptar posiciones formales"*[522].

Los días 10 y 11 de marzo de 1987 tuvo lugar en Georgetown la reunión entre el Ministro de Relaciones Exteriores de Venezuela, Simón Alberto Consalvi, y el Ministro de Relaciones Exteriores de la República Cooperativa de Guyana, Rashleigh Jackson. En dicha reunión, el

---
[519] *Ídem.*
[520] Ibíd., p. 5
[521] *Ídem.*
[522] Ibíd., p.7.

Ministro Jackson afirmó que *"estaban preparados para ser flexibles, sugiriendo comunicar al Secretario General de la ONU, que ambos países estaban discutiendo el asunto para precisar los términos de una nueva propuesta. Exigiendo que se le presentaran los detalles y modalidades de los buenos oficios"*[523]. Por su parte, el Ministro Simón Alberto Consalvi expuso los beneficios del mecanismo de los buenos oficios al Presidente de la República Cooperativa de Guyana, Desmond Hoyte, quien no formuló críticas al respecto[524].

Entre el 24 y el 28 de marzo de 1987 ocurrió la visita oficial a Venezuela por parte del Presidente de la República Cooperativa de Guyana, Desmond Hoyte. Durante esa visita se emitió un comunicado conjunto que fue del siguiente tenor:

> *"Los dos Jefes de Estado examinaron la cuestión de la controversia entre los dos países y señalaron que el clima de amistad y entendimiento que existe entre Guyana y Venezuela es propio para tratar ese aspecto fundamental de las relaciones bilaterales con flexibilidad y buena voluntad... Al manifestar al doctor Javier Pérez de Cuellar su agradecimiento... reiteraron su determinación de continuar cooperando plenamente con el Secretario General en la escogencia de un medio de solución". En conversaciones de Presidentes y Cancilleres se convino de manera oficiosa en: "sugerir al Secretario General que proponga una fórmula de Buenos Oficios, confiados a una persona escogida por el Secretario General"*[525].

En 1989, el Secretario General de Naciones Unidas Javier Pérez de Cuéllar designó a Meredith Alister McIntyre como su representante y buen oficiante[526].

El 2 de febrero de 1989, el presidente de Venezuela, Carlos Andrés Pérez, se reunió con el presidente de Guyana, Desmond Hoyte, durante su toma de posesión en Caracas. El presidente Carlos Andrés Pérez

---

[523] Ídem.
[524] Ídem.
[525] Ídem.
[526] El Espacio Acuático Venezolano, Décima séptima entrega: el territorio Esequibo recopilación histórica de la controversia 1989-1993. Disponible en https://www.avdm-cmi.com/_files/ugd/7a5940_eb21f9b693b94b0aaac3669445c65f06.pdf.

heredó un marco de cooperación con Guyana y esperaba encontrar una solución constructiva a la controversia territorial[527].

Del 3 al 7 de julio de 1989, se celebró la décima reunión de la Conferencia de los Jefes de Gobierno de la Comunidad del Caribe en Gran Anse, Grenada. Los Jefes de Gobierno expresaron su satisfacción por las mejoras en las relaciones entre Guyana y Venezuela, destacando la cooperación existente para el beneficio mutuo y la búsqueda de nuevas formas de cooperación. También reconocieron que ambos países han continuado cooperando con el Secretario General de las Naciones Unidas en el cumplimiento del mandato del Acuerdo de Ginebra de 1966 para encontrar una solución pacífica a la controversia territorial[528].

En octubre de 1989, el presidente de Guyana, Desmond Hoyte, ofreció 360.000 hectáreas de selva tropical en la Zona en Reclamación a la comunidad internacional bajo los auspicios de la Comunidad Británica para un proyecto piloto de estudio de la utilización sostenida del bosque y la conservación de las especies[529].

El 8 de noviembre de 1989, el presidente de Venezuela, Carlos Andrés Pérez, se reunió con el presidente de Guyana, Desmond Hoyte, en Puerto Ordaz, Venezuela, y aceptaron la designación de Alister McIntyre como Buen Oficiante para la solución de la controversia territorial. Guyana aceptó dejar la controversia al Secretario General de la ONU y, por lo tanto, aceptó la designación del Buen Oficiante. A pesar de las críticas en Guyana, Pérez mantuvo la amistad con Guyana y firmó acuerdos de cooperación importantes para el país vecino[530].

El 11 de noviembre de 1989, el Sr. Alister McIntyre fue designado Buen Oficiante para la solución del conflicto por el presidente Carlos Andrés Pérez. El Buen Oficiante comenzó a ejercer sus funciones en marzo de 1990, después de visitar Venezuela para recopilar información[531].

El 11 de febrero de 1990, el Ministro de Relaciones Exteriores de Venezuela, Reinaldo Figueredo, firmó un Protocolo de Intención

---
[527] Ídem.
[528] Ídem.
[529] Ídem.
[530] Ídem.
[531] Ídem.

sobre un proyecto de interconexión eléctrica con su homólogo Rashleigh Jackson en Guyana. Ambos Cancilleres manifestaron su satisfacción por la designación de Allister McIntyre como Buen Oficiante para la solución de la controversia territorial entre Venezuela y Guyana[532].

El 18 de abril de 1990, se firmó en Caracas el Tratado de Delimitación de Áreas Marinas y Submarinas entre Venezuela y Trinidad y Tobago, consolidando el interés prioritario de Venezuela en obtener una salida soberana y libre desde la cuenca del Río Orinoco al Océano Atlántico y permitiendo el acceso a las 200 millas náuticas y la explotación y exploración de áreas que pertenecen inequívocamente a cada país. El Tratado también estableció una cláusula de unidad de yacimiento para facilitar la solución de problemas relacionados con cualquier recurso compartido[533].

El 28 de abril de 1990, los Ministros de Relaciones Exteriores de Venezuela y de la República Cooperativa de Guyana, Reinaldo Figueredo Planchart y Rashleigh Jackson, respectivamente, se reunieron con el Buen Oficiante Allister McIntyre en la sede de la ONU en Nueva York para establecer el mecanismo a aplicar en el proceso de Buenos Oficios. Se adoptó el criterio de Facilitadores, que permitía un mecanismo flexible y discreto, al margen de los canales oficiales y formales, para discutir y explorar parámetros de solución sin compromisos diplomáticos[534].

El mismo día, los ministros Consalvi y Jackson acordaron instrumentar el mecanismo de los facilitadores, flexible y discreto, para permitir la discusión y exploración de parámetros de solución sin la rigidez de los compromisos diplomáticos[535].

Del 13 al 16 de junio de 1990, el Ministro de Relaciones Exteriores de Guyana, Rashleigh Jackson, visitó Venezuela y ambos cancilleres discutieron varios temas de cooperación bilateral, como el ingreso de Venezuela al CARICOM como observador, la revisión del sistema interamericano para facilitar el ingreso de Guyana a la OEA, la interconexión eléctrica, la revisión del acuerdo petrolero y el otorgamiento de líneas de crédito a Guyana[536].

---

[532] *Ídem.*
[533] *Ídem.*
[534] *Ídem.*
[535] *Ídem.*
[536] *Ídem.*

Del 31 de julio al 2 de agosto de 1990, se celebró la Décima Primera Reunión de la Conferencia de los Jefes de Gobiernos de la Comunidad del Caribe en Kingston, Jamaica. Los jefes de gobierno expresaron su satisfacción con el hecho de que las bases de la cooperación entre Guyana y Venezuela habían sido fortalecidas por el beneficio mutuo de la continua cooperación funcional en un número de áreas específicas. También destacaron que el proceso iniciado con el nombramiento del Sr. Alister McIntyre como Representante Personal del Secretario General de las Naciones Unidas para ejercer las funciones de "Buen Oficiante" habían sido reforzadas aún más como resultado de reuniones e intercambios de puntos de vista entre él y funcionarios de ambos gobiernos[537].

El 13 de agosto de 1990, se llevó a cabo la primera reunión de Facilitadores en Nueva York. Del 16 al 17 de agosto del mismo año, el presidente de Venezuela, Carlos Andrés Pérez, visitó Guyana por segunda vez y se discutieron varios temas de cooperación bilateral, como la construcción de un gimnasio múltiple y de un edificio para la facultad de medicina de la Universidad de Georgetown por parte de Venezuela, la posibilidad de interconexión eléctrica, el suministro de bauxita y la convocatoria de una reunión para tratar el tema sobre el uso ilícito de las drogas. También durante esta visita, le fue conferido al Presidente de la República Cooperativa de Guyana, Hugh Desmond Hoyte, el Collar de la Orden del Libertador[538].

El 11 de octubre de 1990, se suscribió un acuerdo entre la Fuerza de Defensa, el Ejército Nacional de la República Cooperativa de Guyana y el Ejército de la República de Venezuela[539].

El 7 de diciembre de ese mismo año, las empresas canadienses Golden Star´s Resouces y CAMBIOR informaron haber completado la fase de exploración de la concesión OMAI y se prepararon para la explotación aurífera en esta área de la zona en reclamación[540].

El 10 de diciembre de 1990, después de veinticuatro años de independencia, la República Cooperativa de Guyana fue admitida como

---

[537] *Ídem.*
[538] *Ídem.*
[539] *Ídem.*
[540] *Ídem.*

miembro pleno de la OEA. Esto fue posible después de que se facilitara la modificación del Artículo 8°, por las gestiones de las cancillerías de Belice y Guyana. Venezuela no se opuso a este ingreso debido a los derechos históricos, jurídicos y sociales que le asistían por los territorios ubicados al oeste del río Esequibo. En esa oportunidad, se demostró -una vez más- la tradición y vocación anticolonialista de Venezuela, su respeto por la autodeterminación de los pueblos, su vocación democrática y su buena fe en las negociaciones en la búsqueda de un arreglo práctico de la controversia por los territorios ubicados al oeste del río Esequibo[541].

En enero de 1991, la República Cooperativa de Guyana se unió a la OEA después de que, el 10 de diciembre de 1990, según lo establecido en el Protocolo de Cartagena de Indias, se cesó la aplicación del Artículo 8 que impedía su incorporación[542].

El 1 de abril de 1991, el Presidente de la República Cooperativa de Guyana, Desmond Hoyte, promulgó una resolución que establecía una zona económica exclusiva. Esta resolución había sido firmada el 23 de febrero de 1991. Con esta medida, la zona de pesca establecida en 1977 se convirtió en un área donde Guyana reclama derechos de exploración, explotación, conservación y manejo de los recursos naturales y el aprovechamiento de la fuente de energía eólica y marítima[543].

También en abril, se llevó a cabo una reunión informativa en Nueva York entre los Gobiernos de Venezuela y Guyana, donde los ministros de relaciones Exteriores de ambos países y el representante del secretario de la ONU el Buen Oficiante Allister McIntyre, analizaron las funciones que venía cumpliendo éste. Hubo coincidencia de criterios, al concluir que la gestión estaba basada en los "Buenos Oficios" y no guardaba un carácter "mediador", como se ha pretendido hacer ver, acordando continuar con el mismo procedimiento[544].

El 14 de junio de 1991, el presidente de la República Cooperativa de Guyana, Sr. Desmond Hoyte, y el presidente de Venezuela, Carlos Andrés Pérez, se reunieron en Kanavayén, estado Bolívar, para

---

[541] *Ídem.*
[542] *Ídem.*
[543] *Ídem.*
[544] *Ídem.*

conversar sobre el estado de la cooperación bilateral y sobre temas de interés regional e internacional. En la reunión, revisaron la gestión Allister McIntyre en torno a la controversia limítrofe, calificándola de "satisfactoria"[545].

Del 2 al 4 de julio de 1991, se celebró la Décima Segunda Reunión de la Conferencia de los Jefes de Gobiernos de la Comunidad del Caribe, en Basseterre, St. Kitts y Nevis. En el comunicado se indicó que los jefes de gobierno revisaron el estado de las relaciones entre Guyana y Venezuela y expresaron su satisfacción por la continua expansión de la cooperación funcional en varias áreas, incluyendo el sector privado, el militar y los sectores de salud, educación y energía. Asimismo, expresaron su confianza en que Venezuela desistiera de alguna acción o amenaza de acción que afectara el desarrollo económico de Guyana[546].

El 17 de septiembre de 1991, el Ministro de Relaciones Exteriores de Venezuela, Armando Durán, visitó Guyana para asistir a la inauguración del Gimnasio Múltiple y las instalaciones de la Facultad de Medicina de la Universidad de Georgetown que Venezuela donó a Guyana. En septiembre, el Canciller Armando Duran también se entrevistó con el Buen Oficiante Allister McIntyre en Nueva York[547].

El 17 de octubre de 1991, el Gobierno de Guyana concedió a la empresa surcoreana Barama Company Limited una concesión de 4.126 acres para la explotación maderera en la zona en reclamación, que abarcaba los distritos de Noroeste y Mazaruni-Potaro[548].

Del 20 al 23 de noviembre de 1991, se llevó a cabo en Georgetown la IV Reunión de la Comisión Mixta Venezolana-Guyanesa, en la que se aprobó el Plan de Actividades Conjuntas para el área de Cooperación[549].

El 2 de abril de 1992, se concedió una concesión para la explotación maderera en la Zona en Reclamación a una empresa de capital coreano y malayo por parte del Gobierno guyanés[550].

---

[545] *Ídem.*
[546] *Ídem.*
[547] *Ídem.*
[548] *Ídem.*
[549] *Ídem.*
[550] *Ídem.*

En junio de 1922, el nuevo Secretario General de las Naciones Unidas, Boutros Gahili, ratificó a Allister McIntyre como su representante después de consultar con los gobiernos de Venezuela y Guyana. Durante la XIII Cumbre de los países pertenecientes al Mercado Común del Caribe (CARICOM) celebrada en Puerto España, Trinidad, el Ministro de Relaciones Exteriores de Venezuela, Fernando Ochoa Antich, se reunió con Allister McIntyre. Este último declaró que creía en un arreglo práctico en el Esequibo, en vista de que ambos países mantenían buenas relaciones. También afirmó que el próximo acuerdo de Venezuela con el CARICOM beneficiaría las discusiones sobre el territorio del Esequibo[551].

Del 29 de junio al 2 de julio de 1992, se celebró la Décima Tercera Reunión de la Conferencia de los Jefes de Gobiernos de la Comunidad del Caribe en Puerto España, Trinidad y Tobago. En su comunicado, los Jefes de gobierno expresaron los desarrollos en las relaciones entre Guyana y Venezuela y su satisfacción por la expansión de la cooperación funcional en varias áreas entre los dos países. También reafirmaron su confianza en que Guyana y Venezuela continuarían explorando todas las iniciativas bajo los auspicios del Secretario General de las Naciones Unidas para avanzar en la controversia surgida por el reclamo territorial de Venezuela[552].

El 6 de septiembre de 1992, durante la Décima Conferencia de Jefes de Estado y de Gobierno del Movimiento de los Países No Alineados, celebrada en Jakarta, Indonesia, se adoptó el siguiente párrafo: "Ellos notaron con satisfacción la profundización de las relaciones entre Guyana y Venezuela, como se refleja en los niveles de crecimiento de una efectiva cooperación. Ellos reciben con beneplácito la intención demostrada por ambos países en afianzar el proceso de diálogo para resolver las diferencias entre ellos y en cooperar con el Secretario General de la O.N.U., en el cumplimiento del mandato que le dio el Acuerdo de Ginebra de 1966"[553]. El 9 de octubre de 1992, el Doctor Cheddi Jagan del Partido Progresista Popular (PPP) asumió la presidencia de Guyana[554].

---

[551] Ídem.
[552] Ídem.
[553] Ídem.
[554] Ídem.

El 10 de febrero de 1993, la compañía SUNKYONG y la empresa canadiense HOMEOIL informaron sobre una asociación para realizar un proyecto de exploración petrolera en las concesiones otorgadas por el Gobierno guyanés[555].

Del 17 al 19 de febrero de 1993, Cheddi Jagan, Presidente de la República Cooperativa de Guyana, realizó una visita oficial a Venezuela. Durante su visita, se firmó un Memorándum de Entendimiento sobre Coordinación, Consulta y Evaluación de la Cooperación entre la República de Venezuela y la República Cooperativa de Guyana. Además, se discutieron temas como pesca, petróleo, materias sanitarias, interconexión eléctrica, operaciones anti-narcóticos y de minería ilegal en las respectivas áreas, así como medidas restrictivas a la actividad minera en los ríos Cuyuni, Venamo, Amacuro y Akarabisi, control y restricción a la inmigración en el área fronteriza[556].

Durante la visita, se firmó una Declaración Conjunta en la que se hacía énfasis en el apoyo a la gestión de Buenos Oficios ejercida por Allister McIntyre, en la búsqueda de un entendimiento para la solución práctica de la reclamación que mantiene ambas naciones. El Presidente Cheddi Jagan anunció que nombraría a Barton Scotland como facilitador por parte de Guyana en el proceso de negociación en busca de una solución práctica a la controversia[557].

El 31 de marzo de 1993, Alyster McIntyre, el Buen Oficiante, visitó Venezuela, mientras que el 4 de abril, se reunió con el Gobierno y el Fiscal General en Guyana[558].

Entre el 5 y el 8 de julio de 1993, los jefes de Gobierno de la CARICOM emitieron un comunicado destacando su complacencia y confianza por la decisión de Venezuela y Guyana de continuar en la búsqueda de una solución pacífica a la controversia de sus límites bajo los auspicios del Secretario General de las Naciones a través de los Buenos Oficios ejercidos por Allister McIntyre. La Décima Cuarta Reunión de la Conferencia de los Jefes de Gobiernos de la Comunidad del Caribe,

---

[555] *Ídem.*
[556] *Ídem.*
[557] *Ídem.*
[558] *Ídem.*

celebrada en Nassau, Las Bahamas, expresó su apoyo a la soberanía e integridad territorial de Guyana[559].

El 10 de agosto de 1993, Venezuela emitió una Nota de Protesta al Gobierno de la República Cooperativa de Guyana por el otorgamiento de concesiones petroleras a la empresa Mobil -actualmente ExonnMobil-, costa afuera, en las áreas marinas y submarinas de la Zona en Reclamación y del estado Delta Amacuro. Venezuela afirmó que, aunque el otorgamiento de concesiones no tenía ningún efecto sobre la reclamación, la adopción de un trazado unilateral que conlleva a otorgar concesiones en áreas marítimas que correspondan a la proyección de la fachada marítima que se extiende entre Punta Araguapiche y Punta Playa constituía zonas sobre las cuales Venezuela ejerce efectiva y plenamente su soberanía y jurisdicción[560].

El 11 de octubre de 1993, Allister McIntyre visitó Venezuela para entrevistarse con el Gobierno y distintos sectores políticos. El 14 de octubre, el Buen Oficiante visitó Guyana para entrevistarse con el Gobierno, las Fuerzas Armadas, Fuerzas Policiales y los Sectores Universitarios[561].

En febrero de 1994 el Buen Oficiante Allister McIntyre expresó su deseo de reanudar las conversaciones entre los gobiernos de Venezuela y Guyana. En el mes de marzo de ese año, se acordó realizar una reunión conjunta en Nueva York[562].

El 15 de marzo de 1994 se reemplazó al Sr. Barton Scotland como facilitador en el proceso de negociación de los Buenos Oficios, y se designó en su lugar a Ralph Ramkarram. Venezuela recibió la notificación correspondiente por parte del Ministerio de Relaciones Exteriores de la República Cooperativa de Guyana[563].

El 3 de mayo de 1994 el Ministerio de Relaciones Exteriores de Venezuela emitió un comunicado de prensa reiterando su posición ante el otorgamiento de concesiones por parte de Guyana a empresas

---

[559] *Ídem.*
[560] *Ídem.*
[561] *Ídem.*
[562] El Espacio Acuático Venezolano, Décima octava entrega: el territorio Esequibo recopilación histórica de la controversia 1993-1999. Disponible en https://www.avdm-cmi.com/_files/ugd/7a5940_a8473729e6ae415e9fce13923d6b53c6.pdf.
[563] *Ídem.*

extranjeras en el territorio Esequibo. Mediante el comunicado se afirmó que estas nuevas concesiones no afectaban ni los títulos ni los derechos de Venezuela, los cuales estaban amparados en el Artículo V del Acuerdo de Ginebra de 1966. El 25 de mayo, el Buen Oficiante Alyster McIntyre visitó nuevamente Venezuela[564].

Del 4 al 7 de julio de 1994, se celebró en Bridgetown, Barbados, la Décima Quinta Reunión de la Conferencia de los Jefes de Gobierno de la Comunidad del Caribe. En el comunicado correspondiente, se destacó el progreso del Proceso de los Buenos Oficios del Representante Personal del Secretario General de las Naciones Unidas, el cual aspira una solución pacífica y duradera de la controversia entre Guyana y Venezuela. Además, se reiteró el apoyo por la soberanía e integridad territorial de Guyana y que las relaciones bilaterales entre ambos países habían progresado normalmente[565].

El 4 de enero de 1995 se activó la Unidad Especial de Guyana, bajo la coordinación del Vicealmirante Elías R. Daniels Hernández, encargada de investigar todos los aspectos relacionados con la reclamación del territorio Esequibo. La unidad tenía varias tareas, como mantener actualizada la información sobre los aspectos nacionales e internacionales, preparar análisis concluyentes y coordinar apoyos con las instituciones relacionadas[566].

El 3 de marzo del mismo año, el Ministro de Relaciones Exteriores de Venezuela, Miguel Angel Burelli Rivas, visitó Guyana y se reunió con el Presidente Cheddi Jagan y el Ministro de Relaciones Exteriores de ese país, Clement Rohee. Durante la reunión, se planteó el enfoque de globalidad para abordar las relaciones bilaterales, que permitiera discutir y plantear soluciones a los problemas comunes, incluyendo la reclamación territorial. La nueva estrategia de la globalidad era una corriente y metodología de negociaciones conocida como negociación integrativa, que consiste en la complementariedad de interés[567].

El mecanismo y método que se aplican en las negociaciones de mutuo acuerdo, para fijar una agenda global de asuntos comunes

---

[564] *Ídem.*
[565] *Ídem.*
[566] *Ídem.*
[567] *Ídem.*

pendientes, se aplican debido a la naturaleza y características de la negociación. Con esta globalidad, se buscaba disminuir los aspectos conflictivos por la reclamación del Esequibo, buscando un mejor momento político para su solución[568].

Ambas naciones aceptaron formalmente el procedimiento ya convenido de acudir al Secretario de la ONU. Por otro lado, no era posible incluir todos los problemas domésticos a lo largo de la frontera oriental sin atender al diferente grado de importancia que tienen, ni pretender resolverlos a un tiempo, sin antes ordenar sus soluciones[569].

Lo más importante, delicado y trascendente era no comprometer, bajo ninguna circunstancia, la tradicional posición venezolana sobre la reclamación de los territorios ubicados al oeste del río Esequibo en una justa negociación que conlleve a un arreglo práctico de la injusticia cometida en el Tribunal Arbitral de Paris en 1899, que le arrebató a Venezuela 159.500 kilómetros cuadrados de territorio[570].

El 7 de julio de 1995, durante la Sexta Reunión de los Jefes de Gobierno del CARICOM en Georgetown se expresó el Comunicado que indicaba que los jefes de gobierno se complacieron por la intención de Guyana de establecer un Comité Selecto Parlamentario para Asuntos Fronterizos para tratar este tema. También se complacieron por el continuo compromiso de Guyana al proceso de Buenos Oficios conducido por Allister McIntyre como medio para resolver la controversia fronteriza y reafirmar su apoyo a la soberanía e integridad territorial de Guyana[571].

El 18 de julio de 1995, durante la reunión del Buen Oficiante Alyster McIntyre con el Presidente Rafael Caldera y el Canciller Miguel Angel Burelli Rivas, se formuló la proposición McIntyre'95. Ese mismo día renunció el Embajador Emilio Figueredo Planchart, como Facilitador en el Proceso de Buenos Oficios[572].

Durante la I Cumbre de Jefes de Estado y de Gobierno y de Representantes de la Asociación de Estados del Caribe, que tuvo lugar

---

[568] *Ídem.*
[569] *Ídem.*
[570] *Ídem.*
[571] *Ídem.*
[572] *Ídem.*

el 19 de agosto de 1995, el Presidente Rafael Caldera y el Presidente Cheddi Jagan abordaron la Controversia Territorial[573].

El 24 de agosto de 1995, el Gobierno de Venezuela expresó mediante comunicado de prensa su preocupación por las consecuencias humanas, ecológicas y materiales que podría tener la represa de desechos tóxicos ubicada entre el Río Omai y la población de Bartica en el territorio Esequibo. Se reiteró la firme oposición del gobierno de Venezuela a cualquier acción adoptada por el Gobierno guyanés en el Territorio Esequibo que altere de manera permanente e irreversible dicha región sobre la cual reclaman soberanía[574]. Entre el 2 y el 3 de octubre de 1995, entre dos y tres millones de metros cúbicos de desechos de cianuro cayeron al río Esequibo[575].

Del 8 al 16 de octubre de 1995, el Presidente de la República Cooperativa de Guyana, Cheddi Jagan, realizó una visita privada a la Isla de Margarita, durante la cual tuvo una breve entrevista con el Ministro de Relaciones Exteriores de Venezuela, Miguel Angel Burelli Rivas. Posteriormente, se trasladó a Caracas donde realizó una visita de cortesía al Presidente Rafael Caldera[576].

El 20 de octubre de 1995, se adoptó un párrafo en la Décima Primera Cumbre del Movimiento de Países No Alineados, celebrada en Cartagena de Indias, Colombia, donde se destacó la continuación de la controversia entre Guyana y Venezuela. También se señaló el estado de las relaciones entre ambos países y se expresó la satisfacción ante los avances logrados mediante los Buenos Oficios del Secretario General de la ONU. Se reiteró la necesidad de que las partes continúen el proceso de diálogo con miras a alcanzar una solución definitiva sobre la base de los principios establecidos en el Derecho Internacional y en el Acuerdo de Ginebra de 1966[577].

El 1 de noviembre de 1995, Carlos Ayala Corao fue designado facilitador venezolano en el proceso de los Buenos Oficios. Ayala Corao ejerció ese cargo entre 1996 y 1999 ante el Buen Oficiante Alister

---

[573] *Ídem.*
[574] *Ídem.*
[575] *Ídem.*
[576] *Ídem.*
[577] *Ídem.*

McIntyre[578], y este último renunció el 20 de septiembre de 1999, sin lograr la solución de la controversia[579].

El segundo buen oficiante fue Oliver Jackman, quien estuvo en funciones desde el 1 de noviembre de 1999 hasta el 24 de enero del año 2007. Luego, el 9 de octubre de 2009, el Secretario General de Naciones Unidas designó a Norman Girvan, quien falleció el 9 de abril de 2014 sin haber tenido ningún éxito en la solución de la controversia. De forma que los buenos oficios nunca dieron resultados positivos.

El 15 de diciembre de 2016, el Secretario General de Naciones Unidas, Ban Ki-Moon, propuso incorporar un elemento de mediación a los buenos oficios, cuyo término fue fijado para finales de 2017 y, además advirtió que de fracasar este nuevo método se establecería la CIJ como instancia para la resolución del conflicto.

El 23 de febrero de 2017, el nuevo Secretario de Naciones Unidas, Antonio Guterres, teniendo en cuenta lo que ya había establecido su predecesor, Ban Ki-moon, designó buen oficiante a Dag Nylander para que hallara una solución a la controversia territorial entre Venezuela y la República Cooperativa de Guyana, bajo la modalidad de buenos oficios, con un elemento de mediación incorporado.

Las funciones de Dag Nylander como buen oficiante duraron hasta el 30 de noviembre de 2017, fecha límite fijada para evaluar los avances en la solución de la controversia. Tras no demostrar resultados, Antonio Guterres decidió elegir el arreglo judicial mediante la CIJ, de acuerdo a su interpretación del parágrafo segundo del artículo IV del Acuerdo de Ginebra.

En efecto, mediante carta de fecha 30 de enero de 2018, el Secretario General de las Naciones Unidas, Antonio Guterres, con fundamento en el artículo IV.2 del Acuerdo de Ginebra y el artículo 33 de la CNU, determinó que el siguiente mecanismo para alcanzar una solución a la contención entre Venezuela y la República Cooperativa de Guyana sería el arreglo judicial ante la CIJ.

El Acuerdo de Ginebra, cuya finalidad es alcanzar una solución práctica y mutuamente aceptable al diferendo territorial entre

---

[578] Héctor Faúndez Ledesma, "Presentación", en Héctor Faúndez Ledesma y Rafael Badell Madrid (coords.), ob. cit., pp. 25-26.
[579] *Ídem.*

Venezuela y la República de Guyana, sigue vigente para ambos países y el artículo IV.2 ha sido el fundamento utilizado por la CIJ para declararse competente para conocer del asunto.

Venezuela y la República Cooperativa de Guyana reconocen que el Acuerdo de Ginebra constituye el mecanismo jurídico que regula la solución de la controversia limítrofe. Sin embargo, han diferido en aspectos fundamentales del Acuerdo en cuanto a su sentido y alcance.

Las interpretaciones del Acuerdo de Ginebra recaen en el artículo IV. Actualmente la República Cooperativa de Guyana sostiene que la selección de uno de los medios de solución por parte del Secretario General de Naciones Unidas es suficiente para que la CIJ tenga jurisdicción e insiste en judicializar la controversia, mientras que Venezuela sostiene que la selección por sí misma es insuficiente para otorgar competencia a la CIJ y que la elección del Secretario de Naciones Unidas debe ser ratificada mediante un acuerdo especial para que pueda surtir efectos. Este ha sido el centro de la disputa incidental ante la CIJ.

IX. LA CORTE INTERNACIONAL DE JUSTICIA

1. Consideraciones generales

Como se ha indicado previamente, el 29 de marzo de 2018 la República Cooperativa de Guyana demandó a Venezuela ante la CIJ, de conformidad con lo dispuesto en el parágrafo primero del artículo 36 del Estatuto de la CIJ, el parágrafo primero del artículo 40 del Estatuto y el artículo 38 del Reglamento de la CIJ y mediante sentencia del 18 de diciembre de 2020 la CIJ se declaró competente para conocer la demanda, con fundamento en el parágrafo 2 del artículo IV del Acuerdo de Ginebra de 17 de febrero de 1966.

En la referida decisión, con doce votos a favor y cuatro en contra, la CIJ decidió que es competente para conocer de la demanda presentada por la República Cooperativa de Guyana en la medida en que se refiere a la validez del Laudo Arbitral de 3 de octubre de 1899 y a la cuestión conexa de la solución definitiva de la controversia sobre límites terrestres entre la República Cooperativa de Guyana y la República Bolivariana de Venezuela. Para ese cometido, la CIJ deberá analizar los títulos jurídicos e históricos de los Estados litigantes.

Al mismo tiempo la CIJ reconoció que declarar la nulidad o validez del Laudo Arbitral de París no pondría fin al conflicto. En efecto, la CIJ deberá pronunciarse sobre una cuestión adicional o conexa que es la solución definitiva de la controversia. Si la CIJ determina que el Laudo Arbitral de París es válido la situación limítrofe entre Venezuela y la República Cooperativa de Guyana deberá mantenerse tal como lo establece el referido laudo.

De otra parte, si la CIJ declara la nulidad del Laudo Arbitral de Paris entonces deberá pronunciarse sobre otros aspectos importantes. Uno de ellos es la nueva delimitación territorial que ya no podría ser la frontera establecida por los árbitros en 1899. Otro aspecto, igualmente importante, es la delimitación marítima entre ambos territorios que tiene especial impacto comercial debido a la presencia de abundantes yacimientos petroleros.

La interpretación sobre el alcance de su propia competencia determinará si la CIJ podrá resolver directamente las cuestiones conexas a las que hemos hecho referencia o si por el contrario encomendará esa labor a otro órgano internacional jurisdiccional o político.

En la misma sentencia, de forma unánime, la CIJ decidió que no es competente para conocer de las reclamaciones de la República Cooperativa de Guyana derivadas de hechos ocurridos después de la firma del Acuerdo de Ginebra de fecha 17 de febrero de 1966[580]. Con esto la CIJ estableció una fecha crítica, esta es, el 17 de febrero de 1966, cuando se firmó el Acuerdo de Ginebra.

1.1. La Corte Internacional de Justicia y su régimen jurídico: Estatuto, Reglamento, Directivas Prácticas y Resoluciones

La CIJ es el órgano judicial más importante de la ONU y tiene dos funciones fundamentales, una contenciosa y otra consultiva. A través de la función contenciosa se resuelven las controversias entre Estados, teniendo como presupuesto el cumplimiento de los criterios de atribución de competencia respecto del caso particular. Por su parte, la función consultiva permite a la CIJ pronunciarse sobre cuestiones jurídicas que los propios órganos de la ONU y agentes especializados sometan a su consideración. La función consultiva se encuentra establecida en el artículo 65.1 del Estatuto en los siguientes términos: *"La Corte podrá emitir opiniones consultivas respecto de cualquier cuestión jurídica, a solicitud de cualquier organismo autorizado para ello por la Carta de las Naciones Unidas, o de acuerdo con las disposiciones de la misma"*.

Recordemos que la CIJ tiene como antecedente[581] a la Corte Permanente de Justicia Internacional (CPJI) que fue creada en 1922 por la

---

[580] Véase International Court of Justice, "Judgment of 18 December 2020. Jurisdiction of the Court", p. 42. Disponible en https://www.icj-cij.org/sites/default/files/case-related/171/171_20201218_JUD_01-00-EN.pdf

[581] Aunque los arreglos judiciales entre Estados suponen tomar en consideración los antecedentes más importantes en materia de solución de disputas. En efecto, el arreglo judicial es un medio pacífico para solucionar controversias entre Estados, y es precedido por otros mecanismos como la mediación, conciliación y arbitraje. En la evolución de estos mecanismos desde el siglo XVIII, hubo tres arbitrajes internacionales emblemáticos que influyeron en su posterior desarrollo. El primero fue el arbitraje entre el Reino Unido y los

Sociedad de Naciones con el objetivo de brindar soluciones de naturaleza judicial a las controversias entre Estados y también emitía dictámenes sobre cuestiones jurídicas bajo función consultiva. Sin embargo, la CPJI tuvo una corta duración debido a la Segunda Guerra Mundial, finalizando sus actividades en diciembre de 1939. La CPJI estableció las bases para el desarrollo de la actual CIJ que continúa con la labor de resolver controversias entre Estados mediante un proceso judicial y de manera pacífica[582].

La CIJ está regulada por dos instrumentos fundamentales, estos son: el Estatuto de la Corte Internacional de Justicia (Estatuto) y el Reglamento de la Corte Internacional de Justicia (Reglamento). Hay otras regulaciones importantes como las Directivas Prácticas de la Corte Internacional de Justicia (Directivas Prácticas) y las resoluciones adoptadas por la CIJ, en especial, las relativas a la práctica judicial interna, dictadas con arreglo al artículo 19 del Reglamento (Resoluciones).

El Estatuto es un anexo de la CNU y se considera parte integrante de ella[583], al contrario de lo que ocurrió con la CPJI que fue establecida en forma independiente de la Sociedad de Naciones a través de un Protocolo de Firma.

El Estatuto regula en el Capítulo I la organización de la CIJ; en el II su competencia; en el III el procedimiento; en el IV lo relativo a las opiniones consultivas; y, en el V su reforma. El parágrafo primero del artículo 30 del Estatuto establece "*La Corte formulará un reglamento mediante el cual determinará la manera de ejercer sus funciones. Establecerá, en particular, sus reglas de procedimiento*".

Estados Unidos en 1794, seguido por el arbitraje entre Estados Unidos y el Reino de España en 1795. El tercer arbitraje importante fue el Laudo Arbitral dictado en septiembre de 1872 en virtud de las reclamaciones del Alabama, que se basó en el Tratado de Washington de mayo de 1871.

582 Véase Eduardo Rodríguez Veltzé y Farit Rojas Tudela, "Justicia en el ámbito internacional", *Revista Jurídica Derecho*, número 7, La Paz, 2017. Disponible en: http://www.scielo.org.bo/scielo.php?script=sci_arttext&pid=S2413-28102017000200004&lng=es&nrm=iso Véase también Max Sorensen, ob. cit., pp. 648 y ss. "*En 1940 el funcionamiento de la Corte llegó prácticamente a su fin, a consecuencia del estallido de la guerra. Después de la guerra, la cuestión del establecimiento de una corte formó parte del temario de la Conferencia de San Francisco*".

583 Ídem.

El Reglamento de la CIJ de fecha 14 de abril de 1978 entró en vigor el 1 de julio de 1978 y sustituyó al Reglamento del 6 de mayo de 1946. El Reglamento ha sido modificado varias veces mediante enmiendas que entraron en vigor el 10 de mayo de 1972; el 1 de febrero de 2001 (artículo 80), el 14 de abril de 2005 (artículo 52); el 29 de septiembre de 2005 (artículo 43); el 21 de octubre de 2019 (artículos 22, 23, 29, 76, 79; además, se agregaron los artículos 79bis y 79ter); y el 25 de junio de 2020 para permitir la celebración de audiencias públicas y orales en forma telemática.

Además del Estatuto y el Reglamento, existen las Directivas Prácticas de la CIJ que son un complemento del Reglamento y de ninguna manera constituyen una modificación del aquél. Sobre ello, la primera nota al pie de página de las Directivas Prácticas señala expresamente: *"La Corte adoptó las Directivas Prácticas I a VI el 31 de octubre de 2001 para su uso por los Estados que comparecen ante él. La fecha de adopción o modificación posterior de las Directivas Prácticas se indica en las notas a pie de página del presente documento. Las Instrucciones Prácticas no suponen ninguna modificación del Reglamento de la Corte, sino que son un complemento del mismo"*[584].

La Directivas Prácticas complementan el Reglamento mediante lineamientos prácticos que facilitan la labor de la CIJ y aclaran aspectos del Reglamento que así lo requieran según el criterio de la CIJ. Como se expresa en la publicación titulada *The International Court of Justice Handbook*: *"Por otra parte, desde octubre de 2001, la Corte Internacional de Justicia ha emitido unas Directivas Prácticas para uso de los Estados que comparecen ante él. Estas Directivas no suponen una modificación del Reglamento, sino que lo complementan. Son el fruto de la constante revisión de los métodos de trabajo del Tribunal, que responde a la necesidad de adaptarse al considerable crecimiento de su actividad en los últimos años"*[585].

---

[584] Véase Directivas Prácticas de la Corte Internacional de Justicia. Disponible en: https://www.icj-cij.org/en/practice-directions.

[585] Véase Corte Internacional de Justicia, *The International Court of Justice Handbook*, recuperado de los archivos de la web oficial de la Corte Internacional de Justicia en el apartado de publicaciones. p. 18. Disponible en: https://www.icj-cij.org/public/files/publications/handbook-of-the-court-en.pdf.

Las Directivas Prácticas I a VI fueron adoptadas por la CIJ en fecha 31 de octubre de 2001. Actualmente hay un total de trece Directivas Prácticas. Esto quiere decir que desde la fecha en que se adoptaron las primeras seis Directivas Prácticas se han adoptado otras siete. En efecto, las Directivas Prácticas VII a la XIII fueron adoptadas en fechas 7 de febrero de 2002 (VII y VIII); 4 de abril de 2002 con enmienda de fecha 13 de diciembre de 2006 (IX); el 13 de diciembre de 2006 (IXbis y IXter); el 11 abril de 2013 (IXquater); el 30 de julio de 2004 (X); el 30 de julio de 2004 con enmienda de fecha 13 de diciembre de 2006 (XI); el 30 de julio de 2004 (XII) y el 30 de enero de 2009 (XIII).

Las Directivas Prácticas son una respuesta a la necesidad de adaptación de la CIJ que surge como consecuencia de su creciente actividad jurisdiccional. En ese sentido, las Directivas Prácticas cumplen una función optimizadora respecto de las funciones de la CIJ, siempre siguiendo las directrices del Estatuto y el Reglamento.

También deben tenerse en cuenta las Resoluciones, las cuales desarrollan con mayor detalle algunas disposiciones del Estatuto y del Reglamento. Especialmente, la Resolución 9 adoptada por el Consejo de Seguridad de la ONU en fecha de 15 de octubre de 1946, dictada de conformidad con parágrafo segundo del artículo 35 del Estatuto, que regula la admisión de Estados que no son parte del Estatuto.

Adicionalmente, debemos considerar la Resolución relativa a la Práctica Judicial Interna de la Corte, adoptada el 12 de abril de 1976, cuyo fundamento es el artículo 19 del Reglamento. La resolución establece los procedimientos internos de práctica judicial que se llevarán a cabo en la CIJ. Estos procedimientos incluyen discusiones y deliberaciones en diferentes etapas del proceso, incluyendo antes y después de los procedimientos orales. Los jueces tendrán la oportunidad de expresar sus puntos de vista y emitir notas escritas, que luego se discutirán en sesiones posteriores. La resolución también establece cómo se elegirá el comité de redacción encargado de redactar la decisión final y cómo se tomarán las opiniones separadas o disidentes de los jueces. Aunque, la CIJ tiene la libertad de apartarse de la resolución si lo considera necesario en un caso particular.

2. Aspectos procesales

Como hemos indicado precedentemente, la CIJ tiene varios instrumentos que regulan su funcionamiento, entre ellos, el Estatuto, el Reglamento, las Directivas Prácticas y las Resoluciones. Todos ellos regulan los aspectos organizativos y procedimentales de la CIJ.

Nos referiremos a los aspectos procedimentales dividiendo el proceso ante la CIJ en tres etapas: (i) iniciación del procedimiento; (ii) sustanciación del procedimiento y (iii) extinción del procedimiento. A tales fines, vamos a referirnos al marco normativo general que regula cada uno de los aspectos procedimentales particulares contenidos en cada uno de los instrumentos que gobierna el proceso ante la CIJ.

2.1. Iniciación del procedimiento

De conformidad con lo dispuesto en el artículo 40.1 del Estatuto, los procedimientos ante la CIJ se inician mediante la notificación del compromiso o a través de una solicitud formulada por una de las partes y dirigida al Secretario de la CIJ con indicación del objeto de la controversia y la identificación de las partes[586].

2.1.1. Inicio del procedimiento mediante solicitud de iniciación (Artículo 40.1 del Estatuto)

De acuerdo con lo dispuesto en el artículo 40.1 del Estatuto, los procedimientos ante la CIJ pueden iniciarse a través de una solicitud formulada por una de las partes y dirigida al Secretario de la CIJ con indicación del objeto de la controversia y la identificación de las partes. En cuanto a la legitimación procesal, cualquiera de las partes podría estar legitimada para demandar y ser demandada siempre que sean partes del Estatuto de la CIJ.

La controversia entre la República Cooperativa de Guyana y Venezuela ante la CIJ fue iniciada por la República Cooperativa de Guyana mediante solicitud de fecha 29 de marzo de 2018. La República

---

[586] Artículo 40.1 del Estatuto de la Corte Internacional de Justicia: "*1. Los negocios serán incoados ante la Corte, según el caso, mediante notificación del compromiso o mediante solicitud escrita dirigida al Secretario. En ambos casos se indicarán el objeto de la controversia y las partes*".

Cooperativa de Guyana solicitó a la CIJ: (i) declarar la validez y efecto vinculante del laudo de 1899 y el respeto del límite establecido en el Acuerdo de 1905; (ii) que Venezuela retire la ocupación en la parte oriental de la isla de Anacoco y demás territorios reconocidos por el Laudo Arbitral de París y el acuerdo de 1905; (iii) que Venezuela no amenace ni utilice la fuerza para impedir el desarrollo de las actividades económicas de Guyana en su territorio; y (iv) declarar la responsabilidad de Venezuela por la violación de la soberanía de Guyana y, en consecuencia, por las lesiones a su derecho.

Seguidamente el Secretario de la CIJ procedió, como lo ordena el artículo 40.2, a notificar la solicitud a todos los interesados en la controversia. También debieron ser notificados, de acuerdo con el artículo 40.3, los miembros de la ONU a través del Secretario General de esa organización y los demás Estados con derecho a comparecer ante la CIJ.

2.1.2. Inicio del procedimiento mediante notificación de acuerdo especial (Artículo 40.1 del Estatuto; Artículo 46 del Reglamento; Directiva Práctica I)

De conformidad con lo dispuesto en el artículo 40.1 del Estatuto, los procedimientos ante la CIJ pueden iniciar mediante la notificación del compromiso suscrito por las partes. Ese compromiso es el instrumento mediante el cual se fundamenta la jurisdicción de la CIJ.

2.1.3. Inicio del procedimiento mediante remisión especial (Artículo 87 del Reglamento)

También se puede iniciar un procedimiento ante la CIJ mediante la remisión especial a la CIJ efectuada con arreglo a lo dispuesto en un tratado o convención vigente, cuando la controversia que se pretende dirimir ya ha sido conocida por otro órgano internacional. El artículo 87 del Reglamento lo establece en el parágrafo primero, el cual indica lo siguiente:

"1. Cuando de acuerdo con un tratado o una convención en vigor es llevado ante la Corte un asunto contencioso concerniente

a una cuestión que ha sido ya objeto de un procedimiento ante otro órgano internacional, se aplicarán las disposiciones del Estatuto y de este Reglamento en materia contenciosa".

El artículo 87 del Reglamento también regula en el parágrafo segundo los requisitos formales que deben acompañar la solicitud de iniciación de un procedimiento a través del mecanismo de remisión especial a la CIJ. Dicha norma señala:

"2. La solicitud incoando el procedimiento indicará la decisión o el acto del órgano internacional interesado e irá acompañada de copia de la decisión o del acto; las cuestiones suscitadas con respecto a esa decisión o acto, que serán enunciadas en términos precisos en la solicitud, constituirán el objeto de la controversia ante la Corte".

2.1.4. Competencia

El Capítulo II del Estatuto regula la competencia la CIJ. Con fundamento en los artículos que conforman este capítulo, la CIJ decide qué casos está jurídicamente habilitada para conocer, de allí que éste sea un tema de fundamental importancia en la comprensión del funcionamiento de la CIJ.

Es necesario ratificar que sólo los Estados podrán ser partes en asuntos ante la CIJ, de manera que otros tipos de organizaciones y personas naturales no tendrán la condición de partes en los procedimientos ante la CIJ. Siempre podrá la CIJ, de acuerdo con el Reglamento, solicitar y recibir de organizaciones internacionales públicas información sobre asuntos objeto de litigio ante la CIJ (Artículo 34 del Estatuto).

2.1.4.1. Competencia *ratione personae*

La competencia *ratione personae* es la competencia jurisdiccional por razón o índole de la persona, cuando este aspecto es relevante para determinar la competencia judicial para atender en un caso litigioso en particular[587]. En el contexto de la CIJ, la competencia *ratione personae*

---

[587] Cfr. Manuel Ossorio, *Diccionario de ciencias jurídicas, políticas y sociales*, Heliasta, Buenos Aires, 2005. p. 802.

para conocer de un determinado asunto permite a un Estado acudir en un caso contencioso ante ese órgano jurisdiccional internacional.

El acceso a la CIJ se restringe a Estados miembros de la ONU y a los no miembros que sean admitidos de acuerdo con el artículo 93.2 de la CNU, el cual establece que *"Un Estado que no sea Miembro de las Naciones Unidas podrá llegar a ser parte en el Estatuto de la Corte Internacional de Justicia, de acuerdo con las condiciones que determine en cada caso la Asamblea General a recomendación del Consejo de Seguridad"*.[588]

En principio, la CIJ es una instancia de la que disponen los Estados que son parte del Estatuto. Sin embargo, tal y como lo establece el artículo 35 del Estatuto, la CIJ estará abierta a otros Estados siempre que cumplan con las condiciones fijadas por el Consejo de Seguridad de la ONU, en observancia de las disposiciones especiales de los tratados vigentes.

El artículo 35 del Estatuto debe concordarse con el artículo 41 del Reglamento que establece que: *"La incoación de un procedimiento por un Estado que no es parte en el Estatuto pero que ha aceptado la jurisdicción de la Corte en virtud del párrafo 2 del Artículo 35 del Estatuto,* **mediante una declaración hecha de acuerdo con una resolución adoptada por el Consejo de Seguridad de conformidad con ese Artículo***, deberá ir acompañada del depósito de dicha declaración, a no ser que ésta haya sido depositada con anterioridad en la Secretaría de la Corte. La Corte decidirá cualquier cuestión que se suscite sobre la validez o efecto de tal declaración"* (Resaltado añadido).

La resolución del Consejo de Seguridad de la ONU a la que alude el artículo 41 del Reglamento es la adoptada en fecha 15 de octubre de 1946, según la cual los Estados que no forman parte del Estatuto pueden *"tener acceso depositando ante el Registrador de la Corte una declaración general o especial, es decir, una declaración extensiva a una generalidad de casos, o a un caso o grupo de casos determinados"*[589].

Sin embargo, las condiciones impuestas no deben ocasionar que una de las partes quede en posición de desigualdad ante la CIJ. Esta condición, junto a la aceptación del Estatuto y del artículo 94 de la CNU

---

[588] Cfr. Max Sorensen, ob. cit., p. 650.
[589] Ibíd., p. 651.

han sido determinantes para admitir la competencia de la CIJ respecto de un Estado que no es miembro del Estatuto[590].

Las condiciones para ser parte del Estatuto que se mencionan en el artículo 93.2 de la CNU fueron establecidas por la Asamblea General de la ONU en diciembre de 1946, los requisitos fijados fueron: *"aceptación del Estatuto, compromiso de cumplir las decisiones de la Corte y contribución a los gastos de ella"*[591].

Los Estados no miembros de la ONU con acceso a la CIJ que cumplan con las condiciones para ser parte deberán contribuir con los gastos de dicho órgano jurisdiccional con arreglo al artículo 35 del Estatuto.

2.1.4.2. Competencia *ratione materiae*

La competencia *ratione materiae* es la competencia del órgano *"por razón de la materia, por el fondo del asunto"*[592]. En efecto, *"se trata de las reglas de competencia de jueces y tribunales"*[593]. A su vez la competencia *ratione materiae* se subdivide en obligatoria y convencional[594]. La competencia de la CIJ es obligatoria cuando se fundamenta en el artículo 36.1 del Estatuto. Esta norma establece que la competencia de la CIJ es extensiva a todos los litigios que las partes sometan a su conocimiento. Asimismo, la CIJ es competente para conocer de los asuntos previstos en la CNU y en los demás tratados y convenciones vigentes (Artículo 36 del Estatuto).

Por lo que se refiere a la competencia *ratione materiae* obligatoria, en virtud del segundo parágrafo del artículo 36 del Estatuto, los Estados que forman parte del Estatuto podrán manifestar su reconocimiento de la competencia de la CIJ como obligatoria *ipso facto* sin que medie un convenio especial. Para ello se requiere, lógicamente, la misma manifestación de voluntad del otro Estado involucrado en el asunto, el cual podrá versar sobre:

"a. la interpretación de un tratado;
b. cualquier cuestión de derecho internacional;

---
[590] Ídem.
[591] Hugo Llanos Mansilla, *Teoría y práctica del Derecho Internacional Público*, primera edición, Editorial Jurídica de Chile, Santiago, 1980. p. 590.
[592] Manuel Ossorio, ob. cit., p. 802.
[593] Ídem.
[594] Cfr. Max Sorensen, ob. cit., p. 651.

c. la existencia de todo hecho que, si fuere establecido, constituiría violación de una obligación internacional;
d. la naturaleza o extensión de la reparación que ha de hacerse por el quebrantamiento de una obligación internacional".

El artículo 36.3 del Estatuto establece la denominada cláusula opcional que permite a las partes someter su declaración reconociendo la competencia de la CIJ a una condición de reciprocidad o una condición de tiempo. La condición de reciprocidad implica que una parte declara aceptar la competencia de la CIJ, bajo la condición de que la contraparte también lo haga. En cuanto a las condiciones de tiempo, una de las partes declara aceptar la competencia de la CIJ, sólo si la contraparte la acepta dentro de un período de tiempo determinado. Tales declaraciones no requieren ser idénticas. En efecto, la CIJ sostuvo en los casos *Anglo-Iranian Oil Company* del año 1952 y en el caso *Norwegian Loans* del año 1957, no se requieren *"declaraciones idénticas de ambas partes, sino que ambas declaraciones deben conferir jurisdicción con respecto al conflicto sometido a adjudicación"*[595].

Esta clase de declaraciones que fundamentan la competencia de la CIJ deberán remitirse para su depósito al Secretario General de la ONU, quien enviará copias de esas manifestaciones de voluntad a las partes del Estatuto y al Secretario de la CIJ (Artículo 36 del Estatuto, parágrafo cuarto).

Por otra parte, la competencia es convencional cuando las partes deciden someter el asunto a la CIJ. En múltiples oportunidades la CIJ *"declaró que su jurisdicción se basaba en la voluntad de las partes, en su consentimiento para someterse a su jurisdicción"*[596]. Eso ocurrió durante la existencia de la Corte Permanente de Justicia Internacional, en el caso *Minorities Schools in Upper Silesia* en el año 1922 y, entre otros, el caso *Monetary Gold* de 1954 resuelto por la actual CIJ[597].

En el caso del Canal de Corfú la competencia de la CIJ fue convencional, desde que la CIJ indicó *"que aun cuando Albania, que no*

---

[595] Véase con especial atención, Max Sorensen, ob. cit., p. 653. Asimismo lo habían establecido fallos de la CPJI como los de los casos *Phosphates in Morocco* del año 1938 y *Electricity Co. Of Sofia* de 1939.
[596] *Ibíd*, p. 652.
[597] *Ídem*.

era parte del Estatuto, hubiera tenido derecho a objetar la jurisdicción de la Corte en virtud de la iniciación unilateral del procedimiento por el Reino Unido, no podía ya hacerlo, puesto que ella, en su carta a la Corte del 2 de julio de 1947, **expresó que había aceptado la recomendación del Consejo de Seguridad y la jurisdicción de la Corte sobre este caso**"[598]. (Resaltado añadido).

En sentencia de 18 de diciembre de 2020, la CIJ se declaró competente para conocer la controversia relativa al caso 171 iniciado por la República Cooperativa de Guyana en contra de Venezuela en los siguientes términos: *"En cuanto a su competencia ratione materiae, el Tribunal recuerda que el Artículo I del Acuerdo de Ginebra se refiere a la controversia que ha surgido entre las partes del Acuerdo de Ginebra como resultado de la afirmación de Venezuela de que el Laudo de 1899 sobre la frontera entre la Guayana Británica y Venezuela es nulo"*[599].

2.1.4.3. Competencia *ratione temporis*

La competencia *ratione temporis* se relaciona, en primer lugar, con el derecho que tienen los Estados partes de acceder a la CIJ para el momento en que inicia el procedimiento[600]. La competencia *ratione temporis* también se relaciona con la limitación en el tiempo del alcance de la competencia de la CIJ, que puede ser determinada por las partes en el compromiso o posteriormente por la propia CIJ.

Particularmente, en el caso relativo a la controversia entre la República Cooperativa de Guyana y Venezuela, la CIJ decidió por unanimidad en la sentencia sobre competencia de fecha 18 de diciembre de 2020 que sólo es competente para decidir hechos anteriores a la firma del Acuerdo de Ginebra de 17 de febrero de 1966 y los hechos posteriores no serán valorados.

La CIJ indicó que: *"La controversia a la que se refiere el Acuerdo de Ginebra es la que había cristalizado en el momento de la celebra-*

---

[598] *Ídem.*
[599] Sentencia de fecha 18 de diciembre de 2020 a través de la cual la Corte Internacional de Justicia se declaró competente para conocer la controversia iniciada por la República Cooperativa de Guyana en contra de Venezuela de fecha 29 de marzo de 2018. Disponible en: https://www.icj-cij.org/public/files/case-related/171/171_20201218_JUD_01-00-EN.pdf.
[600] Max Sorensen, ob. cit., p. 654.

ción del Acuerdo - El Tribunal no tiene jurisdicción para conocer de las reclamaciones de Guyana derivadas de hechos ocurridos después la firma del Acuerdo de Ginebra"[601].

2.1.4.4. Incidencia sobre competencia

Luego de introducida la demanda por la República Cooperativa de Guyana en fecha 28 de marzo de 2018 se dio inicio la fase escrita del procedimiento. En esta esta etapa, en fecha 19 de noviembre de 2018, Guyana consignó una memoria con sus argumentos sobre el asunto de la competencia.

La República Cooperativa de Guyana ha sostenido que la CIJ tiene jurisdicción para conocer el asunto. A estos efectos se fundamentó en el artículo IV.2 del Acuerdo de Ginebra que contiene un reenvío al artículo 33 de la Carta de Naciones Unidas que establece varios medios de solución pacífica de controversias entre Estados. En efecto el artículo 33 de la Carta de Naciones Unidas indica:

"Las partes en una controversia cuya continuación sea susceptible de poner en peligro el mantenimiento de la paz y la seguridad internacionales tratarán de buscarle solución, ante todo, mediante la negociación, la investigación, la mediación, la conciliación, el arbitraje, el arreglo judicial, el recurso a organismos o acuerdos regionales u otros medios pacíficos de su elección".

Para la República Cooperativa de Guyana es indiscutible que la jurisdicción de la CIJ se fundamenta en el consentimiento manifestado por las partes, tal como lo prevé el artículo 36.1 del Estatuto de la CIJ. La República Cooperativa de Guyana sostuvo que el consentimiento no requiere ser expresado bajo una forma particular para activar la jurisdicción de la CIJ y consideró que el artículo IV.2 del Acuerdo de Ginebra, en concordancia con el artículo 33 de la Carta de Naciones Unidas, equivalía al consentimiento de las partes requerido para fundamentar la jurisdicción de la CIJ.

---

[601] Sentencia de fecha 18 de diciembre de 2020 a través de la cual la Corte Internacional de Justicia se declaró competente para conocer la demanda presentada por la República Cooperativa de Guyana el 29 de marzo de 2018. Disponible en: https://www.icj-cij.org/public/files/case-related/171/171_20201218_JUD_01-00-EN.pdf.

Venezuela, por el contrario, no consignó la correspondiente contramemoria y se limitó al envío de dos cartas y un memorándum por medio de los cuales rechazó la competencia de la CIJ para conocer la disputa territorial sin comparecer formalmente en el procedimiento ante la CIJ.

- **Carta del Ministro de Relaciones Exteriores, Jorge Arreaza, de fecha 28 de noviembre de 2019 dirigida al Presidente de la CIJ, Abdulqawui Ahmed Yusuf**

El objeto de esta carta es presentar el memorándum de la misma fecha y sus anexos, para facilitar a la CIJ el cumplimiento del deber que impone el artículo 53.2 del Estatuto que es del siguiente tenor:

"Antes de dictar su decisión, la Corte deberá asegurarse no sólo de que tiene competencia conforme a las disposiciones de los Artículos 36 y 37, sino también de que la demanda está bien fundada en cuanto a los hechos y al derecho".

- **Memorándum dirigido a la CIJ, de fecha 28 de noviembre de 2019, con motivo de la demanda interpuesta por la República Cooperativa de Guyana en fecha 29 de marzo de 2021**

En este memorándum emitido por el gobierno venezolano y suscrito por el Ministro de Relaciones Exteriores de Venezuela, Jorge Arreaza, se explican a la CIJ los fundamentos de la posición de Venezuela respecto del procedimiento iniciado por la República Cooperativa de Guyana.

El Memorándum se estructura en tres capítulos, cada uno de ellos en apoyo a la posición asumida por el Gobierno Nacional de no participar en el procedimiento ante la CIJ por considerar que la misma no tiene jurisdicción para dirimir la controversia.

En el primer capítulo se explican las generalidades del Acuerdo de Ginebra de fecha 17 de enero de 1966 y la experiencia desde su creación que comienza con el fracaso de la Comisión Mixta y pasan por el congelamiento de la controversia con el Protocolo de Puerto España, hasta llegar a los hechos que llevaron al Secretario General de las Naciones Unidas, Antonio Guterres, a elegir a la CIJ como órgano encargado de resolver la disputa mediante un arreglo judicial.

El segundo capítulo analiza lo dispuesto en el artículo IV.2 del Acuerdo de Ginebra que -como explicamos antes- estableció las facultades del Secretario General de Naciones Unidas. Este análisis es llevado a cabo teniendo en cuenta el contexto en el que se creó el Acuerdo de Ginebra y la intención de las partes al suscribirlo que se desprende de la práctica, de las discusiones y de los trabajos preparatorios del convenio. Todo lo anterior para llegar a la conclusión de que la elección de un medio de composición por parte del Secretario de Naciones Unidas no es fundamento suficiente para la jurisdicción de la CIJ.

Por último, el tercer capítulo del memorándum hace énfasis en la discordancia entre el objeto de la controversia en el marco del Acuerdo de Ginebra y el objeto de la pretensión incoada por la República de Guyana ante la CIJ. El Acuerdo de Ginebra no tiene el objetivo de establecer la validez o nulidad del Laudo Arbitral de París, como es la pretensión de Guyana ante la CIJ. Tal discusión habría imposibilitado que se adoptara el Acuerdo de Ginebra debido a los antagónicos puntos de vista de las partes. Por el contrario, el objeto del Acuerdo de Ginebra es resolver de manera práctica y pacífica la contención sobre la soberanía del territorio disputado, lo que no involucra el asunto del laudo. En ese momento, la posición del gobierno fue negar la jurisdicción de la CIJ, descartando la posibilidad de un arreglo judicial, e invitando a la contraparte a una negociación, acompañada de la implementación de medios políticos, en observancia de lo dispuesto por el Acuerdo de Ginebra.

- **Carta del Ministro de Relaciones Exteriores de Venezuela, Jorge Arreaza, de fecha 24 de julio de 2020, dirigida al Presidente de la CIJ, Abdulqawui Ahmed Yusuf donde, en atención a la colaboración que Venezuela se comprometió a prestar en el procedimiento, se ratifican las razones por las cuales la CIJ no es competente para conocer del asunto**

Mediante esta carta el gobierno nacional ratificó los argumentos que ya había expuesto en el memorándum enviado el 28 de noviembre de 2019. Se recordó a la CIJ que el objeto del Acuerdo de Ginebra consiste en superar la controversia sobre la validez del Laudo Arbitral de París del 3 de octubre de 1899 y la necesidad de sustituir esta vía por un arreglo práctico y aceptable para ambas partes.

Se insistió en que de acuerdo con el artículo IV.2 del Acuerdo de Ginebra, la elección de los medios de solución por parte del Secretario General de Naciones Unidas debe obedecer a criterios de progresividad. Esto significa que los medios allí contemplados sólo pueden seguirse en orden gradual, eligiendo el siguiente cuando el anterior ha fracasado. Además, la elección del Secretario de Naciones Unidas debe ser consentida por ambas partes. Esto no ocurrió en este caso.

Finalmente, se recordó a la CIJ que la elección de uno de los medios de solución por parte del Secretario de las Naciones Unidas no tiene carácter autoejecutable y por lo tanto, en ausencia de un acuerdo especial que lo sustente, no existe jurisdicción que permita el arreglo judicial por parte de este órgano de justicia internacional.

De los documentos anteriormente comentados se deduce que la posición inicial de Venezuela fue negar la competencia de la CIJ para conocer la disputa territorial. En efecto, se sostiene que: *"como informó Venezuela al Tribunal, la Corte carece manifiestamente de jurisdicción (de ahí la decisión de Venezuela de no participar en el procedimiento)"*[602].

De conformidad con el memorándum y cartas resumidas en líneas anteriores, Venezuela fundamentó su rechazo a la competencia de la CIJ en los siguientes argumentos:

a) El Acuerdo de Ginebra, una convención vinculante para las partes, prevé que la solución de la controversia entre Venezuela y Guyana debe ser alcanzada mediante un arreglo práctico. De allí que *"según el preámbulo, debe ser resuelta amistosamente de manera aceptable para ambas partes"*[603]. Para el gobierno venezolano, ese es el espíritu que debe mantener toda interpretación del Acuerdo.

b) En las negociaciones del Acuerdo de Ginebra, tanto el Reino Unido como Guyana *"se resistieron ferozmente a los medios jurídicos de solución, incluido el recurso a la Corte, propuesto*

---

[602] Para una síntesis sobre la posición asumida por Venezuela en relación a la competencia de la Corte Internacional de Justicia véase la Carta del Ministro del Poder Popular para las Relaciones Exteriores dirigida a la Corte Internacional de Justicia de fecha 24 de julio de 2020, traducción libre. Disponible en: https://www.icj-cij.org/public/files/case-related/171/171-20200724-OTH-01-00-EN.pdf.

[603] *Ídem.*

como último recurso por el Sr. Iribarren Borges, que era entonces Ministro de Relaciones Exteriores de Venezuela"[604], por lo que la idea de recurrir ahora a la CIJ es contradictoria.

c) Los mecanismos de solución de la controversia previstos en el artículo 33 de la Carta de las Naciones Unidas deben ser aplicados en forma *"sucesiva, gradual y progresiva"*[605] y no de manera discrecional. Existen otros medios de naturaleza política, como la mediación, que aún no han sido agotados. Pasar directamente a la elección de la CIJ como instancia para dirimir la controversia *"es un salto que no es coherente con el procedimiento acordado y claramente no es la forma más adecuada para lograr el propósito y el objetivo del Acuerdo de Ginebra"*[606].

d) La disposición del artículo IV.2 del Acuerdo de Ginebra no equivale al consentimiento que deben manifestar las partes para someterse a la jurisdicción de la CIJ. Si bien el artículo IV.2 hace referencia al artículo 33 de la Carta de las Naciones Unidas, resulta indispensable suscribir un acuerdo donde conste el consentimiento expreso de las partes de someter la controversia a la jurisdicción de la CIJ. Dicho acuerdo es *"indispensable para establecer el papel de la Corte, el objeto de la controversia, y las fuentes del derecho y los elementos de equidad"*[607] que deben ser considerados por la CIJ.

e) Por considerar que la CIJ carece de competencia para conocer el asunto, el gobierno venezolano ha determinado que no existe necesidad de responder a los argumentos de fondo presentados por la República Cooperativa de Guyana en la demanda de 29 de marzo de 2018.

Luego, ante el planteamiento de Venezuela sobre la competencia de la CIJ, manifestado en las cartas y el memorándum, se inició un procedimiento incidental sobre competencia de la CIJ que consistió en una audiencia celebrada públicamente y en modalidad virtual, el día

---

[604] *Ídem.*
[605] *Ídem.*
[606] *Ídem.*
[607] *Ídem.*

martes 30 de junio de 2020, a las 2 de la tarde en el Palacio de la Paz en la Haya, presidida por el presidente de la CIJ, Abdulqawi Ahmed Yusuf. Dicha audiencia tuvo una duración de tres horas y cuarenta minutos.

En este caso se procedió como lo ordena el artículo 36.6 del Estatuto que prevé que si existe disputa en cuanto a la competencia de la CIJ ella misma decidirá al respecto. El artículo 36.6 establece que *"En caso de disputa en cuanto a si la Corte tiene o no jurisdicción, la Corte decidirá"*.

2.1.4.5. Sentencia sobre competencia de fecha 18 de diciembre de 2020

Mediante sentencia de fecha 18 de diciembre de 2020, la CIJ decidió la incidencia sobre competencia iniciada de conformidad con el artículo 36.6 del Estatuto y se declaró competente para conocer de la demanda incoada por la República Cooperativa de Guyana en contra de Venezuela[608]. A través de esta sentencia la CIJ tomó dos decisiones muy importantes, una respecto de su propia competencia para conocer del caso y otra sobre el alcance de dicha competencia. En efecto la CIJ decidió lo siguiente:

1. Con doce votos a favor y cuatro en contra decidió que es competente para conocer de la demanda presentada por la República Cooperativa de Guyana el 29 de marzo de 2018 en la medida en que se refiere a la validez del Laudo Arbitral de 3 de octubre de 1899 y a la cuestión conexa de la solución definitiva de la controversia sobre límites terrestres entre la República Cooperativa de Guyana y la República Bolivariana de Venezuela.

   La CIJ estableció el objeto de la controversia en forma positiva. Así la CIJ indicó que será competente para pronunciarse sobre la validez jurídica del Laudo Arbitral del París del 3 de octubre de 1899. Para ese cometido, la CIJ deberá analizar los títulos jurídicos e históricos de los Estados litigantes. Al mismo tiempo la CIJ reconoce que declarar la nulidad o validez del Laudo

---

[608] Véase Corte Internacional de Justicia, *Judgment of 18 December 2020* sobre la jurisdicción de la corte de fecha 18 de diciembre de 2020. Disponible en: https://www.icj-cij.org/public/files/case-related/171/171-20201218-JUD-01-00-EN.pdf

Arbitral de París no pondría fin al conflicto. En efecto, la CIJ deberá pronunciarse sobre cuestiones adicionales o conexas que son determinantes para la solución definitiva de la controversia. Si la CIJ determina que el Laudo Arbitral de París es válido, la situación limítrofe entre Venezuela y la República Cooperativa de Guyana deberá mantenerse tal como lo establece el referido laudo. En cambio, si la CIJ declara la nulidad del Laudo Arbitral de Paris entonces deberá pronunciarse sobre otros aspectos importantes. Uno de ellos es la nueva delimitación territorial que ya no podría ser la frontera establecida por los árbitros en 1899. Otro aspecto, igualmente importante, es la delimitación marítima entre ambos territorios que tiene especial impacto comercial debido a la presencia de abundantes yacimientos petroleros en la zona.

La interpretación sobre el alcance de su propia competencia determinará si la CIJ podrá resolver directamente las cuestiones conexas a las que hemos hecho referencia o si por el contrario encomendará esa labor a otro órgano internacional jurisdiccional o político.

2. De forma unánime decidió que no es competente para conocer de las reclamaciones de la República Cooperativa de Guyana derivadas de hechos ocurridos después de la firma del Acuerdo de Ginebra de fecha 17 de febrero de 1966[609]. Con esto la CIJ estableció una fecha crítica, esta es el 17 de febrero de 1966, cuando se firmó el Acuerdo de Ginebra.

La CIJ fundamentó su decisión en el parágrafo 2 del artículo IV del Acuerdo de Ginebra del 17 de febrero de 1966, el cual establece:

"Si dentro de los tres meses siguientes a la recepción del Informe final el Gobierno de Venezuela y el Gobierno de Guyana no hubieren llegado a un acuerdo con respecto a la elección de uno de los medios de solución previstos en el Artículo 33 de la Carta de las Naciones Unidas, referirán la decisión sobre los medios

---

[609] Véase International Court of Justice, "Judgment of 18 December 2020. Jurisdiction of the Court", p. 42. Disponible en https://www.icj-cij.org/sites/default/files/case-related/171/171_20201218_JUD_01-00-EN.pdf.

de solución a un órgano internacional apropiado que ambos Gobiernos acuerden, o de no llegar a un acuerdo sobre este punto, al Secretario General de las Naciones Unidas. Si los medios así escogidos no conducen a una solución de la controversia, dicho órgano, o como puede ser el caso, el Secretario General de las Naciones Unidas, escogerán otro de los medios estipulados en el Artículo 33 de la Carta de las Naciones Unidas, y así sucesivamente, hasta que la controversia haya sido resuelta, o hasta que todos los medios de solución pacífica contemplados en dicho Artículo hayan sido agotados"[610]. (Resaltado añadido).

En el caso de la contención entre Venezuela y la República Cooperativa de Guyana, la decisión fue referida al Secretario General de la ONU. Según la CIJ, el Secretario General de la ONU podría escoger otro de los mecanismos establecidos en el artículo 33 de la CNU. Dicha disposición establece en su numeral 1:

*"Las partes en una controversia cuya continuación sea susceptible de poner en peligro el mantenimiento de la paz y la seguridad internacionales tratarán de buscarle solución, ante todo, mediante la negociación, la investigación, la mediación, la conciliación, el arbitraje, **el arreglo judicial**, el recurso a organismos o acuerdos regionales u otros medios pacíficos de su elección"*[611]. (Resaltado añadido).

La CIJ tuvo en cuenta que el artículo previamente citado menciona entre los mecanismos de solución al arreglo judicial. De manera que el artículo IV.2 faculta al Secretario General de la ONU para la elección de los medios establecidos en el artículo 33 de la CNU y, en consecuencia, le permite elegir el arreglo judicial como vía de solución.

En ejercicio de dicha potestad, el Secretario General de la ONU, Antonio Guterres, mediante una carta de fecha 30 de enero de 2018 -que hizo llegar a ambas partes- expresó que había elegido la CIJ como próxima instancia en la resolución del conflicto.

---

[610] Véase Héctor Faúndez Ledesma, ob. cit., pp. 349 y ss.
[611] *Ídem*.

Según la CIJ, el razonamiento anterior debe ser observado en atención al artículo 36 del Estatuto cuyo primer numeral permite extender su competencia a todas las contenciones que las partes sometan a ella:

"La competencia de la Corte se extiende a todos los litigios que las partes le sometan y a todos los asuntos especialmente previstos en la Carta de las Naciones Unidas o en los tratados y convenciones vigentes"[612].

Mediante la referida sentencia la CIJ estableció la fecha crítica de la controversia que determina el alcance de su competencia en el tiempo y lo limita al momento de la firma del Acuerdo de Ginebra. Ello equivale a decir que la CIJ conocerá del asunto en cuanto a los hechos ocurridos antes de 17 de febrero de 1966. Por supuesto que deberá considerar también las normas del Acuerdo de Ginebra que es el instrumento en el que la CIJ fundamentó su competencia para conocer del caso.

Conviene enfatizar ahora la importancia del Acuerdo de Ginebra, cuya firma no sólo constituye el límite temporal de la competencia de la CIJ, sino que además es un instrumento vinculante para Venezuela, el Reino Unido y la República Cooperativa de Guyana que reconoce la histórica reclamación venezolana respecto de nulidad del Laudo Arbitral de París del 3 de octubre de 1899.

El reconocimiento de una controversia respecto de la validez del Laudo Arbitral de París mediante el Acuerdo de Ginebra sugiere que el fallo no está protegido por el principio de intangibilidad de la cosa juzgada. Incluso si no existiera el Acuerdo de Ginebra, el Laudo Arbitral de París tampoco estaría protegido por el principio de intangibilidad, desde que es una decisión que adolece de vicios evidentes que acarrean su nulidad y sólo tienen esa protección de intangibilidad los fallos que han sido debidamente dictados.

En este sentido téngase en cuenta el contenido del memorándum enviado por el Dr. Andrés Aguilar Madwsley al Dr. Rafael Caldera en abril de 1966 referido al Acuerdo de Ginebra suscrito el 17 de febrero de ese mismo año:

---

[612] Véase Estatuto de la Corte Internacional de Justicia. Disponible en: https://www.icj-cij.org/public/files/statute-of-the-court/statute-of-the-court-es.pdf.

"No hay que descartar la posibilidad de que sobre estos puntos o sobre otros, después de prolongadas y laboriosas discusiones, se llegue a la conclusión de que no es posible llegar a un compromiso arbitral aceptable para ambas partes. En tal caso, no quedaría otro recurso que el arreglo judicial. Según la interpretación oficial, el Acuerdo implica el reconocimiento por parte del Reino Unido y eventualmente del nuevo Estado de Guayana de la competencia de la Corte Internacional de Justicia. Aun cuando hay quienes piensan que esta interpretación es discutible, porque el Acuerdo no hace expresa referencia a la Corte Internacional de Justicia, supongamos que esta cuestión no se plantea o si se suscita, la Corte se declara en definitiva competente para conocer del litigio... En este supuesto, la Corte puede adoptar el punto de vista de que su competencia se limita exclusivamente a examinar... la controversia entre Venezuela y el Reino Unido surgida como consecuencia de la contención venezolana de que el Laudo Arbitral de 1899, sobre la frontera entre Venezuela y Guayana Británica es nulo e írrito según los términos del Artículo 1 del Acuerdo. En otras palabras, la Corte puede decidir solamente sobre la validez de dicho Laudo... Hay que admitir, en cambio, que el Acuerdo enerva dicho Laudo, no porque en él se reconoce de la existencia de la controversia - como han sostenido algunos - sino porque el Reino Unido ha convenido en un procedimiento que, teóricamente al menos, podría tener por consecuencia dejarlo sin efecto. Se mejora así, sin duda, la posición jurídica de Venezuela que antes no tenía ningún medio de obligar al Reino Unido a someter la cuestión a un tribunal arbitral o judicial. Este es sin duda el aspecto más positivo del Acuerdo de Ginebra, que sería mezquino silenciar o desconocer pero que sería imprudente exagerar. Por ello, es necesario subrayar que una interpretación objetiva del Acuerdo no permite afirmar que la cuestión va a ser resuelta necesariamente por los medios en el contemplados... Ahora bien, el Reino Unido y el nuevo Estado de Guayana pueden alegar ante la Corte Internacional de Justicia la autoridad de cosa juzgada del Laudo Arbitral de 1899 y la aquiescencia de Venezuela. En efecto, según lo dispuesto en el párrafo (1) del Artículo V del Acuerdo "...nada de lo contenido en este Acuerdo será interpretado como una renuncia o disminución por parte de Venezuela, el Reino Unido o la Guayana Británica, de cualesquiera

bases de reclamación de soberanía territorial en los Territorios de Venezuela o de Guayana Británica o de cualesquiera derechos que se hubiesen hecho valer previamente, o de reclamaciones de tal soberanía territorial o como prejuzgando su posición con respecto a su reconocimiento o no reconocimiento de un derecho a reclamo o base de reclamo por cualquiera de ellos sobre tal soberanía territorial. A estas excepciones y defensas podría oponer Venezuela el argumento de que la celebración misma del Acuerdo es un reconocimiento expreso o al menos tácito de que no ha habido tal aquiescencia y de que en todo caso el Reino Unido al aceptar el procedimiento en él previsto ha renunciado tácitamente a prevalerse de estos medios de defensa. Podría así mismo alegar que las condiciones internas e internacionales imperantes en 1899 y en los años siguientes, así como el descubrimiento muchos años más tarde de documentos que confirmaron las vehementes sospechas que tenía Venezuela de que había sido víctima de un arreglo entre dos grandes potencias, no le permitieron hacer valer antes su pretensión...Aun así y esto es necesario decirlo con toda claridad para evitar malos entendidos y decepciones, la Corte podría declarar con lugar las defensas del Reino Unido sin entrar siquiera al examen del mérito de nuestros argumentos para impugnar la validez misma del Laudo (falta de motivación, exceso de poder, ultrapetita). Es necesario examinar las decisiones que ha dictado este Alto Tribunal en casos similares para convencerse de que ésta es una hipótesis que puede ocurrir"[613].

Como lo predijo el Dr. Andrés Aguilar Madwsley, la CIJ se ha declarado competente para decidir sobre la cuestión de la nulidad o validez del Laudo Arbitral de París de 1899.

El Acuerdo de Ginebra es fundamental en la controversia y así lo ha reconocido la CIJ. En efecto, la fecha crítica establecida que determina la competencia *ratione temporis* de la CIJ y que coincide con la firma del Acuerdo de Ginebra tiene efectos positivos para Venezuela. La CIJ sólo podrá considerar válidos los argumentos relacionados con hechos que sean anteriores al 17 de febrero de 1966. En ese sentido, Venezuela tiene una gran ventaja, pues cuenta con títulos históricos y jurídicos

---

[613] Cit. en Luis Cova Arria, "La Academia de Ciencias Políticas y Sociales y la defensa del territorio Esequibo", ob. cit., pp. 80-81.

que respaldan sus derechos sobre la frontera oriental y Venezuela tiene sólidas pruebas que demuestran los vicios del Laudo Arbitral de París que permitirían a la CIJ declarar su nulidad.

2.1.4.6. Votos salvados en la sentencia de la Corte Internacional de Justicia sobre competencia de fecha 18 de diciembre de 2020

La sentencia de la CIJ tuvo doce votos a favor y cuatro votos en contra. Los votos en contra fueron los de los jueces Ronny Abraham, Mohamed Bennouna, Kirill Gevorgian y Giorgio Gaja. Entre los principales argumentos de la disidencia se indica que el espíritu del Acuerdo de Ginebra fue vulnerado por la interpretación que se dio al artículo IV.2 dado que la referencia que hace el artículo IV.2 del Acuerdo de Ginebra al artículo 33 de la CNU no es suficiente para fundamentar el consentimiento de las partes en acudir a la CIJ. A su juicio, para que las partes manifiesten su voluntad de dirimir la disputa territorial en la CIJ era necesaria la suscripción de un acuerdo especial[614]. Además consideraron que se debió dar una importancia especial a la cuestión del consentimiento por cuanto una de las partes -Venezuela- tomó la decisión de no acudir a la CIJ[615]. El consentimiento, según la jurisprudencia de la CIJ debe ser *"cierto, inequívoco e indiscutible"*, tal como lo afirmó el magistrado Kirill Gevorgian[616].

En este punto conviene hacer una aclaratoria importante sobre cómo se acepta la jurisdicción de la CIJ. Esto cumple una doble función. La primera es aclarar cuáles son las maneras que comúnmente permiten fundar la jurisdicción de la CIJ. La segunda es que ayuda a entender el porqué de los votos disidentes de algunos magistrados. Vamos a referirnos a ellas en términos muy concretos[617].

---

[614] Sobre este particular véase Corte Internacional de Justicia, *Dissenting opinion of Judge Abraham*. Disponible en: https://www.icj-cij.org/public/files/case-related/171/171-20201218-JUD-01-02-EN.pdf.

[615] Véase Corte Internacional de Justicia, *Dissenting opinion of Judge Bennouna*. Disponible en: https://www.icj-cij.org/public/files/case-related/171/171-20201218-JUD-01-03-EN.pdf

[616] Véase Corte Internacional de Justicia, *Dissenting opinion of Judge Gevorgian*. Disponible en: https://www.icj-cij.org/public/files/case-related/171/171-20201218-JUD-01-06-EN.pdf

[617] Véase la disertación Juan Carlos Sainz-Borgo en el evento de la Academia de Ciencias Políticas y Sociales titulado "Competencia de la CIJ y determinación de la frontera terrestre

Recordemos que la CIJ puede tener competencia *ad hoc* mediante un acuerdo especial o compromiso. También puede tener competencia *ad hoc* mediante un tratado o convención. Asimismo la CIJ puede conocer un caso en virtud de la competencia *ante hoc* fundada en una declaración de competencia a través de una disposición facultativa. Por último, la CIJ puede declararse competente en virtud de una manifestación *post hoc*, a esto se le conoce como *forum prorogatum*[618].

Como sabemos, la crítica fundamental de los jueces disidentes es que no medió el consentimiento de ambas partes de ir a la CIJ. Las partes siempre deben manifestar mediante un acuerdo su consentimiento expreso, cosa que no ocurrió. La función del artículo IV.2 del Acuerdo de Ginebra es facultar al Secretario General de Naciones Unidas para seleccionar uno de los mecanismos allí establecidos o, subsidiariamente, alguno de los establecidos en el artículo 33 de la CNU. Precisamente esa selección no constituyó, para los magistrados disidentes, un fundamento lo suficientemente sólido para justificar la competencia de la CIJ.

También se afirma entre los argumentos disidentes que para el momento en que la CIJ dictó la sentencia, 18 de diciembre de 2020, Venezuela no había efectuado una manifestación *post hoc* que permita dar lugar a la figura del *forum prorogatum* que funciona como una forma de sumisión tácita de un Estado que ha realizado actos de los que puede entenderse que acepta la competencia de la CIJ.

Por ello indican que la declaración de competencia *ratione materiae* de la CIJ no sólo es un despropósito por lo motivos ya expuestos.

---

entre Guyana y Venezuela" celebrado en fecha 20 de enero de 2022. Disponible en: https://www.youtube.com/watch?v=UCFlmNhatQg.

[618] Esto es una manifestación sobrevenida de la voluntad por parte de un Estado que permite concluir que consiente o acepta la competencia de la Corte Internacional de Justicia. Véase Max Sorensen, *Manual de derecho internacional público*, Fondo de Cultura Económica, México, 1973, p. 652. Como lo indica el autor *"La Corte, en varias ocasiones, declaró que su jurisdicción se basaba en la voluntad de las partes, en su consentimiento para someterse a su jurisdicción (Minorities Schools in Upper Silesia (1928), Sec. A. N° 15, p. 22; Interpretation of Peace Treaties (Primera Fase) (1950), ICJ Rep. 65, 71; caso Monetary Gold (1954), ICJ Rep. 19, 32). Pero la Corte también sostuvo que no otorgaría a la forma la misma importancia que se le reconoce en el derecho interno (caso Mavrommatis (1924), PCIJ Ser. A, N° 2, p. 34), y ha mantenido su jurisdicción aun cuando tal consentimiento se haya otorgado después de la iniciación del procedimiento, de una manera implícita o informa, o por una sucesión de actos...".*

También lo es porque con la sentencia de la CIJ se dificulta la solución, desde que transgrede principios fundamentales del derecho internacional, entre ellos, el principio de *pacta sunt servanda* que implica el sostenimiento de los pactos que las partes han establecido, a través de sus respectivas manifestaciones de voluntad, y que deben cumplir de buena fe.

Finalmente se sostiene que desde el punto de vista del derecho objetivo, la decisión contraviene lo establecido en el artículo 2 de la Carta de las Naciones Unidas que prevé:

> *"Para la realización de los Propósitos consignados en el Artículo 1, la Organización y sus Miembros procederán de acuerdo con los siguientes Principios:*
> *1. La Organización está basada en el principio de la igualdad soberana de todos sus Miembros.*
> *2. Los Miembros de la Organización, a fin de asegurarse los derechos y beneficios inherentes a su condición de tales,* **cumplirán de buena fe las obligaciones contraídas por ellos de conformidad con esta Carta.**
> *3. Los Miembros de la Organización arreglarán sus controversias internacionales por medios pacíficos* **de tal manera que no se pongan en peligro ni la paz y la seguridad internacionales ni la justicia.**
> *4. Los Miembros de la Organización, en sus relaciones internacionales, se abstendrán de recurrir a la amenaza o al uso de la fuerza contra la integridad territorial o la independencia política de cualquier Estado, o en cualquier otra forma incompatible con los Propósitos de las Naciones Unidas.*
> *5. Los Miembros de la Organización prestaron a ésta toda clase de ayuda en cualquier acción que ejerza de conformidad con esta Carta, y se abstendrán de dar ayuda a Estado alguno contra el cual la Organización estuviere ejerciendo acción preventiva o coercitiva.*
> *6. La Organización hará que los Estados que no son Miembros de las Naciones Unidas se conduzcan de acuerdo con estos Principios en la medida que sea necesaria para mantener la paz y la seguridad internacionales.*
> *7. Ninguna disposición de esta Carta autorizará a las Naciones Unidas a intervenir en los asuntos que son esencialmente de la*

jurisdicción interna de los Estados, ni obligará; a los Miembros a someter dichos asuntos a procedimientos de arreglo conforme a la presente Carta; pero este principio no se opone a la aplicación de las medidas coercitivas prescritas en el Capítulo VII" (Resaltado añadido).

Del artículo citado destacan los numerales 2 y 3. El numeral 2 ratifica la exigencia del cumplimiento de obligaciones de buena fe. El numeral 3 indica que la resolución de controversias a través de medios pacíficos no debe arriesgar la paz, la seguridad internacional y la justicia.

La posición de los jueces disidentes parece razonable, no sólo porque no existe un acuerdo especial que permita concluir que Venezuela aceptó someterse a la jurisdicción de la CIJ, sino porque ni Venezuela ni la República Cooperativa de Guyana han ratificado el Estatuto de la CIJ.

a. Juez Ronny Abraham[619]

El contenido del voto salvado del Magistrado Ronny Abraham indica que Antonio Guterres -Secretario General de las Naciones Unidas- sí podía seleccionar a la CIJ como órgano encargado de dirimir la controversia territorial. De hecho, la CIJ es el principal mecanismo de resolución disputas contenido en la CNU.

El Secretario General de Naciones Unidas, a juicio del juez Ronny Abraham, no debía seguir un orden específico al determinar los medios de solución contenidos en el artículo 33. Al contrario, tenía libertad de elegir cualquiera de ellos. Esta elección no puede entenderse como una recomendación para las partes, sino una decisión con efecto vinculante para ellas en virtud del Acuerdo de Ginebra[620].

En todos los puntos anteriores estuvo de acuerdo con la sentencia. Luego explica cuáles son los aspectos en los que no coincide con el criterio de la mayoría y sus razones:

---

[619] Sobre este particular véase Corte Internacional de Justicia, *Dissenting opinion of Judge Abraham*. Disponible en: https://www.icj-cij.org/public/files/case-related/171/171-20201218-JUD-01-02-EN.pdf

[620] *Everything therefore indicates that the Secretary-General's choice of a means of settlement constitutes a decision which imposes certain obligations on the parties.*

1. **Consentimiento**: Una cosa es la validez en la selección de un medio de solución por parte del Secretario General de Naciones Unidas, que crea obligaciones para las partes, y otra muy distinta es fundamentarse en el consentimiento de las partes para acudir a la CIJ en el artículo IV.2 del Acuerdo de Ginebra[621].
2. **Necesidad de suscribir un acuerdo especial**: Acudir a cualquier otro mecanismo del artículo 33 de la CNU, por ejemplo, el arbitraje, habría requerido un acuerdo especial y posterior en el que las partes manifestaran, de buena fe y tras una serie de negociaciones, su voluntad de someter el conocimiento de la controversia a un tercero. Esto no ocurrió y se pretende confundir la validez de la actuación del Secretario General de Naciones Unidas con el compromiso entre las partes, que nunca existió y que es el que podría fundamentar realmente la competencia de la CIJ.
3. **Objeto del Acuerdo de Ginebra**: Para CIJ, la suscripción de un acuerdo especial posterior a la selección realizada por el Secretario General de Naciones Unidas, es contraria al espíritu del Acuerdo de Ginebra porque permitiría que la controversia se extendiese en el tiempo si las partes no llegan a un acuerdo. Para el magistrado Ronny Abraham, esa interpretación del Acuerdo de Ginebra es contraria a su objeto y fin verdadero. En efecto, el acuerdo no indica que el mecanismo seleccionado deba resolver definitivamente la controversia. Al contrario, señala que si un medio fracasa, podrá intentar alcanzarse una solución práctica con otro de los mecanismos contemplados.
4. **Crítica a la claridad de la decisión**: En cuanto al razonamiento del tribunal, especialmente cuando se lee el párrafo 86 de la decisión, puede notarse que se han formulado ideas de manera compleja que parecieran no haber tenido como norte la claridad de la exposición[622].

---

[621] *"It is one thing to say that the choice of a means in this instance, judicial settlement by the Secretary-General creates obligations for the parties; it is quite another to see in Article IV, paragraph 2, of the Agreement, combined with the Secretary-General's decision, the expression of both parties' consent to the settlement of their dispute by the Court".*

[622] Párrafo 86: *"El Tribunal señala que su conclusión de que las Partes consintieron la solución judicial en virtud del Artículo IV del Acuerdo de Ginebra no es cuestionada por la*

5. **Posición respecto de la competencia de la CIJ**: En atención a todo el razonamiento anterior, la CIJ debió declarar que carecía de competencia para resolver este caso.

b. Juez Mohamed Bennouna[623]

1. **Consentimiento**: El hecho de que una de las partes no compareciera ante la CIJ constituye un indicio de la especial importancia que debió darse a la cuestión del consentimiento, uno de los requisitos esenciales para acudir a este órgano.
En relación al consentimiento formula críticas del mismo orden que el magistrado Ronny Abraham cuando, observando la interpretación de la CIJ sobre el artículo IV del Acuerdo de Ginebra, se pregunta: *"Pero, ¿es esto suficiente para inferir, como hace alegremente el Tribunal, que las Partes han consentido su jurisdicción?"*[624].

2. **El Acuerdo de Ginebra no equivale a una delegación de la facultad de consentimiento**: La posibilidad establecida en el artículo IV.2 del Acuerdo de Ginebra de que el Secretario General de Naciones Unidas eligiera uno de los medios del artículo 33 de la CNU no equivalía a que las partes habían delegado en él la facultad de consentir en cuanto a la jurisdicción de la CIJ[625].

---

frase *"o hasta que se hayan agotado todos los medios de solución pacífica allí contemplados"* en el párrafo 2 de dicho artículo, lo que podría sugerir que las Partes habían contemplado la posibilidad de que la elección, por parte del Secretario General, de los medios previstos en el artículo 33 de la Carta, que incluyen la solución judicial, no condujera a la resolución de la controversia. Hay varias razones por las que una decisión judicial, que tiene fuerza de cosa juzgada y aclara los derechos y obligaciones de las partes, podría no conducir de hecho a la solución definitiva de una controversia. Basta con que el Tribunal de Justicia que, en este caso, una decisión judicial que declara la nulidad del Laudo de 1899 sin delimitación de la frontera entre las Partes podría no conducir a la resolución definitiva de la controversia, lo que sería contrario al objeto y fin del Acuerdo de Ginebra"*. Traducción libre.

623 Véase Corte Internacional de Justicia, *Dissenting opinion of Judge Bennouna*. Disponible en: https://www.icj-cij.org/public/files/case-related/171/171-20201218-JUD-01-03-EN.pdf

624 *"...But is this sufficient to infer, as the Court blithely does, that the Parties have consented to its jurisdiction?"*

625 *"...in international practice, there is no precedent in which States can be said to have delegated to a third party, such as the Secretary-General, their power to consent to the Court's jurisdiction"*.

Lo que hace el tercero, en este caso el Secretario General de Naciones Unidas, es elegir y luego las partes deciden si aceptan o no el mecanismo seleccionado.

3. **Interpretación**: El Acuerdo de Ginebra contempló la posibilidad de que se agotaran todos los medios de solución del artículo 33 de la CNU. Sin embargo, el tribunal eliminó esta posibilidad con la interpretación que dio al artículo IV.2 del acuerdo según la cual, la CIJ debe resolver definitivamente la controversia, violando la eficacia, una de las máximas de la hermenéutica de los tratados[626].

4. **Alcance de la competencia**: La CIJ no podía declararse competente para decidir sobre la delimitación de la frontera entre los Estados contendientes. La controversia es la surgida sobre la validez del Laudo Arbitral de París, que formalmente surgió en 1962. Si se declara la invalidez del laudo, las partes tendrían que llegar a un acuerdo sobre su situación fronteriza mediante el mecanismo que consideren más conveniente a tales fines.

5. **La decisión es un riesgo reputacional para la CIJ**: En un caso tan sensible como este, sólo una decisión atenta y rigurosa podría garantizar la credibilidad de la CIJ entre los países signatarios de su Estatuto.

c. Juez Kirill Gevorgian[627]

1. **Consentimiento**: La sentencia de la CIJ del 18 de diciembre de 2020 violó uno de los principios fundamentales que la CIJ ha sostenido tanto en el Estatuto como en sus decisiones, que el

---

[626] *"Unfortunately, the Court itself, in interpreting Article IV, paragraph 2, has not allowed the terms of this second alternative to produce fully their effects, thereby departing from "one of the fundamental principles of interpretation of treaties, consistently upheld by international jurisprudence, namely that of effectiveness" (Territorial Dispute (Libyan Arab Jamahiriya/Chad), Judgment, I.C.J. Reports 1994, p. 25, para. 51; see also Aegean Sea Continental Shelf (Greece v. Turkey), Judgment, I.C.J. Reports 1978, p. 22, para. 52; application of the International Convention on the Elimination of All Forms of Racial Discrimination (Georgia v. Russian Federation), Preliminary Objections, Judgment, I.C.J. Reports 2011 (I), pp. 125-126, para. 133)".*

[627] Véase Corte Internacional de Justicia, *Dissenting opinion of Judge Gevorgian*. Disponible en: https://www.icj-cij.org/public/files/case-related/171/171-20201218-JUD-01-06-EN.pdf

consentimiento de las partes a su jurisdicción debe ser *"cierto, inequívoco e indiscutible"*[628].

La disposición del artículo IV.2 del Acuerdo de Ginebra no equivale al reconocimiento de las partes de la facultad del Secretario General de Naciones Unidas para consentir por ellas. Al contrario, y como lo han afirmado los demás votos disidentes reseñados en este estudio, el magistrado Kirill Gevorgian sostiene que es el Secretario General de Naciones Unidas quien elige el medio, pero son las partes quienes consienten su aplicación.

2. **Análisis insuficiente de la posición del gobierno venezolano**: El memorándum de Venezuela que para el momento en que se dictó la sentencia del 18 de diciembre de 2020 había decidido no participar en el procedimiento, tenía un gran valor y, aun así, no se le consideró como debería, aun tratándose de una disputa territorial de dimensión considerable.

3. **Interpretación violatoria del objeto del Acuerdo de Ginebra**: De conformidad con el Acuerdo de Ginebra podían ocurrir dos cosas (i) se resolvía la controversia entre las partes a través de alguno de los mecanismos previstos o (ii) se producía el agotamiento de los medios de solución. La interpretación de la CIJ eliminó la segunda posibilidad y violó el propósito del Acuerdo de Ginebra al establecer que sería la instancia para resolver definitivamente la controversia.

4. **Negación de la posición históricamente sostenida por Venezuela**: Venezuela históricamente ha manifestado en varias oportunidades su voluntad de no permitir que terceros -como el Secretario General de Naciones Unidas- decidan sin su consentimiento expreso sobre temas tan relevantes para la nación como la integridad territorial, esto no fue tomado en cuenta por la CIJ[629].

---

[628] *"...certain, unequivocal and indisputable"*.

[629] El juez *Kirill Gevorgian* señala: *"...que Venezuela había celebrado, en 1939, un tratado bilateral con Colombia que preveía, en general, el sometimiento de las controversias a la conciliación o a la solución judicial. Sin embargo, el artículo II de dicho tratado excluía expresamente que las controversias relativas a la integridad territorial de las Partes se sometieran a la solución de terceros. Un tratado bilateral similar de 1940 entre Venezuela*

d. Juez Giorgio Gaja[630]

La posición del juez Giorgio Gaja tiene una particularidad y es que aunque es un voto salvado, nominalmente no está así en la página de la CIJ. Aparece como "Declaración del juez Gaja". La exposición del juez Giorgio Gaja se fundamentó en la ausencia de consentimiento de las partes.

1. Está de acuerdo con que las partes pueden acudir a la CIJ para resolver la controversia, como lo prevé el parágrafo segundo del artículo IV del Acuerdo de Ginebra. Sin embargo, no comparte que la decisión de Secretario General de Naciones Unidas reemplace el consentimiento que las partes deben manifestar.
2. La obligación de recurrir al arreglo judicial no requiere que la decisión del Secretario General sea confirmada por un acuerdo entre las partes, pero esto no significa necesariamente que el medio elegido pueda ser implementado sin el consentimiento de ambas partes. Cualquiera de los medios de solución de controversias enumerados en el Artículo 33 de la Carta de las Naciones Unidas requiere el acuerdo de las partes. Por ejemplo, la mediación implica un acuerdo sobre quién actuará como mediador y el arbitraje requiere un acuerdo sobre la designación de los árbitros y la confianza en la jurisdicción del tribunal arbitral. En cuanto al arreglo judicial, es posible que se confiera jurisdicción al Tribunal sin un acuerdo que proporcione especificaciones adicionales, por ejemplo, si las partes han hecho declaraciones en virtud de la cláusula opcional que cubre la disputa. Sin embargo, esto no significa que cuando se elige el arreglo judicial, no se requiere un acuerdo para conferir jurisdicción al Tribunal. En resumen, la obligación de recurrir al arreglo judicial no implica necesariamente que el medio elegido pueda ser implementado sin el consentimiento de ambas partes[631].

---

y Brasil exigía, en su artículo IV, que las Partes intentaran concluir un acuerdo especial antes de que cualquier controversia pudiera someterse a una solución..."

[630] Véase Corte Internacional de Justicia, *Declaration of Judge Gaja*. Disponible en: https://www.icj-cij.org/public/files/case-related/171/171-20201218-JUD-01-04-EN.pdf.

[631] Ídem.

3. El Acuerdo de Ginebra contempló la posibilidad de que, incluso una vez agotados los mecanismos previstos en él, la controversia no fuera resuelta en forma definitiva. La interpretación que ha dado la CIJ del artículo IV, especialmente del parágrafo 2 del Acuerdo de Ginebra vulnera el propósito de la convención al establecer que la instancia judicial tiene competencia para resolver definitivamente la disputa.

2.1.4.7. Procedimiento posterior a la sentencia de 18 de diciembre de 2020

Mediante sentencia de 18 de diciembre de 2020 la CIJ se declaró competente para conocer de la demanda interpuesta por la República Cooperativa de Guyana. A estos efectos, la CIJ debía determinar el procedimiento posterior y establecer los plazos para la consignación de memoria y contramemoria sobre el fondo de la controversia.

A través de la providencia (*order*) de fecha 8 de marzo de 2021, la CIJ fijó el plazo para la presentación de la memoria y la contramemoria. La referida providencia fue dictada en cumplimiento del numeral 1 del artículo 45 del Reglamento, según el cual *"En un procedimiento incoado mediante una solicitud, los alegatos escritos consistirán, por su orden, en una memoria del demandante y en una contra memoria del demandado"*[632]. Según dicha providencia, la República Cooperativa de Guyana debía consignar su memoria antes del 8 de marzo de 2022 -cosa que ya ocurrió- y Venezuela tenía que consignar su contramemoria antes del 8 de marzo del 2023. Sin embargo, el curso del procedimiento fijado por la CIJ cambió cuando Venezuela decidió participar en el procedimiento y opuso excepciones preliminares relativas a la admisibilidad de la demanda de la República Cooperativa de Guyana.

Debido a este proceder, la CIJ inició el procedimiento incidental de excepciones preliminares y celebró audiencias públicas los días 17, 18, 21 y 22 de noviembre en las que escuchó los argumentos, réplicas y contrarréplicas de la República Bolivariana de Venezuela y la República Cooperativa de Guyana.

---

[632] Véase Reglamento de la Corte Internacional de Justicia. Disponible en: https://www.icj-cij.org/public/files/rules-of-court//rules-of-court-es.pdf.

Posteriormente, la CIJ convocó una reunión pública con ambas partes el día 6 de abril de 2023 y realizó la lectura de la sentencia que resolvió el procedimiento incidental de excepciones preliminares iniciado por la República Bolivariana de Venezuela. En la sentencia, la CIJ examinó los argumentos de la República Bolivariana Venezuela y la República Cooperativa de Guyana y se pronunció sobre los aspectos relevantes surgidos en este procedimiento incidental.

La sentencia abordó los aspectos relevantes del procedimiento incidental, como la admisibilidad de las excepciones preliminares de la República Bolivariana de Venezuela y el análisis de fondo de las excepciones preliminares. La sentencia fue aprobada por la mayoría de los jueces y acompañada de cuatro declaraciones separadas y una opinión parcialmente individual y parcialmente disidente. Las cuatro declaraciones separadas corresponden al juez indio Dalveer Bhandari, al juez jamaiquino Patrick Robinson, al juez japonés Yuji Iwasawa y al juez ad hoc alemán designado por la República Cooperativa de Guyana Rüdiger Wolfrum. La denominada opinión parcialmente individual y parcialmente disidente fue consignada por el juez ad hoc belga designado por la República Bolivariana de Venezuela Philippe Couvreur.

En primer lugar, la CIJ unánimemente declaró admisible la excepción preliminar presentada por la República Bolivariana de Venezuela. Luego, con catorce votos a favor y el voto en contra del Juez ad hoc Sr. Philippe Couvreur, la CIJ declaró sin lugar dicha excepción preliminar. Finalmente, con catorce votos a favor y el voto en contra del Juez ad hoc Sr. Couvreur, la CIJ ratificó que es competente para decidir sobre el fondo de las reclamaciones de la República Cooperativa de Guyana, en la medida en que se encuentren dentro del ámbito del párrafo 138, subpárrafo 1, de la sentencia del 18 de diciembre de 2020.

La CIJ, luego de la lectura pública de la sentencia que resolvió el procedimiento incidental de excepciones preliminares iniciado por la República Bolivariana de Venezuela, ese mismo día 6 de abril de 2023, dictó una providencia fijando el día 8 de abril de 2024 como límite para que la República Bolivariana de Venezuela presente su contramemoria, esto es, sus alegatos y defensas de fondo en respuesta a las pretensiones de la República Cooperativa de Guyana relativas a la nulidad o validez del Laudo Arbitral de París del 3 de octubre de 1899.

2.1.5. Notificaciones (Artículos 40.2 y 40.3 del Estatuto)

Las notificaciones que deban hacerse durante el proceso que se tramita ante la CIJ serán efectuadas en la persona de los agentes, consejeros o abogados de cada una de las partes. Sin embargo, el artículo 44 del Estatuto establece que para la práctica de notificaciones en personas distintas a las nombradas anteriormente, la CIJ deberá dirigirse al gobierno del Estado en el que deba diligenciarse la notificación. Ese mismo mecanismo será utilizado cuando se persiga lo obtención de pruebas en el lugar de los hechos (Artículo 44 del Estatuto).

En cuanto a la iniciación del procedimiento mediante solicitud dirigida al Secretario de la CIJ, los parágrafos segundo y tercero del artículo 40 establecen:

> *"2. El Secretario comunicará inmediatamente la solicitud a todos los interesados.*
> *3. El Secretario notificará también a los Miembros de las Naciones Unidas por conducto del Secretario General, así como a los otros Estados con derecho a comparecer ante la Corte".*

2.1.6. De los escritos de las partes (Artículo 46 del Reglamento; Directiva Práctica II y Directiva Práctica III)

Por lo que se refiere a la iniciación de procedimientos contenciosos ante la CIJ a través de acuerdos especiales es necesario hacer referencia a las Directivas Prácticas de la CIJ, especialmente a la Directiva Práctica I que establece:

> *"La Corte Internacional de Justicia desea desaconsejar la práctica del depósito simultáneo de escritos en los asuntos presentados mediante acuerdo especial.*
> *La Corte espera que los futuros acuerdos especiales contengan disposiciones sobre el número y el orden de los escritos,*

de conformidad con el artículo 46, apartado 1, del Reglamento de la Corte. Dichas disposiciones se entenderán sin perjuicio de cualquier cuestión del caso, incluida la cuestión de la carga de la prueba.

Si el acuerdo especial no contiene disposiciones sobre el número y el orden de los escritos, la Corte esperará que las partes lleguen a un acuerdo a tal efecto, de conformidad con el artículo 46, apartado 2, del Reglamento de la Corte"[633].

2.1.7. Agentes (Artículo 42 del Estatuto; Artículo 42 del Reglamento)

La representación de los Estados partes en los procedimientos ante la CIJ es ejercida por agentes, quienes, a su vez, podrán apoyarse en consejos o abogados. Las partes deberán designar a los agentes que representarán sus intereses ante la CIJ, tal y como lo establece el artículo 42 del Estatuto. Asimismo, el artículo 40 del Reglamento señala que *"todos los actos realizados en nombre de las partes después de haberse incoado un procedimiento serán efectuados por agentes"*[634].

Los agentes cumplen una importante función en los procedimientos ante la CIJ como representantes de los Estados que participan. Son los sujetos que desempeñan funciones similares a las de un abogado ante tribunales internos de un Estado con la particularidad de que actúan *"...como si estuvieran al frente de una misión diplomática especial y tendrán poderes para comprometer a un Estado soberano. Recibirá comunicaciones del Secretario respecto al caso y le enviará a su vez toda la correspondencia y los alegatos debidamente firmados o certificados. En las audiencias públicas, el agente presenta los alegatos en nombre del gobierno al que representa. En general, el agente se encarga de todos los actos formales que tiene que realizar el gobierno al que representa"*[635].

---

[633] Véase "Practice Directions" en el portal web oficial de la Corte Internacional de Justicia. Disponible en: https://www.icj-cij.org/en/practice-directions.
[634] *Ídem.*
[635] Corte Internacional de Justicia, "Funcionamiento de la Corte", apartado sobre el procedimiento contencioso ante ese órgano jurisdiccional internacional. Disponible en: https://www.un.org/es/icj/how.shtml

La forma y el momento procesal para establecer quienes serán los agentes de cada uno de los Estados litigantes en el procedimiento está regulado en el numeral 2 del artículo 40 del Reglamento: *"Cuando un procedimiento sea incoado mediante una solicitud, se indicará el nombre del agente del demandante. El demandado informará a la Corte del nombre de su agente al recibir la copia certificada conforme de la solicitud o lo antes posible después de haberla recibido"*[636].

Los agentes, como representantes de los intereses del Estado al que representan ante la CIJ no actúan solos, al contrario *"A veces recibe la asistencia de coagentes, viceagentes o subagentes, y siempre dispone de consejeros o abogados, cuyo trabajo coordina para que le ayuden en la preparación de los alegatos y de la exposición de los mismos. Dado que no existe ninguna autorización especial para que los abogados participen en los procesos ante la Corte Internacional de Justicia, los consejeros o abogados no tienen que cumplir ninguna condición para hacerlo, excepto ser nombrados a tal fin por un gobierno"*[637].

Varias disposiciones del Estatuto y del Reglamento regulan las funciones del agente en los procedimientos ante la CIJ. En primer lugar debe tenerse en cuenta el artículo 17 del Estatuto que establece determinados aspectos que limitan la participación de los jueces de la CIJ como agentes. Dicha disposición establece:

> *"1. Los miembros de la Corte no podrán ejercer funciones de agente, consejero o abogado en ningún asunto.*
> *2. No podrán tampoco participar en la decisión de ningún asunto en que hayan intervenido anteriormente como agentes, consejeros o abogados de cualquiera de las partes, o como miembros de un tribunal nacional o internacional o de una comisión investigadora, o en cualquier otra calidad.*
> *3. En caso de duda, la Corte decidirá".*

Todos estos supuestos están fundamentados en el deber de imparcialidad y en el deber de independencia que deben cumplir los jueces de la CIJ.

---

[636] *Ídem.*
[637] *Ídem.*

Con relación a las audiencias de la CIJ, el artículo 49 establece que este alto órgano jurisdiccional tiene la potestad de pedir a los agentes de los Estados partes que aclaren o consignen documentos específicos relacionados con el asunto. Así en la referida norma se dispone: *"Aun antes de empezar una vista, la Corte puede pedir a los agentes que produzcan cualquier documento o den cualesquiera explicaciones. Si se negaren a hacerlo, se dejará constancia formal del hecho"*.

La terminación de la audiencia sólo tendrá lugar una vez haya finalizado la presentación del caso por parte de los consejeros, abogados y, principalmente, los agentes. Con ello queda claro que la función de los agentes es fundamental para la correcta defensa de los intereses del Estado al que representan. Establece el artículo 54:

> *"1. Cuando los agentes, consejeros y abogados, conforme a lo proveído por la Corte, hayan completado la presentación de su caso, el Presidente declarará terminada la vista.*
> *2. La Corte se retirará a deliberar.*
> *3. Las deliberaciones de la Corte se celebrarán en privado y permanecerán secretas"*.

La sentencia dictada por la CIJ para resolver la controversia deberá ser debidamente notificada a los agentes de los Estados parte, quienes fungen como receptores de la mayoría de las notificaciones que deban practicarse durante el proceso. En efecto, indica el artículo 58 que *"El fallo será firmado por el Presidente y el Secretario, y será leído en sesión pública después de notificarse debidamente a los agentes"*. En ocasiones, la CIJ debe efectuar notificaciones en personas distintas a los agentes de los Estados partes. Esto ocurre, por ejemplo, cuando se inicia un nuevo procedimiento y el Secretario de la CIJ debe notificar a los Estados interesados y a los miembros de la ONU por conducto del Secretario General de esa organización (Artículo 40 del Estatuto); o cuando se trata de la interpretación de una convención en la que sean partes Estados que no están participando en el procedimiento (Artículo 63 del Estatuto). Con relación a esta clase de notificaciones rige lo dispuesto en el artículo 44:

> *"1. Para toda notificación que deba hacerse a personas que no sean los agentes, consejeros o abogados, la Corte se dirigirá*

*directamente al gobierno del Estado en cuyo territorio deba diligenciarse.
2. Se seguirá el mismo procedimiento cuando se trate de obtener pruebas en el lugar de los hechos".*

Por otra parte, las disposiciones del Estatuto sobre los agentes deben ser analizadas junto las disposiciones del Reglamento que contienen un tratamiento más específico de esta importante figura.

La primera disposición del Reglamento que trata la figura de los agentes es el artículo 31 del Reglamento. Dicha norma establece que los agentes son los sujetos procesales llamados a dar cuenta al Presidente de la CIJ de la opinión del Estado que representan sobre cuestiones procedimentales. En efecto, la norma establece lo siguiente:

> *"En todo asunto sometido a la Corte el Presidente se informará de la opinión que tengan cada una de las partes sobre las cuestiones de procedimiento. Los agentes de las partes serán convocados a este efecto por el Presidente lo antes posible después de que sean designados y ulteriormente siempre y cuando sea necesario".*

El parágrafo tercero del artículo 38 del Reglamento menciona también a los agentes cuando señala que en los supuestos en los que el procedimiento ante la CIJ es iniciado mediante solicitud formulada por un Estado, el agente es, en principio, el sujeto que debe firmar el original ese documento. El artículo señala:

> *"El original de la solicitud será firmado por el agente de la parte que la dirija o por su representante diplomático en el país donde la Corte tiene su sede o por una persona debidamente autorizada. Si la solicitud lleva la firma de una persona que no sea el representante diplomático, la firma deberá ser legalizada por este último o por la autoridad competente del ministerio de asuntos exteriores del demandante".*

Los agentes tienen también el deber de firmar el original de los alegatos escritos consignados durante la fase escrita del procedimiento ante la CIJ. Todo ello a tenor del parágrafo primero del artículo 52 del Reglamento:

> *"El original de cada alegato escrito será firmado por el agente y depositado en la Secretaría de la Corte. Deberá ir acompañado de una copia certificada conforme del alegato y de los documentos anexos al mismo, así como de las traducciones, para comunicación a la otra parte de acuerdo con el párrafo 4 del Artículo 43 del Estatuto, y del número de ejemplares adicionales requerido por la Secretaría de la Corte sin perjuicio de que más tarde puedan pedirse más ejemplares si las necesidades así lo exigiesen".*

La norma del artículo 52 del Reglamento contiene una nota a pie de página que indica, que *"se recomienda a los agentes de las partes que se informen en la Secretaría de la Corte acerca del formato corriente para los alegatos escritos y en qué condiciones puede asumir la Corte una parte del costo de la impresión"*.

Otro aspecto importante es que durante la fase oral del procedimiento ante la CIJ, los agentes deberán formular las conclusiones finales que a bien tengan expresar ante los jueces de ese alto tribunal sin recapitular la argumentación anterior. Asimismo firmarán la copia que será remitida a la contraparte. Ello de conformidad con el artículo 60.2 del Reglamento:

> *"Concluido el último alegato presentado durante el procedimiento oral por una parte, su agente dará lectura a las conclusiones finales de la parte de que se trate sin recapitular la argumentación. Se comunicará a la Corte y se transmitirá a la otra parte copia, firmada por el agente, del texto escrito de las conclusiones finales".*

Conforme a lo previsto en el artículo 61, la CIJ puede formular preguntas a los agentes de las partes, las cuales podrán ser contestadas en ese mismo momento o transcurrido el plazo que al efecto fijen los jueces. La norma en cuestión, en efecto, establece:

> *"1. La Corte podrá, en cualquier momento antes o durante vistas, indicar los puntos o problemas que desearía que trataran*

> *especialmente las partes o aquellos que considera que han sido suficientemente discutidos.*
> *2. La Corte podrá, durante las vistas, hacer preguntas a los agentes, consejeros y abogados o pedirles aclaraciones.*
> *3. Cada juez gozará de la misma facultad pero antes de ejercitarla dará a conocer su intención al Presidente, que es a quien corresponde dirigir las vistas de acuerdo con el Artículo 45 del Estatuto.*
> *4. Los agentes, consejeros y abogados podrán contestar inmediatamente o dentro de un plazo fijado por el Presidente".*

En materia de pruebas, los agentes tienen una importante tarea pues son ellos quienes, como regla, interrogan a los testigos y peritos. Así lo establece el artículo 65 del Reglamento:

> *"Los testigos y peritos serán interrogados por los agentes, consejeros o abogados de las partes bajo la autoridad del Presidente. El Presidente y los jueces podrán hacerles preguntas. Antes de deponer, los testigos permanecerán fuera de la sala de audiencia".*

También es importante la figura de los agentes en los casos de intervención de terceros Estados, quienes para participar en el proceso deberán consignar una petición de permiso para intervenir. En estos casos deberá figurar en tal solicitud el nombre del agente del Estado interviniente. Ello de conformidad con la primera parte del numeral 2 del artículo 81 que indica: *"La petición indicará el nombre del agente".*

En cuanto a la sentencia definitiva, el artículo 95 indica que entre los elementos que debe contener el fallo pronunciado por la CIJ están los nombres de los agentes, consejeros y abogados de los Estados parte en la controversia. Así lo establece expresamente el artículo 95.1 del Reglamento que al efecto citamos:

> *"1. El fallo, cuyo texto indicará si ha sido dictado por la Corte o por una Sala, contendrá: la fecha de su lectura; los nombres de los jueces que han participado en él; los nombres de las partes;* **los nombres de los agentes, consejeros y abogados de las partes**; *un resumen del procedimiento ; las conclusiones de las partes; las circunstancias de hecho ; los fundamentos de derecho; la*

parte dispositiva del fallo; la decisión, si la hubiere, con respecto a las costas; la indicación del número y nombre de los jueces que han constituido la mayoría; la indicación del texto del fallo que hará fe". (Resaltado añadido).

En cuanto al ejercicio de sus funciones, tanto los agentes como los consejeros y abogados de cada una de las partes tendrán las prerrogativas que requieran para desempeñar su labor con plena libertad. En efecto, establece el artículo 42 del Estatuto:

*"1. Las partes estarán representadas por agentes.
2. Podrán tener ante la Corte consejeros o abogados.
3. Los agentes, los consejeros y los abogados de las partes ante la Corte gozarán de los privilegios e inmunidades necesarios para el libre desempeño de sus funciones"*[638].

En fecha 7 de junio de 2022 Venezuela designó un Agente y dos Co-Agentes. En la providencia emitida por la CIJ de fecha 13 de junio de 2022 se indica lo siguiente: *"Vista la carta de fecha 6 de junio de 2022, mediante la cual la Excma. Sra. Delcy Eloína Rodríguez Gómez, Vicepresidenta Ejecutiva de la República Bolivariana de Venezuela, informó a la Corte que el Gobierno venezolano había designado al Excmo. Sr. Samuel Reinaldo Moncada Acosta, Representante Permanente de la República Bolivariana de Venezuela ante las Naciones Unidas, como Agente y al Excmo. Sr. Félix Plasencia González, Ex Ministro del Poder Popular para las Relaciones Exteriores de la República Bolivariana de Venezuela, y a la Sra. Elsie Rosales García, Profesora de la Universidad Central de Venezuela, como Co-Agentes a los efectos del caso…"*[639].

Nótese que además del Agente de Venezuela, se designaron dos Co-Agentes. La referencia a "agentes" formulada en plural así como algunos casos de la CIJ en los que se nombraron Co-Agentes permite

---

[638] Véase Estatuto de la Corte Internacional de Justicia, adoptada en San Francisco en fecha de 26 de junio de 1945. Disponible en: https://www.icj-cij.org/public/files/statute-of-the-court/statute-of-the-court-es.pdf.

[639] Véase Orden de fecha 13 de junio de 2022 que fija el plazo del escrito de observaciones y alegaciones de la República Cooperativa de Guyana ante las excepciones preliminares opuestas por Venezuela el 7 de junio de 2022. Disponible en: https://www.icj-cij.org/public/files/case-related/171/171-202206613-ORD-01-00-EN.pdf.

deducir que existen varios tipos de agentes aunque no estén expresamente regulados en el Estatuto ni en el Reglamento. En el *International Court of Justice Handbook* se explica la naturaleza de los Co-Agentes, quienes cumplen la función de asistir al agente principal. En efecto, "*el agente en algunas ocasiones es asistido por un co-agente, un agente adjunto o un agente adicional, y él o ella siempre tendrá un consejero o abogados para asistirlo en la preparación de los alegatos y en la presentación de los argumentos orales*"[640].

De manera que el gobierno venezolano ha designado el agente y los co-agentes que representarán los intereses del país ante la CIJ, tal y como lo establece el artículo 42 del Estatuto. De acuerdo con el artículo 40 del Reglamento "*todos los actos realizados en nombre de las partes después de haberse incoado un procedimiento serán efectuados por agentes*"[641].

Por su parte la República Cooperativa de Guyana designó agente al señor Carl B. Greenidge[642], segundo vicepresidente y Ministro de Asuntos Exteriores de ese país, quien desde la demanda de 29 de marzo de 2018 ha firmado en tal carácter todos los documentos enviados por su país a la CIJ. Asimismo, la República Cooperativa de Guyana designó Co-Agentes a Sir Shridath Ramphal y Audrey Waddell.

2.1.8. Jueces *ad hoc*

Los Estados partes en un conflicto determinado elevado a la consideración de la CIJ pueden designar un juez *ad hoc* en caso de no haber ningún magistrado de su nacionalidad. En efecto, el parágrafo tercero del artículo 31 del Estatuto establece:

---

[640] Corte Internacional de Justicia, *The International Court of Justice Handbook*, recuperado de los archivos de la web oficial de la Corte Internacional de Justicia en el apartado de publicaciones. p. 18. Disponible en: https://www.icj-cij.org/public/files/publications/handbook-of-the-court-en.pdf.

[641] *Ídem*.

[642] Economista y Ministro de Finanzas de la República Cooperativa de Guyana de 1983 a 1992. Ha ocupado cargos importantes, entre ellos, Secretario General del Grupo de Estados de África, el Caribe y el Pacífico, y en el 10° Parlamento es el portavoz de la oposición en materia de finanzas y cooperación económica internacional. Véase el portal web oficial del Parlamento de la República Cooperativa de Guyana. Traducción libre para este trabajo de investigación. Disponible en: https://parliament.gov.gy/about-parliament/parliamentarian/carl-greenidge/.

> *"Si la Corte no incluyere entre los magistrados del conocimiento ningún magistrado de la nacionalidad de las partes, cada una de éstas podrá designar uno de acuerdo con el párrafo 2 de este Artículo".*

De forma que las partes podrán designar a una persona para que tome asiento en la CIJ en calidad de magistrado, elegida, preferiblemente, del grupo de individuos que fueron previamente candidatos a la magistratura. En efecto:

Cuando una de las partes decida ejercer su derecho a designar un juez *ad hoc* deberá, de conformidad con el parágrafo primero del artículo 35 del Reglamento, notificar *"su intención a la Corte lo antes posible"*. En ese mismo momento deberá incluir datos relevantes del juez designado, como su nombre y nacionalidad, pero si no proporciona esta información, la parte que designa al juez *ad hoc* deberá, con arreglo al parágrafo primero del artículo 35 del Reglamento:

> *"...no más tarde de dos meses antes de la fecha fijada para la presentación de la contramemoria, dar a conocer a la Corte el nombre y la nacionalidad de la persona designada y facilitar una breve nota biográfica de la misma".*

La última parte del primer parágrafo del artículo 35 del Reglamento indica que *"el juez ad hoc puede ser de nacionalidad distinta de la Parte que lo designe"*.

También existe la posibilidad de que ambas partes convengan en no designar juez *ad hoc* aun teniendo el derecho a hacerlo. En efecto, el parágrafo segundo del artículo 35 del Reglamento señala:

> *"Cuando una parte esté dispuesta a abstenerse de designar un juez ad hoc a condición de que la otra parte haga lo mismo, lo notificará a la Corte y ésta informará a la otra parte. Si la otra parte manifiesta su intención de designar un juez ad hoc o lo designa, el Presidente podrá prorrogar el plazo concedido a la parte que anteriormente se había abstenido de hacer una designación".*

Si una parte designa al juez *ad hoc*, la otra parte tiene derecho a ser notificada por el Secretario de la CIJ. Asimismo, dentro de un plazo determinado por el Presidente de la CIJ podrá formular las observaciones que considere pertinentes. Si no hay objeción respecto de la designación de un juez *ad hoc* y la CIJ tampoco tiene alguna, se informará igualmente a las partes (Parágrafo tercero del artículo 35 del Reglamento).

Al examinar la regulación de los jueces *ad hoc* debe tenerse muy en cuenta la Directiva Práctica VII que establece limitaciones a las personas que pueden ser designadas como jueces *ad hoc*. No es conveniente que sea juez *ad hoc*, por ejemplo, una persona que en los tres años previos a su designación ha servido como agente, abogado o consejero en otro caso de la CIJ. En efecto dispone la Directiva Práctica VII:

> *"La Corte Internacional de Justicia considera que no redunda en interés de la buena administración de la justicia que una persona actúe como juez ad hoc en un asunto y que también actúe o haya actuado recientemente como agente, abogado o consejero en otro asunto sometido a la Corte Internacional de Justicia. En consecuencia, las partes, al elegir un juez ad hoc de conformidad con el artículo 31 del Estatuto y el artículo 35 del Reglamento de la Corte, deben abstenerse de designar a personas que estén actuando como agente, consejero o abogado en otro caso ante la Corte o que hayan actuado en esa calidad en los tres años anteriores a la fecha de la designación. Asimismo, las partes deberán abstenerse de designar como agente, consejero o abogado en un caso ante la Corte a una persona que actúe como juez ad hoc en otro caso ante la Corte"*[643].

En el caso en que exista oposición formulada por la otra parte o dudas de la CIJ respecto de la designación de un juez *ad hoc*, será la propia CIJ la que decida la cuestión *"una vez oídas las partes si fuese necesario"* (Parágrafo cuarto del artículo 35 del Reglamento).

La República Cooperativa de Guyana inicialmente designó juez *ad hoc* a la Dra. *Hilary Charlesworth*[644]. Sin embargo, en noviembre del 2021, la Dra. Hilary Charlesworth fue electa juez de la CIJ con ocasión del fallecimiento del juez James Richard Crawford ocurrido en La Haya

---

[643] Véase Directivas Prácticas de la Corte Internacional de Justicia. Disponible en: https://www.icj-cij.org/en/practice-directions.

[644] Hilary Charlesworth es australiana, catedrática de Derecho Harrison Moore, profesora galardonada en la Facultad de Derecho de Melbourne y ha sido profesora visitante varias

el 31 de mayo de 2021[645]. Le corresponde ahora a la Dra. Hilary Charlesworth culminar el período de nueve años del Dr. James Crawford, de manera que tendrá dos años en el ejercicio del cargo y obviamente por tal circunstancia ha dejado de ser juez *ad hoc* en el caso relativo a la controversia entre la República Cooperativa de Guyana y Venezuela.

La República Cooperativa de Guyana ha designado entonces para ejercer el cargo de juez *ad hoc* al Dr. Rüdiger Wolfrum[646]. Cabe destacar que la Dra. Hilary Charlesworth, ahora magistrada de la CIJ, decidió no intervenir en la controversia entre la República Cooperativa de Guyana y Venezuela en obsequio del deber de imparcialidad e independencia que deben cumplir los jueces de la CIJ.

Venezuela, por su parte, designó al jurista belga Philippe Couvreur como juez *ad hoc* ante la CIJ, de conformidad con el artículo 31 del

---

universidades prestigiosas del mundo. Es investigadora en materia de derecho internacional. Ha sido miembro del Consejo Ejecutivo de la Sociedad Asiática de Derecho Internacional y de la Sociedad Americana de Derecho Internacional, así como Presidenta de la Sociedad Australiana y Neozelandesa de Derecho Internacional. En 2016, fue nombrada Doctora Honoris Causa por la Universidad Católica de Lovaina (Bélgica). Impartió el Curso General de Derecho Internacional Público en la Academia de La Haya en 2019. Es miembro del Institut de Droit International y fue Juez ad hoc en la Corte Internacional de Justicia en el caso de la Caza de Ballenas en el Antártico (Australia contra Japón) (2011-2014). Para una información más detallada véase la fuente original en la página web oficial de la Universidad de Melbourne. Disponible en: https://law.unimelb.edu.au/about/staff/hilary-charlesworth.

[645] United Nations News, "Veteran Australian judge Hilary Charlesworth elected to the International Court of Justice", publicado el 5 de noviembre de 2021. Disponible en: https://news.un.org/en/story/2021/11/1105002.

[646] Rüdiger Wolfrum estudió derecho en las universidades de Tübingen y Bonn en 1964-1969. Es Doctor en Derecho Internacional desde 1973. Fue Vicepresidente de la Fundación Alemana de Investigación en el lapso de tiempo comprendido entre 1996-2002 y también fue Vicepresidente de la Sociedad Max Planck en 2002-2006. En 1996 fue designado juez de la Corte Internacional del Derecho del Mar; de 2005 a 2008, fue su presidente. Fue Presidente de la Asociación Alemana de Derecho Internacional y miembro de muchos consejos y academias nacionales e internacionales, como la Comisión de las Naciones Unidas para la Eliminación de la Discriminación Racial y el Instituto de Derecho Internacional. Ha brindado información a jueces superiores en Afganistán y Sudán y actuó como mediador de las Naciones Unidas en el conflicto de Darfur. Tiene un doctorado honorario de la Academia Rusa de Ciencias, la Facultad de Derecho de Mongolia Shikhutug, la Universidad de Hamburgo y la Universidad de Pretoria. En 2008, recibió el Gran Certificado al Mérito de la República Federal de Alemania. Desde enero de 2013 es uno de los directores de la Fundación Max Planck para la Paz Internacional y el Estado de Derecho. Véase también la web oficial de la Corte Internacional de Justicia en la sección de "Current judges ad hoc". Disponible en: https://www.icj-cij.org/en/current-judges-ad-hoc.

Estatuto de la CIJ y el artículo 35 del Reglamento. El Dr. Couvreur es especialista en derecho internacional y fue secretario de la CIJ en La Haya (2000-2019), cargo del que se jubiló el 1 de julio de 2019.

Los jueces *ad hoc* de ambas partes fueron juramentados el 17 de noviembre de 2022 con fundamento en el artículo 20 del Estatuto, el cual establece que: "*Antes de asumir las obligaciones del cargo, cada miembro de la Corte declarará solemnemente, en sesión pública, que ejercerá sus atribuciones con toda imparcialidad y conciencia*". Esta disposición aplica también a los jueces *ad hoc* con fundamento en el parágrafo sexto del artículo 31 del Estatuto que indica lo siguiente: "*Los magistrados designados según se dispone en los párrafos 2, 3 y 4 del presente Artículo, deberán tener las condiciones requeridas por los Artículos 2, 17 (párrafo 2), 20 y 24 del presente Estatuto, y participarán en las decisiones de la Corte en términos de absoluta igualdad con sus colegas*".

2.1.9. Orden del procedimiento mediante providencias (Artículo 44 del Reglamento)

La CIJ tiene la facultad de dictar providencias (*orders*) con el fin de ordenar el procedimiento con fundamento en el artículo 48 del Estatuto que establece lo siguiente: "*La Corte dictará las providencias necesarias para el curso del proceso, decidirá la forma y términos a que cada parte debe ajustar sus alegatos, y adoptará las medidas necesarias para la práctica de pruebas*".

La CIJ dicta providencias, por ejemplo, para determinar los lapsos dentro de los cuales las partes pueden presentar su memoria y contramemoria. Así lo hizo en el caso de la controversia entre la República Cooperativa de Guyana y Venezuela, cuando el 19 de junio de 2018 dictó una providencia fijando los lapsos para la presentación de la memoria y contramemoria relativas al procedimiento incidental sobre su jurisdicción. Mediante esa orden determinó que la República Cooperativa de Guyana tenía hasta el 18 de noviembre de 2018 para presentar su memoria y Venezuela tendría hasta el 19 de abril de 2019 para la presentación de la contramemoria.

En el caso de la controversia entre la República Cooperativa de Guyana y Venezuela se han dictado dos providencias más. Una el 8 de marzo de 2021, mediante la cual la CIJ determinó los lapsos para la presentación de la memoria de la República Cooperativa de Guyana y la contramemoria de Venezuela, esta vez sobre el fondo de la controversia. De conformidad con esa providencia la CIJ determinó que la República Cooperativa de Guyana tendría hasta el 8 de marzo de 2022 para presentar su memoria y Venezuela tendría hasta el 8 de marzo de 2023 para la presentación de su contramemoria.

Una tercera providencia fue dictada el 13 de junio de 2022, luego de que Venezuela iniciara un procedimiento incidental mediante la oposición de excepciones preliminares relativas a la admisibilidad de la demanda de la República Cooperativa de Guyana. La CIJ dictó esta tercera providencia a objeto de fijar el 7 de octubre de 2022 como último día del lapso dentro del cual la República Cooperativa de Guyana podría presentar su escrito de observaciones y alegaciones a las excepciones preliminares opuestas por Venezuela.

De conformidad con lo anterior, la CIJ inició el procedimiento incidental de excepciones preliminares y celebró audiencias públicas los días 17, 18, 21 y 22 de noviembre en las que escuchó los argumentos, réplicas y contrarréplicas de la República Bolivariana de Venezuela y la República Cooperativa de Guyana.

Posteriormente, la CIJ convocó una reunión pública con ambas partes el día 6 de abril de 2023 y realizó la lectura de la sentencia que resolvió el procedimiento incidental de excepciones preliminares iniciado por la República Bolivariana de Venezuela. En la sentencia, la CIJ examinó los argumentos de la República Bolivariana Venezuela y la República Cooperativa de Guyana y se pronunció sobre los aspectos relevantes surgidos en este procedimiento incidental.

La sentencia abordó los aspectos relevantes del procedimiento incidental, como la admisibilidad de las excepciones preliminares de la República Bolivariana de Venezuela y el análisis de fondo de las excepciones preliminares. La sentencia fue aprobada por la mayoría de los jueces y acompañada de cuatro declaraciones separadas y una opinión parcialmente individual y parcialmente disidente. Las cuatro declaraciones separadas corresponden al juez indio Dalveer Bhandari, al juez jamaiquino Patrick Robinson, al juez japonés Yuji Iwasawa y al juez ad hoc alemán designado por la República Cooperativa de Guyana Rüdiger Wolfrum. La denominada opinión parcialmente individual y parcialmente disidente fue consignada por el juez ad hoc belga designado por la República Bolivariana de Venezuela Philippe Couvreur.

En primer lugar, la CIJ unánimemente declaró admisible la excepción preliminar presentada por la República Bolivariana de Venezuela. Luego, con catorce votos a favor y el voto en contra del Juez ad hoc Sr. Philippe Couvreur, la CIJ declaró sin lugar dicha excepción preliminar. Finalmente, con catorce votos a favor y el voto en contra del Juez ad hoc Sr. Couvreur, la CIJ ratificó que es competente para decidir sobre el fondo de las reclamaciones de la República Cooperativa de Guyana, en la medida en que se encuentren dentro del ámbito del párrafo 138, subpárrafo 1, de la sentencia del 18 de diciembre de 2020.

La CIJ, luego de la lectura pública de la sentencia que resolvió el procedimiento incidental de excepciones preliminares iniciado por la República Bolivariana de Venezuela, ese mismo día 6 de abril de 2023, dictó una providencia fijando el día 8 de abril de 2024 como límite para que la República Bolivariana de Venezuela presente su contramemoria, esto es, sus alegatos y defensas de fondo en respuesta a las pretensiones de la República Cooperativa de Guyana relativas a la nulidad o validez del Laudo Arbitral de París del 3 de octubre de 1899.

2.1.10. Idiomas oficiales

El artículo 39 del Estatuto establece los idiomas oficiales de la CIJ que rigen también el procedimiento ante ese órgano jurisdiccional, estos son, el francés y el inglés. El idioma seleccionado por las partes determina el que utilizará la CIJ en la sentencia.

El mismo artículo 39 dispone que si no hay consenso entre las partes respecto del idioma que utilizarán, éstas podrán presentar sus argumentos en el idioma de su preferencia. En este supuesto, la CIJ dictará igualmente una sentencia en alguno de sus dos idiomas oficiales, es decir, francés o inglés.

Asimismo, si una de las partes solicita a la CIJ que le permita utilizar otro idioma distinto a los oficiales, ésta deberá autorizarlo. No encontramos razón para que el español no haya sido establecido también como idioma oficial y esperamos que en cualquier momento esta absurda omisión sea subsanada.

En cuanto a las traducciones que puedan solicitar las partes respecto de los escritos presentados por ellas mismas o por su contraparte al otro idioma oficial de la CIJ deberá tenerse en cuenta lo previsto en la Directiva Práctica IV que indica:

"Cuando una de las partes disponga de una traducción íntegra o parcial de sus propios escritos o de los de la otra parte en la otra lengua oficial de la Corte, estas traducciones deberán transmitirse de oficio a la Secretaría de la Corte. Lo mismo ocurre con los anexos.
Estas traducciones serán examinadas por la Secretaría y comunicadas a la otra parte. Esta última también será informada de la forma en que fueron preparadas"[647].

A petición de Venezuela, según lo informó la presidenta de la CIJ al inicio de la audiencia oral celebrada el 17 de noviembre, la CIJ acordó la traducción desde y hacia al español además de los idiomas oficiales de la CIJ.

2.2. Sustanciación del proceso

La sustanciación del proceso ante la CIJ está dividida en dos fases, una escrita y otra oral. En estas fases, los Estados parte en el proceso presentan sus argumentos de fondo sobre la controversia existente entre ellos.

En los procedimientos ante la CIJ la sustanciación inicia con la fase escrita en la cual el demandante presenta una Memoria en la que expresa su alegatos y pretensiones y, en respuesta, el demandado presenta una Contramemoria que contiene su defensa ante las pretensiones del demandante.

También es posible que las partes inicien procedimientos incidentales que suspenden el curso normal del proceso y abren un iter procesal distinto para dirimir exclusivamente el punto incidental que se ha sometido a la consideración de la CIJ. Entre los procedimientos incidentales, respetando el orden en que son presentados en el Reglamento, están las solicitudes de medidas provisionales, excepciones preliminares, reconvención e intervención de terceros en el proceso.

---

[647] Véase Directivas Prácticas de la Corte Internacional de Justicia. Disponible en: https://www.icj-cij.org/en/practice-directions.

2.2.1. Alegatos y defensas

2.2.1.1. Memoria (Artículo 43 del Estatuto; Artículos 45 y 49 del Reglamento)

La memoria es el primer acto procesal de la fase escrita que contiene las pretensiones del Estado demandante. Es el primer escrito en el que el demandante desarrolla con detalle cada uno de sus argumentos. Es el segundo acto procesal del demandante en los casos de iniciación del procedimiento ante la CIJ mediante solicitud (*Application of instituting proceedings*).

Los argumentos del demandante expresados en la memoria deben contener la exposición de hechos jurídicamente relevantes y el razonamiento jurídico que justifica sus pretensiones. La norma fundamental que regula este acto procesal es el parágrafo segundo del artículo 43 del Estatuto que indica lo siguiente:

"El procedimiento escrito comprenderá la comunicación, a la Corte y a las partes, de memorias, contramemorias y, si necesario fuere, de réplicas, así como de toda pieza o documento en apoyo de las mismas".

El Reglamento, en el parágrafo primero del artículo 45, se refiere a la memoria y contramemoria en los procedimientos iniciados mediante solicitud de la siguiente manera: *"En un procedimiento incoado mediante una solicitud, los alegatos escritos consistirán, por su orden, en una memoria del demandante y en una contra memoria del demandado"*[648].

En cuanto al contenido de la memoria, el parágrafo primero del artículo 49 del Reglamento indica que: *"1. La memoria contendrá una exposición de los hechos en que se basa la demanda, los fundamentos de derecho y las conclusiones"*[649].

a. Argumentos de la República Cooperativa de Guyana

La República Cooperativa de Guyana fundamentó su pretensión con los siguientes argumentos:

---

[648] Véase Reglamento de la Corte Internacional de Justicia. Disponible en: https://www.icj-cij.org/public/files/rules-of-court//rules-of-court-es.pdf.

[649] *Ídem.*

i. El Laudo Arbitral de París es válido y vinculante para las partes por cuanto el Tratado de Washington estableció en el artículo XIII que la decisión del tribunal arbitral sería *"un arreglo pleno, perfecto y definitivo"* y que así debían considerarlo las altas partes contratantes.
ii. La validez del laudo fue ratificada por la ejecución de la decisión que se materializó entre noviembre de 1900 y junio de 1904 con las labores de la comisión mixta de demarcación. Todo lo anterior fue recogido el 10 de enero de 1905 por los comisionados que suscribieron el Acuerdo de 1905.
iii. Venezuela manifestó en todo momento su conformidad con el Laudo Arbitral de París y con el Acuerdo de 1905.
iv. Venezuela recibió con júbilo el Laudo Arbitral de París porque le había otorgado las Bocas del Orinoco, el territorio más valioso en la disputa. Los representantes de Guyana en la CIJ citan las palabras de José Andrade, Ministro Venezolano en Londres:

"En verdad, la justicia brilló cuando, a pesar de todo, en la determinación de la frontera el dominio exclusivo del Orinoco nos fue otorgado, que es el objetivo principal que nos propusimos obtener a través del arbitraje. Lo considero bien, gasté los humildes esfuerzos que dediqué personalmente a este fin durante los últimos seis años de mi vida pública"[650].

v. El memorándum póstumo de Severo Mallet-Prevost no fue invocado sino hasta el año 1962. Este documento no contenía ninguna reclamación ni evidencia conocimiento directo de la supuesta componenda.
vi. Venezuela, había aceptado el Laudo Arbitral de París y luego cambió de posición al respecto. Para Guyana ese cambio de parecer ocurrió, convenientemente, mientras se desarrollaba la independencia de la República Cooperativa de Guyana.
vii. Luego de la apertura de los archivos del Reino Unido y los Estados Unidos de América se examinó la información recabada. La República Cooperativa de Guyana afirma que no hubo

---

[650] *Ídem.*

ninguna evidencia que respaldara la posición venezolana sobre que el Laudo Arbitral de París es nulo e írrito.
viii. La República Cooperativa de Guyana alega la violación de su soberanía e integridad territorial en múltiples ocasiones por parte de Venezuela. Señala que desde la independencia de Guyana han tenido lugar ocupaciones militares en el territorio que les pertenece según el Laudo Arbitral de París del 3 de octubre de 1899.
ix La República Cooperativa de Guyana indica una serie de hechos que a su juicio han impedido el desarrollo económico de dicha nación, obstruyendo las actividades de inversionistas en territorios que les pertenecen de conformidad con el Laudo Arbitral de París.

b. Réplica a los argumentos de la República Cooperativa de Guyana

Conviene ahora formular algunas consideraciones a estos argumentos expuestos por la República Cooperativa de Guyana.

El argumento (i) se refiere al carácter pleno, perfecto y definitivo del Laudo Arbitral de París del 3 de octubre de 1899 con arreglo a lo establecido en el Tratado Arbitral de Washington de 1897. Aunque en realidad, como veremos, el referido laudo jamás tuvo tales caracteres debido a los múltiples vicios que presenta, los cuales tienen incidencia directa sobre su eficacia jurídica.

Los argumentos (ii), (iii), (iv), (v) y (vi) están referidos a la supuesta aquiescencia de Venezuela respecto del Laudo Arbitral de París. Estos argumentos, como se ha expuesto detalladamente con anterioridad están alejados totalmente de la realidad que no es otra que Venezuela nunca aceptó el Laudo de París y serán tratados en un mismo punto debido a su cercana conexión entre sí.

El argumento (vii) es utilizado por la República Cooperativa de Guyana para insistir en que Venezuela no recabó pruebas que sirvieran para demostrar que el Laudo Arbitral de París es nulo durante las investigaciones efectuadas en los archivos británicos y estadounidenses luego de su apertura.

El argumento (viii) guarda relación con la supuesta conducta de Venezuela de violar la soberanía de la República Cooperativa de Guayana,

Por último, el argumento (ix) indica que la República Cooperativa de Guyana se ha visto limitada en cuanto su desarrollo económico mediante la obstrucción de las actividades de inversionistas en los territorios que le adjudicó el Laudo Arbitral de París.

(i) Réplica al argumento de Guyana según el cual el Laudo Arbitral de París es válido y vinculante para las partes por cuanto el Tratado de Washington estableció en el artículo XIII que la decisión del tribunal arbitral sería "un arreglo pleno, perfecto y definitivo" y que así debían considerarlo las altas partes contratantes

La realidad es totalmente contraria a lo sostenido por Guyana, por cuanto el Laudo de París del 3 de octubre de 1899 no es un "arreglo pleno" ni es "perfecto" y por ende no puede considerarse "definitivo", como precisamente reconoció el Acuerdo de Ginebra, suscrito por las partes. En efecto, el Laudo de París es nulo de forma absoluta y por tal razón no tiene carácter definitivo ni es obligatorio, no produce los efectos de la cosa juzgada y se considera un acto jurídicamente inexistente, desde que fue dictado en violación a las normas del tratado de arbitraje que le dio origen, fue dictado en contra del derecho internacional vigente para el momento en que se produjo, asimismo se dictó en violación del debido proceso e incurriendo en el vicio de exceso de poder y de *ultra petita*; además fue totalmente inmotivado y violó el deber de imparcialidad de los árbitros. Este tema ya tratado anteriormente lo recapitulamos a continuación:

- **El Laudo Arbitral de París es nulo por violación al debido proceso y por ello no produce efectos, no es definitivo, no produce cosa juzgada y no es un arreglo pleno, perfecto y definitivo**

De acuerdo con lo establecido en los artículos III y IV del Tratado de Washington la controversia entre Venezuela y el Reino Unido debía ser resuelta mediante arbitraje de derecho. Esto implicaba necesariamente que los árbitros debían respetar la letra y espíritu del Tratado de Washington. Los árbitros sólo podían cumplir ese deber si estudiaban, investigaban y se cercioraban de los títulos jurídicos de las partes involucradas en la disputa, siempre tomando en cuenta el derecho internacional vigente para la época.

No obstante, el Tribunal Arbitral de París no investigó, ni se cercioró de la legitimidad y legalidad de los títulos de Venezuela, antes y por el contrario, los ignoró en contravención con el artículo III del tratado de arbitraje que estableció: *"El Tribunal investigará y se cerciorará de la extensión de los territorios respectivamente, o que pudieran ser legalmente reclamados por aquellas o éste, al tiempo de la adquisición de la Colonia de la Guayana Británica por la Gran Bretaña, y determinará la línea divisoria entre los Estados Unidos de Venezuela y la Colonia de la Guayana Británica"*[651]. (Resaltado añadido).

La obligación de *investigar y cerciorarse*, establecida expresamente en el Tratado de Washington, suponía que los árbitros debían atender a los títulos de derecho de cada una de las partes y corroborar que efectivamente eran susceptibles de ser considerados como pruebas de sus pretensiones.

Esta obligación también está presente en el artículo V del Tratado de Washington, conforme al cual los árbitros debían *examinar y decidir imparcial y cuidadosamente las cuestiones que se les hayan sometido*. En efecto, el artículo V del Tratado de Washington estableció que: *"Los Árbitros se reunirán en París dentro de los sesenta días después de la entrega de los argumentos impresos mencionados en el artículo VIII, y procederán a **examinar y decidir imparcial y cuidadosamente las cuestiones que se les hayan sometido o se les presentaren**, según aquí se estipula, por parte de los Gobiernos de los Estados Unidos de Venezuela y de Su Majestad Británica respectiva"*[652]. (Resaltado añadido).

De los artículos citados se desprende que los árbitros debían examinar las cuestiones que le fueron sometidas a consideración y, en segundo lugar, decidir sobre ellas, de manera imparcial y cuidadosa. Sin embargo, no fue así. Los árbitros decidieron con total arbitrariedad pues lo hicieron sin tomar en cuenta ninguno de los títulos válidos de Venezuela.

---

[651] Héctor Faúndez Ledesma, *La competencia contenciosa de la Corte Internacional de Justicia y el caso Guayana vs. Venezuela*, ob. cit., p. 337.
[652] *Ibíd.*, p. 338.

La expresión *legalmente reclamados* suponía que los árbitros debían considerar sólo los títulos que las partes pudieran demostrar en derecho a la luz de los principios de derecho internacional vigentes para el momento.

De otra parte, debe tenerse en cuenta también la regla "*c*" del artículo IV, que precisa también la aplicación del derecho internacional, en los siguientes términos:

> "*Los Árbitros podrán reconocer y hacer efectivos derechos y reivindicaciones que se apoyen en cualquier otro fundamento válido conforme al derecho internacional y en cualesquiera principios de derecho internacional que los Árbitros estimen aplicables al caso...*"[653].

Contrariamente a lo expuesto, los árbitros decidieron con total arbitrariedad, sin tomar en cuenta los títulos válidos de Venezuela y en abierta violación al debido proceso y al derecho aplicable para el momento, no obstante que Venezuela posee títulos de derecho que fundamentan su legítima titularidad sobre el territorio Esequibo.

Además, consta en diferentes fuentes históricas que España -en los tiempos de la colonia- ejerció verdaderos actos de soberanía sobre el territorio en disputa. Como señala Guerra Iñiguez "*la ocupación está íntimamente vinculada con el descubrimiento*"[654], es fácil comprender que España adquirió estos territorios a través de este medio.

En el derecho internacional público la ocupación es uno de los medios originarios de adquisición de territorios. De allí que la ocupación de territorios mediante asentamientos humanos y las muestras de ejercicio de poder en ellos tiene una enorme relevancia jurídica por cuanto es uno de los medios originarios de adquisición del territorio, indiscutiblemente reconocido por la doctrina del derecho internacional[655].

Los actos de ocupación, a pesar de no tener el mismo valor que un título de derecho, son pruebas contundentes de que los territorios

---

[653] *Ídem*.
[654] Daniel Guerra Iñiguez, ob. cit., p. 179.
[655] Véase la ponencia de Luís García Corrochano en el evento sobre Las reglas del Tratado de Washington de 1897 realizado en el marco del Ciclo de Conferencias sobre la Controversia del Esequibo organizado por la Academia de Ciencias Políticas y Sociales en fecha 15 de julio de 2021. Disponible en: https://www.youtube.com/watch?v=j0EhW5TrA0I.

al oeste del río Esequibo habían sido ocupados y administrados por España. Luego, Venezuela ejerció soberanía bajo el principio de *uti possidetis iuris* y posteriormente sus derechos sobre el territorio fueron reconocidos mediante el Tratado de Paz y Reconocimiento a través del cual España, luego de la independencia, renunció a todos los derechos que tenía sobre el territorio venezolano.

Los títulos de Venezuela se encuentran claramente contenidos no sólo en documentos históricos, sino también en cuerpos normativos de derecho interno y de derecho internacional y ninguno de ellos fue tomado en cuenta por el tribunal arbitral, quien no investigó ni se cercioró de la legitimidad y legalidad de los títulos de Venezuela.

La obligación de *investigar y cerciorarse* suponía que los árbitros debían atender a los títulos de derecho de cada una de las partes y corroborar si efectivamente eran susceptibles de ser considerados como pruebas de sus pretensiones, antes y por el contrario los árbitros decidieron con absoluta arbitrariedad y sin tomar en cuenta ninguno de los títulos válidos de Venezuela.

Si los árbitros hubieran cumplido con sus deberes de averiguar y asegurarse de la validez de los títulos jurídicos de las partes conforme al derecho internacional entonces vigente, habría sido imposible que otorgara tan amplio territorio al Reino Unido.

- **El Laudo de París es nulo por haber incurrido en el vicio de exceso de poder y por ello no produce efectos, no es definitivo, no produce cosa juzgada y no es un arreglo pleno, perfecto y definitivo**

El Laudo Arbitral de París es nulo por haber incurrido en el vicio de exceso de poder desde que aplicó erróneamente el artículo IV del Tratado de Washington de 1897, cuya primera parte indicaba *"al decidir los asuntos sometidos a los árbitros, éstos **se cerciorarán de todos los hechos que estimen necesarios para la decisión de la controversia"*** (Resaltado añadido).

El tribunal arbitral de París no consideró necesario cerciorarse de los hechos que favorecían los intereses de Venezuela. Tampoco estimó conveniente valorar en forma correcta los numerosos títulos jurídicos e históricos que tenía Venezuela sobre el territorio en disputa. Todo lo anterior a pesar de que se trataba de un arbitraje de derecho.

El tribunal arbitral de París ignoró esa primera parte del artículo IV del Tratado de Washington y aplicó directamente la regla "a" de esa misma norma, que contenía una cláusula de prescripción que estableció que: *"Una posesión adversa o prescripción por el término de cincuenta años constituirá un buen título. Los árbitros podrán estimar que la dominación política exclusiva de un Distrito, así como la efectiva colonización de él son suficientes para constituir una posesión adversa o crear títulos de prescripción"*[656].

Lo anterior no significaba en modo alguno que los árbitros tuvieren competencia para desechar, sin análisis alguno, las pruebas documentales que respaldaban el derecho de Venezuela sobre el territorio en reclamación. Sin embargo, la interpretación que el tribunal dio a la regla "a" fue absolutamente favorable al Reino Unido, en evidente violación del artículo IV del Tratado de Washington.

La regla *"a"* contenida en el Tratado de Washington, conocida como la cláusula de la prescripción, indujo al error interpretativo a la parte venezolana, haciendo que se impusiera el principio del *uti possidetis facti* sobre el *uti possidetis iuris*[657].

Esto se hizo bajo el argumento de que el *uti possidetis iuris*, por ser un principio de derecho internacional americano, sólo era aplicable entre los Estados de la región bajo conquista. De manera que el Reino Unido, al no ser parte de los estados bajo dominio colonial, sostuvo que este principio no tenía ninguna aplicación en el caso y el tribunal arbitral respaldó esa injusta afirmación.

La correcta interpretación y aplicación del artículo IV del Tratado de Washington suponía aplicar el principio *uti possidetis iuris*, el cual habría conducido a un pronunciamiento favorable a Venezuela debido a que fue por vía del derecho que Venezuela adquirió todos los territorios que pertenecían a la Capitanía General de Venezuela desde 1777.

---

[656] Héctor Faúndez Ledesma, *La competencia contenciosa de la Corte Internacional de Justicia y el caso Guayana vs. Venezuela*, ob. cit., p. 337.
[657] Véase Isidro Morales Paúl, "Análisis crítico del problema fronterizo «Venezuela-Gran Bretaña»", ob. cit., p. 192.

Surgió entonces la necesidad de establecer la fecha crítica, entendida como el momento concreto a partir del cual el tribunal debía aplicar la regla de la prescripción. Para determinar la fecha crítica de la controversia, el tribunal arbitral debió considerar las manifestaciones de voluntad de funcionarios debidamente autorizados expresada mediante un canje de notas diplomáticas, que constituyó el Tratado de Status Quo de 1850 que *"tuvo por objeto esencial, el acabar con el estado tensión y hostilidad existentes en ese momento entre Venezuela y Gran Bretaña y al propio tiempo lograr una certeza jurídica al congelar el apetito usurpador de la Gran Bretaña Imperial"*[658].

El tribunal no consideró la fecha crítica establecida mediante Tratado de Status Quo de 18 de noviembre de 1850. La fecha crítica que tomó en cuenta el tribunal fue el 13 de agosto de 1814, momento en el que Holanda cedió al Reino Unido sus dominios al este del río Esequibo mediante el Tratado de Londres.

A Venezuela se le hizo creer, por medio de sus representantes, que el tribunal aplicaría la regla de la prescripción a un período anterior al 13 de agosto de 1814 y que, además, sólo sería sobre una pequeña porción de territorio. Lo que hizo finalmente el tribunal de París fue muy diferente. En lugar de aplicar la regla de la prescripción al período anterior al 13 de agosto de 1814, decidió aplicarla al período posterior a esa fecha. Eso mismo lo sostuvo ante el tribunal -sorprendentemente- el Expresidente de los Estados Unidos, Benjamín Harrison, que actuaba en representación de Venezuela cuando, refiriéndose a la correspondencia secreta entre el Secretario de Estado, Richard Olney y el Embajador de Reino Unido en Washington, Julián Pauncefote, afirmó que: *"Sería una candidez de mi parte si no dijese que ellas, claramente, parecen indicar que el Sr. Olney y Sr. Julián Pauncefote entendieron que el período de prescripción se aplica a los años posteriores a 1814"*[659].

En otras palabras, se tomaron las cartas confidenciales de dos individuos que no tenían autorización para obligar a la República de Venezuela en una manifestación de voluntad completamente contraria a sus

---

[658] Héctor Faúndez Ledesma, *La competencia contenciosa de la Corte Internacional de Justicia y el caso Guayana vs. Venezuela*, ob. cit., p. 359.

[659] *Ibíd.*, p. 374.

propios intereses en la controversia. Esta fue, muy lamentablemente, la interpretación de la regla de la prescripción.

De manera que con el consentimiento de uno de los abogados de Venezuela se tomó la correspondencia de dos sujetos que no tenían carácter de representantes, como una declaración interpretativa que sólo perjudicaba a Venezuela y beneficiaba al Reino Unido. Como se ha señalado en una investigación relativa a este asunto *"aquí no se trata de un representante debidamente acreditado, sino del representante de un tercer Estado que celebra un acuerdo secreto, sin autoridad alguna para comprometer a nadie, acuerdo que asombrosamente es admitido en el proceso, incorporado a la evidencia y, en consecuencia, produce plenos efectos procesales. No se puede encontrar en la historia judicial de las naciones, mayor atropello, en desmérito y a espaldas del país cuyos intereses estaban debatiéndose"*[660].

Aunque también es necesario insistir que incluso la regla de prescripción interpretada de esa forma incorrecta no habría permitido otorgar la gran porción de territorio que se adjudicó al Reino Unido. En efecto, está demostrado en el mapa incluido en el informe de los jesuitas Hermann González y Pablo Ojer que el territorio que podía adquirir el Reino Unido mediante la regla de prescripción era mucho menor al que el laudo le adjudicó finalmente[661].

- **El Laudo de París es nulo por haber incurrido en el vicio de *ultra petita* y por ello no produce efectos, no es definitivo, no produce cosa juzgada y no es un arreglo pleno, perfecto y definitivo**

El artículo I del Tratado de Washington estableció que el objetivo del tribunal arbitral era *"determinar la línea divisoria entre los Estados Unidos de Venezuela y la Colonia de la Guayana Británica"*[662]. Por otra parte, el artículo III estableció que el tribunal debía *investigar y cerciorarse* de la extensión de los territorios respectivamente, o que pudieran ser legalmente reclamados y debía determinar la línea diviso-

---

[660] *Ibíd.*, pp. 376-378.
[661] Hermann González Oropeza y Pablo Ojer, ob. cit., p. 15.
[662] Héctor Faúndez Ledesma, *La competencia contenciosa de la Corte Internacional de Justicia y el caso Guayana vs. Venezuela*, ob. cit., p. 336.

ria entre los Estados Unidos de Venezuela y la Colonia de la Guayana Británica.

De manera que la decisión incurrió en el vicio de *ultra petita* debido a que decidió sobre el régimen de navegación en los ríos Barima y Amacuro y desde que la decisión involucró y afectó a Estados que no suscribieron el tratado de arbitraje, pronunciándose sobre cuestiones limítrofes que incluso eran discutidas en ese momento, como la frontera entre Guayana Británica y Brasil. Por lo que, al incurrir en el vicio de exceso de poder y, concretamente, en el vicio de *ultra petita*, el laudo arbitral es un acto nulo y jurídicamente inexistente.

- **El Laudo de París es nulo por haber incurrido en el vicio de inmotivación y por ello no produce efectos, no es definitivo, no produce cosa juzgada y no es un arreglo pleno, perfecto y definitivo**

Para que el Laudo Arbitral de París fuera válido el Tratado de Washington de 1897 y los principios generales del derecho internacional exigían que éste fuera dictado con arreglo a derecho. Esto suponía incluir en la decisión la necesaria y suficiente motivación que permitiera conocer a las partes la valoración de los árbitros respecto de cada uno de los títulos jurídicos presentados y la explicación razonada de por qué decidieron de la forma como lo hicieron.

El deber de motivación se estableció en el artículo III del Tratado de Washington que indica que el Tribunal *investigará y se cerciorará de la extensión de los territorios respectivamente, o que pudieran ser legalmente reclamados por las partes*[663]. Si el tribunal tenía la obligación de atender a los fundamentos legales de los títulos de cada una de las partes, entonces debía explicar detalladamente cómo lo había hecho y como apreciaba y valoraba dichas pruebas.

Para el momento en que se dictó la decisión era ya un principio de derecho internacional que en los arbitrajes de derecho los laudos debían ser motivados. El laudo es nulo por no atender al derecho aplicable que se desprendía de los principios generales del derecho internacional. Estos principios eran vinculantes para las partes y generaban la obligación

---

[663] Héctor Faúndez Ledesma, *La competencia contenciosa de la Corte Internacional de Justicia y el caso Guayana vs. Venezuela*, ob. cit., p. 337.

de los árbitros de resolver la controversia con arreglo a derecho y no en forma discrecional. Los árbitros ignoraron el deber de motivación y dictaron un laudo insuficiente en el que se establece el límite entre dos Estados sin ninguna motivación.

- **El Laudo de París es nulo por haber faltado gravemente al deber de imparcialidad y por ello no produce no es definitivo, no produce cosa juzgada y no es un arreglo pleno, perfecto y definitivo**

El Laudo arbitral de París es nulo, además, porque violó principios de derecho internacional al haber faltado los árbitros al deber de neutralidad e imparcialidad. El incumplimiento de este deber se observa claramente al examinar la actuación del Presidente del tribunal arbitral Fiódor Fiódorovich Martens. En efecto, existen pruebas que determinan que Fiódor Fiódorovich Martens manipuló y coaccionó a los demás árbitros para obtener una decisión unánime a favor del Reino Unido, convirtiendo un laudo de derecho en un arreglo político.

La violación del deber de imparcialidad por parte de Fiódor Fiódorovich Martens está respaldada por las investigaciones de los jesuitas Hermann González Oropeza y Pablo Ojer concretada en el *Informe que los expertos venezolanos para la cuestión de límites con Guayana Británica presentan al gobierno nacional* publicado en 1967. De ese informe se deduce que Venezuela posee documentos, comunicaciones y notas de presa que demuestran que se trató de una componenda y no de una decisión dictada conforme al derecho vigente para la época.

Además, las sospechas de que el presidente del tribunal arbitral, Fiódor Fiódorovich Martens, había violado gravemente el deber de imparcialidad quedaron plenamente comprobadas cuando se publicó el memorándum que había dejado Severo Mallet-Prevost, uno de los abogados que representaba a Venezuela, fallecido el 10 de diciembre de 1948 en Nueva York.

En el memorándum, Severo Mallet-Prevost reconoció que él y el Presidente Benjamín Harrison tuvieron conocimiento de la confabulación que existió entre el Presidente del tribunal arbitral Fiódor Fiódorovich Martens y los árbitros ingleses Lord Russell y Lord Collins. Incluso, *The Times*, un periódico londinense, publicó una declaración de la agencia de noticias Reuters que contenía las declaraciones del presidente Benjamin Harrison y Severo Mallet-Prevost donde expresaron que *"nada había en la historia de la controversia que explicase adecuadamente la línea fronteriza establecida en el Laudo"* [664].

El Memorándum de Severo Mallet-Prevost no es el único documento que puso de manifiesto los vicios del Laudo Arbitral de París. Hubo muchas reacciones de prensa que lo confirman. Entre ellas la carta de César Zumeta publicada en el diario caraqueño El Tiempo, el 17 de octubre de 1899, y referida por los jesuitas Hermann González y Pablo Ojer en su informe, que dejó claro el efecto negativo que tuvo el Laudo Arbitral de París en el foro arbitral internacional, creando una suerte de aversión al mecanismo. Lo mismo ocurrió el 18 de octubre de 1899 en una publicación del *Idaho Daily Statesman*, un diario de los Estados Unidos, en la que se criticó fuertemente el arbitraje de París.

Recordemos la comunicación del propio Severo Mallet-Prevost de fecha 26 de octubre de 1899, trece días después de dictado el laudo, dirigida al profesor George L. Burr donde afirmó que los árbitros no actuaron conforme a derecho e insistió en que se trató de un arreglo político y no de un verdadero laudo arbitral[665].

De manera que no fue sólo el memorándum de Severo Mallet-Prevost, sino que muchos otros documentos sirven perfectamente para probar que los árbitros y principalmente el presidente del tribunal arbitral, Fiódor Fiódorovich Martens, violaron gravemente el deber de neutralidad e imparcialidad y convirtieron el laudo de derecho en un arreglo político, lo que acarrea su nulidad por violar las normas del compromiso arbitral.

- **Consecuencias de la nulidad del Laudo Arbitral de París**

El Laudo Arbitral de París es nulo de nulidad absoluta porque fue dictado en violación a las normas del tratado de arbitraje que le dio origen; en contra del derecho internacional vigente para el momento que se dictó; en violación del debido proceso e incurriendo en el vicio de

---

[664] Exposición del Embajador de Venezuela Doctor Carlos Sosa Rodríguez ante la ONU el 22 de febrero de 1962. Disponible en: http://esequibonuestro.blogspot.com/2012/03/exposicion-del-embajador-de-venezuela.html.

[665] *Ídem.*

exceso de poder y de *ultra petita*; además fue totalmente inmotivado y violó el deber de imparcialidad de los árbitros.

Los vicios del Laudo Arbitral de París generan la pérdida de su carácter definitivo, porque no es posible resolver una controversia sobre la base de la violación de los derechos de una de las partes y el irrespeto a los principios del derecho internacional.

El efecto vinculante sólo opera cuando un laudo ha sido debidamente dictado. El efecto de cosa juzgada y el principio de intangibilidad del laudo nunca han protegido al Laudo Arbitral de París. La *res iudicata* es la condición que se atribuye a una sentencia que supone que la decisión ha quedado definitivamente firme y no existe contra ella recurso alguno. Debe tratase de una sentencia en todo el sentido de la palabra, es decir, del producto del ejercicio de la función jurisdiccional con imparcialidad y con cumplimiento de las reglas formales y sustanciales que la rigen.

El Laudo Arbitral de París no tiene la condición de *res iudicata* porque no cumple con los requisitos mínimos de validez de un laudo arbitral. No hubo en su producción ejercicio de función jurisdiccional, fue el producto de un acuerdo político, no hubo juzgamiento de derecho y de allí sus múltiples vicios, por lo cual es un acto absolutamente nulo que debe reputarse como inexistente y eso quedó reconocido tácitamente con la suscripción del Acuerdo de Ginebra. Si el asunto hubiera estado dilucidado de forma definitiva por una decisión arbitral considerada válida por las partes no se habría convenido en suscribirlo.

La controversia en vía jurisdiccional sólo puede y tiene, si a esta vía recuren las partes, que ser dilucidada por una autoridad que cumpla las garantías del debido proceso; que se someta al derecho internacional vigente; que no incurra en el vicio de exceso de poder; que no decida más allá del objeto de la controversia delimitado por las partes; que explique las razones de hecho y de derecho que orientaron su decisión y que respete los deberes de imparcialidad e independencia de quienes deciden.

El Laudo Arbitral de París que, de conformidad con el Tratado de Washington del 2 de febrero de 1897, debía ser un arreglo pleno, perfecto y definitivo nunca tuvo ninguna de estas tres características, lo cual está absolutamente confirmado con la firma del Acuerdo de Ginebra por Venezuela, el Reino Unido y la Colonia de la Guayana Británica

-hoy República Cooperativa de Guyana- el 17 de febrero de 1966, mediante el cual se reconoce la existencia de una contención según la cual el Laudo Arbitral de París es nulo e írrito y se insiste en la necesidad de alcanzar soluciones prácticas y mutuamente satisfactorias. El Acuerdo de Ginebra confirma que Venezuela siempre ha cuestionado el Laudo Arbitral de París y ratifica que el Laudo Arbitral de París no fue un arreglo pleno, perfecto y definitivo; y que la parte demandante ha reconocido su nulidad e ineficacia, de allí el reconocimiento a la necesidad de buscar nuevas soluciones.

Además, es evidencia incontestable que el Laudo Arbitral de París es un acto nulo desde el momento en que se dictó, lo que equivale a su inexistencia jurídica, porque, como afirma el Dr. Héctor Faúndez Ledesma: *"Si es tan obvio que el laudo es válido, ¿por qué Guyana ha recurrido a la Corte Internacional de Justicia para que confirme su validez y no ha pedido, simplemente, que se ordene su ejecución?"*[666].

El Laudo Arbitral de París es un acto jurídicamente inexistente y la República Cooperativa de Guyana pretende que la CIJ le dote de la validez jurídica que nunca tuvo.

(ii) Réplica a los argumentos (ii); (iii); (iv); (v) y (vi) de la República Cooperativa de Guyana, referidos a la supuesta aquiescencia de Venezuela respecto del Laudo Arbitral de París

El Laudo Arbitral de París no puede entenderse legítimamente ejecutado porque Venezuela siempre se opuso, habida cuenta de la ilegitimidad misma del fallo arbitral. Los actos de ejecución realizados fueron bajo la indebida coacción británica y por tal motivo trató de posponer la demarcación de los límites. Sin embargo, el Reino Unido exigió la ejecución del laudo y amenazó con ejecutarlo unilateralmente si Venezuela se negaba a participar. Siendo ello así el 22 de octubre de 1899, el Ministerio de Relaciones Exteriores de Venezuela, dirigiéndose a Felipe de Aguerrevere, comisionado en la demarcación, expresó respecto de la línea establecida por el tribunal arbitral que: *"Se trata de*

---

[666] *Ibíd.*, p. 688.

una línea establecida de hecho, sin ningún apoyo ni fundamento histórico, geográfico, ni político. En consecuencia, y porque el laudo había sido abiertamente injusto con Venezuela, instruyó a los comisionados venezolanos que refirieran todo al más severo procedimiento"[667].

Luego en el mes de julio de 1900 la delegación inglesa en Caracas intimó al gobierno venezolano a que enviara en su representación una comisión demarcadora a Punta Playa y, de resistirse a este requerimiento, el Reino Unido procedería a la demarcación unilateral. La presión ejercida por el Reino Unido amenazaba con causar mayores males que los ya había generado el Laudo Arbitral de París.

El término para que Venezuela participara en la demarcación fue notificado por el representante británico en Caracas a finales de julio. Se fijó el 3 de octubre de 1900 para que Venezuela participara en la demarcación, con la amenaza de proceder a una demarcación unilateral de la frontera si ello no fuere así[668].

El 8 de octubre de 1900 el representante británico envió otra notificación, esta vez informó que el gobernador de la Guayana Británica había recibido instrucciones de proceder a la demarcación y el 19 de octubre de 1900 ya se había levantado el primer hito fronterizo en Punta Playa[669]. En esas condiciones se constituyeron las comisiones de demarcación, que funcionaron entre 1900 y 1905.

A Venezuela no le quedó otra opción que aceptar la ejecución del laudo[670]. En efecto: *"Es cierto que Venezuela ejecutó el Laudo. Lo ejecutó por presión de Gran Bretaña, porque el Cónsul Inglés en Caracas expresó en nota inquisitiva, que iba a iniciar la demarcación del terreno y que la harían unilateralmente si Venezuela no participaba. De inmediato iniciaron la demarcación por Punta de Barima. A Venezuela no le quedó más recurso que concurrir a esa demarcación"*[671]. Según el informe elaborado por los jesuitas Hermann González y Pablo Ojer *"la participación de Venezuela en la demarcación de la frontera*

---

[667] Hermann González Oropeza y Pablo Ojer, ob. cit., p. 22.
[668] *Ibíd.*, p. 21.
[669] *Ídem.*
[670] Manuel Donís Ríos, "La reclamación del territorio Esequibo: 1899-1966", ob. cit., p. 5.
[671] Isidro Morales Paúl, "Análisis crítico del problema fronterizo «Venezuela-Gran Bretaña»", ob. cit., p. 189.

revistió un carácter puramente técnico. A ello fue forzado el país por circunstancias para él insuperables"[672].

La evidencia de esta ejecución bajo coacción se presenta aún más patente cuando en 1902, mientras las comisiones de demarcación procedían a la ejecución del laudo, Venezuela sufría el bloqueo de sus costas y las amenazas de invasión por parte de Alemania, Italia y del Imperio Británico. Además, a la exigencia de pago de la deuda externa se unieron *"...las reclamaciones que hacían los súbditos de esos países por los daños que habían sufrido sus propiedades durante los frecuentes combates y escaramuzas entre las montoneras, producto de la inestabilidad política de la época en el país"*[673].

Para la República Cooperativa Guyana, el hecho de que en 1905 se celebrara un acuerdo para la determinación de la frontera, de conformidad con lo establecido por el Laudo Arbitral de París, demuestra que se trató de una solución final. Afirman que el Reino Unido había considerado la decisión como un arreglo definitivo, desde que el tribunal dictó el Laudo Arbitral de París hasta la independencia de la República Cooperativa de Guyana en 1966.

Según lo expuesto en la demanda interpuesta por la República Cooperativa Guyana, entre 1899 y 1962 Venezuela expresó incondicionalmente su conformidad con el Laudo Arbitral de París. Para la República Cooperativa Guyana no fue sino hasta 1962 cuando Venezuela cambió su posición, en medio del proceso de independización de la Colonia de la Guayana Británica.

La República Cooperativa de Guyana afirma que Venezuela intentó no reconocerla como nuevo Estado independiente. Eso es totalmente falso desde que el Embajador Carlos Sosa Rodríguez ante la 130º reunión del XVI Período Anual de Sesiones de la Asamblea General de las Naciones Unidas en fecha 22 de febrero de 1962, ratificó la posición sostenida por el Ministerio de Relaciones Exteriores de Venezuela según la cual un cambio de status de la colonia de la Guayana Británica no cambiaría la legítima aspiración venezolana de obtener justicia[674], cuestión que hizo en los siguientes términos: *"...reviste particular*

---

[672] *Ibíd.*, p. 28.
[673] Alexis Palencia Hernández, ob. cit., p. 486.
[674] Hermann González Oropeza y Pablo Ojer, ob. cit., p. 25.

importancia para Venezuela el proceso de evolución política, mediante el cual, pacíficamente, habrá de adquirir su independencia el pueblo de la Guayana Británica, que comparte fronteras con el nuestro y cuyo destino de nación soberana, incorporada en el plan de igualdad al concierto de los demás Estados del continente, propiciamos con genuino sentimiento americano. En esta oportunidad, en que apoyamos plenamente el conocimiento de los derechos que corresponden a la población de la Guayana Británica, no podríamos, sin embargo, sin traicionar a nuestro propio pueblo venezolano, olvidarnos de sus derechos, de sus reivindicaciones de fronteras, y silenciar en este foro mundial su legítimo reclamo de que se rectifique una injusticia histórica"[675].

Igualmente el Ministro de Relaciones Exteriores de Venezuela, Marcos Falcón Briceño, ante la 348° Sesión del Comité Político Especial de la XVII Asamblea de las Naciones Unidas en fecha 12 de noviembre de 1962, ratificó el apoyo a la independencia de la Guyana, ratificó asimismo la posición del Embajador Carlos Sosa Rodríguez respecto de la reclamación e invocó la histórica postura venezolana de que el Laudo Arbitral de París es nulo[676].

En efecto indicó el Ministro de Relaciones Exteriores de Venezuela Dr. Marcos Falcón Briceño que: *"También quiere ratificar Venezuela su franco apoyo a la independencia de la Guayana Británica, y por ese motivo espera que en las conversaciones que desea tener con el Reino Unido para buscar el mejor camino de una solución pacífica de esa controversia, tengan plena participación también los representantes del gobierno de Guayana Británica"*[677].

Como señala el académico e historiador venezolano Manuel Donís Ríos: *"Venezuela, víctima del atropello e injusticia del Laudo de 1899, mantuvo su consecuente e ininterrumpida posición anticolonialista, apresurándose a reconocer el nuevo Estado de Guyana mediante Nota de fecha 26 de mayo de 1966"*[678].

---
[675] Efraín Schacht Aristigueta, "Aspectos jurídicos y políticos del Tratado de Ginebra", ob. cit., p. 33.
[676] Hermann González Oropeza y Pablo Ojer, ob. cit., p. 25.
[677] Efraín Schacht Aristigueta, "Aspectos jurídicos y políticos del Tratado de Ginebra", ob. cit., p. 33.
[678] Manuel Donís Ríos, "La reclamación del territorio Esequibo: 1899-1966", ob. cit., p. 11.

De manera que es incontestable que Venezuela nunca demostró aquiescencia respecto al Laudo Arbitral de París, pues desde muy temprano, habida cuenta de los atropellos que tuvieron lugar desde la negociación del Tratado de Washington, ésta siempre ha considerado que el Laudo Arbitral de París es una decisión injusta y con vicios que acarrean su inexistencia jurídica. La controversia territorial nunca ha sido resuelta.

Venezuela se opuso a la ejecución del Laudo Arbitral de París desde el mismo 4 de octubre de 1899, tan sólo un día después de conocerse la decisión, por Jesús María Rojas, único abogado venezolano que formó parte del equipo de defensa de Venezuela en el arbitraje de París y fueron de rechazo al laudo también las instrucciones dadas a Felipe de Aguerrevere, miembro de la comisión de demarcación limítrofe, según las cuales la línea fijada por el Laudo Arbitral de París fue una delimitación de hecho sin fundamentos históricos y tampoco jurídicos.

La representación de la República Cooperativa de Guyana ante la CIJ considera una "prueba contundente" de aquiescencia por parte de Venezuela, el hecho de que haya participado en la comisión de demarcación de los límites entre ambos países en 1905.

Ya mencionamos el contexto económico, político, social y jurídico en el que se dictó el Laudo Arbitral de París. Es cierto, Venezuela participó en la demarcación, pero no porque aceptara el Laudo Arbitral de París, sino porque no tuvo alternativa. La amenaza del Reino Unido en el sentido de que si Venezuela no participaba ejecutarían el laudo unilateralmente, obligaba, cuando menos, a estar presente para evitar o reclamar ante nuevas arbitrariedades. Además, Venezuela luego de la Revolución Liberal Restauradora se encontraba convulsionada y débil. ¿Cómo negarse a la ejecución del laudo que le condenaba ante una potencia como lo era el Reino Unido en aquel momento?

Insistimos en que para el momento en que se produjo la ejecución coactiva del Laudo Arbitral de París, las costas venezolanas habían sido bloqueadas por buques de guerra extranjeros. Estas acciones buscaban obligar a Venezuela al pago de la deuda pública que había acumulado desde principios del siglo XIX con los hechos de la independencia, además de la caída de los precios del café, un rubro muy importante para la economía nacional desde 1811.

Existían varios factores que amenazaban al país, que se habían concertado en buena medida para obtener ventajas de la debilidad de Venezuela en aquel momento. Varias potencias se alinearon en este cometido. A lo anterior se une el hecho de que los Estados Unidos de América mejoraron sus relaciones con el Reino Unido y retiraron su apoyo a la causa venezolana.

Teniendo en cuenta esas condiciones, no es posible afirmar que Venezuela aceptó el Laudo Arbitral de París. El mismo fue ejecutado bajo coacción, y Venezuela protestó en todo momento y nunca aceptó estos resultados. Por ello, la supuesta aquiescencia alegada por la República Cooperativa de Guyana ante la CIJ no es un argumento válido.

Hay que tener presente que la carga de la prueba de la aquiescencia recae en el Estado que la alega. La prueba de la aquiescencia supone demostrar que la parte aceptó la decisión -lo cual no ocurrió- o, en todo caso, que el silencio de un Estado -que no lo hubo en el caso de Venezuela- es base suficiente para interpretar una voluntad concreta de su parte.

Durante el gobierno del General Juan Vicente Gómez hubo muchos intentos por parte del Reino Unido de ocupar territorios más allá de lo que el Laudo Arbitral de París había establecido, con particular interés en las Bocas del Orinoco. Ante estos hechos, nuevamente la respuesta del gobierno venezolano fue un rechazo contundente.

El Acuerdo de demarcación de 1905 nunca ha sido válido ni vinculante para Venezuela. Aún más, ese documento no es realmente un acuerdo, es sólo un acta que refleja la forma de ejecución del laudo; un documento puramente técnico elaborado como consecuencia de la imposición unilateral de un laudo arbitral nulo desde su origen.

De conformidad con lo anterior, resulta incongruente invocar, como lo ha hecho la República de Cooperativa Guyana, ciertos precedentes jurisprudenciales de la CIJ, tales como los del caso del Templo *Preah Vihear* (Camboya c. Tailandia) resuelto mediante sentencia de 15 de junio de 1962[679]. La decisión se basó en que Camboya promovió ante la CIJ un mapa del cual se deducía que el templo estaba en su territorio,

---

[679] Véase Corte Internacional de Justicia, Judgement of 15 June 1962. Disponible en: https://www.icj-cij.org/public/files/case-related/45/045-19620615-JUD-01-00-EN.pdf.

aunque Tailandia indicó que nunca lo había aceptado. Este es un claro caso en el que el concepto de aquiescencia es clave para determinar quién será vencedor y quien resultará vencido en el proceso.

El mapa invocado por Camboya nunca fue cuestionado por Tailandia y, aunque los mapas no tienen el valor de títulos, constituyen prueba de las aspiraciones de las partes por lo que la aceptación tácita del gobierno tailandés en el momento en que Camboya reveló ese mapa fue suficiente para determinar que hubo aquiescencia. Por esta razón, la CIJ determinó que el templo estaba ubicado en el territorio perteneciente a Camboya y no en el de Tailandia.

Nuestro caso es totalmente opuesto al caso del Templo *Preah Vihear*, pues hay expresas manifestaciones de la no aquiescencia. No es admisible el argumento de que Venezuela sólo empezó a reclamar la nulidad del Laudo Arbitral de París desde 1966, cuando en realidad la primera denuncia se formuló tempranamente, a escasas veinticuatro horas luego de dictarse el Laudo Arbitral de París.

Recordemos los varios pronunciamientos venezolanos durante el siglo XX, que llevaron a la firma del Acuerdo de Ginebra:

1. El 14 de octubre de 1938 el Dr. Carlos Álamo Ybarra, en su trabajo de incorporación a la Academia de Ciencias Políticas y Sociales titulado "Fronteras de Venezuela con la Guayana Inglesa", estudió por primera vez en forma sistemática y con rigor científico la controversia del Esequibo y especialmente sus antecedentes. En su denso estudio, el Dr. Carlos Álamo Ybarra refiere con a los títulos históricos y jurídicos que asisten a Venezuela en la reclamación desde la llegada de los españoles al continente americano; además aborda el autor el triste resultado de las deliberaciones del tribunal arbitral de París plasmado en el Laudo Arbitral de París del 3 de octubre de 1899. El arbitraje no fue en aquella ocasión un medio pacífico para obtener justicia conforme a las reglas de derecho, al contrario, como indicó el mismo Dr. Álamo Ybarra "*el arbitraje preconizado como medio plausible de arreglar las desavenencias internacionales, fue la forma de ceder por las buenas lo que por la fuerza se nos quería arrebatar*"[680].

---
[680] Carlos Álamo Ybarra, ob. cit., p. 87.

2. En 1944, el Embajador de Venezuela en Washington, Diógenes Escalante, *"invocando el nuevo espíritu de equidad entre las naciones, exigió en 1944 la reparación amistosa de la injusticia cometida por el laudo"*[681].
3. El 30 de junio de 1944, durante la sesión de la Cámara de Diputados del Congreso de Venezuela el diputado José A. Marturet "ratificó la tradicional posición de Venezuela ante el laudo, exigiendo **la revisión de sus fronteras con la Guayana inglesa**"[682]. (Resaltado añadido).
4. El 17 de julio de 1944, el presidente del Congreso de Venezuela, Manuel Egaña durante la sesión de clausura de ese órgano legislativo se pronunció en respaldo de la posición del ejecutivo y dijo: *"Y aquí quiero recoger y confirmar el anhelo de revisión, planteado ante el mundo y en presencia del ciudadano Presidente de la República por el Embajador Escalante y ante este Congreso, categóricamente, por el Diputado Marturet; quiero recoger y confirmar, repito, el anhelo de revisión de la sentencia por la cual el imperialismo inglés nos despojó de una gran parte de nuestra Guayana"*[683]
5. El 18 de julio de 1944, las declaraciones de prensa de los miembros de las Comisiones Permanentes de Relaciones Exteriores de las Cámaras Legislativas, *"quienes representaban a diferentes partidos políticos, se manifestaron también sobre la necesidad de revisar el laudo de 1899"*[684].
6. El 30 de marzo de 1948 Rómulo Betancourt, quien encabezó la delegación de Venezuela que asistió a la IX Conferencia Internacional Americana, expresó que *"Al propugnar el principio de autodeterminación de los pueblos coloniales para decidir acerca de su propio destino no negamos en forma alguna el derecho de ciertas naciones de América a obtener determinadas porciones de territorio hemisférico que en justicia les pueda corresponder, ni renunciamos a lo que los venezolanos,*

---

[681] Hermann González Oropeza y Pablo Ojer Celigueta, ob. cit., p. 23.
[682] *Ídem.*
[683] *Ídem.*
[684] *Ídem.*

llegado el caso de una serena y cordial revalorización histórica y geográfica de lo americano, pudieran hacer valer en pro de sus aspiraciones territoriales sobre zonas hoy en tutelaje colonial y que antes estuvieron dentro de nuestro propio ámbito"[685].

7. En 1949 se publicó el Memorándum de Severo Mallet-Prevost *"que reveló las intimidades de la farsa de París"*.[686] Lo que ocasionó que los historiadores venezolanos, bajo las instrucciones del Ministerio de Relaciones Exteriores de Venezuela, *"se apresaron a buscar en los archivos británicos nuevos documentos que irían aclarando aún más los detalles de aquella farsa. Se había cumplido 50 años y por primera vez se podían estudiar esos documentos en los archivos públicos de Gran Bretaña"*[687].

8. En 1951, durante el gobierno del Presidente Interino Germán Suárez Flamerich, el Ministro de Relaciones Exteriores de Venezuela, Luís Gómez Ruíz, durante la IV Reunión de Consulta de los Ministros de Relaciones Exteriores de los Países Americanos, exigió *"la rectificación equitativa de la injusticia cometida por el Tribunal de* Arbitraje"[688]. Por otra parte, y durante ese mismo momento, el Encargado de la Cancillería, Rafael Gallegos Medina, declaró ante la prensa caraqueña que: *"La Cancillería nunca ha renunciado a esa justa aspiración de los venezolanos"*[689].

9. En marzo de 1954 durante la X Conferencia Interamericana reunida en Caracas, el consultor jurídico del Ministerio de Relaciones Exteriores, Ramón Carmona, expresó lo siguiente *"De conformidad con lo que antecede, ninguna decisión que en materia de colonias se adopte en la presente Conferencia podrá menoscabar los derechos que a Venezuela corresponden por este respecto ni ser interpretada, en ningún caso, como una renuncia de los mismos"*[690].

---

[685] *Ibíd.*, pp. 23-24.
[686] *Ibíd.*, p. 24.
[687] *Ídem.*
[688] *Ídem.*
[689] *Ídem.*
[690] *Ídem.*

10. En febrero de 1956 el Ministro de Relaciones Exteriores de Venezuela, José Loreto Arismendi, *"ratificó la tradicional posición venezolana acerca de los límites con aquella colonia, en el sentido de que no sería afectada por ningún cambio de status que en ese territorio limítrofe se produjera"*[691].

11. En marzo de 1960 el diplomático y diputado Rigoberto Henríquez Vera, en el seno la Cámara de Diputados del Congreso de la República y delante de una delegación parlamentaria del Reino Unido, señaló que: *"Un cambio de status en la Guayana Inglesa no podrá invalidar las justas aspiraciones de nuestro pueblo de que se reparen de manera equitativa, y mediante cordial entendimiento, los grandes perjuicios que sufrió la nación en virtud del injusto fallo de 1899, en el cual privaron peculiares circunstancias ocasionando a nuestro país la pérdida de más de sesenta mil millas cuadradas de su territorio"*[692].

12. En febrero de 1962 el Embajador de Venezuela ante la ONU, Dr. Carlos Sosa Rodríguez, ratificó ante la Comisión de Administración Fiduciaria y Territorios no Autónomos de la ONU la posición sostenida por el Ministerio de Relaciones Exteriores de Venezuela según la cual un cambio de status de la colonia de la Guayana Británica no cambiaría la legítima aspiración venezolana de obtener justicia[693].

13. Durante las sesiones de fecha 28 de marzo y 4 de abril de 1962 de la Cámara de Diputados del Congreso de Venezuela *"después de oír las intervenciones de los representantes de todos los partidos políticos en apoyo de la posición de la Cancillería venezolana sobre el laudo, aprobó el siguiente acuerdo: "Respaldar la política de Venezuela sobre el diferendo limítrofe entre la posesión inglesa y nuestro país en cuanto se refiere al territorio del cual fuimos despojados por el colonialismo; y, por otra parte, apoyar sin reservas la total independencia de la Guayana Inglesa y su incorporación al sistema democrático de vida"*[694].

---
[691] Ibíd., p. 25.
[692] Ídem.
[693] Ídem.
[694] Ibíd., p. 25.

14. El 12 de noviembre de 1962 Marcos Falcón Briceño, Ministro de Relaciones Exteriores de Venezuela, ratificó ante la 348° Sesión del Comité Político Especial de la XVII Asamblea de las Naciones Unidas la posición del Embajador Carlos Sosa Rodríguez respecto de la reclamación e invocó la histórica postura venezolana de que el Laudo Arbitral de París es nulo[695].
15. Luego, durante el gobierno de Rómulo Betancourt, la reclamación venezolana tomó una fuerza aún mayor, hasta que finalmente llegamos al Acuerdo de Ginebra de 17 de febrero de 1966 mediante el cual se reconoció la existencia de la contención venezolana según la cual el Laudo Arbitral de París es nulo e írrito.

b.1. Cuando sí hay aquiescencia: Caso del Laudo Arbitral dictado por el Rey de España Alfonso XIII de fecha 23 de diciembre de 1906

El Laudo Arbitral dictado por el Rey de España, Alfonso XIII, el 23 de diciembre de 1906 que resolvió la controversia limítrofe entre Honduras y Nicaragua fue denunciado por el Ministro de Relaciones Exteriores de Nicaragua mediante una nota fechada de 19 de marzo de 1912. A partir de ese momento se reabrió la discusión entre ambas partes que, tras varios intentos de solución infructuosos, acordaron someter la cuestión a la CIJ el 21 de julio de 1957 en la ciudad de Washington.

Uno de los argumentos principales de Honduras fue la aquiescencia demostrada por Nicaragua. Recordemos que la aceptación tácita o implícita de la decisión por parte de funcionarios con autoridad suficiente para comprometer al Estado otorga fuerza vinculante a las decisiones arbitrales. Este caso sirve para ilustrar cuando sí hay aquiescencia de conformidad con el criterio de la CIJ.

Lo sostenido por Honduras para demostrar la aceptación de Nicaragua puede resumirse en lo siguiente:
1. El 25 de diciembre de 1906, el presidente de Nicaragua envió una comunicación al presidente de Honduras donde manifestó

---
[695] *Ídem.*

su satisfacción por haberse solucionado adecuadamente la controversia, extendiéndole además una felicitación por la victoria.
2. La nulidad del laudo fue denunciada seis años luego de pronunciada la decisión. El 19 de marzo de 1912 fue cuando el Ministro de Relaciones Exteriores de Nicaragua señaló que el laudo no era "*claro, realmente válido, eficaz y obligatorio*". En esta ocasión, la CIJ ratificó la validez del laudo por considerar que hubo aquiescencia por parte de Nicaragua. En este sentido la CIJ señaló lo siguiente:

> "*A juicio de la Corte, Nicaragua, mediante una declaración expresa y por su conducta, reconoció el Laudo como válido y ya no le es posible a Nicaragua retroceder en ese reconocimiento e impugnar la validez del Laudo. El hecho de que Nicaragua no haya planteado ninguna cuestión con respecto a la validez del Laudo durante varios años después de que conociera los términos completos del Laudo confirma aún más la conclusión a la que ha llegado el Tribunal. La actitud de las autoridades nicaragüenses durante ese período fue conforme al artículo VII del Tratado Gámez-Bonilla, que establecía que la decisión arbitral, cualquiera que fuera, y esto, en opinión del Tribunal, incluye la decisión del Rey de España como árbitro "se considerará como un Tratado perfecto, vinculante y perpetuo entre las Altas Partes Contratantes, y será inapelable*"[696].

El caso de Venezuela en relación al Laudo Arbitral de París de 1899 es completamente diferente desde que Venezuela nunca manifestó su conformidad con el mismo. La ejecución del Laudo Arbitral de París fue realizada bajo coacción del Reino Unido y otras potencias, y Venezuela siempre expresó su disconformidad con lo decidido y es en base a estas protestas y desconocimiento realizado por Venezuela de forma reiterada y expresa que las partes aceptan que la controversia no ha concluido y suscriben por ello el Acuerdo de Ginebra.

---

[696] Case concerning the Arbitral Award made by the King of Spain on 23 December 1906, Judgment of 18 November 1960 : I.C.J. Reports 1960, p. 192. Disponible: en https://www.icj-cij.org/public/files/case-related/39/039-19601118-JUD-01-00-EN.pdf.

Ciertamente el caso del Laudo del Rey de España es muy distinto porque Nicaragua pidió la nulidad seis años después de que fue dictado, luego de haberlo aceptado expresamente y de no haberlo denunciado. En el caso del Laudo Arbitral de París del 3 de octubre de 1899, las críticas fueron consignadas a partir del 4 de octubre de 1899, un día después de dictarse la decisión.

El Laudo Arbitral de París fue criticado y rechazado por la prensa internacional -incluyendo diarios ingleses- y durante el siglo XX la posición venezolana con relación a la nulidad de la decisión siempre fue constante. Todo esto se deduce de los hechos que hemos relatado antes en la réplica al argumento de la República Cooperativa de Guyana según el cual Venezuela habría mostrado su aquiescencia respecto del Laudo Arbitral de París, argumento que no es cierto.

En razón de lo anterior deben rechazarse las alegaciones de la República Cooperativa de Guyana según las cuales hubo una actitud pasiva de parte de Venezuela hasta 1962, antes y por el contrario fue precisamente la insistencia de Venezuela al denunciar el Laudo Arbitral de París lo que llevó a la firma del Acuerdo de Ginebra, por medio del cual se reconoce la existencia de la contención venezolana y su posición en el sentido de que el Laudo Arbitral de París es nulo e írrito.

b.2. El argumento del mayor beneficio para Venezuela

La República Cooperativa de Guyana ha sostenido que la disputa se resolvió definitivamente mediante el Laudo Arbitral de París con el que -según ellos- Venezuela obtuvo un mayor beneficio que el Reino Unido al otorgar a Venezuela toda la desembocadura del río Orinoco y las tierras a ambos lados. Mientras que al Reino Unido mediante sólo obtuvo el territorio al este que se extendía hasta el río Esequibo, que entonces se consideraba menos valioso que el otorgado a Venezuela.

La República Cooperativa de Guyana argumentó en su demanda ante la CIJ que Venezuela consideró la obtención de las bocas del Orinoco como un éxito y para respaldar su afirmación citó las palabras de José Andrade, Ministro Plenipotenciario en Londres por Venezuela, del 7 de octubre de 1899, quien señaló: *"Grande en verdad fue el resplandor de la justicia cuando, a pesar de todo, en la determinación de la frontera se nos concedió el dominio exclusivo del Orinoco, que es el principal objetivo que nos propusimos obtener mediante el arbitraje.*

Considero bien empleados los humildes esfuerzos que a este fin dediqué personalmente durante los últimos seis años de mi vida pública"[697].

Sin embargo, lo señalado por el Ministro José Andrade no significó en modo alguno celebración o alegría por parte de Venezuela. Cuando el Ministro Plenipotenciario utilizó la expresión *"a pesar de todo"* dejó claro que el arbitraje tuvo irregularidades. El Laudo Arbitral de París no fue una victoria para Venezuela, antes y por el contrario fue una grave violación a su integridad territorial. Conservar la bocas del Orinoco no fue producto de un beneficio otorgado por los árbitros. Más bien, quedó demostrado que aunque los árbitros estuvieron parcializados y no hubo representación venezolana dentro del tribunal, el Reino Unido no pudo arrebatar a Venezuela las bocas del Orinoco, como sí lo hizo con esa gran expansión territorial que en derecho le pertenecía y cuya importancia desde el punto de vista del valor es irrelevante.

Debemos tener presente que Venezuela sólo conservó la bocas del Orinoco porque los árbitros Josiah Brewer y Weston Fuller aceptaron la componenda del presidente del tribunal arbitral, Fiódor Fiódorovich Martens, quien les amenazó indicando que si no aceptaban tomar una decisión unánime, también perderían esa porción del territorio en disputa[698]. Todo esto consta en el memorándum de Severo Mallet-Prevost[699].

Aunque, como veremos más adelante al analizar las pruebas referidas a la infracción de los deberes de imparcialidad e independencia de los árbitros, el memorándum Severo Mallet-Prevost no fue el único documento que relató estos hechos. También lo hizo L. de la Chanonie en el tomo III de la *Revue d'Europe* cuando escribió:

> *"...el Sr. De Martens propuso entonces a los árbitros americanos, conceder a Venezuela, en compensación por los territorios de la línea Schomburgk, la posesión absoluta del Orinoco, retirando la frontera inglesa a unas veinte leguas del río; añadió que si los árbitros de Venezuela no aceptaban este arreglo, votaría con los árbitros ingleses para acabar de una vez, lo que*

---

[697] Véase las páginas 15 y 16 de la demanda de la República Cooperativa de Guyana de fecha 29 de marzo de 2018. Disponible en: https://www.icj-cij.org/public/files/case-related/171/171-20180329-APP-01-00-EN.pdf.

[698] Carlos Sosa Rodríguez, ob. cit.

[699] Otto Schoenrich, ob. cit.

aseguraría a Inglaterra la posesión de uno de los lados del delta del Orinoco"[700]. (Transcripción parcial de la cita).

Poco importaba el valor del territorio otorgado pues el tribunal arbitral de París no fue constituido para cumplir funciones de mediación ni conciliación. El procedimiento que tuvo lugar en París tampoco era una transacción. Antes y por el contrario, se trataba de un arbitraje de derecho en el que los árbitros debían investigar y cerciorarse de los títulos jurídicos de cada una de las partes, cosa que no ocurrió.

(iii) Réplica al argumento (vii) de la República Cooperativa de Guyana según el cual Venezuela no recabó pruebas que sirvieran para demostrar que el Laudo Arbitral de París es nulo durante las investigaciones efectuadas en los archivos británicos y estadounidenses luego de su apertura

Es falso que Venezuela no haya recabado pruebas que confirmaran los vicios que acarrean la nulidad del Laudo Arbitral de París del 3 de octubre de 1899. En efecto, cuando la ONU aprobó la revisión de los archivos del Reino Unido, los padres jesuitas Pablo Ojer Celigueta y Hermann González Oropeza se dedicaron a investigar esos documentos.

Las investigaciones de Pablo Ojer y Hermann González fueron efectuadas en dos momentos. La primera etapa fue entre entre 1951 y 1956. Luego en febrero de 1963 viajaron a Londres para continuar la investigación sobre la reclamación del territorio Esequibo en los archivos británicos. A los pocos días de llegar a Londres fueron nombrados representantes venezolanos en calidad de expertos *"para las discusiones que habrían de celebrarse con los representantes de Gran Bretaña y la entonces colonia de Guayana Británica, sobre la documentación que demuestra la nulidad del laudo de 1899"*[701].

Toda la información recabada por Ojer y González fue reunida en el *Informe que los expertos venezolanos para la cuestión de límites con Guayana Británica presentan al gobierno nacional*, publicado el 18 de marzo de 1965[702].Sin embargo, dada la importancia del referido

---
[700] Hermann González Oropeza y Pablo Ojer, ob. cit., pp. 50-51.
[701] *Ídem*.
[702] *Ídem*.

informe como réplica al argumento (vii) de la República Cooperativa de Guyana, dedicaremos las siguientes líneas a destacar sus aspectos más relevantes.

El informe presentado por Ojer y González se refiere a los títulos de Venezuela sobre el territorio Esequibo; los detalles de la controversia entre Venezuela y el Reino Unido durante el siglo XIX; la falta de participación de Venezuela en la formulación del Tratado de Washington de 1897 y las razones por las cuales el Laudo Arbitral de París es nulo. Además, el informe incluye declaraciones de personajes que participaron en el arbitraje de París, las reacciones de la prensa internacional y varios mapas que demuestran que el procedimiento fue abiertamente violatorio de los legítimos derechos de Venezuela.

En cuanto a los títulos de Venezuela sobre el territorio Esequibo el informe señala cómo España fue el Estado que descubrió y colonizó el territorio guyanés, labor que fue reconocida por las demás potencias entre los siglos XV y XVI. Para el momento en que se firmó el Tratado de Münster no existía ningún puesto holandés ubicado al oeste del río Esequibo. Asimismo, los expertos jesuitas, Ojer y González, relatan que los holandeses tuvieron sólo puestos insignificantes que duraron muy poco tiempo y que constituían violaciones al Tratado de Münster.

Sostienen que cuando se firmó el Tratado de Londres en 1814, el Reino Unido obtuvo el territorio de la Guayana Británica. Sin embargo, el límite con Venezuela siempre estuvo situado en el río Esequibo. Esto consta en el Mapa de Cruz Cano, publicado por Francisco de Miranda en 1799 con el beneplácito del gobierno británico.

Ojer y González indican en el informe que incluso cuando Venezuela formaba parte de la República de Colombia, siempre se dio a conocer al Reino Unido que la frontera con la Colonia de la Guayana Británica era la línea del río Esequibo. Estas afirmaciones se encuentran respaldadas por las declaraciones diplomáticas de Francisco Antonio Zea en 1821; José Rafael Revenga en 1823; José Manuel Hurtado en 1824 y Pedro Gual en 1825. Además, como indican los padres jesuitas en su informe, *"España, al firmar en Madrid el 30 de marzo de 1845 el Tratado de reconocimiento de la soberanía de nuestro país sobre el territorio conocido bajo el antiguo nombre de la Capitanía General de*

Venezuela, incluyó en ella la Provincia de Guayana, que limitaba al Este por el río Esequibo"[703].

El informe contiene un estudio sobre la controversia anglo-venezolana donde se expone el progresivo aumento de las pretensiones británicas luego de la publicación de la primera línea Schomburgk en 1835 y el inicio formal de la controversia en 1840 con la denominada pseudo-línea Schomburgk.

Según la información recabada por los expertos de los archivos confidenciales británicos *"tanto el Foreign Office como el Colonial Office rechazaron los argumentos de Schomburgk en favor de su pseudo-línea de 1840. Aquellos dos Ministerios llegaron a la conclusión de que el naturalista prusiano había mal interpretado los documentos históricos y los había utilizado con parcialidad y sectarismo"*[704].

Además el informe relata que cuando Schomburgk fue comisionado nuevamente para realizar labores de exploración de la frontera entre Venezuela y la Colonia de Guayana Británica -con base en la línea de 1840- excedió las instrucciones que el gobierno le había dado y *"levantó postes, marcó arboles e hizo actos de posesión que dieron origen a formales protestas por parte de Venezuela"*[705]. Aún más, como indican Ojer y González, *"las minutas de lord Aberdeen en 1841 califican las acciones Schomburgk de prematuras y afirman que siendo su comisión de survey (exploración) no tenía por qué tomar posesión"*[706].

En todo caso, de la revisión de los archivos británicos por parte de los expertos jesuitas se deduce que *"la documentación interna del Foreign Office, del Colonial Office y del Gobierno de Demerara revela que la publicación de los mapas que llevaban aquella pseudo-línea Schomburgk de 1840 tenía un carácter oficial y representaba la máxima reclamación británica frente a Venezuela. Así conocemos hoy que fue bajo la dirección del Gobierno británico y del Gobierno de Demerara como se prepararon los siguientes mapas: (a) El Mapa del Memorándum del Foreign Office de 1857 acerca de la controversia con Guayana; (b) El mapa del Memorándum, de C. Chalmers, Crown Surveyor of the Colony (1867); (c) El mapa Schomburgk-Walker de 1872; (d) El mapa*

---

[703] Ibíd., p. 8.
[704] Ídem.
[705] Ibíd., p. 10.
[706] Ídem.

de Brown de 1875; (e) El mapa de Stanford de 1875"[707]. Todos estos mapas permiten apreciar con meridiana claridad que el Reino Unido reconoció desde 1840 hasta 1886 *"como territorios venezolanos sin disputa todo el alto Barima y todo el Cuyuní desde sus fuentes hasta la desembocadura del Otomong"*[708].

La presión de los intereses de la industria minera del Reino Unido hizo que las aspiraciones británicas crecieran rápidamente. El Reino Unido *"avanzó aún más sus ambiciones colonialistas hasta cerca de Upata, a pocos kilómetros del Orinoco, con la llamada línea de la máxima reclamación británica"*[709].

Las investigaciones de Ojer y González confirmaron que *"Gran Bretaña rechazó las constantes propuestas venezolanas para someter la cuestión a arbitraje porque su gobierno consideraba que carecía de argumentos y que una decisión plenamente judicial había de serle desfavorable"*[710] y por ello rechazó siempre resolver la disputa territorial con Venezuela mediante un arbitraje.

Los investigadores Ojer y González explican los motivos por los cuales el Reino Unido cambió constantemente de posición con relación a la frontera de la Colonia de la Guayana Británica con Venezuela. Expresan que estos cambios se debieron a que el Reino Unido nunca confió en sus títulos sobre el territorio en disputa[711]. Por eso es que *"las líneas Aberdeen (1844), Granville (1881), Rosebery (1886) etc., responden a los intereses que en cada época tenían los colonos de Guayana Británica"*[712].

Cuando el Reino Unido por fin aceptó resolver la controversia con Venezuela mediante arbitraje luego de la intervención de los Estados Unidos de América, comenzaron las negociaciones del Tratado Arbitral de Washington. Con relación a este tratado Ojer y González indican respecto de Venezuela que *"la actual investigación comprueba que durante el curso de las negociaciones se le mantuvo marginada, particularmente en la fase final y más importante. Consultada sobre la cláusula de la prescripción, se prosiguieron las negociaciones a pesar*

---
[707] *Ídem.*
[708] *Ídem.*
[709] *Ibíd.*, p. 11.
[710] *Ídem.*
[711] *Ídem.*
[712] *Ídem.*

y en contra de las objeciones de la Cancillería venezolana. Más aún, Richard Olney acordó con Gran Bretaña la exclusión de Venezuela del Tribunal Arbitral"[713].

Por lo que se refiere a la regla de la prescripción, incluida del artículo IV del Tratado de Washington, el referido informe permite concluir que aun asumiendo la regla de la prescripción de la forma incorrecta como fue interpretada por los ingleses, de ella no se deduce la posibilidad de otorgar el enorme territorio que se adjudicó al Reino Unido.

En efecto, está demostrado en el mapa incluido en el informe que el territorio que podía adquirir el Reino Unido mediante la regla de prescripción era mucho menor al que el laudo le adjudicó finalmente. En el mapa se observa con claridad cuáles fueron los territorios ocupados por los ingleses en 1840; después, entre 1886 y 1890 y, luego con posterioridad a 1890. De forma que la cláusula de prescripción no era aplicable a un territorio tan vasto como el que finalmente se adjudicó al Reino Unido, al contrario, la regla de prescripción sólo podía aplicarse sobre una porción territorial considerablemente más pequeña[714].

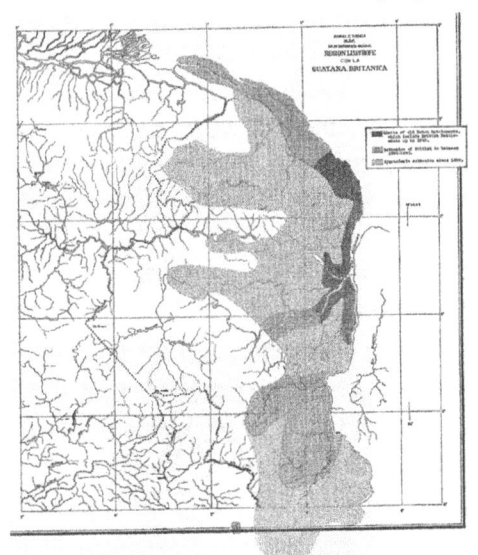

---

[713] Ídem.
[714] Ibíd., p. 15.

Sin duda, el territorio reflejado en el mapa es notablemente inferior al que se le adjudicó al Reino Unido en el Laudo arbitral de París, pues, incluso en la peor de las interpretaciones, eran estos los territorios a los que podía aplicarse la regla de la prescripción. Por ello el Laudo arbitral de París aplicó erróneamente la regla de prescripción en favor del Reino Unido, con lo que violó el artículo IV del tratado de arbitraje y, en consecuencia, incurrió en el vicio de exceso de poder.

Otra violación grave de las obligaciones que el tratado imponía a los árbitros está relacionada con la denominada primera línea Schomburgk de 1835, que no fue tomada en cuenta por los jueces. Esta primera línea de Schomburgk *"sólo se aparta de dicho río como a unas 45 millas aproximadamente de la costa, en la confluencia de los Ríos Mazaruni y Cuyuní con el Esequibo y desde ese punto forma una especie de bolsa, al oeste del Río Esequibo, hasta el punto de la costa donde desemboca el Río Moroco"*[715]. Antes y por el contrario, el tribunal arbitral tomó en cuenta la línea expandida del mapa de Hebert de 1842, una línea sobre la cual existen importantes indicios de falsificación y alteración, a saber:

> *"Venezuela tiene pruebas de que el Foreign Office británico no conocía esa línea hasta junio de 1886. Ya esto es más que un grave indicio de que se trataba de una reciente corrupción del mapa original que reposaba desde 1842 en el Colonial Office"*[716].

En cuanto a los vicios del Laudo Arbitral de París, el informe indica que *"el primer vicio del Laudo de 1899 consiste en que pretendió atribuir valor jurídico a una línea adulterada por Gran Bretaña: la llamada línea expandida del mapa de Hebert de 1842"*[717].

La falta de motivación también fue denunciada en el informe como uno de los vicios del Laudo Arbitral de París. Al respecto indicaron lo siguiente: *"Estamos en capacidad de afirmar que el Tribunal arbitral que dictó la sentencia en el conflicto fronterizo británico-venezolano no cumplió su deber y, por lo tanto, al presentar una decisión sin la*

---

[715] Véase Hermann González Oropeza y Pablo Ojer Celigueta, ob. cit. Véase también Carlos Sosa Rodríguez, ob. cit., p. 122.
[716] Hermann González Oropeza y Pablo Ojer Celigueta, ob. cit., p. 13.
[717] Ídem.

parte motiva correspondiente, no procedió de acuerdo con las normas del derecho internacional. La decisión del Tribunal Arbitral carece, en consecuencia, de validez en el derecho internacional, al menos a partir de la fecha en la cual la invalidez es invocada"[718].

Ojer y González señalaron en su informe que el Laudo Arbitral de París incurrió también en el vicio de exceso de poder. En primer lugar hay que tener presente, tal y como apuntan los expertos cuyo informe comentamos que *"el compromiso arbitral, tal y como fue establecido en 1897, había previsto que la decisión debería basarse sobre los principios de derecho y en particular sobre el principio del uti possidetis juris de 1810"*[719].

A pesar de los términos establecidos en el Tratado de Washington y como lo confirmó el informe *"la decisión del Tribunal arbitral no tuvo en cuenta ni el principio del uti possidetis juris ni la estipulación contenida en la regla a) del Art. IV, y, aun en la interpretación más favorable para la Gran Bretaña, el Tribunal se excedió en sus poderes, ya que no expuso las razones por las cuales atribuyó a ese país el dominio sobre ese territorio durante los cincuenta años anteriores a la sentencia, siendo lo único cierto que esos territorios, antes de 1810, pertenecían a la Capitanía General de Venezuela, futuro Estado independiente"*[720].

Además, el Laudo Arbitral de París incurrió en el vicio de *ultra petita* desde que *"el Tribunal arbitral fue mucho más allá de sus facultades al decidir y regular una cuestión cuyo examen no había sido previsto en el compromiso arbitral; es decir, decidió y reglamentó la libre navegación de los ríos Barima y Amacuro"*[721].

Ojer y González ratificaron en su investigación que el Laudo Arbitral de París tuvo otro vicio que *"consiste en no haber sido una decisión de derecho, conforme a lo pactado sino un compromiso"*[722]. Así lo reconocen la prensa americana y europea; los miembros del tribunal arbitral de París y los abogados de las partes[723].

---

[718] *Ibíd.*, p. 14.
[719] *Ídem.*
[720] *Ibíd.*, p. 16.
[721] *Ídem.*
[722] *Ibid.*, p. 17.
[723] *Ídem.*

Los documentos revisados por Ojer y González en los archivos británicos indicaron que *"el laudo fue un compromiso obtenido por extorsión"*,[724] con la naturaleza de un negocio político. Varias declaraciones coinciden en esta conclusión, entre ellas, las de Severo Mallet-Prevost; George Buchanan; Perry Allen; Sir Richard Webster; Lord Russell; José María Rojas; José Andrade; L. de la Chanonie; Georges A. Pariset; Caroline Harrison; Charles Alexander Harris; A. L. Mason y R.J. Block[725].

Ojer y González coincidieron con la opinión de varios expertos en materia de arbitraje internacional entre Estados en que: *"los autores y la práctica del derecho internacional admiten en general la nulidad de las sentencias en dos casos: en el de la incompetencia del juez (ausencia de un compromiso o de un tratado de arbitraje válido), o en el caso del exceso de poder (extensión de la decisión sobre materias que no estaban incluidas en la convención arbitral o judicial, o aplicación de reglas como las de la equidad, por ejemplo, que habían sido explícita o implícitamente excluidas por las partes)"*[726].

En cuanto a la ejecución del Laudo Arbitral de París, Ojer y González insistieron en que *"si Venezuela concurrió con Gran Bretaña en la demarcación de la llamada frontera del laudo, fue por la tremenda presión de las circunstancias, por evitarse mayores males"*[727]. Además señalaron que la participación de la comisión venezolana en la demarcación era de carácter estrictamente técnico y *"no implicaban el asentimiento a la supuesta sentencia del Tribunal de Arbitraje"*[728].

Venezuela protestó el Laudo Arbitral de París desde que fue dictado. Los expertos afirman en su informe que la primera reclamación oficial ante el Laudo Arbitral de París la formuló José María Rojas quien fue el único abogado venezolano que formó parte del equipo de defensa del país durante el arbitraje de París. El 4 de octubre de 1899, una vez dictado el Laudo Arbitral de París, criticó severamente la decisión señalando que se trataba de una decisión irrisoria y una manifiesta injusticia[729]. El Presidente Ignacio Andrade también criticó el Laudo Arbitral

---

[724] *Ídem.*
[725] *Ídem.*
[726] *Ibid.*, p. 16.
[727] *Ibíd.*, p. 22.
[728] *Ídem.*
[729] *Ibíd.*, p. 21.

de París e indicó que la decisión *"sólo había restituido a Venezuela una parte de su territorio usurpado"*[730].

La prensa venezolana reaccionó inmediatamente criticando el Laudo Arbitral de París. En efecto, los expertos Ojer y González reportaron en su informe que el 17 de octubre de 1899 el diario El Tiempo denunció la decisión arbitral[731].

En una nota del 4 de diciembre de 1899, el Ministro Británico en Caracas para ese momento, *"expuso su criterio acerca de la justicia del llamado laudo"*[732]. Ante esta situación, el Ministro de Relaciones Exteriores de Venezuela respondió algunos días después e indicó que podía refutar los argumentos del Ministro Británico en Caracas[733]. En atención a ello, el Ministerio de Relaciones Exteriores *"llegó a la conclusión de que la decisión arbitral contenía tales vicios que le autorizaban a invocar su invalidez. Decidió no denunciarla por no poder enfrentarse a la formidable potencia de su adversario, pues ya no contaba con el apoyo de los Estados Unidos, que habían venido a una entente con el Reino Unido"*[734].

El acercamiento entre los Estados Unidos de América y el Reino Unido durante el arbitraje de París se hizo más evidente con las palabras de la prensa inglesa un día después de dictarse el Laudo Arbitral de París que decían lo siguiente: *"No dudamos que los Estados Unidos obliguen a Venezuela a aceptar el veredicto y que actuarán adecuadamente en caso de que se presenten problemas con respecto al cumplimiento de la decisión"*[735].

La reclamación venezolana por el territorio Esequibo en algunos momentos de nuestra historia no pudo ser planteada con toda la fuerza que merecía, pero esto tuvo sus razones. En efecto, señala el informe, *"la situación interna e internacional de Venezuela en la primera mitad del siglo XX la forzaron a posponer la denuncia del laudo. Pero la prensa, los autores venezolanos, los maestros venezolanos, ininterrum-*

---

[730] *Ídem.*
[731] *Ídem.*
[732] *Ídem.*
[733] *Ídem.*
[734] *Ídem.*
[735] *Ídem.*

pidamente enseñaron a las sucesivas generaciones que la frontera del laudo no correspondía a los legítimos derechos de Venezuela"[736].

El 5 de diciembre de 1899 el Ministro Británico en Caracas envió una nota al gobierno del Reino Unido donde indicó que Venezuela tenía intenciones de postergar la demarcación de la frontera establecida en el Laudo Arbitral de París[737].

Según Ojer y González *"en julio de 1900 el Ministro británico notificó al Gobierno de Venezuela que si antes del 3 de octubre no enviaba la Comisión, procedería Gran Bretaña sola a iniciar la demarcación. El 8 de octubre el mismo Ministro notificaba a la Cancillería venezolana que el Gobernador de Guayana Británica había sido instruido para que comenzara los trabajos de demarcación. El día 19 ya habían levantado los Comisarios británicos el hito de Punta Playa. Venezuela, ante esta presión manifiesta, no tuvo otra alternativa que la de proceder al envío de la Comisión demarcadora"*[738].

Según relata el informe, Venezuela desde 1915 hasta 1917 *"insistió en vano ante la Gran Bretaña para rehacer la demarcación de algunos sectores de la frontera, el Gobierno británico se resistió a ello apoyándose en las dolorosas circunstancias bélicas por las que atravesaba su país"*[739]. Venezuela tuvo que aguardar por mejores condiciones para reclamar con toda la fuerza que exigía una injusticia de aquella magnitud, pero la posición de rechazo hacia el Laudo Arbitral de París había sido fijada desde el 4 de octubre de 1899.

Durante el siglo XX en múltiples ocasiones se insistió en la necesidad de reparar la grave injusticia sufrida por Venezuela como consecuencia del Laudo Arbitral de París. Entre ellas, Ojer y González señalan las siguientes:

i. En 1944, el Embajador de Venezuela en Washington, Diógenes Escalante, *"invocando el nuevo espíritu de equidad entre las naciones, exigió en 1944 la reparación amistosa de la injusticia cometida por el laudo"*[740].

---

[736] *Ibíd.*, p. 22.
[737] *Ibíd.*, p. 21
[738] *Ídem.*
[739] *Ibíd.*, p. 22.
[740] *Ibíd.*, p. 23.

ii. El 30 de junio de 1944, durante la sesión de la Cámara de Diputados del Congreso de Venezuela el diputado José A. Marturet *"ratificó la tradicional posición de Venezuela ante el laudo, exigiendo **la revisión de sus fronteras con la Guayana inglesa**"*[741]. (Resaltado añadido).

iii. El 17 de julio de 1944, el presidente del Congreso de Venezuela, Manuel Egaña, durante la sesión de clausura de ese órgano legislativo, se pronunció en respaldo de la posición del ejecutivo y dijo: *"Y aquí quiero recoger y confirmar el anhelo de revisión, planteado ante el mundo y en presencia del ciudadano Presidente de la República por el Embajador Escalante y ante este Congreso, categóricamente, por el Diputado Marturet; quiero recoger y confirmar, repito, el anhelo de revisión de la sentencia por la cual el imperialismo inglés nos despojó de una gran parte de nuestra Guayana"*[742].

iv. El 18 de julio de 1944, las declaraciones de prensa de los miembros de las Comisiones Permanentes de Relaciones Exteriores de las Cámaras Legislativas, *"quienes representaban a diferentes partidos políticos, se manifestaron también sobre la necesidad de revisar el laudo de 1899"*[743].

v. El 30 de marzo de 1948 Rómulo Betancourt, quien encabezó la delegación de Venezuela que asistió a la IX Conferencia Internacional Americana, expresó que *"Al propugnar el principio de autodeterminación de los pueblos coloniales para decidir acerca de su propio destino no negamos en forma alguna el derecho de ciertas naciones de América a obtener determinadas porciones de territorio hemisférico que en justicia les pueda corresponder, ni renunciamos a lo que los venezolanos, llegado el caso de una serena y cordial revalorización histórica y geográfica de lo americano, pudieran hacer valer en pro de sus aspiraciones territoriales sobre zonas hoy en tutelaje colonial y que antes estuvieron dentro de nuestro propio ámbito"*[744].

---

[741] *Ídem.*
[742] *Ídem.*
[743] *Ídem.*
[744] *Ibíd.*, pp. 23-24.

vi. En 1949 se publicó el Memorándum de Severo Mallet-Prevost *"que reveló las intimidades de la farsa de París"*[745]. Lo que ocasionó que los historiadores venezolanos, bajo las instrucciones del Ministerio de Relaciones Exteriores de Venezuela, *"se apresuraron a buscar en los archivos británicos nuevos documentos que irían aclarando aún más los detalles de aquella farsa. Se había cumplido 50 años y por primera vez se podían estudiar esos documentos en los archivos públicos de Gran Bretaña"*[746].

vii. En 1951, durante el gobierno del Presidente Interino Germán Suárez Flamerich, el Ministro de Relaciones Exteriores de Venezuela, Luís Gómez Ruíz, durante la IV Reunión de Consulta de los Ministros de Relaciones Exteriores de los Países Americanos, exigió *"la rectificación equitativa de la injusticia cometida por el Tribunal de Arbitraje"*[747]. Por otra parte y durante ese mismo momento, el Encargado de la Cancillería, Rafael Gallegos Medina, declaró ante la prensa caraqueña que: *"La Cancillería nunca ha renunciado a esa justa aspiración de los venezolanos"*[748].

viii. En marzo de 1954 durante la X Conferencia Interamericana reunida en Caracas, el consultor jurídico del Ministerio de Relaciones Exteriores, Ramón Carmona, expresó lo siguiente *"De conformidad con lo que antecede, ninguna decisión que en materia de colonias se adopte en la presente Conferencia podrá menoscabar los derechos que a Venezuela corresponden por este respecto ni ser interpretada, en ningún caso, como una renuncia de los mismos"*[749].

ix. En febrero de 1956 el Ministro de Relaciones Exteriores de Venezuela, José Loreto Arismendi, *"ratificó la tradicional posición venezolana acerca de los límites con aquella colonia,*

---

[745] *Ibíd.*, p. 24.
[746] *Ídem.*
[747] *Ídem.*
[748] *Ídem.*
[749] *Ídem.*

en el sentido de que no sería afectada por ningún cambio de status que en ese territorio limítrofe se produjera"[750].

x. En marzo de 1960 el diplomático y diputado Rigoberto Henríquez Vera, en el seno la Cámara de Diputados del Congreso de la República y delante de una delegación parlamentaria del Reino Unido, señaló que: *"Un cambio de status en la Guayana Inglesa no podrá invalidar las justas aspiraciones de nuestro pueblo de que se reparen de manera equitativa, y mediante cordial entendimiento, los grandes perjuicios que sufrió la nación en virtud del injusto fallo de 1899, en el cual privaron peculiares circunstancias ocasionando a nuestro país la pérdida de más de sesenta mil millas cuadradas de su territorio"*[751].

xi. En febrero de 1962 el Embajador de Venezuela ante la ONU, Dr. Carlos Sosa Rodríguez, ratificó ante la Comisión de Administración Fiduciaria y Territorios no Autónomos de la ONU la posición sostenida por el Ministerio de Relaciones Exteriores de Venezuela según la cual un cambio de status de la colonia de la Guayana Británica no cambiaría la legítima aspiración venezolana de obtener justicia[752].

xii. Durante las sesiones de fecha 28 de marzo y 4 de abril de 1962 de la Cámara de Diputados del Congreso de Venezuela *"después de oír las intervenciones de los representantes de todos los partidos políticos en apoyo de la posición de la Cancillería venezolana sobre el laudo, aprobó el siguiente acuerdo: "Respaldar la política de Venezuela sobre el diferendo limítrofe entre la posesión inglesa y nuestro país en cuanto se refiere al territorio del cual fuimos despojados por el colonialismo; y, por otra parte, apoyar sin reservas la total independencia de la Guayana Inglesa y su incorporación al sistema democrático de vida"*[753].

xiii. El 12 de noviembre de 1962 Marcos Falcón Briceño, Ministro de Relaciones Exteriores de Venezuela, ratificó ante la 348°

---

[750] Ibíd., p. 25.
[751] Ídem.
[752] Ídem.
[753] Ibíd., p. 25.

Sesión del Comité Político Especial de la XVII Asamblea de las Naciones Unidas la posición del Embajador Carlos Sosa Rodríguez respecto de la reclamación e invocó la histórica postura venezolana de que el Laudo Arbitral de París es nulo[754].

Según en el informe, luego de las conversaciones entre los representantes del Reino Unido e Irlanda del Norte y Venezuela *"se produjo un acuerdo entre aquellos dos países, con la concurrencia del Gobierno de Guayana Británica, en el sentido de que los tres Gobiernos examinarían los documentos relativos a esta cuestión, y que informarían a las Naciones Unidas sobre los resultados de las conversaciones. Así lo declaró, con autorización de las partes interesadas, el Presidente del Comité Político Especial, señor Leopoldo Benítez (representante del Ecuador) el 16 de noviembre de 1962"*[755].

El mes de noviembre de 1963, después de que se llegara a algunos acuerdos mediante la vía diplomática *"se reunieron en Londres los Ministros de Relaciones Exteriores de Venezuela y del Reino Unido, Dr. Marcos Falcón Briceño y el honorable R. A. Butler, respectivamente"*[756].

El 5 de noviembre de 1963 el Ministro de Relaciones Exteriores de Venezuela, Marcos Falcón Briceño, *"presentó al Secretario de Asuntos Exteriores de Su Majestad Británica una Aide-Memoire sobre los puntos de vista de Venezuela sobre el litigio"*[757]. La conclusión de ese aide-memoire fue que: *"La verdad histórica y la justicia exigen que Venezuela reclame la total devolución del territorio del cual se ha visto desposeída"*[758]. En esa misma reunión, Ojer participó como exponente de la vertiente histórica de la reclamación venezolana sobre el territorio Esequibo, para el caso de que fuera necesario ampliar las explicaciones del Ministro de Relaciones Exteriores Marcos Falcón Briceño[759].

El informe tiene un valor adicional y es que, tal como indica la primera página: *"Cada una de las afirmaciones contenidas en este Informe están respaldadas por sus respectivos documentos, los cuales fueron presentados a Gran Bretaña en las conversaciones entre expertos,*

---

[754] *Ídem.*
[755] *Ibíd.*, p. 26.
[756] *Ídem.*
[757] *Ídem.*
[758] *Ídem.*
[759] Pablo Ojer Celigueta, ob. cit., p. 44.

durante las 15 sesiones que tuvieron lugar en Londres entre los meses de febrero y mayo del año 1964"[760].

El informe de Ojer y González es uno de los más contundentes elementos con los que cuenta Venezuela para demostrar la nulidad del Laudo Arbitral de París. Al referirse a este informe el Dr. Óscar García-Velutini recuerda que *"la primera conclusión que se formula en aquél es la de que Venezuela tuvo que aceptar el Tratado de Arbitraje de 1897 bajo presión indebida y engaño por parte de los Estados Unidos y de Gran Bretaña, los cuales negociaron las bases del compromiso con exclusión del gobierno venezolano en la última y decisiva fase de la negociación; y Venezuela, continúa el Informe, fue de tal manera preterida, que Estados Unidos de Norte América y Gran Bretaña acordaron desde el comienzo de la negociación que ningún jurista venezolano habría de formar parte del tribunal de arbitraje"*[761].

De manera que insistimos en nuestro rechazo contundente respecto del argumento (vii) de la República Cooperativa de Guyana según el cual Venezuela no recabó pruebas de los archivos que fueron abiertos a mediados del siglo XX, pues lo cierto es que existen abundantes pruebas que demuestran el carácter fraudulento del Laudo de París y su nulidad absoluta.

(iv) Réplica argumento (viii) de la República Cooperativa de Guyana en relación con la supuesta conducta de Venezuela de violar la soberanía de la República Cooperativa de Guyana y al argumento (ix) según el cual ese país se ha visto limitado en cuanto a su desarrollo económico mediante la obstrucción de las actividades de inversionistas en los territorios que le adjudicó el Laudo Arbitral de París

Estas pretensiones de la República Cooperativa de Guyana relativas a la violación de su soberanía deben ser categóricamente rechazadas. Debemos recordar que contrariamente a lo que ha indicado la República Cooperativa de Guyana, Venezuela ha apoyado consistentemente las iniciativas de Guyana desde que comenzaron las gestiones para obtener la independencia.

---

[760] Hermann González Oropeza y Pablo Ojer Celigueta, ob. cit., p. 1.
[761] Oscar García-Velutini, ob. cit., p. 17.

En ningún momento Venezuela ha violado la soberanía de la República Cooperativa de Guyana. Antes y por el contrario, la República Cooperativa de Guyana ha insistido en otorgar concesiones y efectuar labores de exploración en territorios que corresponden a la zona en reclamación e incluso en espacios que pertenecen indiscutiblemente a Venezuela.

Conviene recordar que el 22 de octubre de 2013, el Patrullero Oceánico de Vigilancia Armada Bolivariana de nombre "Yekuana" interceptó al buque panameño Teknik Perdana contratado por el gobierno de la República Cooperativa de Guyana y la empresa petrolera Anadarko Petroleum Corporation que se encontraba realizando labores de exploración sísmica en aguas venezolanas. La empresa petrolera Anadarko Petroleum Corporation *"confirmó que el buque había estado examinando el fondo del mar, en preparación para una posible exploración de petróleo"*[762].

El buque Teknik Perdana se encontraba navegando *"en espacio marítimo que corresponde a la Zona Económica Exclusiva de Venezuela por encima del acimut 70º (al RV 259º, a una velocidad de 7 nudos, en posición geográfica, latitud: 10º20'30"N y longitud: Ø57º30'Ø7"W)"*[763]. Este hecho fue objeto de un pronunciamiento de la Academia de Ciencias Políticas y Sociales de fecha 22 de octubre de 2013, el cual, entre otros aspectos, manifestó que: *"el Gobierno de Venezuela no puede contentarse con el acto aislado y plausible de la interceptación del buque Teknik Perdana, sino que además está obligado, constitucionalmente, a conminar al Gobierno de Guyana a revocar las concesiones otorgadas en zonas de la exclusiva soberanía de Venezuela, y a expresarle formalmente que Venezuela desconocerá cualquier acto jurídico y toda situación de hecho de cualquier país, que contradiga su soberanía sobre los espacios marítimos"*.

De manera que el buque Teknik Perdana no se encontraba efectuando labores de exploración en territorio guyanés como quiso hacerlo ver

---

[762] Daniel Pardo, "El barco que revive el reclamo venezolano sobre la Guayana Esequiba", en BBC News, publicado el 14 de octubre de 2013. Disponible en: https://www.bbc.com/mundo/noticias/2013/10/131014_venezuela_guyana_barco_disputa_dp.

[763] Carlos Ayala Corao, "Palabras del Académico Carlos Ayala Corao, en la apertura del décimo encuentro sobre la plataforma continental y la frontera marítima entre Guyana y Venezuela", Héctor Faúndez Ledesma y Rafael Badell Madrid (coords.), ob. cit., p. 562.

el gobierno de la República Cooperativa de Guyana; tampoco se trataba de espacios pertenecientes a la conocida zona en reclamación, sino que eran territorios exclusiva e indiscutiblemente pertenecientes a Venezuela. Como afirmó en su momento el Exembajador de Venezuela ante la ONU, Emilio Figueredo, "*la marina de guerra venezolana vio el barco en el delta del río Orinoco, en la plataforma continental venezolana, donde Venezuela tiene derechos soberanos sobre los recursos*"[764].

Debemos aclarar además que el incidente ocurrido con el buque panameño Teknik Perdana no ha sido el único atentado contra la soberanía de Venezuela. En el año 2018, el Patrullero Oceánico Kariña (O-14) de la Armada Nacional de Venezuela interceptó, de nuevo, dos buques contratados por la transnacional petrolera Exxon Mobil que efectuaban labores de exploración sísmica en espacios marinos pertenecientes a Venezuela.

Los buques interceptados por la Armada Nacional Bolivariana fueron identificados como el buque Ramform Tethys, abanderado de Bahamas, y el buque Delta Monarch, abanderado de Trinidad y Tobago. Ambos buques fueron interceptados en la proyección marítima del Delta del Orinoco, específicamente "*el Ramford Tethys se encontraba en las coordenadas Latitud 09° 17' 4"N y Longitud 058°15' 7" W, y el Delta Monarch en las coordenadas Latitud 09° 15' 0" y Longitud 058° 17' 3"W*"[765].

La empresa petrolera Exxon Mobil explicó en ese momento que contaba con el permiso de la República Cooperativa de Guyana para efectuar las labores de exploración sísmica. Sin embargo, esto no cambia en forma alguna el hecho de que se trataba de espacios correspondientes a la proyección marítima del Delta del Orinoco, territorio que es indudablemente venezolano.

El gobierno de Venezuela protestó estos hechos ante el Secretario General de Naciones Unidas y ante el gobierno de la República Coo-

---

[764] Daniel Pardo, "El barco que revive el reclamo venezolano sobre la Guayana Esequiba", en BBC News, publicado el 14 de octubre de 2013. Disponible en: https://www.bbc.com/mundo/noticias/2013/10/131014_venezuela_guyana_barco_disputa_dp.

[765] Victoria Korn, "Venezuela intercepta dos buques de la Exxon y acusa a Guyana de violar su soberanía", publicado en *Rebelión*, 26 de diciembre de 2018. Disponible en: https://rebelion.org/venezuela-intercepta-dos-buques-de-la-exxon-y-acusa-a-guyana-de-violar-su-soberania/.

perativa de Guyana e indicó que "*ante esta inaceptable violación a la soberanía nacional que, mucho más allá de la controversia territorial sobre la Guayana Esequiba, ha traspasado con esta inédita incursión todos los límites, al pretender disponer de espacios marítimos de la proyección del Delta Amacuro, de indudable soberanía venezolana*"[766].

Luego, en enero de 2021, la Armada Nacional de Venezuela detuvo a los buques Nady Nayera y Sea Wolf que se encontraban en aguas pertenecientes a la proyección marítima de Venezuela y consumaron el delito de pesca ilegal, motivo por el cual resultaron aprehendidos sus tripulantes.

La detención de los tripulantes de los buques Nady Nayera y Sea Wolf dio lugar a un comunicado del Ministerio de Relaciones Exteriores de Venezuela de fecha 26 de enero de 2021. El referido comunicado expresó lo siguiente:

> "*El Ministro del Poder Popular para Relaciones Exteriores desea informar que, el 25 de enero, el Ministro del Poder Popular para Relaciones Exteriores, Jorge Arreaza, sostuvo una videoconferencia con su homólogo, el Ministro de Relaciones Exteriores de la República Cooperativa de Guyana, Hugh Todd. En la reunión se abordó lo relativo a la legítima actividad de custodia por parte de la Armada Nacional Bolivariana.*
> *En esta videoconferencia, el Ministro del Poder Popular para Relaciones Exteriores le transmitió al Ministro guyanés las preocupaciones de Venezuela en torno al manejo que el Ministerio de Relaciones Exteriores y Cooperación Internacional de Guyana ha hecho sobre el caso, mostrándole incluso las pruebas y coordenadas de localización que demuestran que las embarcaciones desarrollaban actividades de pesca ilegal en aguas jurisdiccionales de la República Bolivariana de Venezuela.*
> *En el mismo espíritu, el Ministro Jorge Arreaza hizo entrega el día de hoy de una Nota de Protesta al Encargado de Negocios de la República Cooperativa de Guyana, Robert McKenzie, en rechazo a las difamaciones y acusaciones guyanesas tras la incursión no autorizada de estos barcos.*
> *La República Bolivariana de Venezuela ratifica su repudio a las falsas acusaciones y tergiversaciones proferidas por el Ministerio*

---

[766] *Ídem.*

de Relaciones Exteriores y Cooperación Internacional de Guyana, al considerar que no parten de la buena fe, al tiempo que califica como inadmisible la pretensión de Guyana de denominar dicho territorio como su "Zona Económica Exclusiva y plataforma continental". Venezuela continuará custodiando sus aguas jurisdiccionales en resguardo de su soberanía e integridad territorial.

Venezuela, apegada a los principios del Derecho Internacional, reafirma su disposición al diálogo sincero para atender de forma conjunta cualquier situación susceptible de afectar la paz y estabilidad regionales. En este sentido, reitera su interés en mantener relaciones de respeto, comunicación y cooperación con la República Cooperativa de Guyana"[767].

2.2.1.2. Contramemoria (Artículo 43 del Estatuto; Artículos 45 y 49 del Reglamento)

La contramemoria es, en el curso ordinario de un procedimiento ante la CIJ, el segundo acto procesal de la fase escrita, que contiene las defensas del Estado demandado ante las alegaciones del Estado demandante expresadas en su memoria.

Los alegatos de defensa del demandante, expresados en la contramemoria, contienen la exposición de hechos jurídicamente relevantes y el razonamiento jurídico mediante el cual el Estado demandado se resiste a la pretensión del Estado demandante. La norma fundamental que regula este acto procesal es el parágrafo segundo del artículo 43 del Estatuto que indica lo siguiente:

"El procedimiento escrito comprenderá la comunicación, a la Corte y a las partes, de memorias, contramemorias y, si necesario fuere, de réplicas, así como de toda pieza o documento en apoyo de las mismas".

El Reglamento, en el parágrafo primero del artículo 45, se refiere a la memoria y contramemoria en los procedimientos iniciados mediante solicitud de la siguiente manera: *"En un procedimiento incoado median-*

---

[767] MPPRE sostiene reunión telemática con Canciller de Guyana y entrega Nota de Protesta a Encargado de Negocios. Disponible en: http://www.presidencia.gob.ve/Site/Web/Principal/paginas/classMostrarEvento3.php?id_evento=17468.

te una solicitud, los alegatos escritos consistirán, por su orden, en una memoria del demandante y en una contra memoria del demandado"[768].

En cuanto al contenido de la contramemoria, el parágrafo segundo del artículo 49 del Reglamento indica que: *"2. La contra memoria contendrá: el reconocimiento o la negación de los hechos expuestos en la memoria; una exposición adicional de hechos, si procede; observaciones relativas a los fundamentos de derecho expuestos en la memoria; una exposición de fundamentos de derecho en respuesta; y las conclusiones"*[769].

2.2.2. Procedimientos incidentales

2.2.2.1. Medidas provisionales (Artículo 41 del Estatuto; Artículos 73 al 78 del Reglamento)

2.2.2.1.1. Consideraciones generales

El 6 de abril de 2023, la CIJ dictó sentencia por medio de la cual resolvió la excepción preliminar de inadmisibilidad de la demanda propuesta el 7 de junio de 2022 por la República Bolivariana de Venezuela, en el caso 171 de la CIJ relativo a la controversia entre la República Cooperativa de Guyana y la República Bolivariana de Venezuela sobre la nulidad o validez del Laudo Arbitral de París del 3 de octubre de 1899.

En esa decisión incidental, la CIJ, en primer lugar, declaró unánimemente admisible la excepción preliminar presentada por la República Bolivariana de Venezuela. Luego, con catorce votos a favor y el voto en contra del Juez ad hoc Sr. Philippe Couvreur, la declaró sin lugar, es decir, improcedente.

Finalmente, con catorce votos a favor y el voto en contra del Juez ad hoc Sr. Couvreur, la CIJ ratificó que es competente para decidir sobre el fondo de las reclamaciones de la República Cooperativa de Guyana, en la medida en que se encuentren dentro del ámbito del párrafo 138, subpárrafo 1, de la sentencia del 18 de diciembre de 2020, mediante la cual había ésta establecido su jurisdicción para conocer del caso.

---
[768] Véase Reglamento de la Corte Internacional de Justicia. Disponible en: https://www.icj-cij.org/public/files/rules-of-court//rules-of-court-es.pdf.
[769] *Ídem.*

La sentencia vino acompañada de cuatro declaraciones separadas y una denominada opinión parcialmente individual y parcialmente disidente. Las cuatro declaraciones separadas corresponden al juez indio Dalveer Bhandari, al juez jamaiquino Patrick Robinson, al juez japonés Yuji Iwasawa y al juez ad hoc alemán, designado por la República Cooperativa de Guyana Rüdiger Wolfrum. La opinión parcialmente individual y parcialmente disidente fue consignada por el juez ad hoc belga, designado por la República Bolivariana de Venezuela Philippe Couvreur.

El juicio ahora continúa y la CIJ ha determinado como fecha límite para que Venezuela presente su contra memoria el próximo 8 de abril del año 2024. Falta por ende un año para esta próxima actuación que es obviamente la más importante y en la cual debe Venezuela producir los argumentos de fondo en defensa de sus intereses territoriales.

Entre tanto Venezuela podría pensar en la conveniencia de solicitar a la CIJ que conceda medidas provisionales, de conformidad con lo dispuesto en el numeral 1 del artículo 41 del Estatuto y 73 y siguientes del Reglamento.

No escapa a mi atención que esta posibilidad podría considerarse una estrategia peligrosa, por cuanto la República Cooperativa de Guyana podría oponerse y, con o sin dicha oposición, la CIJ podría rechazar la referida solicitud de medidas provisionales y tenerse ello como una nueva derrota dentro de las estrategias procesales del caso.

Sin embargo, esa no es mi opinión. No creo que por temor a una decisión adversa deba renunciarse a ejercer esta defensa que es muy importante. Venezuela podría solicitar a la CIJ que conceda medidas provisionales con la finalidad de evitar los perjuicios causados en el territorio en reclamación y en el medio ambiente por la explotación de recursos naturales y, en concreto, podría Venezuela solicitar a la CIJ que ordene la paralización de las concesiones otorgadas por la República Cooperativa de Guyana en el territorio disputado y, en general, que se suspenda cualquier tipo de explotación o ejercicio de soberanía sobre el mismo. En respuesta a una solicitud de esa naturaleza, la CIJ tiene la facultad para dictar, si considera que las circunstancias así lo exigen, las medidas provisionales, generales o particulares, que estime pertinentes o adecuadas para resguardar los derechos que se invocan, hasta tanto sea dictada la sentencia definitiva.

Las medidas provisionales son providencias cautelares generales o específicas, precisamente provisionales, temporales y obligatorias, dictadas por la CIJ, de oficio o a petición de una de las partes, siempre que las circunstancias lo requieran con el objeto de preservar los derechos de las partes. Las medidas provisionales son *"aquellas acciones o abstenciones dispuestas por los jueces (y árbitros) internacionales prima facie competentes en un asunto, en caso de urgencia, con el fin de preservar los derechos de las partes contendientes o los bienes en litigio, así como la eficacia del propio proceso, incluyendo la protección de los medios de prueba y las personas a él vinculadas, o de impedir que se agrave o extienda la controversia, mientras esté pendiente la sentencia final o el proceso principal"*[770].

Las medidas provisionales son *"un incidente procesal por el cual la CIJ indica unas medidas de carácter preventivo que encuentran fundamento en el artículo 41.1 del Estatuto de la CIJ y cuyo objeto es la salvaguarda de los derechos sobre los que la corte deberá decidir en el procedimiento en causa. Por ello, han de dictarlas los tribunales que conocen del fondo de un asunto cuando a su juicio son objetivamente necesarias"*[771].

Las medidas provisionales sirven para preservar los derechos de las partes e incluso la eficacia del propio proceso. Tienen una especial importancia en el ámbito del derecho internacional. El desarrollo de *"...sistemas jurisdiccionales internacionales y comunitarios ha significado la recepción en estos sistemas del instituto de las medidas cautelares"*[772].

---

[770] Véase la conferencia dictada por Silvina González Napolitano, "Marco teórico y normativo de las medidas cautelares en la CIJ" en el evento *El caso Guyana con Venezuela y una eventual solicitud de medidas provisionales ante la CIJ* organizado por la Academia de Ciencias Políticas y Sociales en el marco del Ciclo de Coloquios sobre la controversia del Esequibo, celebrado en fecha 18 de noviembre de 2021. Disponible en: https://www.youtube.com/watch?v=dR58ycmkb50.

[771] Soledad García-Lozano, "La indicación de medidas cautelares por la Corte Internacional de Justicia: el asunto Breard. (Paraguay c. Estados Unidos)", *Themis*, número 40, Pontificia Universidad Católica del Perú, Lima, 2000. p. 281.

[772] Véase Héctor Gros Espiell, "Las medidas cautelares (provisionales) en los tribunales internacionales. El caso de la Corte Internacional de Justicia y el medio ambiente", *Anuario Hispano-Luso-Americano de derecho internacional*, número 18, Imprenta Hispano-arábiga, Granada, 2007. p. 949.

2.2.2.1.2. Tramite de las medidas provisionales

a. Estatuto de la Corte Internacional de Justicia

El Estatuto establece en el artículo 41 que la CIJ está facultada para dictar las medidas provisionales, generales o específicas, que considere necesarias a objeto de preservar los derechos respectivos de ambas partes en un caso, para evitar que se causen daños irreparables durante el curso del procedimiento, siempre que las circunstancias lo requieran. Es decir, la CIJ tiene el poder, de oficio o a instancia de parte, para dictar este tipo de medidas preventivas.

En efecto, el parágrafo primero del artículo 41 establece:

"La Corte tendrá facultad para indicar, si considera que las circunstancias así lo exigen, las medidas provisionales que deban tomarse para resguardar los derechos de cada una de las partes".

Esta norma permite a la CIJ dictar, de oficio o a instancia de las partes, medidas provisionales en cualquier momento durante el curso de un procedimiento, incluso antes de que se haya iniciado el proceso.

El artículo 41 del Estatuto establece también que las partes y el Consejo de Seguridad deben ser notificados inmediatamente de cualquier medida provisional otorgada por la CIJ.

El artículo 41 del Estatuto de la CIJ, cuando establece la posibilidad de que la CIJ otorgue medidas provisionales, no regula con detalle el procedimiento incidental de solicitud de tales medidas. Es el Reglamento de la CIJ, que es el conjunto de normas que gobiernan el funcionamiento de la Corte, el que establece de forma detallada todo el procedimiento incidental de medidas provisionales.

b. Reglamento de la Corte Internacional de Justicia

El procedimiento incidental de medidas provisionales ante la CIJ está establecido en la Sección D del Reglamento, concretamente en los artículos 73 al 78. Las normas contenidas en esta sección desarrollan el artículo 41 del Estatuto.

De acuerdo con el artículo 73 del Reglamento, cualquier parte puede solicitar a la CIJ por escrito medidas provisionales en cualquier momento durante el curso del procedimiento, siempre que la solicitud esté relacionada con el caso en cuestión. La solicitud debe especificar las razones, las posibles consecuencias si no se otorgan y las medidas solicitadas. Además, la Secretaría de la CIJ debe transmitir de inmediato una copia certificada a las demás partes involucradas en el caso.

La solicitud de medidas provisionales tiene prioridad sobre cualquier otro asunto, de acuerdo a lo dispuesto en el artículo 74 del Reglamento. Si la CIJ no está en sesión cuando se realiza la solicitud, ésta se convocará inmediatamente para proceder a tomar la respectiva decisión de manera urgente. Asimismo, se fijará la fecha para una audiencia que permita a las partes estar representadas y formular observaciones antes del cierre de las audiencias orales. Mientras tanto, el Presidente de la CIJ puede instar a las partes a actuar de manera que cualquier medida provisional otorgada por la CIJ surta los efectos correspondientes.

Los artículos 54 y 74 del Reglamento deben interpretarse de forma concordada. El artículo 54 establece las normas para la apertura de las sesiones orales de la CIJ y al respecto dispone que al fijar la fecha para la apertura de las sesiones orales, la CIJ debe tener en cuenta la prioridad requerida por el artículo 74 del Reglamento en relación con las solicitudes de medidas provisionales y cualquier otra circunstancia especial, incluida la urgencia de un caso en particular. De forma que los artículos 54 y 74 del Reglamento se complementan para garantizar que se tomen las medidas necesarias para proteger los derechos de las partes y que se lleve a cabo un proceso justo y equitativo.

En virtud del artículo 75 del Reglamento, la CIJ puede decidir de oficio, si las circunstancias del caso lo requieren, conceder medidas provisionales de cumplimiento obligatorio por alguna o todas las partes.

La CIJ puede otorgar las medidas provisionales requeridas por las partes o puede otorgar medidas provisionales total o parcialmente distintas de las solicitadas, teniendo en cuenta las circunstancias del caso y si llegara a negar alguna o todas las medidas provisionales solicitadas, ello no impide que la parte que la pidió formule una nueva solicitud basada en nuevos hechos o elementos distintos, tal y como lo permite el artículo 75, párrafo 3 del Reglamento.

De igual forma, a solicitud de una de las partes o de oficio, la CIJ puede revocar o modificar en cualquier momento, antes de la sentencia definitiva, cualquier decisión sobre medidas provisionales que hubiere otorgado si considera que algún cambio en la situación lo justifica. Cualquier solicitud de una de las partes que proponga la revocatoria o modificación de alguna medida provisional debe especificar el cambio en la situación que se considera relevante. Antes de tomar una decisión al respecto, la CIJ dará a las partes la oportunidad de presentar sus observaciones, todo ello de conformidad con el artículo 76 del Reglamento.

Según el artículo 77 del Reglamento, cualquier medida provisional otorgada por la CIJ en virtud de los artículos 73 y 75, así como cualquier decisión tomada por la CIJ en virtud del artículo 76, párrafo 1, se comunicará de inmediato al Secretario General de las Naciones Unidas para su transmisión al Consejo de Seguridad, de conformidad con el artículo 41, párrafo 2, del Estatuto.

Finalmente, el artículo 78 del Reglamento establece que la CIJ puede solicitar información a las partes sobre cualquier cuestión relacionada con la aplicación de las medidas provisionales que ha otorgado.

c. Requisitos para que la Corte Internacional de Justicia otorgue medidas provisionales

Para que la CIJ otorgue medidas provisionales deben concurrir tres requisitos esenciales. El primero de esos requisitos es que se haya verificado la competencia del órgano jurisdiccional, al menos *prima facie*; el segundo requisito es que haya quedado probada la relación que existe entre la medida provisional concreta que se solicita y los derechos afectados, que deben ser objeto de litigio; y en tercer lugar se debe probar que existe un riesgo que podría ser fatal e irreparable para los derechos de alguna de las partes.

2.2.2.1.3. Características

a. Provisionalidad y temporalidad

La provisionalidad es una característica fundamental y común de las medidas cautelares dictadas por la CIJ. Esto se debe a que estas medidas no son decisiones definitivas y no resuelven el fondo de la controversia entre las partes. Su propósito es preservar los derechos de las partes mientras se desarrolla el proceso ante la CIJ. De hecho, las medidas provisionales se otorgan mediante providencias y no bajo la forma de sentencias, que son precisamente las que resuelven definitivamente un asunto. Aunque tanto las sentencias como las medidas provisionales tienen carácter obligatorio.

Una vez que se emite una sentencia definitiva en la controversia, la medida provisional pierde su vigencia. Esto se debe a que la sentencia definitiva resuelve el fondo del caso y establece las obligaciones y derechos de las partes. En ese sentido, la sentencia definitiva genera el decaimiento de la medida provisional ya que ésta es la decisión final y vinculante en la controversia.

Las medidas provisionales son necesarias y útiles para garantizar que la justicia se imparta de manera eficaz. Muchos casos toman un tiempo considerable para resolverse y pueden pasar años antes de que se dicte la sentencia de fondo. Las medidas provisionales permiten a la CIJ tomar acciones inmediatas para proteger los derechos de las partes involucradas mientras se tramita el procedimiento, de esta manera se puede garantizar que no se produzcan daños irreversibles en tanto se sustancia el proceso y se dicta la decisión final.

Las medidas provisionales son importantes en casos en los que una decisión tardía puede tener consecuencias graves o irreparables. En el caso de que un Estado esté llevando a cabo conductas que causen daños a otro Estado, la CIJ podría otorgar medidas provisionales para detener esas conductas. Incluso, las medidas provisionales pueden tener un impacto significativo en el resultado final de un caso, sobre todo, en lo relacionado con la ejecución efectiva de la decisión final.

Además, las medidas provisionales tienen carácter temporal porque pueden ser modificadas o retiradas en cualquier momento si las circunstancias lo justifican. En efecto, el artículo 76 del Reglamento permite que las partes soliciten la revocatoria o modificación de las medidas provisionales en caso de que se produzca un cambio en las circunstancias.

Esta posibilidad da a las partes una mayor flexibilidad y les permite adaptarse a las particularidades cambiantes del asunto. La solicitud debe incluir información detallada sobre el cambio en la situación que se considera relevante, lo que ayuda a la Corte a evaluar si la modificación o revocatoria es justificada.

Sin duda, el artículo 76 del Reglamento refuerza el carácter temporal de las medidas cautelares al reconocer que estas medidas pueden ser modificadas o revocadas en cualquier momento antes de que se dicte una sentencia definitiva sobre el fondo del asunto.

b. Carácter preventivo o cautelar

La segunda característica de las medidas provisionales es su finalidad preventiva o cautelar que, precisamente, busca evitar daños y disminuir los peligros que pueden afectar negativamente los derechos de las partes. En los procedimientos ante la CIJ, la finalidad preventiva de las medidas provisionales puede consistir en evitar que la controversia se extienda más allá de los límites en que ha sido planteada originalmente.

El carácter cautelar de las medidas provisionales ayuda a prevenir que la controversia exceda los límites originalmente establecidos por las partes. Tengamos presente que la República Cooperativa de Guyana, mediante la explotación de recursos naturales, ha perturbado los derechos de Venezuela incluso en territorios que no son objeto de la disputa que se tramita en la CIJ, como es el caso de parte de la zona marítima correspondiente al estado Delta Amacuro. Esta situación permite afirmar la necesidad de medidas cautelares a fin de evitar que el conflicto exceda los límites originales. En efecto: *"De no dictarse medidas provisionales, el conflicto se agravará, extendiéndose a las consecuencias derivadas de la explotación de recursos naturales por la parte actora en este procedimiento judicial, y extendiéndose a espacios que originalmente no estaban en disputa, como es el caso de parte de la zona marítima correspondiente al estado Delta Amacuro"*[773].

c. Obligatoriedad

La tercera característica de las medidas provisionales es la obligatoriedad. Es decir, que las medidas provisionales tienen efecto vinculante. El carácter obligatorio de las medidas provisionales fue reconocido mediante el criterio jurisprudencial sostenido por la CIJ desde el año 2001 en el Caso *La Grand*[774] en el que se solicitaron medidas provisionales

---

[773] Véase Héctor Faúndez Ledesma, "Medidas cautelares en el caso Guyana c. Venezuela" artículo publicado en *El Nacional* en fecha 19 de noviembre de 2021. Disponible en: https://www.elnacional.com/opinion/medidas-cautelares-en-el-caso-guyana-c-venezuela/.

[774] Corte Internacional de Justicia, *La Grand Case (Germany v. United States of America)* de fecha de 27 de junio de 2001. Disponible en: https://www.icj-cij.org/public/files/case-

para proteger los derechos fundamentales de dos ciudadanos alemanes, entre ellos, el derecho a la vida.

Con la sentencia que resolvió el Caso *La Grand*, la CIJ sostuvo por primera vez el criterio según el cual las medidas provisionales otorgadas por ella *"tendrían el mismo carácter obligatorio, definitivo e inapelable de las sentencias"*[775], de conformidad con el artículo 94 de la Carta de Naciones Unidas (CNU), en concordancia con los artículos 59 y de 60 del Estatuto.

En el caso venezolano -como veremos adelante- se trata de los derechos de pueblos históricos, derechos ambientales y el sensible asunto de la soberanía e integridad territorial del Estado[766].

---

related/104/104-20010627-JUD-01-00-EN.pdf. El Caso La Grand fue una controversia surgida tras una demanda de Alemania y Estados Unidos por la detención, juicio y ejecución de pena de muerte de dos alemanes en detenidos por las autoridades del Estado de Arizona, violando el derecho de los detenidos a ser informados sobre sus derechos e ignorando la notificación diplomática y, en consecuencia, la protección diplomática prevista en el artículo 36 de la Convención de Viena sobre Relaciones Consulares de fecha 24 de abril de 1963. Disponible en: https://www.oas.org/legal/spanish/documentos/convvienaconsulares.htm. Artículo 36: *"Con el fin de facilitar el ejercicio de las funciones consulares relacionadas con los nacionales del Estado que envía: a) los funcionarios consulares podrán comunicarse libremente con los nacionales del Estado que envía y visitarlos. Los nacionales del Estado que envía deberán tener la misma libertad de comunicarse con los funcionarios consulares de ese Estado y de visitarlos; b) si el interesado lo solicita, las autoridades competentes del Estado receptor deberán informar sin retraso alguno a la oficina consular competente en ese Estado cuando, en su circunscripción, un nacional del Estado que envía sea arrestado de cualquier forma, detenido o puesto en prisión preventiva. Cualquier comunicación dirigida a la oficina consular por la persona arrestada, detenida o puesta en prisión preventiva, le será asimismo transmitida sin demora por dichas autoridades, las cuales habrán de informar sin dilación a la persona interesada acerca de los derechos que se le reconocen en este apartado; c) los funcionarios consulares tendrán derecho a visitar al nacional del Estado que envía que se halle arrestado, detenido o en prisión preventiva, a conversar con él y a organizar su defensa ante los tribunales. Asimismo, tendrán derecho a visitar a todo nacional del Estado que envía que, en su circunscripción, se halle arrestado, detenido o preso en cumplimiento de una sentencia. Sin embargo, los funcionarios consulares se abstendrán de intervenir en favor del nacional detenido, cuando éste se oponga expresamente a ello. 2. Las prerrogativas a las que se refiere el párrafo 1 de este artículo se ejercerán con arreglo a las leyes y reglamentos del Estado receptor, debiendo entenderse, sin embargo, que dichas leyes y reglamentos no impedirán que tengan pleno efecto los derechos reconocidos por este artículo".*

[775] Héctor Gros Espiell, "Las medidas cautelares (provisionales) en los tribunales internacionales. El caso de la Corte Internacional de Justicia y el medio ambiente", ob. cit., p. 952.

[776] Sobre la importancia de la adopción de medidas provisionales por la Corte Internacional de Justicia véase Soledad García Lozano, "La sentencia de la Corte Internacional de Justicia

2.2.2.1.4. Comité ad hoc de supervisión de medidas provisionales y su relación con la Carta de las Naciones Unidas

El 21 de diciembre de 2020, la CIJ anunció la adopción del nuevo artículo 11 de su Resolución de Práctica Judicial Interna. El nuevo texto prevé la creación de un comité ad hoc, compuesto por tres jueces, para asistir en el seguimiento de la implementación de medidas provisionales otorgadas por la CIJ.

El comité ad hoc tiene la tarea de examinar la información presentada por las partes, informarla a los miembros de la Corte, hacer recomendaciones y la CIJ decidirá sobre las pasos siguientes. Antes de la enmienda, el monitoreo del cumplimiento de las medidas provisionales se evaluaba mientras se decidían las reclamaciones por incumplimiento de una obligación derivada de las medidas provisionales. Por ejemplo, en el caso *LaGrand*, la CIJ observó, a petición de Alemania, que los Estados Unidos de América no había tomado todas las medidas que podría haber implementado para dar efecto a las medidas provisionales. En el caso del Genocidio de Bosnia, la CIJ afirmó que desde la orden inicial, no se había hecho todo lo posible para prevenir el genocidio y, en consecuencia, el agravamiento de la disputa.

En aquel momento no estaba claro de qué manera la CIJ podía tomar medidas adicionales para supervisar o dar efecto a sus medidas provisionales mientras los procedimientos estaban en curso. La implementación de este mecanismo a partir del año 2020 no resuelve esta duda si sobre si la CIJ tiene un poder inherente para imponer su cumplimiento.

El artículo 94 de la CNU crea una obligación para que los Estados miembros cumplan con las decisiones de la CIJ y, al mismo tiempo, faculta al Consejo de Seguridad para que formule recomendaciones o adopte medidas para dar efecto a las sentencias. Por lo que entonces queda abierta la cuestión de si el Consejo de Seguridad puede

---

del 27 de junio de 2001 en el caso La Grand", *Boletín mexicano de derecho comparado*, número 109, Universidad Nacional Autónoma de México, Ciudad de México, 2004. pp. 240-241.

hacer lo propio con decisiones que no tienen formalmente carácter de sentencia[777].

La práctica de la CIJ y el Consejo de Seguridad parece indicar que los poderes de la CIJ están referidos a la verificación del cumplimiento, en la fase de mérito, de una obligación derivada de una decisión sobre medidas provisionales. En el caso *Avena and other mexican nationals* (México c. Estados Unidos de América), la CIJ sostuvo que su competencia para interpretar sentencias *"necesariamente implica la jurisdicción incidental"* para tratar presuntas violaciones de providencias de medidas provisionales[778].

2.2.2.1.5. Las medidas provisionales en la jurisprudencia de la Corte Internacional de Justicia

a. El precedente de la Corte Permanente de Justicia Internacional

Las medidas provisionales fueron otorgadas por primera vez por la Corte Permanente de Justicia Internacional (CPJI) en su providencia de 5 de diciembre de 1939, dictada en el caso *Electricity Company of Sofia and Bulgaria*. La CPJI incluyó en su providencia una medida que obligaba a Bulgaria a *"asegurarse de que no se tomen medidas de ningún tipo capaces de agravar o extender la disputa presentada ante el Tribunal"*[779]. Sin embargo, la providencia no ofrecía una explicación clara sobre las razones que llevaron a la CPJI a otorgar esta medida y la CPJI no aclaró si consideraba que el poder para otorgar medidas provisionales de carácter general era simplemente complementario al poder para otorgar medidas destinadas a evitar un perjuicio irreparable

---

[777] Paola Patarroyo, "Monitoring provisional measures at the International Court of Justice: the recent amendment to the Internal Judicial Practice", *EJIL:Talk! Blog of the European Journal of International Law*, 2021. Disponible en https://www.ejiltalk.org/monitoring-provisional-measures-at-the-international-court-of-justice-the-recent-amendment-to-the-internal-judicial-practice/.

[778] *Ídem*.

[779] Paolo Palchetti, "The ICJ and provisional measures to prevent the aggravation of a dispute", *Leiden Journal of International Law*, número 21, 2008, p. 624. Disponible en https://u-pad.unimc.it/retrieve/de3e5026-5492-83cd-e053-3a05fe0a1d44/LJLarticolo.pdf.

a los derechos de las partes, esto es, medidas provisionales de carácter específico[780].

Recordemos que la CPJI y CIJ son dos órganos jurisdiccionales internacionales que tienen conexión histórica y jurídica. La CPJI, establecida en 1922 como parte del Tratado de Versalles, fue la primera Corte Permanente Internacional creada para resolver disputas entre Estados. Después de la Segunda Guerra Mundial, esta Corte se convirtió en la CIJ bajo la Carta de las Naciones Unidas de 1945.

La CIJ ha seguido la jurisprudencia establecida por la CPJI en muchos aspectos, incluyendo la interpretación de tratados y acuerdos internacionales y la aplicación del derecho internacional consuetudinario. El reconocimiento explícito de la continuidad de la jurisprudencia de la CPJI se ha manifestado en varias decisiones de la CIJ, incluyendo el caso de la *Competencia de las Naciones Unidas en Asuntos de Apartheid* (1962) y el caso de la *Plataforma Continental del Mar del Norte* (1969).

b. Primera etapa de la jurisprudencia de la Corte Internacional de Justicia

Durante la primera etapa de su jurisprudencia, la CIJ otorgó con frecuencia medidas de carácter general. En muchos casos, la CIJ incluyó en las partes dispositivas de sus providencias que se otorgaban decisiones provisionales relacionadas con el deber de las partes de *"asegurarse de que no se tomen medidas de ningún tipo que puedan agravar o extender la disputa presentada ante el Tribunal"*[781]. Sin embargo, esas dispositivas parecían ser modelos estándar que simplemente complementaban medidas más específicas.

Entre las circunstancias que se tuvieron en cuenta para justificar la decisión de conceder protección provisional, las providencias de la CIJ no se referían a la cuestión del agravamiento de la disputa. El enfoque principal estaba en la preservación de los derechos vinculados con el objeto del litigio. En consecuencia, el otorgamiento de medidas provisionales por la CIJ estaba condicionado a requisitos específicos,

---

[780] *Ídem.*
[781] Cfr. *Ídem.*

es decir, la urgencia y el riesgo de daño irreparable a los derechos en cuestión en el caso principal.

En el caso de la *Plataforma Continental del mar Egeo*, se planteó la cuestión de si la CIJ tenía el poder de otorgar medidas provisionales con el único propósito de evitar la extensión o agravamiento de una disputa. Sin embargo, la CIJ no consideró necesario examinar este asunto, ya que excluyó la posibilidad de que en ese caso hubiera un riesgo real de agravamiento de la disputa.

En ese caso, la CIJ estuvo encargada de resolver la disputa de la delimitación fronteriza entre Burkina Faso y la República de Mali. Ambas partes solicitaron medidas provisionales con ocasión de acciones armadas en la zona en disputa. En su providencia de fecha 10 de enero de 1986, la CIJ sostuvo que, al margen de las solicitudes presentadas por las partes, la CIJ posee en virtud del artículo 41 del Estatuto el poder de otorgar medidas provisionales con el fin de prevenir el agravamiento o la extensión del conflicto cuando lo considere necesario.

La intención de la CIJ era destacar la importancia de la cuestión del agravamiento de un conflicto como circunstancia que podría justificar el otorgamiento de medidas provisionales. La primera medida de carácter general otorgada ordenó a ambas partes no tomar cualquier tipo de conductas que pudieran agravar o extender la disputa. La posición adoptada por la CIJ en ese caso fue ratificada posteriormente en el caso de la *Disputa de Límites Terrestres y Marítimos entre Camerún y Nigeria*, así como en el caso de las *Actividades Armadas en el Territorio del Congo*.

c. Caso La Grand

El Caso *LaGrand*, que comentamos al referirnos al carácter obligatorio de las medidas provisionales otorgadas por la CIJ, se refiere a una disputa entre Estados Unidos de América y Alemania ante la CIJ en 1999. Los hermanos alemanes LaGrand habían sido condenados a muerte por un tribunal estadounidense debido a su implicación en un asalto a mano armada en un banco que resultó en la muerte de dos empleados. La defensa de los hermanos argumentó que no se les había proporcionado la asistencia consular requerida por el artículo 36 de la Convención de Viena sobre Relaciones Consulares. El gobierno alemán presentó una demanda ante la CIJ alegando que los Estados Unidos de América habían violado sus obligaciones consulares.

La CIJ ordenó a los Estados Unidos de América que suspendieran las ejecuciones de los hermanos LaGrand hasta que la CIJ pudiera examinar el fondo del caso. Sin embargo, Estados Unidos rechazó la obligatoriedad de la medida provisional y se procedió a ejecutar a los hermanos. Alemania presentó una nueva demanda ante la CIJ acusando a los Estados Unidos de América de violar la obligatoriedad de la medida provisional otorgada por la CIJ.

La CIJ emitió su fallo en 2001, en el cual determinó que Estados Unidos violó sus obligaciones internacionales al no cumplir con la medida provisional otorgada por la CIJ. Adicionalmente, la CIJ señaló que las medidas provisionales son obligatorias y vinculantes para todas las partes en un caso y que las partes tienen la obligación de cumplir con ellas mientras se resuelve el fondo del caso.

La decisión de la CIJ en el caso *LaGrand* sentó un importante precedente en el derecho internacional, al afirmar la obligatoriedad de las medidas provisionales dictadas por la CIJ. Esto significa que las partes en un caso ante la CIJ tienen la obligación de cumplir con cualquier medida provisional otorgada por la CIJ y que pueden ser responsabilizadas por su incumplimiento.

d. Medidas provisionales de carácter general y medidas provisionales de carácter específico

Las medidas provisionales pueden ser de carácter general o de carácter específico. Las medidas provisionales generales son aquellas que tienen por objeto evitar el agravamiento de la controversia manteniendo la situación en un *status* quo. Por otra parte, las medidas provisionales de carácter específico son las que tienen por objeto tutelar y preservar derechos concretos de las partes que son objeto de litigio.

Surge la duda respecto a si la CIJ puede ejercer su facultad de otorgar medidas provisionales para prevenir el agravamiento de la disputa en los casos en que una parte realiza conductas que aumentan la tensión de la controversia, pero que sin embargo no constituyen una amenaza para los derechos de la otra parte. Esto es, si la CIJ puede otorgar medidas provisionales de carácter general en los casos en que no existen fundamentos suficientes para otorgar medidas provisionales de carácter específico.

La jurisprudencia de la CIJ ha establecido que las medidas provisionales de carácter general no pueden ser otorgadas individualmente, sino en conjunto con medidas provisionales de carácter específico. Un ejemplo es el caso sobre la *Aplicación de la Convención Internacional sobre la Eliminación de Todas las Formas de Discriminación Racial* (Qatar c. Emiratos Árabes Unidos)[782]. En ese caso, las medidas provisionales tercera y cuarta solicitadas por los Emiratos Árabes Unidos tenían la finalidad de impedir el agravamiento de la controversia mediante una medida provisional de carácter general. Las medidas provisionales de carácter específico solicitadas en ese caso fueron declaradas sin lugar y, en consecuencia, también lo fueron las medidas provisionales de carácter general.

A pesar de que la CIJ ha admitido que tiene la facultad de otorgar medidas de carácter general, independientemente de las solicitudes de medidas de carácter específico, nunca ha basado el otorgamiento de medidas provisionales únicamente en la necesidad de prevenir el agravamiento de la controversia. Antes y por el contrario, la CIJ siempre ha requerido la existencia de un riesgo de daño irreparable a los derechos que son objeto del conflicto.

En el caso *Pulp Mills on the River Uruguay* (Uruguay c. Argentina), Uruguay solicitó a la CIJ tres medidas provisionales diferentes. La primera medida solicitada era específica y exigía que Argentina tomara todas las medidas a su disposición para evitar o poner fin a la interrupción del tránsito entre Uruguay y Argentina. Las otras dos medidas eran generales y requerían que Argentina se abstuviera de tomar cualquier medida que pudiera agravar la disputa y que se abstuviera de cualquier otra medida que pudiera perjudicar los derechos de Uruguay en el caso.

La CIJ, mediante providencia dictada el 23 de enero de 2007 durante la tramitación del procedimiento del caso *Pulp Mills on the River*

---

[782] Corte Internacional de Justicia, "Providencia de fecha 14 de junio de 2019 en el caso contencioso relativo a la Aplicación de la Convención Internacional sobre la Eliminación de Todas las Formas de Discriminación Racial (Qatar c. Emiratos Árabes Unidos) relativa a la solicitud de indicación de medidas provisionales de parte de los Emiratos Árabes Unidos". Disponible en: https://www.icj-cij.org/public/files/case-related/172/172-20190614-ORD-01-00-EN.pdf.

Uruguay, rechazó la primera medida de carácter específico porque consideró que no existía un riesgo de perjuicio irreparable para los derechos de Uruguay objeto de litigio.

Con respecto a la segunda y tercera medida solicitada por Uruguay, la CIJ señaló que en todos los casos en que había otorgado medidas provisionales de carácter general, también se habían otorgado otras medidas de carácter específico. Por lo tanto, al no haber aceptado la primera medida provisional solicitada por Uruguay, no podía otorgar medidas de carácter general[783].

2.2.2.1.6. Las medidas provisionales como estrategia procesal de la República Bolivariana de Venezuela en el caso 171 de la Corte Internacional de Justicia

Como dijimos antes, Venezuela podría pensar en la conveniencia de solicitar a la CIJ que conceda medidas provisionales, específicas y generales, de conformidad con lo dispuesto en el numeral 1 del artículo 41 del Estatuto y 73 y siguientes del Reglamento.

Algunas personas han señalado que esto podría ser una estrategia errada, pues en caso de que fuere declarada sin lugar por la CIJ, ello podría tenerse como una importante derrota para Venezuela. Particularmente consideramos que por temor a una decisión adversa no debemos renunciar a ejercer esta defensa que de ser exitosa podría tener extraordinarios resultados inmediatos para el país.

La República Bolivariana de Venezuela podría solicitar a la CIJ que otorgue medidas provisionales de carácter específico con la finalidad de paralizar las concesiones de la República Cooperativa de Guyana en el territorio disputado, a objeto de evitar los perjuicios causados en el territorio por la explotación de recursos naturales. Ciertamente, la explotación petrolera realizada por empresas trasnacionales mediante concesiones otorgadas por la República Cooperativa de Guyana ha causado, y sigue generando, graves daños al medio ambiente. Al respecto Faúndez Ledesma afirma:

---

[783] Cfr. Paolo Palchetti, ob. cit., p. 635.

"Las medidas requeridas no tienen el propósito de evitar un riesgo inminente, sino evitar un daño muy concreto que se está produciendo en este momento, y que se viene causando por lo menos desde 1965, cuando Gran Bretaña le otorgó concesiones a una empresa canadiense para explotar un campo petrolero en el distrito de Rupununi; luego, en 2009, se otorgó concesiones a Shell y Exxon para la explotación en el denominado bloque Stabroek, en el que -más allá de líneas ideológicas- también tiene participación la china Cnooc"[784].

Además, las medidas provisionales pueden servir para garantizar la protección de derechos humanos que están siendo vulnerados como consecuencia de la conducta de una de las partes en litigio. Es el caso de los pueblos indígenas que han resultado gravemente afectados por la explotación petrolera. Lo más grave es que algunas de las actividades de explotación desarrolladas por la República Cooperativa de Guyana no cuentan con la aprobación de la Agencia de Protección Ambiental de la República Cooperativa de Guyana.

Debe tenerse en cuenta la Declaración de la ONU sobre los Derechos de los Pueblos Indígenas aprobada en sesión plenaria de la Asamblea General de la ONU en fecha 13 de septiembre de 2007. En especial, conviene citar lo dispuesto por el artículo 29:

"1. Los pueblos indígenas tienen derecho a la conservación y protección del medio ambiente y de la capacidad productiva de sus tierras o territorios y recursos. Los Estados deberán establecer y ejecutar programas de asistencia a los pueblos indígenas para asegurar esa conservación y protección, sin discriminación.
2. Los Estados adoptarán medidas eficaces para asegurar que no se almacenen ni eliminen materiales peligrosos en las tierras o territorios de los pueblos indígenas sin su consentimiento libre, previo e informado.
3. Los Estados también adoptarán medidas eficaces para asegurar, según sea necesario, que se apliquen debidamente programas de control, mantenimiento y restablecimiento de la salud de

---

[784] Véase Héctor Faúndez Ledesma, "Medidas cautelares en el caso Guyana c. Venezuela" artículo publicado en *El Nacional* en fecha 19 de noviembre de 2021. Disponible en: https://www.elnacional.com/opinion/medidas-cautelares-en-el-caso-guyana-c-venezuela/

los pueblos indígenas afectados por esos materiales, programas que serán elaborados y ejecutados por esos pueblos"[785].

Téngase en cuenta también que el Consejo de Derechos Humanos de la ONU en fecha de 8 de octubre de 2021 decidió que el *"medio ambiente limpio, saludable y sostenible es un derecho humano y exhortó a todos los Estados a trabajar juntos, en conjunto con otros actores, para implementarlo"*[786]. Esta resolución fue aprobada por un total de 43 votos a favor y 4 abstenciones[787]. Igualmente se dijo que la Asamblea General de la ONU discutiría pronto el tema para analizar la posibilidad de dictar una decisión semejante.

El derecho ambiental es particularmente relevante en este caso. Es fundamental la incidencia de la protección del medio ambiente a través de mecanismos de derecho internacional. Conviene recordar que en materia de derecho ambiental rige el principio precautorio. En este sentido, Blanco-Uribe Quintero afirma, refiriéndose al derecho ambiental, que *"como toda rama del Derecho, ella actúa curativamente, pero su gran especialidad radica en su carácter primordialmente preventivo, dada la condición muchas veces irreversible de los daños ambientales y la índole extracomercial de muchos de los bienes ambientales"*[788].

Ya se han causado daños severos e irreparables en el territorio controvertido. Queda en manos de la CIJ, bajo su buen criterio, determinar la necesidad de que se evite la profundización de las innegables consecuencias negativas de la actividad de la República Cooperativa de Guyana, en aras de la protección de los derechos ambientales.

Estos elementos, de relevancia central en el caso de la controversia limítrofe entre la República Bolivariana de Venezuela y la República

---

[785] Declaración de las Naciones Unidas sobre los Derechos de los Pueblos Indígenas aprobada en sesión plenaria de la Asamblea General de las Naciones Unidas en fecha 13 de septiembre de 2007. Disponible en: https://www.un.org/esa/socdev/unpfii/documents/DRIPS_es.pdf.

[786] Organización de Naciones Unidas, "El Consejo de Derechos Humanos declara que tener un medio ambiente limpio y saludable es un derecho humano" apartado de Noticias ONU, publicado el 8 de octubre de 2021. Disponible en: https://news.un.org/es/story/2021/10/1498132.

[787] Ídem. Las abstenciones fueron de Rusia, China, India y Japón.

[788] Alberto Blanco-Uribe Quintero, *La protección del ambiente y el contencioso administrativo*, Editorial Sherwood, colección cuadernos, Caracas, 1998. p. 17.

Cooperativa de Guyana deben ser considerados por la CIJ quien, si dicta medidas provisionales para salvaguardar los derechos de Venezuela, estaría -por vía de consecuencia- protegiendo bienes jurídicos esenciales para la humanidad, como son el medio ambiente y los pueblos indígenas que *"están ubicados en el más bajo estrato social dentro de Guyana en el que apenas son considerados seres humanos"*[789].

No sería la primera vez que la CIJ, mediante el otorgamiento de medidas provisionales, protege los derechos e intereses de las partes en conflicto. La puesta en peligro de derechos fundamentales como el derecho a la vida ha servido en el pasado como base para que este órgano jurisdiccional conceda medidas provisionales[790].

Con las actividades de explotación de recursos naturales y las serias afectaciones que ellas implican se está perjudicando el derecho de Venezuela sobre el territorio controvertido, desmejorando su condición, produciendo daños irreparables y, además, dificultando el eventual ejercicio de soberanía de nuestra República en aquellos dominios de resultar vencedores en el litigio.

Todos estos elementos desfavorables y perjudiciales a los derechos de Venezuela sobre el territorio reclamado se agravan aún más por la falta de control de las autoridades guyanesas en los 159.500 km2 objeto de la controversia. Estos problemas de gobernabilidad se traducen en la proliferación de actividades como minería ilegal, trata de personas, tráfico de drogas, contrabando y crimen organizado[791].

---

[789] Claudio Briceño Monzón, José Alberto Olivar y Luis Alberto Buttó (coords.), *La cuestión Esequibo. Memoria y soberanía.*, Universidad Metropolitana, Caracas, 2016. p. 266.

[790] Véase al respecto Corte Internacional de Justicia, "Application of the Convention on the Prevention and Punishment of the Crime of Genocide (The Gambia v. Myanmar)". Disponible en: https://www.icj-cij.org/en/case/178. El caso Gambia c. Myanmar inició el 11 de noviembre del año 2019 mediante la demanda de la República de Gambia en contra de la República de la Unión de Myanmar tras el acontecimiento de actos genocidas en contra un grupo protegido –los rohinyá- con lo que se violó la Convención para la Prevención y la Sanción del Delito de Genocidio. En fecha 23 de enero del año 2020 la Corte Internacional de Justicia indicó -por unanimidad- medidas provisionales con el objeto de proteger los derechos de los rohinyá. Para determinar la necesidad de indicar medidas provisionales, la Corte Internacional de Justicia verificó que se cumplieran dos requisitos esenciales: (i) relación o vínculo entre los derechos reclamados y las medidas solicitadas y (ii) el peligro de que se produzca un daño irreparable (riesgo real e inminente).

[791] Véase Claudio Briceño Monzón, José Alberto Olivar y Luis Alberto Buttó (coords.), ob. cit., p. 266.

En esas actividades ilícitas han participado activamente personas provenientes de Brasil, involucrándose progresivamente en la región y aprovechando la falta de dominio militar derivada de la escasa cantidad de funcionarios militares de la República Cooperativa de Guyana. Ello ha sido así, al menos con más fuerza, *"desde la inauguración en septiembre de 2009 del puente sobre el río Tacuctú ubicado al suroeste del Territorio Esequibo en la frontera con Brasil"*[792].

La República Cooperativa de Guyana, en contra de los derechos de Venezuela, ha ejercido indebidamente soberanía además en territorios que pertenecen a Venezuela y que no son objeto de litigio. Ese es un elemento importante que la CIJ debe considerar para conceder medidas provisionales.

Además de esta medida específica, Venezuela podría solicitar providencias cautelares de carácter general para asegurarse de que la zona en reclamación deje de ser objeto de explotación, directa o indirecta, por parte de Guyana. Cabe sin duda plantear la necesidad de una medida general a objeto de evitar el agravamiento de la controversia.

2.2.2.1.7. Consideraciones finales

Consideramos que Venezuela puede solicitar a la CIJ medidas provisionales en la controversia con la República Cooperativa de Guyana sobre la validez del Laudo Arbitral de París de 1899. En particular, Venezuela podría solicitar medidas provisionales específicas para detener las concesiones de Guyana en el territorio disputado en perjuicio de los derechos de Venezuela y evitar los daños que causan la explotación de recursos naturales que han afectado gravemente el medio ambiente y los derechos humanos de los pueblos indígenas en la zona. Así mismo se puede solicitar medida cautelar específica para el cese de toda actividad de explotación que se desarrolla de forma clandestina con la anuencia de Guyana.

Al mismo tiempo se debe solicitar una medida general en la que se ordene a Guyana el cese de toda conducta que pueda extender el alcance de la controversia.

---

[792] *Ídem.*

2.2.2.2. Excepciones preliminares (Artículos 79, 79bis y 79ter del Reglamento)

2.2.2.2.1. Consideraciones generales

Las excepciones preliminares son un mecanismo procesal de defensa que se otorga a los Estados partes en el marco de los procedimientos contenciosos ante la CIJ. Las excepciones preliminares se encuentran reguladas en el Reglamento, específicamente, en la subsección 2, incluida en la sección D relativa a los procedimientos incidentales. En el artículo 79 se establece la regulación de la excepción preliminar. Dicho artículo fue enmendado y una nueva redacción entró en vigor a partir del 1 de febrero de 2001. Luego, otra enmienda dio lugar a la creación de los artículos 79bis y 79ter que entraron en vigor el 21 de octubre de 2019.

El artículo 79 del Reglamento está compuesto de dos parágrafos y establece que luego de la presentación de la demanda y tras las reuniones que el Presidente de la CIJ debe sostener con cada una de las partes, es posible que la CIJ decida que los asuntos relacionados con su propia competencia y con la admisibilidad de la demanda sean resueltos separadamente. Todo lo anterior, siempre que existan circunstancias que lo justifiquen (parágrafo primero).

En caso de que la CIJ decida dar inicio a este procedimiento incidental, las partes deberán ceñirse a los lapsos establecidos por ese alto órgano jurisdiccional a tal efecto. Los escritos de las partes deberán contener sus observaciones y alegatos. Deberán incluirse en esos escritos las pruebas que fundamentan su posición, anexando los documentos que la sustenten (parágrafo segundo). El artículo 79 del Reglamento dispone:

> *"1. Tras la presentación de la demanda y después de que el Presidente se haya reunido y consultado con las partes, el Tribunal podrá decidir, si las circunstancias lo justifican, que las cuestiones relativas a su competencia o a la admisibilidad de la demanda se resuelvan por separado.*
> *2. Cuando el Tribunal de Justicia así lo decida, las partes presentarán los escritos relativos a la competencia o a la admisibilidad en los plazos y en el orden fijados por el Tribunal de Justicia.*

Cada escrito contendrá las observaciones y alegaciones de la parte, incluidas las pruebas en que se base, y adjuntará copias de los documentos justificativos".

Por su parte, el artículo 79bis, que entró en vigor a través de una enmienda el 21 de octubre de 2019, establece varios aspectos relevantes relacionados con las excepciones preliminares. Así, indica en su parágrafo primero que en los casos en que la CIJ no haya tomado alguna decisión con relación de la posibilidad jurídica del artículo 79 sobre excepciones preliminares, cualquier excepción respecto de la competencia, admisibilidad de la demanda o cualquier otra que requiera ser decidida antes de entrar a conocer el mérito de la controversia deberá presentarse por escrito.

En relación con lo anterior, el parágrafo primero del artículo 79bis establece un período máximo de tres meses luego de la consignación de la memoria para presentar dicho escrito. Incluso se aborda la posibilidad de que esas objeciones sobre competencia, admisibilidad de la demanda y, en general, las que correspondan, sean formuladas por una parte distinta a la demandada, fijando para ello el mismo término que para la consignación del primer escrito de esa parte. En efecto:

"1. Cuando la Corte no haya adoptado ninguna decisión en virtud del artículo 79, la impugnación de la competencia de la Corte o de la admisibilidad de la demanda, o cualquier otra impugnación sobre la que se solicite una decisión antes de continuar el procedimiento sobre el fondo, deberá formularse por escrito lo antes posible y, a más tardar, dentro de los tres meses siguientes a la entrega del Memorial. Cualquier objeción de este tipo realizada por una parte distinta de la demandada deberá presentarse dentro del plazo fijado para la entrega del primer escrito de dicha parte".

El parágrafo segundo del artículo 79bis del Reglamento exige que en las excepciones preliminares se expongan sus fundamentos de hecho y de derecho. Además de ello, junto a sus alegatos, la parte oponente deberá consignar una lista de documentos que les sustenten, incluyendo las pruebas en las que se base. La referida norma dispone:

"2. La objeción preliminar deberá exponer los hechos y el derecho en los que se basa la objeción, las alegaciones y una lista de los documentos que la apoyan; deberá incluir cualquier prueba en la que la parte se base. Se adjuntarán copias de los documentos justificativos".

Los efectos procesales de la oposición de excepciones preliminares son indicados el parágrafo tercero del artículo 79bis del Reglamento. Esta disposición señala que la recepción de excepciones preliminares por parte de la Secretaría de la CIJ tendrá como consecuencia la suspensión del procedimiento sobre el fondo de la controversia. Ello implica que si la excepción preliminar es declarada con lugar el procedimiento se extingue, pero si es declarada sin lugar el procedimiento continuará su curso y la CIJ deberá fijar los lapsos para los actos procesales subsiguientes, de conformidad con lo previsto en el parágrafo quinto del artículo 79ter del Reglamento.

Además, la CIJ deberá fijar el lapso correspondiente para la consignación del escrito de la contraparte donde expondrá sus alegatos, observaciones y elementos probatorios que correspondan. El parágrafo tercero del artículo 79bis del Reglamento indica:

"3. Cuando la Secretaría reciba una excepción preliminar se suspenderá el procedimiento sobre el fondo y el Tribunal, o el Presidente si el Tribunal no está reunido, fijará el plazo para que la otra parte presente un escrito con sus observaciones y alegaciones, en el que se incluirán los elementos de prueba que la parte invoca. Se adjuntarán copias de los documentos justificativos".

El cuarto y último parágrafo del artículo 79bis establece la posibilidad de que las partes acuerden que las excepciones preliminares sean resueltas conjuntamente con las cuestiones de fondo. La norma dispone expresamente lo siguiente: *"4. El Tribunal hará efectivo cualquier acuerdo entre las partes para que una objeción presentada en virtud del apartado 1 sea oída y resuelta en el marco del fondo".*

El artículo 79ter del Reglamento, compuesto de cuatro parágrafos, establece en el primero de ellos que las excepciones preliminares sólo podrán oponerse con relación a los asuntos que sean pertinentes. No específica cuáles son estos supuestos, sin embargo, de la redacción de los artículos anteriormente descritos se deduce que, al menos, podrán oponerse excepciones preliminares relativas a temas de competencia de la CIJ y admisibilidad de la demanda. El parágrafo primero establece:

"1. Las alegaciones relativas a las excepciones preliminares o a las objeciones presentadas en virtud del artículo 79, apartado 2, o del artículo 79bis, apartados 1 y 3, se limitarán a los asuntos que sean pertinentes para las cuestiones preliminares o las objeciones".

Seguidamente el parágrafo segundo del artículo 79ter del Reglamento establece que la regla en cuanto al procedimiento incidental sobre excepciones preliminares será la oralidad, sin perjuicio de la posibilidad que se otorga a la CIJ de decidir que sea resuelta bajo una modalidad distinta. En efecto establece el parágrafo segundo *"Salvo decisión en contrario del Tribunal, el procedimiento ulterior será oral"*.

La CIJ podrá, de conformidad con el parágrafo tercero del artículo 79ter del Reglamento y siempre que las circunstancias así lo requieran, ejercer su facultad de solicitar a los Estados parte que aleguen todas las cuestiones de hecho y de derecho, así como todos los elementos probatorios relacionados con las excepciones preliminares. Dispone el artículo 79ter en su parágrafo tercero:

"3. El Tribunal, siempre que sea necesario, podrá solicitar a las partes que aleguen todas las cuestiones de hecho y de derecho y que aporten todas las pruebas que tengan relación con las cuestiones preliminares o las excepciones".

Ante la presentación de excepciones preliminares, luego de oír a las partes, la CIJ tendrá tres alternativas: la primera, declarar la admisión de las excepciones preliminares; la segunda, rechazar su admisión; o la tercera posibilidad, declarar que, en atención a las particularidades del caso, esa excepción no tiene carácter puramente preliminar. Así lo contempla el parágrafo cuarto del artículo 79ter:

"4. Después de oír a las partes, el Tribunal se pronunciará sobre una cuestión preliminar admitiéndola o rechazándola. No

obstante, el Tribunal podrá declarar que, en las circunstancias del caso, una cuestión o una excepción no tiene carácter exclusivamente preliminar".

El quinto y último parágrafo del artículo 79ter establece que las excepciones preliminares serán resueltas mediante sentencias. Sin embargo, en caso de que la sentencia no resuelva la cuestión preliminar de que se trate, la CIJ fijará los lapsos procesales del procedimiento ulterior[793]. Como indica la referida norma:

"5. El Tribunal de Justicia decidirá en forma de sentencia. Si la sentencia no resuelve el asunto, el Tribunal fijará los plazos para el procedimiento ulterior".

Al analizar las excepciones preliminares es importante tener en cuenta que la CIJ deberá fijar el lapso para que la contraparte formule sus observaciones en un período de tiempo no superior a cuatro meses, esto, de conformidad con la Directivas Prácticas de la CIJ, especialmente, la Directiva Práctica V que establece:

"Con el fin de acelerar el procedimiento relativo a las excepciones preliminares formuladas por una de las partes en virtud del artículo 79bis, apartado 1, del Reglamento de la Corte, el plazo para la presentación por la otra parte de un escrito con sus observaciones y alegaciones en virtud del artículo 79bis, apartado 3, no excederá en general de cuatro meses a partir de la fecha de presentación de las excepciones preliminares"[794].

---

[793] Es importante tener en cuenta la redacción de esta norma antes de la modificación del 21 de octubre de 2019. El artículo 79ter no existía antes de esa fecha, la norma se encontraba establecida en el parágrafo séptimo del artículo 79 y expresaba: *"La Corte, oídas las partes, decidirá por medio de un fallo, en el que aceptará o rechazará la excepción o declarará que la excepción no tiene, en las circunstancias del caso, un carácter exclusivamente preliminar. **Si la Corte rechazara la excepción o declarara que no tiene un carácter exclusivamente preliminar, fijará los plazos para la continuación del procedimiento**"* (Resaltado añadido). De esta manera, la práctica siempre ha consistido en que cuando se rechazan las excepciones preliminares opuestas por un Estado parte, la CIJ fija los lapsos para los subsiguientes actos procesales, que serán los mismos que estaban previstos antes de la suspensión del procedimiento con ocasión de la apertura de la incidencia por excepciones preliminares.

[794] Véase "Practice Directions" en el portal web oficial de la Corte Internacional de Justicia. Disponible en: https://www.icj-cij.org/en/practice-directions.

2.2.2.2.2. Excepciones preliminares opuestas por Venezuela

Mediante providencia de la CIJ de fecha 8 de marzo de 2021 se fijaron los lapsos procesales para la presentación de la Memoria y Contramemoria. Conforme dicha providencia, la República Cooperativa de Guyana debía presentar su Memoria hasta el 8 de marzo de 2022 y Venezuela debía consignar su Contramemoria hasta el 8 de marzo de 2023.

Conforme a lo anterior, el 8 de marzo de 2022 la República Cooperativa de Guyana consignó por ante ese alto órgano judicial su Memoria sobre al fondo de la controversia relativa a la nulidad o validez del Laudo Arbitral de París del 3 de octubre de 1899.

El 7 de junio de 2022, cuando transcurría el lapso para la presentación de la Contramemoria, Venezuela opuso ante la CIJ excepciones preliminares sobre la admisibilidad de la demanda intentada por la República Cooperativa de Guyana, a objeto de resolver la controversia mediante una solución negociada con arreglo a lo previsto en el Acuerdo de Ginebra de fecha 17 de febrero de 1966.

La regulación de las excepciones preliminares se encuentra en el artículo 79 del Reglamento. En especial el artículo 79bis del Reglamento indica lo siguiente: "*1. Cuando la Corte no haya adoptado ninguna decisión en virtud del artículo 79, la impugnación de la competencia de la Corte o de la admisibilidad de la demanda, o cualquier otra impugnación sobre la que se solicite una decisión antes de continuar el procedimiento sobre el fondo, deberá formularse por escrito lo antes posible y, a más tardar, dentro de los tres meses siguientes a la entrega del Memorial. Cualquier objeción de este tipo realizada por una parte distinta de la demandada deberá presentarse dentro del plazo fijado para la entrega del primer escrito de dicha parte*".

La oposición de excepciones preliminares por parte de Venezuela ante la CIJ fue informada al país mediante un comunicado del Ministerio del Poder Popular para Relaciones Exteriores de Venezuela, de fecha 8 de junio de 2022, en el que se expresó que: "*El gobierno de la República Bolivariana de Venezuela, en aras de la defensa de los más altos intereses de la República y de su integridad territorial, informa al pueblo venezolano que en fecha 7 de junio de 2022, conforme con la normativa aplicable, la República se ha visto precisada a presentar ante la Corte Internacional de Justicia objeciones preliminares a la admisión de la demanda unilateral de la República Cooperativa de Guyana contra Venezuela"* [795].

El referido Comunicado del Ministerio del Poder Popular para Relaciones Exteriores de fecha 8 de junio de 2022 indica además que: *"Venezuela rechaza la instrumentalización de la Corte Internacional de Justicia para dirimir una controversia que demanda de una solución negociada, sin desmedro del debido respeto a esta instancia como órgano judicial principal de las Naciones Unidas"*[796].

En el mismo comunicado el gobierno venezolano indicó que la CIJ había declarado su competencia respecto de una cuestión que ya ha sido superada. Al mismo tiempo, se insistió en que la intención de la representación de la República Cooperativa de Guyana es eludir la vía negociada al recurrir a la CIJ, cuestión que fue expresada en los siguientes términos: *"Sin embargo, estamos obligados a señalar, sin duda alguna, del curso del procedimiento que se ha seguido a partir de la demanda unilateral de Guyana, así como de la decisión del 18 de diciembre de 2020 en la que, contra todo precedente, la Corte se arroga jurisdicción para pronunciarse sobre "la validez del laudo arbitral de 1899", un asunto superado y que fue artificiosamente propuesto en la demanda unilateral de Guyana, para buscar librarse de su compromiso a negociar, al cual está obligado conforme al Acuerdo de Ginebra"*[797].

Con la oposición de excepciones preliminares, Venezuela ha realizado un acto dentro del procedimiento, lo que formalmente equivale a comparecer ante la CIJ. En este sentido, la República Cooperativa de Guyana ha emitido un comunicado de prensa en fecha 8 de junio de 2022 en el que anuncia el recibo de una carta del Secretario de la CIJ donde se le informa que Venezuela ha opuesto excepciones preliminares relativas a la admisibilidad de la demanda de la República Cooperativa de Guyana.

---

[795] Véase Comunicado del Ministerio del Poder Popular para Relaciones Exteriores de fecha 8 de junio de 2022. Disponible en: https://mppre.gob.ve/comunicado/venezuela-objeciones-preliminares-admisibilidad-demanda-unilateral-guyana/

[796] Ídem.

[797] Ídem.

Además, como hemos dicho previamente, Venezuela designó juez *ad hoc* y participó activamente en el procedimiento incidental de excepciones preliminares. No queda duda de que Venezuela ha tomado la decisión de comparecer ante la CIJ, lo que implica necesariamente que, en caso de que las excepciones preliminares sean declaradas sin lugar, deberá exponer sus argumentos de fondo en la oportunidad que la CIJ fije para presentar la contramemoria.

La República Cooperativa de Guyana reconoció que el Reglamento otorga a Venezuela la posibilidad jurídica de oponer excepciones preliminares que tienen como efecto la suspensión del proceso hasta que sean resueltas por la CIJ. Asimismo, la República Cooperativa de Guyana señaló que formulará sus observaciones tan pronto como la CIJ abra el lapso correspondiente. Todo lo anterior con fundamento en el parágrafo tercero del artículo 79 del Reglamento.

En adición a lo anterior la República Cooperativa de Guyana expresó en el referido comunicado que Venezuela, mediante la oposición de excepciones preliminares, tiene el objetivo de retrasar la sentencia definitiva de la CIJ sobre la controversia. La República Cooperativa de Guyana expresó lo siguiente: "*Observando que Venezuela no había reconocido previamente la jurisdicción de la Corte para considerar el caso, el Ministerio de Asuntos Exteriores y Cooperación Internacional también señala que, al presentar una objeción en esta etapa avanzada del procedimiento ante la CIJ, el Gobierno de Venezuela está claramente participando en un esfuerzo por retrasar el juicio final de la Corte sobre el fondo del caso*"[798].

La República Cooperativa de Guyana celebra que Venezuela con la consignación de las excepciones preliminares haya comparecido en el procedimiento ante la CIJ, cuestión que expresa en los siguientes términos: "*No obstante, con su acción, el Gobierno venezolano se une al proceso judicial al que Guyana siempre le había instado, un paso que Guyana acoge con satisfacción, consciente de la validez de su posición sobre el fondo del caso*"[799].

---

[798] Véase Comunicado de Prensa de la República Cooperativa de Guyana de fecha 8 de junio de 2022. Disponible en: https://dpi.gov.gy/press-statement-from-the-ministry-of-foreign-affairs-and-international-cooperation-of-guyana-regarding-the-guyana-venezuela-case-before-the-icj/.

[799] *Ídem.*

En atención a las excepciones preliminares opuestas por Venezuela, la CIJ se pronunció mediante una providencia de fecha 13 de junio de 2022. En la decisión fijó un plazo hasta el 7 de octubre de 2022 para que la República Cooperativa de Guyana presente sus observaciones a las excepciones preliminares opuestas por Venezuela, de conformidad con la Directiva Práctica V según la cual *"el plazo para la presentación por la otra parte de un escrito con sus observaciones y alegaciones en virtud del artículo 79bis, apartado 3, no excederá en general de cuatro meses a partir de la fecha de presentación de las excepciones preliminares"*[800].

También mediante la providencia de fecha 13 de junio de 2022, la CIJ se reservó a través de una nueva decisión la determinación del procedimiento subsiguiente a la consignación del escrito de observaciones de Guyana. En efecto la CIJ: *"Fija el 7 de octubre de 2022 como plazo para que la República Cooperativa de Guyana pueda presentar una declaración escrita de sus observaciones y escritos sobre las objeciones preliminares planteadas por la República Bolivariana de Venezuela; y se reserva el procedimiento posterior para una nueva decisión"*[801].

La representación de la República Cooperativa de Guyana presentó sus observaciones sobre las excepciones preliminares sobre admisibilidad de la demanda opuestas por Venezuela, luego de lo cual la CIJ acordó mediante Comunicado de Prensa N° 2022/57, establecer las fechas y horarios para la celebración de audiencias públicas entre el jueves 17 y el martes 22 de noviembre de 2022. Las audiencias *"se dedicarán a las objeciones preliminares planteadas por Venezuela"*[802].

A los representantes de Venezuela les correspondió exponer sus argumentos durante la primera audiencia pública que tuvo lugar el jueves 17 de noviembre de 2022. De igual manera los representantes de

---

[800] Véase "Practice Directions" en el portal web oficial de la Corte Internacional de Justicia. Disponible en: https://www.icj-cij.org/en/practice-directions.

[801] Véase Providencia de fecha 13 de junio de 2022 que fija el plazo del escrito de observaciones y alegaciones de la República Cooperativa de Guyana ante las excepciones preliminares opuestas por Venezuela el 7 de junio de 2022. Disponible en: https://www.icj-cij.org/public/files/case-related/171/171-202206613-ORD-01-00-EN.pdf.

[802] Véase Comunicado de Prensa de la Corte Internacional de Justicia, N° 2022/57 de fecha 21 de octubre de 2022. Disponible en: https://www.icj-cij.org/public/files/case-related/171/171-20221021-PRE-01-00-EN.pdf.

la República Cooperativa de Guyana expusieron sus argumentos sobre la improcedencia de las excepciones preliminares el viernes 18 de noviembre de 2022.

El lunes 21 de noviembre de 2022 Venezuela presentó su réplica a los argumentos de la República Cooperativa de Guyana y el martes 22 de noviembre de 2022 la República Cooperativa de Guyana presentó su contrarréplica.

La posición de Venezuela, según lo demostró durante esta ronda de audiencias, se basa en el respeto a la CIJ. Aunque ello no significa que Venezuela esté conforme con la sentencia mediante la cual la CIJ se declaró competente para resolver la controversia. Además, Venezuela declaró durante esta incidencia que entiende los efectos de la cosa juzgada de la referida decisión, a pesar de que es contraria a los intereses nacionales.

En este punto del procedimiento puede concluirse que Venezuela ha asumido su participación en el proceso y deberá hacer uso de todos los mecanismos procesales previstos en el Estatuto y Reglamento de la CIJ, además de tener en cuenta sus Directivas Prácticas, para garantizar la mejor defensa posible de los más altos intereses de la República.

2.2.2.2.3. Argumentos de Venezuela en el procedimiento incidental de excepciones preliminares sobre admisibilidad de la demanda de la República Cooperativa de Guyana

Venezuela formuló varias consideraciones generales relativas a la inadmisibilidad de la demanda de la República Cooperativa de Guyana, debido a que un tercero indispensable, a saber, el Reino Unido e Irlanda del nore, no está participando en el proceso ante la CIJ. La otra consideración general de Venezuela fue respecto del efecto de *res iudicata* de la sentencia de la CIJ de fecha 18 de diciembre de 2020, que se restringe a la cuestión de la jurisdicción de la CIJ y no abarca los aspectos relacionados con la admisibilidad de la demanda introducida por la República Cooperativa de Guyana.

Delcy Rodríguez
Vicepresidente de la República Bolivariana Venezuela

La CIJ, luego de dictar sentencia sobre el procedimiento incidental de excepciones preliminares, emitió una providencia por medio de la cual estableció el 8 de abril de 2024 como límite del lapso dentro del cual la República Bolivariana de Venezuela debe presentar su Contramemoria sobre el fondo de la controversia que sostiene con la República Cooperativa de Guyana relativa a la nulidad o validez del Laudo Arbitral de París del 3 de octubre de 1899.

A. El Reino Unido e Irlanda del Norte es un tercero indispensable en el proceso

El principal argumento invocado por Venezuela para fundamentar la excepción preliminar propuesta es que el Reino Unido e Irlanda del Norte es un tercero indispensable que debe estar dentro del proceso. Ese argumento se fundamenta en la propia doctrina jurisprudencial de la propia CIJ conforme a la cual, en ciertos casos, es necesario la participación en el proceso ante esa instancia internacional de un tercer Estado distinto a las partes iniciales, cuando éste tiene intereses y/o derechos que tienen elementos de conexidad con la disputa.

Es una máxima de naturaleza jurídico-procesal surgida de la práctica de la CIJ e implica que en los casos en que la decisión de fondo está relacionada con el interés de una tercera parte que no forme parte del proceso, la CIJ deberá abstenerse de ejercer su jurisdicción, independientemente de que las partes involucradas en el procedimiento acepten el arreglo judicial a través de la CIJ.

El argumento de Venezuela según el cual el Reino Unido e Irlanda del Norte es un tercero indispensable en el proceso se fundamenta en las siguientes razones:

1. Fue el Reino Unido el que recurrió a la falsificación de mapas y documentos a objeto de despojar a los venezolanos de una parte de su territorio con miras a la apropiación de sus recursos naturales y para normalizar una situación completamente inaceptable.
2. Fue el Reino Unido el que se basó en el sistema de derecho existente para aquel momento que no tenía en cuenta los principios de igualdad soberana y respeto mutuo entre los Estados.
3. Fue el Reino Unido el que firmó el Tratado de Washington del 17 de febrero de 1897.
4. Fue el Reino Unido el que se cercioró de que el tribunal no tuviera ningún árbitro venezolano, incluso en caso de muerte o incapacidad de alguno de los árbitros previamente designados.
5. Fue el Reino Unido el que participó en el arbitraje que tuvo como resultado el Laudo Arbitral de París del 3 de octubre de 1899.
6. Fue el Reino Unido el que propició contactos indebidos con sus árbitros connacionales durante el procedimiento arbitral de París en 1899, lo que generó una relación inapropiada entre árbitros y abogados de la parte. Esto vicia cualquier actuación arbitral.
7. El Reino Unido e Irlanda del Norte sigue siendo parte del Acuerdo de Ginebra del 17 de febrero de 1966.
8. Una decisión de la CIJ sobre el objeto de este litigio implica necesariamente un pronunciamiento sobre la conducta del Reino Unido e Irlanda del Norte pudiendo declarar la responsabilidad internacional de ese Estado sin que haya participado en el procedimiento.

Para justificar su petición los representantes de Venezuela argumentaron que el efecto de *res iudicata* de la sentencia de 18 de diciembre de 2020 sobre competencia no impide la oposición de excepciones preliminares relativas a la admisibilidad de la demanda de la República Cooperativa de Guyana y que existe una clara distinción entre competencia y admisibilidad, lo cual se deduce de la jurisprudencia de la CIJ.

Dr. Antonio Remiro Brotóns
Consejero y Abogado designado por la República Bolivariana de Venezuela

Asimismo, Venezuela invocó la doctrina jurisprudencial establecida en la sentencia del caso "Oro monetario removido de Roma en 1943" (Italia c. Francia, Reino Unido e Irlanda del Norte y Estados Unidos de América)[803] y la sentencia del caso "Timor Oriental" (Portugal c. Australia)[804].

a. Venezuela invocó el principio del oro monetario

El principio del oro monetario es una máxima de naturaleza jurídico-procesal surgida de la práctica de la CIJ e implica que en los casos en que la decisión de fondo está relacionada con el interés de una tercera parte que no está involucrada en la disputa y no acepta la jurisdicción de la CIJ, ese alto órgano jurisdiccional deberá abstenerse de ejercer su jurisdicción, independientemente de que las partes involucradas en el procedimiento acepten el arreglo judicial a través de la CIJ.

---

[803] Disponible en: https://www.icj-cij.org/en/case/19.
[804] Disponible en: https://www.icj-cij.org/en/case/84.

Venezuela explicó la naturaleza de la excepción basada en el principio del oro monetario y aclaró que la CIJ ha aceptado, al menos implícitamente, y en contra de lo que la República Cooperativa de Guyana quiere hacer creer, que el principio del oro monetario es una objeción que efectivamente se relaciona con la admisibilidad de un caso determinado.

El principio del oro monetario es producto de la jurisprudencia de la CIJ. El primer caso en que se aplicó -y de allí surge su nombre- fue el caso "Oro monetario removido de Roma en 1943". La controversia surgió debido a que cierta cantidad de oro monetario fue retirada por los alemanes de Roma en 1943.

Posteriormente, el oro fue recuperado en Alemania y se comprobó que pertenecía a Albania. El Acuerdo de Reparación de Alemania de 1946 establecía que el oro monetario encontrado en Alemania debía ponerse en común para su distribución entre los países con derecho a recibir una parte del mismo. El Reino Unido reclamó que se le entregara el oro en cumplimiento parcial de la sentencia de la CIJ de 1949 en el caso del Canal de Corfú. Por otra parte, Italia reclamaba que se le entregara el oro como satisfacción parcial por los daños que, según ella, había sufrido como consecuencia de una ley albanesa del 13 de enero de 1945.

En la declaración de Washington del 25 de abril de 1951, los Gobiernos de Francia, el Reino Unido y los Estados Unidos, a quienes se había confiado la aplicación del acuerdo de reparaciones, decidieron que el oro debía entregarse al Reino Unido a menos que, en un plazo determinado, Italia o Albania solicitaran a la CIJ que se pronunciara sobre sus respectivos derechos. Albania no tomó ninguna medida, pero Italia presentó una solicitud a la CIJ. Sin embargo, Italia planteó la cuestión preliminar de si la CIJ era competente para pronunciarse sobre la validez de su reclamación contra Albania y de aquí surge el principio del oro monetario debido a que la CIJ declaró en su sentencia de 15 de junio de 1954 que, sin el consentimiento de Albania, no podía conocer de un litigio entre ese país e Italia y que, por lo tanto, no podía decidir las cuestiones planteadas.

Venezuela explicó cuáles son las razones que justifican la relación del Reino Unido e Irlanda del Norte con la controversia y, en consecuencia, permiten la aplicación del principio del oro monetario.

La primera razón es que el verdadero objeto del litigio es determinar si el Reino Unido e Irlanda del Norte ha sido responsable de un comportamiento fraudulento. La segunda, es que una decisión sobre la conducta del Reino Unido es un requisito previo a una decisión sobre el fondo de la controversia.

Dr. Andrea Zimmermann
Consejero y Abogado designado por la República Bolivariana de Venezuela

b. El verdadero objeto del litigio es determinar si el Reino Unido e Irlanda del Norte ha sido responsable de un comportamiento fraudulento

La determinación de la existencia de una conducta fraudulenta es un tema que sin duda afecta la dignidad de un Estado. Venezuela sostiene que el Reino Unido e Irlanda del Norte es una parte indispensable que debe unirse al procedimiento para hacer frente a esta acusación tan grave. En efecto, no sólo se trata de la frontera terrestre, como afirma la República Cooperativa de Guyana, sino de la validez del compromiso arbitral y del laudo que son el verdadero objeto del litigio.

La República Cooperativa de Guyana no se pronunció sobre las consecuencias de la nulidad del compromiso y del laudo arbitral. Estas consecuencias jurídicas son sumamente importantes. Es un problema de responsabilidad internacional que afecta al Reino Unido e Irlanda del Norte. Tal como establece la Convención de Viena sobre Derecho de los Tratados en el artículo 69.2 relativo a las consecuencias de la nulidad de un tratado:

*"2. Si no obstante se han ejecutado actos basándose en tal tratado:
a) toda parte podrá exigir de cualquier otra parte que en la medida de lo posible establezca en sus relaciones mutuas la situación que habría existido si no se hubieran ejecutado esos actos;
b) los actos ejecutados de buena le antes de que se haya alegado la nulidad no resultarán ilícitos por el sólo hecho de la nulidad del tratado...".*

Por ello, Venezuela afirmó que una decisión sobre el fondo del caso implicaría necesariamente que la CIJ se pronuncie sobre la conducta del Reino Unido antes y durante el procedimiento arbitral. En consecuencia, el Reino Unido e Irlanda del Norte tiene carácter de parte indispensable en este caso.

Dra. Esperanza Orihuela
Consejera y Abogada designada por la República Bolivariana de Venezuela

c. Un fallo sobre la conducta del Reino Unido e Irlanda del Norte es un requisito previo a una decisión sobre el fondo de la controversia

Los representantes de la República Cooperativa de Guyana sólo afirmaron que para que se aplique la doctrina del oro monetario no basta con que su decisión tenga "meras implicaciones" sobre terceros como el Reino Unido e Irlanda del Norte, sino que los intereses jurídicos de un tercer Estado ausente deben constituir *"el objeto mismo"* de una controversia. Este argumento es engañoso porque Venezuela había dicho exactamente que si la CIJ ejercía su competencia y consideraba admisible la demanda de la República Cooperativa de Guyana, tendría que decidir acerca de los intereses jurídicos del Reino Unido, los cuales serían, por ende, objeto de la controversia.

Si como requisito previo para decidir sobre las reclamaciones de las partes en cuanto al fondo, la CIJ tiene que pronunciarse sobre la conducta de un tercer Estado ausente, entonces los intereses del tercer Estado ausente constituyen *"el objeto mismo"* - y se aplica la doctrina del oro monetario. En caso contrario, nos encontramos en el terreno de las *"meras implicaciones"*.

La República Cooperativa de Guyana enfatizó el argumento de que el Reino Unido e Irlanda del Norte no tiene ningún interés en el territorio en disputa y guardó un extraño silencio sobre la cuestión del derecho al debido proceso.

Para pronunciarse sobre las pretensiones del demandante, la CIJ tendría que analizar previamente la legalidad del comportamiento de un tercer Estado en ausencia del consentimiento de éste. En nuestro caso, basta con demostrar que sería necesario que la CIJ, para pronunciarse sobre la validez del compromiso o del laudo arbitral, constatara previamente el carácter fraudulento y, por tanto, ilícito de la conducta del Reino Unido.

Dr. Carlos Espósito
Consejero y Abogado designado por la República Bolivariana de Venezuela

d. El Reino Unido e Irlanda del Norte forma parte del Acuerdo de Ginebra del 17 de febrero de 1966

El Reino Unido e Irlanda del Norte es parte del Acuerdo de Ginebra del 17 de febrero de 1966 que sirve de base a la jurisdicción de la CIJ. Esto demuestra que la República Cooperativa de Guyana no es el único sucesor de derechos y obligaciones. El Acuerdo de Ginebra se limita a establecer que, una vez que alcance su independencia, Guyana también formará parte del acuerdo y no excluye del compromiso al Reino Unido e Irlanda del Norte.

La República Cooperativa de Guyana minimiza la importancia del Acuerdo de Ginebra diciendo que sólo se refiere a cuestiones procedimentales. Esto no tiene relevancia para la aplicación del principio del oro monetario. Además parece artificial separar las obligaciones sustantivas y las obligaciones procedimentales, sino que están íntimamente vinculadas.

Para Venezuela, los representantes de la República Cooperativa de Guyana insisten en afirmar que de conformidad con el artículo IV, párrafo 2, del Acuerdo de Ginebra el Reino Unido habría consentido el ejercicio de su jurisdicción por parte de la CIJ, sin necesidad de su participación en el procedimiento. Esta interpretación del artículo IV no tiene ningún fundamento en el texto de dicha disposición.

El artículo IV no contiene ninguna referencia al consentimiento ni, en general, a la posición del Reino Unido en relación con los procedimientos contemplados en dicha disposición. Estos procedimientos se refieren al diálogo y la cooperación entre Venezuela y Guyana tras la descolonización de la Guayana Británica. El objeto y la finalidad del artículo IV es resolver el conflicto fronterizo mediante un acuerdo práctico aceptable para todas las partes. No se puede establecer ninguna relación entre el artículo IV y el consentimiento del Reino Unido al procedimiento ante la CIJ, sobre todo teniendo en cuenta que en 1966 el Reino Unido había excluido la posibilidad de una solución arbitral o jurisdiccional del litigio.

Incluso si se considera que el Reino Unido e Irlanda del Norte ha dado su consentimiento, sólo si el tercer Estado acepta la jurisdicción de la CIJ y se convierte en parte del caso, la CIJ puede decidir sobre los derechos y obligaciones de ese Estado. El juez Crawford lo dejó claro: "*la demanda es inadmisible a menos que el tercer Estado necesario se incorpore como parte de pleno derecho al procedimiento*".

La no participación de la parte indispensable tiene otros efectos inaceptables, sobre todo en relación con las pruebas. Si un Estado es parte en el litigio, ese Estado, como ha observado la CIJ, tiene el "*deber de *cooperar 'presentando todas las pruebas que obren en su poder y que puedan ayudar a la Corte a resolver el litigio que se le ha sometido'".* Sin embargo, este deber de cooperación no es vinculante para el Reino Unido, que no es parte en el procedimiento.

Con lo anterior se corre el riesgo de crear una situación de gran desigualdad entre las partes del presente litigio. A pesar de ello, Guyana tiene la audacia de pedirle a la CIJ que se pronuncie sobre las obligaciones del Reino Unido para con Venezuela sin que el Reino Unido esté obligado ni a cumplir su sentencia ni a cooperar de buena fe con el buen desarrollo del procedimiento.

La República Cooperativa de Guyana afirmó en su memoria que el Tratado de 1897 fue concertado de acuerdo con las normas pertinentes y que fue también válida la constitución del tribunal arbitral de 1899. Al hacerlo ignora completamente el comportamiento del Reino Unido. Además, la República Cooperativa de Guyana se resiste a tomar en consideración los elementos concretos que demuestran el carácter ilícito de esta conducta, prefiriendo hacer referencia al arbitraje en términos abstractos.

Dr. Christian J. Tams
Consejero y Abogado designado por la República Bolivariana de Venezuela

B. El efecto de *res iudicata* de la sentencia de 18 de diciembre de 2020 sobre competencia no impide la oposición de excepciones preliminares relativas a la admisibilidad de la demanda de la República Cooperativa de Guyana

La excepción preliminar sobre la admisibilidad opuesta por Venezuela contra la demanda de la República Cooperativa de Guyana está excluida del efecto de *res iudicata* de la sentencia de 18 de diciembre de 2020, debido a que esta decisión sólo se refiere a la competencia de la CIJ.

La sentencia de 18 de diciembre de 2020 dejó claro que es la conducta del Reino Unido y su responsabilidad en virtud del derecho internacional lo que constituye el objeto del litigio. Sólo después de conocer el contenido de la referida sentencia fue que Venezuela pudo plantear una excepción de admisibilidad fundamentada en la doctrina jurisprudencial establecida por la CIJ en la sentencia del caso "Oro monetario removido de Roma en 1943" (Italia c. Francia, Reino Unido e Irlanda del Norte y Estados Unidos de América)[805] y la sentencia del caso "Timor Oriental" (Portugal c. Australia)[806].

En este caso, la sentencia del 18 de diciembre de 2020 no se refirió, explícita o implícitamente, de palabra o de contenido, a la excepción del principio del oro monetario. Sin embargo, si decidió sobre la competencia *ratione materiae* y la competencia *ratione temporis*. Esto confirma que el efecto de *res iudicata* de la sentencia de 18 de diciembre de 2020 no impide a la CIJ considerar la excepción preliminar de Venezuela debido a que esa decisión sólo se refirió a la competencia de la CIJ y no abarcó el asunto de la admisibilidad de la demanda de la República Cooperativa de Guyana.

La CIJ, mediante la Providencia de 19 de junio de 2018, decidió que los escritos debían atenerse a la cuestión de su competencia. En efecto, éste es el único asunto tratado en esa Providencia y el único punto que fue debatido por las partes en su momento. En esa oportunidad, Venezuela había declarado que consideraba que la Corte carecía manifiestamente de jurisdicción y, ante esto, la República Cooperativa de Guyana se limitó a indicar que deseaba continuar con el caso, sin referirse a ninguna otra cuestión. De manera que no hubo ningún debate sobre la admisibilidad de la demanda.

Adicionalmente es necesario tener presente la Providencia de la CIJ del 13 de junio de 2022 que no sólo confirmó que la excepción preliminar de Venezuela tenía el efecto de suspender el procedimiento sobre el fondo en virtud de lo establecido en el artículo 79bis, párrafo 3, del

---

[805] Disponible en: https://www.icj-cij.org/en/case/19.
[806] Disponible en: https://www.icj-cij.org/en/case/84.

Reglamento de la Corte, sino que también declaró específicamente que la excepción preliminar de Venezuela estaba relacionada con la admisibilidad de la solicitud y no con la competencia de la CIJ.

La CIJ, mediante la providencia del 13 de junio de 2022, antes de señalar el carácter de admisibilidad de la objeción de Venezuela, recordó que en su Providencia de 19 de junio de 2018 había señalado expresamente la posibilidad de que Venezuela hiciera uso de sus derechos procesales como parte en el caso. En ese sentido, Venezuela ejerció su derecho a oponer excepciones preliminares sobre la admisibilidad de la demanda de la República Cooperativa de Guyana, un tema que, hasta el momento, no había sido discutido por las partes ante la CIJ.

Dr. Paolo Palchetti
Consejero y Abogado designado por la República Bolivariana de Venezuela

a. Venezuela insistió en que existe una clara distinción entre competencia y admisibilidad que se deduce de la jurisprudencia de la CIJ

La inadmisibilidad de la demanda de la República Cooperativa de Guyana se fundamenta en la propia práctica de la CIJ. En primer término, la CIJ ha distinguido entre las cuestiones de competencia y las de admisibilidad conforme a la sentencia de fecha 18 de noviembre de 2008 en el caso Croacia contra Serbia sobre la Convención para la Prevención y la Sanción del Delito de Genocidio. La referida decisión señaló que "*Esencialmente, esta objeción consiste en la afirmación de que existe una razón jurídica, incluso cuando hay competencia, por la que la Corte debe negarse a conocer del caso o, más habitualmente, de una reclamación específica en él"*[807].

El precedente de la decisión Croacia contra Serbia aplica al caso que nos ocupa. En efecto, en la providencia de la CIJ de 19 de junio de 2018 la CIJ indicó a las partes que debían referirse, durante aquella primera incidencia sobre competencia resuelta mediante la sentencia del 18 de diciembre de 2020, sólo a cuestiones de competencia y no a cuestiones de admisibilidad.

2.2.2.2.4. Argumentos de la República Cooperativa de Guyana en el procedimiento incidental de excepciones preliminares sobre admisibilidad de la demanda de la República Cooperativa de Guyana

Carl Barrington Greenidge
Agente y Ex Vicepresidente de la República Cooperativa de Guyana

A. Respuesta de la República Cooperativa de Guyana al argumento de Venezuela según el cual el Reino Unido e Irlanda del Norte es un tercero indispensable en el proceso con fundamento el principio del oro monetario

Los representantes de la República Cooperativa de Guyana sólo afirmaron que para que se aplique la doctrina del oro monetario no basta con que su decisión tenga *"meras implicaciones"* sobre terceros

---
[807] Disponible en: https://www.icj-cij.org/public/files/case-related/118/118-20081118-JUD-01-00-EN.pdf.

como el Reino Unido e Irlanda del Norte, sino que los intereses jurídicos de un tercer Estado ausente deben constituir "*el objeto mismo*" de una controversia.

La República Cooperativa de Guyana indicó que en virtud del principio jurídico establecido por primera vez por la CIJ en el caso "*Oro monetario removido de Roma en 1943*" (Italia c. Francia, Reino Unido de e Irlanda del Norte y Estados Unidos de América)[808] y explicado en su jurisprudencia posterior, el Reino Unido no es una parte indispensable en este procedimiento.

En opinión de Guyana, la doctrina no se aplica, y no puede aplicarse en este caso, por dos razones: en primer lugar, el Reino Unido no tiene intereses legales ni derechos u obligaciones legales que se verían afectados por una sentencia de la CIJ sobre el fondo de este caso; y en segundo lugar, el Reino Unido ha dado su consentimiento, expresado en el artículo IV del Acuerdo de Ginebra de 1966, para que la CIJ resuelva esta disputa entre Guyana y Venezuela.

El caso llegó a la CIJ a raíz de un arbitraje que determinó que cierto oro, saqueado por las fuerzas alemanas en Roma durante la Segunda Guerra Mundial, pertenecía a Albania. Italia reclamó el derecho al mismo oro basándose en un supuesto agravio internacional que Albania había cometido contra ella. La reclamación de Italia exigía, por tanto, que la CIJ determinara si Albania, que no era parte en el caso del Oro Monetario, había cometido alguna infracción jurídica internacional que la hiciera responsable ante Italia. Como explicó la CIJ "*Por lo tanto, para determinar si Italia tiene derecho a recibir el oro, es necesario determinar si Albania ha cometido algún ilícito internacional contra Italia, y si está obligada a pagarle una indemnización*".

Sobre esta base, la CIJ concluyó que no podía ejercer su competencia porque: "*En el presente caso, los intereses jurídicos de Albania no sólo se verían afectados por una decisión, sino que constituirían el objeto de la misma*". Esta es la esencia de la sentencia de la CIJ y la norma que establece para los casos futuros que para que la CIJ no ejerza su jurisdicción debe existir la necesidad de determinar si los intereses legales de una parte ausente no sólo se verían afectados por, sino que constituirían el objeto mismo de la decisión sobre el fondo que la CIJ

---

[808] Disponible en: https://www.icj-cij.org/en/case/19.

debe tomar. En particular, ¿afectaría una sentencia de la CIJ directamente a los derechos u obligaciones legales de un Estado ausente, como en el caso de Albania, que no ha consentido su jurisdicción?

La CIJ volvió a tratar esta cuestión y profundizó en el criterio que estableció en Oro Monetario, en el caso Phosphates, Nauru contra Australia en el que rechazó el argumento de Australia de que el caso debía ser desestimado bajo el estándar del Oro Monetario sobre la base de que, como alegaba Australia, sus intereses jurídicos eran idénticos a los del Reino Unido y Nueva Zelanda, y que cualquier adjudicación de sus intereses afectaría inevitablemente a los intereses legales de los dos Estados ausentes. La CIJ explicó que: *"En el presente caso, los intereses de Nueva Zelanda y del Reino Unido no constituyen el objeto mismo de la sentencia que debe dictarse sobre el fondo de la solicitud de Nauru y la situación es, en ese sentido, diferente a la que la CIJ tuvo que tratar en el caso del Oro Monetario"*.

La decisión de la CIJ de ejercer la jurisdicción no significaba que considerara que los intereses jurídicos de Nueva Zelanda y el Reino Unido no se verían afectados por la sentencia que Nauru solicitaba. Por el contrario, la CIJ reconoció que *"una conclusión de la Corte sobre la existencia o el contenido de la responsabilidad atribuida a Australia por Nauru podría tener implicaciones para la situación jurídica de los otros dos Estados afectados"*. En el caso Phosphates, la CIJ adoptó un enfoque muy diferente: rechazó la excepción preliminar de Australia porque "los intereses de Nueva Zelanda y el Reino Unido no constituyen el objeto mismo de la sentencia que se va a dictar", porque la sentencia no afectaría directamente a los derechos u obligaciones legales de esos Estados.

Tres años más tarde, la CIJ tuvo que volver a interpretar y aplicar su sentencia del Oro Monetario en el caso de Timor Oriental (Portugal contra Australia). El abogado de Venezuela citó este caso, pero lo hizo de forma muy selectiva. En su pasaje clave, la CIJ sostuvo la excepción preliminar de Australia basada en la sentencia del Oro Monetario, porque, en sus palabras *"en este caso, los efectos de la sentencia solicitada por Portugal equivaldrían a la determinación de que la entrada y la presencia continuada de Indonesia en Timor Oriental son ilegales y que, en consecuencia, no tiene la facultad de elaborar tratados en asuntos relacionados con los recursos de la plataforma continental de Timor Oriental. Los derechos y obligaciones de Indonesia constitui-*

rían, por tanto, el objeto mismo de una sentencia de este tipo dictada en ausencia del consentimiento de ese Estado".

En este pasaje, la CIJ dejó claro, especialmente en la última frase citada, que los intereses jurídicos de un Estado ausente *"constituirán el objeto mismo"* del caso cuando su sentencia afecte directamente a los *"derechos y obligaciones"* del Estado ausente. Incluso al estimar la objeción de Australia, la CIJ se preocupó de reafirmar lo que dijo en el caso Phosphates: que el Oro Monetario no le impedía ejercer su jurisdicción y dictar una sentencia que pudiera afectar a los intereses jurídicos de un Estado ausente, siempre que los intereses de ese Estado no constituyeran el objeto mismo del litigio: *"la CIJ de Justicia subraya que no está necesariamente impedido de pronunciarse cuando la sentencia que se le pide puede afectar a los intereses jurídicos de un Estado que no es parte en el asunto"*.

La CIJ reafirmó este principio una vez más en su sentencia de 1998 en el caso Camerún contra Nigeria. Nigeria se opuso a la solicitud de Camerún de que la Corte estableciera la frontera de las partes a través del lago Chad, con el argumento de que esto tocaría el punto triple con Chad y, por lo tanto, afectaría los intereses legales de un Estado ausente en violación del precedente del Oro Monetario. La Corte rechazó la objeción de Nigeria con el argumento ya conocido de que *"no está necesariamente impedido de pronunciarse cuando la sentencia que se le pide puede afectar a los intereses legales de un Estado que no es parte en el caso"*. En ese caso, a diferencia del presente entre Guyana y Venezuela, el Estado ausente tenía un interés jurídico real en una parte de la frontera internacional que la Corte debía trazar. No obstante, la Corte dictaminó que *"los intereses jurídicos del Chad, como tercer Estado que no es parte en el caso, no constituyen el objeto mismo de la sentencia que debe dictarse sobre el fondo de la demanda del Camerún"*.

Lo que muestra esta revisión de la jurisprudencia relevante es que la CIJ ha declinado el ejercicio de la jurisdicción bajo el estándar del Oro Monetario sólo en dos casos. En ambos, el del Oro Monetario propiamente dicho y Timor Oriental, consideró que no podía decidir el caso sin afectar directamente los derechos u obligaciones legales de un tercer Estado ausente -Albania en el primer caso, Indonesia en el segundo- y que los intereses legales del Estado ausente constituían el objeto mismo de la decisión a dictar.

Para responder a esta cuestión respecto del caso entre la República Cooperativa de Guyana y Venezuela -si los intereses jurídicos del Reino Unido constituyen el objeto mismo de la sentencia que la CIJ debe dictar aquí- debemos considerar cuál es el objeto mismo del presente litigio entre Guyana y Venezuela.

Para los representantes de la República Cooperativa de Guyana este es un asunto en el que las partes están de acuerdo. Venezuela afirma, y nosotros estamos de acuerdo, que el objeto de esta controversia se establece en el párrafo 137 de la sentencia de la CIJ del 18 de diciembre de 2020. En ella: *"la Corte concluye que es competente para conocer las reclamaciones de Guyana relativas a la validez del Laudo de 1899 sobre la frontera entre la Guayana Británica y Venezuela y la cuestión conexa de la solución definitiva de la controversia relativa al límite terrestre entre los territorios de las Partes"*.

Al mismo efecto, en el primer párrafo del dispositivo, la Corte *"Declara que es competente para conocer la Solicitud presentada por la República Cooperativa de Guyana el 29 de marzo de 2018 en lo que respecta a la validez del Laudo Arbitral de 3 de octubre de 1899 y la cuestión conexa de la solución definitiva de la controversia sobre los límites terrestres entre la República Cooperativa de Guyana y la República Bolivariana de Venezuela"*.

Por lo tanto, el objeto de la sentencia que debe dictar la Corte es la validez del Laudo Arbitral de 3 de octubre de 1899 y la cuestión conexa de la solución definitiva de la controversia sobre límites terrestres entre Guyana y Venezuela.

En estas circunstancias, la tarea de la CIJ, al considerar las excepciones preliminares de Venezuela bajo el estándar de Oro Monetario, es determinar si el Reino Unido tiene intereses legales que no sólo se verían afectados por, sino que formarían el objeto mismo de una sentencia de la CIJ sobre la validez del Laudo Arbitral de 1899 y la cuestión relacionada de la solución definitiva de la frontera terrestre entre Guyana y Venezuela.

Y esto, entonces, nos lleva a la cuestión fundamental en el corazón de este procedimiento: ¿qué intereses legales, si los hay, tiene el Reino Unido en la validez del Laudo Arbitral de 1899, o la solución definitiva de la frontera terrestre entre Guyana y Venezuela? Y, lo que es más importante, si estos intereses jurídicos existen, ¿constituyen el objeto mismo del litigio que debe decidir la CIJ?

Para la República Cooperativa de Guyana, las respuestas a estas preguntas son claras: el Reino Unido no tiene intereses legales en la validez del Laudo Arbitral de 1899, ni en la solución definitiva de la frontera terrestre entre Guyana y Venezuela. Por lo tanto, no tiene intereses legales que puedan constituir el objeto mismo de esta disputa. Al emitir su sentencia sobre la validez del Laudo Arbitral de 1899, o la solución definitiva de la frontera terrestre, no hay derechos u obligaciones legales del Reino Unido que la CIJ pudiera afectar. De manera que no habría base, teniendo en cuenta el caso del Oro Monetario y la jurisprudencia posterior, para que la CIJ decline el ejercicio de su jurisdicción debido a la ausencia del Reino Unido, independientemente de si el Reino Unido ha consentido la adjudicación de estas cuestiones por parte de Guyana y Venezuela.

Podría ser útil que nos planteáramos esta pregunta: ¿considera el propio Reino Unido que tiene intereses jurídicos que podrían verse afectados por una sentencia sobre el fondo en este caso, de manera que podría oponerse al ejercicio de la jurisdicción de la CIJ sobre las cuestiones que le han sido planteadas por Guyana? Esta es una pregunta que Venezuela evitó abordar en su exposición. Sin embargo, los representantes de la República Cooperativa de Guyana consideraron importante tomar en cuenta las siguientes declaraciones en las que el Reino Unido se unió a otros Estados para acoger la Sentencia de la Corte del 18 de diciembre de 2020 y, específicamente, la decisión de la CIJ de resolver las reclamaciones de Guyana sobre la validez del Laudo de 1899 y la solución definitiva de la frontera terrestre entre Guyana y Venezuela.

1. Esto, por ejemplo, se desprende del comunicado emitido por los Jefes de Gobierno de la Commonwealth al concluir su reunión en Ruanda el 25 de junio de 2022, en la ficha 2 de sus carpetas y que fue firmado por todos los Jefes, incluido el Primer Ministro del Reino Unido:

> *"Los Jefes tomaron nota de la decisión tomada por la CIJ el 18 de diciembre de 2020, de que es competente para conocer la Solicitud presentada por Guyana el 29 de marzo de 2018, allanando el camino para que la CIJ considere el fondo del caso relativo al Laudo Arbitral del 3 de octubre de 1899 (Guyana contra Venezuela).... Los Jefes reiteraron su pleno apoyo al proceso judicial en curso que tiene por objeto poner fin pacífico y definitivo a la controversia de larga data entre los dos países".*

2. El 14 de septiembre de 2021, la declaración final del Grupo Ministerial de la Commonwealth sobre Guyana, que incluía al Reino Unido, y que se encuentra en la pestaña 4 de sus carpetas, contenía este párrafo: "*El Grupo expresó su apoyo inquebrantable al proceso judicial en curso ante la Corte Internacional de Justicia elegida por el Secretario General de las Naciones Unidas en virtud del Acuerdo de Ginebra de 1966 y el Grupo sigue alentando a Venezuela a participar en dicho proceso*".

3. Una declaración similar fue firmada por el Ministro de Asuntos Exteriores del Reino Unido y sus homólogos de la CARICOM y la República Dominicana en la conclusión del Décimo Foro Reino Unido-Caribe el 18 de marzo de 2021. El comunicado final, en la pestaña 3 de las carpetas, incluía este párrafo: "*Los ministros acogieron con beneplácito la decisión del 18 de diciembre de 2020 de la Corte Internacional de Justicia de que es competente para examinar la reclamación de Guyana relativa a la validez del laudo arbitral de 1899, que fijó la frontera terrestre entre la entonces Guayana Británica y Venezuela*".

La jurisprudencia de la CIJ es clara en cuanto al carácter obligatorio de la objeción al ejercicio de la jurisdicción, que distingue la objeción basada en el principio del caso del Oro Monetario de una objeción a la admisibilidad, y su jurisprudencia es también muy clara en cuanto a que el efecto jurídico de dicha objeción no es el de hacer inadmisible la solicitud que inicia el procedimiento.

En el asunto del Oro Monetario, el Gobierno italiano "*solicitó a la CIJ que se pronunciara sobre la cuestión preliminar de su competencia para conocer del fondo de la demanda*". No se trataba de una cuestión de admisibilidad de la demanda, sino de la "*cuestión preliminar de la competencia de la Corte Internacional de Justicia*" para conocer de una de las pretensiones formuladas en dicha demanda. Sobre esta cuestión de competencia, la CIJ "*dice que la competencia que le confiere el acuerdo común [de las partes] no le autoriza, a falta del consentimiento de Albania, a pronunciarse sobre la primera presentación de la demanda del Gobierno italiano*". La falta de consentimiento de Albania es una cuestión de competencia que limita la jurisdicción de la CIJ y tiene el efecto de obligarla a no ejercer su jurisdicción.

En el caso de Timor Oriental -el único otro caso en el que la CIJ aplicó el principio del Oro Monetario- Australia argumentó que "*[la] reclamación [de Portugal] ... contraviene el principio del consentimiento que impide la adjudicación de la responsabilidad legal de Indonesia sin su acuerdo*". En la parte dispositiva de su contramemoria, Australia concluyó que "*la CIJ carece de jurisdicción para decidir sobre las reclamaciones portuguesas, o las reclamaciones son inadmisibles*". La cuestión de la admisibilidad de las reclamaciones de Portugal no es una cuestión que pueda resolver la CIJ. Por tanto, la cuestión de la admisibilidad de las pretensiones formuladas en la demanda portuguesa fue planteada por Australia sólo con carácter subsidiario, entendiendo que la cuestión del tercero ausente del procedimiento planteaba sobre todo una cuestión de competencia vinculada a la falta de consentimiento de dicho tercero. Sólo en este último aspecto la CIJ identificó la naturaleza y el efecto jurídico de la objeción planteada por Australia.

También en el caso de Timor Oriental la CIJ insistió en "*que uno de los principios fundamentales de su Estatuto es que no puede decidir una disputa entre Estados a menos que éstos hayan consentido su jurisdicción*". Al igual que en el caso del Oro Monetario, la CIJ examinó la objeción australiana a la luz del principio cardinal del consentimiento, el cual rige su jurisdicción. Sin declarar inadmisible la objeción australiana, y de acuerdo con su jurisprudencia anterior, la CIJ situó la objeción en el ámbito de la cuestión de su competencia, y lo hizo tanto por su fundamento como por sus efectos. En la parte dispositiva de su sentencia, la CIJ "*no sabía cómo ejercer la competencia que se le había conferido en el presente caso*".

Además para la República Cooperativa de Guyana, la objeción preliminar sobre admisibilidad de la demanda propuesta por Venezuela carece de sentido desde que la CIJ en el párrafo 115 de su sentencia del 18 de diciembre de 2020 sostuvo que la decisión tomada por el Secretario General de Naciones Unidas, con fundamento en el artículo IV.2 del Acuerdo de Ginebra, sería obstaculizada si para que surtiera efectos se exigiera el consentimiento posterior de las partes involucradas en la controversia territorial.

La aplicación del principio del Oro Monetario, según la República Cooperativa de Guyana, violaría la sucesión entre Estados y el principio de autodeterminación de los pueblos y señala que el único propósito de este argumento es desviar la atención de lo verdaderamente importante.

Guyana ha tratado de dar importancia al hecho de que la CIJ, en su Providencia de 19 de junio de 2018, había considerado que era necesario *"ser informado de todos los fundamentos de hecho y de derecho en los que se basan las Partes en materia de su jurisdicción"*, fórmula que, en opinión de Guyana, pretendía abarcar *"cualquier límite potencial a la jurisdicción de la CIJ en relación con cualquiera de las reclamaciones"* contenidas en la solicitud.

La República Cooperativa de Guyana afirmó en su memoria que el Tratado de 1897 fue concertado de acuerdo con las normas pertinentes y que fue también válida la constitución del tribunal arbitral de 1899.

Prof. Philippe Sands
Abogado designado por la República Cooperativa de Guyana

B. Respuesta de la República Cooperativa de Guyana al argumento de Venezuela según el cual el efecto de *res iudicata* de la sentencia de 18 de diciembre de 2020 sobre competencia no impide la oposición de excepciones preliminares relativas a la admisibilidad de la demanda de la República Cooperativa de Guyana

Los representantes de la República Cooperativa de Guyana señalaron que las excepciones preliminares de Venezuela están prescritas por los efectos de *res iudicata* de la sentencia de la CIJ del 18 de diciembre de 2020. La República Cooperativa de Guyana indicó que lo que Venezuela pide a la CIJ a través de sus excepciones preliminares es deshacer su sentencia y que las excepciones preliminares de Venezuela son esencialmente jurisdiccionales y, por tanto, tardías en virtud del artículo

79bis del Reglamento. Los representantes de la República Cooperativa de Guyana fueron enfáticos en que la única manera que Venezuela puede encontrar para evitar esto es argumentar que los motivos de las excepciones preliminares no existían antes de la Sentencia, sino que surgieron de ella.

La República Cooperativa de Guyana invocó la primacía del principio de cosa juzgada que se aplica a todas las sentencias de la CIJ conforme a los artículos 59 y 60 del Estatuto y la propia jurisprudencia de la CIJ, que reconoce que las sentencias son definitivas e inapelables.

En el caso del Genocidio de Bosnia, la CIJ se ocupó de un intento por parte de Serbia de reabrir la sentencia que confirmaba su jurisdicción. La CIJ decidió que:

"De acuerdo con el artículo 36, párrafo 6, del Estatuto, y una vez que una decisión a favor de la jurisdicción ha sido pronunciada con la fuerza de la res judicata, no es susceptible de ser cuestionada o reexaminada, excepto por medio de una revisión bajo el artículo 61 del Estatuto"[809].

La CIJ prosiguió con la fundamentación de su decisión, dilucidando las dos finalidades principales de la cosa juzgada. Afirmó: *"Este resultado es requerido por la naturaleza de la función judicial"* y la necesidad universalmente reconocida de "estabilidad de las relaciones jurídicas". La objeción de Venezuela, indica Guyana utilizando las mismas palabras de la CIJ, *"privaría a un litigante [en este caso, Guyana] del beneficio de una sentencia que ya ha obtenido"*, lo cual debe considerarse "en general como una violación de los principios que rigen la solución jurídica de las controversias".

Argumentan que la sentencia del 18 de diciembre de 2020 tiene carácter de cosa juzgada, de modo que lo decidido por la CIJ sólo puede ser cuestionado bajo las muy estrictas condiciones de una solicitud de revisión. La revisión sólo puede solicitarse *"cuando se basa en el descubrimiento de algún hecho"* de carácter decisivo que era *"desconocido por la Corte"* y por *"la parte que reclama la revisión"* de la sentencia. Esas condiciones, indican, no se cumplen en este caso.

---

[809] p. 101. Disponible en: https://www.icj-cij.org/public/files/case-related/91/091-20070226-JUD-01-00-EN.pdf.

a. Los representantes de la República Cooperativa de Guyana indicaron que la excepción preliminar de Venezuela no es de admisibilidad, sino de competencia de manera que está excluida en virtud del efecto de *res iudicata*

La providencia de 13 de junio de 2022 no se pronunció sobre la cuestión de si la excepción venezolana entraba en la categoría de las excepciones a la admisibilidad. El auto se limitó a hacer referencia a la calificación que la propia Venezuela dio a sus excepciones preliminares al describir el hecho de que las había presentado.

Las partes difieren en cuanto a si el ejercicio de la competencia por parte del CIJ está incluido en la *"cuestión de competencia"* a la que se refiere la providencia del 19 de junio de 2018. Sin embargo, los términos de la providencia no requerirían que las partes informaran a la CIJ de su posible falta de jurisdicción. Para los abogados de la República Cooperativa de Guyana competencia es un término que abarca tanto la cuestión de la existencia de la competencia como la cuestión de su ejercicio.

Los representantes de la República Cooperativa de Guyana dijeron que su posición no es que los términos de la providencia abarquen cuestiones de admisibilidad como tales. Sólo afirmaron que la objeción planteada por Venezuela no entra en esta categoría, tanto por su profunda naturaleza y consecuencias en caso de ser admitida como por el contexto tan particular del Acuerdo de Ginebra.

Además, en el momento en que se adoptó la providencia del 19 de junio 2018, ya estaba muy claro que la cuestión de la validez del laudo era el objeto de la controversia. El escrito de demanda es explícito en este punto, al igual que el Acuerdo de Ginebra. Además, ya estaba bastante claro que Venezuela impugnaba la validez del laudo basándose en la conducta del Reino Unido.

En 1962, cuando Venezuela argumentó por primera vez que el laudo era inválido, lo hizo supuestamente porque era el resultado de una transacción política llevada a cabo a espaldas de Venezuela. Como se reprodujo textualmente en el Escrito de Demanda, esta reclamación venezolana era conocida por la CIJ cuando adoptó la providencia del 19 de junio de 2018.

Además, los abogados de la República Cooperativa de Guyana sostienen que el fondo de la excepción preliminar no puede ser considerado y mantenido debido a la sentencia del 18 de diciembre de 2020. La representación de Venezuela no ha dicho nada sobre el hecho de que su sentencia haya decidido que la CIJ es competente para conocer de la demanda, palabras que indican con carácter de *res iudicata* que la Corte es competente para examinar el fondo del asunto y que ha decidido ejercer esa facultad.

De forma que la cuestión que debe decidir la CIJ es si la excepción basada en el principio del Oro Monetario, que es el objeto del presente procedimiento incidental y que surge en el contexto muy particular de este caso, es admisible en esta fase del proceso o si, como argumenta Guyana, Venezuela debería haber planteado este argumento dentro del plazo establecido por la providencia, de modo que ya no tendría derecho a hacerlo mediante excepciones preliminares opuestas en junio de 2022.

b. Los representantes de la República Cooperativa de Guyana señalaron que las excepciones preliminares de Venezuela están prescritas por los efectos de *res iudicata* de la sentencia de la CIJ del 18 de diciembre de 2020

La República Cooperativa de Guyana indicó que lo que Venezuela pide a la CIJ a través de sus excepciones preliminares es deshacer su sentencia y que las excepciones preliminares de Venezuela son esencialmente jurisdiccionales y, por tanto, tardías en virtud del artículo 79bis del Reglamento. Los representantes de la República Cooperativa de Guyana fueron enfáticos en que la única manera que Venezuela puede encontrar para evitar esto es argumentar que los motivos de las excepciones preliminares no existían antes de la sentencia, sino que surgieron de ella.

La República Cooperativa de Guyana invocó la primacía del principio de cosa juzgada que se aplica a todas las sentencias de la CIJ conforme a los artículos 59 y 60 del Estatuto y la propia jurisprudencia de la CIJ, que reconoce desde hace tiempo que las sentencias son definitivas e inapelables.

En el caso del Genocidio de Bosnia la CIJ se ocupó de un intento por parte de Serbia de reabrir la sentencia que confirmaba su jurisdicción. La CIJ decidió que:

"De acuerdo con el artículo 36, párrafo 6, del Estatuto, y una vez que una decisión a favor de la jurisdicción ha sido pronunciada con la fuerza de la res judicata, no es susceptible de ser cuestionada o reexaminada, excepto por medio de una revisión bajo el artículo 61 del Estatuto"[810].

La CIJ prosiguió con la fundamentación de su decisión, explicando las dos finalidades principales de la cosa juzgada. Afirmó: *"Este resultado es requerido por la naturaleza de la función judicial y la necesidad universalmente reconocida de estabilidad de las relaciones jurídicas"*. Por tanto la República Cooperativa de Guyana alega que no cabe duda de que la sentencia del 18 de diciembre de 2020 tiene carácter de cosa juzgada y lo decidido por la CIJ sólo puede ser cuestionado bajo las muy estrictas condiciones de una solicitud de revisión. La revisión sólo puede solicitarse *"cuando se basa en el descubrimiento de algún hecho"* de carácter decisivo que era *"desconocido por la Corte"* y por *"la parte que reclama la revisión"* de la sentencia, condiciones que -indica la representación de la República Cooperativa de Guyana- no se cumplen en este caso.

c. Los representantes de la República Cooperativa de Guyana indicaron que la excepción preliminar de Venezuela no es de admisibilidad, sino de competencia de manera que está excluida en virtud del efecto de *res iudicata*

Alegan que la providencia de 13 de junio de 2022 no se pronunció sobre la cuestión de si la excepción venezolana entraba en la categoría de las excepciones a la admisibilidad sino que el auto se limitó a hacer referencia a la calificación que la propia Venezuela dio a sus excepciones preliminares al describir el hecho de que las había presentado.

Las partes difieren en cuanto a si el ejercicio de la competencia por parte del CIJ está incluido en la *"cuestión de competencia"* a la que se refiere la providencia del 19 de junio de 2018. Sin embargo,

---

[810] Ídem.

los términos de la providencia no requerían que las partes informaran a la CIJ de su posible falta de jurisdicción. Para los abogados de la República Cooperativa de Guyana competencia es un término que abarca tanto la cuestión de la existencia de la competencia como la cuestión de su ejercicio.

Los representantes de la República Cooperativa de Guyana dijeron que su posición no es que los términos de la providencia abarquen cuestiones de admisibilidad como tales. Sólo afirmaron que la objeción planteada por Venezuela no entra en esta categoría, tanto por su profunda naturaleza y consecuencias en caso de ser admitida como por el contexto tan particular del Acuerdo de Ginebra.

Además, en el momento en que se adoptó la providencia del 19 de junio 2018, ya estaba muy claro que la cuestión de la validez del laudo era el objeto de la controversia. El escrito de demanda es explícito en este punto, al igual que el Acuerdo de Ginebra. Ya estaba bastante claro que Venezuela impugnaba la validez del laudo basándose en la conducta del Reino Unido.

En 1962, cuando Venezuela argumentó por primera vez que el laudo era inválido, lo hizo supuestamente porque era el resultado de una transacción política llevada a cabo a espaldas de Venezuela y tal como se reproduce textualmente en el Acuerdo de Ginebra, el laudo no era válido. Como se reprodujo textualmente en el Escrito de Demanda, esta reclamación venezolana era conocida por la CIJ cuando adoptó la providencia del 19 de junio de 2018.

Además, los abogados de la República Cooperativa de Guyana sostienen que el fondo de la excepción preliminar no puede ser considerado y mantenido debido a la sentencia del 18 de diciembre de 2020. La representación de Venezuela no ha dicho nada sobre el hecho de que su sentencia haya decidido que la CIJ es competente para conocer de la demanda, palabras que indican con carácter de *res iudicata* que la Corte es competente para examinar el fondo del asunto y que ha decidido ejercer esa facultad.

De forma que la cuestión que debe decidir la CIJ es si la excepción basada en el principio del oro monetario, que es el objeto del presente procedimiento incidental y que surge en el contexto muy particular de este caso, es admisible en esta fase del proceso o si, como argumenta Guyana, Venezuela debería haber planteado este argumento dentro del plazo establecido por la providencia, de modo que ya no tenía derecho a hacerlo mediante excepciones preliminares en junio de 2022.

2.2.2.2.5. Solicitud de las partes a la Corte Internacional de Justicia

Con fundamento en todos los motivos señalados antes y porque el autor de este comportamiento fraudulento -el Reino Unido- está ausente en el procedimiento del caso 171, Venezuela solicita que la demanda introducida por la República Cooperativa de Guyana sea declarada inadmisible. Por su parte, la República Cooperativa de Guyana pidió a la CIJ que, de conformidad con los artículos 60 y 79ter, párrafo 4, del Reglamento, declare las excepciones preliminares de Venezuela como inadmisibles o las rechace sobre la base de las presentaciones de las partes. La República Cooperativa de Guyana también pidió a la CIJ que fijara una fecha para la presentación de la Contramemoria de Venezuela sobre el fondo a más tardar nueve meses después de la fecha de la resolución de la Corte sobre las excepciones preliminares de Venezuela.

2.2.2.2.6. Sentencia de la Corte Internacional de Justicia de fecha 6 de abril de 2023 sobre las excepciones preliminares presentadas por la República Bolivariana de Venezuela

La CIJ, luego de dictar sentencia sobre el procedimiento incidental de excepciones preliminares, emitió una providencia por medio de la cual estableció el 8 de abril de 2024 como límite del lapso dentro del cual la República Bolivariana de Venezuela debe presentar su Contramemoria sobre el fondo de la controversia que sostiene con la República Cooperativa de Guyana relativa a la nulidad o validez del Laudo Arbitral de París del 3 de octubre de 1899.

El 6 de abril de 2023 la CIJ dictó sentencia por medio de la cual resolvió la excepción preliminar presentada el 7 de junio de 2022 por la República Bolivariana de Venezuela respecto de la admisibilidad de la demanda interpuesta por la República Cooperativa de Guyana[811].

---

[811] International Court of Justice, "Judgment of 6 April 2023". Disponible en: https://www.icj-cij.org/sites/default/files/case-related/171/171-20230406-JUD-01-00-EN.pdf.

La CIJ examinó los argumentos de la República Bolivariana Venezuela y la República Cooperativa de Guyana y se pronunció sobre los aspectos relevantes surgidos en este procedimiento incidental. Entre esos puntos se encuentran principalmente la admisibilidad de las excepciones preliminares de Venezuela y el análisis de fondo de las excepciones preliminares.

Además, la sentencia trató otros asuntos importantes no sólo para el caso concreto, sino también para la evolución de la jurisprudencia de la CIJ en relación a la excepción preliminar de admisibilidad de la demanda basada en el principio del oro monetario; los requisitos necesarios para que un tercer Estado adquiera el carácter de parte indispensable y la interpretación de los tratados con arreglo a la Convención de Viena sobre el Derecho de los Tratados.

Juez Joan E. Donoghue, Presidente de la Corte Internacional de Justicia[812]

La sentencia, aprobada por la mayoría de los jueces, vino acompañada de cuatro declaraciones separadas y una denominada opinión parcialmente individual y parcialmente disidente. Las cuatro declaraciones separadas corresponden al juez indio Dalveer Bhandari, al juez jamaiquino Patrick Robinson, al juez japonés Yuji Iwasawa y al juez ad hoc alemán designado por la República Cooperativa de Guyana Rüdiger Wolfrum. La denominada opinión parcialmente individual y parcialmente disidente fue consignada por el juez ad hoc belga designado por la República Bolivariana de Venezuela Philippe Couvreur.

---

[812] Imagen extraída de la galería multimedia de la Corte Internacional Justicia. Disponible en: https://www.icj-cij.org/sites/default/files/multimedia_galleries/2_1.jpg.

En primer lugar, la CIJ unánimemente declaró admisible la excepción preliminar presentada por la República Bolivariana de Venezuela. Luego, con catorce votos a favor y el voto en contra del Juez ad hoc Sr. Philippe Couvreur, la CIJ declaró sin lugar dicha excepción preliminar.

Finalmente, con catorce votos a favor y el voto en contra del Juez ad hoc Sr. Couvreur, la CIJ ratificó que es competente para decidir sobre el fondo de las reclamaciones de la República Cooperativa de Guyana, en la medida en que se encuentren dentro del ámbito del párrafo 138, subpárrafo 1, de la sentencia del 18 de diciembre de 2020.

a. La admisibilidad de las excepciones preliminares presentadas por la República Bolivariana de Venezuela

La CIJ examinó, en primer, lugar la admisibilidad de las excepciones preliminares presentadas por la República Bolivariana de Venezuela antes de proceder a estudiar su contenido. La CIJ revisó los argumentos presentados por ambas partes -Venezuela y Guyana- y se pronunció sobre la naturaleza jurídico-procesal de la excepción preliminar presentada por Venezuela.

La excepción preliminar cuestionó la admisibilidad de la demanda presentada por la República Cooperativa de Guyana y se fundamentó en la jurisprudencia de la CIJ; en particular en el precedente del caso Oro Monetario (*"Monetary Gold"*), según el cual la CIJ no puede ejercer su competencia si para decidir tiene que pronunciarse sobre los intereses de un tercer Estado que no es parte en el proceso y quien debe ser considerado parte indispensable.

Además, la CIJ tomó en consideración el argumento de Venezuela según el cual la excepción preliminar era admisible porque se refería a la admisibilidad de la demanda y no a la competencia de la CIJ. La CIJ también sostuvo que su decisión de diciembre de 2020 sólo se refería a la competencia y no a la admisibilidad. La CIJ tuvo en cuenta que Venezuela argumentó que su excepción no estaba limitada por el plazo establecido por la CIJ en su orden del 19 de junio de 2018.

Es importante señalar que las excepciones preliminares presentadas por Venezuela atacaron la admisibilidad de la demanda de Guyana y cuestionaron el ejercicio de la competencia de la CIJ y no la existencia de la competencia *per se*.

Esta distinción fue admitida por la CIJ. Si las excepciones preliminares hubieran estado relacionadas con la existencia de la competencia, éstas habrían sido inadmisibles para la CIJ, porque los aspectos vinculados con la existencia de la competencia fueron ya decididos por la CIJ mediante la sentencia del 18 de diciembre de 2020 y gozan de la protección de la *res iudicata*.

La CIJ examinó el argumento de Guyana según el cual la excepción preliminar presentada por Venezuela se refería al ejercicio de la competencia de la CIJ y, por lo tanto, debería rechazarse por inadmisible. También tuvo en cuenta el argumento de Guyana según el cual Venezuela ya no tenía derecho a plantear una excepción preliminar que cuestionara la competencia de la CIJ después de la sentencia del 18 de diciembre de 2020, en la que la CIJ encontró que tenía competencia sobre parte de las pretensiones de Guyana.

La CIJ concluyó que la excepción preliminar presentada por Venezuela es admisible y que no estaba limitada por el plazo establecido en la orden dictada por la CIJ en fecha 19 de junio de 2018.

La CIJ recordó que en el pasado había decidido que cuando se rechaza una excepción preliminar relativa al carácter indispensable de un tercer Estado, se considera que la excepción se refiere al ejercicio de la competencia en lugar de la existencia de la competencia.

b. Examen de fondo de la excepción preliminar

Establecida su admisibilidad, la CIJ procedió al análisis de fondo de la excepción preliminar presentada por Venezuela. La excepción preliminar se fundamentó en la consideración de que el Reino Unido e Irlanda del Norte era un tercero indispensable en el caso y que la CIJ no podía decidir la cuestión de la validez del Laudo del 3 de octubre de 1899 sin su participación.

Venezuela afirmó que una decisión sobre el fondo del caso involucraría necesariamente una evaluación de la conducta fraudulenta supuestamente atribuible al Reino Unido e Irlanda del Norte en relación con el Laudo del 3 de octubre de 1899. Alegó que había sido coaccionada y engañada por el Reino Unido para suscribir el Tratado de Washington de 1897. Además, sostuvo que durante el procedimiento arbitral hubo ciertas comunicaciones impropias entre los abogados del Reino

Unido y los árbitros que había nombrado. Adicionalmente, Venezuela argumentó que el Reino Unido presentó mapas falsificados al tribunal arbitral, cuestión que vició el Laudo Arbitral de París.

La República Cooperativa de Guyana por su parte argumentó que el Reino Unido e Irlanda del Norte no era un tercero indispensable en el caso y que no tenía intereses jurídicos que pudieran verse afectados por la decisión de la CIJ sobre la validez del Laudo Arbitral de París.

La CIJ rechazó la excepción preliminar presentada por Venezuela y decidió que el Reino Unido e Irlanda del Norte no es una parte indispensable en el caso y que podía decidir la cuestión de la validez del Laudo de 1899 sin su participación. La CIJ concluyó que el caso se refería a una disputa entre la República Cooperativa de Guyana y la República Bolivariana de Venezuela. Además, la CIJ aclaró que el Reino Unido e Irlanda del Norte no tenía intereses jurídicos que pudieran verse afectados por la decisión de la CIJ sobre la validez del Laudo Arbitral de París.

b.1. Análisis particular del Acuerdo de Ginebra del 17 de febrero de 1966

La sentencia se refiere a la interpretación del Acuerdo de Ginebra de 1966 suscrito entre la República Cooperativa de Guyana y la República Bolivariana de Venezuela. La República Bolivariana de Venezuela argumentó que los intereses legales del Reino Unido e Irlanda del Norte serían el tema principal de la decisión de la CIJ, basándose en el principio del oro monetario.

Sin embargo, la CIJ señaló que los dos países involucrados actualmente en el caso, así como el Reino Unido e Irlanda el Norte, son partes del Acuerdo de Ginebra, instrumento en el que se basa la competencia de la CIJ. Por lo tanto, la CIJ consideró apropiado analizar las implicaciones jurídicas de que el Reino Unido e Irlanda del Norte sea parte del Acuerdo de Ginebra, cuestión que a su vez que requiere una interpretación de las disposiciones relevantes del referido Acuerdo.

La CIJ resaltó que para interpretar el Acuerdo de Ginebra aplicó las reglas de interpretación de tratados que se encuentran en los artículos 31, 32 y 33 de la Convención de Viena sobre el Derecho de los Tratados, las cuales reflejan reglas de derecho internacional consuetudinario.

Estas disposiciones establecen reglas sobre la correcta interpretación de los tratados internacionales.

El artículo 31 de la Convención de Viena sobre el Derecho de los Tratados consagra la norma general que rige la interpretación de los tratados internacionales. En efecto, el referido artículo dispone:

> *"1. Un tratado deberá interpretarse de buena fe conforme al sentido corriente que haya de atribuirse a los términos del tratado en el contexto de éstos y teniendo en cuenta su objeto y fin.*
> *2. Para los efectos de la interpretación de un tratado, el contexto comprenderá, además del texto, incluidos su preámbulo y anexos:*
> *a) todo acuerdo que se refiera al tratado y haya sido concertado entre todas las partes con motivo de la celebración del tratado;*
> *b) todo instrumento formulado por una o más partes con motivo de la celebración del tratado y aceptado por las demás como instrumento referente al tratado.*
> *3. Juntamente con el contexto, habrá de tenerse en cuenta:*
> *a) todo acuerdo ulterior entre las partes acerca de la interpretación del tratado o de la aplicación de sus disposiciones.*
> *b) toda práctica ulteriormente seguida en la aplicación del tratado por la cual conste el acuerdo de las partes acerca de la interpretación del tratado.*
> *c) toda forma pertinente de derecho internacional aplicable en las relaciones entre las partes.*
> *4. Se dará a un término un sentido especial si consta que tal fue la intención de las partes"*[813].

El artículo 32 de la Convención de Viena sobre el Derecho de los Tratados establece medios de interpretación complementarios que cumplen la función de verificar la interpretación que resulte de la aplicación de la regla general del artículo 31 o determinar su sentido en ciertos casos. En efecto, la referida disposición indica:

> *"Se podrán acudir a medios de interpretación complementarios, en particular a los trabajos preparatorios del tratado y a*

---

[813] Naciones Unidas, *Convención de Viena sobre el Derecho de los Tratados*, vigente desde 27 de enero de 1980. Disponible en: https://www.oas.org/36ag/espanol/doc_referencia/convencion_viena.pdf.

> *las circunstancias de su celebración, para confirmar el sentido resultante de la aplicación del artículo 31, o para determinar el sentido cuando la interpretación dada de conformidad con el artículo 31:*
> *a) deje ambiguo u oscuro el sentido; o*
> *b) conduzca a un resultado manifiestamente absurdo o irrazonable*"[814].

El artículo 33 de la Convención de Viena sobre el Derecho de los Tratados se refiere a las reglas de interpretación de los tratados que han sido traducidos en varios idiomas. Ciertamente, el referido artículo dispone:

> *"1. Cuando un tratado haya sido autenticado en dos o más idiomas, el texto hará igualmente fe en cada idioma, a menos que el tratado disponga o las partes convengan que en caso de discrepancia prevalecerá uno de los textos.*
> *2. Una versión del tratado en idioma distinto de aquel en que haya sido autenticado el texto será considerada como texto auténtico únicamente si el tratado así lo dispone o las partes así lo convienen.*
> *3. Se presumirá que los términos del tratado tienen en cada texto auténtico igual sentido.*
> *4. Salvo en el caso en que prevalezca un texto determinado conforme a lo previsto en el párrafo 1, cuando la comparación de los textos auténticos revele una diferencia de sentido que no pueda resolverse con la aplicación de los artículos 31 y 39, se adoptará el sentido que mejor concilie esos textos, habida cuenta del objeto y fin del tratado"*[815].

La CIJ enfatizó que interpretó el Acuerdo de Ginebra de buena fe, de acuerdo con el significado ordinario que se le da a los términos del tratado en su contexto y a la luz de su objeto y propósito.

La CIJ consideró que el contexto del Acuerdo de Ginebra incluye la independencia de Guayana Británica que se logró tres meses después de la firma del referido acuerdo.

---

[814] *Ídem.*
[815] *Ídem.*

Los artículos I y II del Acuerdo de Ginebra regulan la etapa inicial del proceso para la solución de la disputa entre las partes y señalan el rol de la República Bolivariana de Venezuela y de la Guayana Británica en ese proceso.

El artículo I del Acuerdo de Ginebra establece la creación de una Comisión Mixta para buscar soluciones satisfactorias para el arreglo práctico de la controversia entre la República Bolivariana de Venezuela y el Reino Unido e Irlanda. El parágrafo primero del artículo II establece que, dentro de los dos meses siguientes a la entrada en vigor del Acuerdo, se designarán dos representantes de la Comisión Mixta por parte del gobierno de Guayana Británica y dos por parte de la República Bolivariana de Venezuela.

La CIJ concluyó que, si bien el artículo I del Acuerdo de Ginebra describe la disputa como existente entre el Reino Unido e Irlanda y la República Bolivariana de Venezuela, el artículo II no otorga ningún rol al Reino Unido e Irlanda del Norte en la etapa inicial del proceso de solución de la disputa. En cambio, asigna la responsabilidad de la designación de los representantes de la Comisión Mixta a la Guayana Británica y la República Bolivariana de Venezuela.

El artículo IV del Acuerdo de Ginebra, que establece el mecanismo para la solución final de la disputa, no contiene ninguna referencia al Reino Unido e Irlanda del Norte en los párrafos 1 y 2. Estos párrafos establecen que si la Comisión Mixta no llega a un acuerdo completo para la solución de la controversia en un plazo de cuatro años a partir de la fecha del Acuerdo, se referirá a los Gobiernos de la República Cooperativa de Guyana y la República Bolivariana de Venezuela cualquier pregunta pendiente, quienes elegirán uno de los medios de solución pacífica previstos en el artículo 33 de la Carta de las Naciones Unidas

La CIJ afirmó que el Acuerdo de Ginebra asigna roles específicos a la República Cooperativa de Guyana y a la República Bolivariana de Venezuela. Además. señaló que las disposiciones del Acuerdo de Ginebra no otorgan al Reino Unido e Irlanda del Norte papel alguno en la elección o participación en el medio de solución de la controversia.

Por lo tanto, la CIJ consideró que el esquema establecido por los artículos II y IV del Acuerdo de Ginebra refleja una comprensión común de todas las partes de que la controversia debía ser resuelta por la República Cooperativa de Guyana y la República Bolivariana de Venezuela.

La CIJ también indicó que cuando el Reino Unido e Irlanda del Norte aceptó el Acuerdo de Ginebra estaba consciente de que la solución de la controversia entre la República Cooperativa de Guyana y la República Bolivariana de Venezuela sin su participación podía implicar el examen de ciertas denuncias por parte de la República Bolivariana de Venezuela sobre irregularidades efectuadas por las autoridades del Reino Unido durante el arbitraje de París.

Esto se debe a que en febrero de 1962 la República Bolivariana de Venezuela informó al Secretario General de las Naciones Unidas la existencia de una disputa entre el Reino Unido e Irlanda del Norte y la República Bolivariana de Venezuela sobre la delimitación de la frontera entre la República Bolivariana de Venezuela y la Guayana Británica. En su carta, la República Bolivariana de Venezuela afirmó que el laudo fue resultado de una transacción política realizada a espaldas del país y que no reconoce un laudo hecho en tales circunstancias.

Por lo tanto, la CIJ concluyó que el Reino Unido e Irlanda del Norte no tiene ningún papel o rol en la solución de la controversia territorial entre la República Cooperativa de Guyana y la República Bolivariana de Venezuela y que el proceso de solución establecido en el Acuerdo de Ginebra debe seguir adelante sin su participación.

c. La Corte Internacional de Justicia ratificó su competencia

En el último punto de la parte dispositiva de la sentencia del 6 de abril de 2023, la CIJ ratificó su competencia para decidir sobre el fondo de las reclamaciones de la República Cooperativa de Guyana, en la medida en que se encuentren dentro del ámbito del párrafo 138, subpárrafo 1, de la sentencia del 18 de diciembre de 2020 que estableció que la CIJ:

"1. Se declara competente para conocer de la Demanda presentada por la República Cooperativa de Guyana el 29 de marzo de 2018, en la medida en que se refiere a la validez del Laudo Arbitral de 3 de octubre de 1899 y a la cuestión conexa de la solución definitiva del litigio de límites terrestres entre la República Cooperativa de Guyana y la República Bolivariana de Venezuela".

De manera que la CIJ es competente para pronunciarse sobre la validez o nulidad del Laudo Arbitral de París del 3 de octubre de 1899 y sobre la cuestión conexa relativa a la solución de la controversia sobre la frontera terrestre entre ambos países. Además, la CIJ, mediante la sentencia del 6 de abril de 2023, precisó el alcance de la competencia al admitir que es posible pronunciarse sobre los fraudes en que hubiera incurrido el Reino Unido durante la tramitación del procedimiento arbitral de París en 1899.

El hecho de que la CIJ se pronuncie sobre las actuaciones fraudulentas del Reino Unido durante el arbitraje de París no significa que la participación de ese Estado es necesaria para que el proceso continúe. Al contrario, según se deduce del fallo del 6 de abril de 2023, la CIJ determinó que el Reino Unido e Irlanda del Norte sabía muy bien que esto podía ocurrir y lo aceptó definitivamente mediante el Acuerdo de Ginebra del 17 de febrero de 1966. Por lo tanto, la CIJ podrá pronunciarse sobre los argumentos de la República Bolivariana de Venezuela relacionados con la conducta del Reino Unido para el momento en que se firmó el Tratado Arbitral de Washington, durante el arbitraje y una vez dictado el Laudo Arbitral de París del 3 de octubre de 1899. Entre ellos los siguientes:

1. Fue el Reino Unido el que recurrió a la falsificación de mapas y documentos a objeto de despojar a los venezolanos de una parte de su territorio con miras a la apropiación de sus recursos naturales y para normalizar una situación completamente inaceptable.
2. Fue el Reino Unido el que se basó en el sistema de derecho existente para aquel momento que no tenía en cuenta los principios de igualdad soberana y respeto mutuo entre los Estados.
3. Fue el Reino Unido el que firmó el Tratado de Washington del 17 de febrero de 1897.
4. Fue el Reino Unido el que se cercioró de que el tribunal no tuviera ningún árbitro venezolano, incluso en caso de muerte o incapacidad de alguno de los árbitros previamente designados.
5. Fue el Reino Unido el que participó en el arbitraje que tuvo como resultado el Laudo Arbitral de París del 3 de octubre de 1899.
6. Fue el Reino Unido el que propició contactos indebidos con sus árbitros connacionales durante el procedimiento arbitral de París en 1899, lo que generó una relación inapropiada entre árbitros y abogados de la parte. Esto vicia cualquier actuación arbitral.

d. Declaraciones separadas

d.1. Declaración del juez Dalveer Bhandari[816]

El juez Bhandari explicó en su declaración que está de acuerdo con la sentencia de la CIJ, pero expresó su deseo de agregar precisiones conceptuales adicionales. Por ello, inició su declaración recordando que el rechazo de la excepción preliminar de la República Bolivariana de Venezuela se basó en que el Reino Unido e Irlanda del Norte no tiene ningún rol en la resolución de la disputa y que el principio del oro monetario no entra en juego. La CIJ llegó a estas conclusiones basándose en su interpretación del Acuerdo de Ginebra de 1966 y la práctica posterior de las partes en ese acuerdo.

Según la interpretación de la CIJ, el Acuerdo de Ginebra refleja una comprensión común por parte de todas las partes en ese instrumento de que la disputa existente entre el Reino Unido e Irlanda del Norte y la República Bolivariana de Venezuela el 17 de febrero de 1966 sería resuelta por la República Cooperativa de Guyana y la República Bolivariana de Venezuela a través de uno de los procedimientos referenciados en el Acuerdo de Ginebra. Por lo tanto, como parte de ese instrumento, el Reino Unido e Irlanda del Norte aceptó que no tendría ningún papel en esos procedimientos.

El juez comparte la opinión de que el Reino Unido e Irlanda del Norte era consciente del alcance de la disputa con respecto a la validez del Laudo de 1899 y que aceptó el acuerdo en virtud del Artículo IV que permitía a la República Cooperativa de Guyana y a la República Bolivariana de Venezuela someter la disputa a un arreglo judicial sin la participación del Reino Unido e Irlanda del Norte. Además, comparte la conclusión de la CIJ de que la práctica posterior confirma esta comprensión.

El juez también destaca que la República Bolivariana de Venezuela aceptó esta circunstancia al convertirse en parte del Acuerdo de Ginebra, lo que significa que renunció a cualquier derecho que pudiera tener para objetar que esta disputa se resuelva mediante un procedimiento que no involucre al Reino Unido e Irlanda del Norte.

---

[816] International Court of Justice, "Declaration of Judge Bhandari". Disponible en: https://www.icj-cij.org/sites/default/files/case-related/171/171-20230406-JUD-01-01-EN.pdf.

La declaración del juez Bhandari respalda la sentencia de la CIJ en cuanto a la interpretación del Acuerdo de Ginebra y la práctica posterior de las partes en ese acuerdo. También destaca que la aceptación de estas circunstancias por parte de todas las partes involucradas en el Acuerdo de Ginebra es lo que hace que esta situación sea única.

d.2. Opinión separada del juez Patrick Robinson[817]

El juez Patrick Robinson emitió una opinión separada en relación con la adquisición de la independencia de la República Cooperativa de Guyana por parte del Reino Unido e Irlanda del Norte. El juez Robinson está de acuerdo con las conclusiones de la CIJ expresadas en el párrafo 108 de la sentencia, pero formuló varios comentarios adicionales.

En el juicio, la República Cooperativa de Guyana argumentó que el Reino Unido e Irlanda del Norte no tiene ningún interés legal actual o reclamo sobre el territorio en disputa, ya que renunció a todos los reclamos territoriales en relación con esta disputa cuando otorgó la independencia a la República Cooperativa de Guyana en 1966. Sin embargo, el juez Patrick Robinson afirma que, en realidad, el Reino Unido e Irlanda del Norte no otorgó la independencia a la República Cooperativa de Guyana.

En el momento de la independencia de la República Cooperativa de Guyana en 1966, el derecho a la libre determinación ya se había convertido en una norma de derecho internacional consuetudinario, en virtud de la adopción de la resolución 1514 (XV) de la Asamblea General de las Naciones Unidas el 14 de diciembre de 1960. Por lo tanto, la adquisición de la independencia por parte de las antiguas colonias no fue un regalo, una concesión o una donación de los poderes coloniales.

Más bien, la independencia resultó del cumplimiento por parte de los poderes coloniales de la obligación impuesta por el párrafo 5 de la resolución 1514 de transferir todos los poderes a los pueblos de los países colonizados de acuerdo con su libre voluntad expresada. En otras palabras, la independencia se convirtió en un derecho humano inherente al pueblo y los poderes coloniales simplemente cumplieron con su deber de transferir los poderes a los pueblos de los países colonizados.

---

[817] International Court of Justice, "Separate opinion of Judge Robinson". Disponible en: https://www.icj-cij.org/sites/default/files/case-related/171/171-20230406-JUD-01-02-EN.pdf.

Esta transformación del derecho a la libre determinación como una norma consuetudinaria de derecho internacional fue confirmada por la CIJ en su opinión consultiva de 2019 sobre las consecuencias jurídicas de la separación del archipiélago de Chagos de Mauricio en 1965.

El juez Robinson también se refirió al título de la resolución 1514, "Declaración sobre la concesión de la independencia a los países y pueblos coloniales", y señaló que, aunque el título puede ser relevante para interpretar la resolución, no se utiliza el término "concesión de la independencia" en el texto de la resolución 1514. En cambio, la resolución establece que el derecho a la libre determinación es un derecho humano que reside en el pueblo y todo lo que se requiere para su disfrute es que refleje la libre voluntad expresada del pueblo. En conclusión la declaración del juez Robinson, enfatizó que la adquisición de la independencia por parte de las antiguas colonias no fue un regalo o una concesión del poder colonial, sino un derecho humano inherente al pueblo que se ejerce a través de su libre voluntad expresada.

d.3. Declaración del juez Iwasawa Yuji[818]

La declaración del juez Iwasawa Yuji inicia recordando la excepción preliminar de la República Bolivariana de Venezuela se basó en la afirmación de que el Reino Unido e Irlanda del Norte es un tercero indispensable en el caso y, por lo tanto, la demanda de la República Cooperativa de Guyana no debía ser admitida por la CIJ.

El juez Iwasawa explicó que la excepción preliminar de la República Bolivariana de Venezuela no es una objeción a la competencia de la CIJ, sino a la admisibilidad de la demanda de la República Cooperativa de Guyana. Esta distinción es importante porque la jurisprudencia de la CIJ establece que los argumentos basados en el principio de Oro Monetario se refieren a la admisibilidad de la demanda, no a la competencia de la CIJ.

En conclusión, la declaración del juez Iwasawa es importante porque aclara la naturaleza jurídico-procesal de la excepción preliminar presentada por la República Bolivariana de Venezuela y su relación con la jurisprudencia de la CIJ sobre el principio de Oro Monetario.

---

[818] International Court of Justice, "Declaration of Judge Iwasawa". Disponible en: https://www.icj-cij.org/sites/default/files/case-related/171/171-20230406-JUD-01-03-EN.pdf.

d.4. Declaración del juez *ad hoc* designado por la República Cooperativa de Guyana Rüdiger Wolfrum[819]

El juez ad hoc Rüdiger Wolfrum, habiendo votado a favor del punto resolutivo de la sentencia, consideró oportuno presentar algunas consideraciones sobre el razonamiento de la CIJ. Discutió tres aspectos: la relación entre el principio del Oro Monetario y el Acuerdo de Ginebra; la práctica posterior de las partes en el Acuerdo de Ginebra; y el objeto de la controversia ante la CIJ.

El juez ad hoc Wolfrum señaló que el presente caso se parecía de hecho al caso del Oro Monetario y al caso de Timor Oriental en los que se basó la República Bolivariana de Venezuela. Sin embargo, la diferencia radicaba en la existencia del Acuerdo de Ginebra. En su opinión, el Reino Unido e Irlanda del Norte, al firmar el Acuerdo de Ginebra, aceptó que la resolución de la disputa por parte de la República Cooperativa de Guyana y la República Bolivariana de Venezuela sin su participación podría implicar la discusión de actos u omisiones del Reino Unido en el pasado.

El juez ad hoc Wolfrum consideró que, correctamente interpretado, el Acuerdo de Ginebra constituye una *lex specialis* para la protección de los intereses del Reino Unido e Irlanda del Norte, que estaban protegidos paralelamente por el principio del Oro Monetario que operaba en abstracto.

Por lo tanto, el juez ad hoc Wolfrum estuvo de acuerdo con la sentencia en que era necesario primero interpretar el Acuerdo de Ginebra para determinar si el Reino Unido e Irlanda del Norte había declarado con suficiente claridad que dejaba la resolución de la disputa entre la República Cooperativa de Guyana y la República Bolivariana de Venezuela a las dos partes, con pleno conocimiento de causa, las implicaciones que esto podía tener para el Reino Unido e Irlanda del Norte y si existía un acuerdo correspondiente de la República Cooperativa de Guyana y la República Bolivariana de Venezuela. El juez ad hoc Wolfrum respaldó la interpretación del Acuerdo de Ginebra por parte de la CIJ.

---

[819] International Court of Justice, "Declaration of Judge ad hoc Wolfrum". Disponible en: https://www.icj-cij.org/sites/default/files/case-related/171/171-20230406-JUD-01-04-EN.pdf.

En consecuencia, el juez ad hoc Wolfrum concluyó que no era necesario seguir considerando la aplicabilidad del principio del Oro Monetario. Sin embargo, a su juicio, esto no significaba que la CIJ no pudiera considerar toda la información proporcionada por las partes en relación con el presunto comportamiento fraudulento de los árbitros en 1899.

El juez ad hoc Wolfrum agregó, además, algunas aclaraciones sobre el objeto de la controversia, porque observó que la República Bolivariana de Venezuela había declarado en una variedad de contextos que los intereses del Reino Unido e Irlanda del Norte también formaban el objeto mismo de cualquier decisión que la Corte tendría que rendir sobre el fondo.

Después de recordar la jurisprudencia de la Corte, reiterada por el tribunal arbitral en el Mar Meridional de China, el juez ad hoc Wolfrum sostuvo que la CIJ, al decidir sobre el objeto de una controversia, siempre había hecho hincapié en que debía prestarse especial atención a la formulación del solicitante. Señaló que la sentencia de 2020 estableció que el objeto de la disputa era la validez del Laudo de 1899 sobre la frontera entre la Guayana Británica y la República Bolivariana Venezuela y la cuestión relacionada del arreglo definitivo de la frontera terrestre entre la República Cooperativa de Guyana y la República Bolivariana de Venezuela. Según el juez ad hoc Wolfrum, este objeto debía distinguirse de los argumentos utilizados por las partes para sustentar sus respectivas posiciones sobre la controversia.

d.5. Opinión parcialmente individual y parcialmente disidente del juez *ad hoc* designado por la República Bolivariana de Venezuela Philippe Couvreur[820]

El juez ad hoc Philippe Couvreur, en opinion separada, se refirió en primer término a la admisibilidad de la excepción preliminar presentada por la República Bolivariana de Venezuela en el caso de la controversia que sostiene con la República Cooperativa de Guyana ante la CIJ. Además, sostuvo que existe una diferencia entre la

---

[820] International Court of Justice, "Partly separate and partly dissenting opinion of Judge ad hoc Couvreur". Disponible en: https://www.icj-cij.org/sites/default/files/case-related/171/171-20230406-JUD-01-05-FR.pdf.

existencia de la competencia de la CIJ entre las partes y el ejercicio de dicha competencia, en particular respecto a un tercero.

El juez Couvreur explicó que, en una reunión con los Agentes de las partes, la Vicepresidenta de la República Bolivariana de Venezuela, Delcy Rodríguez, afirmó que su Gobierno consideraba que la CIJ carecía claramente de competencia y que había decidido no participar en el procedimiento. Además, entregó al Presidente de la CIJ una carta del Jefe de Estado de la República Bolivariana de Venezuela en la que afirmaba que no había base suficiente para la afirmar la competencia de la CIJ.

El juez Couvreur recordó que, en respuesta a esta negación de jurisdicción, la CIJ decidió en su Resolución de 19 de junio de 2018 que era necesario resolver la cuestión de su competencia en primera instancia, antes de cualquier procedimiento sobre el fondo. Los plazos fijados en la orden de la CIJ se referían exclusivamente a la presentación de documentos relativos a la competencia de la CIJ.

El juez Couvreur se refirió además a la importancia de entender el significado de la palabra *competencia* en el contexto específico de un órgano jurisdiccional y su práctica. Explicó que, en general, cuando un órgano jurisdiccional utiliza la palabra *competencia* se presume que se refiere a su significado habitual en los instrumentos jurídicos que rigen su actividad y en su propia práctica. También sostuvo que, en este caso específico, el Presidente de la República Bolivariana de Venezuela planteó desde el principio el problema que justificaba la decisión del país de no tomar parte en el proceso y que tanto el memorial de la República Cooperativa de Guyana como el memorándum de la República Bolivariana de Venezuela se centraron exclusivamente en la cuestión de la competencia.

El juez Couvreur destacó que la CIJ no había tratado en ningún momento la cuestión del ejercicio de la competencia, cuya existencia misma se tuvo que discutir y establecer en primer lugar. Explicó que la jurisprudencia de la CIJ establece una distinción clara entre la existencia de competencia y el ejercicio de dicha competencia. Además recordó que la CIJ ha considerado que los derechos de terceros ausentes son un obstáculo al ejercicio de la competencia previamente establecida entre las partes. Señaló que las cuestiones de admisibilidad pueden ser de carácter formal o sustantivo y que, a diferencia de las cuestiones de competencia, no están relacionadas con el ejercicio adecuado de la función jurisdiccional en un caso concreto. En este contexto, el juez

Couvreur explicó por qué la CIJ se ha abstenido de calificar las objeciones de terceros ausentes como *objeciones a la admisibilidad.*

El juez Couvreur afirmó que, de conformidad con el Reglamento, la CIJ tiene la facultad de examinar cuestiones que no son estrictamente problemas de competencia o de admisibilidad de la demanda, pero que requieren un estudio preliminar debido a su naturaleza. En este caso, aunque las partes son las mismas y el *petitum* es el mismo, la *causa petendi* no es idéntica en las dos fases del caso, por lo que la excepción preliminar de la República Bolivariana de Venezuela de 7 de junio de 2022 no es cosa juzgada y es perfectamente admisible.

El juez Couvreur trató la cuestión de la legitimidad de la República Cooperativa de Guyana como parte del proceso ante la CIJ, argumentando que la nación tiene un interés legítimo en defender la integridad de lo que considera su territorio, incluso si el título que sustenta su base territorial es discutido. Además, el juez se centró en la cuestión de si el Reino Unido e Irlanda del Norte es un *tercero indispensable* en el caso y al efecto recordó que la jurisprudencia de la CIJ desarrollada en casos anteriores no puede aplicarse automáticamente a este caso. Para que el precedente del caso del Oro Monetario resultara aplicable era necesario considerar si los intereses jurídicos del Reino Unido e Irlanda del Norte se ven afectados por cualquier decisión de la CIJ sobre el fondo del litigio.

El juez Couvreur analizó si el Reino Unido e Irlanda del Norte tiene suficiente interés jurídico en el asunto como para oponerse a la resolución de la cuestión de la validez del título de la República Cooperativa de Guyana sobre el territorio en litigio. En este sentido, el juez Couvreur argumentó que el interés jurídico del Reino Unido e Irlanda del Norte es tan tenue que la CIJ debería poder resolver en su ausencia la cuestión de la validez del laudo sin atentar contra el principio del oro monetario.

Sin embargo, si las causas de nulidad del laudo se refieren directamente al comportamiento del Reino Unido e Irlanda del Norte, la situación sería diferente. En ese caso, el juez consideró que el Reino Unido e Irlanda del Norte sí tendría suficiente interés jurídico en el asunto para oponerse a la resolución de la cuestión de la validez del laudo. Para sustentar su posición, el juez Couvreur mencionó algunos argumentos presentados por la República Bolivariana de Venezuela que critican la validez del laudo y que se refieren directamente al comportamiento del Reino Unido e Irlanda del Norte y a la validez del Tratado de Washington.

El juez Couvreur mencionó el proyecto de directriz 9 de la Comisión sobre la cuestión de la *Sucesión de Estados en materia de responsabilidad del Estado* y recordó que este instrumento establece que un Estado lesionado sigue teniendo derecho a invocar la responsabilidad del Estado predecesor incluso después de la fecha de sucesión en determinadas circunstancias, como en el caso de un Estado de reciente independencia cuyo territorio fue dependiente de las relaciones internacionales del Estado predecesor inmediatamente antes de la sucesión.

El juez Couvreur explicó que los actos de los que se acusa al Reino Unido e Irlanda del Norte durante la negociación del Tratado de 1897 y la preparación del Laudo Arbitral de París de 1899 no pueden ser imputados a la República Cooperativa de Guyana simplemente porque sucedió al Reino Unido e Irlanda del Norte en el territorio en litigio. Los intereses jurídicos propios del Reino Unido e Irlanda del Norte son distintos de los de la República Cooperativa de Guyana en el núcleo del litigio que debe resolver la CIJ.

El juez Couvreur insistió en que la CIJ no puede pronunciarse sobre el objeto de la demanda sin tener que pronunciarse previamente sobre determinados aspectos del comportamiento del Reino Unido e Irlanda del Norte. A su juicio, resulta problemático el argumento de la República Cooperativa de Guyana según el cual el Reino Unido e Irlanda del Norte habría aceptado la competencia de la CIJ para resolver la controversia.

Para el juez Couvreur, el consentimiento de los Estados a la competencia de la Corte depende de normas muy exigentes cuya satisfacción es difícil de probar en el presente caso. También señaló que la CIJ no puede ejercer su competencia sobre un Estado si ese Estado no es parte en el procedimiento de que se trate pues, de hacerlo, violaría los principios de reciprocidad e igualdad entre los Estados y el principio de contradicción. La posición sostenida por la República Cooperativa de Guyana podría socavar la seguridad jurídica y complicar el procedimiento, lo que a su vez dificultaría la solución definitiva del litigio.

Según se deduce de la opinión separada *in commento*, establecer el consentimiento inequívoco e incondicional del Reino Unido e Irlanda del Norte para que la CIJ se pronuncie en su ausencia -y sin ningún otro acuerdo- sobre la comisión de ilícitos que se le imputan en este caso resulta demasiado importante como para recurrir a meras suposiciones o especulaciones. Además, el juez Couvreur indicó que el único propósito del Reino Unido e Irlanda del Norte al convertirse en parte en el Acuerdo de Ginebra era facilitar la solución de la controversia territorial que había legado a la recién independizada República Cooperativa de Guyana. Por lo tanto, el consentimiento del Reino Unido e Irlanda del Norte no puede ser inferido a partir de suposiciones o especulaciones y que cualquier interpretación del Acuerdo de Ginebra debe ser coherente con los principios consagrados en el Estatuto de la CIJ, que es parte integrante de la Carta de las Naciones Unidas.

El juez Couvreur recordó que en el pasado la CIJ ha sido muy exigente en cuanto al requisito del consentimiento expreso de un Estado antes de pronunciarse sobre su comportamiento. Por lo tanto, el juez resaltó que la CIJ debería haber exigido un consentimiento expreso y claro del Reino Unido e Irlanda del Norte para que se sometiera a su jurisdicción.

Además de lo anterior, el juez Couvreur afirmó que, independientemente de cómo se haya tratado el argumento basado en un supuesto consentimiento del Reino Unido e Irlanda del Norte, no se justifica en forma alguna el rechazo de la excepción preliminar presentada por la República Bolivariana de Venezuela. Al efecto recordó que la carta del Secretario General de las Naciones Unidas, fechada el 30 de enero de 2018, mediante la cual notificó su decisión de elegir la CIJ como medio de solución de la controversia en virtud del Artículo IV, párrafo 2, del Acuerdo de Ginebra, no fue dirigida al Reino Unido e Irlanda del Norte. Sin embargo, el fallo del 18 de diciembre de 2020 confirmó que esta decisión era la base de la competencia de la CIJ en el caso. Lo anterior, a criterio del juez Couvreur, significa que la competencia no se extiende al Reino Unido e Irlanda del Norte y sus actos propios. Ello confirmaría que la elección del Reino Unido e Irlanda del Norte de permanecer como un tercero en el procedimiento fue debidamente analizada cuando la CIJ estableció su competencia para conocer del caso.

El juez Couvreur insistió en la importancia que tiene establecer el consentimiento de un Estado a la jurisdicción de la Corte para fortalecer la seguridad jurídica y la confianza de los Estados. También señaló las posibles dificultades procesales que podrían surgir en una nueva instancia en la que se involucre al tercer Estado -en este caso el Reino Unido e Irlanda del Norte- en virtud de un vínculo jurisdiccional supuestamente creado a través de un acuerdo.

En la última parte de su opinión, el juez Couvreur expresó su preocupación por la forma en que la CIJ ha analizado el caso, evitando examinar ciertos argumentos presentados por las partes. En su opinión, el enfoque adoptado por la CIJ no evita las dificultades planteadas por la teoría en que se basó el consentimiento del Reino Unido e Irlanda del Norte y plantea problemas para una buena administración de justicia.

Finalmente, el juez Couvreur manifestó su desacuerdo con la mayoría de los jueces de la CIJ en cuanto a la aplicación del principio del Oro Monetario en este caso y señaló que, a diferencia de los casos previos en los que se aplicó esta jurisprudencia, los hechos de este caso no están bien establecidos en este momento. También indicó que acoger la excepción de la República Bolivariana de Venezuela, basada en la ausencia del Reino Unido e Irlanda del Norte en el procedimiento, sería prejuzgar el fondo del asunto. Como bien lo señaló el juez Couvreur, la excepción preliminar presentada por la República Bolivariana de Venezuela está intrínsecamente vinculada con el fondo del asunto.

Por los motivos a los que nos hemos referido, el juez Couvreur concluyó que la excepción planteada por la República Bolivariana de Venezuela no era exclusivamente preliminar y, en consecuencia, debe ser examinada con el fondo del asunto.

2.2.2.3. Reconvención (Artículo 80 del Reglamento)

La reconvención o mutua petición es el derecho del demandado de formular pretensiones contra la parte actora en el proceso, respecto de las cuales la autoridad jurisdiccional deberá pronunciarse en la sentencia definitiva. Desde el punto de vista táctico del litigio, la reconvención es un medio de ataque del que dispone la parte accionada contra el demandante.

La reconvención en los procesos ante la CIJ no está regulada en el Estatuto. En cambio, se encuentra desarrollada la Sección D, subsección 3 del Reglamento mediante una sola disposición, el artículo 80[821], que fue modificado el 1 de febrero de 2001.

El artículo 80 del Reglamento establece que la CIJ sólo puede considerar la reconvención si está dentro de su jurisdicción y está directamente relacionada con el objeto de la demanda de la contraparte. Además, el artículo 80 del Reglamento establece que la reconvención se presenta en la Contramemoria y se considera una parte integral de la misma. La otra parte tiene derecho a presentar sus puntos de vista por escrito sobre la reconvención formulada por la parte demandada, en una escrito adicional, independientemente de cualquier decisión de la CIJ.

Ese escrito adicional deberá ser presentado de conformidad con el parágrafo segundo del artículo 45 del Reglamento que indica que en caso de que las partes estén de acuerdo o si la Corte considera necesario, por iniciativa propia o a petición de una de las partes, se podrán presentar una réplica por el solicitante y una dúplica por el demandado. La CIJ podrá autorizar o indicar que se presenten estos escritos adicionales si lo considera necesario.

2.2.2.4. Intervención de terceros (Artículos 62 y 63 del Estatuto; Artículos 81 al 86 del Reglamento)

Dentro de los procesos que se tramitan ante la CIJ, es posible la participación de terceros Estados que estén interesados en la controversia, además de los Estados parte. Según lo establecido en el artículo 62 del Estatuto, un Estado puede solicitar intervenir en un caso si cree que su interés jurídico puede verse afectado por la decisión final de la CIJ.

---

[821] La redacción del artículo 80 imitó la regulación que se había dado a la reconvención en el artículo 63 del Reglamento de la extinta Corte Permanente de Justicia Internacional que estableció lo siguiente: *"Cuando el proceso se hubiere incoado por demanda, podrá presentarse reconvención en los escritos de contestación, siempre que dicha demanda guarde relación directa con el objeto de la demanda y sea competencia de la Corte. Toda solicitud que no esté directamente relacionada con el objeto de la solicitud original deberá presentarse en forma de solicitud separada y podrá seguir siendo objeto de un procedimiento separado o ser acumulada por la Corte al procedimiento original"*.

Es conveniente resaltar que el Estatuto y el Reglamento sólo permiten la participación de Estados soberanos en los procesos ante la CIJ. En efecto, sólo los Estados pueden ser considerados como partes en los procesos ante la CIJ[822] y por lo tanto, se considera que sólo los Estados pueden intervenir como terceros en aquellos casos en los que la sentencia definitiva pueda afectar sus intereses jurídicos. Por lo tanto, los individuos, los grupos de interés, las instituciones públicas o privadas, así como los gremios de cualquier país que participe en un proceso ante la CIJ no pueden intervenir como terceros. Asimismo, ningún sujeto de derecho nacional o internacional distinto a los Estados podrá intervenir en los procesos ante la CIJ. Es responsabilidad de la CIJ decidir si acepta o no la solicitud de intervención de estos terceros Estados.

Asimismo, el Estatuto prevé que cuando la controversia verse sobre la interpretación de una convención del que sean partes Estados distintos a los litigantes, el Secretario de la CIJ deberá notificar inmediatamente a todos los Estados interesados, que serían principalmente, aquellos que también han suscrito la referida convención (Parágrafo primero del artículo 63 del Estatuto).

La notificación del parágrafo primero del artículo 63 del Estatuto origina el derecho a intervenir en el proceso a todos los Estados que la reciban. Sin embargo, la última parte del parágrafo segundo del artículo 63 *eiusdem* establece que el Estado que ejerza tal derecho será alcanzado por el efecto vinculante de la sentencia de interpretación. De lo anterior se deduce que el Estado interesado y notificado que no intervenga en el proceso no estará obligado a adoptar la interpretación de la convención que realice la CIJ en la sentencia definitiva.

El Reglamento regula el procedimiento incidental de intervención de terceros Estados en la Sección D, subsección 4, específicamente des-

---

[822] Por lo que se refiere a la función contenciosa de la CIJ, según información publicada en la página oficial de Naciones Unidas y tal como se deduce de los instrumentos que rigen el funcionamiento de la CIJ: "Pueden recurrir a la Corte todos los Estados partes en su Estatuto, que incluye a todos los Miembros de las Naciones Unidas. Sólo los Estados pueden ser partes en los casos que se sometan a la Corte. Las personas físicas y jurídicas y las organizaciones internacionales no pueden recurrir a la Corte". (Resaltado añadido) Véase Naciones Unidas, "Estatuto de la Corte Internacional de Justicia", Disponible en https://www.un.org/es/documents/icjstatute/#:~:text=Pueden%20recurrir%20a%20la%20 Corte,pueden%20recurrir%20a%20la%20Corte.

de el artículo 81 al artículo 86. De esta manera el Reglamento desarrolla con mayor detalle los artículos 62 y 63 del Estatuto, estableciendo con claridad cuál es el procedimiento de intervención de terceros Estados en un proceso ante la CIJ.

El artículo 81 del Reglamento establece que si un Estado considera que tiene un interés jurídico que puede verse afectado por la decisión en un caso, puede presentar una solicitud para intervenir. Esta solicitud debe presentarse lo antes posible y no más tarde del cierre del procedimiento escrito. La solicitud debe incluir el nombre de un agente, especificar el caso al que se refiere, el objeto preciso de la intervención y cualquier base de competencia que se reclame entre el Estado que solicita intervenir y las partes en el caso. La solicitud también debe incluir una lista de documentos en los que se apoya.

Por su parte, el artículo 82 del Reglamento establece el procedimientos para que un Estado haga una declaración de intervención en un caso ante la CIJ. El Estado interesado debe depositar una declaración firmada antes de la fecha de apertura del procedimiento oral, pero en circunstancias excepcionales, la CIJ puede admitir una declaración presentada posteriormente. La declaración debe contener información sobre el asunto y la convención a la que se refiere, así como datos que respalden la consideración del Estado como parte en la convención en cuestión. También debe indicar las disposiciones de la convención que están en discusión y presentar una exposición de la interpretación del Estado en relación con esas disposiciones. La declaración también debe incluir una lista de los documentos que la respaldan y puede ser presentada por un Estado aunque no haya recibido la notificación prevista en el artículo 63 del Estatuto.

El artículo 83 del Reglamento establece que las copias certificadas de la solicitud para intervenir o de la declaración de intervención deben comunicarse inmediatamente a las partes del caso, que deben presentar sus observaciones escritas dentro del plazo fijado por la CIJ. El Secretario de la CIJ también debe transmitir copias a la Secretaría General de las Naciones Unidas, los Estados miembros de la ONU y los demás Estados que tengan derecho a comparecer ante la CIJ, incluyendo cualquier otro Estado que haya sido notificado en virtud del artículo 63 del Estatuto.

El artículo 84 del Reglamento establece que la CIJ decidirá si se debe conceder una solicitud de intervención y si una intervención es admisible y esta decisión tendrá carácter prioritario, a menos que la CIJ dedica otra cosa al respecto. Además el artículo 84 del Reglamento establece que si se presenta una objeción a la solicitud de intervención o a la admisibilidad de una declaración de intervención dentro del plazo fijado en el artículo 83, la CIJ escuchará al Estado que solicita intervenir y a las partes antes de tomar una decisión.

El artículo 85 del Reglamento establece que si se declara con lugar una solicitud de intervención bajo el artículo 62 del Estatuto, el Estado interviniente recibirá copias de las declaraciones escritas y documentos presentados en el caso. Además, el Estado interviniente tendrá derecho a presentar una declaración escrita dentro del plazo fijado por la CIJ. Adicionalmente, se fijará otro plazo en el que las partes pueden presentar sus observaciones por escrito sobre esa declaración antes del inicio de las audiencias orales. Si la CIJ no está en sesión, estos plazos serán fijados por el Presidente de la CIJ.

En sentido similar, el artículo 86 del Reglamento establece que si se admite una intervención bajo el artículo 63 del Estatuto, el Estado interviniente recibirá copias de las declaraciones escritas y documentos presentados en el caso y tendrá derecho, dentro del plazo fijado por la CIJ o por su Presidente si la CIJ no está en sesión, a presentar sus observaciones escritas sobre el tema de la intervención. Estas observaciones serán comunicadas a las partes y a cualquier otro Estado admitido para intervenir. Además, el Estado interviniente tendrá derecho a presentar sus observaciones en relación al tema de la intervención durante las audiencias orales.

2.2.3. Pruebas (Artículos 50, 51 y 52 del Estatuto; Artículos 57, 62, 63, 64, 66, 71, 72, 79, 79bis, 79ter del Reglamento)

2.2.3.1. Consideraciones generales

En el proceso que se está sustanciando en la CIJ a propósito de la demanda interpuesta por la República Cooperativa de Guyana contra

Venezuela, corresponde ahora que Venezuela presente su contra memoria y sus defensas y pruebas antes del próximo 8 de abril del año 2024.

Ya hemos dicho varias veces que el Laudo Arbitral de París, de fecha 3 de octubre de 1899, que entregó al Reino Unido los territorios sobre los cuales Venezuela tenía legítimo derecho incurrió en múltiples vicios que lo afectan de nulidad. En concreto, el Laudo de París es nulo por haber violado el debido proceso; por haber incurrido en el vicio de exceso de poder; por haber decidido más allá de lo requerido al Tribunal Arbitral y, en consecuencia, haber incurrido en el vicio de *ultra petita*; por carecer de motivación y por falta al deber de imparcialidad de los árbitros[823].

Venezuela tiene sólidas pruebas que demuestran los graves vicios del Laudo de París y cuenta con los títulos históricos y jurídicos que respaldan sus derechos sobre el territorio controvertido. La CIJ no puede ignorar las graves violaciones del debido proceso; las erróneas interpretaciones del Tratado de Washington que conducen al vicio de exceso de poder; la ausencia de motivación de una decisión tan importante rompiendo con los principios reconocidos por el derecho internacional vigente para la época; una decisión que fue más allá de la controversia delimitada en el Tratado de Washington y que afectó los derechos de Brasil, un Estado no signatario del compromiso, incurriendo en el vicio de *ultra petita*; y la violación del deber de imparcialidad de los árbitros que consta en múltiples declaraciones y documentos vinculados con la disputa.

La actividad probatoria ante la CIJ está regulada por varias normas del Estatuto y de su Reglamento. Efectivamente los artículos 50, 51 y 52 del Estatuto y 57, 62, 63, 64, 66, 71, 72, 79, 79bis, 79ter del Reglamento regulan la materia, sobre la cual vamos a formular algunas consideraciones.

La primera es la disposición contenida en el artículo 50 según el cual la CIJ podrá *"comisionar a cualquier individuo, entidad, negociado, comisión u otro organismo que ella escoja, para que haga una investigación o emita un dictamen pericial"*.

---

[823] Véase Rafael Badell Madrid, "La Nulidad del Laudo de París del 3 de octubre de 1899", *Boletín de la Academia de Ciencias Políticas y Sociales*, número 165, Caracas, 2021, pp. 279-322.

Cuando se reciban las pruebas, dentro del término que será fijado por la CIJ, ésta tendrá la posibilidad de negarse a aceptar pruebas adicionales que las partes quieran presentar. Sin embargo, si ambas partes están de acuerdo con la presentación de pruebas adicionales la CIJ no podrá negarse a aceptarlas.

Una vez terminada la fase escrita del procedimiento ante la CIJ, queda fijado el *thema decidendum* y en virtud de ello las partes no podrán producir nuevos documentos, salvo que éstos sean públicos y de fácil acceso en general. Al efecto véase lo dispuesto en artículo 56 del Reglamento que establece:

> *"Después del cierre del procedimiento escrito, no podrá producirse ningún documento nuevo a la Corte por ninguna de las partes a no ser con el asentimiento de la otra parte o de acuerdo con lo dispuesto en el párrafo 2 de este Artículo".*

De conformidad con el artículo 58 del Reglamento queda a discreción de la CIJ decidir si se pronunciarán los alegatos primero o si, por el contrario, primero se presentarán los medios de prueba. La norma establece:

> *"La Corte determinará si las partes deberán pronunciar sus alegatos antes o después de la presentación de los medios de prueba; se reservará siempre, sin embargo, el derecho de las partes a comentar las pruebas presentadas"*[824].

Los aspectos probatorios de una controversia ante órganos jurisdiccionales internacionales tienen particularidades, una de ellas es la carga de la prueba. En efecto *"El concepto de carga de la prueba debe ser enfocado desde un ángulo diferente en el derecho internacional, pues ante la Corte Internacional de Justicia, -por ejemplo- los sujetos, actor y demandado, no siempre aparecen totalmente delineados, concretamente cuando se han sometido a la jurisdicción de la Corte por acuerdo entre ellos"*[825].

---

[824] *Ídem.*
[825] Alirio Abreu Burelli, "La prueba en los procesos ante la Corte Interamericana de Derechos Humanos", en Antônio Augusto Cançado Trindade (Coord.), *El sistema interamericano*

De manera que, en ocasiones, temas probatorios, como la carga de la prueba, no están perfectamente claros. La práctica de la CIJ ha sido la de considerar que la carga probatoria corresponde tanto al Estado demandante como al Estado demandado.

Debe tenerse en cuenta lo ocurrido en el caso Dinamarca contra Noruega relativo al Estatuto jurídico de la Groenlandia oriental que fue resuelto mediante sentencia de 5 de septiembre de 1933 por la Corte Permanente de Justicia Internacional (CPJI). Ese fallo de la CPJI es jurisprudencia vinculante para la CIJ por la continuidad que existió entre ambos órganos jurisdiccionales internacionales. En ese caso Noruega argumentó:

> *"...que en los actos legislativos y administrativos del siglo XIII en los que Dinamarca se basa como prueba del ejercicio de su soberanía, la palabra "Groenlandia" no se utiliza en el sentido geográfico, sino que sólo significa las colonias o la zona colonizada en la costa occidental"*[826].

Un cambio en el sentido que se otorga a la expresión "Groenlandia" constituye un argumento en el que, por su excepcionalidad, la carga de la prueba corresponde a la parte que lo alega:

> *"Este es un punto en el que la carga de la prueba recae sobre Noruega. El significado geográfico de la palabra "Groenlandia", es decir, el nombre que se utiliza habitualmente en los mapas para denominar a toda la isla, debe considerarse como el significado ordinario de la palabra. Si una de las partes alega que se le debe atribuir un significado inusual o excepcional, es esa parte la que debe demostrar su argumento"*[827].

---

de protección de los derechos humanos en el umbral del siglo XXI, Tomo I, Segunda edición, Corte Interamericana de Derechos Humanos, San José, 2001. Disponible en: http:// ru.juridicas.unam.mx/xmlui/bitstream/handle/123456789/28023/la-prueba-en-los-procesos-ante-la-corte-interamericana-de-derechos-humanos.pdf?sequence=2&isAllowed=y

[826] Corte Permanente de Justicia Internacional, "Judgement about Legal Status of Eastern Greenland Denmark v. Norway" de fecha 5 de septiembre de 1933. Disponible en: http:// www.worldcourts.com/pcij/eng/decisions/1933.04.05_greenland.htm

[827] *Ídem.*

En el caso concreto de la República Cooperativa de Guyana contra Venezuela ante la CIJ, la carga de la prueba es un tema que debe analizarse cuidadosamente. Recordemos que Venezuela ha sostenido históricamente la nulidad del Laudo Arbitral de París y en el siglo XX emprendió una serie de gestiones diplomáticas que llevaron a la suscripción del Acuerdo de Ginebra de fecha 17 de febrero de 1966. El artículo 1 de dicho acuerdo reconoce la existencia de una contención por parte de Venezuela respecto de la nulidad de la decisión arbitral. En efecto:

> *"Se establece una Comisión Mixta con el encargo de buscar soluciones satisfactorias para el arreglo práctico de la controversia entre Venezuela y el Reino Unido **surgida como consecuencia de la contención venezolana de que el Laudo arbitral de 1899 sobre la frontera entre Venezuela y Guayana Británica es nulo e írrito"***. (Resaltado añadido).

El reconocimiento en el Acuerdo de Ginebra de una contención contradice el argumento de la validez del Laudo Arbitral de París y supone que tal acto no ha sido aceptado por las partes como una solución definitiva de la controversia.

En consecuencia, si una parte alega la validez de un laudo que ha sido repudiado no sólo por Venezuela, sino por la prensa internacional y por quienes participaron en el procedimiento desde un día después de ser dictado, debe probar su validez.

De manera que como es habitual en la práctica de la CIJ la carga de la prueba está repartida entre ambas partes, pudiendo ambas alegar y probar sus argumentos, tanto los relativos a la validez del laudo (República Cooperativa de Guyana), como los relativos a la nulidad del mismo (Venezuela).

Debemos tener en cuenta que de conformidad con el artículo 35 del Estatuto la CIJ tiene el deber de verificar que la demanda de la República Cooperativa de Guyana se encuentre debidamente fundamentada en cuanto a los hechos y en cuanto al derecho. De manera que la CIJ tendrá el deber de analizar todos los documentos disponibles y los estudios que se han realizado sobre la controversia antes de dictar sentencia. Sobre este deber de la CIJ volveremos en un punto posterior.

2.2.3.2. Pruebas referidas a la violación del debido proceso

El laudo arbitral de París es nulo por múltiples violaciones al Tratado de Washington de 1897 y al derecho internacional vigente para el momento. En primer lugar, es necesario enfatizar que conforme a los términos del Tratado de Washington y, en particular a los artículos III y IV, se trataba claramente de un arbitraje de derecho y, como tal, los árbitros debían respetar la letra y espíritu del Tratado de Washington; a la vez que estudiar, investigar y cerciorarse de los títulos de derecho de cada una de las partes y adminicularlos al derecho internacional del momento.

Sin embargo, el Tribunal Arbitral de París no investigó ni se cercioró de la legitimidad y legalidad de los títulos de Venezuela, todo lo contrario, los desechó en contravención del artículo III del tratado de arbitraje que establecía:

> "*El Tribunal investigará y se cerciorará* de la extensión de los territorios respectivamente, o que pudieran ser legalmente reclamados por aquellas o éste, al tiempo de la adquisición de la Colonia de la Guayana Británica por la Gran Bretaña, y determinará la línea divisoria entre los Estados Unidos de Venezuela y la Colonia de la Guayana Británica"[828]. (Resaltado añadido).

La expresión *legalmente reclamados* suponía que para resolver la controversia los árbitros debían atenerse sólo a los títulos que las partes pudieran demostrar en derecho y decidir conforme a los principios de derecho internacional vigentes para el momento. Los árbitros tenían la obligación de analizar los títulos de las partes y considerar el derecho aplicable al momento de la controversia, teniendo en cuenta que el alcance de la misma se concretaba a los territorios que pudieran ser legalmente reclamados por las partes.

Por su parte, la obligación de *investigar y cerciorarse* suponía que los árbitros debían atender a los títulos de derecho de cada una de las partes y corroborar que efectivamente eran susceptibles de ser considerados como pruebas de sus pretensiones. Esta obligación se desprende

---

[828] Héctor Faúndez Ledesma, *La competencia contenciosa de la Corte Internacional de Justicia y el caso Guayana vs. Venezuela*, ob. cit., p. 337.

también del artículo V del tratado conforme al cual los árbitros debían *examinar y decidir imparcial y cuidadosamente* las cuestiones que se les hayan sometido. En efecto, el artículo V del Tratado de Washington estableció:

> *"Los Árbitros se reunirán en París dentro de los sesenta días después de la entrega de los argumentos impresos mencionados en el artículo VIII, y **procederán a examinar y decidir imparcial y cuidadosamente las cuestiones que se les hayan sometido o se les presentaren**, según aquí se estipula, por parte de los Gobiernos de los Estados Unidos de Venezuela y de Su Majestad Británica respectiva"*[829]. (Resaltado añadido).

De los artículos citados se desprenden dos obligaciones para los árbitros. En primer lugar, examinar las cuestiones que le hayan sido sometidas y, en segundo lugar, decidir sobre ellas, de manera imparcial y cuidadosa. Sin embargo, no fue así. Los árbitros decidieron con total arbitrariedad y sin tomar en cuenta ninguno de los títulos válidos de Venezuela. La prueba de ello, que Venezuela podría alegar ante la CIJ, consta en muchas fuentes documentales con las que queda claro que el tribunal no actuó conforme a derecho, sino en base a inclinaciones políticas.

El tribunal violó sus obligaciones cuando dejó de tomar en cuenta las pruebas más importantes de Venezuela, entre ellas, la carta de fecha 4 de marzo de 1842 de Henry Light, gobernador de la Colonia de Guayana Británica, dirigida a Lord Stanley, Ministro de Colonias. Esta era una prueba fundamental en favor de las pretensiones de Venezuela, por cuanto el gobernador expresó que el Reino Unido no tenía reclamación alguna sobre el río Amacuro, al oeste del río Barima. Con la carta quedó claro que incluso el gobernador Henry Light tenía serias dudas sobre la legitimidad de la segunda línea Schomburgk cuando escribió: *"Yo creo que el señor Schomburgk asume que el Amacuro es la frontera, solamente por razones de conveniencia"*[830].

Con este documento se puso de manifiesto, no sólo la falta de interés de los ingleses en ocupar los territorios que abarcó la segunda línea

---

[829] *Ibíd.*, 338.
[830] *Ibíd.* pp. 166-167. Carta del 4 de marzo de 1842, de Henry Light, Gobernador de la colonia de Guyana Británica, a Lord Stanley, Ministro de Colonias inglés, Foreign Office, 80/108. Palabras traducidas por el autor citado.

Schomburgk, sino la inviabilidad de tales ocupaciones que, según el gobernador, "*sólo podrían ser ocupados a un costo de vidas y dinero que no lo haría conveniente*"[831].

Ese documento no fue tomado en cuenta por el tribunal arbitral. Venezuela sabía de la existencia de esta carta pero desconocía su contenido. En su momento, los representantes de Venezuela pidieron al tribunal que exigiera a los británicos que la revelaran, sin embargo, basados en supuestas *consideraciones de alta política* se negaron a hacerlo.

Sólo se tuvo conocimiento de esa carta luego de que se abrieron los archivos confidenciales ingleses. En ese momento se descubrió el contenido de ese y otros documentos de gran valor probatorio que los árbitros dejaron de tomar en cuenta a pesar del deber que tenían de acuerdo con el artículo V del Tratado de Washington de "*examinar y decidir imparcial y cuidadosamente las cuestiones que se les hayan sometido o se les presentaren*".

En el procedimiento en curso ante la CIJ Venezuela tendrá la oportunidad de llevar esa importante Carta del Gobernador Henry Light con la que se prueba que el Reino Unido no tenía ningún interés en el territorio Esequibo. Si esto se realiza, estaríamos haciendo valer los derechos que históricamente hemos tenido sobre el territorio en disputa. Estaríamos llevando ante el principal órgano judicial de la ONU un importante documento que no fue evaluado por el Tribunal Arbitral de París en 1899.

Otra violación grave de las obligaciones que el Tratado imponía a los árbitros está relacionada con la denominada primera línea Schomburgk de 1835 que no fue tomada en cuenta por los jueces. Esta primera línea de Schomburgk "*sólo se aparta de dicho río como a unas 45 millas aproximadamente de la costa, en la confluencia de los Ríos Mazaruni y Cuyuni con el Esequibo y desde ese punto forma una especie de bolsa, al oeste del Río Esequibo, hasta el punto de la costa donde desemboca el Río Moroco*"[832]. El tribunal arbitral, por el contrario, tomó en cuenta la línea expandida del mapa de Hebert de 1842, una línea sobre la cual existen importantes indicios de falsificación y alteración, a saber:

---

[831] *Ídem*.
[832] Carlos Sosa Rodríguez, ob. cit., p. 122.

"Venezuela tiene pruebas de que el Foreign Office británico no conoció esa línea hasta junio de 1886. Ya esto es más que un grave indicio de que se trataba de una reciente corrupción del mapa original que reposaba desde 1842 en el Colonial Office"[833].

De otra parte, tengamos en cuenta también la regla "c" del artículo IV, que determina además la aplicación del derecho internacional:

"Los Árbitros podrán reconocer y hacer efectivos derechos y reivindicaciones que se apoyen en cualquier otro fundamento válido conforme al derecho internacional y en cualesquiera principios de derecho internacional que los Árbitros estimen aplicables al caso..."[834].

De conformidad con lo establecido en los artículos citados, el arbitraje sería de derecho y, como tal, los árbitros debían respetar la letra del Tratado de Washington de 1897, estudiar, investigar y cerciorarse de los títulos de derecho de cada una de las partes y adminicularlo al derecho internacional del momento.

Contrariamente a todo lo expuesto, los árbitros decidieron con total arbitrariedad, sin tomar en cuenta los títulos válidos de Venezuela y en abierta violación al debido proceso y al derecho aplicable para el momento.

Ese derecho internacional vigente al momento de resolver la controversia estuvo determinado por tres eventos de suma importancia que establecieron la modalidad y reglas de procedimiento del arbitraje internacional.

El primero, que ya hemos mencionado al tratar los antecedentes de la CIJ, fue el Tratado de Washington de 1871 relativo al conocido caso Alabama, que estableció las reglas para la solución de las reclamaciones con ocasión de los daños causados por el corsario Alabama en la Guerra de Secesión y la infracción del deber de neutralidad del Reino Unido. Este tratado arbitral fue determinante para la transición del arbitraje discrecional al arbitraje de derecho.

---

[833] Hermann González Oropeza y Pablo Ojer, ob. cit., p. 13.
[834] Héctor Faúndez Ledesma, *La competencia contenciosa de la Corte Internacional de Justicia y el caso Guayana vs. Venezuela*, ob. cit., p. 338.

El segundo evento que sirvió para configurar el derecho internacional que debían aplicar los árbitros fue el Proyecto de Reglamento sobre Procedimiento Arbitral Internacional elaborado por el Instituto de Derecho Internacional en 1875. En este sentido es importante recordar las palabras de García-Velutini cuando indica que: *"El derecho natural ha jugado siempre un papel muy importante dentro del arbitraje y ha sido la fuente de existencia para la elaboración de un cuerpo de reglas, que determinan sus líneas generales"*[835].

Ese cuerpo de reglas, que se alimenta del derecho natural, se haya reunido en buena medida *"en el Proyecto de reglamento del Instituto de Derecho Internacional y también en el Convenio de La Haya de los años de 1875 y de 1899 respectivamente"*[836].

Ese proyecto contuvo normas para la promoción del arbitraje internacional que recogían los principios del arbitraje para el momento. Tengamos en cuenta, por ejemplo, el artículo 18 del proyecto que estableció:

> *"El tribunal arbitral juzgará según los principios del derecho internacional, a menos que el acuerdo le imponga normas diferentes o deje la decisión a la discreción de los árbitros"*[837].

Es decir que, salvo pacto en contrario, no podían desconocerse los principios del derecho internacional vigentes vinculantes para las partes. En ninguna parte del Tratado de Washington se dispensó a los árbitros de la observancia de estos principios. Todo lo contrario, de la redacción del tratado se desprendió que debía analizarse y aplicarse el derecho, precisamente, el vigente para el momento y, dentro de ese derecho, los principios generales del derecho internacional.

Finalmente, el tercer y último asunto importante para la evolución del arbitraje en la época fue la Conferencia de La Haya organizada por

---

[835] Oscar García-Velutini, ob. cit., pp. 15-16.
[836] *Ídem*.
[837] Instituto de Derecho Internacional, *Projet de règlement pour la procédure arbitrale internationale*, Session de La Haye, 1875, p. 5. Disponible en: https://www.idi-iil.org/app/uploads/2017/06/1875_haye_01_fr.pdf. Texto original del artículo 18 del proyecto: *"Le tribunal arbitral juge selon les principes du droit international, à moins que le compromis ne lui impose des règles différentes ou ne remette la décision à la libre appréciation des arbitres"*. Traducción libre.

el Zar Nicolás II, celebrada desde el 15 de mayo al 3 de julio de 1899. Esta fue la primera instancia formal en la que se discutieron las reglas de arbitraje.

En esta conferencia se trataron aspectos importantes sobre el arbitraje que se concretaron en la Convención para el Arreglo Pacífico de las Controversias Internacionales, principal resultado de aquella reunión[838].

La importancia de la convención radica en efecto en que en ella se recogieron los principios generales de derecho internacional, hasta el momento difusos, y se sistematizaron las reglas que todo arbitraje debía cumplir. El fin de la convención quedó claro en el artículo I que disponía:

> *"Con el fin de evitar en cuanto sea posible que los Estados recurran a la fuerza en sus relaciones recíprocas, las Potencias signatarias convienen en hacer uso de todos sus esfuerzos para asegurar el arreglo pacífico de las desavenencias internacionales"*[839].

De allí que el arbitraje sea abordado por esta convención, por considerarse un mecanismo de derecho idóneo para la resolución de controversias internacionales. Esto quedó claro en el artículo 15 que estableció:

> *"El arbitraje internacional tiene por objeto la solución de los litigios entre los Estados, **por medio de jueces elegidos por los mismos y fundada en el respeto al derecho**"*[840]. (Resaltado añadido).

---

[838] Aurelio Bascuñán Montes, *Tratados aprobados en la Conferencia Internacional de La Haya*, Garnier Hermanos, París, 1900, p. 11 y p. 18.

[839] James Brown Scott (dir.), *The proceedings of the Hague Peace Conference*, elaborado por la Carnegie Endowment for International Peace en Washington, Oxford University Press, Nueva York, 1920. p. 236. Disponible en: https://www.loc.gov/rr/frd/Military_Law/pdf/HaguePeace-Conference_1899.pdf. Texto original del artículo: *"With a view to obviating, as far as possible, recourse to force in the relations between States, the signatory Powers agree to use their best efforts to ensure the pacific settlement of international differences"*. Traducción libre.

[840] Ibíd. p. 238. *"International arbitration has for its object the settlement of disputes between States by judges of their own choice and on the basis of respect for law"*.

Toda solución proveniente del arbitraje, salvo pacto en contrario, debía estar fundada en el derecho y no en consideraciones políticas. Es lo que ratificó luego el artículo 20:

> *"Con el fin de facilitar el uso inmediato del arbitraje para las controversias internacionales que no hayan podido resolverse por la vía diplomática, las Potencias signatarias se comprometen a organizar un Tribunal permanente de arbitraje, accesible en cualquier tiempo y qué funcione, salvo estipulación contraria de las Partes, **conforme a las Reglas de procedimiento comprendido en la presente Convención**"*[841]. (Resaltado añadido).

Esta disposición establece una clara distinción entre la solución de controversias a través de la vía diplomática y el arbitraje, el cual constituye un arreglo de derecho, cuando se refiere a la finalidad de facilitar el uso inmediato del arbitraje para las controversias internacionales que no hayan podido resolverse por la vía diplomática diferenciando claramente ambas vías, una política y otra jurídica.

La CIJ es la instancia más adecuada para reevaluar la interpretación y alcance del Tratado de Washington de 2 de febrero de 1897 en la actualidad. Así, Venezuela tendría la oportunidad de demostrar, como lo han hecho varios autores nacionales en sus valiosos trabajos, que el Tribunal Arbitral de París falló en cuanto a la determinación del derecho aplicable al fondo de la controversia, dejando de lado los principios que en ese momento orientaban la práctica del derecho internacional y, en especial, el arbitraje.

2.2.3.3. Pruebas en relación al vicio de exceso de poder

El Laudo Arbitral de París es nulo por haber incurrido en el vicio de exceso de poder, cuando aplicó erróneamente la regla de la prescripción en favor de Gran Bretaña, con lo que violó el artículo IV del tratado de arbitraje que estableció que:

---

[841] *Ibíd*. p. 239. *"With the object of facilitating an immediate recourse to arbitration for international differences which it has not been possible to settle by diplomacy, the signatory Powers undertake to organize a Permanent Court of Arbitration, accessible at all times and operating, unless otherwise stipulated by the parties, in accordance with the rules of procedure inserted in the present Convention"*.

"Una posesión adversa o prescripción por el termino de cincuenta años constituirá un buen título. Los árbitros podrán estimar que la dominación política exclusiva de un Distrito, así como la efectiva colonización de él son suficientes para constituir una posesión adversa o crear títulos de prescripción"[842].

Dicha regla fue negociada por Richard Olney y Julián Pauncefote, Embajador del Reino Unido en Washington, a espaldas del Ministro José Andrade, que fue excluido poco a poco de las conversaciones para negociar los términos del tratado de Washington.

En efecto, se hizo creer a Venezuela, a través del ministro José Andrade, por explicación del Secretario de Estado de los EEUU, Richard Olney, que la mencionada regla de prescripción sería aplicada solamente a ocupaciones efectivas anteriores a 1814 y que se refería sólo a un territorio muy pequeño entre los ríos Pomaron, Moruco y Esequibo. De ser así ningún derecho tendría Gran Bretaña.

Sin embargo, para los ingleses la cláusula de prescripción sería aplicable a todas las ocupaciones ocurridas cincuenta años antes de la fecha en la que se firmó el Tratado de Washington, es decir, de 1897 hacia atrás. No se trataba en todo caso de un territorio pequeño como se hizo creer al representante de Venezuela.

Esta desviada interpretación de la regla de prescripción fue la que se impuso, aun cuando era contraria a lo que las partes habían pactado mediante el tratado de noviembre de 1850, que tenía como finalidad que ambas partes no siguieran extendiendo sus pretensiones mediante la usurpación indebida de territorios controvertidos.

Es curioso además -y también fue oportuno para el Reino Unido- que se estableciera una prescripción cincuentenaria que permitiría adquirir muchos más territorios en lugar de fijar, al menos, una prescripción centenaria que era más acorde con los principios del derecho internacional pero que, de otra parte, resultaba menos beneficiosa para los ingleses por cuanto les impediría obtener un territorio tan vasto.

Tengamos en cuenta también que para aplicar esta regla, el Reino Unido tenía que probar que ocupaba esos territorios en forma pacífica

---

[842] Héctor Faúndez Ledesma, *La competencia contenciosa de la Corte Internacional de Justicia y el caso Guayana vs. Venezuela*, ob. cit., p. 337.

y permanente. Esto nunca sucedió y el tribunal arbitral nada dijo al respecto. Venezuela tiene la posibilidad de denunciar esto ante la CIJ en su contramemoria, dejando claro que el Laudo Arbitral de París fue dictado en violación de lo establecido en el Tratado de Washington cuando el tribunal arbitral decidió simplemente presumir la ocupación pacífica y permanente del Reino Unido, sin atender a ningún tipo de prueba.

De acuerdo a esa errónea interpretación se impuso el principio del *uti possidetis facti* sobre el *uti possidetis iuris*, verdadero eje del problema[843]. Esto se hizo, bajo el argumento de que el *uti possidetis iuris*, por ser un principio de derecho internacional americano, sólo era aplicable entre los Estados de la región bajo conquista.

De manera que Gran Bretaña, al no ser parte de los Estados bajo dominio colonial, sostuvo que este principio no tenía ninguna aplicación en el caso. La aplicación del *uti possidetis iuris* habría beneficiado a Venezuela por cuanto había adquirido, según este principio, todos los territorios que pertenecían a la Capitanía General de Venezuela desde 1777. El principio americano del *uti possidetis iuris* tiene una relación estrecha con nuestra tradición constitucional como nación que estuvo bajo la influencia española. Es un acto abiertamente contrario a derecho desconocer este principio jurídico, beneficiando exclusivamente al Reino Unido, quien carece de títulos jurídicos sobre el territorio en disputa. La CIJ es la instancia adecuada para que Venezuela exprese su visión sobre este asunto y convenza a los magistrados de que una decisión ajustada a derecho implica la valoración de este principio, presente en todas nuestras constituciones.

Pero, incluso, aplicando la regla de prescripción de esa forma incorrecta, de ella no se deduce la posibilidad de otorgar el enorme territorio que se adjudicó a Gran Bretaña. En efecto, está demostrado en el mapa incluido en el informe de los jesuitas Hermann González y Pablo Ojer que el territorio que podía adquirir el Reino Unido mediante la regla de prescripción si no existieran los títulos jurídicos de Venezuela, como en efecto los hay-era mucho menor al que el laudo le adjudicó finalmente.

---

[843] Véase Isidro Morales Paúl, "Análisis crítico del problema fronterizo «Venezuela-Gran Bretaña»", ob. cit., p. 192.

El Laudo estableció que la línea de demarcación entre los Estados Unidos de Venezuela y la Guayana Británica es como sigue:

> *"Principiando en la Costa a la Punta Playa la línea de demarcación correrá por línea recta a la confluencia del Río Barima con el Río Mururuma, y continuará por el medio de la corriente de este Río hasta su fuente, y de este punto a la unión del Río Haiowa con el Amacuro, y continuará por el medio de la corriente del Amacuro hasta su fuente en la Sierra Imataca, y de allí al Sudoeste por la cima más alta del Espolón de la Sierra Imataca hasta el punto más elevado de la Cordillera Principal, al Sudeste, hasta la fuente del Acarabisi, y de este punto continuará por el medio de la corriente de este Río hasta el Cuyuní, y de allá correrá por la orilla septentrional del Río Cuyuní al Oeste hasta su confluencia en el Wenamu, y de este punto seguirá el medio de la corriente del Wenamu hasta su fuente más occidental, y de este punto por línea recta a la cumbre del Monte Roraima, y del Monte Roraima a la Fuente del Cotinga, y continuará por el medio de la corriente de este Río hasta su unión con el Takutu, y seguirá el medio de la corriente del Takutu hasta su fuente, y de este punto por línea recta al punto más occidental de la Sierra Akarai, continuará por la cúspide de la Sierra Akarai hasta la fuente del Corentín llamado Río Cutari. Queda siempre entendido que la línea de demarcación establecida por este fallo existe sin perjuicio y con reserva de cualquier cuestión que ahora exista o que ocurriese para determinación entre los Estados Unidos de Venezuela y la República del Brasil o entre esta República y el Gobierno de Su Majestad"*[844].

En el mapa -extraído del informe que realizaron los jesuitas Hermann González y Pablo Ojer publicado en 1967- tomando como base los documentos confidenciales británicos, se observa claramente cuáles fueron los territorios ocupados por los ingleses para 1840 (negro), entre 1886 y 1890 (gris oscuro) y después de 1890 (gris claro)[845].

---

[844] Héctor Faúndez Ledesma, *La competencia contenciosa de la Corte Internacional de Justicia y el caso Guayana vs. Venezuela*, ob. cit., pp. 342-343.
[845] Hermann González Oropeza y Pablo Ojer, ob. cit., p. 15.

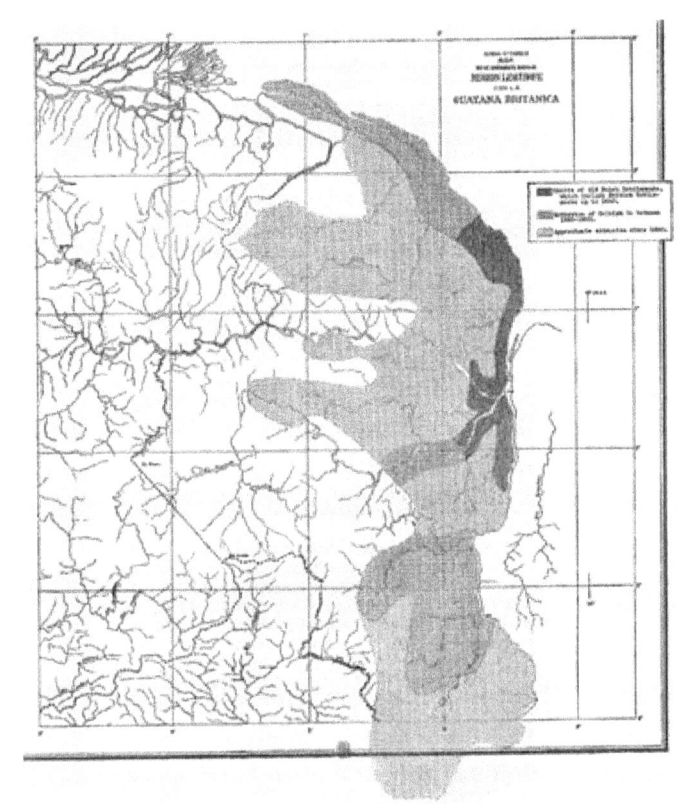

Negro: Territorios ocupados por Gran Bretaña hasta 1840.
Gris oscuro: Territorios ocupados por Gran Bretaña entre 1886 y 1890.
Gris pálido: Territorios ocupados por Gran Bretaña después de 1890.

N. B. Se ha preparado este mapa sobre la base de mapas y otros documentos confidenciales británicos. Se aprecia que aún el principio de Prescripción de 50 años sólo se habría aplicado a una pequeña parte de la Guayana Esequiba.

Nótese que el territorio reflejado en el mapa es considerablemente inferior al que se adjudicó al Reino Unido con el laudo, pues, incluso en la peor de las interpretaciones eran estos los territorios a los que podría haberse aplicado la regla de la prescripción, en ausencia de títulos jurídicos que no era el caso.

Por ello el laudo arbitral de París aplicó erróneamente la regla de prescripción en favor de Gran Bretaña, con lo que violó el artículo IV del tratado de arbitraje y, en consecuencia, incurrió en el vicio de exceso de poder.

Este mapa se une al resto de evidencias que comprueban que el Laudo de París no fue una decisión arbitral, pero sí arbitraria. Nunca hemos estado ante un órgano tan importante dedicado exclusivamente a resolver el tema de la nulidad del laudo como lo es la CIJ. Llevar todas las pruebas que tiene Venezuela respecto del vicio exceso de poder, que por cierto es uno de los más graves, ayudaría a los notables magistrados a tener una mejor comprensión de la injusticia histórica de la que fuimos víctimas.

2.2.3.4. Pruebas relacionadas con el vicio de *ultra petita*

Es claro que conforme al artículo I del Tratado de Washington el tribunal arbitral tenía la sola misión de *"determinar la línea divisoria entre los Estados Unidos de Venezuela y la Colonia de la Guayana Británica"*[846]. Asimismo, de acuerdo al artículo III, que ya hemos citado varias veces -por cuanto fue violado de varias maneras- el tribunal debía investigar y cerciorarse de la extensión de los territorios respectivamente, o que pudieran ser legalmente reclamados y debía determinar la línea divisoria entre los Estados Unidos de Venezuela y la Colonia de la Guayana Británica.

Es pertinente ratificar la consideración muy básica y elemental de que en los arbitrajes internacionales existen límites que deben observar los árbitros. El primero es el deber de atenerse al objeto de la controversia establecido en el tratado, lo cual limita la competencia del tribunal y, el segundo, que el tribunal no puede pronunciarse sobre aspectos que puedan involucrar a otros Estados no signatarios del compromiso.

El Laudo Arbitral de París de 1899 es nulo por la inobservancia por parte de los árbitros de estos límites y, en consecuencia, por haber incurrido en el vicio de *ultra petita*. Se incurrió en el vicio de *ultra petita* por cuanto decidió sobre el régimen de navegación en los ríos Barima y Amacuro que nada tenía que ver con el objeto de la controversia delimitado en el tratado.

De otra parte, se involucró y afectó con la decisión a Estados que no suscribieron el tratado de arbitraje, pronunciándose sobre cuestiones limítrofes que no eran discutidas en ese momento, como la frontera entre la Colonia de Guayana Británica y Brasil.

---

[846] Héctor Faúndez Ledesma, *La competencia contenciosa de la Corte Internacional de Justicia y el caso Guayana vs. Venezuela*, ob. cit., p. 336.

En efecto, el tribunal ignoró el límite objetivo cuando se pronunció sobre el régimen de vías fluviales y dotó de carácter internacional las actividades de navegación en el río Barima y el río Amacuro, cuestión que no tenía cabida alguna en el tratado. Además, lo ignoró cuando se pronunció sobre las tasas aduaneras entre los Estados en disputa, a saber:

> "*Al fijar la mencionada línea de demarcación los Árbitros consideran y deciden que, en tiempo de paz, los ríos Amacuro y Barima quedarán abiertos a la navegación de los buques de comercio de todas las naciones, salvo todo justo reglamento y el pago de derecho de faro u otros análogos, a condición que los derechos exigidos por la República de Venezuela y por el Gobierno de la Colonia de la Guayana Británica con respecto del tránsito de buques por las partes de dichos ríos que respectivamente les pertenecen, se fijen a la misma tasa para los buques de Venezuela y los de la Gran Bretaña, la cual no excederá a la que se exija de cualquiera otra nación. Queda también entendido que ningún derecho de aduana podrá ser exigido, ya por la República de Venezuela, ya por la colonia de la Guayana Británica, con respecto de mercaderías transportadas en los buques, navíos o botes pasando por dichos ríos, pero los derechos de aduana serán exigibles solamente con respecto de las mercaderías desembarcadas respectivamente en el territorio de Venezuela y en el de la Gran Bretaña*"[847].

Conforme con lo anterior, el laudo violó también el límite subjetivo al afectar Estados que no habían suscrito el tratado arbitral, por cuanto definió los límites de la Colonia Británica de Guayana con respecto a Brasil y Surinam. El laudo de París afectó a Brasil cuando adjudicó al Reino Unido el límite de los ríos Cotinga y Takutu, territorios que eran objeto de disputa entre Gran Bretaña y Brasil. En efecto, el laudo señaló cuando determinó la frontera:

> "*...y del Monte Roraima a la Fuente del Cotinga, y continuará por el medio de la corriente de este Río hasta su unión con el*

---
[847] *Ibíd.*, p. 343.

Takutu, y seguirá el medio de la corriente del Takutu hasta su fuente, y de este punto por línea recta al punto más occidental de la Sierra Akarai..."[848].

De hecho, cuando se firmó el Tratado de Washington en 1897 Brasil anticipó los posibles efectos que podrían tener lugar con el laudo. Antes de ser dictado el laudo arbitral de París de 1899, el gobierno del Brasil presentó una protesta contra la redacción del Tratado de Arbitraje de 1897, específicamente sobre la generalidad del artículo III, tras considerar que su contenido era propenso a comprometer negativamente los derechos del Brasil en su litigio territorial con los británicos.

La protesta brasileña fue enviada al presidente del tribunal arbitral y también al gobierno británico y venezolano. De forma que el laudo arbitral de París desmejoró la situación del Brasil al adjudicarle a la Gran Bretaña tierras que estas dos naciones discutían, ocasionando protestas formales de la Cancillería de Brasil.

En efecto, las consideraciones que Brasil hizo fueron correctas. Así lo corrobora el contenido de la Circular del Ministerio de Relaciones Exteriores de Brasil a las Misiones Diplomáticas brasileñas de fecha 7 de diciembre de 1899 en Río de Janeiro. En aquel documento se expresaba claramente la afectación y perplejidad que causó el laudo a Brasil.

Se trata de una decisión que fijó como frontera entre los Estados Unidos de Venezuela y Gran Bretaña el límite de los ríos Cotinga y Takutú, que eran objeto de litigio entre el Reino Unido y Brasil[849]. Esta violación de los límites de la controversia supuso que el territorio venezolano se extendiera hasta territorios brasileños, incluyendo las vertientes meridionales de la sierra Aracay objeto de litigio entre Brasil y Francia[850].

Expresa la circular que con el laudo se violó el principio de derecho internacional según el cual las sentencias arbitrales sólo pueden decidir sobre la base de lo que ha sido pactado en el tratado de arbitraje. Tanto para Venezuela como para el Reino Unido era imposible acordar que su frontera pasara por los ríos Cotinga y Takutú, menos por la sierra de

---
[848] *Ibíd.*, p. 342.
[849] Elbano Provenzali Heredia, ob. cit., pp. 76-77.
[850] *Ídem.*

Aracay. En efecto: *"Venezuela no podría, porque su límite con Brasil está estipulado en el Tratado de 5 de mayo de 1859 y excluye aquellas regiones, Gran Bretaña no podría, porque aquel límite es el objeto del litigio que ella va a someter a arbitraje con Brasil"*[851].

Finalmente, la circular señaló que el tribunal arbitral de París con su decisión excedió los límites de la competencia fijada en el Tratado de Washington, incurriendo en el vicio de *ultra petita* cuando se pronunció sobre cuestiones *"no reclamadas ni por Venezuela ni por Gran Bretaña, atribuyendo a Venezuela la región amazónica que ella no disputa a Brasil y atribuyendo a la Guyana Británica aun contra Venezuela, solamente la línea Schomburgk en la parte reclamada contra Brasil"*[852].

Con relación a ello, en 1938 -hace más de ochenta años- el académico Dr. Carlos Álamo Ybarra señaló que el laudo desmejoró *"la situación del Brasil al adjudicarle a la Gran Bretaña tierras que estas dos naciones discutían, lo cual engendró protestas de la Cancillería de Rio de Janeiro, significadas en París y Londres"*[853].

Además, al afectar con la decisión a Estados que no habían suscrito el compromiso arbitral, ésta violó un principio fundamental en materia de derecho arbitral internacional, la relatividad de los laudos. Dicho principio, derivado de la naturaleza contractual del arbitraje, es la traducción del principio de relatividad de los contratos, de origen civilista, al campo del arbitraje internacional. Según este principio, además de los límites objetivos de la controversia -no ir más allá de la materia controvertida- existen límites subjetivos -no afectar con la decisión a sujetos no involucrados en el litigio- y con el laudo de París ambos límites fueron transgredidos.

El hecho de ignorar las reglas del Tratado de Washington decidiendo asuntos sobre los cuales no tenía competencia alguna, *"constituyen en sí mismos nuevas causas de nulidad de la sentencia"*[854]. Así, es claro que al incurrir en el vicio de exceso de poder y, concretamente, en el vicio de *ultra petita*, el laudo arbitral es un acto nulo. La comprobación de este vicio pasa por llevar ante los magistrados de la CIJ, como lo

---
[851] *Ídem.*
[852] *Ídem.*
[853] Carlos Álamo Ybarra, ob. cit., p. 87.
[854] Hermann González Oropeza y Pablo Ojer, ob. cit., p. 16.

requiere también la demostración de los demás vicios, el texto del Tratado de Washington del 2 de febrero de 1897. Los magistrados deberán establecer cuál era el verdadero alcance del tratado, esto es, determinar cuáles eran los poderes que las partes signatarias del compromiso habían otorgado a los árbitros.

2.2.3.5. Pruebas en relación a la falta de motivación

La falta de motivación queda demostrada con el propio texto del laudo. No contiene otra prueba más que los exiguos términos del laudo. El Tratado de Washington de 1897 y los principios generales del derecho internacional exigían, como presupuesto de validez del laudo, que éste fuera dictado con arreglo a derecho. Esto suponía incluir en la decisión la necesaria y suficiente motivación que permitiera conocer a las partes la valoración de los árbitros respecto de cada uno de los títulos jurídicos presentados y la explicación razonada de porqué decidieron de la forma como lo hicieron.

El deber de motivación se desprende, en primer lugar, del artículo III del Tratado de Washington que estableció que el tribunal *"investigará y se cerciorará de la extensión de los territorios respectivamente, o que pudieran ser legalmente reclamados por las partes"*[855]. Si el tribunal tenía la obligación de atender a los fundamentos legales de los títulos de cada una de las partes, entonces debía dar cuenta de cómo lo había hecho.

Además, para el momento de la decisión era ya un principio de derecho internacional que en los arbitrajes de derecho los laudos debían ser motivados. Así quedó plasmado con el precedente de las reclamaciones del Alabama, donde los árbitros elaboraron un laudo que explicó con detalles el razonamiento detrás de la decisión que tomaron.

El deber de motivación también fue recogido en el Proyecto de Reglamento sobre Procedimiento Arbitral Internacional de 1875 elaborado por el Instituto de Derecho Internacional, en su artículo 23, conforme al cual:

---

[855] Héctor Faúndez Ledesma, *La competencia contenciosa de la Corte Internacional de Justicia y el caso Guayana vs. Venezuela*, ob. cit., p. 337.

*"El laudo arbitral será por escrito y **estará motivado**, salvo que el convenio arbitral disponga otra cosa. Deberá ser firmado por cada miembro del tribunal arbitral. Si una minoría se niega a firmar, bastará la firma de la mayoría, junto con una declaración escrita de que la minoría se ha negado a firmar"*[856].. (Resaltado añadido).

Esta disposición pone de manifiesto la importancia de la motivación según los principios del derecho internacional para el momento de la disputa, que sólo era dispensable en los casos en que las partes así lo convinieran. Pero en el arbitraje de París, las partes jamás relevaron a los árbitros del deber de motivar.

Era claro que, para el momento de la controversia la motivación era una exigencia de la costumbre -fuente de derecho internacional-lo cual se recoge en el artículo 52 de la Convención para el Arreglo Pacífico de los Conflictos Internacionales, principal resultado de la Convención de La Haya de 1899, el cual estableció:

"La sentencia arbitral, aceptada por la mayoría de los votos, deberá estar motivada. Se redactará por escrito y la firmará cada uno de los miembros del Tribunal. Los miembros que hayan quedado en minoría pueden, al firmar, hacer constar su disentimiento"[857].

El deber de motivación definitivamente se impuso en el artículo 52 de la Convención para el Arreglo Pacífico de Controversias Internacionales emanada de la misma convención. Los árbitros, que eran todos juristas reconocidos y de dilatada experiencia en materia de derecho internacional y, en especial, de arbitraje, sabían de la vigencia de esos principios de derecho internacional.

---

[856] Instituto de Derecho Internacional, *Projet de règlement pour la procédure arbitrale internationale*, Session de La Haye, 1875. p. 5. Texto original del artículo: *"La sentence arbitrale doit être rédigée par écrit et contenir un exposé des motifs sauf dispense stipulée par le compromis. Elle doit être signée par chacun des membres du tribunal arbitral. Si une minorité refuse de signer, la signature de la majorité suffit, avec déclaration écrite que la minorité a refusé de signer"*.

[857] James Brown Scott (dir.), ob. cit., p. 244. Texto original del artículo: *"The award, given by a majority of votes, must state the reasons on which it is based. It is drawn up in writing and signed by each member of the tribunal. Those members who are in the minority may record their dissent when signing"*.

Venezuela tiene ahora una buena oportunidad ante la CIJ de establecer todos estos hechos que son determinantes para entender que el Presidente del Tribunal Arbitral, el jurista ruso Federico de Martens conocía muy bien el deber de motivación de los laudos arbitrales, y si no lo conocían sería irrelevante en cuanto a la validez del laudo, desde que se trata de un requisito que en derecho debe cumplir la decisión arbitral so pena de nulidad.

Sin embargo, lo cierto es que los representantes de Venezuela ante la CIJ pueden alegar y probar todos los hechos de los que se deduce la omisión dolosa del deber de motivación. Ello incluye, desde luego, invocar el precedente del ya mencionado caso del Costa Rica Packet, donde el jurista ruso Federico de Martens cumplió el deber de motivar el laudo.

En todo caso la ausencia de motivación es *per se* causa de nulidad del laudo. La principal consecuencia de alegar y probar estos hechos relativos a la falta de motivación ante la CIJ sería establecer la nulidad del Laudo Arbitral de París por no atender al derecho aplicable que se desprendía de los principios generales del derecho internacional.

Estos principios vinculaban a las partes y hacían nacer en los árbitros la obligación de resolver la controversia con arreglo a derecho y no en forma arbitraria. Hoy, los representantes de Guyana en la CIJ tratan de justificar la inmotivación del laudo expresando que:

> *"A la luz de la publicación de voluminosas actas de las alegaciones de las partes y de las copiosas pruebas presentadas al Tribunal Arbitral, y de acuerdo con la práctica de la época, el propio laudo fue sucinto"*[858].

Que se hayan publicado voluminosas actas no libera a los jueces de la obligación de motivar la decisión. Ni la obligación derivada del precitado artículo III del Tratado de Washington que implicaba tomar en cuenta todas las pruebas que constaban en el expediente. Es poco el valor de esas *voluminosas actas* y de aquellas *copiosas pruebas* cuando

---

[858] International Court of Justice, Memorial of Guyana, Volume I, in the case concerning to the Arbitral Award of 3 October 1899, 19 de noviembre de 2018. "*In light of the publication of voluminous records of the arguments of the parties and the copious evidence presented to the Arbitral Tribunal, and in line with practice at the time, the Award itself was succinct*", p. 9.

la documentación más contundente, que favorecía a Venezuela y que incluía comunicaciones, notas diplomáticas, tratados y mapas fueron pruebas ignoradas o silenciadas por el Tribunal Arbitral de París.

En verdad el laudo no fue sucinto ni tiene una motivación insuficiente, sencillamente no tiene motivación alguna. No se deduce de él cuál fue la consideración para decidir.

Si el tribunal arbitral consideró como título la cesión de Holanda al Reino Unido mediante el Tratado de Londres de 1814, tuvo entonces que haber señalado cómo llegó a esa conclusión y exponer cuál fue la valoración de la prueba que realizó.

Como afirma Faúndez Ledesma, de conformidad con el artículo IV del Tratado: *"...había tres opciones para adjudicar todo o parte del territorio en disputa a una de las partes en litigio, era natural y obvio que habría que indicar a partir de cuál de esas reglas se había llegado a esa decisión, y porqué"*[859].

La primera opción era mediante la aplicación de la regla "a" del artículo IV que estableció la posesión adversa o prescripción, que hemos analizado ya; la segunda posibilidad era mediante la aplicación de la regla "b" del artículo IV según la cual los árbitros podían *"reconocer y hacer efectivos derechos y reivindicaciones que se apoyen en cualquier otro fundamento válido conforme al derecho internacional"*[860] o principios del derecho internacional siempre que no contravinieran la regla de la prescripción; la tercera y última sólo podía darse en caso de ocupación por parte de súbditos en el territorio de la otra parte, otorgando a tales ocupaciones *"el efecto que, en opinión del Tribunal, requieran la razón, la justicia, los principios del derecho internacional y la equidad del caso"*[861].

La representación de Venezuela ante la CIJ deberá demostrar que la aplicación de las reglas del Tratado de Washington debía ser razonada en el laudo para que las partes conocieran los verdaderos motivos de la decisión. Venezuela podrá invocar ante la CIJ las reacciones de la prensa internacional luego de dictarse el Laudo Arbitral de París. A este

---

[859] Héctor Faúndez Ledesma, *La competencia contenciosa de la Corte Internacional de Justicia y el caso Guayana vs. Venezuela*, ob. cit., p. 115.
[860] *Ibíd.*, p. 337.
[861] *Ibíd.*, p. 338.

respecto tengamos en cuenta lo escrito en el diario La Voce della Veritá en fecha 29 de octubre de 1899, poco tiempo después de conocerse el contenido del laudo:

> "*La Comisión, de hecho no tomó en cuenta los argumentos de las dos partes. No juzgó sobre la base de los derechos, sino que arbitrariamente trazó lo que había de ser un compromiso, el cual, sin embargo, concede la mayor parte al más fuerte. En efecto, a Inglaterra le otorgaron cinco sextas partes y a Venezuela sólo una sexta parte, pero el tribunal no se tomó la molestia de explicar sobre qué bases jurídicas se apoyaba esa partición*"[862].

Venezuela deberá exponer y ampliar el desarrollo respecto del vicio de inmotivación que ha construido la doctrina venezolana desde el siglo pasado y probar de esta manera que los árbitros ignoraron este deber y dictaron una sentencia en la que se establece el límite entre dos Estados sin justificación legal alguna; cuestión que vicia la decisión y la hace nula.

2.2.3.6. Pruebas referidas a la violación del deber de imparcialidad

El Laudo Arbitral de París es nulo, además, porque violó principios de derecho internacional al haber faltado los árbitros al deber de neutralidad e imparcialidad, desde que al menos el Presidente del Tribunal Arbitral, Federico de Martens, actuó abiertamente de manera parcializada.

Hay muchas pruebas que evidencian que Federico de Martens manipuló y coaccionó a los demás árbitros para obtener una decisión unánime, convirtiendo un laudo de derecho en un arreglo político. Es un hecho que el ruso ejerció presiones indebidas sobre el resto de los árbitros.

Los principios del derecho internacional en materia de arbitraje, vinculantes todos, exigían que en la composición de los tribunales arbitrales se tomara en cuenta un elemento indispensable, la imparcialidad e independencia de los árbitros.

---

[862] Véase en Hermann González Oropeza y Pablo Ojer, ob. cit., p. 52.

El Tratado de Washington de 1897 en su artículo II, estableció la forma en la que se designarían los árbitros. El tribunal estaría compuesto por un total de cinco juristas, dos seleccionados "por Venezuela", cuando en verdad, de antemano, fue el tratado el que estableció quienes serían nombrados *"uno por el Presidente de los Estados Unidos de Venezuela, a saber, el Honorable Melville Weston Fuller, Justicia Mayor de los Estados Unidos de América, y uno por los Justicia de la Corte Suprema de los Estados Unidos de América, a saber, el Honorable David Josiah Brewer, Justicia de la Corte Suprema de los Estados Unidos de América"*[863].

Los otros dos seleccionados por los miembros de la comisión judicial del Consejo Privado de la reina Victoria, que fueron los juristas Lord Russell of Killowen y Sir Richard Henn Collins. El Presidente del Tribunal Arbitral sería un quinto jurista seleccionado por los otros cuatro árbitros[864].

De conformidad con esta disposición del tratado, el Presidente del Tribunal Arbitral, elegido por los árbitros ingleses y estadounidenses, fue el ruso Federico de Martens, reconocido jurista con amplia experiencia en materia de arbitraje, pero quien lamentablemente procedió con parcialidad y sin atenerse a la aplicación del derecho como correspondía a sus funciones arbitrales.

Venezuela debe ratificar ante la CIJ lo establecido en el artículo V del Tratado de Washington, por cuanto de allí es que se deriva el deber de imparcialidad según el cual los árbitros tenían que *"examinar y decidir imparcial y cuidadosamente"* las cuestiones sometidas a su decisión.

La máxima de derecho internacional según la cual se impone el deber de imparcialidad e independencia de los árbitros constaba asimismo en el precedente del artículo I del Tratado de Washington de 1871 relativo al caso Alabama, según el cual las partes elegirían un árbitro cada una, mientras que los otros tres serían árbitros extraños a la controversia lo que suponía una mayor garantía de imparcialidad. Además, el artículo II del mismo tratado de 1871 estableció la obligación de los

---

[863] Héctor Faúndez Ledesma, *La competencia contenciosa de la Corte Internacional de Justicia y el caso Guayana vs. Venezuela*, ob. cit., pp. 336-337.
[864] *Ídem*.

árbitros de examinar y decidir imparcial y cuidadosamente el asunto objeto de la controversia.

Sin embargo, contrariamente a lo establecido en el Tratado de Washington de 1897 y de los principios vigentes en materia de arbitraje internacional, la imparcialidad del jurista ruso Federico de Martens fue dudosa desde el comienzo, dado que éste era un funcionario activo de su país y ello asomaba la posibilidad de que estuviera influenciado por los intereses de su nación, más que por la idea de la imparcialidad, como lo señaló el Dr. Marcos Falcón Briceño al indicar que: *"al mismo tiempo que es elegido Presidente del Tribunal Arbitral, está asistiendo como Delegado de Rusia a las sesiones de la Primera Conferencia Internacional de la Paz. Una conferencia importante porque allí se establecen reglas sobre el arbitraje"*[865].

Con esta cita se evidencian dos cosas. De una parte, Federico de Martens era representante de Rusia y actuaba movido por intereses políticos y, de otra parte, queda claro que había participado en la Conferencia de La Haya de 1899 y que conocía todo lo que allí se discutió. El Dr. Marcos Falcón Briceño observa también que *"en el fondo de De Martens había más que todo un hombre práctico, como él mismo decía, un político, de manera que, y es natural, siendo un funcionario del imperio ruso, su pensamiento político estuviera vinculado desde luego al pensamiento y a los intereses políticos de Rusia"*[866].

Llama la atención que, al ser una figura tan relevante en el foro arbitral internacional, se conocían no sólo sus visiones políticas, sino también sus criterios sobre asuntos controversiales relacionados con el arbitraje, lo que pudo haber inclinado a los ingleses a elegirlo porque tenía una visión política del arbitraje y, además, sostenía, muy convenientemente para el Reino Unido, la tesis de que los laudos no requerían ser motivados. La visión que tenía el jurista ruso Federico de Martens respecto de la motivación de las decisiones arbitrales sería reflejada en el laudo de París en 1899 carente de motivación.

Además, Federico de Martens tenía una visión colonialista de las relaciones internacionales. Para él, las potencias eran superiores a los pueblos salvajes o bárbaros, como llamaba a los países menos desarrollados.

---

[865] Ídem.
[866] Marcos Falcón Briceño, ob. cit., p. 48.

Esta consideración fue la que le llevó a favorecer al Reino Unido en el arbitraje de París. Esta posición supremacista quedó plasmada en una de sus obras en la que expresó lo siguiente: *"Sin embargo, cabe preguntarse cuál de estas dos opiniones, tan divergentes en sus puntos de partida y tan coherentes en sus conclusiones finales, es la verdadera. ¿Es realmente cierto que una lucha entre Rusia e Inglaterra a orillas del Indo es una necesidad absoluta y una fatalidad implacable? ¿Están estas dos grandes potencias civilizadas real e inevitablemente obligadas por alguna ley inmutable a dar a los pueblos salvajes de Asia el triste espectáculo de una lucha amarga y despiadada? ¿Es digno de la civilización europea, de la que Inglaterra y Rusia son los únicos representantes en Asia Central, evocar los instintos pervertidos de las hordas asiáticas y aprovecharse del odio salvaje que estos bárbaros sienten hacia todas las naciones cristianas y civilizadas? ¿Se ha reflexionado seriamente sobre esta cuestión?: quién se beneficiará, en última instancia, de esta lucha entre Inglaterra y Rusia; ¿cuál de estas dos potencias, victoriosas en los campos de batalla, estará en condiciones de mantener bajo su dominio a todas las naciones asiáticas y a todas las tribus salvajes y saqueadoras a cuya ayuda debe su éxito?"*[867].

También es un hecho conocido que Federico de Martens tenía ciertas afinidades con Gran Bretaña al margen de su visión de las relaciones internacionales. Ciertamente, tenía entre sus credenciales, además de haber ejercido la docencia por treinta años en la Universidad de San Petersburgo, era profesor emérito y L.L.D de las universidades de Cambridge y Edimburgo[868]. Dichas credenciales constan no sólo en la parte inicial del Laudo Arbitral de París, también están en el preámbulo del caso Costa Rica Packet, al que hemos aludido en líneas anteriores[869].

Venezuela posee documentos, comunicaciones y notas de prensa que demuestran que se trató de una componenda. Venezuela deberá

---

[867] Véase Federico de Martens, "La Russie et l'Angleterre dans l'Asie centrale", *Revista de Derecho Internacional y Legislación Comparada*, Instituto de Derecho Internacional, 1879.

[868] Véase Héctor Faúndez Ledesma, *La competencia contenciosa de la Corte Internacional de Justicia y el caso Guayana vs. Venezuela*, ob. cit., p. 97.

[869] Ibíd., p. 342. *"Su Excelencia Frederic de Martens. Consejero Privado. Miembro Permanente del Consejo del Ministerio de Relaciones Exteriores de Rusia L. L. D. de la Universidad de Cambridge y Edimburgo"*.

promover todos estos elementos de convicción ante la CIJ, especialmente este importante informe que reúne sistemáticamente todas las pruebas de que Venezuela fue objeto de una grave injusticia. Algunos extractos de estos documentos son:

1. La señora Caroline Harrison, esposa del presidente Benjamin Harrison en su diario, fechado del 3 de octubre de 1899, afirmaba, refiriéndose al Reino Unido:

> *"Algo de lo que tomó ha concedido, pero en los alegatos se demostró que mucho no lo poseía legalmente. Todos nos hallamos más bien furiosos. Rusia era el quinto en el Tribunal, y es su diplomacia ponerse del lado de Inglaterra: la balanza de poder, etc..."*[870].

2. En comunicación de Lord Russell, árbitro principal del Reino Unido, a Lord Salisbury, fechada del 7 de octubre de 1899, refiriéndose a Federico de Martens, presidente del tribunal arbitral:

> *"...parecía que buscaba medios de llegar a líneas de compromiso, y pensaba que era su deber lograr a toda costa, a ser posible, una decisión unánime. Más aún, lamento verme en la obligación de decir que en entrevista privada intimó a Lord y Juez Collins, en tanto que le urgía a reducir el reclamo británico, que si no lo hacíamos, él se podría ver obligado, con el objeto de obtener la adhesión de los Árbitros venezolanos a acordar una línea que podría no ser justa con Gran Bretaña. No me cabe duda de que habló en sentido contrario a los Árbitros venezolanos, y temo que posiblemente fue mucho peor el medio de incitarles a que aceptaran el laudo en su forma actual. Sea lo que sea, huelga decir que el Sr. de Martens revelaba un estado de espíritu muy intranquilo"*[871].

3. Comunicación de Severo Mallet-Prevost de fecha 26 de octubre de 1899, trece días después de dictado el laudo, dirigida al profesor George L. Burr:

---

[870] Hermann González Oropeza y Pablo Ojer, ob. cit., p. 42.
[871] *Ídem*.

> *"Nuestros Árbitros fueron forzados a aceptar la decisión, y con estricto carácter confidencial, no dudo en asegurarle a usted que los Árbitros británicos no se rigieron por consideración alguna de Derecho o Justicia, y que el Árbitro ruso probablemente fue inducido a adoptar la posición que tomó por razones totalmente extrañas a la cuestión. Sé que esto sólo va a abrirle el apetito, pero al presente no puedo hacer otra cosa. El resultado, a mi juicio, es una bofetada al Arbitraje"*[872].

4. Richard Olney al presidente Grover Cleveland el 27 de diciembre de 1899:

> *"No lo he vuelto a ver a usted después de la sentencia en el asunto de los límites de Venezuela. A raíz de su regreso a Nueva York, el Sr. Mallet-Prevost, el abogado más joven de Venezuela estaba ansioso de contarme cómo habían pasado las cosas y por qué ocurrieron así. En una de mis visitas a Nueva York le invité a comer con el resultado de que habló más y comió menos, y de que el tiempo que duró la comida fue, más que de tomar alimentos y refrescos, de intensa ira y amargura de espíritu por el procedimiento y decisión del Tribunal de Arbitraje. Me abstengo de entrar en detalles, pues no me cabe duda de que usted se habrá enterado de ellos por otras fuentes. Lo peor de todo, por lo visto, no es tanto la pérdida de territorio por parte de Venezuela, cuanto el descrédito general del arbitraje. Según mi informante, tanto el Presidente de la Corte, como Brewer se muestran contrarios al arbitraje como fórmula de resolver controversias internacionales mientras no haya un procedimiento que garantice los derechos de las Partes. El exsecretario John W. Foster, con quien comí el otro día, dijo que Fuller y Brewer regresaron al país bastante enfermos de arbitraje"*[873].

Con esta carta quedó demostrado lo ocurrido en el tratado de arbitraje y reflejado en el Laudo Arbitral de París de 1899, lo que lesionó una de las principales virtudes del mecanismo del arbitraje internacional: la seguridad y confianza generada en las partes.

---
[872] *Ídem.*
[873] *Ibíd.*, p. 44.

5. El diario del secretario privado de Lord Russell, J. R. Block, con fecha de 2 de octubre de 1899, un día antes del laudo, contiene una frase contundente: "*Venezuela. La componenda de Martens nos ha dado la victoria. Archivos privados*"[874].

De manera que, hoy con esta información y la recabada en la investigación de los jesuitas Hermann González Oropeza y Pablo Ojer:

> "*...se puede apreciar con más claridad que el Laudo de 1899 no estuvo basado realmente en un análisis jurídico donde haya existido unanimidad de criterio sino que más bien fue la consecuencia de un pacto entre los integrantes del tribunal, quienes fueron fieles a sus intereses*"[875].

Desde luego, el análisis probatorio de cara al procedimiento en curso ante la CIJ impone el deber de reunir todos los elementos de convicción tendentes a demostrar la nulidad del Laudo Arbitral de París. En este sentido, un documento de suprema importancia es el memorándum póstumo de Severo Mallet-Prevost, uno de los abogados que formó parte del equipo de juristas que defendió a Venezuela en el arbitraje de París.

Severo Mallet-Prevost, quien falleció el 10 de diciembre de 1948 en Nueva York, designó como albacea al abogado Otto Schoenrich, socio de la firma de abogados a la que pertenecía (Curtis, Mallet-Prevost, Colt & Mosle) y le encargó que publicara el documento luego de su muerte.

El memorándum póstumo fue publicado en julio de 1949 en el *American Journal of International Law* y en el Boletín de la Academia de Ciencias Políticas y Sociales ese mismo año, específicamente en el volumen 14, bajo el título "Materia de excepcional importancia para la historia diplomática de Venezuela. La disputa de límites entre Venezuela y la Guayana Británica"[876].

De acuerdo con el memorándum, el abogado Severo Mallet-Prevost reconoce que él y el expresidente Benjamín Harrison tuvieron conoci-

---

[874] *Ídem.*
[875] William Dávila Barrios (ed.), ob. cit., p. 14.
[876] Otto Schoenrich, ob. cit.

miento de la confabulación que existió entre el Presidente del Tribunal Arbitral Federico de Martens y los árbitros ingleses Lord Russell y Lord Collins designados por el Reino Unido.

El abogado Severo Mallet-Prevost relata que Lord Russell siempre tuvo una actitud reticente e inclinada en favor del Reino Unido, era del criterio de que los árbitros tienen una vinculación política y consideraba que no era necesario que los arbitrajes internacionales se ciñeran exclusivamente a fundamentos legales.

En una comida íntima organizada por Henry White, que ocupaba el cargo de encargado de negocios de los Estados Unidos, en la ciudad de Londres coincidieron Lord Russell, el juez Josiah Brewer y el abogado Severo Mallet-Prevost. Este último expresa en su memorándum refiriéndose a Lord Russell:

> *"Me tocó sentarme a su lado, y en el curso de la conversación me aventuré a expresar la opinión de que los arbitramentos internacionales deberían basar sus decisiones únicamente sobre fundamentos legales. Lord Russell respondió inmediatamente: 'Estoy enteramente en desacuerdo con usted. Pienso que los arbitrajes internacionales deberían ser conducidos por vías más amplias y que deberían tomar en consideración cuestiones de política internacional.' Desde aquel momento comprendí que no podíamos contar con Lord Russell para decidir la cuestión fronteriza sobre la base del derecho estricto"*[877].

Por otra parte, el abogado Severo Mallet-Prevost tuvo una percepción totalmente distinta de Lord Collins, a quien conoció el primero de junio de 1899. Collins se mostró mucho más animado, dispuesto a indagar y, sobre todo, a comprender y analizar la controversia y los títulos que fundamentaban las pretensiones de las partes. Sobre él, reseña el abogado Severo Mallet-Prevost:

> *"Durante los discursos del Procurador General Sir Richard Webster y mío (los cuales duraron 26 días) era completamente obvio que Lord Collins estaba sinceramente interesado en darse cuenta totalmente de los hechos del asunto y en determinar la*

---
[877] Véase el Memorándum de Severo Mallet-Prevost en Otto Schoenrich, ob. cit., p. 32.

ley aplicable a tales hechos. Él, por supuesto, no dio indicación acerca de cómo votaría en la cuestión; pero toda su actitud y las numerosas preguntas que formuló eran críticas de los alegatos británicos y daban la impresión de que se iba inclinando hacia el lado de Venezuela"[878].

Sin embargo, esas impresiones cambiaron radicalmente luego del receso de dos semanas que tuvo lugar una vez concluidos los discursos del arbitraje de París. En ese momento los árbitros ingleses viajaron al Reino Unido junto con el Presidente del Tribunal Arbitral Federico de Martens.

Según consta en el memorándum, cuando Lord Collins volvió del Reino Unido a París luego de aquellas vacaciones no era el mismo que se había marchado. Evidentemente ocurrieron en el Reino Unido varios hechos que desconocemos pero que, probablemente, obedecían a intereses políticos de ambas potencias: Rusia y el Reino Unido. Lo anterior no es sólo una suposición nuestra, el mismo Severo Mallet-Prevost estaba convencido de que algo había ocurrido:

"El señor Mallet-Prevost afirmó que él estaba seguro de que la actitud de los miembros británicos y el miembro ruso del Tribunal Arbitral era el resultado de una negociación entre Gran Bretaña y Rusia por el cual las dos Potencias indujeron a sus representantes en el Tribunal a votar como lo hicieron, y Gran Bretaña probablemente dio a Rusia ventajas en otra parte del globo"[879].

Curiosamente, el 31 de agosto de 1907, un par de años después de la ejecución coactiva del laudo de París, tuvo lugar un hecho que aumenta la posibilidad de que las sospechas de Mallet-Prevost fueran verdaderas. Justo en esa fecha, se firmó el Tratado Anglo-Ruso de Mutua Cordialidad que alivió las tensiones entre Rusia y el Reino Unido en Asia Central y mejoró las relaciones entre ambos países, con la convención tuvo lugar la independencia de Afganistán, de Persia y de Tíbet.

---

[878] *Ídem*
[879] *Ibíd.*, p. 30.

Retomando el contenido del memorándum, la componenda de la que sospechaba Mallet-Prevost se hace evidente cuando Federico de Martens se reunió con los árbitros americanos -el Juez Josiah Brewer y el Juez Weston Fuller- para proponerles que si aceptaban tomar una decisión unánime, Venezuela conservaría las Bocas del Orinoco, pero si no lo hacían, el ruso se alinearía con los árbitros ingleses, cuestión que supondría una peor situación para el Estado venezolano.

La República Cooperativa de Guyana ha sostenido ante la CIJ que el memorándum de Severo Mallet-Prevost fue revelado muchos años después de dictarse el laudo y que, además, es dudoso por las estrechas relaciones del abogado con el Estado venezolano que le premió incluso con la Orden del Libertador[880]. Todo esto para restar valor y credibilidad al documento.

Sin embargo, el memorándum no es el único documento que pone de manifiesto los vicios del laudo arbitral de París y los abusos que tuvieron lugar en el procedimiento. Al contrario, las mayores protestas contra el laudo -como vimos- se dieron antes de conocerse el memorándum de Severo Mallet-Prevost.

De hecho, L. de la Chanonie comentó en el número tercero del tomo III de la *Revue d'Europe* publicada en marzo de 1900, lo mismo que luego se expresó en el memorándum de Mallet-Prevost. En efecto, L. de la Chanonie señaló que:

> "*...el Sr. De Martens propuso entonces a los árbitros americanos, conceder a Venezuela, en compensación por los territorios de la línea Schomburgk, la posesión absoluta del Orinoco, retirando la frontera inglesa a unas veinte leguas del río; añadió que si los árbitros de Venezuela no aceptaban este arreglo,*

---

[880] International Court of Justice, "Memorial of Guyana", Volume I, p. 13. "*En la búsqueda de ese objetivo, Venezuela se propuso impugnar la validez del Laudo que hasta entonces había respetado, afirmado y sostenido durante más de seis décadas. Con este fin, Venezuela invocó un memorando secreto, supuestamente redactado en 1944 por Severo Mallet-Prevost, un miembro menor del equipo legal de Venezuela en el arbitraje de 1899, con supuestas instrucciones de que no se publicara hasta después de su muerte (que ocurrió en 1949). Se dice que el memorando fue redactado más de 45 años después de los acontecimientos que supuestamente describía, y en el mismo año en que Venezuela entregó al Sr. Mallet-Prevost la Orden del Libertador "en testimonio de la alta estima que el pueblo venezolano tiene y tendrá siempre de él"*.

votaría con los árbitros ingleses para acabar de una vez, lo que aseguraría a Inglaterra la posesión de uno de los lados del delta del Orinoco. La perplejidad de los árbitros americanos fue grande, y su turbación profunda; al cabo de algunas horas de reflexión, juzgaron que era necesario ante todo poner al gran río fuera de las garras de Inglaterra; prefirieron aceptar un arreglo enojoso a no obtener nada, y finalmente, constreñidos por una necesidad imperiosa, se adhirieron a la sentencia arbitral; he aquí la unanimidad de los jueces tan cacareada por la prensa inglesa la cual la ha interpretado como una prueba irrefutable de los indudables derechos de Gran Bretaña. La publicación dada aquí a los debates secretos, pone las cosas en su punto. Una simple pregunta: si la disputa, en vez de haberse planteado entre un pequeño Estado y una gran Potencia, hubiera enfrentado a Inglaterra, Rusia, Francia o Alemania, ¿habría terminado en tres días y con tanto desenfado, un conflicto que, en caso de necesidad, hallara en la fuerza su legítimo recurso? Pero Venezuela no tiene el poder marítimo y militar que permite hablar alto; no ha podido apoyar con las armas el rechazo de una decisión no tanto arbitral cuanto arbitraria, cuya injusticia resultaba notoria. El derecho internacional le abría el camino a una apelación platónica, herida de antemano de esterilidad. ... Pero eso se calló"[881].

En este comentario de la prensa francesa se afirmó, cuarenta y nueve años antes de la publicación del memorándum de Severo Mallet-Prevost, que el Presidente del Tribunal Arbitral faltó al deber de imparcialidad a través de una componenda que perjudicó al más débil, que era obviamente Venezuela.

Era tan evidente la falta al deber de imparcialidad, que la naturaleza de arreglo político del Laudo Arbitral fue denunciada por la prensa en el Reino Unido. El 11 de octubre de 1899, apenas ocho días después de conocerse el laudo, la revista británica *Punch, or the London Charivari*, publicó una ilustración de Lord Salisbury. En la caricatura se observa a Lord Salisbury, reconocidamente contrario al arbitraje, escapando con varios documentos, incluida la línea Schomburgk y algunos otros mapas de minas y bosques que habían obtenido gracias al laudo.

---

[881] Hermann González Oropeza y Pablo Ojer, ob. cit., pp. 50-51.

En la parte inferior de la imagen se lee: «Lord Salisbury (chuckling) "I like arbitration - in the Proper Place!"» es decir, "Lord Salisbury (riendo entre dientes) y diciendo: *Me gusta el arbitraje - ¡en el Lugar Apropiado!*"[882].

Por otra parte, el 18 de octubre de 1899, en el Idaho Daily Statesman, un diario de Estados Unidos, se criticó fuertemente el arbitraje:

> *"El plan consistió en asegurar el apoyo del Sr. de Martens, Presidente del tribunal. Esto se llevó a cabo por la intervención de los rusos quienes deseaban que él se pusiera de lado de Gran Bretaña con el objeto de obtener el apoyo inglés para los planes rusos en China. Todo esto se cumplió con el más absoluto secreto, sólo cuando los Árbitros y se reunieron para el laudo, se aclaró la situación a los miembros americanos del Tribunal. Vinieron a saber que la mayoría se había puesto de acuerdo sobre lo que se había de hacer: otorgar a Gran Bretaña todo lo que reclamaba"*[883].

---

[882] Autor anónimo de "Peace and Plenty", en Punch, or the London Charivari en fecha 11 de octubre de 1899. Ilustración extraída de Andrés Eloy Burgos Gutiérrez (ed.), Memorias de Venezuela, número 34 enero-febrero 2016, Ministerio del Poder Popular para la Cultura - Centro Nacional de la Historia, Caracas, 2016, p. 22.

[883] *Ídem.*

A ello siguió la carta escrita por César Zumeta, publicada en el diario caraqueño El Tiempo el 17 de octubre de 1899 con la que se dejó claro el efecto negativo que tuvo el laudo en el foro arbitral internacional, creando una suerte de aversión al mecanismo:

> *"La decisión del Tribunal de París, de la cual ya habrá tenido usted la pena de informar a sus lectores, parece haber asombrado a los amigos de Venezuela en el exterior como si fuese una novedad inesperada. El ex-Presidente de los Estados Unidos, Sr. Harrison, el Justicia Brewer, uno de los árbitros designados por Venezuela, el abogado Sr. Mallet-Prevost, el mundo diplomático y hasta la prensa inglesa, declaran que las naciones se cuidarán mucho en lo adelante de fiar la defensa de sus derechos a Tribunales del carácter de éste que acaba de condenarnos"*[884].

De todos esos documentos, declaraciones y publicaciones de prensa se concluye que no se trata sólo del memorándum de Severo Mallet-Prevost, sino que son muchos los elementos de convicción en los que se revela que los árbitros faltaron al deber de imparcialidad e independencia. Por ello, ratificamos que la representación del gobierno de Venezuela para defender los intereses del país ante la CIJ deberá promover todas y cada una de estas pruebas que revelan, con absoluta claridad, que los árbitros no cumplieron con el deber de imparcialidad e independencia.

2.3. Terminación del proceso

2.3.1. Sentencia (Artículos 56, 57, 58, 59, 60 y 61 del Estatuto)

Antes de dictar la sentencia que resuelve definitivamente la controversia a través de un mandato judicial, los jueces de la CIJ deben cumplir con las deliberaciones establecidas en la Resolución sobre Práctica Judicial Interna. Luego de esas deliberaciones se procede a la distribución de un anteproyecto de sentencia, que será entregado a cada uno de los jueces para que, en forma de enmiendas, contribuya con sus observaciones por escrito.

---

[884] *Ídem.*

Luego de que se formulan las enmiendas, el comité de redacción presenta un proyecto para que sea discutido en una primera lectura. En esa oportunidad, los jueces que no compartan el criterio mayoritario pueden emitir sus votos particulares, dentro de un lapso de tiempo que será fijado por la CIJ.

Una vez examinadas las enmiendas se da una segunda lectura al proyecto de sentencia con modificaciones incluidas y, otra vez, el Presidente de la CIJ preguntará si alguno de los jueces quiere sugerir alguna modificación nueva. Asimismo, los jueces que deseen modificar sus votos particulares, podrán hacerlo en la misma medida en que se hayan insertado el cambio en el proyecto de sentencia. Sobre esto es importante el contenido del artículo 7 de la Resolución sobre Práctica Judicial Interna:

> *"(i) Un anteproyecto de decisión se distribuye a los jueces, que pueden presentar enmiendas por escrito. El comité de redacción, una vez examinadas estas enmiendas, presenta un proyecto revisado para su discusión por la Corte en primera lectura.*
> *(ii) Los jueces que deseen emitir votos particulares o disidentes ponen el texto a disposición de la Corte una vez concluida la primera lectura y dentro de un plazo fijado por la Corte.*
> *(iii) El comité de redacción distribuye un proyecto modificado de la decisión para la segunda lectura, en la que el Presidente pregunta si algún juez desea proponer otras modificaciones.*
> *(iv) Los Jueces que emitan votos particulares o disidentes sólo podrán introducir modificaciones o adiciones en sus dictámenes en la medida en que se hayan introducido cambios en el proyecto de decisión. Durante la segunda lectura, informan a la Corte Internacional de Justicia de las modificaciones o adiciones a sus dictámenes que se proponen realizar por ese motivo. La Corte Internacional de Justicia fijará un plazo para la presentación de los textos revisados de los votos particulares o discrepantes, cuyas copias se distribuirán a la Corte Internacional de Justicia"*[885].

---

[885] Véase Resolución relativa a la Práctica Judicial Interna de la Corte (Reglamento de la Corte, artículo 19) adoptada el 12 de abril de 1976. Disponible en: https://www.icj-cij.org/en/other-texts/resolution-concerning-judicial-practice.

Luego de la segunda lectura el Presidente de la CIJ instará a los jueces a dar a conocer su voto definitivo sobre la decisión. Sobre la forma de emisión del voto y las decisiones relativas a cuestiones separables, el artículo 8 de la Resolución sobre Práctica Judicial Interna establece:

> *"(i) Al término de la segunda lectura o después de un intervalo adecuado, el Presidente invitará a los Jueces a emitir su voto definitivo sobre la decisión o la conclusión de que se trate, por orden inverso de antigüedad y en la forma prevista en el apartado v) del presente artículo.*
> *(ii) Cuando la decisión se refiera a cuestiones separables, la Corte procederá, en principio, y salvo que las exigencias del caso concreto requieran un curso diferente, de la siguiente manera, a saber*
> *(a) cualquier juez podrá solicitar una votación separada sobre cualquiera de estas cuestiones;*
> *(b) siempre que la cuestión que se plantee a la Corte sea la de la competencia o la admisibilidad de la demanda, toda votación separada sobre cuestiones concretas de competencia o admisibilidad irá seguida (a menos que dicha votación haya puesto de manifiesto alguna objeción preliminar fundada con arreglo al Estatuto y al Reglamento de la Corte) de una votación sobre la cuestión de si la Corte puede entrar en el fondo del asunto o, si ya se ha llegado a esa fase, sobre la cuestión global de si, finalmente, la Corte es competente o la demanda admisible.*
> *(iii) En los casos previstos en el párrafo (ii) del presente artículo, o en cualquier otro caso en el que un juez lo solicite, la votación final sólo tendrá lugar después de un debate sobre la necesidad de realizar votaciones separadas y, siempre que sea posible, después de un intervalo adecuado tras dicho debate.*
> *(iv) La Corte decidirá si las votaciones separadas previstas en el párrafo (ii) de este Artículo deben ser registradas en la decisión.*
> *(v) Cuando el Presidente le pida que haga constar su voto final en cualquier fase del procedimiento, o que vote sobre cualquier cuestión relativa a la votación de la decisión o conclusión de que se trate, lo hará únicamente por medio de una respuesta afirmativa o negativa"*[886].

---
[886] *Ídem.*

Tras haber superado las distintas fases del procedimiento, que incluyen la formulación y discusión del anteproyecto de sentencia, la CIJ deberá dictar su decisión sobre el fondo de la controversia que, desde luego, tendrá en cuenta el derecho aplicable señalado en el artículo 38, es decir:

"a. las convenciones internacionales, sean generales o particulares, que establecen reglas expresamente reconocidas por los Estados litigantes;
b. la costumbre internacional como prueba de una práctica generalmente aceptada como derecho;
c. los principios generales de derecho reconocidos por las naciones civilizadas;
d. las decisiones judiciales y las doctrinas de los publicistas de mayor competencia de las distintas naciones, como medio auxiliar para la determinación de las reglas de derecho, sin perjuicio de lo dispuesto en el Artículo 59".

Ello será así, salvo que, con arreglo a la norma del parágrafo segundo del mismo artículo 38 del Estatuto, las partes hayan facultado a la CIJ para decidir el asunto *ex aequo et bono*, lo que no implica la pérdida de la naturaleza judicial característica del procedimiento de la CIJ[887].

Es oportuno preguntarnos cuál será el derecho que decidirá aplicar la CIJ en el procedimiento en este caso. Tengamos en cuenta el principio de intertemporalidad del derecho que consiste en aplicar el derecho vigente al momento en que ocurrieron los hechos que, en su conjunto, conforman la situación jurídica. La regla intertemporal impone el análisis conjunto *"del derecho internacional contemporáneamente en vigor"* que forma parte del contexto del tratado[888].

En este caso, la CIJ se pronunciará sobre la validez del Laudo Arbitral de París, y esa determinación podrá hacerse conforme al derecho vigente para ese momento, es decir entre 1897 -fecha de la firma de Tratado Arbitral de Washington- y el 3 de octubre de 1899, fecha en que el Tribunal Arbitral de París dictó la decisión. Aunque también los jueces podrían decidir dar preeminencia a las disposiciones del

---
[887] Véase Daniel Guerra Iñíguez, ob. cit., p. 461.
[888] Max Sorensen, ob. cit., p. 231.

Acuerdo de Ginebra o, incluso, atender a los principios y reglas generales del derecho internacional.

Al margen de la discusión del derecho aplicable en el que se fundamentará la decisión de la CIJ en la sentencia definitiva, es necesario ratificar el carácter obligatorio de los fallos emanados de ese alto órgano jurisdiccional. Con relación a esto, la CNU en el parágrafo primero de su artículo 94 dispone que los Estados miembros deben cumplir las decisiones de la CIJ. Concretamente señala dicha disposición que *"Cada Miembro de las Naciones Unidas compromete a cumplir la decisión de la Corte Internacional de Justicia en todo litigio en que sea parte"*[889].

De manera que las sentencias dictadas por la CIJ tienen carácter definitivo y no están en forma alguna sujetas a apelación. Tampoco es procedente en derecho la pretensión de nulidad contra una sentencia de la CIJ. Todo lo anterior nos lleva a la conclusión de que las sentencias de la CIJ están revestidas del efecto de *res iudicata*. Incluso en casos donde se ha planteado una cuestión ya decidida como objeto de un nuevo litigio, la CIJ se ha mantenido firme en no volver a considerar el mismo asunto. Ello fue así en el caso *Chorzow Factory* (Alemania contra Polonia) resuelto por la CPJI y en los casos del *Corfu Channel* (Reino Unido contra Albania) decidido mediante sentencia del 15 de diciembre de 1949 y *Haya de la Torre* (Colombia contra Perú) decidido mediante sentencia del 13 de junio de 1950[890].

A pesar de que la CIJ no tiene una segunda instancia para apelar un fallo emitido por sus magistrados, puede conocer en apelación de una decisión de otro órgano internacional o, incluso, un laudo emanado de un tribunal arbitral si los Estados han convenido en que ese acto pueda ser sometido a la CIJ *"si uno de ellos alega que el laudo no se ajusta al Derecho Internacional, puesto que tal desacuerdo constituye uno de los casos de conflictos jurídicos señalados en el artículo 36"*[891].

---

[889] Véase Carta de las Naciones Unidas. Disponible en: https://www.oas.org/36ag/espanol/doc_referencia/carta_nu.pdf.
[890] Véase Max Sorensen, ob. cit., p. 658.
[891] Véase Alfred Verdross, ob. cit., p. 565. El autor indica como ejemplo que en el caso sobre Jurisdicción del Consejo de la Organización de Aviación Civil Internacional de India contra Pakistán la CIJ *"declaró, en su sentencia de 18 de agosto de 1972, que si un acuerdo internacional le confiere competencia para decidir en apelación sobre la decisión de un órgano internacional en un litigio entre Estados, la CIJ también es competente para en-*

En general, y esto también aplica a la sentencia definitiva, las decisiones de la CIJ se definen por mayoría de votos de los magistrados que estén presentes al momento de decidir. En el supuesto de que no haya mayoría por empate durante la votación, el voto determinante será el del Presidente o el del magistrado que haga sus veces en los supuestos de ausencia (Artículo 55 del Estatuto).

Los jueces de la CIJ deben cumplir con el deber de motivación de la sentencia y, desde luego, incluir los nombres de cada uno de los magistrados que hayan participado en la decisión (Artículo 56 del Estatuto).

También es importante señalar que los jueces tendrán derecho a manifestar su opinión disidente y ésta será agregada a la sentencia de conformidad con lo establecido en el artículo 57 del Estatuto. Deberán firmar la sentencia tanto el Presidente como el Secretario, luego el fallo será leído en una sesión pública a la cual debe preceder la debida notificación de ese acto a los agentes de cada una de las partes (Artículo 58 del Estatuto).

La sentencia tendrá efecto vinculante que se restringe a las partes en litigio y sólo con relación al aspecto que ha sido decidido. No abarcará otros aspectos que vayan más allá de la controversia atendida por la CIJ ni podrá obligar a Estados que no hayan sido partes en el procedimiento (Artículo 59 del Estatuto).

De forma que no hay duda sobre el carácter definitivo de las sentencias de la CIJ. Sin embargo, en los que casos en los que no se verifique el cumplimiento voluntario del fallo, ¿cómo se procede a la ejecución forzosa de las sentencias dictadas por la CIJ?

En este sentido, la doctrina ha establecido que en cuanto a la ejecución forzosa de los fallos de la CIJ, puede aplicarse el mismo tratamiento dado a los laudos arbitrales. En efecto:

> *"El orden legal contemporáneo, carente de una organización centralizada de instrumentos de fuerza que puedan utilizarse en ayuda de los órganos judiciales y cuasijudiciales, presenta el mismo problema con respecto a la ejecución forzosa de las sentencias judiciales y de los laudos arbitrales"*[892].

---

tender de una apelación dirigida contra la decisión de ese órgano en cuanto a su propia competencia".

[892] Ídem.

De manera que cobran importancia mecanismos como la autoayuda (*self help*) que podría conducir, por ejemplo, a un embargo de bienes disponibles en el Estado que resultó victorioso en el procedimiento. También podrá recurrir a la cooperación internacional, recurso de los tribunales internos y, por supuesto, al apoyo de las instituciones internacionales[893]. En caso de incumplimiento, el parágrafo segundo del artículo 94 dispone que *"Si una de las partes en un litigio dejare de cumplir las obligaciones que le imponga un fallo de la Corte, la otra parte podrá recurrir al Consejo de Seguridad, el cual podrá, si lo cree necesario, hacer recomendaciones o dictar medidas con el objeto de que se lleve a efecto la ejecución del fallo"*.

Salvo otra disposición de la CIJ, cada parte deberá sufragar sus propias costas. De manera que es distinto al ámbito del derecho interno, pues las costas no serán sufragadas por la parte vencida (Artículo 64 del Estatuto).

2.3.1.1. Carácter inapelable de las sentencias

El fallo emitido por la CIJ tendrá carácter definitivo y no podrá ser objeto de apelación. Si existen problemas entre las partes respecto de la interpretación que deba darse a la sentencia, la CIJ tiene la facultad de evaluarlo e interpretarlo para aclarar cualquier aspecto que pueda generar confusión (Artículo 60 del Estatuto).

El parágrafo primero del artículo 61 del Estatuto permite la revisión de las sentencias emitidas por la CIJ pero sólo bajo un supuesto excepcional y es cuando la solicitud de revisión del fallo:

> *"...se funde en el descubrimiento de un hecho de tal naturaleza que pueda ser factor decisivo y que, al pronunciarse el fallo, fuera desconocido de la Corte y de la parte que pida la revisión, siempre que su desconocimiento no se deba a negligencia"*.

En caso de que la CIJ considere que debe proceder a la revisión de una sentencia por la razón antes expuesta, dará inicio al procedimiento de revisión a través de una resolución y, en ella deberán concurrir expresamente tres requisitos: la existencia del nuevo hecho, el

---

[893] *Ídem.*

reconocimiento de que las características e implicaciones del nuevo hecho fundamentan la revisión y, por último, la declaratoria con lugar de la solicitud de revisión de la sentencia (Parágrafo segundo del artículo 61 del Estatuto).

Sin embargo, aunque una de las partes solicite la revisión de la sentencia, la CIJ podrá exigir como presupuesto de la revisión el cumplimiento de la sentencia objeto de revisión (Parágrafo tercero del artículo 61 del Estatuto).

Para poder solicitar la revisión de una sentencia dictada por la CIJ existe un plazo de seis meses desde la aparición de del nuevo hecho (Parágrafo cuarto del artículo 61 del Estatuto). La revisión de sentencias de la CIJ no será procedente cuando la parte la solicite transcurridos diez años desde el momento de la emisión del fallo (Parágrafo quinto del artículo 61 del Estatuto).

Teniendo en cuenta las disposiciones anteriores y el carácter definitivo e inapelable de las sentencias es evidente que la CIJ es, ahora, el único lugar y la única instancia para dirimir la controversia. De conformidad con el artículo 60 del Estatuto, del cual Venezuela es parte, sus sentencias son definitivas e inapelables y son obligatorias para las partes. En efecto, *"El fallo será definitivo e inapelable. En caso de desacuerdo sobre el sentido o el alcance del fallo, la Corte lo interpretará a solicitud de cualquiera de las partes"*[894].

La CIJ dictará el fallo con el que se resuelve la controversia en forma definitivamente firme y deberá cumplir con los requisitos establecidos en el artículo 95 del Reglamento, a saber:

"1. El fallo, cuyo texto indicará si ha sido dictado por la Corte o por una Sala, contendrá: la fecha de su lectura; los nombres de los jueces que han participado en él; los nombres de las partes; los nombres de los agentes, consejeros y abogados de las partes; un resumen del procedimiento; las conclusiones de las partes; las circunstancias de hecho; los fundamentos de derecho; la parte dispositiva del fallo; la decisión, si la hubiere, con respecto a las costas; la indicación del número y nombre de los jueces que han constituido la mayoría; la indicación del texto del fallo

---

[894] Véase Estatuto de la Corte Internacional de Justicia. Disponible en: https://www.icj-cij.org/public/files/statute-of-the-court/statute-of-the-court-es.pdf.

que hará fe. 2. Cualquier juez podrá, si así lo desea, agregar al fallo su opinión separada o disidente; el juez que desee hacer constar su acuerdo o disentimiento sin explicar los motivos podrá hacerlo en la forma de una declaración. La misma regla se aplicará a las providencias dictadas por la Corte. 3. Un ejemplar del fallo, debidamente firmado y ornado con el sello de la Corte, se depositará en los archivos de la Corte y se transmitirá otro a cada una de las partes. El Secretario enviará copias: a) al Secretario General de las Naciones Unidas; b) a los Miembros de las Naciones Unidas; e) a los otros Estados que tengan derecho a comparecer ante la Corte"[895].

2.3.1.2. La Corte Internacional de Justicia y la sentencia de fondo por medio de la cual se resolverá la controversia entre la República Cooperativa de Guyana y Venezuela

Ahora que la CIJ ha declarado sin lugar las excepciones preliminares propuesta por Venezuela sobre la admisibilidad de la demanda, el procedimiento seguirá su curso y la CIJ tendrá que fijar mediante una providencia la fecha límite para la presentación de la contramemoria de Venezuela.

Una vez que el proceso se encuentre en fase de decisión del fondo de la controversia, y en la oportunidad de dictar sentencia definitiva, la CIJ podría decidir:

1. Declarar válido el Laudo Arbitral de París con lo cual quedaría firme la frontera establecida en ese laudo sin tener que resolver

---

[895] *Ídem*. Véase también Corte Internacional de Justicia, *La Corte Internacional de Justicia. Preguntas y respuestas acerca del principal órgano judicial de las Naciones Unidas*, décima edición, Naciones Unidas, Nueva York, 2000. "*El sello de la Corte, que sirve para dar autenticidad a las versiones oficiales de las decisiones de la Corte y que figura en sus publicaciones, representa un sol naciente cuyos rayos iluminan en el primer plano una figura de la Justicia que sostiene un par de balanzas en una mano y una hoja de palma en la otra. Esta figura está sentada en un pedestal situado sobre un globo terráqueo desplegado en dos esferas. La parte inferior está enmarcada por dos ramas de un laurel, que recuerdan el emblema de las Naciones Unidas, cuyo órgano judicial principal es la Corte. El sello es el originario de la Corte Permanente de Justicia Internacional, la predecesora de la Corte Internacional de Justicia, y fue diseñado en 1922 por el escultor danés J. C. Wienecke*".

la cuestión conexa del arreglo definitivo de la controversia limítrofe entre Venezuela la República Cooperativa de Guyana.
2. Declarar nulo el Laudo Arbitral de París, caso en el cual habría que determinar cómo se establecería la línea fronteriza entre Venezuela y la República Cooperativa de Guyana.
En este supuesto existirían varias posibilidades:
2.1. La CIJ podría decidir resolver directamente sobre la delimitación de la frontera terrestre a través de la sentencia que resuelva el fondo del asunto o, en su defecto, mediante un procedimiento incidental dedicado exclusivamente a la fijación de la frontera que implica también la delimitación de las áreas marinas y submarinas. Este es un asunto al que debe prestarse especial atención dada la importancia de la proyección de los derechos territoriales y la soberanía que tiene Venezuela, en tanto Estado ribereño, sobre el mar territorial, la zona económica exclusiva y la plataforma continental, todas fuentes muy importantes de riqueza.
2.2. La CIJ podría remitir la delimitación de la frontera al Secretario General de la ONU, argumentando que la delimitación de la frontera no tiene carácter jurídico y por lo tanto no le corresponde a la CIJ resolver este asunto mediante arreglo judicial. En este caso, el Secretario General de la ONU debería seleccionar otro medio de solución previsto en el artículo IV.2 del Acuerdo de Ginebra.
2.3. La CIJ podría ordenar a las partes volver a la aplicación del Acuerdo de Ginebra a objeto de resolver la delimitación de la frontera terrestre a través de los medios admitidos por el derecho internacional, especialmente por el artículo IV.2 del Acuerdo de Ginebra y el artículo 33 de la Carta de las Naciones Unidas. Esta opción es poco viable dado que los antecedentes de la controversia demuestran lo difícil que es negociar un asunto tan delicado como la soberanía e integridad territorial.
2.4. La CIJ podría remitir la delimitación de la frontera a un nuevo tribunal arbitral, decisión que estaría permitida según lo previsto en el artículo IV.2 del Acuerdo de Ginebra.

En este supuesto, las partes deberían suscribir un tratado de arbitraje en el fijen el procedimiento a seguir, el derecho aplicable al fondo de la controversia y la modalidad de selección de los árbitros.

2.3.1.3. Derecho aplicable a la controversia entre la República Cooperativa de Guyana y Venezuela

La CIJ ha declarado su competencia para conocer de la controversia lo que genera varias dudas como ¿cuál será el derecho que decidirá aplicar la CIJ? La respuesta deriva de los principios propios del derecho internacional público. El principio de la intertemporalidad del derecho consiste en aplicar el derecho vigente al momento en que ocurrieron los hechos que en su conjunto conforman la situación jurídica. La regla intertemporal impone el análisis conjunto *"del derecho internacional contemporáneamente en vigor"* que forma parte del contexto del tratado[896].

Si la CIJ declarara la nulidad del Laudo Arbitral de París y decidiere resolver la delimitación de la frontera entre Venezuela y la República Cooperativa de Guyana, entonces debería determinar cuál es el derecho aplicable para hacerlo.

Además de lo anterior hay tres fuentes de derecho aplicable que servirían para solucionar el problema:

1. El Tratado Arbitral de Washington de fecha 2 de febrero de 1897. Las normas del Tratado de Washington deberían ser la primera fuente de derecho aplicable a considerar por parte de la CIJ para resolver la cuestión conexa de la delimitación fronteriza. En ese caso la CIJ debería recurrir principalmente a las normas de los artículos III y IV de dicho instrumento.

   El artículo III del Tratado de Washington estableció lo siguiente: *"El Tribunal investigará y se cerciorará de la extensión de los territorios respectivamente, o que pudieran ser legítimamente reclamados por aquellas o éste, al tiempo de la adquisición de la Colonia de la Guayana Británica por la Gran Bretaña, y*

---

[896] Max Sorensen, ob. cit., p. 231.

determinará la línea divisoria entre los Estados Unidos de Venezuela y la Colonia de la Guayana Británica".

Por otra parte, el artículo IV del Tratado de Washington estableció que: "*Al decidir los asuntos sometidos a los Árbitros, éstos se cerciorarán de todos los hechos que estimen necesarios para la decisión de la controversia, y se gobernarán por las siguientes reglas en que están convenidas las Altas Partes Contratantes como reglas que han de considerarse aplicables al caso, y por los principios de derecho internacional no incompatibles con ellas, que los Árbitros juzgaren aplicables al mismo.*

REGLAS

a) Una posesión adversa o prescripción por el término de cincuenta años constituirá un buen título, Los árbitros podrán estimar que la dominación política exclusiva de un Distrito, así como la efectiva colonización de él son suficientes para constituir una posesión adversa o crear títulos de prescripción.

b) Los Árbitros podrán reconocer y hacer efectivos derechos y reivindicaciones que se apoyen en cualquier otro fundamento válido conforme al derecho internacional y en cualesquiera principios de derecho internacional que los Árbitros estimen aplicables al caso y que no contravengan a la regla precedente.

c) Al determinar la línea divisoria, si el Tribunal hallare que el territorio de una parte ha estado, en la fecha de este Tratado, ocupado por los ciudadanos o súbditos de la otra parte, se dará a tal ocupación el efecto que, en opinión del Tribunal, requieran la razón, la justicia, los principios del derecho internacional y la equidad del caso".

La CIJ debería considerar el principio americano *uti possidetis iuris*, que sirve como fundamento de nuestra soberanía territorial desde la creación de la Capitanía General de Venezuela mediante Real Cédula emitida por Carlos III el 8 de septiembre de 1777. El principio *uti possidetis iuris* ha sido valorado por la CIJ en varios casos, como consta en la jurisprudencia de este alto órgano jurisdiccional internacional.

Un primer caso en el que se tomó en cuenta el principio *uti possidetis iuris* fue el caso de Libia c. Chad (1994), en el cual se indicó el valor de la estabilidad de los límites fronterizos entre Estados estableciendo que *"Una vez acordado, el límite se mantiene; ya que cualquier otro enfoque viciaría el principio fundamental de la estabilidad de los límites, cuya importancia ha sido reiteradamente enfatizada por esta Corte"*[897].

En otra controversia sobre límites fronterizos, específicamente el caso Benín c. Níger (2013), la CIJ *"enfatiza que el principio Uti possidetis iuris requiere no sólo que se confíe en los títulos legales existentes, sino también que se tenga en cuenta la manera en que esos títulos fueron interpretados y aplicados por las autoridades públicas competentes en el Poder, en particular en el ejercicio de su poder legislativo"*.

En el caso Burkina Faso c. República de Malí (ICJ Reports, 1986) la CIJ ha establecido que *"el principio del Uti possidetis ha mantenido su lugar entre los principios jurídicos más importantes, fundamentalmente en lo tocante a los títulos territoriales y la delimitación de las fronteras en el momento de la descolonización"*. Esa misma decisión, se pronunció respecto de la relación existente entre el principio del *uti possidetis iuris* y el principio de intangibilidad de las fronteras estableciendo *"que no podía desconocer el principio de Uti possidetis iuris, cuya aplicación da lugar a este respeto de la intangibilidad de las fronteras"*.

2. El Acuerdo de Ginebra de fecha 17 de febrero de 1966: Si la CIJ decide que éste es el derecho aplicable para resolver la cuestión conexa relativa a la delimitación fronteriza entre Venezuela y la República Cooperativa de Guyana, estaría seleccionando el instrumento más reciente en el que las partes manifestaron su voluntad de solucionar el diferendo limítrofe. En este supuesto, la CIJ deberá atender al espíritu y propósito del Acuerdo de Ginebra

---

[897] Abraham Gómez, "Guayana esequiba: ¿cómo ha sentenciado la corte en litigios similares?", publicado en *El Nacional* en fecha 14 de julio de 2022. Disponible en: https://www.elnacional.com/opinion/guayana-esequiba-como-ha-sentenciado-la-corte-en-litigios-similares/.

que consiste en la búsqueda de una solución satisfactoria que permita el arreglo práctico de la controversia. Si la CIJ decide resolver la cuestión conexa de la delimitación fronteriza según el Acuerdo de Ginebra, el derecho aplicable será el que deduce de la voluntad de la Venezuela y de la República Cooperativa de Guyana expresado en una solución aceptable para ambas partes.
3. Los principios y reglas del derecho internacional general: En caso de seleccionar los principios y reglas del derecho internacional general, la CIJ se aparta de un instrumento concreto de derecho aplicable y deberá proceder a determinar cuáles son los principios y reglas del derecho internacional general que resultan aplicables al caso concreto.

2.3.1.4. La delimitación de áreas marinas y submarinas

Una posible delimitación territorial entre la República Cooperativa de Guyana y Venezuela tendría una importante repercusión en la delimitación de áreas marinas y submarinas.

La posible delimitación de las áreas marinas y submarinas por parte de la CIJ permite apreciar la complejidad de la controversia. La proyección de los derechos de Venezuela tiene serias implicaciones económicas. Se trata de zonas de abundante actividad petrolera. En efecto, la República Cooperativa de Guyana realiza actividades de explotación en espacios que, aun con la delimitación efectuada por el tribunal arbitral de París en 1899, pertenecen sólo a Venezuela.

Desde el año 2013 la República Cooperativa de Guyana ha violado los derechos territoriales de Venezuela delimitando de facto las áreas marinas y submarinas. Esto tuvo como resultado la intercepción del buque Teknik Perdana por el Patrullero Oceánico de la Fuerza Armada Venezolana "Yekuana" el 22 de octubre de 2013.

Comoquiera que la soberanía territorial es uno de los principios rectores del sistema político previsto en la Constitución, la garantía del cumplimiento de ese principio es un deber del Estado cuya omisión implica, no sólo una violación constitucional, sino dejar a la deriva los legítimos derechos de la República sobre el territorio objeto de controversia.

2.3.2. Desistimiento (Artículos 88 y 89 del Reglamento)

La forma natural de terminación del procedimiento contencioso ante la CIJ es la sentencia definitiva que resuelve el fondo de la controversia planteada. Sin embargo, también es posible que un procedimiento contencioso iniciado ante la CIJ se extinga mediante una sentencia que declare que la CIJ no tiene competencia para conocer del asunto cuya solución se pretendía.

Otra de las formas de terminación del procedimiento contencioso ante la CIJ es el desistimiento que se encuentra regulado en los artículos 88 y 89 del Reglamento. El artículo 88 establece la posibilidad de que en el marco de un procedimiento contencioso ante la CIJ exista un desistimiento convencional que podrá ser mediante notificación conjunta o separada de las partes. Dicha norma indica:

> *"1. Si en cualquier momento antes de que el fallo definitivo sobre el fondo sea pronunciado, las partes, conjunta o separadamente, notificaran por escrito a la Corte que están de acuerdo en desistir del procedimiento, la Corte dictará una providencia tomando nota del desistimiento y ordenando la cancelación del asunto de que se trate del Registro General".*

El parágrafo segundo del artículo 88 del Reglamento dispone que cuando se trate de un desistimiento originado debido a un arreglo amistoso, las partes podrán atribuir a la CIJ la facultad de hacer constar este hecho en la providencia de desistimiento incluso pudiendo incluir los términos fijados en el arreglo. En caso de llegar en verdad técnicamente se trataría de una transacción y no de un desistimiento. La norma dispone:

> *"2. Si las partes hubieran convenido en desistir del procedimiento por haber llegado a un arreglo amistoso, la Corte, si las partes así lo desean, podrá hacer constar este hecho en la providencia ordenando la cancelación del asunto del Registro General o podrá indicar los términos del arreglo en la providencia o en un anexo a la misma".*

En caso de que la CIJ no se encuentre reunida, la providencia del desistimiento podrá ser dictada por el Presidente de la CIJ. Así lo dispone el parágrafo tercero del artículo 88 del Reglamento:

> *"3. Si la Corte no estuviese reunida, el Presidente podrá dictar cualquier providencia tomada de conformidad con este Artículo".*

El Reglamento establece en su artículo 89 la posibilidad de un desistimiento en la fase inicial del procedimiento iniciado por solicitud. Los requisitos para que la solicitud sea declarada con lugar inmediatamente son: (i) la consignación de un escrito ante la CIJ en el que la parte actora desista de continuar con el procedimiento y (ii) que el demandado, para el momento de la consignación de este acto procesal, no haya realizado ningún acto en el procedimiento. Al efecto dispone el mencionado artículo 89 del Reglamento:

> *"1. Si, en el curso de un procedimiento incoado mediante una solicitud, el demandante informara por escrito a la Corte que renuncia a continuar el procedimiento y si, en la fecha de la recepción en la Secretaría de la Corte de este desistimiento, el demandado no hubiera efectuado todavía ningún acto de procedimiento, la Corte dictará una providencia tomando nota del desistimiento y ordenando la cancelación del asunto de que se trate del Registro General. El Secretario enviará copia de dicha providencia al demandado".*

En los casos en los que la parte demandada ya haya realizado actos en el proceso para el momento de la consignación del escrito en el que se solicita el desistimiento, la CIJ fijará un plazo para que la parta demandada se oponga al desistimiento. La consecuencia jurídica de la no oposición del demandado implica la aceptación del desistimiento; pero si se opone el procedimiento contencioso continuará su curso. El parágrafo segundo del artículo 89 del Reglamento así lo regula:

> *"2. Si, en la fecha de la recepción del desistimiento, el demandado hubiera ya efectuado algún acto de procedimiento, la Corte fijará un plazo dentro del cual el demandado podrá declarar si se*

opone al desistimiento. Si en el plazo fijado no hubiera objetado al desistimiento, éste se considerará aceptado y la Corte dictará una providencia tomando nota del desistimiento y ordenando la cancelación del asunto del que se trate del Registro General. Si hubiese objetado se continuará el procedimiento".

Al igual que ocurre en los supuestos de desistimiento convencional, establece el parágrafo tercero del artículo 89 del Reglamento lo siguiente:

"3. Si la Corte no estuviese reunida, las facultades que le confiere este Artículo podrán ser ejercidas por el Presidente".

En el procedimiento iniciado por la República Cooperativa de Guyana en contra de Venezuela el desistimiento convencional podría ser una opción si, durante su curso, las partes decidieran negociar y llegar a un arreglo conforme lo previsto en el Acuerdo de Ginebra. Desde luego que en estos momentos, la República Cooperativa de Guyana no está abierta a una negociación. Sin embargo, no debe descartarse la posibilidad de que Venezuela haga uso de todas las estrategias posibles para alcanzar una solución práctica y negociada. Para ello, habría que evaluar los posibles puntos de presión que puedan ser empleados para llevar a la representación guyanesa al terreno de la negociación y, por qué no, identificar los intereses comunes que pudieran existir entre los Estados parte.

X. PERSONAJES EN LA CONTROVERSIA

1. **Agustín Codazzi** (1793-1859): Italia. Militar, geógrafo y cartógrafo. Publicó en 1840 el *Atlas Físico y Político de la República de Venezuela*. En ese mapa incorporó la "*Carta de la República de Colombia dividida en 12 departamentos en 1824*", donde se refleja que los límites de la República de Colombia comprendían los territorios de la provincia de Guayana y donde dejó constancia de cómo en algunas porciones de territorio existían para aquel momento ocupaciones inglesas calificadas de usurpaciones.

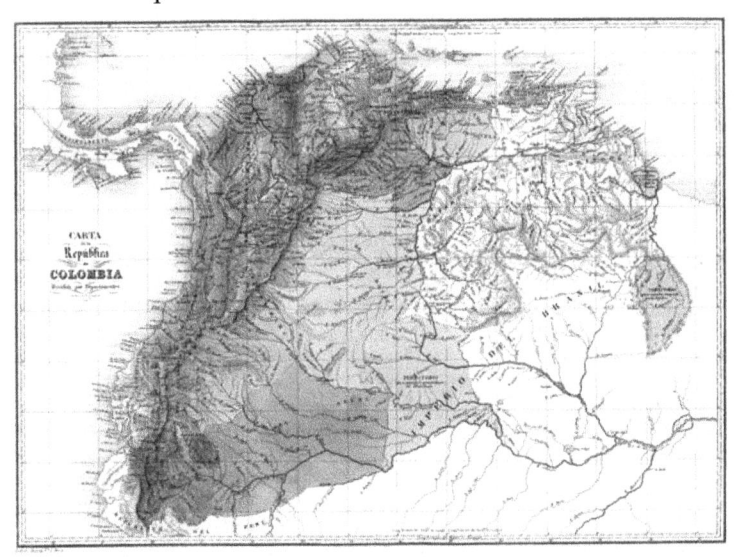

Carta de la República de Colombia dividida en 12 departamentos en 1824. Tomado del Atlas Físico y Político de la República de Venezuela elaborado por Agustín Codazzi[898]

También formó parte del Atlas Físico y Político de la República de Venezuela elaborado por Agustín Codazzi, el *Mapa Político de la*

---

[898] Cit. en Allan Randolph Brewer-Carías, "La formación de la república y de su territorio en las constituciones del siglo XIX. Un legado del proceso constitucional que comenzó con la Ley Fundamental de la República de Colombia promulgada por Simón Bolívar, en Angostura, el 17 de diciembre de 1819", ob. cit., p. 143.

República de Venezuela en 1840 que establece la frontera oriental de la República de Venezuela en el río Esequibo. Aunque, al igual que en la *Carta de la República de Colombia dividida en 12 departamentos en 1824*, no se incluye el territorio de la ribera oeste de las nacientes del río Esequibo ni tampoco el territorio en el que se ubica la desembocadura de los ríos Moruco y Esequibo. Esos mismos territorios aparecían en la Carta de 1824 como "territorio que se considera usurpado por los ingleses", aunque en el *Mapa Político de la República de Venezuela en 1840* ya no se observa dicho señalamiento.

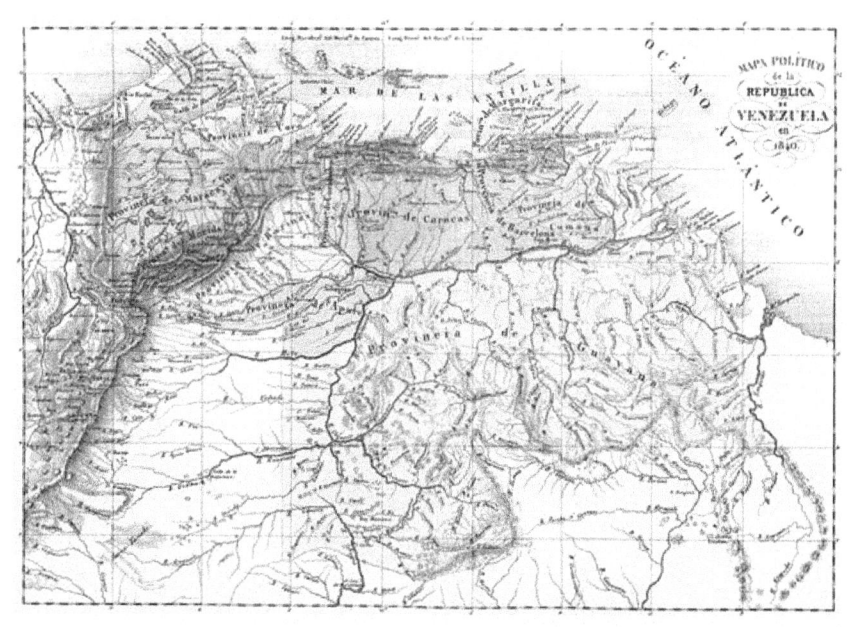

Mapa Político de la República de Venezuela en 1840.
Tomado del Atlas Físico y Político de la República de Venezuela elaborado por Agustín Codazzi[899]

La precisión de los mapas elaborados por Agustín Codazzi es reconocida por los propios funcionarios británicos. En efecto, uno de los documentos favorables a Venezuela que no fue valorado como prueba por el Tribunal Arbitral de París aun cuando no se explicaron las razones de esta exclusión arbitraria es la carta de fecha 4 de marzo de 1842 de

---
[899] Ibíd., p. 143.

Henry Light, gobernador de la Colonia de Guayana Británica, dirigida a Lord Stanley, Ministro de Colonias. Esta era una prueba fundamental en favor de las pretensiones de Venezuela por cuanto el gobernador expresó que no tenían reclamación alguna sobre el río Amacuro, al oeste del río Barima. Con esta carta quedó claro que incluso el gobernador Henry Light sabía de la ilegitimidad de la segunda línea Schomburgk cuando escribió lo siguiente:

> "... *Nosotros no tenemos ninguna reclamación sobre el río Amacuro, al oeste del Barima, aunque en el viejo mapa del Mayor L. von Bouchenroeder, publicado en 1798, el primer río está marcado al este del segundo, y ambos desembocando en el Orinoco.* **Tanto el mapa del señor Schomburgk como el del señor Codazzi sitúan estos ríos en la posición adecuada, con el Amacuro entrando en el Orinoco desde el sur oeste del Barima. [...]**
> **Yo creo que el señor Schomburgk asume que el Amacuro es la frontera, solamente por razones de conveniencia. [...]**
> *Ni el Barima ni el Amacuro pueden ahora ser de ninguna importancia para Gran Bretaña, y sólo podrían ser ocupados a un costo de vidas y dinero que no lo haría conveniente; pero debemos tener cuidado de que una potencia más importante que Venezuela no tome posesión de ellos.*
> *La existencia de las repúblicas hispano americanas parece depender tanto de partidos políticos siempre listos para disputar por el poder, que uno podría preguntarse qué es lo que impide que una de las provincias en disputa, deseando obtener ayuda externa, le ofreciera a los Estados Unidos o a Francia, o a cualquier otra potencia, un asentamiento, simplemente por la locura de los sentimientos partidistas, listos para zambullirse en la insensatez de obtener alguna ventaja temporal sobre la facción opuesta. [...]*
> *[...] la Guyana Británica nunca debe someterse a tener las banderas de Francia o de los Estados Unidos, o de cualquier otra potencia, ondeando en sus fronteras. [...]*"[900]. (Resaltado añadido).

---

[900] Cit. en Héctor Faúndez Ledesma, ob. cit., pp. 166-167. Carta del 4 de marzo de 1842, de Henry Light, Gobernador de la colonia de Guyana Británica, a Lord Stanley, Ministro de Colonias Inglés, Foreign Office, 80/108. Palabras traducidas por el autor citado.

2. **Alejandro VI** (1431-1503): España. Alejandro VI fue el papa número 214 de la iglesia católica. Su nombre era Rodrigo Lanzol y de Borja. El 4 de mayo de 1493 dictó la Bula papal denominada Inter Caetera o Intercétera mediante la cual se dividieron los territorios de América del Sur entre España y Portugal con base en los descubrimientos de ambas naciones.

Las Bulas Alejandrinas constituyen una serie de documentos pontificios emanados en 1493 luego del primer viaje de Cristóbal Colón. Luego de este importante hecho surgieron una serie de controversias entre España y Portugal. Las Bulas papales de Alejandro VI tenían la finalidad de resolver estos asuntos territoriales. Hubo tres documentos de esta naturaleza. *"El primero, del 3 de mayo de 1493 concedió a España "por la autoridad de Dios omnipotente", el dominio exclusivo y perpetuo de los nuevos territorios. El segundo, expedido el 4 de mayo del mismo año, fijó una línea divisoria de norte a sur a unos 560 kilómetros al oeste de las islas de Cabo Verde. El papa afirmó que todas las tierras descubiertas o por descubrir al oeste de esa línea pertenecían a España, a Portugal pertenecían las descubiertas al este. El tercer decreto parecía aumentar la influencia de España en el este, hasta la India. Esto último no fue del agrado del rey Juan II de Portugal, por lo cual, apeló a España y negoció directamente con los Reyes Católicos"*[901].

La inconformidad con la tercera Bula Alejandrina llevó a Portugal a apelar de la decisión y esto condujo a la negociación directa entre Portugal y los reyes católicos. El resultado de ello, fue el Tratado de Tordesillas, firmado del 7 de junio de 1494, un acuerdo complementario a la Bula Intercétera que precisó con mayor detalle la división y amplió el territorio portugués hasta 350 leguas de Cabo Verde. Con esto, el tratado consagró la soberanía de España y Portugal en el continente americano mediante la repartición de zonas de navegación y conquista entre ambas naciones.

---

[901] Véase "Bulas Alejandrinas" en *Biblioteca de la Universidad Pontificia Bolivariana*. Disponible en: https://bibliotecas.upb.edu.co/index.php/sin-categoria/1388-bulas-alejandrinas. *"Los documentos originales de las Bulas Alejandrinas se conservan en el Archivo General de Simancas; el Archivo de Indias y el Archivo Nacional de la Torre do Tombo de Lisboa".*

Los territorios en disputa pertenecían a España a partir del 4 de mayo de 1493, fecha en que se dictó la Bula, y fueron los mismos con los que se constituyó la Capitanía General de Venezuela, mediante Real Cédula de fecha 8 de septiembre de 1777, y, a su vez, los mismos que adquirió Venezuela cuando se independizó el 5 de julio de 1811.

La Constitución de 1811 estableció en el artículo 128 que *"Luego que libres de la opresión que sufren las Provincias de Coro, Maracaibo y Guayana, puedan y quieran unirse a la Confederación, serán admitidas a ella, sin que la violenta separación en que a su pesar y el nuestro han permanecido, pueda alterar para con ellas los principios de igualdad, justicia y fraternidad, de que gozarán luego como todas las demás Provincias de la unión"*[902]. La referida Bula demuestra que desde aquel momento el territorio en disputa pertenecía a España que son los mismos que Venezuela adquirió luego de la independencia en virtud del principio del *uti possidetis iuris*.

3. **Alejo Fortique** (1797-1845): Venezuela. Diplomático. En septiembre de 1841 Alejo Fortique fue enviado por el Gobierno de Venezuela para que, con el apoyo del historiador Rafael María Baralt, gestionara con el Reino Unido un arreglo para la demarcación de la frontera, dado que en 1840 Robert Schomburgk había efectuado una segunda demarcación, conocida como la "Segunda Línea Schomburgk". Esa línea abarcó un área de 142.000 kilómetros cuadrados, partiendo de la boca del Río Amacuro, siguiendo una dirección norte-sur hasta llegar al Roraima. Con esta nueva línea, no sólo se realizó un trazado arbitrario de los límites entre ambos Estados, sino que *motu proprio* Schomburgk levantó postes con las iniciales de la Reina Victoria, marcó árboles e hizo actos de posesión en los territorios que abarcaba la línea llegando hasta Punta Barima en la misma desembocadura del río Orinoco.

Alejo Fortique inició comunicaciones con Lord Aberdeen, Secretario de Relaciones Exteriores del Reino Unido, a través de las cuales pidió la remoción de los postes levantados por Robert Schomburgk; la eliminación del puesto militar levantado en el territorio venezolano en el que se había izado la bandera británica y que accediera a la negociación de un tratado con el fin de fijar la frontera entre ambos territorios.

---

[902] Allan Randolph Brewer-Carías, *Las constituciones de Venezuela*, Academia de Ciencias Políticas y Sociales, Caracas, 1997. pp. 555 y ss.

La insistencia de Alejo Fortique hizo que el 31 de enero de 1842 el Reino Unido ordenara a Henry Light, Gobernador de la Colonia de la Guayana Británica, que procediera a la remoción de aquellos postes. Así lo comunicó el gobernador en su carta:

"El Sr. Henry Light al Sr. F. O'Leary.
Señor:

*Tengo el honor de informar a Vd., para satisfacción del Gobierno de Venezuela, que **he recibido instrucciones del muy honorable Secretario de Estado de las Colonias para remover los postes colocados por el Sr. Schomburgk en el Barima y en otras partes**, en el estudio de los supuestos límites de la Guayana Británica. Dadas estas instrucciones, confío en que serán recibidas como una prenda de las amistosas intenciones del Gobierno de Su Majestad, y serán obedecidas cuanto antes sea posible. Entretanto, si algún retardo ocurriere en dar cumplimiento a las órdenes que he recibido, fío a los buenos oficios de Usted indicar al Gobierno Venezolano que puede considerar removido todo motivo de reconvención por la concesión a él hecha por los Ministros Británicos. Tengo el honor de ser, Señor, de Vd. muy obediente y humilde servidor.*

HENRY LIGHT, Gobernador de la Guayana Británica.

Sr. Daniel F. O'Leary, Caracas" [903].

Sin embargo, la eliminación de aquellos postes no terminó con la usurpación y debido a las crecientes tensiones entre Venezuela y el Reino Unido, el 18 de noviembre de 1850, el Cónsul General Británico en Caracas, Belford Hinton Wilson, envió una comunicación al Secretario de Estado y Relaciones Exteriores de Venezuela, Vicente Lecuna, por medio de la cual las autoridades británicas se comprometieron a no usurpar ni ocupar los territorios en disputa.

4. **Allan Brewer-Carías**[904]: Venezuela. Reconocido jurista, profesor e Individuo de Número de la Academia de Ciencias Políticas y

---

[903] Véase en el libro *Historia oficial de la discusión entre Venezuela y la Gran Bretaña sobre sus límites en la Guayana*, ob. cit., p. 19. Disponible en: https://play.google.com/store/books/details?id=b8FAAQAAMAAJ&rdid=book-b8FAAQAAMAAJ&rdot=1.

[904] Allan Brewer-Carías, "La formación de la república y de su territorio en las constituciones del siglo XIX. Un legado del proceso constitucional que comenzó con la Ley Fundamen-

Sociales. Sus extraordinarios conocimientos en materia de derecho público e historia del derecho, evidenciados en sus numerosísimas publicaciones, constituyen valiosos aportes para la reclamación territorial sobre la frontera oriental de Venezuela, tales como: "Territorio de Venezuela. Período Republicano", publicado en el Tomo II del Diccionario de Historia de Venezuela editado por la Fundación Polar en 1989; "Guyana-Venezuela Border Dispute", publicado en la Max Planck Encyclopedia of Public International Law en septiembre de 2006; "La formación de la república y de su territorio en las constituciones del siglo XIX. Un legado del proceso constitucional que comenzó con la Ley Fundamental de la República de Colombia promulgada por Simón Bolívar, en Angostura, el 17 de diciembre de 1819", publicado en el Boletín de la Academia de Ciencias Políticas y Sociales, número 164, abril-junio en 2021 y sus conclusiones presentadas al ciclo de conferencias realizado por la Academia de Ciencias Políticas y Sociales sobre la reclamación del territorio Esequibo, también publicadas en el Boletín de la Academia de Ciencias Políticas y Sociales, número 168, abril-junio en 2022.

5. **Alonso de Ojeda** (1468-1515): España. Navegante y conquistador cuya relación con la controversia inició luego de la llegada de Cristóbal Colón al Golfo de Paria y el Delta del Orinoco el 6 de agosto de 1498. Un año después, en 1499, Alonso de Ojeda incursionó en la costa de Guayana abarcando más de mil kilómetros de las zonas del Río Orinoco y el Río Amazonas[905], siendo uno de los precursores españoles que descubrieron y colonizaron los territorios de américa septentrional. En 1502 tuvo lugar otra expedición dirigida por el Capitán Alonso de Ojeda por la costa entre el río Orinoco y el río Esequibo[906].

---

tal de la República de Colombia promulgada por Simón Bolívar, en Angostura, el 17 de diciembre de 1819", en *Boletín de la Academia de Ciencias Políticas y Sociales*, número 164, abril-junio, Caracas, 2021; Véase también Allan Brewer-Carías, "Conclusiones Coloquios de la Academia de Ciencias Políticas y Sociales sobre la reclamación del territorio Esequibo", ob. cit.

[905] Véase en general el pormenorizado recuento de títulos históricos de Venezuela sobre el territorio en reclamación en la obra del académico Dr. Carlos Álamo Ybarra, ob. cit. Véase también Rafael Sureda Delgado, *Venezuela y Gran Bretaña. Historia de una usurpación*, Tomo I, Trabajo presentado a la ilustre Universidad Central de Venezuela para ascender, en el escalafón docente, a la categoría de Profesor Asistente, Caracas, 1974. p. 26.

[906] Rafael Sureda Delgado, ob. cit., p. 27.

6. **Andrés Avelino Domínguez**: Venezuela. Capitán y segundo hombre al mando del General Domingo Sifontes. Al Capitán Andrés Avelino Domínguez se le ordenó recuperar el puesto militar ocupado por el inglés Douglas Barnes durante el Incidente del Yuruán, ocurrido el 2 de enero de 1895. Su intervención fue exitosa y logró aprehender a los ocupantes que fueron trasladados a Ciudad Bolívar y posteriormente liberados.

7. **Antonio Guterres** (30 de abril 1949): Portugal. Secretario General de Naciones Unidas desde el 1 de enero de 2017 hasta la actualidad. El 23 de febrero de 2017 designó a Dag Nylander para que actuara como buen oficiante entre Venezuela y la República Cooperativa de Guyana, teniendo en cuenta la fórmula indicada por el anterior Secretario General de Naciones Unidas, Ban Ki-moon, que implicaba la incorporación de un elemento de mediación a los buenos oficios.

Antonio Guterres estableció el día 30 de noviembre de 2017 como fecha límite para evaluar los avances que, de no ser significativos, generarían la consecuencia de remitir la controversia al arreglo judicial ante la CIJ. El 30 de enero de 2018 informó a las parte que había elegido a la CIJ como medio de solución de la controversia territorial de conformidad con su interpretación del parágrafo segundo del artículo IV del Acuerdo de Ginebra.

8. **Antonio Guzmán Blanco** (1829-1899): Venezuela. Presidente de Venezuela en cuatro períodos, 1870-1873; 1873-1877; 1879-1882 y 1886-1887. Durante su segundo gobierno, el Reino Unido inició su expansión ilegítima en el territorio nacional. Durante su tercer gobierno, en el año 1880, las pretensiones británicas sobre el territorio aumentaron, sobre todo, cuando se descubrió la existencia de yacimientos auríferos. En ese momento la *"pretensión llegó a tales extremos que casi pasa el lindero por el pueblo de Upata, arrancando por supuesto desde las bocas del Orinoco"*[907]. Luego, en 1887, durante su cuarto gobierno, los británicos consideraron unilateralmente que la frontera con Venezuela consistía en una línea desde la costa hasta Upata con lo que ya usurpaban 203.310 kilómetros cuadrados de territorio venezolano.

---

[907] Marcos Falcón Briceño, "Orígenes de la actual reclamación de la Guayana Esequiba", en *Boletín de la Academia de Ciencias Políticas y Sociales*, número 91, Caracas, 1983. p. 43.

9. **Antonio Remiro Brotóns** (17 de septiembre de 1945):

España. Destacado abogado, académico y experto en derecho internacional con amplia trayectoria en la enseñanza, investigación y ejercicio de la profesión. Actualmente es Catedrático de Derecho Internacional Público y Relaciones Internacionales en la Universidad Autónoma de Madrid y Director del Programa de Doctorado en Derecho Internacional y Relaciones Internacionales del Instituto Universitario de Investigación Ortega y Gasset de Madrid. Ha dictado cursos en varias instituciones y ha sido abogado y consejero en litigios internacionales. Es autor de varios libros sobre derecho internacional, incluyendo el Derecho Internacional y el Curso General de Derecho Internacional. También ha participado en cursos y seminarios sobre diversos temas relacionados con el derecho internacional.

El Dr. Remiro Brotóns coordina el grupo de abogados expertos que conforma el equipo de defensa de Venezuela ante la Corte Internacional de Justicia, actuando en calidad de abogado y consejero. También ha participado en las iniciativas de la Academia de Ciencias Políticas y Sociales en el marco del *Ciclo de coloquios sobre la controversia del Esequibo*, celebrado desde el 6 de mayo de 2021 hasta el 31 de marzo de 2022, específicamente en el sexto encuentro sobre Acuerdo de Ginebra y la controversia del Esequibo. Adicionalmente, el Dr. Remiro Brotóns colaboró con un trabajo intitulado "*El Acuerdo de Ginebra y la controversia del Esequibo*"[908] en el libro *La controversia del Esequibo* publicado por la Academia de Ciencias Políticas y Sociales en 2022.

---

[908] Antonio Remiro Brotóns, "El Acuerdo de Ginebra la controversia del Esequibo", en Héctor Faúndez Ledesma y Rafael Badell Madrid (Coords.), *La controversia del Esequibo*, Academia de Ciencias Políticas y Sociales, Caracas, 2022. pp. 347 y ss.

10. **Arístides Calvani** (1918-1986): Venezuela. Ministro de Relaciones Exteriores de Venezuela, durante el primer gobierno del Presidente Rafael Caldera. El 17 de junio de 1970 firmó el Protocolo de Puerto España por medio del cual se suspendieron los efectos jurídicos del Acuerdo de Ginebra por doce años. Por el Reino Unido firmó Roland Charles Colin Hunt, Alto Comisionado del Reino Unido e Irlanda del Norte en Trinidad y Tobago, y en representación de la República Cooperativa de Guyana firmó el Ministro de Estado Shridath S. Ramphal.

11. **Ban Ki-moon** (13 junio 1944): Corea del Sur. Secretario General de Naciones Unidas desde enero de 2007 hasta diciembre de 2016. Ban Ki-moon designó a Norman Girvan tercer Buen Oficiante en la controversia territorial entre Venezuela y la República Cooperativa de Guyana para que hallara una solución práctica y mutuamente aceptable para las partes.

Luego del fallecimiento del Buen Oficiante Norman Girvan, tanto Venezuela como la República Cooperativa de Guyana consideraron que los buenos oficios no eran el medio apropiado para resolver la disputa. En atención a ello, el Secretario General de Naciones Unidas, Ban Ki-moon, informó mediante un comunicado de fecha 31 de octubre de 2016 que no sería posible designar otro buen oficiante y decidió incorporar un elemento de mediación a los buenos oficios. Ban Ki-moon estableció un plazo hasta finales de 2017 para determinar si habían avances significativos en cuanto a los buenos oficios. De no ser así, recurriría al arreglo judicial ante la CIJ, salvo que las partes le solicitaran en forma unánime que no lo hiciera.

12. **Belford Hinton Wilson** (1804 - 1858): Reino Unido. Cónsul General Británico en Caracas. El 18 de noviembre de 1850 envió una comunicación al Secretario de Relaciones Exteriores de Venezuela, Vicente Lecuna, por medio de la cual las autoridades británicas se comprometieron a no usurpar ni ocupar los territorios en disputa. En la referida comunicación se denunció la propaganda de falsedad y calumnia en contra de las políticas del gobierno británico. Además, se pretendía neutralizar el rumor que circulaba en Venezuela acerca de que el Reino Unido intentaba reclamar la Provincia de la Guayana Venezolana. Esa comunicación fue una de las notas constitutivas del Tratado de Status Quo de 1850, junto con la respuesta que dio el Secretario de Relaciones Exteriores de Venezuela Vicente Lecuna.

Vicente Lecuna respondió el 20 de diciembre de 1850 y expresó lo siguiente: "*el Gobierno no tiene dificultad para declarar, como lo hace, que Venezuela no tiene intención alguna de ocupar ni usurpar ninguna parte del territorio cuyo dominio se controvierte, ni verá con indiferencia que proceda de otro modo la Gran Bretaña*"[909].

Mediante ambas notas se estableció el Tratado de Status Quo entre Venezuela y el Reino Unido que implicaba paralizar el avance de las pretensiones británicas y mantener la situación existente para el momento.

Lo expresado en las comunicaciones del Secretario de Estado y Relaciones Exteriores del Reino Unido, Belford Hinton Wilson, y el Secretario de Relaciones Exteriores de Venezuela, Vicente Lecuna, constituye un Tratado de Status Quo mediante el cual Venezuela y el Reino Unido se comprometieron a no usurpar ni ocupar el territorio en disputa, aunque el Reino Unido nunca lo respetó. Este tratado beneficiaba a Venezuela y respaldaba sus reclamaciones, pero sobre él no hay referencia alguna en el Tratado de Washington de 1897 y tampoco en el Laudo Arbitral de París del 3 de octubre de 1899. Fue una de las pruebas silenciadas en el arbitraje de París que contribuyó a la injusticia sufrida por Venezuela.

13. **Benjamin F. Tracy** (1830-1915). Estados Unidos de América. Secretario de Marina de los Estados Unidos de América desde 1889 hasta 1893, durante la presidencia de Benjamín Harrison. Fue uno de los abogados que conformó el equipo de defensa de Venezuela durante el arbitraje de París en 1899.

14. **Benjamín Harrison** (1833-1901).

---

[909] Véase en *Historia oficial de la discusión entre Venezuela y la Gran Bretaña sobre sus límites en la Guayana*, L. Weiss & Company impresores, Nueva York, 1896. Disponible en https://play.google.com/store/books/details?id=b8FAAQAAMAAJ&rdid=book-b8FAAQAAMAAJ&rdot=1

Estados Unidos de América. Vigésimo tercer presidente de los Estados Unidos de América entre 1889 y 1893. Fue el abogado que lideró el equipo conformado para defender los intereses de Venezuela durante el arbitraje de París en 1899.

La actuación de Benjamin Harrison durante las audiencias también resulta de cardinal importancia. Sobre todo, en el momento que discutió ante el tribunal el alcance de la cláusula de la prescripción del Tratado de Washington de 1897 y su incidencia en la determinación de la fecha crítica de la controversia.

Recordemos que mediante la cláusula de la prescripción a Venezuela se le hizo creer por medio de sus representantes que el tribunal aplicaría la regla de la prescripción a un período anterior al 13 de agosto de 1814 y que, además, sólo sería sobre una pequeña porción de territorio.

Sin embargo, esta regla se aplicó -para beneficio de los ingleses- hacia el futuro y no hacia el pasado. Eso mismo lo sostuvo ante el tribunal -sorprendentemente- el Expresidente de los Estados Unidos, Benjamín Harrison, que actuaba en representación de Venezuela cuando, refiriéndose a la correspondencia secreta entre el Secretario de Estado, Richard Olney y el Embajador de Reino Unido en Washington, Julián Pauncefote, afirmó lo siguiente:

> *"Sería una candidez de mi parte si no dijese que ellas, claramente, parecen indicar que el Sr. Olney y Sr. Julián Pauncefote entendieron que el período de prescripción se aplica a los años posteriores a 1814"*[910].

Benjamín Harrison fue uno de los principales críticos del Laudo Arbitral de París. En enero del año 1900, tres meses después de dictado el laudo, afirmó que la decisión: *"dio a Venezuela los puntos estratégicos, pero la despojó de una inmensa parte de territorio que un tribunal imparcial le habría adjudicado, y de ello no cabe duda alguna. La idea europea moderna es que no hay nada ilegal ni siquiera inmoral en la apropiación de territorios de Estados más débiles"*[911].

---

[910] Héctor Faúndez Ledesma, *La competencia contenciosa de la Corte Internacional de Justicia y el caso Guayana vs. Venezuela*, ob. cit., p. 374.

[911] René De Sola, "Valuación actualizada del Acuerdo de Ginebra", en *Boletín de la Academia de Ciencias Políticas y Sociales*, número 91, Caracas, 1983. p. 65.

De hecho, en su memorándum póstumo, Severo Mallet-Prevost escribió que él y el expresidente Benjamín Harrison tuvieron conocimiento de la confabulación que existió entre el Presidente del Tribunal Arbitral Federico de Martens y los árbitros ingleses Lord Russell y Lord Collins designados por el Reino Unido. Incluso, *The Times*, un periódico londinense, publicó una declaración de la agencia de noticias Reuters que contenía las declaraciones del presidente Benjamin Harrison y Severo Mallet-Prevost donde expresaron que *"nada había en la historia de la controversia que explicase adecuadamente la línea fronteriza establecida en el Laudo"* [912].

15. **Caroline Harrison**: Estados Unidos de América. Esposa del Presidente de los Estados Unidos de América Benjamín Harrison. En una nota de su diario de fecha 3 de octubre de 1899, criticó el Laudo Arbitral de París y escribió que era evidente que el Reino Unido no tenía títulos sobre el territorio que se le había concedido y, por esa razón, ella dio cuenta de que todos se encontraban furiosos.

16. **Carlos Álamo Ybarra** (Fall. 24 de febrero de 1958):

Venezuela. Individuo de Número de la Academia de Ciencias Políticas Sociales. Su relevancia en la controversia obedece al gran aporte académico de su discurso de incorporación a la Academia de Ciencias Políticas y Sociales titulado *Fronteras de Venezuela con la Guayana Inglesa*. En su valiosa obra detalló los títulos históricos que asisten a Venezuela en la reclamación. Fue la primera vez en que la Academia de Ciencias Políticas y Sociales publicó un trabajo en el que se analizó científicamente el asunto.

---

[912] Exposición del Embajador de Venezuela Doctor Carlos Sosa Rodríguez ante la ONU el 22 de febrero de 1962. Disponible en: http://esequibonuestro.blogspot.com/2012/03/exposicion-del-embajador-de-venezuela.html.

17. **Carlos Ayala Corao** (1 de marzo de 1957): Venezuela. Individuo de Número de la Academia de Ciencias Políticas y Sociales. El 1 de noviembre de 1995, Carlos Ayala Corao fue designado facilitador venezolano en el proceso de los Buenos Oficios. Entre 1996 y 1999, fue el facilitador de Venezuela ante el Buen Oficiante Meredith Alister McIntyre[913], designado por el Secretario General de las Naciones Unidas, Javier Pérez de Cuéllar, para alcanzar una solución aceptable para las partes.

18. **Carlos de Sucre y Pardo** (1688-1745): Bélgica. Gobernador de Cumaná, Provincia de la que Guayana formaba parte, quien en 1734 convino con los prelados de las comunidades religiosas en dividir la comarca en tres zonas misionales. La zona asignada a los Padres Capuchinos incluía el territorio que se extiende desde la Boca Grande de Orinoco hasta la colonia de Esequibo.

19. **Carlos Sosa Rodríguez** (1912-1997): Venezuela. Individuo de Número de la Academia de Ciencias Políticas y Sociales. Representante Permanente de Venezuela ante la Organización de las Naciones Unidas, con el rango de Embajador Extraordinario y Plenipotenciario.

El 22 de febrero de 1962 durante la 130º reunión del XVI Período Anual de Sesiones de la Asamblea General de las Naciones Unidas, siendo el representante Permanente de Venezuela ante la Organización de las Naciones Unidas, Carlos Sosa Rodríguez ratificó la posición del Ministerio de Relaciones Exteriores de Venezuela, según la cual un cambio de status de la colonia de la Guayana Británica no cambiaría la legítima aspiración venezolana de obtener justicia. Su cercanía con la reclamación le permitió realizar aportes académicos como su trabajo *El acta de Washington y el laudo de París*, publicado en el Boletín de la Academia de Ciencias Políticas y Sociales, número 91, en 1983.

20. **Charles Russell of Killowen** (1832-1900): Reino Unido. Miembro del Consejo Privado de la Reina Victoria. Ejerció funciones de árbitro en representación del Reino Unido, luego del fallecimiento del Barón Herschell, ocurrido el 1 de marzo de 1899. Lord Russell

---

[913] Héctor Faúndez Ledesma, "Presentación", en Héctor Faúndez Ledesma y Rafael Badell Madrid (coords.), ob. cit., pp. 25-26.

y Lord Collins -el otro árbitro designado por el Reino Unido-, convinieron con el Presidente del Tribunal Arbitral, Fiódor Fiódorovich Martens, para influir en la decisión final que arrebató a Venezuela más de 159.500 kilómetros cuadrados de su territorio.

Desde el inicio, Lord Russell tuvo una actitud favorable hacia el Reino Unido. Pensaba que los árbitros tenían una vinculación política con sus Estados y consideraba que no era necesario que los arbitrajes internacionales se restringieran exclusivamente a fundamentos legales. Esto explica porque aceptó la propuesta de Fiódor Fiódorovich Martens.

El abogado Severo Mallet-Prevost escribió en su memorándum póstumo que durante una comida íntima organizada por Henry White, encargado de negocios de los Estados Unidos de América, coincidieron en Londres Lord Russell, el juez Josiah Brewer y él. Mallet-Prevost escribió en su Memorándum sobre Lord Russell lo siguiente:

> *"Me tocó sentarme a su lado, y en el curso de la conversación me aventuré a expresar la opinión de que los arbitramentos internacionales deberían basar sus decisiones únicamente sobre fundamentos legales. Lord Russell respondió inmediatamente: Estoy enteramente en desacuerdo con usted. Pienso que los arbitrajes internacionales deberían ser conducidos por vías más amplias y que deberían tomar en consideración cuestiones de política internacional. Desde aquel momento comprendí que no podíamos contar con Lord Russell para decidir la cuestión fronteriza sobre la base del derecho estricto"*[914].

21. **Cipriano Castro** (1858-1924): Venezuela. Lideró la Revolución Liberal Restauradora que triunfó el 23 de octubre de 1899 y derrocó al Presidente Ignacio Andrade, apenas veinte días después de haberse dictado el Laudo Arbitral de París. Esta revolución fue uno de los elementos que provocó una enorme crisis interna de Venezuela generando, junto con otros factores, la situación de inestabilidad que im-

---

[914] Véase el Memorándum de Severo Mallet-Prevost en Otto Schoenrich, "Materia de excepcional importancia para la historia diplomática de Venezuela. La disputa de límites entre Venezuela y La Guayana Británica", *Boletín de la Academia de Ciencias Políticas y Sociales*, Vol. 14, No. 1-2-3-4, Caracas, 1949, p. 32.

pidió a Venezuela oponerse a la ejecución del Laudo Arbitral de París y tener que aceptarlo contra su voluntad.

Con relación al carácter definitivo de los laudos arbitrales, tengamos en cuenta que en Venezuela para el año 1904, durante el gobierno de Cipriano Castro, el Ministerio de Relaciones Exteriores de Venezuela tomó posición respecto de la revisabilidad de las decisiones arbitrales admitiéndola en ciertos casos. La doctrina sostenida por el Ministerio de Relaciones Exteriores de Venezuela fue la de que, en ocasiones, la presunción de que los árbitros han actuado correctamente puede ser eliminada; en esos casos, *"los laudos no deben merecer el respeto ni tiene la autoridad que el compromiso les acuerda"*[915].

22. **Dag Nylander** (24 de marzo de 1969): Noruega. Buen Oficiante designado por Antonio Guterres Secretario General de Naciones Unidas el 23 de febrero de 2017 para hallar una solución a la controversia territorial entre Venezuela y la República Cooperativa de Guyana. Participó en los buenos oficios con un elemento de mediación incorporado según el procedimiento establecido por el anterior Secretario General de Naciones Unidas Ban Ki-moon.

Fue Buen Oficiante hasta el 30 de noviembre de 2017, fecha límite fijada para evaluar los avances en la solución de la controversia. Tras no demostrar resultados, Antonio Guterres, decidió elegir el arreglo judicial mediante la CIJ, con arreglo a su interpretación del parágrafo segundo del artículo IV del Acuerdo de Ginebra.

23. **David Josiah Brewer** (1837-1910): Estados Unidos de América. Juez de la Corte Suprema de los Estados Unidos de América y árbitro designado por Venezuela de conformidad con el Tratado de Washington de 2 de febrero de 1897. Junto con el árbitro Melville Weston Fuller, fue presionado por el Presidente del Tribunal Arbitral de París, Fiódor Fiódorovich Martens, para que decidiera igual que los árbitros británicos -Lord Collins y Lord Russell of Killowen- con el objetivo de que el tribunal arbitral de París tomara una decisión unánime; se le advirtió que de rechazar tal proposición Venezuela perdería incluso las Bocas del Orinoco.

---

[955] Daniel Guerra Iñíguez, ob. cit., p. 450.

24. **Diego Bautista Urbaneja** (1817-1892): Venezuela. Ministro de Relaciones Exteriores de Venezuela durante el tercer gobierno de Antonio Guzmán Blanco. El 26 de enero de 1887 envió una nota dirigida al Ministro Residente de su Majestad Británica, F. R. Saint John, en la que protestó en contra de los ilegítimos actos de usurpación territorial por parte del Reino Unido. Además, indicó que de no recibir respuesta positiva en cuanto a esta situación antes del próximo mensaje anual ante el Congreso de Venezuela, se romperían las relaciones diplomáticas entre ambos países. En la referida nota indicó que Venezuela: *"Protesta ante el Gobierno de su Majestad Británica, ante todas las naciones civilizadas, ante el mundo en general, contra los actos de despojo, que en su detrimento ha consumado el Gobierno de la Gran Bretaña y que en ningún tiempo ni por ningún motivo reconocerá como capaces de alterar en lo más mínimo los derechos que ha heredado de España"*[916].

El 20 de febrero de 1887, Diego Bautista Urbaneja remitió una nueva nota mediante la cual, tras realizar una exposición de los títulos de Venezuela y de los constantes abusos del Reino Unido en territorio venezolano, se rompieron las relaciones diplomáticas entre Venezuela y el Reino Unido. El ministro venezolano expresó: *"En consecuencia, Venezuela, no debiendo conservar amistosas relaciones con un Estado que así la injuria, las suspende desde este día. Y protesta ante el Gobierno de Su Majestad Británica, ante todas las naciones civilizadas, ante el mundo en general, contra los actos de despojo que en su detrimento ha consumado el Gobierno de la Gran Bretaña"*[917].

25. **Diego Cordovez** (1935-2014): Ecuador. Luego de la intervención del Secretario General de Naciones Unidas, con arreglo a lo establecido en el parágrafo segundo del artículo IV del Acuerdo de Ginebra, el 31 de agosto de 1983, fue designado enviado especial del Secretario General de Naciones Unidas, Javier Pérez de Cuéllar.

---

[916] Carlos Sosa Rodríguez, ob. cit., pp. 123-124.
[917] *Ibíd.*, p. 175.

A Diego Cordovez se le encomendó una misión exploratoria que implicó visitar Caracas y Georgetown con el propósito de conocer la posición de las partes respecto de la elección de los medios para una solución pacífica. Luego de varias reuniones propuso una solución a las partes que consistía en establecer una comisión de conciliación o grupo de contacto. Venezuela rechazó la propuesta y se optó por emplear el mecanismo de los buenos oficios.

26. **Diego de Ordaz** (1480-1532): España. Militar que entre 1531 y 1532 exploró desde el Río Orinoco hasta el Meta, así como las cuencas del río Cuyuní y Mazaruní. Posteriormente, el Rey Carlos V del Sacro Imperio Romano Germánico y I de España le concedió el gobierno del territorio.

27. **Diógenes Escalante** (1877-1964): Venezuela. En su condición de Embajador de Venezuela en Washington, acompañó al Presidente Isaías Medina Angarita durante su visita a los Estados Unidos de América en enero de 1944. Junto con el Presidente Isaías Medina Angarita, se reunió con Severo Mallet-Prevost, uno de los abogados que formó parte del equipo de defensa de Venezuela durante el arbitraje de París. En esa oportunidad se le otorgó a Severo Mallet-Prevost la Orden del Libertador, por su compromiso con la defensa de los derechos territoriales de Venezuela. Diógenes Escalante pronunció una palabras en ese momento y dijo: *"Venezuela aceptó el laudo, pero Venezuela espera que la injusticia sea reparada"*[918].

28. **Domingo Sifontes** (1834-1912): Venezuela. General -apodado el llanero intelectual- que lideró las autoridades militares venezolanas que reaccionaron inmediatamente ante los hechos del Incidente del Yuruán, como el mismo denominó a la ocupación de un puesto militar venezolano por tropas inglesas ocurrido en la madrugada del 2 de enero de 1895, a diez meses de haberse fundado el pueblo El Dorado[919].

El Incidente del Yuruán consistió en la ocupación por parte de varios comisarios ingleses, dirigidos por el Inspector Douglas Barnes, de un puesto militar venezolano desocupado mientras los guardias se

---

[918] Marcos Falcón Briceño, ob. cit., p. 51.
[919] Héctor Faúndez Ledesma, *La competencia contenciosa de la Corte Internacional de Justicia y el caso Guayana vs. Venezuela*, ob. cit., p. 24. Véase también Andrés Eloy Burgos Gutiérrez (ed.), ob. cit., p. 14.

encontraban en práctica de ejercicios ordinarios[920]. Las tropas inglesas arriaron la bandera de Venezuela e izaron la bandera británica con la intención de controlar el puesto con el fin de luego *"tomar las tierras de El Callao, pasando por Upata, Tumeremo y El Dorado, además de otras zonas que, se rumoraba, estaban repletas de oro"*[921].

La orden de recuperar el puesto militar venezolano fue dada al Capitán Andrés Avelino Domínguez, segundo al mando del General Domingo Sifontes, quien la cumplió exitosamente y detuvo a los ocho ingleses que fueron enviados a Ciudad Bolívar, incluido el Inspector Douglas Barnes[922].

El General Domingo Sifontes escribió una carta dirigida a Carlos Pumar, director del diario caraqueño El Tiempo, donde relató detalladamente los hechos del Incidente del Yuruán. El 22 de abril de 1895 la carta fue publicada en el número 629 del diario El Tiempo, hoy fuera de circulación[923].

Según la referida carta, que incluimos íntegra en los anexos de este estudio, los antecedentes del Incidente del Yuruán se remontan a marzo de 1894; momento en que el General Domingo Sifontes fue designado Comisario Nacional del Cuyuní y sus afluentes.

Durante sus funciones como Comisario Nacional del Cuyuní y sus afluentes, al General Domingo Sifontes se le encomendaron labores de colonización, población, civilización de los indígenas de la zona, el cuidado de las tropas y la creación de subcomisarías. Todas las cumplió eficientemente[924].

Su labor de fomento de la colonización y población en la zona le llevó a *"verificar desmontes considerables en las riberas del Yuruán y*

---

[920] Véase Juan Matorano, "El incidente del Yuruán, evidencia del expansionismo inglés", ob cit. Véase también Juan Matorano, "La carta de Domingo Sifontes sobre el incidente del Cuyuní", ob. cit.

[921] Véase el artículo "Domingo Sifontes, el venezolano que hizo correr a los ingleses" publicado en *La Razón* durante el año 2015. Disponible en https://larazon.net/2015/06/domingo-sifontes-el-venezolano-que-hizo-correr-a-los-ingleses/.

[922] Juan Matorano, "La carta de Domingo Sifontes sobre el incidente del Cuyuní", ob. cit. Véase también William Dávila Barrios (ed.), ob. cit., p. 49.

[923] Juan Matorano, "La carta de Domingo Sifontes sobre el incidente del Cuyuní", ob. cit.

[924] Véase el artículo "Domingo Sifontes, el venezolano que hizo correr a los ingleses" publicado en La Razón durante el año 2015. Disponible en https://larazon.net/2015/06/domingo-sifontes-el-venezolano-que-hizo-correr-a-los-ingleses/.

el Cuyuní"[925]. Para ese momento *"sólo existían entre una y otra ribera, nueve casas: 6 en la izquierda y 3 en la derecha. De éstas últimas dos con sus respectivas labranzas, fueron fundadas en 1870, por José Francisco y Loreto Lira Miguel Angel González y Lorenzo Rivas; y la otra construida en 1890, por un súbdito británico llamado Mc Turk, frente a la desembocadura del Yuruán, y en la cual residían seis individuos de la misma nacionalidad, ocupados en los trabajos de un pequeño conuco, y, desde abril o mayo, bajo las órdenes del titulado Inspector Barnes"*[926].

La información suministrada por el General Domingo Sifontes está representada gráficamente en el *Plano Topográfico de la Estación Venezolana "El Dorado" en el Cuyuní-Guayana*, que incluimos en el capítulo III de este libro.

Entre el General Domingo Sifontes y el Inspector Douglas Barnes siempre hubo una relación respetuosa, que se mantuvo incluso en momentos delicados. Un primer ejemplo de esto fue el apoyo que brindó el General Domingo Sifontes a un joven alemán de nombre Guillermo Faull, a quien el Inspector Douglas Barnes pretendía desalojar de la margen derecha del río Cuyuní. A pesar de todo, el General Domingo Sifontes afirmó en su carta lo siguiente: *"Este incidente, sin embargo, no alteró mis buenas relaciones con Barnes, quien por su fino trato, se captó mi aprecio personal"*[927].

No obstante la cordial relación que existió entre las dos autoridades principales en la zona, el General Domingo Sifontes escribió en la carta objeto de estos comentarios que *"el conflicto ocurrido el 02 de enero fue premeditado por los colonos usurpadores de Demerara, lo comprueba el editorial del Argosy, del 24 de noviembre del año próximo pasado, en el cual se pronosticaba una colisión probable entre venezolanos e ingleses del Yuruán, y de antemano se lamentaba la pérdida de preciosas vidas, por supuesto de ingleses, a la vez que son perjudicaba a los venezolanos los más hirientes calificativos y los más atroces dicterios"*[928].

---

[925] Juan Matorano, "La carta de Domingo Sifontes sobre el incidente del Cuyuní", ob. cit.
[926] *Ídem*
[927] Juan Matorano, "La carta de Domingo Sifontes sobre el incidente del Cuyuní", ob. cit.
[928] *Ídem*.

El Inspector Douglas Barnes y sus hombres atentaron contra la soberanía de Venezuela. Sin embargo, durante su detención fueron tratados dignamente y en respeto de sus derechos. En efecto, el General Domingo Sifontes se refirió en su carta a su llegada a El Dorado el 8 de enero de 1895 y expresó lo siguiente: *"Procedí a instruir el sumario de ley. Contestes las declaraciones tomadas, entre estas, la del mismo Barnes, puesta en inglés de su puño y letra, la detención fue decretada"*[929].

Una vez liberados los usurpadores por orden de Joaquín Crespo, Presidente de Venezuela, el Inspector Douglas Barnes envió una carta desde Upata de fecha 21 de enero de 1895 al General Domingo Sifontes en la que expresó lo siguiente: *"No puedo sin embargo dejar a Venezuela sin manifestar a usted que desde nuestra salida del Cuyuní el señor Luis Manuel Salazar nos ha prodigado los mayores cuidados y atención en todo lo que hemos necesitado, y que no tenemos nada de qué quejarnos. Lo mismo debo decir de sus compañeros. Doy a usted personalmente las gracias por todas las molestias que se ha tomado..."*[930].

Aunque, cuando el Inspector Douglas Barnes se marchó a Londres presentó una versión totalmente distinta de los hechos. Por ello, el General Domingo Sifontes escribió en la carta a la que nos hemos referido lo siguiente: *"¿Cómo se compadece este procedimiento con lo manifestado luego por Barnes en su Informe, en el cual aparece exagerado mezquinamente los hechos, a la vez que oculta otros que podrían enaltecerle si fuera verídico y justo?"*[931].

El General Domingo Sifontes no sólo fue traicionado por el Inspector Douglas Barnes, sino también por César Urdaneta quien, delante de los miembros del grupo que escoltaba al Inspector Douglas Barnes, dijo:

> *"-...ya sé que a ustedes los han maltratado mucho*
> *- No señor, -contesto el inglés- a nosotros se nos ha tratado bien y el General Sifontes nos pagó un pequeño daño que nos hizo su gente.*

---

[929] Ídem.
[930] Ídem.
[931] Ídem.

- No; yo sé que los han tratado muy mal. El General Sifontes es el culpable de todo lo sucedido. El Gobierno ha desaprobado su proceder y lo llama a Caracas. Yo vengo a reemplazarlo. Así pues yo espero que ustedes regresaran conmigo para su puesto, pues conmigo tendrán toda clase de garantías..."[932].

La respuesta contundente de las tropas venezolanas en el Incidente del Yuruán hizo que el General Domingo Sifontes pasara a la historia como un defensor del territorio nacional. En el estado Bolívar, un municipio lleva su nombre[933] y con razón pues *"tener a los ingleses allí en Cuyuní frente al El Dorado con "Department of Police of Cuyuní and Yuruan Rivers" como bien claro decía el letrero puesto en la fachada del Bungalow, no era para quedarse tranquilo a la espera del visto bueno del Presidente Crespo que absurdamente le pidió a Sifontes más o menos que se hiciera el loco, sino que había que proceder como bien procedió aunque con ingratos resultados, pues luego de detener al comisionado inglés Douglas D. Barnes junto con la oficialidad y la tropa y remitidos todos a Ciudad Bolívar, fueron puestos en libertad casi en el acto por el gobernador o presidente del Estado, General Manuel Gómez Gil"*[934].

29. **Douglas Barnes**: Reino Unido. Inspector británico que el 2 de enero de 1895 lideró la ocupación del puesto militar venezolano ubicado en las adyacencias del río Yuruán, conocido como el Incidente del Yuruán o Incidente del Cuyuní.

El Incidente del Yuruán consistió en la ocupación por parte de varios comisarios ingleses, dirigidos por el Inspector Douglas Barnes, de un puesto militar venezolano desocupado mientras los guardias se encontraban en práctica de ejercicios ordinarios[935]. Las tropas inglesas arriaron la bandera de Venezuela e izaron la bandera británica con la

---

[932] *Ídem.*
[933] Véase el artículo "Domingo Sifontes, el venezolano que hizo correr a los ingleses" publicado en La Razón durante el año 2015. Disponible en https://larazon.net/2015/06/domingo-sifontes-el-venezolano-que-hizo-correr-a-los-ingleses/.
[934] Américo Fernández, "El Incidente del Cuyuní", ob. cit.
[935] Véase Juan Matorano, "El incidente del Yuruán, evidencia del expansionismo inglés", ob. cit. Véase también Juan Matorano, "La carta de Domingo Sifontes sobre el incidente del Cuyuní", ob. cit.

intención de controlar el puesto con el fin de luego *"tomar las tierras de El Callao, pasando por Upata, Tumeremo y El Dorado, además de otras zonas que, se rumoraba, estaban repletas de oro"*[936].

La orden de recuperar el puesto militar venezolano fue dada al Capitán Andrés Avelino Domínguez, segundo al mando del General Domingo Sifontes, quien la cumplió exitosamente y detuvo a los ocho ingleses que fueron enviados a Ciudad Bolívar, incluido el Inspector Douglas Barnes[937].

El General Domingo Sifontes escribió una carta dirigida a Carlos Pumar, director del diario caraqueño El Tiempo, donde relató detalladamente los hechos del Incidente del Yuruán. El 22 de abril de 1895 la carta fue publicada en el número 629 del diario El Tiempo, hoy fuera de circulación[938].

Según la referida carta, entre el General Domingo Sifontes y el Inspector Douglas Barnes siempre hubo una relación respetuosa, que se mantuvo incluso en momentos delicados. Un primer ejemplo de esto fue el apoyo que brindó el General Domingo Sifontes a un joven alemán de nombre Guillermo Faull, a quien el Inspector Douglas Barnes pretendía desalojar de la margen derecha del río Cuyuní. A pesar de todo, el General Domingo Sifontes afirmó en su carta lo siguiente: *"Este incidente, sin embargo, no alteró mis buenas relaciones con Barnes, quien por su fino trato, se captó mi aprecio personal"*[939].

No obstante la cordial relación que existió entre las dos autoridades principales en la zona, el General Domingo Sifontes escribió en la carta objeto de estos comentarios que *"el conflicto ocurrido el 02 de enero fue premeditado por los colonos usurpadores de Demerara, lo comprueba el editorial del Argosy, del 24 de noviembre del año próximo pasado, en el cual se pronosticaba una colisión probable entre venezolanos e ingleses del Yuruán, y de antemano se lamentaba la pérdida de preciosas vidas, por supuesto de ingleses, a la vez que son*

---

[936] Véase el artículo "Domingo Sifontes, el venezolano que hizo correr a los ingleses" publicado en *La Razón* durante el año 2015. Disponible en https://larazon.net/2015/06/domingo-sifontes-el-venezolano-que-hizo-correr-a-los-ingleses/.

[937] Juan Matorano, "La carta de Domingo Sifontes sobre el incidente del Cuyuní", ob. cit. Véase también William Dávila Barrios (ed.), ob. cit., p. 49.

[938] Juan Matorano, "La carta de Domingo Sifontes sobre el incidente del Cuyuní", ob. cit.

[939] Juan Matorano, "La carta de Domingo Sifontes sobre el incidente del Cuyuní", ob. cit.

perjudicaba a los venezolanos los más hirientes calificativos y los más atroces dicterios"[940].

El Inspector Douglas Barnes y sus hombres atentaron contra la soberanía de Venezuela. Sin embargo, durante su detención fueron tratados dignamente y en respeto de sus derechos. En efecto, el General Domingo Sifontes se refirió en su carta a su llegada a El Dorado el 8 de enero de 1895 y expresó lo siguiente: *"Procedí a instruir el sumario de ley. Contestes las declaraciones tomadas, entre estas, la del mismo Barnes, puesta en inglés de su puño y letra, la detención fue decretada"*[941].

Una vez liberados los usurpadores por orden de Joaquín Crespo, Presidente de Venezuela, el Inspector Douglas Barnes envió una carta desde Upata de fecha 21 de enero de 1895 al General Domingo Sifontes en la que expresó lo siguiente: *"No puedo sin embargo dejar a Venezuela sin manifestar a usted que desde nuestra salida del Cuyuní el señor Luis Manuel Salazar nos ha prodigado los mayores cuidados y atención en todo lo que hemos necesitado, y que no tenemos nada de qué quejarnos. Lo mismo debo decir de sus compañeros. Doy a usted personalmente las gracias por todas las molestias que se ha tomado…"*[942].

Aunque, cuando el Inspector Douglas Barnes se marchó a Londres presentó una versión totalmente distinta de los hechos. Por ello, el General Domingo Sifontes escribió en la carta a la que nos hemos referido lo siguiente: *"¿Cómo se compadece este procedimiento con lo manifestado luego por Barnes en su Informe, en el cual aparece exagerado mezquinamente los hechos, a la vez que oculta otros que podrían enaltecerle si fuera verídico y justo?"*[943].

30. **Edward George Geoffrey Smith Stanley** (1799-1869): Reino Unido. Secretario de Estado de las Colonias en el período comprendido entre el 3 de septiembre de 1841 y el 23 de diciembre de 1845. Durante el ejercicio de sus funciones instruyó al gobernador de la Guayana Británica, Henry Light, para que procediera a la remoción de los postes levantados por Robert Schomburgk en virtud de la segunda demarcación que

---

[940] *Ídem.*
[941] *Ídem.*
[942] *Ídem.*
[943] *Ídem.*

efectuó en 1840 con la que se usurparon 141.930 kilómetros cuadrados de territorio venezolano.

31. **Efraín Schacht Aristeguieta** (1921-2007). Venezuela. Ministro de Relaciones Exteriores de Venezuela e Individuo de Número de la Academia de Ciencias Políticas Sociales. Su relevancia en la controversia obedece al gran aporte académico de sus trabajos que, unido a los cargos que desempeñó, le permitió estudiar con propiedad los pormenores de la controversia. En particular destaca su estudio titulado *Aspectos jurídicos y políticos del Tratado de Ginebra* incluido en el libro *La reclamación venezolana sobre la Guyana Esequiba*, publicado por la Academia de Ciencias Políticas y Sociales en 2008. Renunció al cargo de Director General del Ministerio de Relaciones Exteriores por estar en contra de la adopción del Acuerdo de Ginebra.

32. **Elsie Rosales García** (10 de junio de 1962): Venezuela. Abogado y profesora en la Universidad Central de Venezuela. Mediante una carta enviada el 6 de junio de 2022 a la CIJ por Delcy Eloína Rodríguez, Vicepresidente de Venezuela, fue designada Co-Agente por la República Bolivariana de Venezuela en el procedimiento de la CIJ. Adicionalmente, se designó Agente a Samuel Reinaldo Moncada Acosta, Representante Permanente de Venezuela en la ONU, y Co-Agente a Félix Plasencia González, Exministro de Relaciones Exteriores de Venezuela.

33. **Eugenio Hernández-Bretón** (25 de abril de 1958): Venezuela. Individuo de Número de la Academia de Ciencias Políticas y Sociales. Presidió la corporación entre 2015 y 2016, en ese momento la Academia de Ciencias Políticas y Sociales emitió tres importantes pronunciamientos:
  - "Sobre la controversia limítrofe entre Venezuela y la República Cooperativa de Guyana", relacionado con las concesiones ilegales por parte de Guyana a empresas transnacionales sobre el territorio en reclamación como producto de las políticas de cooperación y ayuda económica sostenidas por el gobierno venezolano, de fecha 21 de abril de 2015.
  - "La Academia de Ciencias Políticas y Sociales ante la actual situación de la controversia con la República Cooperativa de Guyana, vinculada con la delimitación por parte de la República

Cooperativa de Guyana sobre las áreas marinas y submarinas, sin autorización de Venezuela, de fecha 29 de julio de 2015.
- "Pronunciamiento de la Academia de Ciencias Políticas y Sociales ante la actual situación de la controversia con la República Cooperativa de Guyana", de fecha 7 de febrero de 2017.

El 20 de marzo de 2017, la Academia remitió una misiva dirigida a la Dra. Delcy Rodríguez, Ministra del Poder Popular para las Relaciones Exteriores de la República Bolivariana de Venezuela. En esa comunicación, se expusieron motivos para rechazar la elección de la CIJ por parte del Secretario General de Naciones Unidas, Ban Ki-moon. En efecto, la Academia expresó en aquella misiva que:

> "...pretender que con el sólo consentimiento del Gobierno de Guyana, el Secretario General de la ONU podría escoger remitir el asunto a la Corte Internacional de Justicia, constituye una infracción del objeto y fin del propio Acuerdo de Ginebra que establece que las partes del mismo debe "buscar soluciones satisfactorias para el arreglo práctico de la controversia" de manera que ésta sea "amistosamente resuelta en forma que resulte aceptable para ambas partes"[944].

Actualmente el Dr. Eugenio Hernández-Bretón es Consejero (*Counsel*) designado por la República Bolivariana de Venezuela ente la CIJ en el caso de la controversia relativa a nulidad o validez del Laudo Arbitral de París del 3 de octubre de 1899.

34. **Farrer Herschell**, Primer Barón Herschell (1837-1899): Reino Unido. Abogado designado por el Reino Unido en el Tratado de Washington de 2 de febrero de 1897 para participar en el arbitraje de París. Tras su fallecimiento el 1 de marzo de 1899 en la ciudad de Washington D.C fue sustituido como árbitro por Charles Barón Russell of Killowen.

---

[944] Véase Misiva dirigida a Delcy Rodríguez Ministra del Poder Popular para las Relaciones Exteriores de la República Bolivariana de Venezuela en *Doctrina Académica Institucional. Pronunciamientos años 2012-2019*, tomo II, Academia de Ciencias Políticas y Sociales – Editorial Jurídica Venezolana, Caracas, 2019. pp. 300 y ss. Disponible en http://acienpol.msinfo.info/bases/biblo/texto/L-4182/L-4182.pdf.

35. **Felipe de Aguerrevere** (1846-1934): Venezuela. Comisionado por Venezuela para participar en la demarcación de la frontera entre Venezuela y la Colonia de la Guyana Británica, de conformidad con lo establecido en el Laudo Arbitral de París del 3 de octubre de 1899.

Ante la imposibilidad de ir contra el Laudo Arbitral de París del 3 de octubre de 1899, debido a la crisis interna venezolana, el Ministerio de Relaciones Exteriores de Venezuela envió instrucciones a Felipe de Aguerrevere el 22 de octubre de 1899, que expresaban que la línea establecida por los árbitros había sido establecida de hecho y carecía de cualquier fundamento político, geográfico e histórico. Por ello, se ordenó a los comisionados venezolanos que sometieran todo al más riguroso procedimiento.

36. **Félix Plasencia González**: Venezuela. Fue Ministro de Relaciones Exteriores de Venezuela. Mediante una carta enviada el 6 de junio de 2022 a la CIJ por la Vicepresidenta de Venezuela, Delcy Eloína Rodríguez, fue designado Co-Agente por la República Bolivariana de Venezuela en el procedimiento de la CIJ. Adicionalmente, se designó Agente a Samuel Reinaldo Moncada Acosta, Representante Permanente de Venezuela en la ONU, y Co-Agente a Elsie Rosales García, abogada y profesora de la Universidad Central de Venezuela.

37. **Fiódor Fiódorovich Martens** (1845-1909):

Rusia. Presidente del Tribunal Arbitral de París, Profesor de Derecho Internacional en la Facultad de Derecho de la Universidad de San Petersburgo y consejero en los asuntos exteriores del imperio ruso durante el gobierno del Zar Nicolás II. Su rol en la controversia entre Venezuela y el Reino Unido es de primera importancia desde que se alineó con los británicos para perjudicar a Venezuela con la decisión del tribunal arbitral.

Durante el receso de dos semanas acordado por el tribunal arbitral de París, luego de concluir las exposiciones orales de Severo Mallet-Prevost y Sir Richard Webster, Fiódor Fiódorovich Martens viajó a Londres junto con los árbitros británicos Richard Henn Collins y Charles Russell of Killowen.

Luego, según consta en el memorándum de Severo Mallet-Prevost, Fiódor Fiódorovich Martens visitó a los árbitros estadounidenses -David Josiah Brewer y Melville Weston Fuller- que representaron a Venezuela en el arbitraje de París, para imponer una decisión unánime, bajo la amenaza de que Venezuela perdería las Bocas del Orinoco. Con su actuación violó abiertamente los deberes de imparcialidad e independencia de los árbitros.

Fiódor Fiódorovich Martens fue representante de Rusia a la I Conferencia de La Haya mientras se desarrollaba el arbitraje de París. Esto hizo que se suspendieran las audiencias del Tribunal Arbitral de París en tres oportunidades, una a finales de junio y las otras dos en julio de 1899.

Como señaló Marcos Falcón Briceño, refiriéndose a Fiódor Fiódorovich Martens *"al mismo tiempo que es elegido Presidente del Tribunal Arbitral, está asistiendo como Delegado de Rusia a las sesiones de la Primera Conferencia Internacional de la Paz. Una conferencia importante porque allí se establecen reglas sobre el arbitraje"*[945]. De manera que conocía de primera mano todo lo que se discutía en la conferencia y la importancia de las ideas que allí se discutieron.

Fiódor Fiódorovich Martens conocía muy bien que el deber de motivación de los laudos era una obligación que se desprendía de los principios del derecho internacional. Aunque en la I Conferencia de La Haya se pronunció el contra del deber de motivación -posición rechazada por la mayoría de los demás representantes- sabía muy bien cómo motivar una decisión y lo demostró cuando participó como árbitro único en una controversia entre el Reino Unido y Holanda, surgida por la detención arbitraria del capitán del ballenero Costa Rica Packet. En ese caso, el laudo estuvo perfectamente motivado.

---

[945] Marcos Falcón Briceño, ob. cit., p. 48.

No debe ignorarse el hecho de que Fiódor Fiódorovich Martens pensaba que las potencias eran superiores a los pueblos salvajes o bárbaros, como le gustaba llamar a los países menos desarrollados como Venezuela. Esta posición quedó plasmada en una de sus obras:

> *"Sin embargo, cabe preguntarse cuál de estas dos opiniones, tan divergentes en sus puntos de partida y tan coherentes en sus conclusiones finales, es la verdadera. ¿Es realmente cierto que una lucha entre Rusia e Inglaterra a orillas del Indo es una necesidad absoluta y una fatalidad implacable? ¿Están estas dos grandes potencias civilizadas real e inevitablemente obligadas por alguna ley inmutable a dar a los pueblos salvajes de Asia el triste espectáculo de una lucha amarga y despiadada? ¿Es digno de la civilización europea, de la que Inglaterra y Rusia son los únicos representantes en Asia Central, evocar los instintos pervertidos de las hordas asiáticas y aprovecharse del odio salvaje que estos bárbaros sienten hacia todas las naciones cristianas y civilizadas? ¿Se ha reflexionado seriamente sobre esta cuestión?: quién se beneficiará, en última instancia, de esta lucha entre Inglaterra y Rusia; ¿cuál de estas dos potencias, victoriosas en los campos de batalla, estará en condiciones de mantener bajo su dominio a todas las naciones asiáticas y a todas las tribus salvajes y saqueadoras a cuya ayuda debe su éxito?"*[946].

A juicio del Presidente del tribunal arbitral, las naciones civilizadas deben asumir el rol que *"la providencia divina"*[947] les ha asignado *"para el bien de las naciones salvajes"*[948]. Ese determinismo sobre el rol de las naciones en el concierto internacional es clave para entender la aptitud de Fiódor Fiódorovich Martens en el arbitraje de París. Claramente sólo buscó favorecer los intereses de la nación civilizada para *"ejemplarizar la necesaria solidaridad y cooperación anglorusa"*[949] de la que era partidario.

---

[946] Véase Héctor Gros Espiell (trad.), *Rusia e Inglaterra en Asia Central*, traducida y comentada por Héctor Gros Espiell, Ediciones de la Presidencia de la República, Caracas, 1981. p. 50-51.
[947] *Ídem*.
[948] *Ídem*.
[949] *Ibíd.*, p. 52.

Como afirmó Héctor Gros Espiell, en los comentarios que hace a la obra de Fiódor Fiódorovich Martens, no cabe duda de que *"las ideas de Martens sobre las relaciones anglo-rusas y sobre los pueblos "civilizados y los "semi bárbaros" o "semi salvajes", podían, en efecto, haber tenido influencia decisiva en la solución adoptada en el laudo arbitral de 199, frente al hecho de que en múltiples estudios sobre el tema se ha sostenido, con plena razón, que esa sentencia fue, en realidad un acto político-diplomático, un acuerdo anglo-ruso, vinculado probablemente a un contrato o convenio entre ambos países"*[950].

Fiódor Fiódorovich Martens sostenía que el derecho internacional sólo era aplicable a naciones civilizadas. En su obra *"Rusia e Inglaterra en Asia Central"* definió al derecho internacional como *"el compendio de principios que regulan las relaciones de las naciones para prosecución de sus fines comunes"*[951].

Para Fiódor Fiódorovich Martens, el derecho internacional -así definido- era producto de las ideas morales y jurídicas europeas y, en consecuencia, no aplicable a la otra categoría de naciones que denominó semi-bárbaras. El Presidente del tribunal arbitral de París, consideraba que a estas naciones no se aplicaba el derecho internacional, sino que sus relaciones con las naciones civilizadas debían regirse por el derecho natural. La justificación de esta idea la expresa en los términos siguientes:

> *"...Sería pueril exigir de naciones que se encuentran en este estado de naturaleza, acciones que no derivan de otra fuente que no sea la conciencia y que no se explican por otra razón que no sea la solidaridad de intereses y la reciprocidad de esfuerzos dirigidos a un mismo fin social..."*[952].

Gros Espiell en sus comentarios a la obra de Fiódor Fiódorovich Martens, señala que esta supuesta *"aplicación"* del derecho natural en las relaciones entre naciones civilizadas y *"semi-civilizadas"* no es más que una fachada para permitir a las potencias europeas imponer

---
[950] Ibíd., p. 16.
[951] Ibíd., p. 57.
[952] Ibíd., p. 59.

su voluntad en sobre la de los países más débiles[953]. Este fue el caso de Venezuela en el arbitraje de París en1899.

Un hecho que ratifica la visión de Fiódor Fiódorovich Martens es que "*defendió el régimen de capitulaciones -caracterizado por la investidura de la autoridad consular con atribuciones judiciales-, existente desde el siglo XVI en países de Oriente, mediante el cual los nacionales de potencias europeas estaban exentos de la jurisdicción territorial (particularmente de la jurisdicción penal) de los Estados en que se encontraban, quedando sometidos únicamente a la jurisdicción consular del Estado del cual eran nacionales que, por esta vía, extendía extraterritorialmente la aplicación de sus leyes*"[954].

De conformidad con la visión de Fiódor Fiódorovich Martens de sobre las capitulaciones "*esta institución tenía como fundamento la considerable diferencia en el grado de desarrollo cultural entre países europeos y no europeos; esta noción sería más ampliamente desarrollada en su libro sobre El Derecho Internacional de las naciones civilizadas (1881-1882), en el que profundiza en la distinción entre naciones civilizadas (las únicas a las que se aplicaba el Derecho Internacional) y naciones no civilizadas (a las que no se aplicaba el Derecho Internacional), que era una tesis más o menos compartida por los teóricos del Derecho Internacional del siglo XIX*"[955].

La visión de Fiódor Fiódorovich Martens es producto de su pasado colonial. Al respecto indica Héctor Faúndez que Fiódor Fiódorovich Martens tenía una relación cercana con Leopoldo II de Bélgica "*y sus actividades pro colonialistas, particularmente en el Estado Libre del Congo, le llevaron a defender el proyecto de Leopoldo II en esa, su colonia personal, y a justificar un sistema sin precedentes de explotación intensiva del caucho y del marfil, a costa del trabajo forzado, la mutilación de las manos de quienes no rendían lo suficiente, o incluso la muerte de los congoleños más rebeldes. A juicio de Martens, gracias a la generosidad y el genio político del Rey Leopoldo, el Estado Libre*

---

[953] Ídem.
[954] Héctor Faúndez Ledesma, "La controversia del Esequibo y el fantasma de Federico de Martens", ob. cit., p. 12.
[955] Ídem.

del Congo tendría un régimen de plena conformidad con los requisitos de la cultura europea"[956].

Marcos Falcón Briceño observa también que *"en el fondo de De Martens había más que todo un hombre práctico, como él mismo decía, un político, de manera que, y es natural, siendo un funcionario del imperio ruso, su pensamiento político estuviera vinculado desde luego al pensamiento y a los intereses políticos de Rusia"*[957].

Fiódor Fiódorovich Martens, a pesar de ser jurista, no se guiaba por el derecho sino por la diplomacia y las relaciones políticas. Como observa Héctor Faúndez *"Martens no pensaba en el Derecho Internacional como algo distinto a la diplomacia y superior a ella, sino que, como estudioso del Derecho Internacional, consideraba su deber profesional respaldar las políticas de su gobierno a cualquier precio; su motivación era abrumadoramente -si no exclusivamente- política y patriótica"*[958].

Llama la atención que, siendo una figura tan relevante en el foro arbitral internacional, se conocían no sólo sus visiones políticas, sino también sus criterios sobre asuntos controversiales relacionados con el arbitraje, lo que pudo haber inclinado a los ingleses a elegirlo porque tenía una visión política del arbitraje y, además, sostenía la tesis de que los laudos no requerían ser motivados.

La falta al deber de imparcialidad y, en especial, el rechazo del arbitraje como medio para resolución pacífica de controversias por parte de Fiódor Fiódorovich Martens se confirmaron mediante la comunicación de Richard Olney al Presidente Grover Cleveland el 27 de diciembre de 1899 en la que señaló lo siguiente: *"No lo he vuelto a ver a usted después de la sentencia en el asunto de los límites de Venezuela. A raíz de su regreso a Nueva York, el Sr. MalletPrevost, el abogado más joven de Venezuela estaba ansioso de contarme cómo habían pasado las cosas y por qué ocurrieron así. En una de mis visitas a Nueva York le invité a comer con el resultado de que habló más y comió menos, y de*

---

[956] *Ibíd.*, p. 14.
[957] Marcos Falcón Briceño, ob. cit., p. 48.
[958] Héctor Faúndez Ledesma, "La controversia del Esequibo y el fantasma de Federico de Martens", *Revista de Derecho Público*, número 169-170, enero-junio, Editorial Jurídica Venezolana, Caracas, 2022. p. 11.

que el tiempo que duró la comida fue, más que de tomar alimentos y refrescos, de intensa ira y amargura de espíritu por el procedimiento y decisión del Tribunal de Arbitraje. Me abstengo de entrar en detalles, pues no me cabe duda de que usted se habrá enterado de ellos por otras fuentes. Lo peor de todo, por lo visto, no es tanto la pérdida de territorio por parte de Venezuela, cuanto el descrédito general del arbitraje. Según mi informante, tanto el Presidente de la Corte, como Brewer se muestran contrarios al arbitraje como fórmula de resolver controversias internacionales mientras no haya un procedimiento que garantice los derechos de las Partes. El exsecretario John W. Foster, con quien comí el otro día, dijo que Fuller y Brewer regresaron al país bastante enfermos de arbitraje"[959].

Una persona como Fiódor Fiódorovich de Martens, que ejerció funciones como Consejero de Zar Nicolás II y era funcionario activo del Ministerio de Relaciones Exteriores de Rusia, no podía ser considerada imparcial ni independiente. Cuando se firmó el Tratado de Washington de 2 de febrero de 1897 el deber de imparcialidad y el deber de independencia ya eran reglas de derecho no escrito. De conformidad con dichas reglas Fiódor Fiódorovich Martens no podía ser presidente del tribunal arbitral de París, *"en un asunto en el que, claramente, tanto él en lo personal como en su condición de funcionario de la nación a la cual servía, tenía un conflicto de intereses que le impedía actuar con ecuanimidad"*[960].

Las sospechas de que el presidente del tribunal arbitral, Fiódor Fiódorovich Martens, había violado gravemente el deber de imparcialidad, quedaron plenamente comprobadas cuando se publicó el memorándum que había dejado Severo Mallet-Prevost, uno de los abogados que representaba a Venezuela, fallecido el 10 de diciembre de 1948 en Nueva York. Severo Mallet-Prevost había designado como albacea al abogado Otto Schoenrich, socio de la firma de abogados a la que pertenecía (Curtis, Mallet-Prevost, Colt & Mosle) y le había encargado que publicara el documento luego de su muerte.

---

[959] *Ibíd.*, p. 44.
[960] Héctor Faúndez Ledesma, "La controversia del Esequibo y el fantasma de Federico de Martens", ob. cit., p. 18.

El memorándum fue publicado en julio de 1949 en el *American Journal of International Law* y también, ese mismo año, en el Boletín de la Academia de Ciencias Políticas y Sociales de Venezuela, específicamente en el volumen 14, bajo el título de *"Materia de excepcional importancia para la historia diplomática de Venezuela. La disputa de límites entre Venezuela y La Guayana Británica"*[961].

En su memorándum, Severo Mallet-Prevost reconoció que él y el Presidente Benjamín Harrison tuvieron conocimiento de la confabulación que existió entre el Presidente del tribunal arbitral Fiódor Fiódorovich Martens y los árbitros ingleses Lord Russell y Lord Collins. Incluso, *The Times*, un periódico londinense, publicó una declaración de la agencia de noticias Reuters que contenía las declaraciones del presidente Benjamin Harrison y Severo Mallet-Prevost donde expresaron que *"nada había en la historia de la controversia que explicase adecuadamente la línea fronteriza establecida en el Laudo"*[962].

El abogado Severo Mallet-Prevost relata que Russell siempre tuvo una actitud reticente e inclinada en favor del Reino Unido, era del criterio de que los árbitros tienen una vinculación política y consideraba que no era necesario que los arbitrajes internacionales se ciñeran exclusivamente a fundamentos legales.

Severo Mallet-Prevost narra que en una comida íntima organizada por Henry White, que ocupaba el cargo de encargado de negocios de los Estados Unidos, en la ciudad de Londres coincidieron Lord Russell, el juez Josiah Brewer y él. Severo Mallet-Prevost expresó en el Memorándum refiriéndose a Lord Russell lo siguiente: *"Me tocó sentarme a su lado, y en el curso de la conversación me aventuré a expresar la opinión de que los arbitramentos internacionales deberían basar sus decisiones únicamente sobre fundamentos legales. Lord Russell respondió inmediatamente: Estoy enteramente en desacuerdo con usted. Pienso que los arbitrajes internacionales deberían ser conducidos por vías más amplias y que deberían tomar en consideración cuestiones de política internacional. Desde aquel momento comprendí que no*

---

[961] Otto Schoenrich, ob. cit.
[962] Exposición del Embajador de Venezuela Doctor Carlos Sosa Rodríguez ante la ONU el 22 de febrero de 1962. Disponible en http://esequibonuestro.blogspot.com/2012/03/exposicion-del-embajador-de-venezuela.html.

podíamos contar con Lord Russell para decidir la cuestión fronteriza sobre la base del derecho estricto"[963].

Una percepción completamente distinta tuvo Severo Mallet-Prevost de Lord Collins, a quien conoció el primero de junio de 1899 luego de pronunciarse los discursos del Procurador General del Reino Unido Sir Richard Webster y el autor de este memorándum que duraron 26 días[964]. Lord Collins se mostró mucho más animado, dispuesto a indagar y, sobre todo, a comprender y analizar la controversia y los títulos que fundamentaban las pretensiones de las partes. Sobre él, dice Severo Mallet-Prevost que *"era completamente obvio que Lord Collins estaba sinceramente interesado en darse cuenta totalmente de los hechos del asunto y en determinar la ley aplicable a tales hechos. El, por supuesto, no dio indicación acerca de cómo votaría en la cuestión; pero toda su actitud y las numerosas preguntas que formuló eran críticas de los alegatos británicos y daban la impresión de que se iba inclinando hacia el lado de Venezuela"*[965].

Sin embargo, esas impresiones cambiaron radicalmente luego del receso de dos semanas, que tuvo lugar una vez concluidos los discursos mencionados. En ese momento los árbitros ingleses viajaron a Londres, junto con el Presidente del tribunal arbitral Fiódor Fiódorovich Martens.

Según consta en el Memorándum de Mallet-Prevost, cuando Lord Collins volvió del Reino Unido a París luego de aquellas vacaciones, no era el mismo que se había marchado. Evidentemente ocurrieron en el Reino Unido varios hechos que desconocemos pero que, probablemente, obedecían a intereses políticos de las potencias implicadas en la controversia: Rusia, el Reino Unido y los Estados Unidos de América. Severo Mallet-Prevost estaba convencido de que algo había ocurrido. En efecto: *"El señor MalletPrevost afirmó que él estaba seguro de que la actitud de los miembros británicos y el miembro ruso del Tribunal Arbitral era el resultado de una negociación entre Gran Bretaña y Rusia por el cual las dos Potencias indujeron a sus representantes en el*

---

[963] Véase el Memorándum de Severo Mallet-Prevost en Otto Schoenrich, ob. cit., p. 32.
[964] *Cfr.* Otto Schoenrich, ob. cit., p. 32.
[965] *Ídem.*

Tribunal a votar como lo hicieron, y Gran Bretaña probablemente dio a Rusia ventajas en otra parte del globo"[966].

La componenda de la que sospechaba Mallet-Prevost se hizo evidente cuando Fiódor Fiódorovich Martens se reunió con los árbitros americanos, David Josiah Brewer y Melville Weston Fuller, para proponerles que, si aceptaban tomar una decisión unánime, Venezuela conservaría las Bocas del Orinoco, pero, si no lo hacían, el ruso se alinearía con los árbitros ingleses, cuestión que, supondría una peor situación para Venezuela.

El 31 de agosto de 1907, varios años después de la ejecución coactiva del Laudo Arbitral de París, tuvo lugar un hecho que respalda la veracidad de las sospechas de Mallet-Prevost. En esa fecha, se firmó el Tratado Anglo-Ruso de Mutua Cordialidad que alivió las tensiones entre Rusia y el Reino Unido en Asia Central y mejoró las relaciones entre ambos países; con la convención tuvo lugar la independencia de Afganistán, de Persia y de Tíbet. Así lo confirma el Dr. Gros Espiell cuando observa que: *"La aproximación anglo-rusa, iniciada en 1895, de acuerdo a las ideas que Martens había expuesto ya en 1879, se concretaría final y definitivamente en la Convención Relativa a Persia, Afganistán y Tibet, firmada en San Petersburgo por Isvlasky, Ministro de Relaciones Exteriores del Imperio ruso y Nicolson, Embajador inglés, el 31 de agosto de 1907"*[967].

Tengamos en cuenta que el 18 de octubre de 1899, en una publicación del *Idaho Daily Statesman*, un diario de los Estados Unidos, se criticó fuertemente el arbitraje de París en los siguientes términos: *"El plan consistió en asegurar el apoyo del Sr. de Martens, Presidente del tribunal. Esto se llevó a cabo por la intervención de los rusos quienes deseaban que él se pusiera de lado de Gran Bretaña con el objeto de obtener el apoyo inglés para los planes rusos en China. Todo esto se cumplió con el más absoluto secreto, sólo cuando los Árbitros y se reunieron para el laudo, se aclaró la situación a los miembros americanos del Tribunal. Vinieron a saber que la mayoría se había puesto de acuerdo sobre lo que se había de hacer: otorgar a Gran Bretaña todo lo que reclamaba"*[968].

---
[966] Ibíd. p. 30.
[967] Ibíd., p. 72.
[968] Ídem.

Incluso existe una comunicación previa del propio Severo Mallet-Prevost de fecha 26 de octubre de 1899, trece días después de dictado el laudo, dirigida al profesor George L. Burr donde afirmó lo siguiente: *"Nuestros Árbitros fueron forzados a aceptar la decisión, y con estricto carácter confidencial, no dudo en asegurarle a usted que los Árbitros británicos no se rigieron por consideración alguna de Derecho o Justicia, y que el Árbitro ruso probablemente fue inducido a adoptar la posición que tomó por razones totalmente extrañas a la cuestión. Sé que esto sólo va a abrirle el apetito, pero al presente no puedo hacer otra cosa. El resultado, a mi juicio, es una bofetada al Arbitraje"*[969].

En el mismo sentido, el escritor francés L. de la Chanonie formuló una crítica al arbitraje de París en el número 3º del tomo III de la *Revue d'Europe* publicada en marzo de 1900. En esa publicación L. de la Chanonie denuncia -muchos años antes- las mismas irregularidades que luego fueron expuestas en el memorándum póstumo de Severo Mallet-Prevost y observa que:

> *"...el Sr. De Martens propuso entonces a los árbitros americanos, conceder a Venezuela, en compensación por los territorios de la línea Schomburgk, la posesión absoluta del Orinoco, retirando la frontera inglesa a unas veinte leguas del río; añadió que si los árbitros de Venezuela no aceptaban este arreglo, votaría con los árbitros ingleses para acabar de una vez, lo que aseguraría a Inglaterra la posesión de uno de los lados del delta del Orinoco. La perplejidad de los árbitros americanos fue grande, y su turbación profunda; al cabo de algunas horas de reflexión, juzgaron que era necesario ante todo poner al gran río fuera de las garras de Inglaterra; prefirieron aceptar un arreglo enojoso a no obtener nada, y finalmente, constreñidos por una necesidad imperiosa, se adhirieron a la sentencia arbitral; he aquí la unanimidad de los jueces tan cacareada por la prensa inglesa la cual la ha interpretado como una prueba irrefutable de los indudables derechos de Gran Bretaña. La publicación dada aquí a los debates secretos, pone las cosas en su punto. Una simple pregunta: si la disputa, en vez de haberse planteado entre un pequeño*

---

[969] *Ídem.*

Estado y una gran Potencia, hubiera enfrentado a Inglaterra, Rusia, Francia o Alemania, ¿habría terminado en tres días y con tanto desenfado, un conflicto que, en caso de necesidad, hallara en la fuerza su legítimo recurso? Pero Venezuela no tiene el poder marítimo y militar que permite hablar alto; no ha podido apoyar con las armas el rechazo de una decisión no tanto arbitral cuanto arbitraria, cuya injusticia resultaba notoria. El derecho internacional le abría el camino a una apelación platónica, herida de antemano de esterilidad... Pero eso se calló"[970].

Cuarenta y nueve años antes de la publicación del memorándum de Severo Mallet-Prevost-, L. de la Chanonie afirmó que el Presidente del tribunal arbitral faltó al deber de imparcialidad y fue el principal artífice de una componenda que perjudicó a Venezuela, el país más débil en la controversia.

38. **Francisco Antonio Zea** (1766-1822): Venezuela. Después de haber sido Vicepresidente de la República de Colombia desde el 17 de diciembre de 1819 hasta 19 de marzo de 1820 y Embajador de la República de Colombia en el Reino Unido desde el 16 de junio de 1820 hasta el 28 de noviembre de 1820, el diplomático Francisco Antonio Zea dirigió una comunicación al Ministro de Asuntos Exteriores del Reino Unido, Robert Stewart -Vizconde de Castlereagh-, en fecha 20 de febrero de 1821 durante el gobierno del Presidente de la República de Colombia Simón Bolívar. El objetivo de dicha comunicación fue aclarar la situación fronteriza y precisar que la frontera oriental de la República de Colombia era la ribera izquierda del río Esequibo.

39. **Francisco de Miranda** (1750-1816): Venezuela. Militar, político, diplomático y escritor. Precursor de la independencia de Venezuela. El 1 de enero de 1799 publicó el *Mapa Geográfico de América Meridional* elaborado por Juan de la Cruz Cano y Olmedilla. Allí quedó claro que la frontera de la Capitanía y Guyana era el río Esequibo. El mapa fue también fue publicado en Londres por el geógrafo real del Rey Jorge III, William Faden. Este mapa es el equivalente sudamericano del Mapa de Mitchell de las Colonias Británicas de 1755.

---

[970] Ibíd., pp. 50-51.

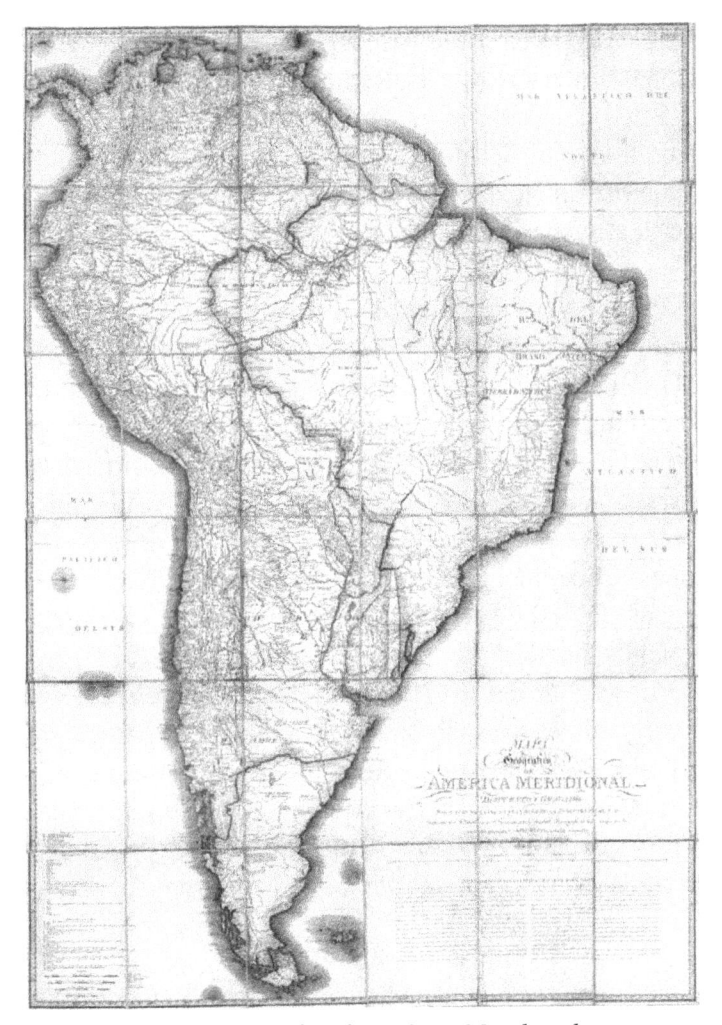

Mapa Geográfico de América Meridional
elaborado por Juan de la Cruz Cano y Olmedilla[971]

40. **Gabriel Ruan Santos** (27 de junio de 1946): Venezuela. Individuo de Número de la Academia de Ciencias Políticas y Sociales. Presidió la Academia entre 2017 y 2019. Durante su gestión la Academia envió una comunicación al Ministro de Relaciones Exteriores con el

---

[971] Véase Mapa Geográfico de América Meridional. Disponible en https://www.davidrumsey.com/luna/servlet/detail/RUMSEY~8~1~3373~330002:Mapa-Geografico-de-America-Meridion.

título "Misiva dirigida a Jorge Arreaza Ministro del Poder Popular para las Relaciones Exteriores de la República Bolivariana de Venezuela" de fecha 25 de octubre de 2017. En ese documento se alude al necesario rechazo de la decisión del Secretario General de Naciones Unidas, Antonio Guterres, que consistía en elegir la solución judicial de la controversia si los buenos oficios no demostraban avances significativos. Se ratificó la necesidad de hacer valer el Acuerdo de Ginebra frente a la República Cooperativa de Guyana y el Secretario General de Naciones Unidas Antonio Guterres.

Ante la falta de eficacia de los buenos oficios el Secretario General de Naciones Unidas, Antonio Guterres, remitió la solución de la controversia a la CIJ el 30 de enero de 2018. Ante esta situación, Gabriel Ruan Santos, en su condición de Presidente de la Academia, suscribió el "Comunicado de las Academias Nacionales a la opinión pública sobre el anuncio oficial del Secretario General de la Organización de Naciones Unidas (ONU) de enviar la controversia con Guyana a la Corte Internacional de Justicia" de fecha 14 de febrero de 2018.

El 25 de octubre de 2017, durante la presidencia del Académico Gabriel Ruan Santos, se envió una misiva dirigida a Jorge Arreaza, Ministro del Poder Popular para las Relaciones Exteriores de la República Bolivariana de Venezuela. En esa comunicación se ratificó la posición sostenida previamente por la Academia en la misiva del 20 de marzo de 2017 durante la presidencia del Dr. Eugenio Hernández-Bretón, según la cual:

> "... pretender que con el sólo consentimiento del Gobierno de Guyana, el Secretario General de la ONU podría escoger remitir el asunto a la Corte Internacional de Justicia, constituye una infracción del objeto y fin del propio 310 Acuerdo de Ginebra que establece que las partes del mismo deben "buscar soluciones satisfactorias para el arreglo práctico de la controversia" de manera que ésta sea "amistosamente resuelta en forma que resulte aceptable para ambas partes".
> En consecuencia, las Academias consideran que Venezuela, como país, debe hacer valer de manera pública y a la mayor brevedad posible los términos del Acuerdo de Ginebra, tanto frente al Gobierno de Guyana como en sus gestiones ante del Secretario

General de la ONU, de modo que el asunto se mantenga siempre dentro del ámbito de las negociaciones diplomáticas para la búsqueda de un arreglo práctico de la controversia que resulte aceptable para ambas partes"[972].

Aunado a lo anterior, el Académico Gabriel Ruan Santos ha contribuido a la reclamación venezolana sobre el territorio Esequibo con valiosos estudios, entre los cuales destacan *La Academia de Ciencias Políticas y Sociales y la reclamación de Venezuela por la Guayana Esequiba. Algunos antecedentes*, publicado en el Boletín de la Academia de Ciencias Políticas y Sociales, número 164, abril-junio en 2021; *Los títulos de la reclamación por la Guayana Esequiba. Especial referencia a la cláusula de prescripción*, publicado en el Boletín de la Academia de Ciencias Políticas y Sociales, número 165, julio-septiembre, en el año 2021 y *La supuesta aquiescencia de Venezuela en la disputa por la Guayana Esequiba. Especial referencia al Acuerdo de Ginebra*, incluido en el Libro Homenaje a Cecilia Sosa Gómez, Tomo I, publicado por la Academia de Ciencias Políticas y Sociales en 2021.

41. **Giorgio Gaja** (7 de diciembre de 1939): Italia. Magistrado de la CIJ desde 2012. Desde 2021 es vicepresidente de la CIJ. Fue uno de los magistrados de la CIJ que, junto a Kirill Gevorgian, Mohamed Bennouna y Ronny Abraham, salvaron su voto en la sentencia declaratoria de competencia del 18 de diciembre de 2020, respecto de la controversia entre Venezuela y la República Cooperativa de Guyana en cuanto a la validez o nulidad del Laudo Arbitral de París.

En su voto salvado el Magistrado Giorgio Gaja se fundamentó en la ausencia de consentimiento de las partes. Manifestó estar de acuerdo con que las partes pueden acudir a la CIJ para resolver la controversia conforme al artículo IV, parágrafo 2 del Acuerdo de Ginebra. Sin embargo, no estuvo de acuerdo con la idea de que la decisión de Secretario General de Naciones Unidas puede suplir el consentimiento de las partes.

---

[972] Véase Misiva dirigida a Jorge Arreaza Ministro del Poder Popular para las Relaciones Exteriores de la República Bolivariana de Venezuela en *Doctrina Académica Institucional. Pronunciamientos años 2012-2019*, tomo II, Academia de Ciencias Políticas y Sociales – Editorial Jurídica Venezolana, Caracas, 2019. pp. 307 y ss. Disponible en http://acienpol.msinfo.info/bases/biblio/texto/L-4182/L-4182.pdf.

A su juicio, la existencia de la obligación de las partes de cumplir con la decisión del secretario no implica necesariamente que los medios seleccionados por el Secretario General puedan implementados sin el consentimiento de ambas partes. La implementación de cualquiera de los medios del artículo 33 de la Carta de Naciones Unidas requiere un acuerdo[973].

El Magistrado Giorgio Gaja sostuvo en su voto salvado que el Acuerdo de Ginebra prevé la posibilidad de que, incluso una vez agotados los mecanismos previstos en él, la controversia no sea resuelta en forma definitiva. La interpretación que dio la CIJ sobre el parágrafo segundo del artículo IV violó el propósito de la convención al establecer que un órgano judicial tiene competencia para resolver definitivamente la disputa. El arreglo judicial implica descartar la posibilidad de que la controversia no sea resuelta en forma definitiva, tal como lo establece el Acuerdo de Ginebra.

42. **G.R. Askwith**: Reino Unido. Abogado miembro del equipo de defensa del Reino Unido durante el procedimiento arbitral de París, relativo a la controversia territorial respecto de la frontera de Venezuela y la Colonia de la Guayana Británica.

43. **Grover Cleveland** (1837-1908): Estados Unidos de América. Vigesimosegundo Presidente de los Estados Unidos de América. Se interesó en la controversia entre Venezuela y el Reino Unido por medio de William L. Scruggs y asumió el compromiso de interceder en ella.

El 17 de diciembre de 1895, en un mensaje ante el Congreso de los Estados Unidos de América, se refirió a la disputa territorial e invocó la doctrina Monroe vistos los abusos cometidos en contra de Venezuela. En esa ocasión ordenó que se investigara el asunto y expresó:

> *"La disputa ha llegado a un punto tal, que ahora le incumbe a los EE UU tomar medidas para determinar, con suficiente certeza para justificarla, cual es la verdadera línea divisoria entre*

---

[973] *"For instance, resort to mediation implies, at the very minimum, an agreement of the parties on who is going to act as mediator. Similarly, recourse to arbitration requires an agreement of the parties on the appointment of the arbitrators and on conferring jurisdiction to the arbitral tribunal. With regard to judicial settlement, there is the possibility that jurisdiction be conferred on the Court without an agreement providing for additional specifications, for instance if the parties have made declarations under the optional clause covering the dispute".*

la República de Venezuela y la Guayana inglesa. Cuando se termine dicho informe y sea aceptado, será en mi opinión, deber de los EE UU, resistir por todos los medios en su poder, como una agresión premeditada a sus derechos e intereses, la apropiación por parte de la Gran Bretaña de cualquier tierra, así como el ejercicio de su jurisdicción gubernamental en cualquier territorio que, tras la investigación, hayamos determinado pertenece por derecho a Venezuela"[974].

El mensaje del Presidente Grover Cleveland motivó la suscripción de un acto del Congreso de los Estados Unidos, aprobado en fecha de 21 de diciembre de 1895, en el que la Cámara de Representantes y el Senado acordaron:

"...una asignación para los gastos de una comisión que averigüe la verdadera línea divisoria entre la República de Venezuela y la Guayana Británica, e informe acerca de ella. Decrétase por el Senado y la Cámara de Representantes de los Estados Unidos de América reunidos en Congreso: Se destina la suma de cien mil dólares o la parte de ella que sea necesario, para los gastos de una comisión, que será nombrada por el Presidente, para que averigüe la verdadera línea divisoria entre la República de Venezuela y la Guayana Británica, e informe del resultado"[975].

Los resultados de la investigación realizada por la comisión presidencial para la averiguación del verdadero límite entre Venezuela y la Guayana Británica indicaron que no había pruebas contundentes de ocupación holandesa para el año 1648 al norte o al oeste del río Esequibo, ni de la isla denominada Kikoveral. Tampoco se hallaron elementos que señalaran ocupación en Punta Barima antes del año 1648[976]. Esta investigación fue fundamental para conseguir que el Reino Unido aceptara resolver el conflicto con Venezuela mediante arbitraje.

---

[974] Tomás Enrique Carrillo Batalla (coord.), *La reclamación venezolana sobre la Guayana Esequiba*, Academia de Ciencias Políticas y Sociales, Serie Eventos 2, Caracas, 2008. p. 433-434.

[975] *Historia oficial de la discusión entre Venezuela y la Gran Bretaña sobre sus límites en la Guayana*, L. Weiss & Company impresores, Nueva York, 1896. p. 336. Disponible en https://play.google.com/store/books/details?id=b8FAAQAAMAAJ&rdid=book-b8FAAQAAMAAJ&rdot=1

[976] Cfr. Tomás Enrique Carrillo Batalla (coord.), ob. cit., p. 434.

44. **Héctor Faúndez Ledesma** (18 de junio de 1947): Chile-Venezuela. Individuo de Número de la Academia de Ciencias Políticas y Sociales. Profesor titular de Derecho Internacional Público en la Universidad Central de Venezuela. Entre sus valiosos aportes a la reclamación destaca su libro *La competencia contenciosa de la Corte Internacional de Justicia y el caso Guayana vs. Venezuela*, perteneciente a la Serie Estudios (126) de la Academia de Ciencias Políticas y Sociales, editado conjuntamente con Editorial Jurídica Venezolana y publicado en el año 2020.

El Dr. Héctor Faúndez Ledesma ha publicado otros trabajos muy importantes importantes sobre aspectos particulares de la controversia como *La competencia de la CIJ respecto de la cuestión relacionada con el arreglo definitivo de la controversia sobre la frontera entre Guyana y Venezuela*, publicado en el Boletín de la Academia de Ciencias Políticas y Sociales, número 167, enero-marzo de 2022; *La nulidad del Laudo de París, del 3 de octubre de 1899*, publicado en el Boletín de la Academia de Ciencias Políticas y Sociales, número 167, enero-marzo de 2022; *La necesidad de medidas provisionales en el caso Guyana c. Venezuela*, publicado en el Boletín de la Academia de Ciencias Políticas y Sociales, número 166, octubre-diciembre de 2021 y *La controversia del Esequibo y las condiciones de validez del Laudo de París del 3 de octubre de 1899*, publicado en el Libro Homenaje a Cecilia Sosa Gómez, Tomo I, publicado por la Academia de Ciencias Políticas y Sociales en 2021.

También ha publicado comentarios sobre la reclamación de Venezuela en periódicos, entre los cuales destaca el artículo publicado en El Nacional titulado *Medidas cautelares en el caso Guyana c. Venezuela* de fecha 19 de noviembre de 2021.

Además ha contribuido a la divulgación y estudio del tema a través del ciclo de conferencias realizadas por la Academia de Ciencias Políticas y Sociales desde el 6 de mayo de 2021 hasta el 31 de marzo de 2022.

45. **Henry Light**: Reino Unido. El Gobernador de la Colonia de la Guyana Británica, Henry Light, expresó mediante una carta de fecha 4 de marzo de 1842 dirigida a Lord Stanley, Ministro de Colonias del Reino Unido, que el Reino Unido no tenía ningún interés en arrebatar a Venezuela su legítimo territorio. En concreto escribió:

"... *Nosotros no tenemos ninguna reclamación sobre el río Amacuro, al oeste del Barima, aunque en el viejo mapa del Mayor L. von Bouchenroeder, publicado en 1798, el primer río está marcado al este del segundo, y ambos desembocando en el Orinoco. Tanto el mapa del señor Schomburgk como el del señor Codazzi sitúan estos ríos en la posición adecuada, con el Amacuro entrando en el Orinoco desde el sur oeste del Barima. [...]*
Yo creo que el señor Schomburgk asume que el Amacuro es la frontera, solamente por razones de conveniencia. *[...]*
Ni el Barima ni el Amacuro pueden ahora ser de ninguna importancia para Gran Bretaña, y sólo podrían ser ocupados a un costo de vidas y dinero que no lo haría conveniente; pero debemos tener cuidado de que una potencia más importante que Venezuela no tome posesión de ellos.
La existencia de las repúblicas hispano americanas parece depender tanto de partidos políticos siempre listos para disputar por el poder, que uno podría preguntarse qué es lo que impide que una de las provincias en disputa, deseando obtener ayuda externa, le ofreciera a los Estados Unidos o a Francia, o a cualquier otra potencia, un asentamiento, simplemente por la locura de los sentimientos partidistas, listos para zambullirse en la insensatez de obtener alguna ventaja temporal sobre la facción opuesta. [...]
[...] la Guyana Británica nunca debe someterse a tener las banderas de Francia o de los Estados Unidos, o de cualquier otra potencia, ondeando en sus fronteras. [...]"[977].

46. **Humberto Romero-Muci** (4 de noviembre de 1961): Venezuela. Individuo de Número de la Academia de Ciencias Políticas y Sociales y su presidente entre 2019 y 2021. La Academia emitió dos pronunciamientos relacionados con la controversia que el Dr. Humberto Romero-Muci suscribió en su condición de presidente, a saber, el "Pronunciamiento de la Academia de Ciencias Políticas y Sociales sobre el rechazo a la demanda de Guyana contra Venezuela" de fecha 11 de abril de 2019 y el "Pronunciamiento sobre la necesaria defensa

---

[977] Cit. en Héctor Faúndez Ledesma, ob. cit., pp. 166-167. Carta del 4 de marzo de 1842, de Henry Light, Gobernador de la colonia de Guyana Británica, a Lord Stanley, Ministro de Colonias Inglés, Foreign Office, 80/108. Palabras traducidas por el autor citado.

de los intereses de Venezuela ante la decisión de la Corte Internacional de Justicia que declaró su competencia para conocer parcialmente la demanda planteada por la República Cooperativa de Guyana" de fecha 13 de enero de 2021.

47. **Ignacio Andrade** (1839-1925): Venezuela. Presidente de Venezuela para el momento en el que se dictó el Laudo Arbitral de París el 3 de octubre de 1899. Poco tiempo después, el 23 de octubre de 1899 fue derrocado tras el triunfo de la Revolución Liberal Restauradora, lo que agudizó la crisis interna del país e impidió, junto con otros factores, que Venezuela denunciara consistentemente el Laudo Arbitral de París que arrebató a los venezolanos más de 159.500 kilómetros cuadrados de territorio.

48. **Isidro Morales Paúl** (1932-2005): Venezuela. Individuo de Número de la Academia de Ciencias Políticas y Sociales. Ministro de Relaciones Exteriores en 1984 durante el primer año de gobierno de Jaime Lusinchi. Su conocimiento de la controversia le permitió realizar aportes académicos y formular su *Análisis crítico del problema fronterizo. Venezuela-Gran Bretaña*, publicado en el Boletín de la Academia de Ciencias Políticas y Sociales, número 91 en 1983.

49. **James Monroe** (1758-1831): Estados Unidos de América. Quinto Presidente de los Estados Unidos de América. El 2 de diciembre de 1823, en su mensaje anual ante el Congreso, expresó que el continente americano no era susceptible de colonización y que las potencias europeas no podrían extender sus dominios en él so pena de que tales hechos sean observados como una afrenta directa a los derechos e intereses de los Estados Unidos. En particular reputó *"como un principio que afecta a los derechos e intereses de los Estados Unidos, que los continentes americanos, por la condición de libres e independientes que han adquirido y mantienen, no deben en lo adelante ser considerados como objetos de una colonización futura por ninguna potencia europea..."*[978].

La doctrina Monroe, como se denomina el principio formulado por el Presidente James Monroe, fue invocada por el Presidente Grover

---

[978] Véase Fragmento del Séptimo Mensaje Anual del Presidente Santiago Monroe al Congreso el 2 de Diciembre de 1823. Disponible en https://www.oas.org/sap/peacefund/VirtualLibrary/MonroeDoctrine/Treaty/MonroeDoctrineSpanish.pdf.

Cleveland el 17 de diciembre de 1895 en su mensaje anual ante el Congreso de los Estados Unidos de América refiriéndose a la disputa territorial entre Venezuela y el Reino Unido.

50. **James Russell Soley** (1850-1911): Estados Unidos de América. Profesor, distinguido escritor sobre asuntos navales y abogado especialista en derecho internacional que formó parte del equipo de defensa de Venezuela durante el arbitraje de París.

51. **Javier Pérez de Cuéllar** (1920-2020): Perú. Secretario General de Naciones Unidas (1982-1991). Designó a Diego Cordovez como enviado especial para resolver la controversia entre Venezuela y la República Cooperativa de Guyana, aunque la solución propuesta por Diego de Cordovez no fue aceptada por las partes. Tras iniciar el mecanismo de los buenos oficios, seleccionó dos buenos oficiantes: El 11 de noviembre de 1989 al granadino Meredith Alister McIntyre y el 1 de noviembre de 1999 al barbadense Oliver Jackman. Ninguno de los buenos oficiantes logró una solución aceptable para ambas partes.

52. **Joaquín Crespo** (1841-1898): Venezuela. Presidente de Venezuela llegó al poder el 6 de octubre de 1892 en virtud del triunfo de la Revolución Legalista. Designó al Dr. Pedro Ezequiel Rojas Ministro de Relaciones Exteriores, que fue quien estableció contacto con William L. Scruggs, un diplomático de los Estados Unidos de América que hizo que el Presidente Grover Cleveland se interesara en la controversia entre Venezuela y el Reino Unido.

53. **José Andrade**: Venezuela. Hermano del General Ignacio Andrade. Fue un importante diplomático venezolano que defendió a Venezuela de las pretensiones británicas mientras ocupaba el cargo de Ministro de la Delegación Venezolana en Washington desde 1893 hasta 1899. Tuvo una destacada actuación en la negociación del Tratado Arbitral de Washington de 1897.

54. **José Antonio Páez** (1790-1873): Venezuela. Era el Presidente de Venezuela en 1840, cuando el geógrafo y naturalista Robert Schomburgk trazó la segunda línea con la que se usurparon más de 142.000 kilómetros cuadrados mediante el levantamiento de postes y marcación de árboles con las iniciales de la Reina Victoria.

Venezuela protestó inmediatamente estos hechos y envió a Londres al diplomático Alejo Fortique quien, con la ayuda del historiador Rafael

María Baralt, tenía el objetivo de aclarar la situación y alcanzar una solución.

Alejo Fortique le pidió a Lord Aberdeen, Secretario de Relaciones Exteriores del Reino Unido, la remoción de los postes levantados por Robert Schomburgk; la eliminación del puesto militar levantado en el territorio venezolano en el que se había izado la bandera británica y que accediera a la negociación de un tratado con el fin de fijar la frontera entre ambos territorios. El 31 de enero de 1842 el Reino Unido ordenó a Henry Light, Gobernador de la Colonia de la Guayana Británica, que procediera a la remoción de aquellos postes.

55. **José de Avalos**: España. Ejerció varios cargos al servicio de la Corona Española, entre ellos, fue Intendente General de Venezuela entre 1777 y 1783. En ejercicio de sus funciones autorizó al oficial José Felipe de Inciarte, para que efectuara labores de reconocimiento y población en la parte oriental del bajo Orinoco.

56. **José Felipe Inciarte**: España. Capitán de infantería autorizado por el Intendente General de Venezuela, José de Avalos, para reconocer y poblar la parte oriental del bajo Orinoco. Su recorrido y estudio de la zona le llevó a ser nombrado gobernador de la provincia de Guayana de 1797 hasta 1810.

57. **José Manuel Hurtado** (1821-1887): Venezuela. Enviado Extraordinario y Ministro Plenipotenciario de Colombia en 1824, sustituyó en ese cargo al Dr. Rafael Revenga. El Ministro José Manuel Hurtado tuvo como uno de sus objetivos principales obtener el reconocimiento de la República de Colombia por parte del Reino Unido. En ese sentido, el 16 de julio de 1824 solicitó al Reino Unido mediante una memoria descriptiva que reconociera a la República de Colombia como Estado independiente, insistiendo en que el límite entre la República de Colombia y la Colonia Británica de Guayana perteneciente al Reino Unido era el río Esequibo. En la memoria descriptiva expresó: *"Este bello y rico país se extiende por el mar del norte, desde el río Esequibo o confines de la provincia de Guayana hasta el río de las Culebras, que la separa de Guatemala"*[979].

---

[979] Manuel Donís Ríos, *El Esequibo. Una reclamación histórica*, Abediciones - Konrad Adenauer Stifung, Caracas, 2016. p. 58. El autor indica que existen fuertes indicios que permiten concluir que la memoria fue redactada por Don Andrés Bello que para el momento

Con relación a la frase citada de la memoria descriptiva, el historiador Manuel Donís Ríos indica que la expresión "*desde el río Esequibo o confines de la provincia de Guyana*" debe ser interpretada de conformidad con los límites existentes para el momento, es decir:

> "*Al oriente, la antigua Capitanía General de Venezuela, ahora parte integrante de la República de Colombia bajo la denominación Departamento de Venezuela, tenía como límite con la Guayana Británica el río Esequibo. Al Sur del río Esequibo la Capitanía General de Venezuela llegaba hasta la desembocadura del río Amazonas, en virtud de la capitulación de Guayana obtenida por Antonio de Berrío en 1582*"[980].

En diciembre de 1824 el Reino Unido reconoció a la República de Colombia como Estado independiente; la decisión fue enviada a España y la noticia se recibió con júbilo en América[981].

Este reconocimiento otorgado por el Reino Unido a la República de Colombia fue ratificado mediante la firma del Tratado de Cooperación y Amistad entre Colombia y Gran Bretaña el 18 de abril de 1825. En él se reconoce que el río Esequibo era el límite fronterizo de la República de Colombia con el río Esequibo. Ese tratado fue una condición impuesta por el Reino Unido para reconocer a la República de Colombia[982].

---

cumplía funciones públicas como Secretario de la República de Colombia en Londres: "*Existen razones para suponer que Andrés Bello tuvo al menos parte en la redacción de este documento. Pero el propio Bello permite considerar tal autoría*".

[980] *Ídem.*

[981] Julio Alberto Peña Acevedo, "Cronología de Guyana, cuarta entrega, Gran Colombia". Publicado el 19 de marzo de 2015. Disponible en https://elespacioacuaticovenezolano.com/2015/03/19/1552jualpeac/.

[982] *Ídem.* El autor sigue la obra de Bierck Harold, *Vida Pública de Don Pedro Gual*, p. 268. Explica Peña Acevedo que este tratado fue ratificado por el Senado el 23 de mayo 1825 y canjeadas las ratificaciones el 07 de noviembre de 1825. Añade que "*En el tratado con Gran Bretaña, la presión imperial británica fue más fuerte aún, porque exigió como condición para el reconocimiento de la independencia de Colombia la firma del Tratado de Amistad, Comercio y Navegación. Venezuela da a conocer a Gran Bretaña que la frontera con la Guayana Británica estaba situada en el río Esequibo. Mapas similares al de Hamilton Adams, procedente del Atlas de Wilkinson (1827), circularon en Gran Bretaña en la segunda mitad de la década de 1820. Pese al reconocimiento diplomático y comercial dado a la República de Colombia por parte de Gran Bretaña, los mapas británicos presentaron reiteradamente la frontera entre Colombia y Brasil de acuerdo a los intereses británicos en la región y no como aspiraban las autoridades Gran colombianas*".

58. **José Manuel Restrepo** (1781-1863): Colombia. Político e historiador. Ejerció el cargo de Secretario del Interior de Colombia (1821-1830) durante el gobierno de Simón Bolívar. En su obra *Historia de la revolución de la República de Colombia,* incluyó una carta geográfica del Departamento del Orinoco y de Maturín, donde se aprecia perfectamente que el límite oriental de esta entidad era el río Esequibo. Este límite constituye la frontera oriental de Venezuela. Según indicó el historiador José Manuel Restrepo el río Esequibo:*"…sigue dividiendo la Guayana inglesa de la de Colombia hasta la embocadura del rio Cuyuní en él, siendo el territorio occidental de Colombia y el oriental de la Inglaterra. El rio Cuyuní es la línea divisoria desde su embocadura en el Esequibo basta la confluencia del Maceroni: de allí sigue hacia el norte hasta el Rio Pumarón y después su curso hasta el mar en el cabo Nassau. Aquí terminan los límites entre Colombia y la Guayana ahora inglesa que empiezan a los 2 grados 10 minutos latitud norte hacia el S. E de los Macusis"*[983].

59. **José María Rojas** (1828-1907): Venezuela. Ocupó en varias oportunidades el cargo de Ministro Plenipotenciario de Venezuela en España, París, La Haya y Londres. Fue el único abogado venezolano que formó parte del equipo de defensa del país durante el arbitraje de París. El 4 de octubre de 1899, una vez dictado el Laudo Arbitral de París, criticó severamente la decisión señalando que se trataba de una decisión irrisoria y una manifiesta injusticia[984].

60. **Julián Pauncefote** (1828-1902): Reino Unido. Abogado, juez y diplomático. Ejerció el cargo de Subsecretario de Estado Permanente de Relaciones Exteriores del Reino Unido entre 1882 y 1889, cuando fue nombrado Enviado Extraordinario y Ministro Plenipotenciario del Reino Unido en los Estados Unidos de América. En ejercicio de ese cargo participó activamente junto con el Secretario de Estado de los Estados Unidos Richard Olney en la negociación del Tratado de Washington suscrito el 2 de febrero de 1897.

---

[983] José Manuel Restrepo, ob. cit., pp. 17-18.
[984] Hermann González Oropeza y Pablo Ojer, *Informe que los expertos venezolanos para la cuestión de límites con Guayana Británica presentan al gobierno nacional*, Ministerio de Relaciones Exteriores, Caracas, 1967, p. 21.

Las reglas establecidas en el artículo IV del Tratado de Washington resultaron claramente violatorias a los principios del derecho internacional vigentes para la época. Específicamente la regla a del artículo IV, conocida como cláusula de la prescripción, y que estableció una modalidad de prescripción adquisitiva distinta para beneficiar al Reino Unido, fue contraria a los principios del derecho internacional.

Es probable *"que Inglaterra buscara imponer su propio derecho positivo en la redacción del Artículo IV del Tratado de Arbitraje, con la anuencia de otro país anglosajón como los EE.UU, el cual privilegiaba la llamada "posesión inmemorial" como el título al cual debía darse preferencia en la confrontación de los títulos, para lo cual debería haberse exigido una posesión centenaria y no la menor y acomodaticia posesión cincuentenaria"*[985].

Como hemos señalado en otra oportunidad *"Es curioso -y también oportuno para Inglaterra- que se haya establecido una prescripción cincuentenaria que permitiría adquirir muchos más territorios en lugar de establecer, al menos, una prescripción centenaria que era más acorde con los principios del derecho internacional pero que, de otra parte, resultaba menos beneficiosa para los ingleses por cuanto les impediría obtener un territorio tan vasto"*[986].

Los negociadores del tratado arbitral el Embajador del Reino Unido en los Estados Unidos, Sr. Julián Pauncefote y el Secretario de Estado de los Estados Unidos Sr. Richard Olney, sabían que establecer sólo esa condición al derecho aplicable traería problemas y por ello regularon una segunda condición al derecho aplicable, esta es que sólo aplicarían *"los principios de derecho internacional no incompatibles con ellas"*.

Es necesario tener presente que el 5 de junio de 1896 Lord Salisbury envió un telegrama al Sr. Julián Pauncefote, Embajador Británico en Washington, contentivo de un fragmento en el que indicó que: *"El Gobierno de Su Majestad aceptaría la 4ª cláusula del Tratado*

---

[985] Véase Gabriel Ruan Santos, "Los títulos de la reclamación por la Guayana Esequiba. especial referencia a la cláusula de prescripción", *Boletín de la Academia de Ciencias Políticas y Sociales,* número 165 julio-septiembre 2021, Caracas, 2021.

[986] Véase Rafael Badell Madrid, "La nulidad del Laudo de París del 3 de octubre de 1899", en *Boletín de la Academia de Ciencias Políticas y Sociales*, número 165, julio-septiembre, 2021.

propuesto en la forma sugerida por usted... Su aplicación a Venezuela también sería aceptada si los Estados Unidos con este fin se ponen en el lugar de Venezuela, y el arreglo para el cual una Convención subsidiaria será requerida. Los Estados Unidos deberán seleccionar al Árbitro. Según la versión admitida de la cláusula 4, el tribunal revisor por parte venezolana no debe ser el Tribunal Supremo de Caracas, sino el Tribunal Supremo de Washington, y cualquier decisión a la que se someta Estados Unidos, o que no sea anulada por el Tribunal Supremo de Washington, Venezuela debe comprometerse a tomarla"[987].

El 12 de noviembre de 1896 Julián Pauncefote y Richard Olney llegaron a un acuerdo secreto, en el que no participó el representante de Venezuela José Andrade. Mediante ese acuerdo convinieron la forma en la se interpretaría la regla de la prescripción, prevista en el artículo IV del Tratado de Washington.

En cuanto a la interpretación de la regla "a" Richard Olney le dijo al Ministro José Andrade que ésta aplicaba sólo a ocupaciones anteriores a 1814, fecha en la que el Reino Unido había adquirido los establecimientos de Berbice, Demerara y Esequibo de Holanda. Si eso hubiere sido así, entonces, el Reino Unido únicamente habría tenido derecho sobre los territorio que le había cedido Holanda mediante tratado de Londres de 1814.

Richard Olney explicó que la regla *"a"* referida a la prescripción se refería sólo a un territorio muy pequeño entre los ríos Pomarón, Moruco y Esequibo; pero realmente él sabía cuál era el verdadero propósito de la regla de prescripción, que había pactado en un acuerdo secreto con el Embajador del Reino Unido en los Estados Unidos, Julián Pauncefote el 12 de noviembre de 1896[988].

Por su parte, la interpretación de los ingleses fue que la regla *"a"* aplicaba a toda ocupación de más de cincuenta años de duración, posterior a 1814 fecha en la que el Reino Unido y Holanda firmaron el Tratado de Londres, al que nos hemos referido en varias ocasiones durante este estudio.

---

[987] Annex 4 to the Letter of the Agent of the Bolivarian Republic of Venezuela to the Registrar of the Court, dated 8 November 2022, I.DD No. 001763.
[988] Carlos Sosa Rodríguez, ob. cit., p. 126.

En primer lugar, esta interpretación pasa por alto el Tratado de Status Quo de 1850 suscrito mediante canje de notas diplomáticas entre el Cónsul General Británico en Caracas, Belford Hinton Wilson, y el Secretario de Relaciones Exteriores de Venezuela, Vicente Lecuna, del 18 de noviembre y 20 de diciembre de 1850, respectivamente. Según ese tratado internacional, ambas partes se comprometieron a mantener es estado de las cosas tal y como se encontraba a finales de 1850. De modo que, tanto Venezuela como el Reino Unido, tenían el deber de no avanzar sus ocupaciones en el territorio controvertido.

A pesar de su enorme importancia, no hubo ninguna referencia en el Tratado de Washington de 1897 al tratado de Status Quo de 1850. Antes y por el contrario la interpretación que se dio a la cláusula de la prescripción fue contraria a ese *modus vivendi* por medio del cual ambas partes se habían comprometido a mantener la situación fronteriza tal y como se encontraba para ese momento.

Recordemos que las partes se habían comprometido a no ocupar el territorio en discusión comprendido entre la pseudo línea Schomburgk, máxima aspiración del Reino Unido, y el Esequibo. De forma que la interpretación respecto de la posesión nunca podía referirse a ese lapso. Todo lo contrario el *modus vivendi* de 1850 no quedo reflejado en el Tratado de Washington.

El Reino Unido nunca respetó el Tratado de Status Quo de 1850. Al contrario y como se deduce de sus actuaciones posteriores, el Reino Unido insistió en hacer avanzar su pretensión sobre el territorio venezolano de una forma cada vez más vulgar y descarada. La regla "a" del artículo IV del Tratado de Washington desconoce el Tratado de Status Quo y con ello decide ignorar su violación pretendiendo ocultar su gran valor jurídico.

El hecho de haber dejado sin valor el Tratado de Status Quo de 1850 no fue casual. En efecto, el Sr. Richard Olney, Secretario de Estados de los Estados Unidos de América, envió una carta al Sr. Julian Pauncefote, Embajador del Reino Unido en Washington, de fecha 29 de octubre de 1896 en la que señaló lo siguiente: *"Creo que lo más deseable es no dar al Acuerdo de 1850 ningún estatus en la cara de la Convención, ni siquiera por referencia, y mucho menos por un intento de definir su alcance y significado. Un intento de interpretarlo nos involucraría en un debate prolongado y pospondría indefinidamente la consecución del objetivo que ahora tenemos en mente"*[989].

La regla "a" del artículo IV del Tratado de Washington además contraría el principio *uti possidetis iuris*, que desde la gesta emancipadora ha sido un principio de suprema importancia para los países americanos e incluso, por su utilidad en cuanto a la delimitación de fronteras, ha sido utilizado por países de otros continentes. A contracorriente de esto, durante las negociaciones entre Richard Olney, Secretario de Estado de los Estados Unidos de América, y Julián Pauncefote, Embajador del Reino Unido en los Estados Unidos de América, se estableció la regla de la prescripción y se dio preeminencia al principio del *uti possidetis facti*.

La regla de la prescripción tuvo como objetivo restar valor al argumento de inconstitucionalidad que defendía el Ministro José Andrade según el cual la Constitución de 1893 -vigente para el momento de la celebración del tratado- no permitía la enajenación de ninguna parte del territorio de la república.

De manera que la explicación que se dio a Venezuela sobre el sentido y alcance de las reglas del artículo IV fue distinta a la interpretación que le daban los británicos y que fue la que se finalmente se aplicó en el Laudo Arbitral del 3 de octubre de1899[990].

Esta regla "a" *"contiene los elementos constitutivos de la indefensión en que se colocaron los intereses de Venezuela"*[991]. Este aspecto es determinante para el establecimiento de la nulidad del compromiso arbitral. Como afirmó Isidro Morales Paúl *"precisamente en la cláusula de prescripción radica la columna vertebral del problema"*[992].

La regla *"a"* favoreció abiertamente al Reino Unido, quien a través de la prescripción obtuvo título sobre el territorio disputado, que de otra manera no habría podido justificar y, a pesar del grave perjuicio que representó, Venezuela tuvo que aceptarla. En efecto, *"Venezuela tuvo*

---

[989] Annex 6 to the Lettter of the Agent of the Bolivarian Republic of Venezuela to the Registrar of the Court, dated 8 November 2022, I.DD No. 001763.
[990] Sobre esto véase Carlos Sosa Rodríguez, ob. cit.
[991] Isidro Morales Paúl, "Análisis crítico del problema fronterizo «Venezuela-Gran Bretaña»", ob. cit., p. 179.
[992] *Ibíd.*, p. 187.

que aceptar el Tratado de Arbitraje de 1897 bajo presión indebida por parte de los Estados Unidos y Gran Bretaña, los cuales negociaron las bases del compromiso con exclusión del Gobierno venezolano, al cual se le dieron explicaciones que lo indujeron a error"[993].

61. **José Rafael Revenga** (1786-1852): Venezuela. Ministro Plenipotenciario de Colombia en Londres. Luego de notar en 1822 la presencia de ocupaciones de colonos británicos en territorio colombiano, fue enviado por la Secretaría de Relaciones Exteriores de la República de Colombia para convenir con los ingleses en la fijación de la línea divisoria entre la Guayana Británica y Colombia. Las instrucciones dadas al Ministro José Rafael Revenga eran del siguiente tenor:

> *"Séame lícito, sin embargo, llamar particularmente la atención de Usted al artículo 2. del proyecto de tratado en punto de límites. Los ingleses poseen en el día la Guayana Holandesa, por cuya parte son nuestros vecinos. Convenga usted tan exactamente, como sea posible, sobre fijar la línea divisoria de uno y otro territorio, según los últimos tratados entre España y Holanda. Los colonos de Demerara y Berbice tienen usurpada una gran porción de tierra que, según aquéllos, nos pertenece del lado del río Esequibo. Es absolutamente indispensable que dichos colonos, o se pongan bajo la protección y obediencia de nuestras leyes, o que se retiren a sus antiguas posesiones. Al efecto se les dará el tiempo necesario según se establece en el proyecto"*[994].

Sin embargo, el Ministro Plenipotenciario José Rafael Revenga no pudo cumplir las instrucciones que había recibido *"por no habérsele presentado la oportunidad de discutir la cuestión de límites durante su misión en Inglaterra"*[995].

Las referidas instrucciones, a pesar de no haberse concretado, demuestran el rechazo inmediato de las ocupaciones británicas en el territorio de Venezuela, que en ese momento estaba unida a Colombia. La incursión de colonos provenientes de Demerara y Berbice al oeste del

---

[993] Herman González Oropeza y Pablo Ojer Celigueta, ob. cit., p. 26.
[994] Véase en el libro *Historia oficial de la discusión entre Venezuela y la Gran Bretaña sobre sus límites en la Guayana*, L. Weiss & Company impresores, Nueva York, 1896. p. 6. Disponible en https://play.google.com/store/books/details?id=b8FAAQAAMAAJ&rdid=book-b8FAAQAAMAAJ&rdot=1
[995] Ídem.

río Esequibo fue siempre rechazada con contundencia. La defensa del territorio Esequibo ha estado presente en la historia de Venezuela incluso cuando formaba parte de la República de Colombia.

62. **José Leandro Palacios**: Venezuela. Coronel que recibió la carta de Simón Bolívar del 7 de agosto de 1817, enviada desde la Baja Guayana, donde el Libertador expresó: *"¡Al fin tengo el gusto de ver libre a Guayana! La capital se nos rindió el 18 del pasado, y estas fortalezas el 3 del corriente. El país no ha quedado en el mejor estado, por lo que es la población, que casi se ha aniquilado en los siete meses de sitio, y porque una gran parte de la gente emigró con los españoles"*[996].

63. **José Loreto Arismendi** (1898-1979): Venezuela. Ministro de Relaciones Exteriores de Venezuela en 1956 durante el gobierno del General Marcos Pérez Jiménez. En 1956, ratificó la posición del Ministro de Relaciones Exteriores de Venezuela, Luis Gómez Ruiz, y del consultor jurídico del Ministerio de Relaciones Exteriores de Venezuela, Ramón Carmona, referida a que ningún cambio de estatus de la Colonia de la Guayana Británica afectaría los legítimos derechos territoriales que corresponden a Venezuela.

64. **Kirill Gevorgian** (8 de abril de 1953): Rusia. Magistrado de la CIJ desde 2015. Desde 2021 es vicepresidente de la CIJ. Fue uno de los magistrados de la CIJ que, junto a Giorgio Gaja, Ronny Abraham y Mohamed Bennouna, salvaron su voto en la sentencia declaratoria de competencia del 18 de diciembre de 2020, respecto de la controversia entre Venezuela y la República Cooperativa de Guyana en cuanto a la validez o nulidad del Laudo Arbitral de París.

En su voto salvado el Magistrado Kirill Gevorgian indicó que la sentencia violó uno de los principios fundamentales de la CIJ previsto en el Estatuto y ratificado en sus decisiones: el consentimiento de las partes para someterse a su jurisdicción, que según las decisiones de la CIJ debe ser *"cierto, inequívoco e indiscutible"*[997].

Para el Magistrado Kirill Gevorgian la disposición del artículo IV.2 del Acuerdo de Ginebra no equivale al reconocimiento de las partes de la facultad del Secretario de Naciones Unidas para consentir por ellas. Como lo sostuvieron los demás magistrados en sus votos salvados, el

---

[996] Fuente: https://www.aporrea.org/actualidad/a212082.html
[997] *"...certain, unequivocal and indisputable".*

Secretario de Naciones Unidas selecciona el medio, pero las partes son quienes consienten su aplicación.

El Magistrado Kirill Gevorgian consideró que los documentos proporcionados por Venezuela no fueron examinados suficientemente. En efecto, señaló que el memorándum de Venezuela, que para ese momento había decidido no participar en el procedimiento, tenía un gran valor y, aun así, no se le consideró como debería; a pesar de que se trata de una importante disputa territorial.

También se pronunció respecto de la interpretación del Acuerdo de Ginebra y expresó que, de conformidad con el Acuerdo de Ginebra, podían ocurrir dos cosas (i) se resolvía la controversia entre las partes a través de alguno de los mecanismos previstos o (ii) se producía el agotamiento de los medios de solución. La interpretación de la CIJ eliminó la segunda posibilidad y violó el propósito del acuerdo al decidir que resolverá definitivamente la controversia.

El Magistrado Kirill Gevorgian reconoció la posición tradicional de Venezuela respecto de las manifestaciones de consentimiento en estos casos. En este sentido, sostuvo que Venezuela, históricamente, ha manifestado en varias oportunidades su voluntad de no permitir que terceros -como el Secretario General de las Naciones Unidas- decidan sin su consentimiento expreso cuestiones tan relevantes para la nación como la integridad territorial. Esto no fue tomado en cuenta por la corte[998].

65. **Lord Aberdeen** (1784-1860): Reino Unido. Secretario de Relaciones Exteriores del Reino Unido. Entre noviembre de 1841 y enero de 1842 intercambió al menos siete cartas con el diplomático Dr. Alejo Fortique, quien le había solicitado la remoción de los postes levantados por Robert Schomburgk, luego de haber trazado su segunda línea; la eliminación de un puesto militar levantado en territorio venezolano en el que se izó la bandera británica y que se negociara un tratado con el fin de fijar la frontera entre ambos territorios.

---

[998] El juez *Kirill Gevorgian* señala: *"...que Venezuela había celebrado, en 1939, un tratado bilateral con Colombia que preveía, en general, el sometimiento de las controversias a la conciliación o a la solución judicial. Sin embargo, el artículo II de dicho tratado excluía expresamente que las controversias relativas a la integridad territorial de las Partes se sometieran a la solución de terceros. Un tratado bilateral similar de 1940 entre Venezuela y Brasil exigía, en su artículo IV, que las Partes intentaran concluir un acuerdo especial antes de que cualquier controversia pudiera someterse a una solución..."*

66. **Robert Stewart** (1769-1822): Reino Unido. Vizconde de Castlereagh. Ministro de Asuntos Exteriores del Reino Unido. Robert Stewart fue el destinatario de la comunicación enviada el 20 de febrero de 1821 por el diplomático venezolano Francisco Antonio Zea, que buscaba aclarar la situación fronteriza e indicó que la frontera oriental de la República de Colombia era la ribera izquierda del río Esequibo. En su comunicación expresó:

> *"La República de Colombia ocupa en la América del Sur la parte más septentrional, extendiéndose en latitud desde los 12° N, hasta 69 S, y en longitud desde 589 hasta los 81 Q del meridiano de Greenwich.*
> *Sus límites son al Este el Océano Atlántico que baña sus costas desde las bocas del Orinoco hasta Cabo Nassau; desde este cabo arranca una línea N.S. que partiendo de este cabo termina en el río Esequibo, siendo la ribera izquierda de este río la frontera con la Guayana Holandesa"*[999].

67. **Lord Salisbury** (1830-1903): Reino Unido. Robert Arthur Talbot Gascoyne-Cecil. Fue el tercer marqués de Salisbury; Secretario para la India entre 1866 y 1867; y luego entre 1874 y 1878; Ministro de Relaciones Exteriores desde 1878 hasta 1880 y tres veces Primer Ministro del Reino Unido desde 1886 hasta 1902, con interrupción entre 1892 y 1895. El ejercicio de sus funciones coincidió con la usurpación de territorio adyacente a la frontera oriental de Venezuela.

La nula participación de árbitros venezolanos en la composición del tribunal arbitral es producto de la visión colonialista del Reino Unido, que sólo aceptó resolver la disputa mediante arbitraje si la contraparte era representada por los Estados Unidos de América porque, según ellos, no había juristas venezolanos aptos para asumir las funciones de árbitro. Esto se deduce de todo el curso del procedimiento arbitral, pero también de una carta enviada por el Sr. Julian Pauncefote, Embajador del Reino Unido, a Lord Salisbury, Primer Ministro del Reino Unido, de fecha 18 de diciembre de 1896 en la que afirmó lo siguiente: *"No hay peligro de que el Sr. Olney escuche ni por un*

---

[999] Herman González Oropeza y Pablo Ojer, ob. cit., p. 33.

momento el aullido venezolano pidiendo una modificación de nuestros términos de arbitraje. Pero me inquieta un poco la posibilidad de que no inste a los jueces estadounidenses a nombrar a un venezolano como árbitro... Puede parecer injusto que haya dos ingleses de nuestro lado y ningún venezolano del otro, pero el venezolano aceptó ser representado por los EE.UU. y ciertamente me comprometí a que la cuestión sería arbitrada precisamente como si la controversia fuera entre G. Bretaña y los EE.UU. por la razón, entre otras, de que no conocemos a ningún jurista venezolano digno de ese nombre, a quien pudiéramos consentir en confiar las funciones de árbitro en tal caso"[1000].

Durante el ejercicio de su cargo se dictó el Laudo Arbitral de París y comenzó la ejecución de la decisión. Fue retratado en una ilustración titulada "Paz y abundancia" publicada el 11 de octubre de 1899 en la Revista Punch or de London Charivari tras la conclusión del arbitraje de París. En la caricatura se le observa riendo y debajo de ella figura la frase "Me gusta el arbitraje - ¡En el lugar adecuado!".

En efecto, la participación de Lord Salisbury en el procedimiento arbitral se retrotrae inclusive a los procesos de negociación del Tratado de Washington, el compromiso arbitral según el cual el Reino Unido aceptó resolver la disputa territorial con Venezuela. Para el momento en

---

[1000] Annex 5 to the Letter of the Agent of the Bolivarian Republic of Venezuela to the Registrar of the Court, datd 8 November 2022, I.DD No. 001763.

que se negociaban las disposiciones del referido tratado arbitral, en concreto, el 15 de junio de 1896 Lord Salisbury envió un telegrama al Sr. Julián Pauncefote, Embajador Británico en Washington, contentivo de un fragmento en el que indicó que: *"El Gobierno de Su Majestad aceptaría la 4ª cláusula del Tratado propuesto en la forma sugerida por usted... Su aplicación a Venezuela también sería aceptada si los Estados Unidos con este fin se ponen en el lugar de Venezuela, y el arreglo para el cual una Convención subsidiaria será requerida. Los Estados Unidos deberán seleccionar al Árbitro. Según la versión admitida de la cláusula 4, el tribunal revisor por parte venezolana no debe ser el Tribunal Supremo de Caracas, sino el Tribunal Supremo de Washington, y cualquier decisión a la que se someta Estados Unidos, o que no sea anulada por el Tribunal Supremo de Washington, Venezuela debe comprometerse a tomarla"*[1001].

Sin embargo, Lord Salisbury no ocultaba su aversión hacia el arbitraje. En múltiples ocasiones, en su condición de Primer Ministro del Reino Unido y también Ministro de Asuntos Exteriores, se negó a resolver la disputa limítrofe con Venezuela mediante arbitraje. En efecto Lord Salisbury *"Permitió que la correspondencia con el Secretario Olney sobre la controversia de los límites de Venezuela se llevara a cabo de manera superficial, dando por sentado el Ministerio de Asuntos Exteriores que nuestra mediación en nombre de la república sudamericana era meramente académica, y persistiendo, por tanto, en su arrogante negativa a someter la disputa a arbitraje"*[1002].

En cuanto al deber de imparcialidad de los árbitros conviene tomar en cuenta la carta que Sir Richard Webster, el abogado del Reino Unido, envió a Lord Salisbury, Primer Ministro del Reino Unido, de fecha 19 de julio de 1899 en la que expresó lo siguiente: *"No me propongo hacer ninguna concesión. Si tengo alguna razón para creer que el Tribunal está en mi contra en esta parte del caso, haré todo lo posible para que los árbitros británicos conozcan nuestra opinión sobre la posición"*[1003].

[1001] Annex 4 to the Letter of the Agent of the Bolivarian Republic of Venezuela to the Registrar of the Court, dated 8 November 2022, I.DD No. 001763.

[1002] Mayo W. Hazeltine, "The United States and the Late Lord Salisbury1", *The North American Review*, número 564, University of Northern Iowa, 1903. p. 722. Disponible en https://www.jstor.org/stable/pdf/25119479.pdf?refreqid=excelsior%3A2beedb316f54eb3b39334e139239a6b5&ab_segments=&origin=&acceptTC=1.

[1003] Letter of Sir Richard E. Webster to the Marquis of Salisbury, 19 July 1899, Christ Church College, Oxford, Cecil Papers, Special Correspondence. Annex 8 to the Letter of the Agent

El abogado Richard Webster volvió a comunicarse con Lord Salisbury y con Joseph Chamberlain el 3 de octubre de 1899, el mismo día que dictó el Laudo Arbitral de París. Al primero le dijo *"Hay uno o dos asuntos importantes en relación con el arbitraje que no puedo expresar muy bien por escrito"*[1004] y al segundo le escribió lo siguiente: *"Cuando pueda dedicarme unos minutos, hay uno o dos asuntos relacionados con el arbitraje de los que me gustaría hablar con usted. No puedo expresarlas muy bien por escrito"*[1005].

68. **Luis Cova Arria** (23 de diciembre de 1937): Venezuela. Individuo de Número de la Academia de Ciencias Políticas y Sociales. Presidió la Academia entre 2013 y 2015, Durante su gestión como Presidente de la academia se emitió la "Declaración de la Academia de Ciencias Políticas y Sociales sobre el nuevo atropello a la soberanía nacional por el gobierno de la República Cooperativa de Guyana", de fecha 1 de octubre de 2013, relativa a la violación del espacio marítimo y de soberanía territorial en los espacios del territorio de mar continental por parte del gobierno de la República Cooperativa de Guyana y el "Pronunciamiento de la Academia ante las agresiones de la República Cooperativa de Guyana, el abandono de la reclamación territorial frente a Guyana y el incumplimiento del Acuerdo de Ginebra por parte de Venezuela" vinculado con las labores de investigación científica ejecutadas por el Buque Teknik Perdana, contratado por el gobierno de la República Cooperativa de Guyana, sin autorización de Venezuela" de fecha 22 de octubre de 2013.

El Dr. Luis Cova Arria ha contribuido con la reclamación venezolana del territorio Esequibo con valiosos estudios entre los cuales se encuentran: *Principales aspectos de la situación jurídica de la reclamación venezolana sobre la Guyana Esequiba,* incluido en el libro ¿Qué

---

of the Bolivarian Republic of Venezuela rto the Registrar of the Court, dated 8 November 2022, I.DD No. 001763.

[1004] Letter of Sir Richard E. Webster to the Marquis of Salisbury, 3 October 1899, Christ Church College, Oxford, Cecil Papers, Special Correspondence. Annex 11 to the Letter of the Agent of the Bolivarian Republic of Venezuela rto the Registrar of the Court, dated 8 November 2022, I.DD No. 001763.

[1005] Letter of Sir Richard E. Webster to Mr. Chamberlain, 3 October 1899, Chamberlain Papers, Birmingham University Library, J.C. 7/5. Anex 9 to the Letter of the Agent of the Bolivarian Republic of Venezuela to the Registrar of the Court, dated 8 November 2022, I.DD No. 001763.

hacer con la justicia? El caso venezolano, publicado por la Academia de Ciencias Políticas y Sociales y el Centro para la Integración y el Derecho Público en 2020 y *La Academia de Ciencias Políticas y Sociales y la defensa del territorio Esequibo*, publicado en el Boletín de la Academia de Ciencias Políticas y Sociales, número 164, correspondiente a abril-junio de 2021.

69. **Luís Gómez Ruíz** (1911-1966): Venezuela. Ministro de Relaciones Exteriores de Venezuela durante el gobierno del Presidente Interino Germán Suárez Flamerich. Participó en la IV Reunión de Consulta de los Ministros de Relaciones Exteriores de los Países Americanos, celebrada en Washington D.C desde el 26 de marzo hasta el 7 de abril de 1951. Allí se expresó partidario de un verdadero arreglo de la frontera este de Venezuela.

70. **Marcos Falcón Briceño** (1907-1998): Venezuela. Ministro de Relaciones Exteriores de Venezuela durante el segundo gobierno de Rómulo Betancourt. El 12 de noviembre de 1962 presentó una declaración ante la 348º Sesión del Comité Político Especial de la XVII Asamblea de las Naciones Unidas en fecha 12 de noviembre de 1962. En esa oportunidad, ratificó la posición del Embajador Carlos Sosa Rodríguez e invocó la histórica posición venezolana según la cual el Laudo Arbitral de París es nulo. Su cercanía con la reclamación le permitió realizar aportes académicos como su trabajo *Orígenes de la actual reclamación de la Guayana Esequiba*, publicado en el Boletín de la Academia de Ciencias Políticas y Sociales, número 91 en 1983.

71. **Melville Weston Fuller** (1833-1910): Estados Unidos de América. Presidente de la Corte Suprema de Justicia de los Estados Unidos de América. Fue designado árbitro en representación de Venezuela mediante el Tratado de Washington de 2 de febrero de 1897. Aunque, al igual que los demás árbitros, no fue seleccionado por Venezuela.

72. **Meredith Alister McIntyre** (1930-2019): Granada. El 11 de noviembre de 1989 fue designado Buen Oficiante por el Secretario General de Naciones Unidas Javier Pérez de Cuéllar. Su función como Buen Oficiante debía ser flexible y dejar de lado los formalismos propios de la diplomacia para obtener una solución a la controversia territorial entre Venezuela y la República Cooperativa de Guyana. Renunció al cargo de buen oficiante el 20 de septiembre de 1999.

73. **Mohamed Bennouna** (29 de abril de 1943): Marruecos. Magistrado de la CIJ desde 2006 y reelecto en 2015. Fue uno de los magistrados de la CIJ que, junto a Giorgio Gaja, Kirill Gevorgian y Ronny Abraham, salvaron su voto en la sentencia declaratoria de competencia del 18 de diciembre de 2020 respecto de la controversia entre Venezuela y la República Cooperativa de Guyana en cuanto a la validez o nulidad del Laudo Arbitral de París.

En su voto salvado se pronunció sobre el consentimiento de las partes y expresó que el hecho de que una de las partes no compareciera ante la CIJ era un indicio de la importancia que debió darse a la cuestión del consentimiento. En efecto, el consentimiento es uno de los requisitos esenciales para acudir a la CIJ. En este sentido, formuló críticas del mismo tenor que el juez Ronny Abraham cuando, observando la interpretación de la corte del artículo IV del Acuerdo de Ginebra -explicada anteriormente-, se pregunta: *"Pero, ¿es esto suficiente para inferir, como hace alegremente el Tribunal, que las Partes han consentido su jurisdicción?"*[1006].

El magistrado Mohamed Bennouna señaló que, aunque el artículo IV.2 del Acuerdo de Ginebra establece la posibilidad de que el Secretario General de Naciones Unidas elija uno de los medios del artículo 33 de la Carta de ONU, no significa que las partes delegaran en él la facultad de consentir por ellas en cuanto a la jurisdicción de la corte[1007].

Bajo su criterio, el Acuerdo de Ginebra contempla la posibilidad de que se agoten todos los medios de solución del artículo 33 de la Carta de las Naciones Unidas. Sin embargo, el tribunal eliminó esta posibilidad con la interpretación que dio al artículo IV.2 del Acuerdo de Ginebra según la cual la CIJ debe resolver definitivamente la controversia. De esta manera se violó una de las máximas de la hermenéutica de los tratados, a saber, la eficacia[1008].

[1006] *"...But is this sufficient to infer, as the Court blithely does, that the Parties have consented to its jurisdiction?"*

[1007] *"...in international practice, there is no precedent in which States can be said to have delegated to a third party, such as the Secretary-General, their power to consent to the Court's jurisdiction".*

[1008] *"Unfortunately, the Court itself, in interpreting Article IV, paragraph 2, has not allowed the terms of this second alternative to produce fully their effects, thereby departing from "one of the fundamental principles of interpretation of treaties, consistently upheld by*

El magistrado Mohamed Bennouna sostuvo que la CIJ no podía declararse competente para decidir sobre la delimitación de la frontera entre los Estados contendientes. Téngase en cuenta que la controversia es la validez o nulidad del Laudo Arbitral de París. Si se declara la invalidez del laudo –expresa– tendrían entonces las partes que llegar a un acuerdo sobre su situación fronteriza mediante el mecanismo que consideren más conveniente a tales fines.

Finalmente, criticó la decisión que, en su opinión, constituye un riesgo reputacional para la CIJ. En efecto, indicó que, en un caso tan sensible como este, sólo una decisión atenta y rigurosa podría garantizar la credibilidad de la corte entre los países signatarios de su Estatuto.

74. **Norman Girvan** (1941-2014): Jamaica. El 9 de octubre de 2009 fue designado Buen Oficiante por el Secretario General de Naciones Unidas. Se le encomendó conseguir una solución aceptable para Venezuela y la República Cooperativa de Guyana. Murió el 9 de abril de 2014 sin lograrlo.

75. **Oliver Jackman**: (Fall. 24 de enero de 2007): Barbados. El 1 de noviembre de 1999 fue designado Buen Oficiante por el Secretario General de Naciones Unidas, Javier Pérez de Cuéllar, en razón de la renuncia del anterior buen oficiante Sir. Meredith Alister McIntyre. Su labor como Buen Oficiante era la de hallar una solución a la controversia territorial entre Venezuela y la República Cooperativa de Guyana. Murió el 24 de enero de 2007 sin alcanzar una solución.

76. **Otto Schoenrich** (1876-1977): Estados Unidos de América. Abogado. Albacea y socio de Severo Mallet-Prevost en la firma Curtis, Mallet-Prevost, Colt & Mosle. Fue a quien el abogado Severo Mallet-Prevost entregó su conocido memorándum póstumo con la instrucción de que lo presentara sólo después de su muerte y a su propia discreción. Tras el fallecimiento de Severo Mallet-Prevost, ocurrido el 10 de diciembre de 1948, el abogado Otto Schoenrich decidió publicar el memorándum en el *American Journal of International Law* en julio de

---

international jurisprudence, namely that of effectiveness" (Territorial Dispute (Libyan Arab Jamahiriya/Chad), Judgment, I.C.J. Reports 1994, p. 25, para. 51; see also Aegean Sea Continental Shelf (Greece v. Turkey), Judgment, I.C.J. Reports 1978, p. 22, para. 52; application of the International Convention on the Elimination of All Forms of Racial Discrimination (Georgia v. Russian Federation), Preliminary Objections, Judgment, I.C.J. Reports 2011 (I), pp. 125-126, para. 133)".

1949. Ese memorándum póstumo fue publicado luego en el Boletín de la Academia de Ciencias Políticas y Sociales de Venezuela, volumen 14, números 1-2-3-4, del año 1949.

77. **Pablo Ojer Celigueta** (1923-1996) y **Hermann González Oropeza** (1922-1998):

Pablo Ojer Celigueta (izquierda) y Hermann González Oropeza (derecha)

Venezuela. Los padres jesuitas Pablo Ojer Celigueta y Hermann González Oropeza realizaron aportes fundamentales para la reclamación de Venezuela sobre el territorio Esequibo. Sus investigaciones y los documentos recabados durante sus estadías en Londres, que se concretaron en el *"Informe que los expertos venezolanos para la cuestión de límites con Guayana Británica presentan al gobierno nacional"*[1009], son determinantes para demostrar la nulidad del Laudo Arbitral de París del 3 de octubre de 1899.

En diciembre de 1962 el padre Pablo Ojer fue llamado a reunirse con el Ministro de Relaciones Exteriores Marcos Falcón Briceño; allí informó Ojer que conjuntamente con el padre Hermann González Oropeza, estaban haciendo una investigación histórica de la reclamación sobre el territorio Esequibo[1010]. Ojer y González habían efectuado investigaciones en los archivos británicos entre 1951 y 1956 y luego en febrero de 1963 viajaron a Londres para continuar la investigación sobre la reclamación del territorio Esequibo en los archivos británicos.

[1009] Hermann González Oropeza y Pablo Ojer Celigueta, *Informe que los expertos venezolanos para la cuestión de límites con Guayana Británica presentan al gobierno nacional*, Ministerio de Relaciones Exteriores, Caracas, 1967.

[1010] Pablo Ojer Celigueta, *Los documentos de la casa amarilla*, Editorial Arte, Caracas, 1982. p. 43.

En 1963, a pocos días de haber llegado a Londres, Ojer y González fueron nombrados representantes venezolanos en calidad de expertos *"para las discusiones que habrían de celebrarse con los representantes de Gran Bretaña y la entonces colonia de Guayana Británica, sobre la documentación que demuestra la nulidad del laudo de 1899"*[1011]. Ese mismo año fueron designados asesores del Ministerio de Relaciones Exteriores en materia de límites con Guayana[1012]. Ojer y González dudaron en aceptar dichos cargos. Según narra Ojer, ellos habrían preferido *"que fueran otros los que llevaran la representación formal de nuestro país en esas conversaciones tripartitas"*[1013] con el fin de que ellos pudieran dedicarse *"con mayor empeño, y libertad, a la investigación histórica en los archivos"*[1014]. No había tiempo para formular consultas respecto de sus nombramientos, por ese motivo los padres jesuitas terminaron aceptando sus cargos a instancia del Embajador Ignacio Iribarren Borges[1015].

En 1964 Pablo Ojer asistió sólo a las reuniones y expuso los argumentos de Venezuela, alternando continuamente entre la Embajada de Venezuela y la Foreign Office Británica, que eran los lugares donde se celebraron las discusiones tripartitas. Hermann González Oropeza, que había permanecido en Caracas debido a una dolencia en la columna vertebral, se incorporó pocos meses después a las deliberaciones[1016].

El 18 de marzo de 1965 fue publicado el *Informe que los expertos venezolanos para la cuestión de límites con Guayana Británica presentan al gobierno nacional*[1017]. El informe presentado por Ojer y González se refiere a los títulos de Venezuela sobre el territorio Esequibo; los detalles de la controversia entre Venezuela y el Reino Unido durante el siglo XIX; la falta de participación de Venezuela en la

---

[1011] *Ídem.*
[1012] Véase Manuel Alberto Donís Ríos, *El Esequibo. Una reclamación histórica*, Abediciones, Caracas, 2016. p. 111.
[1013] Pablo Ojer Celigueta, ob. cit., p. 43.
[1014] *Ídem.*
[1015] *Ibíd.*, p. 44.
[1016] Pablo Ojer Celigueta, ob. cit., p. 44.
[1017] Hermann González Oropeza y Pablo Ojer Celigueta, ob. cit.

formulación del Tratado de Washington de 1897 y las razones por las cuales el Laudo Arbitral de París es nulo. Además, el informe incluye declaraciones de personajes que participaron en el arbitraje de París, las reacciones de la prensa internacional y varios mapas que demuestran que el procedimiento fue abiertamente violatorio de los legítimos derechos de Venezuela.

En cuanto a los títulos de Venezuela sobre el territorio Esequibo el informe señala cómo España fue el Estado que descubrió y colonizó el territorio de Guayana, labor que fue reconocida por las demás potencias entre los siglos XV y XVI. Cuando se firmó el Tratado de Münster no existía ningún puesto holandés ubicado al oeste del río Esequibo.

Los expertos jesuitas, Ojer y González, relatan que los holandeses tuvieron sólo puestos insignificantes que duraron muy poco tiempo y que constituían violaciones al Tratado de Münster. Sostienen que cuando se firmó el Tratado de Londres en 1814 el Reino Unido obtuvo el territorio de la Guayana Británica. Sin embargo, el límite con Venezuela siempre estuvo situado en el río Esequibo. Esto consta en el Mapa de Cruz Cano, publicado por Francisco de Miranda en 1799 con el beneplácito del gobierno británico.

Ojer y González indican en el informe que incluso cuando Venezuela formaba parte de la República de Colombia, siempre se dio a conocer al Reino Unido que la frontera con la Colonia de la Guayana Británica era la línea del río Esequibo. Estas afirmaciones se encuentran respaldadas por las declaraciones diplomáticas de Francisco Antonio Zea en 1821; José Rafael Revenga en 1823; José Manuel Hurtado en 1824 y Pedro Gual en 1825. Además, como indican los padres jesuitas en su informe, "*España, al firmar en Madrid el 30 de marzo de 1845 el Tratado de reconocimiento de la soberanía de nuestro país sobre el territorio conocido bajo el antiguo nombre de la Capitanía General de Venezuela, incluyó en ella la Provincia de Guayana, que limitaba al Este por el río Esequibo*"[1018].

[1018] *Ibíd.*, p. 8.

El informe contiene un estudio sobre la controversia anglo-venezolana donde se expone el progresivo aumento de las pretensiones británicas luego de la publicación de la primera línea Schomburgk en 1835 y el inicio formal de la controversia en 1840 con la denominada pseudo-línea Schomburgk.

Según la información recabada por los expertos de los archivos confidenciales británicos *"tanto el Foreign Office como el Colonial Office rechazaron los argumentos de Schomburgk en favor de su pseudo-línea de 1840. Aquellos dos Ministerios llegaron a la conclusión de que el naturalista prusiano había mal interpretado los documentos históricos y los había utilizado con parcialidad y sectarismo"*[1019].

Además el informe relata que cuando Schomburgk fue comisionado nuevamente para realizar labores de exploración de la frontera entre Venezuela y la Guayana Británica -con base en la línea de 1840- excedió las instrucciones que el gobierno le había dado y *"levantó postes, marcó arboles e hizo actos de posesión que dieron origen a formales protestas por parte de Venezuela"*[1020].

Aún más, como indican Ojer y González, *"las minutas de lord Aberdeen en 1841 califican las acciones Schomburgk de prematuras y afirman que siendo su comisión de survey (exploración) no tenía por qué tomar posesión"*[1021].

En todo caso, de la revisión de los archivos británicos por parte de los expertos jesuitas se deduce que *"la documentación interna del Foreign Office, del Colonial Office y del Gobierno de Demerara revela que la publicación de los mapas que llevaban aquella pseudo-línea Schomburgk de 1840 tenía un carácter oficial y representaba la máxima reclamación británica frente a Venezuela. Así conocemos hoy que fue bajo la dirección del Gobierno británico y del Gobierno de Demerara como se prepararon los siguientes mapas: (a) El Mapa del Memorándum del Foreign Office de 1857 acerca de la controversia con Guayana; (b) El mapa del Memorándum, de C. Chalmers, Crown Surveyor of the Colony (1867); (c) El mapa Schomburgk-Walker de 1872; (d) El mapa de Brown*

[1019] *Ídem.*
[1020] *Ibid.*, p. 10.
[1021] *Ídem.*

de 1875; (e) El mapa de Stanford de 1875"[1022]. Todos estos mapas permiten apreciar con meridiana claridad que el Reino Unido reconoció desde 1840 hasta 1886 *"como territorios venezolanos sin disputa todo el alto Barima y todo el Cuyuní desde sus fuentes hasta la desembocadura del Otomong"*[1023].

La presión de los intereses de la industria minera del Reino Unido hizo que las aspiraciones británicas crecieran rápidamente. El Reino Unido *"avanzó aún más sus ambiciones colonialistas hasta cerca de Upata, a pocos kilómetros del Orinoco, con la llamada línea de la máxima reclamación británica"*[1024].

Las investigaciones de Ojer y González confirmaron que *"Gran Bretaña rechazó las constantes propuestas venezolanas para someter la cuestión a arbitraje porque su gobierno consideraba que carecía de argumentos y que una decisión plenamente judicial había de serle desfavorable"*[1025] y por ello rechazó siempre resolver la disputa territorial con Venezuela mediante un arbitraje.

Los investigadores Ojer y González explican los motivos por los cuales el Reino Unido cambió constantemente de posición con relación a la frontera de la Colonia de la Guayana Británica con Venezuela. Expresan que estos cambios se debieron a que el Reino Unido nunca confió en sus títulos sobre el territorio en disputa[1026]. Por eso es que *"las líneas Aberdeen (1844), Granville (1881), Rosebery (1886) etc., responden a los intereses que en cada época tenían los colonos de Guayana Británica"*[1027].

Cuando el Reino Unido por fin aceptó resolver la controversia con Venezuela mediante arbitraje luego de la intervención de los Estados Unidos de América, comenzaron las negociaciones del Tratado Arbitral de Washington. Con relación a este tratado Ojer y González indican que *"la actual investigación comprueba que durante el curso de*

[1022] Ídem.
[1023] Ídem.
[1024] Ibíd., p. 11.
[1025] Ídem.
[1126] Ídem.
[1027] Ídem.

las negociaciones se le mantuvo marginada, particularmente en la fase final y más importante. Consultada sobre la cláusula de la prescripción, se prosiguieron las negociaciones a pesar y en contra de las objeciones de la Cancillería venezolana. Más aún, Richard Olney acordó con Gran Bretaña la exclusión de Venezuela del Tribunal Arbitral"[1028].

Por lo que se refiere a la regla de la prescripción, incluida del artículo IV del Tratado de Washington, el referido informe permite concluir que aun asumiendo la regla de prescripción de la forma incorrecta como fue interpretada por los ingleses, de ella no se deduce la posibilidad de otorgar el enorme territorio que se adjudicó al Reino Unido.

En efecto, está demostrado en el mapa incluido en el informe, que el territorio que podía adquirir el Reino Unido mediante la regla de prescripción era mucho menor al que el laudo le adjudicó finalmente. En el mapa se observa con claridad cuáles fueron los territorios ocupados por los ingleses en 1840; después, entre 1886 y 1890 y, luego con posterioridad a 1890. De forma que la cláusula de prescripción no era aplicable a un territorio tan vasto como el que finalmente se adjudicó al Reino Unido, al contrario, la regla de prescripción sólo podía aplicarse sobre una porción territorial considerablemente más pequeña[1029].

El territorio reflejado en ese mapa es notablemente inferior al que se le adjudicó al Reino Unido en el Laudo arbitral de París, pues, incluso en la peor de las interpretaciones, eran estos los territorios a los que podía aplicarse la regla de la prescripción. Por ello el Laudo arbitral de París aplicó erróneamente la regla de prescripción en favor del Reino Unido, con lo que violó el artículo IV del tratado de arbitraje y, en consecuencia, incurrió en el vicio de exceso de poder.

Otra violación grave de las obligaciones que el tratado imponía a los árbitros está relacionada con la denominada primera línea Schomburgk de 1835, que no fue tomada en cuenta por los jueces. Esta primera línea de Schomburgk "*sólo se aparta de dicho río como a unas 45 millas aproximadamente de la costa, en la confluencia de los Ríos Mazaruni y Cuyuní con el Esequibo y desde ese punto forma una especie de bolsa, al oeste del Río Esequibo, hasta el punto de la costa donde desemboca*

[1028] *Ídem.*
[1029] *Ibíd.*, p. 15.

el Río Moroco"[1030]. Antes y por el contrario, el tribunal arbitral tomó en cuenta la línea expandida del mapa de Hebert de 1842 una línea sobre la cual existen importantes indicios de falsificación y alteración, a saber:

> *"Venezuela tiene pruebas de que el Foreign Office británico no conoció esa línea hasta junio de 1886. Ya esto es más que un grave indicio de que se trataba de una reciente corrupción del mapa original que reposaba desde 1842 en el Colonial Office"*[1031].

En cuanto a los vicios del Laudo Arbitral de París, el informe indica que *"el primer vicio del Laudo de 1899 consiste en que pretendió atribuir valor jurídico a una línea adulterada por Gran Bretaña: la llamada línea expandida del mapa de Hebert de 1842"*[1032].

La falta de motivación también fue denunciada en el informe como uno de los vicios del Laudo Arbitral de París. Al respecto indicaron lo siguiente: *"Estamos en capacidad de afirmar que el Tribunal arbitral que dictó la sentencia en el conflicto fronterizo británico-venezolano no cumplió su deber y, por lo tanto, al presentar una decisión sin la parte motiva correspondiente, no procedió de acuerdo con las normas del derecho internacional. La decisión del Tribunal Arbitral carece, en consecuencia, de validez en el derecho internacional, al menos a partir de la fecha en la cual la invalidez es invocada"*[1033].

Ojer y González señalaron en su informe que el Laudo Arbitral de París incurrió también en el vicio de exceso de poder. En primer lugar hay que tener presente, tal y como apuntan los expertos cuyo informe comentamos que *"el compromiso arbitral, tal y como fue establecido en 1897, había previsto que la decisión debería basarse sobre los principios de derecho y en particular sobre el principio del uti possidetis juris de 1810"*[1034].

A pesar de los términos establecidos en el Tratado de Washington y como lo confirmó el informe *"la decisión del Tribunal arbitral no tuvo*

[1030] Véase Hermann González Oropeza y Pablo Ojer Celigueta, ob. cit. Véase también Carlos Sosa Rodríguez, "El acta de Washington y el laudo de París", *Boletín de la Academia de Ciencias Políticas y Sociales*, número 91, Caracas, 1983. p. 122.
[1031] Hermann González Oropeza y Pablo Ojer Celigueta, ob. cit., p. 13.
[1032] *Ídem*.
[1033] *Ibíd.*, p. 14.
[1034] *Ídem*.

en cuenta ni el principio del uti possidetis juris ni la estipulación contenida en la regla a) del Art. IV, y, aun en la interpretación más favorable para la Gran Bretaña, el Tribunal se excedió en sus poderes, ya que no expuso las razones por las cuales atribuyó a ese país e dominio sobre ese territorio durante los cincuenta años anteriores a la sentencia, siendo lo único cierto que esos territorios, antes de 1810, pertenecían a la Capitanía General de Venezuela, futuro Estado independiente"[1035].

Además, el Laudo Arbitral de París incurrió en el vicio de ultra petitia desde que "*el Tribunal arbitral fue mucho más allá de sus facultades al decidir y regular una cuestión cuyo examen no había sido previsto en el compromiso arbitral; es decir, decidió y reglamentó la libre navegación de los ríos Barima y Amacuro*"[1036].

Ojer y González ratificaron en su investigación que el Laudo Arbitral de París tuvo otro vicio que "*consiste en no haber sido una decisión de derecho, conforme a lo pactado sino un compromiso*"[1037]. Así lo reconocen la prensa americana y europea; los miembros del tribunal arbitral de París y los abogados de las partes[1038].

Los documentos revisados por Ojer y González en los archivos británicos indicaron que "*el laudo fue un compromiso obtenido por extorsión*"[1039] con la naturaleza de un negocio político. Varias declaraciones coinciden en esta conclusión, entre ellas, las de Severo Mallet-Prevost; George Buchanan; Perry Allen; Sir Richard Webster; Lord Russell; José María Rojas; José Andrade; L. de la Chanonie; Georges A. Pariset; Caroline Harrison; Charles Alexander Harris; A. L. Mason y R.J. Block[1040].

Ojer y González coincidieron con la opinión de varios expertos en materia de arbitraje internacional entre Estados en que: "*los autores y la práctica del derecho internacional admiten en general la nulidad de las sentencias en dos casos: en el de la incompetencia del juez (ausencia de un compromiso o de un tratado de arbitraje válido), o en el caso del exceso de poder (extensión de la decisión sobre materias que no*

[1035] *Ibíd.*, p. 16.
[1036] *Ídem.*
[1037] *Ibid.*, p. 17.
[1038] *Ídem.*
[1039] *Ídem.*
[1040] *Ídem.*

estaban incluidas en la convención arbitral o judicial, o aplicación de reglas como las de la equidad, por ejemplo, que habían sido explícita o implícitamente excluidas por las partes)"[1041].

En cuanto a la ejecución del Laudo Arbitral de París, Ojer y González insistieron en que "*si Venezuela concurrió con Gran Bretaña en la demarcación de la llamada frontera del laudo, fue por la tremenda presión de las circunstancias, por evitarse mayores males*"[1042]. Además señalaron que la participación de la comisión venezolana en la demarcación era de carácter estrictamente técnico y "*no implicaban el asentimiento a la supuesta sentencia del Tribunal de Arbitraje*"[1043].

Venezuela protestó el Laudo Arbitral de París desde que fue dictado. Los expertos afirman en su informe que la primera reclamación oficial ante el Laudo Arbitral de París la formuló José María Rojas quien fue el único abogado venezolano que formó parte del equipo de defensa del país durante el arbitraje de París. El 4 de octubre de 1899, una vez dictado el Laudo Arbitral de París, criticó severamente la decisión señalando que se trataba de una decisión irrisoria y una manifiesta injusticia[1044]. El Presidente Ignacio Andrade también criticó el Laudo Arbitral de París e indicó que la decisión "*sólo había restituido a Venezuela una parte de su territorio usurpado*"[1045].

La prensa venezolana reaccionó inmediatamente criticando el Laudo Arbitral de París. En efecto, los expertos Ojer y González reportaron en su informe que el 17 de octubre de 1899 el diario El Tiempo denunció la decisión arbitral[1046].

En una nota del 4 de diciembre de 1899, el Ministro Británico en Caracas para ese momento, "*expuso su criterio acerca de la justicia del llamado laudo*"[1047]. Ante esta situación, el Ministro de Relaciones Exteriores de Venezuela respondió algunos días después e indicó que podía refutar los argumentos del Ministro Británico en Caracas[1048]. En

---

[1041] *Ibid.*, p. 16.
[1042] *Ibíd.*, p. 22.
[1043] *Ídem.*
[1044] *Ibíd.*, p. 21.
[1045] *Ídem.*
[1046] *Ídem.*
[1047] *Ídem.*
[1048] *Ídem.*

atención a ello, el Ministerio de Relaciones Exteriores *"llegó a la conclusión de que la decisión arbitral contenía tales vicios que le autorizaban a invocar su invalidez. Decidió no denunciarla por no poder enfrentarse a la formidable potencia de su adversario, pues ya no contaba con el apoyo de los Estados Unidos, que habían venido a una entente con el Reino Unido"*[1049].

El acercamiento entre los Estados Unidos de América y el Reino Unido durante el arbitraje de París se hizo más evidente con las palabras de la prensa inglesa un día después de dictarse el Laudo Arbitral de París que decían lo siguiente: "*No dudamos que los Estados Unidos obliguen a Venezuela a aceptar el veredicto y que actuarán adecuadamente en caso de que se presentes problemas con respecto al cumplimiento de la decisión*"[1050].

La reclamación venezolana por el territorio Esequibo en algunos momentos de nuestra historia no pudo ser planteada con toda la fuerza que merecía, pero esto tuvo sus razones. En efecto, señala el informe, "*la situación interna e internacional de Venezuela en la primera mitad del siglo XX la forzaron a posponer la denuncia del laudo. Pero la prensa, los autores venezolanos, los maestros venezolanos, ininterrumpidamente enseñaron a las sucesivas generaciones que la frontera del laudo no correspondía a los legítimos derechos de Venezuela*"[1051].

El 5 de diciembre de 1899 el Ministro Británico en Caracas envió una nota al gobierno del Reino Unido donde indicó que Venezuela tenía intenciones de postergar la demarcación de la frontera establecida en el Laudo Arbitral de París[1052].

Según Ojer Celigueta y González "*en julio de 1900 el Ministro británico notificó al Gobierno de Venezuela que si antes del 3 de octubre no enviaba la Comisión, procedería Gran Bretaña sola a iniciar la demarcación. El 8 de octubre el mismo Ministro notificaba a la Cancillería venezolana que el Gobernador de Guayana Británica había sido instruido para que comenzara los trabajos de demarcación. El día 19

[1049] Ídem.
[1050] Ídem.
[1051] Ibíd., p. 22.
[1052] Ibíd., p. 21

ya habían levantado los Comisarios británicos el hito de Punta Playa. Venezuela, ante esta presión manifiesta, no tuvo otra alternativa que la de proceder al envío de la Comisión demarcadora"[1053].

Según relata el informe, Venezuela desde 1915 hasta 1917 *"insistió en vano ante la Gran Bretaña para rehacer la demarcación de algunos sectores de la frontera, el Gobierno británico se resistió a ello apoyándose en las dolorosas circunstancias bélicas por las que atravesaba su país"*[1054]. Venezuela tuvo que aguardar por mejores condiciones para reclamar con toda la fuerza que exigía una injusticia de aquella magnitud, pero la posición de rechazo hacia el Laudo Arbitral de París había sido fijada desde el 4 de octubre de 1899.

Durante el siglo XX en múltiples ocasiones se insistió en la necesidad de reparar la grave injusticia sufrida por Venezuela como consecuencia del Laudo Arbitral de París. Entre ellas, Ojer y González señalan las siguientes:

i. En 1944, el Embajador de Venezuela en Washington, Diógenes Escalante, *"invocando el nuevo espíritu de equidad entre las naciones, exigió en 1944 la reparación amistosa de la injusticia cometida por el laudo"*[1055].

ii. El 30 de junio de 1944, durante la sesión de la Cámara de Diputados del Congreso de Venezuela el diputado José A. Marturet "ratificó la tradicional posición de Venezuela ante el laudo, exigiendo **la revisión de sus fronteras con la Guayana inglesa**"[1056]. (Resaltado añadido).

iii. El 17 de julio de 1944, el presidente del Congreso de Venezuela, Manuel Egaña durante la sesión de clausura de ese órgano legislativo se pronunció en respaldo de la posición del ejecutivo y dijo: *"Y aquí quiero recoger y confirmar el anhelo de revisión, planteado ante el mundo y en presencia del ciudadano Presidente de la República por el Embajador Escalante y ante este Congreso, categóricamente, por el Diputado Marturet; quiero recoger y confirmar, repito, el anhelo de revisión de la*

[1053] Ídem.
[1054] Ibíd., p. 22.
[1055] Ibíd., p. 23.
[1056] Ídem.

sentencia por la cual el imperialismo inglés nos despojó de una gran parte de nuestra Guayana"[1057].

iv. El 18 de julio de 1944, las declaraciones de prensa de los miembros de las Comisiones Permanentes de Relaciones Exteriores de las Cámaras Legislativas, *"quienes representaban a diferentes partidos políticos, se manifestaron también sobre la necesidad de revisar el laudo de 1899"*[1058].

v. El 30 de marzo de 1948 Rómulo Betancourt, quien encabezó la delegación de Venezuela que asistió a la IX Conferencia Internacional Americana, expresó que *"Al propugnar el principio de autodeterminación de los pueblos coloniales para decidir acerca de su propio destino no negamos en forma alguna el derecho de ciertas naciones de América a obtener determinadas porciones de territorio hemisférico que en justicia les pueda corresponder, ni renunciamos a lo que los venezolanos, llegado el caso de una serena y cordial revalorización histórica y geográfica de lo americano, pudieran hacer valer en pro de sus aspiraciones territoriales sobre zonas hoy en tutelaje colonial y que antes estuvieron dentro de nuestro propio ámbito"*[1059].

vi. En 1949 se publicó el Memorándum de Severo Mallet-Prevost *"que reveló las intimidades de la farsa de París"*[1060]. Lo que ocasiones que los historiadores venezolanos, bajo las instrucciones del Ministerio de Relaciones Exteriores de Venezuela, *"se apresaron a buscar en los archivos británicos nuevos documentos que irían aclarando aún más los detalles de aquella farsa. Se había cumplido 50 años y por primera vez se podían estudiar esos documentos en los archivos públicos de Gran Bretaña"*[1061].

vii. En 1951, durante el gobierno del Presidente Interino Germán Suárez Flamerich, el Ministro de Relaciones Exteriores de Venezuela, Luís Gómez Ruíz, durante la IV Reunión de Consulta

---
[1057] *Ídem.*
[1058] *Ídem.*
[1059] *Ibíd.*, pp. 23-24.
[1060] *Ibíd.*, p. 24.
[1061] *Ídem.*

de los Ministros de Relaciones Exteriores de los Países Americanos, exigió *"la rectificación equitativa de la injusticia cometida por el Tribunal de Arbitraje"*[1062]. Por otra parte y durante ese mismo momento, el Encargado de la Cancillería, Rafael Gallegos Medina, declaró ante la prensa caraqueña que: *"La Cancillería nunca ha renunciado a esa justa aspiración de los venezolanos"*[1063].

viii. En marzo de 1954 durante la X Conferencia Interamericana reunida en Caracas, el consultor jurídico del Ministerio de Relaciones Exteriores, Ramón Carmona, expresó lo siguiente *"De conformidad con lo que antecede, ninguna decisión que en materia de colonias se adopte en la presente Conferencia podrá menoscabar los derechos que a Venezuela corresponden por este respecto ni ser interpretada, en ningún caso, como una renuncia de los mismos"*[1064].

ix. En febrero de 1956 el Ministro de Relaciones Exteriores de Venezuela, José Loreto Arismendi, *"ratificó la tradicional posición venezolana acerca de los límites con aquella colonia, en el sentido de que no sería afectada por ningún cambio de status que en ese territorio limítrofe se produjera"*[1065].

x. En marzo de 1960 el diplomático y diputado Rigoberto Henríquez Vera, en el seno la Cámara de Diputados del Congreso de la República y delante de una delegación parlamentaria del Reino Unido, señaló que: *"Un cambio de status en la Guayana Inglesa no podrá invalidar las justas aspiraciones de nuestro pueblo de que se reparen de manera equitativa, y mediante cordial entendimiento, los grandes perjuicios que sufrió la nación en virtud del injusto fallo de 1899, en el cual privaron peculiares circunstancias ocasionando a nuestro país la pérdida de más de sesenta mil millas cuadradas de su territorio"*[1066].

xi. En febrero de 1962 el Embajador de Venezuela ante la ONU, Dr. Carlos Sosa Rodríguez, ratificó ante la Comisión de

---

[1062] *Ídem.*
[1063] *Ídem.*
[1064] *Ídem.*
[1065] *Ibíd.*, p. 25.
[1066] *Ídem.*

Administración Fiduciaria y Territorios no Autónomos de la ONU la posición sostenida por el Ministerio de Relaciones Exteriores de Venezuela según la cual un cambio de status de la colonia de la Guayana Británica no cambiaría la legítima aspiración venezolana de obtener justicia[1067].

xii. Durante las sesiones de fecha 28 de marzo y 4 de abril de 1962 de la Cámara de Diputados del Congreso de Venezuela *"después de oír las intervenciones de los representantes de todos los partidos políticos en apoyo de la posición de la Cancillería venezolana sobre el laudo, aprobó el siguiente acuerdo: "Respaldar la política de Venezuela sobre el diferendo limítrofe entre la posesión inglesa y nuestro país en cuanto se refiere al territorio del cual fuimos despojados por el colonialismo; y, por otra parte, apoyar sin reservas la total independencia de la Guayana Inglesa y su incorporación al sistema democrático de vida"*[1068].

xiii. El 12 de noviembre de 1962 Marcos Falcón Briceño, Ministro de Relaciones Exteriores de Venezuela, ratificó ante la 348° Sesión del Comité Político Especial de la XVII Asamblea de las Naciones Unidas la posición del Embajador Carlos Sosa Rodríguez respecto de la reclamación e invocó la histórica postura venezolana de que el Laudo Arbitral de París es nulo[1069].

Según en el informe luego de las conversaciones entre los representantes del Reino Unido y Venezuela *"se produjo un acuerdo entre aquellos dos países, con la concurrencia del Gobierno de Guayana Británica, en el sentido de que los tres Gobiernos examinarían los documentos relativos a esta cuestión, y que informarían a las Naciones Unidas sobre los resultados de las conversaciones. Así lo declaró, con autorización de las partes interesadas, el Presidente del Comité Político Especial, señor Leopoldo Benítez (representante del Ecuador) el 16 de noviembre de 1962"*[1070].

[1067] *Ídem.*
[1068] *Ibíd.*, p. 25.
[1069] *Ídem.*
[1070] *Ibíd.*, p. 26.

xiv. El mes de noviembre de 1963, después de que se llegara a algunos acuerdos mediante la vía diplomática *"se reunieron en Londres los Ministros de Relaciones Exteriores de Venezuela y del Reino Unido, Dr. Marcos Falcón Briceño y el honorable R. A. Butler, respectivamente"*[1071].

xv. El 5 de noviembre de 1963 el Ministro de Relaciones Exteriores de Venezuela, Marcos Falcón Briceño, *"presentó al Secretario de Asuntos Exteriores de Su Majestad Británica una Aide-Memoire sobre los puntos de vista de Venezuela sobre el litigio"*[1072]. La conclusión de ese aide-memoire fue que: *"La verdad histórica y la justicia exigen que Venezuela reclame la total devolución del territorio del cual se ha visto desposeída"*[1073]. En esa misma reunión, Ojer participó como exponente de la vertiente histórica de la reclamación venezolana sobre el territorio Esequibo, para el caso de que fuera necesario ampliar las explicaciones del Ministro de Relaciones Exteriores Marcos Falcón Briceño[1074].

El informe tiene un valor adicional y es que, tal como indica la primera página: *"Cada una de las afirmaciones contenidas en este Informe están respaldadas por sus respectivos documentos, los cuales fueron presentados a Gran Bretaña en las conversaciones entre expertos, durante las 15 sesiones que tuvieron lugar en Londres entre los meses de febrero y mayo del año 1964"*[1075].

El informe de Ojer y González es uno de los más contundentes elementos con los que cuenta Venezuela para demostrar la nulidad del Laudo Arbitral de París. Al referirse a este informe el Dr. Óscar García-Velutini recuerda que *"la primera conclusión que se formula en aquél es la de que Venezuela tuvo que aceptar el Tratado de Arbitraje de 1897 bajo presión indebida y engaño por parte de los Estados Unidos y de Gran Bretaña, los cuales negociaron las bases del compromiso con*

[1071] *Ídem.*
[1072] *Ídem.*
[1073] *Ídem.*
[1074] Pablo Ojer Celigueta, ob. cit., p. 44.
[1075] Hermann González Oropeza y Pablo Ojer Celigueta, ob. cit., p. 1.

exclusión del gobierno venezolano en la última y decisiva fase de la negociación; y Venezuela, continúa el Informe, fue de tal manera preterida, que Estados Unidos de Norte América y Gran Bretaña acordaron desde el comienzo de la negociación que ningún jurista venezolana habría de formar parte del tribunal de arbitraje"[1076].

En 1966 Ojer y González participaron en la Conferencia de Ginebra, en la que se aprobó el Acuerdo de Ginebra. Cuando volvieron a Venezuela de la Conferencia de Ginebra, Ojer y González asistieron al Ministro de Relaciones Exteriores de Venezuela, Ignacio Iribarren Borges, "*en la defensa del Acuerdo de Ginebra*"[1077]. Ambos eran, como lo reconoció el propio Ojer, "*los hombres del Canciller*"[1078].

La muy importante labor de los expertos Ojer y González fue reconocida por el gobierno de Venezuela. Se les concedió la Orden del Libertador en el grado de Comendador, impuesta por el Ministro de Relaciones Exteriores Ignacio Iribarren Borges, luego de pronunciar un emotivo discurso "*en acto muy solemne, con la presencia de altos funcionarios del despacho, del Dr. Héctor Santaella, entonces Ministro de Comunicaciones, los Representantes de Venezuela en la Comisión Mixta de Límites, Dres. Luis Loreto y Gonzalo García Bustillos, que tuvo lugar en el salón de Embajadores de la Casa Amarilla*"[1079].

Durante las sesiones de debate celebradas en la Cámara de Diputados, los representantes de todos los partidos políticos reconocieron expresamente y sin reservas los valiosos aportes de Pablo Ojer y Hermann González.

78. Pedro Ezequiel Rojas (1837-1914): Venezuela. Ministro de Relaciones Exteriores de Venezuela durante el gobierno del Presidente Joaquín Crespo. Tuvo un rol fundamental en la controversia con Guyana pues fue quien estableció contacto con el abogado, diplomático y escritor William L. Scruggs y logró que éste interesara al Presidente de los Estados Unidos de América, Grover Cleveland, en la disputa territorial entre Venezuela y el Reino Unido.

[1076] Oscar García-Velutini, *Facultad, acción y efecto de arbitrar*, Editorial Arte, Caracas, 1960. p. 17.
[1077] *Ídem*.
[1078] *Ídem*.
[1079] *Ibíd*., p. 47

En efecto, William L. Scruggs se valió de sus sólidas relaciones públicas y no sólo conversó con el Presidente, sino que lo hizo también con diputados y senadores del Congreso de los Estados Unidos. Es por ello que *"podría decirse que Scruggs es uno de los padres de las relaciones públicas cuando todavía no existía la palabra"*[1080].

El libro del abogado y diplomático William L. Scruggs se tituló *Agresiones británicas contra Venezuela. La Doctrina Monroe a prueba*[1081] y fue un factor determinante para que Venezuela lograra obtener la cooperación de los Estados Unidos de América en la resolución de la controversia sostenida con el Reino Unido. En efecto, ese libro fue un medio de divulgación de lo que estaba ocurriendo. Según comenta Marcos Falcón Briceño:

> *"Una noche en la Casa Blanca Scruggs tuvo una larga conversación con el Presidente Cleveland. Cleveland se interesó en el asunto y le pidió más de un ejemplar de "Agresiones británicas contra Venezuela". Cleveland dice que él mismo se va a interesar en el asunto y ahora hay un nuevo Secretario de Estado, hombre muy distinto al anterior, Gresham, quien era de carácter tranquilo, muy diferente a quién le sustituía, Richard Olney, hombre de temperamento agresivo, que toma las cosas con ánimo resuelto y produce una nota al Embajador en Londres, Sr. Bayard, para que informara al Primer Ministro Británico Lord Salisbury de la situación que estaba planteada. Esa nota la llamaba Cleveland, el cañonazo de 20 pulgadas. Salisbury se tomó su tiempo para contestarla, pero como ésta tardaba, Cleveland reaccionó en forma inteligente y efectiva. Dirigió un mensaje al Congreso en el cual pedía que se designara una comisión que estudiara el problema de Guayana y fijara sus límites con Venezuela. Estos límites serán los definitivos"*[1082].

El libro de William L. Scruggs, la situación económica de los Estados Unidos para el momento y la Doctrina Monroe fueron elementos que orientaron la política exterior de los Estados Unidos de América hacia la intervención en la disputa entre Venezuela y el Reino Unido. En defini-

---
[1080] Marcos Falcón Briceño, ob. cit., pp. 44.
[1081] *Ídem.*
[1082] *Ibíd.*, p. 45.

tiva, la controversia entre Venezuela y el Reino Unido se convirtió en un asunto de dignidad nacional para los Estados Unidos de América[1083].

79. **Philippe Couvreur** (1951): Bélgica. Especialista en derecho internacional y Secretario de la CIJ en La Haya (2000-2019), cargo del que se jubiló el 1 de julio de 2019. Trabajó en el Departamento Jurídico de la Comisión Europea. Fue designado juez ad hoc por Venezuela en la controversia con la República Cooperativa de Guyana de conformidad con el artículo 31 del Estatuto de la CIJ y el artículo 35 del Reglamento.

80. **Rafael Caldera** (1916-2009): Venezuela. Presidente de Venezuela de 1969 a 1973 y de 1994 a 1999. El 18 de junio de 1970, durante su primer gobierno se suscribió el Protocolo de Puerto España entre Venezuela, el Reino Unido y la República Cooperativa de Guyana. En representación de Venezuela firmó el Ministro de Relaciones Exteriores Arístides Calvani; por el Reino Unido firmó el Alto Comisionado del Reino Unido e Irlanda del Norte en Trinidad y Tobago, Roland Charles Colin Hunt y en representación de la República Cooperativa de Guyana firmó el Ministro de Estado, Shridath Surendranath Ramphal.

Para el momento de suscribirse el Protocolo de Puerto España, Venezuela se encontraba negociando la delimitación de áreas marinas y submarinas al norte del Golfo de Venezuela con la República de Colombia[1084]. Por esta razón Venezuela decidió paralizar los efectos del Acuerdo de Ginebra y atender los problemas limítrofes que tenía con la República de Colombia[1085]. En efecto, "*Venezuela se encontraba amenazada tanto por la República de Colombia, como por la República Cooperativa de Guyana, por lo que se decidió congelar las negociaciones con Guyana por doce años, para lograr estabilizar la política fronteriza*"[1086].

El Protocolo de Puerto España fue suscrito cuatro años después de la adopción del Acuerdo de Ginebra, tiempo durante el que la Comisión Mixta no logró solucionar la controversia. La finalidad del Protocolo de Puerto España fue suspender por un período de 12 años la aplicación del

---
[1083] *Ídem.*
[1084] Sobre esto véase en general Leandro Area Pereira "A vuelo de pájaro: La delimitación de las áreas marinas y submarinas al norte del Golfo de Venezuela", en *La diplomacia venezolana en democracia (1958-1998)*. Fernando Gerbasi (comp.), Kalathos Ediciones, Madrid, 2018.
[1085] Andrés Eloy Burgos Gutiérrez (ed.), ob. cit., p. 49.
[1086] *Ídem.*

Acuerdo de Ginebra, paralizando la controversia y retrasando la aplicación de los medios de solución previstos en el artículo 33 de la CNU.

81. **Rafael María Baralt** (1810-1860): Venezuela. Historiador, periodista y hombre de letras que apoyó al diplomático Dr. Alejo Fortique en el cumplimiento de las instrucciones emitidas por el gobierno venezolano en septiembre de 1841 para conseguir la remoción de los postes levantados por Robert Schomburgk; la eliminación del puesto militar levantado en el territorio venezolano en el que se había izado la bandera británica y que accediera a la negociación de un tratado con el fin de fijar la frontera entre ambos territorios.

82. **Ramón Carmona** (1902-1973): Venezuela. Consultor Jurídico del Ministerio de Relaciones Exteriores durante el gobierno del General Marcos Pérez Jiménez. El 28 de marzo de 1954, durante la X Conferencia Interamericana celebrada en la ciudad de Caracas, ratificó la posición asumida en 1951 por el Ministro de Relaciones Exteriores, Luis Gómez Ruiz, respecto a que ningún cambio de estatus de la Colonia de la Guayana Británica podía afectar los legítimos derechos territoriales de Venezuela.

83. **Richard Henn Collins** (1842-1911): Reino Unido. Juez de la Corte Suprema de Judicatura de Su Majestad la Reina Victoria. Ejerció funciones de árbitro en representación del Reino Unido. Junto con Lord Russell -el otro árbitro designado por el Reino Unido-, convino con el Presidente del Tribunal Arbitral, Fiódor Fiódorovich Martens, para conseguir una decisión unánime. El Laudo Arbitral de París, dictado finalmente por unanimidad, arrebató a Venezuela más de 159.500 kilómetros cuadrados de su territorio.

Severo Mallet-Prevost escribió en su memorándum póstumo que conoció a Lord Collins el 1 de junio de 1899, luego de pronunciarse los discursos del Procurador General del Reino Unido, Sir Richard Webster, y los suyos. Los discursos tuvieron 26 días de duración[1087]. Desde el inicio del procedimiento arbitral Lord Collins se mostró mucho más animado, dispuesto a comprender y examinar la controversia y los títulos que asistían las pretensiones de las partes. Severo Mallet-Prevost relató en su memorándum póstumo que:

[1087] Cfr. Otto Schoenrich, ob. cit., p. 32.

"...era completamente obvio que Lord Collins estaba sinceramente interesado en darse cuenta totalmente de los hechos del asunto y en determinar la ley aplicable a tales hechos. El, por supuesto, no dio indicación acerca de cómo votaría en la cuestión; pero toda su actitud y las numerosas preguntas que formuló eran críticas de los alegatos británicos y daban la impresión de que se iba inclinando hacia el lado de Venezuela"[1088].

Sin embargo, la actitud de Lord Collins cambió cuando volvió del Reino Unido a Francia luego de las vacaciones del tribunal arbitral de París, a las que asistió junto con el Presidente del tribunal arbitral de París Fiódor Fiódorovich Martens. En el Reino Unido, evidentemente, ocurrieron varios hechos que desconocemos pero que, probablemente, obedecían a los intereses políticos de Rusia y el Reino Unido. Severo Mallet-Prevost estaba convencido de que algo había ocurrido. En su memorándum póstumo expresó que:

"El señor MalletPrevost afirmó que él estaba seguro de que la actitud de los miembros británicos y el miembro ruso del Tribunal Arbitral era el resultado de una negociación entre Gran Bretaña y Rusia por el cual las dos Potencias indujeron a sus representantes en el Tribunal a votar como lo hicieron, y Gran Bretaña probablemente dio a Rusia ventajas en otra parte del globo"[1089].

84. **Richard Olney** (1835-1917): Estados Unidos de América. Secretario de Estado de los Estados Unidos. El 20 de julio de 1888 envió una carta al Reino Unido defendiendo la posición de Venezuela en la reclamación territorial. El 20 de julio de 1895 envió al Sr. Thomas Bayard, Embajador de los Estados Unidos de América en el Reino Unido, un documento conocido como El Cañonazo o Telegrama de las 20 puntas donde, entre otras cosas, denunció que las contradictorias pretensiones británicas nunca se habían fundado en derecho. En el telegrama se reconoce la disparidad de fuerzas entre ambos Estados que obligaba a Venezuela a procurar la solución de la disputa sólo a través de los medios pacíficos.

[1088] *Ídem.*
[1089] *Ibíd.* p. 30.

Richard Olney también participó en la negociación del Tratado de Washington del 2 de febrero de 1897. Las reglas establecidas en el artículo IV del Tratado de Washington resultaron claramente violatorias a los principios del derecho internacional vigentes para la época. Específicamente la regla a del artículo IV, conocida como cláusula de la prescripción, y que estableció una modalidad de prescripción adquisitiva distinta para beneficiar al Reino Unido, fue contraria a los principios del derecho internacional.

Es probable *"que Inglaterra buscara imponer su propio derecho positivo en la redacción del Artículo IV del Tratado de Arbitraje, con la anuencia de otro país anglosajón como los EE.UU, el cual privilegiaba la llamada "posesión inmemorial" como el título al cual debía darse preferencia en la confrontación de los títulos, para lo cual debería haberse exigido una posesión centenaria y no la menor y acomodaticia posesión cincuentenaria"*[1090].

Como hemos señalado en otra oportunidad *"Es curioso -y también oportuno para Inglaterra- que se haya establecido una prescripción cincuentenaria que permitiría adquirir muchos más territorios en lugar de establecer, al menos, una prescripción centenaria que era más acorde con los principios del derecho internacional pero que, de otra parte, resultaba menos beneficiosa para los ingleses por cuanto les impediría obtener un territorio tan vasto"*[1091].

Los negociadores del tratado arbitral el Embajador del Reino Unido en los Estados Unidos, Sr. Julián Pauncefote y el Secretario de Estado de los Estados Unidos Sr. Richard Olney, sabían que establecer sólo esa condición al derecho aplicable traería problemas y por ello regularon una segunda condición al derecho aplicable, esta es que sólo aplicarían *"los principios de derecho internacional no incompatibles con ellas"*.

Es necesario tener presente que el 5 de junio de 1896 Lord Salisbury envió un telegrama al Sr. Julián Pauncefote, Embajador Británico

---

[1090] Véase Gabriel Ruan Santos, "Los títulos de la reclamación por la Guayana Esequiba. especial referencia a la cláusula de prescripción", *Boletín de la Academia de Ciencias Políticas y Sociales,* número 165 julio-septiembre 2021, Caracas, 2021.

[1091] Véase Rafael Badell Madrid, "La nulidad del Laudo de París del 3 de octubre de 1899", en *Boletín de la Academia de Ciencias Políticas y Sociales*, número 165, julio-septiembre, 2021.

en Washington, contentivo de un fragmento en el que indicó que: *"El Gobierno de Su Majestad aceptaría la 4ª cláusula del Tratado propuesto en la forma sugerida por usted... Su aplicación a Venezuela también sería aceptada si los Estados Unidos con este fin se ponen en el lugar de Venezuela, y el arreglo para el cual una Convención subsidiaria será requerida. Los Estados Unidos deberán seleccionar al Árbitro. Según la versión admitida de la cláusula 4, el tribunal revisor por parte venezolana no debe ser el Tribunal Supremo de Caracas, sino el Tribunal Supremo de Washington, y cualquier decisión a la que se someta Estados Unidos, o que no sea anulada por el Tribunal Supremo de Washington, Venezuela debe comprometerse a tomarla"*[1092].

El 12 de noviembre de 1896 Julián Pauncefote y Richard Olney llegaron a un acuerdo secreto, en el que no participó el representante de Venezuela José Andrade. Mediante ese acuerdo convinieron la forma en la se interpretaría la regla de la prescripción, prevista en el artículo IV del Tratado de Washington.

En cuanto a la interpretación de la regla "a" Richard Olney le dijo al Ministro José Andrade que ésta aplicaba sólo a ocupaciones anteriores a 1814, fecha en la que el Reino Unido había adquirido los establecimientos de Berbice, Demerara y Esequibo de Holanda. Si eso hubiere sido así, entonces, el Reino Unido únicamente habría tenido derecho sobre los territorio que le había cedido Holanda mediante tratado de Londres de 1814.

Richard Olney explicó que la regla *"a"* referida a la prescripción se refería sólo a un territorio muy pequeño entre los ríos Pomarón, Moruco y Esequibo; pero realmente él sabía cuál era el verdadero propósito de la regla de prescripción, que había pactado en un acuerdo secreto con el Embajador del Reino Unido en los Estados Unidos, Julián Pauncefote el 12 de noviembre de 1896[1093].

Por su parte, la interpretación de los ingleses fue que la regla *"a"* aplicaba a toda ocupación de más de cincuenta años de duración, posterior a 1814 fecha en la que el Reino Unido y Holanda firmaron el Tra-

---

[1092] Annex 4 to the Letter of the Agent of the Bolivarian Republic of Venezuela to the Registrar of the Court, dated 8 November 2022, I.DD No. 001763.
[1093] Carlos Sosa Rodríguez, ob. cit., p. 126.

tado de Londres, al que nos hemos referido en varias ocasiones durante este estudio.

En primer lugar, esta interpretación pasa por alto el Tratado de Status Quo de 1850 suscrito mediante canje de notas diplomáticas entre el Cónsul General Británico en Caracas, Belford Hinton Wilson, y el Secretario de Relaciones Exteriores de Venezuela, Vicente Lecuna, del 18 de noviembre y 20 de diciembre de 1850, respectivamente. Según ese tratado internacional, ambas partes se comprometieron a mantener es estado de las cosas tal y como se encontraba a finales de 1850. De modo que, tanto Venezuela como el Reino Unido, tenían el deber de no avanzar sus ocupaciones en el territorio controvertido.

A pesar de su enorme importancia, no hubo ninguna referencia en el Tratado de Washington de 1897 al tratado de Status Quo de 1850. Antes y por el contrario la interpretación que se dio a la cláusula de la prescripción fue contraria a ese *modus vivendi* por medio del cual ambas partes se habían comprometido a mantener la situación fronteriza tal y como se encontraba para ese momento.

Recordemos que las partes se habían comprometido a no ocupar el territorio en discusión comprendido entre la pseudo línea Schomburgk, máxima aspiración del Reino Unido, y el Esequibo. De forma que la interpretación respecto de la posesión nunca podía referirse a ese lapso. Todo lo contrario el *modus vivendi* de 1850 no quedo reflejado en el Tratado de Washington.

El Reino Unido nunca respetó el Tratado de Status Quo de 1850. Al contrario y como se deduce de sus actuaciones posteriores, el Reino Unido insistió en hacer avanzar su pretensión sobre el territorio venezolano de una forma cada vez más vulgar y descarada. La regla "a" del artículo IV del Tratado de Washington desconoce el Tratado de Status Quo y con ello decide ignorar su violación pretendiendo ocultar su gran valor jurídico.

El hecho de haber dejado sin valor el Tratado de Status Quo de 1850 no fue casual. En efecto, el Sr. Richard Olney, Secretario de Estados de los Estados Unidos de América, envió una carta al Sr. Julian Pauncefote, Embajador del Reino Unido en Washington, de fecha 29 de octubre de 1896 en la que señaló lo siguiente: *"Creo que lo más deseable es no dar al Acuerdo de 1850 ningún estatus en la cara de la Convención, ni siquiera por referencia, y mucho menos por un intento de definir su alcance y significado. Un intento de interpretarlo nos involucraría en un debate prolongado y pospondría indefinidamente la consecución del objetivo que ahora tenemos en mente*"[1094].

La regla "a" del artículo IV del Tratado de Washington además contraría el principio *uti possidetis iuris*, que desde la gesta emancipadora ha sido un principio de suprema importancia para los países americanos e incluso, por su utilidad en cuanto a la delimitación de fronteras, ha sido utilizado por países de otros continentes. A contracorriente de esto, durante las negociaciones entre Richard Olney, Secretario de Estado de los Estados Unidos de América, y Julián Pauncefote, Embajador del Reino Unido en los Estados Unidos de América, se estableció la regla de la prescripción y se dio preeminencia al principio del *uti possidetis facti*.

La regla de la prescripción tuvo como objetivo restar valor al argumento de inconstitucionalidad que defendía el Ministro José Andrade según el cual la Constitución de 1893 -vigente para el momento de la celebración del tratado- no permitía la enajenación de ninguna parte del territorio de la república.

De manera que la explicación que se dio a Venezuela sobre el sentido y alcance de las reglas del artículo IV fue distinta a la interpretación que le daban los británicos y que fue la que se finalmente se aplicó en el Laudo Arbitral del 3 de octubre de 1899[1095].

Esta regla "a" *"contiene los elementos constitutivos de la indefensión en que se colocaron los intereses de Venezuela"*[1096]. Este aspecto es determinante para el establecimiento de la nulidad del compromiso arbitral. Como afirmó Isidro Morales Paúl *"precisamente en la cláusula de prescripción radica la columna vertebral del problema"*[1097].

La regla "*a*" favoreció abiertamente al Reino Unido, quien a través de la prescripción obtuvo título sobre el territorio disputado, que de otra manera no habría podido justificar y, a pesar del grave perjuicio que

---

[1094] Annex 6 to the Lettter of the Agent of the Bolivarian Republic of Venezuela to the Registrar of the Court, dated 8 November 2022, I.DD No. 001763.
[1095] Sobre esto véase Carlos Sosa Rodríguez, ob. cit.
[1096] Isidro Morales Paúl, "Análisis crítico del problema fronterizo «Venezuela-Gran Bretaña»", ob. cit., p. 179.
[1097] *Ibíd.*, p. 187.

representó, Venezuela tuvo que aceptarla. En efecto, *"Venezuela tuvo que aceptar el Tratado de Arbitraje de 1897 bajo presión indebida por parte de los Estados Unidos y Gran Bretaña, los cuales negociaron las bases del compromiso con exclusión del Gobierno venezolano, al cual se le dieron explicaciones que lo indujeron a error"*[1098].

85. **Rigoberto Henríquez Vera** (1920-2016): Venezuela. Diplomático y diputado. En 1960, durante el segundo gobierno del Presidente de la República, Rómulo Betancourt ratificó ante la Cámara de Diputados del Congreso de la República y delante de una delegación parlamentaria del Reino Unido el criterio expuesto previamente por el Ministro de Relaciones Exteriores de Venezuela, Luis Gómez Ruíz; por Ramón Carmona, consultor jurídico del Ministerio de Relaciones Exteriores de Venezuela, y por el Ministro de Relaciones Exteriores de Venezuela, José Loreto Arismendi, en el sentido de que ningún cambio de estatus de la Colonia de la Guayana Británica afectaría los legítimos derechos territoriales de Venezuela. En esa oportunidad exigió una reparación por la injusticia que sufrió Venezuela ocasionada por el Laudo Arbitral de París.

86. **Robert Hermann Schomburgk** (1804-1865):

Alemania. Geógrafo y naturalista. Enviado primero por la *Royal Geographical Society* y después por el gobierno del Reino Unido, trazó tres líneas de demarcación entre Venezuela y la Colonia de la Guayana Británica, de forma unilateral y sin obedecer ningún criterio jurídico ni geográfico.

Schomburgk trazó la primera línea en 1835 y estableció como frontera un territorio de 4.920 kilómetros cuadrados más allá del río Esequi-

---
[1098] Herman González Oropeza y Pablo Ojer Celigueta, ob. cit., p. 26.

bo. En 1840 Schomburgk, ahora sí enviado por el gobierno británico, trazó una segunda línea con la que se usurparon más de 142.000 kilómetros cuadrados partiendo de la boca del Río Amacuro y siguiendo una dirección norte-sur hasta llegar al Roraima. En esa oportunidad levantó postes con las iniciales de la Reina Victoria, marcó árboles e hizo actos de posesión en los territorios que abarcaba la línea, llegando hasta Punta Barima en la misma desembocadura del río Orinoco. Esta es la conocida pseudolínea Schomburgk reflejada en el *Sketch Map* de los *Parliamentary Papers de 1840*. Esta línea fue rechazada por el Foreign Office y por la Colonial Office, por considerarla sesgada y parcial, aunque en verdad este trazado obedecía a órdenes del gobierno británico con un claro interés en el potencial minero de la zona[1099].

El 7 de septiembre de 1841 el Ministro de las Colonias, Lord Stanley, firmó una minuta que indicaba "*Los mapas en mi poder [Mapas de Schomburgk] no nos permiten ver el curso seguido por el Sr. Schomburgk y él no presta facilidades para hacer un trazado del mismo. Extractos de este informe deben comunicarse a la Real Sociedad de Geografía, pero debe tenerse cuidado en no insertar acusaciones vagas contra el Gobierno de Venezuela, las cuales, aunque posiblemente fundadas, carecen de la autoridad suficiente y aunque la tuvieran quizás no proporcionarían ventaja alguna sí se publicaran. El Sr. Schomburgk no proporciona ningún dato en que fundamentar la frontera reclamada por él, que según él define una y otra vez, fundamenta los 'indudables' derechos de la Corona Británica*"[1100].

En 1887 Schomburgk trazó una tercera línea basada en el mapa de Hebert de 1842 que alcanzó los 167.830 kilómetros cuadrados de territorio. El Reino Unido sostuvo que esa siempre había sido su pretensión, aun cuando las demarcaciones previas habían usurpado menos territorio.

[1099] Véase Hermann González Oropeza y Pablo Ojer, ob. cit., p. 11. Véase también Isidro Morales Paúl, "El juicio arbitral sobre la Guayana Esequiba de 1899 y la violación de los principios del debido proceso en perjuicio de Venezuela", ob. cit., pp. 309 y *ss*. El Dr. Morales Paúl indicó en su trabajo: *"El Laudo Arbitral, prototipo de lo que no debe ser un Laudo, siguió la falsa línea Schomburgk, que sólo era una aspiración inglesa aparentemente trazada por quien copió otros cartógrafos en la misión de complacer a su cliente y patrón"*.

[1100] William Dávila Barrios (ed.), *Libro blanco: La reclamación venezolana del territorio Esequibo*, Asamblea Nacional, Caracas, 2020. p. 135.

87. **Robert Reid** (1846-1926): Reino Unido. Ex Fiscal General del Reino Unido para el momento en que se celebró el arbitraje de París. Formó parte del equipo de defensa del Reino Unido durante el procedimiento arbitral de París, relativo a la controversia territorial respecto de la frontera de Venezuela y la Colonia de la Guayana Británica.

88. **Roland Charles Colin Hunt** (1916-1999): Reino Unido. Alto Comisionado del Reino Unido e Irlanda del Norte en Trinidad y Tobago. Firmó el Protocolo de Puerto España en representación del Reino Unido el 18 de junio de 1970.

89. **Rómulo Betancourt** (1908-1981):

Venezuela. Presidente de Venezuela de 1945 a 1948 y de 1959 hasta 1964. Rómulo Betancourt tuvo una actuación muy importante en la reclamación de los derechos de Venezuela sobre el territorio Esequibo. En dos momentos Rómulo Betancourt intervino en ese asunto con resultados muy positivos.

Primero en 1948, durante el gobierno del Presidente Rómulo Gallegos, cuando encabezó la delegación de Venezuela que asistió a la IX Conferencia Internacional Americana. Luego, siendo Rómulo Betancourt Presidente de la República, entre 1959 y 1964, liderizó una política exterior brillante y exitosa en la que se estableció como prioridad la defensa de los derechos territoriales de Venezuela en el Esequibo.

Puede decirse con justeza que Rómulo Betancourt construyó los asideros políticos y jurídicos de la justificada reclamación territorial de Venezuela sobre la Guayana Esequiba, luego de que se dictó el Laudo de París de 1899.

Primero: Rómulo Betancourt presidió la delegación de Venezuela que asistió a la IX Conferencia Internacional Americana, celebrada en la ciudad de Bogotá, durante el período comprendido entre el 30 de marzo y el 2 de mayo de 1948, en la que se firmó la Carta de la Organización de los Estados Americanos. Esta delegación, presidida por Rómulo Betancourt, estuvo conformada por el Dr. Marcos Falcón Briceño y los Sres. Carlos Morales, Manuel Pérez Guerrero, Simón Gómez Malaret, Mariano Picón Salas, José Rafael Pocaterra y Luis Lander[1101].

En ese importante foro se encontraban reunidos los representantes de Argentina, Bolivia, Brasil, Chile, Colombia, Costa Rica, Cuba, Ecuador, El Salvador, Estados Unidos de América, Guatemala, Haití, Honduras, México, Nicaragua, Panamá, Paraguay, Perú, República Dominicana, Uruguay y Venezuela.

Como ha señalado el Dr. Simón Alberto Consalvi, Rómulo Betancourt defendió los principios americanos que forman parte de nuestra tradición histórica y al mismo tiempo hizo reserva expresa de los derechos que asisten a Venezuela en virtud de sus títulos históricos y jurídicos sobre el Esequibo que -injustamente- fueron desconocidos por el Tribunal Arbitral de París mediante el Laudo Arbitral del 3 de octubre de 1899[1102].

En esa conferencia internacional, cuando se discutía el tema del colonialismo, Rómulo Betancourt se pronunció en favor del anticolonialismo y del principio de autodeterminación de los pueblos, expresando:

> *"Primero: creemos que debe ser condenado el sistema colonial en América;*
> *Segundo: propugnamos que se deje constancia de que independientemente de las discusiones jurídicas bilaterales que existan entre Estados Americanos y potencias extracontinentales, debe ratificarse el principio de autodeterminación de los pueblos, para las colonias americanas..."*[1103].

Esas declaraciones se referían a la situación de las colonias de las Antillas y las Guayanas, países en los cuales, según las palabras de Rómulo Betancourt, para ese momento existía *"una conciencia nacional larvada pero similar a la que existía en los pueblos de América del*

[1101] Novena Conferencia Internacional Americana, *Actas y documentos*, Volumen VI, Ministerio de Relaciones Exteriores, Bogotá, 1953.

[1102] Véase Simón Alberto Consalvi, *Rómulo Betancourt en la Conferencia de Bogotá, 1948*, Fundación Rómulo Betancourt, Serie Cuadernos de Ideas Políticas, N° 8, Caracas, 2008.

[1103] *Ibíd.*, p. 71

Norte y de América Latina antes de las revoluciones de independencia" y en las que había *"un estado de pugna más o menos permanente entre las autoridades coloniales y los pueblos que ya estaban aspirando al autogobierno"*[1104].

Atendiendo a la posición tradicional venezolana del anticolonialismo, pero defendiendo nuestros legítimos derechos territoriales al oeste de la margen oriental del río Esequibo, consignó una declaración que fue clave para las posteriores gestiones diplomáticas venezolanas.

En la parte más contundente de sus palabras Betancourt expresó: *"Al propugnar el principio de autodeterminación de los pueblos coloniales para decidir acerca de su propio destino no negamos, en forma alguna, el derecho de ciertas naciones de América para obtener determinadas porciones de territorio hemisférico, que en justicia les puedan corresponder;* **ni renunciamos a lo que los venezolanos, llegado el caso de una serena y cordial revalorización histórica y geográfica de lo americano, pudiéramos hacer valer en pro de sus aspiraciones territoriales sobre zonas hoy en tutelaje colonial, que antes estuvieron dentro de nuestro propio ámbito**"[1105]. (Resaltado añadido).

A juicio del Dr. Efraín Schacht Aristigueta, esa declaración *"echaba por primera vez después de cincuenta años atrás en que se dictó el Laudo de París, de 1899, los asideros políticos y jurídicos de nuestra justificada reclamación territorial sobre la Guayana Esequiba"*[1106].

También en la Conferencia Internacional Americana, el Presidente de la Delegación de Venezuela, Rómulo Betancourt, puso de manifiesto el problema de la libertad en América y la subsistencia del coloniaje en el continente *"rechazando que se: «haya dejado persistir el dominio de potencias colonizadoras sobre vastas porciones del hemisferio» sin haber modificado: «el status colonial en América» cuando en ese tiempo en otras regiones del mundo había logrado superarse"*[1107].

[1104] Ibíd., 79-80.
[1105] Efraín Schacht Aristigueta, "Aspectos jurídicos y políticos del Tratado de Ginebra", en Coord. Tomás Enrique Carrillo Batalla, *La reclamación venezolana sobre la Guayana Esequiba*, Serie Eventos, 2, Academia de Ciencias Políticas y Sociales, Caracas, 2008. pp. 29-30.
[1106] Ídem.
[1107] América Nuestra, "Betancourt y el Esequibo" publicado en fecha de 12 de julio de 2015. Disponible en https://americanuestra.com/betancourt-el-esequibo/

Segundo: Entre 1959 y 1964, durante el período presidencial de Rómulo Betancourt, se otorgó importancia especial a la reclamación territorial sobre el Esequibo. En su mensaje al Congreso, el 12 de marzo de 1962, el Presidente Rómulo Betancourt expresó: *"El diferendo entre la débil Venezuela y la arrogante Albión de los días de la reina Victoria, fue resuelto en un inicuo e inaceptable, y siempre rechazado por Venezuela, laudo pronunciado por un tribunal político y no de derecho, en sentencia del 3 de octubre de 1898. Jamás Venezuela ha admitido ni admitirá que tan extensa porción de territorio legítimamente suyo deje de estar encuadrado dentro de su geografía"*[1108].

Este claro mensaje condujo a que el 4 de abril de 1962, el Congreso Nacional acordara: *"Respaldar la política de Venezuela sobre el diferendo limítrofe entre la posesión inglesa y nuestro país en cuanto se refiere al territorio del cual fuimos despojados por el colonialismo; y, por otra parte, apoyar sin reservas la total independencia de la Guayana Inglesa y su incorporación al sistema democrático de vida"*[1109].

Durante el gobierno de Rómulo Betancourt el reclamo de los derechos de Venezuela sobre los territorios del Esequibo fue fortalecido extraordinariamente debido, principalmente, a la actuación del Representante Permanente de Venezuela ante la Organización de las Naciones Unidas, Carlos Sosa Rodríguez, y del Ministro de Relaciones Exteriores, Dr. Marcos Falcón Briceño.

El 22 de febrero de 1962, en la 130 reunión del XVI Período Anual de Sesiones de la Asamblea General de las Naciones Unidas, el Representante Permanente de Venezuela ante la Organización de las Naciones Unidas, Carlos Sosa Rodríguez, ratificó la posición sostenida por el Ministerio de Relaciones Exteriores según la cual un cambio de status de la colonia de la Guayana Británica no cambiaría la legítima aspiración venezolana de obtener justicia[1110].

Eso lo hizo en los siguientes términos: *"...reviste particular importancia para Venezuela el proceso de evolución política, mediante el*

[1108] Naudy Suárez Figueroa (comp.), *Rómulo Betancourt. Selección de escritos* políticos *(1929-1981)*, Fundación Rómulo Betancourt, Caracas, 2006. p. 387.

[1109] Hermann González Oropeza y Pablo Ojer, *Informe que los expertos venezolanos para la cuestión de límites con Guayana Británica presentan al gobierno nacional*, Ministerio de Relaciones Exteriores, Caracas, 1967. p. 25.

[1110] Hermann González Oropeza y Pablo Ojer, ob. cit., p. 25.

cual, pacíficamente, habrá de adquirir su independencia el pueblo de la Guayana Británica, que comparte fronteras con el nuestro y cuyo destino de nación soberana, incorporada en el plan de igualdad al concierto de los demás Estados del continente, propiciamos con genuino sentimiento americano. En esta oportunidad, en que apoyamos plenamente el conocimiento de los derechos que corresponden a la población de la Guayana Británica, no podríamos, sin embargo, sin traicionar a nuestro propio pueblo venezolano, olvidarnos de sus derechos, de sus reivindicaciones de fronteras, y silenciar en este foro mundial su legítimo reclamo de que se rectifique una injusticia histórica"[1111].

En la 348 Sesión del Comité Político Especial de la XVII Asamblea de las Naciones Unidas, en fecha 12 de noviembre de 1962, el Ministro de Relaciones Exteriores, Dr. Marcos Falcón Briceño, ratificó la posición del Representante Permanente de Venezuela ante la Organización de las Naciones Unidas, Carlos Sosa Rodríguez, respecto de la reclamación e invocó la histórica postura venezolana sobre la nulidad del Laudo Arbitral de París[1112].

El Ministro Falcón Briceño señaló que: *"También quiere ratificar Venezuela su franco apoyo a la independencia de la Guayana Británica, y por ese motivo espera que en las conversaciones que desea tener con el Reino Unido para buscar el mejor camino de una solución pacífica de esa controversia, tengan plena participación también los representantes del gobierno de Guayana Británica"*[1113].

La reclamación formulada por los representantes de Venezuela ante esos dos emblemáticos foros internacionales dio lugar a un gran triunfo. A consecuencia de ello la Organización de Naciones Unidas, pocos días después de las palabras del Ministro de Relaciones Exteriores, Marcos

---

[1111] Efraín Schacht Aristigueta, "Aspectos jurídicos y políticos del Tratado de Ginebra", en Coord. Tomás Enrique Carrillo Batalla, *La reclamación venezolana sobre la Guayana Esequiba*, Serie Eventos, 2, Academia de Ciencias Políticas y Sociales, Caracas, 2008. p. 32.

[1112] Hermann González Oropeza y Pablo Ojer, *Informe que los expertos venezolanos para la cuestión de límites con Guayana Británica presentan al gobierno nacional*, Ministerio de Relaciones Exteriores, Caracas, 1967. p. 25.

[1113] Efraín Schacht Aristigueta, "Aspectos jurídicos y políticos del Tratado de Ginebra", en Coord. Tomás Enrique Carrillo Batalla, *La reclamación venezolana sobre la Guayana Esequiba*, Serie Eventos, 2, Academia de Ciencias Políticas y Sociales, Caracas, 2008. p. 33.

Falcón Briceño, aprobó un acuerdo por medio del cual Venezuela, el Reino Unido y las autoridades de Guayana Británica se comprometieron a examinar los archivos relacionados con la controversia[1114].

A finales de 1962, durante las inspecciones que se efectuaban en las obras del Puente sobre el Lago de Maracaibo, Rómulo Betancourt sostenía conversaciones con su comitiva sobre el tema de la reclamación del territorio Esequibo y surgió el nombre de Pablo Ojer Celigueta[1115]. En la conversación, el Dr. Rafael de León, Ministro de Obras Públicas, hizo del conocimiento del Presidente Rómulo Betancourt que el padre jesuita Pablo Ojer Celigueta había efectuado importantes investigaciones sobre la reclamación del territorio Esequibo. Asimismo, el ministro Rafael de León dijo al Presidente Rómulo Betancourt que en la Universidad Católica Andrés Bello existía importante *"documentación acopiada en microfilms"*[1116] vinculada con la reclamación.

Al escuchar el nombre de Pablo Ojer Celigueta, Marcos Falcón Briceño, Ministro de Relaciones Exteriores de Venezuela, le dijo al Presidente Rómulo Betancourt que lo había conocido en la Academia Nacional de la Historia. El mismo Pablo Ojer Celigueta da fe de la veracidad de la afirmación del ministro Marcos Falcón Briceño y explica que, efectivamente, fue invitado a *"dictar una charla en una de las sesiones de ese cuerpo, acerca de la Provincia de la Nueva Cataluña en el siglo XVII, tema de especial interés del Doctor Falcón Briceño por ser de Aragua de Barcelona"*[1117].

El Presidente Rómulo Betancourt, vista la explicación del Ministro de Relaciones Exteriores, Marcos Falcón Briceño, le dio una clara instrucción a su interlocutor: *"Cuando llegues a Caracas, llamas a Ojer"*[1118].

El Ministro Marcos Falcón Briceño cumplió esa orden en diciembre de 1962, cuando sostuvo una entrevista con Pablo Ojer Celigueta, en la que este último le explicó que él junto a Hermann González Oro-

---

[1114] *Ídem.*
[1115] Pablo Ojer Celigueta, *Los documentos de la casa amarilla (historia de una calumnia)*, Universidad Católica Andrés Bello, Caracas, 1982. p. 42.
[1116] *Ibid.*, p. 43.
[1117] *Ídem.*
[1118] *Ídem.*

peza, ambos profesores de la Universidad Católica Andrés Bello, había *"investigado conjuntamente en diversos archivos europeos la historia de Guayana"*[1119].

Para el momento en que se produjo la conversación entre el Presidente Rómulo Betancourt y su comitiva, los diplomáticos Carlos Sosa Rodríguez y Marcos Falcón Briceño ya habían planteado la reclamación del territorio Esequibo ante la Organización de Naciones Unidas y habían logrado que el Reino Unido accediera a la apertura de sus archivos, que serían examinados por expertos.

En febrero de 1963 los padres jesuitas, Pablo Ojer Celigueta y Hermann González Oropeza, volvieron a Londres para continuar su investigación de los archivos británicos vinculados con la reclamación del territorio Esequibo. Pocos días después fueron nombrados representantes venezolanos en calidad de expertos *"para las discusiones que habrían de celebrarse con los representantes de Gran Bretaña y la entonces colonia de Guayana Británica, sobre la documentación que demuestra la nulidad del laudo de 1899"*[1120].

También en 1963, bajo el gobierno de Rómulo Betancourt, los padres jesuitas Pablo Ojer Celigueta y Hermann González Oropeza, fueron designados asesores del Ministerio de Relaciones Exteriores de Venezuela en materia de límites con Guayana[1121]; cargo que desempeñaron posteriormente durante los gobiernos de Raúl Leoni, Rafael Caldera y Carlos Andrés Pérez[1122].

El 5 de noviembre de 1963, con ocasión de la Primera Reunión de Ministros de Relaciones Exteriores de Venezuela y el Reino Unido, el Ministro de Relaciones Exteriores, Marcos Falcón Briceño, insistió y envió un *aid memoire* en el que sintetizó los argumentos de Venezuela y exigió la devolución del territorio del que fuimos despojados[1123]. En esa misma reunión, el padre jesuita Pablo Ojer Celigueta participó como exponente de la vertiente histórica de la reclamación venezola-

---

[1119] *Ídem.*
[1120] *Ídem.*
[1211] Véase Manuel Alberto Donís Ríos, *El Esequibo. Una reclamación histórica*, Abediciones, Caracas, 2016. p. 111.
[1122] Pablo Ojer Celigueta, ob. cit., p. 44.
[1123] Cfr. *Ídem.*

na sobre el territorio Esequibo en caso de que fuera necesario ampliar las explicaciones del Ministro de Relaciones Exteriores Marcos Falcón Briceño[1124].

Dos años después, el 7 de marzo de 1964, en su mensaje ante el Congreso Nacional, el Presidente Rómulo Betancourt dio cuenta de las gestiones que el Ministerio de Relaciones Exteriores de Venezuela había realizado ante el Reino Unido y expuso que *"Las negociaciones han seguido y, en bien de la República y para reparar una injusticia que se le hizo a Venezuela, deberán ser continuadas. El remate de ellas debe ser la incorporación al territorio nacional de una zona que desde un punto de vista jurídico-histórico, jamás dejó de pertenecer a Venezuela"* [1125].

Todas estas gestiones liderizadas, diseñadas y apoyadas por Rómulo Betancourt constituyeron el antecedente más importante del Acuerdo de Ginebra, firmado el 17 de febrero de 1966 por el Ministro de Relaciones Exteriores de Venezuela, Ignacio Iribarren Borges, el Secretario de Estado de Relaciones Exteriores del Reino Unido, Michael Stewart y por el Primer Ministro de la Guayana Británica Forbes Burnham.

La importancia del Acuerdo de Ginebra consiste en que mediante él se reconoció la existencia de la contención venezolana sobre la nulidad del Laudo Arbitral de París y que de él se deduce que el Laudo Arbitral de París no está protegido por el principio de intangibilidad de la cosa juzgada y no tiene carácter definitivo.

En efecto, el preámbulo del Acuerdo de Ginebra estableció que la controversia debía ser *"amistosamente resuelta en forma que resulte aceptable para ambas partes"*. Esta frase del preámbulo que indica que debía hallarse una solución denota precisamente que la controversia limítrofe de Venezuela con la República Cooperativa de Guyana no fue resuelta, debido a los graves vicios que presenta el Laudo Arbitral de París.

El Acuerdo de Ginebra reconoció la existencia de la contención venezolana sobre la validez del Laudo Arbitral de París en el artículo 1

[1124] Pablo Ojer Celigueta, ob. cit., p. 44.
[1125] Hermann González Oropeza y Pablo Ojer, *Informe que los expertos venezolanos para la cuestión de límites con Guayana Británica presentan al gobierno nacional*, Ministerio de Relaciones Exteriores, Caracas, 1967. p. 25.

en el cual se dispuso: *"Se establece una Comisión Mixta con el encargo de buscar soluciones satisfactorias para el arreglo practico de la controversia entre Venezuela y el Reino Unido surgida como consecuencia de la contención venezolana de que el Laudo arbitral de 1899 sobre la frontera entre Venezuela y Guayana Británica es nulo e írrito".*

De esta norma, referida a la contención venezolana sobre la validez del Laudo Arbitral de París, se deduce que Venezuela nunca aceptó el Laudo Arbitral de París del 3 de octubre de 1899 y que siempre ha reclamado la reparación de la grave injusticia sufrida por el país con ocasión de esa decisión.

Finalmente, en 1967, cuando ya había terminado el mandato del Presidente Rómulo Betancourt, fue publicado por Hermann González Oropeza y Pablo Ojer Celigueta el *Informe que los expertos venezolanos para la cuestión de límites con Guayana Británica presentan al gobierno nacional*[1126]. Este valioso documento es fruto del trabajo meticuloso, consistente y consciente de esos dos personajes claves en la reclamación territorial venezolana durante el siglo XX.

El informe de los jesuitas Hermann González Oropeza y Pablo Ojer Celigueta contiene la información que ambos, en calidad de expertos, recabaron de los archivos británicos durante su estadía en Londres en 1964. En el informe se explica, sistemáticamente, cuáles son los títulos venezolanos sobre el territorio Esequibo; los pormenores de la controversia entre Venezuela y el Reino Unido durante el siglo XIX; la falta de participación de Venezuela en la formulación del Tratado de Washington de 1897 y las razones por las cuales el Laudo Arbitral de París es nulo. Además, el informe incluye declaraciones de personajes que participaron en el arbitraje de París, las reacciones de la prensa internacional y varios mapas que demuestran que el procedimiento fue abiertamente violatorio de los legítimos derechos de Venezuela.

El informe presentado por Hermann González Oropeza y Pablo Ojer Celigueta tiene además un valor adicional y es que, tal como indi-

---

[1126] Hermann González Oropeza y Pablo Ojer Celigueta, *Informe que los expertos venezolanos para la cuestión de límites con Guayana Británica presentan al gobierno nacional*, Ministerio de Relaciones Exteriores, Caracas, 1967.

ca la primera página: *"Cada una de las afirmaciones contenidas en este Informe están respaldadas por sus respectivos documentos, los cuales fueron presentados a Gran Bretaña en las conversaciones entre expertos, durante las 15 sesiones que tuvieron lugar en Londres entre los meses de febrero y mayo del año 1964"*[1127].

Se trata de un esfuerzo investigativo cuya elaboración fue respaldada y promovida por la gestión del Presidente Rómulo Betancourt y que hoy es uno de los más contundentes elementos que tenemos para probar la nulidad del Laudo Arbitral de París. Al escribir sobre el informe presentado por los expertos venezolanos, el Dr. Óscar García-Velutini insiste en recordar que *"la primera conclusión que se formula en aquél es la de que Venezuela tuvo que aceptar el Tratado de Arbitraje de 1897 bajo presión indebida y engaño por parte de los Estados Unidos y de Gran Bretaña, los cuales negociaron las bases del compromiso con exclusión del gobierno venezolano en la última y decisiva fase de la negociación; y Venezuela, continúa el Informe, fue de tal manera preterida, que Estados Unidos de Norte América y Gran Bretaña acordaron desde el comienzo de la negociación que ningún jurista venezolana habría de formar parte del tribunal de arbitraje"*[1128].

90. **Ronny Abraham** (5 de septiembre de 1951): Francia. Magistrado de la CIJ desde 2005, reelecto en 2019. Presidente de la CIJ entre 2015 y 2018. Fue uno de los magistrados de la CIJ que, junto a Giorgio Gaja, Kirill Gevorgian y Mohamed Bennouna, salvaron su voto en la sentencia declaratoria de competencia del 18 de diciembre de 2020 respecto de la controversia entre Venezuela y la República Cooperativa de Guyana en cuanto a la validez o nulidad del Laudo Arbitral de París.

En su voto salvado se refirió al consentimiento de las partes para seleccionar a la CIJ como medio de arreglo judicial. A este respecto sostuvo que una cosa es la validez en la selección de un medio de solución por parte del Secretario de las Naciones Unidas, que crea obligaciones para las partes, y otra muy distinta es fundamentar el consenti-

---
[1127] Ibíd., p. 1.
[1128] Oscar García-Velutini, *Facultad, acción y efecto de arbitrar*, Editorial Arte, Caracas, 1960. p. 17.

miento de las partes para acudir a la CIJ en el artículo IV.2 del Acuerdo de Ginebra[1129].

El magistrado Ronny Abraham se refirió en su voto salvado a la necesidad de que las partes suscribieran un acuerdo especial donde, a través de manifestaciones de voluntad, otorgaran competencia a la corte. En efecto, indicó que acudir a cualquier otro mecanismo del artículo 33 de la Carta de las Naciones Unidas, como el arbitraje, habría requerido de un acuerdo especial y posterior en el que las partes manifestaran, de buena fe y tras una serie de negociaciones, su voluntad de someter el conocimiento de la controversia a un tercero. Esto no ocurrió y se pretende confundir la validez de la actuación del secretario con el compromiso entre las partes, que nunca existió y que es el que podría fundamentar realmente la competencia de la corte.

Con relación al objeto del Acuerdo de Ginebra afirmó que, para la CIJ, la suscripción de un acuerdo especial posterior a la selección realizada por el Secretario General de las Naciones Unidas, es contraria al espíritu del Acuerdo de Ginebra porque permitiría que la controversia se extendiese en el tiempo si las partes no llegan a un acuerdo. Para el Magistrado Ronny Abraham, esa interpretación del Acuerdo de Ginebra es contraria a su objeto y fin verdadero. Ciertamente, el Acuerdo de Ginebra no establece que el mecanismo seleccionado deba resolver definitivamente la controversia. Al contrario, señala que si un medio fracasa podrá intentar alcanzarse una solución práctica con otro de los mecanismos previstos en el Acuerdo de Ginebra y en la Carta de Naciones Unidas.

Además, el Magistrado Ronny Abraham criticó la poca claridad de la decisión. A su juicio, el razonamiento del tribunal, especialmente en el párrafo 86 de la decisión, está compuesto de ideas formuladas de manera compleja que parecieran no haber tenido como objetivo la claridad de la exposición[1130]. Por todas las esas razones, el Magistrado Ronny Abraham consideró que la CIJ debió declinar su competencia en este caso.

[1129] *"It is one thing to say that the choice of a means in this instance, judicial settlement by the Secretary-General creates obligations for the parties; it is quite another to see in Article IV, paragraph 2, of the Agreement, combined with the Secretary-General's decision, the expression of both parties' consent to the settlement of their dispute by the Court".*

[1130] Párrafo 86: *"El Tribunal señala que su conclusión de que las Partes consintieron la solución judicial en virtud del Artículo IV del Acuerdo de Ginebra no es cuestionada por la frase "o*

91. **Rüdiger Wolfrum** (1941): Alemania. Jurista y Doctor en Derecho Internacional desde 1973. Actualmente se desempeña como juez ad hoc designado por la República Cooperativa de Guyana ante la CIJ en la controversia que sostiene con Venezuela.

92. **Samuel Reinaldo Moncada Acosta** (1959):

Venezuela. Historiador y Diplomático. Representante Permanente de Venezuela ante las Naciones Unidas. Mediante una carta enviada el 6 de junio de 2022 a la CIJ por la Vicepresidenta de Venezuela, Delcy Eloína Rodríguez, fue designado Agente por la República Bolivariana de Venezuela, en el procedimiento de la CIJ. Adicionalmente, se designaron Co-Agentes a Félix Plasencia, Exministro de Relaciones Exteriores, y a Elsie Rosales García, abogada y profesora de la Universidad Central de Venezuela.

93. **Shridath Surendranath Ramphal** (3 de octubre de 1928): Guyana. Ministro de Estado de la República Cooperativa de Guyana. Representante que firmó el Protocolo de Puerto España en representación de la República Cooperativa de Guyana.

94. **Sidney Arthur Taylor Rowlatt** (1862-1945): Egipto. Abogado miembro del equipo de defensa del Reino Unido durante el procedi-

---

hasta que se hayan agotado todos los medios de solución pacífica allí contemplados" en el párrafo 2 de dicho artículo, lo que podría sugerir que las Partes habían contemplado la posibilidad de que la elección, por parte del Secretario General, de los medios previstos en el artículo 33 de la Carta, que incluyen la solución judicial, no condujera a la resolución de la controversia. Hay varias razones por las que una decisión judicial, que tiene fuerza de cosa juzgada y aclara los derechos y obligaciones de las partes, podría no conducir de hecho a la solución definitiva de una controversia. Basta con que el Tribunal de Justicia que, en este caso, una decisión judicial que declara la nulidad del Laudo de 1899 sin delimitación de la frontera entre las Partes podría no conducir a la resolución definitiva de la controversia, lo que sería contrario al objeto y fin del Acuerdo de Ginebra". Traducción libre.

miento arbitral de París, relativo a la controversia territorial respecto de la frontera de Venezuela y la Colonia de la Guayana Británica.

95. **Severo Mallet-Prevost** (1860-1948):

Estados Unidos de América. Abogado. Formó parte del equipo de defensa de Venezuela durante el procedimiento arbitral de París relativo a la controversia territorial respecto de la frontera de Venezuela y la Colonia de la Guayana Británica.

En enero de 1944 el Presidente Isaías Medina Angarita a los Estados Unidos de América celebró un almuerzo en un hotel de Nueva York. Severo Mallet-Prevost estuvo en aquella reunión y fue condecorado con la Orden del Libertador. El motivo principal del viaje del Presidente Isaías Medina Angarita era visitar al Presidente de los Estados Unidos de América, Franklin D. Roosevelt, en Washington para conversar acerca de la soberanía de Aruba y Curaçao.

Redactó un memorándum y encargo a su albacea y socio Otto Schoenrich que lo publicara a su discreción después de su muerte. El memorándum fue publicado en julio de 1949 en el *American Journal of International Law* y también en el Boletín de la Academia de Ciencias Políticas y Sociales de Venezuela.

En su memorándum, Severo Mallet-Prevost reconoció que él y el Presidente Benjamín Harrison tuvieron conocimiento de la confabulación que existió entre el Presidente del tribunal arbitral Fiódor Fiódorovich Martens y los árbitros ingleses Lord Russell y Lord Collins. Incluso, *The Times*, un periódico londinense, publicó una declaración de la agencia de noticias Reuters que contenía las declaraciones del presidente Benjamin Harrison y Severo Mallet-Prevost donde expresaron que *"nada había en la historia de la controversia que explicase adecuadamente la línea fronteriza establecida en el Laudo"*[1131].

El abogado Severo Mallet-Prevost relata que Russell siempre tuvo una actitud reticente e inclinada en favor del Reino Unido, era del criterio de que los árbitros tienen una vinculación política y consideraba que no era necesario que los arbitrajes internacionales se ciñeran exclusivamente a fundamentos legales.

Severo Mallet-Prevost narra que en una comida íntima organizada por Henry White, que ocupaba el cargo de encargado de negocios de los Estados Unidos, en la ciudad de Londres coincidieron Lord Russell, el juez Josiah Brewer y él. Severo Mallet-Prevost expresó en el Memorándum refiriéndose a Lord Russell lo siguiente: *"Me tocó sentarme a su lado, y en el curso de la conversación me aventuré a expresar la opinión de que los arbitramentos internacionales deberían basar sus decisiones únicamente sobre fundamentos legales. Lord Russell respondió inmediatamente: Estoy enteramente en desacuerdo con usted. Pienso que los arbitrajes internacionales deberían ser conducidos por vías más amplias y que deberían tomar en consideración cuestiones de política internacional. Desde aquel momento comprendí que no podíamos contar con Lord Russell para decidir la cuestión fronteriza sobre la base del derecho estricto"*[1132].

Una percepción completamente distinta tuvo Severo Mallet-Prevost de Lord Collins, a quien conoció el primero de junio de 1899 luego de pronunciarse los discursos del Procurador General del Reino Unido Sir Richard Webster y el autor de este memorándum que duraron 26 días[1133]. Lord Collins se mostró mucho más animado, dispuesto a indagar y, sobre todo, a comprender y analizar la controversia y los títulos que fundamentaban las pretensiones de las partes. Sobre él, dice Severo Mallet-Prevost que *"era completamente obvio que Lord Collins estaba sinceramente interesado en darse cuenta totalmente de los hechos del asunto y en determinar la ley aplicable a tales hechos. El, por supuesto, no dio indicación acerca de cómo votaría en la cuestión; pero toda*

[1131] Exposición del Embajador de Venezuela Doctor Carlos Sosa Rodríguez ante la ONU el 22 de febrero de 1962. Disponible en http://esequibonuestro.blogspot.com/2012/03/exposicion-del-embajador-de-venezuela.html.
[1132] Véase el Memorándum de Severo Mallet-Prevost en Otto Schoenrich, ob. cit., p. 32.
[1133] *Cfr.* Otto Schoenrich, ob. cit., p. 32.

su actitud y las numerosas preguntas que formuló eran críticas de los alegatos británicos y daban la impresión de que se iba inclinando hacia el lado de Venezuela"[1134].

Sin embargo, esas impresiones cambiaron radicalmente luego del receso de dos semanas, que tuvo lugar una vez concluidos los discursos mencionados. En ese momento los árbitros ingleses viajaron a Londres, junto con el Presidente del tribunal arbitral Fiódor Fiódorovich Martens.

Según consta en el Memorándum de Mallet-Prevost, cuando Lord Collins volvió del Reino Unido a París luego de aquellas vacaciones, no era el mismo que se había marchado. Evidentemente ocurrieron en el Reino Unido varios hechos que desconocemos pero que, probablemente, obedecían a intereses políticos de las potencias implicadas en la controversia: Rusia, el Reino Unido y los Estados Unidos de América. Severo Mallet-Prevost estaba convencido de que algo había ocurrido. En efecto: *"El señor MalletPrevost afirmó que él estaba seguro de que la actitud de los miembros británicos y el miembro ruso del Tribunal Arbitral era el resultado de una negociación entre Gran Bretaña y Rusia por el cual las dos Potencias indujeron a sus representantes en el Tribunal a votar como lo hicieron, y Gran Bretaña probablemente dio a Rusia ventajas en otra parte del globo"*[1135].

Como se deduce de las líneas anteriores, el memorándum Severo Mallet-Prevost narró las irregularidades que ocurrieron durante el arbitraje; especialmente las referidas a la falta de imparcialidad del Presidente del Tribunal Arbitral, Fiódor Fiódorovich Martens, quien presionó a los árbitros estadounidenses, David Josiah Brewer y Melville Weston Fuller, para decidir en forma unánime, bajo la amenaza de que, en caso de no hacerlo, Venezuela perdería incluso las Bocas del Orinoco. En efecto, el abogado Severo Mallet-Prevost escribió:

> *"Si los Jueces americanos no aceptaban esa línea, él Martens votaría junto con los Jueces británicos en favor de la línea reclamada por Gran Bretaña, la cual se convertiría así en frontera por mayoría de votos del Tribunal. El Juez Brewer dijo que él y el Juez Fuller, el otro Arbitro americano, se sintieron grandemente molestos por tal proposición, pues ellos pensaban que los hechos*

[1134] *Ídem.*
[1135] *Ibíd.* p. 30.

mostraban claramente que Venezuela tenía derecho a considerable territorio al este del Orinoco. El y el Juez Brewer estaban dispuestos a rechazar la propuesta rusa y presentar un fuerte voto de minoría en favor de la línea que ellos creían justa. Sin embargo, el resultado sería una decisión mayoritaria concediendo a Gran Bretaña un territorio valioso que sería así arrebatado a Venezuela"*[1136]*.

96. **Simón Bolívar** (1783-1830):

Venezuela. Libertador de Venezuela, Bolivia, Colombia, Ecuador y Perú. Presidente de Venezuela y de la República de Colombia. El 7 de agosto de 1817, escribió una carta dirigida al Coronel Leandro Palacios desde la Baja Guayana, donde expresó: "*¡Al fin tengo el gusto de ver libre a Guayana! La capital se nos rindió el 18 del pasado, y estas fortalezas el 3 del corriente. El país no ha quedado en el mejor estado, por lo que es la población, que casi se ha aniquilado en los siete meses de sitio, y porque una gran parte de la gente emigró con los españoles*"[1137].

El 15 de octubre de 1817, desde el Cuartel General de Angostura, Simón Bolívar emitió un decreto por el cual incorporó la provincia de Guayana a la República de Venezuela. El artículo 1 del referido decreto estableció: *"La Provincia de Guayana en toda su extensión queda reunida al territorio de Venezuela, y formará desde hoy una parte integrante de la República".*

[1136] Otto Schoenrich, ob. cit., p. 30.
[1137] Véase el artículo de Rafael Castro, "Las revoluciones son esencialmente transformaciones culturales" publicado el 10 de agosto de 2015. Disponible en https://www.aporrea.org/actualidad/a212082.html.

En 1822, mientras gobernaba la República de Colombia, se conoció la presencia de ocupaciones en los dominios de Venezuela cerca del río Esequibo por parte de colonos ingleses provenientes de Demerara y Berbice. La respuesta ante aquello fue el rechazo de las ocupaciones por parte del gobierno colombiano que, por órgano del Ministerio de Relaciones Exteriores, instruyó al Sr. José Rafael Revenga, Ministro Plenipotenciario en Londres, para convenir con los ingleses en la fijación de la línea divisoria entre la Guayana Británica y Colombia.

El 16 de julio de 1824, mientras Simón Bolívar presidía la República de Colombia, el país solicitó al Reino Unido su reconocimiento como nación independiente. Ese mismo año José Manuel Hurtado fue nombrado Enviado Extraordinario y Ministro Plenipotenciario de Colombia, como sustituto del Doctor Rafael Revenga, con el cometido principal de obtener ese reconocimiento[1138]. El Reino Unido dio su reconocimiento sin reservas a la República de Colombia.

Este *"... reconocimiento de Colombia viene por la influencia de Canning a lord Liverpool donde este somete un memorándum al gabinete favoreciendo al reconocimiento de nuevos estados"*[1139]. En diciembre de 1824 la decisión del Reino Unido de reconocer a Colombia como Estado independiente fue notificada a España y, ese mismo año, se conoció con alegría en América[1140].

El reconocimiento del Reino Unido a la República de Colombia fue expresado mediante el Tratado de Cooperación y Amistad entre Colombia y Gran Bretaña adoptado el 1 de abril de 1825, aprobado por decreto del Congreso de Colombia del 23 de mayo de 1825 y ratificado por el gobierno de Colombia en la misma fecha. Las ratificaciones fueron canjeadas el 7 de noviembre de 1825. Este tratado fue impuesto por el Reino Unido como condición para reconocer a Colombia. El artículo 1 del referido tratado estableció:

"Habrá perpetua, firme y sincera amistad entre la República y pueblo de Colombia, y los dominios súbditos de Su Majestad el

---

[1138] Julio Alberto Peña Acevedo, "Cronología de Guyana, cuarta entrega, Gran Colombia". Publicado el 19 de marzo de 2015. Disponible en https://elespacioacuaticovenezolano.com/2015/03/19/1552jualpeac/
[1139] *Ídem.*
[1140] *Ídem.*

Rey del Reino de la Gran Bretaña e Irlanda, sus herederos y sucesores"[1141].

97. **Thomas Bayard** (1828-1898): Estados Unidos de América. Embajador de los Estados Unidos de América en el Reino Unido. Recibió de Richard Olney, Secretario de Estado de los Estados Unidos de América el documento conocido como El Cañonazo o Telegrama de las 20 puntas de fecha 20 de julio de 1895. En ese documento se denunció, principalmente, que las contradictorias pretensiones británicas nunca se habían fundado en derecho. En el telegrama se reconoció la disparidad de fuerzas entre ambos Estados, que obligaba a Venezuela a procurar la solución de la disputa sólo a través de medios pacíficos.

98. **Tomás Enrique Carrillo Batalla** (1921-2015): Venezuela. Individuo de Número de la Academia de Ciencias Políticas y Sociales. Contribuyó con la reclamación venezolana por el territorio Esequibo impulsando iniciativas muy importantes en varias académicas. El Dr. Tomás Enrique Carrillo Batalla fue coordinador de un importante libro de la Academia de Ciencias Políticas y Sociales, titulado *La reclamación venezolana sobre la Guayana Esequiba* -cuya última edición es del año 2008- donde se recopilaron los valiosos aportes de varios académicos y personajes importantes vinculados con la controversia que pertenecen al ciclo de eventos organizados por la Academia en 1983.

99. **Vicente Lecuna** (1870-1854): Venezuela. Secretario de Relaciones Exteriores de Venezuela. El 18 de noviembre de 1850 recibió una comunicación enviada por Belford Hinton Wilson, Cónsul General Británico en Caracas, por medio de la cual las autoridades británicas se comprometieron a no usurpar ni ocupar los territorios en disputa.

Vicente Lecuna respondió el 20 de diciembre de 1850 señalando que *"el Gobierno no tiene dificultad para declarar, como lo hace, que Venezuela no tiene intención alguna de ocupar ni usurpar ninguna parte del territorio cuyo dominio se controvierte, ni verá con indiferencia que proceda de otro modo la Gran Bretaña"*[1142].

[1141] Ministerio de Relaciones Exteriores de Colombia, Tratado de Cooperación y Amistad entre Colombia y Gran Bretaña adoptado el 1 de abril de 1825, disponible en http://apw.cancilleria.gov.co/Tratados/adjuntosTratados/UK-01-04-1825.PDF.

[1142] Véase en *Historia oficial de la discusión entre Venezuela y la Gran Bretaña sobre sus límites en la Guayana*, L. Weiss & Company impresores, Nueva York, 1896. Disponi-

Mediante ambas notas se estableció el Tratado de Status Quo entre Venezuela y el Reino Unido que implicaba paralizar el avance de las pretensiones británicas y mantener la situación existente para el momento. De manera que lo expresado tanto en la comunicación del Secretario de Estado y Relaciones Exteriores del Reino Unido, Belford Hinton Wilson, y el Secretario de Relaciones Exteriores de Venezuela, Vicente Lecuna, constituye un instrumento mediante el cual Venezuela y el Reino Unido se comprometieron a no usurpar ni ocupar el territorio en disputa. Este Tratado de Status Quo de 1850 nunca fue respetado por el Reino Unido. No referencia alguna a este documento que beneficiaba a Venezuela en el Tratado de Washington de 1897 y tampoco en el Laudo Arbitral de París el 3 de octubre de 1899.

100. **William Lindsay Scruggs** (1836-1912): Estados Unidos de América. Abogado y diplomático. Fue el personaje clave para que Venezuela lograra la cooperación de los Estados Unidos de América en la resolución de la controversia sostenida con el Reino Unido.

El Ministro de Relaciones Exteriores de Venezuela, Pedro Ezequiel Rojas, le encomendó a William Lindsay Scruggs iniciar una campaña en los Estados Unidos de América para apoyar a Venezuela en la controversia con el Reino Unido.

William L. Scruggs escribió un libro titulado "Agresiones británicas contra Venezuela" y dio varios ejemplares al Presidente Grover Cleveland. De esa manera cumplió su encargo y logro interesar al Presidente de los Estados Unidos, Grover Cleveland, en la controversia limítrofe de Venezuela con la Colonia de la Guayana Británica.

Lo anterior llevó al Presidente Grover Cleveland a pronunciarse sobre el asunto en su mensaje ante el Congreso el 17 de diciembre de 1895. Durante su discurso invocó la Doctrina Monroe vistos los abusos cometidos en contra de Venezuela y expresó:

> *"La disputa ha llegado a un punto tal, que ahora le incumbe a los EE UU tomar medidas para determinar, con suficiente certeza para justificarla, cual es la verdadera línea divisoria entre*

---

ble en https://play.google.com/store/books/details?id=b8FAAQAAMAAJ&rdid=book-b8FAAQAAMAAJ&rdot=1

la República de Venezuela y la Guayana inglesa. Cuando se termine dicho informe y sea aceptado, será en mi opinión, deber de los EE UU, resistir por todos los medios en su poder, como una agresión premeditada a sus derechos e intereses, la apropiación por parte de la Gran Bretaña de cualquier tierra, así como el ejercicio de su jurisdicción gubernamental en cualquier territorio que, tras la investigación, hayamos determinado pertenece por derecho a Venezuela"[1143].

El mensaje del Presidente Grover Cleveland motivó la suscripción de un acto del Congreso de los Estados Unidos, aprobado en fecha de 21 de diciembre de 1895, en el que la Cámara de Representantes y el Senado acordaron:

"...una asignación para los gastos de una comisión que averigüe la verdadera línea divisoria entre la República de Venezuela y la Guayana Británica, e informe acerca de ella. Decrétase por el Senado y la Cámara de Representantes de los Estados Unidos de América reunidos en Congreso: Se destina la suma de cien mil dólares o la parte de ella que sea necesaria, para los gastos de una comisión, que será nombrada por el Presidente, para que averigüe la verdadera línea divisoria entre la República de Venezuela y la Guayana Británica, e informe del resultado"[1144].

Los resultados de la investigación realizada por la comisión presidencial para la averiguación del verdadero límite entre Venezuela y la Guayana Británica, indicaron que no había pruebas contundentes de ocupación holandesa para el año 1648 ni al norte, ni al oeste del río Esequibo, ni de la isla denominada Kikoveral. Tampoco se hallaron elementos que señalaran ocupación en Punta Barima antes del año 1648[1145].

[1143] Tomás Enrique Carrillo Batalla (coord.), *La reclamación venezolana sobre la Guayana Esequiba*, Academia de Ciencias Políticas y Sociales, Serie Eventos 2, Caracas, 2008. p. 433-434.

[1144] *Historia oficial de la discusión entre Venezuela y la Gran Bretaña sobre sus límites en la Guayana*, L. Weiss & Company impresores, Nueva York, 1896. p. 336. Disponible en https://play.google.com/store/books/details?id=b8FAAQAAMAAJ&rdid=book-b8FAAQ AAMAAJ&rdot=1

[1145] Cfr. Tomás Enrique Carrillo Batalla (coord.), ob. cit., p. 434.

XI. FECHAS EN LA CONTROVERSIA

1. **4 de mayo 1493**: El papá Alejandro VI dictó la Bula Inter Caetera o Intercétera mediante la cual se dividieron los territorios de América del Sur entre España y Portugal con base en los descubrimientos de ambas naciones. A partir de esa fecha, 4 de mayo de 1493, es claro que los territorios en disputa pertenecían a España y fueron los mismos con los que se constituyó la Capitanía General de Venezuela mediante Real Cédula de fecha 8 de septiembre de 1777 y, a su vez, los mismos que adquirió Venezuela cuando se independizó el 5 de julio de 1811. La Constitución de 1811 estableció en el artículo 128 que *"Luego que libres de la opresión que sufren las Provincias de Coro, Maracaibo y Guayana, puedan y quieran unirse a la Confederación, serán admitidas a ella, sin que la violenta separación en que a su pesar y el nuestro han permanecido, pueda alterar para con ellas los principios de igualdad, justicia y fraternidad, de que gozarán luego como todas las demás Provincias de la unión"*[1146]. La referida Bula demuestra que desde aquel momento el territorio en disputa pertenecía a España, siendo el mismo que Venezuela adquirió luego de la independencia en virtud del principio *uti possidetis iuris*.

2. **7 de junio de 1494**: Se firmó el Tratado de Tordesillas que consagró la soberanía de España y Portugal en el continente americano mediante la repartición de zonas de navegación y conquista. Este es un acuerdo complementario a la Bula Intercétera que sirvió para para precisar la división de los territorios, amplió el territorio portugués hasta 350 leguas de Cabo Verde.

3. **1498**: Exploradores españoles descubrieron y colonizaron los territorios de América septentrional. El 6 de agosto de 1498 Cristóbal Colón llegó al Golfo de Paria y al Delta del Orinoco. Más tarde, en 1499, Alonso de Ojeda incursionó en la costa de Guayana abarcando las zonas del Río Orinoco y el Río Amazonas.

[1146] Allan Randolph Brewer-Carías, *Las constituciones de Venezuela*, Academia de Ciencias Políticas y Sociales, Caracas, 1997. pp. 555 y ss.

4. **1531-1532**: El militar y explorador Diego de Ordaz exploró desde el Río Orinoco hasta el Meta, así como las cuencas del río Cuyuní y Mazaruní. Carlos V le concedió el gobierno de dichos territorios.

5. **1533**: Los españoles incursionaron por el río Maraven, como denominaban los lugareños al Esequibo. El descubrimiento e inspección del río Esequibo fue obra del capitán Juan de Esquivel, uno de los principales expedicionarios españoles y lugarteniente de Diego Colón y Perestrelo.

6. **1562-1569**: Se efectuaron más de veinte expediciones en el Orinoco y el interior de Guayana dirigidas por súbditos de la corona española debidamente autorizados.

7. **18 de noviembre de 1568**: Se estableció la Provincia de Guayana mediante Real Cédula que *"ordenó a la Audiencia de Santa Fe que se otorgase Capitulación a Gonzalo Jiménez de Quesada para descubrir y poblar los llanos, provincias y tierras al oriente del Nuevo Reyno de Granada desde el Orinoco hasta el Amazonas"*[1147].

8. **5 de mayo de 1648**: Se firmó el Tratado de Münster mediante el cual España cedió a Holanda los establecimientos de Demerara, Berbice y Esequibo, situados al este del río Esequibo. Todas las ocupaciones holandesas fuera de estos establecimientos constituían violaciones del Tratado de Münster.

9. **1734**: Don Carlos de Sucre y Pardo, Gobernador de Cumaná -provincia de la que Guayana formaba parte-, convino con los prelados de las comunidades religiosas en dividir la comarca en tres zonas misionales. La zona misional asignada a los Padres Capuchinos incluyó el territorio que se extiende desde la Boca Grande de Orinoco hasta la colonia de Esequibo.

10. **13 de enero de 1750**: Fernando VI de España y Juan V de Portugal, firmaron el Tratado de Madrid que demarcó las fronteras entre las colonias suramericanas de España y Portugal. Justo ese año se publicó el siguiente mapa titulado *"Nueve Granade, Caracas et Guyanes"*. Este

---

[1147] Véase Allan Randolph, "La formación de la república y de su territorio en las constituciones del siglo XIX. Un legado del proceso constitucional que comenzó con la Ley Fundamental de la República de Colombia promulgada por Simón Bolívar, en Angostura, el 17 de diciembre de 1819", en el *Boletín de la Academia de Ciencias Políticas y Sociales*, número 164 abril-junio, Caracas, 2021.

mapa es relevante desde que indica que el territorio situado al oeste del río Esequibo era para ese momento denominado Guayana Española (Guyane Spagnole). De él se deduce que los títulos de Venezuela sobre el territorio controvertido siempre han sido suficientes y definitivos cuestión que se refleja en los mapas elaborados en distintas épocas de nuestra historia.

11. **1758**: Los holandeses establecieron un puesto en el río Cuyuní que fue destruido por los españoles.

12. **1768**: Se estableció mediante Real Cédula del 5 de mayo de 1768 que el límite sur de Guayana sería el río Amazonas y la separó de Nueva Andalucía.

13. **4 de junio de 1762**: Don Carlos, por la gracia de Dios, Rey de Castilla, expidió en Aranjuez un Real Título convirtiendo toda la Guayana en Comandancia separada con inmediata subordinación al Virreinato de Nueva Granada.

14. **8 de septiembre de 1777**: Se creó la Capitanía General de Venezuela mediante Real Cédula de fecha 8 de septiembre de 1777. Ese año se dispuso la separación de las provincias de Cumaná, Guayana y Maracaibo e Islas de Trinidad y Margarita del Virreinato y Capitanía General del Nuevo Reino de Granada para incorporarlas a la Capitanía General de Venezuela[1148].

15. **1779**: El Intendente General de Venezuela, don José de Avalos, autorizó al oficial José Felipe de Inciarte para que reconociera y poblara la parte oriental del bajo Orinoco.

16. **1 de enero de 1799**: Francisco de Miranda publicó el mapa elaborado por Juan de la Cruz Cano y Olmedilla, conocido también como Mapa Geográfico de América Meridional, en el que se estableció la frontera de la Capitanía y Guyana en el río Esequibo. Esto contó con el patrocinio del Reino Unido y fue publicado en Londres por William Faden, geógrafo real del rey Jorge III. Smith, en un artículo, llama al mapa de Cano el equivalente sudamericano del mapa de Mitchell de las colonias británicas de 1755.

[1148] *Cfr.* Irene Loreto González, *Génesis del constitucionalismo en Venezuela*, Centro de Investigaciones Jurídicas, Caracas, 2005. p. 74.

Mapa Geográfico de América Meridional
elaborado por Juan de la Cruz Cano y Olmedilla[1149]

17. **28 de mayo de 1811**: Se firmó el Tratado Alianza y Confederación entre Cundinamarca y Venezuela (Tratado Lozano-Cortés) con el que se sentaron bases del principio *uti possidetis iuris*.

18. **21 de diciembre de 1811**: El primer congreso venezolano sancionó la Constitución Federal de 1811 que estableció en el artículo 128: *"Luego que libres de la opresión que sufren las Provincias de Coro, Maracaibo y* **Guayana**, *puedan y quieran unirse a la Confederación,*

[1149] Véase Mapa Geográfico de América Meridional. Disponible en https://www.davidrumsey.com/luna/servlet/detail/RUMSEY~8~1~3373~330002:Mapa-Geografico-de-America-Meridion.

serán admitidas a ella, sin que la violenta separación en que a su pesar y el nuestro han permanecido, pueda alterar para con ellas los principios de igualdad, justicia y fraternidad, de que gozarán luego como todas las demás Provincias de la unión". (Resaltado añadido).

19. **13 de agosto de 1814**: Se adoptó el Tratado de Londres de 1814 mediante el cual el Reino Unido adquirió los establecimientos holandeses de Berbice, Demerara y Esequibo situados al este del río Esequibo. A su vez, Holanda los había adquirido de España a través del Tratado de Münster de fecha 24 de octubre de 1648. Todos estos campamentos se ubicaban al este del río Esequibo. De ello se deduce que todos los dominios situados al oeste del río Esequibo siempre han pertenecido a Venezuela en virtud del principio *uti possidetis iuris*.

20. **7 de agosto de 1817**: En medio de las guerras para consolidar la independencia, el Libertador Simón Bolívar envió una carta al Coronel Leandro Palacios desde la Baja Guayana donde expresó: *"¡Al fin tengo el gusto de ver libre a Guayana! La capital se nos rindió el 18 del pasado, y estas fortalezas el 3 del corriente. El país no ha quedado en el mejor estado, por lo que es la población, que casi se ha aniquilado en los siete meses de sitio, y porque una gran parte de la gente emigró con los españoles"*[1150].

21. **15 de octubre de 1817**: Desde el Cuartel General de Angostura, Simón Bolívar dictó un decreto por medio del cual se incorporó la provincia de Guayana a la República de Venezuela y se establecieron sus departamentos. El artículo 1 del referido decreto estableció: *"La Provincia de Guayana en toda su extensión queda reunida al territorio de Venezuela, y formará desde hoy una parte integrante de la República"*.

22. **15 de agosto de 1819**: Se sancionó la Constitución de Angostura con la participación de los diputados por Guayana Eusebio Afanador, Juan Vicente Cardozo y Juan Tomás Machado. Para ese momento Guayana era una de las provincias de Venezuela. En efecto, ese texto constitucional, dentro del Título 2º, sección 1º, artículo 2 estableció: *"El Territorio de la República de Venezuela se divide en diez Provincias, que son: BARCELONA, BARINAS, CARACAS, CORO, CUMANA,* ***GUAYANA****, MARACAYBO, MARGARITA, MERIDA, y TRUJILLO.*

[1150] Fuente: https://www.aporrea.org/actualidad/a212082.html

Sus límites y demarcaciones se fijarán por el Congreso". (Resaltado añadido).

23. **17 de diciembre de 1819**: El Congreso de Angostura sancionó la Ley Fundamental de Colombia, cuyo artículo 2 estableció reconoce el principio americano *uti possidetis iuris* en los siguientes términos: *"Su territorio será el que comprendían la antigua Capitanía General de Venezuela, y el Virreinato del nuevo Reino de Granada, abrazando una extensión de 115 mil leguas cuadradas, cuyos términos precisos se fijarán en mejores circunstancias".* Con la referida Ley Fundamental de Colombia y, en especial, con la disposición citada del artículo 2, se complementó el decreto de Simón Bolívar del 15 de octubre de 1817, al regular expresamente el principio *uti possidetis iuris* según el cual Venezuela tenía los mismos límites que en su momento tuvo la Capitanía General de Venezuela[1151].

24. **15 de agosto de 1821**: El Congreso de la Villa del Rosario de Cúcuta sancionó la Ley Fundamental de la Unión de los Pueblos de Colombia. El artículo 5 ratificó el principio americano *uti possidetis iuris* en los siguientes términos: *"El territorio de la República de Colombia será el comprendido dentro de los límites de la antigua capitanía general de Venezuela y el virreinato y capitanía del Nuevo Reino de Granada. Pero la asignación de sus términos precisos queda reservada para tiempo más oportuno".*

25. **30 de agosto de 1821**: Se aprobó la Constitución de la República de Colombia, a la que el presidente Simón Bolívar Presidente le puso el ejecútese el 6 de octubre de 1821[1152]. Esa Constitución tomó en cuenta el principio *uti possidetis iuris* e integró a Guayana dentro de su territorio. En efecto, el artículo 6 estableció: *"El territorio de Colombia es el mismo que comprendían el antiguo Virreinato de la Nueva Granada y Capitanía general de Venezuela"*[1153].

26. **20 de febrero de 1821**: El diplomático Francisco Antonio Zea se dirigió a Robert Stewart, Ministro de Asuntos Exteriores del Reino

---

[1151] *Ídem*.
[1152] Al respecto véase Rafael Badell Madrid, "Consideraciones sobre la Constitución de Colombia de 1821", *Boletín de la Academia de Ciencias Políticas y Sociales*, número 165, Caracas, 2021. p. 541 y ss
[1153] *Ibíd.*, pp. 647 y ss.

Unido, para aclarar la frontera oriental de Colombia. En esa comunicación expresó:

> *"La República de Colombia ocupa en la América del Sur la parte más septentrional, extendiéndose en latitud desde los 12° N, hasta 69 S, y en longitud desde 589 hasta los 81 Q del meridiano de Greenwich.*
> *Sus límites son al Este el Océano Atlántico que baña sus costas desde las bocas del Orinoco hasta Cabo Nassau; desde este cabo arranca una línea N.S. que partiendo de este cabo termina en el río Esequibo, siendo la ribera izquierda de este río la frontera con la Guayana Holandesa"*[1154].

27. **6 de octubre de 1821:** El presidente Simón Bolívar Presidente le puso el ejecútese a la Constitución de la República de Colombia, aprobada por el Congreso de la Villa del Rosario de Cúcuta el 30 de agosto de 1821.

28. **1822**: Se detectó en los dominios de Venezuela, que para ese momento formaba parte de la República de Colombia, la presencia de ocupaciones de colonos ingleses provenientes de Demerara y Berbice cerca del río Esequibo, más allá de los territorios que le correspondían al Reino Unido de conformidad con el Tratado de Londres del 13 de agosto de 1814.

En respuesta, el gobierno colombiano, por órgano del Ministerio de Relaciones Exteriores, instruyó a su Ministro Plenipotenciario en Londres, José Rafael Revenga, para que conviniera con los ingleses en la fijación de la línea divisoria entre la Guayana Británica y Colombia. Las instrucciones eran del siguiente tenor:

> *"Séame lícito, sin embargo, llamar particularmente la atención de Usted al artículo 2. del proyecto de tratado en punto de límites. Los ingleses poseen en el día la Guayana Holandesa, por cuya parte son nuestros vecinos. Convenga usted tan exactamente, como sea posible, sobre fijar la línea divisoria de uno y otro territorio, según los últimos tratados entre España y Holanda. Los colonos de Demerara y Berbice tienen usurpada una gran*

[1154] Herman González Oropeza y Pablo Ojer, *Informe que los expertos venezolanos para la cuestión de límites con Guayana Británica presentan al gobierno nacional*, Ministerio de Relaciones Exteriores, Caracas, 1967. p. 33.

porción de tierra que, según aquéllos, nos pertenece del lado del río Esequibo. Es absolutamente indispensable que dichos colonos, o se pongan bajo la protección y obediencia de nuestras leyes, o que se retiren a sus antiguas posesiones. Al efecto se les dará el tiempo necesario según se establece en el proyecto"[1155].

Sin embargo, el Ministro Plenipotenciario José Rafael Revenga no pudo cumplir las instrucciones que había recibido *"por no habérsele presentado la oportunidad de discutir la cuestión de límites durante su misión en Inglaterra"*[1156].

Las referidas instrucciones, a pesar de no haberse concretado, demuestran que la incursión de colonos provenientes de Demerara y Berbice al oeste del río Esequibo siempre fue rechazada contundentemente. En efecto, la defensa del territorio Esequibo ha estado presente en la historia de Venezuela incluso cuando formaba parte del territorio de la República de Colombia.

29. **2 de diciembre de 1823**: James Monroe, quinto Presidente de los Estados Unidos de América, estableció el 2 de diciembre de 1823, en su mensaje anual al Congreso, que el continente americano no era susceptible de colonización y que las potencias europeas no podrán extender sus dominios en él. Tales hechos constituirían una afrenta directa a los derechos e intereses de los Estados Unidos. En particular reputó *"como un principio que afecta a los derechos e intereses de los Estados Unidos, que los continentes americanos, por la condición de libres e independientes que han adquirido y mantienen, no deben en lo adelante ser considerados como objetos de una colonización futura por ninguna potencia europea..."*[1157]. La doctrina Monroe que quedó resumida en la frase *"America para los americanos"*[1158] y fue invocada posteriormente

---

[1155] Véase en el libro *Historia oficial de la discusión entre Venezuela y la Gran Bretaña sobre sus límites en la Guayana*, L. Weiss & Company impresores, Nueva York, 1896. p. 6. Disponible en https://play.google.com/store/books/details?id=b8FAAQAAMAAJ&rdid=book-b8FAAQAAMAAJ&rdot=1

[1156] *Ídem.*

[1157] Véase Fragmento del Séptimo Mensaje Anual del Presidente Santiago Monroe al Congreso el 2 de Diciembre de 1823. Disponible en: https://www.oas.org/sap/peacefund/VirtualLibrary/MonroeDoctrine/Treaty/MonroeDoctrineSpanish.pdf.

[1158] Véase "La Doctrina de Monroe (1823) Fragmento del Séptimo Mensaje Anual del Presidente Santiago Monroe al Congreso el 2 de Diciembre de 1823", en Virtual Library

por el Presidente de los Estados Unidos Grover Cleveland al intervenir en la controversia entre la Colonia Británica de Guayana y Venezuela.

30. **25 de junio de 1824**: El 25 de junio de 1824, durante la vigencia de la Constitución de la República de Colombia, se sancionó la Ley de División Territorial de la República de Colombia que dividió el territorio de la república en doce departamentos. Esto incluyó al Departamento del Orinoco que, de acuerdo con el artículo 2 *eiusdem*, tenía entre sus provincias las de Cumaná, Barcelona, Guayana y Margarita. El artículo 2 estableció también que la provincia de Guayana estaba compuesta por los cantones de Santo Tomás de Angostura, Río Negro, Alto Orinoco, Caura, Guayana Vieja, Caroní, Upata, La Pastora y La Barceloneta.

Tengamos en cuenta que la Ley de División Territorial del 25 de junio de 1824 se mantuvo vigente para Venezuela después de la desintegración de Colombia, concretamente hasta el gobierno de José Tadeo Monagas. En ese momento se sancionó la Ley del 28 de Abril de 1856 que estableció la División Territorial de la República de Venezuela. De forma que luego de la separación de Venezuela de la República de Colombia, se mantuvieron los mismos límites territoriales fijados en la Ley de División Territorial de 1824. Venezuela ejercía soberanía sobre el mismo territorio que en el pasado había sido la Capitanía General de Venezuela.

31. **16 de julio de 1824**: José Manuel Hurtado, Enviado Extraordinario y Ministro Plenipotenciario de Colombia en 1824, solicitó al Reino Unido mediante una memoria descriptiva que reconociera a la República de Colombia como Estado independiente, insistiendo en que el límite entre la República de Colombia y la Colonia Británica de Guayana era el río Esequibo. En efecto, se expresó en esa memoria descriptiva: *"Este bello y rico país se extiende por el mar del norte, desde el río Esequibo o confines de la provincia de Guayana hasta el río de las Culebras, que la separa de Guatemala"*[1159].

---

of Inter-American Peace Iniciatives. Disponible en: https://www.oas.org/sap/peacefund/VirtualLibrary/MonroeDoctrine/Treaty/MonroeDoctrineSpanish.pdf.

[1159] Manuel Donís Ríos, *El Esequibo. Una reclamación histórica*, Abediciones - Konrad Adenauer Stifung, Caracas, 2016. p. 58. El autor indica que existen fuertes indicios que permiten concluir que la memoria fue redactada por Don Andrés Bello que para el momento cumplía funciones públicas como Secretario de la República de Colombia en Londres: *"Existen razones para suponer que Andrés Bello tuvo al menos parte en la redacción de este documento. Pero el propio Bello permite considerar tal autoría"*.

Con relación a la frase citada de la memoria descriptiva, el historiador Manuel Donís Ríos indica que la expresión *"desde el río Esequibo o confines de la provincia de Guyana"* debe ser interpretada de conformidad con los límites existentes para el momento, es decir: *"Al oriente, la antigua Capitanía General de Venezuela, ahora parte integrante de la República de Colombia bajo la denominación Departamento de Venezuela, tenía como límite con la Guayana Británica el río Esequibo. Al Sur del río Esequibo la Capitanía General de Venezuela llegaba hasta la desembocadura del río Amazonas, en virtud de la capitulación de Guayana obtenida por Antonio de Berrío en 1582"*[1160].

32. **Diciembre de 1824**: El Reino Unido reconoció a la República de Colombia como Estado independiente. La decisión del Reino Unido de reconocer a la República de Colombia como Estado independiente fue enviada a España ese mismo año de 1824 y la noticia se recibió con júbilo en América[1161].

El Reino Unido estableció como condición para reconocer a la República de Colombia la suscripción de un Tratado de Cooperación y Amistad entre Colombia y Gran Bretaña, el cual efectivamente se firmó el 18 de abril de 1825[1162]. La importancia del asunto radica en que ese Tratado de Cooperación y Amistad entre Colombia y Gran Bretaña reconoció que el río Esequibo era el límite fronterizo de la República de Colombia con la Colonia de Guayana Británica.

[1160] *Ídem.*

[1161] Julio Alberto Peña Acevedo, "Cronología de Guyana, cuarta entrega, Gran Colombia". Publicado el 19 de marzo de 2015. Disponible en https://elespacioacuaticovenezolano.com/2015/03/19/1552jualpeac/.

[1162] *Ídem.* El autor sigue la obra de Bierck Harold, *Vida Pública de Don Pedro Gual*, p. 268. Explica Peña Acevedo que este tratado fue ratificado por el Senado el 23 de mayo 1825 y canjeadas las ratificaciones el 07 de noviembre de 1825. Añade que *"En el tratado con Gran Bretaña, la presión imperial británica fue más fuerte aún, porque exigió como condición para el reconocimiento de la independencia de Colombia la firma del Tratado de Amistad, Comercio y Navegación. Venezuela da a conocer a Gran Bretaña que la frontera con la Guayana Británica estaba situada en el río Esequibo. Mapas similares al de Hamilton Adams, procedente del Atlas de Wilkinson (1827), circularon en Gran Bretaña en la segunda mitad de la década de 1820. Pese al reconocimiento diplomático y comercial dado a la República de Colombia por parte de Gran Bretaña, los mapas británicos presentaron reiteradamente la frontera entre Colombia y Brasil de acuerdo a los intereses británicos en la región y no como aspiraban las autoridades Gran colombianas".*

No obstante este reconocimiento expreso, en 1835 el Reino Unido inició la expansión en el territorio del Esequibo con el objetivo de dominar el río Orinoco. Tal dominio permitiría el control fluvial de la parte septentrional de América del Sur y la explotación de los recursos minerales, en particular el oro de este territorio.

33. **18 de abril de 1825**: Se firmó el Tratado de Cooperación y Amistad entre Colombia y Gran Bretaña, que había sido impuesto como condición para el reconocimiento del nuevo Estado[1163]. Con este tratado se reconoció *"que la frontera con la Guayana Británica estaba situada en el río Esequibo"*.

34. **1827**: José Manuel Restrepo, político, historiador y Secretario del Interior de Colombia (1821-1830) durante el gobierno de Simón Bolívar, incluyó en su obra *Historia de la revolución de la República de Colombia* una carta geográfica del Departamento del Orinoco y de Maturín. En la referida carta se aprecia perfectamente que el límite oriental de esta entidad era el río Esequibo. Este límite constituye la frontera oriental de Venezuela.

35. **22 de septiembre de 1830**: Se aprobó la Constitución del Estado de Venezuela, cuyo artículo 5 adoptó expresamente el principio *uti possidetis iuris* en los siguientes términos: *"El territorio de Venezuela comprende todo lo que antes de la transformación política de 1810 se denominaba Capitanía General de Venezuela. Para su mejor administración se dividirá en Provincias, Cantones y Parroquias, cuyos límites fijará la ley"*.

36. **1835**: El geógrafo y naturalista Robert Hermann Schomburgk, actuando en nombre de la Royal Geographical Society de Londres y con el apoyo de la Colonial Office[1164], trazó la primera línea de demarcación fronteriza entre Venezuela y Guayana Británica. Con este trazado se fijó la frontera en el río Esequibo, aunque la línea: *"...se aparta de dicho río como a unas 45 millas aproximadamente de la costa, en la confluencia de los Ríos Mazaruni y Cuyuní con el Esequibo y*

[1163] Fuente: https://elespacioacuaticovenezolano.com/2015/03/19/1552jualpeac/
[1164] Robert Hermann Schomburgk (5 junio de 1804 -11 de marzo de 1865). Nació en la ciudad de Freyburg, en Alemania. Naturalista y explorador que tuvo a su cargo en varias oportunidades la demarcación fronteriza entre Venezuela y la Colonia de Guayana Británica. Falleció en la ciudad de Berlín, en Alemania.

desde ese punto forma una especie de bolsa, al oeste del Río Esequibo, hasta el punto de la costa donde desemboca el Río Moroco"[1165].

Esta primera línea Schomburgk estableció como frontera un territorio de 4.920 km² más allá del río Esequibo, concretamente: *"en el área comprendida desde la costa, entre las desembocaduras de los Ríos Esequibo y Moroco; la línea curva que sigue el curso del río Moroco hasta llegar a la confluencia de los ríos Mazaruni y Cuyuní con el Esequibo y por último el Río Esequibo aguas abajo hasta su desembocadura en el mar"*[1166].

37. **1840**: Durante el segundo gobierno del General José Antonio Páez, Robert Schomburgk, ahora sí enviado por el gobierno inglés, trazó una segunda línea de demarcación que añadió un área de 141.930 kilómetros cuadrados, partiendo de la boca del Río Amacuro, siguiendo una dirección norte-sur hasta llegar al Roraima. Esta es la conocida pseudolínea Schomburgk reflejada en el *Sketch Map* de los *Parliamentary Papers de 1840*. Esta línea fue rechazada por el Foreign Office y por la Colonial Office por considerarla sesgada y parcial, aunque en verdad este trazado obedecía a órdenes del gobierno británico con un claro interés en el potencial minero de la zona[1167].

Además de esta nueva línea por medio de la cual trazó arbitrariamente los límites entre ambos Estados, Robert Schomburgk levantó postes con las iniciales de la Reina Victoria, marcó árboles y ejecutó actos de posesión en los territorios que abarcaba la línea, llegando hasta Punta Barima en la misma desembocadura del río Orinoco. Según el Reino Unido estas acciones no tenían el fin de ejercer soberanía sobre los territorios usurpados.

38. **7 de septiembre de 1841**: Lord Stanley, Ministro de Colonias del Reino Unido, firmó una minuta que indicaba *"Los mapas en mi*

[1165] Carlos Sosa Rodríguez, ob. cit., p. 122.
[1166] *Ídem*.
[1167] Véase Hermann González Oropeza y Pablo Ojer, ob. cit., p. 11. Véase también Isidro Morales Paúl, "El juicio arbitral sobre la Guayana Esequiba de 1899 y la violación de los principios del debido proceso en perjuicio de Venezuela", ob. cit., pp. 309 y ss. El Dr. Morales Paúl indicó en su trabajo: *"El Laudo Arbitral, prototipo de lo que no debe ser un Laudo, siguió la falsa línea Schomburgk, que sólo era una aspiración inglesa aparentemente trazada por quien copió otros cartógrafos en la misión de complacer a su cliente y patrón"*.

poder [Mapas de Schomburgk] no nos permiten ver el curso seguido por el Sr. Schomburgk y él no presta facilidades para hacer un trazado del mismo. Extractos de este informe deben comunicarse a la Real Sociedad de Geografía, pero debe tenerse cuidado en no insertar acusaciones vagas contra el Gobierno de Venezuela, las cuales, aunque posiblemente fundadas, carecen de la autoridad suficiente y aunque la tuvieran quizás no proporcionarían ventaja alguna sí se publicaran. El Sr. Schomburgk no proporciona ningún dato en que fundamentar la frontera reclamada por él, que según él define una y otra vez, fundamenta los 'indudables' derechos de la Corona Británica"[1168].

En la misma fecha, el gobierno venezolano envió al Reino Unido al diplomático Alejo Fortique, con el apoyo del historiador Rafael María Baralt, para que gestionara un arreglo con el Reino Unido ante el arbitrario levantamiento de postes con iniciales de la Reina Victoria por parte de Robert Schomburgk.

Alejo Fortique inició comunicaciones con Lord Aberdeen, Secretario de Relaciones Exteriores del Reino Unido, a través de las cuales le pidió la remoción de los postes levantados por Robert Schomburgk; la eliminación del puesto militar levantado en el territorio venezolano en el que se había izado la bandera británica y que accediera a la negociación de un tratado con el fin de fijar la frontera entre ambos territorios.

39. **31 de enero de 1842**: Ante la insistencia de Alejo Fortique, quien defendió con vehemencia la posición del gobierno venezolano, el 31 de enero de 1842 el gobierno inglés, por intermedio del Secretario de Estado de las Colonias, Edward George Geoffrey Smith Stanley, instruyó al gobernador de la Guayana Británica, Henry Light, la remoción de los postes levantados por Robert Schomburgk[1169]. Así lo comunicó el gobernador en su carta:

> *"El Sr. Henry Light al Sr. F. O'Leary.*
> *Señor:*
>
> *Tengo el honor de informar a Vd., para satisfacción del Gobierno de Venezuela, que **he recibido instrucciones del muy***

[1168] William Dávila Barrios (ed.), *Libro blanco: La reclamación venezolana del territorio Esequibo*, Asamblea Nacional, Caracas, 2020. p. 135.

[1169] Carlos Sosa Rodríguez, ob. cit., p. 122.

honorable Secretario de Estado de las Colonias para remover los postes colocados por el Sr. Schomburgk en el Barima y en otras partes, en el estudio de los supuestos límites de la Guayana Británica. Dadas estas instrucciones, confío en que serán recibidas como una prenda de las amistosas intenciones del Gobierno de Su Majestad, y serán obedecidas cuanto antes sea posible. Entretanto, si algún retardo ocurriere en dar cumplimiento a las órdenes que he recibido, fío a los buenos oficios de Usted indicar al Gobierno Venezolano que puede considerar removido todo motivo de reconvención por la concesión a él hecha por los Ministros Británicos. Tengo el honor de ser, Señor, de Vd. muy obediente y humilde servidor.*

HENRY LIGHT, Gobernador de la Guayana Británica.

Sr. Daniel F. O'Leary, Caracas" [1170].

Sin embargo, la eliminación de aquellos postes no terminó con la usurpación y debido a las crecientes tensiones entre Venezuela y el Reino Unido

40. **4 de marzo de 1842**: Henry Light, Gobernador de la Colonia de la Guyana Británica, expresó mediante una carta dirigida a Lord Stanley, Ministro de Colonias del Reino Unido, que el Reino Unido no tenía ningún interés en arrebatar a Venezuela su legítimo territorio. Esta era una prueba fundamental en favor de las pretensiones de Venezuela por cuanto el gobernador expresó que no tenían reclamación alguna sobre el río Amacuro, al oeste del río Barima. Con esta carta quedó claro que incluso el gobernador Henry Light sabía de la ilegitimidad de la segunda línea Schomburgk cuando escribió lo siguiente:

"... *Nosotros no tenemos ninguna reclamación sobre el río Amacuro, al oeste del Barima, aunque en el viejo mapa del Mayor L. von Bouchenroeder, publicado en 1798, el primer río está marcado al este del segundo, y ambos desembocando en el Orinoco.* **Tanto el mapa del señor Schomburgk como el del señor Codazzi sitúan estos ríos en la posición adecuada, con el Amacuro**

[1170] Véase en el libro *Historia oficial de la discusión entre Venezuela y la Gran Bretaña sobre sus límites en la Guayana*, ob. cit., p. 19. Disponible en: https://play.google.com/store/books/details?id=b8FAAQAAMAAJ&rdid=book-b8FAAQAAMAAJ&rdot=1.

entrando en el Orinoco desde el sur oeste del Barima. [...]
Yo creo que el señor Schomburgk asume que el Amacuro es la frontera, solamente por razones de conveniencia. [...]
Ni el Barima ni el Amacuro pueden ahora ser de ninguna importancia para Gran Bretaña, y sólo podrían ser ocupados a un costo de vidas y dinero que no lo haría conveniente; pero debemos tener cuidado de que una potencia más importante que Venezuela no tome posesión de ellos.
La existencia de las repúblicas hispano americanas parece depender tanto de partidos políticos siempre listos para disputar por el poder, que uno podría preguntarse qué es lo que impide que una de las provincias en disputa, deseando obtener ayuda externa, le ofreciera a los Estados Unidos o a Francia, o a cualquier otra potencia, un asentamiento, simplemente por la locura de los sentimientos partidistas, listos para zambullirse en la insensatez de obtener alguna ventaja temporal sobre la facción opuesta. [...]
[...] la Guyana Británica nunca debe someterse a tener las banderas de Francia o de los Estados Unidos, o de cualquier otra potencia, ondeando en sus fronteras. [...][1171]. (Resaltado añadido).

41. **30 de marzo de 1845**: Se adoptó el Tratado de Paz y Reconocimiento por medio del cual España, luego de la independencia, renunció a todos los derechos que tenía sobre el territorio venezolano. Mediante este tratado, España reconoció que la provincia de Guayana formaba parte del territorio de Venezuela. En efecto, tal como lo indican los padres jesuitas Hermann González Oropeza y Pablo Ojer Celigueta en su informe elaborado en calidad de expertos: *"España, al firmar en Madrid el 30 de marzo de 1845 el Tratado de reconocimiento de la soberanía de nuestro país sobre el territorio conocido bajo el antiguo nombre de la Capitanía General de Venezuela, incluyó en ella la Provincia de Guayana, que limitaba al Este por el río Esequibo"*[1172].

[1171] Cit. en Héctor Faúndez Ledesma, ob. cit., pp. 166-167. Carta del 4 de marzo de 1842, de Henry Light, Gobernador de la colonia de Guyana Británica, a Lord Stanley, Ministro de Colonias Inglés, Foreign Office, 80/108. Palabras traducidas por el autor citado.

[1172] Hermann González Oropeza y Pablo Ojer Celigueta, ob. cit., p. 8.

42. **18 de noviembre de 1850**: Belford Hinton Wilson, Cónsul General Británico en Caracas, envió una comunicación a Vicente Lecuna, Secretario de Estado y Relaciones Exteriores de Venezuela, mediante la cual las autoridades británicas se comprometieron a no usurpar ni ocupar los territorios en disputa.

Mediante la referida comunicación se denunció la *"propaganda de falsedad y calumnia"* en contra de las políticas del gobierno británico y se pretendía neutralizar el rumor que circulaba en Venezuela según el cual el Reino Unido intentaba reclamar la Provincia de la Guayana Venezolana[1173]. El cónsul británico afirmó en esa misma comunicación que había sido instruido *"para declarar que mientras por una parte el Gobierno de Su Majestad no tiene ánimo de ocupar o usurpar el territorio disputado, por otra, no mirará con indiferencia las agresiones de Venezuela a ese territorio"*[1174]. Además expresó lo siguiente:

> *"No puede el Gobierno venezolano, sin cometer una injusticia con la Gran Bretaña, desconfiar por un momento de la sinceridad de la declaración formal, que ahora se hace en nombre y de orden expresa del Gobierno de Su Majestad, de que **la Gran Bretaña no tiene intención de ocupar ni usurpar el territorio disputado**; por consecuencia, el Gobierno Venezolano no puede, con igual espíritu de buena fe y amistad, negarse a hacer una declaración semejante al Gobierno de Su Majestad, a saber, que Venezuela misma no tiene intención de ocupar ni usurpar el territorio disputado"*[1175]. (Resaltado añadido).

Esa comunicación, junto con la respuesta de Vicente Lecuna, Secretario de Relaciones Exteriores de Venezuela enviada el 20 de diciembre de 1850, fueron las notas diplomáticas constitutivas del Tratado de Status Quo de 1850.

43. **20 de diciembre de 1850**: Vicente Lecuna, Secretario de Estado y Relaciones Exteriores de Venezuela, respondió a la comunicación

---

[1173] José Rafael Gamero Lanz, "Convenio de Status Quo del 18 de noviembre de 1850", artículo publicado en fecha 19 de noviembre de 2018. Disponible en https://www.linkedin.com/pulse/convenio-de-status-quo-del-18-noviembre-1850-jos%C3%A9-rafael-gamero-lanz/?originalSubdomain=es.
[1174] *Ídem.*
[1175] *Ídem.*

enviada el 18 de noviembre de 1850 por el Cónsul General Británico en Caracas, Belford Hinton Wilson, señalando que: *"el Gobierno no tiene dificultad para declarar, como lo hace, que Venezuela no tiene intención alguna de ocupar ni usurpar ninguna parte del territorio cuyo dominio se controvierte, ni verá con indiferencia que proceda de otro modo la Gran Bretaña"*[1176].

De esta forma se estableció, mediante el canje de notas mencionado, un Tratado de Status Quo de *modus vivendi*[1177] entre el Reino Unido y Venezuela. El cruce de estas notas entre ambos países buscaba evitar que empeoraran las relaciones diplomáticas, que pasaban por un momento delicado en virtud de las ocupaciones británicas. A través de ese tratado Venezuela y el Reino Unido se comprometieron a mantener la situación fronteriza tal y como se encontraba para ese momento, evitando ocupar el territorio controvertido entre la segunda línea Schomburgk y el Esequibo.

La expresión *modus vivendi* es una de las múltiples denominaciones que se dan a los tratados internacionales. Como indica Guerra Iñiguez, los tratados *"reciben diversos nombres atendiendo a ciertas apreciaciones muy relativas, por ejemplo, se les llama convención o convenio, declaración, acta, protocolo, acuerdo, modus vivendi, concordato, cambio de notas, pero sin que esta denominación tenga importancia jurídica alguna"*[1178]. Estas denominaciones han obtenido en la práctica algunas características propias. Con los términos *modus vivendi* se alude a compromisos temporales o provisionales entre Estados en materias muy específicas[1179].

Téngase en cuenta que el canje de notas diplomáticas permite suscribir un tratado internacional. Según indica Verdross, un tratado

---

[1176] Véase en *Historia oficial de la discusión entre Venezuela y la Gran Bretaña sobre sus límites en la Guayana*, L. Weiss & Company impresores, Nueva York, 1896. Disponible en https://play.google.com/store/books/details?id=b8FAAQAAMAAJ&rdid=book-b8FAAQAAMAAJ&rdot=1

[1177] Temístocles Lastenio Bravo Suárez, *Derecho Internacional Público Contemporáneo*, Editorial Área de Innovación y Desarrollo, Alicante, 2018. p. 26. Define a los *modus vivendi* como *"acuerdos de carácter temporal en los cuales hay un propósito de llegar a uno definitivo o más permanente"*.

[1178] Daniel Guerra Iñiguez, ob. cit., p. 129.

[1179] *Ibíd.*, 130.

internacional puede ser suscrito *"directamente merced a un acuerdo entre monarcas absolutos, o a un cambio de notas entre el gobierno y un representante diplomático extranjero, o a un cambio de notas entre ambos gobiernos"*[1180], tal como lo hicieron Venezuela y el Reino Unido, mediante la notas intercambiadas por sus representantes diplomáticos, el Secretario de Relaciones Exteriores de Venezuela, Vicente Lecuna, y el Cónsul General Británico en Caracas Belford Hinton Wilson.

Por otra parte, la denominación Tratado de Status Quo tiene origen en la alocución latina *statu quo ante bellum*, de significación bélica, que se refiere al retorno del estado de las cosas a como se encontraban antes de la guerra[1181]. En particular, la expresión *statu quo* hace referencia, según la Real Academia Española, a un *"estado de cosas en un determinado momento"*[1182].

El derecho internacional público adoptó la expresión *status quo* para referirse a la restitución del estado de las cosas al momento previo a la guerra (*statu quo ante bellum*). La expresión también es válida para referirse, en general, al estado de las cosas en un momento histórico concreto. En consecuencia, el efecto de un Tratado de Status Quo referente a límites fronterizos entre naciones es mantener en el tiempo la situación limítrofe existente para el momento en que se suscribe la convención. Lo anterior, en el caso de la controversia entre Venezuela y el Reino Unido, significaba mantener la situación fronteriza existente a finales de 1850 y detener el avance de la ilegítima expansión británica.

Lo expresado en las notas diplomáticas remitidas por Belford Hinton Wilson, Secretario de Estado y Relaciones Exteriores de Inglaterra, y Vicente Lecuna, Secretario de Relaciones Exteriores de Venezuela, hizo que Venezuela y el Reino Unido se obligaran mutuamente a mantener la controversia sobre límites en el mismo estado en que se encontraba para ese momento.

[1180] Alfred Verdross, ob. cit., p. 149.
[1181] Sobre ello véase Santiago Mendizabal, "Jus Post Bellum: ¿Qué tan útil es para Relaciones Internacionales?", *El Outsider*, número 5, Universidad San Francisco de Quito, Quito, 2020. El autor al referirse al *Jus Post Bellum* en la teoría de la guerra justa propuesta por Walzer menciona el *statu quo ante bellum* y lo define como *"la misma estabilidad que existía antes del conflicto"*.
[1182] Real Academia Española, *Diccionario de la lengua española*, 23.ª ed., versión 23.4 en línea, https://dle.rae.es. Consultado el 27 de octubre de 2021.

44. **28 de abril de 1856**: Bajo el gobierno de José Tadeo Monagas, se sancionó la Ley del 28 de Abril de 1856 que estableció la División Territorial de la República de Venezuela y derogó la Ley de División Territorial del 25 de junio de 1824, dictada durante la existencia de la República de Colombia, que estuvo vigente para el Estado de Venezuela aún después de la desintegración de Colombia.

La Ley de 28 de abril de 1856 estableció en el artículo 1°: *"La ciudad de Santiago de León de Caracas, cuna del Libertador Simón Bolívar, es la Capital de la República de Venezuela; y el territorio de ésta se divide en veintiuna Provincias que se denominarán así: Cumaná, Maturín, Margarita, Barcelona, Guayana, Amazonas, Apure, Caracas, Guárico, Aragua, Carabobo, Cojedes, Portuguesa, Barinas, Barquisimeto, Yaracuy, Coro, Trujillo, Maracaibo, Mérida y Táchira"*[1183].

La Ley de 28 de abril de 1856 detalló, aún más, el territorio de la República y especificó los cantones que componen la Provincia de Guayana que, conforme a lo establecido en el artículo 7° *eiusdem*, estuvo formada por *"los cantones Héres, Upata y Alto Orinoco; su capital Ciudad Bolívar"*[1184]. Esta misma norma del artículo 7° se subdividió en tres parágrafos que indican la división de cada cantón:

> *"Parágrafo Primero.- El cantón Héres se compone de las parroquias Ciudad Bolívar, Panapana, Barcelonesa, Aripao, Borbón, Moitaco, La Piedra, Puruey, Antigua Guayana, Piacoa y Curiapo; su cabecera Ciudad Bolívar.*
> *Parágrafo Segundo.- El cantón Upata se compone de las parroquias Upata, Puerto de Tablas, Cupapui, Pastora, San Antonio, Tumeremo, Gurí, Palmar, Miamo, Caruachi, Tupuquen, Guasipati y Carapo; su cabecera Upata.*
> *Parágrafo Tercero.- El cantón Alto Orinoco se compone de las parroquias Caicara, Cuchibero, Altagracia y Urbana; su cabecera Caicara"*[1185].

[1183] Ley de 28 de abril de 1856, que establece la División Territorial de la Republica aprobada y sancionada por parte del Congreso de la República de Venezuela. Disponible en https://docs.venezuela.justia.com/federales/leyes/ley-del-28-de-abril-de-1856-que-establece-la-division-territorial-de-la-republica-de-venezuela.pdf
[1184] Ídem.
[1185] Ídem.

De otra parte, el artículo 8° de la Ley del 28 de Abril de 1856 ratificó que pertenecían a la Provincia de Guayana *"las islas que forman el Orinoco, inclusive todas las del Delta superior e inferior, y las playas denominadas de la manteca, inclusa la de Pararuma"*[1186].

45. **8 de mayo de 1871**: Se firmó el Tratado de Washington que estableció las reglas para resolver el caso del Alabama. Este hecho marca un antes y un después en el arbitraje, que pasó de ser un medio de solución diplomático a un medio de derecho para resolver disputas.

El caso de las reclamaciones del Alabama que fue muy importante en el desarrollo de la figura del arbitraje y con un gran impacto general en el derecho internacional de la época. Durante la guerra civil estadounidense (1861-1865) el Reino Unido se declaró neutral mediante la Ley de neutralidad firmada por la Reina Victoria el 13 de mayo de 1861. Sin embargo, el deber de neutralidad fue violado pues el Reino Unido dotó de buques a los confederados.

El corsario Alabama, junto con otro corsario llamado el Florida, asediaron a la marina mercante americana acabando con casi la mitad de sus buques para finales de la guerra civil estadounidense. Esto ocasionó diversos daños en materias primas. Además hubo asuntos conexos entre los Estados partes como la actividad pesquera ilegal en aguas canadienses y la muerte de civiles súbditos de la corona británica en la Guerra de Secesión.

Como consecuencia de lo anterior, los Estados Unidos formularon una serie de reclamaciones contra el Reino Unido, por lo que las partes suscribieron el referido Tratado de Washington en mayo de 1871 para resolver la controversia entre ambos países. En ese Tratado de Washington se establecieron las reglas de neutralidad con las que debían cumplir los Estados en un contexto bélico como el de aquel momento. Estas reglas fueron:

"Un gobierno neutral debe:
1. Emplear toda la diligencia necesaria para impedir que en su jurisdicción, se ponga en condiciones de navegar, equipar o armar cualquiera navío sobre el que tenga fundadas sospechas de estar destinado a hacer la guerra contra una Potencia con la

---
[1186] *Ídem.*

*cual se encuentra en paz, y asimismo, emplear idéntica diligencia para impedir salga dé su jurisdicción todo navío destinado a la guerra como queda más arriba indicado, habiendo sido transformado en su totalidad o en parte para su uso en la guerra.
2. No permitir ni tolerar que uno de los beligerantes haga de sus puertos o de sus aguas la base de operaciones navales contra el otro, o se sirva de ellos para renovar o aumentar sus aprovisionamientos militares o sus armas, o para efectuar recluta de hombres.
3. Ejercer toda diligencia en sus puertos y aguas, y con respecto a todas las personas que se encuentran en su jurisdicción, para impedir toda violación de las obligaciones y de los deberes enunciados"*[1187].

El laudo arbitral fue dictado el 14 de septiembre de 1872 y al Reino Unido se le condenó a pagar una indemnización de 15.5 millones de dólares aproximadamente. A partir de este momento el caso se convirtió en una referencia para futuros arbitrajes.

El caso de las reclamaciones del Alabama dio inicio a un acelerado proceso de evolución del arbitraje que le convirtió en una vía idónea para alcanzar arreglos de derecho, en contraste con los arbitrajes de reyes o personalidades que proferían arreglos políticos como se acostumbraba hasta entonces.

El caso de las reclamaciones del Alabama contribuyó con el desarrollo del arbitraje. En esta nueva etapa se requería que los árbitros fueran juristas, que cumplieran con los deberes de imparcialidad e independencia, que motivaran los laudos arbitrales y que valoraran los principios y costumbres del derecho internacional vigentes al momento de emitir sus decisiones. De allí que en la I Conferencia de La Haya de 1899, cuya propuesta fue enviada por el Conde Mouravieff en nombre del Zar Ruso Nicolás II, se trataron de establecer lineamientos respecto del procedimiento arbitral y demás medios pacíficos de resolución de controversias que culminaron en la Convención sobre

---

[1187] Véase "Reglas del Tratado de Washington, entre Gran Bretaña y Estados Unidos, de 8 mayo 1871, referente a la reclamación sobre el "Alabama" (Reglas de Washington)", disponible en https://www.dipublico.org/109354/reglas-del-tratado-de-washington-entre-gran-bretana-y-estados-unidos-de-8-mayo-1871-referente-a-la-reclamacion-sobre-el-alabama-reglas-de-washington/

el Arreglo Pacífico de Controversias Internacionales fruto de aquella importante reunión[1188].

46. **1880**: Durante el segundo gobierno de Antonio Guzmán Blanco se descubrieron yacimientos de oro en el territorio disputado entre Venezuela y el Reino Unido, lo que reactivó las pretensiones británicas de expansión. En efecto, la pretensión del Reino Unido *"llegó a tales extremos que casi pasa el lindero por el pueblo de Upata, arrancando por supuesto desde las bocas del Orinoco"*[1189].

47. **1887**: Los ingleses publicaron un nuevo mapa con la tercera línea Schomburgk, basada en el mapa de Hebert de 1842, que usurpaba 167.830 kilómetros cuadrados de territorio venezolano. Con relación a esto, el Reino Unido sostuvo que su pretensión siempre había sido la misma.

El inmenso poder del Reino Unido frente a la enorme debilidad de la Venezuela de finales del siglo XIX le permitió insistir en la expansión. Los británicos no se conformaron con la tercera línea Schomburgk. Por eso, en 1887, durante el tercer gobierno de Antonio Guzmán Blanco, el Reino Unido consideró unilateralmente que la frontera con Venezuela consistía en una línea desde la costa hasta Upata con lo que ya usurpaban 203.310 km^2 de territorio perteneciente a Venezuela[1190].

La expansión de la línea y la ocupación ilegítima de colonos ingleses en tierras venezolanas hizo que Venezuela exigiera la inmediata desocupación de su territorio pues, como se indicó en la nota de rechazo a las actuaciones británicas, el Reino Unido vulneró *"los derechos de soberanía: e independencia de Venezuela privándola de la más santa e inviolable de las propiedades de una nación, a saber, la de su territorio"*[1191].

48. **26 de enero de 1887**: Diego Bautista Urbaneja, Ministro de Relaciones Exteriores de Venezuela, envió una nota dirigida al Sr. F. R. Saint John, Ministro Residente de su Majestad Británica, en la que protestó en contra de los ilegítimos actos de usurpación territorial por

---

[1188] International Court of Justice, History of the Court. Disponible en https://www.icj-cij.org/en/history.
[1189] Marcos Falcón Briceño, ob. cit., p. 43.
[1190] Carlos Sosa Rodríguez, ob. cit., p. 123.
[1191] *Ídem*.

parte del Reino Unido e indicó que, de no recibir respuesta positiva en cuanto a esta situación para el siguiente mensaje ante el Congreso de Venezuela, se romperían las relaciones diplomáticas entre ambos países. En efecto, el Ministro de Relaciones Exteriores de Venezuela Diego Bautista Urbaneja señaló que Venezuela: *"Protesta ante el Gobierno de su Majestad Británica, ante todas las naciones civilizadas, ante el mundo en general, contra los actos de despojo, que en su detrimento ha consumado el Gobierno de la Gran Bretaña y que en ningún tiempo ni por ningún motivo reconocerá como capaces de alterar en lo más mínimo los derechos que ha heredado de España"*[1192].

49. **20 de febrero de 1887**: Diego Bautista Urbaneja, Ministro de Relaciones Exteriores de Venezuela, remitió una nueva nota mediante la cual, luego de realizar una exposición de los títulos de Venezuela y de los constantes abusos del Reino Unido en territorio venezolano, se rompieron las relaciones diplomáticas entre ambos países. El ministro venezolano, luego de hacer una exposición de los títulos de Venezuela y de los constantes abusos del Reino Unido en territorio venezolano, expresó: *"En consecuencia, Venezuela, no debiendo conservar amistosas relaciones con un Estado que así la injuria, las suspende desde este día. Y protesta ante el Gobierno de Su Majestad Británica, ante todas las naciones civilizadas, ante el mundo en general, contra los actos de despojo que en su detrimento ha consumado el Gobierno de la Gran Bretaña"*[1193].

50. **20 de julio de 1888**: Venezuela logró, durante el gobierno de Juan Pablo Rojas Paúl, que el Sr. Richard Olney, Secretario de Estado de los Estados Unidos, envió una nota al Reino Unido defendiendo a Venezuela de los ataques que había sufrido por parte del Reino Unido en cuanto a su integridad territorial.

51. **3 de diciembre de 1894**: El Presidente de los Estados Unidos de América Grover Cleveland manifestó su interés en participar en las discusiones para asegurar la paz por medio del arbitraje, a fin de frenar las aspiraciones de supremacía británica en Sudamérica[1194]. Eso

---

[1192] Carlos Sosa Rodríguez, ob. cit., pp. 123-124.
[1193] *Ibíd.*, p. 175.
[1194] Claudio A. Briceño Monzón, José Alberto Olivar y Luis Alberto Buttó (coords.), ob. cit., p. 66.

hizo que el 22 de febrero de 1895 el Congreso de los EEUU enviara resoluciones al gobierno inglés y al venezolano, sugiriéndoles que se adhirieran a la intención del Presidente Grover Cleveland en relación a someter la solución del asunto mediante una arbitraje. El 1 de enero de 1896 el Presidente Grover Cleveland designó la Comisión Investigadora de Límites de Guayana[1195].

52. **2 de enero de 1895**: En la madrugada del 2 de enero de 1895, a diez meses de haberse fundado el pueblo El Dorado, tuvo lugar el Incidente del Yuruán[1196], también conocido como Incidente del Cuyuní, que fue un enfrentamiento entre tropas venezolanas y británicas. Conviene tener presente que la creación de El Dorado fue ordenada sobre la base de *"la necesidad que tienen los venezolanos de enfrentar la calculada invasión de Inglaterra, aprovechando tanto la debilidad militar de Venezuela como los conflictos políticos internos sucesivos que la desmoralizaban y desangraban"*[1197].

El Incidente del Yuruán consistió en la ocupación por parte de varios ingleses dirigidos por Douglas Barnes de un puesto militar venezolano desocupado, mientras los guardias se encontraban en práctica de ejercicios ordinarios[1198]. Las tropas inglesas arriaron la bandera de Venezuela e izaron la bandera británica con la intención de controlar el puesto con el fin de luego *"tomar las tierras de El Callao, pasando por Upata, Tumeremo y El Dorado, además de otras zonas que, se rumoraba, estaban repletas de oro"*[1199].

Las autoridades militares venezolanas, encabezadas por el General Domingo Sifontes, *el llanero intelectual*, reaccionaron inmediatamente

---

[1195] *Ídem*.
[1196] Héctor Faúndez Ledesma, *La competencia contenciosa de la Corte Internacional de Justicia y el caso Guayana vs. Venezuela*, ob. cit., p. 24. Véase también Andrés Eloy Burgos Gutiérrez (ed.), ob. cit., p. 14.
[1197] *Ídem*.
[1198] Véase Juan Matorano, "El incidente del Yuruán, evidencia del expansionismo inglés", 2015. Disponible en: https://www.facebook.com/venezuelaesequiba/posts/1774219026194258/. Véase también Juan Matorano, "La carta de Domingo Sifontes sobre el incidente del Cuyuní", publicado en *Aporrea* el 29 de julio de 2015. Disponible en: https://www.aporrea.org/actualidad/a211477.html.
[1199] Véase el artículo "Domingo Sifontes, el venezolano que hizo correr a los ingleses" publicado en *La Razón* durante el año 2015. Disponible en: https://larazon.net/2015/06/domingo-sifontes-el-venezolano-que-hizo-correr-a-los-ingleses/.

ante la ocupación del puesto militar venezolano y actuaron en su defensa. La orden de recuperar el puesto militar venezolano fue dada al Capitán Andrés Avelino Domínguez, segundo al mando del General Domingo Sifontes, quien la cumplió exitosamente y detuvo a los ocho ingleses que fueron enviados a Ciudad Bolívar, incluido el Inspector Douglas Barnes[1200].

El General Domingo Sifontes remitió una carta a Carlos Pumar, director del diario caraqueño El Tiempo, la cual fue publicada el 22 de abril de 1895 en el número 629 del diario El Tiempo[1201] y en la que relató los hechos. Señaló que los antecedentes del Incidente del Yuruán se remontaron a marzo de 1894 cuando fue designado Comisario Nacional del Cuyuní y sus afluentes y se le encomendaron labores de colonización, población, civilización de los indígenas de la zona, el cuidado de las tropas y la creación de subcomisarías. Todas las cumplió eficientemente[1201].

Su labor de fomento de la colonización y población en la zona le llevó a *"verificar desmontes considerables en las riberas del Yuruán y el Cuyuní"*[1203]. Para ese momento *"sólo existían entre una y otra ribera, nueve casas: 6 en la izquierda y 3 en la derecha. De éstas últimas dos con sus respectivas labranzas, fueron fundadas en 1870, por José Francisco y Loreto Lira Miguel Angel González y Lorenzo Rivas; y la otra construida en 1890, por un súbdito británico llamado Mc Turk, frente a la desembocadura del Yuruán, y en la cual residían seis individuos de la misma nacionalidad, ocupados en los trabajos de un pequeño conuco, y, desde abril o mayo, bajo las órdenes del titulado Inspector Barnes"*[1204].

La información suministrada por el General Domingo Sifontes está representada gráficamente en el *Plano Topográfico de la Estación Venezolana "El Dorado" en el Cuyuní-Guayana*:

[1200] Juan Matorano, "La carta de Domingo Sifontes sobre el incidente del Cuyuní", ob. cit. Véase también William Dávila Barrios (ed.), ob. cit., p. 49.
[1201] Juan Matorano, "La carta de Domingo Sifontes sobre el incidente del Cuyuní", ob. cit.
[1202] Véase el artículo "Domingo Sifontes, el venezolano que hizo correr a los ingleses" publicado en La Razón durante el año 2015. Disponible en: https://larazon.net/2015/06/domingo-sifontes-el-venezolano-que-hizo-correr-a-los-ingleses/.
[1203] Juan Matorano, "La carta de Domingo Sifontes sobre el incidente del Cuyuní", ob. cit.
[1204] *Ídem*.

Entre el General Domingo Sifontes y el Inspector Douglas Barnes siempre hubo una relación respetuosa que se mantuvo incluso en momentos delicados. Un primer ejemplo de esto fue el apoyo que brindó el General Domingo Sifontes a un joven alemán de nombre Guillermo Faull, a quien el Inspector Douglas Barnes pretendía desalojar de la margen derecha del río Cuyuní. El General Domingo Sifontes afirmó en su carta lo siguiente: *"Este incidente, sin embargo, no alteró mis buenas relaciones con Barnes, quien por su fino trato, se captó mi aprecio personal"*[1205].

No obstante la cordial relación que existió entre las dos autoridades principales en la zona, el General Domingo Sifontes escribió en la carta que *"el conflicto ocurrido el 02 de enero fue premeditado por los colonos usurpadores de Demerara, lo comprueba el editorial del Argosy, del 24 de noviembre del año próximo pasado, en el cual se pronosticaba una colisión probable entre venezolanos e ingleses del Yuruán, y de antemano se lamentaba la pérdida de preciosas vidas, por supuesto de ingleses, a la vez que son perjudicaba a los venezolanos los más hirientes calificativos y los más atroces dicterios"*[1206].

El Inspector Douglas Barnes y sus hombres atentaron contra la soberanía de Venezuela. Sin embargo, durante su detención fueron tratados dignamente y en respeto de sus derechos. En efecto, el General Domingo Sifontes se refirió en su carta a su llegada a El Dorado el 8 de enero de 1895 y expresó lo siguiente: *"Procedí a instruir el sumario de ley. Contestes las declaraciones tomadas, entre estas, la del mismo Barnes, puesta en inglés de su puño y letra, la detención fue decretada"*[1207].

Una vez liberados los usurpadores por orden del presidente Joaquín Crespo, el Inspector Douglas Barnes envió una carta desde Upata, de fecha 21 de enero de 1895, al General Domingo Sifontes en la que expresó lo siguiente: *"No puedo sin embargo dejar a Venezuela sin manifestar a usted que desde nuestra salida del Cuyuní el señor Luis Manuel Salazar nos ha prodigado los mayores cuidados y atención en todo lo que hemos necesitado, y que no tenemos nada de qué quejarnos. Lo*

[1205] Juan Matorano, "La carta de Domingo Sifontes sobre el incidente del Cuyuní", ob. cit.
[1206] *Ídem.*
[1207] *Ídem.*

mismo debo decir de sus compañeros. Doy a usted personalmente las gracias por todas las molestias que se ha tomado..."[1208].

No obstante lo anterior, este Inspector Douglas Barnes narró en Londres una versión de los hechos totalmente distinta. Por ello, el General Domingo Sifontes escribió en la carta a la que nos hemos referido lo siguiente: *"¿Cómo se compadece este procedimiento con lo manifestado luego por Barnes en su Informe, en el cual aparece exagerando mezquinamente los hechos, a la vez que oculta otros que podrían enaltecerle si fuera verídico y justo?"*[1209].

El General Domingo Sifontes no sólo fue traicionado por el Inspector Douglas Barnes, sino también por César Urdaneta quien delante de los miembros del grupo que escoltaba al Inspector Douglas Barnes, dijo:

> *"-...ya sé que a ustedes los han maltratado mucho*
> *- No señor, -contesto el inglés- a nosotros se nos ha tratado bien y el General Sifontes nos pagó un pequeño daño que nos hizo su gente.*
> *- No; yo sé que los han tratado muy mal. El General Sifontes es el culpable de todo lo sucedido. El Gobierno ha desaprobado su proceder y lo llama a Caracas. Yo vengo a reemplazarlo. Así pues yo espero que ustedes regresaran conmigo para su puesto, pues conmigo tendrán toda clase de garantías..."*[1210].

Como expresó el General Domingo Sifontes *"Un colono de Demerara no defendería mejor que Urdaneta la causa de la Usurpación"*[1211]. En todo caso, la respuesta contundente de las tropas venezolanas en el Incidente del Yuruán hizo que el General Domingo Sifontes pasara a la historia como un defensor del territorio nacional. En el estado Bolívar, un municipio lleva su nombre[1212] y con razón, pues *"tener a los ingleses allí en Cuyuní frente al El Dorado con "Department of Police of*

[1208] *Ídem.*
[1209] *Ídem.*
[1210] *Ídem.*
[1211] *Ídem.*
[1212] Véase el artículo "Domingo Sifontes, el venezolano que hizo correr a los ingleses" publicado en La Razón durante el año 2015. Disponible en: https://larazon.net/2015/06/domingo-sifontes-el-venezolano-que-hizo-correr-a-los-ingleses/.

Cuyuní and Yuruan Rivers" como bien claro decía el letrero puesto en la fachada del Bungalow, no era para quedarse tranquilo a la espera del visto bueno del Presidente Crespo que absurdamente le pidió a Sifontes más o menos que se hiciera el loco, sino que había que proceder como bien procedió aunque con ingratos resultados, pues luego de detener al comisionado inglés Douglas D. Barnes junto con la oficialidad y la tropa y remitidos todos a Ciudad Bolívar, fueron puestos en libertad casi en el acto por el gobernador o presidente del Estado, General Manuel Gómez Gil"[1213].

Cuando ocurrió el narrado incidente del Yuruán las relaciones entre los Estados Unidos de América y el Reino Unido no eran cordiales y la delicada situación de la frontera entre Venezuela y la Guayana Británica generó mayores tensiones entre ambos países[1214]. De forma que el mencionado *"Incidente del Yuruán"*, llevó a los Estados Unidos a tomar posición al respecto.

53. **20 de julio de 1895**: Richard Olney, Secretario de Estado de los Estados Unidos, envió al Sr. Thomas Bayard, Embajador de los Estados Unidos de América en el Reino Unido, un documento conocido como El Cañonazo o Telegrama de las 20 puntas. En ese documento se denunció, principalmente, que las contradictorias pretensiones británicas nunca se habían fundado en derecho. En el telegrama mencionado, se reconoció también la disparidad de fuerzas entre ambos Estados, que obligaba a Venezuela a procurar la solución de la disputa sólo a través de medios pacíficos.

En ese documento se expresó, en clara referencia a la doctrina Monroe, lo siguiente: *"Los Estados de la América del Norte y del Sur, por su proximidad geográfica, por simpatía natural, por la semejanza de sus constituciones gubernamentales, son amigos y aliados, comercial y políticamente, de los Estados Unidos. Permitir que cualquiera de ellos sea subyugado por una potencia europea es trocar por completo la situación, y significa la pérdida de todas las ventajas consiguientes*

[1213] Américo Fernández, "El Incidente del Cuyuní", artículo publicado en la web *Crónicas de Guayana* el 29 de marzo de 2014 y editado el 4 de abril de 2021. Disponible en: https://xn--crnicasguayana-mob.info/el-incidente-del-cuyuni/.

[1214] Héctor Faúndez Ledesma, *La competencia contenciosa de la Corte Internacional de Justicia y el caso Guyana vs. Venezuela*, .ob. cit., pp. 83-84.

a sus naturales relaciones con nosotros. Pero no es esto todo. El pueblo de los Estados Unidos tiene un interés vital en la causa del gobierno del pueblo por sí mismo. Ha asegurado este derecho para sí y su posteridad, a costa de mucha sangre y dinero. Lo ha ejercido y ha demostrado su benéfica acción por medio de una carrera sin ejemplo en cuanto se refiere a la grandeza nacional y a la felicidad individual. Cree que posee la virtud de sanar a las naciones y que la civilización debe avanzar o retroceder a medida que se extienda o estreche su supremacía. Imbuído en estos sentimientos, no sería quizá imposible que el pueblo de los Estados Unidos se viese impelido a una activa propaganda en favor de una causa tan estimada para él mismo y para el género humano. Pero el tiempo de las Cruzadas ha pasado, y él se contenta con proclamar y defender el derecho del gobierno del pueblo por sí mismo, como lo requieren su propia seguridad y prosperidad. Bajo ese aspecto, sobre todo, cree que no debe tolerarse a ninguna potencia europea que asuma por la fuerza el dominio político de un Estado americano"[1215].

El telegrama indicó que las contradictorias pretensiones británicas sobre el territorio de Venezuela nunca se habían fundado en derecho:*"...En estas circunstancias parece imposible considerar como de derecho la línea de Schomburgk reclamada por la Gran Bretaña; ni de otro modo que como una línea que tuvo su origen en razones de conveniencia y oportunidad. Desde 1840 ha indicado la Gran Bretaña, de tiempo en tiempo, otras líneas de frontera, pero todas ellas como líneas convencionales, para las cuales se ha solicitado el consentimiento de Venezuela, pero que, en ningún caso, según se cree, han sido reclamadas como un derecho..."*[1216].

En el telegrama reconocía la disparidad de fuerzas entre ambos Estados que obligaba a Venezuela a procurar la solución de la disputa sólo a través de los medios pacíficos. Se indicó que *"La disparidad de fuerza entre los reclamantes es tal, que Venezuela sólo puede esperar*

[1215] Véase en el libro *Historia oficial de la discusión entre Venezuela y la Gran Bretaña sobre sus límites en la Guayana,* ob. cit., pp. 293 -318.

[1216] *Historia oficial de la discusión entre Venezuela y la Gran Bretaña sobre sus límites en la Guayana,* ob. cit., p. 293 y ss.

el establecimiento de sus derechos por medio de métodos pacíficos-por medio de un arreglo con su adversario, ya sea sobre el asunto mismo, ya sobre el arbitramento"[1217].

54. **17 de diciembre de 1895**: En un mensaje ante congreso, el Presidente Grover Cleveland invocó la Doctrina Monroe argumentando que los Estados Unidos de América no estarían dispuestos a tolerar abusos del Reino Unido en el continente americano y ordenó que se investigara el asunto. Durante su discurso invocó la Doctrina Monroe vistos los abusos cometidos en contra de Venezuela y expresó:

> *"La disputa ha llegado a un punto tal, que ahora le incumbe a los EE UU tomar medidas para determinar, con suficiente certeza para justificarla, cual es la verdadera línea divisoria entre la República de Venezuela y la Guayana inglesa. Cuando se termine dicho informe y sea aceptado, será en mi opinión, deber de los EE UU, resistir por todos los medios en su poder, como una agresión premeditada a sus derechos e intereses, la apropiación por parte de la Gran Bretaña de cualquier tierra, así como el ejercicio de su jurisdicción gubernamental en cualquier territorio que, tras la investigación, hayamos determinado pertenece por derecho a Venezuela"*[1218].

El mensaje del Presidente Grover Cleveland motivó la suscripción de un acto del Congreso de los Estados Unidos, aprobado en fecha de 21 de diciembre de 1895, en el que la Cámara de Representantes y el Senado acordaron:

> *"...una asignación para los gastos de una comisión que averigüe la verdadera línea divisoria entre la República de Venezuela y la Guayana Británica, e informe acerca de ella. Decrétase por el Senado y la Cámara de Representantes de los Estados Unidos de América reunidos en Congreso: Se destina la suma de cien mil dólares o la parte de ella que sea necesario, para los gastos de una comisión, que será nombrada por el Presidente, para*

[1217] *Ibíd.*, p. 304.
[1218] Tomás Enrique Carrillo Batalla (coord.), *La reclamación venezolana sobre la Guayana Esequiba*, Academia de Ciencias Políticas y Sociales, Serie Eventos 2, Caracas, 2008. p. 433-434.

que averigüe la verdadera línea divisoria entre la República de Venezuela y la Guayana Británica, e informe del resultado"[1219].

Los resultados de la investigación realizada por la comisión presidencial para la averiguación del verdadero límite entre Venezuela y la Guayana Británica indicaron que no había pruebas contundentes de ocupación holandesa para el año 1648 al norte y tampoco al oeste del río Esequibo, ni de la isla denominada Kikoveral. Tampoco se hallaron elementos que señalaran ocupación en Punta Barima antes del año 1648[1220].

55. **Enero de 1896**: Iniciaron las negociaciones del Tratado de Washington de 1897.

56. **6 de mayo de 1896**: La comisión presidencial de investigación se dirigió al Secretario de Estado, Richard Olney, en los siguientes términos *"Esos puntos de vista generales en base a los cuales el Gobierno Británico fundamentó su derecho a Punta Barima, no encuentran respaldo, tan lejos como hemos podido establecerlo, en los trabajos de historiadores de la colonia, bien sean ingleses y holandeses. De si los holandeses realmente ocuparon Punta Barima o no, parece que para 1680 a más tardar, esa ocupación, si alguna vez existió, había cesado y ese punto fue definitivamente abandonado"*[1221].

Los resultados de la investigación de la comisión presidencial ratificaron el inmenso valor del *"Mapa de una parte de Venezuela y de la Guayana Británica demostrativo del avance de las pretensiones inglesas en el territorio venezolano"* elaborado por T. Hayward Gignilliat publicado en 1896. Ese mapa formó parte del Libro Amarillo de los Estados Unidos de Venezuela que presentó el Ministro de Relaciones Exteriores de Venezuela, Pedro Ezequiel Rojas, ante el Congreso durante el mandato del Presidente Joaquín Crespo[1222].

[1219] *Historia oficial de la discusión entre Venezuela y la Gran Bretaña sobre sus límites en la Guayana*, L. Weiss & Company impresores, Nueva York, 1896. p. 336. Disponible en https://play.google.com/store/books/details?id=b8FAAQAAMAAJ&rdid=book-b8FAAQAAMAAJ&rdot=1

[1220] Cfr. Tomás Enrique Carrillo Batalla (coord.), ob. cit., p. 434.

[1221] *Ibíd.*, p. 435.

[1222] Véase en Andrés Eloy Burgos Gutiérrez (ed.), ob. cit., p. 37.

En el *Mapa* están representadas las múltiples demarcaciones unilaterales del Reino Unido y reflejaba el deseo del Reino Unido de abarcar mayores territorios en el mundo. La leyenda, incluida al pie del documento: *"En 1814 Inglaterra adquirió de los Holandeses unas 20.000 millas cuadradas de tierra en Guayana. De 1839 a 1841 comisionó a Sir Robert Schomburgk, sin conocimiento o anuencia de Venezuela, para trazar una línea que abarcaba cerca de 60.000 millas cuadradas de territorio. Para 1885 dicho territorio había ido extendiéndose a fuerza de alteraciones de la mencionada línea hasta medir 76.000 millas cuadradas. El año siguiente creció de un salto hasta 109.000 millas cuadradas. Venezuela nunca ha reconocido ninguna de estas líneas ni aun como señal de territorio en disputa"*[1223].

Los antecedentes de estos hechos habian iniciado el 20 de febrero de 1887, cuando se rompieron las relaciones diplomáticas entre Venezuela y el Reino Unido mediante una nueva nota enviada por el Ministro de Relaciones Exteriores Diego Bautista Urbaneja. El ministro venezolano, luego de hacer una exposición de los títulos de Venezuela y de los constantes abusos del Reino Unido en territorio venezolano, expresó: *"En consecuencia, Venezuela, no debiendo conservar amistosas relaciones con un Estado que así la injuria, las suspende desde este día. Y protesta ante el Gobierno de Su Majestad Británica, ante todas las naciones civilizadas, ante el mundo en general, contra los actos de despojo que en su detrimento ha consumado el Gobierno de la Gran Bretaña"*[1224].

Tres meses después, el 12 de mayo de 1887 el Congreso de Venezuela presentó una denuncia acerca de la violación de la Doctrina Monroe por parte del Reino Unido, con el objetivo de persuadir a Norteamérica para intervenir en la controversia limítrofe[1225].

Venezuela había solicitado el apoyo de los Estados Unidos para que mediara en la controversia con el Reino Unido y logró que el 20 de julio de 1888, durante el gobierno de Juan Pablo Rojas Paúl, el Secretario de

---

[1223] *Ídem.*
[1224] *Ibíd.*, p. 175.
[1225] Claudio A. Briceño Monzón, José Alberto Olivar y Luis Alberto Buttó (coords.), *La cuestión Esequibo. Memoria y soberanía.*, Universidad Metropolitana, Caracas, 2016. p. 66.

Estado de los Estados Unidos de América Richard Olney enviara una nota al Reino Unido defendiendo la posición de Venezuela con relación al territorio en disputa.

57. **12 de noviembre de 1896**: El 12 de noviembre de 1896 Julián Pauncefote y Richard Olney llegaron a un acuerdo secreto, en el que no participó el representante de Venezuela José Andrade. Mediante ese acuerdo convinieron la forma en la se interpretaría la regla de la prescripción, prevista en el artículo IV del Tratado de Washington.

En cuanto a la interpretación de la regla "a" Richard Olney le dijo al Ministro José Andrade que ésta aplicaba sólo a ocupaciones anteriores a 1814, fecha en la que el Reino Unido había adquirido los establecimientos de Berbice, Demerara y Esequibo de Holanda. Si eso hubiere sido así, entonces, el Reino Unido únicamente habría tenido derecho sobre los territorio que le había cedido Holanda mediante tratado de Londres de 1814.

Richard Olney explicó que la regla *"a"* referida a la prescripción se refería sólo a un territorio muy pequeño entre los ríos Pomarón, Moruco y Esequibo; pero realmente él sabía cuál era el verdadero propósito de la regla de prescripción, que había pactado en un acuerdo secreto con el Embajador del Reino Unido en los Estados Unidos, Julián Pauncefote el 12 de noviembre de 1896[1226].

Por su parte, la interpretación de los ingleses fue que la regla *"a"* aplicaba a toda ocupación de más de cincuenta años de duración, posterior a 1814 fecha en la que el Reino Unido y Holanda firmaron el Tratado de Londres, al que nos hemos referido en varias ocasiones durante este estudio.

En primer lugar, esta interpretación pasa por alto el Tratado de Status Quo de 1850 suscrito mediante canje de notas diplomáticas entre el Cónsul General Británico en Caracas, Belford Hinton Wilson, y el Secretario de Relaciones Exteriores de Venezuela, Vicente Lecuna, del 18 de noviembre y 20 de diciembre de 1850, respectivamente. Según ese tratado internacional, ambas partes se comprometieron a mantener es estado de las cosas tal y como se encontraba a finales de 1850. De

---
[1226] Carlos Sosa Rodríguez, ob. cit., p. 126.

modo que, tanto Venezuela como el Reino Unido, tenían el deber de no avanzar sus ocupaciones en el territorio controvertido.

A pesar de su enorme importancia, no hubo ninguna referencia en el Tratado de Washington de 1897 al tratado de Status Quo de 1850. Antes y por el contrario la interpretación que se dio a la cláusula de la prescripción fue contraria a ese *modus vivendi* por medio del cual ambas partes se habían comprometido a mantener la situación fronteriza tal y como se encontraba para ese momento.

Recordemos que las partes se habían comprometido a no ocupar el territorio en discusión comprendido entre la pseudo línea Schomburgk, máxima aspiración del Reino Unido, y el Esequibo. De forma que la interpretación respecto de la posesión nunca podía referirse a ese lapso. Todo lo contrario el *modus vivendi* de 1850 no quedo reflejado en el Tratado de Washington.

El Reino Unido nunca respetó el Tratado de Status Quo de 1850. Al contrario y como se deduce de sus actuaciones posteriores, el Reino Unido insistió en hacer avanzar su pretensión sobre el territorio venezolano de una forma cada vez más vulgar y descarada. La regla "a" del artículo IV del Tratado de Washington desconoce el Tratado de Status Quo y con ello decide ignorar su violación pretendiendo ocultar su gran valor jurídico.

El hecho de haber dejado sin valor el Tratado de Status Quo de 1850 no fue casual. En efecto, el Sr. Richard Olney, Secretario de Estados de los Estados Unidos de América, envió una carta al Sr. Julian Pauncefote, Embajador del Reino Unido en Washington, de fecha 29 de octubre de 1896 en la que señaló lo siguiente: *"Creo que lo más deseable es no dar al Acuerdo de 1850 ningún estatus en la cara de la Convención, ni siquiera por referencia, y mucho menos por un intento de definir su alcance y significado. Un intento de interpretarlo nos involucraría en un debate prolongado y pospondría indefinidamente la consecución del objetivo que ahora tenemos en mente"*[1227].

La regla "a" del artículo IV del Tratado de Washington además contraría el principio *uti possidetis iuris*, que desde la gesta emancipadora

---

[1227] Annex 6 to the Lettter of the Agent of the Bolivarian Republic of Venezuela to the Registrar of the Court, dated 8 November 2022, I.DD No. 001763.

ha sido un principio de suprema importancia para los países americanos e incluso, por su utilidad en cuanto a la delimitación de fronteras, ha sido utilizado por países de otros continentes. A contracorriente de esto, durante las negociaciones entre Richard Olney, Secretario de Estado de los Estados Unidos de América, y Julián Pauncefote, Embajador del Reino Unido en los Estados Unidos de América, se estableció la regla de la prescripción y se dio preeminencia al principio del *uti possidetis facti*.

La regla de la prescripción tuvo como objetivo restar valor al argumento de inconstitucionalidad que defendía el Ministro José Andrade según el cual la Constitución de 1893 -vigente para el momento de la celebración del tratado- no permitía la enajenación de ninguna parte del territorio de la república.

De manera que la explicación que se dio a Venezuela sobre el sentido y alcance de las reglas del artículo IV fue distinta a la interpretación que le daban los británicos y que fue la que se finalmente se aplicó en el Laudo Arbitral del 3 de octubre de 1899[1228].

Esta regla "a" *"contiene los elementos constitutivos de la indefensión en que se colocaron los intereses de Venezuela"*[1229]. Este aspecto es determinante para el establecimiento de la nulidad del compromiso arbitral. Como afirmó Isidro Morales Paúl *"precisamente en la cláusula de prescripción radica la columna vertebral del problema"*[1230].

La regla "a" favoreció abiertamente al Reino Unido, quien a través de la prescripción obtuvo título sobre el territorio disputado, que de otra manera no habría podido justificar y, a pesar del grave perjuicio que representó, Venezuela tuvo que aceptarla. En efecto, *"Venezuela tuvo que aceptar el Tratado de Arbitraje de 1897 bajo presión indebida por parte de los Estados Unidos y Gran Bretaña, los cuales negociaron las bases del compromiso con exclusión del Gobierno venezolano, al cual se le dieron explicaciones que lo indujeron a error"*[1231].

[1228] Sobre esto véase Carlos Sosa Rodríguez, ob. cit.
[1229] Isidro Morales Paúl, "Análisis crítico del problema fronterizo «Venezuela-Gran Bretaña»", ob. cit., p. 179.
[1230] *Ibíd.*, p. 187.
[1231] Herman González Oropeza y Pablo Ojer Celigueta, ob. cit., p. 26.

58. **2 de febrero de 1897**: Se firmó el Tratado de Washington que estableció las normas según las cuales se regiría el arbitraje entre Venezuela y el Reino Unido con relación a la disputa territorial.

Es conveniente resaltar, en primer lugar, que este tratado de arbitraje fue redactado sólo en inglés, el idioma de una de las partes y no se contempló hacer la correspondiente versión en español que era el idioma de Venezuela, la otra parte.

La ausencia del idioma español en el Tratado Arbitral de Washington es un reflejo de la debilidad de Venezuela durante la negociación. En efecto, la precariedad de Venezuela durante la discusión de las cláusulas del tratado de arbitraje se debía a que era un país pequeño, con menos de un siglo de haber conseguido la independencia y afectado por severas crisis internas de la más diversa índole. Es poco lo que pudo hacer José Andrade, único representante de Venezuela que participó en las negociaciones, a diferencia de los representantes de los Estados Unidos de América, Richard Olney, y el Reino Unido, Julián Pauncefote, que, entre ellos, negociaron prácticamente todo el contenido del Tratado de Washington.

No tomar en cuenta el idioma español en la formulación del Tratado de Washington -y tampoco en el procedimiento arbitral- es probablemente una consecuencia de la creencia del Reino Unido de que se estaba negociando un tratado de arbitraje con los Estados Unidos de América y no con Venezuela. Ciertamente, la visión colonialista del Reino Unido, importante potencia imperial del momento, no permitía apreciar a Venezuela como un igual, sino como un Estado semi-bárbaro o semi-salvaje. Sin ir muy lejos, Fiódor Fiódorovich Martens -que como veremos más adelante fue el presidente del tribunal arbitral de París que se constituiría como consecuencia del Tratado de Washington- compartía este mismo criterio[1232]. Para el Reino Unido negociar directamente con Venezuela equivalía a rebajarse y abandonar su posición dominante, precisamente por eso sólo accedió a resolver la disputa mediante arbitraje ante la intervención de los Estados Unidos de América.

[1232] Véase Héctor Gros Espiell (trad.), *Rusia e Inglaterra en Asia Central*, traducida y comentada por Héctor Gros Espiell, Ediciones de la Presidencia de la República, Caracas, 1981. p. 50-51.

59. **Marzo de 1898**: Venezuela y el Reino Unido presentaron, ante el tribunal arbitral de París, sus alegatos junto con la documentación que respaldaba sus pretensiones.

60. **25 enero de 1899**: Se inauguró formalmente el tribunal arbitral de París, competente para resolver la controversia territorial entre Venezuela y el Reino Unido con arreglo a las normas del Tratado de Washington del 2 de febrero de 1897. Federico de Martens, propuso 24 reglas de procedimiento aplicables al caso.

61. **15 de mayo de 1899**: Se instaló la I Conferencia Internacional de La Haya donde se discutieron todos los proyectos que luego se convirtieron en convenciones, incluida la Convención de la Haya de 1899 para la Resolución Pacífica de Controversias Internacionales. El presidente del tribunal arbitral de París, Fiódor Fiódorovich Martens, participó en esa I Conferencia de la Haya de 1899, lo que ocasionó la suspensión de las audiencias en tres oportunidades, una a finales de junio y las otras dos en julio de 1899.

62. **15 junio de 1899**: Iniciaron las sesiones de trabajo del tribunal arbitral en el Palacio de Orsay, en la ciudad de París.

63. **31 de julio de 1899**: Culminó la I Conferencia Internacional de La Haya, que tuvo como resultado la creación de la Convención para el Arreglo Pacífico de las Controversias Internacionales. Esto selló la transición del arbitraje político-diplomático al arbitraje de derecho.

64. **27 de septiembre de 1899**: Terminó la fase oral del arbitraje de París, que se realizó en idioma inglés.

65. **3 de octubre de 1899**: Se dictó el Laudo Arbitral de París en el que, luego de 54 audiencias y con 844 palabras contenidas en seis párrafos, se adjudicaron 159.500 kilómetros de territorio en favor del Reino Unido, sin razonamiento jurídico alguno que justificara tal injustica.

66. **4 de octubre de 1899**: José María Rojas, quien ocupó en varias oportunidades el cargo de Ministro Plenipotenciario de Venezuela en España, París, La Haya y Londres y, además fue el único abogado venezolano que formó parte del equipo de defensa del país durante el arbitraje de París, criticó severamente el Laudo Arbitral de París al día siguiente de ser dictado. Afirmó que se trataba de una decisión irrisoria y una manifiesta injusticia[1233].

[1233] Hermann González Oropeza y Pablo Ojer, ob. cit., p. 21.

67. **11 de octubre de 1899**: Robert Arthur Talbot Gascoyne-Cecil, tres veces Primer Ministro del Reino Unido desde 1886 hasta 1902, con una única interrupción entre 1892 y 1895, ejercía el cargo cuando se dictó el Laudo Arbitral de París. Además el ejercicio de sus funciones como Primer Ministro coincidió con la política expansionista del Reino Unido y, en consecuencia, con la usurpación de territorio adyacente a la frontera oriental de Venezuela. Por esa razón, fue retratado en una ilustración titulada *"Paz y abundancia"* publicada el 11 de octubre de 1899 en la *Revista Punch or de London Charivari* luego de la conclusión del arbitraje de París. En la caricatura se le observa riendo y debajo de ella figura la frase *"Me gusta el arbitraje - ¡En el lugar adecuado!"*.

68. **22 de octubre de 1899**: El Ministerio de Relaciones Exteriores de Venezuela envió instrucciones al Sr. Felipe de Aguerrevere, Comisionado por Venezuela para participar en la demarcación de la frontera entre Venezuela y la Colonia de la Guyana Británica, indicando que la línea establecida por los árbitros carecía de fundamento político, geográfico e histórico. En atención a ello, se ordenó a todos los comisionados venezolanos que sometieran las labores de demarcación al más riguroso procedimiento.

69. **1900-1905**: Funcionaron las comisiones mixtas para la demarcación de la frontera según lo establecido en el Laudo de París, en las que Venezuela participó bajo coacción, principalmente, porque el Reino Unido había afirmado que, si Venezuela no participaba, ellos ejecutarían el laudo unilateralmente.

70. **Enero de 1944**: Durante la visita del Presidente Isaías Medina Angarita a los Estados Unidos de América se celebró un almuerzo en un afamado hotel de Nueva York con Severo Mallet-Prevost donde este fue condecorado con la Orden del Libertador. El motivo principal del viaje fue visitar al Presidente de los Estados Unidos de América, Franklin D. Roosevelt, en Washington para conversar acerca de la soberanía de Aruba y Curaçao.

71. **30 de marzo de 1948**: Rómulo Betancourt, Presidente de Venezuela en dos oportunidades, participó durante su primer gobierno como jefe de la delegación venezolana en la IX Conferencia

Interamericana celebrada en la ciudad de Bogotá. En ese importante foro, se pronunció en favor de los legítimos derechos de Venezuela sobre el territorio en reclamación. Allí expresó:

> *"Al propugnar el principio de autodeterminación de los pueblos coloniales para decidir acerca de su propio destino no negamos en forma alguna el derecho de ciertas naciones de América a obtener determinadas porciones de territorio hemisférico que en justicia les pueda corresponder, ni renunciamos a lo que los venezolanos, llegado el caso de una serena y cordial revalorización histórica y geográfica de lo americano, pudieran hacer valer en pro de sus aspiraciones territoriales sobre zonas hoy en tutelaje colonial y que antes estuvieron dentro de nuestro propio ámbito"*[1234].

72. **10 de diciembre de 1948**: Falleció Severo Mallet-Prevost, el abogado nacido en los Estados Unidos de América más joven que formó parte del equipo legal que representó a Venezuela durante el arbitraje de París, en la ciudad de Nueva York.

73. **10 de julio de 1949**: La revista *American Journal of International Law*, en su edición de julio, publicó el Memorándum póstumo de Severo Mallet-Prevost, en virtud de la decisión de su albacea Otto Schoenrich de divulgar el contenido de aquel documento. Este valioso documento también fue publicado ese año por en el Boletín de la Academia de Ciencias Políticas y Sociales.

En su memorándum, Severo Mallet-Prevost reconoció que él y el Presidente Benjamín Harrison tuvieron conocimiento de la confabulación que existió entre el Presidente del tribunal arbitral Fiódor Fiódorovich Martens y los árbitros ingleses Lord Russell y Lord Collins. Incluso, *The Times*, un periódico londinense, publicó una declaración de la agencia de noticias Reuters que contenía las declaraciones del presidente Benjamin Harrison y Severo Mallet-Prevost donde

---

[1234] Efraín Schacht Aristigueta, "Aspectos jurídicos y políticos del Tratado de Ginebra", en Coord. Tomás Enrique Carrillo Batalla, *La reclamación venezolana sobre la Guayana Esequiba*, Serie Eventos, 2, Academia de Ciencias Políticas y Sociales, Caracas, 2008. pp. 29-30.

expresaron que *"nada había en la historia de la controversia que explicase adecuadamente la línea fronteriza establecida en el Laudo"*[1235].

El abogado Severo Mallet-Prevost relata que Russell siempre tuvo una actitud reticente e inclinada en favor del Reino Unido, era del criterio de que los árbitros tienen una vinculación política y consideraba que no era necesario que los arbitrajes internacionales se ciñeran exclusivamente a fundamentos legales.

Severo Mallet-Prevost narra que en una comida íntima organizada por Henry White, que ocupaba el cargo de encargado de negocios de los Estados Unidos, en la ciudad de Londres coincidieron Lord Russell, el juez Josiah Brewer y él. Severo Mallet-Prevost expresó en el Memorándum refiriéndose a Lord Russell lo siguiente: *"Me tocó sentarme a su lado, y en el curso de la conversación me aventuré a expresar la opinión de que los arbitramentos internacionales deberían basar sus decisiones únicamente sobre fundamentos legales. Lord Russell respondió inmediatamente: Estoy enteramente en desacuerdo con usted. Pienso que los arbitrajes internacionales deberían ser conducidos por vías más amplias y que deberían tomar en consideración cuestiones de política internacional. Desde aquel momento comprendí que no podíamos contar con Lord Russell para decidir la cuestión fronteriza sobre la base del derecho estricto"*[1236].

Una percepción completamente distinta tuvo Severo Mallet-Prevost de Lord Collins, a quien conoció el primero de junio de 1899 luego de pronunciarse los discursos del procurador general de Inglaterra Sir Richard Webster y el autor de este memorándum que duraron 26 días[1237]. Lord Collins se mostró mucho más animado, dispuesto a indagar y, sobre todo, a comprender y analizar la controversia y los títulos que fundamentaban las pretensiones de las partes. Sobre él, dice Severo Mallet-Prevost que *"era completamente obvio que Lord Collins estaba sinceramente interesado en darse cuenta totalmente de los hechos del asunto y en determinar la ley aplicable a tales hechos. El,*

[1235] Exposición del Embajador de Venezuela Doctor Carlos Sosa Rodríguez ante la ONU el 22 de febrero de 1962. Disponible en http://esequibonuestro.blogspot.com/2012/03/exposicion-del-embajador-de-venezuela.html.
[1236] Véase el Memorándum de Severo Mallet-Prevost en Otto Schoenrich, ob. cit., p. 32.
[1237] *Cfr.* Otto Schoenrich, ob. cit., p. 32.

por supuesto, no dio indicación acerca de cómo votaría en la cuestión; pero toda su actitud y las numerosas preguntas que formuló eran críticas de los alegatos británicos y daban la impresión de que se iba inclinando hacia el lado de Venezuela"[1238].

Sin embargo, esas impresiones cambiaron radicalmente luego del receso de dos semanas, que tuvo lugar una vez concluidos los discursos mencionados. En ese momento los árbitros ingleses viajaron a Londres, junto con el Presidente del tribunal arbitral Fiódor Fiódorovich Martens.

Según consta en el Memorándum de Mallet-Prevost, cuando Lord Collins volvió del Reino Unido a París luego de aquellas vacaciones, no era el mismo que se había marchado. Evidentemente ocurrieron en el Reino Unido varios hechos que desconocemos pero que, probablemente, obedecían a intereses políticos de las potencias implicadas en la controversia: Rusia, el Reino Unido y los Estados Unidos de América. Severo Mallet-Prevost estaba convencido de que algo había ocurrido. En efecto: *"El señor MalletPrevost afirmó que él estaba seguro de que la actitud de los miembros británicos y el miembro ruso del Tribunal Arbitral era el resultado de una negociación entre Gran Bretaña y Rusia por el cual las dos Potencias indujeron a sus representantes en el Tribunal a votar como lo hicieron, y Gran Bretaña probablemente dio a Rusia ventajas en otra parte del globo"*[1239].

En el memorándum Severo Mallet-Prevost narró las irregularidades que ocurrieron durante el arbitraje, especialmente, las referidas a la falta de imparcialidad del Presidente del Tribunal Arbitral Fiódor Fiódorovich Martens, quien presionó a los árbitros estadounidenses David Josiah Brewer y Melville Weston Fuller para decidir en forma unánime, bajo la amenaza de que, en caso de no hacerlo, Venezuela perdería incluso las Bocas del Orinoco. En efecto, el abogado Severo Mallet-Prevost escribió lo siguiente:

"Si los Jueces americanos no aceptaban esa línea, Martens votaría junto con los Jueces británicos en favor de la línea reclamada por Gran Bretaña, la cual se convertiría así en frontera por mayoría de

---

[1238] *Ídem.*
[1239] *Ibíd.* p. 30.

votos del Tribunal. El Juez Brewer dijo que él y el Juez Fuller, el otro Arbitro americano, se sintieron grandemente molestos por tal proposición, pues ellos pensaban que los hechos mostraban claramente que Venezuela tenía derecho a considerable territorio al este del Orinoco. El y el Juez Brewer estaban dispuestos a rechazar la propuesta rusa y presentar un fuerte voto de minoría en favor de la línea que ellos creían justa. Sin embargo, el resultado sería una decisión mayoritaria concediendo a Gran Bretaña un territorio valioso que sería así arrebatado a Venezuela"[1240].

En este sentido conviene tomar en cuenta la carta que Sir Richard Webster, el abogado del Reino Unido, envió a Lord Salisbury, Primer Ministro del Reino Unido, de fecha 19 de julio de 1899 en la que expresó lo siguiente: *"No me propongo hacer ninguna concesión. Si tengo alguna razón para creer que el Tribunal está en mi contra en esta parte del caso, haré todo lo posible para que los árbitros británicos conozcan nuestra opinión sobre la posición"*[1241].

Era obvio que ninguno de los árbitros británicos cumplían con el deber de imparcialidad que es un deber fundamental en los arbitrajes internacionales. En todo caso esta sospecha queda confirmada mediante otra carta del mismo Richard Webster enviada a Joseph Chamberlain, Secretario de Estado para Colonias, con fecha de 19 de julio de 1899 en la que expresó lo que sigue: *"Si considero necesario emprender alguna acción independiente, lo haré en privado a través de nuestros propios Árbitros y sólo cuando esté convencido de que, teniendo en cuenta las expresiones de opinión de parte de algún miembro del Tribunal, es deseable que nuestros árbitros aprecien nuestra puntos de vista"*[1242].

[1240] Otto Schoenrich, "Materia de excepcional importancia para la historia diplomática de Venezuela. La disputa de límites entre Venezuela y La Guayana Británica", *Boletín de la Academia de Ciencias Políticas y Sociales*, Vol. 14, No. 1-2-3-4, Caracas, 1949. p. 30.

[1241] Letter of Sir Richard E. Webster to the Marquis of Salisbury, 19 July 1899, Christ Church College, Oxford, Cecil Papers, Special Correspondence. Annex 8 to the Letter of the Agent of the Bolivarian Republic of Venezuela rto the Registrar of the Court, dated 8 November 2022, I.DD No. 001763.

[1242] Letter of Sir Richard E. Webster to Mr. Chamberlain, 19 July 1899, Chamberlain Papers, Birmingham University Library, J.C. 7/5. Anex 9 to the Letter of the Agent of the Bolivarian Republic of Venezuela to the Registrar of the Court, dated 8 November 2022, I.DD No. 001763.

De hecho, el abogado Richard Webster volvió a comunicarse con Lord Salisbury y con Joseph Chamberlain el 3 de octubre de 1899. Al primero le dijo: *"Hay uno o dos asuntos importantes en relación con el arbitraje que no puedo expresar muy bien por escrito"*[1243] y al segundo le escribió lo siguiente: *"Cuando pueda dedicarme unos minutos, hay uno o dos asuntos relacionados con el arbitraje de los que me gustaría hablar con usted. No puedo expresarlas muy bien por escrito"*[1244].

Todo lo anterior confirma que no puede entenderse en su totalidad la controversia territorial de Venezuela y el Reino Unido sin observar al Laudo Arbitral del 3 de octubre de 1899 *"dentro de un marco histórico general y en función de las relaciones anglo-rusas en la segunda mitad del siglo XIX, habida cuenta de sus intereses específicos"*[1245].

El 31 de agosto de 1907, varios años después de la ejecución coactiva del Laudo Arbitral de París, tuvo lugar un hecho que respalda la veracidad de las sospechas de Mallet-Prevost. En esa fecha, se firmó el Tratado Anglo-Ruso de Mutua Cordialidad que alivió las tensiones entre Rusia y el Reino Unido en Asia Central y mejoró las relaciones entre ambos países; con la convención tuvo lugar la independencia de Afganistán, de Persia y de Tíbet. Así lo confirma el Dr. Gros Espiell cuando observa que: *"La aproximación anglo-rusa, iniciada en 1895, de acuerdo a las ideas que Martens había expuesto ya en 1879, se concretaría final y definitivamente en la Convención Relativa a Persia, Afganistán y Tibet, firmada en San Petersburgo por Isvlasky, Ministro de Relaciones Exteriores del Imperio ruso y Nicolson, Embajador inglés, el 31 de agosto de 1907"*[1246].

El Tratado Anglo-Ruso de Mutua Cordialidad fue uno de los acuerdos que junto a la Alianza Franco-Rusa y la Entente *Cordiale*

[1243] Letter of Sir Richard E. Webster to the Marquis of Salisbury, 3 October 1899, Christ Church College, Oxford, Cecil Papers, Special Correspondence. Annex 11 to the Letter of the Agent of the Bolivarian Republic of Venezuela rto the Registrar of the Court, dated 8 November 2022, I.DD No. 001763.

[1244] Letter of Sir Richard E. Webster to Mr. Chamberlain, 3 October 1899, Chamberlain Papers, Birmingham University Library, J.C. 7/5. Anex 9 to the Letter of the Agent of the Bolivarian Republic of Venezuela to the Registrar of the Court, dated 8 November 2022, I.DD No. 001763.

[1245] Héctor Gros Espiell (trad.), ob. cit., p. 48.

[1246] *Ibíd.*, p. 72.

Franco-Británica consolidaron la Triple Entente,[1247] conformada por Francia, Rusia y el Reino Unido. La principal motivación de este Tratado fue *"la creciente agresividad alemana"* y, en virtud de ello, el Reino Unido y Rusia *"liquidaron finalmente sus históricas diferencias coloniales"*[1248].

Para restar valor y credibilidad a este contundente memorándum del abogado Severo Mallet-Prevost, la República Cooperativa de Guyana ha sostenido en su demanda ante la CIJ que el memorándum fue revelado muchos años después de dictarse el laudo y que es dudoso por las estrechas relaciones de su autor con el Estado venezolano que le premió incluso con la Orden del Libertador[1249]. Tal consideración resulta bastante banal, pues no existe relación de causalidad sustentable entre la recepción de una condecoración con la elaboración de una carta con efecto póstumo, de la que ningún beneficio se extrae para el signatario o interés alguno que esté represente en el momento de su producirse su difusión.

74. **26 de marzo de 1951**: Inició la IV Reunión de Cancilleres Americanos. Allí, Luis Emilio Gómez Ruiz, Ministro de Relaciones Exteriores de Venezuela, denunció la nulidad del Laudo Arbitral de París de 1899.

[1247] María Sol Aldonate, "A 110 años. Formación de la Triple Entente", Universidad de la Plata - Instituto de Relaciones Internacionales, Buenos Aires, 2017. *"En 1912, Francia y Rusia ratificaron su alianza a través de un protocolo, en el que se establecía que ambas potencias apoyaban los objetivos político-estratégicos de la otra y ambas se comprometían a intervenir si alguna de ellas era atacada. Por su parte, Gran Bretaña que había entrado a la alianza con una motivación diferente (estaba preocupada por mantener su dominio de los mares y el poderío de su Imperio) consideró adecuado fortalecer su posición en el Mar del Norte frente a los avances alemanes".*

[1248] Véase "Acuerdo Anglo-Ruso 1907" en *Glosario de Historia de las Relaciones Internacionales durante el siglo XX*. Disponible en: http://www.historiasiglo20.org/GLOS/angloruso.htm.

[1249] International Court of Justice, "Memorial of Guyana", Volume I, p. 13. *"En la búsqueda de ese objetivo, Venezuela se propuso impugnar la validez del Laudo que hasta entonces había respetado, afirmado y sostenido durante más de seis décadas. Con este fin, Venezuela invocó un memorando secreto, supuestamente redactado en 1944 por Severo Mallet-Prevost, un miembro menor del equipo legal de Venezuela en el arbitraje de 1899, con supuestas instrucciones de que no se publicara hasta después de su muerte (que ocurrió en 1949). Se dice que el memorando fue redactado más de 45 años después de los acontecimientos que supuestamente describía, y en el mismo año en que Venezuela entregó al Sr. Mallet-Prevost la Orden del Libertador "en testimonio de la alta estima que el pueblo venezolano tiene y tendrá siempre de él".*

75. **28 de marzo de 1954**: Tuvo lugar la X Conferencia Panamericana, conocida como la Conferencia de Caracas, donde el Dr. Ramón Carmona, Consultor Jurídico del Ministerio de Relaciones Exteriores de Venezuela, ratificó la posición asumida en 1951 por Luis Gómez Ruiz, Ministro de Relaciones Exteriores de Venezuela, respecto a que ningún cambio de estatus de la Colonia de la Guayana Británica podía afectar los legítimos derechos territoriales de Venezuela.

76. **1956**: José Loreto Arismendi, Ministro de Relaciones Exteriores de Venezuela durante el gobierno de Marcos Pérez Jiménez, ratificó la posición de Luis Gómez Ruiz, Ministro de Relaciones Exteriores de Venezuela, y de Ramón Carmona, Consultor Jurídico del Ministerio de Relaciones Exteriores de Venezuela, respecto a que ningún cambio de estatus de la Colonia de la Guayana Británica afectaría los legítimos derechos territoriales que le corresponden a Venezuela.

77. **1960**: El diplomático y diputado Rigoberto Henríquez Vera ratificó el criterio expuesto previamente por Luis Gómez Ruiz, Ministro de Relaciones Exteriores de Venezuela, Ramón Carmona, Consultor Jurídico del Ministerio de Relaciones Exteriores de Venezuela, y José Loreto Arismendi, Ministro de Relaciones Exteriores de Venezuela, ante la Cámara de Diputados del Congreso de la República y delante de una delegación parlamentaria del Reino Unido. Esto es, que ningún cambio de estatus de la Colonia de la Guayana Británica afectaría los legítimos derechos territoriales de Venezuela, exigiendo una reparación de la injusticia sufrida después de dictarse el Laudo Arbitral de París.

78. **22 de febrero de 1962**: Carlos Sosa Rodríguez, Representante Permanente de Venezuela ante la Organización de las Naciones Unidas durante la 130º reunión del XVI Período Anual de Sesiones de la Asamblea General de las Naciones Unidas, ratificó la posición del Ministerio de Relaciones Exteriores de Venezuela según la cual, un cambio de estatus de la colonia de la Guayana Británica no cambiaría la legítima aspiración venezolana de obtener justicia.

79. **12 de noviembre de 1962**: Marcos Falcón Briceño, Ministro de Relaciones Exteriores de Venezuela, presentó una declaración ante la 348º Sesión del Comité Político Especial de la XVII Asamblea de las Naciones Unidas en fecha 12 de noviembre de 1962. En esa oportunidad, ratificó la posición del Embajador Carlos Sosa Rodríguez respecto

de la reclamación e invocó la histórica postura venezolana de que el Laudo Arbitral de París es nulo.

80. **18 de marzo de 1965**: Fue publicado el *Informe que los expertos venezolanos para la cuestión de límites con Guayana Británica presentan al gobierno nacional*[1250]. El informe presentado por Ojer y González se refiere a los títulos de Venezuela sobre el territorio Esequibo; los detalles de la controversia entre Venezuela y el Reino Unido durante el siglo XIX; la falta de participación de Venezuela en la formulación del Tratado de Washington de 1897 y las razones por las cuales el Laudo Arbitral de París es nulo. Además, el informe incluye declaraciones de personajes que participaron en el arbitraje de París, las reacciones de la prensa internacional y varios mapas que demuestran que el procedimiento fue abiertamente violatorio de los legítimos derechos de Venezuela.

En cuanto a los títulos de Venezuela sobre el territorio Esequibo el informe señala cómo España fue el Estado que descubrió y colonizó el territorio de Guayana, labor que fue reconocida por las demás potencias entre los siglos XV y XVI. Cuando se firmó el Tratado de Münster no existía ningún puesto holandés ubicado al oeste del río Esequibo.

Los expertos jesuitas, Ojer y González, relatan que los holandeses tuvieron sólo puestos insignificantes que duraron muy poco tiempo y que constituían violaciones al Tratado de Münster. Sostienen que cuando se firmó el Tratado de Londres en 1814 el Reino Unido obtuvo el territorio de la Guayana Británica. Sin embargo, el límite con Venezuela siempre estuvo situado en el río Esequibo. Esto consta en el Mapa de Cruz Cano, publicado por Francisco de Miranda en 1799 con el beneplácito del gobierno británico.

Ojer y González indican en el informe que incluso cuando Venezuela formaba parte de la República de Colombia, siempre se dio a conocer al Reino Unido que la frontera con la Colonia de la Guayana Británica era la línea del río Esequibo. Estas afirmaciones se encuentran respaldadas por las declaraciones diplomáticas de Francisco Antonio Zea en 1821; José Rafael Revenga en 1823; José Manuel Hurtado en 1824 y Pedro Gual en 1825. Además, como indican los padres jesuitas

---

[1250] Hermann González Oropeza y Pablo Ojer Celigueta, ob. cit.

en su informe, "*España, al firmar en Madrid el 30 de marzo de 1845 el Tratado de reconocimiento de la soberanía de nuestro país sobre el territorio conocido bajo el antiguo nombre de la Capitanía General de Venezuela, incluyó en ella la Provincia de Guayana, que limitaba al Este por el río Esequibo*"[1251].

El informe contiene un estudio sobre la controversia anglo-venezolana donde se expone el progresivo aumento de las pretensiones británicas luego de la publicación de la primera línea Schomburgk en 1835 y el inicio formal de la controversia en 1840 con la denominada pseudo-línea Schomburgk.

Según la información recabada por los expertos de los archivos confidenciales británicos "*tanto el Foreign Office como el Colonial Office rechazaron los argumentos de Schomburgk en favor de su pseudo-línea de 1840. Aquellos dos Ministerios llegaron a la conclusión de que el naturalista prusiano había mal interpretado los documentos históricos y los había utilizado con parcialidad y sectarismo*"[1252].

Además el informe relata que cuando Schomburgk fue comisionado nuevamente para realizar labores de exploración de la frontera entre Venezuela y la Guayana Británica -con base en la línea de 1840- excedió las instrucciones que el gobierno le había dado y "*levantó postes, marcó arboles e hizo actos de posesión que dieron origen a formales protestas por parte de Venezuela*"[1253].

Aún más, como indican Ojer y González, "*las minutas de lord Aberdeen en 1841 califican las acciones Schomburgk de prematuras y afirman que siendo su comisión de survey (exploración) no tenía por qué tomar posesión*"[1254].

En todo caso, de la revisión de los archivos británicos por parte de los expertos jesuitas se deduce que "*la documentación interna del Foreign Office, del Colonial Office y del Gobierno de Demerara revela que la publicación de los mapas que llevaban aquella pseudo-línea Schomburgk de 1840 tenía un carácter oficial y representaba la máxima reclamación británica frente a Venezuela. Así conocemos hoy que fue bajo*

[1251] *Ibíd.*, p. 8.
[1252] *Ídem.*
[1253] *Ibid.*, p. 10.
[1254] *Ídem.*

la dirección del Gobierno británico y del Gobierno de Demerara como se prepararon los siguientes mapas: (a) El Mapa del Memorándum del Foreign Office de 1857 acerca de la controversia con Guayana; (b) El mapa del Memorándum, de C. Chalmers, Crown Surveyor of the Colony (1867); (c) El mapa Schomburgk-Walker de 1872; (d) El mapa de Brown de 1875; (e) El mapa de Stanford de 1875"[1255]. Todos estos mapas permiten apreciar con meridiana claridad que el Reino Unido reconoció desde 1840 hasta 1886 "*como territorios venezolanos sin disputa todo el alto Barima y todo el Cuyuní desde sus fuentes hasta la desembocadura del Otomong*"[1256].

La presión de los intereses de la industria minera del Reino Unido hizo que las aspiraciones británicas crecieran rápidamente. El Reino Unido "*avanzó aún más sus ambiciones colonialistas hasta cerca de Upata, a pocos kilómetros del Orinoco, con la llamada línea de la máxima reclamación británica*"[1257].

Las investigaciones de Ojer y González confirmaron que "*Gran Bretaña rechazó las constantes propuestas venezolanas para someter la cuestión a arbitraje porque su gobierno consideraba que carecía de argumentos y que una decisión plenamente judicial había de serle desfavorable*"[1258] y por ello rechazó siempre resolver la disputa territorial con Venezuela mediante un arbitraje.

Los investigadores Ojer y González explican los motivos por los cuales el Reino Unido cambió constantemente de posición con relación a la frontera de la Colonia de la Guayana Británica con Venezuela. Expresan que estos cambios se debieron a que el Reino Unido nunca confió en sus títulos sobre el territorio en disputa[1259]. Por eso es que "*las líneas Aberdeen (1844), Granville (1881), Rosebery (1886) etc., responden a los intereses que en cada época tenían los colonos de Guayana Británica*"[1260].

Cuando el Reino Unido por fin aceptó resolver la controversia con Venezuela mediante arbitraje luego de la intervención de los Es-

---

[1255] *Ídem.*
[1256] *Ídem.*
[1257] *Ibíd.*, p. 11.
[1258] *Ídem.*
[1259] *Ídem.*
[1260] *Ídem.*

tados Unidos de América, comenzaron las negociaciones del Tratado Arbitral de Washington. Con relación a este tratado Ojer y González indican que *"la actual investigación comprueba que durante el curso de las negociaciones se le mantuvo marginada, particularmente en la fase final y más importante. Consultada sobre la cláusula de la prescripción, se prosiguieron las negociaciones a pesar y en contra de las objeciones de la Cancillería venezolana. Más aún, Richard Olney acordó con Gran Bretaña la exclusión de Venezuela del Tribunal Arbitral"*[1261].

Por lo que se refiere a la regla de la prescripción, incluida del artículo IV del Tratado de Washington, el referido informe permite concluir que aun asumiendo la regla de prescripción de la forma incorrecta como fue interpretada por los ingleses, de ella no se deduce la posibilidad de otorgar el enorme territorio que se adjudicó al Reino Unido.

En efecto, está demostrado en el mapa incluido en el informe, que el territorio que podía adquirir el Reino Unido mediante la regla de prescripción era mucho menor al que el laudo le adjudicó finalmente. En el mapa se observa con claridad cuáles fueron los territorios ocupados por los ingleses en 1840; después, entre 1886 y 1890 y, luego con posterioridad a 1890. De forma que la cláusula de prescripción no era aplicable a un territorio tan vasto como el que finalmente se adjudicó al Reino Unido, al contrario, la regla de prescripción sólo podía aplicarse sobre una porción territorial considerablemente más pequeña[1262].

Sin duda, el territorio reflejado en el mapa es notablemente inferior al que se le adjudicó al Reino Unido en el Laudo arbitral de París, pues, incluso en la peor de las interpretaciones, eran estos los territorios a los que podía aplicarse la regla de la prescripción. Por ello el Laudo arbitral de París aplicó erróneamente la regla de prescripción en favor del Reino Unido, con lo que violó el artículo IV del tratado de arbitraje y, en consecuencia, incurrió en el vicio de exceso de poder.

Otra violación grave de las obligaciones que el tratado imponía a los árbitros está relacionada con la denominada primera línea Schomburgk

---

[1261] *Ídem*.
[1262] *Ibíd.*, p. 15.

de 1835, que no fue tomada en cuenta por los jueces. Esta primera línea de Schomburgk *"sólo se aparta de dicho río como a unas 45 millas aproximadamente de la costa, en la confluencia de los Ríos Mazaruni y Cuyuní con el Esequibo y desde ese punto forma una especie de bolsa, al oeste del Río Esequibo, hasta el punto de la costa donde desemboca el Río Moroco"*[1263]. Antes y por el contrario, el tribunal arbitral tomó en cuenta la línea expandida del mapa de Hebert de 1842 una línea sobre la cual existen importantes indicios de falsificación y alteración, a saber:

"Venezuela tiene pruebas de que el Foreign Office británico no conoció esa línea hasta junio de 1886. Ya esto es más que un grave indicio de que se trataba de una reciente corrupción del mapa original que reposaba desde 1842 en el Colonial Office"[1264].

En cuanto a los vicios del Laudo Arbitral de París, el informe indica que *"el primer vicio del Laudo de 1899 consiste en que pretendió atribuir valor jurídico a una línea adulterada por Gran Bretaña: la llamada línea expandida del mapa de Hebert de 1842"*[1265].

La falta de motivación también fue denunciada en el informe como uno de los vicios del Laudo Arbitral de París. Al respecto indicaron lo siguiente: *"Estamos en capacidad de afirmar que el Tribunal arbitral que dictó la sentencia en el conflicto fronterizo británico-venezolano no cumplió su deber y, por lo tanto, al presentar una decisión sin la parte motiva correspondiente, no procedió de acuerdo con las normas del derecho internacional. La decisión del Tribunal Arbitral carece, en consecuencia, de validez en el derecho internacional, al menos a partir de la fecha en la cual la invalidez es invocada"*[1266].

Ojer y González señalaron en su informe que el Laudo Arbitral de París incurrió también en el vicio de exceso de poder. En primer lugar hay que tener presente, tal y como apuntan los expertos cuyo informe comentamos que *"el compromiso arbitral, tal y como fue establecido en 1897, había previsto que la decisión debería basarse sobre los*

[1263] Véase Hermann González Oropeza y Pablo Ojer Celigueta, ob. cit. Véase también Carlos Sosa Rodríguez, "El acta de Washington y el laudo de París", *Boletín de la Academia de Ciencias Políticas y Sociales*, número 91, Caracas, 1983. p. 122.
[1264] Hermann González Oropeza y Pablo Ojer Celigueta, ob. cit., p. 13.
[1265] *Ídem.*
[1266] *Ibíd.*, p. 14.

principios de derecho y en particular sobre el principio del uti possidetis juris de 1810"[1267].

A pesar de los términos establecidos en el Tratado de Washington y como lo confirmó el informe *"la decisión del Tribunal arbitral no tuvo en cuenta ni el principio del uti possidetis juris ni la estipulación contenida en la regla a) del Art. IV, y, aun en la interpretación más favorable para la Gran Bretaña, el Tribunal se excedió en sus poderes, ya que no expuso las razones por las cuales atribuyó a ese país e dominio sobre ese territorio durante los cincuenta años anteriores a la sentencia, siendo lo único cierto que esos territorios, antes de 1810, pertenecían a la Capitanía General de Venezuela, futuro Estado independiente"*[1268].

Además, el Laudo Arbitral de París incurrió en el vicio de ultra petitia desde que *"el Tribunal arbitral fue mucho más allá de sus facultades al decidir y regular una cuestión cuyo examen no había sido previsto en el compromiso arbitral; es decir, decidió y reglamentó la libre navegación de los ríos Barima y Amacuro"*[1269].

Ojer y González ratificaron en su investigación que el Laudo Arbitral de París tuvo otro vicio que *"consiste en no haber sido una decisión de derecho, conforme a lo pactado sino un compromiso"*[1270]. Así lo reconocen la prensa americana y europea; los miembros del tribunal arbitral de París y los abogados de las partes[1271].

Los documentos revisados por Ojer y González en los archivos británicos indicaron que *"el laudo fue un compromiso obtenido por extorsión"*[1272] con la naturaleza de un negocio político. Varias declaraciones coinciden en esta conclusión, entre ellas, las de Severo Mallet-Prevost; George Buchanan; Perry Allen; Sir Richard Webster; Lord Russell; José María Rojas; José Andrade; L. de la Chanonie; Georges A. Pariset; Caroline Harrison; Charles Alexander Harris; A. L. Mason y R.J. Block[1273].

[1267] *Ídem.*
[1268] *Ibíd.*, p. 16.
[1269] *Ídem.*
[1270] *Ibid.*, p. 17.
[1271] *Ídem.*
[1272] *Ídem.*
[1273] *Ídem.*

Ojer y González coincidieron con la opinión de varios expertos en materia de arbitraje internacional entre Estados en que: "*los autores y la práctica del derecho internacional admiten en general la nulidad de las sentencias en dos casos: en el de la incompetencia del juez (ausencia de un compromiso o de un tratado de arbitraje válido), o en el caso del exceso de poder (extensión de la decisión sobre materias que no estaban incluidas en la convención arbitral o judicial, o aplicación de reglas como las de la equidad, por ejemplo, que habían sido explícita o implícitamente excluidas por las partes)*"[1274].

En cuanto a la ejecución del Laudo Arbitral de París, Ojer y González insistieron en que "*si Venezuela concurrió con Gran Bretaña en la demarcación de la llamada frontera del laudo, fue por la tremenda presión de las circunstancias, por evitarse mayores males*"[1275]. Además señalaron que la participación de la comisión venezolana en la demarcación era de carácter estrictamente técnico y "*no implicaban el asentimiento a la supuesta sentencia del Tribunal de Arbitraje*"[1276].

Venezuela protestó el Laudo Arbitral de París desde que fue dictado. Los expertos afirman en su informe que la primera reclamación oficial ante el Laudo Arbitral de París la formuló José María Rojas quien fue el único abogado venezolano que formó parte del equipo de defensa del país durante el arbitraje de París. El 4 de octubre de 1899, una vez dictado el Laudo Arbitral de París, criticó severamente la decisión señalando que se trataba de una decisión irrisoria y una manifiesta injusticia[1277]. El Presidente Ignacio Andrade también criticó el Laudo Arbitral de París e indicó que la decisión "*sólo había restituido a Venezuela una parte de su territorio usurpado*"[1278].

La prensa venezolana reaccionó inmediatamente criticando el Laudo Arbitral de París. En efecto, los expertos Ojer y González reportaron en su informe que el 17 de octubre de 1899 el diario El Tiempo denunció la decisión arbitral[1279].

[1274] *Ibid.*, p. 16.
[1275] *Ibíd.*, p. 22.
[1276] *Ídem.*
[1277] *Ibíd.*, p. 21.
[1278] *Ídem.*
[1279] *Ídem.*

En una nota del 4 de diciembre de 1899, el Ministro Británico en Caracas para ese momento, "*expuso su criterio acerca de la justicia del llamado laudo*"[1280]. Ante esta situación, el Ministro de Relaciones Exteriores de Venezuela respondió algunos días después e indicó que podía refutar los argumentos del Ministro Británico en Caracas[1281]. En atención a ello, el Ministerio de Relaciones Exteriores "*llegó a la conclusión de que la decisión arbitral contenía tales vicios que le autorizaban a invocar su invalidez. Decidió no denunciarla por no poder enfrentarse a la formidable potencia de su adversario, pues ya no contaba con el apoyo de los Estados Unidos, que habían venido a una entente con el Reino Unido*"[1282].

El acercamiento entre los Estados Unidos de América y el Reino Unido durante el arbitraje de París se hizo más evidente con las palabras de la prensa inglesa un día después de dictarse el Laudo Arbitral de París que decían lo siguiente: "*No dudamos que los Estados Unidos obliguen a Venezuela a aceptar el veredicto y que actuarán adecuadamente en caso de que se presentes problemas con respecto al cumplimiento de la decisión*"[1283].

La reclamación venezolana por el territorio Esequibo en algunos momentos de nuestra historia no pudo ser planteada con toda la fuerza que merecía, pero esto tuvo sus razones. En efecto, señala el informe, "*la situación interna e internacional de Venezuela en la primera mitad del siglo XX la forzaron a posponer la denuncia del laudo. Pero la prensa, los autores venezolanos, los maestros venezolanos, ininterrumpidamente enseñaron a las sucesivas generaciones que la frontera del laudo no correspondía a los legítimos derechos de Venezuela*"[1284].

El 5 de diciembre de 1899 el Ministro Británico en Caracas envió una nota al gobierno del Reino Unido donde indicó que Venezuela tenía intenciones de postergar la demarcación de la frontera establecida en el Laudo Arbitral de París[1285].

[1280] *Ídem.*
[1281] *Ídem.*
[1282] *Ídem.*
[1283] *Ídem.*
[1284] *Ibíd.*, p. 22.
[1285] *Ibíd.*, p. 21

Según Ojer Celigueta y González *"en julio de 1900 el Ministro británico notificó al Gobierno de Venezuela que si antes del 3 de octubre no enviaba la Comisión, procedería Gran Bretaña sola a iniciar la demarcación. El 8 de octubre el mismo Ministro notificaba a la Cancillería venezolana que el Gobernador de Guayana Británica había sido instruido para que comenzara los trabajos de demarcación. El día 19 ya habían levantado los Comisarios británicos el hito de Punta Playa. Venezuela, ante esta presión manifiesta, no tuvo otra alternativa que la de proceder al envío de la Comisión demarcadora"*[1286].

Según relata el informe, Venezuela desde 1915 hasta 1917 *"insistió en vano ante la Gran Bretaña para rehacer la demarcación de algunos sectores de la frontera, el Gobierno británico se resistió a ello apoyándose en las dolorosas circunstancias bélicas por las que atravesaba su país"*[1287]. Venezuela tuvo que aguardar por mejores condiciones para reclamar con toda la fuerza que exigía una injusticia de aquella magnitud, pero la posición de rechazo hacia el Laudo Arbitral de París había sido fijada desde el 4 de octubre de 1899.

Durante el siglo XX en múltiples ocasiones se insistió en la necesidad de reparar la grave injusticia sufrida por Venezuela como consecuencia del Laudo Arbitral de París. Entre ellas, Ojer y González señalan las siguientes:

i. En 1944, el Embajador de Venezuela en Washington, Diógenes Escalante, *"invocando el nuevo espíritu de equidad entre las naciones, exigió en 1944 la reparación amistosa de la injusticia cometida por el laudo"*[1288].

ii. El 30 de junio de 1944, durante la sesión de la Cámara de Diputados del Congreso de Venezuela el diputado José A. Marturet *"ratificó la tradicional posición de Venezuela ante el laudo, exigiendo **la revisión de sus fronteras con la Guayana inglesa**"*[1289]. (Resaltado añadido).

iii. El 17 de julio de 1944, el presidente del Congreso de Venezuela, Manuel Egaña durante la sesión de clausura de ese órgano

---

[1286] *Ídem.*
[1287] *Ibíd.,* p. 22.
[1288] *Ibíd.,* p. 23.
[1289] *Ídem.*

legislativo se pronunció en respaldo de la posición del ejecutivo y dijo: *"Y aquí quiero recoger y confirmar el anhelo de revisión, planteado ante el mundo y en presencia del ciudadano Presidente de la República por el Embajador Escalante y ante este Congreso, categóricamente, por el Diputado Marturet; quiero recoger y confirmar, repito, el anhelo de revisión de la sentencia por la cual el imperialismo inglés nos despojó de una gran parte de nuestra Guayana"*[1290].

iv. El 18 de julio de 1944, las declaraciones de prensa de los miembros de las Comisiones Permanentes de Relaciones Exteriores de las Cámaras Legislativas, *"quienes representaban a diferentes partidos políticos, se manifestaron también sobre la necesidad de revisar el laudo de 1899"*[1291].

v. El 30 de marzo de 1948 Rómulo Betancourt, quien encabezó la delegación de Venezuela que asistió a la IX Conferencia Internacional Americana, expresó que *"Al propugnar el principio de autodeterminación de los pueblos coloniales para decidir acerca de su propio destino no negamos en forma alguna el derecho de ciertas naciones de América a obtener determinadas porciones de territorio hemisférico que en justicia les pueda corresponder, ni renunciamos a lo que los venezolanos, llegado el caso de una serena y cordial revalorización histórica y geográfica de lo americano, pudieran hacer valer en pro de sus aspiraciones territoriales sobre zonas hoy en tutelaje colonial y que antes estuvieron dentro de nuestro propio ámbito"*[1292].

vi. En 1949 se publicó el Memorándum de Severo Mallet-Prevost *"que reveló las intimidades de la farsa de París"*[1293]. Lo que ocasiones que los historiadores venezolanos, bajo las instrucciones del Ministerio de Relaciones Exteriores de Venezuela, *"se apresaron a buscar en los archivos británicos nuevos documentos que irían aclarando aún más los detalles de aquella farsa. Se había cumplido 50 años y por primera vez se podían*

[1290] *Ídem.*
[1291] *Ídem.*
[1292] *Ibíd.*, pp. 23-24.
[1293] *Ibíd.*, p. 24.

estudiar esos documentos en los archivos públicos de Gran Bretaña"[1294].

vii. En 1951, durante el gobierno del Presidente Interino Germán Suárez Flamerich, el Ministro de Relaciones Exteriores de Venezuela, Luís Gómez Ruíz, durante la IV Reunión de Consulta de los Ministros de Relaciones Exteriores de los Países Americanos, exigió "*la rectificación equitativa de la injusticia cometida por el Tribunal de Arbitraje*"[1295]. Por otra parte y durante ese mismo momento, el Encargado de la Cancillería, Rafael Gallegos Medina, declaró ante la prensa caraqueña que: "*La Cancillería nunca ha renunciado a esa justa aspiración de los venezolanos*"[1296].

viii. En marzo de 1954 durante la X Conferencia Interamericana reunida en Caracas, el consultor jurídico del Ministerio de Relaciones Exteriores, Ramón Carmona, expresó lo siguiente "*De conformidad con lo que antecede, ninguna decisión que en materia de colonias se adopte en la presente Conferencia podrá menoscabar los derechos que a Venezuela corresponden por este respecto ni ser interpretada, en ningún caso, como una renuncia de los mismos*"[1297].

ix. En febrero de 1956 el Ministro de Relaciones Exteriores de Venezuela, José Loreto Arismendi, "*ratificó la tradicional posición venezolana acerca de los límites con aquella colonia, en el sentido de que no sería afectada por ningún cambio de status que en ese territorio limítrofe se produjera*"[1298].

x. En marzo de 1960 el diplomático y diputado Rigoberto Henríquez Vera, en el seno la Cámara de Diputados del Congreso de la República y delante de una delegación parlamentaria del Reino Unido, señaló que: "*Un cambio de status en la Guayana Inglesa no podrá invalidar las justas aspiraciones de nuestro pueblo de que se reparen de manera equitativa, y mediante*

[1294] *Ídem.*
[1295] *Ídem.*
[1296] *Ídem.*
[1297] *Ídem.*
[1298] *Ibíd.*, p. 25.

cordial entendimiento, los grandes perjuicios que sufrió la nación en virtud del injusto fallo de 1899, en el cual privaron peculiares circunstancias ocasionando a nuestro país la pérdida de más de sesenta mil millas cuadradas de su territorio"[1299].

xi. En febrero de 1962 el Embajador de Venezuela ante la ONU, Dr. Carlos Sosa Rodríguez, ratificó ante la Comisión de Administración Fiduciaria y Territorios no Autónomos de la ONU la posición sostenida por el Ministerio de Relaciones Exteriores de Venezuela según la cual un cambio de status de la colonia de la Guayana Británica no cambiaría la legítima aspiración venezolana de obtener justicia[1300].

xii. Durante las sesiones de fecha 28 de marzo y 4 de abril de 1962 de la Cámara de Diputados del Congreso de Venezuela *"después de oír las intervenciones de los representantes de todos los partidos políticos en apoyo de la posición de la Cancillería venezolana sobre el laudo, aprobó el siguiente acuerdo: "Respaldar la política de Venezuela sobre el diferendo limítrofe entre la posesión inglesa y nuestro país en cuanto se refiere al territorio del cual fuimos despojados por el colonialismo; y, por otra parte, apoyar sin reservas la total independencia de la Guayana Inglesa y su incorporación al sistema democrático de vida"*[1301].

xiii. El 12 de noviembre de 1962 Marcos Falcón Briceño, Ministro de Relaciones Exteriores de Venezuela, ratificó ante la 348° Sesión del Comité Político Especial de la XVII Asamblea de las Naciones Unidas la posición del Embajador Carlos Sosa Rodríguez respecto de la reclamación e invocó la histórica postura venezolana de que el Laudo Arbitral de París es nulo[1302].

Según en el informe luego de las conversaciones entre los representantes del Reino Unido y Venezuela *"se produjo un acuerdo entre aquellos dos países, con la concurrencia del Gobierno de Guayana Británica, en el sentido de que los tres*

[1299] Ídem.
[1300] Ídem.
[1301] Ibíd., p. 25.
[1302] Ídem.

Gobiernos examinarían los documentos relativos a esta cuestión, y que informarían a las Naciones Unidas sobre los resultados de las conversaciones. Así lo declaró, con autorización de las partes interesadas, el Presidente del Comité Político Especial, señor Leopoldo Benítez (representante del Ecuador) el 16 de noviembre de 1962"[1303].

xiv. El mes de noviembre de 1963, después de que se llegara a algunos acuerdos mediante la vía diplomática *"se reunieron en Londres los Ministros de Relaciones Exteriores de Venezuela y del Reino Unido, Dr. Marcos Falcón Briceño y el honorable R. A. Butler, respectivamente"*[1304].

xv. El 5 de noviembre de 1963 el Ministro de Relaciones Exteriores de Venezuela, Marcos Falcón Briceño, *"presentó al Secretario de Asuntos Exteriores de Su Majestad Británica una Aide-Memoire sobre los puntos de vista de Venezuela sobre el litigio"*[1305]. La conclusión de ese aide-memoire fue que: *"La verdad histórica y la justicia exigen que Venezuela reclame la total devolución del territorio del cual se ha visto desposeída"*[1306]. En esa misma reunión, Ojer participó como exponente de la vertiente histórica de la reclamación venezolana sobre el territorio Esequibo, para el caso de que fuera necesario ampliar las explicaciones del Ministro de Relaciones Exteriores Marcos Falcón Briceño[1307].

El informe tiene un valor adicional y es que, tal como indica la primera página: *"Cada una de las afirmaciones contenidas en este Informe están respaldadas por sus respectivos documentos, los cuales fueron presentados a Gran Bretaña en las conversaciones entre expertos, durante las 15 sesiones que tuvieron lugar en Londres entre los meses de febrero y mayo del año 1964"*[1308].

[1303] *Ibíd.*, p. 26.
[1304] *Ídem.*
[1305] *Ídem.*
[1306] *Ídem.*
[1307] Pablo Ojer Celigueta, ob. cit., p. 44.
[1308] Hermann González Oropeza y Pablo Ojer Celigueta, ob. cit., p. 1.

El informe de Ojer y González es uno de los más contundentes elementos con los que cuenta Venezuela para demostrar la nulidad del Laudo Arbitral de París. Al referirse a este informe el Dr. Óscar García-Velutini recuerda que *"la primera conclusión que se formula en aquél es la de que Venezuela tuvo que aceptar el Tratado de Arbitraje de 1897 bajo presión indebida y engaño por parte de los Estados Unidos y de Gran Bretaña, los cuales negociaron las bases del compromiso con exclusión del gobierno venezolano en la última y decisiva fase de la negociación; y Venezuela, continúa el Informe, fue de tal manera preterida, que Estados Unidos de Norte América y Gran Bretaña acordaron desde el comienzo de la negociación que ningún jurista venezolana habría de formar parte del tribunal de arbitraje"*[1309].

81. **17 de febrero de 1966**: Arístides Calvani, Ministro de Relaciones Exteriores de Venezuela, firmó el Acuerdo de Ginebra cuyo fin era conducir a las partes a un arreglo práctico de la controversia sobre la base de la contención venezolana, según la cual el Laudo Arbitral de París es nulo e írrito.

82. **13 de abril de 1966**: El Congreso de la República ratificó el Acuerdo de Ginebra mediante la *"Ley aprobatoria del Acuerdo Firmado en Ginebra el día 17 de febrero de 1966 por los Gobiernos de la República de Venezuela y el Reino Unido de la Gran Bretaña e Irlanda del Norte, en consulta con el Gobierno de la Guayana Británica, para resolver la controversia entre Venezuela y el Reino Unido sobre la frontera con la Guayana Británica"*.

83. **26 de mayo de 1966**: El Reino Unido reconoció la independencia de la República Cooperativa de Guyana en la Mancomunidad de Naciones. Adicionalmente, Ignacio Iribarren Borges, Ministro de Relaciones Exteriores de la República de Venezuela, envió desde Caracas la respectiva nota de reconocimiento del nuevo Estado. Venezuela sólo reconoció los territorios del nuevo Estado situados al este del Río Esequibo, salvaguardando sus derechos sobre la Guayana Esequiba.

84. **18 de junio de 1970**: Durante el primer gobierno del Presidente Rafael Caldera, el Ministro de Relaciones Exteriores, Arístides

---

[1309] Oscar García-Velutini, *Facultad, acción y efecto de arbitrar*, Editorial Arte, Caracas, 1960. p. 17.

Calvani, firmó el Protocolo de Puerto España, suscrito entre Venezuela, el Reino Unido y la República Cooperativa de Guyana. Por el Reino Unido firmó Roland Charles Colin Hunt, Alto Comisionado del Reino Unido e Irlanda del Norte en Trinidad y Tobago, y en representación de la República Cooperativa de Guyana firmó el Ministro de Estado Shridath S. Ramphal.

El Protocolo de Puerto España fue suscrito cuatro años después de la adopción del Acuerdo de Ginebra, tiempo durante el que la Comisión Mixta no logró solucionar la controversia. La finalidad del Protocolo de Puerto España fue suspender, por un período de 12 años, la aplicación del Acuerdo de Ginebra, paralizando la controversia y retrasando la aplicación de los medios de solución previstos en el artículo 33 de la CNU.

Cuando Venezuela suscribió el Protocolo de Puerto España, se encontraba negociando, la delimitación de áreas marinas y submarinas al norte del Golfo de Venezuela con la República de Colombia[1310]. Por esta razón, Venezuela decidió paralizar los efectos del Acuerdo de Ginebra y atender los problemas limítrofes que tenía con la República de Colombia.

85. **4 de abril de 1981**: El Presidente Luis Herrera Campíns, hizo público que el gobierno de Venezuela no tenía disposición de prorrogar el Protocolo de Puerto España[1311].

86. **10 de abril de 1981**: Se conoció la declaración del Ministro de Relaciones Exteriores, Doctor José Alberto Zambrano Velasco, referida a la no prórroga del Acuerdo de Ginebra. En dicha declaración el Ministro de Relaciones Exteriores expresó, entre otras cosas, lo siguiente:

"El Gobierno Nacional ha hecho pública, por comunicado de fecha 4 de abril de 1981, la decisión del Presidente Herrera Campíns de no prorrogar el Protocolo de Puerto España. Esta

---

[1310] Sobre esto véase en general Leandro Area Pereira "A vuelo de pájaro: La delimitación de las áreas marinas y submarinas al norte del Golfo de Venezuela", en *La diplomacia venezolana en democracia (1958-1998)*. Fernando Gerbasi (comp.), Kalathos Ediciones, Madrid, 2018.

[1311] "Del Acuerdo de Ginebra al Protocolo de Puerto España", en portal web *El Espacio Acuático Venezolano*. Disponible en https://elespacioacuaticovenezolano.com/2015/09/24/del-acuerdo-de-ginebra-al-protocolo-de-puerto-espana-sectoracuatico-elesequiboesnuestro/.

es, sin duda, una determinación trascendental, que sitúa en una clara perspectiva nuestra justa reclamación sobre el Territorio Esequibo. Por eso, continuar la controversia sobre si debe o no denunciarse el Protocolo de Puerto España; o si debió o no firmarse hace once años, parece innecesario y aún estéril. La decisión del Gobierno no se presta a interpretaciones: sin detenerse a valorar el significado histórico del Protocolo de Puerto España, es lo cierto que dicho instrumento no se renovará. El Gobierno juzga que deben explorarse nuevos caminos para materializar nuestra reclamación y estima interpretar, con su decisión, el sentir nacional"[1312].

87. **11 de diciembre de 1981**: el Ministerio de Relaciones Exteriores emitió un comunicado acerca de las disposiciones del artículo IV del Acuerdo de Ginebra, que tras la no renovación del Protocolo de Puerto España, contenía la ruta a seguir para lograr la resolución de la controversia limítrofe entre Venezuela y la República Cooperativa de Guyana. Ese comunicado expresó que:

"Al cabo de más de once años de aplicación del Protocolo de Puerto España, el Presidente Luís Herrera Campíns, interpretando un amplio consenso nacional, y en la plena convicción de que esa determinación es la más adecuada para el interés del país y para la garantía de la paz y la seguridad internacionales, ha decidido poner cese a la aplicación de ese Tratado a partir del 18 de junio de 1982.
Como consecuencia de esa decisión, desde la mencionada fecha, nuestra reclamación se regirá por el Acuerdo de Ginebra y, en concreto, por las disposiciones de su Artículo IV, el cual remite a los medios de solución pacífica recogidos por el Artículo 33 de la Carta de las Naciones Unidas que son: 1) Negociación, 2) Investigación, 3) Mediación, 4) Conciliación, 5) Arbitraje; 6) Arreglo Judicial; 7) Recurso a Organismos o Acuerdos Regionales; 8) Otros medios pacíficos.

[1312] "Declaración del Canciller Doctor José Alberto Zambrano Velasco referente a la no prórroga del Protocolo de Puerto España (Caracas, 10 de abril de 1981)" en portal web *El Esequibo en nuestro*. Disponible en http://esequibonuestro.blogspot.com/search?q=4+de+abril+de+1981.

La decisión del Gobierno venezolano de no prorrogar el Protocolo de Puerto España, comporta la firme determinación de cumplir y exigir el cumplimiento del Acuerdo de Ginebra. Este Tratado establece una obligación de negociar una solución satisfactoria para el arreglo práctico de la controversia, de modo que ésta quede resuelta en forma que resulte aceptable para ambas partes. Hemos denunciado reiteradamente que Guyana no ha dado cumplimiento a esa obligación de negociar de buena fe. En este momento, cuando se da un nuevo giro a la cuestión, Venezuela renueva la esperanza de que Guyana rectificará esa conducta y de que se emprenderán auténticas negociaciones, destinadas a resolver la controversia.

La fuerza de la posición de Venezuela no radica solamente en la razón que la asiste frente a la injusticia cometida, sino también, e inseparablemente, en su tradicional respeto por los compromisos internacionales que ha contraído y en su disposición de dar aplicación al Acuerdo de Ginebra"[1313].

88. **11 de noviembre de 1989**: Javier Pérez de Cuéllar, Secretario General de Naciones Unidas, designó Buen Oficiante al granadino Meredith Alister McIntyre en la controversia entre Venezuela y la República Cooperativa de Guyana.

89. **20 de septiembre de 1999**: Meredith Alister McIntyre renunció a su cargo de Buen Oficiante en la controversia entre Venezuela y la República Cooperativa de Guyana.

90. **1 de noviembre de 1999**: Javier Pérez de Cuéllar, Secretario General de Naciones Unidas, designó Buen Oficiante al barbadense Oliver Jackman en la controversia entre Venezuela y la República Cooperativa de Guyana.

91. **24 de enero de 2007**: Falleció Oliver Jackman, Buen Oficiante designado por el Secretario General de Naciones Unidas Javier Pérez de Cuéllar.

[1313] "Comunicado de la Cancillería de Venezuela referente a las disposiciones del Artículo IV del Acuerdo de Ginebra (Caracas, 11 de diciembre de 1981)" en portal web *El Esequibo en nuestro*. Disponible en http://esequibonuestro.blogspot.com/2012/06/comunicado-de-la-cancilleria-de.html.

92. **9 de octubre de 2009**: Ban Ki-moon, Secretario General de Naciones Unidas, designó Buen Oficiante a Norman Girvan en la controversia entre Venezuela y la República Cooperativa de Guyana.

93. **9 de abril de 2014**: Falleció Norman Girvan, Buen Oficiante designado por el Secretario General de Naciones Unidas Ban Ki-moon.

94. **31 de octubre de 2016**: Ban Ki-moon, Secretario General de Naciones Unidas, informó mediante un comunicado que no sería posible designar otro buen oficiante y decidió incorporar un elemento de mediación a los buenos oficios. Ban Ki-moon estableció un plazo hasta finales de 2017 para determinar si habían avances significativos en cuanto a los buenos oficios. De no ser así, recurriría al arreglo judicial ante la CIJ, salvo que las partes le solicitaran en forma unánime que no lo hiciera.

95. **23 de febrero de 2017**: Antonio Guterres, Secretario General de Naciones Unidas, designó Buen Oficiante a Dag Nylander en la controversia entre Venezuela y la República Cooperativa de Guyana. A tales fines, tuvo en cuenta la fórmula indicada por el anterior Secretario General de Naciones Unidas, Ban Ki-moon, que implicaba la incorporación de un elemento de mediación a los buenos oficios.

96. **30 de enero de 2018**: Luego de no haber avances respecto de los buenos oficios, Antonio Guterres, Secretario General de Naciones Unidas, eligió a la CIJ como medio de solución de la controversia territorial, de conformidad con su interpretación del parágrafo segundo del artículo IV del Acuerdo de Ginebra.

97. **29 de marzo de 2018**: La República Cooperativa de Guyana demandó a Venezuela ante la CIJ y le solicitó que confirmara la validez del Laudo Arbitral de París de 1899.

98. **19 de junio de 2018**: La CIJ estableció el plazo para la presentación de memoria y contramemoria por parte de la República Cooperativa de Guyana y Venezuela, respectivamente.

99. **19 de noviembre de 2018**: La República Cooperativa de Guyana presentó su memoria relacionada con la competencia de la CIJ, conformada por cuatro tomos.

100. **28 de noviembre de 2019**: Venezuela envió un memorándum en el que afirmó que la CIJ no tiene competencia para conocer el asunto.

101. **30 de junio de 2020**: Se celebró, a las dos de la tarde, una audiencia pública en el Palacio de la Paz, presidida por el Presidente

Abdulqawi Ahmed Yusuf concerniente al caso del Laudo Arbitral de 3 de octubre de 1899.

102. **18 de diciembre de 2020**: Mediante sentencia de fecha 18 de diciembre de 2020, la CIJ decidió la incidencia sobre competencia iniciada de conformidad con el artículo 36.6 del Estatuto y se declaró competente para conocer de la demanda incoada por la República Cooperativa de Guyana en contra de Venezuela[1314]. A través de esta sentencia la CIJ tomó dos decisiones muy importantes, una respecto de su propia competencia para conocer del caso y otra sobre el alcance de dicha competencia. En efecto la CIJ decidió lo siguiente:

a) Con doce votos a favor y cuatro en contra decidió que es competente para conocer de la demanda presentada por la República Cooperativa de Guyana el 29 de marzo de 2018 en la medida en que se refiere a la validez del Laudo Arbitral de 3 de octubre de 1899 y a la cuestión conexa de la solución definitiva de la controversia sobre límites terrestres entre la República Cooperativa de Guyana y la República Bolivariana de Venezuela.

La CIJ estableció el objeto de la controversia en forma positiva. Así la CIJ indicó que será competente para pronunciarse sobre la validez jurídica del Laudo Arbitral del París del 3 de octubre de 1899. Para ese cometido, la CIJ deberá analizar los títulos jurídicos e históricos de los Estados litigantes. Al mismo tiempo la CIJ reconoce que declarar la nulidad o validez del Laudo Arbitral de París no pondría fin al conflicto. En efecto, la CIJ deberá pronunciarse sobre cuestiones adicionales o conexas que son determinantes para la solución definitiva de la controversia. Si la CIJ determina que el Laudo Arbitral de París es válido, la situación limítrofe entre Venezuela y la República Cooperativa de Guyana deberá mantenerse tal como lo establece el referido laudo. En cambio, si la CIJ declara la nulidad del Laudo Arbitral de Paris entonces deberá pronunciarse sobre otros aspectos importantes. Uno de ellos es la nueva delimitación territorial que ya no podría ser la frontera establecida por los árbitros en 1899.

[1314] Véase Corte Internacional de Justicia, *Judgment of 18 December 2020* sobre la jurisdicción de la corte de fecha 18 de diciembre de 2020. Disponible en: https://www.icj-cij.org/public/files/case-related/171/171-20201218-JUD-01-00-EN.pdf

Otro aspecto, igualmente importante, es la delimitación marítima entre ambos territorios que tiene especial impacto comercial debido a la presencia de abundantes yacimientos petroleros en la zona.

La interpretación sobre el alcance de su propia competencia determinará si la CIJ podrá resolver directamente las cuestiones conexas a las que hemos hecho referencia o si por el contrario encomendará esa labor a otro órgano internacional jurisdiccional o político.

b) De forma unánime decidió que no es competente para conocer de las reclamaciones de la República Cooperativa de Guyana derivadas de hechos ocurridos después de la firma del Acuerdo de Ginebra de fecha 17 de febrero de 1966[1315]. Con esto la CIJ estableció una fecha crítica, esta es el 17 de febrero de 1966, cuando se firmó el Acuerdo de Ginebra.

La CIJ fundamentó su decisión en el parágrafo 2 del artículo IV del Acuerdo de Ginebra del 17 de febrero de 1966, el cual establece:

"Si dentro de los tres meses siguientes a la recepción del Informe final el Gobierno de Venezuela y el Gobierno de Guyana no hubieren llegado a un acuerdo con respecto a la elección de uno de los medios de solución previstos en el Artículo 33 de la Carta de las Naciones Unidas, referirán la decisión sobre los medios de solución a un órgano internacional apropiado que ambos Gobiernos acuerden, **o de no llegar a un acuerdo sobre este punto, al Secretario General de las Naciones Unidas**. *Si los medios así escogidos no conducen a una solución de la controversia, dicho órgano,* **o como puede ser el caso, el Secretario General de las Naciones Unidas, escogerán otro de los medios estipulados en el Artículo 33 de la Carta de las Naciones Unidas**, *y así sucesivamente, hasta que la controversia haya sido resuelta, o hasta que todos los medios de solución pacífica contemplados en dicho Artículo hayan sido agotados"*[1316]. (Resaltado añadido).

[1315] Véase International Court of Justice, "Judgment of 18 December 2020. Jurisdiction of the Court", p. 42. Disponible en https://www.icj-cij.org/sites/default/files/case-related/171/171_20201218_JUD_01-00-EN.pdf.

[1316] Véase Héctor Faúndez Ledesma, ob. cit., pp. 349 y ss.

En el caso de la contención entre Venezuela y la República Cooperativa de Guyana, la decisión fue referida al Secretario General de la ONU. Según la CIJ, el Secretario General de la ONU podría escoger otro de los mecanismos establecidos en el artículo 33 de la CNU. Dicha disposición establece en su numeral 1:

> *"Las partes en una controversia cuya continuación sea susceptible de poner en peligro el mantenimiento de la paz y la seguridad internacionales tratarán de buscarle solución, ante todo, mediante la negociación, la investigación, la mediación, la conciliación, el arbitraje,* **el arreglo judicial***, el recurso a organismos o acuerdos regionales u otros medios pacíficos de su elección"*[1317]. (Resaltado añadido).

La CIJ tuvo en cuenta que el artículo previamente citado menciona entre los mecanismos de solución al arreglo judicial. De manera que el artículo IV.2 faculta al Secretario General de la ONU para la elección de los medios establecidos en el artículo 33 de la CNU y, en consecuencia, le permite elegir el arreglo judicial como vía de solución.

En ejercicio de dicha potestad, el Secretario General de la ONU, Antonio Guterres, mediante una carta de fecha 30 de enero de 2018 -que hizo llegar a ambas partes- expresó que había elegido la CIJ como próxima instancia en la resolución del conflicto.

Según la CIJ, el razonamiento anterior debe ser observado en atención al artículo 36 del Estatuto cuyo primer numeral permite extender su competencia a todas las contenciones que las partes sometan a ella:

> *"La competencia de la Corte se extiende a todos los litigios que las partes le sometan y a todos los asuntos especialmente previstos en la Carta de las Naciones Unidas o en los tratados y convenciones vigentes"*[1318].

Mediante la referida sentencia la CIJ estableció la fecha crítica de la controversia que determina el alcance de su competencia en el tiempo y

---
[1317] *Ídem.*
[1318] Véase Estatuto de la Corte Internacional de Justicia. Disponible en: https://www.icj-cij.org/public/files/statute-of-the-court/statute-of-the-court-es.pdf.

lo limita al momento de la firma del Acuerdo de Ginebra. Ello equivale a decir que la CIJ conocerá del asunto en cuanto a los hechos ocurridos antes de 17 de febrero de 1966. Por supuesto que deberá considerar también las normas del Acuerdo de Ginebra que es el instrumento en el que la CIJ fundamentó su competencia para conocer del caso.

Conviene enfatizar ahora la importancia del Acuerdo de Ginebra, cuya firma no sólo constituye el límite temporal de la competencia de la CIJ, sino que además es un instrumento vinculante para Venezuela, el Reino Unido y la República Cooperativa de Guyana que reconoce la histórica reclamación venezolana respecto de nulidad del Laudo Arbitral de París del 3 de octubre de 1899.

El reconocimiento de una controversia respecto de la validez del Laudo Arbitral de París mediante el Acuerdo de Ginebra sugiere que el fallo no está protegido por el principio de intangibilidad de la cosa juzgada. Incluso si no existiera el Acuerdo de Ginebra, el Laudo Arbitral de París tampoco estaría protegido por el principio de intangibilidad, desde que es una decisión que adolece de vicios evidentes que acarrean su nulidad y sólo tienen esa protección de intangibilidad los fallos que han sido debidamente dictados.

En este sentido téngase en cuenta el contenido del memorándum enviado por el Dr. Andrés Aguilar Madwsley al Dr. Rafael Caldera en abril de 1966 referido al Acuerdo de Ginebra suscrito el 17 de febrero de ese mismo año:

> *"No hay que descartar la posibilidad de que sobre estos puntos o sobre otros, después de prolongadas y laboriosas discusiones, se llegue a la conclusión de que no es posible llegar a un compromiso arbitral aceptable para ambas partes. En tal caso, no quedaría otro recurso que el arreglo judicial. Según la interpretación oficial, el Acuerdo implica el reconocimiento por parte del Reino Unido y eventualmente del nuevo Estado de Guayana de la competencia de la Corte Internacional de Justicia. Aun cuando hay quienes piensan que esta interpretación es discutible, porque el Acuerdo no hace expresa referencia a la Corte Internacional de Justicia, supongamos que esta cuestión no se plantea o si se suscita, la Corte se declara en definitiva competente para conocer del litigio... En este supuesto, la Corte puede adoptar el*

punto de vista de que su competencia se limita exclusivamente a examinar... la controversia entre Venezuela y el Reino Unido surgida como consecuencia de la contención venezolana de que el Laudo Arbitral de 1899, sobre la frontera entre Venezuela y Guayana Británica es nulo e írrito según los términos del Artículo 1 del Acuerdo. En otras palabras, la Corte puede decidir solamente sobre la validez de dicho Laudo... Hay que admitir, en cambio, que el Acuerdo enerva dicho Laudo, no porque en él se reconoce de la existencia de la controversia - como han sostenido algunos - sino porque el Reino Unido ha convenido en un procedimiento que, teóricamente al menos, podría tener por consecuencia dejarlo sin efecto. Se mejora así, sin duda, la posición jurídica de Venezuela que antes no tenía ningún medio de obligar al Reino Unido a someter la cuestión a un tribunal arbitral o judicial. Este es sin duda el aspecto más positivo del Acuerdo de Ginebra, que sería mezquino silenciar o desconocer pero que sería imprudente exagerar. Por ello, es necesario subrayar que una interpretación objetiva del Acuerdo no permite afirmar que la cuestión va a ser resuelta necesariamente por los medios en el contemplados... Ahora bien, el Reino Unido y el nuevo Estado de Guayana pueden alegar ante la Corte Internacional de Justicia la autoridad de cosa juzgada del Laudo Arbitral de 1899 y la aquiescencia de Venezuela. En efecto, según lo dispuesto en el párrafo (1) del Artículo V del Acuerdo "...nada de lo contenido en este Acuerdo será interpretado como una renuncia o disminución por parte de Venezuela, el Reino Unido o la Guayana Británica, de cualesquiera bases de reclamación de soberanía territorial en los Territorios de Venezuela o de Guayana Británica o de cualesquiera derechos que se hubiesen hecho valer previamente, o de reclamaciones de tal soberanía territorial o como prejuzgando su posición con respecto a su reconocimiento o no reconocimiento de un derecho a reclamo o base de reclamo por cualquiera de ellos sobre tal soberanía territorial. A estas excepciones y defensas podría oponer Venezuela el argumento de que la celebración misma del Acuerdo es un reconocimiento expreso o al menos tácito de que no ha habido tal aquiescencia y de que en todo caso el Reino Unido al aceptar el procedimiento en él previsto ha renunciado tácitamente a prevalerse de estos medios de defensa. Podría así mismo alegar que las condiciones internas e internacionales imperantes en 1899 y en los años siguientes, así como el descubrimiento muchos años más tarde de documentos que confirmaron las vehementes sospechas que tenía Venezuela de que había sido víctima de un arreglo entre dos grandes potencias, no le permitieron hacer valer antes su pretensión…Aun así y esto es necesario decirlo con toda claridad para evitar malos entendidos y decepciones, la Corte podría declarar con lugar las defensas del Reino Unido sin entrar siquiera al examen del mérito de nuestros argumentos para impugnar la validez misma del Laudo (falta de motivación, exceso de poder, ultrapetita). Es necesario examinar las decisiones que ha dictado este Alto Tribunal en casos similares para convencerse de que ésta es una hipótesis que puede ocurrir"[1319].

Como lo predijo el Dr. Andrés Aguilar Madwsley, la CIJ se ha declarado competente para decidir sobre la cuestión de la nulidad o validez del Laudo Arbitral de París de 1899.

El Acuerdo de Ginebra es fundamental en la controversia y así lo ha reconocido la CIJ. En efecto, la fecha crítica establecida que determina la competencia *ratione temporis* de la CIJ y que coincide con la firma del Acuerdo de Ginebra tiene efectos positivos para Venezuela. La CIJ sólo podrá considerar válidos los argumentos relacionados con hechos que sean anteriores al 17 de febrero de 1966. En ese sentido, Venezuela tiene una gran ventaja, pues cuenta con títulos históricos y jurídicos que respaldan sus derechos sobre la frontera oriental y Venezuela tiene sólidas pruebas que demuestran los vicios del Laudo Arbitral de París que permitirían a la CIJ declarar su nulidad.

103. **8 de marzo de 2021:** Mediante una providencia de la CIJ se fijó el plazo para la consignación de memoria y contramemoria. La República Cooperativa de Guyana tuvo hasta el 8 de marzo de 2022 para consignar su memoria, cosa que ya hizo, mientras que la República Bolivariana de Venezuela debía presentar su contramemoria antes del 8 de marzo de 2023. Sin embargo, el 6 de junio de 2022 la República Bolivariana de Venezuela opuso excepciones preliminares relativas a la admisibilidad de la demanda de la República Cooperativa de Guyana y,

---

[1319] Cit. en Luis Cova Arria, "La Academia de Ciencias Políticas y Sociales y la defensa del territorio Esequibo", ob. cit., pp. 80-81.

en consecuencia, se abrió un procedimiento incidental que suspendió el curso ordinario del proceso ante la CIJ.

Vista la presentación de excepciones preliminares por parte de la República Bolivariana de Venezuela, la CIJ inició el procedimiento incidental de excepciones preliminares y celebró audiencias públicas los días 17, 18, 21 y 22 de noviembre en las que escuchó los argumentos, réplicas y contrarréplicas de la República Bolivariana de Venezuela y la República Cooperativa de Guyana.

Posteriormente, la CIJ convocó una reunión pública con ambas partes el día 6 de abril de 2023 y realizó la lectura de la sentencia que resolvió el procedimiento incidental de excepciones preliminares iniciado por la República Bolivariana de Venezuela. En la sentencia, la CIJ examinó los argumentos de la República Bolivariana Venezuela y la República Cooperativa de Guyana y se pronunció sobre los aspectos relevantes surgidos en este procedimiento incidental.

La sentencia abordó los aspectos relevantes del procedimiento incidental, como la admisibilidad de las excepciones preliminares de la República Bolivariana de Venezuela y el análisis de fondo de las excepciones preliminares. La sentencia fue aprobada por la mayoría de los jueces y acompañada de cuatro declaraciones separadas y una opinión parcialmente individual y parcialmente disidente. Las cuatro declaraciones separadas corresponden al juez indio Dalveer Bhandari, al juez jamaiquino Patrick Robinson, al juez japonés Yuji Iwasawa y al juez ad hoc alemán designado por la República Cooperativa de Guyana Rüdiger Wolfrum. La denominada opinión parcialmente individual y parcialmente disidente fue consignada por el juez ad hoc belga designado por la República Bolivariana de Venezuela Philippe Couvreur.

En primer lugar, la CIJ unánimemente declaró admisible la excepción preliminar presentada por la República Bolivariana de Venezuela. Luego, con catorce votos a favor y el voto en contra del Juez ad hoc Sr. Philippe Couvreur, la CIJ declaró sin lugar dicha excepción preliminar. Finalmente, con catorce votos a favor y el voto en contra del Juez ad hoc Sr. Couvreur, la CIJ ratificó que es competente para decidir sobre el fondo de las reclamaciones de la República Cooperativa de Guyana, en la medida en que se encuentren dentro del ámbito del párrafo 138, subpárrafo 1, de la sentencia del 18 de diciembre de 2020.

La CIJ, luego de la lectura pública de la sentencia que resolvió el procedimiento incidental de excepciones preliminares iniciado por la República Bolivariana de Venezuela, ese mismo día 6 de abril de 2023, dictó una providencia fijando el día 8 de abril de 2024 como límite para que Venezuela presente su contramemoria, esto es, sus alegatos y defensas de fondo en respuesta a las pretensiones de la República Cooperativa de Guyana relativas a la nulidad o validez del Laudo Arbitral de París del 3 de octubre de 1899.

104. **8 de marzo de 2022**: La República Cooperativa de Guyana consignó su memoria, con arreglo a lo establecido en la providencia de 8 de marzo de 2021 emitida por la CIJ.

105. **6 de junio de 2022**: Mediante comunicación enviada a la CIJ por Delcy Eloína Rodríguez, Vicepresidenta de la República de Venezuela, se designó Agente por Venezuela en el procedimiento de la CIJ al Embajador Samuel Moncada Acosta. Adicionalmente, se designaron Co-Agentes al Embajador Félix Plasencia y a Elsie Rosales García, abogada y profesora de la Universidad Central de Venezuela.

106. **7 de junio de 2022**: Venezuela compareció formalmente ante la CIJ mediante la oposición de excepciones preliminares relacionadas con la admisibilidad de la demanda introducida por la República Cooperativa de Guyana ante la CIJ.

107. **13 de junio de 2022**: La CIJ dictó una providencia en la que fijó el plazo para presentar el escrito de observaciones y alegaciones a las excepciones preliminares opuestas por Venezuela. A través de este acto, se confirmó quienes eran los agentes que representarían a Venezuela ante la CIJ. En efecto, se designó Agente a Samuel Reinaldo Moncada Acosta, Representante Permanente de Venezuela en la ONU, y Co-Agentes a Félix Plasencia, Exministro de Relaciones Exteriores, y a Elsie Rosales García, abogada y profesora de la Universidad Central de Venezuela.

108. **17 a 22 de noviembre de 2022**: A los representantes de Venezuela les correspondió exponer sus argumentos durante la primera audiencia pública que tuvo lugar el jueves 17 de noviembre de 2022. De igual manera los representantes de la República Cooperativa de Guyana expusieron sus argumentos sobre la improcedencia de las excepciones preliminares el viernes 18 de noviembre de 2022.

El lunes 21 de noviembre de 2022 Venezuela presentó su réplica a los argumentos de la República Cooperativa de Guyana y el martes 22 de noviembre de 2022 la República Cooperativa de Guyana presentó su contrarréplica.

La posición de Venezuela, según lo demostró durante esta ronda de audiencias, se basa en el respeto a la CIJ. Aunque ello no significa que Venezuela esté conforme con la sentencia mediante la cual la CIJ se declaró competente para resolver la controversia. Además, Venezuela declaró durante esta incidencia que entiende los efectos de la cosa juzgada de la referida decisión, a pesar de que es contraria a los intereses nacionales.

En este punto del procedimiento puede concluirse que Venezuela ha asumido su participación en el proceso y deberá hacer uso de todos los mecanismos procesales previstos en el Estatuto y Reglamento de la CIJ, además de tener en cuenta sus Directivas Prácticas, para garantizar la mejor defensa posible de los más altos intereses de la República.

Venezuela formuló varias consideraciones generales relativas a la inadmisibilidad de la demanda de la República Cooperativa de Guyana, debido a que un tercero indispensable, a saber, el Reino Unido e Irlanda del Norte, no está participando en el proceso ante la CIJ.

La otra consideración general de Venezuela fue respecto del efecto de *res iudicata* de la sentencia de la CIJ de fecha 18 de diciembre de 2020, que se restringe a la cuestión de la jurisdicción de la CIJ y no abarca los aspectos relacionados con la admisibilidad de la demanda introducida por la República Cooperativa de Guyana.

El principal argumento invocado por Venezuela para fundamentar la excepción preliminar propuesta es que el Reino Unido e Irlanda del Norte es un tercero indispensable que debe estar dentro del proceso. Ese argumento se fundamenta en la propia doctrina jurisprudencial de la propia CIJ conforme a la cual, en ciertos casos, es necesario la participación en el proceso ante esa instancia internacional de un tercer Estado distinto a las partes iniciales, cuando éste tiene intereses y/o derechos que tienen elementos de conexidad con la disputa.

Es una máxima de naturaleza jurídico-procesal surgida de la práctica de la CIJ e implica que en los casos en que la decisión de fondo está relacionada con el interés de una tercera parte que no forme parte del proceso, la CIJ deberá abstenerse de ejercer su jurisdicción, independientemente de que las partes involucradas en el procedimiento acepten el arreglo judicial a través de la CIJ.

El argumento de Venezuela según el cual el Reino Unido e Irlanda del Norte es un tercero indispensable en el proceso se fundamenta en las siguientes razones:

1. Fue el Reino Unido el que recurrió a la falsificación de mapas y documentos a objeto de despojar a los venezolanos de una parte de su territorio con miras a la apropiación de sus recursos naturales y para normalizar una situación completamente inaceptable.
2. Fue el Reino Unido el que se basó en el sistema de derecho existente para aquel momento que no tenía en cuenta los principios de igualdad soberana y respeto mutuo entre los Estados.
3. Fue el Reino Unido el que firmó el Tratado de Washington del 17 de febrero de 1897.
4. Fue el Reino Unido el que se cercioró de que el tribunal no tuviera ningún árbitro venezolano, incluso en caso de muerte o incapacidad de alguno de los árbitros previamente designados.
5. Fue el Reino Unido el que participó en el arbitraje que tuvo como resultado el Laudo Arbitral de París del 3 de octubre de 1899.
6. Fue el Reino Unido el que propició contactos indebidos con sus árbitros connacionales durante el procedimiento arbitral de París en 1899, lo que generó una relación inapropiada entre árbitros y abogados de la parte. Esto vicia cualquier actuación arbitral.
7. El Reino Unido e Irlanda del Norte sigue siendo parte del Acuerdo de Ginebra del 17 de febrero de 1966.
8. Una decisión de la CIJ sobre el objeto de este litigio implica necesariamente un pronunciamiento sobre la conducta del Reino Unido e Irlanda del Norte pudiendo declarar la responsabilidad internacional de ese Estado sin que haya participado en el procedimiento.

Para justificar su petición los representantes de Venezuela argumentaron que el efecto de *res iudicata* de la sentencia de 18 de diciembre de 2020 sobre competencia no impide la oposición de excepciones preliminares relativas a la admisibilidad de la demanda de la República Cooperativa de Guyana y que existe una clara distinción entre competencia y admisibilidad, lo cual se deduce de la jurisprudencia de la CIJ.

Asimismo, Venezuela invocó la doctrina jurisprudencial establecida en la sentencia del caso *"Oro monetario removido de Roma en 1943"* (Italia c. Francia, Reino Unido e Irlanda del Norte y Estados Unidos de América)[1320] y la sentencia del caso *"Timor Oriental"* (Portugal c. Australia)[1321].

El principio del oro monetario es una máxima de naturaleza jurídico-procesal surgida de la práctica de la CIJ e implica que en los casos en que la decisión de fondo está relacionada con el interés de una tercera parte que no está involucrada en la disputa y no acepta la jurisdicción de la CIJ, ese alto órgano jurisdiccional deberá abstenerse de ejercer su jurisdicción, independientemente de que las partes involucradas en el procedimiento acepten el arreglo judicial a través de la CIJ.

Venezuela explicó la naturaleza de la excepción basada en el principio del oro monetario y aclaró que la CIJ ha aceptado, al menos implícitamente, y en contra de lo que la República Cooperativa de Guyana quiere hacer creer, que el principio del oro monetario es una objeción que efectivamente se relaciona con la admisibilidad de un caso determinado.

El principio del oro monetario es producto de la jurisprudencia de la CIJ. El primer caso en que se aplicó -y de allí surge su nombre- fue el caso *"Oro monetario removido de Roma en 1943"*. La controversia surgió debido a que cierta cantidad de oro monetario fue retirada por los alemanes de Roma en 1943.

Posteriormente, el oro fue recuperado en Alemania y se comprobó que pertenecía a Albania. El Acuerdo de Reparación de Alemania de 1946 establecía que el oro monetario encontrado en Alemania debía ponerse en común para su distribución entre los países con derecho a

---

[1320] Disponible en: https://www.icj-cij.org/en/case/19.
[1321] Disponible en: https://www.icj-cij.org/en/case/84.

recibir una parte del mismo. El Reino Unido reclamó que se le entregara el oro en cumplimiento parcial de la sentencia de la CIJ de 1949 en el caso del Canal de Corfú. Por otra parte, Italia reclamaba que se le entregara el oro como satisfacción parcial por los daños que, según ella, había sufrido como consecuencia de una ley albanesa del 13 de enero de 1945.

En la declaración de Washington del 25 de abril de 1951, los Gobiernos de Francia, el Reino Unido y los Estados Unidos, a quienes se había confiado la aplicación del acuerdo de reparaciones, decidieron que el oro debía entregarse al Reino Unido a menos que, en un plazo determinado, Italia o Albania solicitaran a la CIJ que se pronunciara sobre sus respectivos derechos. Albania no tomó ninguna medida, pero Italia presentó una solicitud a la CIJ. Sin embargo, Italia planteó la cuestión preliminar de si la CIJ era competente para pronunciarse sobre la validez de su reclamación contra Albania y de aquí surge el principio del oro monetario debido a que la CIJ declaró en su sentencia de 15 de junio de 1954 que, sin el consentimiento de Albania, no podía conocer de un litigio entre ese país e Italia y que, por lo tanto, no podía decidir las cuestiones planteadas.

Venezuela explicó cuáles son las razones que justifican la relación del Reino Unido e Irlanda del Norte con la controversia y, en consecuencia, permiten la aplicación del principio del oro monetario.

La primera razón es que el verdadero objeto del litigio es determinar si el Reino Unido e Irlanda del Norte ha sido responsable de un comportamiento fraudulento. La segunda, es que una decisión sobre la conducta del Reino Unido es un requisito previo a una decisión sobre el fondo de la controversia.

La determinación de la existencia de una conducta fraudulenta es un tema que sin duda afecta la dignidad de un Estado. Venezuela sostiene que el Reino Unido e Irlanda del Norte es una parte indispensable que debe unirse al procedimiento para hacer frente a esta acusación tan grave. En efecto, no sólo se trata de la frontera terrestre, como afirma la República Cooperativa de Guyana, sino de la validez del compromiso arbitral y del laudo que son el verdadero objeto del litigio.

La República Cooperativa de Guyana no se pronunció sobre las consecuencias de la nulidad del compromiso y del laudo arbitral. Estas consecuencias jurídicas son sumamente importantes. Es un problema de responsabilidad internacional que afecta al Reino Unido e Irlanda del Norte. Tal como establece la Convención de Viena sobre Derecho de los Tratados en el artículo 69.2 relativo a las consecuencias de la nulidad de un tratado:

> *"2. Si no obstante se han ejecutado actos basándose en tal tratado:*
> *a) toda parte podrá exigir de cualquier otra parte que en la medida de lo posible establezca en sus relaciones mutuas la situación que habría existido si no se hubieran ejecutado esos actos;*
> *b) los actos ejecutados de buena fe antes de que se haya alegado la nulidad no resultarán ilícitos por el sólo hecho de la nulidad del tratado..."*

Por ello, Venezuela afirmó que una decisión sobre el fondo del caso implicaría necesariamente que la CIJ se pronuncie sobre la conducta del Reino Unido antes y durante el procedimiento arbitral. En consecuencia, el Reino Unido e Irlanda del Norte tiene carácter de parte indispensable en este caso.

Los representantes de la República Cooperativa de Guyana sólo afirmaron que para que se aplique la doctrina del oro monetario no basta con que su decisión tenga "meras implicaciones" sobre terceros como el Reino Unido e Irlanda del Norte, sino que los intereses jurídicos de un tercer Estado ausente deben constituir *"el objeto mismo"* de una controversia. Este argumento es engañoso porque Venezuela había dicho exactamente que si la CIJ ejercía su competencia y consideraba admisible la demanda de la República Cooperativa de Guyana, tendría que decidir acerca de los intereses jurídicos del Reino Unido e Irlanda del Norte, los cuales serían, por ende, objeto de la controversia.

Si como requisito previo para decidir sobre las reclamaciones de las partes en cuanto al fondo, la CIJ tiene que pronunciarse sobre la conducta de un tercer Estado ausente, entonces los intereses del tercer Estado ausente constituyen *"el objeto mismo"* - y se aplica la doctrina del oro monetario. En caso contrario, nos encontramos en el terreno de las "*meras implicaciones*".

La República Cooperativa de Guyana enfatizó el argumento de que el Reino Unido e Irlanda del Norte no tiene ningún interés en el territorio en disputa y guardó un extraño silencio sobre la cuestión del derecho al debido proceso.

Para pronunciarse sobre las pretensiones del demandante, la CIJ tendría que analizar previamente la legalidad del comportamiento de un tercer Estado en ausencia del consentimiento de éste. En nuestro caso, basta con demostrar que sería necesario que la CIJ, para pronunciarse sobre la validez del compromiso o del laudo arbitral, constatara previamente el carácter fraudulento y, por tanto, ilícito de la conducta del Reino Unido.

El Reino Unido e Irlanda del Norte es parte del Acuerdo de Ginebra del 17 de febrero de 1966 que sirve de base a la jurisdicción de la CIJ. Esto demuestra que la República Cooperativa de Guyana no es el único sucesor de derechos y obligaciones. El Acuerdo de Ginebra se limita a establecer que, una vez que alcance su independencia, Guyana también formará parte del acuerdo y no excluye del compromiso al Reino Unido e Irlanda del Norte.

La República Cooperativa de Guyana minimiza la importancia del Acuerdo de Ginebra diciendo que sólo se refiere a cuestiones procedimentales. Esto no tiene relevancia para la aplicación del principio del oro monetario. Además parece artificial separar las obligaciones sustantivas y las obligaciones procedimentales, sino que están íntimamente vinculadas.

Para Venezuela, los representantes de la República Cooperativa de Guyana insisten en afirmar que de conformidad con el artículo IV, párrafo 2, del Acuerdo de Ginebra el Reino Unido habría consentido el ejercicio de su jurisdicción por parte de la CIJ, sin necesidad de su participación en el procedimiento. Esta interpretación del artículo IV no tiene ningún fundamento en el texto de dicha disposición.

El artículo IV no contiene ninguna referencia al consentimiento ni, en general, a la posición del Reino Unido en relación con los procedimientos contemplados en dicha disposición. Estos procedimientos se refieren al diálogo y la cooperación entre Venezuela y Guyana tras la descolonización de la Guayana Británica. El objeto y la finalidad del artículo IV es resolver el conflicto fronterizo mediante un acuerdo práctico aceptable para todas las partes. No se puede establecer ninguna relación entre el artículo IV y el consentimiento del Reino Unido al procedimiento ante la CIJ, sobre todo teniendo en cuenta que en 1966 el Reino Unido había excluido la posibilidad de una solución arbitral o jurisdiccional del litigio.

Incluso si se considera que el Reino Unido e Irlanda del Norte ha dado su consentimiento, sólo si el tercer Estado acepta la jurisdicción de la CIJ y se convierte en parte del caso, la CIJ puede decidir sobre los derechos y obligaciones de ese Estado. El juez Crawford lo dejó claro: *"la demanda es inadmisible a menos que el tercer Estado necesario se incorpore como parte de pleno derecho al procedimiento"*.

La no participación de la parte indispensable tiene otros efectos inaceptables, sobre todo en relación con las pruebas. Si un Estado es parte en el litigio, ese Estado, como ha observado la CIJ, tiene el *"deber de cooperar 'presentando todas las pruebas que obren en su poder y que puedan ayudar a la Corte a resolver el litigio que se le ha sometido'"*. Sin embargo, este deber de cooperación no es vinculante para el Reino Unido, que no es parte en el procedimiento.

Con lo anterior se corre el riesgo de crear una situación de gran desigualdad entre las partes del presente litigio. A pesar de ello, Guyana tiene la audacia de pedirle a la CIJ que se pronuncie sobre las obligaciones del Reino Unido para con Venezuela sin que el Reino Unido esté obligado ni a cumplir su sentencia ni a cooperar de buena fe con el buen desarrollo del procedimiento.

La República Cooperativa de Guyana afirmó en su memoria que el Tratado de 1897 fue concertado de acuerdo con las normas pertinentes y que fue también válida la constitución del tribunal arbitral de 1899. Al hacerlo ignora completamente el comportamiento del Reino Unido. Además, la República Cooperativa de Guyana se resiste a tomar en consideración los elementos concretos que demuestran el carácter ilícito de esta conducta, prefiriendo hacer referencia al arbitraje en términos abstractos.

La excepción preliminar sobre la admisibilidad opuesta por Venezuela contra la demanda de la República Cooperativa de Guyana está excluida del efecto de *res iudicata* de la sentencia de 18 de diciembre de 2020, debido a que esta decisión sólo se refiere a la competencia de la CIJ.

La sentencia de 18 de diciembre de 2020 dejó claro que es la conducta del Reino Unido e Irlanda del Norte y su responsabilidad en virtud del derecho internacional lo que constituye el objeto del litigio. Sólo después de conocer el contenido de la referida sentencia fue que Venezuela pudo plantear una excepción de admisibilidad fundamentada en la doctrina jurisprudencial establecida por la CIJ en la sentencia del caso *"Oro monetario removido de Roma en 1943"* (Italia c. Francia, Reino Unido e Irlanda del Norte y Estados Unidos de América)[1322] y la sentencia del caso *"Timor Oriental"* (Portugal c. Australia)[1323].

En este caso, la sentencia del 18 de diciembre de 2020 no se refirió, explícita o implícitamente, de palabra o de contenido, a la excepción del principio del oro monetario. Sin embargo, si decidió sobre la competencia *ratione materiae* y la competencia *ratione temporis*. Esto confirma que el efecto de *res iudicata* de la sentencia de 18 de diciembre de 2020 no impide a la CIJ considerar la excepción preliminar de Venezuela debido a que esa decisión sólo se refirió a la competencia de la CIJ y no abarcó el asunto de la admisibilidad de la demanda de la República Cooperativa de Guyana.

La CIJ, mediante la Providencia de 19 de junio de 2018, decidió que los escritos debían atenerse a la cuestión de su competencia. En efecto, éste es el único asunto tratado en esa Providencia y el único punto que fue debatido por las partes en su momento. En esa oportunidad, Venezuela había declarado que consideraba que la Corte carecía manifiestamente de jurisdicción y, ante esto, la República Cooperativa de Guyana se limitó a indicar que deseaba continuar con el caso, sin referirse a ninguna otra cuestión. De manera que no hubo ningún debate sobre la admisibilidad de la demanda.

Adicionalmente es necesario tener presente la Providencia de la CIJ del 13 de junio de 2022 que no sólo confirmó que la excepción preliminar de Venezuela tenía el efecto de suspender el procedimiento

---

[1322] Disponible en: https://www.icj-cij.org/en/case/19.
[1323] Disponible en: https://www.icj-cij.org/en/case/84.

sobre el fondo en virtud de lo establecido en el artículo 79bis, párrafo 3, del Reglamento de la Corte, sino que también declaró específicamente que la excepción preliminar de Venezuela estaba relacionada con la admisibilidad de la solicitud y no con la competencia de la CIJ.

La CIJ, mediante la providencia del 13 de junio de 2022, antes de señalar el carácter de admisibilidad de la objeción de Venezuela, recordó que en su Providencia de 19 de junio de 2018 había señalado expresamente la posibilidad de que Venezuela hiciera uso de sus derechos procesales como parte en el caso. En ese sentido, Venezuela ejerció su derecho a oponer excepciones preliminares sobre la admisibilidad de la demanda de la República Cooperativa de Guyana, un tema que, hasta el momento, no había sido discutido por las partes ante la CIJ.

La inadmisibilidad de la demanda de la República Cooperativa de Guyana se fundamenta en la propia práctica de la CIJ. En primer término, la CIJ ha distinguido entre las cuestiones de competencia y las de admisibilidad conforme a la sentencia de fecha 18 de noviembre de 2008 en el caso Croacia contra Serbia sobre la Convención para la Prevención y la Sanción del Delito de Genocidio. La referida decisión señaló que *"Esencialmente, esta objeción consiste en la afirmación de que existe una razón jurídica, incluso cuando hay competencia, por la que la Corte debe negarse a conocer del caso o, más habitualmente, de una reclamación específica en él"*[1324].

El precedente de la decisión Croacia contra Serbia aplica al caso que nos ocupa. En efecto, en la providencia de la CIJ de 19 de junio de 2018 la CIJ indicó a las partes que debían referirse, durante aquella primera incidencia sobre competencia resuelta mediante la sentencia del 18 de diciembre de 2020, sólo a cuestiones de competencia y no a cuestiones de admisibilidad.

Los representantes de la República Cooperativa de Guyana afirmaron que para que se aplique la doctrina del oro monetario no basta con que su decisión tenga *"meras implicaciones"* sobre terceros como el Reino Unido e Irlanda del Norte, sino que los intereses jurídicos de

---

[1324] Disponible en: https://www.icj-cij.org/public/files/case-related/118/118-20081118-JUD-01-00-EN.pdf.

un tercer Estado ausente deben constituir "*el objeto mismo*" de una controversia.

La República Cooperativa de Guyana indicó que en virtud del principio jurídico establecido por primera vez por la CIJ en el caso "*Oro monetario removido de Roma en 1943*" (Italia c. Francia, Reino Unido e Irlanda del Norte y Estados Unidos de América)[1325] y explicado en su jurisprudencia posterior, el Reino Unido no es una parte indispensable en este procedimiento.

En opinión de Guyana, la doctrina no se aplica, y no puede aplicarse en este caso, por dos razones: en primer lugar, el Reino Unido no tiene intereses legales ni derechos u obligaciones legales que se verían afectados por una sentencia de la CIJ sobre el fondo de este caso; y en segundo lugar, el Reino Unido ha dado su consentimiento, expresado en el artículo IV del Acuerdo de Ginebra de 1966, para que la CIJ resuelva esta disputa entre Guyana y Venezuela.

El caso llegó a la CIJ a raíz de un arbitraje que determinó que cierto oro, saqueado por las fuerzas alemanas en Roma durante la Segunda Guerra Mundial, pertenecía a Albania. Italia reclamó el derecho al mismo oro basándose en un supuesto agravio internacional que Albania había cometido contra ella. La reclamación de Italia exigía, por tanto, que la CIJ determinara si Albania, que no era parte en el caso del Oro Monetario, había cometido alguna infracción jurídica internacional que la hiciera responsable ante Italia. Como explicó la CIJ "*Por lo tanto, para determinar si Italia tiene derecho a recibir el oro, es necesario determinar si Albania ha cometido algún ilícito internacional contra Italia, y si está obligada a pagarle una indemnización*".

Sobre esta base, la CIJ concluyó que no podía ejercer su competencia porque: "*En el presente caso, los intereses jurídicos de Albania no sólo se verían afectados por una decisión, sino que constituirían el objeto de la misma*". Esta es la esencia de la sentencia de la CIJ y la norma que establece para los casos futuros que para que la CIJ no ejerza su jurisdicción debe existir la necesidad de determinar si los intereses legales de una parte ausente no sólo se verían afectados por, sino que constituirían el objeto mismo de la decisión sobre el fondo que la CIJ

[1325] Disponible en: https://www.icj-cij.org/en/case/19.

debe tomar. En particular, ¿afectaría una sentencia de la CIJ directamente a los derechos u obligaciones legales de un Estado ausente, como en el caso de Albania, que no ha consentido su jurisdicción?

La CIJ volvió a tratar esta cuestión y profundizó en el criterio que estableció en Oro Monetario, en el caso Phosphates, Nauru contra Australia en el que rechazó el argumento de Australia de que el caso debía ser desestimado bajo el estándar del Oro Monetario sobre la base de que, como alegaba Australia, sus intereses jurídicos eran idénticos a los del Reino Unido y Nueva Zelanda, y que cualquier adjudicación de sus intereses afectaría inevitablemente a los intereses legales de los dos Estados ausentes. La CIJ explicó que: *"En el presente caso, los intereses de Nueva Zelanda y del Reino Unido no constituyen el objeto mismo de la sentencia que debe dictarse sobre el fondo de la solicitud de Nauru y la situación es, en ese sentido, diferente a la que la CIJ tuvo que tratar en el caso del Oro Monetario"*.

La decisión de la CIJ de ejercer la jurisdicción no significaba que considerara que los intereses jurídicos de Nueva Zelanda y el Reino Unido no se verían afectados por la sentencia que Nauru solicitaba. Por el contrario, la CIJ reconoció que *"una conclusión de la Corte sobre la existencia o el contenido de la responsabilidad atribuida a Australia por Nauru podría tener implicaciones para la situación jurídica de los otros dos Estados afectados"*. En el caso Phosphates, la CIJ adoptó un enfoque muy diferente: rechazó la excepción preliminar de Australia porque "los intereses de Nueva Zelanda y el Reino Unido no constituyen el objeto mismo de la sentencia que se va a dictar", porque la sentencia no afectaría directamente a los derechos u obligaciones legales de esos Estados.

Tres años más tarde, la CIJ tuvo que volver a interpretar y aplicar su sentencia del Oro Monetario en el caso de Timor Oriental (Portugal contra Australia). El abogado de Venezuela citó este caso, pero lo hizo de forma muy selectiva. En su pasaje clave, la CIJ sostuvo la excepción preliminar de Australia basada en la sentencia del Oro Monetario, porque, en sus palabras *"en este caso, los efectos de la sentencia solicitada por Portugal equivaldrían a la determinación de que la entrada y la presencia continuada de Indonesia en Timor Oriental son ilegales y que, en consecuencia, no tiene la facultad de elaborar tratados en asuntos relacionados con los recursos de la plataforma continental de Timor Oriental. Los derechos y obligaciones de Indonesia constituirían, por tanto, el objeto mismo de una sentencia de este tipo dictada en ausencia del consentimiento de ese Estado".*

En este pasaje, la CIJ dejó claro, especialmente en la última frase citada, que los intereses jurídicos de un Estado ausente "*constituirán el objeto mismo*" del caso cuando su sentencia afecte directamente a los "*derechos y obligaciones*" del Estado ausente. Incluso al estimar la objeción de Australia, la CIJ se preocupó de reafirmar lo que dijo en el caso Phosphates: que el Oro Monetario no le impedía ejercer su jurisdicción y dictar una sentencia que pudiera afectar a los intereses jurídicos de un Estado ausente, siempre que los intereses de ese Estado no constituyeran el objeto mismo del litigio: "*la CIJ de Justicia subraya que no está necesariamente impedido de pronunciarse cuando la sentencia que se le pide puede afectar a los intereses jurídicos de un Estado que no es parte en el asunto*".

La CIJ reafirmó este principio una vez más en su sentencia de 1998 en el caso Camerún contra Nigeria. Nigeria se opuso a la solicitud de Camerún de que la Corte estableciera la frontera de las partes a través del lago Chad, con el argumento de que esto tocaría el punto triple con Chad y, por lo tanto, afectaría los intereses legales de un Estado ausente en violación del precedente del Oro Monetario. La Corte rechazó la objeción de Nigeria con el argumento ya conocido de que "*no está necesariamente impedido de pronunciarse cuando la sentencia que se le pide puede afectar a los intereses legales de un Estado que no es parte en el caso*". En ese caso, a diferencia del presente entre Guyana y Venezuela, el Estado ausente tenía un interés jurídico real en una parte de la frontera internacional que la Corte debía trazar. No obstante, la Corte dictaminó que "*los intereses jurídicos del Chad, como tercer Estado que no es parte en el caso, no constituyen el objeto mismo de la sentencia que debe dictarse sobre el fondo de la demanda del Camerún*".

Lo que muestra esta revisión de la jurisprudencia relevante es que la CIJ ha declinado el ejercicio de la jurisdicción bajo el estándar del Oro Monetario sólo en dos casos. En ambos, el del Oro Monetario propiamente dicho y Timor Oriental, consideró que no podía decidir el caso sin afectar directamente los derechos u obligaciones legales de un tercer Estado ausente - Albania en el primer caso, Indonesia en el segundo - y que los intereses legales del Estado ausente constituían el objeto mismo de la decisión a dictar.

Para responder a esta cuestión respecto del caso entre la República Cooperativa de Guyana y Venezuela -si los intereses jurídicos del Reino Unido constituyen el objeto mismo de la sentencia que la CIJ debe dictar aquí- debemos considerar cuál es el objeto mismo del presente litigio entre Guyana y Venezuela.

Para los representantes de la República Cooperativa de Guyana este es un asunto en el que las partes están de acuerdo. Venezuela afirma, y nosotros estamos de acuerdo, que el objeto de esta controversia se establece en el párrafo 137 de la sentencia de la CIJ del 18 de diciembre de 2020. En ella: *"la Corte concluye que es competente para conocer las reclamaciones de Guyana relativas a la validez del Laudo de 1899 sobre la frontera entre la Guayana Británica y Venezuela y la cuestión conexa de la solución definitiva de la controversia relativa al límite terrestre entre los territorios de las Partes"*.

Al mismo efecto, en el primer párrafo del dispositivo, la Corte *"Declara que es competente para conocer la Solicitud presentada por la República Cooperativa de Guyana el 29 de marzo de 2018 en lo que respecta a la validez del Laudo Arbitral de 3 de octubre de 1899 y la cuestión conexa de la solución definitiva de la controversia sobre los límites terrestres entre la República Cooperativa de Guyana y la República Bolivariana de Venezuela"*.

Por lo tanto, el objeto de la sentencia que debe dictar la Corte es la validez del Laudo Arbitral de 3 de octubre de 1899 y la cuestión conexa de la solución definitiva de la controversia sobre límites terrestres entre Guyana y Venezuela.

En estas circunstancias, la tarea de la CIJ, al considerar las excepciones preliminares de Venezuela bajo el estándar de Oro Monetario, es determinar si el Reino Unido tiene intereses legales que no sólo se verían afectados por, sino que formarían el objeto mismo de una sentencia de la CIJ sobre la validez del Laudo Arbitral de 1899 y la cuestión relacionada de la solución definitiva de la frontera terrestre entre Guyana y Venezuela.

Y esto, entonces, nos lleva a la cuestión fundamental en el corazón de este procedimiento: ¿qué intereses legales, si los hay, tiene el Reino Unido en la validez del Laudo Arbitral de 1899, o la solución definitiva de la frontera terrestre entre Guyana y Venezuela? Y, lo que es más importante, si estos intereses jurídicos existen, ¿constituyen el objeto mismo del litigio que debe decidir la CIJ?

Para la República Cooperativa de Guyana, las respuestas a estas preguntas son claras: el Reino Unido no tiene intereses legales en la validez del Laudo Arbitral de 1899, ni en la solución definitiva de la frontera terrestre entre Guyana y Venezuela. Por lo tanto, no tiene intereses legales que puedan constituir el objeto mismo de esta disputa. Al emitir su sentencia sobre la validez del Laudo Arbitral de 1899, o la solución definitiva de la frontera terrestre, no hay derechos u obligaciones legales del Reino Unido que la CIJ pudiera afectar. De manera que no habría base, teniendo en cuenta el caso del Oro Monetario y la jurisprudencia posterior, para que la CIJ decline el ejercicio de su jurisdicción debido a la ausencia del Reino Unido, independientemente de si el Reino Unido ha consentido la adjudicación de estas cuestiones por parte de Guyana y Venezuela.

Podría ser útil que nos planteáramos esta pregunta: ¿considera el propio Reino Unido que tiene intereses jurídicos que podrían verse afectados por una sentencia sobre el fondo en este caso, de manera que podría oponerse al ejercicio de la jurisdicción de la CIJ sobre las cuestiones que le han sido planteadas por Guyana? Esta es una pregunta que Venezuela evitó abordar en su exposición. Sin embargo, los representantes de la República Cooperativa de Guyana consideraron importante tomar en cuenta las siguientes declaraciones en las que el Reino Unido se unió a otros Estados para acoger la Sentencia de la Corte del 18 de diciembre de 2020 y, específicamente, la decisión de la CIJ de resolver las reclamaciones de Guyana sobre la validez del Laudo de 1899 y la solución definitiva de la frontera terrestre entre Guyana y Venezuela.

1. Esto, por ejemplo, se desprende del comunicado emitido por los Jefes de Gobierno de la Commonwealth al concluir su reunión en Ruanda el 25 de junio de 2022, en la ficha 2 de sus carpetas y que fue firmado por todos los Jefes, incluido el Primer Ministro del Reino Unido:

"*Los Jefes tomaron nota de la decisión tomada por la CIJ el 18 de diciembre de 2020, de que es competente para conocer la Solicitud presentada por Guyana el 29 de marzo de 2018, allanando el camino para que la CIJ considere el fondo del caso relativo al Laudo Arbitral del 3 de octubre de 1899 (Guyana contra Venezuela).... Los Jefes reiteraron su pleno apoyo al proceso judicial en curso que tiene por objeto poner fin pacífico y definitivo a la controversia de larga data entre los dos países*".

2. El 14 de septiembre de 2021, la declaración final del Grupo Ministerial de la Commonwealth sobre Guyana, que incluía al Reino Unido, y que se encuentra en la pestaña 4 de sus carpetas, contenía este párrafo: "*El Grupo expresó su apoyo inquebrantable al proceso judicial en curso ante la Corte Internacional de Justicia elegida por el Secretario General de las Naciones Unidas en virtud del Acuerdo de Ginebra de 1966 y el Grupo sigue alentando a Venezuela a participar en dicho proceso*".

3. Una declaración similar fue firmada por el Ministro de Asuntos Exteriores del Reino Unido y sus homólogos de la CARICOM y la República Dominicana en la conclusión del Décimo Foro Reino Unido-Caribe el 18 de marzo de 2021. El comunicado final, en la pestaña 3 de las carpetas, incluía este párrafo: "*Los ministros acogieron con beneplácito la decisión del 18 de diciembre de 2020 de la Corte Internacional de Justicia de que es competente para examinar la reclamación de Guyana relativa a la validez del laudo arbitral de 1899, que fijó la frontera terrestre entre la entonces Guayana Británica y Venezuela*".

La jurisprudencia de la CIJ es clara en cuanto al carácter obligatorio de la objeción al ejercicio de la jurisdicción, que distingue la objeción basada en el principio del caso del Oro Monetario de una objeción a la admisibilidad, y su jurisprudencia es también muy clara en cuanto a que el efecto jurídico de dicha objeción no es el de hacer inadmisible la solicitud que inicia el procedimiento.

En el asunto del Oro Monetario, el Gobierno italiano "*solicitó a la CIJ que se pronunciara sobre la cuestión preliminar de su competencia para conocer del fondo de la demanda*". No se trataba de una cuestión de admisibilidad de la demanda, sino de la "*cuestión preliminar de la competencia de la Corte Internacional de Justicia"* para conocer de una de las pretensiones formuladas en dicha demanda. Sobre esta cuestión de competencia, la CIJ *"dice que la competencia que le confiere el acuerdo común [de las partes] no le autoriza, a falta del consentimiento de Albania, a pronunciarse sobre la primera presentación de la demanda del Gobierno italiano"*. La falta de consentimiento de Albania es una cuestión de competencia que limita la jurisdicción de la CIJ y tiene el efecto de obligarla a no ejercer su jurisdicción.

En el caso de Timor Oriental -el único otro caso en el que la CIJ aplicó el principio del Oro Monetario- Australia argumentó que *"[la] reclamación [de Portugal] ... contraviene el principio del consentimiento que impide la adjudicación de la responsabilidad legal de Indonesia sin su acuerdo"*. En la parte dispositiva de su contramemoria, Australia concluyó que "la *CIJ carece de jurisdicción para decidir sobre las reclamaciones portuguesas, o las reclamaciones son inadmisibles"*. La cuestión de la admisibilidad de las reclamaciones de Portugal no es una cuestión que pueda resolver la CIJ. Por tanto, la cuestión de la admisibilidad de las pretensiones formuladas en la demanda portuguesa fue planteada por Australia sólo con carácter subsidiario, entendiendo que la cuestión del tercero ausente del procedimiento planteaba sobre todo una cuestión de competencia vinculada a la falta de consentimiento de dicho tercero. Sólo en este último aspecto la CIJ identificó la naturaleza y el efecto jurídico de la objeción planteada por Australia.

También en el caso de Timor Oriental la CIJ insistió en *"que uno de los principios fundamentales de su Estatuto es que no puede decidir una disputa entre Estados a menos que éstos hayan consentido su jurisdicción"*. Al igual que en el caso del Oro Monetario, la CIJ examinó la objeción australiana a la luz del principio cardinal del consentimiento, el cual rige su jurisdicción. Sin declarar inadmisible la objeción australiana, y de acuerdo con su jurisprudencia anterior, la CIJ situó la objeción en el ámbito de la cuestión de su competencia, y lo hizo tanto por su fundamento como por sus efectos. En la parte dispositiva de su sentencia, la CIJ *"no sabía cómo ejercer la competencia que se le había conferido en el presente caso"*.

Además para la República Cooperativa de Guyana, la objeción preliminar sobre admisibilidad de la demanda propuesta por Venezuela carece de sentido desde que la CIJ en el párrafo 115 de su sentencia del

18 de diciembre de 2020 sostuvo que la decisión tomada por el Secretario General de Naciones Unidas, con fundamento en el artículo IV.2 del Acuerdo de Ginebra, sería obstaculizada si para que surtiera efectos se exigiera el consentimiento posterior de las partes involucradas en la controversia territorial.

La aplicación del principio del Oro Monetario, según la República Cooperativa de Guyana, violaría la sucesión entre Estados y el principio de autodeterminación de los pueblos y señala que el único propósito de este argumento es desviar la atención de lo verdaderamente importante.

Guyana ha tratado de dar importancia al hecho de que la CIJ, en su Providencia de 19 de junio de 2018, había considerado que era necesario *"ser informado de todos los fundamentos de hecho y de derecho en los que se basan las Partes en materia de su jurisdicción"*, fórmula que, en opinión de Guyana, pretendía abarcar *"cualquier límite potencial a la jurisdicción de la CIJ en relación con cualquiera de las reclamaciones"* contenidas en la solicitud.

La República Cooperativa de Guyana afirmó en su memoria que el Tratado de 1897 fue concertado de acuerdo con las normas pertinentes y que fue también válida la constitución del tribunal arbitral de 1899.

Los representantes de la República Cooperativa de Guyana señalaron que las excepciones preliminares de Venezuela están prescritas por los efectos de *res iudicata* de la sentencia de la CIJ del 18 de diciembre de 2020. La República Cooperativa de Guyana indicó que lo que Venezuela pide a la CIJ a través de sus excepciones preliminares es deshacer su sentencia y que las excepciones preliminares de Venezuela son esencialmente jurisdiccionales y, por tanto, tardías en virtud del artículo 79bis del Reglamento. Los representantes de la República Cooperativa de Guyana fueron enfáticos en que la única manera que Venezuela puede encontrar para evitar esto es argumentar que los motivos de las excepciones preliminares no existían antes de la Sentencia, sino que surgieron de ella.

La República Cooperativa de Guyana invocó la primacía del principio de cosa juzgada que se aplica a todas las sentencias de la CIJ conforme a los artículos 59 y 60 del Estatuto y la propia jurisprudencia de la CIJ, que reconoce que las sentencias son definitivas e inapelables.

En el caso del Genocidio de Bosnia, la CIJ se ocupó de un intento por parte de Serbia de reabrir la sentencia que confirmaba su jurisdicción. La CIJ decidió que:

"*De acuerdo con el artículo 36, párrafo 6, del Estatuto, y una vez que una decisión a favor de la jurisdicción ha sido pronunciada con la fuerza de la res judicata, no es susceptible de ser cuestionada o reexaminada, excepto por medio de una revisión bajo el artículo 61 del Estatuto*"[1326].

La CIJ prosiguió con la fundamentación de su decisión, dilucidando las dos finalidades principales de la cosa juzgada. Afirmó: "*Este resultado es requerido por la naturaleza de la función judicial*" y la necesidad universalmente reconocida de "estabilidad de las relaciones jurídicas". La objeción de Venezuela, indica Guyana utilizando las mismas palabras de la CIJ, "*privaría a un litigante [en este caso, Guyana] del beneficio de una sentencia que ya ha obtenido*", lo cual debe considerarse "en general como una violación de los principios que rigen la solución jurídica de las controversias".

Argumentan que la sentencia del 18 de diciembre de 2020 tiene carácter de cosa juzgada, de modo que lo decidido por la CIJ sólo puede ser cuestionado bajo las muy estrictas condiciones de una solicitud de revisión. La revisión sólo puede solicitarse "*cuando se basa en el descubrimiento de algún hecho*" de carácter decisivo que era "*desconocido por la Corte*" y por "*la parte que reclama la revisión*" de la sentencia. Esas condiciones, indican, no se cumplen en este caso.

La providencia de 13 de junio de 2022 no se pronunció sobre la cuestión de si la excepción venezolana entraba en la categoría de las excepciones a la admisibilidad. El auto se limitó a hacer referencia a la calificación que la propia Venezuela dio a sus excepciones preliminares al describir el hecho de que las había presentado.

Las partes difieren en cuanto a si el ejercicio de la competencia por parte del CIJ está incluido en la "*cuestión de competencia*" a la que se refiere la providencia del 19 de junio de 2018. Sin embargo, los términos

---

[1326] p. 101. Disponible en: https://www.icj-cij.org/public/files/case-related/91/091-20070226-JUD-01-00-EN.pdf.

de la providencia no requerían que las partes informaran a la CIJ de su posible falta de jurisdicción. Para los abogados de la República Cooperativa de Guyana competencia es un término que abarca tanto la cuestión de la existencia de la competencia como la cuestión de su ejercicio.

Los representantes de la República Cooperativa de Guyana dijeron que su posición no es que los términos de la providencia abarquen cuestiones de admisibilidad como tales. Sólo afirmaron que la objeción planteada por Venezuela no entra en esta categoría, tanto por su profunda naturaleza y consecuencias en caso de ser admitida como por el contexto tan particular del Acuerdo de Ginebra.

Además, en el momento en que se adoptó la providencia del 19 de junio 2018, ya estaba muy claro que la cuestión de la validez del laudo era el objeto de la controversia. El escrito de demanda es explícito en este punto, al igual que el Acuerdo de Ginebra. Además, ya estaba bastante claro que Venezuela impugnaba la validez del laudo basándose en la conducta del Reino Unido.

En 1962, cuando Venezuela argumentó por primera vez que el laudo era inválido, lo hizo supuestamente porque era el resultado de una transacción política llevada a cabo a espaldas de Venezuela. Como se reprodujo textualmente en el Escrito de Demanda, esta reclamación venezolana era conocida por la CIJ cuando adoptó la providencia del 19 de junio de 2018.

Además, los abogados de la República Cooperativa de Guyana sostienen que el fondo de la excepción preliminar no puede ser considerado y mantenido debido a la sentencia del 18 de diciembre de 2020. La representación de Venezuela no ha dicho nada sobre el hecho de que su sentencia haya decidido que la CIJ es competente para conocer de la demanda, palabras que indican con carácter de *res iudicata* que la Corte es competente para examinar el fondo del asunto y que ha decidido ejercer esa facultad.

De forma que la cuestión que debe decidir la CIJ es si la excepción basada en el principio del Oro Monetario, que es el objeto del presente procedimiento incidental y que surge en el contexto muy particular de este caso, es admisible en esta fase del proceso o si, como argumenta Guyana, Venezuela debería haber planteado este argumento dentro del plazo establecido por la providencia, de modo que ya no tendría derecho a hacerlo mediante excepciones preliminares opuestas en junio de 2022.

La República Cooperativa de Guyana indicó que lo que Venezuela pide a la CIJ a través de sus excepciones preliminares es deshacer su sentencia y que las excepciones preliminares de Venezuela son esencialmente jurisdiccionales y, por tanto, tardías en virtud del artículo 79bis del Reglamento. Los representantes de la República Cooperativa de Guyana fueron enfáticos en que la única manera que Venezuela puede encontrar para evitar esto es argumentar que los motivos de las excepciones preliminares no existían antes de la sentencia, sino que surgieron de ella.

La República Cooperativa de Guyana invocó la primacía del principio de cosa juzgada que se aplica a todas las sentencias de la CIJ conforme a los artículos 59 y 60 del Estatuto y la propia jurisprudencia de la CIJ, que reconoce desde hace tiempo que las sentencias son definitivas e inapelables.

En el caso del Genocidio de Bosnia la CIJ se ocupó de un intento por parte de Serbia de reabrir la sentencia que confirmaba su jurisdicción. La CIJ decidió que:

> *"De acuerdo con el artículo 36, párrafo 6, del Estatuto, y una vez que una decisión a favor de la jurisdicción ha sido pronunciada con la fuerza de la res judicata, no es susceptible de ser cuestionada o reexaminada, excepto por medio de una revisión bajo el artículo 61 del Estatuto"*[1327].

La CIJ prosiguió con la fundamentación de su decisión, explicando las dos finalidades principales de la cosa juzgada. Afirmó: *"Este resultado es requerido por la naturaleza de la función judicial y la necesidad universalmente reconocida de estabilidad de las relaciones jurídicas"*. Por tanto la República Cooperativa de Guyana alega que no cabe duda de que la sentencia del 18 de diciembre de 2020 tiene carácter de cosa juzgada y lo decidido por la CIJ sólo puede ser cuestionado bajo las muy estrictas condiciones de una solicitud de revisión. La revisión sólo puede solicitarse *"cuando se basa en el descubrimiento de algún*

[1327] *Ídem.*

hecho" de carácter decisivo que era "*desconocido por la Corte*" y por "*la parte que reclama la revisión*" de la sentencia, condiciones que -indica la representación de la República Cooperativa de Guyana- no se cumplen en este caso.

Alegan que la providencia de 13 de junio de 2022 no se pronunció sobre la cuestión de si la excepción venezolana entraba en la categoría de las excepciones a la admisibilidad sino que el auto se limitó a hacer referencia a la calificación que la propia Venezuela dio a sus excepciones preliminares al describir el hecho de que las había presentado.

Las partes difieren en cuanto a si el ejercicio de la competencia por parte del CIJ está incluido en la "*cuestión de competencia*" a la que se refiere la providencia del 19 de junio de 2018. Sin embargo, los términos de la providencia no requerían que las partes informaran a la CIJ de su posible falta de jurisdicción. Para los abogados de la República Cooperativa de Guyana competencia es un término que abarca tanto la cuestión de la existencia de la competencia como la cuestión de su ejercicio.

Los representantes de la República Cooperativa de Guyana dijeron que su posición no es que los términos de la providencia abarquen cuestiones de admisibilidad como tales. Sólo afirmaron que la objeción planteada por Venezuela no entra en esta categoría, tanto por su profunda naturaleza y consecuencias en caso de ser admitida como por el contexto tan particular del Acuerdo de Ginebra.

Además, en el momento en que se adoptó la providencia del 19 de junio 2018, ya estaba muy claro que la cuestión de la validez del laudo era el objeto de la controversia. El escrito de demanda es explícito en este punto, al igual que el Acuerdo de Ginebra. Ya estaba bastante claro que Venezuela impugnaba la validez del laudo basándose en la conducta del Reino Unido.

En 1962, cuando Venezuela argumentó por primera vez que el laudo era inválido, lo hizo supuestamente porque era el resultado de una transacción política llevada a cabo a espaldas de Venezuela y tal como se reproduce textualmente en el Acuerdo de Ginebra, el laudo no era válido. Como se reprodujo textualmente en el Escrito de Demanda, esta reclamación venezolana era conocida por la CIJ cuando adoptó la providencia del 19 de junio de 2018.

Además, los abogados de la República Cooperativa de Guyana sostienen que el fondo de la excepción preliminar no puede ser considerado y mantenido debido a la sentencia del 18 de diciembre de 2020. La representación de Venezuela no ha dicho nada sobre el hecho de que su sentencia haya decidido que la CIJ es competente para conocer de la demanda, palabras que indican con carácter de *res iudicata* que la Corte es competente para examinar el fondo del asunto y que ha decidido ejercer esa facultad.

109. **6 de abril de 2023:** La CIJ dictó sentencia por medio de la cual resolvió la excepción preliminar presentada el 7 de junio de 2022 por la República Bolivariana de Venezuela respecto de la admisibilidad de la demanda interpuesta por la República Cooperativa de Guyana[1328].

La CIJ examinó los argumentos de la República Bolivariana Venezuela y la República Cooperativa de Guyana y se pronunció sobre los aspectos relevantes surgidos en este procedimiento incidental. Entre esos puntos se encuentran principalmente la admisibilidad de las excepciones preliminares de Venezuela y el análisis de fondo de las excepciones preliminares.

Juez Joan E. Donoghue, Presidente de la Corte Internacional de Justicia[1329]

[1328] International Court of Justice, "Judgment of 6 April 2023". Disponible en: https://www.icj-cij.org/sites/default/files/case-related/171/171-20230406-JUD-01-00-EN.pdf.

[1329] Imagen extraída de la galería multimedia de la Corte Internacional Justicia. Disponible en: https://www.icj-cij.org/sites/default/files/multimedia_galleries/2_1.jpg.

Además, la sentencia trató otros asuntos importantes no sólo para el caso concreto, sino también para la evolución de la jurisprudencia de la CIJ en relación a la excepción preliminar de admisibilidad de la demanda basada en el principio del oro monetario; los requisitos necesarios para que un tercer Estado adquiera el carácter de parte indispensable y la interpretación de los tratados con arreglo a la Convención de Viena sobre el Derecho de los Tratados.

La sentencia, aprobada por la mayoría de los jueces, vino acompañada de cuatro declaraciones separadas y una denominada opinión parcialmente individual y parcialmente disidente. Las cuatro declaraciones separadas corresponden al juez indio Dalveer Bhandari, al juez jamaiquino Patrick Robinson, al juez japonés Yuji Iwasawa y al juez ad hoc alemán designado por la República Cooperativa de Guyana Rüdiger Wolfrum. La denominada opinión parcialmente individual y parcialmente disidente fue consignada por el juez ad hoc belga designado por la República Bolivariana de Venezuela Philippe Couvreur.

En primer lugar, la CIJ unánimemente declaró admisible la excepción preliminar presentada por la República Bolivariana de Venezuela. Luego, con catorce votos a favor y el voto en contra del Juez ad hoc Sr. Philippe Couvreur, la CIJ declaró sin lugar dicha excepción preliminar.

Finalmente, con catorce votos a favor y el voto en contra del Juez ad hoc Sr. Couvreur, la CIJ ratificó que es competente para decidir sobre el fondo de las reclamaciones de la República Cooperativa de Guyana, en la medida en que se encuentren dentro del ámbito del párrafo 138, subpárrafo 1, de la sentencia del 18 de diciembre de 2020.

a. La admisibilidad de las excepciones preliminares presentadas por la República Bolivariana de Venezuela

La CIJ examinó, en primer, lugar la admisibilidad de las excepciones preliminares presentadas por la República Bolivariana de Venezuela antes de proceder a estudiar su contenido. La CIJ revisó los argumentos presentados por ambas partes -Venezuela y Guyana- y se pronunció sobre la naturaleza jurídico-procesal de la excepción preliminar presentada por Venezuela.

La excepción preliminar cuestionó la admisibilidad de la demanda presentada por la República Cooperativa de Guyana y se fundamentó en la jurisprudencia de la CIJ; en particular en el precedente del caso

Oro Monetario ("*Monetary Gold*"), según el cual la CIJ no puede ejercer su competencia si para decidir tiene que pronunciarse sobre los intereses de un tercer Estado que no es parte en el proceso y quien debe ser considerado parte indispensable.

Además, la CIJ tomó en consideración el argumento de Venezuela según el cual la excepción preliminar era admisible porque se refería a la admisibilidad de la demanda y no a la competencia de la CIJ. La CIJ también sostuvo que su decisión de diciembre de 2020 sólo se refería a la competencia y no a la admisibilidad. La CIJ tuvo en cuenta que Venezuela argumentó que su excepción no estaba limitada por el plazo establecido por la CIJ en su orden del 19 de junio de 2018.

Es importante señalar que las excepciones preliminares presentadas por Venezuela atacaron la admisibilidad de la demanda de Guyana y cuestionaron el ejercicio de la competencia de la CIJ y no la existencia de la competencia *per se*.

Esta distinción fue admitida por la CIJ. Si las excepciones preliminares hubieran estado relacionadas con la existencia de la competencia, éstas habrían sido inadmisibles para la CIJ, porque los aspectos vinculados con la existencia de la competencia fueron ya decididos por la CIJ mediante la sentencia del 18 de diciembre de 2020 y gozan de la protección de la *res iudicata*.

La CIJ examinó el argumento de Guyana según el cual la excepción preliminar presentada por Venezuela se refería al ejercicio de la competencia de la CIJ y, por lo tanto, debería rechazarse por inadmisible. También tuvo en cuenta el argumento de Guyana según el cual Venezuela ya no tenía derecho a plantear una excepción preliminar que cuestionara la competencia de la CIJ después de la sentencia del 18 de diciembre de 2020, en la que la CIJ encontró que tenía competencia sobre parte de las pretensiones de Guyana.

La CIJ concluyó que la excepción preliminar presentada por Venezuela es admisible y que no estaba limitada por el plazo establecido en la orden dictada por la CIJ en fecha 19 de junio de 2018.

La CIJ recordó que en el pasado había decidido que cuando se rechaza una excepción preliminar relativa al carácter indispensable de un tercer Estado, se considera que la excepción se refiere al ejercicio de la competencia en lugar de la existencia de la competencia.

b. Examen de fondo de la excepción preliminar

Establecida su admisibilidad, la CIJ procedió al análisis de fondo de la excepción preliminar presentada por Venezuela. La excepción preliminar se fundamentó en la consideración de que el Reino Unido e Irlanda del Norte era un tercero indispensable en el caso y que la CIJ no podía decidir la cuestión de la validez del Laudo del 3 de octubre de 1899 sin su participación.

Venezuela afirmó que una decisión sobre el fondo del caso involucraría necesariamente una evaluación de la conducta fraudulenta supuestamente atribuible al Reino Unido e Irlanda del Norte en relación con el Laudo del 3 de octubre de 1899. Alegó que había sido coaccionada y engañada por el Reino Unido para suscribir el Tratado de Washington de 1897. Además, sostuvo que durante el procedimiento arbitral hubo ciertas comunicaciones impropias entre los abogados del Reino Unido y los árbitros que había nombrado. Adicionalmente, Venezuela argumentó que el Reino Unido presentó mapas falsificados al tribunal arbitral, cuestión que vició el Laudo Arbitral de París.

La República Cooperativa de Guyana por su parte argumentó que el Reino Unido e Irlanda del Norte no era un tercero indispensable en el caso y que no tenía intereses jurídicos que pudieran verse afectados por la decisión de la CIJ sobre la validez del Laudo Arbitral de París.

La CIJ rechazó la excepción preliminar presentada por Venezuela y decidió que el Reino Unido e Irlanda del Norte no es una parte indispensable en el caso y que podía decidir la cuestión de la validez del Laudo de 1899 sin su participación. La CIJ concluyó que el caso se refería a una disputa entre la República Cooperativa de Guyana y la República Bolivariana de Venezuela. Además, la CIJ aclaró que el Reino Unido e Irlanda del Norte no tenía intereses jurídicos que pudieran verse afectados por la decisión de la CIJ sobre la validez del Laudo Arbitral de París.

b.1. Análisis particular del Acuerdo de Ginebra del 17 de febrero de 1966 efectuado por la CIJ

La sentencia se refiere a la interpretación del Acuerdo de Ginebra de 1966 suscrito entre la República Cooperativa de Guyana y la República Bolivariana de Venezuela. La República Bolivariana de Venezuela argumentó que los intereses legales del Reino Unido e Irlanda del Norte serían el tema principal de la decisión de la CIJ, basándose en el principio del oro monetario.

Sin embargo, la CIJ señaló que los dos países involucrados actualmente en el caso, así como el Reino Unido e Irlanda el Norte, son partes del Acuerdo de Ginebra, instrumento en el que se basa la competencia de la CIJ. Por lo tanto, la CIJ consideró apropiado analizar las implicaciones jurídicas de que el Reino Unido e Irlanda del Norte sea parte del Acuerdo de Ginebra, cuestión que a su vez que requiere una interpretación de las disposiciones relevantes del referido Acuerdo.

La CIJ resaltó que para interpretar el Acuerdo de Ginebra aplicó las reglas de interpretación de tratados que se encuentran en los artículos 31, 32 y 33 de la Convención de Viena sobre el Derecho de los Tratados, las cuales reflejan reglas de derecho internacional consuetudinario. Estas disposiciones establecen reglas sobre la correcta interpretación de los tratados internacionales.

El artículo 31 de la Convención de Viena sobre el Derecho de los Tratados consagra la norma general que rige la interpretación de los tratados internacionales. En efecto, el referido artículo dispone:

"1. Un tratado deberá interpretarse de buena fe conforme al sentido corriente que haya de atribuirse a los términos del tratado en el contexto de éstos y teniendo en cuenta su objeto y fin.
2. Para los efectos de la interpretación de un tratado, el contexto comprenderá, además del texto, incluidos su preámbulo y anexos:
a) todo acuerdo que se refiera al tratado y haya sido concertado entre todas las partes con motivo de la celebración del tratado;
b) todo instrumento formulado por una o más partes con motivo de la celebración del tratado y aceptado por las demás como instrumento referente al tratado.
3. Juntamente con el contexto, habrá de tenerse en cuenta:
a) todo acuerdo ulterior entre las partes acerca de la interpretación del tratado o de la aplicación de sus disposiciones.
b) toda práctica ulteriormente seguida en la aplicación del tratado por la cual conste el acuerdo de las partes acerca de la interpretación del tratado.

c) toda forma pertinente de derecho internacional aplicable en las relaciones entre las partes.
4. Se dará a un término un sentido especial si consta que tal fue la intención de las partes"[1330].

El artículo 32 de la Convención de Viena sobre el Derecho de los Tratados establece medios de interpretación complementarios que cumplen la función de verificar la interpretación que resulte de la aplicación de la regla general del artículo 31 o determinar su sentido en ciertos casos. En efecto, la referida disposición indica:

"Se podrán acudir a medios de interpretación complementarios, en particular a los trabajos preparatorios del tratado y a las circunstancias de su celebración, para confirmar el sentido resultante de la aplicación del artículo 31, o para determinar el sentido cuando la interpretación dada de conformidad con el artículo 31:
a) deje ambiguo u oscuro el sentido; o
b) conduzca a un resultado manifiestamente absurdo o irrazonable"[1331].

El artículo 33 de la Convención de Viena sobre el Derecho de los Tratados se refiere a las reglas de interpretación de los tratados que han sido traducidos en varios idiomas. Ciertamente, el referido artículo dispone:

"1. Cuando un tratado haya sido autenticado en dos o más idiomas, el texto hará igualmente fe en cada idioma, a menos que el tratado disponga o las partes convengan que en caso de discrepancia prevalecerá uno de los textos.
2. Una versión del tratado en idioma distinto de aquel en que haya sido autenticado el texto será considerada como texto auténtico únicamente si el tratado así lo dispone o las partes así lo convienen.

[1330] Naciones Unidas, *Convención de Viena sobre el Derecho de los Tratados*, vigente desde 27 de enero de 1980. Disponible en: https://www.oas.org/36ag/espanol/doc_referencia/convencion_viena.pdf.
[1331] *Ídem.*

3. Se presumirá que los términos del tratado tienen en cada texto auténtico igual sentido.
4. Salvo en el caso en que prevalezca un texto determinado conforme a lo previsto en el párrafo 1, cuando la comparación de los textos auténticos revele una diferencia de sentido que no pueda resolverse con la aplicación de los artículos 31 y 39, se adoptará el sentido que mejor concilie esos textos, habida cuenta del objeto y fin del tratado"[1332].

La CIJ enfatizó que interpretó el Acuerdo de Ginebra de buena fe, de acuerdo con el significado ordinario que se le da a los términos del tratado en su contexto y a la luz de su objeto y propósito.

La CIJ consideró que el contexto del Acuerdo de Ginebra incluye la independencia de Guayana Británica que se logró tres meses después de la firma del referido acuerdo.

Los artículos I y II del Acuerdo de Ginebra regulan la etapa inicial del proceso para la solución de la disputa entre las partes y señalan el rol de la República Bolivariana de Venezuela y de la Guayana Británica en ese proceso.

El artículo I del Acuerdo de Ginebra establece la creación de una Comisión Mixta para buscar soluciones satisfactorias para el arreglo práctico de la controversia entre la República Bolivariana de Venezuela y el Reino Unido e Irlanda. El parágrafo primero del artículo II establece que, dentro de los dos meses siguientes a la entrada en vigor del Acuerdo, se designarán dos representantes de la Comisión Mixta por parte del gobierno de Guayana Británica y dos por parte de la República Bolivariana de Venezuela.

La CIJ concluyó que, si bien el artículo I del Acuerdo de Ginebra describe la disputa como existente entre el Reino Unido e Irlanda y la República Bolivariana de Venezuela, el artículo II no otorga ningún rol al Reino Unido e Irlanda del Norte en la etapa inicial del proceso de solución de la disputa. En cambio, asigna la responsabilidad de la designación de los representantes de la Comisión Mixta a la Guayana Británica y la República Bolivariana de Venezuela.

El artículo IV del Acuerdo de Ginebra, que establece el mecanismo para la solución final de la disputa, no contiene ninguna referencia al

---
[1332] *Ídem.*

Reino Unido e Irlanda del Norte en los párrafos 1 y 2. Estos párrafos establecen que si la Comisión Mixta no llega a un acuerdo completo para la solución de la controversia en un plazo de cuatro años a partir de la fecha del Acuerdo, se referirá a los Gobiernos de la República Cooperativa de Guyana y la República Bolivariana de Venezuela cualquier pregunta pendiente, quienes elegirán uno de los medios de solución pacífica previstos en el artículo 33 de la Carta de las Naciones Unidas.

La CIJ afirmó que el Acuerdo de Ginebra asigna roles específicos a la República Cooperativa de Guyana y a la República Bolivariana de Venezuela. Además. señaló que las disposiciones del Acuerdo de Ginebra no otorgan al Reino Unido e Irlanda del Norte papel alguno en la elección o participación en el medio de solución de la controversia.

Por lo tanto, la CIJ consideró que el esquema establecido por los artículos II y IV del Acuerdo de Ginebra refleja una comprensión común de todas las partes de que la controversia debía ser resuelta por la República Cooperativa de Guyana y la República Bolivariana de Venezuela.

La CIJ también indicó que cuando el Reino Unido e Irlanda del Norte aceptó el Acuerdo de Ginebra estaba consciente de que la solución de la controversia entre la República Cooperativa de Guyana y la República Bolivariana de Venezuela sin su participación podía implicar el examen de ciertas denuncias por parte de la República Bolivariana de Venezuela sobre irregularidades efectuadas por las autoridades del Reino Unido durante el arbitraje de París.

Esto se debe a que en febrero de 1962 la República Bolivariana de Venezuela informó al Secretario General de las Naciones Unidas la existencia de una disputa entre el Reino Unido e Irlanda del Norte y la República Bolivariana de Venezuela sobre la delimitación de la frontera entre la República Bolivariana de Venezuela y la Guayana Británica. En su carta, la República Bolivariana de Venezuela afirmó que el laudo fue resultado de una transacción política realizada a espaldas del país y que no reconoce un laudo hecho en tales circunstancias.

Por lo tanto, la CIJ concluyó que el Reino Unido e Irlanda del Norte no tiene ningún papel o rol en la solución de la controversia territorial entre la República Cooperativa de Guyana y la República Bolivariana de Venezuela y que el proceso de solución establecido en el Acuerdo de Ginebra debe seguir adelante sin su participación.

c. La Corte Internacional de Justicia ratificó su competencia

En el último punto de la parte dispositiva de la sentencia del 6 de abril de 2023, la CIJ ratificó su competencia para decidir sobre el fondo de las reclamaciones de la República Cooperativa de Guyana, en la medida en que se encuentren dentro del ámbito del párrafo 138, subpárrafo 1, de la sentencia del 18 de diciembre de 2020 que estableció que la CIJ:

> *"1. Se declara competente para conocer de la Demanda presentada por la República Cooperativa de Guyana el 29 de marzo de 2018, en la medida en que se refiere a la validez del Laudo Arbitral de 3 de octubre de 1899 y a la cuestión conexa de la solución definitiva del litigio de límites terrestres entre la República Cooperativa de Guyana y la República Bolivariana de Venezuela".*

De manera que la CIJ es competente para pronunciarse sobre la validez o nulidad del Laudo Arbitral de París del 3 de octubre de 1899 y sobre la cuestión conexa relativa a la solución de la controversia sobre la frontera terrestre entre ambos países. Además, la CIJ, mediante la sentencia del 6 de abril de 2023, precisó el alcance de la competencia al admitir que es posible pronunciarse sobre los fraudes en que hubiera incurrido el Reino Unido durante la tramitación del procedimiento arbitral de París en 1899.

El hecho de que la CIJ se pronuncie sobre las actuaciones fraudulentas del Reino Unido durante el arbitraje de París no significa que la participación de ese Estado es necesaria para que el proceso continúe. Al contrario, según se deduce del fallo del 6 de abril de 2023, la CIJ determinó que el Reino Unido e Irlanda del Norte sabía muy bien que esto podía ocurrir y lo aceptó definitivamente mediante el Acuerdo de Ginebra del 17 de febrero de 1966. Por lo tanto, la CIJ podrá pronunciarse sobre los argumentos de la República Bolivariana de Venezuela relacionados con la conducta del Reino Unido para el momento en que se firmó el Tratado Arbitral de Washington, durante el arbitraje y una vez dictado el Laudo Arbitral de París del 3 de octubre de 1899. Entre ellos los siguientes:

1. Fue el Reino Unido el que recurrió a la falsificación de mapas y documentos a objeto de despojar a los venezolanos de una parte

de su territorio con miras a la apropiación de sus recursos naturales y para normalizar una situación completamente inaceptable.
2. Fue el Reino Unido el que se basó en el sistema de derecho existente para aquel momento que no tenía en cuenta los principios de igualdad soberana y respeto mutuo entre los Estados.
3. Fue el Reino Unido el que firmó el Tratado de Washington del 17 de febrero de 1897.
4. Fue el Reino Unido el que se cercioró de que el tribunal no tuviera ningún árbitro venezolano, incluso en caso de muerte o incapacidad de alguno de los árbitros previamente designados.
5. Fue el Reino Unido el que participó en el arbitraje que tuvo como resultado el Laudo Arbitral de París del 3 de octubre de 1899.
6. Fue el Reino Unido el que propició contactos indebidos con sus árbitros connacionales durante el procedimiento arbitral de París en 1899, lo que generó una relación inapropiada entre árbitros y abogados de la parte. Esto vicia cualquier actuación arbitral.

d. Declaraciones separadas

d.1. Declaración del juez Dalveer Bhandari[1333]

El juez Bhandari explicó en su declaración que está de acuerdo con la sentencia de la CIJ, pero expresó su deseo de agregar precisiones conceptuales adicionales. Por ello, inició su declaración recordando que el rechazo de la excepción preliminar de la República Bolivariana de Venezuela se basó en que el Reino Unido e Irlanda del Norte no tiene ningún rol en la resolución de la disputa y que el principio del oro monetario no entra en juego. La CIJ llegó a estas conclusiones basándose en su interpretación del Acuerdo de Ginebra de 1966 y la práctica posterior de las partes en ese acuerdo.

Según la interpretación de la CIJ, el Acuerdo de Ginebra refleja una comprensión común por parte de todas las partes en ese instrumento de que la disputa existente entre el Reino Unido e Irlanda del Norte y la República Bolivariana de Venezuela el 17 de febrero de 1966 sería resuelta por la República Cooperativa de Guyana y la República

---

[1333] International Court of Justice, "Declaration of Judge Bhandari". Disponible en: https://www.icj-cij.org/sites/default/files/case-related/171/171-20230406-JUD-01-01-EN.pdf.

Bolivariana de Venezuela a través de uno de los procedimientos referenciados en el Acuerdo de Ginebra. Por lo tanto, como parte de ese instrumento, el Reino Unido e Irlanda del Norte aceptó que no tendría ningún papel en esos procedimientos.

El juez comparte la opinión de que el Reino Unido e Irlanda del Norte era consciente del alcance de la disputa con respecto a la validez del Laudo de 1899 y que aceptó el acuerdo en virtud del Artículo IV que permitía a la República Cooperativa de Guyana y a la República Bolivariana de Venezuela someter la disputa a un arreglo judicial sin la participación del Reino Unido e Irlanda del Norte. Además, comparte la conclusión de la CIJ de que la práctica posterior confirma esta comprensión.

El juez también destaca que la República Bolivariana de Venezuela aceptó esta circunstancia al convertirse en parte del Acuerdo de Ginebra, lo que significa que renunció a cualquier derecho que pudiera tener para objetar que esta disputa se resuelva mediante un procedimiento que no involucre al Reino Unido e Irlanda del Norte.

La declaración del juez Bhandari respalda la sentencia de la CIJ en cuanto a la interpretación del Acuerdo de Ginebra y la práctica posterior de las partes en ese acuerdo. También destaca que la aceptación de estas circunstancias por parte de todas las partes involucradas en el Acuerdo de Ginebra es lo que hace que esta situación sea única.

d.2. Opinión separada del juez Patrick Robinson[1334]

El juez Patrick Robinson emitió una opinión separada en relación con la adquisición de la independencia de la República Cooperativa de Guyana por parte del Reino Unido e Irlanda del Norte. El juez Robinson está de acuerdo con las conclusiones de la CIJ expresadas en el párrafo 108 de la sentencia, pero formuló varios comentarios adicionales.

En el juicio, la República Cooperativa de Guyana argumentó que el Reino Unido e Irlanda del Norte no tiene ningún interés legal actual o reclamo sobre el territorio en disputa, ya que renunció a todos los

---

[1334] International Court of Justice, "Separate opinion of Judge Robinson". Disponible en: https://www.icj-cij.org/sites/default/files/case-related/171/171-20230406-JUD-01-02-EN.pdf.

reclamos territoriales en relación con esta disputa cuando otorgó la independencia a la República Cooperativa de Guyana en 1966. Sin embargo, el juez Patrick Robinson afirma que, en realidad, el Reino Unido e Irlanda del Norte no otorgó la independencia a la República Cooperativa de Guyana.

En el momento de la independencia de la República Cooperativa de Guyana en 1966, el derecho a la libre determinación ya se había convertido en una norma de derecho internacional consuetudinario, en virtud de la adopción de la resolución 1514 (XV) de la Asamblea General de las Naciones Unidas el 14 de diciembre de 1960. Por lo tanto, la adquisición de la independencia por parte de las antiguas colonias no fue un regalo, una concesión o una donación de los poderes coloniales.

Más bien, la independencia resultó del cumplimiento por parte de los poderes coloniales de la obligación impuesta por el párrafo 5 de la resolución 1514 de transferir todos los poderes a los pueblos de los países colonizados de acuerdo con su libre voluntad expresada. En otras palabras, la independencia se convirtió en un derecho humano inherente al pueblo y los poderes coloniales simplemente cumplieron con su deber de transferir los poderes a los pueblos de los países colonizados.

Esta transformación del derecho a la libre determinación como una norma consuetudinaria de derecho internacional fue confirmada por la CIJ en su opinión consultiva de 2019 sobre las consecuencias jurídicas de la separación del archipiélago de Chagos de Mauricio en 1965.

El juez Robinson también se refirió al título de la resolución 1514, "Declaración sobre la concesión de la independencia a los países y pueblos coloniales", y señaló que, aunque el título puede ser relevante para interpretar la resolución, no se utiliza el término "concesión de la independencia" en el texto de la resolución 1514. En cambio, la resolución establece que el derecho a la libre determinación es un derecho humano que reside en el pueblo y todo lo que se requiere para su disfrute es que refleje la libre voluntad expresada del pueblo. En conclusión la declaración del juez Robinson, enfatizó que la adquisición de la independencia por parte de las antiguas colonias no fue un regalo o una concesión del poder colonial, sino un derecho humano inherente al pueblo que se ejerce a través de su libre voluntad expresada.

d.3. Declaración del juez Iwasawa Yuji[1335]

La declaración del juez Iwasawa Yuji inicia recordando la excepción preliminar de la República Bolivariana de Venezuela se basó en la afirmación de que el Reino Unido e Irlanda del Norte es un tercero indispensable en el caso y, por lo tanto, la demanda de la República Cooperativa de Guyana no debía ser admitida por la CIJ.

El juez Iwasawa explicó que la excepción preliminar de la República Bolivariana de Venezuela no es una objeción a la competencia de la CIJ, sino a la admisibilidad de la demanda de la República Cooperativa de Guyana. Esta distinción es importante porque la jurisprudencia de la CIJ establece que los argumentos basados en el principio de Oro Monetario se refieren a la admisibilidad de la demanda, no a la competencia de la CIJ.

En conclusión, la declaración del juez Iwasawa es importante porque aclara la naturaleza jurídico-procesal de la excepción preliminar presentada por la República Bolivariana de Venezuela y su relación con la jurisprudencia de la CIJ sobre el principio de Oro Monetario.

d.4. Declaración del juez ad hoc designado por la República Cooperativa de Guyana Rüdiger Wolfrum[1336]

El juez ad hoc Rüdiger Wolfrum, habiendo votado a favor del punto resolutivo de la sentencia, consideró oportuno presentar algunas consideraciones sobre el razonamiento de la CIJ. Discutió tres aspectos: la relación entre el principio del Oro Monetario y el Acuerdo de Ginebra; la práctica posterior de las partes en el Acuerdo de Ginebra; y el objeto de la controversia ante la CIJ.

El juez ad hoc Wolfrum señaló que el presente caso se parecía de hecho al caso del Oro Monetario y al caso de Timor Oriental en los que se basó la República Bolivariana de Venezuela. Sin embargo, la diferencia radicaba en la existencia del Acuerdo de Ginebra. En su opinión, el Reino Unido e Irlanda del Norte, al firmar el Acuerdo de Ginebra, aceptó que

---

[1335] International Court of Justice, "Declaration of Judge Iwasawa". Disponible en: https://www.icj-cij.org/sites/default/files/case-related/171/171-20230406-JUD-01-03-EN.pdf.

[1336] International Court of Justice, "Declaration of Judge ad hoc Wolfrum". Disponible en: https://www.icj-cij.org/sites/default/files/case-related/171/171-20230406-JUD-01-04-EN.pdf.

la resolución de la disputa por parte de la República Cooperativa de Guyana y la República Bolivariana de Venezuela sin su participación podría implicar la discusión de actos u omisiones del Reino Unido en el pasado.

El juez ad hoc Wolfrum consideró que, correctamente interpretado, el Acuerdo de Ginebra constituye una *lex specialis* para la protección de los intereses del Reino Unido e Irlanda del Norte, que estaban protegidos paralelamente por el principio del Oro Monetario que operaba en abstracto.

Por lo tanto, el juez ad hoc Wolfrum estuvo de acuerdo con la sentencia en que era necesario primero interpretar el Acuerdo de Ginebra para determinar si el Reino Unido e Irlanda del Norte había declarado con suficiente claridad que dejaba la resolución de la disputa entre la República Cooperativa de Guyana y la República Bolivariana de Venezuela a las dos partes, con pleno conocimiento de causa, las implicaciones que esto podía tener para el Reino Unido e Irlanda del Norte y si existía un acuerdo correspondiente de la República Cooperativa de Guyana y la República Bolivariana de Venezuela. El juez ad hoc Wolfrum respaldó la interpretación del Acuerdo de Ginebra por parte de la CIJ.

En consecuencia, el juez ad hoc Wolfrum concluyó que no era necesario seguir considerando la aplicabilidad del principio del Oro Monetario. Sin embargo, a su juicio, esto no significaba que la CIJ no pudiera considerar toda la información proporcionada por las partes en relación con el presunto comportamiento fraudulento de los árbitros en 1899.

El juez ad hoc Wolfrum agregó, además, algunas aclaraciones sobre el objeto de la controversia, porque observó que la República Bolivariana de Venezuela había declarado en una variedad de contextos que los intereses del Reino Unido e Irlanda del Norte también formaban el objeto mismo de cualquier decisión que la Corte tendría que rendir sobre el fondo.

Después de recordar la jurisprudencia de la Corte, reiterada por el tribunal arbitral en el Mar Meridional de China, el juez ad hoc Wolfrum sostuvo que la CIJ, al decidir sobre el objeto de una controversia, siempre había hecho hincapié en que debía prestarse especial atención a la formulación del solicitante. Señaló que la sentencia de 2020 estableció que el objeto de la disputa era la validez del Laudo de 1899 sobre la frontera entre la Guayana Británica y la República Bolivariana Venezuela y la cuestión relacionada del arreglo definitivo de la frontera terrestre entre la República Cooperativa de Guyana y la República Bolivariana de Venezuela. Según el juez ad hoc Wolfrum, este objeto debía distinguirse de los argumentos utilizados por las partes para sustentar sus respectivas posiciones sobre la controversia.

d.5. Opinión parcialmente individual y parcialmente disidente del juez ad hoc designado por la República Bolivariana de Venezuela Philippe Couvreur[1337]

El juez ad hoc Philippe Couvreur, en opinion separada, se refirió en primer término a la admisibilidad de la excepción preliminar presentada por la República Bolivariana de Venezuela en el caso de la controversia que sostiene con la República Cooperativa de Guyana ante la CIJ. Además, sostuvo que existe una diferencia entre la existencia de la competencia de la CIJ entre las partes y el ejercicio de dicha competencia, en particular respecto a un tercero.

El juez Couvreur explicó que, en una reunión con los Agentes de las partes, la Vicepresidenta de la República Bolivariana de Venezuela, Delcy Rodríguez, afirmó que su Gobierno consideraba que la CIJ carecía claramente de competencia y que había decidido no participar en el procedimiento. Además, entregó al Presidente de la CIJ una carta del Jefe de Estado de la República Bolivariana de Venezuela en la que afirmaba que no había base suficiente para la afirmar la competencia de la CIJ.

El juez Couvreur recordó que, en respuesta a esta negación de jurisdicción, la CIJ decidió en su Resolución de 19 de junio de 2018 que era necesario resolver la cuestión de su competencia en primera instancia, antes de cualquier procedimiento sobre el fondo. Los plazos fijados en la orden de la CIJ se referían exclusivamente a la presentación de documentos relativos a la competencia de la CIJ.

El juez Couvreur se refirió además a la importancia de entender el significado de la palabra *competencia* en el contexto específico de un órgano jurisdiccional y su práctica. Explicó que, en general, cuando

---

[1337] International Court of Justice, "Partly separate and partly dissenting opinion of Judge ad hoc Couvreur". Disponible en: https://www.icj-cij.org/sites/default/files/case-related/171/171-20230406-JUD-01-05-FR.pdf.

un órgano jurisdiccional utiliza la palabra *competencia* se presume que se refiere a su significado habitual en los instrumentos jurídicos que rigen su actividad y en su propia práctica. También sostuvo que, en este caso específico, el Presidente de la República Bolivariana de Venezuela planteó desde el principio el problema que justificaba la decisión del país de no tomar parte en el proceso y que tanto el memorial de la República Cooperativa de Guyana como el memorándum de la República Bolivariana de Venezuela se centraron exclusivamente en la cuestión de la competencia.

El juez Couvreur destacó que la CIJ no había tratado en ningún momento la cuestión del ejercicio de la competencia, cuya existencia misma se tuvo que discutir y establecer en primer lugar. Explicó que la jurisprudencia de la CIJ establece una distinción clara entre la existencia de competencia y el ejercicio de dicha competencia. Además recordó que la CIJ ha considerado que los derechos de terceros ausentes son un obstáculo al ejercicio de la competencia previamente establecida entre las partes. Señaló que las cuestiones de admisibilidad pueden ser de carácter formal o sustantivo y que, a diferencia de las cuestiones de competencia, no están relacionadas con el ejercicio adecuado de la función jurisdiccional en un caso concreto. En este contexto, el juez Couvreur explicó por qué la CIJ se ha abstenido de calificar las objeciones de terceros ausentes como *objeciones a la admisibilidad*.

El juez Couvreur afirmó que, de conformidad con el Reglamento, la CIJ tiene la facultad de examinar cuestiones que no son estrictamente problemas de competencia o de admisibilidad de la demanda, pero que requieren un estudio preliminar debido a su naturaleza. En este caso, aunque las partes son las mismas y el *petitum* es el mismo, la *causa petendi* no es idéntica en las dos fases del caso, por lo que la excepción preliminar de la República Bolivariana de Venezuela de 7 de junio de 2022 no es cosa juzgada y es perfectamente admisible.

El juez Couvreur trató la cuestión de la legitimidad de la República Cooperativa de Guyana como parte del proceso ante la CIJ, argumentando que la nación tiene un interés legítimo en defender la integridad de lo que considera su territorio, incluso si el título que sustenta su base territorial es discutido. Además, el juez se centró en la cuestión de si el Reino Unido e Irlanda del Norte es un *tercero indispensable* en el caso y al efecto recordó que la jurisprudencia de la CIJ desarrollada en casos anteriores no puede aplicarse automáticamente a este caso. Para que el precedente del caso del Oro Monetario resultara aplicable era necesario considerar si los intereses jurídicos del Reino Unido e Irlanda del Norte se ven afectados por cualquier decisión de la CIJ sobre el fondo del litigio.

El juez Couvreur analizó si el Reino Unido e Irlanda del Norte tiene suficiente interés jurídico en el asunto como para oponerse a la resolución de la cuestión de la validez del título de la República Cooperativa de Guyana sobre el territorio en litigio. En este sentido, el juez Couvreur argumentó que el interés jurídico del Reino Unido e Irlanda del Norte es tan tenue que la CIJ debería poder resolver en su ausencia la cuestión de la validez del laudo sin atentar contra el principio del oro monetario.

Sin embargo, si las causas de nulidad del laudo se refieren directamente al comportamiento del Reino Unido e Irlanda del Norte, la situación sería diferente. En ese caso, el juez consideró que el Reino Unido e Irlanda del Norte sí tendría suficiente interés jurídico en el asunto para oponerse a la resolución de la cuestión de la validez del laudo. Para sustentar su posición, el juez Couvreur mencionó algunos argumentos presentados por la República Bolivariana de Venezuela que critican la validez del laudo y que se refieren directamente al comportamiento del Reino Unido e Irlanda del Norte y a la validez del Tratado de Washington.

El juez Couvreur mencionó el proyecto de directriz 9 de la Comisión sobre la cuestión de la *Sucesión de Estados en materia de responsabilidad del Estado* y recordó que este instrumento establece que un Estado lesionado sigue teniendo derecho a invocar la responsabilidad del Estado predecesor incluso después de la fecha de sucesión en determinadas circunstancias, como en el caso de un Estado de reciente independencia cuyo territorio fue dependiente de las relaciones internacionales del Estado predecesor inmediatamente antes de la sucesión.

El juez Couvreur explicó que los actos de los que se acusa al Reino Unido e Irlanda del Norte durante la negociación del Tratado de 1897 y la preparación del Laudo Arbitral de París de 1899 no pueden ser imputados a la República Cooperativa de Guyana simplemente porque sucedió al Reino Unido e Irlanda del Norte en el territorio en litigio. Los intereses jurídicos propios del Reino Unido e Irlanda del Norte son distintos de los de la República Cooperativa de Guyana en el núcleo del litigio que debe resolver la CIJ.

El juez Couvreur insistió en que la CIJ no puede pronunciarse sobre el objeto de la demanda sin tener que pronunciarse previamente sobre determinados aspectos del comportamiento del Reino Unido e Irlanda del Norte. A su juicio, resulta problemático el argumento de la República Cooperativa de Guyana según el cual el Reino Unido e Irlanda del Norte habría aceptado la competencia de la CIJ para resolver la controversia.

Para el juez Couvreur, el consentimiento de los Estados a la competencia de la Corte depende de normas muy exigentes cuya satisfacción es difícil de probar en el presente caso. También señaló que la CIJ no puede ejercer su competencia sobre un Estado si ese Estado no es parte en el procedimiento de que se trate pues, de hacerlo, violaría los principios de reciprocidad e igualdad entre los Estados y el principio de contradicción. La posición sostenida por la República Cooperativa de Guyana podría socavar la seguridad jurídica y complicar el procedimiento, lo que a su vez dificultaría la solución definitiva del litigio.

Según se deduce de la opinión separada *in commento*, establecer el consentimiento inequívoco e incondicional del Reino Unido e Irlanda del Norte para que la CIJ se pronuncie en su ausencia -y sin ningún otro acuerdo- sobre la comisión de ilícitos que se le imputan en este caso resulta demasiado importante como para recurrir a meras suposiciones o especulaciones. Además, el juez Couvreur indicó que el único propósito del Reino Unido e Irlanda del Norte al convertirse en parte en el Acuerdo de Ginebra era facilitar la solución de la controversia territorial que había legado a la recién independizada República Cooperativa de Guyana. Por lo tanto, el consentimiento del Reino Unido e Irlanda del Norte no puede ser inferido a partir de suposiciones o especulaciones y que cualquier interpretación del Acuerdo de Ginebra debe ser coherente con los principios consagrados en el Estatuto de la CIJ, que es parte integrante de la Carta de las Naciones Unidas.

El juez Couvreur recordó que en el pasado la CIJ ha sido muy exigente en cuanto al requisito del consentimiento expreso de un Estado antes de pronunciarse sobre su comportamiento. Por lo tanto, el juez resaltó que la CIJ debería haber exigido un consentimiento expreso y claro del Reino Unido e Irlanda del Norte para que se sometiera a su jurisdicción.

Además de lo anterior, el juez Couvreur afirmó que, independientemente de cómo se haya tratado el argumento basado en un supuesto consentimiento del Reino Unido e Irlanda del Norte, no se justifica en forma alguna el rechazo de la excepción preliminar presentada por la República Bolivariana de Venezuela. Al efecto recordó que la carta del Secretario General de las Naciones Unidas, fechada el 30 de enero de 2018, mediante la cual notificó su decisión de elegir la CIJ como medio de solución de la controversia en virtud del Artículo IV, párrafo 2, del Acuerdo de Ginebra, no fue dirigida al Reino Unido e Irlanda del Norte. Sin embargo, el fallo del 18 de diciembre de 2020 confirmó que esta decisión era la base de la competencia de la CIJ en el caso. Lo anterior, a criterio del juez Couvreur, significa que la competencia no se extiende al Reino Unido e Irlanda del Norte y sus actos propios. Ello confirmaría que la elección del Reino Unido e Irlanda del Norte de permanecer como un tercero en el procedimiento fue debidamente analizada cuando la CIJ estableció su competencia para conocer del caso.

El juez Couvreur insistió en la importancia que tiene establecer el consentimiento de un Estado a la jurisdicción de la Corte para fortalecer la seguridad jurídica y la confianza de los Estados. También señaló las posibles dificultades procesales que podrían surgir en una nueva instancia en la que se involucre al tercer Estado -en este caso el Reino Unido e Irlanda del Norte- en virtud de un vínculo jurisdiccional supuestamente creado a través de un acuerdo.

En la última parte de su opinión, el juez Couvreur expresó su preocupación por la forma en que la CIJ ha analizado el caso, evitando examinar ciertos argumentos presentados por las partes. En su opinión, el enfoque adoptado por la CIJ no evita las dificultades planteadas por la teoría en que se basó el consentimiento del Reino Unido e Irlanda del Norte y plantea problemas para una buena administración de justicia.

Finalmente, el juez Couvreur manifestó su desacuerdo con la mayoría de los jueces de la CIJ en cuanto a la aplicación del principio del Oro Monetario en este caso y señaló que, a diferencia de los casos previos en los que se aplicó esta jurisprudencia, los hechos de este caso no están bien establecidos en este momento. También indicó que acoger la excepción de la República Bolivariana de Venezuela, basada en la ausencia del Reino Unido e Irlanda del Norte en el procedimiento, sería prejuzgar el fondo del asunto. Como bien lo señaló el juez Couvreur, la excepción preliminar presentada por la República Bolivariana de Venezuela está intrínsecamente vinculada con el fondo del asunto.

Por los motivos a los que nos hemos referido, el juez Couvreur concluyó que la excepción planteada por la República Bolivariana de Venezuela no era exclusivamente preliminar y, en consecuencia, debe ser examinada con el fondo del asunto.

110. **8 de abril de 2024:** La CIJ, luego de dictar sentencia sobre el procedimiento incidental de excepciones preliminares, emitió una providencia por medio de la cual estableció el 8 de abril de 2024 como límite del lapso dentro del cual la República Bolivariana de Venezuela debe presentar su Contramemoria sobre el fondo de la controversia que sostiene con la República Cooperativa de Guyana relativa a la nulidad o validez del Laudo Arbitral de París del 3 de octubre de 1899.

XII. ANEXOS

1. **BULA PAPAL DE ALEJANDRO VI "INTER CAETERA" DE FECHA 4 DE MAYO DE 1493 MEDIANTE LA CUAL SE DIVIDIERON LOS TERRITORIOS DE AMÉRICA DEL SUR ENTRE ESPAÑA Y PORTUGAL CON BASE EN LOS DESCUBRIMIENTOS DE AMBAS NACIONES**[1338]

TRADUCCION.
(Del ejemplar impreso en Lisboa el año de 1750.)

Alejandro obispo, siervo de los siervos de Dios. A nuestro muy amado en Cristo hijo Fernando, y a nuestra muy amada en Cristo hija Isabel, Rey y Reina ilustres de Castilla, León, Aragón, Sicilia y Granada: Salud y apostólica bendición.

Entre todas las obras que se ha dignado crear la divina Majestad y que nuestro corazón desea más ardientemente, figura a la verdad como primordial la exaltación de la fe católica y de la Religión cristiana, con especialidad en nuestros tiempos, y su difusión y propagación por todas partes; como igualmente la de trabajar en Ja salvación de las almas y en someter a las naciones bárbaras para reducirlas a la misma fe. Así es que habiéndonos favorecido la clemencia divina con nuestra exaltación a la silla de Pedro, aunque con méritos desiguales, y conociendo que vosotros sois, como hemos reconocido que lo habéis sido siempre, unos Reyes y Príncipes verdaderamente católicos, como elocuentemente lo demuestra ya, a la faz de casi todo el orbe, la notoriedad de vuestros hechos; y que no tan sólo habéis tenido este vehemente deseo, sino que lo habéis puesto por obra, empeñando en ello, hace ya mucho tiempo, todo vuestro espíritu y todos vuestros conatos, con el mayor esfuerzo, cuidado y diligencia; sin omitir, hasta conseguirlo, ningún linaje de trabajos y gastos, y aun despreciando todos los peligros, incluso el de la efusión de vuestra propia sangre, como lo comprueba la recuperación que con tanta gloria del nombre divino habéis hecho, en estos tiempos, del reino de Granada, de la tiranía de los Sarracenos: con razón y dignamente juzgamos de nuestro deber concederos, favorablemente y de buena voluntad, todas aquellas cosas por cuyo medio

---

[1338] Disponible en https://www.dipublico.org/117989/bula-del-papa-alejandro-vi-haciendo-donacion-de-la-america-a-los-reyes-catolicos-fernando-e-isabel-en-4-de-mayo-de-1493/

podáis proseguir, con ánimo de día en día más fervoroso, y en obsequio de Dios mismo, el propósito que habéis comenzado, santo y laudable a los ojos del Dios inmortal, de propagar el imperio cristiano.

En efecto, hemos sabido que vosotros habíais concebido el designio de buscar y encontrar algunas islas y tierras firmes distantes y desconocidas, y hasta ahora no encontradas por otros, para reducir a sus moradores y habitantes a rendir culto a nuestro Redentor y a profesar la fe católica, pero que hasta el presente no pudisteis llevar al deseado término vuestro santo y laudable propósito, por encontraros muy ocupados en combatir por la recuperación del mismo reino de Granada; el que recuperado al fin, como a Dios plugo, y persistiendo vosotros en cumplir vuestro deseo, destinásteis a nuestro predilecto hijo Cristóbal Colon, varón verdaderamente digno y tan recomendable como capaz 'para un asunto de tamaña magnitud, proveyéndole de naves y de hombres, aprestados para ese objeto con supremos trabajos, peligros y gastos, a fin de que buscase con el mayor empeño las tierras firmes e islas remotas y desconocidas, por un mar en que hasta ahora no se había navegado.

Los que por fin (habiendo navegado en el mar Océano, con el auxilio divino y a merced de un cuidado grandísimo) encontraron ciertas islas muy remotas, y también tierras firmes que hasta ahora no habían sido encontradas por otros, en las cuales habitan muchísimas gentes que viven pacíficamente, y las que, como se asegura, andan desnudas y no se alimentan con carne; y, según pueden opinar vuestros referidos nuncios, esas mismas gentes que moran en las mencionadas islas y tierras creen que existe un Dios Criador en los cielos, y parecen suficientemente aptas para abrazar la fe católica y para ser imbuidas en las buenas costumbres, y hay la esperanza de que si se instruyesen reconocerían el nombre del Salvador nuestro Señor Jesucristo en las indicadas tierras e islas; y que el expresado Cristóbal hizo ya construir y edificar, en una de las principales islas mencionadas, una torre bien fortificada, en la cual situó a varios cristianos que con él habían entrado, para que la custodiasen y para que se informasen de otras islas y tierras firmes, remotas y desconocidas.

En cuyas islas, por cierto, y tierras ya descubiertas, se encuentra oro, aromas, y muchísimas otras cosas preciosas de diverso género y de diversa cualidad.

De donde provino que, teniendo vosotros cuidadosamente en consideración estas circunstancias, y con especialidad la exaltación y propaganda de la fe católica (cual conviene a Reyes y Príncipes católicos), os propusisteis, según la costumbre de vuestros progenitores, – Reyes de ilustre recordación, – someter a vuestro dominio las tierras firmes e islas precitadas, y, favorecidos por la divina clemencia, convertir a la fe católica a sus moradores y habitantes.

Nosotros, pues, recomendando mucho al Señor vuestro santo y laudable propósito, y deseando que se lleve a debido término, y que el nombre mismo de nuestro Salvador se lleve a aquellas regiones, os exhortamos encarecidamente en el Señor, y os pedimos con especialidad, que, tanto con el auxilio del sagrado bautismo, al cual os obligan los mandatos apostólicos, como por las entrañas de misericordia de nuestro Señor Jesucristo, cuando intentéis proseguir esa expedición y tomarla a cargo vuestro con el recto designio de fomentar el celo de la fe ortodoxa, sea de vuestra voluntad y deber inducir a los pueblos que de tal suerte pasan la vida en esas islas y tierras, a que abracen la Religión cristiana; y jamás ni en tiempo alguno os amedrenten los peligros y trabajos, sino antes bien reposad en la firme esperanza, y en la confianza de que el Dios omnipotente proseguirá felizmente vuestros esfuerzos.

Y para que con mayor libertad y valor os apoderéis de una provincia de tanta importancia, concedida por la liberalidad de la gracia apostólica, de *motu proprio,* y no a instancia vuestra sobre esto, ni a petición alguna que otro por vos nos haya hecho, sino por un acto de pura liberalidad nuestra, conciencia cierta y en plenitud de la potestad apostólica, Nosotros, usando de la autoridad del Dios omnipotente, que Nos ha sido concedida en el bienaventurado Pedro, y de la cual gozamos en la tierra en desempeño del vicariato de Jesucristo, por el tenor de las presentes os damos, concedemos y asignamos a perpetuidad a vosotros y a vuestros herederos y sucesores (los Reyes de Castilla y de León) con todos sus dominios, ciudades, fortalezas, lugares, derechos y jurisdicciones, y con todas sus pertenencias, todas aquellas islas y tierras firmes encontradas y que se encuentren, descubiertas y que se descubran hacia el Occidente y el Mediodía, imaginando y trazando una línea desde el polo ártico, esto es, desde el Septentrión, hasta el polo antártico, esto es, el Mediodía, o sea las tierras firmes e islas encontradas y por encontrar que estén hacia la India, o hacia cualquiera otra parte, cuya línea distará de cualquiera de las islas que vulgarmente se llaman *de los Azores y Cabo Verde,* cien leguas hacia el Occidente y Mediodía, con tal que todas las islas y tierras firmes encontradas y que se encuentren, descubiertas y que se descubran, y la referida línea hacia el Occidente y Mediodía, no hayan sido poseídas actualmente por otro Rey o Príncipe cristiano hasta el día de la Natividad de nuestro Señor Jesucristo, próximo pasado, en cuyo día principia el presente año de mil cuatrocientos noventa y tres, cuando fueron encontradas por vuestros nuncios y capitanes algunas de las islas precitadas. Y os hacemos, constituimos y consagramos señores de todas ellas, tanto a vosotros como a vuestros precitados herederos y sucesores, con plena, libre y omnímoda potestad, autoridad y jurisdicción.

Decretamos, sin embargo, que por esta nuestra donación, concesión y asignación no pueda entenderse quitado, ni deba quitarse, ningún derecho adquirido, a ningún príncipe cristiano que actualmente poseyere las predichas islas y tierras firmes hasta el dicho día de la Natividad de nuestro Señor Jesucristo. Y por las presentes os mandamos, en virtud de santa obediencia (como lo tenéis prometido, y no dudamos lo cumpliréis por vuestra suprema devoción y real magnanimidad), que debéis destinar a las enunciadas tierras firmes e islas varones probos y dotados del temor de Dios, doctos, sabios y de experiencia, para que instruyan en la fe católica a los predichos moradores y habitantes, y para que los imbuyan en las buenas costumbres; en todo lo cual debéis poner toda la atención que es debida.

Y prohibimos muy estrictamente a cualesquiera personas de cualquiera dignidad, –aun la imperial y régia, – estado, grado, orden o condición, bajo pena de excomunión *latee sententiae,* en la cual incurrirán por el simple hecho de la contravención, que se atrevan a acercarse, con objeto de especular o con otro motivo cualquiera, sin especial licencia vuestra o la de vuestros predichos herederos y sucesores, a las islas y tierras firmes encontradas y que se encuentren, descubiertas y que se descubran hacia el Occidente y Mediodía, imaginando y trazando una línea del polo ártico al polo antártico, o sea las tierras firmes o islas encontradas y por encontrar que estén hacia cualquiera otra parte, cuya línea distará de cualquiera de las islas que vulgarmente se llaman *de los Azores y Cabo Verde,* cien leguas hacia el Occidente y Mediodía, como antes se ha dicho.

No obstarán a esto ningunas constituciones y ordenaciones apostólicas, ni otros actos cualesquiera en contrario. Confiamos en aquel de quien emanan los imperios y dominaciones y todos los bienes, que, dirigiendo el Señor vuestros pasos, si proseguís en ese santo y laudable propósito, en breve tiempo y con felicidad y gloria de todo el pueblo cristiano, vuestros trabajos y esfuerzos serán coronados con el éxito más venturoso.

Pero como será difícil exhibir las presentes letras en cada lugar en que sea menester producirlas, queremos y decretamos con igual voluntad y conocimiento, que a sus compulsas suscritas por mano de notario público rogado al efecto, y con el sello de cualquiera persona constituida en dignidad eclesiástica, o de la Curia eclesiástica, se les dé entera fe dentro y fuera de juicio, y en otros actos en cualquiera parte, lo mismo que si se exhibiesen y mostrasen las presentes.

Á ningún hombre, pues, sea lícito en manera alguna infringir o contrariar con temeraria osadía esta página de nuestra recomendación, exhortación, petición, donación, concesión, asignación, constitución, deputacion, decreto, mandato, prohibición y voluntad. Pero si alguno imaginase intentarlo, tenga como cierto que ha de incurrir en la indignación del Dios omnipotente, y de los bienaventurados Pedro y Pablo sus apóstoles.

Dadas en Roma, en San Pedro, en el año de la Encarnación del Señor mil cuatrocientos noventa y tres, a cuatro de mayo, en el año primero de nuestro pontificado.

2. TRATADO DE TORDESILLAS DE FECHA 7 DE JUNIO DE 1494 QUE PRECISÓ CON MAYOR DETALLE LA DIVISIÓN Y AMPLIÓ EL TERRITORIO PORTUGUÉS HASTA 350 LEGUAS DE CABO VERDE[1339] (EXTRACTO)

Que se haga y asigne por el dicho mar océano una raya o línea derecha de polo a polo, del polo Ártico al polo Antártico, que es de norte a sur, la cual raya o línea e señal se haya de dar e dé derecha, como dicho es, a trescientas setenta leguas de las islas de Cabo Verde para la parte de poniente, por grados o por otra manera, como mejor y más presto se pueda dar, de manera que no será más. Y que todo lo que hasta aquí tenga hallado y descubierto y de aquí adelante se hallase y descubriere por el rey de Portugal y por sus navíos, así islas como tierra firme, desde la raya arriba dada en la forma susodicha, yendo por la parte de levante, dentro de la dicha raya a la parte de levante, o de norte o sur de ella, tanto que no sea atravesando la raya, que esto sea y quede y pertenezca al dicho señor rey de Portugal y a sus sucesores para siempre jamás. Y que todo lo otro, así islas como tierra firme, halladas y por hallar, descubiertas y por descubrir, que son o fueren halladas por los señores rey y reina de Castilla y de Aragón, y por sus navíos, desde la raya dada en la forma susodicha, yendo por la parte de poniente, después de pasada la raya para el poniente o al norte sur de ella, que todo sea y quede y pertenezca a los dichos señores rey y reina de Castilla y de León, y a sus sucesores para siempre jamás.

FIRMANTES Por parte de los Reyes Católicos rubricaron: Enrique Enríquez de Guzmán, mayordomo mayor de los reyes, Gutierre de Cárdenas, comendador mayor de Santiago, contador real, y el doctor Francisco Maldonado; por el lado portugués firmaron Ruy de Sousa, Juan de Sousa y el magistrado Arias de Almadana. Los Reyes Católicos lo ratificaron en julio en Arévalo, y 100 días después lo hizo Juan II en Setúbal.

[1339] Disponible en http://cit-tordesillas.es/doc/2081383da4850db1a1819dd6652a11ac.pdf

3. TRATADO DEFINITIVO DE PAZ Y COMERCIO AJUSTADO ENTRE S. M. C. Y LOS ESTADOS GENERALES DE LAS PROVINCIAS UNIDAS. FIRMADO EN MÜNSTER, 30 DE ENERO DE 1648 POR MEDIO DEL CUAL EL REINO DE ESPAÑA CEDIÓ A HOLANDA LOS CAMPAMENTOS DE DEMERARA, BERBICE Y ESEQUIBO, SITUADOS AL ESTE DEL RÍO ESEQUIBO[1340]

Don Felipe IV, por la gracia de Dios, Rey de Castilla, de León de Aragón, etc., etc.

A todos los que las presentes letras vieren, salud.

Por cuanto que para librar a las provincias de los Países Bajos de la guerra que por tantos años las ha afligido, aliviar las de las miserias y calamidades de ella, y restituirlas a su quietud, esplendor y prosperidad, como también para terminar las guerras que se han extendido a otros países y mares remotos, hemos deseado mucho tiempo ha, llegar a una buena paz con los Señores Estados Generales de las Provincias Unidas libres del País Bajo, Para alivio de todos aquellos que de una y otra parte sienten las calamidades de la dicha Guerra: Y habiéndose elegido de común acuerdo la ciudad de Münster en Westfalia para el Congreso y Tratado de Paz, han tenido las cosas en éste lugar tan favorable éxito, que nuestros Embajadores Extraordinarios y Plenipotenciarios en virtud de nuestros Poderes, han hecho y concluido con los Embajadores Extraordinarios y Plenipotenciarios de los dichos Señores Estados el Tratado de Paz inserto aquí a la letra.

En nombre y gloria de Dios. Sea notorio a todos, que después del largo curso de sangrientas Guerras, que han afligido por tantos años a los Pueblos, Súbdito, Reinos y Países de la obediencia de los Señores Rey de las Españas, y Estados Generales de las Provincias Unidas del País Bajo, los dichos señores Rey y Estados, movidos de cristiana compasión, y deseando por fin a las calamidades públicas, y atajar las deplorables consecuencias, inconvenientes, daños y peligros, que la ulterior continuación de las dichas Guerras de los Países Bajos puede traer consigo, particularmente habiéndose extendido a otros Estados, Países, Tierras y Mares más distantes; y convertir los siniestros efectos de ella en los muy agradables de una buena y sincera pacificación de una y otra parte, y en los dulces frutos de una, total y firme quietud, para consuelo de los dichos Pueblos y Estados de su obediencia, y para la indemnización de los daños padecidos, en bien común, no sólo, de los Países Bajos, sino de toda la cristiandad,

---
[1340] Disponible en https://www.dipublico.org/3654/treaty-of-munster-1648-en-espanol/

convidando y pidiendo a los demás Príncipes y Potentados de ella, que mediante la gracia de Dios, se muevan a la misma compasión, y aversión a las desdichas, ruinas y desórdenes que por tanto tiempo y tan cruelmente ha hecho experimentar el pesado azote de la Guerra, para lograr un fin tan bueno y deseable, los dichos Señores Rey de las Españas Don Felipe IV, y Estados Generales de las Provincias Unidas del País Bajo, han nombrado y diputado, a saber: el dicho Señor Rey a Don Gaspar de Bracamonte y Guzmán, Conde de Peñaranda, Señor de Aldea Seca de la Frontera, etc., etc., y al señor Antonio Brun, Caballero Consejero de S. M. C. en Su Consejo de Estado y Supremo para los negocios de los Países Bajos, etc. y los dichos Señores Estados Generales de las Provincias Unidas del País Bajo, el señor Bartholt de Gent, señor de Loenen y Meinerswich, etc.; al señor Juan Mathenesse, Señor de Mathenesse, Riviere, etc.; al señor Juan de Knuyt, Caballero y Señor del Viejo y Nuevo Vosmar, etc.; al señor Adrián Paw, Caballero y Señor de Heemstede, etc.; al señor Godart de Reede, Señor de Nederhorst, Vredeland, etc.; al señor Francisco de Donia, Señor de Hineema en Hielsum, etc.; al señor Guillermo Ripperda, Señor de Hengeloo, Boxbergen, etc., y al señor Adrián Cland de Stedum, Señor de Nittersum, etc., etc.; todos Embajadores Extraordinarios a Alemania y Plenipotenciarios de los dichos Señores Estados Generales para los Tratados de la Paz General, y todos autorizados con poderes suficientes, que se insertarán al fin de las presentes; los cuales habiéndose juntado en la ciudad de Münster en Westfalia, destinada de común acuerdo para el Tratado general de la Paz de la Cristiandad, en virtud de sus dichos Poderes, han hecho, concluido y ajustado por los dichos Señores Rey y Estados, y en nombre de ellos los artículos siguientes

I. Primeramente, el dicho Señor Rey declara y reconoce, que los, dichos Señores Estados Generales de los Países ajos Unidos y las Provincias de ellos respectivamente, con todos sus Países asociados, Ciudades y Tierras de su pertenencia, son Estados, Provincias y Países libres y Soberanos, sobre los cuales, ni sobre sus Países, Ciudades y Tierras Asociadas, como se ha expresado, el dicho Señor Rey no Pretende nada, y que al presente, o de aquí adelante, no pretenderá cosa alguna para sí, sus Herederos y Sucesores; y que a consecuencia de esto tiene a bien tratar con los dichos Señores Estados como lo hace al presente, una Paz perpetua con las condiciones escritas y declaradas aquí abajo.

II. Es a saber, que la dicha Paz será buena, firme, fiel e inviolable; y que en su consecuencia cesarán, y se suspenderán todos los actos de hostilidad de cualquier manera que sean, entre los dichos Señores Rey y Estados Generales, así por Mar y otras Aguas, como, por Tierra, en todos sus Reinos, Países, Tierras y Señoríos, y para todos sus súbditos y habitantes, de cualquier calidad o condición que sean, sin excepción de lugares ni de personas.

III. Cada uno quedará en posesión y gozará efectivamente de los Países, Ciudades, Plazas, Tierras y Señoríos que tiene y posee al presente, sin ser turbado ni inquietado cm ellos, directa ni indirectamente de cualquier manera que sea; en lo que se entiende comprender las Villas, Lugares, Aldeas y País llano de su dependencia; y consiguientemente toda la Mayria de Bolduc; como también todos los Señoríos, Ciudades, Castillos, Villas, Lugares, Aldeas y País llano dependientes de la dicha ciudad y Mayria de Bolduc; la Ciudad y Marquesado de Bergues-op-zoom; la Ciudad y Baronía de Breda; la Ciudad de Mastrich y su jurisdicción; como también el condado de Vroonhoff; la ciudad de Grave y País de Kuyk, Hulst, y Baylia de Hulst y Hulster-Ambacht; y también Axele- Ambacht, situados en las costas Meridional y Septentrional de la Geula; como también los Fuertes que dichos Señores Estados poseen al presente en el País de Waes; y todas las demás ciudades y Plazas que los dichos Señores Estados tienen en Brabante, Flandes y otras Partes, quedarán a los dichos Señores, Estados, con todos y los mismos derechos y partes de Soberanía y Superioridad, sin exceptuar nada, y todo de la misma manera que los tienen las Provincias Unidas de los Países Bajos. En inteligencia de que todo lo restante del país de Waes, exceptuando los dichos, Fuertes, quedarán al dicho Señor Rey de España. Por lo tocante a los tres cuarteles de la otra parte del Mosa, es a saber: Falquimont, Dalem y Roleduc, quedarán en el estado en que se hallan al presente; y en caso de disputa o controversia, se remitirá a la Cámara "Mipartita" para que decida en ella.

IV. Los súbditos y habitantes de los países de los dichos Señores Rey y Estados tendrán toda buena correspondencia y amistad, sin sentirse las ofensas y daños que hubieren recibido en -el pasado, podrán también frecuentar y hacer mansión en los Países uno de otro, y ejercer allí su tráfico y comercio con toda seguridad, as! por Mar y otras Aguas, como por Tierra.

V. La navegación y tráfico de las Indias Orientales y Occidentales será mantenida según y en conformidad de las concesiones hechas sobre esto o que se hicieren de aquí en adelante; para cuya seguridad servirá el presente Tratado y la ratificación de él, que se procurará de una y otra parte; y serán comprendidos en el dicho Tratado todos los Potentados, Naciones y Pueblos, con los cuales los dichos Señores Estados o los de la Compañía de las Indias Orientales y Occidentales en su nombre, dentro de los límites de las dichas concesiones, tienen amistad y alianza; y cada uno es a saber, los sobredichos Señores Rey y Estados respectivamente, quedarán en posesión y goce de aquellos Señoríos, Ciudades, Castillos, Fortalezas, Comercio y Países de las Indias Orientales y Occidentales, como también en el Brasil, y en las costas de Asia, África y América respectivamente, que los dichos Señores Rey y

Estados respectivamente tienen y poseen, comprendiendo en esto especialmente los Lugares y Plazas que los portugueses han tornado y ocupado a los dichos Señores Estados desde el año 1641; como también los Lugares y Plazas que los dichos Señores Estados llegasen a conquistar y poseer de aquí en adelante sin contravenir al presente Tratado. Y los Directores de las Compañías de Indias así Orientales como Occidentales, de las Provincias Unidas; como también los Ministros, Oficiales Superiores o Inferiores, Soldados y Marineros, que están actualmente en servicio de una u otra de dichas dos Compañías o hayan estado en él, como asimismo aquellos que fuera de su servicio continúan aún, o pudieren de aquí en adelante ser empleados, así en este País, como en el distrito de las dichas dos Compañías respectivamente; serán y quedarán libres, y sin molestia en todos los Países, que estén bajo la obediencia de dicho Señor Rey en Europa; y podrán viajar, traficar, frecuentarlos corno todos los demás habitantes de los Países de dichos Señores Estados, y además de esto, se ha tratado y estipulado, que los españoles mantendrán su navegación del modo que la tienen al presente en las Indias Orientales, sin poder extenderse más adelante, como también los habitantes de los Países Bajos se abstendrán de la frecuentación de las Plazas, que los castellanos tienen en las Indias Orientales.

VI. Y en cuanto a las Indias Occidentales, los Súbditos y Habitantes de los Reinos, Provincias y Tierras de los dichos Señores Rey y Estados respectivamente, se abstendrán de navegar y traficar en todos los Puertos, Lugares y Plazas guarnecidas de Fuertes, Lonjas o Castillos. y en todas las demás poseídas por una u otra parte, es a saber. que los Súbditos de dicho Señor Rey no navegarán, ni traficarán en las ocupadas por los dichos Señores Estados, ni los Súbditos de los dichos Señores Estados en las tenidas por dicho Señor Rey; y entre las Plazas tenidas por dichos Señores Estados serán comprendidas las que los Portugueses han ocupado en el Brasil a los dichos Señores Estados desde el año de 16,41; como también todas las demás Plazas que poseen al presente, mientras las ocupen los dichos Portugueses, sin que el artículo antecedente pueda derogar el contenido del presente.

VII. Y porque es necesario mucho tiempo para avisar a los que están fuera de dichos límites con fuerzas y navíos, a fin de que desistan de todos actos de hostilidad, se ha acordado, que adentro de los límites de la concesión anteriormente hecha a la Compañía de las Indias Orientales del País Bajo, o de la que se hiciere para su continuación, no comenzará la Paz sino un año después de la fecha de la conclusión de este Tratado. Y en cuanto a los límites de la concesión hecha anteriormente por los Estados Generales, o que se hiciere para su continuación a la Compañía de la Indias Occidentales, que en dichos Lugares no comenzará la Paz hasta seis meses después de la mencionada fecha; debiéndose entender que si el aviso de la dicha Paz por parte del público de una y otra parte llegare antes a los dichos límites respectivamente, que. desde la misma hora que llegue el aviso, cesara la hostilidad en dichos Lugares; pero si después del término de un ario, y de seis meses respectivamente, se hiciere algún acto do hostilidad en los límites de las concesiones sobredichas, se repararán los daños sin dilación.

VIII. Los Súbditos y Habitantes de los Países de los dichos Señores Rey y Estados, que traficaron en los Países uno de otro no serán obligados a pagar mayores derechos o imposiciones que los propios Súbditos respectivamente; de manera, que los Habitantes y Súbditos de los Países Bajos Unidos, serán y quedarán exentos de cierto veinte por ciento, o de cualquier otra imposición menor, o mayor, que el Rey de España, durante la tregua de doce años ha cobrado, o de aquí en adelante, directa o indirectamente, quisiere cobrar de los Habitantes y Súbditos de los Países Bajos Unidos, o gravarlos más de lo que haría con sus propios súbditos.

IX. Los dichos Señores Rey y Estados, no cobrarán fuera de sus respectivos límites algunas imposiciones o gabelas por la entrada, salida u otras cargas de las mercaderías que pasaron, sea por Agua, o por Tierra.

X. Los Súbditos de dichos Señores Rey y Estados gozarán respectivamente en los Países uno de otro, de la antigua franquicia de peajes, de que hubieron estado en posesión antes de comenzarse la Guerra.

XI. No podrá impedirse la frecuentación, trato y comercio entro les Súbditos respectivos, y si sobrevinieron algunos impedimentos, serán real y efectivamente quitados.

XII. Y desde el día de la conclusión y ratificación de esta Paz hará el Rey cesar en el Rhin y el Mosa la cobranza de todos los Peajes, que antes de la Guerra han estado bajo el distrito y jurisdicción de las Provincias Unidas, y especialmente el Peaje de Zelanda; de manera que éste no se cobrará por parte de su dicha Majestad, ni en la ciudad de Amberes ni en otra parte; en inteligencia y con la condición de que desde el sobredicho día los Estados de Zelanda tomarán recíprocamente a su cargo y pagarán ante todas cosas desde este mismo día las rentas anuales, que antes del año de 1572 fueron hipotecadas sobre el dicho Peaje, y de las cuales los propietarios y Cobradores de la renta han estado en posesión y cobrado antes de comenzarse la dicha Guerra, lo que harán igualmente los propietarios de los sobredichos otros Peajes.

XIII. La Sal blanca cocida, que viene de las Provincias Unidas a las de su dicha Majestad, será recibida y admitida sin ser gravada con mayores imposiciones, que la Sal gruesa; y de la misma manera se admitirá la Sal de las

Provincias de su dicha Majestad en las de los dichos Señores Estados, y se venderá en ellas, sin que tampoco pueda ser gravada, que la de los dichos Señores Estados.

XIV. Los Ríos del Escalda, como también los Canales de Sas, Zuyn, y otras bocas de Mar que van a parar allí, se tendrán cerrados por parte de dichos Señores Estados.

XV. Los Navíos y Mercaderías que entraren y salieren de los Puertos de Flandes respectivamente, serán y quedarán gravadas por el dicho Señor Rey con todas aquellas imposiciones y demás cargas, que se cobran de las mercaderías que van y vienen por la extensión del Escalda y otros Canales, mencionados en el artículo anterior; y se convendrá después entre las Partes recíprocamente sobre la tasa de la sobredicha carga igual.

XVI. Las Ciudades Hanseáticas, con todos sus ciudadanos, Habitantes y Países, gozarán, en cuanto a la Navegación y Comercio en España, y en los Reinos y Estados de España, de todos, y los mismos derechos, franquicias, inmunidades y privilegios, que por el presente Tratado se conceden, o de aquí en adelante se concedieron a favor, y respecto a los Súbditos, y Habitantes de las Provincias Unidas de los Países Bajos, y recíprocamente los dichos súbditos y Habitantes de las Provincias Unidas gozarán de todos y los mismos derechos, franquicias, inmunidades, privilegios y capitulaciones así en cuanto al establecimiento de los Cónsules en las Ciudades Capitales, o Marítimas de España, y otras partes donde fuere menester como en cuanto a los Mercaderes, Factores, Maestres de Navíos, Marineros u otros, del mismo modo que las dichas Ciudades Hanseáticas en general, o en particular los han obtenido y usado por lo pasado (1), u obtuvieren y usaren de aquí en adelante, para la seguridad, beneficio y ventaja de la Navegación y Comercio de sus Ciudades, Mercaderes, Factores, Encomenderos y otros dependientes de ellas.

XVII. Los Súbditos, y Habitantes de los Países de los dichos Señores Estados tendrán también la misma seguridad, y libertad en los Países de dicho Señor Rey, que se concedió a los Súbditos del Rey de la Gran Bretaña por el último Tratado de Paz, y Artículos Secretos hechos por el Condestable de Castilla.

XVIII. El dicho Señor Rey dará cuanto antes la orden necesaria, para que se señalan lugares honoríficos para el entierro de los cuerpos de aquellos que por parte de los dichos Señores Estados murieren en los dominios del dicho Señor Rey.

XIX. Los Súbditos y Habitantes de los Países de dicho Señor Rey, que vinieren a los Países y Tierras de los dichos Señores Estados, deberán, por lo que mira al ejercicio público de la Religión, gobernarse y portarse con toda modestia, sin dar escándalo de palabra o de hecho, ni proferir blasfemias, y lo mismo se hará y observará por los Súbditos y Habitantes de los Países de los dichos Señores Estados, que vinieren a las Tierras de su dicha Majestad.

XX. Los Mercaderes, Maestres de Navíos, Pilotos, Marineros, sus Navíos, mercaderías, géneros y otros bienes suyos, no podrán ser embargados, ni confiscados en, virtud de ningún mandamiento general o particular, o por cualquier causa que sea, de Guerra u otra, ni tampoco con pretexto de querer servirse de ellos para la conservación y defensa del País; pero no se entiende comprendida en esta prohibición los ,embargos, y confiscaciones de justicia por las Vías Ordinarias, a causa de deudas, obligaciones propias y contratos válidos de aquellos a quienes se hubieren hecho los dichos embargos, en lo cual se procederá según se acostumbra por derecho y razón.

XXI. Se nombrarán de una y otra parte, ciertos Jueces, en número igual, en forma de Cámara "Mipartita", que tendrán asiento en las Provincias del País Bajo, y en aquellos Lugares que conviniera y esto por turnos, ya sea bajo la obediencia de una, ya sea bajo la del otro, según se acordare de mutuo consentimiento; los cuales Jueces nombrados por una y otra parte, conforme a la Comisión, e Instruecii5n que se les dará, y sobre la cual harán juramento según cierto formulario, que de una y otra parte se arreglará sobre este asunto, atenderán al comercio de los Habitantes de las dichas Provincias de los Países Bajos, y a las cargas e imposiciones, que se cobraren por una y otra parte sobre las mercaderías; y si los dichos Jueces supieren, que de una u otra parte o poca ambas, se hace algún exceso, le corregirán y moderarán. Además de esta, los dichos Jueces examinarán las cuestiones tocantes a la falta de ejecución del Tratado, como también las contravenciones de él, que en su tiempo y lugar puedan sobrevenir, así en los Países de la parte de acá, como en los Reinos distantes, Países, Provincias e Islas de Europa, y dispondrán de ellas sumariamente y de plano, y decidirán lo que hallaren convenir en conformidad del Tratado; y las sentencia y disposiciones de estos Jueces ejecutarán por los Jueces Ordinarios del Lugar en donde se hubiere hecho la contravención, o bien contra las personas que contravinieron, según lo requieran las ocurrencias; y no podrán los dichos Jueces Ordinarios faltar a la referida ejecución, o dejarla de hacer, y de reparar las contravenciones en el término de seis meses después que hayan sido requeridos.

XXII. Si se hubieren dado algunas sentencias y juicios entre personas de diversos partidos no prohibidos, sea en materia civil o criminal, no podrán ejecutarse contra las personas condenadas ni contra sus bienes; y no se concederán ningunas Letras de Marca, o Represalias, si no es con conocimiento de causa, y en los casos permitidos por las Leyes y Constituciones Imperiales, y según el orden establecido por ellas.

XXIII. No se podrá a-bordar, entrar, ni detenerse en los Puertos, Abras, Playas y Radas de los Países de uno u otra con Navíos y gente de Guerra, en número que pueda dar sospecha, sin Pasaporte y Licencia de aquel que mandare los dichos Puertos, Abras, Playas y Radas, si no es que sean arrojados por tempestad, u obligados por necesidad, y para evitar algunos peligros del Mar.

XXIV. Aquellos cuyos bienes se hubieren embargado y confiscado con ocasión de la Guerra, o sus herederos, o los que tengan derecho, gozarán de ellos y tomarán la posesión de su autoridad privada, y en virtud del presente Tratado, sin que necesiten recurrir a la Justicia, no obstante todas incorporaciones al Fisco, empeños, donaciones hechas, Tratados, Acuerdos y Transacciones, con cualesquiera renuncias que se hayan puesto en dichas Transacciones para excluir de alguna parte de dichos bienes a aquellos de quienes fueren; y todos y cada uno delos bienes y derechos, que conforme al presente Tratado serán o deberán ser restituido, recíprocamente a sus primeros propietarios, sus herederos o los que tengan derecho, podrán venderse por dichos propietarios, sin que sea necesario para ello obtener licencia particular; y por consiguiente los propietarios de las rentas, que por parte de los Fiscos fueron constituidas en lugar de los bienes vendidos, como también los de las rentas y acciones, que están a cargo de los Fiscos respectivamente, podrán disponer de la propiedad de ellas por venta, o de otra manera, como de sus demás bienes propios.

XXV. Lo que también se ejecutará en beneficio de los herederos del difunto Señor Príncipe Guillermo de Orange, aun por lo tocante a los derechos que tienen en las Salinas del Condado de Borgoña, que les serán restituidas y dejadas, con los Bosques de su dependencia, en orden a lo que no constare haberse comprado y pagado por parte de su dicha Majestad.

XXVI. En lo cual se entienden también comprendidos los demás bienes y derechos, situados en los Condados de Borgoña y Charolais; y lo que en consecuencia del Tratado de nueve de abril de 1609, y de siete (de enero de 1610, respectivamente, no se ha restituido todavía, se restituirá cuanto antes en todo lugar de buena fe, a los propietarios, sus herederos o los que tengan derechos de ambas partes.

XXVII. Como asimismo se entienden comprendidos en esto los bienes y derechos, que después de cumplida la Tregua de doce años, fueron adjudicados al difunto Conde Juan de Nassau, por Sentencia del Supremo Consejo de Malinas, en perjuicio del Fisco, o de cualquier otra manera, que el Conde haya adquirido su posesión, en cualesquiera Lugares, Plazas o Señoríos, que los dichos bienes y derechos puedan estar situados, y por cualesquiera que puedan ser poseídos; la cual Sentencia, en virtud del presente Tratado, es y será tenida por no dada, y cualquier otra adquisición de la dicha posesión es y será anulada.

XXVIII. Y en cuanto al pleito de Chaten-Belin, intentado en vida del difunto Señor Príncipe de Orange, ante el Consejo Supremo de Malinas, contra el Procurador General de dicho Señor Rey, respecto de que dicho pleito no fue juzgado después de un año, que se siguió, como estaba prometido en el artículo XIV de la, Tregua de doce años; se ha acordado que inmediatamente después de la conclusión y ratificación del presente Tratado, el Fisco en nombre de Su Majestad, o de cualquiera que sea, dejará efectivamente todos y cada uno de los bienes demandados en dicho pleito, por cualquiera y con cualquier derecho que pudieren ser poseídos; y renunciará en nombre y de parte de los referidos todas las acciones y pretensiones que el Fisco pueda tener o pretender de cualquier manera sobre dichos bienes, para que el dicho Señor Príncipe, de Orange actual, sus Herederos, Sucesores y los que tengan derecho, los ocupen real y efectivamente, y tomen la libre y plena posesión de ellos, inmediatamente después de la conclusión y ratificación de este Tratado, y en virtud de él y sin recurso a la Justicia; con la condición de que los frutos percibidos y consumidos con sus cargas, hasta la conclusión del presente Tratado, quedarán a beneficio del Fisco.

XXIX. Si en algún lugar se encontrara dificultad sobre la restitución de los bienes y derechos que se han de restituir, el Juez de él hará efectuar sin demora dicha restitución, y en esto tomará la más pronta providencia, sin que con el pretexto de no haberse pagado la capitación u otro, pueda diferirse la restitución.

XXX. Los Súbditos y Habitantes de los Países Bajos Unidos, podrán en toda la extensión de las Tierras de la obediencia de dicho Señor Rey, servirse de los Abogados, Procuradores, Notarios, Agentes y Ejecutores que les parezca, para lo cual también serán nombrados por los Jueces ordinarias cuando sea menester, y estos Jueces sean requeridos; y recíprocamente, los Habitantes y Súbditos del dicho Señor Rey que vinieren a los Países de los dichos Señores Estados, gozarán de la misma asistencia.

XXXI. Si el Fisco hubiere hecho vender algunos bienes confiscados de una u otra parte, aquellos a quienes deben pertenecer en virtud del presente Tratado, estarán obligados a contentarse, con el interés del precio, a razón de seis por ciento, para que se pague cada año a solicitud de los que poseen dichos bienes, y de otra manera les será lícito acudir al Funda y heredad vendida; en inteligencia de que en lugar de los bienes vendidas, rentas redimidas o el capital de ellas, se despacharán por y en nombre de los Fiscos respectivamente, Letras Patentes a lavar de los propietarios, sus herederos, o los que tengan derecho; las cuales les servirán de prueba declaratoria, en conformidad del Tratado, con asignación de la paga anual sobre un Receptor en la Provincia en donde se hubiere hecha la venta o redención, el cual se nombrará; y el precio se computará a razón de la primera venta pública, o de otra manera hecha como es de derecho; el primer aire de la cual renta cesará un año después de la fecha de la conclusión y ratificación del presente Tratado.

XXXII. Pero si las dichas ventas se hubieren hecho por Justicia par deudas buenas y legítimas de aquellos a quienes los dichos bienes solían pertenecer antes de la confiscación, les será lícito, o a sus herederos y a los que tengan derecho, el desempeñarlos, pagando él precio dentro de un año, contado desde el día del presente Tratado, después de cuya terminación no se les volverá a oír; y hecho por ellas el desempeño y redención, podrán disponer de dichos bienes como les pareciere, sin que sea menester otra licencia.

XXXIII. Sin embargo de esto, no se entiende dar lugar a este desempeño por lo tocante a las casas situadas en las Ciudades, vendidas con este motivo, por la grande incomodidad y notable daría que en esto recibirían los compradores, a causa de las innovaciones y reparaciones, que pudiesen haberse hecho en dichas casas, cuya liquidación sería muy larga y difícil.

XXXIV. Y en cuanto a las reparaciones y mejoras hechas en otros bienes vendidos, cuya redención es permitida, si acaso se pretendieran, los Jueces Ordinarios harán justicia con conocimiento de causa, quedando los fondos y heredades hipotecadas por la cantidad en que se liquidaran las mejoras, sin que por esto sea lícito a dichos compradores usar del derecho de retención para ser pagados y satisfechos.

XXXV. Todos los bienes y derechos ocultados, muebles, inmuebles, rentas, acciones, deudas, créditos y otros, que no hayan sido embargados por el Fisco, con debido conocimiento de causa antes de la conclusión y ratificación de este Tratado, quedarán a la libre y plena disposición de los propietarios, sus herederos, o los que tengan derecho, con todos los frutos, rentas productos y emolumentos; y asimismo aquellos que hubieren ocultado los sobredichos bienes y derechos, o sus 'herederos, no podrán con este motivo ser molestados por los Fiscos respectivamente; pero los propietarios, sus herederos o los que tengan derecho, tendrán en orden a ellos, acción contra cualquiera, como a sus propios bienes.

XXXVI. Los árboles cortados después del día de la conclusión de este Tratado y que en este mismo día hayan estado en los fundos, como también los árboles vendidos, que al tiempo de la dicha conclusión no se hayan cortado todavía, quedarán a los propietarios, no obstante su venta, y sin que estén obligados a pagar precio alguno.

XXXVII. Los frutos, alquileres, arrendamientos y rentas de los Señores, Tierras, Diezmos, Pesquerías, Casas, Rentas y otros productos de los bienes, que conforme al Tratado deberán restituirse, caídos después del día de la conclusión de este Tratado, quedarán por todo el año a los propietarios, sus sucesores o los que tengan derecho.

XXXVIII. Los arrendamientos de los bienes, confiscados o embargados (aunque se hayan hecho por muchos años) expirarán en el mismo año de la conclusión del Tratado, según la costumbre de los respectivos lugares en donde dichos bienes estuviesen situados; y los arrendamientos caídos después del día de la conclusión del Tratado, como se ha dicho, se pagarán a los propietarios; debiéndose entender que si el arrendador de dichos bienes hubiere 'hecho algunos gastos en beneficio de -ellos -para este alío, que éstos serán pagados por los propietarios al Arrendador, según costumbre, o a discreción de los Jueces del lugar en donde estuvieron situados dichos bienes.

XXXIX. La venta de los bienes confiscados o embargados, hecha después de la conclusión del Tratado, se tendrá por nula y no efectuada; como también la venta hecha antes de la dicha conclusión contra las Capitulaciones o Acuerdos hechos particularmente con algunas Ciudades.

XL. Las casas de los particulares restituidas, o que se han de restituir conforme al Tratado, no serán recíprocamente gravadas con alojamientos u otras cargas, de distinta manera, ni más que las casas de los demás habitantes de igual calidad.

XLI. Ninguno será impedido de una u otra parte, directa o indirectamente en la mudanza del lugar de su habitación, pagando los derechos correspondientes, y si se pusieren algunos impedimentos después del, Tratado, se quitarán prontamente.

XLII. Si se hubieren hecho algunas Fortificaciones u obras públicas por una u otra parte, con el permiso y autoridad de los Superiores de los Lugares, cuya restitución debe hacerse por el presente Tratado, los propietarios de ellos estarán obligados a contentarse con la valuación, que se hiciere por los Jueces Ordinarios, así de los dichos lugares como de la Jurisdicción que allí tenían, sino es que las Partes se convengan sobre ello buenamente, como también se dará satisfacción a los propietarios de los bienes aplicados a las Fortificaciones, obras públicas o lugares píos.

XLIII. En cuanto a los bienes de Iglesias, Colegios y otros lugares píos, situados en las Provincias Unidas, los cuales fueren miembros dependientes de las Iglesias, Beneficios y Colegios, que son de la obediencia de dicho Señor Rey, se les entregará y restituirá lo que no se hubiere vendido antes de la conclusión del presente Tratado, y entrarán de nuevo en su posesión y goce de su autoridad privada, y sin auxilio de Justicia, aunque sin poder disponer de ellos, como se ha dicho arriba; pero en cuanto a los que se hubieren vendido antes de dicho tiempo, o dado en pago por los Estados de alguna de las Provincias, la renta del precio se les pagará cada año, a razón de seis por ciento, por la Provincia que hubiere hecho la dicha venta, o dado los dichos bienes en pago, y asimismo se asignará de manera que puedan quedar asegurados; lo mismo se hará y observará por parte de dicho Señor Rey.

XLIV. Por lo tocante a las pretensiones e intereses que el Señor Príncipe de Orange pudiera tener en orden a los bienes de que no está en posesión, se convendrá por un Tratado separado a satisfacción de dicho Señor Príncipe de Orange; pero en cuanto a los bienes y efectos de que dicho Señor Príncipe está en posesión por donación y concesión de los dichos Señores Estados Generales en la Baylía de Hulster-Ambacht y otras partes, de que los dichos Señores Estados le han dado; poco ha la confirmación, todos ellos le quedarán absolutamente con plena propiedad, en beneficio suyo y de sus sucesores, sin que pueda pretenderse cosa alguna de los dichos bienes, en virtud de algunos artículos del presente Tratado.

XLV. En cuanta a otros ciertos puntos que además de lo contenido en el artículo anterior se han tratado, y ajustado separadamente, y firmado en dos diferentes escritos, el uno de ocho de enero, y el otro de veintisiete de diciembre de 1647, por, y en nombre del dicho Señor Príncipe de Orange; los dichos Escritos y todo lo contenido en ellos, surtirán su efecto y se confirmarán, cumplirán, y ejecutarán según su forma, y tenor, de la misma manera que si todos los dichos puntos en general, o cada uno de ellos en particular, estuviesen insertos a la letra en el presente Tratado; y esto no obstante, cualesquiera otras cláusulas del presente Tratado contrarias a ello, las cuales se entiende derogar, y se derogan expresamente por el presente Artículo; y las dichas cláusulas, por lo que toca a lo contenido en los dichos dos Escritos, son y serán tenidas por no hechas, y sin que por causa de ellas se pueda impedir, o retardar de ninguna manera el efecto, cumplimiento y ejecución de los dichos dos Escritos de ocho de enero, y veintisiete de diciembre de 1647 (1).

XLVI. Aquellos a quienes se deben restituir los bienes confiscados, no estarán obligados a pagar los atrasos de las rentas, cargas y otras obligaciones especialmente hipotecadas y asignadas sobre dichos bienes, por el tiempo que no los hubieren gozado; y si por esto fueren reconvenidos, o molestados por una u otra parte, serán absueltos. Y si se hallare ser cierto, que todos los bienes de alguno de una u otra parte, han sido confiscados o embargados de suerte, que el tal no haya retenido ningún medio para poder pagar las rentas o intereses vencidos durante la confiscación o embargo, éste no sólo quedará libre de las cargas Reales y rentas, en conformidad con el Tratado, sino también de las cargas generales y personales de las rentas e intereses que durante el dicho tiempo hubieren vencido.

XLVII. Tampoco se podrá pretender en orden a los bienes vendidos o concedidos para ser dicados o redicados (2), sino las cargas solamente a que los poseedores se hubieren obligado por los Tratados hechos sobre esto, con los intereses de los dineros de entrada, si se hubieren dado algunos, también a razón de seis por ciento como se ha dicho antes.

XLVIII. Las sentencias dadas sobre los bienes y derechos confiscados entre las Partes que hayan reconocido a los Jueces, y sido legítimamente defendidas, subsistirán; y los condenados no serán admitidos a impugnarlas, sino por las Vías Ordinarias.

XIIX. El dicho Señor Rey cede y renuncia todas las pretensiones de redención y todos los demás derechos y pretensiones que podría tener o pretender de cualquier manera sobre la Ciudad de Grave, País de Kuyck, sus pertenencias y dependencias, la antigua Baronia de Brabante, tenida antes en empeño por el Señor Príncipe de Orange, y la redención del cual empeña se dejó y convirtió en propiedad y fue cedida en beneficio del difunto señor Príncipe Mauricio en diciembre de 1611, por los Estados Generales de los Países Bajos Unidos, como soberanos de la ciudad de Grave y País de Kuyck, según y en conformidad de las Letras patentes expedidas sobre ésto; y en virtud de la cual conversión y cesión de dicho señor Príncipe de Orange actual, sus herederos y sucesores, o los que tengan derecho, gozarán para siempre de la plena y entera propiedad de la dicha ciudad y País de Kuyck, sus pertenencias y sus dependencias.

L. También cede y renuncia el dicho señor Rey todos, y cada uno de los derechos y pretensiones, sean de propiedad, cesión u otros, que de cualquier manera podría pretender cobre la ciudad, condado y señoríos de Linghen y sus cuatro aldeas y otros derechos pertenecientes a ella; como también sobre las ciudades y señoríos de Bevegarde, Cloppenburgh y otras pretensiones hacia y contra cualquiera que sea, a fin que queden real y efectivamente para siempre al dicho señor Príncipe de Orange, sus Herederos y Sucesores, o a los que tengan acción, con pleno derecho de propiedad, conforme a las Letras de Donación e Investidura del Emperador Carlos V, con fecha de tres de noviembre de 1546, y a la Transacción hecha; después entre el Conde de Buren y el de Teckelnborg, con fecha cinco de marzo de 1548, y finalmente en consecuencia de la Cesión hecha sobre esto en noviembre de 1578, la cual ha confirmado y confirma el dicho Señor Rey por el presente Tratado en cuanto a él se refiera.

LI. Los dichos Señores Rey y Estados, nombrarán cada uno por su parte Jueces, y Magistrados para la administración de la justicia y policía en las Ciudades y Plaza, fuertes, que por el presente Tratado deben restituirse a sus propietarios, para que las gocen.

LII. El alto Cuartel de Güeldres se cambiará por un equivalente; y en caso de no poderse concertar el dicho equivalente, se remitirá el negocio a la Cámara "Mipartita", para que en ella se decida dentro de seis meses después de la conclusión y ratificación del Tratado.

LIII. El dicho Señor Rey se obliga a procurar efectivamente la continuación y observancia de la Neutralidad y Amistad, y buena vecindad de parte de Su Majestad Imperial y del Imperio con los dichos Señores Estados, a la cual continuación y observancia se obligan también recíprocamente los dichos Señores Estados; y se deberá hacer su confirmación dentro de dos meses por parte de S. M. Imperial, y dentro de un año por parte del Imperio, después de la conclusión y ratificación del presente Tratado (1).

LIV. Los muebles confiscados y frutos caídos antes de la conclusión del presente Tratado, no estarán sujetos a restitución alguna.

LV. Las acciones mobiliarios, que los dichos Señores Rey o Estados hayan remitido, en beneficio de los deudores particulares, antes de la conclusión del presente Tratado, quedarán extinguidas por una y otra parte.

LVI. El tiempo corrido durante la Guerra, comenzando desde el año de 1567, hasta el principio de la Tregua de doce arios, como también el transcurrido desde que expiró dicha Tregua, hasta la conclusión del presente Tratado, no se tendrá en cuenta para ocasionar con este motivo perjuicio o daño a nadie.

LVII. Los que durante la Guerra se hubieren retirado a Países neutrales, gozarán también del beneficio de este Tratado y podrán vivir donde les pareciere y asimismo volver a sus antiguos domicilios, para habitar en ellos con toda seguridad, observando las Leyes del País, sin que con motivo de la residencia que hicieren, en cualquier lugar que sea, puedan embargarse sus bienes, ni ellos ser privados de su goce.

LVIII. No se podrán de una u otra parte construir nuevos Fuertes en los Países Bajos ni tampoco se podrán abrir nuevos Canales, ni Fosos, por los cuales se pueda quitar o extraviar el agua de una u otra parte.

LIX. Los señores de la Casa de Nassau, como asimismo el conde Juan Alberto de Solms, Gobernador de Mastricht, no podrán ser perseguidos ni molestados en sus personas o bienes, a causa de las deudas contraídas por el difunto señor Príncipe Guillermo de Orange desde el año 1567, hasta su fallecimiento, ni por los atrasos vencidos durante el embargo y secuestro de los bienes que estaban gravados con ellas.

LX. Si se hiciere alguna contravención al presente Tratado por algunos particulares, sin orden de los dichos señores Rey o Estados, se reparará el daño en el mismo lugar donde se hubiere hecho la contravención, si allí lucren aprehendidos o bien en el de su domicilio, sin que puedan ser perseguidos en otra parte en sus cuerpos, o bienes de cualquier manera que sea; y no será lícito llegar a las armas, o romper la paz por este motivo, sino que será permitido, en caso de denegación manifiesta de justicia, valerse como es costumbre de Letras de Marca o Represalias.

LXI. Todas las desheredaciones y disposiciones hechas en odio de la Guerra, se declaran por nulas y no hechas; y bajo las desheredaciones hechas en odio de la Guerra se entiende comprender aquellas que se hacen por alguna causa de donde haya procedido la Guerra, o que de ella dependan.

LXII. Los súbditos y habitantes de los Países de los dichos señores Rey y Estados, de cualquier calidad y condición que sean declaran por hábiles para sucederse unos a otros, así por Testamento, como abintestato, según las costumbres de los lugares; y si a algunos de ellos les hubieren anteriormente correspondido algunas sucesiones, serán mantenidos y conservados en ellas.

LXIII. Todos los prisioneros de Guerra se entregarán de ambas partes, sin pagar rescate alguno y sin distinción ni reserva de los prisioneros, que han servido fuera de las Países Bajos. y bajo otros Estandartes o Banderas que las de, dichos Señores Estados.

LXIV. La paga de los atrasos de las contribuciones, que al tiempo de la conclusión del Tratado quedaren por pagar por las personas y bienes de una y otra parte, se reglará y determinará por los que de ambas partes tienen la Superintendencia de las contribuciones.

LXV. Y todo lo que durante la negociación se propusiere o alegare, de palabra o por escrito de una y otra parte, no se glosará ni podrá interpretarse de ningún modo en favor o perjuicio de alguno, directo o indirectamente sino que así los dichos Señores Rey y Estados Generales y particulares, como todos los Príncipes, Condes, Barones, Caballeros, Ciudadanos y -demás Habitantes de sus respectivos Reinos y Países de cualquier calidad, estado o condición que sean, quedarán con sus derechos, según el tenor del Tratado y su conclusión.

LXVI. Los respectivos Habitantes y Súbditos de los dichos Señores Rey y Estados gozarán realmente del efecto del Artículo XV de la Tregua de doce años(1) ya acabada, y del efecto del Artículo X del ajuste que se hizo en siete de enero de 1610, y esto en atención a que durante el término de la dicha Tregua, no se siguió, ni procuró el dicho efecto por una y otra parte.

LXVII. Los límites en Flandes y en otras partes se reglarán de modo que se haya de pertenecer a la jurisdicción de una u otra parte, sobre lo cual se esperarán y entregarán las instrucciones para que dichos límites se reglen a su tiempo.

LXVIII. De la parte y lado del dicho Señor Rey de España se demolerán junto a la Esclusa y en sus contornos los Fuertes nombrados aquí, es a saber: San Job, San Donas, el Fuerte de la Estrella, el Fuerte de Santa Teresa, el Fuerte de San Fadrique, el Fuerte de Santa Isabel, el Fuerte de San Pablo y el Reducto Papemuzt. Y del lado y parte de los dichos Señores Estados se demolerán los Fuertes siguientes, a saber: Los dos Fuertes de la Isla de Casand, llamados Orange y Federico, los dos de Pas, todos los que están sobre el río Escalda a la parte Oriental, excepto Lilo y el Fuerte de Kildrecht, llamado Spínola, sobre cuya demolición, que se ha de haber recíprocamente, se convendrá entre las Partes para ajustar su equivalente (2).

LXIX. Todos los Registros, Legajos, Cartas, Archivos y Papeles, como también sacos de Procesos, concernientes respectivamente, a algunas de las Provincias Unidas, Países Asociados, Ciudades y Miembros, o a algunos Habitantes de ellas, que están en los Tribunales, Chancillerías, Consejos y Cámaras de Policía, Justicia, Hacienda, Feudos o Archivos, sea en Avennes, Malinas u otras Plazas, que están bajo la obediencia de dicho Señor Rey, serán entregados de buena fe a aquellos que de parte de las dichas Provincias respectivamente tengan comisión para pedirlos; y lo mismo se hará por parte de dichos Señores Estados con las Provincias, Ciudades y particulares de la obediencia de dicho Señor Rey.

LXX. A la Ciudad de la Esclusa se dejará la jurisdicción de las Aguas, conforme la tiene.

LXXI. El Dique que atraviesa y cierra el río de Soute, junto a San Donas, se quitará y abrirá, haciéndose y fabricándose allí un sas (1), sobre cuya guarda se convendrá, según se ha dicho arriba en orden a la demolición de los Fuertes.

LXXII. Serán comprendidos en este Tratado de Paz aquellos que antes del cambio de la aceptación o ratificación, o tres meses después, fueren nombrados por una y otra parte; dentro de cuyo término nombrará el dicho Señor Rey aquellos que le pareciere conveniente. Por parte de dichos Señores Estados, son nombrados el Príncipe Landgrave de Hess-Cassel, con sus Países, Ciudades y Estados; el Conde de Ostfrisia; las Ciudades Hanseáticas y particularmente Lübeck, Brema y Hamburgo, reservando los dichos Señores Estados nombrar dentro del dicho término los demás que tuvieren por conveniente (2).

LXXIII. En cuanto a la pretensión del conde de Flodorp, sobre que se le restituya el Castillo de Leth, con los bienes que dependieron de él y todos los demás bienes y Aldeas que le pudieren pertenecer en aquellos contornos y estuvieren embargados de parte de dicho Señor Rey, se le concede la restitución; y asimismo la del Castillo salvo lo que entre la conclusión del presente Tratado y su Ratificación, se disponga acerca de mantener una guarnición de parte del dicho Señor Rey o de la demolición de las nuevas Fortificaciones hechas después que se ocupó el citado Castillo (3).

LXXIV. Por lo que toca a lo que en ocho de diciembre de 1646, se trató y convino entre los Embajadores Extraordinarios y Plenipotenciarios de los dichos Señores Rey y Estados, tocante a Rugero Huygens, por y en nombre de su mujer la Señora Ana Margarita de Stralen esto tendrá toda su fuera y efecto y se cumplirá y ejecutará de la misma manera que si estuviera inserto a la letra en el presente Tratado.

LXXV. Y a fin de que se observe mejor el presente Tratado, prometen recíprocamente los dichos Señores Rey y Estados ayudar y emplear sus fuerzas y medios cada uno de por sí para poner los pasos libres y los Mares y Ríos navegables, y seguros contra las correrías de los amotinados, Corsarios, Piratas y Ladrones, y hacerlos castigar rigurosamente si se les pudiere coger.

LXXVI. Además de esto prometen no hacer cosa alguna contra o en perjuicio del presente Tratado, ni, permitir que se haga directa o indirectamente; y si se hiciere, mandarla reparar sin dificultad, ni dilación alguna; y se obligan recíprocamente a la observancia de todo lo referido (y el dicho Señor Rey por sí y sus Sucesores) y para la firmeza de esta obligación renuncian todas las Leyes, Costumbres y otras cosas cualesquiera contrarias a esto.

LXXVII. El presente Tratado será ratificado y aprobado por los dichos Señores Rey y Estados; y las Letras de ratificación se entregarán de una y otra parte en buena y debida forma en el término de dos meses; y si la dicha Ratificación llegare antes, cesarán desde entonces todos los actos de hostilidad entre las partes, sin esperar a que se cumpla el dicho término; en inteligencia de que después de la conclusión y firma del presente Tratado, no cesará la hostilidad de ambas Partes, sin que antes se entregue y cambie la Ratificación del Rey de España en debida substancia y forma por la de los dichos Señores Estados de las Provincias Unidas.

LXXVII. Pero no obstante esto, quedarán los negocios por ambas partes en el mismo estado y constitución que se hallaren al tiempo de la conclusión del presente Tratado, y hasta tanto que la dicha recíproca Ratificación sea cambiada y entregada.

LXXIX. Este Tratado se publicará en todas partes donde corresponda, inmediatamente después que se hayan cambiado y entregado las Ratificaciones de una y otra parte; y cesarán desde entonces todos los actos de hostilidad.

4. TRATADO DE PAZ Y AMISTAD DE UTRECHT ENTRE ESPAÑA Y EL REINO UNIDO DE FECHA 13 DE JULIO DE 1713[1341]

Preámbulo

Habiendo sido servido el Árbitro supremo de todas las cosas ejercitar su divina piedad, inclinando a la solicitud de la paz y concordia los ánimos de los príncipes que hasta aquí han estado agitados con las armas en una guerra que ha llenado de sangre y muertes a casi todo el orbe cristiano; y no deseando otra cosa con más ardor el serenísimo y muy poderoso príncipe Felipe V, por la gracia de Dios, rey católico de las Españas y la serenísima y muy poderosa princesa Ana, por la gracia de Dios, reina de la Gran Bretaña, Francia e Hibernia; ni habiendo otra que solicite con más vehemente anhelo que el restablecer y estrechar con vínculos nuevos de conveniencia recíproca la antigua amistad y confederación de los españoles e ingleses de modo que pase a la más remota posteridad con lazos casi indisolubles: para concluir, pues, felizmente este negocio tan útil y por tantas razones deseado, nombraron de una parte y de otra sus embajadores extraordinarios y plenipotenciarios, dándoles las instrucciones convenientes, es a saber, el rey católico por su parte al excelentísimo señor don Francisco María de Paula Tellez Jirón, Benavides, Carrillo, y Toledo, Ponce de León, duque de Osuna, conde de Ureña, marques de Peñafiel, grande de primera clase, gentilhombre de su cámara, camarero y copero mayor, notario mayor de sus reinos de Castilla, caballero de la orden de calatrava, clavero mayor de la misma orden y caballería, y comendador de ella y de la de Usagre en la de Santiago, capitán de la primera compañía española de sus guardias de corps, y al excelentísimo señor don Isidro Casado de Rosales, marqués de Monteleon, del consejo de Indias, embajadores extraordinarios y plenipotenciarios de su Majestad católica, y la reina de la Gran Bretaña por la suya, al muy reverendo señor Juan, obispo de Bristol, de su consejo privado y guarda del sello secreto, Deán de Windsor y secretario de la muy noble orden de la jarretera, y al excelentísimo señor Tomas, conde de Strafford, vizconde de Wentwoile, VVoodhouse y de Staineborugh, barón de Ravy, Newmarch y Overseliy, del consejo privado, teniente general de sus ejércitos, primer comisario del Almirantazgo de la Gran Bretaña y de Irlanda, caballero de la muy noble orden de la jarretera, embajador extraordinario y plenipotenciario a los Estados generales de las provincias unidas del País Bajo: los cuales embajadores extraordinarios y plenipotenciarios según el

---

[1341] Tratado de Paz y Amistad de Utrecht entre España y Gran Bretaña de fecha 13 de julio de 1713. Disponible en https://es.wikisource.org/wiki/Tratado_de_Paz_y_Amistad_de_Utrecht_entre_Espa%C3%B1a_y_Gran_Breta%C3%B1a.

tenor de lo que se ha acordado y convenido por los ministros de ambas partes, así en la corte de Madrid como en la de Londres, consintieron y ajustaron los artículos de paz y amistad siguientes.

Artículo I

Habrá una paz cristiana y universal, y una perpetua y verdadera amistad entre el serenísimo y muy poderoso príncipe Felipe V, rey católico de las Españas y la serenísima y muy poderosa princesa Ana, reina de la Gran Bretaña; entre sus herederos y sucesores, y también entre los reinos, estados, dominios y provincias de uno y otro príncipe, en cualquier parte que estén situadas, como asimismo entre los súbditos de uno y otro; y se guardará y conservará esta paz tan sinceramente que ninguna de las partes intente con pretexto alguno cosa que sea perjudicial ni dañosa a la otra, ni pueda ni deba auxiliar ni ayudar con motivo alguno a quien intente o quiera causarla algún detrimento, y al contrario, estarán obligadas sus Majestades a procurar cada uno la utilidad, honor y conveniencia del otro, trabajando con el mayor cuidado en promover con nuevas demostraciones de amistad la paz que ahora se establece para que adquiera cada día más firmeza.

Artículo II

Siendo cierto que la guerra que felizmente se acaba por esta paz, se empezó y se ha continuado tantos años con suma fuerza, inmensos gastos y casi infinito número de muertes por el gran peligro que amenazaba a la libertad y salud de toda la Europa la estrecha unión de los reinos de España y Francia; y queriendo arrancar del ánimo de los hombres el cuidado y sospecha de esta unión y establecer la paz y tranquilidad del orbe cristiano con el justo equilibrio de las potencias (que es el mejor y más sólido fundamento de una amistad recíproca y paz durable) han convenido así el rey católico como el cristianísimo en prevenir con las más justas cautelas, que nunca puedan los reinos de España y Francia unirse bajo de un mismo dominio, ni ser uno mismo rey de ambas monarquías; y para este fin su Majestad católica renunció solemnísimamente por sí y por sus herederos y sucesores todo el derecho, título y pretensión a la corona de Francia en la forma y con las palabras siguientes.

(Se insertan aquí los siete primeros instrumentos de renuncias que van colocados en el tratado de esta fecha con el duque de Saboya.)

Y su Majestad católica renueva y confirma por este artículo la solemnísima renuncia suya que va mencionada. Y habiéndose establecido esta como ley pragmática y fundamental, promete nuevamente en el modo más obligatorio que lo observará inviolablemente y cuidará de que se observe, procurando con el mayor conato y disponiendo con la mayor diligencia que las referidas renuncias se observen y ejecuten irrevocablemente, tanto de la parte de España como de la de Francia; pues subsistiendo estas en su pleno vigor y observándose de buena fe por una y otra parte, juntamente con las otras transacciones que miran al mismo fin, quedarán las coronas de España y Francia tan divididas y separadas una de otra que nunca puedan juntarse.

Artículo III

Habrá de ambas partes perpetua amnistía y olvido de todas las hostilidades que durante la reciente guerra se hayan consentido en cualquiera lugar y modo por una y otra parte; de suerte que en ningún tiempo por ellas ni por otra causa o pretexto se cause enemistad ni molestia la una a la otra directa o indirectamente so color de justicia, ni por vía de hecho, ni sufra que se la cause.

Artículo IV

Todos los prisioneros de ambas partes y cada uno de ellos de cualquier estado o condición que sea, luego que se ratifique el presente tratado, serán puestos en su primera libertad sin que se lleve precio alguno por ellos, pagando sólo las deudas que hubiesen contraído durante el tiempo de su detención.

Artículo V

Para dar mayor firmeza a la paz restablecida y a la fiel y nunca quebrantada amistad, y para cortar todas las ocasiones de desconfianza que pudieren originarse en algún tiempo del derecho y orden establecido para la sucesión hereditaria al reino de la Gran Bretaña, y de la limitación de él hecha por las leyes de la Gran Bretaña (formadas y establecidas en el reinado así del difunto rey Guillermo III, de gloriosa memoria, como en el de la presente reina) en favor de la progenie de la dicha señora reinar y en acabándose ella de la serenísima princesa Sofía, electriz viuda de Brunswich y de sus herederos en la línea protestante de Hanover; para conservar pues indemne la dicha sucesión según las leyes de la Gran Bretaña, reconoce el rey católico sincera y solemnemente la limitación referida de la sucesión al reino de la Gran Bretaña, y declara y promete que es y será perpetuamente grata y acepta para él y para sus herederos y sucesores bajo de fe y palabra real, y empeñando su honor y el de sus sucesores. Promete también el rey católico bajo del mismo vinculo de su honor y palabra real, que no reconocerán ni tendrán en ningún tiempo él, ni sus herederos y sucesores por rey ni por reina de la Gran Bretaña sino esa la dicha señora reina y a sus sucesores, según el tenor de la limitación establecida por leyes y estatutos de la Gran Bretaña.

Artículo VI

Promete también el rey católico en su nombre y el de sus herederos y sucesores que en ningún tiempo turbará ni dará molestia alguna a la dicha reina de la Gran Bretaña, ni a sus herederos y sucesores, descendientes de la referida familia protestante que posean la corona de la Gran Bretaña y los dominios sujetos a ella: ni en tiempo alguno dará el dicho rey católico ni alguno de sus sucesores auxilio, ayuda, favor, ni consejo directa o indirectamente por tierra o por mar, con dinero, armas, municiones, pertrechos de guerra, nares, soldados, marineros, ni en otro modo alguno a persona o personas algunas si las hubiere que por cualquier causa o pretexto intentasen oponerse a la referida sucesión, ya con guerra declarada o ya fomentando sedición, o tramando conjuraciones contra el príncipe o príncipes que ocuparen el solio de la Gran Bretaña en virtud de los actos aprobados en aquel parlamento, o contra aquel príncipe o aquella princesa a quien por los actos del parlamento perteneciere, como va dicho, la sucesión.

Artículo VII

Se volverán a abrir las vías ordinarias de justicia en los reinos y dominios de ambas Majestades de modo que puedan libremente todos los súbditos de una y otra parte alegar y obtener los derechos, pretensiones y acciones, según las leyes, constituciones y estatutos de uno y otro reino; y especialmente si hubiere alguna queja de injurias y agravios hechos en tiempos de paz o en principios de esta guerra contra el tenor de los tratados, se cuidará de resarcir antes los daños según las formas de justicia.

Artículo VIII

Será libre el uso de la navegación y del comercio entre los súbditos de ambos reinos como lo era en otros tiempos durante la paz y antes de la declaración de esta guerra, reinando el rey católico de España Carlos II, de gloriosa memoria, conforme a los pactos de amistad, confederación y comercio que estaban establecidos entre las dos naciones, según las costumbres antiguas, cartas patentes, cédulas y otros actos especialmente hechos en este particular, y también según el tratado o tratados de comercio que estarán ya concluidos en Madrid, o se concluirán luego. Y como entre otras condiciones de la paz general se ha establecido por común consentimiento como regla principal y fundamental, que la navegación y uso del comercio de las Indias occidentales del dominio de España quede en el mismo estado que tenía en tiempo del dicho rey católico Carlos II, para que esta regla se observe en lo venidero con fe inviolable de modo que no se pueda quebrantar y se eviten y remuevan todos los motivos de desconfianzas y sospechas acerca de este negocio, se ha convenido y establecido especialmente, que por ningún título ni con ningún pretexto se pueda directa ni indirectamente conceder jamás licencia ni facultad alguna a los franceses ni otra nación para navegar, comerciar ni introducir negros, bienes, mercaderías u otras cosas en los dominios de América pertenecientes a la corona de España, sino es aquello que fuere convenido por el tratado o tratados de comercio sobredichos y por los derechos y privilegios concedidos en el convenio llamado vulgarmente el asiento de negros, de que se hace mención en el artículo 12; y excepto también lo que el dicho rey católico o sus herederos o descendientes ofrecieren por el tratado o tratados de la introducción de negros en las Indias occidentales españolas, después que se hubiere concluido el referido convenio del asiento de negros. Y para que la navegación y comercio a las Indias occidentales queden más firme y ampliamente asegurados, se ha convenido y ajustado también por el presente, que ni el rey católico, ni alguno de sus herederos y sucesores puedan vender, ceder, empeñar, traspasar a los franceses ni a otra nación tierras, dominios o territorios algunos de la América española, ni parte alguna de ellos, ni enajenarla en modo alguno de sí, ni de la corona de España. Y al contrario, para que se conserven más enteros los dominios de la América española, promete la reina de la Gran Bretaña que solicitará y dará ayuda a los españoles para que los limites antiguos de sus dominios de América se restituyan y fijen como estaban en tiempo del referido rey católico Carlos II, si acaso se hallare que en algún modo o por algún pretexto hubieren padecido alguna desmembración o quiebra después de la muerte del dicho rey católico Carlos II.

Artículo IX

También se ha convenido y establecido por regla general, que todos y cada uno de los súbditos de ambos reinos, en todas las tierras y lugares de uno y otro, en cuanto mira a los derechos, imposiciones y cargas concernientes a las personas , mercaderías, navíos, fletes, marineros navegación y comercio usen y gocen a lo menos, de los mismos privilegios, franquezas e inmunidades, y tengan en todo igual favor que los súbditos de Francia o de otra nación extraña, la más amiga, usan, poseen y gozan o puedan de aquí en adelante tener y gozar.

Artículo X

El Rey Católico, por sí y por sus herederos y sucesores, cede por este Tratado a la Corona de la Gran Bretaña la plena y entera propiedad de la ciudad y castillo de Gibraltar, juntamente con su puerto, defensas y fortalezas que le pertenecen, dando la dicha propiedad absolutamente para que la tenga y goce con entero derecho y para siempre, sin excepción ni impedimento alguno. Pero, para evitar cualquiera abusos y fraudes en la introducción de las mercaderías, quiere el Rey Católico, y supone que así se ha de entender, que la dicha propiedad se ceda a la Gran Bretaña sin jurisdicción alguna territorial y sin comunicación alguna abierta con el país circunvecino por parte de tierra. Y como la comunicación por mar con la costa de España no puede estar abierta y segura en todos los tiempos, y de aquí puede resultar que los soldados de la guarnición de Gibraltar y los vecinos de aquella ciudad se ven reducidos a grandes angustias, siendo la mente del Rey Católico sólo impedir, como queda dicho más arriba, la introducción fraudulenta de mercaderías por la vía de tierra, se ha acordado que en estos casos se pueda comprar a dinero de contado en tierra de España circunvecina la provisión y demás cosas necesarias para el uso de las tropas del presidio, de los vecinos u de las naves surtas en el puerto.

Pero si se aprehendieran algunas mercaderías introducidas por Gibraltar, ya para permuta de víveres o ya para otro fin, se adjudicarán al fisco y presentada queja de esta contravención del presente Tratado serán castigados severamente los culpables. Y su Majestad Británica, a instancia del Rey Católico consiente y conviene en que no se permita por motivo alguno que judíos ni moros habiten ni tengan domicilio en la dicha ciudad de Gibraltar, ni se dé entrada ni acogida a las naves de guerra moras en el puerto de aquella Ciudad, con lo que se puede cortar la comunicación de España a Ceuta, o ser infestadas las costas españolas por el corso de los moros. Y como hay tratados de amistad, libertad y frecuencia de comercio entre los ingleses y algunas regiones de la costa de África, ha de entenderse siempre que no se puede negar la entrada en el puerto de Gibraltar a los moros y sus naves que sólo vienen a comerciar.

Promete también Su Majestad la Reina de Gran Bretaña que a los habitadores de la dicha Ciudad de Gibraltar se les concederá el uso libre de la Religión Católica Romana.

Si en algún tiempo a la Corona de la Gran Bretaña le pareciere conveniente dar, vender, enajenar de cualquier modo la propiedad de la dicha Ciudad de Gibraltar, se ha convenido y concordado por este Tratado que se dará a la Corona de España la primera acción antes que a otros para redimirla.

Artículo XI

El rey católico por sí y por sus herederos y sucesores cede también a la corona de la Gran Bretaña toda la isla de Menorca, traspasándola para siempre todo el derecho y pleno dominio sobre la dicha isla, y especialmente sobre la dicha ciudad, castillo, puerto y defensas del seno de Menorca, llamado vulgarmente Puerto Mahon, juntamente con los otros puertos, lugares y villas situadas en la referida isla. Pero se previene como en el artículo precedente, que no se dé entrada ni acogida en Puerto Mahon, ni en otro puerto alguno de la dicha isla de Menorca, á naves algunas de guerra de moros que puedan infestar las costas de España con su corso; y sólo se les permitirá la entrada en dicha isla a los moros y sus naves que vengan a comerciar, según los pactos que haya hechos con ellos. Promete también de su parte la reina de la Gran Bretaña, que si en algún tiempo se hubiere de enajenar de la corona de sus reinos la isla de Menorca y los puertos, lugares y villas situadas en ellas, se la dará el primer lugar a la corona de España sobre otra nación para redimir la posesión y propiedad de la referida isla. Promete también su Majestad británica que hará que todos los habitadores de aquella isla, tanto eclesiásticos como seglares, gocen segura y pacíficamente de todos sus bienes y honores y se les permita el libre uso de la religión católica romana; y que para la conservación de esta religión en aquella isla se tomen aquellos medios que no parezcan enteramente opuestos al gobierno civil y leyes de la Gran Bretaña. Podrán también gozar de sus bienes y honores los que al presente están en servicio de su Majestad católica, y aunque permanecieren en él; y será lícito a todo el que quisiere salir de aquella isla vender sus bienes y pasarlos libremente a España.

Artículo XII

El rey católico da y concede a su Majestad británica y a la compañía de vasallos suyos formada para este fin la facultad para introducir negros en diversas partes de los dominios de su Majestad católica en América, que vulgarmente se llama el asiento de negros, el cual se les concede con exclusión de los españoles y de otros cualquiera por espacio de treinta años continuos que han de empezar desde 1.º de mayo de 1713, con las mismas condiciones que le gozaban los franceses o pudieran o debieran gozar en algún tiempo, juntamente con el territorio o territorios que señalará el rey católico para darlos a la compañía del asiento en paraje cómodo en el Río de la Plata (sin pagar derechos ni tributos algunos por ellos la compañía, durante el tiempo del sobredicho asiento y no más) y teniendo también cuidado de que los territorios y establecimientos que se la dieren sean aptos y capaces para labrar y pastar ganados para la manutención de los empicados en la compañía y de sus negros, y para que estos estén guardados allí con seguridad hasta el tiempo de su venta; y también para que los navíos de la compañía puedan llegarse a tierra y estar resguardados de todo peligro. Pero será siempre permitido al rey católico poner en el dicho paraje o factoría un oficial que cuide de que no se i o haga cosa alguna contra sus reales intereses, y todos los que en aquel lugar fueren comisionados de la compañía o pertenecieren a ella han de estar sujetos a la inspección de este oficial en todo aquello que mira a los referidos territorios; y si se ofrecieren algunas dudas, dificultades o controversias entre el dicho oficial y los comisionados de la compañía, se llevarán al gobernador de Buenos-Aires para que las juzgue. Quiso demás de esto el rey católico conceder a la dicha compañía otras grandes ventajas, las cuales más plena y extensamente se explican en el tratado del asiento de negros que fue hecho y concluido en Madrid a 26 de marzo del año presente de 1713; el cual asiento de negros, todas sus cláusulas, condiciones, inmunidades y privilegios en él contenidos y que no son contrarias a este artículo, se entienden y han de entenderse ser parte de este tratado del mismo modo que si estuviesen insertas en él palabra por palabra.

Artículo XIII

Visto que la reina de la Gran Bretaña no cesa de instar con suma eficacia para que todos los habitadores del principado de Cataluña, de cualquier estado y condición que sean, consigan, no sólo entero y perpetuo olvido de todo lo ejecutado durante esta guerra y gocen de la íntegra posesión de todas sus haciendas y honras, sino también que conserven ilesos é intactos sus antiguos privilegios, el rey católico por atención a su Majestad británica concede y confirma por el presente a cualesquiera habitadores de Cataluña, no sólo la amnistía deseada juntamente con la plena posesión de todos sus bienes y honras, sino que les da y concede también todos aquellos privilegios que poseen y gozan, y en adelante pueden poseer y gozar los habitadores de las dos castillas, que de todos los pueblos de España son los más amados del rey católico.

Artículo XIV

Habiendo querido también el rey católico á ruegos de su Majestad británica, ceder el reino de Sicilia a su Alteza real Víctor Amadeo, duque de Saboya, y habiéndosele con efecto cedido en el tratado hecho hoy entre su Majestad católica y su Alteza real de Saboya, promete y ofrece su Majestad británica que procurará con todo cuidado que faltándolos herederos varones de la casa de Saboya, vuelva otra vez a la corona de España la posesión de dicho reino de Sicilia: y consiente además de esto su Majestad británica en que el referido reino no pueda enajenarse con ningún pretexto ni en modo alguno, ni darse a otro príncipe ni estado sino es al rey católico de España y a sus herederos y sucesores. Y como el rey católico ha manifestado a su Majestad británica que sería muy conforme a razón y muy grato a él, que no sólo los súbditos del reino de Sicilia, aunque vivan en los dominios de España y sirvan a su Majestad católica, sino los otros españoles y súbditos de España que tuvieren bienes u honores en el reino de Sicilia, gocen de ellos sin diminución alguna y ni sean vejados ni inquietados en algún modo con el pretexto de su ausencia personal de aquel reino, y promete también gustoso por su parte que consentirá recíprocamente que los súbditos de dicho reino de Sicilia y otros de su Alteza real, si tuvieren bienes u honores en España o en otros dominios de ella, gocen de ellos sin diminución alguna, y de ningún modo sean vejados ni inquietados con el pretexto de su ausencia personal; por tanto su Majestad británica ofrece que pasará sus oficios y mandará a sus embajadores extraordinarios y plenipotenciarios que se hallan en Utrecht, que hagan eficacísimas diligencias para que el rey católico y su Alteza real se ajusten recíprocamente sobre este punto disponiéndole y asegurándole en el modo más conveniente entre ambos.

Artículo XV

Sus Majestades reales, cada una por su parte, renuevan y confirman todos los tratados de paz, amistad, confederación y comercio hechos y concluidos entre la corona de España y de la Gran Bretaña antes de ahora, y por la presente confederación se renuevan y confirman los dichos tratados en modo tan amplio y explicito como si ahora se insertase cada uno, es a saber, en cuanto no se hallen contrarios a los tratados de paz y comercio recientemente hechos y firmados; y especialmente se confirman y corroboran por este tratado de paz los pactos, alianzas y convenios que miran así al uso del comercio y navegación en Europa y otras partes, como a la introducción de negros en la América española, y los que ya se han hecho o se harán cuanto antes en Madrid entre las dos naciones. Y porque por parte de España se insta sobre que a los vizcaínos y otros súbditos de su Majestad católica les pertenece cierto derecho de pescar en la isla de Terranova, consiente y conviene su Majestad británica que a los vizcaínos y otros pueblos de España se les conserve ilesos todos los privilegios que puedan con derecho reclamar.

Artículo XVI

Puesto que en el convenio del armisticio que se hizo entre su Majestad británica y el rey cristianísimo por cuatro meses desde el día 23 de agosto próximo pasado que fue confirmado por el ascenso del rey católico, y ahora le confirma por este tratado, como su prorrogación hecha hasta el 22 abril de este año, fue capitulado expresamente entre otras condiciones en qué casos los navíos, mercaderías y otros bienes muebles apresados de una parte y otra han de quedar para los apresadores o restituirse a sus primeros dueños, ahora se conviene en que en aquellos casos queden en su entero vigor las leyes de aquel armisticio, y que todo lo concerniente a semejantes presas, ya sean hechas en los mares británicos o en los septentrionales o en otras partes se gobierne de buena fe por el tenor de ellas.

Artículo XVII

Si sucediere por inconsideración, imprudencia u otra cualquiera causa que algún súbdito de las dos reales Majestades haga o cometa alguna cosa en tierra, en mar o en aguas dulces, en cualquier parte del mundo, por donde sea menos observado el tratado presente, o no tenga su efecto algún artículo particular de él, no por eso se ha de interrumpir o quebrantar la paz y buena correspondencia entre el señor rey católico y la señora reina de la Gran Bretaña; antes ha de quedar en su primer vigor y firmeza, y sólo el dicho súbdito será responsable de su propio hecho y pagará las penas establecidas por las leyes y estatutos del derecho de gentes.

Artículo XVIII

Pero (si lo que Dios no quiera) volvieren en algún tiempo a renovarse las apagadas enemistades entre sus Majestades católica y británica y rompiesen en guerra declarada, no podrán ser adjudicados al fisco los navíos, mercaderías, y bienes muebles o inmuebles de los súbditos de una parte y otra que se aprehendieren en los puertos y dominios de la contraria; antes se concederá por una parte y otra a los dichos súbditos de ambas Majestades el término entero de seis meses para que puedan vender, llevar o transportar adonde quisieren sin molestia alpina los dichos efectos, u otra cualquier cosa que sea suya y salirse de aquellos lugares.

Artículo XIX

Los reyes, príncipes y estados expresados en los artículos siguientes, y los demás que de común consentimiento de ambas partes fueren nombrados por una y otra antes del cambio de las ratificaciones o dentro de seis meses después, serán incluidos y comprendidos en este tratado en señal de mutua amistad; estando persuadidos su Majestad católica y británica de que reconocerán las disposiciones hechas y establecidas en él.

Artículo XX

Todo lo que fuere contenido en el ajuste de paz que está para hacerse entre su sacra real Majestad de España y su sacra real Majestad de Portugal, precediendo aprobación de la sacra real Majestad de la Gran Bretaña, será tenido como parte esencial de este tratado, como si estuviese puesto en él a la letra: y su Majestad británica, además de esto, se ofrece por fiadora o garante de la dicha composición de paz, como realmente y por expresas palabras ha ofrecido que lo cumplirá con el fin de que se observe más inviolable y religiosamente.

Artículo XXI

El tratado de paz hecho hoy entre su Majestad católica y su Alteza real el duque de Saboya se incluye y confirma especialmente en este tratado como parte esencial suya, del mismo modo que si estuviera inserto en él a la letra: declarando expresamente la señora reina de la Gran Bretaña que quiere quedar obligada a las estipulaciones de firmeza y garantía prometidas en él.

Artículo XXII

El serenísimo rey de Suecia con sus reinos, señoríos, provincias y derechos, como también los serenísimos príncipes el gran duque de Toscana y el duque de Parma, juntamente con sus pueblos y súbditos, y también con las libertades y provechos del comercio de los referidos súbditos serán incluidos en este tratado en toda la mejor forma.

Artículo XXIII
Será incluida y comprendida en este tratado especialmente y en el mejor modo que fuere posible, la serenísima república de Venecia, por haber observado exactamente durante esta guerra los pactos de neutralidad entre las partes beligerantes, y por otros muchos oficios de humanidad que ha ejecutado, quedando siempre inviolada la dignidad, potestad y seguridad suya y de sus estados y dominios, como amiga común de ambas Majestades, y a quien las dos desean dar en todo tiempo prendas de una sincera amistad, conforme lo pidieren los intereses de ella.

Artículo XXIV
También fue del agrado de sus Majestades comprender en este tratado a la serenísima república de Génova, la cual con una neutralidad constante, observada en esta guerra ha cultivado y estrechado la antigua amistad con las dos coronas de España y la Gran Bretaña: queriendo sus Majestades que el beneficio de esta paz se extienda á todo aquello que la fuere conveniente, y que sus súbditos de aquí adelante gocen enteramente en todas las cosas y en cualquiera parte de la misma libertad de comercio que tenían en otro tiempo, y viviendo Carlos II rey de España.

Artículo XXV
También queda incluida en estos pactos la ciudad de Dantzick, a efecto de que pueda gozar en adelante de los beneficios antiguos que gozaba antes de ahora en el comercio en ambos reinos, ya por tratados o por antigua costumbre.

Artículo XXVI
Las ratificaciones de este tratado, hechas solemnemente y en la forma debida, se exhibirán y entregarán recíproca y debidamente dentro del término de seis semanas a contar desde el día de la fecha o antes si fuere posible. En fe de lo cual, los embajadores extraordinarios y plenipotenciarios mencionados, presentados y permutados recíprocamente en la forma debida los ejemplares de sus plenipotencias, firmaron el presente tratado, y le sellaron con sus sellos, en Utrecht a 13 de julio de 1713. –El duque de Osuna. –El marqués de Monteleon. –Joh. Bristol: E. P. S. –Strafford.

Artículo primero separado
Demás de aquello que fue acordado y estipulado en el tratado hecho en Madrid en 27 del mes de marzo próximo pasado entre el señor marques de Bedmar por parte de su Majestad católica y el señor barón de Lexington por parte de su Majestad británica, se ha convenido y concordado este articulo separado que ha de tener la misma fuerza que si estuviese inserto a la letra en el tratado que han hecho hoy sus Majestades, que estando su Majestad católica

en el firme propósito de no consentir otra enajenación de dominios, provincias o tierras pertenecientes a la corona de España, de cualquier género que sean y en cualquiera parte que estén, y ofreciendo solemnemente lo mismo por su parte en virtud de este artículo, así su Majestad británica ofrece recíprocamente por parte suya que quiere persistir en las razones y dictámenes con que por ella se ha prevenido y cautelado que ninguna de las partes que hacen la guerra pueda en haciendo la paz pedir ni obtener de su Majestad católica otra desmembración de parte alguna de la monarquía de España; y que denegando su Majestad católica estas nuevas pretensiones, dirigirá su Majestad británica este negocio de modo que se desista enteramente de ellas. Y habiendo parecido a su Majestad británica que es de utilidad común que se establezca una nueva confederación entre el rey católico, su Majestad británica y el rey de Portugal, con la cual se atienda a la seguridad de la corona de Portugal, su Majestad católica por el presente artículo da su consentimiento a una obra tan útil y la acepta.

En fe de lo cual nosotros legados extraordinarios y plenipotenciarios de sus Majestades católica y británica en virtud de nuestros plenos poderes que mutuamente nos hemos entregado, firmamos el presente artículo y le sellamos con nuestros sellos en Utrecht á 13 del mes de julio de 1713. Este artículo se ha de ratificar, y la permuta de las ratificaciones se ha de hacer en Utrecht dentro de seis semanas, o antes si fuero posible. – El duque de Osuna. –El marqués de Montelcon. –Joh. Bristol. –Strafford.

Artículo segundo separado

Para que constase cuanto estima su sacra Majestad la reina de la Gran Bretaña a la señora princesa de los Ursinos, se obligó ya en el artículo 21 de las convenciones de paz firmadas en Madrid a 27 de marzo pasado, por el marqués de Bedmar por parte de su Majestad católica y el barón de Lexington por parte de su Majestad británica, y se obliga otra vez con el presente articulo por sí y sus sucesores, promete y ofrece que hará y procurará realmente y sin dilación alguna que la dicha señora princesa de los Ursinos sea puesta en la real y actual posesión del ducado de Limburgo o de los otros dominios que se subrogaren en las provincias de Flandes para la entera satisfacción de la dicha señora princesa de los Ursinos, con la plena, independiente y absoluta soberanía, libre de todo feudo y de cualquiera otro vencido, que rindan la renta de treinta mil escudos al año, según la forma y tenor y conforme a la mente del despacho concedido por su Majestad católica a dicha señora princesa en 28 de setiembre de 1711, que es del tenor siguiente.

«Felipe, por la gracia de Dios, rey de Castilla, de León (siguen todos los títulos). A todos presentes y venideros que estas leyeren u oyeren leer salud».

«Nuestra carísima y muy amada prima la princesa de los Ursinos nos ha hecho desde el principio de nuestro reinado y continúa haciendo tan gratos y señalados servicios que hemos creído no deber diferir ya el darle muestras particulares de nuestro reconocimiento y del aprecio que nos merece su persona. Dicha princesa, después de haber renunciado al rango y prerrogativas que tenía en la corte de Roma para aceptar el destino de camarera mayor de la reina nuestra muy amada esposa, se ha reunido a ella en Niza de Provenza, la condujo a nuestros estados de España y ha cumplido todos sus cargos con tanta atención, exactitud y discreción que consiguió captarse toda la confianza y consideración posible. Cuando al partir a tomar el mando de nuestros ejércitos de los reinos y estados de Italia hemos confiado la regencia de los reinos de España a la reina nuestra carísima esposa, la princesa de los Ursinos redobló su celo ya asiduidad cerca de su persona, la asistió constantemente con sus cuidados y consejos con tanta prudencia y afecto, que nos hemos tocado en todo tiempo y ocasión los felices resultados de tan juiciosa, fiel y apreciable conducta. Después que plugo a Dios bendecir nuestra real casa asegurando la su cesión de ella con dichosa descendencia, la princesa de los Ursinos se encargó también de cuidar de un modo tierno y eficaz de la educación de nuestro carísimo y amado hijo el príncipe de Asturias, de lo cual se nota ya el fruto y progresos. Todos estos servicios tan distinguidos e importantes para el bien de nuestros estados y felicidad del reino; el esmero con que dicha princesa nos da cada día más y más pruebas de un completo afecto a nuestra persona y a las de la reina nuestra carísima esposa y príncipes nuestros hijos, y el buen resultado de los saludables consejos que nos ha facilitado, nos movieron a buscar medios de recompensarla de un modo proporcionado a tantos servicios y cuya recompensa sirva en lo futuro de señal cierta de la grandeza de nuestro reconocimiento, y del mérito y virtudes que la adornan. Esto nos llevó a idear el asegurarla no tan sólo una renta considerable, sino también un país de que pueda gozar con título de soberanía; a lo cual nos hallamos tanto más dispuesto cuanto que descendiente dicha princesa de la casa de Tremouille, una de las más antiguas é ilustres de Francia, ha emparentado no sólo con príncipes de la sangre de la casa de Francia, sino también con otras muchas casas soberanas de Europa, además de que la ilustración y sabiduría de su conducta en todo nos manifiesta que gobernará con justicia los países y pueblos que la sean sometidos; y que esta insigne gracia se mirará siempre como el justo resultado de la justicia y munificencia de los soberanos hacia aquellos que han sido bastante felices en prestarles servicios importantes. Por lo tanto, declaramos que en virtud de nuestro pleno poder, propio movimiento y real y absoluta autoridad, hemos dado, cedido y trasladado, y por las presentes damos, cedemos y trasladamos en nuestra muy cara y amada prima María Ana de la Tremouille, princesa de los Ursinos, para sí, sus herederos, sucesores y demás a quienes corresponda, el ducado, ciudad y palacio de Limburgo, que hace parte de los Países Bajos españoles, con las ciudades, pueblos, villas castillos, casas, territorio y demás circunstancias y dependencias de dicho ducado, tal como todo se entiende y halla, para que goce de ello dicha princesa de los Ursinos, sus herederos, sucesores y demás a quienes corresponda en plena propiedad y perfecta soberanía, sin que reservemos ni retengamos nada de ello para nos o nuestros sucesores los reyes de España, bajo cualquiera título, sea de apelación o de feudo, y también sin reversión en caso alguno ni en ningún tiempo; de todo lo cual eximimos a dicho ducado de Limburgo y dependencias comprendidas en la presente donación; a cuyo efecto en tanto que es o fuere necesario, hemos extinguido y suprimido, extinguimos y suprimimos dichos derechos. Queremos que dicha princesa de los Ursinos ejerza en su nombre todos los citados derechos y soberanía en el mencionado ducado de Limburgo, territorios y jurisdicciones anejas al mismo con igual autoridad que nos los ejercíamos y teníamos derecho de ejercerlos antes de las presentes; y que goce allí de todas las rentas, frutos, provechos y emolumentos de toda especie, así ordinarios como extraordinarios y casuales, de cualquiera naturaleza que fueren, así en la colación y patronato de beneficios, como en la provisión y destitución de oficios, tanto en los portazgos, introducciones, subsidios, impuestos y otros derechos que se expresan o no expresan, como para la defensa del país y tranquilidad de los pueblos; sea para la exacción de las contribuciones de dicho ducado y dependencias, de cuyos derechos y rentas empezará a gozar la citada princesa de los Ursinos desde el día de las presentes, desde cuya fecha los agentes, receptores, encargados y empleados en la percepción de dichas rentas, darán cuenta de ellas y entregarán sus productos a los apoderados de dicha princesa; obrando así quedarán válidamente quitos y descargados para con nos, como por las presentes los descargamos: y en consecuencia, dicha princesa de los Ursinos quedará propietaria inconmutable de dicho ducado de Limburgo y sus dependencias, así en cuanto a la soberanía, como en las rentas y demás que la pertenecen, en plena, libre y entera propiedad, con poder de disponer de ella por donación entre vivos o testamentaria en favor de la persona y con las cláusulas y condiciones que tuviere á bien o por cambio o de otro modo; e iguales derechos y facultades corresponderán sucesivamente después de ella a su heredero más próximo, si no lo hubiere dispuesto de otro modo. A cuyo efecto hemos descargado, absuelto y libertado, y por las presentes descargamos, absolvemos y libertamos a los habitantes de dicho ducado de Limburgo y dependencias de cualquier estado, calidad o condición que fueren, tanto eclesiásticos como seculares, políticos, militares y a los de otras cualesquiera clases y condiciones que pudieren ser, y a cada uno de ellos en general y en particular, de los juramentos de fidelidad, fe y obediencia, promesas, obligaciones y deberes que nos guardaban como á señor y príncipe soberano. Les ordenamos y encargamos muy expresamente que en virtud de las presentes reciban y reconozcan a dicha princesa de los Ursinos, y después de ella a sus herederos, sucesores o causa habientes sucesivamente por sus príncipes y señores soberanos, que la hagan los juramentos de fidelidad y obediencia en la forma acostumbrada, y además que la den y tributen todo honor, reverencia, afecto, obediencia, fidelidad y servicio como los buenos y leales súbditos están obligados a tributar a su señor y soberano, y como han tributado hasta ahora a los reyes nuestros predecesores y á nos mismo. Además, siendo nuestra intención que el dicho ducado de Limburgo y dependencias produzcan al menos en favor de dicha princesa de los Ursinos, sus herederos, sucesores y causa habientes una renta anual cierta y positiva de treinta mil escudos (cada escudo de ocho reales de plata doble, moneda antigua de Castilla) deducidas las cargas locales, conservación de los lugares y mantenimiento de los oficiales que es costumbre pagar y mantener de las rentas del ducado, queremos y es nuestra voluntad que durante el primer año en que, después de haber tomado posesión, disfrute de dicho ducado la princesa de los Ursinos, y después de la publicación de la paz se forme un estado de los productos y cargas del ducado de Limburgo y sus dependencias á presencia de las personas a quienes para ello se dé comisión, así por parte nuestra como por la de la princesa de los Ursinos: y en caso de que deducidas las citadas cargas, no asciendan los productos a favor de dicha princesa de los Ursinos al valor neto de los treinta mil escudos anuales, sea por enajenaciones que pudieren haberse hecho de alguna parle, del ducado, sea porque algunos de dichos derechos, rentas, circunstancias y dependencias hubieren sido vendidos, empeñados o cargados con réditos o también con deudas por cantidades tomadas en empréstito o anticipación, en tal caso ordenamos, queremos y es nuestra voluntad que todo se rescate y desempeñe, y que a los adquirentes. prestamistas, censualistas y demás acreedores se les reembolse, pague y satisfaga del producto de las contribuciones más saneadas de las otras provincias de los Países Bajos españoles: de modo que dicha princesa goce plena y realmente y sin gravamen de dichos treinta mil escudos de renta anual; a cuyo efecto y hasta el total reembolso del rescate de dichas enajenaciones, empeños, constitución de rentas, anticipaciones u otros empréstitos cualesquiera que fueren, los acreedores de fondos enajena dos o empeñados, censualistas u otros cuales quiera serán notificados, como por las presentes los notificamos, a recibir los caídos o intereses de sus capitales de las citadas rentas de las otras provincias de los Países Bajos españoles; y en consecuencia hemos cedido y trasladado, cedemos y trasladamos desde ahora el lodo o parte de nuestras rentas que con venga a los prestamistas y acreedores hasta la concurrencia de sus créditos en principal e intereses, para que las tengan y perciban hasta su completo reembolso. Y si se viese que a pesar de dichas restituciones y reembolsos que se hicieren o asignaren, no llegase la renta de dicho ducado de Limburgo a la citada cantidad de treinta mil escudos anuales líquidos, es nuestra voluntad que se desmiembre, como por las presentes desmembramos de los demás países que nos pertenecen, adyacentes de dicho ducado de Limburgo, otras ciudades, pueblos, villas y territorios que convenga para completar con sus rentas y productos amales lo que faltare de dichos treinta mil escudos de renta en el durado de Limburgo; cuyas ciudades, pueblos, villas y territorios juntos, sus rutas, circunstancias y dependencias quedarán desmembrados de nuestros señoríos, y se unirán y juntarán en adelante y para siempre a dicho ducado de Limburgo para que los posea dicha princesa con el mismo título de soberanía, jurisdicción y prerrogativas anejas a ellos y como si fuesen parte de dicho ducado de Limburgo.» «Y en atención a que por las diversas proposiciones que de tiempo en tiempo se nos han hecho para llegar a la paz que tanto deseamos nos y los demás príncipes y estados de Europa empeñados en la presente guerra, tienden algunas a desmembración de dichos Países Bajos españoles de los demás estados que componen nuestra monarquía, declaramos ser nuestra intención que las presentes no se alteren en manera alguna por los tratados de paz que se hicieren, y que todos los príncipes y potencias interesadas en dichas proposiciones ratifiquen la desmembración que por las prénsenles hacemos de dicho ducado de Limburgo y la erección de éste en plena soberanía, en favor de la princesa de los Ursinos, de modo que sea puesta y permanezca en plena y pacifica posesión y goce de él en toda la extensión de las presentes, según su forma y tenor y sin ninguna reserva ni restricción cualquiera que fuere. Queremos que la presente donación sea una de las condiciones de los tratados que se hicieren en lo concerniente a dichos Países Bajos españoles; para que dicha princesa de los Ursinos, sus descendientes, sucesores y causa habientes puedan gozar de dicho ducado de Limburgo, circunstancias y dependencias, plena, pacifica, perpetuamente y para siempre, con título de soberanía, sin estorbo ni embarazo; al contrario y a cuyo efecto y para obligar a ello a aquellos a quienes toque, con nuestro entero poder y autoridad real, suplimos cualesquiera faltas y omisiones de hecho o de derecho que hubiere u ocurrieren en la presente donación, cesión y traspaso, ya sea por defecto de la expresión del valor de las rentas y cargas del dicho ducado de Limburgo, que no estuvieren especificadas ni declaradas, y que pudieren estar requeridas por ordenanzas anteriores, a las cuales y a las derogatorias de derogaciones que en ellas se contengan expresamente, hemos derogado y derogamos por las presentes, porque esta es nuestra voluntad y deseo. Queremos que las presentes letras patentes sean entregadas a dicha princesa de los Ursinos para que las haga registrar y publicar en donde fuere necesario; y también para que las haga insertar con la donación y cesión que contienen en el tratado de paz que habrá de negociarse, haciéndose incluir en él y reconocer en calidad de princesa soberana del ducado de Limburgo, y en tal calidad ejercer los derechos que la correspondan, y hacer tratados y alianzas con los príncipes y soberanos que en aquel intervinieren. Encargamos a los ministros y embajadores que concurran al mismo por nuestra parte que la reconozcan como tal, y a todos nuestros oficiales en el dicho ducado de Limburgo que obedezcan las presentes en el momento que les fueren notificadas: y para que la presente donación sea cosa firme y estable para siempre y perpetuamente, hemos firmado las presentes letras con nuestra mano, y hemos hecho poner en ellas nuestro gran sello. Queremos y ordenamos que sean registradas en todos y cada uno de nuestros Consejos y tribunal de cuentas donde correspondiere. Dada en nuestra ciudad de Corella, reino de Navarra, á 28 de setiembre del año de gracia de 1711, y de nuestro reino el onceno.» Y promete la referida señora reina de la Gran Bretaña que defenderá en cualquiera tiempo y para siempre a la dicha señora princesa de los Ursinos y sus sucesores, o que su causa hicieren, en la real, actual y pacifica posesión de la dicha soberanía y dominio contra lodos y contra cualesquiera; y que no permitirá que sea jamás molestada, perturbada, ni inquietada por alguno la dicha señora princesa en la referida posesión, ya se intente por vía de derecho o de hecho; y por cuanto se debía ya haber dado a la referida señora princesa dé los Ursinos la posesión real de la dicha soberanía de Limburgo, o de los señoríos subrogados, como va dicho, en virtud de la citada convención de 27 de marzo y no se le ha dado aun, así para mayor cautela promete y ofrece la señora reina de la Gran Bretaña por su palabra real, que no entregará ni dará a persona alguna las dichas provincias de Flandes católicas, ni permitirá que se den ni entreguen, sino que las guardará y liará guardar no sólo hasta que la dicha señora princesa de los Ursinos esté en la actual y pacifica posesión de la referida soberanía, sino también hasta que el príncipe á quien se hayan de dar y entregar las dichas provincias de Flandes reconozca y mantenga a la señora princesa de los Ursinos por señora soberana de la referida soberanía, como va expresado. El presente artículo se ha de ratificar y las ratificaciones se han de permutar en Utrecht dentro de seis semanas, y antes si fuere posible. En fe de lo cual, nosotros los legados extraordinarios y plenipotenciarios de la serenísima reina de la Gran Bretaña firmamos el presente artículo, y lo sellamos con nuestros sellos en Utrecht el día 13 del mes de julio, año del señor de 1713. –El duque de Osuna. –El marqués de Monteleon. -Joh. Bristol: E: P: S: Strafford.

Artículo tercero separado

Se ha convenido por este articulo separado, el cual ha de quedar oculto y ha de tener la misma fuerza que si estuviese inserto palabra por palabra en el tratado de paz hecho hoy: que su Majestad británica en cualquiera lugar y en cuanto fuere necesario interpondrá sus oficios para que se le conserve ileso a España el derecho del directo dominio en el feudo de Sena, el cual derecho pertenece a su Majestad católica; y recíprocamente promete el dicho rey católico que nunca por título o protesto alguno admitirá ni permitirá pesquisa alguna contra el gran duque de Toscana por la investidura recibida violentamente de otros durante esta guerra, ni por lo que con mayor fuerza pueda acontecer por causa de la dicha presente guerra; antes sí todo lo que se haya cometido y está devuelto a su Majestad lo perdona, y ofrece que dará la investidura de Sena al dicho gran duque y a los príncipes sus descendientes con las mismas condiciones contenidas en las investiduras antecedentes, concedidas por los reyes católicos de España, sus predecesores, sin quitar ni añadir cosa alguna, y que con todo esfuerzo conservará al dicho gran duque y a los príncipes sus descendientes en la plena y pacífica posesión del dicho estado y feudo español; y en caso de faltar los descendientes varones del dicho gran duque, el rey de España queriendo condescender con grato ánimo a los ruegos de la reina de la Gran Bretaña, ofrece por sí y sus sucesores que dará inmediatamente la investidura de Sena del mismo modo y con las mismas condiciones a la señora electriz palatina, hija del referido gran duque; y que la defenderá y conservará en la posesión pacifica del dicho estado de Sena, de modo que la señora electriz palatina posea y goce enteramente el dicho feudo, no obstante cualesquiera disposiciones de cualquiera género que sean, y especialmente aquellas en que parece quedan excluidas de este feudo las hembras de la familia del dicho gran duque; las cuales disposiciones las deroga expresamente su Majestad católica por el presente artículo en favor sólo de la señora electriz palatina; y como demás de esto, sus Majestades católica y británica poniendo los ojos en los tiempos futuros conocen cuánto importa para la tranquilidad de la Italia y para el bien de la Toscana que el estado de Sena quede siempre agregado y unido al de Florencia; por tanto el rey católico en su nombre y el de sus sucesores promete que él y los reyes de España que les sucedan, concederán la investidura a los sucesores varones de la casa del gran duque de Toscana en el dominio de Florencia con las mismas condiciones y cláusulas puestas en lo antecedente, y que los pondrá en la posesión del estado de Sena, y los defenderá en ella con tal que sean amigos de las dos coronas española y británica, y que procuren merecer su gracia y patrocinio. Este artículo se ha de ratificar y las ratificaciones se han de permutar en Utrecht dentro de semanas o antes si fuere posible. En fe de lo cual, nosotros legados extraordinarios y plenipotenciarios de sus Majestades católica y británica, en virtud del poder de las plenipotencias permutadas hoy, firmamos el presente artículo y le sellamos con nuestros sellos en Utrecht el día 13 de julio, año del señor de 1713. –El duque de Osuna. –El marqués de Monteleon. – Joh: Bristol: E. P: S: –Straffoid. Ana, reina de la Gran Bretaña, ratificó pura y simplemente el anterior tratado y artículos separados en 31 del mismo julio, y su Majestad católica don Felipe V en 4 de agosto de dicho año de 1713; con la restricción tocante al artículo 25 en lo respectivo a la ciudad de Lantzick.

5. TRATADO FIRMADO EN MADRID EL 13 DE ENERO DE 1750 PARA DETERMINAR LOS LÍMITES DE LOS ESTADOS PERTENECIENTES A LAS CORONAS DE ESPAÑA Y PORTUGAL, EN ASIA Y AMÉRICA[1342]

Artículo I

El presente tratado será el único fundamento y regla que en adelante se deberá seguir para la división y límites de los dominios en toda la América y en Asia; y en su virtud quedará abolido cualquier derecho y acción que puedan alegar las dos Coronas, con motivo de la bula del Papa Alejandro VI, de feliz memoria, y de los tratados de Tordesillas, de Lisboa y Utrecht, de la escritura de venta otorgada en Zaragoza, y de otros cualesquiera tratados, convenciones y promesas; que todo ello, en cuanto trata de la línea de demarcación, será de ningún valor y efecto, como si no hubiera sido determinado en todo lo demás en su fuerza y vigor. Y en lo futuro no se tratará más de la citada línea, ni se podrá usar de este medio para la decisión de cualquiera dificultad que ocurra sobre los límites, sino únicamente de la frontera que se prescribe en los presentes artículos, como regla invariable y mucho menos sujeta a controversias.

Artículo II

Las islas Filipinas, y las adyacentes que posee la Corona de España, lo pertenecerán para siempre; sin embargo de cualquiera pretensión que pueda alegarse por parte de la Corona de Portugal con motivo de lo que se determinó en el dicho tratado de Tordesillas, y sin embargo de las condiciones contenidas en la escritura celebrada en Zaragoza, a 22 de abril de 1529; y sin que la Corona de Portugal pueda repetir cosa alguna del precio que pagó por la venta celebrada en dicha escritura. A cuyo efecto Su Majestad Fidelísima, en su nombre y de sus herederos y sucesoras, hace la más amplia y formal renuncia de cualquiera derecho y acción que pueda tener, por los referidos principios o por cualquiera otro fundamento, a las referidas Islas, y a la restitución de la cantidad que se pagó en virtud de dicha escritura.

Artículo III

En la misma forma, pertenecerá a la Corona de Portugal todo lo que tiene ocupado por el río Marañón, o de las Amazonas arriba, y el terreno de ambas riberas de este río, hasta los parajes que abajo se dirán; como también todo lo que tiene ocupado en el distrito de Matogroso, y desde este paraje hacia la

---

[1342] Disponible en http://www.cervantesvirtual.com/obra-visor/tratado-firmado-en-madrid-a-13-de-enero-de-1750-para-determinar-los-limites-de-los-estados-pertenecientes-a-las-coronas-de-espana-y-portugal-en-asia-y-america--0/html/ff8d40ae-82b1-11df-acc7-002185ce6064_2.html.

parte del oriente y Brasil; sin embargo de cualquiera pretensión que pueda alegarse por parte de la Corona de España, con motivo de lo que se determinó en el referido tratado de Tordesillas. A cuyo efecto Su Majestad Católica, en su nombre y de sus herederos y sucesores, se desiste, y renuncia formalmente a cualquiera derecho y acción, que en virtud del dicho tratado o por otro cualquiera título, pueda tener a los referidos territorios.

Artículo IV

Los confines del dominio de las dos Monarquías principiarán en la barra que forma, en la costa del mar, el arroyo que sale al pie del Monte de los Castillos Grandes; desde cuya falda continuará la frontera, buscando en línea recta lo más alto, o cumbre de los montes, cuyas vertientes bajan por una parte a la costa que corre al norte de dicho arroyo, o a la Laguna Merin, o del *Miní*, y por la otra, a la costa que corre desde dicho arroyo al sur, o al río de la Plata. De suerte que las cumbres de los montes sirvan de raya del dominio de las dos Coronas. Y así se seguirá la frontera, hasta encontrar el origen principal y cabecera del Río Negro, y por encima de ellas continuará hasta el origen principal del río Ibicuí, siguiendo, aguas abajo de este río, hasta donde desemboca en el Uruguay por su ribera oriental, quedando de Portugal todas las vertientes que bajan a la dicha laguna, o al Río Grande de San Pedro; y de España, las que bajan a los ríos que van a unirse con el de la Plata.

Artículo V

Subirá desde la boca del Ibicuí, por las aguas del Uruguay, hasta encontrar la del río Pepirí o Pequirí, que desagua en el Uruguay por su ribera occidental; y continuará, aguas arriba del Pepirí, hasta su origen principal, desde el cual seguirá por lo más alto del terreno, hasta la cabecera principal del río más vecino, que desemboca en el grande de Curitibá, que por otro nombre llaman *Iguazú*; por las aguas de dicho río, más vecino del origen del Pepirí, y después, por las del Iguazú, o Río Grande de Curitibá, continuará la raya hasta donde el mismo Iguazú desemboca en el Paraná por su ribera oriental y desde esta boca seguirá, aguas arriba del Paraná, hasta donde se le junta el río Igurey, y por su ribera occidental.

Artículo VI

Desde la boca del Igurey continuará, aguas arriba, hasta encontrar su origen principal, y desde él buscará en línea recta, por lo más alto del terreno, la cabecera principal del río más vecino que desagua en el Paraguay por su ribera oriental, que tal vez será el que llaman *Corrientes*; y bajará, con las aguas de este río, hasta su entrada en el Paraguay; desde cuya boca subirá, por el canal principal que deja el Paraguay en tiempo seco, y por sus aguas, hasta encontrar los pantanos que forma este río, llamados la *Laguna de los Xarayes*, y atravesando esta laguna, hasta la boca del río Jaurú.

Artículo VII

Desde la boca del Jaurú, por la parte occidental, seguirá la frontera en línea recta hasta la ribera austral del río Guaporé, enfrente a la boca del río Sararé, que entra en dicho Guaparé por su ribera septentrional. Con tal que, si los Comisarios que se han de despachar para el arreglamiento de los confines en esta parte, en vista del país, hallaren entre los ríos Jaurú y Guaporé, otros ríos o términos naturales por donde más cómodamente y con mayor certidumbre pueda señalarse la raya en aquel paraje, salvando siempre la navegación del Jaurú, que debe ser privativa de los portugueses, y el camino que suelen hacer de Cuyabá hacia Matogroso, los dos Altos Contratantes consienten y aprueban que así se establezca, sin atender a alguna porción más o menos de terreno, que pueda quedar a una u otra parte. Desde el lugar, que en la margen austral del Guaporé fuere señalado por término de la raya, como queda explicado, bajará la frontera por toda la corriente del río Guaporé, hasta más abajo de su unión con el río Mamoré, que nace en la Provincia de Santa Cruz de la Sierra, y atraviesa la Misión de los Moxos, y forman juntos el río llamado de la *Madera*, que entra en el Marañón, o Amazonas, por su ribera austral.

Artículo VIII

Bajará por las aguas de estos dos ríos ya unidos, hasta el paraje situado en igual distancia del citado río Marañón, o Amazonas, y de la boca del dicho Mamoré; y desde aquel paraje continuará, por una línea este oeste, hasta encontrar con la ribera oriental del río Jabarí, que entra en el Marañón por su ribera austral; y bajando por las aguas del Jabarí, hasta donde desemboca en el Marañón, o Amazonas, seguirá, aguas abajo de este río, hasta la boca más occidental del Japurá, que desagua en él por la margen septentrional.

Artículo IX

Continuará la frontera por en medio del río Japurá, y por los demás ríos que se le junten y se acerquen más al rumbo del norte, hasta encontrar lo alto de la cordillera de montes que median entre el río Orinoco y el Marañón, o de las Amazonas; y seguirá por la cumbre de estos montes al oriente, hasta donde se extienda el dominio de una y otra monarquía. Las personas, nombradas por ambas Coronas para establecer los límites, según lo prevenido en el presente artículo, tendrán particular cuidado de señalar la frontera en esta parte, subiendo aguas arriba de la boca más occidental del Japurá. De forma que se dejen cubiertos los establecimientos que actualmente tengan los portugueses a las orillas de este río y del Negro; como también la comunicación, o canal, de que se sirven entre estos dos ríos; y que no se dé lugar a que los Españoles, con ningún pretexto ni interpretación, puedan introducirle a ellas ni en dicha comunicación, ni los portugueses remontar hacia el río Orinoco, ni extenderse hacia las provincias pobladas por España, ni en los despoblados que le han de pertenecer, según los presentes artículos. A cuyo efecto señalarán los límites por las lagunas y ríos, enderezando la línea de la raya, cuanto pudiera ser, hacia el norte, sin reparar al poco más o menos del terreno que quede a una o a otra Corona, con tal que se logren los expresados fines.

Artículo X

Todas las islas, que se hallasen en cualquiera de los ríos por donde ha de pasar la raya, según lo prevenido en los artículos antecedentes; pertenecerán al dominio a que estuviesen más próximas en tiempo seco.

Artículo XI

Al mismo tiempo que los Comisarios nombrados por ambas Coronas vayan señalando los límites en toda la frontera, harán las observaciones necesarias para formar un mapa individual de toda ella; del cual se sacarán las copias que parezcan necesarias, firmadas de todos, y se guardarán por las dos Cortes, por si en adelante se ofreciere alguna disputa con motivo de cualquiera infracción; en cuyo caso, y en otro cualquiera, se tendrán por auténticas, y harán plena prueba. Y para que no se ofrezca la más leve duda, los referidos Comisarios pondrán nombre de común acuerdo a los ríos y montes que no le tengan, y lo señalarán en el mapa con la individualidad posible.

Artículo XII

Atendiendo a la conveniencia común de las dos naciones, y para evitar todo género de controversias en adelante, se han establecido y arreglado las mutuas cesiones contenidas en los artículos siguientes.

Artículo XIII

Su Majestad Fidelísima, en su nombre y de sus herederos y sucesores, cede para siempre a la Corona de España la Colonia del Sacramento, y todo su territorio adyacente a ella en la margen septentrional del Río de la Plata, hasta los confines declarados en el artículo IV; y las plazas, puertos y establecimientos que se comprenden en el mismo paraje; como también la navegación del mismo Río de la Plata, la cual pertenecerá enteramente a la Corona de España. Y para que tenga efecto, renuncia Su Majestad Fidelísima todo el derecho y acción que tenía reservado a su Corona por el tratado provisional de 7 de Mayo de 1681, y la posesión, derecho y acción que le pertenece y pueda tocarle, en virtud de los artículos V y IV del tratado de Utrecht, de 6 de febrero de 1715, o por otra cualquiera convención, título o fundamento.

Artículo XIV

Su Majestad Católica, en su nombre y de sus herederos, cede para siempre a la Corona de Portugal todo lo que por parte de España se halla ocupado, o que por cualquiera título o derecho pueda pertenecerle, en cualquiera parte de las tierras que por los presentes artículos se declaran pertenecientes a Portugal; desde el monte de los Castillos Grandes y su falda meridional y ribera del mar, hasta la cabecera y origen principal del río Ibicuí. Y también cede todos y cualesquiera pueblos y establecimientos que se hayan hecho, por parte de España, en el ángulo de tierras comprendido entre la ribera septentrional del río Ibicuí y la oriental del Uruguay, y los que se puedan haber fundado en la margen oriental del río Pepirí y el pueblo de Santa Rosa, y otros cualesquiera que se puedan haber establecido, por parte de España, en la ribera del río Guaporé a la parte oriental.

Su Majestad Fidelísima cede en la misma forma a España todo el terreno que corre desde la boca occidental del río Japurá, y queda en medio, entre el mismo río y el Marañón, o Amazonas, y toda la navegación del río Izá, y todo lo que se sigue desde este último río al occidente, con el pueblo de San Cristóbal y otro cualquiera, que por parte de Portugal se haya fundado en aquel espacio de tierras haciéndose las mutuas entregas con las calidades siguientes.

Artículo XV

La Colonia del Sacramento se entregará por parte de Portugal, sin sacar de ella más que la artillería, pólvora, municiones, y embarcaciones del servicio de la misma plaza; y los moradores podrán quedarse libremente en ella, o retirarse a otras tierras del dominio portugués, con sus efectos y muebles, vendiendo los bienes raíces. El Gobernador, oficiales y soldados llevarán también todos sus efectos, y tendrán la misma libertad de vender sus bienes raíces.

Artículo XVI

De los pueblos o aldeas, que cede Su Majestad Católica en la margen oriental del río Uruguay, saldrán los misioneros con los muebles y efectos, llevándose consigo a los indios para poblarlos en otras tierras de España; y los referidos indios podrán llevar también todos sus muebles, bienes y semibienes, y las armas, pólvora y municiones que tengan; en cuya forma se entregarán los pueblos a la Corona de Portugal, con todas sus casas, iglesias y edificios, y la propiedad y posesión del terreno. Los que se ceden por ambas Majestades, Católica y Fidelísima, en las márgenes de los ríos Pequirí, Guaporé y Marañón, se entregarán con las mismas circunstancias que la Colonia del Sacramento, según se previno en el artículo XIV; y los indios de una y otra parte tendrán la misma libertad para irse o quedarse, del mismo modo y con las mismas calidades que lo podrán hacer los moradores de aquella plaza; sólo que, los que se fueren, perderán la propiedad de los bienes raíces, si los tuvieren.

Artículo XVII

En consecuencia de la frontera y límites determinados en los artículos antecedentes, quedará para la Corona de Portugal el Monte de los Castillos

Grandes con su falda meridional, y le podrá fortificar, manteniendo allí una guardia, pero no podrá poblarle; quedando a las dos naciones el uso común de la barra o ensenada que forma allí el mar, de que se trató en el artículo IV.

Artículo XVIII

La navegación de aquella parte de los ríos, por donde ha de pasar la frontera, será común a las dos naciones; y generalmente, donde ambas orillas de los ríos pertenezcan a una de las dos Coronas, será la navegación privativamente suya; y lo mismo se entenderá de la parte de dichos ríos, siendo común a las dos naciones donde lo fuere la navegación, y privativa donde lo fuere de una de ellas la dicha navegación. Y por lo que mira a la cumbre de la cordillera, que ha de servir de raya entre el Marañón y Orinoco, pertenecerán a España todas las vertientes que caigan al Orinoco, y a Portugal, las que caigan al Marañón o Amazonas.

Artículo XIX

En toda la frontera será vedado y de contrabando el comercio entre las dos naciones; quedando en su fuerza y vigor las leyes promulgadas por ambas Coronas que de esto tratan. Y además de esta prohibición, ninguna persona podrá pasar del territorio de una nación al de la otra por tierra, ni por agua; ni navegar en el todo o parte de los ríos que no sean privativos de su nación, o comunes, con pretexto ni motivo alguno, sin sacar primero licencia del Gobernador, o del superior del terreno donde ha de ir, o que vaya, enviado del Gobernador de su territorio a solicitar algún negocio. A cuyo efecto llevará su pasaporte, y los transgresores serán castigados, con esta diferencia; si fueren aprendidos en territorio ajeno, serán puestos en la cárcel, y se mantendrán en ella por el tiempo de la voluntad del Gobernador, o superior que les hizo aprender; pero si no pudiesen ser habidos, el Gobernador, o superior del terreno donde entren, formará un proceso con justificación de las personas y del delito, y con él requerirá al juez de los transgresores, para que los castigue en la misma forma. Exceptuándose de las referidas penas los que, navegando en los ríos por donde va la frontera, fuesen constreñidos a llegar al terreno ajeno por alguna urgente necesidad, haciéndola constar. Y para quitar toda ocasión de discordia, no será lícito levantar ningún género de fortificación en los ríos cuya navegación fuese común, ni en sus márgenes; ni poner embarcaciones de registro, ni artillería, ni establecer fuerza, que de cualquiera modo pueda impedir la libre y común navegación; ni tampoco será lícito a ninguna de las partes, visitar, registrar, ni obligar a que vayan a sus riberas las embarcaciones de las opuestas, y sólo podrán impedir y castigar a los vasallos de la otra nación, si aportasen a las suyas, salvo en caso de indispensable necesidad, como queda dicho.

Artículo XX

Para evitar algunos perjuicios que podrán ocasionarse, fue acordado, que en los montes, donde en conformidad de los precedentes artículos quede puesta la raya en sus cumbres, no será lícito a ninguna de las dos potencias erigir fortificación sobre las mismas cumbres, ni permitir que sus vasallos hagan en ellas población alguna.

Artículo XXI

Siendo la guerra ocasión principal de los abusos y motivo de alterarse las reglas más bien concertadas, quieren sus Majestades, Católica y Fidelísima, que si (lo que Dios no permita) se llegase a romper entre las dos Coronas, se mantengan en paz los vasallos de ambas establecidos en toda la América meridional; viviendo unos y otros, como si no hubiera tal guerra entre los Soberanos, sin hacerse la menor hostilidad por sí sólos, ni juntos con sus aliados. Y los motores y caudillos de cualquiera invasión, por leve que sea, serán castigados con pena de muerte irremisible, y cualquiera presa que hagan, será restituida de buena fe íntegramente. Y asimismo, ninguna de las naciones permitirá el cómodo uso de sus puertos, y menos el tránsito por sus territorios de la América meridional, a los enemigos de la otra, cuando intenten aprovecharse de ellos para hostilizarla; aunque fuese en tiempo que las dos naciones tuviesen entre sí guerra en otra región. La dicha continuación de perpetua paz y buena vecindad, no tendrá sólo lugar en las tierras e islas de la América meridional, entre los súbditos confinantes de las dos monarquías, sino también en los ríos, puertos y costas, y en el mar Océano, desde la altura de la extremidad austral de la isla de San Antonio, una de las de Cabo Verde hacia el sur, y desde el meridiano que pasa por su extremidad occidental hacia el poniente. De suerte que, a ningún navío de guerra, corsario u embarcación, de una de las dos Coronas, sea lícito dentro de dichos términos, en ningún tiempo, atacar, insultar o hacer el más mínimo perjuicio a los navíos y súbditos de la otra; y de cualquiera atentado que en contrario se cometa, se dará pronta satisfacción, restituyéndose íntegramente lo que acaso se hubiese apresado, y castigando severamente a los transgresores. Otrosí; ninguna de las dos naciones admitirá en sus puertos y tierras de dicha América meridional, navíos, o comerciantes amigos o neutrales, sabiendo que llevan intento de introducir su comercio en las tierras de la otra, y quebrantar las leyes con que los dos Monarcas gobiernan aquellos dominios. Y para puntual observancia de todo lo expresado en este artículo, se harán por ambas Cortes los más eficaces encargos a sus respectivos gobernadores, comandantes y justicias; bien entendido, que aún en el caso, que no se espera, que haya algún incidente o descuido contra lo prometido o estipulado en este artículo, no servirá eso de perjuicio a la observancia perpetua e inviolable de todo lo demás que por el presente tratado queda arreglado.

Artículo XXII

Para que se determinen, con mayor precisión que haya lugar, y sin la más leve duda en lo futuro, los lugares por donde debe pasar la raya en algunas partes que no están nombradas y especificadas distintamente en los artículos antecedentes, como también para declarar a cuál de los dos dominios han de pertenecer las islas que se hallen en los ríos que han de servir de frontera, nombrarán ambas Majestades, cuanto antes, comisarios inteligentes, los cuales, visitando toda la raya, ajusten con la mayor distinción y claridad, los parajes por donde ha de correr la demarcación, en virtud de lo que se expresa en este tratado; poniendo señales en los lugares que lo parezca conveniente; y aquellos en que se conformaren, serán válidos perpetuamente, en virtud de la aprobación y ratificación de ambas Majestades. Pero en caso que no puedan concordarse en algún paraje, darán cuenta a los Serenísimos Reyes, para decidir la duda en términos justos y convenientes; bien entendido que lo que dichos comisarios dejaren de ajustar, no perjudicará de ninguna suerte al vigor y observancia del presente tratado, el cual, independiente de esto, quedará firme e inviolable en sus cláusulas y determinaciones, sirviendo en lo futuro de regla fija, perpetua e inalterable, para los comunes del dominio de las dos Coronas.

Artículo XXIII

Se determinará entre las dos Majestades el día en que se han de hacer las mutuas entregas de la Colonia del Sacramento con el territorio adyacente, y de las tierras y pueblos comprendidos en la cesión que hace Su Majestad Católica en la margen oriental del río Uruguay; el cual día no pasará del año, después que se firme este tratado. A cuyo efecto, luego que se ratifique, pasarán sus Majestades, Católica y Fidelísima, las órdenes necesarias de que se hará cambio entre los dichos Plenipotenciarios; y por lo tocante a la entrega de los demás pueblos o aldeas que se ceden por ambas partes, se ejecutará al tiempo que los comisarios, nombrados por ellas, lleguen a los parajes de su situación, examinando y estableciendo los límites; y los que hayan de ir a estos parajes serán despachados con más brevedad.

Artículo XXIV

Es declaración, que las cesiones contenidas en los presentes artículos no se reputarán como determinado equivalente unas de otras; sino que se hacen respecto al total de lo que se controvertía y alegaba, o que recíprocamente se cedía, y aquellas conveniencias y comodidades que al presente resultaban a una y otra parte. Y en atención a esto se reputó justa y conveniente para ambas la concordia y determinación de límites que va expresada, y como tal la reconocen y aprueban sus Majestades, en su nombre, y de sus herederos y sucesores; renunciando cualquiera otra pretensión en contrario, y prometiendo en la misma forma, que en ningún tiempo, y con ningún fundamento, se disputará lo que va sentado y concordado en estos artículos; ni con pretexto de lesión, ni otro cualquiera, pretenderán otro resarcimiento o equivalente de sus mutuos derechos y cesiones referidas.

Artículo XXV

Para más plena seguridad de este tratado, convinieron los dos Altos Contratantes en garantirse recíprocamente toda la frontera y adyacencias de sus dominios en la América meridional, conforme arriba queda expresado; obligándose cada uno a auxiliar y socorrer al otro contra cualquiera ataque o invasión, hasta que con efecto quede en la pacífica posesión y uso libre y entero de lo que le pretendiese usurpar. Y esta obligación, en cuanto a las costas del mar y países circunvecinos a ellas, por la parte de Su Majestad Fidelísima se extenderá hasta las márgenes de Orinoco, de una y otra banda, y de Castillos hasta el Estrecho de Magallanes; y por la parte de Su Majestad Católica se extenderá hasta las márgenes de una y otra banda del río de los Amazonas o Marañón, y desde el dicho Castillo hasta el Puerto de Santos. Pero, por lo que toca a lo interior de la América meridional, será indefinida esta obligación, y en cualquiera caso de invasión o sublevación, cada una de las Coronas ayudará y socorrerá a la otra, hasta ponerse las cosas en el estado pacífico.

Artículo XXVI

Este tratado, con todas sus cláusulas y determinaciones, será de perpetuo vigor entre las dos Coronas; de tal suerte que, aun en caso (que Dios no permita) que se declaren guerra, quedará firme o invariable durante la misma guerra, y después de ella; sin que se pueda reputar interrumpido ni necesite de validarse. Y al presente se aprobará, confirmará y ratificará por los dos Serenísimos Reyes, y se hará el cambio de las ratificaciones en el término de un mes después de su data, o antes si fuera posible.

En fe de lo cual, y en virtud de las órdenes y plenos poderes, que Nos, los dichos Plenipotenciarios, habemos recibido de nuestros Amos, firmamos el presente tratado, y lo sellamos con el sello de nuestras armas. Dado en Madrid, a trece de enero de mil setecientos y cincuenta.

Don José de Carvajal y Lancastre.

Don Tomás Da Silva Téllez.

6. DECRETO DE SIMÓN BOLÍVAR DE FECHA 15 DE OCTUBRE DE 1817 MEDIANTE EL CUAL SE INCORPORA LA PROVINCIA DE GUAYANA A LA REPÚBLICA DE VENEZUELA Y SEÑALA SUS DEPARTAMENTOS[1343]

Cuartel General de Angostura, octubre 15 de 1817.

SIMÓN BOLÍVAR, etc.

Debiendo incorporarse a la República la Provincia de Guayana tomada últimamente por la primera vez bajo la protección de nuestras armas y leyes, he tenido a bien decretar y decreto lo siguiente.

Artículo 1° - La Provincia de Guayana en toda su extensión queda reunida al territorio de Venezuela, y formará desde hoy una parte integrante de la República.

Artículo 2° - La Provincia de Guayana se divide en tres Departamentos.

1° - Departamento del Alto Orinoco, cuyos límites son Al Norte: las corrientes del Orinoco desde la boca de Apure [1] hasta la del río Caura [2]. Al Oriente: el Caura desde su boca hasta su origen [3], de éste línea recta al pueblo de la Esmeralda [4], y atravesando aquí el Orinoco, la comunicación entre éste y el Río Negro [5] por el Casiquiare [6], y desde su confluencia con el Río Negro las corrientes de éste hasta el pueblo de Guaycaba [7]. Al Sur: las corrientes de Río Negro desde Guaycaba hasta San Pablo [8]. Al Occidente: tomando el río Atabapu [9] desde su origen hasta su confluencia con el Orinoco, y las corrientes de éste hasta la boca de Apure.

2° - Departamento del centro. Al Norte: las corrientes del Orinoco desde la boca del Caura hasta la del Caroní [10]. Al Oriente: las corrientes de éste, hasta su origen línea recta al lago Parime [11], y de aquí el río Amanavisi [12] desde su origen hasta su confluencia con el río Parime [13]. Al Sur: una línea recta tirada desde este último punto hasta Guaycaba. Al Occidente los límites señalados al Oriente del Departamento del Alto Orinoco.

3° - Departamento del Bajo Orinoco. Al Norte: las corrientes de Orinoco desde la boca del Caroní hasta la embocadura al mar por río grande [14], y la costa del mar hasta el fuerte Muruca [15] exclusive. Al Oriente, y Sur: los

---

[1343] Véase Decreto del Libertador Simón Bolívar fechado en Angostura el 15 de octubre de 1817, por el cual incorpora la provincia de Guayana a la República de Venezuela y señala sus departamentos. Disponible en http://www.archivodellibertador.gob.ve/escritos/buscador/spip.php?article2283.

límites con las posesiones extranjeras. Al Occidente: los que se han señalado al Departamento del centro por el Oriente.

Artículo 3°- Las islas que forma en sus corrientes el Orinoco pertenecen al Departamento que esté enfrente de ellas, o enfrente de su mayor extensión si su situación fuere en las bocas de alguno de los ríos, que dividen un Departamento de otro.

Dado, firmado de mi mano, etc.

[BOLÍVAR]

* Del copiador. Archivo del Libertador, vol. 23, fol. 202. No consta la firma y rúbrica de Bolívar. El documento está escrito de letra de Jacinto Martel. Figura la siguiente nota marginal "Incorporación de la Provincia de Guayana a la República de Venezuela". El documento está en el cuaderno de "Registro de Decretos" identificado en la nota principal del Doc. N° 1958.

7. LEY DE DIVISIÓN TERRITORIAL DE LA REPÚBLICA DE COLOMBIA DE 25 DE JUNIO DE 1824[1344]

LEY
(25 de junio)
Sobre división territorial de la República.
El Senado y la Cámara de Representantes de la República de Colombia, reunidos en Congreso.

CONSIDERANDO:

1°– Que el territorio de la República debe tener una división regular en sus departamentos y provincias, con respecto a su extensión y población, tanto que conviene tanto para la fácil y la pronta administración pública en todos sus ramos, de que dimana la felicidad de los pueblos.

2°– Que la división cómoda y proporcionada a las circunstancias locales, facilitando el despacho a los jefes y juzgados, les excusa a los pueblos dilaciones, gastos y perjuicios para las reuniones constitucionales en las elecciones primarias, y asambleas electorales, para los recursos a las autoridades superiores, y pare el logro de la pronta y buena administración gobernativa, económica y de justicia.

3°– Que en fin, debiendo la división territorial de la Republica conformarse en todo a lo dispuesto en los artículos 8, 20, 26,27 y 29 de la constitución; en su consecuencia,

DECRETAN:

Artículo 1°– Todo el territorio de Colombia se divide en doce departamentos, quo con sus capitales son las siguientes. 1° Orinoco, su capital Cumaná; 2° Venezuela, su capital Caracas; 3° Apure, su capital Barinas; 4° Zulia, su capital Maracaibo; 5° Boyacá, su capital Tunja; 6° Cundinamarca, su capital Bogotá; 7° Magdalena, su capital Cartagena; 8° Cauca, su capital Popayán; 9° Istmo, su capital Panamá; 10° Ecuador, su capital Quito; 11° Asuay, su capital Cuenca; 12° Guayaquil, su capital Guayaquil. Estos doce departamentos comprenderán las provincias y cantones siguientes:

[1344] Disponible en https://es.wikisource.org/wiki/Ley_del_25_de_junio_de_1824_(Gran_Co lombia)#:~:text=1%C2%BA%E2%80%94Que%20el%20territorio%20de,la%20felicidad%20de%20los%20pueblos.

Artículo 2°.– El departamento del Orinoco, las provincias: 1° de Cumaná, su capital Cumaná; 2° de Guayana, su capital Santo Tomás de Angostura; 3° de Barcelona, su capital Barcelona; y 4° de Margarita, su capital La Asunción.

§ 1°. Los cantones de la provincia de Cumaná y sus cabeceras son: 1° Cumaná; 2° Cumanacoa; 3° Aragua cumanés; 4° Maturín; 5° Cariaco; 6° Carúpano; 7° Río Caribe; 8° Güiria.

§ 2°. Los cantones de la provincia de Guayana y sus cabeceras son: 1° Santo Tomás de Angostura; 2° Río Negro, su cabecera Atabapo; 3° Alto Orinoco, su cabecera Caicara; 4° Caura, su cabecera Moitaco; 5° Guayana vieja; 6° Caroni; 7° Upata; 8° La Pastora; 9° La Barceloneta.

§ 3°. Los cantones de la provincia de Barcelona y sus cabeceras son: 1° Barcelona; 2.° Píritu; 3° Pilar; 4° Aragua; 5° Pao; 6° San Diego;

§ 4°. Los cantones de la provincia de Margarita y sus cabeceras son: 1° La Asunción; 2° El Norte.

Artículo 3°.– El departamento de Venezuela comprende las provincias: 1° de Caracas, su capital Caracas; y 2° de Carabobo, su capital Valencia.

§ 1° Los cantones de la provincia de Caracas y sus cabeceras son: 1° Caracas; 2° Guaira; 3° Caucagua; 4° Río Chico; 5° Sabana de Ocumare; 6° La Victoria; 7° Maracay; 8° Cura; 9° San Sebastian´; 10° Santa María de Ipire; 11° Chaguaramas; 12° Calabozo.

§ 2.° Los cantones de la provincia de Carabobo y sus cabeceras son: 1° Valencia; 2° Puerto Cabello; 3° Nirgua; 4° San Carlos; 5° San Felipe; 6° Barquisimeto; 7° Carora; 8° Tocuyo; 9° Quíbor.

Artículo 4°.– El departamento de Apure comprende las provincias: 1° de Barinas, su capital Barinas y 2° de Apure, su capital Achaguas.

§ 1° Los cantones de la provincia de Barinas y sus cabeceras son: 1° Barinas; 2° Obispos; 3° Mijagual; 4° Guanarito; 5° Nutrias; 6° San Jaime; 7° Guanare; 8° Ospinos; 9° Araure; 10° Pedraza.

§ 2° Los cantones de la provincia de Apure y sus cabeceras son: 1° Achagnas; 2° San Fernando; 3° Mantecal; 4° Guadualito.

Artículo 5°.– El departamento del Zulia comprende las provincias: 1° de Maracaibo, su capital Maracaibo; 2° de Coro, su capital Coro; 3° de Mérida, su capital Mérida; y 4° de Trujillo, su capital Trujillo.

§ 1° Los cantones de la provincia de Maracaibo y sus cabeceras son: 1° Maracaibo; 2° Perijá; 3° San Carlos de Zulia; 4° Gibraltar; 5° Puerto de Altagracia.

§ 2° Los cantones de la provincia de Coro y sus cabeceras son: 1° Coro; 2° San Luis; 3° Paraguaná, su cabecera Pueblo Nuevo; 4° Casigua; 5° Cumarebo.

§ 3° Los cantones de la provincia de Mérida y sus cabeceras son: 1° Mérida; 2° Mucuchies; 3° Ejido; 4° Bailadores; 5° La Grita; 6° San Cristóbal; 7° San Antonio de Táchira.

§ 4° Los cantones de la provincia de Trujillo y sus cabeceras son: 1° Trujillo; 2.° Escuque; 3° Boconó; y 4° Carache.

Artículo 6°– El departamento de Boyacá comprende las provincias: 1° de Tunja, su capital Tunja; 2° de Pamplona, su capital Pamplona; 3° El Socorro, su capital Socorro, y 4° de Casanare, su capital Pore.

§ 1° Los cantones de la provincia de Tunja y sus cabeceras son: 1° Tunja; 2° Leiva; 3° Chiquinquirá; 4° Muso; 5° Sogamoso; 6° Tensa; su cabecera Guateque; 7° Cocuy; 8° Santa Rosa; 9° Suatá; 10° Turmeque; 11° Garagoa.

§ 2° Los cantones de la provincia de Pamplona y sus cabeceras son: 1° Pamplona; 2° Villa de San José de Cúcuta; 3° El Rosario de Cúcuta; 4° Salazar; 5° La Concepción; 6° Málaga; 7° Girón; 8° Bucaramanga; 9° Piedecuesta.

§ 3° Los cantones de la provincia del Socorro y sus cabeceras son: 1° Socorro; 2° San Gil; 3° Carichara; 4° Charalá; 5° Zapatoca; 6° Vélez: 7° Moniquirá.

§ 4° Los cantones de la provincia de Casanare y sus cabeceras son: 1° Pore; 2° Arauca; 3° Chire, y por ahora Tame; 4° Santiago, y por ahora Taguana; 5° Macuco; 6° Nunchía.

Artículo 7°– El departamento de Cundinamarca comprende las provincias: 1° de Bogotá, su capital Bogotá; 2° de Antioquia, su capital Antioquia; 3° de Mariquita, su capital Honda; y 4° de Neiva, su capital Neiva.

§ 1° Los cantones de la provincia de Bogotá y sus cabeceras son: 1° Bogotá; 2° Funza; 3° Mesa; 4° Tocaima; 5° Fusagasugá; 6° Cáqueza; 7° San Martín; 8° Zipaquirá; 9° Ubaté; 10° Chocontá; 11° Guaduas.

§ 2° Los cantones de la provincia de Antioquia y sus cabeceras son: 1° Antioquia; 2° Medellín; 3° Rionegro; 4° Marinilla; 5° Santa Rosa de Osos; 6° Nordeste, su cabecera Remedios.

§ 3° Los cantones de la provincia de Mariquita y sus cabeceras son: 1° Honda; 2° Mariquita; 3.° Ibagué; 4° La Palma.

§ 4° Los cantones de la provincia de Neiva y sus cabeceras son: 1° Neiva; 2° La Purificación; 3° La Plata; 4° Timaná.

Artículo 8°– El departamento del Magdalena comprende las provincias: 1° de Cartagena, su capital Cartagena; 2° de Santa Marta, su capital Santa Marta; y 3° de Riohacha, su capital Riohacha.

§ 1° Los cantones de la provincia de Cartagena y sus cabeceras son: 1° Cartagena; 2.° Barranquilla; 3° Soledad; 4° Mahates; 5° Corosal; 6.° El

Carmen; 7° Tolú; 8° Chinú; 9° Magangué; 10. San Benito Abad; 11. Lorica; 12. Mompós; 13. Majagual; 14. Simití; 15. Islas de San Andrés.

§ 2° Los cantones de la provincia de Santa Marta y sus cabeceras son: 1° Santa Marta: 2° Valledupar: 3° Ocaña: 4° Plato: 5° Tamalameque: 6° Valencia de Jesús.

§ 3° Los cantones de la provincia de Riohacha y sus cabeceras son: 1° Riohacha; 2° Cesar, su cabecera San Juan del Cesar.

Artículo 9°– El departamento del Cauca comprende las provincias: 1° de Popayán, su capital Popayán; 2° del Chocó, su capital Quibdó; 3° de Pasto, su capital Pasto; y 4° de la Buenaventura, su capital por ahora Iscuandé.

§ 1° Los cantones de la provincia de Popayán y sus cabeceras son: 1° Popayán; 2° Almaguer; 3° Caloto; 4° Cali; 5° Roldanillo; 6° Buga; 7° Palmira; 8° Cartago; 9° Tulúa; 10° Toro; 11° Supía.

§ 2° Los cantones de la provincia del Chocó y sus cabeceras son: 1° Atrato, su cabecera Quibdó; y 2° San Juan, su cabecera Nóvita.

§ 3° Los cantones de la provincia de Pasto y sus cabeceras son: 1° Pasto; 2° Túquerres; 3° Ipiales.

§ 4° Los cantones de la provincia de Buenaventura y sus cabeceras son: 1° Iscuandé; 2° Barbacoas; 3° Tumaco; 4° Micay, su cabecera Guapi; y 5° Raposo, su cabecera por ahora La Cruz.

Artículo 10°– El departamento del Istmo comprende las provincias: 1° de Panamá, su capital Panamá; 2° de Veragua, su capital Veragua.

§ 1° Los cantones de la provincia de Panamá son: 1° Panamá: 2° Portobelo; 3° Chorreras; 4° Natá; 5° Los Santos; y 6° Yavisa.

§ 2° Los cantones de la provincia de Veragua y sus cabeceras son: 1° Santiago de Veragua; 2° Mesa; 3° Alanje; 4° Gaimí, su cabecera Remedios.

Artículo 11°– El departamento del Ecuador comprende las provincias: 1° de Pichincha, su capital Quito; 2° de Imbabura, su capital Ibarra; 3° de Chimborazo, su capital Riobamba.

§ 1° Los cantones de la provincia de Pichincha y sus cabeceras son: 1° Quito; 2° Machachi; 3° Latacunga; 4° Quijos; 5° Esmeraldas.

§ 2° Los cantones de la provincia de Imbabura y sus cabeceras son: 1° Ibarra; 2° Otabalo; 3° Cotacachi; y 4° Cayambe.

§ 3° Los cantones de la provincia de Chimborazo y sus cabeceras son: 1° Riobamba; 2° Ambato; 3° Guano; 4° Guaranda; 5° Alausí; y 6° Macas.

Artículo 12°– El departamento del Asuay comprende las provincias:

1° de Cuenca, su capital Cuenca; 2° de Loja, su capital Loja; y 3° de Jaén de Bracamoros y Mainas, su capital Jaén.

§ 1° Los cantones de la provincia de Cuenca y sus cabeceras son: 1° Cuenca; 2° Cañar: 3° Gualaseo; y 4° Girón.

§ 2° Los cantones de la provincia de Loja y sus cabeceras son: 1° Loja; 2° Zaruma; 3° Carimanga; 4° Catacocha.

§ 3° Los cantones de la provincia de Jaén y Mainas y sus cabeceras son: 1° Jaén; 2° Borja, y 3° Jeveros.

Artículo 13°– El departamento de Guayaquil comprende las provincias: 1° de Guayaquil, su capital Guayaquil y 2° de Manabi, su capital Puertoviejo.

§ 1° Los cantones de la provincia de Guayaquil y sus cabeceras son: 1° Guayaquil; 2° Daule; 3° Babahoyo; 4° Baba; 5| Punta de Santa Elena; y 6° Machala.

§ 2° Los cantones de la provincia de Manabi y sus cabeceras son: 1° Puertoviejo; 2° Jipijapa; 3° Montecristi.

Artículo 14°– Los cantones expresados lo serán para los efectos constitucionales contenidos en los artículos 8, 20, 26, 27 y 29 de la constitución; pero por lo quo mira a su gobierno político y administrativo de la hacienda pública, podrán reunirse dos o más cantones quo formarán un circuito, bajo la autoridad de un sólo juez político.

Artículo 15°– Si algunos de los cantones expresados en esta ley, no pudieren tener municipalidades por su corta población u otras circunstancias, el Poder Ejecutivo agregará provisionalmente su territorio a otra u otras municipalidades más inmediatas, dando cuenta al Congreso para su arreglo, conforme a lo dispuesto en el artículo 155 de la constitución, sin perjuicio de que en los cantones que fueren muy vastos por su territorio o población, se establezcan dos o más jueces políticos, a juicio del Poder Ejecutivo.

Artículo 16°– Pero las cabeceras de los cantones quo deban subsistir, tendrán municipalidad con arreglo a lo que dispone el mismo artículo. En consecuencia deben erigirse, y se erigen en villas las nuevas cabeceras de estos cantones, que en la actualidad sólo fueren parroquias y el Poder Ejecutivo, previos los requisitos legales, les librará el correspondiente título en papel de la primera clase del sello primero.

Artículo 17°– El Poder Ejecutivo fijará provisionalmente los límites de los cantones creados por esta ley. Los de las provincias y departamentos serán los actualmente conocidos, ó que por ella se señalan. El Poder Ejecutivo, sin embargo, hará levantar los mapas, y adquirir las noticias y conocimientos necesarios, para que pasándolos al Congreso, la legislatura designe definitivamente los límites de los departamentos, provincias y cantones.

Artículo 18°– La provincia de Caracas se dividirá de la de Carabobo por una línea, que comenzando por los términos orientales de la parroquia de

Cuyagua, línea recta desde la ribera del mar al punto de la Cabrera, corte la laguna de Tacarigua o de Valencia, y continúe por el pueblo de Magdaleno, al occidente de la villa de Cura y Calabozo, hasta el Apure, comprendiendo esta provincia los cantones que van expresados bajo el artículo 4º.

Artículo 19º– La nueva provincia de Carabobo, que ocupa la parte occidental del territorio, cortado por la expresada línea divisoria, conservará, los términos quo actualmente tiene respecto de las otras provincias limítrofes, exceptuándose los cantones de Guanare, de Ospinos y Araure, quo se agregan a la provincia de Barinas, sirviendo de límite el paso del río de Cojedes por Caramacate a la nueva provincia de Carabobo.

Artículo 20º– Al departamento del Ecuador corresponden en lo interior los límites que lo dividen de los del Asuay y Guayaquil, y en la parte litoral desde el puerto de Atacames, cerca de la embocadura del rio Esmeraldas, hasta la boca del Ancón, límite meridional de la provincia de la Buenaventura en la costas del mar del Sur.

Artículo 21º– La nueva provincia de Manabí del departamento de Guayaquil, ocupa la parte del territorio de Esmeraldas, que por la costa se extiende desde el río Colonche hasta Atacames inclusive. En el interior tendrá por límites los que han separado la provincia de Quito de esta parte de la de Esmeraldas.

Artículo 22º– El departamento del Cauca se divide del del Ecuador por los límites que han separado a la provincia de Popayán en el río Carchi, que sirve de términos a la provincia de Pasto.

Artículo 23º– Los nuevos departamentos no deben elegir senadores ni representantes hasta las próximas asambleas constitucionales: y las nuevas provincias tampoco deben tener asambleas electorales de provincia, hasta la misma época.

Dada en Bogota a 23 de Junio de 1824.

El presidente del Senado, José María del Real, –El vicepresidente de la Cámara de Representantes, José Rafael Mosquera, –El secretario del Senado, Antonio José Caro, –El diputado secretario de la Cámara de Representantes, José Joaquín Suares.

Palacio de Gobierno en Bogotá a 25 de Junio de 1824, ejecútese.

–Francisco de Paula Santander.

–Por S. E. el Vicepresidente de la República encargado del Poder Ejecutivo.

–El secretario de Estado del despacho del interior, José Manuel Restrepo.

8. TRATADO DE COOPERACIÓN Y AMISTAD ENTRE COLOMBIA Y EL REINO UNIDO ADOPTADO EL 1 DE ABRIL DE 1825, APROBADO POR DECRETO DEL CONGRESO DE COLOMBIA DEL 23 DE MAYO DE 1825 Y RATIFICADO POR EL GOBIERNO DE COLOMBIA EN LA MISMA FECHA[1345]

Tratado de amistad, navegación y comercio.

Bogotá, 1º de abril de 1825.

Aprobado por Decreto del Congreso de Colombia del 23 de mayo de 1825 y ratificado por el Gobierno de Colombia en la misma fecha.

Declaración adicional de 7 de noviembre de 1825 aprobada por Decreto del Congreso de Colombia de 14 de marzo de 1825 y ratificado el 14 de marzo de 1826.

Canjeadas las ratificaciones en Londres el 7 de noviembre de 1825.

Gaceta de Colombia, N° 228.

Codificación Nacional, Tomo II, Nos. 252 y 266.

En el nombre de la Santísima Trinidad.

Habiéndose establecido extensas relaciones comerciales, por una serie de años entre varias Provincias o países de América, que unidos ahora constituyen la República de Colombia, y los dominios de Su Majestad el Rey del Reino Unido de la Gran Bretaña e Irlanda, ha parecido conveniente, así para la seguridad y fomento de aquella correspondencia comercial, como para mantener la buena inteligencia entre la dicha República y su dicha Majestad, que las relaciones que ahora subsisten entre ambas sean regularmente conocidas, y confirmadas por medio de un Tratado de amistad, comercio y navegación.

Con este objeto han nombrado sus respectivos Plenipotenciarios, a saber: el Vicepresidente, encargado del Poder Ejecutivo de la República de Colombia, a Pedro Gual, Secretario de Estado y del Despacho de Relaciones Exteriores de la misma, y al General Pedro Briceño Méndez; y su Majestad el Rey de la Gran Bretaña e Irlanda, a Juan Potter Hamilton, Escudero, y a Patricio Campbell, Escudero; quienes, después de haberse comunicado sus respectivos plenos poderes, hallados en debida y propia forma, han convenido y concluído los artículo siguientes:

[1345] Ministerio de Relaciones Exteriores de Colombia, Tratado de Cooperación y Amistad entre Colombia y Gran Bretaña adoptado el 1 de abril de 1825, disponible en http://apw.cancilleria.gov.co/Tratados/adjuntosTratados/UK-01-04-1825.PDF.

Artículo 1° Habrá perpetua, firme y sincera amistad entre la República y pueblo de Colombia, y los dominios súbditos de Su Majestad el Rey del Reino Unido de la Gran Bretaña e Irlanda, sus herederos y sucesores.

Artículo 2° Habrá entre todos los territorios de Colombia y los territorios de Su Majestad Británica en Europa, una recíproca libertad de comercio. Los ciudadanos y súbditos de los países, respectivamente, tendrán libertad para ir libre y seguramente con sus buques y cargamentos a todos aquellos parajes, puertos y ríos, en los territorios antedichos, a los cuales se permite, o se permitiere ir a otros extranjeros, entrar en los mismos, y permanecer y residir en cualquiera parte de los dichos territorios, respectivamente; también para alquilar y ocupar casas, y almacenes para los objetos de su comercio; y generalmente, los comerciantes y traficantes de cada Nación, respectivamente, gozarán la más completa protección y seguridad para su comercio, estando siempre sujetos a las leyes y estatutos de los países, respectivamente.

Artículo 3° Su Majestad el Rey del Reino Unido de la Gran Bretaña e Irlanda se obliga además a que los ciudadanos de Colombia tengan la misma libertad de comercio y navegación que se ha estipulado en el artículo anterior, en todos sus dominios situados fuera de Europa, en toda la extensión en que se permite ahora, o se permitiere después a cualquiera otra nación.

Artículo 4° No se impondrán otros o más altos derechos a la importación en los territorios de Colombia de cualesquiera artículos del producto natural, producciones o manufactoras de los dominios de Su Majestad Británica, ni se impondrán otros o más altos derechos a la importación en los territorios de Su Majestad Británica de cualesquiera artículos del producto natural, producciones o manufacturas de Colombia, que los que se pagan o pagaren por semejantes artículos, cuando sean producto natural, producciones o manufacturas de cualquier otro país extranjero; ni se impondrán otros, o más altos derechos o impuestos, en los territorios o dominios de cualquiera de las Partes contratantes, a la exportación de cualesquiera artículos para los territorios o dominios de la otra, que los que se pagan o pagaren por la exportación de iguales artículos para cualquiera otro país extranjero. Ni se impondrá prohibición alguna a la exportación o importación de cualesquiera artículos del producto natural, producciones o manufacturas de los territorios y dominios de Colombia o de Su Majestad Británica, para los dichos o de los dichos territorios de Colombia, o para los dichos o de los dichos dominios de Su Majestad Británica, que no se extiendan igualmente a todas las otras naciones.

Artículo 5° No se impondrán otros, o más altos derechos o impuestos, por razón de tonelada, fanal o emolumentos de puerto, práctico, salvamento en caso de avería o naufragio, o cualesquiera otros gastos locales, en ninguno de los puertos de los territorios de Su Majestad Británica, a los buques colombianos, que los pagaderos en los mismos puertos por buques británicos, que los pagaderos en los mismos puertos por buques colombianos.

Artículo 6º Se pagarán los mismos derechos a la importación, en los dominios de Su Majestad Británica, de cualquier artículo del producto natural, producciones o manufacturas de Colombia, ya sea que esta importación de haga en buques británicos o en colombianos; y se pagarán los mismos derechos a la importación en los territorios de Colombia de cualquiera artículo del producto natural, producciones o manufacturas de los dominios de Su Majestad Británica, ya sea que esta importación se haga en buques colombianos o en británicos. Se pagarán los mismos derechos, y se concederán los mismos descuentos y gratificaciones, a la exportación de cualesquiera artículos del producto natural, producciones o manufacturas de Colombia, para los dominios de Su Majestad Británica, ya sea que esta exportación se haga en buques británicos o en colombianos; y se pagarán los mismos derechos, y se concederán los mismos descuentos y gratificaciones a la exportación para Colombia de cualesquiera artículos del producto natural, producciones o manufacturas de los dominios de Su Majestad Británica, ya sea que esta exportación se haga en buques colombianos o en británicos.

Artículo 7º Para evitar cualquiera mala inteligencia, con respecto a las reglas que pueden respectivamente constituir un buque colombiano o británico, se ha convenido aquí que todo buque construido en los territorios de Colombia, y poseído por sus ciudadanos o por algunos de ellos, y cuyo Capitán y tres cuartas partes de los marineros, a lo menos, sean ciudadanos colombianos, excepto en los casos en que la leyes provean otra cosa por circunstancias extremas, será considerado como buque colombiano; y todo buque construido en los dominios de Su Majestad Británica, y poseído por súbditos británicos o por alguno de ellos, y cuyo Capitán y tres cuartas partes de los marineros, a lo menos, sean súbditos británicos, excepto en los casos en que las leyes provean otra cosa por circunstancias extremas, será considerado como buque británico.

Artículo 8º Todos los comerciantes, comandantes de buques, y otros ciudadanos y súbditos de la República de Colombia, y de Su Majestad Británica, tendrán entera libertad en todos los territorios de ambas potencias, respectivamente, para manejar por sí mismos sus propios negocios, o confiarlos al manejo de quien gusten, como corredor, factor, agente o intérprete; ni serán obligados a emplear otras personas cualesquiera para aquellos objetos, ni a pagarles salario alguno o remuneración, a menos que ellos quieran emplearlos; y se concederá absoluta libertad en todo caso al comprador y vendedor, para contratar y fijar el precio de cualesquiera efectos, mercaderías o géneros importados, o exportados de los territorios de cualquiera de las dos Partes contratantes, según lo tengan a bien.

Artículo 9° En todo lo relativo a la carga y descarga de buques, seguridad de las mercaderías, géneros y efectos, la sucesión de bienes muebles, y la disposición de propiedad mueble de toda especie y denominación, por venta, donación, cambio o testamento, o de otra manera cualquiera, como también a la administración de justicia, los ciudadanos y súbditos de las dos Partes contratantes gozarán, en sus respectivos territorios y dominios, los mismos privilegios, libertades y derechos que la nación más favorecida; y no se les impondrá, por ninguno de estos respectos, impuestos o derechos algunos, más altos que los que

pagan o pagaren los ciudadanos o súbditos de la potencia en cuyos territorios o dominios residan. Están exentos de todo servicio militar

forzado, de mar o de tierra, y de todo préstamo forzoso, o exacciones o requisiciones militares; ni serán compelidos a pagar contribución alguna ordinaria, mayor que las que pagan los ciudadanos o súbditos de una u otra potencia, bajo ningún pretexto cualquiera.

Artículo 10° Será libre a cada una de las Partes contratantes el nombrar Cónsules para la protección del comercio, que residan en los territorios y dominios de la otra Parte; pero antes que cualquier Cónsul obre como tal, será aprobado y admitido en la forma acostumbrada por el Gobierno al cual fuere enviado; y cualquiera de las Partes contratantes puede exceptuar de la residencia de Cónsules, aquellos lugares particulares que cualquiera de ellas juzgue conveniente exceptuar.

Artículo 11° Para la mejor seguridad del comercio entre los ciudadanos de Colombia y los súbditos de Su Majestad Británica, se ha convenido, que si en algún tiempo desgraciadamente sucediere alguna interrupción de la correspondencia comercial amistosa, o algún rompimiento entre las dos Partes contratantes, los ciudadanos o súbditos de las dos Partes contratantes, residentes en los dominios de la otra, tendrán el privilegio de permanecer y continuar su tráfico allí sin ninguna especie de interrupción, mientras se conduzcan pacíficamente y no cometan ofensa contra las leyes; y sus efectos y propiedades, ya estén confiadas a individuos particulares o al Estado, no estarán sujetos de ocupación o secuestro, ni a ningunas otras demandas que las que puedan hacerse de iguales efectos o propiedades, pertenecientes a ciudadanos o súbditos de la Potencia en que residan.

Artículo 12° Los ciudadanos de Colombia gozarán, en todos los dominios de Su Majestad Británica, una perfecta e ilimitada libertad de conciencia, y la de ejercitar su religión pública y privadamente, dentro de sus casas particulares o en las capillas o lugares del culto destinados para aquel objeto, conforme al sistema de tolerancia establecido en los dominios de Su Majestad. Asimismo los súbditos de Su Majestad Británica, residentes en los territorios de Colombia, gozarán de la más perfecta y entera seguridad de conciencia, sin quedar por ello expuestos a ser molestados, inquietados, ni perturbados en razón de su creencia religiosa, ni en los ejercicios propios de su religión, con tal que lo hagan en casas privadas, y con el decoro debido al culto divino, respetando las leyes, usos y costumbres establecidas. También tendrán libertad para enterrar los súbditos de Su Majestad Británica, que mueran en los dichos territorios de Colombia, en lugares convenientes y adecuados, que ellos mismos designen y establezcan, con acuerdo de las autoridades locales, para aquel objeto; y los funerales o sepulcros de los muertos no serán trastornados de modo alguno ni por ningún motivo.

Artículo 13º El Gobierno de Colombia se compromete a cooperar con Su Majestad Británica para la total abolición del tráfico de esclavos, y para prohibir a todas las personas habitantes en el territorio de Colombia, del modo más eficaz, el que tomen parte alguna en semejante tráfico.

Artículo 14º Y por cuanto sería conveniente y útil para facilitar más la mutua buena correspondencia entre las dos Partes contratantes, y evitar en adelante toda suerte de dificultades, que se propongan y adiciones al presente Tratado otros artículos, que por falta de tiempo y la premura de las circunstancias no puedan ahora redactarse con la perfección debida, se ha convenido y conviene por parte de ambas potencias, que se prestarán, sin la menor dilación posible, a tratar y convenir sobre los artículos que faltan a este Tratado, y se juzguen mutuamente ventajosos; y dichos artículos, cuando se convengan y sean debidamente ratificados, formarán parte del presente Tratado de amistad, comercio y navegación.

Artículo 15º El presente Tratado de amistad, comercio y navegación, será ratificado por el Presidente o Vicepresidente encargado del Poder Ejecutivo de la República de Colombia, y con consentimiento y aprobación del Congreso de la misma, y por Su Majestad el Rey del Reino Unido de la Gran Bretaña e Irlanda, y las ratificaciones erán canjeadas en Londres en el término de seis meses, contados desde este día, o antes si fuere posible.

En testimonio de los cual, los respectivos Plenipotenciarios han firmado las presentes, y puesto sus sellos respectivos.

Dadas en la ciudad de Bogotá el día diez y ocho del mes de abril del año del Señor mil ochocientos veinticinco.

(L.S) **Pedro Gual**
(L.S) **Pedro Briceño Méndez**
(L.S) **John Potter Hamilton**
(L.S) **Patrick Campbell**

ARTÍCULO ADICIONAL

Por cuanto, en el presente estado de la marina colombiana, no sería posible que Colombia se aprovechase de la reciprocidad establecida por los artículos quinto, sexto y séptimo del Tratado firmado hoy, si aquella parte que estipula que, para ser considerado como buque colombiano, el buque debe haber sido realmente construido en Colombia, se pone inmediatamente en ejecución: se ha convenido en que por espacio de siete años, que se han de contar desde la fecha de la ratificación de este Tratado, todo buque de cualquier construcción, que sea *bona fide*, propiedad de alguno o algunos de los ciudadanos de Colombia, y cuyo Capitán y tres cuartas partes de los marineros, a lo menos, sean también ciudadanos colombianos, excepto en los casos en que las leyes provean otra cosa por circunstancia extremas, será considerado como buque colombiano: reservándose Su Majestad el Rey del Reino Unido de la Gran Bretaña e Irlanda el derecho, al fin de dicho término de siete años, de reclamar el principio de restricción recíproca estipulado en el artículo séptimo antes referido, si los intereses de la navegación británica resultaren perjudicados por la presente excepción de aquella reciprocidad en favor de los buques colombianos.

El presente artículo adicional tendrá la misma fuerza y validez que si se hubiera insertado, palabra por palabra, en el Tratado firmado hoy; será ratificado, y las ratificaciones serán canjeadas, en el mismo tiempo.

En fe de lo cual, los respectivos Plenipotenciarios lo han firmado, y puesto sus sellos respectivos.

Dado en la ciudad de Bogotá el día diez y ocho del mes de abril del año del Señor mil ochocientos veinticinco.

(L.S) **Pedro Gual**
(L.S) **Pedro Briceño Méndez**
(L.S) **John Potter Hamilton**
(L.S) **Patrick Campbell**

Nota: Las ratificaciones íntegras de este Tratado y de su artículo adicional fueron canjeadas en Londres en la forma debida, el día 7 de noviembre del mismo año de 1825.

9. TRATADO DE RECONOCIMIENTO, PAZ Y AMISTAD FIRMADO EN MADRID EL 30 DE MARZO DE 1845 MEDIANTE EL CUAL ESPAÑA RECONOCIÓ A LA REPÚBLICA DE VENEZUELA[1346]

-Aprobación legislativa: 26 de mayo de 1845.

-Ratificación ejecutiva: 27 de mayo de 1845.

-Canje de ratificaciones: en Madrid el 22 de junio de 1846.

La República de Venezuela por una parte y Su Majestad la Reina de España doña Isabel II por otra, animadas del mismo deseo de borrar los vestigios de la pasada lucha de sellar con un acto público y solemne de reconciliación y de paz las buenas relaciones que naturalmente existen ya entre los ciudadanos y súbditos de uno y otro Estado y que se estrecharán más y más cada día con beneficio y provecho de entrambos, han determinado celebrar con tan plausible objeto un Tratado de paz, apoyado en principios de justicia y de recíproca conveniencia: nombrando la República de Venezuela por su Plenipotenciario al señor Alejo Fortique, Ministro de la Corte Superior de Justicia de Caracas y actual Enviado Extraordinario y Ministro plenipotenciario de la República cerca de Su Majestad Británica, y Su Majestad Católica a Don Francisco Martínez de la Rosa, del Consejo de Estado, Caballero Gran Cruz de la Real y distinguida Orden Española de Carlos III, de la de Cristo de Portugal, de la de Leopoldo de Bélgica, y de la del Salvador de Grecia, y su Ministro de Estado y del Despacho, y después de haberse exhibido sus plenos poderes y hallándolos en debida forma han convenido en los artículos siguientes:

Artículo 1º. S.M.C., usando de la facultad que le compete por decreto de las Cortes generales del Reino de 4 de diciembre de 1836, renuncia por sí, sus herederos y sucesores, la soberanía, derechos y acciones que le corresponde sobre el territorio americano, conocido bajo el antiguo nombre de Capitanía General de Venezuela , hoy República de Venezuela.

Artículo 2º. A consecuencia de esta renuncia y cesión S.M.C. reconoce como Nación libre, soberana e independiente la República de Venezuela compuesta de las provincias y territorios expresados en su Constitución: y demás leyes posteriores a saber: Margarita, Guayana, Cumaná, Barcelona, Caracas,

---

[1346] Academia Nacional de la Historia, "Reconocimiento de la independencia por España (30 de marzo de 1845)". Disponible en http://www.anhvenezuela.org/admin/Biblioteca/Textos%20Historicos%20de%20Venezuela/Reconocimiento%20de%20la%20Independencia%20por%20Espana%20%20%281845%29.pdf.

Carabobo, Barquisimeto, Barinas, Apure, Mérida, Trujillo, Coro y Maracaibo y otros cualesquiera territorios e islas que puedan corresponderle.

Artículo 3º. Habrá total olvido de lo pasado y una amnistía general y completa para todos los ciudadanos de la República de Venezuela, y los españoles, sin excepción alguna, cualesquiera que haya sido el partido que hubiesen seguido durante las guerras y disensiones felizmente terminadas por el presente Tratado. Esta amnistía se estipula y ha de darse por la alta interposición de S.M.C. en prueba del deseo que le anima de cimentar sobre principios de benevolencia, la paz, unión y estrecha amistad que desde ahora para siempre han de conservarse entre sus súbditos y los ciudadanos de la República de Venezuela.

Artículo 4º. La República de Venezuela y S.M.C. se convienen en que los ciudadanos y súbditos respectivos de ambas Naciones conserven expeditos y libres sus derechos para reclamar y obtener justicia y plena satisfacción de las deudas contraídas entre sí bona fide como también en que no se les ponga por parte de la autoridad pública ningún obstáculo ni impedimento en los derechos que puedan alegar por razón de matrimonio, herencia por testamento o abintestato, sucesión o por cualquier otro título de adquisición, reconocido por las leyes del país en que tenga lugar la reclamación.

Artículo 5º. La República de Venezuela, animada de sentimientos de justicia y equidad, reconoce espontáneamente como deuda nacional consolidable la suma a que ascienda la deuda de Tesorería del Gobierno español que conste registrada en los libros de cuenta y razón de las Tesorerías de la antigua Capitanía General de Venezuela o que resulte por otro medio legítimo y equivalente; más siendo difícil por las peculiares circunstancias de la República y la desastrosa guerra ya felizmente terminada, fijar definitivamente este punto, y anhelando ambas partes concluir cuanto antes este Tratado de paz y amistad como reclaman los intereses comunes, han convenido en dejar su resolución para un arreglo posterior. Debe entenderse, sin embargo, que las cantidades que según dicho arreglo resulten calificadas y admitidas como de legítimo pago, mientras este no se verifique, ganarán el cinco por ciento de interés anual, empezándose a contar desde un año después de canjeadas las ratificaciones del presente Tratado y quedando sujeta esta deuda a las reglas generales establecidas en República sobre la materia.

Artículo 6º. Todos los bienes muebles o inmuebles, alhajas, dinero, u otros efectos de cualquier especie que hubieren sido con motivo de la guerra secuestrados o confiscados a ciudadanos de la República de Venezuela o súbditos de S.M.C. y se hallaren todavía en poder o disposición del Gobierno en cuyo nombre se hizo el secuestro o la confiscación, serán inmediatamente restituidos a sus antiguos dueños o a sus herederos o legítimos representantes sin que ninguno de ellos tenga nunca acción para reclamar cosa alguna por razón de los productos que dichos bienes hayan rendido o podido y debido rendir desde el secuestro o confiscación.

Artículo 7º. Así los desperfectos como las mejoras que en tales bienes haya habido desde entonces por cualquier causa, no podrán tampoco reclamarse por una ni por otra parte.

Artículo 8º. A los dueños de aquellos bienes muebles o inmuebles que habiendo sido secuestrados o confiscados por el Gobierno de la República han sido después vendidos, adjudicados, o de cualquier modo haya dispuesto de ellos el Gobierno, se les dará por este, la indemnización competente. Esta indemnización se hará a elección de los dueños, sus herederos o representantes legítimos, en papel de la deuda consolidable de la República, ganando el interés de tres por ciento anual, el cual empezará a correr al cumplirse el año después de canjeadas las ratificaciones del presente Tratado, siguiendo desde esta fecha la suerte de los demás acreedores de igual especie de la República, o en tierras pertenecientes al Estado. Tanto para la indemnización en el papel expresado como en tierras, se atenderá al valor que los bienes confiscados tenían al tiempo del secuestro o confisco: procediéndose en todo de buena fe y de un modo amigable y no judicial para evitar todo motivo de disgusto entre los súbditos de ambos países, y probar al contrario el mutuo deseo de paz y fraternidad de que todos se hallan animados.

Artículo 9º. Si la indemnización tuviere lugar en papel de la deuda consolidable se dará por el Gobierno de la República un documento de crédito contra el Estado, que ganará el interés expresado desde la época que se fija en el artículo anterior, aunque el documento que fuese expedido con posterioridad a ella: y si se verifica en tierras públicas después del año siguiente al canje de las ratificaciones se añadirá al valor de las tierras que se dan en indemnización de los bienes perdidos, la cantidad de tierras más que se calcule equivalente al crédito de las primitivas si se hubieren estas entregado dentro del año siguiente al referido canje o antes: en términos que la indemnización sea efectiva y completa cuando realice.

Artículo 10. Los ciudadanos de la República de Venezuela o súbditos españoles que en virtud de lo estipulado en los artículos anteriores tengan alguna reclamación que hacer ante uno u otro Gobierno, la presentarán en el término de cuatro años contados desde el canje de las ratificaciones del presente Tratado, acompañando una relación sucinta de los hechos, apoyados en documentos fehacientes que justifiquen la legitimidad de la demanda; y pasados dichos cuatro años no se admitirán nuevas reclamaciones de esta clase bajo pretexto alguno.

Artículo 11. Para alejar todo motivo de discordia sobre la inteligencia y exacta ejecución de los artículos que anteceden, ambas partes contratantes declaran que no harán recíprocamente reclamación alguna por daños o perjuicios causados por la guerra ni por ningún otro concepto, limitándose a las expresadas en este Tratado.

Artículo 12. Animadas de este mismo espíritu y con el fin de evitar todo motivo de queja o reclamación en lo sucesivo, ambas partes prometen recíprocamente no consentir que desde sus respectivos territorios se conspire contra la seguridad o tranquilidad del otro Estado y sus dependencias impidiendo cualquiera expedición que se prepare con tan dañado objeto, y empleando contra las personas culpables de semejante intento los recursos más eficaces que consientan las leyes de cada país.

Artículo 13. Para borrar de una vez todo vestigio de división entre los súbditos de ambos países, tan unidos hoy por los vínculos de origen, religión, lengua, costumbres y afectos, convienen ambas partes contratantes:

1. En que los españoles que por motivos particulares hayan residido en la República de Venezuela y adoptado aquella nacionalidad, puedan volver a tomar la suya primitiva, dándoles para usar de este derecho el plazo de un año contado desde el día del canje de las ratificaciones del presente Tratado. El modo de verificarlo será haciéndose inscribir en el registro de españoles que deberá abrirse en la Legación o Consulado de España que se establezca en la República, a consecuencia de este Tratado, y se dará parte al Gobierno de la misma para su debido conocimiento, del número, profesión u ocupación de los que resulten españoles en el registro el día que se cierre después de expirar el plazo señalado. Pasado este término, sólo se considerarán españoles los procedentes de España y sus dominios los que por su nacionalidad lleven pasaportes de autoridades españolas y se hagan inscribir en dicho registro desde su llegada.

2. Los venezolanos en España y los españoles en Venezuela, podrán poseer libremente toda clase de bienes muebles o inmuebles tener establecimientos de cualquier especie, ejercer todo género de industria y comercio por mayor y menor, considerándose en cada país como súbditos nacionales los que así se establezcan, y como tales sujetos a las leyes comunes del país donde posean, residan o ejerzan su industria o comercio; traer al país sus valores íntegramente, disponer de ellos, suceder por testamento o ab intestato, todo en los mismos términos y bajo las mismas condiciones que los naturales.

Artículo 14. Los ciudadanos de la República de Venezuela en España y los súbditos españoles en Venezuela no estarán sujetos al servicio del ejército, armada y milicia nacional, y estarán exentos de todo préstamo forzoso, pagando sólo por los bienes de que sean dueños o industria que ejerzan, las mismas contribuciones que los naturales del país.

Artículo 15. La República de Venezuela y S.M.C. convienen en proceder con la posible brevedad a ajustar un Tratado de comercio sobre principios de recíproca utilidad y ventajas.

Artículo 16. A fin de facilitar las relaciones comerciales entre uno y otro Estado, los buques mercantes de cada país serán admitidos en los puertos del otro con iguales ventajas que gocen los de las naciones más favorecidas; sin que les pueda exigir mayores ni más derechos de los conocidos con el nombre de derechos de puerto que los que aquellas paguen.

Artículo 17. La República de Venezuela y S.M.C. gozarán de la facultad de nombrar agentes diplomáticos y consulares el uno de los dominios del otro y acreditados y reconocidos que sean, disfrutarán de las franquicias, privilegios e inmunidades de que gocen los de las naciones más favorecidas.

Artículo 18. Los Cónsules y Vicecónsules de la República de Venezuela en España y los de España en Venezuela intervendrán en las sucesiones de los súbditos de cada país establecidos, residentes o transeúntes en el territorio del otro por testamento o ab intestato: así como en los casos de naufragio o desastres de buques, podrán expedir y visar pasaportes a los súbditos respectivos y ejercer las demás funciones propias de su cargo.

Artículo 19. Deseando la República de Venezuela y S.M.C. conservar la paz y la buena armonía que felizmente acaban de restablecer por el presente Tratado, declaran solemne y formalmente:

1. Que cualquier ventaja que adquirieren en virtud de los artículos anteriores, es y debe entenderse como una compensación de los beneficios que mutuamente se confieren por ellos y
2. Que si (lo que Dios no permita) se interrumpiese la buena armonía que debe reinar en el venidero entre las partes contratantes por falta de inteligencia de los artículos aquí convenidos o por otro motivo cualquiera de agravio queja, ninguna de las partes podrá autorizar actos de hostilidad o represalia por mar o tierra, sin haber presentado antes a la otra una memoria justificativa de los motivos en que funda la queja o agravio, y negándose la correspondiente satisfacción.

Artículo 20. El presente Tratado según se haya extendido en veinte artículos será ratificado y los instrumentos de ratificación en esta se canjearán en esta Corte dentro del término de dieciocho meses a contar desde el día en que se firme, o antes, como ambas partes lo desean. En fe de lo cual los respectivos Plenipotenciarios lo han firmado y puesto en él sus sellos particulares. Fecho en Madrid a treinta de marzo de mil ochocientos cuarenta y cinco.

/L.S./ Alejo Fortique (Venezuela)

/L.S./ Francisco Martínez de la Rosa (España)

10. COMUNICACIÓN DEL CÓNSUL GENERAL BRITÁNICO EN CARACAS BELFORD HINTON WILSON AL SECRETARIO DE ESTADO Y RELACIONES EXTERIORES DE VENEZUELA VICENTE LECUNA SOBRE LA PROPUESTA DEL GOBIERNO BRITÁNICO AL VENEZOLANO DE CONVENIR EL COMPROMISO DE AMBOS PAÍSES DE NO OCUPAR EL TERRITORIO DISPUTADO Y CESAR LAS MUTUAS ACUSACIONES SOBRE LA USURPACIÓN TERRITORIAL (PRIMERA NOTA QUE COMPONE EL TRATADO DE *STATUS QUO* DE 1850)[1347]

Legación Británica.–No. 118.

Caracas, 18 de Noviembre de 1850.

Sr. Vicente Lecuna, Secretario de Estado y Relaciones Exteriores de Venezuela.

En tres de abril último, el infrascrito, Encargado de Negocios de Su Majestad Británica, tuvo el honor de mostrar al señor Fernando Olavarría, entonces Secretario de Estado y Relaciones Exteriores de Venezuela, un informe original que el día precedente había dirigido el infrascrito al Principal Secretario de Relaciones Exteriores de Su Majestad, exponiendo el carácter y objeto de una propaganda de falsedad y calumnia, en cuanto a la conducta y política del Gobierno Británico en la cuestión de límites entre la Gran Bretaña y Venezuela; y al mismo tiempo informó el infrascrito a S. S. de los pasos que había dado para contradecir el rumor que malévolamente se difundía en Venezuela, de que la Gran Bretaña intenta reclamar la Provincia de la Guayana Venezolana.

Esos pasos consistieron principalmente en asegurar al Gobierno Venezolano que era falso cuanto había divulgado sobre esto la propaganda, y en comunicar al Gobierno Venezolano copia de un oficio, que en 20 del mes de marzo anterior, había dirigido el señor Kenneth Mathison, Vice-Cónsul Británico en Bolívar, oficio en que después de manifestar cuál había sido en realidad la marcha y conducta del Gobierno de Su Majestad en este asunto desde noviembre de 1847, declaraba formalmente que las intenciones que, con el

---

[1347] José Rafael Gamero Lanz, "Convenio de Status Quo del 18 de noviembre de 1850", artículo publicado en fecha 19 de noviembre de 2018. Disponible en https://www.linkedin.com/pulse/convenio-de-status-quo-del-18-noviembre-1850-jos%C3%A9-rafael-gamero-lanz/?originalSubdomain=es.

objeto manifiesto de servir al interés privado de cierto individuo bien conocido, y a las tretas políticas de la propaganda, se habían imputado desde 1813 al Gobierno de Su Majestad, no sólo están entera y absolutamente faltas del menor fundamento, sino que son precisamente todo lo contrario de la verdad.

Copia y traducción de ese oficio al señor Mathison se publicaron por el Gobierno Venezolano en el número 981 de la Gaceta Oficial de Venezuela; y con fecha de 13 de mayo último, aprobó el Gobierno de Su Majestad la conducta del infraescrito en el particular.

Observará aquí el infraescrito que en 5 de abril leyó, traduciéndolo a S. E. el Presidente, el informe arriba mencionado que daba a su Gobierno, informe cuyo original, como ya ha dicho, lo había mostrado en 3 de aquel mes al señor Olavarría que lee inglés.

En 13 del mismo mes de abril creyó de su deber el infrascrito trasmitir a su Gobierno extractos de cartas, que le dirigió desde Bolívar el señor Vice-Cónsul Mathison con fechas 2, 8, 18, 22 y 30 de marzo, diciendo que se habían comunicado a las autoridades de la Provincia de Guayana órdenes de ponerla en estado de defensa, y de reparar y armar los fuertes desmantelados y abandonados; y en fin, que el Gobernador, José Tomás Machado, había hablado de levantar un fuerte en el punto de Barima, cuyo derecho de posesión está en disputa entre la Gran Bretaña y Venezuela.

Creyó asimismo de su deber el infrascrito comunicar a su Gobierno la introducción en la Cámara de Representantes de un proyecto de ley, que se registra en el número 02 del Diario de Debates, y autoriza al Gobierno Ejecutivo para construir inmediatamente un fuerte en el punto que sirve de límite entre Venezuela y la Guayana Británica sin designar, sin embargo, por su nombre qué punto es ese, autorizando así al Gobierno Ejecutivo para cometer de facto una agresión y usurpación en el territorio que se disputa entre ambos países, mediante la construcción de un fuerte en algún punto que Venezuela puede reclamar, aunque la Gran Bretaña puede reclamar igualmente la legítima posesión de ese punto.

El tono y lenguaje empleados con Gran Bretaña en el curso de los debates sobre este proyecto, que el infraescrito no se detendrá a caracterizar, no dejaron fundamento razonable para dudar de la inminencia del peligro a que se expondrían los derechos Británicos en caso de pasar a ley el proyecto.

Sin embargo, el infraescrito con gusto dio cuenta a su Gobierno de las amigables seguridades que recibió de S. E. el Presidente, y de la juiciosa conducta que en efecto observó, y asimismo de que el proyecto aún no ha llegado a ser ley.

Mas con relación a la existencia de una propaganda para descaminar y excitar la opinión pública en Venezuela, en cuanto a la cuestión de límites entre la Guayana Británica y la Venezolana, y a la consiguiente posibilidad de agresiones y usurpaciones de parte de las autoridades de la Guayana Venezolana en el territorio que se disputan ambos países, el Vizconde Palmerston, con fecha de 15 de julio, trasmitió al infraescrito, para su conocimiento y gobierno, copia de una carta que ha dirigido S. S. a los Lores comisionados del Almirantazgo, en que les significa los mandatos de la Reina en cuanto a las órdenes que han de darse al Vicealmirante que manda las fuerzas navales de Su Majestad en las Indias Occidentales, respecto a la marcha que seguirá si las autoridades Venezolanas construyen fortificaciones en el territorio que se disputan la Gran Bretaña y Venezuela.

También ha sido instruido el infraescrito para llamar la seria atención del Presidente y Gobierno de Venezuela hacia a esta cuestión, y para declarar que mientras por una parte el Gobierno de Su Majestad no tiene ánimo de ocupar o usurpar el territorio disputado, por otra, no mirará con indiferencia las agresiones de Venezuela a ese territorio.

Además ha sido instruido el infraescrito para decir que en estas circunstancias el Gobierno de Su Majestad espera que se enviarán positivas instrucciones a las autoridades de Venezuela en Guayana, a fin de que se abstengan de tomar medidas que las autoridades Británicas pudiesen justamente considerar como agresiones ; porque tales medidas, si se tomasen, conducirían forzosamente a una colisión que sentiría profundamente el Gobierno de Su Majestad, pero de cuyas consecuencias, cualesquiera que fuesen, el Gobierno de Su Majestad consideraría responsable enteramente al de Venezuela.

No puede el Gobierno venezolano, sin cometer una injusticia con la Gran Bretaña, desconfiar por un momento de la sinceridad de la declaración formal, que ahora se hace en nombre y de orden expresa del Gobierno de Su Majestad, de que la Gran Bretaña no tiene intención de ocupar ni usurpar el territorio disputado; por consecuencia, el Gobierno Venezolano no puede, con igual espíritu de buena fe y amistad, negarse a hacer una declaración semejante al Gobierno de Su Majestad, a saber, que Venezuela misma no tiene intención de ocupar ni usurpar el territorio disputado.

La sistemática perseverancia con que desde 1843 ha fabricado y hecho circular la propaganda falsos rumores, respecto a la conducta y política del Gobierno de Su Majestad por lo que hace a la Guayana Venezolana, entre otros dañosos efectos ha producido el de servir a los fines de esa propaganda, manteniendo vivo un insano espíritu de desconfianza y pueril credulidad en cuanto a todos los frívolos rumores tocantes a esta cuestión de límites, y exponiendo así a ser interrumpidas en cualquier momento las amigables relaciones entre la Gran Bretaña y Venezuela, por una colisión entre ambos países proveniente de alguna repentina y quizá no autorizada agresión por parte de las autoridades locales de Venezuela, ya se cometa construyendo fuertes, ya ocupando y usurpando el territorio que se disputa.

El Gobierno de Su Majestad, como antes se dijo, no ordenará ni sancionará semejantes usurpaciones u ocupación por parte de las autoridades Británicas ; y si en algún tiempo hubiese error sobre su determinación en este respecto, el infraescrito está persuadido de que renovaría de buena gana sus órdenes en el particular ; está, pues, satisfecho de que, de acuerdo con las amigables indicaciones del Gobierno de Su Majestad, el de Venezuela no vacilará en enviar a las autoridades Venezolanas de Guayana órdenes positivas de abstenerse de tomar medidas que las autoridades Británicas puedan considerar justamente como agresiones.

En 14 y 15 últimos, el infraescrito comunicó privadamente al señor Vicente Lecuna, y a Su Excelencia el Presidente, las instrucciones que le había dado el Vizconde Palmerston; y entonces explicó completamente las amigables consideraciones que le habían movido a no comunicar el contenido de aquéllas al Gobierno Venezolano cuando las recibió, que fue en 18 de junio anterior, y a seguir difiriendo su formal comunicación por escrito hasta que se presentase la oportunidad.

Parece que tanto Su Excelencia el Presidente como el señor Lecuna apreciaron en todo su valor lo amistoso de este proceder.

Sin embargo, siendo de parecer que se convino en las entrevistas que tuvo el infraescrito con el señor Lecuna en 15 y 16 del comente, en que ha llegado el momento oportuno de hacer esa comunicación, no ha perdido tiempo para manifestar esas instrucciones en esta nota.

El infraescrito aprovecha esta oportunidad para renovar al señor Lecuna las protestas de su consideración distinguida.

(Firmado) Belford Hinton Wilson.

11. CARTA DE VICENTE LECUNA DEL 20 DE DICIEMBRE DE 1850 EN LA QUE RESPONDE A LA COMUNICACIÓN DE LOS INGLESES DE 18 DE NOVIEMBRE DE 1850 (SEGUNDA NOTA QUE COMPONE EL TRATADO DE *STATUS QUO* DE 1850)[1348]

República de Venezuela. -Despacho de Relaciones Exteriores.

Caracas, 20 de Diciembre de 1850.

El Sr. Lecuna al Sr. Wilson.

El infraescrito, Secretario de Relaciones Exteriores de Venezuela, tuvo el honor de recibir y presentar al Poder Ejecutivo la nota del señor Encargado de Negocios de Su Majestad Británica, fecha a 18 del mes precedente, y contraída a desmentir los rumores que han circulado en el país sobre que la Gran Bretaña intenta apoderarse de la Guayana Venezolana, refiriendo los pasos que ha dado para conseguir dicho efecto y de que ha instruido al Gobierno; declarando en nombre del suyo que él no tiene ánimo de ocupar ni usurpar el territorio que se disputan los dos países, lo que también solicita que declare por su parte Venezuela, pidiendo que se envíen a las autoridades de Guayana órdenes de no tomar ningunas medidas que justamente pudieran considerarse como agresiones por las Británicas, y aludiendo a las causas que le han movido a diferir el hacer esa comunicación.

De orden de Su Excelencia el Presidente de la República manifiesta el infraescrito en respuesta: que el Gobierno nunca ha podido persuadirse de que la Gran Bretaña, desatendiéndose de la negociación abierta en el particular, y de los derechos alegados en la cuestión de límites pendiente entre los dos países, quisiese emplear la fuerza para ocupar el terreno que cada parte pretende; con mayor razón después de haberle asegurado tantas veces el señor Wilson y tan sinceramente como lo cree el Poder Ejecutivo, que esas imputaciones no tienen fundamento alguno, antes bien, son precisamente todo lo contrario de la verdad. Descansando en tal confianza, fortificado con la protestación que la nota a que se refiere le incluye, el Gobierno no tiene dificultad para declarar, como lo hace, que Venezuela no tiene intención alguna de ocupar ni usurpar ninguna parte del territorio cuyo dominio se controvierte, ni verá con indiferencia que proceda de otro modo la Gran Bretaña. Además se ordenará a las

---

[1348] Véase en el libro *Historia oficial de la discusión entre Venezuela y la Gran Bretaña sobre sus límites en la Guayana*, L. Weiss & Company impresores, Nueva York, 1896. p. 34. Disponible en https://play.google.com/store/books/details?id=b8FAAQAAMAAJ&rdid=book-b8FAAQAAMAAJ&rdot=1.

autoridades de Guayana que se abstengan de dar providencias con las cuales se quebrante la obligación, que aquí ha contraído el Gobierno, y que pudieran dar margen a funestos resultados, como asegura el señor Wilson que se ha hecho, y, si fuere necesario, se repetirá de buena voluntad respecto de las autoridades de la Guayana Inglesa. Por último, el Gobierno aprecia debidamente los motivos que han pesado en el ánimo del señor Wilson para no cumplir desde luego con las instrucciones recibidas sobre la materia.

Aprovecha el infraescrito la ocasión para renovar al señor Wilson las protestas de su consideración distinguida.

(Firmado) VICENTE LECUNA.

Sr. Belford Hinton Wilson, Encargado de Negocios de Su Majestad Británica.

12. NOTA DEL MINISTRO DE RELACIONES EXTERIORES DE VENEZUELA DIEGO BAUTISTA URBANEJA AL MINISTRO RESIDENTE DE SU MAJESTAD BRITÁNICA SR. F. R. SAINT JOHN DE FECHA 26 DE ENERO DE 1887[1349]

MINISTERIO DE RELACIONES EXTERIORES.

CARACAS, 26 de Enero de 1887.

El Doctor Diego B. Urbaneja al Señor F. R. Saint John. Excelentísimo señor:

Conforme a lo participado a V. E. por este Ministerio en 7 de diciembre último, el Presidente de la República envió por Comisionados a Barima y otros puntos, con los objetos ya indicados, a los señores Ingeniero Doctor Jesús Muñoz Tébar y General Santiago Rodil.

Acaba de regresar aquí el Jefe de la Comisión, el cual ha puesto los resultados de ella en conocimiento del Gobierno.

Desgraciadamente se han confirmado las graves noticias que motivaron dicha medida.

Primeramente, los Comisionados hallaron en el vecindario de la margen derecha del río Amacuro dos Comisarios, señores Francis Stephen Neame y G. B. Jeffry. Ellos presentaron sus despachos de Rural Constables expedidos por el señor Michael McTurk, que se titula Magistrado estipendiario de Su Majestad, en y para la Colonia de la Guayana Británica, el 10 de marzo de 1885 y el 6 de setiembre de 1886, respectivamente. Al contestar a una comunicación de los Comisionados, les aseguraron los Comisarios no haber recibido instrucciones para oponerse a las autoridades de Venezuela de la izquierda que bajasen el Amacuro; pero que sí tenían autorización para impedir a cualquier barco Venezolano la venta de ron o licores espirituosos en territorios Británicos, y agregaron que todo el que vendiese ron sin la competente licencia dada por su Gobierno (el de Demerara), podría ser apresado en cualquier tiempo.

En el mismo caserío de Amacuro la comisión tomó declaraciones juradas al comisario Venezolano señor Roberto Wells y a los señores Aniceto Ramones y Alfonso Figueredo. Sus deposiciones corroboraron la captura y rapto del primero en aquel propio lugar, su conducción a Georgetown y encierro en

---

[1349] Véase en el libro *Historia oficial de la discusión entre Venezuela y la Gran Bretaña sobre sus límites en la Guayana*, L. Weiss & Company impresores, Nueva York, 1896. pp. 155-161. Disponible en https://play.google.com/store/books/details?id=b8FAAQAAMAAJ&rdid=book-b8FAAQAAMAAJ&rdot=1

la cárcel de allí por dos meses, su juicio y condenación a la multa de veinte y cinco fuertes; y establecieron además el hecho de la existencia de una casa de madera con techo pajizo que sirve de oficina pública, ostenta la bandera Inglesa, se construyó por orden y a expensas del Gobierno Colonial y ha sido vista por los y Comisionados. También se comprobó del mismo modo que un guarda costas Inglés llamado Transfer ha hecho viajes a Amacuro varias veces conduciendo a un Magistrado Británico y agentes de policía armados, con el propósito de conocer, juzgar y decidir de las causas criminales y de policía; y que tanto en Amacuro como en Barima se registran las embarcaciones legalmente despachadas de Ciudad Bolívar y se les prohíbe vender las mercancías, y seguir al brazo Barima, a no ser en lastre, exigiéndoseles para negociar que saquen patente en Georgetown.

Los Comisionados se trasladaron a la margen derecha del Amacuro, donde se pusieron en comunicación escrita y verbal con los referidos Comisarios. Después pasaron al vecindario de Aruca, donde se les dijo que había un Comisario de nombre Harrington, que estaba ausente a la sazón, y que un juez de paz estuvo allí hasta tres meses con motivo del asesinato de un coolí, y a cuyo autor se le prendió y llevó a Georgetown para juzgarle. Fue condenado a cinco años de presidio. En Cuabana, caserío situado en la margen derecha del río Guaima, hallaron un caney que sirve de iglesia protestante y de escuela pública, erigido bajo la dirección del misionero Walter Heard. En el registro de matrimonios allí llevado se expresa que el lugar pertenece al condado del Esequibo. No se halló en el sitio a ningún Comisario; más, según informe del maestro de escuela, señor Jacobus Ingles, el Gobierno Colonial tiene uno en el pueblo de Guaramuri, en la costa del río Moroco.

Igualmente la Comisión se cercioro de estarse beneficiando por autoridad Inglesa minas de oro en nuestro territorio situado entre los ríos Cuyuní, Mazaruni y Puruní, y de haberse exportado ya gran cantidad de aquel mineral por la Aduana Inglesa.

Por último la Comisión se encaminó a Georgetown, y por medio del Consulado de Venezuela en aquella ciudad, puso en conocimiento del señor Gobernador de Demerara los objetos de su encargo, lo que en virtud de él había hecho y las violaciones del territorio Venezolano que había averiguado. El señor Secretario de dicho empleado Británico se limitó a responder el seis de este mes que se remitía al aviso publicado en la Gaceta de Londres el 22 de octubre de 1886, del cual acompañó copia, y manifestaba que los distritos a que se refería la nota oficial de la Comisión estaban incluidos en los límites que establecen los términos del aviso y forman parte de la Colonia de la Guayana Británica.

En el aviso se proclama y notifica, que por cuanto están en disputa entre el Gobierno de Su Majestad y el Gobierno de Venezuela los límites de la Guayana Británica, colonia de su Majestad, y la República de Venezuela, y por cuanto ha llegado al conocimiento del Gobierno de Su Majestad que el Gobierno de Venezuela ha hecho o se propone hacer concesiones de tierras dentro del territorio reclamado por el Gobierno de Su Majestad, no se admitirán ni reconocerán tales títulos, y se juzgará como violador de propiedades, según las leyes de la colonia, a toda persona que tome posesión de esas tierras o ejerza en ellas algún derecho so pretexto de tales títulos. Por conclusión se dice que puede verse en la biblioteca de la oficina colonial, Downing Street, o en la Secretaría de Gobierno de Georgetown, Guayana Británica, un mapa que señala los límites entre la Guayana Británica y Venezuela, reclamados por el Gobierno de Su Majestad.

No se comprende por qué en el aviso mismo no se especifican aquellos límites, sino se han dejado para un mapa que anda separado de la notificación con la cual se ligan.

Ahora bien, por lo visto no queda ya la menor duda de que un extenso territorio de Venezuela, y la grande arteria al norte del continente de la América del Sur, el Orinoco, están de hecho bajo la autoridad del Gobierno Británico, con el deleznable fundamento de que existe una disputa de límites entre la República y Su Majestad Británica. La conclusión lógica de la existencia de una controversia sobre propiedad de tierras y aguas, debería ser cuando más la conveniencia de neutralizar de común acuerdo los lugares del litigio, pendiente la decisión del mismo. Pero resolver uno de los contendores por sí sólo y con menosprecio de los derechos del otro, la apropiación de la cosa controvertida, es, a la luz de toda jurisprudencia, una violación injustificable del más sagrado derecho de las naciones, es una herida mortal a la Soberanía de la República. La Gran Bretaña ha reprobado en caso análogo el propio hecho que hoy ejecuta con Venezuela.

Conforme a la Cédula expedida por el Rey de España en 1768, la provincia de Guayana confinaba al Sur con el Amazonas y al Este con el Atlántico. De modo que las adquisiciones de otras potencias dentro de esos límites no fueron válidas sino en cuanto las legitimó el consentimiento posterior de esa monarquía. Respecto de los Países Bajos, en cuyos derechos ha sucedido la Gran Bretaña, lo único que se dejó en su poder, de la mencionada Comarca, fueron los establecimientos de Esequibo, Demerara, Berbice y Surinam, de que se habían apoderado los Holandeses durante la larga guerra con su antigua metrópoli, que ter minó con el tratado de Münster de 1648. Que no poseían entonces los holandeses otras colonias que las dichas, lo confirma el convenio de ex tradición celebrado en Aranjuez entre España y los Países Bajos a fines del siglo 18, en 23 de junio de 1791, en el cual están enumeradas sólo aquéllas. Y es de notar que los Holandeses no pudieron seguir adelantando sobre las posesiones Españolas, porque el artículo 6 del tratado de Münster les prohibió navegar a ellas y traficar con ellas. A pesar de esto, siguieron avanzando: pero, lejos de consentir España en nuevas usurpaciones, se valió de las armas para rechazarlas. Lord Aberdeen mismo recuerda en su nota de 30 de marzo de 1844, al señor Fortique, que en 1797 aquélla atacó el fuerte de Nueva Zelanda, sin que importe nada su éxito desfavorable. Lo que se trata de probar no es la superioridad de sus fuerzas sobre la guarnición de los holandeses, sino la oposición a sus avances. Por consiguiente, todo lo que pasara del Esequibo estaba fuera de la jurisdicción de Holanda, la cual por otra parte no cedió a la Gran Bretaña en 1814 sino los establecimientos de Esequibo, Demerara y Berbice.

En 1844 Lord Aberdeen propuso como límite el Moroco.

En 1881 Lord Granville presentó a Venezuela una línea que empezaba a 29 millas al Este de la margen oriental del Barima.

En 1886 Lord Rosebery pedía una frontera que arrancase de la costa del mar hacia el Oeste del río Guaima.

En 1868 el Gobernador de Demerara, en un decreto sobre división de registros, no establecía otro más septentrional que el del Pomarón.

Fue en 6 de noviembre de 1886 cuando, al derogar ese decreto por orden del Gobierno de Su Majestad, estableció nuevas divisiones que llegan hasta la orilla oriental del Amacuro.

Fue también en 1885 y 1886 cuando nombró Comisarios para Amacuro. En 1841 el ingeniero Schomburgk señaló caprichosamente los límites que hoy reclama el Gobierno de Su Majestad y puso postes y otras señales.

Alarmada la República con semejante hecho, el Gobierno envió dos Comisionados a Demerara para exigir explicaciones, y ordenó a su Ministro en Londres reclamar se quitasen las marcas.

El señor Gobernador de Demerara dijo a los Comisionados que, como los límites estaban realmente indefinidos y en cuestión, la operación del señor Schomburgk no había sido ni podido ser hecha con ánimo de tomar posesión, sino como un simple señalamiento de la línea que se presume por parte de la Guayana Británica, y que por tanto, mientras se hallasen indeterminados los límites, debía confiar el Gobierno de Venezuela en que en el terreno en cuestión no se mandaría construir fuerte, ni se enviarían tropas ni fuerza alguna al mismo.

Por su parte, Lord Aberdeen contestó que las marcas puestas por el señor Schomburgk en algunos puntos del país que había explorado eran únicamente un paso preliminar sujeto a futura discusión entre los dos Gobiernos; que eran el único medio tangible de prepararse a discutir la cuestión de límites con el Gobierno de Venezuela; que fueron fijados con ese expreso objeto, y no, como manifestaba temer el Gobierno de Venezuela, con el intento de indicar dominio e imperio por parte de la Gran Bretaña. Añadió haberse alegrado de saber por nota del señor Fortique, que los dos Comisionados enviados por este Gobierno a la Guayana Inglesa hubieran podido cerciorarse, por los informes del Gobernador de aquella Colonia, de que la Punta Barima no había sido ocupada por autoridades inglesas. Eso se escribió en 11 de diciembre de 1841.

Poco después, en 31 de enero de 1842, Lord Aberdeen mandó quitar las marcas, con el fin de poner término a la mala inteligencia que reinaba en Venezuela en orden al objeto del reconocimiento del señor Schomburgk, y por atender a las renovadas representaciones del señor Fortique.

Conciliar el proceder de entonces, con el cual se evidenciaba que durante la controversia no se podía tomar posesión del territorio, y el hecho de ahora, por el cual el Gobierno Británico se ha arrogado el dominio de lo que dice que reclama, excede la inteligencia de Venezuela.

Y debo aquí hacer constar que ella nunca ha entendido se le disputase la propiedad de los lugares situados más acá de la desembocadura del Pomarón, sino sólo de los que se hallan entre ese río y el Esequibo; y bien claro resulta de la protesta de Lord Aberdeen que se conformaba con la boca del Moroco como límite occidental de las posesiones Británicas.

Pero, aun cuando se admitiese por vía de argumento que fuera mayor el terreno litigado, tampoco habría asistido a la Gran Bretaña derecho de ocuparlo, no sólo por razón de la cosa misma, sino también porque ella contrajo la obligación de no ocupar el territorio de la disputa.

Me refiero a la Convención celebrada en noviembre de 1850 por canje de notas con el señor Wilson, Encargado de Negocios de la Gran Bretaña, a su solicitud y en fuerza de instrucciones terminantes de su Gobierno. Declaró él ante todo carecer de fundamento y ser el reverso de la verdad los rumores entonces aquí generalizados de que la Gran Bretaña quería reclamar la Guayana Venezolana; declaró en seguida que la Gran Bretaña no ocuparía ni usurparía el territorio en disputa, ni ordenaría tales ocupaciones o usurpaciones, ni las sancionaría de parte o de sus autoridades; y pidió y obtuvo de Venezuela análogas declaraciones.

Luego es claro que la Gran Bretaña ha infringido ese convenio, obra suya, penetrando en Venezuela por lugares vedados, visitando los ríos Guaima, Morajuana, Amacuro y Brazo Barima; plantando avisos de estar allí vigentes sus leyes, en los árboles de la ribera; nombrando comisarios; arrebatando un comisario Venezolano so pretexto de haber maltratado a un portugués, aunque en jurisdicción de la República, llevándolo a Georgetown, encarcelándolo, juzgándolo e imponiéndole la pena de veinte pesos fuertes; estableciendo en Amacuro oficina pública; recorriendo el espacio situado entre él y el Barima por medio de la goleta guardacostas Transfer, incluyendo aquellas comarcas en el Distrito del Gobernador de Demerara; enviando a las mismas un Magistrado para conocer y decidir de causas de policía y criminales; autorizando la explotación de minas en territorio Venezolano, y en fin, apropiándoselo porque dice estar pendiente la disputa de límites.

Como Ministro de la República, el General Guzmán Blanco reclamó del Gobierno Británico, en nota de 28 de julio último, las satisfacciones que tales hechos demandan; y la contestación ha sido proclamar y notificar, con un aviso publicado el 21 de octubre de 1886 en la Gaceta de Londres, que es suyo lo comprendido en la demarcación del ingeniero Schomburgk.

Es decir, que el Gobierno de la Gran Bretaña por sí y ante sí, con exclusión de Venezuela, ha resuelto que le pertenece la propiedad de la boca del Orinoco, el río más importante de la República, y del cual son brazos el Barima y el Morajuana, e inclusive la Punta Barima que su Encargado de Negocios Sir Robert Porter reconoció espontáneamente en 26 de mayo de 1836 estar bajo la soberanía de Venezuela.

Muchas veces ha propuesto ella que se someta la cuestión a sentencia de un árbitro de derecho, y el Gobierno de S. M. se ha negado con el fundamento de no poder aplicar ese método a las controversias de límites. Ha persistido en su negativa, sin embargo de habérsele recordado que por convenios de 1827 y de 1871 refirió a un árbitro disputas de límites con los Estados Unidos, una sobre posesiones en la América del Norte, y otra respecto del Canal de Haro, con la circunstancia de que en el último caso la proposición emanó de él mismo hasta por seis veces.

Venezuela continúa dispuesta a terminar la controversia por el recurso al arbitraje, único método compatible con su Constitución vigente.

En mérito de lo expuesto, el Presidente de la República reclama de S. M. B. la evacuación del territorio venezolano desde las bocas del Orinoco hasta el Pomarón, que indebidamente ella ha ocupado; en la inteligencia de que, si para el 20 de febrero próximo, época de la reunión del Congreso, a quien el Gobierno debe dar cuenta de todo, no se hubiere contestado, o se hubiere contestado negativamente, desde entonces que darán cortadas las relaciones diplomáticas entre los dos países.

Renuevo a V. E. las protestas de mi alta consideración.
DIEGO B. URBANEJA.
Excmo. Señor F. R. Saint John, Ministro Residente de S. M. B.

13. NOTA DEL MINISTRO DE RELACIONES EXTERIORES DE VENEZUELA, DIEGO BAUTISTA URBANEJA, AL MINISTRO RESIDENTE DE SU MAJESTAD BRITÁNICA F.R SAINT JOHN MEDIANTE LA CUAL SE PRODUCE LA RUPTURA DE RELACIONES DIPLOMÁTICAS ENTRE VENEZUELA Y EL REINO UNIDO DE FECHA 20 DE FEBRERO DE 1887[1350]

El Doctor Diego Urbaneja al Señor F. R. Saint John.

Excelentísimo señor:

La República de Venezuela sucedió a España en sus derechos sobre la Capitanía General del mismo nombre, por el tratado de reconocimiento firmado en Madrid a 30 de Marzo de 1845.

De la Capitanía General formaba parte la provincia de Guayana.

Los límites de ésta eran, por el Oriente el Océano Atlántico y por el Sur el río Amazonas.

Sólo por cesiones de España pudieron sufrir mengua aquellos lindes.

Habíanse apoderado los holandeses de algunos puntos de Guayana durante su larga guerra de emancipación, y al reconocerlos España como independientes, accedió a legitimar sus usurpaciones en las costas de América, por el tratado concluido en Münster el 30 de enero de 1648.

No se especificaron allí los establecimientos de que se dejaba en posesión a los holandeses; pero en el convenio de extradición de Aranjuez, fecha en 23 de junio de 1791, se nombraron como Españolas las colonias de Puerto Rico, Coro y el Orinoco, y como Holandesas, situadas en frente de otras, las de San Eustaquio, Curazao y Esequibo, Demerara, Berbice y Surinam.

De las cuatro últimas colonias, los Países Bajos traspasaron tres, las de Esequibo, Demerara y Berbice, a la Gran Bretaña, mediante el tratado de Londres de 13 de agosto de 1814.

Los ingleses no poseen en Guayana otros títulos que los trasmitidos así a ellos por Holanda.

Es de advertir, que si bien los Holandeses, en contravención del dicho tratado de Münster, que les prohibió hasta navegar y traficar a las posesiones Españolas, procuraron avanzar hacia éstas, Su Majestad Católica resistió invariablemente con las armas esas tentativas usurpadoras.

Que los holandeses mismos no se creían legítimos dueños de mayor territorio que el Esequibo por el lado del Norte de sus colonias, lo prueba el hecho

---

[1350] Véase en el libro *Historia oficial de la discusión entre Venezuela y la Gran Bretaña sobre sus límites en la Guayana,* ob. cit., pp. 167 y ss.

de no haber incluido ningún otro en el acto de la mencionada enajenación a la Gran Bretaña.

Para 1810 era, pues, el Esequibo el límite de la provincia de Guayana con Holanda; y el mismo corresponde a Venezuela, según su Constitución lo establece.

Desde 1822 el Gobierno de Colombia, predecesora de Venezuela, reclamaba el Esequibo como pertenencia de la República.

En 1841 el Ingeniero señor Schomburgk, Comisionado del Gobierno Inglés, hizo exploraciones en la Guayana Venezolana y plantó postes y otras señales de posesión hasta en Barima y Amacuro.

La opinión pública en Venezuela se exaltó, el Gobierno reclamó, y Su Majestad Británica ordenó la remoción de las marcas, explicando no haberse puesto como signos de imperio.

Desde entonces Venezuela clamó por un tratado que resolviese la desavenencia de confines.

No fué sino en 1844 cuando el Plenipotenciario de la República en Londres, después de larga preparación de los preliminares, abrió la negociación para el tratado. Apoyado en el derecho convencional, en la historia y en la autoridad de cartas geográficas, propuso por frontera el Esequibo.

Lord Aberdeen, Secretario de Negocios Extranjeros de Su Majestad Británica, propuso a su turno el Moroco. Con esto, según decía, quedaba a Venezuela la libre propiedad del Orinoco.

La República no aceptó una línea que la privaba del espacio situado entre el Esequibo y el Moroco, y al cual los ingleses no podían alegar título alguno.

En 1850 se propagó el rumor de querer la Gran Bretaña reclamar la Guayana Venezolana. Lo desmintió el señor Wilson, Encargado de Negocios de aquella Nación en Caracas. Afirmó que era precisamente el reverso de la verdad; que su Gobierno no tenía intención de ocupar ni usurpar el territorio en disputa; que no ordenaría tales ocupaciones ni usurpaciones, ni las sancionaría de parte de sus autoridades; que las mandaría abstenerse de tales actos, y renovaría con gusto sus instrucciones en caso necesario. Pidió y obtuvo de Venezuela análogas declaraciones.

No se designó entonces el territorio en disputa; pero Venezuela nunca ha entendido que fuese el comprendido entre el Pomarón y el Amacuro, sino el circunscrito por el Pomarón y el Esequibo.

Sin perder nunca de vista la cuestión Venezuela urgió por su arreglo en 1876. Al cabo de cinco años, en septiembre de 1881, Lord Granville presentó un nuevo deslinde que empezaba en un lugar de la costa marítima a veinte nueve millas de longitud al Este de la margen derecha del río Barima. Dijo también que con esto satisfacía la razonable pretensión y exigencia de Venezuela, y le cedía los llamados Dardanelos del Orinoco y el completo dominio de su boca.

La República tampoco aceptó tal línea, que sin motivo conocido es para ella mucho más dañosa que la de Lord Aberdeen.

En 1883 el Gobierno Británico ligó las tres cuestiones de límites, impuesto adicional de 30% a las mercancías procedentes de las Antillas y reclamaciones pecuniarias; e instó por su ajuste amistoso y simultáneo.

El General Guzmán Blanco pasó en consecuencia a Londres con amplios poderes en calidad de Enviado Extraordinario y Ministro Plenipotenciario. Dedicóse él esforzadamente al término de aquellos asuntos.

En la negociación del nuevo tratado de comercio tenía ya la promesa escrita del Gobierno de Su Majestad de aplicar el arbitramento a todas las disputas entre los dos países. Esto envolvía el negociado de límites. Pero antes de firmarse el convenio, hubo un cambio de gabinete. El sucesor de Lord Granville, al paso que cumplió las promesas de la anterior Administración a otros Estados, se rehusó a guardar la hecha a Venezuela. Alegó que la Gran Bretaña no podía aplicar el arbitramento a á controversias de límites. Se olvidó de que ella lo había aplicado en 1827 y 1871 a disputas de esta clase con los Estados Unidos, siendo en la primera árbitro el Rey de Holanda, y en la segunda el actual Emperador de Alemania. Versaba ésta sobre el Canal de Haro, y fue el Gobierno Británico quien hasta por seis veces invocó y al fin obtuvo el arbitramento.

En julio de 1886, como resultado de gestiones de la Legación Venezolana, presentó Lord Rosebery una frontera que principiaba al Oeste del Guaima, y se juzgó inaceptable por varios motivos, entre otros el de unirse con la exigencia de la libre navegación y comercio del Orinoco.

Mientras en Europa se negociaba, en la Guayana Venezolana penetraron agentes del señor Gobernador de Demerara desde octubre de 1884, pusieron marcas y avisos, llegaron otra vez al Amacuro, y se llevaron al comisario señor Roberto Wells para juzgarlo y castigarlo por el maltratamiento de un súbdito Portugués, como en efecto lo hicieron, sin embargo de no tener jurisdicción en el sitio del hecho.

Declararon ser al propio tiempo aquellos lugares territorio Británico, y estar vigentes las mismas leyes de la vecina Colonia Inglesa. La legación de Venezuela reclamó fundadamente de tan inmerecidos agravios y exigió las reparaciones que el caso autorizaba.

Las quejas de Venezuela han sido desatendidas. Ni siquiera han alcanzado respuesta. Parece que se han tomado por pretexto para la agravación de las ofensas. Con la noticia de los últimos sucesos, el Presidente de la República llamó a V. E. en 6 de diciembre de 1886 y le pidió comunicación de los informes que tuviese sobre las increíbles ocurrencias. Además enteró a V. E. de que iba a ordenar la construcción de un faro en Punta Barima, recomendada como había sido desde 1836, con la más encarecida instancia, por Sir Robert Ker Porter, Encargado de Negocios de la Gran Bretaña. V. E. se negó a dar las explicaciones solicitadas, por no haber consentido el Presidente en diferir la ejecución de su propósito hasta que V. E. consultara el caso a su Gobierno. Esto es , V. E deseaba que el Presidente no practicase un acto administrativo en territorio de Venezuela sin recabar al efecto permiso de Su Majestad Británica, que sin ningún derecho lo ha ocupado y retiene. V. E. me ha instruído en contestación de que él consideraría la ocupación de Punta Barima como un quebrantamiento del citado convenio de 1850, sobre no ocupar ni usurpar el territorio en disputa. Y además me dijo que, sin embargo, como el faro redundaría en utilidad general, él no desea insistir indebidamente en sus derechos, y no se opondrá a su erección, si se hace un arreglo concerniente a la cantidad de tierras ocupable a ese fin, y se contrae por escrito el empeño de no mirar ese hecho como perjudicial a la reclamación Británica del territorio en disputa, de que Punta Barima forma parte, y de no interpretarlo en lo sucesivo como prueba de derecho de Venezuela en Punta Barima, ni como aquiescencia de la Gran Bretaña a tal suposición.

A la República ha parecido la cosa más insólita que se invoque contra ella el convenio de 1850, violado por la Gran Bretaña en su propio beneficio. Y ha rechazado condiciones cuya aceptación habría sido destructiva de sus derechos, y ha declarado que semejante respuesta agrava más y más la situación de las cosas. No puede ser de otro modo, desde que con la alegación del convenio el Gabinete Británico reconoce el deber de cumplirlo, y su conducta contrasta singularmente con lo que debía ser norma de ella.

Para proceder sobre seguro y llevar adelante la construcción del faro y con otros fines, el Presidente envió, en diciembre último, una Comisión compuesta de los señores Doctor Jesús Muñoz Tébar y General Santiago Rodil. Ellos recorrieron diversos puntos, empezando por Amacuro, y como fruto de sus observaciones personales, han traído los informes siguientes. Encontraron en la margen derecha del Amacuro dos Comisarios, señores Francis Stephen Neame y G. B. Jeffry, nombra dos por el señor Michael McTurk, que se titula Magistrado estipendiario de Su Majestad, en y para la Colonia de la Guayana Británica, el primero en 10 de marzo de 1885, y el segundo en 6 de septiembre de 1886. Esos Comisarios están autorizados para impedir a cualquier barco Venezolano la venta de ron o licores espirituosos sin licencia del Gobernador de Demerara, y apresar al que lo haga. Comprobaron la existencia de una casa de madera que sirve en Amacuro de oficina pública y ostenta la bandera Inglesa, y fue costeada por el Gobierno de Demerara. Se cercioraron de que un guardacostas británico, de nombre Transfer, ha hecho varias veces viaje a Amacuro conduciendo, con agentes de policía armados, a un Magistrado que juzga y decide de las causas de policía y de las criminales. Supieron que en Amacuro y Barima se registran las embarcaciones legalmente despachadas de Ciudad Bolívar y se les prohíbe vender sus mercancías y seguir al brazo Barima, a no ser en lastre. Tuvieron noticia de existir otro Comisario llamado Harrington en el vecindario de Aruca, y de haber estado allí hacía tres meses un Magistrado para arrestar y juzgar al asesino de un coolí, a quien se condenó a cinco años de presidio. En Cuabana hallaron una iglesia protestante que es a un tiempo escuela, y en cuyo registro de matrimonios se expresa que el lugar corresponde al Condado del Esequibo. Se enteró a la Comisión de que el Gobierno colonial tiene otro Comisario en el pueblo de Guaramuri en la costa del río Moroco. Asimismo adquirió la certeza de estarse beneficiando por autoridad Inglesa minas de oro en el territorio Venezolano situado entre los ríos Cuyuní, Mazaruni y Puruni, y de haberse exportado ya gran cantidad de aquel mineral por la Aduana de Demerara. Los Comisionados se trasladaron a Georgetown, y por medio del respectivo Cónsul de Venezuela, pusieron en conocimiento del señor Gobernador los objetos de su encargo, lo que en virtud de él habían hecho, y las violaciones averiguadas del territorio Venezolano. El señor Secretario de la Gobernación respondió en 6 de enero que se remitía al aviso publicado en la Gaceta de Londres el 22 de octubre de 1886, y añadió que los lugares a que se refería la nota oficial de la Comisión estaban incluidos en los límites que los términos del aviso establecen, y forman parte de la Colonia de la Guayana Británica. En el aviso se proclama y notifica que, por cuanto están en disputa entre el Gobierno de Su Majestad y el Gobierno de Venezuela los límites de la Guayana Británica, Colonia de Su Majestad, y la República de y Venezuela, y por cuanto ha llegado al conocimiento del Gobierno de Su Majestad que el Gobierno de Venezuela ha hecho o se propone hacer concesiones de tierras dentro del territorio reclamado por el Gobierno de Su Majestad, no se admitirán ni se reconocerán tales títulos, y se juzgará como violador de propiedades, según las leyes de la Colonia, a toda persona que tome posesión de esas tierras o ejerza en ellas algún derecho so pretexto de tales títulos. Por conclusión se dice que puede verse en la Biblioteca de la oficina colonial, Downing Street, o en la Secretaría de Gobierno en Georgetown, Guayana Británica, un mapa que señala los límites entre la Guayana Británica y Venezuela, reclamados por el Gobierno de Su Majestad.

Añádase a esto que en 1868 el Gobernador de Demerara, en un decreto sobre división de registros, no establecía otro más septentrional que el de Pomarón; y que, derogándolo en 6 de noviembre de 1886 por orden del Gobierno de Su Majestad, y sin duda con ese sólo objeto, creó nuevas divisiones que llegan hasta la orilla oriental de Amacuro.

Los límites que hoy no reclama, sino ha ocupado el Gobierno Inglés, son los que el ingeniero Schomburgk señaló caprichosamente en 1841.

Fortalecido con los más sólidos fundamentos, el Gobierno en 26 de enero último, reiterando su disposición a terminar la controversia por arbitramento, reclamó de Su Majestad Británica la evacuación del territorio Venezolano desde las bocas del Orinoco hasta el Pomarón, que indebidamente ella ha ocupado, en la inteligencia de que, si para el 20 del presente mes no se hubiese contestado, o se hubiese contestado negativamente, desde entonces quedarían cortadas las relaciones diplomáticas entre los dos países.

En 31 del mismo enero, al responder sobre las condiciones con que el Gobierno Inglés consentiría en la erección del faro en Punta Barima, se renovó aquella demanda, unida a la de aceptación del arbitramento.

El 11 de este mes me participó V. E. que habiendo comunicado por telegrama al Gobierno de Su Majestad mi nota de 26 de enero, había recibido orden de decir en contestación que él, al paso que se halla todavía dispuesto a entrar en negociaciones amigables con el objeto de arreglar la cuestión de límites de Guayana, no puede acceder a las presentes demandas del Gobierno de Venezuela, por mucho que sentiría el proceder indicado en mi oficio.

Con ese motivo repetí y ratifiqué en todas sus partes el contenido de las notas de 26 y 31 de enero, por no ser permitido al Ejecutivo abrir nueva discusión mientras la Gran Bretaña no desocupe todo el territorio hasta el río Pomarón , como Venezuela tiene perfecto derecho a reclamar, conforme al convenio de 1850.

Ha llegado el 20 de febrero, y el caso previsto de la negativa a las reclamaciones de Venezuela.

Así la Gran Bretaña rechaza la justa y moderada exigencia de una reparación de los agravios que ha hecho y continúa haciendo a la República en medio de la amistad que ésta le ha profesado constantemente, y de la existencia de un tratado que la establece.

La Gran Bretaña ha violado el territorio de Venezuela introduciéndose en él por lugares prohibidos, nombrando Comisarios, estableciendo oficinas de Gobierno en que ondea la bandera Inglesa, arrebatando, juzgando y castigando a un empleado de Venezuela, enviando allí con agentes de policía armados un juez que ha notificado ser Británicos esos lugares, decretando prohibiciones de comercio, recorriendo con un guardacostas el espacio entre Amacuro y Barima, comprendiendo estos ríos en la jurisdicción del señor Gobernador de Demerara, autorizando el beneficio de minas incluidas en el suelo de la República, y ejerciendo otros actos de dominio.

La Gran Bretaña se ha arrogado el derecho de decidir por sí y ante sí y en su favor una cuestión que toca a ella tanto como a Venezuela.

La Gran Bretaña se ha declarado condueño del Orinoco, la grande arteria fluvial del norte de la América del Sur, apoderándose del caño Barima, una de sus bocas, y por este medio del comercio de vastas regiones pertenecientes a varios países.

La Gran Bretaña ha seguido en esto con Venezuela un proceder que ha condenado en otros.

La Gran Bretaña se ha fundado para declarar suyos los lugares donde acaba de establecerse, en que sus límites están en disputa con Venezuela.

La Gran Bretaña ha infringido en su provecho el convenio que ella misma propuso a Venezuela en 18 de noviembre de 1850, y ocupado el territorio por ella garantido.

La Gran Bretaña pretende someter a condiciones el establecimiento de un faro en Punta Barima, sobre la cual su Encargado de Negocios en 26 de mayo de 1836 reconoció espontáneamente la soberanía de Venezuela.

La Gran Bretaña no quiere aplicar a Venezuela el arbitramento que aplicó a los Estados Unidos de América en 1827 y en 1871, para resolver cuestiones de límites, en el último caso con repetida insistencia suya.

La Gran Bretaña ha venido progresivamente aumentando sus avances desde el Esequibo al Pomarón, al Moroco, al Guaima, al Barima y al Amacuro.

La Gran Bretaña ha vulnerado, por tanto, los derechos de soberanía e independencia de Venezuela, privándola de la más santa e inviolable de las propiedades de una nación, a saber, la de su territorio.

En consecuencia, Venezuela, no debiendo conservar amistosas relaciones con un Estado que así la injuria, las suspende desde este día.

Y protesta ante el Gobierno de Su Majestad Británica, ante todas las naciones civilizadas, ante el mundo en general, contra los actos de despojo que en su detrimento ha consumado el Gobierno de la Gran Bretaña, y que en ningún tiempo ni por ningún motivo reconocerá como capaces de alterar en lo más mínimo los derechos que ha heredado de España, y sobre los cuales siempre estará pronta a someterse y al fallo de una tercera potencia.

Escrita la nota anterior, he recibido la que V. E. me dirigió con fecha del 19, y en la cual me comunica de orden del Gobierno de Su Majestad que habiendo él sabido la reciente visita de dos Comisionados Venezolanos a la parte del territorio que reclama la Gran Bretaña como perteneciente a la Guayana Británica, y lo que allí ejecutaron, ya no permitirá ninguna injerencia tocante a los súbditos Británicos de aquellos lugares.

Esto patentiza más y más que la Gran Bretaña ya a las claras se arroga completa jurisdicción sobre el territorio de la Guayana Venezolana que ha ocupado, porque lo reclama y pretende obrar respecto de él como verdadero y exclusivo dueño, sin el más leve miramiento a los derechos de la República, que lo tiene por suyo. En consecuencia, ella no puede menos que ratificar, como ratifica, sus antecedentes quejas y protestas contra un proceder tan arbitrario como depresivo, y que siempre estimará nulo y de ningún efecto.

Renuevo a V. E. las protestas de mi alta consideración.

DIEGO B. URBANEJA.

Excmo. Señor F. R. Saint John, Ministro Residente de S. M. B., etc., etc., etc.

14. CARTA DEL GENERAL DOMINGO SIFONTES DIRIGIDA A CARLOS PUMAR, DIRECTOR DEL DIARIO CARAQUEÑO EL TIEMPO, DE FECHA 19 DE ABRIL DE 1895[1351]

Caracas 19 de abril de 1895.

Señor Don Carlos Pumar. Director de El Tiempo.
Su Oficina.

Impuesto del informe publicado en el número 616 de su ilustrado periódico suministrado por el titulo Inspector ingles Barnes, relativo a los sucesos ocurridos en agosto del año próximo pasado y enero del corriente en las riberas del Cuyuní deber mío es rectificar los intencionados errores en que ha incurrido en su relato el mencionado oficial inglés, con tanta mayor razón, cuanto que no sólo trata de herir mi dignidad personal sino también la del gobierno que en dichos actos me cupo la honra de representar, en mi carácter de Comisario Nacional en aquella región.

Para mejor esclarecimiento de los hechos forzoso me es retroceder las cosas al estado en que se hallaban en marzo de 1894. Fecha de mí llegada a aquellas comarcas, honrado con el cargo de Comisario Nacional del Cuyuní y sus Afluentes, el cual me fue discernido por el actual Supremo Magistrado de la Nación.

Siendo el objeto primordial de mi cometido el fomento de la colonización en la sección de la Republica puesta bajo mi jurisdicción, procedí a verificar desmontes considerables en las riberas del Yuruán y el Cuyuní.

En la margen izquierda de este último río se fijó el asiento de la Comisaria General poniéndole por nombre "El Dorado", a la población que se levanta.

En marzo sólo existían entre una y otra ribera, nueve casas: -6 en la izquierda y 3 en la derecha. De estas últimas, dos con sus respectivas labranzas, fueron fundadas en 1870, por José Francisco y Loreto Lira Miguel Ángel González y Lorenzo Rivas; y la otra construida en 1890, por un súbdito británico llamado Mc Turk, frente a la desembocadura del Yuruán, y en la cual residían seis individuos de la misma nacionalidad, ocupados en los trabajos de un pequeño conuco, y, desde abril o mayo, bajo las órdenes del titulado Inspector Barnes.

Visitado yo por este, existió entre nosotros pocas, pero corteses relaciones –y según lo dice el mismo Barnes en su informe– por disposición del

---
[1351] Juan Matorano, "La carta de Domingo Sifontes sobre el incidente del Cuyuní", publicado en *Aporrea* el 29 de julio de 2015. Disponible en https://www.aporrea.org/actualidad/a211477.html.

Gobierno del Demerara trató él de perturbar en sus trabajos de fábrica de casa y labranza, sobre la margen derecha, a un joven de nacionalidad alemana Guillermo Faull, haciéndole retirar junto con sus peones, del referido lugar. Full puso su queja ante la Comisaria y fue por está autorizado para llevar un número mayor de peones con sus respectivos machetes de trabajo – el inglés viéndole en mayor número, se retiró a su casa.

En la mañana siguiente volvió a ser ocupado el puesto por los mismos agentes ingleses, pero armados de rifles. Un tanto molestado por tan inexplicable tenacidad y odiosa pretensión, ordene poner a las órdenes de Full ocho hombres armados también, y a toda eventualidad. Lo mismo que el día anterior los ingleses fueron desalojados, sin causarles daño alguno, y a la vez fueron notificados de que no intentasen la repetición de aquella instrucción.

Este incidente, sin embargo no altero mis buenas relaciones con Barnes, quien por su fino trato, se captó mi aprecio personal.

Desde entonces deje una guardia de siete policías en el punto dicho, decidido como estaba a vigilar debidamente el río, para impedir a todo trance el tráfico de contrabando, que antes se hacía de acuerdo con los mismos ingleses.

La colonización avanzaba de tal modo que para los últimos días de diciembre se contaban por todas 23 casas, unas ya terminadas y otras en construcción.

En el río Coroco – treinta lenguas más abajo - afluente del Cuyuni, sobre la derecha fabrico el ciudadano Pedro Ravelo una casa y fomentó la labranza de frutos menores.

Este lugar es la misma antigua posesión en que, con carácter de autoridad venezolana nombrada por la Gobernación del antiguo Territorio Yuruary residió el malogrado General Felipe Parra, años antes en 1890.

Que el conflicto ocurrido el 02 de enero fue premeditado por los colonos usurpadores de Demerara, lo comprueba el editorial del Argosy, del 24 de noviembre del año próximo pasado, en el cual se pronosticaba una colisión probable entre venezolanos e ingleses del Yuruán, y de antemano se lamentaba la perdida de preciosas vidas, por supuesto de ingleses, a la vez que se nos perjudicaba a los venezolanos los más hirientes calificativos y los más atroces dicterios.

Prueba más elocuente se hallara en la siguiente nota dirigida por Mr. Barnes al encargado de la Comisaria del Cuyuni, durante mi ausencia de "El Dorado", motivada por la grave enfermedad que puso en riesgo mi vida.– Léase *

"…Estación de Policía del Yuruán – Río Cuyuni – Guayana Británica – 13 de diciembre de 1894 – Al Oficial Comandante de la Estación venezolana. – "El Dorado" - Río Cuyuni. – Venezuela – Señor: Refiriéndome a mis Cartas del 12 y 13 de Octubre de 1894, dirigidas al General Sifontes, con Motivo de la venta hecha por Manuela Casañas a uno de los Oficiales de la casa y conuco que poseía a la margen británica del río Cuyuni, tengo ahora el honor de decir a usted que, en mis dos cartas aludidas, manifestaba dar de plazo al comprador de tiempo conveniente para mudar los artículos comprados. – Habiendo transcurrido ya dos meses, pienso que ese tiempo es más que razonable al efecto; y por consiguiente pongo en conocimiento de usted que, los frutos que quedan, casa, etc, etc…deben ser quitados de dicho conuco antes del 31 de diciembre de 1894. – En I° de enero de 1895 tomaré de hecho posesión del mencionado conuco y de todo cuanto el contenga, en nombre del Gobierno de la Guayana Británica; y no permitiré a nadie entrar en él sin mi permiso – Durante los últimos tres días algunos soldados venezolanos han desmontado un lugar inmediato a dicho conuco, a despecho de mis advertencias. – Protesto, por tanto, con la mayor energía contra la violación continua del territorio Británico, en el cual persisten los soldados venezolanos. – de todo lo cual daré informes a mi Gobierno en primera oportunidad. – Sírvase acusarme recibo de la presente nota.–De Usted obediente, etc. – D. D. Barnes…".

Hiere el patriotismo el tono altanero de la nota anterior; y con lo ya por mi expuesto y con lo informado por el mismo Mr. Barnes, no se necesita de mucho esfuerzo para comprobar la premeditación del atentado por parte del inglés; y es esto tanto más irrefutable cuanto que el mismo Barnes declara solemnemente en su informe, haber sido autorizado previamente por su Gobierno, para proceder como lo hizo, apoderándose alevosamente de nuestro puesto de policía, en momentos en que la guardia destinada a custodiarlo se hallaba en el cuartel practicando los ejercicios ordinarios, cosa que frecuentemente sucedía.

Hay actos ante los cuales la paciencia se pierde y el ánimo se subleva.– Por eso no fue extraño que la ciudadanía de "El Dorado" se exasperara y que hasta los mismos extranjeros participaran de la natural indignación ante el insólito atentado retado así el patriotismo, el Capitán Domínguez, jefe de nuestro cuerpo de Policía repasó precipitadamente el río con parte de sus agentes y reparo el ultraje inferido reduciendo a los agresores a prisión.

Avisado yo por expreso, púseme en marcha para "El Dorado" inmediatamente, donde llegue en la tarde del día 8.

Procedí a instruir el sumario de ley.–Contestes las declaraciones tomadas, entre estas, la del mismo Barnes, puesta en inglés de su puño y letra, la detención fue decretada.

Barnes me propuso abandonar el Cuyuni exigiéndome le dejara ir para Demerara por el río, exigencia a que no me fue posible acceder; –no obstante le hice diferentes concesiones, siendo una de ellas la de permitir que hasta Ciudad Bolívar le acompañara el señor George Cipriani, amigo suyo y empleado de mi dependencia;– porque juzgaba punible la falta cometida, creía que podía incurrir en grave responsabilidad para con mi Gobierno. Así se lo manifesté personalmente, significándole a la vez la pena que me producía el procedimiento que el deber patriótico me imponía tomar respecto de él en tales circunstancias. –Barnes contesto, apretándome cordialmente la mano: "… comprendo sus deberes, General; y a pesar de todo, protesto a usted mi personal y sincera amistad. Yo también como subalterno y servidor de mi país no hago más que cumplir las órdenes que recibo…" –Me manifestó, además, que el día de su arresto, gentes del pueblo y subordinados míos, le habían causado algunos daños en su establecimiento.

Queriendo quitarle todo motivo de queja me apresure a pagarle el monto del daño causado, sin averiguar nada sobre el particular y bastándome con su palabra. –sobre esto, conservo el recibo que me otorgó junto con la lista detallada de los efectos que dijo le faltaron.

Ante la cuestión magna de la usurpación del territorio en la parte más valiosa de nuestra rica Guayana, ¿quién, que venezolano fuera, sin mengua suma, detendría su consideración ante este hecho, sin hacerse reo de lesa patria, cómplice del inglés?

Plausible fue, y me complazco en ello, que el odio nacional no tomara en ese día de patriótica indignación mayores proporciones.

En cuanto al maltrato hecho a un súbdito inglés, el individuo a que Mr Barnes ha hecho referencia es un loco y sordo. Impertinente cuando se halla en estado de embriaguez, y a quien la guardia del río hizo dormir una noche al aire, como ella misma lo hacía, para evitar que se pudiera llevar en la noche una embarcación. Días después fue arrestado, porque pasando por el cuerpo de guardia le fue pedido por el Sargento un papel que trato de ocultar. Insolentado por que se insistió en que lo entregara, recibió de un policía un correazo dado con el cinturón. Avisado por Barnes, que me busco al efecto, hice soltarlo en el acto y reprendí al policía (así lo ha manifestado y publicado el ismo inspector inglés en otra ocasión). También ordene no hacer mas caso de que aquel pobre diablo, fueran las que fuesen las insolencias que en ciertos momentos pudiera proferir. Este mismo individuo me pidió auxilio para irse y ordene darle el pasaje y manutención hasta Ciudad Bolívar. Barnes sabe todo esto y ¡lo calla!

Los demás sucesos los consigna el Inspector en un Informe; pero es del caso hacer constar que él y los suyos fueron puestos en libertad en Upata, sin llegar a su destino.

El expediente con que fueron remitidos fue abierto por el señor Cesar Urdaneta.

Pero lo que a fuer de caballero debió no silenciar el oficial británico, es: que los gastos todos, de él, su segundo, los siete individuos de su dependencia y el loco todos desde el día de su arresto, verificado el 2 de enero hasta su llega a San Félix el 28 del mismo. Corrieron por cuenta de la Comisaria General. Debió también decir que mis consideraciones personales para él fueron tan espontaneas, que llegue a poner a su disposición para el viaje mi mula aperada y que en Guasipati como en Upata y demás puntos que recorrió, siempre me manifestó perfecto reconocimiento por las atenciones recibidas, tanto de mí, como de los individuos que componían la escolta, señores Coronel Luis Manuel Salazar y Oficiales Luis Barrios Gómez y Pedro Manuel Hernández, y ciudadano George Cipriani. Véase en comprobación de lo dicho la siguiente carta que de Upata me dirigió Barnes: (*)

"…Upata: 21 de Enero de 1895 –

Señor General D. A. Sifontes. –Estimado General–

Tengo el honor de informar a usted que ayer, a nuestra llegada aquí, fuimos puestos en libertad por orden del Presidente, Y seguimos ahora para Georgetown, vía Trinidad – No puedo sin embargo dejar a Venezuela sin manifestar a usted que desde nuestra salida del Cuyuni el señor Luis Manuel Salazar nos ha prodigado los mayores cuidados y atención en todo lo que hemos necesitado, y que no tenemos nada de qué quejarnos. Lo mismo debo de decir de sus compañeros. Doy a usted personalmente las gracias por todas las molestias que se ha tomado – no dudando también haberle causado inconvenientes con la traída del señor Cipriani. Con recuerdos amistosos del señor Baker y míos, tengo el honor de suscribirme de usted obediente servidor. – D.A. Barnes…".

¿Cómo se compadece este procedimiento con lo manifestado luego Barnes en su Informe, en el cual aparece exagerado mezquinamente los hechos, a la vez que oculta otros que podrían enaltecerle si fuera verídico y justo?

Pero, ¿qué mucho que Mr. Barnes sea injusto en Londres, si ya desde Altagracia donde encontró al señor Cesar Urdaneta, comprendió el terreno en que le era más conveniente situarse? Delante de los individuos de la escolta, que hasta aquel lugar acompañaron a los ingleses, dijo Urdaneta a Barnes, al encontrarlos:

– "…ya sé que a ustedes los han maltratado mucho

– No señor, – contesto el inglés – a nosotros se nos ha trato bien y el General Sifontes nos pagó un pequeño daño que nos hizo su gente.

– No; yo sé que los han tratado muy mal. El General Sifontes es el culpable de todo lo sucedido. El Gobierno ha desaprobado su proceder y lo llama a Caracas. Yo vengo a reemplazarlo. Así pues yo espero que ustedes regresaran conmigo para su puesto, pues conmigo tendrán toda clase de garantías…".

Un colono de Demerara no defendería mejor que Urdaneta la causa de la Usurpación.

El inglés puede decir en contra nuestra cuanto se le antoje; procurar nuestro descredito está en su interés; pero un venezolano, en el asunto que nos ocupa, no podría sin estar envilecido, defender así los intereses del invasor.

¿Qué interés ha llevado Urdaneta en hacerme aparecer responsable de lo sucedido? –Esta él en Ciudad Bolívar el día 02 de enero, y yo me encontraba a veintitrés leguas distantes del Cuyuni ese mismo día – cónstale también, por encontrarse bajo un mismo techo conmigo en "El Dorado" que fui sacado en hamaca de aquel punto, en los últimos días de noviembre, gravemente enfermo. –Sabe así mismo que el 23 de Diciembre, hallándose en mi casa del Buen Retiro, pasando Pascuas conmigo, Salí por primera vez fuera de mi habitación, para ir en compañía suya y de otros amigos, señores Luis N. Neyr, Carlos Lezama y otros a dar un paseo a una casa vecina, donde llegue a duras penas, tal era mi estado de debilidad producido por las fiebres.

¿Qué interés obligaba a Urdaneta, distinguido por mí en todas ocasiones a convertirse a su regreso, pocos días después, en mi gratuito enemigo?

¿El puesto del Cuyuni? Bien sabe él que no es mío y que lo serví siempre con la mayor dignidad y buena voluntad. –ojala pueda él desempeñarlo como lo aconseja el patriotismo y los intereses de la Republica.

Habiame abstenido de hablar, no obstante que la voz de la intriga se ha alzado mezquina y cruelmente para tergiversar los hechos ocurridos y relatados por mí; pero las inexactitudes en que ha incurrido el Oficial inglés en su informe publicado en Londres, me obligan a interrumpir mi silencio. A fin de ilustrar el criterio público y dejar, por mí parte bien puestos la honra y los derechos de la Nación. Como a la vez salvar mi concepto de empleado público.

Contando con que usted se servirá publicar esta carta me suscribo su atento.

Servidor y Compatriota

Domingo Antonio Sifontes

15. COMUNICACIÓN DEL SECRETARIO DE ESTADO DE LOS ESTADOS UNIDOS DE AMÉRICA, RICHARD OLNEY, DIRIGIDO A THOMAS R. BAYARD DE FECHA 20 DE JULIO DE 1895 (CAÑONAZO DE LAS 20 PUNTAS)[1352]

DEPARTAMENTO DE ESTADO . –
No . 804.
WASHINGTON, Julio 20 de 1895.

El Sr. Olney al Sr. Bayard.
Excmo. señor Thomas F. Bayard, etc., etc., etc.,
Londres.

Señor:

He recibido orden del Presidente de comunicar a V. E. su opinión sobre un asunto en el cual ha pensado con inquietud y del que no se ha formado un juicio sin pleno conocimiento de su grave importancia, así como de la seria responsabilidad que acarreará cualquier medida que haya de tomarse ahora.

No me propongo, pues para el objeto actual no es necesario, hacer aquí una relación detallada de la controversia pendiente entre la Gran Bretaña y Venezuela, referente a la frontera occidental de la colonia de la Guayana Británica . La disputa data de tiempo atrás y comenzó, cuando menos, en la época que la Gran Bretaña adquirió, por el tratado celebrado con los Países Bajos en 1814, "los establecimientos de Demerara, Esequibo y Berbice". Desde entonces hasta hoy la línea divisoria entre estos "establecimientos" (hoy llamados Guayana Británica) y Venezuela no ha dejado de ser materia de constante disputa. Hay que convenir en que las pretensiones de ambas partes son de carácter algo indefinido. Por una parte ha declarado Venezuela en todas sus constituciones de gobierno, desde que se hizo nación independiente, que sus límites territoriales eran los mismos de la Capitanía General de Venezuela en 1810. Empero, "por moderación y prudencia" según se dice, se ha contentado con reclamar la línea del Esequibo -es decir , la línea del Río Esequibo- como el verdadero límite entre Venezuela y la Gran Bretaña. Por otra parte, igual grado de vaguedad distingue la pretensión de la Gran Bretaña.

No parece comprobado, por ejemplo, que en 1814 los "establecimientos" adquiridos entonces por la Gran Bretaña tuvieran límites occidentales

---

[1352] Véase en el libro *Historia oficial de la discusión entre Venezuela y la Gran Bretaña sobre sus límites en la Guayana,* ob. cit., pp. 293 -318.

claramente definidos, que puedan ser identificados ahora, y que sean, o los límites en que se insiste hoy, o los límites primitivos que hayan sido base de extensiones territoriales legítimas. Por el contrario, hallándose en posesión efectiva de un distrito llamado el Distrito del Pomarón, la Gran Bretaña permaneció en apariencia indiferente respecto a la extensión exacta de la colonia hasta 1840, en que comisionó a un ingeniero, Sir Robert Schomburgk, para que examinara y fijara sus límites. El resultado fué que la línea de Schomburgk se fijó por mensuras y por linderos, fué trazada en mapas, y al principio se indicó en el terreno mismo con postes, monogramas y otros símbolos semejantes. Si se esperaba que Venezuela había de consentir en esta línea, muy pronto se vió que la esperanza era infundada. Venezuela protestó inmediatamente y con tanta energía y eficacia, que se le explicó que la línea era simplemente una tentativa -parte de un proyecto general de límites que interesaba al Brasil y a los Países Bajos tanto como a Venezuela- y de orden expresa de Lord Aberdeen fueron quitados los monumentos colocados por Schomburgk. En estas circunstancias parece imposible considerar como de derecho la línea de Schomburgk reclamada por la Gran Bretaña; ni de otro modo que como una línea que tuvo su origen en razones de conveniencia y oportunidad. Desde 1840 ha indicado la Gran Bretaña, de tiempo en tiempo, otras líneas de frontera, pero todas ellas como líneas convencionales, para las cuales se ha solicitado el consentimiento de Venezuela, pero que en ningún caso, según se cree, han sido reclamadas como un derecho. Así, ninguna de las partes sostiene hoy la línea limítrofe de estricto derecho, pues la Gran Bretaña no ha formulado absolutamente semejante pretensión, al paso que Venezuela no insiste en la del Esequibo, sino como una liberal concesión que hace a su antagonista.

Hay que estudiar brevemente otros puntos de la situación, a saber, el continuo desarrollo de la pretensión indefinida de la Gran Bretaña; el resultado de las varias tentativas de arbitramento que se han hecho durante la controversia, y la parte que han tomado hasta ahora los Estados Unidos en la cuestión. Como se ha visto ya, la exploración de la línea de Schomburgk en 1840 fué seguida inmediatamente de una protesta por parte de Venezuela, y por parte de la Gran Bretaña de una conducta que podría interpretarse con justicia como la desaprobación de aquella línea. En efecto, además de las circunstancias ya anotadas, el mismo Lord Aberdeen propuso en 1844 una línea que comenzara en el Río Moroco, lo que era un abandono evidente de la línea de Schomburgk. No obstante esto, cada alteración de las pretensiones británicas, de entonces acá, ha avanzado la frontera de la Guayana Británica más y más hacia el Oeste de la línea propuesta por Lord Aberdeen. La línea de Granville, de 1881, fijaba el punto de partida a veinte y nueve millas del Moroco, en dirección de Punta de Barima. La línea de Rosebery, de 1886, lo fijaba al Oeste del río Guaima, y para aquella época, si ha de tenerse fe en la autoridad británica conocida con el nombre de "The Statesman's Year Book" el área de la Guayana Británica fué súbitamente aumentada en cerca de 33,000 millas cuadradas, pues figura como de 76,000 millas cuadradas en 1885, y 109,000 millas cuadradas en 1887. La línea de Salisbury, de 1890, señalaba el punto de partida de la línea en la boca del Amacuro, al oeste de Punta Barima, en el Orinoco. Finalmente, en 1893, una segunda línea de Rosebery llevó el límite desde un punto al oeste del Amacuro hasta el nacimiento del río Cumano y la Sierra de Usupamo. Las varias pretensiones arriba enumeradas no han sido hechas únicamente en papel. Cada una de estas pretensiones ha sido acompañada, o seguida inmediatamente, del ejercicio de mayor o menor jurisdicción, lo cual ha sido tanto más irritante e injustificable, cuanto que, como se alega en 1850 se celebró un convenio que obligaba a ambas partes a abstenerse de la ocupación del territorio, mientras no se hubiera arreglado la disputa.

A medida que han ido desarrollándose las pretensiones británicas de la manera arriba descrita, Venezuela ha ido haciendo serios y repetidos esfuerzos por obtener un arreglo de la cuestión de límites. A la verdad, teniendo en cuenta las perturbaciones de una guerra de independencia y de las frecuentes revoluciones internas, puede muy bien decirse que Venezuela no ha dejado jamás de esforzarse por obtener un arreglo. Naturalmente ella sólo podía hacer eso por medios pacíficos, pues todo recurso a la fuerza contra su poderoso adversario estaba fuera de cuestión. En consecuencia, poco después de haberse trazado la línea de Schomburgk, se hizo un esfuerzo por arreglar la frontera por medio de un tratado, y parecía que habría de llegarse a un resultado satisfactorio, cuando en 1844 puso fin a las negociaciones la muerte del plenipotenciario venezolano.

En 1848 entró Venezuela en un período de guerras civiles que duró más de un cuarto de siglo, y las negociaciones que fueron interrumpidas y en 1844 no se reanudaron hasta 1876. En este año propuso Venezuela terminar la cuestión, aceptando la línea del Moroco propuesta por Lord Aberdeen. Pero Lord Granville, sin dar ninguna razón para ello, rechazó la proposición é indicó una nueva línea, que abarcaba un gran trecho de territorio al cual parecía, con la proposición de Lord Aberdeen, que se había abandonado toda pretensión. Venezuela se negó a aceptar, y continuaron las negociaciones sin resultado hasta 1882, en que ésta se convenció de que el único recurso que le quedaba era el arbitramento de la controversia. Pero antes de que ésta hiciera ninguna proposición definida, tomó la Gran Bretaña la iniciativa proponiendo la celebración de un tratado en el cual se arreglaran varias otras cuestiones, además de la de los límites en disputa. El resultado fué que se convino prácticamente en 1886 con el gobierno de Gladstone en un tratado, que contenía una cláusula general de arbitramento, por la cual las partes habrían podido someter la disputa de límites a la decisión de una tercera potencia, ó de varias potencias amigas de ambas.

Sin embargo, antes de firmarse el tratado, fué sustituída la administración de Gladstone por la de Lord Salisbury, la cual se negó a aceptar la cláusula de arbitramento del tratado, no obstante las justas esperanzas de Venezuela, que se fundaban en la declaración enfática hecha por el Primer Ministro ante la Cámara de los Lores, de que ningún gobierno serio podía pensar en no respetar los compromisos de su predecesor. Desde entonces Venezuela, por una parte, ha estado ofreciendo y pidiendo el arbitramento, mientras que, por la otra, la Gran Bretaña ha contestado insistiendo en la condición de que todo arbitramento debe referirse únicamente a la porción del territorio en disputa, que está situada al oeste de una línea designada por ella misma. Como esta condición parecía inadmisible a Venezuela, y como, durante las gestiones, el Reino Unido continuaba apoderándose de territorios tenidos como venezolanos, Venezuela en 1887 suspendió las relaciones diplomáticas con la Gran Bretaña, protestando "ante el Gobierno de Su Majestad Británica, ante todas las naciones civilizadas y ante el mundo en general, contra los actos de espoliación cometidos en perjuicio suyo por el Gobierno de la Gran Bretaña, que ella en ninguna época y por ninguna consideración reconocerá como capaces de alterar en lo más mínimo los derechos que ha heredado de España, y respecto de los cuales siempre estará dispuesta a someterse a la decisión de una tercera potencia".

No se han restablecido aún las relaciones diplomáticas, bien que las nuevas y flagrantes agresiones británicas que se alegan obligaron a Venezuela a reanudar las gestiones sobre la cuestión de límites en 1890, por medio de su Ministro en París y Enviado especial para el caso, y en 1893, por medio de un Agente confidencial, el Señor Michelena. Estas gestiones corrieron sin embargo la misma suerte que las anteriores. La Gran Bretaña se negó a arbitrar, excepto el territorio situado al oeste de una línea arbitraria trazada por ella misma. Toda tentativa con este objeto cesó en Octubre de 1893, que el Señor Michelena dirigió al Ministerio de Relaciones Exteriores (Foreign Office) la siguiente declaración:

"Cumplo con el más estricto deber al levantar otra vez, en nombre del Gobierno de Venezuela, la más solemne protesta contra los procederes de la Colonia de la Guayana Británica, que constituyen una invasión del territorio de la República, y contra la declaración contenida en la comunicación de

V. E., de que el Gobierno de S. M. B. considera aquella parte del territorio como perteneciente a la Guayana Británica y no admite reclamo alguno a ella por parte de Venezuela. Para apoyar esta protesta reproduzco todos los argumentos presentados a V.E. en mi nota de 20 de setiembre próximo pasado, y los que han sido presentados por el Gobierno de Venezuela en las distintas ocasiones en que he levantado la misma protesta.

"Dejo al Gobierno de S. M. B. toda la responsabilidad de los incidentes que puedan sobrevenir en el porvenir, por la necesidad en que se coloca a Venezuela de oponerse por todos los medios posibles al despojo de una parte de su territorio, pues desdeñando su justa solicitud de poner fin a este violento estado de cosas por medio de la decisión de un árbitro, el Gobierno de S. M. desconoce sus derechos y le impone el doloroso aunque perentorio deber de proveer a su propia legítima defensa".

"Los Estados Unidos no han mirado, ni dada su política tradicional, podían mirar con indiferencia la controversia territorial entre la Gran Bretaña y la República de Venezuela. La nota dirigida al Ministerio de Relaciones Exteriores Británico, en que Venezuela inició las gestiones en 1876, fu inmediatamente comunicada a este Gobierno. En enero de 1881, el Señor Evarts, a la sazón Secretario de Estado, contestó una nota del Ministro de Venezuela en Washington, referente a ciertas demostraciones en la boca del Orinoco, en los términos siguientes:

"En contestación tengo que informar a Vd. que, dado el profundo interés del Gobierno de los Estados Unidos en todo asunto que se relacione a tentativas de invasión, por parte de las naciones extranjeras, del territorio de cualquiera de las Repúblicas de este continente, no podría este Gobierno ver con indiferencia que el Reino Unido adquiriese por la fuerza dicho territorio, si es que la misión de los buques que se hallan actual mente en la boca del Orinoco tiene este fin. Este Gobierno aguarda, por tanto, con natural ansiedad, los informes más detallados que ha prometido el Gobierno de Venezuela y que espera no tardarán mucho en venir".

En febrero siguiente escribió otra vez el Señor Evarts sobre el mismo asunto:

"Refiriéndome a su nota de 21 de diciembre último, relativa a las ope raciones de ciertos buques de guerra británicos que se encuentran en la boca del Río Orinoco ó cerca de ella; y a mi contestación fechada el 31 del mes pasado, así como a las recientes ocasiones en que en nuestras conferencias relativas al objeto de la misión de Vd. se ha mencionado el asunto, considero conveniente ahora que estoy próximo a separarme del cargo que ejerzo, aludir al interés con que el Gobierno de los Estados Unidos no puede dejar de ver las intenciones que se atribuyen al Gobierno de la Gran Bretaña respecto del dominio de un territorio americano, y expresar cuánto siento el no haber recibido los nuevos informes referentes a dichas intenciones que me prometía Vd. en su nota en tiempo para poder darles la atención que, no obstante el exceso de trabajo con siguiente al término de un período administrativo, habría tenido gusto en darles. No dudo, sin embargo, que las manifestaciones que Vd. haga en cumplimiento de las nuevas órdenes que reciba de su Gobierno, merecerán la misma seria y solicita consideración a manos de mi sucesor".

En noviembre de 1882 el Presidente de Venezuela comunicó al Secretario de Estado la situación en que se hallaban entonces las gestiones con la Gran Bretaña, y envió copia de una nota que se tenía la intención de escribir, proponiendo recurrir al arbitramento; manifestaba la esperanza de que los Estados Unidos le dieran su opinión y su consejo, así como la asistencia que juzgaran conveniente dar a Venezuela con el fin de obtener que se le hiciera justicia. El Señor Frelinghuysen contestó en una nota dirigida al Ministro de los Estados Unidos en Caracas en los términos siguientes:

"Este Gobierno ha expresado ya la opinión de que el arbitramento de semejantes disputas es un recurso conveniente, en caso de que no se llegue a un mutuo arreglo, y se ha mostrado dispuesto a proponer a la Gran Bretaña este método de arreglo, en caso de que Venezuela así lo deseara. Este Gobierno piensa que el ofrecimiento de sus buenos oficios no sería tan provechoso, si los Estados Unidos se dirigieran a la Gran Bretaña abogando por una solución prejuzgada en favor de Venezuela. El Gobierno cree que para aconsejar y ayudar a Venezuela, los Estados Unidos deben limitarse a renovar su proposición de arbitramento y el ofrecimiento de sus buenos oficios en este sentido. Esta proposición es tanto más fácil de hacer cuanto que, según resulta de las instrucciones enviadas el mismo día 15 de julio de 1882 por el Señor Seijas al Ministro de Venezuela en Londres, el Presidente de Venezuela ha propuesto al Gobierno Británico que se someta la disputa al arbitramento de una tercera potencia".

"Usted se servirá aprovechar la primera ocasión que se le presente para someter las consideraciones que anteceden al Señor Seijas, diciéndole que aunque el Gobierno de los Estados Unidos confía en que la proposición de arbitramento hecha directamente al Gobierno Británico tenga un resultado favorable (si es que no lo ha tenido ya, por su aceptación en principio), prestará gustoso su ayuda para insistir de una manera amistosa con el Gobierno Británico en que acepte la proposición que le ha sido hecha; al mismo tiempo dirá Vd. al Señor Seijas (en conferencia personal y no con la formalidad de una comunicación escrita) que los Estados Unidos, al abogar enérgicamente porque se recurra al arbitramento para arreglar las disputas internacionales que interesan a los estados de la América, no tratan de ofrecerse como su árbitro; que, considerando todas estas cuestiones con imparcialidad y sin intención ó deseo de y adelantar juicio sobre sus méritos, ellos no negarán su arbitramento si se lo pidieren ambas partes, y que, considerando todas estas cuestiones como esencial y exclusivamente americanas, los Estados Unidos siempre preferirían ver semejantes controversias arregladas por el arbitramento de una potencia americana, más bien que de una potencia europea.

"En 1884 el General Guzmán Blanco, Ministro de Venezuela en el Reino Unido, nombrado especialmente para atender a las gestiones pendientes para la celebración de un tratado general con la Gran Bretaña, estuvo en Washington de paso para Londres, y después de varias conferencias con el Secretario de Estado relativas al objeto de su misión, fué recomendado, en los términos siguientes, a los buenos oficios del Señor Lowell, nuestro ministro en St. James:

"Necesariamente a la discreción de Ud. quedará el juzgar hasta qué punto puedan ser provechosos sus buenos oficios cerca del Gobierno de Su Majestad para este objeto. En todo caso, Usted aprovechará la ocasión conveniente para hacer saber a Lord Granville que nosotros no dejamos de interesarnos en cualquier asunto, que pueda afectar los intereses de una República hermana del continente americano, y su situación en la familia de las naciones".

"En caso de que el General Guzmán Blanco se dirija a Usted en solicitud de consejos y ayuda para realizar los fines de su misión, Usted le demostrará la debida consideración, y sin comprometer a los Estados Unidos a ninguna solución política determinada, se esforzará por poner en práctica la mente de esta comunicación".

Este Gobierno no dejó de observar el progreso de las gestiones del General Guzmán Blanco, y en diciembre de 1886, con el fin de impedir la ruptura de las relaciones diplomáticas -las cuales fueron en efecto rotas en el mes de febrero siguiente- el señor Bayard, a la sazón Secretario de Estado, dió a nuestro Ministro en la Gran Bretaña orden de ofrecer el arbitramento de los Estados Unidos en los términos siguientes:

"No parece que hasta ahora se hayan ofrecido los buenos oficios de este Gobierno para evitar el rompimiento entre la Gran Bretaña y Venezuela. Como indiqué a Usted en mi nota No. 58, nuestra inacción en este respecto parece que se debía a la repugnancia que tenía Venezuela a que el Gobierno de los Estados Unidos diera ningún paso que se relacionara con la acción del Gobierno Británico y que pudiera, aun aparentemente, perjudicar el recurso de arbitramento o mediación que Venezuela deseaba. Sin embargo, los expedientes en el archivo testifican plenamente nuestro amistoso interés por el arreglo de la disputa; y los informes recibidos ahora justifican el que, por conducto de Usted, ofrezca al Gobierno de Su Majestad los buenos oficios de los Estados Unidos para promover un arreglo amigable de las pretensiones respectivas de la Gran Bretaña y Venezuela en este asunto".

"Como prueba de la imparcialidad con que miramos la cuestión, ofrecemos nuestro arbitramento, si fuere aceptable, para ambas naciones. No titubeamos en hacer esto, porque la disputa gira sobre hechos históricos, sencillos y fáciles de averiguar.

"Como prueba de la imparcialidad con que miramos la cuestión, ofrecemos nuestros arbitramento, si fuere aceptable, para ambas naciones. No titubeamos en hacer esto, porque la disputa gira sobre hechos históricos, sencillos y fáciles de averiguar".

"El Gobierno de Su Majestad comprenderá fácilmente que esta actitud de amistosa neutralidad y de entera imparcialidad tocante a los méritos de una controversia, que consiste únicamente en una diferencia de hechos entre nuestros amigos y vecinos, es enteramente compatible con el sentimiento de la responsabilidad que toca los Estados Unidos en lo que se relaciona con las Repúblicas Sur-Americanas. Las doctrinas que enunciamos hace dos generaciones, a instancia del Gobierno Británico y con su apoyo moral y su aprobación, no han perdido con el tiempo nada de su vigor o importancia, y los Gobiernos de la Gran Bretaña y de los Estados Unidos están igualmente interesados en mantener una situación cuya prudencia ha sido demostrada por la experiencia de más de medio siglo.

"Es conveniente, por tanto, que Usted exprese a Lord Iddesleigh, en los términos más prudentes que su buen juicio le inspire, la satisfacción que recibirá el Gobierno de los Estados Unidos al ver que sus deseos en este particular han influido sobre el Gobierno de Su Majestad".

Este ofrecimiento de mediación fue rechazado por la Gran Bretaña, con la declaración de que ya había recibido igual ofrecimiento por otro lado, y que el Gobierno de la Reina conservaba aún la esperanza de llegar a un arreglo por medios de gestiones diplomáticas directas. Habiendo sido informado, en febrero de 1888, de que el Gobernador de la Guayana Británica había reclamado el territorio que debía atravesar la línea de un ferrocarril proyectado entre Ciudad Bolívar y Guasipati, dirigió el señor Bayard una nota a nuestro Ministro en el Reino Unido, de la cual extracto lo siguiente:

"La reclamación que, se dice ahora, han hecho las autoridades de la Guayana Británica, da necesariamente origen a una grave inquietud, y al temor de que la pretensión territorial no se conforme a las tradiciones históricas ni las pruebas, sino que es aparentemente indefinida. Hasta ahora no parece que en ninguna época el distrito, del cual es centro Guasipati, haya sido reclamado como territorio británico, ni que se haya ejercido jamás jurisdicción británica sobre sus habitantes; y si el supuesto decreto del Gobernador de la Guayana Británica es verdadero, no se comprende cómo una línea de ferrocarril entre Ciudad Bolívar y Guasipati pueda penetrar en o atravesar territorio que se halle bajo el dominio de la Gran Bretaña".

"En verdad la línea que reclama la Gran Bretaña como límite occidental de la Guayana Británica es incierta y vaga. Basta examinar la Lista del Departamento de las Colonias Británicas, de algunos años atrás, para advertirlo. En la edición de 1877, por ejemplo, corre la línea casi hacia el Sur desde la boca del Amacuro hasta la confluencia de los ríos Cotinga y Takutu. En la edición de 1887, diez años después, da una gran vuelta hacia el Oeste, siguiendo el Yuruari. Guasipati está situado a considerable distancia al oeste de la línea que se reclama oficialmente en 1887, y quizás sea instructivo el compararla con el mapa que indudablemente se hallará en la Lista del Departamento Colonial del presente año".

"Sería conveniente que expresara Vd. De nuevo a Lord Salisbury la gran satisfacción que recibiría este Gobierno en ver que la disputa con Venezuela se arreglara amistosa y honorablemente por medio del arbitramento, o bien de otra manera, y nuestra disposición a hacer lo que convenientemente podamos para contribuir a este resultado".

"En el curso de su conversación puede Vd. Referirse a la publicación hecha en el Financier de Londres de 24 de enero (del cual puede Vd. Procurarse un ejemplar y mostrarlo a Lord Salisbury) y expresar el temor de que el ensanchamiento de las pretensiones de la Gran Bretaña a poseer territorios, sobre los cuales la jurisdicción de Venezuela jamás ha sido discutida, disminuya las probabilidades de un arreglo práctico".

"Si resultare, en realidad, que no hay límite fijo a las pretensiones británicas respecto a la frontera, no sólo quedaría sin efecto nuestra buena disposición a contribuir a un arreglo, sino que necesariamente daría lugar a un sentimiento de grave inquietud".

Habiéndose recibido noticia en 1889 de que Barima, situado en la boca del Orinoco, había sido declarado puerto británico, el Señor Blaine, a la sazón Secretario de Estado, autorizó al Señor White a celebrar una conferencia con Lord Salisbury, tendente a la restauración de las relaciones diplomáticas entre la Gran Bretaña y Venezuela, sobre la base del restablecimiento temporal del statu quo, y el 10 de mayo y el 6 de mayo de 1890 envió los siguientes telegramas al Señor Lincoln, nuestro Ministro en el Reino Unido (mayo 1º de 1890):

"El Señor Lincoln empleará sus buenos oficios cerca de Lord Salisbury a fin de lograr el restablecimiento de las relaciones diplomáticas entre la Gran Bretaña y Venezuela, como paso preliminar para el arreglo de la disputa sobre límites por medio del arbitramento. Las proposiciones de la Gran Bretaña y de los Estados Unidos hechas conjuntamente a Portugal, que acaban de ponerse por obra, parecen hacer este momento favorable para someter esta cuestión a un arbitramento internacional. Se ruega al Señor Lincoln proponga a Lord Salisbury que, con el fin de obtener un arreglo, se celebre una conferencia oficiosa en Washington ó en Londres entre los representantes de las tres potencias. En esta conferencia la actitud de los Estados Unidos será únicamente la de amistad imparcial por los dos litigantes". (Mayo 6 de 1890.)

"Se desea, sin embargo, que Vd. haga cuanto sea compatible con nuestra actitud de imparcial amistad para lograr un avenimiento entre los litigantes, por medio del cual puedan averiguarse equitativamente los méritos de la controversia y confirmarse en justicia los derechos de cada una de las partes. La actitud neutral de este Gobierno no le permite expresar opinión sobre cuáles sean esos derechos; pero tiene la seguridad de que la base movediza en que ha descansado la cuestión de límites británicos por varios años es un obstáculo para poder hacer una apreciación correcta de la naturaleza y los fundamentos de su reclamación, y que es lo único que puede autorizar para formar una opinión".

En el curso del mismo año de 1890 envió Venezuela a Londres un enviado especial a procurar el restablecimiento de las relaciones diplomáticas con la Gran Bretaña, por medio de los buenos oficios del Ministro de los Estados Unidos. Pero esta misión no tuvo resultado, porque Venezuela siempre puso como condición de dicho restablecimiento que se sometiera al arbitramento la disputa sobre límites. Desde que cesaron las gestiones iniciadas por el Señor Michelena en 1893, Venezuela ha llamado repetidas veces la atención de los Estados Unidos hacia la controversia; ha insistido en la importancia que ella tiene para los Estados Unidos como para Venezuela; ha manifestado que la cuestión se halla en estado agudo - lo que hace imperativo el que los Estados Unidos tomen medidas precisas - y no ha cesado de solicitar los servicios y el apoyo de los Estados Unidos para alcanzar un arreglo definitivo. Estas gestiones no han sido vistas con indiferencia, y nuestro Embajador en la Gran Bretaña ha recibido constantemente órdenes de hacer uso de toda su influencia en el sentido de que se restablezcan las relaciones diplomáticas entre la Gran Bretaña y Venezuela, y en favor del arbitramento de la controversia sobre límites. El Secretario de Estado, en comunicación dirigida el 13 de julio de 1894 al Señor Bayard, se expresó en los siguientes términos:

"Mueve al Presidente el deseo de que se obtenga un arreglo pacífico y honorable de las dificultades que existen entre un Estado americano y una poderosa nación transatlántica, y le complacería ver restablecerse entre ellos relaciones diplomáticas que contribuyeran a este resultado".

"No veo sino dos soluciones equitativas de la presente controversia. Una es la determinación por arbitramento de los derechos de los disputantes, como sucesores respectivos de los derechos de Holanda y de España, sobre la región en cuestión. Otra es la creación de una nueva línea limítrofe que esté de acuerdo con los dictados de la mutua conveniencia y consideración. No habiendo podido hasta ahora los dos Gobiernos convenir en una línea convencional, la firme y constante defensa que han hecho los Estados Unidos y el Reino unido del principio de arbitramento, y de su apelación a él para el arreglo de las cuestiones importantes que surjan entre ellos, hace que este medio de llegar a un acuerdo sea especialmente a propósito en el presente caso, y este Gobierno hará gustoso cuanto esté a su alcance para contribuir a una determinación en este sentido".

En comunicaciones posteriores dirigidas al Señor Bayard, se le recomendó informarse de si la Gran Bretaña estaría dispuesta a recibir un Ministro de Venezuela. En su mensaje anual, dirigido al Congreso el 3 de diciembre último, hizo uso el Presidente del lenguaje siguiente:

"La frontera de la Guayana Británica permanece aún en disputa entre la Gran Bretaña y Venezuela. Creyendo que su pronto arreglo, sobre una base justa y honorable para ambas partes, está de acuerdo con la política que tenemos establecida, de apartar de este hemisferio toda causa de desavenencia con las naciones allende el océano, renovaré los esfuerzos hechos hasta ahora por conseguir el restablecimiento de las relaciones diplomáticas entre los litigantes, e inducirlos a someter la cuestión a arbitramento; recurso que la Gran Bretaña favorece tan conspicuamente en principio y respeta en la práctica, y que con tanto ahínco solicita su más débil adversario".

Y en 22 de febrero, por resolución de las Cámaras, declaró el Congreso:

"Que la indicación del Presidente... de que la Gran Bretaña y Venezuela sometan a un arbitramento amistoso su disputa de límites, sea calurosamente recomendada a la favorable consideración de las partes interesadas".

Las circunstancias importantes de la situación existente, según resultan de la relación que precede, brevemente expuestas son:

1. El título a un territorio de extensión indefinida, pero que se reconoce ser muy vasta, está en disputa entre la Gran Bretaña por una parte y la República Sud-Americana de Venezuela por otra.

2. La disparidad de fuerza entre los reclamantes es tal, que Venezuela sólo puede esperar el establecimiento de sus derechos por medio de métodos pacíficos - por medio de un arreglo con su adversario, ya sea sobre el asunto mismo, ya sobre el arbitramento.
3. La controversia ha existido por más de medio siglo, con variaciones de las pretensiones de la Gran Bretaña; durante este tiempo, muchos vehementes y persistentes esfuerzos hechos por Venezuela para establecer una frontera por convenio han quedado sin resultado.
4. Reconocida la futilidad de los esfuerzos por obtener una línea convencional, Venezuela ha solicitado y luchado durante un cuarto de siglo por el arbitramento.
5 La Gran Bretaña, sin embargo, siempre y constantemente ha rehusado el arbitramento, excepto con la condición de que Venezuela renuncie a una gran parte de su reclamo, y le conceda una gran porción del territorio disputado.
6. Por la frecuente interposición de sus buenos oficios, a solicitud de Venezuela; por su constante insistencia en promover el restablecimiento de las relaciones diplomáticas entre los dos países; por su instar al arbitramento de la disputada frontera; por el ofrecimiento de sus servicios como árbitro; por la expresión de su grave inquietud cada vez que ha sido informado de nuevos actos de agresión por parte del Reino Unido en territorio venezolano, el Gobierno de los Estados Unidos ha hecho patente a la Gran Bretaña, y al mundo, que esta es una controversia que afecta su honor y sus intereses, y que no puede mirar con indiferencia la continuación de ella.

Créese que la exactitud del análisis de la situación, que antecede, es indiscutible. En él aparece dicha situación tal, que los que están encargados de los intereses de los Estados Unidos se ven hoy obligados a determinar con exactitud cuáles son esos intereses y qué conducta exigen. Los obliga a resolver hasta qué punto pueden y deben los Estados Unidos intervenir en una controversia, que existe entre la Gran Bretaña y Venezuela, y que sólo a ellos concierne principalmente, y a decidir hasta qué punto están los Estados Unidos obligados a cuidar de que la integridad del territorio venezolano no sufra por las pretensiones de su poderosa antagonista. ¿Corresponde a los Estados Unidos tal derecho y tal deber? Si no, los Estados Unidos han hecho ya todo, si no y más que todo cuanto pudiera justificarse por un interés puramente sentimental en los asuntos de ambos países, y llevar más adelante su interposición sería indecoroso, y una falta de dignidad que pudiera muy bien exponerlos a ser acusados de impertinente entrometimiento en asuntos en que no tienen un verdadero interés. Por otra parte, si tal derecho y deber existen, el ejercicio y cumplimiento de ellos no permiten ninguna acción que no sea eficaz, y que, si el poder de los Estados Unidos es adecuado, no dé por resultado la realización del objeto que se tiene en mira. Planteada así la cuestión de principios y habida consideración a la política nacional establecida, no parece ser de difícil solución. Mas las graves consecuencias prácticas que dependen de su determinación exigen que se la considere cuidadosamente y que se expongan con toda franqueza y amplitud los fundamentos de las conclusiones a que se llegue.

Que hay circunstancias en las cuales una nación puede interponerse con justicia en una controversia en la cual otras dos o más naciones distintas son partes directas e inmediatas, es canon admitido en derecho internacional. La doctrina exprésase en términos más generales, y quizás no sea susceptible de una exposición más precisa. Se ha declarado, en sustancia, que una nación puede hacer uso de ese derecho siempre que lo que haga ó se proponga hacer una de las partes principalmente interesadas sea una amenaza directa a su propia integridad, tranquilidad ó bienestar. La justicia de esta regla, cuando se aplica de buena fe, no se discutirá en ninguna parte. De otro lado, por consecuencia inevitable, aunque desgraciada, de su vasto alcance, esta regla ha servido con frecuencia de capa a proyectos de atrevidos despojos y engrandecimiento. Sin embargo, lo que ahora nos interesa no es tanto la regla general como una de sus formas, que es especial y distintamente americana. En los solemnes consejos de su alocución de despedida, Washington explícitamente advirtió a sus compatriotas que se guardaran de inmiscuirse en la política y las controversias de las potencias europeas.

"La Europa (dijo) posee un conjunto de intereses primarios que tienen poca o ninguna relación con nosotros. Por tanto, ha de entrar en frecuentes controversias, cuyas causas son enteramente ajenas a nuestros intereses. De aquí, pues, que fuera imprudencia en nosotros complicarnos mediante lazos artificiales en las vicisitudes ordinarias de su política, ó en las combinaciones y colisiones ordinarias de sus amistades ó enemistades. Nuestra situación apartada y distante nos pone en capacidad de y observar una conducta diferente.

Durante la administración del Presidente Monroe por primera vez se estudió bajo todas sus fases esta doctrina de la Alocución de despedida examinando todas sus consecuencias prácticas. La Alocución de despedida, al paso que apartaba a la América del campo de la política europea, callaba en lo que se refería al papel que debía permitírsele a Europa representar en América. Sin duda se creyó que la última adición a la familia de las naciones no debía apresurarse a establecer reglas para el gobierno de sus miembros más antiguos, y que la oportunidad y conveniencia de notificar a las potencias de Europa una política americana completa, propia y peculiar que las excluía de toda intervención en los asuntos políticos de la América, podían muy bien parecer dudosas a una generación que tenía aún fresca en la memoria la alianza francesa, con sus múltiples ventajas, para la causa de la independencia americana.

Pero veinte años más tarde había cambiado la situación. La nación recién nacida había crecido considerablemente en poder y recursos; había demostrado su fuerza por mar y por tierra, tanto en los conflictos de la guerra como en las tareas de la paz; y había comenzado a comprender la dominante posición que el carácter de sus habitantes, sus libres instituciones y su alejamiento de la escena principal de las contiendas europeas le daban a una en este continente. La administración Monroe no vaciló, por consiguiente, en aceptar y aplicar la lógica de la Alocución de despedida, declarando, en efecto, que la no intervención americana en los asuntos europeos implicaba la no intervención europea en los asuntos americanos. Concibiendo indudablemente que la completa no intervención europea en asuntos americanos quedaría comprada a poca costa con la completa no intervención americana en asuntos europeos, el Presidente Monroe empleó el siguiente lenguaje en su célebre Mensaje del 2 de diciembre de 1823:

"Jamás hemos tomado parte, ni conviene a nuestra política tomarla, en las guerras de las potencias europeas, por medios que a ellas solas conciernen. Sólo cuando vemos invadidos ó seriamente amenazados nuestros derechos, sentimos las ofensas ó nos preparamos a la defensa. Con las evoluciones de este hemisferio, estamos necesariamente más en relación, por causas que deben ser patentes al observador, ilustrado e imparcial. El sistema político de las potencias aliadas es esencialmente diferente a este respecto del de América. La diferencia proviene de la que existe en sus respectivos gobiernos. Y a la defensa del nuestro, que ha sido establecido con pérdida de tanta sangre y dinero, y formado por la sabiduría de sus más ilustrados ciudadanos, y bajo el cual hemos gozado de tanta felicidad, está consagrada toda esta nación. Debemos, por tanto, a la sinceridad y a las amistosas relaciones que existen entre los Estados Unidos y aquellas potencias, el declarar que consideraremos toda tentativa por su parte a fin de extender su sistema a cualquiera porción de este hemisferio como peligrosa a nuestra paz y felicidad.

"No hemos intervenido, ni intervendremos en las colonias ó dependencias de potencias europeas, hoy existentes. Pero respecto de los gobiernos que han declarado su independencia y la han sostenido, y cuya independencia hemos reconocido después de madura consideración, y basados en principios de justicia, no podemos mirar ninguna intervención por parte de cualquier nación europea, sea con el fin de oprimirlas o de dirigir de otra manera sus destinos, sino como manifestación de una disposición poco amistosa hacia los Estados Unidos. Nuestra política respecto de Europa, adoptada desde el principio de las guerras que han perturbado por tan largo tiempo aquella parte del globo, permanece sin embargo la misma, esto es, no intervenir en los asuntos internos de ninguna de sus potencias; considerar como legítimo para nosotros el gobierno de facto; cultivar relaciones amistosas con él y conservar esas relaciones por medio de una política franca, firme y viril, acatando en todo caso las pretensiones legítimas de cada potencia, sin someternos a las ofensas de ninguna. Pero en cuanto a estos continentes, las circunstancias son eminente y notoriamente distintas. Es imposible que las potencias aliadas extiendan su sistema político a cual quiera parte de uno de ellos, sin que se ponga en peligro nuestra paz y nuestra felicidad; ni tampoco puede nadie creer que nuestros hermanos del Sur, dejados a su libre albedrío, lo adoptarían espontáneamente. Es asimismo imposible, por tanto, que nosotros miremos con indiferencia semejante intervención, sea cual fuere su forma".

No se contentó, sin embargo, la administración de Monroe con formular una regla correcta para dirigir las relaciones entre Europa y la América. Su objeto fue también asegurar los beneficios prácticos que debían resultar de la aplicación de la regla. De aquí que el mensaje, que se acaba de citar, declarara que los continentes americanos se hallaban completamente ocupados, y no estaban sujetos a la colonización futura de las potencias europeas. A este espíritu y propósito hay que atribuir también los pasajes del mismo mensaje, que tratan como un acto de enemistad para con los Estados Unidos cualquiera violación de la regla contra la intervención de las potencias europeas en los negocios de América. Se comprendió que era inútil establecer semejante regla, a no ser que su observancia pudiera hacerse efectiva. Era evidente que la única potencia capaz de obligar a ella en este hemisferio eran los Estados Unidos. Por tanto se declaró valerosamente, no sólo que Europa no debía intervenir en los asuntos americanos, sino que toda potencia europea que lo hiciera sería considerada como obrando contra los intereses de los Estados Unidos y provocando su oposición.

Que la América no está en ninguna parte abierta a colonización, eso se ha concedido universalmente hace tiempo, bien que, cuando por la primera vez se sentó esta proposición, no fue admitida así. Por tanto, nos importa hoy tratar solamente de aquella otra aplicación práctica de la doctrina de Monroe, cuyo desconocimiento, por parte de una potencia europea, debe ser considerado como un acto de enemistad hacia los Estados Unidos. No pueden concebirse con demasiada claridad el fin exacto y las limitaciones de esta regla. Ella no establece un protectorado general de los Estados Unidos sobre los demás estados americanos. No releva a ningún estado americano de las obligaciones que le impone el derecho internacional, ni impide que ninguna potencia europea directamente interesada los oblige al cumplimiento de semejantes obligaciones, ó les inflija el castigo merecido por la falta de su cumplimiento. No se propone intervenir en los asuntos internos de ningún estado americano ni en sus relaciones con otros estados americanos. No justifica ninguna tentativa, por parte nuestra, dirigida a cambiar la forma de gobierno establecida de ningún estado americano, ó impedir que el pueblo de ese estado cambie dicha forma de gobierno, según le agrade ó le convenga. La regla en cuestión tiene un sólo fin, un sólo objeto. Es que ninguna potencia europea, ó ninguna combinación de potencias europeas prive por la fuerza, a ningún estado americano, del derecho y de la facultad de gobernarse a sí mismo, y de dar por sí mismo forma a su propio destino político.

Que la regla así definida ha sido aceptada por el derecho público de este país, desde que fue promulgada, no puede negarse con justicia. Su promulgación por la administración de Monroe, precisamente en aquella época, fue debida sin duda a la inspiración de la Gran Bretaña, quien en el acto le dio su aprobación franca e incondicional, que no ha sido jamás retirada. Pero la regla se resolvió y formuló por la administración de Monroe, como una doctrina distintamente americana, de gran importancia para la seguridad y prosperidad de los Estados Unido, después de la más atenta consideración por parte de un Gabinete que contaba en su seno a un John Quincy Adams, un Calhoun, un Crawford y un Wirt, y que antes de proceder llamó en consulta a Jefferson y a Madison. Su promulgación fue recibida con aplauso por todo el pueblo de la nación, sin reparar en partidos. Tres años después declaraba Webster que la doctrina encerraba el honor de la nación. "La miro" dijo, "como parte de los tesoros de su reputación, y por lo que a mí hace, tengo la intención de observarla" y añadió:

"Considero el mensaje de diciembre de 1823 como una página brillante de nuestra historia. No ayudaré a borrarla, ni a arrancarla, ni por ningún acto mío será empañada ó manchada. Hizo honor a la sagacidad del Gobierno y no disminuiré ese honor".

Aunque la regla encomiada por Webster en términos tan favorables no ha sido nunca formalmente aprobada por el Congreso, la Cámara de Representantes en 1864 se declaró contra la monarquía mexicana, que trataban de establecer los franceses, por no estar de acuerdo con la política de los Estados Unidos, y en 1889 manifestó el Senado que desaprobaba la participación de cualquier potencia europea en el canal a través del istmo de Darién, ó Centro

América. Es evidente que, si una regla ha sido franca y uniformemente proclamada y observada por el Ejecutivo del Gobierno durante más de setenta años, sin haber sido expresamente repudiada por el Congreso, hay que presumir de una manera concluyente que ha recibido su sanción.

La verdad pura es que todas las administraciones, desde la del Presidente Monroe, han tenido ocasión, y algunas veces más de una, de y estudiar y considerar la doctrina Monroe, y en todo caso la han refrendado de la manera más enfática. Los Presidentes han insistido en ella en sus mensajes al Congreso y los Secretarios de Estado la han hecho una y otra vez tema de representaciones diplomáticas. Y si se buscan los resultados prácticos de la regla, se hallará que éstos no han sido escasos ni obscuros. Su efecto primero é inmediato fue en verdad importantísimo y de grande alcance. Fue factor dominante en la emancipación de la América del Sur, y a ella deben en gran parte su existencia los Estados independientes en que está hoy dividida aquella región. Después el suceso más notable que se debe a esa regla es la desocupación de México por los franceses al terminar la guerra civil. Pero también le debemos las cláusulas del tratado Clayton-Bulwer, que al par declaró neutral todo canal interoceánico a través de Centro-América y excluyó expresamente a la Gran Bretaña del derecho de ocupar ninguna parte de la América Central ó ejercer jurisdicción sobre ella. Ha sido aplicado a Cuba en el concepto de que, al mismo tiempo que se respetaría la soberanía de España, se impediría que la isla fuese ocupada por otra potencia europea. Ha influido en el abandono de toda idea de protectorado de la Gran Bretaña sobre la Costa de Mosquitos.

El Presidente Polk, en el caso de Yucatán y de la proyectada cesión voluntaria de aquel país a la Gran Bretaña o a España, se apoyó, aunque quizás erradamente, en la doctrina de Monroe, al declarar en mensaje especial sobre el asunto al Congreso que los Estados Unidos no podían consentir en semejante cesión. Sin embargo, en sentido algo semejante afirmó el Secretario Fish, en 1870, que el Presidente Grant no había hecho más que conformarse con "la enseñanza de toda nuestra historia" cuando declaró en su mensaje anual de aquel año que las dependencias entonces existentes no se consideraban ya como susceptibles de ser cedidas por una potencia europea a otra, y que al cesar su presente relación de colonias se harían poderes independientes. Otra manifestación de la regla, aunque en apariencia no la requiere necesariamente su letra ó su espíritu, se encuentra en la oposición al arbitramento de controversias sud-americanas por una potencia europeas. Las cuestiones americanas, se ha dicho, deben ser resueltas por los americanos, y por esta razón los Estados Unidos llegaron hasta negarse a mediar entre Chile y el Perú en unión de la Gran Bretaña y Francia. Finalmente, entre otras razones porque la autoridad de la doctrina Monroe y el prestigio de los Estados Unidos como su expositor y garante sufrirían grave perjuicio, se opuso enérgicamente el Secretario Bayard a que fuera apoyada la reclamación Pelletier contra Haití.

"Los Estados Unidos (dijo) se han proclamado protectores de este mundo occidental, en el cual son ellos, con mucho, la más fuerte potencia, contra la intrusión de las soberanías europeas. Ellos pueden señalar con orgullosa satisfacción el hecho de haber declarado eficazmente, y repetidas veces, que muy serias habrían de ser en verdad las consecuencias, si un pie hostil europeo pisara, sin justa causa, los Estados del Nuevo Mundo que se han emancipado del dominio de la Europa. Han proclamado que sostendrían, como les corresponde, los derechos territoriales de los más débiles de aquellos Estados, considerándolos no solamente desde el punto de vista legal, como iguales a las más grandes naciones, sino, en vista de su política distintiva, con derecho a ser considerados por ellos como objeto de su especial y benévolo cuidado. Me creo en el deber de decir que, si sancionáramos por vía de represalias en Haití la cruel invasión de su territorio y el insulto a su soberanía revelados por los hechos que tenemos a la vista; si aprobáramos esa invasión con un solemne acto ejecutivo y con el asentimiento del Congreso, nos sería difícil sostener más tarde que los derechos del Nuevo Mundo, de que somos especiales guardianes, no habían sido jamás invadidos por nos otros mismos".

La enumeración que antecede no sólo prueba los numerosos casos en que se ha confirmado y aplicado la regla en cuestión, sino que también demuestra que la controversia venezolana sobre límites está comprendida, desde cualquier punto de vista que se la mire, dentro de la intención y el espíritu de la regla, tal como esta ha sido uniformemente aceptada y observada. Una doctrina de derecho público americano, por tanto tiempo y tan firmemente establecida y sostenida, no puede ser desconocida fácilmente, en un caso en que es justamente aplicable, aun cuando las consideraciones sobre que se funda fueran obscuras ó cuestionables. No puede, sin embargo, presentarse tal objeción a la doctrina de Monroe, comprendida y definida de la manera que lo ha sido ya. Ella descansa, por el contrario, sobre hechos y principios tan inteligibles como incontrovertibles. No puede negarse que la distancia, y tres mil millas de océano que los separan, hacen una unión política permanente entre un estado europeo y uno americano, no sólo contraria a la naturaleza, sino impropia. Pero las consideraciones físicas y geográficas son las objeciones menos importantes a semejante unión. Europa, como lo dijo Washington, tiene un conjunto de intereses primarios que le son peculiares. La América no tiene parte en ellos, y no debe ser molestada ni complicada en ellos. Todas las grandes potencias europeas, por ejemplo, tienen hoy enormes ejércitos y flotas para defenderse y protegerse entre sí. Qué tienen que ver los Estados de la América con ese estado de cosas, y por qué han de empobrecerse con guerras o preparativos de guerras, en cuyas causas ó resultados no pueden tener ningún interés directo? Si la Europa entera volara súbitamente a las armas, con motivo de la suerte de Turquía y no sería absurdo que un Estado americano cualquiera se encontrara intrincadamente envuelto en las miserias y cargas de la contienda? Si se encontrara, resultaría de allí una sociedad que sufriría en el costo y las pérdidas de la lucha, pero no en los beneficios que resultaran de ella.

Cuanto es cierto de los intereses materiales, no lo es menos de lo que pudiera llamarse los intereses morales que se hallan comprometidos. Los que pertenecen a Europa le son peculiares a ella, y son enteramente distintos de los que pertenecen y son peculiares a la América. Europa, como conjunto, es monárquica, y con la única importante excepción de la República de Francia, está entregada a los principios monárquicos. La América, por otra parte, está consagrada a un principio directamente contrario - a la idea de que todo pueblo tiene el derecho inalienable de gobernarse a sí mismo, y en los Estados Unidos de América ha presentado al mundo el ejemplo y la prueba más notables y concluyentes de la excelencia de las instituciones libres, ya desde el punto de vista de la grandeza nacional, ya desde el de la felicidad individual. No es, sin embargo, necesario extenderse en esta fase del asunto - ya hayan de considerarse los intereses morales o los materiales, no puede menos de admitirse universalmente que los de Europa son irreconciliablemente distintos de los de América, y que todo dominio europeo en esta última es necesariamente incongruo y perjudicial. Si, empero, por las razones ya sentadas, sería de lamentarse la intrusión forzosa de las potencias europeas en la política americana, y si como fuera de lamentarse, hubiera que resistirla e impedirla esa resistencia é impedimento deberían venir de los Estados Unidos. De ellos vendrían desde luego, si se les convirtiera en el punto del ataque. Pero, si llegan a venir, deberán también venir de los Estados Unidos cuando se ataca cualquier otro Estado americano, pues sólo los Estados unidos tienen la fuerza adecuada a las exigencias.

¿Es cierto, pues, que la seguridad y la prosperidad de los Estados y Unidos están de tal modo interesados en el mantenimiento de la independencia de todos los Estados americanos, contra cualquiera potencia europea, que se requiera y justifique la intervención de los Estados Unidos, siempre que esa independencia se vea amenazada? Esta pregunta sólo puede contestarse ingenuamente de una manera. Los Estados de la América del Norte y del Sur, por su proximidad geográfica, por simpatía natural, por la semejanza de sus constituciones gubernamentales, son amigos y aliados, comercial y políticamente, de los Estados Unidos. Permitir que cualquiera de ellos sea subyugado por una potencia europea es trocar por completo la situación, y significa la pérdida de todas las ventajas consiguientes a sus naturales relaciones con nosotros. Pero no es esto todo. El pueblo de los Estados Unidos tiene un interés vital en la causa del gobierno del pueblo por sí mismo. Ha asegurado este derecho para sí y su posteridad, a costa de mucha sangre y dinero. Lo ha ejercido y ha demostrado su benéfica acción por medio de una carrera sin ejemplo en cuanto se refiere a la grandeza nacional y a la felicidad individual. Cree que posee la virtud de sanar a las naciones y que la civilización debe avanzar ó retroceder a medida que se extienda ó estreche su supremacía. Imbuido en estos sentimientos, no sería quizá imposible que el pueblo de los Estados Unidos se viese impelido a una activa propaganda en favor de una causa tan estimada para él mismo y para el género humano. Pero el tiempo de las Cruzadas ha pasado, y él se contenta con proclamar y defender el derecho del gobierno del pueblo por sí mismo, como lo requieren su propia seguridad y prosperidad. Bajo ese aspecto, sobre todo, cree que no debe tolerarse a ninguna potencia europea que asuma por la fuerza el dominio político de un Estado americano.

Los perjuicios que han de temerse por este motivo no son menos verdaderos, porque no sean de inminencia inmediata en un caso especial, ni debemos precavernos menos contra ellos porque no pueda predecirse la combinación de circunstancias que los acarreen. Los Estados civilizados del mundo cristiano se tratan entre sí en realidad según los mismos principios que gobiernan la conducta de los individuos. Mientras mayor sea su ilustración, más claramente conoce un Estado que sus intereses permanentes requieren que se gobierne por los inmutables principios del derecho y la justicia. Todos ellos, empero, están expuestos a sucumbir a las tentaciones que les presentan oportunidades, en apariencia especiales, para engrandecerse, y todos ellos pondrían temerariamente en peligro su propia seguridad, si no recordaran que para conservar la consideración y el respeto de los demás Estados, deben contar en gran parte con su propia fuerza y poder. Hoy por hoy, son los Estados Unidos, prácticamente, soberanos en este continente, y su fiat es ley en los asuntos a los cuales limita su intervención. ¿Por qué? No por la mera amistad o la buena voluntad que se sienta por ellos. No simplemente a causa de su elevado carácter como Estado civilizado, ni porque la prudencia y la justicia y la equidad sean los rasgos característicos invariables de la conducta de los Estados Unidos. Es porque, además de todas estas razones, sus infinitos recursos, combinados con su posición aislada, los hacen dueños de la situación y prácticamente invulnerables por parte de las demás potencias.

Todas las ventajas de esta superioridad corren peligro desde el momento que se admite el principio de que las potencias europeas pueden convertir a los Estados americanos en colonias ó provincias suyas. De tal principio se aprovecharían con ansia, y las potencias que así lo hicieran adquirirían inmediatamente una base de operaciones contra nosotros. Lo que se permitiera a una de ellas no podría negarse a otra, y no sería inconcebible el que la lucha que tiene actualmente lugar para la adquisición del África, fuese trasportada a la América del Sur. Si lo fuera, los países más débiles serían incuestionablemente absorbidos, y el resultado final podría ser la partición de toda la América del Sur entre las varias potencias europeas. Las desastrosas consecuencias de semejante estado de cosas para los Estados Unidos son obvias. La pérdida de prestigio, de autoridad y de peso en los consejos de la familia de las naciones, sería la menor de ellas. Nuestros únicos verdaderos rivales en la paz, así como enemigos en la guerra, se encontrarían a nuestras mismas puertas. Hasta ahora, lo dice nuestra historia, hemos evitado las cargas y males de un inmenso ejército permanente y todos los demás accesorios de enormes establecimientos de guerra, y esta exención ha contribuido en alto grado a nuestra grandeza y riqueza nacionales, así como a la felicidad de todos los ciudadanos. Pero con las potencias de Europa acampadas permanentemente en el suelo americano, no podría esperarse la continuación del estado ideal de que hemos gozado hasta ahora. Nosotros también tendríamos que armarnos hasta los dientes; nosotros también tendríamos que convertir la flor de nuestra población masculina en soldados y marineros, y apartándolos de sus varias ocupaciones en la industria pacífica, tendríamos, prácticamente, que aniquilar también una gran parte de la energía productora de la nación.

Difícil es ver cómo podría caer sobre nosotros mayor calamidad que ésta. No pueden bastar a calmar nuestros justos temores los halagos de la amistad de las potencias europeas -de su buena voluntad hacia nosotros- de su disposición, si fueran nuestros vecinos, a vivir con nosotros en paz y armonía. El pueblo de los Estados Unidos ha aprendido en la escuela de la experiencia hasta qué punto las relaciones de los estados entre sí dependen, no de los sentimientos ni de los principios, sino del interés egoísta. Él no olvidará muy pronto que, en la hora del conflicto, fueron agravadas sus ansiedades y penas por la posibilidad de demostraciones contra su vida nacional, por parte de potencias con las cuales había mantenido las más armoniosas relaciones. Todavía tiene presente que Francia se aprovechó de la aparente oportunidad de nuestra guerra civil para establecer una monarquía en el vecino estado de México. Comprende que, si Francia y la Gran Bretaña hubieran tenido importantes posesiones que explotar y aprovechar en la América del Sur, la tentación de destruir el predominio de la Gran República en este hemisferio, procurando su desmembramiento, habría sido irresistible. De ese grave peligro se ha salvado en el pasado, y puede salvarse otra vez en el porvenir, mediante la acción de la segura pero silenciosa fuerza de la doctrina proclamada por el Presidente Monroe. Por otra parte, abandonar ésta, menospreciando la lógica de la situación y los hechos de nuestra pasada experiencia, sería renunciar a una política que ha resultado ser fácil defensa contra las agresiones extranjeras y fuente fecunda de progreso y prosperidad internos.

Hay, pues, una doctrina de derecho público americano, bien fundada en principio y abundantemente sancionada por los precedentes, que da derecho a los Estados Unidos y les obliga a tratar como una injuria hecha a ellos, la forzosa apropiación por una potencia europea del dominio político sobre un estado americano. La aplicación de la doctrina a la disputa de límites entre la Gran Bretaña y Venezuela queda por hacerse, y no presenta dificultades verdaderas. Aunque la disputa se refiere a una línea limítrofe, sin embargo, como es entre estados, significa necesariamente que el dominio político perdido por una de las partes lo gana la otra. Además, el dominio político que está en juego es de suma importancia, pues se refiere a un territorio de gran extensión -la reclamación británica, como se recordará, se ensanchó, al parecer, en dos años, como unas 33,000 millas cuadradas- y si comprende también directamente el dominio de la boca del Orinoco, es de inmensa consecuencia para toda la navegación fluvial del interior de la América del Sur. Se ha insinuado, en verdad, que con respecto a estas posesiones sud-americanas, la Gran Bretaña misma es un estado americano como cualquier otro, de manera que una controversia entre ella y Venezuela debe arreglarse entre las dos, como si fuera entre Venezuela y el Brasil, ó entre Venezuela y Colombia, y no exige ni justifica la intervención de los Estados Unidos. Si este modo de pensar es sostenible, la consecuencia lógica es clara.

La Gran Bretaña, como Estado sud-americano, debe diferenciarse enteramente de la Gran Bretaña en general, y si la cuestión de límites no puede arreglarse de otro modo que por la fuerza, deberá dejarse a la Guayana Británica que lo arregle con sus propios recursos independientemente, y no con los del imperio británico, arreglo al cual quizás Venezuela no se opondría. Pero la proposición de que una potencia europea, con una dependencia americana, ha de clasificarse, para los fines de la doctrina de Monroe, no como Estado europeo, sino americano, no admite discusión. Si se la adoptara, la doctrina de Monroe perdería enteramente su valor y no valdría la pena sostenerla. No solamente todas las potencias que tuvieran hoy una colonia sud-americana podrían extender indefinidamente sus posesiones en este continente, sino que cualquier otra potencia europea podría hacer la misma cosa, con sólo tomarse el trabajo de obtener una fracción del suelo sud-americano por cesión voluntaria.

La declaración del mensaje de Monroe -que los Estados Unidos no intervendrían en las colonias ó dependencias existentes de una potencia europea- se refiere a las colonias ó dependencias que a la sazón existían, con los límites que entonces tenían. De este modo se ha interpretado invariablemente, y así debe seguirse interpretando, a menos que se la quiera privar de toda su fuerza vital. La Gran Bretaña no puede ser considerada como Estado sud-americano, dentro de los límites de la doctrina de Monroe, ni tampoco, si se está apoderando de un territorio venezolano, es de importancia material el hecho de que lo haga avanzando la frontera de una colonia antigua, en lugar de hacerlo fundando una nueva colonia. La diferencia es cuestión de forma y no de substancia, y si la doctrina es aplicable en un caso debe también serlo en el otro. No se admite, sin embargo, y por tanto no puede presumirse que la Gran Bretaña esté usurpando efectivamente dominio en el territorio venezolano. Al mismo tiempo que Venezuela acusa la usurpación, la Gran Bretaña la niega, y los Estados Unidos no pueden tomar parte por ninguna de las dos, hasta que los méritos de la cuestión no se hayan acertado con autoridad. Pero si esto es cierto, si los Estados Unidos no pueden, en las actuales circunstancias al menos, asumir la responsabilidad de decidir cuál de las dos partes tiene la razón y cuál no la tiene, sí están, ciertamente, en su derecho exigiendo que se indague la verdad. Como tiene el derecho de resentirse de cualquiera secuestro del territorio venezolano por parte de la Gran Bretaña y de oponerse a él, así también tiene necesariamente el de averiguar si semejante secuestro ha ocurrido ya ó se está verificando actualmente. De otro modo, si los Estados Unidos no tienen el derecho de saber y de hacer determinar si hay o no hay agresión británica en el territorio venezolano, no debe tomarse en consideración su derecho a protestar contra dicha agresión, ó a repelerla.

El derecho de proceder en un caso cuya existencia no se tiene el derecho de indagar, es simplemente ilusorio. Siendo claro, por tanto, que los Estados Unidos pueden legítimamente insistir en que se determinen los méritos de la cuestión de límites, es igualmente claro que no hay sino un medio posible de determinarlos, a saber, el arbitramento pacífico. Lo impracticable de un arreglo convencional ha sido frecuente y completamente demostrado. Aún más imposible de considerar es el recurso a las armas, modo de arreglar las pretensiones internacionales que por desgracia no está aun completamente anticuado. Aunque no fuera condenable como reliquia del barbarismo, y como un crimen en sí misma, una contienda tan desigual no podría ser provocada, ni aun siquiera aceptada por la Gran Bretaña, sin evidente desdoro de su carácter de nación civilizada. La Gran Bretaña, sin embargo, no toma tal actitud. Por el contrario, admite que hay controversia y que debe recurrirse al arbitramento para dirimirla. Pero, si hasta allí su actitud nada deja que desear, el efecto práctico de ésta queda completamente anulado por su insistencia en que el arbitramento se refiera solamente a una parte de la controversia que, como condición para arbitrar su derecho a una parte del territorio disputado, le sea cedido el resto. Si fuera posible señalar un límite en que ambas partes hubieran alguna vez convenido, ó que explícita ó tácitamente hubieran considerado como tal la exigencia de que el territorio concedido por dicha línea a la Guayana Británica no se considerara como en disputa, podría descansar sobre una base razonable. Pero no hay tal línea. Nunca se ha admitido que perteneciera a la Gran Bretaña el territorio que ella insiste en que se le ceda como condición para someter a arbitraje su derecho a otro que siempre ha sido reclamado por Venezuela, invariablemente.

¿En virtud de qué principio -excepto el de su debilidad como nación- ha de negarse a ésta el derecho de que su reclamación sea oída y juzgada por un tribunal imparcial? No hay razón, ni sombra de razón aparente en todo el voluminoso expediente del asunto. "Esto debe ser así porque yo quiero que así sea" parece ser la única justificación que presenta la Gran Bretaña. Se ha insinuado, a la verdad, que la reclamación británica respecto de ese territorio especial está fundada en una ocupación, que aceptada o no, se ha convertido en título perfecto por su larga continuación. Pero, ¿qué prescripción, que afecte derechos territoriales puede decirse que existe entre Estados soberanos? O si la hay, ¿cuál es la consecuencia legítima? No es que se deba negar todo arbitramento, sino solamente que el sometimiento a él debe abrazar un objeto adicional, a saber, la validez del título prescriptivo que se afirma, ya desde el punto de vista legal, ya desde el de los hechos. No conduce a resultados diferentes la alegación de que, en principio, no puede exigirse a la Gran Bretaña que someta ni debe ella someter a arbitramento sus derechos políticos y soberanos de carácter territorial. Aplicada a la totalidad o a una parte vital de las posesiones de un Estado soberano, no puede controvertirse esa alegación. Sostener otra cosa, equivaldría a sostener que un Estado soberano está en la obligación de arbitrar su propia existencia.

Pero la Gran Bretaña misma ha demostrado en varios casos que ese principio no es pertinente cuando los intereses o el área territorial que se hallan comprometidos no son de magnitud predominante, y la pérdida de ellos, por resultado de un arbitramento, no afecta de una manera apreciable su honor ó su poder. Así es que ella ha sometido a arbitraje la extensión de sus posesiones coloniales con los Estados Unidos dos veces, dos veces con Portugal, y una vez con Alemania, y quizás en otros casos. El arbitramento entre ella y este país del límite acuático del Noroeste en 1872, es un ejemplo a propósito, que demuestra bien, tanto los efectos del uso y la posesión continuados por largo tiempo, como el hecho de que una potencia verdaderamente grande no sacrifica su prestigio ni su dignidad, volviendo a considerar aun la más enérgica repulsa de una proposición, cuando se ha convencido de la justicia evidente é intrínseca de la causa. Por el fallo del Emperador de Alemania, que fue el árbitro en el caso dicho, los Estados Unidos adquirieron a San Juan y un número de islas más pequeñas cerca de la costa de Vancouver, como consecuencia de la decisión de que la frase "el canal que separa el continente de la isla de Vancouver", empleada en el tratado de Washington de 1846, significaba el canal de Haro y no el canal del Rosario. Sin embargo, uno de los principales alegatos de la Gran Bretaña ante el árbitro fue que la equidad exigía una sentencia en su favor, porque si fuera en favor de los Estados Unidos, privaría a los súbditos británicos de los derechos de navegación de que habían gozado desde la época en que se había explorado y deslindado el estrecho del Rosario en 1798. Así, aunque en virtud del fallo adquirieron los Estados Unidos a San Juan y las otras islas del grupo a que éste pertenece, el Secretario de Relaciones Exteriores británico había dado en 1859 las siguientes instrucciones al Ministro británico en Washington:

"El Gobierno de Su Majestad debe, por tanto, sostener en todo caso el derecho de la Corona británica a la isla de San Juan. Los intereses que están en juego, relativos a la retención de aquella isla son demasiado importantes para admitir una transacción, y V. S. tendrá presente, por consiguiente, que cualquiera que sea el arreglo final que se haga respecto de la línea limítrofe, el Gobierno de Su Majestad no aceptará ninguno que no disponga que la isla de San Juan queda reservada a la Corona británica".

Como ya se ha insinuado, pues, la exigencia británica de que su derecho a una porción del territorio disputado sea reconocido antes de consentir en el arbitramento del resto, parece descansar únicamente en su propio ipse dixit. Ella dice a Venezuela en substancia: "Tú no puedes obtener por la fuerza nada del terreno en disputa, porque no eres bastante fuerte; no puedes obtener nada por tratado, porque yo no me avendré contigo, y puedes tener la suerte de conseguir una parte por arbitramento, sólo si convienes en abandonarme otra parte que yo designe". No se comprende cómo pueda defenderse semejante actitud, ni cómo pueda conciliarse con el amor de la justicia y de la equidad, que son uno de los rasgos característicos prominentes de la raza inglesa. En efecto, ella priva a Venezuela del ejercicio de su libre voluntad y virtualmente la violenta. El territorio adquirido por ese medio será arrebatado por la fuerza, como si fuera ocupado por tropas británicas o cubierto por flotas británicas. Parece, por tanto, enteramente imposible que los Estados Unidos asientan a semejante actitud de la Gran Bretaña, ó que si se adhieren a ella, y de ahí resulta el ensanche de los límites de la Guayana Británica, deje de considerarse esto, en substancia, como equivalente a una invasión y conquista del territorio venezolano.

En tales circunstancias, le parece al Presidente que su deber es claro é imperioso. Siendo la afirmación del título de la Gran Bretaña al territorio disputado, y su negativa a permitir que se examine ese derecho, a equivalente en substancia a apropiarse el territorio, no protestar ni advertirle que tal proceder tendría que estimarse como perjudicial a los intereses del pueblo de los Estados Unidos, y en sí mismo opresivo, sería desconocer la política establecida, a que se hallan íntimamente ligados el honor y la prosperidad de este país. Aunque corresponde a otro ramo del Gobierno determinar las medidas necesarias ó convenientes a la vindicación de dicha política, es claro que al Ejecutivo toca el no dejar por hacer nada que tienda a evitar la necesidad de esa determinación.

Por consiguiente, se ordena a Vd. que explique las ideas anteriores Lord Salisbury, leyéndole esta comunicación y dejándole una copia de ella si la deseare, y les dé más peso con las consideraciones pertinentes que indudablemente se le ocurrirán a Vd. Esas ideas exigen una decisión definitiva sobre el punto de si la Gran Bretaña consiente o no en someter a un arbitramento imparcial la cuestión de límites venezolanos en su totalidad. El Presidente espera sinceramente que la conclusión sea por el arbitramento, y que la Gran Bretaña añada uno más a los conspicuos precedentes que ha establecido ya en favor de esa juiciosa y justa manera de arreglar las disputas internacionales. Sin embargo, si su esperanza lo engañare resultado que no es de preverse y que a su juicio sólo serviría para embarazar en gran manera las relaciones futuras entre este país y la Gran Bretaña, desearía ser informado de ello con tiempo, para poder someter todo el asunto al Congreso en su próximo mensaje anual.

Soy de Vd., obediente servidor.

RICHARD OLNEY.

16. MENSAJE DEL PRESIDENTE GROVER CLEVELAND ANTE EL CONGRESO DE LOS ESTADOS UNIDOS DE AMÉRICA RELATIVO A LA CONTROVERSIA SOBRE LÍMITES VENEZOLANOS, Y CORRESPONDENCIA SOBRE EL MISMO ASUNTO CON EL GOBIERNO BRITÁNICO DE FECHA 17 DE DICIEMBRE DE 1895[1353]

Al Congreso: En mi mensaje anual, dirigido al Congreso el tres de los corrientes, le llamé la atención hacia la controversia de límites pendiente entre la Gran Bretaña y la República de Venezuela, y expuse la substancia de una representación de este Gobierno al de S. M. Británica, donde apuntaba algunas razones por las cuales debiera someterse a arbitramento el ajuste de esta cuestión, y preguntaba si se haría así.

La respuesta del Gobierno Británico, que a la sazón se aguardaba, ha llegado después, y la incluyo aquí junto con la nota que en ella se y contesta.

Dicha respuesta está comprendida en dos comunicaciones dirigidas por el Primer Ministro Británico a Sir Julian Pauncefote, Embajador de la Gran Bretaña en esta capital. Como se verá, una de las comunicaciones se contrae exclusivamente a observaciones sobre la doctrina de Monroe, y sostiene que, en el presente caso, los Estados Unidos insisten en dar una nueva y extraña extensión é interpretación a esa doctrina; que las razones que justifican la apelación a la doctrina enunciada por el Presidente Monroe, son en general inaplicables "al estado de cosas en que hoy vivimos" y en especial a una controversia referente a la línea limítrofe entre la Gran Bretaña y Venezuela.

Sin intentar extenderme en argumentos para contestar estas proposiciones, no estará demás indicar que la doctrina sobre la cual nos fundamos es fuerte y sólida, porque importa a nuestra paz y seguridad como nación el mantenerla, y es esencial a la integridad de nuestras libres instituciones y para la conservación pacífica de nuestra forma distintiva de gobierno. Fue declarada con el ánimo de aplicarla a todos los períodos de nuestra vida nacional, y no puede caer en desuso mientras subsista nuestra República. Si el equilibrio del poder es justa causa de recelosa ansiedad entre los Gobiernos del Viejo Mundo, y asunto en el cual nosotros no debemos absolutamente inmiscuirnos, no es la observancia de la doctrina Monroe de interés menos vital para nuestro pueblo y su Gobierno.

Suponiendo, por tanto, que podemos insistir con justicia en esta doctrina, sin hacer caso "del estado de cosas en que vivimos", ni de cambios de

---

[1353] Véase en el libro *Historia oficial de la discusión entre Venezuela y la Gran Bretaña sobre sus límites en la Guayana*, ob. cit., pp. 289-293.

situación aquí o en cualquiera otra parte, no hay razón aparente para que no pueda invocarse su aplicación en la presente controversia.

Si una potencia europea, extendiendo sus fronteras, toma posesión del territorio de una de nuestras vecinas repúblicas, contra su voluntad y en menoscabo de sus derechos, es difícil comprender que esa potencia europea no trate por ese medio de extender su sistema de gobierno a la porción de este continente de esa suerte tomada. Esto precisamente es lo que el Presidente Monroe declaró "ser peligroso para nuestra paz y seguridad", y no puede haber diferencia entre extender el sistema europeo por medio del ensanche de fronteras o de cualquier otra manera.

También se dice en la contestación Británica, que nosotros no debemos tratar de aplicar la doctrina de Monroe a la disputa pendiente, porque ella no encierra ningún principio de derecho internacional que "esté fundado en el consentimiento general de las naciones" y que "ningún hombre de Estado, por eminente que sea, y ninguna nación, por poderosa que sea, es competente para insertar en el código del derecho internacional un nuevo principio, que no ha sido nunca reconocido antes, ni que después ha sido aceptado por el Gobierno de ningún otro país".

En la práctica, el principio que sostenemos tiene relación peculiar, ya que no exclusiva, con los Estados Unidos. Puede no haber sido admitido explícitamente en el código de derecho internacional, pero puesto que en los Consejos internacionales todas las naciones tienen título a los derechos que les pertenecen, si la aplicación efectiva de la doctrina de Monroe es una cosa que podemos reclamar con justicia, tiene cabida en el código de derecho internacional, de manera tan cierta y tan segura como si se hiciese de ella mención especial. Y cuando los Estados Unidos son parte actora ante el alto tribunal que administra el derecho internacional, la cuestión que ha de determinar es, si las reclamaciones que presentamos son o no justas y válidas, ante la justicia de ese código de leyes.

La doctrina de Monroe halla su reconocimiento en los principios de derecho internacional que se fundan en la teoría de que todas las naciones deben ser protegidas y apoyadas en sus justas reclamaciones.

Por supuesto, que este Gobierno está seguro de que bajo la sanción de esta doctrina tenemos derechos claros é indudables. Tampoco se desconoce esto en la contestación británica. El Primer Ministro, aunque no admite que la doctrina de Monroe es aplicable en las actuales circunstancias, dice: "Al declarar que los Estados Unidos se opondrían a semejantes empresas, si se pensaran llevar a cabo, el Presidente Monroe adoptó un principio que fue simpático al Gobierno inglés de aquella época. "Declara además: "Aunque el lenguaje del

Presidente Monroe se refiere a la consecución de fines que la mayor parte de los ingleses convendrían en hallar sanos, es imposible admitir que hayan sido inscritos en el código de derecho internacional por ninguna autoridad competente". Y aún más, dice: "El (el Gobierno de S. M. B.) está completamente de acuerdo con la opinión que aparentemente tenía el Presidente Monroe, de que toda perturbación de la distribución territorial existente en el hemisferio, a causa de nuevas adquisiciones por parte de una nación europea, sería un cambio enteramente inconveniente".

En la creencia de que la doctrina que sostenemos era clara y definida; de que estaba fundada en consideraciones de peso é implicaba nuestra seguridad y prosperidad; de que era enteramente aplicable a nuestras condiciones actuales y al estado de progreso del mundo, y de que estaba directamente relacionada con la controversia pendiente; y sin convicciones acerca de los méritos definitivos de la disputa, pero con el deseo de saber de manera satisfactoria y terminante si la Gran Bretaña, bajo pretexto de una reclamación de límites, trataba de extender, sin derecho alguno, sus posesiones en este continente, o si únicamente trataba de tomar posesión de un territorio que se hallaba, en justicia, comprendido dentro de los límites de su propiedad, propuso este Gobierno al de la Gran Bretaña el recurso al arbitramento como medio conveniente de arreglar la cuestión, con el fin de que la penosa disputa sobre límites, existente entre los dos contendores, quedara determinada, y definidas nuestra posición exacta y nuestras relaciones respecto a la controversia.

Por la correspondencia que va adjunta se verá que esta proposición ha sido rechazada por el Gobierno británico, por razones que, en las circunstancias actuales, me parecen lejos de ser satisfactorias. Es profundamente sensible que esta excitación, inspirada por los más amistosos sentimientos hacía las dos naciones directamente interesadas, y dirigida a los sentimientos de justicia y magnanimidad de una de las grandes potencias del mundo, y tocante a sus relaciones con otra comparativa mente débil y pequeña, no haya tenido mejor resultado.

La conducta que debe seguir este Gobierno, en vista de la presente situación, no parece que se preste a serias dudas. Habiendo trabajado con ahínco durante largos años por inducir a la Gran Bretaña a someter esta disputa a un arbitramento imparcial, y habiendo sido ahora definitivamente informado de su negativa a hacerlo, no queda más sino aceptar la situación, reconocer sus palpables exigencias y proceder en consecuencia. La proposición actual de la Gran Bretaña hasta ahora nunca ha sido considerada admisible por Venezuela, aunque ningún arreglo que este país juzgue ventajoso para sí, y en el cual entre por su propia y libre voluntad, encontrará naturalmente oposición por parte de los Estados Unidos.

Suponiendo, sin embargo, que la actitud de Venezuela no cambie, la disputa ha llegado a un punto que impone a los Estados Unidos el deber de tomar medidas para determinar con suficiente certeza, para su justificación, cuál es la verdadera línea divisoria entre la República de Venezuela y la Guayana Británica. La investigación conducente a este fin debe, por supuesto, hacerse de una manera cuidadosa y judicialmente, dando debida importancia a todas las pruebas y a todos los hechos que puedan aducirse en apoyo de las pretensiones de ambas partes.

Para que este examen pueda hacerse de manera completa y satisfactoria, yo sugeriría al Congreso que destinara una suma adecuada para cubrir los gastos de una Comisión, nombrada por el Ejecutivo, para que haga la investigación necesaria é informe sobre el asunto con la menor dilación posible. Presentado y aceptado este informe, será, a mi parecer, deber de los Estados Unidos oponerse por todos los medios a su alcance, como a un ataque directo a sus derechos e intereses, a la apropiación por la Gran Bretaña de cualesquiera tierras ó al ejercicio de su autoridad en cualquier territorio que de la investigación resulte pertenecer por derecho a Venezuela.

Al hacer estas recomendaciones me doy cuenta cabal de la responsabilidad que se asume, y comprendo perfectamente las consecuencias que pueden seguirse.

Sin embargo, tengo la firme convicción de que, así como es penoso contemplar a las dos grandes naciones del mundo, cuyo idioma común es el inglés, de otra manera que como competidores amigos en la marcha progresiva de la civilización, y como rivales perseverantes y dignos en todas las artes de la paz, así no hay para una gran nación calamidad igual a la que resultare de una sumisión a la injusticia y al agravio indolente y de la consiguiente pérdida del amor propio y del honor nacionales, bajo los cuales se amparan y defienden la seguridad y la grandeza de un pueblo.

GROVER CLEVELAND.

PALACIO EJECUTIVO, Diciembre 17 de 1895.

17. TRATADO ARBITRAL DE WASHINGTON SUSCRITO ENTRE VENEZUELA Y EL REINO UNIDO DE FECHA 2 DE FEBRERO DE 1897[1354]

Por cuanto el día dos de febrero de 1897, se celebró un Tratado de Arbitraje entre los Estados Unidos de Venezuela y Su Majestad la Reina del Reino Unido de la Gran Bretaña e Irlanda, en los términos siguientes:

Los Estados Unidos de Venezuela y Su Majestad la Reina del Reino Unido de la Gran Bretaña e Irlanda, deseando estipular el arreglo amistoso de la cuestión que se ha suscitado entre sus respectivos Gobiernos acerca de límites de los Estados Unidos de Venezuela y la Colonia de la Guayana Británica, han resuelto someter dicha cuestión a arbitraje, y a fin de concluir con ese objeto un Tratado, han elegido por sus respectivos Plenipotenciarios: El Presidente de los Estados Unidos de Venezuela, al señor José Andrade, Enviado Extraordinario y Ministro Plenipotenciario de Venezuela en los Estados Unidos de América; Y Su Majestad la Reina del Reino Unido de la Gran Bretaña e Irlanda, al Muy Honorable Sir Julian Pauncefote, Miembro del Muy Honorable Consejo Privado de Su Majestad, Caballero Gran Cruz de la Muy Honorable Orden del Baño y de la Muy Distinguida Orden de San Miguel y San Jorge, y Embajador Extraordinario y Plenipotenciario de Su Majestad en los Estados Unidos; Quienes, habiéndose comunicado sus respectivos plenos poderes, que fueron hallados en propia y debida forma, han acordado y concluido los artículos siguientes:

ARTICULO I

Se nombrará inmediatamente un Tribunal arbitral para determinar la línea divisoria entre los Estados Unidos de Venezuela y la Colonia de la Guayana Británica.

ARTICULO II

El Tribunal se compondrá de cinco Juristas; dos de parte de Venezuela, nombrados, uno por el Presidente de los Estados Unidos de Venezuela, a saber, el Honorable Melville Weston Fuller, Justicia Mayor de los Estados Unidos de América, y uno por los Justicia de la Corte Suprema de los Estados Unidos de América, a saber, el Honorable David Josiah Brewer, Justicia de la Corte Suprema de los Estados Unidos de América; dos de parte de la Gran Bretaña, nombrados por los miembros de la Comisión Judicial del Consejo Privado de Su Majestad, a saber, el Muy Honorable Barón Herschell, Caballero Gran

---

[1354] Véase Héctor Faúndez Ledesma, *La competencia contenciosa de la Corte Internacional de Justicia y el caso Guayana vs. Venezuela*, Academia de Ciencias Políticas y Sociales – Editorial Jurídica Venezolana, Caracas, 2020. pp. 335-340.

Cruz de la Muy Honorable Orden del Baño, y el Honorable Sir Richard Henn Collins, Caballero, uno de los Justicias de la Corte Suprema de Judicatura de Su Majestad; y de un quinto jurista que será elegido por las cuatro personas así nombradas., o, en el evento de no lograr ellas acordarse en la designación dentro de los tres meses contados desde la fecha del canje de las ratificaciones del presente Tratado, por Su Majestad el Rey de Suecia y Noruega. El Jurista a quien se elija será Presidente del Tribunal. En caso de muerte, ausencia o incapacidad para servir de cualquiera de los cuatro Árbitros arriba mencionados, o en el evento de que alguno de ellos no llegue a ejercer las funciones de tal por omisión, renuncia o cesación, se sustituirá inmediatamente por otro Jurista de reputación. Si tal vacante ocurre entre los nombrados por parte de Venezuela, el sustituto será elegido por los Justicias de la Corte Suprema de los Estados Unidos de América por mayoría; y si ocurriere entre los nombrados por parte de la Gran Bretaña, elegirán al sustituto, por mayoría, los que fueren entonces miembros de la Comisión Judicial del Consejo Privado de Su Majestad. Si vacare el puesto de quinto árbitro, se le elegirá sustituto del modo aquí estipulado en cuanto al nombramiento primitivo.

ARTICULO III

El Tribunal investigará y se cerciorará de la extensión de los territorios respectivamente, o que pudieran ser legítimamente reclamados por aquellas o éste, al tiempo de la adquisición de la Colonia de la Guayana Británica por la Gran Bretaña, y determinará la línea divisoria entre los Estados Unidos de Venezuela y la Colonia de la Guayana Británica.

ARTICULO IV

Al decidir los asuntos sometidos a los Árbitros, éstos se cerciorarán de todos los hechos que estimen necesarios para la decisión de la controversia, y se gobernarán por las siguientes reglas en que están convenidas las Altas Partes Contratantes como reglas que han de considerarse aplicables al caso, y por los principios de derecho internacional no incompatibles con ellas, que los Árbitros juzgaren aplicables al mismo.

REGLAS

a) Una posesión adversa o prescripción por el término de cincuenta años constituirá un buen título, Los árbitros podrán estimar que la dominación política exclusiva de un Distrito, así como la efectiva colonización de él son suficientes para constituir una posesión adversa o crear títulos de prescripción.

b) Los Árbitros podrán reconocer y hacer efectivos derechos y reivindicaciones que se apoyen en cualquier otro fundamento válido conforme al derecho internacional y en cualesquiera principios de derecho

internacional que los Árbitros estimen aplicables al caso y que no contravengan a la regla precedente.
c) Al determinar la línea divisoria, si el Tribunal hallare que el territorio de una parte ha estado, en la fecha de este Tratado, ocupado por los ciudadanos o súbditos de la otra parte, se dará a tal ocupación el efecto que, en opinión del Tribunal, requieran la razón, la justicia, los principios del derecho internacional y la equidad del caso.

ARTICULO V

Los Árbitros se reunirán en París dentro de los sesenta días después de la entrega de los argumentos impresos mencionados en el artículo VIII, y procederán a examinar y decidir imparcial y cuidadosamente las cuestiones que se les hayan sometido o se les presentaren, según aquí se estipula, por parte de los Gobiernos de los Estados Unidos de Venezuela y de Su Majestad Británica respectiva. Pero queda siempre entendido que los Árbitros, si lo juzgan conveniente podrán celebrar sus reuniones o algunas de ellas, en cualquier otro lugar que determinen. Todas las cuestiones consideradas por el Tribunal, inclusive la decisión definitiva, serán resueltas por mayoría de todos los Árbitros. Cada una de las Altas Partes Contratantes nombrará como su Agente una persona que asista al Tribunal y la represente generalmente en todos los asuntos conexos con el Tribunal.

ARTICULO VI

Tan pronto como sea posible después de nombrados los miembros del Tribunal, pero dentro de un plazo que no excederá de ocho meses contados desde la fecha del canje de las ratificaciones de este Tratado, se entregara por duplicado a cada uno de los Árbitros y al Agente de la otra parte, el Alegato impreso de cada una de las dos partes, acompañados de los documentos, la correspondencia oficial y las demás pruebas, en que cada una se apoye.

ARTICULO VII

Dentro de los cuatro meses siguientes a la entrega por ambas partes del Alegato impreso, una u otra podrá del mismo modo entregar por duplicado a cada uno de dichos Árbitros, y al Agente de la otra parte, un Contra-Alegato y nuevos documentos, correspondencia y pruebas, para contestar al Alegato, documentos,

correspondencia y pruebas presentadas por la otra parte. Si en el Alegato sometido a los Árbitros una u otra parte hubiere especificado o citado algún informe o documentos que esté en su exclusiva posesión, sin agregar copia, tal parte quedan obligadas, si la otra ejerce conveniente pedirla, a suministrarle copia de él; y una u otra parte podrá excitar a la otra, por medio de los Árbitros, a producir los originales o copias certificadas de los papeles aducidos, como pruebas, dando en cada caso aviso de esto dentro de los treinta días; después de la presentación del Alegato; y el original o la copia pedidos se entregaran tan pronto corno sea posible y dentro de un plazo que no exceda de cuarenta días; después del recibo del aviso.

ARTICULO VIII
El Agente de cada parte, dentro de los tres meses después de la expiración del tiempo señalado pan la entrega del Contra-Alegato por ambas partes, deberá entregar por duplicado a cada uno de dichos Árbitros y al Agente de la otra parte un argumento impreso que señale los puntos y cite las pruebas en que se funda su Gobierno, y cualesquiera de las dos partes podrá también apoyarlo ante los Árbitros con argumentos orales de su Abogado; y los Árbitros podrán, si desean mayor esclarecimiento con respecto a algún punto, requerir sobre él una exposición o argumentos escritos o impresos, o argumentos orales del Abogado; pero en tal caso al otra parte tendrá derecho a contestar oralmente o por escrito, según fuere el caso.

ARTICULO IX
Los Árbitros por cualquier causa que juzguen suficiente podrán prorrogar uno u otro de los plazos fijados en los artículos VI, VII y VIII, concediendo treinta días adicionales.

ARTICULO X
Si fuere posible, el Tribunal dará su decisión dentro de tres meses contados desde que termine la argumentación por ambos lados. La decisión se dará por escrito, llevará fecha y se firmará por los Árbitros que asientan a ella. La decisión se extenderá por duplicado; de ella se entregará un ejemplar al Agente de los Estados Unidos de Venezuela para su Gobierno, y el otro se entregará al Agente de la Gran Bretaña para su Gobierno.

ARTICULO XI
Los Árbitros llevaran un registro exacto de sus procedimientos y podrán elegir y emplear las personas que necesiten para su ayuda.

ARTICULO XII
Cada Gobierno pagara su propio Agente y proveerá la remuneración conveniente para el abogado que emplee y pan los Árbitros elegidos por él o en su nombre, y costean los gastos de la preparación y sometimiento de su causa al Tribunal. Los dos Gobiernos satisfarán por partes iguales todos los demás gestos relativos al Arbitraje.

ARTICULO XIII
Las Altas Partes Contratantes se obligan a considerar el resultado de los procedimientos del Tribunal de Arbitraje como arreglo pleno, perfecto y definitivo de todas las cuestiones sometidas a los Árbitros.

ARTICULO XIV
El presente Tratado será debidamente ratificado por el Presidente de los Estados Unidos de Venezuela con la aprobación del Congreso de ellos, y por Su Majestad Británica; y las ratificaciones se canjearán en Washington o en Londres dentro de los seis meses contados desde la fecha del presente Tratado.

En fe de lo cual, los respectivos Plenipotenciarios hemos firmado este Tratado y le hemos puesto nuestros sellos.

Hecho por duplicado en Washington, a dos de febrero, de mil ochocientos noventa y siete.

(L. S.) José Andrade

(L. S.) Julian Pauncefote"

18. DIÁLOGO ENTRE EL ÁRBITRO LORD RUSELL Y EL EXPRESIDENTE DE LOS ESTADOS UNIDOS DE AMÉRICA, BENJAMÍN HARRISON, ACTUANDO "EN DEFENSA DE LOS INTERESES DE VENEZUELA" COMO SU ABOGADO

General Harrison:
Si Ud. me permite, Sr. Presidente, en relación en la pregunta de Lord Justice que requiere de nuestra apreciación sobre esa materia y que yo esperaba afrontar posteriormente, pero que quizá puedo yo asumirla ahora, como ha sido requerido. El argumento escrito de Venezuela fue preparado bajo el concepto de que la prescripción mencionado en la regla a) se aplica con posterioridad a 1814. Que el Tratado exige de este Tribunal establecer la línea de 1814, y que nuestro argumento es que la regla de posesión adversa y la prescripción, únicamente puede ser aplicada a un período anterior a 1814 ya que de otra manera no había razones para el trazado de dicha línea. En relación con el tiempo requerido por el tribunal para reunirse, esto nos fue explicado.

Lord Russel: Es conveniente para usted y puede eliminar problemas. En cuanto a mí sólo deseo saber, en forma afirmativa o negativa, cual es la posición de ustedes.

General Harrison:
Voy a preferir, su señoría, no dar una respuesta categórica, porque hay una explicación que creo debe ir junto con ella.

Lord Russel:
Muy bien.

General Harrison:
Cuando el tribunal se instaló, nos encontramos con una exigencia del Consejero de Gran Bretaña de que nosotros no estábamos en libertad de hacer ese planteamiento, debido al entendimiento entre Mr. Olney, quien representó a USA y Sr. Julián Pauncefote, quien representó a Gran Bretaña no fue ese, y para dar apoyo a esa objeción, presentó algunas notas que fueron sometidas a nuestra consideración notas que no conocíamos antes. Cuando (esas notas) fueron presentadas, nosotros, de inmediato, dijimos al Consejero de Gran Bretaña "Dejemos que se incorporen a la evidencia sin objeción, porque ellas pueden dar luz sobre esta cuestión".

Algunos de ellos están marcados "estrictamente personal" y otros "confidencial". Quizá Venezuela podría haber preguntado sobre si esos papeles pueden ser usados en la elaboración de un Tratado, pero nosotros no hemos realizado esa pregunta. Mientras Venezuela no lo sabe, debido al carácter personal y confidencial de las notas que nosotros hemos admitido en el caso, esperando proseguir o renovar el argumento realizado por ella, que ella no retira pero si lo somete al Tribunal para su consideración, en base a estas notas. Sería una candidez de mi parte si no dijese que ellas, claramente, parecen indicar que el Sr. Olney y Sr. Julián Pauncefote entendieron que el período de prescripción se aplica a los años posteriores a 1814.

Lord Russel:
Tanto posteriormente como antes, yo pienso que eso lo hace muy claro.

El Presidente:
Ahora Sr. Soley, puede usted, por favor, continuar, le hago a usted la pregunta debido a los diferentes años señalados. Ahora yo sé que, 1814 es la fecha.

Sr. Soley:
En consecuencia, según el Tratado el límite debe ser determinado en el año 1814, modificado mediante la prescripción. La prescripción por un período que el Tribunal considere debe ser aplicado a la modificación de ese límite".

Lord Russell:
En otras palabras, sujeto a esas modificaciones que puedan derivar de las reglas a), b) o c).

Mr. Soley:
Ahora bien, la Convención de Viena sobre Derecho de los Tratados, que refleja el Derecho Internacional consuetudinario acatado pacíficamente, consagra que:

"Para los efectos de la interpretación de un Tratado el contexto comprenderá, además del texto, incluidos su preámbulo y anexos:

a.- todo Acuerdo que se refiera al Tratado y haya sido concertado entre todas las partes con motivo de la celebración del tratado;

De acuerdo con la Doctrina, la declaración interpretativa puede formar parte del Tratado o bien puede ser una interpretación auténtica emanada de las partes involucradas.

Sin embargo, el Secretario de Estado norteamericano, Sr. Olney, no era parte en el Tratado, no representó a Venezuela ni suscribió el mismo, tampoco tenía la autoridad para elaborar o suscribir notas interpretativas en representación de Venezuela. Por consiguiente unas notas realizadas por él, conjuntamente con el Embajador Pauncefote, ni eran interpretación auténtica, ni eran interpretativas, ni tenían valor alguno, ni obligaban en modo alguno a Venezuela.

Sin embargo el General Harrison representante norteamericano de Venezuela, lo admitió como evidencia, para surtir plenos efectos jurídicos en el Juicio.

En otras palabras, Gran Bretaña confiesa, paladinamente, que acordó el arbitraje bajo condición de que se agregarse la cláusula de la prescripción o posesión adversa de 50 años como integrante de un título válido, pero además, que ese período de posesión adversa o prescripción se contase a partir de 1814.

19. LAUDO ARBITRAL DE PARÍS DE FECHA 3 DE OCTUBRE DE 1899[1355]

Considerando que, el 2 de febrero de 1897, se celebró un Tratado de Arbitraje entre Su Majestad la Reina del Reino Unido de Gran Bretaña e Irlanda y los Estados Unidos de Venezuela, el cual es del siguiente tenor:

Y por cuanto dicho Tratado fue debidamente ratificado y las ratificaciones fueron debidamente canjeadas en Washington el día catorce de junio de 1897 en conformidad con el referido Tratado; y por cuanto después de la fecha del Tratado mencionado y antes que se diese comienzo al Arbitraje de que ahí se trata, murió el Muy Honorable Barón Hershell; y por cuanto el Muy Honorable Charles Barón Rusell of Killowen, Lord Justicia Mayor de Inglaterra, Caballero Gran Cruz de la Muy Distinguida Orden de San Miguel y San Jorge, fue debidamente nombrado, en conformidad con los términos de dicho Tratado por los miembros de la Comisión Judicial del Consejo Privado de Su Majestad, para funcionar de acuerdo con dicho Tratado en lugar y puesto del difunto Barón Hershell;

Y por cuanto dichos cuatro Árbitros, a saber, el Honorable Melville Weston Fuller, el Honorable David Josiah Brewer, el Muy Honorable Lord Russell of Killowen y el Muy Honorable Sir Richard Henn Collins, nombraron quinto Árbitro. conforme a los términos de dicho Tratado, a Su Excelencia Frederic de Martens. Consejero Privado. Miembro Permanente del Consejo del Ministerio de Relaciones Exteriores de Rusia L. L. D. de la Universidad de Cambridge y Edimburgo.

Y por cuanto dichos Árbitros han empezado en debida forma el Arbitraje y han oído y considerado los argumentos orales y escritos de los abogados que respectivamente representan a los Estados Unidos de Venezuela y a Su Majestad la Reina, y han examinado imparcial y cuidadosamente, las cuestiones que se les han presentado, y han investigado y se han cerciorado de la extensión de los territorios pertenecientes a las Provincias Unidas de los Países Bajos o al Reino de España respectivamente, o que pudieran ser legítimamente reclamados por las unos o por el otro, al tiempo de la adquisición de la Colonia de Guayana por la Gran Bretaña.

Por tanto, nosotros los infrascritos Árbitros, por el presente otorgamos y publicamos nuestra decisión, determinación y fallo sobre las cuestiones que nos han sido sometidas por el referido Tratado de Arbitraje, y, en conformidad

---

[1355] Ministerio de Relaciones Exteriores de Venezuela, *Guayana Esequiba: Historia de un despojo*, Caracas, 2015. pp. 91 y ss.

con dicho Tratado de Arbitraje, finalmente decidirnos, fallamos y determinamos por la presente, que la línea de demarcación entre los Estados Unidos de Venezuela y la Guayana Británica es como sigue:

Principiando en la costa a la Punta Playa la línea de demarcación correrá por línea recta a la confluencia del río Barima con el río Mururuma, y continuará por el medio de la corriente de este río hasta su fuente, y de este punto a la unión del río Haiowa con el Amacuro, y continuará por el medio de la comente del Amacuro hasta su fuente en la Sierra Imataca, y de allí al sudoeste por las cimas más altas del espolón de la Sierra lmataca hasta el punto más elevado de la cordillera principal de dicha Sierra Imataca en frente de la fuente del Barima, y de allá seguirá la cima de dicha cordillera principal, al sudeste, hasta la fuente del Acarabisi, y de este punto continuará por el medio de la corriente de este río hasta el Cuyuní, y de allá correrá por la orilla septentrional del río Cuyuní al oeste hasta su confluencia en el Wenamu, y de este punto seguirá el medio de la corriente del Wenamu hasta su fuente más occidental, y de este punto por línea recta a la cumbre del monte Roraima, y del monte Roraima a la fuente del Cotinga, y continuará por el medio de la corriente de este río hasta su unión con el Takutu, y seguirá el medio de la corriente del Takutu hasta su fuente, y de este punto por línea recta al punto más occidental de la Sierra Akarai, y continuará por la cúspide de la Sierra Akarai hasta la fuente del Corentín llamado río Cutari. Queda siempre entendido que la línea de demarcación establecida por este fallo existe sin perjuicio y con reserva de cualquier cuestión que ahora exista o que ocurriese para determinación entre los Estados Unidos de Venezuela y la República del Brasil o entre esta República y el Gobierno de Su Majestad.

Al fijar la mencionada línea de demarcación los Árbitros consideran y deciden que, en tiempo de paz, los ríos Amacuro y Barima quedarán abiertos a la navegación de los buques de comercio de todas las naciones, salvo todo justo reglamento y el pago de derecho de faro u otros análogos, a condición que los derechos exigidos por la República de Venezuela y por el Gobierno de la Colonia de la Guayana Británica con respecto del tránsito de buques por las partes de dichos ríos que respectivamente les pertenecen, se fijen a la misma tasa para los buques de Venezuela y los de la Gran Bretaña, la cual no excederá a la que se exija de cualquiera otra nación. Queda también entendido que ningún derecho de aduana podrá ser exigido, ya por la República de Venezuela, ya por la colonia de la Guayana Británica, con respecto de mercaderías transportadas en los buques, navíos o botes pasando por dichos ríos, pero los derechos de aduana serán exigibles solamente con respecto de las mercaderías desembarcadas respectivamente en el territorio de Venezuela y en el de la Gran Bretaña.

Hecho y publicado por duplicado por nosotros, en París, hoy el día 3 de octubre A. D. 1899

(L. S.) F. DE MARTENS

(L. S.) MELVILLE WESTON FULLER

(L. S.) DAVID J. BREWER

(L. S.) RUSSEL OF KILLOWEN

(L. S.) R. HENN COLLINS

Certifícase la autenticidad de esta traducción.
J. M. de Rojas,
Agente de Venezuela
República de Venezuela
Ministerio de Relaciones Exteriores

20. MEMORÁNDUM PÓSTUMO DEL ABOGADO SEVERO MALLET-PREVOST PUBLICADO EN *AMERICAN JOURNAL OF INTERNATIONAL LAW* EN JULIO DE 1944 POR SU SOCIO Y ALBACEA OTTO SCHOENRICH[1356]

"Memorándum dejado al Juez Schoenrich, para no ser publicado, a su juicio, sino después de mi muerte"

Nota del juez Otto Schoenrich que acompaña al Memorándum póstumo del abogado Severo Mallet-Prevost:

La reciente muerte de Severo Mallet-Prevost, un distinguido abogado internacionalista de Nueva York, ha quitado de la escena el último de los hombres que intervinieron hace 50 años en el arreglo de la disputa de límites entre Venezuela y la Guayana Británica. Al recordar la tensión que entonces existía entre los Estados Unidos y Gran Breaña, ello también nos permite la publicación de un incidente que indica cómo el Tribunal de Arbitraje llegó a la adopción de su decepcionante laudo.

La zona en disputa entre Venezuela y Gran Bretaña abarcaba un área de 50.000 millas cuadradas, algo mayor que la del Estado de Nueva York y algo menor que la de Inglaterra, Venezuela la reclamaba como sucesora en títulos de España en virtud de su revolución contra España en el año 1810. Gran Bretaña reclamaba en razón de su conquista a los holandeses, cuyos derechos se basaban a su vez en la ocupación de territorio español. Cuando los holandeses, todavía súbditos de España, se rebelaron contra ella, y durante esa larga guerra fundaron varios establecimientos en Guayana, llegando hacia el Oeste hasta el Río Esequibo, y cuando finamente, un Tratado de Paz fue firmado en 1648, España los autorizó a retener los sitios en que ya se habían establecido. Posteriormente comerciantes holandeses penetraron algunas veces más hacia el Oeste, incluso ocasionalmente hasta el Orinoco, pero fueron prontamente rechazados por los españoles. Gradualmente las autoridades holandesas consideraron el río Moruca, cerca de 125 millas al este del Orinoco, como el límite extremo de su colonia, aun cuando España continuó rechazando tales pretensiones y consideraba al Esequibo, cerca de 185 millas al este del Orinoco, como la frontera. Durante las guerras napoleónicas, Gran Bretaña, en guerra con Holanda y Francia, ocupó Demerara y Esequibo, y posteriormente

---

[1356] Otto Schoenrich, "Materia de excepcional importancia para la historia diplomática de Venezuela. La disputa de límites entre Venezuela y La Guayana Británica", en *Boletín de la Academia de Ciencias Políticas y Sociales*, Vol. 14, No. 1-2-3-4, Academia de Ciencias Políticas y Sociales, Caracas, 1949.

mediante el Tratado de Paz de 1814, Holanda le cedió los establecimientos de Demerara, Esequibo y Berbice.

La tendencia a la expansión colonial, que caracterizó el siglo XIX pronto se puso en evidencia en Guayana, donde Gran Bretaña empezó a reclamar territorios mucho más allá del Esequibo y aún del Moruca. En 1834, el Gobierno Británico envió a Robert Herman Schomburgk, un distinguido naturalista alemán, a explorar Guayana, y en vista de su brillante informe, fue comisionado en 1840 para hacer un levantamiento topográfico del territorio. Al hacerlo, naturalmente tuvo en mente los intereses de sus empleadores. Sin consultar a las autoridades venezolanas y sin considerar que cualesquiera derechos de los holandeses, sobre la base de lo cual Gran Bretaña reclamada, debían ser establecidos por ocupación y no por visitas furtivas, él colocó hitos de demarcación en la selva, incluso en Punta Barima en la Boca del Orinoco, la posesión de lo cual consideró de importancia para Gran Bretaña, como sitio estratégico comandando la entrada de ese río. Cuando Venezuela protestó e insistió en que se removiesen tales hitos, Gran Bretaña consintió en hacerlo, explicando que habían sido meras indicaciones de una pretensión. Schomburgk igualmente sometió un mapa mostrando una línea fronteriza entre la Guayana Británica y Venezuela. Una considerable controversia se produjo posteriormente sobre la identidad de ese mapa y de la ubicación de la original línea Schomburgk.

Cuando súbditos británicos se infiltraron en el territorio así pretendido, Venezuela, débil y desgarrada por la guerra civil, sólo pudo protestar. En 1877, fue publicado un mapa oficial de la Guayana Británica, fechado 1875, mostrando como frontera una línea identificada como la línea de Schomburgk, que incluía Punta Barima y todo el territorio pretendido por Gran Bretaña; pero con una nota indicando que tal línea no debía tomarse como autoritativa, ya que ella no había sido concertada por los respectivos Gobiernos. Cuando se descubrieron depósitos de oro en la región, un nuevo mapa fue publicado en 1880, fechado sin embargo 1875, pero mostrando la frontera Schomburgk empujada mucho más hacia el oeste, agregando una considerable extensión a la Guayana Británica, y omitiendo cualquier indicación de que la nueva línea fuese tentativa o sujeta a acuerdo. En vista de esto, Venezuela pidió formalmente en 1887 la evacuación del territorio retenido por la Gran Bretaña, desde un punto al este del Río Moruca, y cuando tal exigencia fue rechazada rompió relaciones diplomáticas con Gran Bretaña.

Lord Salisbury, Ministro de Relaciones Exteriores, rechazó las exigencias venezolanas de arbitraje y puso de lado las ofertas de mediación hechas por los Estados Unidos. Su actitud produjo indignación en los Estados Unidos, y la consecuencia fue el famoso mensaje de Cleveland al Congreso de diciembre de 1895, recomendando el nombramiento de una Comisión que permitiese a los Estados Unidos determinar, para su propio conocimiento, dónde estaba la verdadera línea divisoria. El Congreso acogió unánimemente tal solicitud. En enero de 1896 el Gobierno de los Estados Unidos designó como miembros de la Comisión de Límites autorizada por el Congreso a los señores: David J. Brewer, Juez Asociado de la Corte Suprema; Richard L. Albey, Presidente de la Corte de Apelación del Distrito Columbia, erudito hispanista; F. R. Coudert, miembro distinguido del Foro de Nueva York; Dr. D. C. Gilman, Presidente de la Universidad de Johns Hopkins y Dr. Andrew W. White, de la Universidad de Cornell. El hispanista y experto en Derecho Latinoamericano, Severo Mallet-Prevost, fue designado Secretario. La Comisión empezó inmediatamente un cuidadoso trabajo de investigación.

Era evidente que el informe a ser elaborado por la Comisión podía resultar muy embarazoso para la Gran Bretaña. El Ministerio de Relaciones Exteriores Británico, al darse cuenta de la situación, modificó su anterior actitud y en febrero de 1897 Gran Bretaña y Venezuela firmaron un Tratado de Arbitraje sometiendo la cuestión fronteriza a un tribunal arbitral, cuyas sesiones tendrían lugar en París. La Comisión de Límites de los Estados Unidos fue de seguidas disuelta, y sus trabajos se pasaron al nuevo tribunal.

Conforme al Tratado de Arbitraje firmado entre Gran Bretaña y Venezuela se designados cinco jueces. Lord Chief Justice Russell y Lord Justice Collins de Gran Bretaña, Chief Justice Fuller y Justice Brewer de la Corte Suprema de los Estados Unidos, y como presidente, el Professor F. de Martens, distinguido autor ruso de Derecho Internacional. En marzo de 1898, cada Parte presentó un alegato, con documentos anexos: Venezuela, tres volúmenes y un atlas; Gran Bretaña, siete volúmenes y un atlas. En julio de 1898, el contra-alegato fue presentado: Venezuela, tres volúmenes y un atlas; Gran Bretaña, dos volúmenes y mapas. En noviembre de 1898 las partes sometieron informes impresos: Venezuela, dos volúmenes; Gran Bretaña un volumen. Después de una breve sesión inaugural en enero de 1899, las sesiones formales se iniciaron en París en junio de ese mismo año, y comprendieron 54 sesiones de 4 horas cada una, que terminaron el 27 de septiembre de 1899. Gran Bretaña estuvo representada por cuatro Consejeros: Sir Richard E. Webster, Procurador General; Sir Ribert T. Reid, ex Procurador General, y señores G. R. Eshwith y Rowlatt, Venezuela estuvo representada por cuatro distinguidos consejeros norteamericanos: el ex Presidente Benjamín Harrison; el ex Secretario de Guerra, General Benjamín S. Tracy; el señor Severo Mallet-Prevost y el señor James Russell Seley. El Procurador General Webster, en nombre de Gran Bretaña, abrió el debate con un discurso que duró trece días, y el señor

Mallet Prevost, en nombre de Venezuela, lo siguió con otro, también de trece días. Los debates terminaron con un discurso del Procurador General Webster, por Gran Bretaña y un brillante discurso del ex Presidente Harrison, por Venezuela. Los discursos, las preguntas hechas por los jueces y las respuestas dadas por los abogados, fueron todos recogidos taquigráficamente. Las actas fueron impresas más tarde y publicadas en once volúmenes.

El 4 de octubre de 1899, el Tribunal de Arbitraje dictó un laudo unánime. Fue extremadamente corta, no dio razones de clase alguna para la decisión, y se limitó a describir la línea fronteriza aprobada por el Tribunal. La línea así establecida comenzaba en Punta Playa, alrededor de 45 millas al este de Punta Barima, de allí continuaba hasta la confluencia de los Ríos Barima y Mururuma y luego seguía hacia el sur a lo largo del Río Amacura. El laudo concedió a Gran Bretaña casi el noventa por ciento del citado territorio en disputa; pero la boca del Orinoco y una región de alrededor de 5.000 millas cuadradas, en la región sudoriental de las cabeceras del Orinoco, fueron reconocidas a Venezuela.

El laudo provocó sorpresa y decepción generales. Los estudiosos del Derecho Internacional deploraron la ausencia de toda clase de razones o argumentos en el laudo. Los estudiosos de la tesis venezolana en la controversia, se escandalizaron por la excesiva concesión de territorio a la Guayana Británica, claramente más allá de cualquier línea a la que la colonia pudiera tener derecho justamente. Sin embargo, no había nada que hacer al respecto. Los amigos del arbitraje señalaron que se había evitado una guerra, que el costo del arbitraje era menor que el de un solo día de guerra y que, después de todo, Venezuela había conservado la boca del Orinoco y una región en el interior de las cabeceras de ese río. El laudo fue reconocida como un compromiso. El propio Justicia Brewer lo admitió así cuando dijo:

> "Hasta el último momento creí que una decisión sería bastante imposible, y fue solamente mediante la mayor conciliación y mutuas concesiones como puedo llegarse a un compromiso. Si a cada uno de nosotros se le hubiese pedido pronunciar el laudo, cada uno la habría dictado una diferente en alcance y carácter. La consecuencia de esto fue que tuvimos que ajustar nuestros diferentes puntos de vista y por último trazar una línea corriendo entre lo que cada quien pensaba era correcto".

Los venezolanos quedaron particularmente disgustados por el resultado y no lo han aceptado nunca, a pesar de que han honrado al Abogado que defendió sus derechos. En enero de 1944, el Gobierno de Venezuela confirió la Orden del Libertador a Severo Mallet-Prevost, en reconocimiento de sus servicios en relación con la controversia de límites; pero aún en su discurso de presentación, el Embajador venezolano expresó su indignación ante la injusticia sufrida por su país.

A lo largo de su carrera el señor Mallet-Prevost llegó a ser socio de un Despacho de Abogados de Nueva York, del cual tengo el honor de ser miembro. Pocos días después de recibir la condecoración venezolana, tuvo ocasión de observar en el curso de conversaciones que, a despecho de las críticas, el laudo era de enorme valor para Venezuela, porque le reconocía la boca del Orinoco y por ello el control de ese gran río y del área que de él depende. Añadió que los Jueces Norteamericanos en el Tribunal de Arbitraje habían favorecido el otorgamiento a Venezuela de mucho más territorio y se habían sentido molestos a causa de la presión ejercida sobre ellos para evitar tal decisión. La palabra "presión" produjo mi asombro, ya que la única presión que yo podía imaginar era la del Gobierno Americano y resultaba inconcebible que ese Gobierno hubiera ejercido presión sobre los jueces o que ellos la hubieran tolerado. Pregunté qué quería él decir con ese término y también cómo pudo el Tribunal ser inducido a dictar un laudo tan en desacuerdo con la evidencia.

El señor Mallet-Prevost dio entonces una sorprendente explicación, de la cual aparecía que el Gobierno Americano no había tenido nada que ver con tal presión. Afirmó que después de que los informes habían sido oídos por el Tribunal y cuando el asunto estaba listo para decisión, el Magistrado Brewer, uno de los jueces americanos, le había pedido que asistiera a una entrevista en el hotel en donde el Magistrado se alojaba. El Magistrado Brewer entonces afirmó que el Profesor Martens, el Presidente ruso del Tribunal, había acudido a los dos jueces norteamericanos para decirles que tanto él como los dos jueces británicos estaban ansiosos de que el Tribunal dictara un laudo unánime. Propuso como compromiso que el laudo fijase una línea fronteriza al este de la Boca del Orinoco, la línea que fue en definitiva adoptada. Si los jueces americanos aceptaban esa línea, él y los jueces británicos votarían también por ella y el laudo del Tribunal sería unánime. Si los jueces americanos no la aceptaban, él votaría junto con los jueces británicos a favor de la línea reclamada por Gran Bretaña, la cual se convertiría así en la frontera, por voto mayoritario del Tribunal. El Magistrado Brewer dijo que tanto él como el Magistrado Fuller, el otro juez norteamericano, estaban muy perturbados por la propuesta, ya que pensaban que la evidencia mostraba claramente el derecho de Venezuela a un territorio considerable al este del Orinoco. Él y el Juez Fuller estaban dispuestos a rechazar la propuesta del ruso y a emitir una enérgica opinión minoritaria a favor de la línea que ellos consideraban apropiada. Sin embargo, el resultado sería un laudo por mayoría de votos que otorgaría a Gran Bretaña un territorio valioso del que Venezuela se vería privada. Por lo tanto, los dos jueces estadounidenses habían decidido presentar el asunto ante el asesor legal que representaba a Venezuela y dejar que el abogado decidiera si debían aceptar el compromiso propuesto o presentar una opinión minoritaria.

El señor Mallet-Prevost les respondió que debía consultar con el Consejero Principal, ex Presidente Harrison. Cuando regresó a su hotel e informó al General Harrison acerca de la conversación, éste se levantó indignado. Dando grandes pasos por la habitación y renegando terminantemente, afirmaba que el único procedimiento apropiado era el de una enérgica opinión minoritaria. Reflexionándolo mejor, sin embargo, llegó a la conclusión de que tal procedimiento acarrearía consecuencias que la Defensa de Venezuela no podía ni debía admitir. Privaría a Venezuela de un territorio muy valioso, y lo que era aún más importante, de la boca del gran río Orinoco, el cual atraviesa tan grande extensión del país. Sin embargo, por más disgustados que pudieran estar, el Consejero Legal de Venezuela y los Jueces norteamericanos no podían hacer otra cosa sino aceptar el compromiso propuesto, mediante el cual salvarían considerables ventajas para Venezuela, incluyendo una gran extensión de territorio y el control del Orinoco.

El señor Mallet-Prevost dijo que él estaba seguro de que la posición de los miembros británicos y el miembro ruso del Tribunal Arbitral era el resultado de algún acuerdo Gran Bretaña y Rusia, por el cual las dos Potencias indujeron a sus representantes en el Tribunal a votar como lo hicieron; y que Gran Bretaña probablemente dio a Rusia ventajas en alguna otra parte del globo. Tres circunstancias, especialmente, lo llevaban a esa opinión. Una era el hecho de que la justicia del caso venezolano había sido abrumadoramente demostrada. Otra era la actitud de Lord Russell, uno de los jueces británicos, según la había manifestado en una conversación con el señor Mallet-Prevost. Cuando el Sr. Mallet-Prevost señaló que se esperaba que los jueces consideraran sólo las pruebas que se les presentaran, Lord Russell respondió muy decididamente que tenía una opinión diferente y que también debían ser influenciados por consideraciones generales de política. La tercera circunstancia fue el repentino cambio marcado en la actitud de Lord Collins, el otro juez británico, quien al principio había tomado un vivo interés en las pruebas y los argumentos, indicando una comprensión comprensiva y un reconocimiento de la justicia de los reclamos venezolanos, pero quien después de una visita a Inglaterra durante un receso del Tribunal, de repente se volvió taciturno y apático.

Insté al Sr. Mallet-Prevost a que escribiese un relato del incidente, el cual podría publicarse después de su muerte si él no quería que se divulgase antes, insistiéndole en que debía tal declaración a sí mismo y a la memoria de los jueces estadounidenses en el Tribunal de Arbitraje. Dijo que lo haría y aproximadamente una semana después me dijo que había dictado el memorándum.

El señor Mallet-Prevost murió en Nueva York el 10 de diciembre de 1948. Después de su muerte el siguiente documento fue encontrado entre sus papeles, que demuestra que el resentimiento de Venezuela es justificado.

El Juez Brewer y yo nos embarcamos para Europa en enero de 1899 para asistir a la primera reunión del Tribunal Arbitral que debía reunirse en París con el fin de establecer la frontera entre Venezuela y la Gran Bretaña, los términos del Protocolo que había sido firmado entre Gran Bretaña y Venezuela exigían que el Tribunal debía reunirse en aquella época; pero como hubiese inconveniente para que todos los que tenían intervención en el arbitramento se reuniesen en aquella fecha, se decidió celebrar una simple sesión preliminar para cumplir con los términos del Protocolo, y deferir la reunión para fecha más conveniente.

Antes de ir a París el Juez Brewer y yo nos detuvimos en Londres, y estando allí, el señor Henry White, Encargado de Negocios de los Estados Unidos, nos ofreció una comida íntima a la cual fue invitado el Lord Presidente Russell. Me tocó sentarme a su lado, y en el curso de la conversación me aventuré a expresar la opinión de que los arbitramentos internacionales deberían basar sus decisiones únicamente sobre fundamentos legales. Lord Russell respondió inmediatamente: "Estoy enteramente en desacuerdo con usted. Pienso que los arbitrajes internacionales deberían ser conducidos por· vías más amplias y que deberían tomar en consideración cuestiones de política interna sobre la base del derecho estricto.

Cuando nos reunimos en París el 1º de junio siguiente encontré por primera vez a Lord Collins. Durante los discursos del Procurador General Sir Richard Webster y mío (los cuales duraron 26 días) era completamente obvio que Lord Collins estaba sinceramente interesado en darse cuenta totalmente ele los hechos del asunto y en determinar la ley aplicable a tales hechos. El, por supuesto, no dió indicación acerca de cómo votaría en la cuestión; pero toda su actitud y las numerosas preguntas que formuló eran críticas de los alegatos británicos y daban la impresión de que se iba inclinando hacia el lado de Venezuela.

Después de que Sir Richard Webster y yo concluíamos nuestros discursos, el Tribunal suspendió sus sesiones para una corta vacación de dos semanas. Los dos árbitros británicos regresaron a Inglaterra y llevaron consigo al señor Martens.

Cuando entré al departamento en donde me esperaban los árbitros americanos, el juez Brewer se levantó y dijo muy excitado:

"Mallet-Prevost, es inútil continuar por más tiempo esta farsa pretendiendo que nosotros somos jueces y usted abogado. El Magistrado Fuller y yo hemos decidido revelarle confidencialmente lo que acababa de pasar. Martens ha venido a vernos y nos informa que Russell y Collins están dispuestos a decidir en favor de la línea Schomburgk, que, partiendo de Punta Barima en la Costa, daría a la Gran Bretaña el control de la boca principal del Orinoco; y, que si nosotros insistimos en comenzar la línea partiendo de la costa en el río Moroco, él se pondría del lado de los británicos y aprobará la línea Schomburgk como la verdadera frontera". Sin embargo añadió, él, Martens, estaba ansioso de lograr una sentencia unánime, y si aceptáramos la línea que él propone, el obtendría la aquiescencia de Lord Russel y Lord Collins a fin de llegar a una decisión unánime. Lo que Martens proponía era que la línea de la costa comenzara a cierta distancia al sudeste de Punta Barima, de modo de dar a Venezuela el control de la Boca del Orinoco, y cerca de 5.000 millas cuadradas de territorio alrededor de esa boca.

"Esto es lo que Martens ha propuesto. El Magistrado Fuller y yo somos de opinión que la frontera en la costa debería indicarse en el río Moroco. Lo que tenemos que decidir es si aceptamos la proposición de Martens o suscribimos una opinión disidente".

"En estas, circunstancias, el Magistrado Fuller y yo hemos decidido consultar con usted y ahora quiero hacerle saber que estamos dispuestos a seguir uno u otro camino, según lo que usted desee que se haga". Por lo que acababa de expresar el magistrado Brewer y por el cambio que todos habíamos observado en Lord Collins me convencí entonces, y sigo creyendo, que durante la visita de Martens a Inglaterra para decidir la cuestión en los términos sugeridos por Martens y que se había hecho presión, de un modo u otro, sobre Collins, a fin de que siguiera aquel camino. Naturalmente, me di cuenta de que yo sólo no podía asumir la enorme responsabilidad de la decisión que se me exigía. Así lo hice ver a los dos árbitros y les pedí autorización para consultar al General Harrison. Al obtenerla fui a su apartamento para tratarle el asunto".

"Cuando revelé al General Harrison lo que acababa de pasar éste se levantó indignado, y caminando de un lado a otro, calificó la conducta de Gran Bretaña y Rusia en términos que es para mí inútil repetir. Su primera reacción fue la de pedir a Fuller y a Brewer que presentaran una opinión disidente, pero cuando se calmó y estudió el asunto desde un punto de vista práctico, me dijo: "Mallet-Prevost, si algún día se supiera que estuvo en nuestras manos conservar la desembocadura del Orinoco para Venezuela y que no lo hicimos, nunca se nos perdonaría. Lo que Martens propone es inicuo, pero no veo como Fuller y Brewer pueden hacer otra cosa que aceptar".

"Estuve de acuerdo con el general Harrison y así se lo hice saber a los Magistrados Fuller y Brewer. La decisión del Tribunal fue, en consecuencia, unánime; pero, si bien es cierto que dio a Venezuela el sector en litigio más importante desde un punto de vista estratégico, fue injusta para Venezuela y la despojó de un territorio muy extenso e importante, sobre el cual la Gran Bretaña no tenían en mi opinión, la menor sombra de derecho".

"Lo anterior ha sido dictado por mí el 8 de febrero de 1944".

Otto Schoenrich.
Miembro de la firma Curtis, Mallet-Prevost, Colt y Mosley de Nueva York.

21. EXTRACTO DE LA COMUNICACIÓN DE PERRY ALLEN, QUIEN REPRESENTÓ A VENEZUELA COMO UNO DE LOS TRES SECRETARIOS DEL TRIBUNAL ARBITRAL DE PARÍS 1899, DIRIGIDA AL EMBAJADOR DE VENEZUELA EN MÉXICO DR. MANUEL ANTONIO PULIDO MÉNDEZ, EL 19 DE MARZO DE 1951[1357]

Excelentísimo Sr. M. A. Pulido Méndez
Embajador de Venezuela
México

Distinguido y fino amigo.

Accediendo al deseo expresado por usted de que yo reprodujera (....) un memorándum escrito por su socio el Licenciado Severo Mallet Prevost, para que se publicara después de la muerte de este, (…) me complazco en cumplir con lo que prometí (…).

En el mes de diciembre del año de 1899, siendo yo Secretario del Magistrado John M. Harlan, de la Corte Suprema de los Estados Unidos, hubo una discusión acalorada en los periódicos norteamericanos sobre la controversia entre el Gobierno de Venezuela y el de la Gran Bretaña, referente a los linderos limítrofes entre Venezuela y la Guyana Británica, especialmente porque el Gobierno Británico insistía obstinadamente en lo que él reclamaba como límites de la Guyana Británica debía de tenerse por territorio británico, a pesar de las protestas del Gobierno de Venezuela, rechazando aquel toda oferta de someter la cuestión a un Tribunal de Arbitraje.

El Gobierno de los Estados Unidos había tomado cartas en el asunto, apoyando a Venezuela, e hizo lo posible para que el Gobierno Británico accediera al deseo del de Venezuela, de que se sometiera la cuestión a un arbitraje, pero sin que la Gran Bretaña le hiciera caso, hasta que el Presidente Cleveland (…) basándose en la Doctrina Monroe, mando un mensaje al Congreso Norteamericano, en el que decía que (…) lo único que podía hacer el Gobierno de los Estados Unidos en esas circunstancias era…resistir con toda la fuerza a su alcance a cualquier usurpación que la perjudicara.

El Tribunal de Arbitraje se reunió en París en 1899, y fueron nombrados tres secretarios del mismo, un francés, un inglés, y otro (el infrascrito) como secretario por parte de Venezuela.

[1357] Extraído de http://bibliografilaguayanaesequibacom.blogspot.com/2012/12/extracto-de-la-comunicacion-de-perry.html.

Tanto el gobierno de los Estados Unidos como el de Venezuela entendía que la cuestión presentada al Tribunal de Arbitraje, tendría que ser fallida de acuerdo con los hechos comprobados y las leyes aplicables al caso, y es fácil comprender la sorpresa de Mallet-Prevost según lo relata él mismo en su memorándum publicado después de su muerte, por su socio el juez Schoenrich, en que se refería a una comida a la que asistió, sentado al lado del árbitro británico Lord Russell, en la Embajada americana en Londres antes de trasladarse a París, para la celebración de la sección preliminar del Tribunal Arbitraje en el mes de enero 1899.

Copio sus propias palabras tomadas de ese memorándum cuya copia tengo a la vista:

"…me senté al lado de Lord Russell, y en el curso de la Conversación me atreví a expresar la opinión de que los arbitrajes internacionales deben de basar sus decisiones exclusivamente en terreno legal. Lord Russell me replico inmediatamente "…difiero completamente de su opinión. Creo que los arbitrajes internacionales deben de orientarse por vías más amplias y que deben de tomar en consideración las cuestiones de política internacional…".

Para mí, el modo indicado por Lord Russell para resolver la controversia entre la Gran Bretaña y Venezuela hubiera figurado en el convenio de arbitraje como regla de conducta, ni el Gobierno de Venezuela, ni el de los Estados Unidos lo habrían aceptado.

Lo que pasó después ha hecho resaltar la falta de una regla precisa de conducta consignada por escrito en el protocolo para el gobierno de los árbitros y la "farsa" en realidad representada por el fallo que se dictó.

Sir Richard Webster abrió el debate en parís, y recuerdo que me llamó la atención el hecho de que a cada rato el que hablaba fue interrumpido por el "arbitro ingles Lord Russell", (…) tendiente a causar en los oyentes la impresión de que él era uno de los abogados de parte de la Gran Bretaña y no uno de los jueces del Tribunal de Arbitraje. Esto me parece de mucha importancia pues todo el mundo sabe que en los juicios entre particulares, los jueces están sujetos a recusación si aparece (…) que no pueden ser jueces imparciales. Y por razones semejantes, si en un tribunal de arbitraje (…) ese juez es súbdito o ciudadano de una de las partes litigantes, y como tal, por obstinación o por patriotismo no puede concebir que su propio país deje de tener razón en la controversia, en ese caso debiere de existir un derecho de parte de la otra nación de recusarlo, ¿si no es recusable y se estimara que en todo caso debe de emitir su fallo a favor de su propio país, no resulta que es en realidad juez y parte? Lo que no puede tolerarse en esos juicios entre particulares. Si los árbitros de cada gobierno creen que su deber les impone la obligación de fallar siempre a favor del suyo, ¿no es evidente que para ganar la partida (…) alguno de ellos haga una conquista de un tercer arbitro en discordia?, y si eso es así, ¿habrá duda de que tales arbitrajes son una manera de "farsa"? (…).

En fin (…) terminados los debates (…) los dos árbitros ingleses se fueron a Londres llevándose con ellos el Presidente ruso del Tribunal F. de Martens (…).

Recuerdo bien el día señalado por el Tribunal de Arbitraje para dar el fallo para dar su fallo. El Presidente de Martens (…) dijo (…) que en el presente arbitraje todos los árbitros estaban de acuerdo y por lo tanto que la controversia había sido decidida por el voto "unánime" de ellos: dándose a entender que no había hallado ninguna diferencia de opinión entre ellos, por lo que debía estimarse que el fallo era en todo un justo, legal y equitativo, y debía de ser satisfactorio para todas las partes interesadas (…) fallo que por su injusticia causo consternación, no sólo entre los abogados de Venezuela sino de parte de su gobierno y el de los Estados Unidos.

Recuerdo que el ex presidente Harrison (…) decía después, (…) que se lamentaba (…) haber dedicado dos de los mejores años de su vida a un asunto que había vuelto a ser una mera farsa, agregando que la línea limítrofe fijada por el Tribunal de Arbitraje no tenía sentido común que no concordaba en absoluto con las pruebas presentadas, no conforme a derecho; que no fijaba una línea basada en linderos limítrofes naturales, como se acostumbraba entre naciones, tales como ríos y serranías, sino que la línea se había trazado de tal manera que todos los terrenos en que se suponía podría haber depósitos de auríferos fueron adjudicados a Inglaterra, y que las ciénagas y demás tierras pantanosas e inservibles se había asignado a Venezuela (…).

Es obvio que este arbitraje resulto una ilusión y un engaño tanto para Venezuela como para los Estados Unidos.

Me parece que la Gran Bretaña desde hace siglos ha estado acostumbrada adueñarse de todo lo que se le antojaba, y podía tomarlo debido a su poderío naval y militar, y las naciones pequeñas carentes de fuerza para resistirla, han tenido que sufrir el despojo de sus tierras sin poder defenderse. Francamente, cada vez que me pongo a reflexionar sobre el vergonzoso despojo de 1899 de parte del territorio legítimamente perteneciente a Venezuela, me siento hervir la sangre, aunque ya han trascurrido más de cincuenta años después que sucedió.

Pero ahora la Gran Bretaña, debilitada por dos guerras mundiales, y estando actualmente bajo la amenaza de otra, aún más terrible, tal vez en lugar de poder ya "imponer su voluntad" sobre un país pequeño (como decía el Presidente Cleveland en su aludido mensaje al Congreso Americano en 1895), podría llegar a depender de la ayuda del petróleo de Venezuela, como de un elemento importantísimo de y aun decisivo.

La devolución a Venezuela de la parte de su territorio que le ha sido arrebatado por la Gran Bretaña, representaría para ésta un valor insignificante comparado con el bienestar y seguridad del Reino, y si estalla la tercera guerra mundial (…) los ingleses (…) tendrían que depender del petróleo de Venezuela (…).

Si esta situación viniera a presentarse, me magino que la gran Bretaña estaría dispuesta a favorecer, a título de compensación por la ayuda de los inmensos recursos petroleros de Venezuela, devolverle la parte de su territorio de que tan descaradamente fue despojada en el año de 1899. Pero no haciéndolo y viniendo a presentarse la situación aludida, podría la Gran Bretaña justamente esperar que los venezolanos, sintiéndose tan resentidos y ultrajados como están, estarían dispuestos a presentarle a Inglaterra tal servicio (…).

¿Por qué esperar pues hasta ver si la Gran Bretaña vaya tener que afrontarse a una situación apurada que le obligue a suplicar a los venezolanos que pongan todos sus recursos petroleros a la disposición de los ingleses para la salvación de su país? ¿ por qué no aprovechar la presente situación para hacerles voluntariamente un gesto amistoso tendiente hacerles olvidar sus resentimientos, y convertirlos en buenos amigos para el futuro, ofreciendo expropio motu y sin exigirles una compensación, la devolución de aquella parte del de su territorio, que les fue tan injustamente arrebatada y rectificando el punto de partida de la línea limítrofe para que comience desde la Boca del Moruco, en donde habría comenzado si el fallo del Tribunal Arbitral hubiera sido rendido de conformidad con los hechos comprobados y con arreglo a la Ley? Este acto voluntario, seria calurosamente aplaudido no sólo por Venezuela, sino por el pueblo de todo este hemisferio.

¿Por qué no hacerlo ahora mismo y no dejar de hacerlo hasta estar obligado a pedir socorro a Venezuela, ya que podría ser tarde?

Los ingleses se jactan de que en las contiendas de todas clases que se verifican en su país, los contrincantes siempre pueden contar con "Fair Play" (actitud correcta según la regla de la materia). ¿Pretenderían seriamente que hubo "Fair Play" en el arbitraje del año de 1899? ¿Por qué no reconocer ahora, que los venezolanos han tenido razón en hacer sus amargas quejas durante más de cincuenta años y demostrar con ese gesto que los ingleses no se han apartado de su principio de conducta conocida por el de "Fair Play", devolviéndoles lo que en toda su conciencia es suyo?

Perry Allen

22. *AIDE MEMOIRE* PRESENTADO POR EL DR. MARCOS FALCÓN BRICEÑO, MINISTRO DE RELACIONES EXTERIORES DE VENEZUELA, AL HON. R. A. BUTLER, MINISTRO DE RELACIONES EXTERIORES DEL REINO UNIDO E IRLANDA DEL NORTE, EL 5 DE NOVIEMBRE DE 1963, EN LA CONFERENCIA QUE CELEBRARON EN LONDRES[1358]

La historia de la frontera entre Venezuela y Guayana Británica solamente puede conocerse y entenderse plenamente a través de la investigación en los papeles de los hombres que en ella intervinieron.

Estos papeles han quedado abiertos a los estudiosos y expertos investigadores solamente durante la última década: los papeles de Benjamín Harrison, Richard Olney, Lord Salisbury, Joseph Chamberlain, David Brewer, Daniel Gilman, Severo Mallet-Prevost y otros.

A la luz de esta evidencia recientemente descubierta y recopilada, Venezuela tiene pruebas concluyentes de que sufrió un perjuicio moral y legal en cuanto que fue engañada y privada de su legítimo territorio por el Laudo de 1899.

Esta nueva evidencia confirma plenamente el argumento de Venezuela de que el territorio situado al oeste del Esequibo es legítimamente suyo, y sigue siendo parte de su soberanía nacional.

Bajo estas circunstancias el 16 de noviembre de 1962, Venezuela obtuvo en las Naciones Unidas un acuerdo oficial al efecto de que "los tres Gobiernos examinarán la documentación en poder de todas las partes y relativas a este asunto" (Documento A/5313. Tema 88 del Programa)

Venezuela observa con pesar que la Gran Bretaña ha ofrecido para su examen solamente los archivos de Foreign Office.

En vista de que no tuvo acceso pleno a los Archivos británicos, Venezuela, por vía privada se procuró el acceso a papeles oficiales y privados de los hombres que hicieron la historia de su frontera oriental.

De la evidencia disponible el Gobierno de Venezuela ha precisado los siguientes hechos:

1) La línea del Laudo sigue muy de cerca la "Línea Expandida" de Schomburgk. Los archivos británicos demuestran que los mapas sobre los cuales se basó esta línea eran adulterados. Más aún, la evidencia británica que mostraba cómo la Línea original de Schomburgk seguía a lo largo del río Esequibo y que la línea restringida de "Schomburgk" tuvo carácter oficial, fue ocultada al Tribunal.

[1358] Ministerio de Relaciones Exteriores (1982). *Reclamación de la Guayana Esequiba*. Documentos 1962-1981, Caracas. pp. 23-24.

2) La injusticia del Laudo es de tal naturaleza que dio a la Guyana Británica unas seis mil ochocientas millas cuadradas (17.604 km.^{2} aproximadamente) del territorio oficialmente reconocido por Gran Bretaña como venezolano sin discusión, hasta la aparición de la espúrea "Línea Schomburgk Expandida" en 1886, y este territorio era sólo una parte del área legítimamente reclamada por Venezuela.
3) La línea del Laudo fue virtualmente fijada por Gran Bretaña en julio de 1899 y extrajudicialmente impuesta por los abogados británicos a los Jueces británicos quienes actuaron como abogados parcializados de su país más bien que como Jueces.
4) La aceptación de línea del Laudo fue impuesta a los Jueces mediante presión indebida por parte del Presidente del Tribunal Profesor Frederick de Martens.
5) La línea del Laudo no fue una línea de derecho sino una de compromiso político, calificada de "componenda" y "farsa" aun por funcionarios británicos.
6) El Tribunal excedió sus poderes. Llegó aun hasta el extremo de decretar la libre navegación de los Ríos Amacuro y Barima, decisión evidentemente concebida para asegurar exclusivamente los intereses de la Gran Bretaña.
7) Al firma el Tratado de Arbitraje de 1897 bajo coacción moral, Venezuela fue también engañada en cuanto al significado de la cláusula de prescripción.
8) Hasta 1899 no tuvo Venezuela conocimiento de la correspondencia oficial y secreta que condujo al Tratado de 1897. Además, es ahora cuando Venezuela viene a saber que los abogados británicos ejercieron presión indebida sobre los abogados americanos a fin de forzarlos a aceptar la interpretación británica de la cláusula de prescripción.
9) A pesar del hecho de que Venezuela fue coaccionada para que adhiriera al Tratado, confiaba no obstante que el Tratado garantizaba un proceso judicial con exclusión de poder para efectuar cualquiera transacción política o diplomática. Sin embargo, la decisión dictada el 3 de octubre de 1899 fue de transacción, no de derecho.

LA VERDAD HISTÓRICA Y LA JUSTICIA EXIGEN QUE VENEZUELA RECLAME LA TOTAL DEVULUCIÓN DEL TERRITORIO DEL CUAL SE HA VISTO DESPOSEIDA, y a este respecto cuenta confiadamente con la buena voluntad y la cooperación del Gobierno de su Majestad.

Londres, 5 de noviembre de 1963.

23. ACUERDO PARA RESOLVER LA CONTROVERSIA ENTRE VENEZUELA Y EL REINO UNIDO E IRLANDA DEL NORTE SOBRE LA FRONTERA ENTRE VENEZUELA Y GUAYANA BRITÁNICA DE FECHA 17 DE FEBRERO DE 1966[1359]

"El Gobierno de Venezuela y el del Reino Unido de Gran Bretaña e Irlanda del Norte, en consulta con el Gobierno de Guayana Británica,
Considerando la próxima Independencia de Guayana Británica;
Reconociendo que una más estrecha cooperación entre Venezuela y Guayana Británica redundaría en beneficio para ambos países,
Convencidos de que cualquiera controversia pendiente entre Venezuela por una parte, y el Reino Unido y Guayana Británica por la otra, perjudicaría tal colaboración y debe, por consiguiente, ser amistosamente resuelta en forma que resulte aceptable para ambas partes; de conformidad con la Agenda que fue convenida para las conversaciones gubernamentales relativas a la controversia entre Venezuela y el Reino Unido sobre la frontera con Guayana Británica, según el Comunicado Conjunto del 7 de noviembre de 1963, han llegado al siguiente Acuerdo para resolver la presente controversia:

Artículo I
Se establece una Comisión Mixta con el encargo de buscar soluciones satisfactorias para el arreglo práctico de la controversia entre Venezuela y el Reino Unido surgida como consecuencia de la contención venezolana de que el Laudo arbitral de 1899 sobre la frontera entre Venezuela y Guayana Británica es nulo e irrito.

Artículo II
(1) Dentro de dos meses contados a partir de la entrada en vigor de este Acuerdo dos Representantes para que formen parte de la Comisión Mixta serán nombrados por el Gobierno de Venezuela y dos por el Gobierno de Guayana Británica.
(2) El Gobierno que nombre un Representante puede en cualquier tiempo reemplazarlo, y debe hacerlo inmediatamente si uno de sus Representantes o ambos, por enfermedad, muerte u otra causa, estuvieren incapacitados para actuar.

Artículo III
La Comisión Mixta presentará informes parciales a intervalos de seis meses contados a partir de la fecha de su primera reunión.

[1359] United Nations, Treaty Series, N° 8192, 1966, pp. 322 y ss. Disponible en http://www.consulvenevigo.es/subido/ACUERDO%20GINEBRA%20ONU%201966.pdf-

Artículo IV
(1) Si dentro de un plazo de cuatro años contados a partir de la fecha de este Acuerdo, la Comisión Mixta no hubiere llegado a un acuerdo completo para la solución de la controversia, referirá al Gobierno de Venezuela y al Gobierno de Guayana en su Informe final cualesquiera cuestiones pendientes. Dichos Gobiernos escogerán sin demora uno de los medios de solución pacífica previstos en el Artículo 33 de la Carta de las Naciones Unidas.
(2) Si dentro de los tres meses siguientes a la recepción del Informe final el Gobierno de Venezuela y el Gobierno de Guyana no hubieren llegado a un acuerdo con respecto a la elección de uno de los medios de solución previstos en el Artículo 33 de la Carta de las Naciones Unidas, referirán la decisión sobre los medios de solución a un órgano internacional apropiado que ambos Gobiernos acuerden, o de no llegar a un acuerdo sobre este punto, al Secretario General de las Naciones Unidas. Si los medios así escogidos no conducen a una solución de la controversia, dicho órgano, o como puede ser el caso, el Secretario General de las Naciones Unidas, escogerán otro de los medios estipulados en el Artículo 33 de la Carta de las Naciones Unidas, y así sucesivamente, hasta que la controversia haya sido resuelta, o hasta que todos los medios de solución pacífica contemplados en dicho Artículo hayan sido agotados.

Artículo V
(1) Con el fin de facilitar la mayor medida posible de cooperación y mutuo entendimiento, nada de lo contenido en este Acuerdo será interpretado como una renuncia o disminución per parte de Venezuela, el Reine Unido o la Guayana Británica de cualesquiera bases de reclamación de soberanía territorial en los Territorios de Venezuela o Guayana Británica o de cuales quiera derechos que se hubiesen hecho valer previamente, o de reclamaciones de tal soberanía territorial o como prejuzgando su posición con respecte a su reconocimiento o no reconocimiento de un derecho a, reclame o base de reclame por cualquiera de ellos sobre tal soberanía territorial.
(2) Ningún acto o actividad que se lleve a cabo mientras se halle en vigencia este Acuerdo constituirá fundamento para hacer valer, apoyar o negar una reclamación de soberanía territorial en los Territorios de Venezuela o la Guayana Británica, ni para crear derechos de soberanía en dichos Territorios, excepto en cuanto tales actos o actividades sean resultado de cualquier convenio logrado por la Comisión Mixta

y aceptado por escrito por el Gobierno de Venezuela y el Gobierno de Guyana. Ninguna nueva reclamación o ampliación de una reclamación existente a soberanía territorial en dichos Territorios será hecha valer mientras este Acuerdo esté en vigencia, ni se hará valer reclamación alguna sino en la Comisión Mixta mientras tal Comisión exista.

Artículo VI
La Comisión Mixta celebrará su primera reunión en la fecha y lugar que sean acordados entre los Gobiernos de Venezuela y Guayana Británica. Esta reunión se celebrará lo antes posible después del nombramiento de sus miembros. Posteriormente, la Comisión Mixta se reunirá cuando y en la forma que acordaren los Representantes.

Artículo VII
Este Acuerdo entrará en vigor en la fecha de su firma.

Artículo VIII
Al obtener Guayana Británica su Independencia, el Gobierno de Guyana será en adelante parte del presente Acuerdo, además del Gobierno de Venezuela y del Gobierno del Reino Unido de Gran Bretaña e Irlanda del Norte.

EN TESTIMONIO DE LO ANTERIOR, los suscritos, debidamente autorizados para ello por sus respectivos Gobiernos, han firmado el presente Acuerdo.

HECHO en duplicado, en Ginebra, a los diecisiete días del mes de febrero del año mil novecientos sesenta y seis, en español y en inglés, siendo ambos textos igualmente auténticos.

Por el Gobierno de Venezuela:
Ignacio IRIBARREN BORGES
Ministro de Relaciones Exteriores

Por el Gobierno del Reino Unido de Gran Bretaña e Irlanda del Norte:
Michael STEWART
Secretario de Estado de Relaciones Exteriores

Forbes BURNHAM
Primer Ministro de la Guayana Británica.

24. PROTOCOLO AL ACUERDO DE RESOLVER LA CONTROVERSIA ENTRE VENEZUELA Y EL REINO UNIDO E IRLANDA DEL NORTE SOBRE LA FRONTERA ENTRE VENEZUELA Y GUAYANA BRITÁNICA FIRMADO EN GINEBRA EL 17 DE FEBRERO DE 1966 ("PROTOCOLO DE PUERTO ESPAÑA"). FIRMADO EN PUERTO ESPAÑA EL 18 DE JUNIO DE 1970[1360]

El Gobierno de Guyana, el Gobierno del Reino Unido de Gran Bretaña e Irlanda del Norte y el Gobierno de Venezuela,

Habiendo recibido en esta fecha e Informe Final, fechado el dieciocho (18) de junio de 1970, de la Comisión Mixta establecida por el Acuerdo celebrado entre el Gobierno del Reino Unido de Gran Bretaña e Manda del Norte, en consulta con el Gobierno de Guayana Británica, y el Gobierno de Venezuela, en Ginebra el 17 de febrero de 1966, al cual se hace referencia en este documento con el nombre de Acuerdo de Ginebra;

Convencidos de que la promoción de la confianza mutua y de un intercambio positivo y amistoso entre Guyana y Venezuela llevará a un mejoramiento de sus relaciones, como corresponde a naciones vecinas y amantes de la paz, han convenido en lo siguiente:

Artículo I

Mientras el presente Protocolo permanezca en vigor, el Gobierno de Guyana y el Gobierno de Venezuela, con sujeción a las disposiciones que siguen, explorarán todas las posibilidades de mejorar el entendimiento entre ellos y entre sus pueblos y en particular emprenderán a través de los canales diplomáticos normales revisiones periódicas de sus relaciones con el propósito de promover su mejoramiento y con el objeto de producir un adelanto constructivo de las mismas.

Artículo II

Mientras este Protocolo permanezca en vigencia, no se hará valer ninguna reclamación que surja de la contención a que se refiere el Artículo I del Acuerdo de Ginebra, ni por parte de Guyana a soberanía territorial en los territorios de Venezuela, ni por parte de Venezuela a soberanía territorial en los territorios de Guyana.

En este Artículo, las referencias a los territorios de Guyana y a los territorios de Venezuela tendrán el mismo significado que las referencias a los territorios de Guayana Británica y a los territorios de Venezuela, respectivamente, en el Acuerdo de Ginebra.

[1360] Disponible en https://es.wikisource.org/wiki/Protocolo_de_Puerto_Espa%C3%B1a.

Artículo III

Mientras el presente Protocolo permanezca en vigor se suspenderá el funcionamiento del Artículo IV del Acuerdo de Ginebra. En la fecha en que este Protocolo deje de tener vigencia, el funcionamiento de dicho Artículo se reanudará en el punto en que ha sido suspendido, es decir, como si el Informe Final de la Comisión Mixta hubiera sido presentado en esa fecha, a menos que el Gobierno de Guyana y el Gobierno de Venezuela hayan antes declarado conjuntamente por escrito que han llegado a un acuerdo completo para la solución de la controversia a la que se refiere el Acuerdo de Ginebra o que han convenido en uno de los medios de arreglo pacífico previstos en el Artículo 33 de la Carta de las Naciones Unidas.

Artículo IV

Mientras el presente Protocolo permanezca en vigor, el Artículo V del Acuerdo de Ginebra (sin perjuicio de su aplicación ulterior después de que el presente Protocolo deje de estar en vigencia) tendrá efecto en relación con el presente Protocolo en la misma forma en que lo tiene en relación con aquel Acuerdo, sustituyéndose las palabras «Guayana Británica», dondequiera que aparezcan en dicho artículo, por la palabra «Guyana», y suprimiéndose en el parágrafo (2) de dicho artículo, las siguientes frases:

(a) « , excepto en cuanto tales actos o actividades sean resultado de cualquier convenio logrado por la Comisión Mixta y aceptado por escrito por el Gobierno de Venezuela y el Gobierno de Guyana», y

(b) « , ni se hará valer reclamación alguna sino en la Comisión Mixta mientras tal comisión exista ».

La celebración y la vigencia del presente Protocolo no podrán interpretarse en ningún caso como renuncia o disminución de derecho alguno que cualquiera de las partes pueda tener para la fecha de la firma del mismo, ni como reconocimiento de ninguna situación, uso o pretensión que puedan existir para esa fecha.

Artículo V

El presente Protocolo permanecerá en vigor durante un período inicial de doce años, renovable con sujeción a lo dispuesto en este Artículo, por periodos sucesivos de doce años cada uno.

Antes de la terminación del período inicial o de cualquier período de renovación, el Gobierno de Guyana y el Gobierno de Venezuela podrán decidir por acuerdo escrito que, a partir de la terminación del período de que se trate, el Protocolo continúa en vigor por períodos sucesivos de renovación menores de doce años cada uno, pero no inferiores a cinco años.

El presente Protocolo podrá ser terminado al finalizar el período inicial o cualquier período de renovación si, con seis meses por lo menos de anticipación a la fecha en la cual haya de terminar, el Gobierno de Guyana o el Gobierno de Venezuela hace llegar a los demás Gobiernos partes en este Protocolo una notificación escrita a tal efecto.

A menos que sea terminado de conformidad con el Parágrafo (3) del presente Artículo, este Protocolo se considerará renovado al final del período inicial o al final de cualquier período de renovación, según el caso, de conformidad con las disposiciones del presente Artículo.

Artículo VI

El presente Protocolo al Acuerdo de Ginebra se conocerá como «Protocolo de Puerto España», y entrará en vigor en la fecha de su firma.

En fe de lo cual, los suscritos, debidamente autorizados a tal fin por sus respectivos Gobiernos, firman el presente Protocolo.

Hecho en triplicado en Puerto España, Trinidad y Tobago, a los dieciocho (18) días de junio de 1970 en español y en inglés. Ambos textos tienen igual valor.

Por el Gobierno de Guyana:
Firmado por Shridath S. Ramphal
Ministro de Estado

Por el Gobierno del Reino Unido de Gran Bretaña e Irlanda del Norte:
Firmado por R. C. C. Hunte
Alto Comisionado del Reino Unido de Gran Bretaña e Irlanda del Norte en Trinidad y Tobago

Por el Gobierno de Venezuela:
Firmado por Arístides Calvani
Ministro de Relaciones Exteriores.

25. DECLARACIÓN DEL MINISTRO DE RELACIONES EXTERIORES DR. JOSÉ ALBERTO ZAMBRANO VELASCO REFERENTE A LA NO PRÓRROGA DEL PROTOCOLO DE PUERTO ESPAÑA DE FECHA 10 DE ABRIL DE 1981[1361]

El Gobierno Nacional ha hecho pública, por comunicado de fecha 4 de abril de 1981, la decisión del Presidente Herrera Campíns de no prorrogar el Protocolo de Puerto España. Esta es, sin duda, una determinación trascendental, que sitúa en una clara perspectiva nuestra justa reclamación sobre el Territorio Esequibo. Por eso, continuar la controversia sobre si debe o no denunciarse el Protocolo de Puerto España; o si debió o no firmarse hace once años, parece innecesario y aún estéril. La decisión del Gobierno no se presta a interpretaciones: sin detenerse a valorar el significado histórico del Protocolo de Puerto España, es lo cierto que dicho instrumento no se renovará. El Gobierno juzga que deben explorarse nuevos caminos para materializar nuestra reclamación y estima interpretar, con su decisión, el sentir nacional.

Así como el juicio sobre la conveniencia y oportunidad del Protocolo pertenecen a la historia, tampoco tiene sentido debatir sobre el valor jurídico de dicho instrumento. Si bien es cierto que el artículo 6 dispone que entrará en vigencia desde su firma, y que la falta de pronunciamiento formal del Congreso Nacional sobre la aprobación de ese Tratado, introduce particularidades específicas en el orden jurídico, no es menos cierto que luce puramente académico e inútil, un ejercicio sobre el alcance jurídico de todos estos aspectos, cuando se han respetado sus disposiciones por casi once años y cuando el Presidente de Venezuela ha anunciado que no existe, por nuestra parte, disposición.

La consecuencia inmediata de la extinción del Protocolo de Puerto España, es la plena reactivación de los procedimientos señalados por el Acuerdo de Ginebra de 1966. Ese Acuerdo, que tuvo en su oportunidad un respaldo sólido en el Congreso Nacional, dispone que Venezuela y Guyana deben encontrar una solución satisfactoria para el arreglo práctico de la controversia.

De ahí que lo más constructivo para el país, en este momento, sea concertar nuestra atención y nuestra reflexiones en el Acuerdo de Ginebra. Debemos valorar si Guyana y Gran Bretaña han cumplido de buena fe las obligaciones que se derivan del mismo. Debemos desmenuzar los procedimientos que

---

[1361] "Declaración del Canciller Doctor José Alberto Zambrano Velasco referente a la no prórroga del Protocolo de Puerto España (Caracas, 10 de abril de 1981)" en portal web *El Esequibo en nuestro*. Disponible en http://esequibonuestro.blogspot.com/search?q=4+de+abril+de+1981.

establece ese Tratado, a fin de seleccionar aquel que, dentro de los objetivos que las Partes le asignaron, convenga mejor al interés del país.

En estas circunstancias es fundamental que la posición venezolana sea expresión de una voluntad nacional, que no se diluya en pequeñas polémicas estériles. La unidad de los venezolanos es decisiva para que se entienda con mayor claridad que, dentro del respeto que tenemos por la existencia de un Estado vecino y amigo, tenemos también la firme determinación de hacer respetar nuestra posición. De que se respete el fundamento ético y jurídico de nuestra reclamación a obtener una reparación por el atropello del que fuimos víctimas por la acción de los imperios coloniales. Y de que ser respete igualmente el compromiso que adquirieron Venezuela, Guyana y Gran Bretaña en 1966 de encontrar soluciones satisfactorias para un arreglo práctico de la controversia.

Las posibilidades de hacer funcionar positivamente los procedimientos del Acuerdo de Ginebra aumentan en la medida en que haya mayor unidad del país alrededor de estos asuntos. Esa unidad será igualmente necesaria para hacer comprender a Guyana y a la Comunidad Internacional que para Venezuela es inaceptable, pendiente aún la solución satisfactoria de la controversia, que por decisión unilateral se produzcan actos de disposición sobre el territorio reclamado, que podrían afectarlo gravemente y que pretenderían desconocer nuestros derechos. En el caso concreto de la represa del Alto Mazaruni debe quedar claro, en el ámbito internacional, que su construcción en las condiciones actuales es inadmisible para Venezuela y que en consecuencia o estamos dispuestos a reconocer ningún derecho que pretendiera invocarse a partir de la hipotética ejecución de dicho proyecto.

La fuerza de la posición venezolana exige una disposición a ver el asunto de cara al futuro y a no desperdiciar nuestro trabajo intelectual y político en debates infructuosos. El Gobierno Nacional se propone un gran esfuerzo para sumar la voluntad y la acción de la Nación y de sus sectores representativos en este propósito, y espera que el tono del debate se adecue a lo que la Historia nos exige a todos en este momento.

26. COMUNICADO DEL MINISTERIO DE RELACIONES EXTERIORES DE VENEZUELA REFERENTE A LAS DISPOSICIONES DEL ARTÍCULO IV DEL ACUERDO DE GINEBRA DE FECHA 11 DE DICIEMBRE DE 1981[1362]

Despacho del Ministro

El Presidente de la República, hace varios meses, anunció la decisión de no continuar aplicando el Protocolo de Puerto España más allá del vencimiento de su término inicial, que es el 18 de junio de 1982. En ejecución de esa decisión y de acuerdo con lo previsto por el Artículo V del mismo Protocolo, en el día de hoy se cumplieron las respectivas notificaciones formales a los Gobiernos de la República Cooperativa de Guyana y del Reino Unido de Gran Bretaña e Irlanda del Norte.

Se inicia, pues, otra etapa en nuestra vieja reclamación territorial, en la búsqueda de una justa reparación por el despojo del que fuimos víctimas por parte del imperialismo colonial británico.

En 1966, como resultado de la tenaz posición de la Cancillería venezolana, el Reino Unido en vísperas de la independencia de Guyana, admitió la existencia de una controversia y la necesidad de resolverla.

El 17 de febrero de ese mismo año se firmó el Acuerdo de Ginebra, del cual son parte Venezuela, el Reino Unido y Guyana. El 13 de abril de 1966 con el apoyo casi unánime de los grupos parlamentarios, el Congreso Nacional aprobó el Acuerdo, que dos días después fue ratificado por el Jefe del Estado. Se trata, pues, de un instrumento que tiene fuerza de Ley de la República y que reconoce y encauza nuestra reclamación.

Dicho Tratado, partiendo del convencimiento de que cualquier controversia pendiente entre las partes debía ser amistosamente resuelta, en forma que resultara aceptable para ambas (Preámbulo), estableció, en su Artículo I, una Comisión Mixta, con el encargo de buscar soluciones satisfactorias para el arreglo práctico de la controversia, surgida como consecuencia de la contención venezolana de que el Laudo Arbitral de 1899 es nulo e írrito.

Para el caso en que la negociación a nivel de la Comisión Mixta no tuviera éxito, se previó un procedimiento para someter el asunto a los medios de solución pacífica recogidos por el Artículo 33 de la Carta de las Naciones Unidas (Art. IV). El mismo Artículo asignó una función al Secretario General

---

[1362] "Comunicado de la Cancillería de Venezuela referente a las disposiciones del Artículo IV del Acuerdo de Ginebra (Caracas, 11 de diciembre de 1981)" en portal web *El Esequibo en nuestro*. Disponible en: http://esequibonuestro.blogspot.com/2012/06/comunicado-de-la-cancilleria-de.html.

de la ONU, para colaborar con las Partes en la elección de medios de solución de la controversia. Esa función aceptada por el Secretario General de la ONU por comunicación de fecha 4 de abril de 1966. De este modo se ratificó el reconocimiento a la existencia de la controversia por los Estados interesados y por la misma comunidad internacional, por órgano del Secretario General de la ONU.

Durante los cuatro años de actividad de la Comisión Mixta, Guyana mantuvo una posición inflexible, dirigida a evadir la negociación a través de la cual hubiera podido encontrarse una solución satisfactoria para el arreglo práctico de la controversia.

Como consecuencia del intransigente incumplimiento guyanés, la Comisión Mixta no pudo satisfacer el encargo que le asignó el Acuerdo de Ginebra. En tal virtud, procedía la aplicación de los mencionados mecanismos establecidos por el Artículo IV de dicho Acuerdo.

A la luz de la situación internacional existente para aquel momento, en lo que ésta pudiera repercutir sobre nuestra aspiración, de los antecedentes inmediatos en el seno de la Comisión Mixta; y de los supremos intereses del país, el Gobierno Nacional de entonces llegó a la conclusión de que el momento no era propicio para proceder a dar aplicación inmediata al Artículo IV del Acuerdo de Ginebra. En tal virtud, se negoció y suscribió el Protocolo de Puerto España, de fecha 18 de junio de 1970, que dejó en suspenso por doce años la aplicación de algunas de las disposiciones del Acuerdo de Ginebra y, muy en especial, las previsiones del Artículo IV, sin que ello obstara a que se pudieran adelantar, por otros medios, gestiones destinadas a buscar una solución para la controversia planteada.

El Artículo VI del Protocolo de Puerto España, dispuso que dicho instrumento entraría en vigor desde la fecha de su firma, basándose en el precedente establecido en el Artículo VII del Acuerdo de Ginebra.

En 1970, el Gobierno Nacional remitió al Senado de la República el Proyecto de Ley Aprobatoria del Protocolo de Puerto España, sobre el cual no hubo ningún pronunciamiento parlamentario. Sin embargo, Venezuela ha ajustado su conducta práctica a las disposiciones del Protocolo, con fundamento en la letra de los instrumentos suscritos, los principios generales del Derecho Internacional y la costumbre jurídica internacional, sobre la materia.

Al cabo de más de once años de aplicación del Protocolo de Puerto España, el Presidente Luís Herrera Campíns, interpretando un amplio consenso nacional, y en la plena convicción de que esa determinación es la más adecuada para el interés del país y para la garantía de la paz y la seguridad internacionales, ha decidido poner cese a la aplicación de ese Tratado a partir del 18 de junio de 1982.

Como consecuencia de esa decisión, desde la mencionada fecha, nuestra reclamación se regirá por el Acuerdo de Ginebra y, en concreto, por las disposiciones de su Artículo IV, el cual remite a los medios de solución pacífica recogidos por el Artículo 33 de la Carta de las Naciones Unidas que son: 1) Negociación, 2) Investigación, 3) Mediación, 4) Conciliación, 5) Arbitraje; 6) Arreglo Judicial; 7) Recurso a Organismos o Acuerdos Regionales; 8) Otros medios pacíficos.

La decisión del Gobierno venezolano de no prorrogar el Protocolo de Puerto España, comporta la firme determinación de cumplir y exigir el cumplimiento del Acuerdo de Ginebra. Este Tratado establece una obligación de negociar una solución satisfactoria para el arreglo práctico de la controversia, de modo que ésta quede resuelta en forma que resulte aceptable para ambas partes. Hemos denunciado reiteradamente que Guyana no ha dado cumplimiento a esa obligación de negociar de buena fe. En este momento, cuando se da un nuevo giro a la cuestión, Venezuela renueva la esperanza de que Guyana rectificará esa conducta y de que se emprenderán auténticas negociaciones, destinadas a resolver la controversia.

La fuerza de la posición de Venezuela no radica solamente en la razón que la asiste frente a la injusticia cometida, sino también, e inseparablemente, en su tradicional respeto por los compromisos internacionales que ha contraído y en su disposición de dar aplicación al Acuerdo de Ginebra.

La próxima etapa que ha de abordar el país en el tratamiento de nuestra reclamación es decisiva. Debemos proceder a través de ese tratado internacional, a buscar una solución que, sin perder de vista todos los factores históricos, geográficos, políticos, sociales y jurídicos presentes en la cuestión, se proponga la obtención del objetivo fundamental para Venezuela, que es el logro de un arreglo práctico que rectifique la injusticia cometida con el abusivo despojo del que fuimos víctimas en la Guayana Esequiba. Ese deseo de justicia es el que guía invariablemente la conducta del pueblo y del Gobierno de Venezuela, y el que expresa con claridad nuestro propósito ante la comunidad internacional.

A fin de que la aplicación del Acuerdo de Ginebra produzca resultados positivos y para asegurar una gestión racional y eficaz de nuestra reclamación, es fundamental el aporte de la madurez y unidad del país. La madurez nos reclama adoptar, en cada oportunidad, decisiones que sean producto del sentido de equilibrio, seriedad y buen juicio sobre todos los elementos que deben ser tomados en cuenta, para obtener todas las potencialidades que puede ofrecer el Acuerdo de Ginebra en función del interés nacional.

La unidad nos impone colocar este asunto que nos interesa por igual a todos los venezolanos, más allá de las controversias cotidianas y al margen de toda tentación de obtener ventajas circunstanciales. Se requiere del concurso patriótico de todos y, muy en especial, de aquellos a quienes el país ha confiado responsabilidades en las distintas ramas del Poder Público, para que la posición venezolana se caracterice por la solidez y coherencia política y jurídica, tal como lo requiere el histórico objetivo que se ha propuesto el país con el Acuerdo de Ginebra.

El país puede confiar en que la gestión nacional que se emprenderá asegurará, para satisfacción de todos, el generoso respaldo, sin distinciones, de todos los sectores en que se organiza el pueblo venezolano.

27. DEMANDA DE LA REPÚBLICA COOPERATIVA DE GUYANA CONTRA LA REPÚBLICA BOLIVARIANA DE VENEZUELA ANTE LA CORTE INTERNACIONAL DE JUSTICIA DE FECHA 29 DE MARZO DE 2018[1363]

To the Registrar of the International Court of Justice.

The undersigned, duly authorized by the Government of the Co-operative Republic of Guyana, has the honour to submit to the International Court of Justice, in accordance with Articles 36 (1) and 40 (1) of the Statute of the Court and Article 38 of the Rules of Court, this Application instituting proceedings against the Bolivarian Republic of Venezuela.

I. Introduction

1. By this Application, Guyana requests the Court to confirm the legal validity and binding effect of the Award regarding the Boundary between the Colony of British Guiana and the United States of Venezuela, of 3 October 1899 ("1899 Award").

2. Pursuant to the Treaty of Arbitration between Great Britain and the United States of Venezuela, signed 2 February 1897 at Washington ("Washington Treaty"), the 1899 Award was "a full, perfect, and final settlement" of all questions relating to determining the boundary line between the colony of British Guiana and Venezuela.

3. Between November 1900 and June 1904, an Anglo-Venezuelan Boundary Commission identified, demarcated and permanently fixed the boundary established by the 1899 Award. On 10 January 1905, the Commissioners signed a Joint Declaration and accompanying maps in accordance with the 1899 Award ("1905 Agreement").

4. At all times following the 1899 Award and 1905 Agreement, until the Independence of Guyana in 1966, the United Kingdom of Great Britain and Northern Ireland ("United Kingdom") accepted that the Award and the Agreement finally settled all territorial claims and permanently fixed the land boundary between British Guiana and Venezuela. At all times since its independence in 1966, Guyana has accepted that the 1899 Award and 1905 Agreement are valid and legally binding on both Guyana – as successor to the United Kingdom – and Venezuela, and that the boundary has always been and remains that which was fixed by the 1899 Award and 1905 Agreement.

[1363] International Court of Justice, "Application instituting proceedings", 29 de marzo de 2018. Disponible en https://www.icj-cij.org/sites/default/files/case-related/171/171-20180329-APP-01-00-EN.pdf.

5. For its part, between 1899 and 1962 Venezuela consistently and repeatedly expressed its unconditional acceptance of the legal validity and binding force of the 1899 Award and 1905 Agreement, and respected the boundary with British Guian that was fixed thereby.

6. Venezuela changed its position in 1962, as the United Kingdom was making final preparations for the independence of British Guiana. Sixty-three years after the 1899 Award was issued, Venezuela formally asserted for the first time that the Award was "arbitrary", and therefore "null and void". Venezuela threatened not to recognize the new State, or its boundaries, unless the United Kingdom agreed to set aside the 1899 Award and the 1905 Agreement, and cede to Venezuela all of the territory west of the Essequibo River, which was awarded to British Guiana in 1899.

7. Negotiations between the United Kingdom and Venezuela led to an Agreement to Resolve the Controversy between Venezuela and the United Kingdom of Great Britain and Northern Ireland over the Frontier between Venezuela and British Guiana, signed at Geneva on 17 February 1966 ("Geneva Agreement"). It provided for recourse to a series of dispute settlement mechanisms to finally resolve the controversy caused by Venezuela's reversal of position on the validity of the 1899 Award, and its refusal to continue its acceptance of the boundary demarcated in 1905. Guyana acceded to the Geneva Agreement following its independence on 26 May 1966.

8. For more than 50 years, since the entry into force of the Geneva Agreement, the Parties have had recourse to the means of settlement specified in the Agreement, but have failed to resolve the controversy. Throughout this period, until the present day, Guyana's sovereignty, security and development have been jeopardized by Venezuela's refusal to recognize the long- settled boundary, and its claim to more than two- thirds of Guyana's land territory, which is home to more than one-quarter of its population.

9. Venezuela has never produced any evidence to justify its belated repudiation of the 1899 Award. Its prolonged acceptance of the Award, from 1899 until 1962, recalls the *Arbitral Award Made by the King of Spain on 23 December 1906 (Honduras v. Nicaragua)*, where the Court rejected Nicaragua's similar contention that a 1906 Award on the boundary between Nicaragua and Honduras was "null and void", because: "Nicaragua by express declaration and by conduct, recognized the Award as valid and it is no longer open to Nicaragua to go back upon that recognition and to challenge the validity of the Award. Nicaragua's failure to raise any question with regard to the validity of the Award for several years after the full terms of the Award had become known to it further confirms the conclusión at which the Court has arrived".

10. The Geneva Agreement authorized the United Nations Secretary- General, in the absence of an agreement between the Parties, to "decide" which means of dispute settlement under Article 33 of the United Nations Charter they must pursue to achieve a final resolution of the controversy. On signature, the Agreement was sent to Secretary- General U Thant, who responded on 4 April 1966:

> "I have made note of the obligations that eventually can fall on the Secretary- General of the United Nations by virtue of paragraph 2 of Arti- cle IV of the Agreement and it pleases me to inform you that the functions are of such a nature that they can be appropriately carried out by the Secretary-General of the United Nations".

11. Successive Secretaries- General likewise accepted the authority conferred and the obligations imposed on them by the Geneva Agreement. As detailed below, between January 1990 and January 2018, they each chose a "good offices process", carried out under their supervision, as the means of peaceful Settlement of the controversy between Guyana and Venezuela over the validity of the 1899 Award and the finality of the boundary established thereunder.

12. On 30 January 2018, nearly 52 years after the signing of the Geneva Agreement, Secretary- General António Guterres determined that the good offices process had failed to achieve a peaceful settlement of the controversy. He then took a forma and binding decision, under Article IV, paragraph 2, of the Agreement, to choose a different means of settlement under Article 33 of the Charter. In identical letters to both Parties, he communicated the terms of his decision that, pursuant to the authority vested in him by the Geneva Agreement, the controversy shall be settled by recourse to the International Court of Justice. A public statement issue on his behalf, on the same date, declared that the Secretary- General "has chosen the International Court of Justice as the means to be used for the solution of the controversy...".

13. Guyana files this Application pursuant to the Secretary- General's decision. In so doing, it places its faith in the Court to resolve the controversy in accordance with its Statute and jurisprudence, based on the fundamental principles of international law, including the sanctity of boundary treaties, the binding force of arbitral awards, and respect for the sovereignty and territorial integrity of States.

II. Jurisdiction of the Court

14. The Court has jurisdiction over the controversy addressed in this Application under Article 36, paragraph 1, of its Statute, pursuant to the

mutual consent of Guyana and Venezuela, given by them in Article IV, paragraph 2, of the 1966 Geneva Agreement. In that provision of the Agreement, they mutually conferred upon the Secretary-General of the United Nations the authority to choose the means of settlement of the controversy and, on 30 January 2018, the Secretary-General exercised his authority by choosing judicial settlement by the Court.

15. The Geneva Agreement is in force between the Parties, Guyana having acceded to it upon its independence in 1966. Venezuela, too, accepts that the Geneva Agreement is an "international treaty signed by Venezuela and Guyana which governs as law the territorial controversy on the Essequibo".

16. Article IV, paragraph 2, of the Geneva Agreement provides, in relevant part, that if the Parties are unable to arrive at a full agreement for the solution of the controversy over the validity and binding force of the 1899 Award, and are further unable to agree on the means of its settlement:

"they shall refer the decision as to the means of settlement to an Appropriate international organ upon which they both agree or, failing agreement on this point, to the Secretary- General of the United Nations. If the means so chosen do not lead to a solution of the controversy, the said organ or, as the case may be, the Secretary- General of the United Nations shall choose another of the means stipulated in Article 33 of the Charter of the United Nations, and so on until the controversy has been resolved or until all the means of peaceful Settlement there contemplated have been exhausted".

17. In conformity with Article IV, paragraph 2, having failed to resolve the controversy, Guyana and Venezuela called upon Secretary- General Javier Pérez de Cuéllar to "choose" a means stipulated in Article 33 of the Charter for the peaceful Settlement of their dispute. On 31 August 1983, he responded by sending the Under-Secretary-General for Special Political Affairs, Diego Cordovez, to visit Caracas and Georgetown "for the purpose of ascertaining the position which the parties might wish to provide relevant to the choice of means for a peaceful settlement". He did so "in order to facilitate the discharge of his responsibility under the terms of Article IV (2) of the Agreement on 17 February 1966 concerning the controversy between Guyana and Venezuela".

18. Following these consultations, the Secretary- General chose a "good offices process" as the initial means of settlement. Between 1990 and 2016, successive personal representatives were appointed by the Secretary- General for this purpose, including Alister McIntyre of Grenada (1990-1999, appointed by Secretary-General Javier Pérez de Cuéllar), Oliver Jackman of Barbados (1999-2007, appointed by Secretary-General Kofi Annan), and

Norman Girvan of Jamaica (2010-2014, appointed by Secretary- General Ban Ki-moon). Despite a quarter century of effort, however, the good offices process failed to produce any progress in arriving at a settlement of the controversy.

19. Faced with these unsuccessful efforts, in December 2016 after consultations with Guyana and Venezuela, Secretary- General Ban Ki-moon recalled that under Article IV, paragraph 2, of the Geneva Agreement, the Parties had entrusted him with "the power to choose means for the settlement of the controversy from among those contemplated in Article 33 of the Charter of the United Nations". In the exercise of this authority, he decided that: "Initially, the good offices process will continue for one final year, until the end of 2017, with a strengthened mandate of mediation", and that:

"If, by the end of 2017, the Secretary- General concludes that significant progress has not been made toward arriving at a full agreement for the solution of the controversy he will choose the International Court of Justice as the next means of settlement...".

20. In conformity with his predecessor's decision, on 23 February 2017, Secretary- General António Guterres decided to continue the good offices process for an additional year, and appointed Dag Nylander of Norway as his personal representative. During 2017, the Parties held regular exchanges with the personal representative including three formal meetings at Greentree Estate in New York. By the end of 2017 however, there had been no significant progress – indeed no progress at all – toward a solution of the controversy.

21. Secretary- General Guterres, recognizing that the good offices process had failed to produce significant progress, decided, in conformity with Article IV, paragraph 2 of the Geneva Agreement and Article 33 of the Charter, that the next means of settlement would be adjudication by the International Court of Justice. His decision was communicated in letters to the Parties dated 30 January 2018, and made public on the same date.

22. The letters confirm that Article IV, paragraph 2, of the Geneva Agreement "confers upon the Secretary- General of the United Nations the power and responsibility to choose, from among those means of peaceful settlement contemplated in Article 33 of the Charter of the United Nations, the means of settlement to be used for the resolution of the controversy" and that "[i]f the means so chosen does not lead to a solution of the controversy, Article IV, paragraph 2, of the Geneva Agreement goes on to confer upon the Secretary- General the responsibility to choose another means of peaceful settlement contemplated in Article 33 of the Charter". The letters then inform the Parties of his decision:

"Consistently with the framework set [by] my predecessor, I have carefully analysed the developments in the good offices process during the course of 2017. Consequently, I have fulfilled the responsibility that has fallen to me within the framework set by my predecessor and, significant progress not having been made toward arriving at a full agreement for the solution of the controversy, have chosen the International Court of Justice as the next means that is now to be used for its solution".

23. Guyana welcomed the Secretary- General's decision that, after more than fifty years of unsuccessful dispute settlement efforts, the Court would be "the next means" for solution of the controversy with Venezuela. In the words of Guyana's Foreign Minister, Honourable Carl Greenidge:

"Guyana has always held the view that the ICJ is the appropriate forum for the peaceful and definitive settlement of the controversy, and is pleased that that view has prevailed under the process developed by both Secretary-General Ban Ki-moon and Secretary- General António Guterres. Guyana will not allow factors extraneous to the controversy to influence its referral to the Court; but it will continue the advancement of peaceful relations with Venezuela whose people are the brothers and sisters of Guyanese. In this context, Guyana acknowledges the Secretary- General's suggestions for the immediate future. That Guyana has stood firm against Venezuela's attempt to reopen a territorial boundary settled and recognized for half a century before its independence, and done so despite the manifest unequal strengths between the two countries, is to our national credit. Guyana, as one of the world's small developing countries, is pleased that its reliance on the rule of law internationally has been the underpinning of its national sovereignty".

24. Although Venezuela has expressed dissatisfaction with the Secretary-General's decision, it has reaffirmed that the Geneva Agreement is a valid and binding treaty, and that the obligations assumed by Guyana and Venezuela thereunder remain in full force. A Venezuelan communiqué of 31 January 2018, the day after the Secretary- General's decision, declared:

"Venezuela ratifies the full validity of the Geneva Agreement of February 17, 1966, signed and ratified between our country and the United Kingdom of Great Britain and Northern Ireland, in consultation with the Government of British Guiana, an international treaty that governs as law the territorial controversy between the parties, validly recognized and registered befor the UN, the only way to the final solution of this opprobrious heritage of British colonialism".

25. Accordingly, with the Secretary- General having decided, pursuant to the authority mutually conferred upon him by the Parties in Article IV, paragraph 2, of the 1966 Geneva Agreement, that the controversy between Guyana and Venezuela shall now be settled by the International Court of Justice, the Court has jurisdicti over the controversy that is the subject of this Application.

III. Statement of Facts
A. The 1899 Award

26. During the late nineteenth century, conflicting territorial claims by the United Kingdom and Venezuela led to the brink of war. Each State claimed the entire territory between the mouth of the Essequibo River in the east, and the Orinoco River in the west. The United States of America, in the person of Presiden Grover Cleveland, pressed for settlement of the dispute by means of international arbitration. This led to the signature of the Washington Treaty by the United Kingdom and Venezuela on 2 February 1897. Its Preamble set out its object and purpose:

"to provide for an amicable settlement of the question which has arisen between their respective Governments concerning the boundary between the Colony of British Guiana and the United States of Venezuela, having resolved to submit to arbitration the question involved...".

27. Article I provided that: "An Arbitral Tribunal shall be immediately appointed to determine the boundary line between the Colony of British Guiana and the United States of Venezuela".

28. Article II provided that:
"The Tribunal shall consist of five jurists; two on the part of Great Britain, nominated by the members of the Judicial Committee of Her Majesty's Privy Council, namely, the Right Honourable Baron Herschell, Knight Grand Cross of the Most Honourable Order of Bath, and the Honourable Sir Richard Henn Collins, Knight, one of the Justices of Her Britannic Majesty's Supreme Court of the Judicature; two on the part of Venezuela, nominated, one by the President of the United States of Venezuela, namely, the Honourable Melville Weston Fuller, Chief Justice of the United States of America, and one nominated by the Justices of the Supreme Court of the United States of America, namely, the Honourable David Josiah Brewer, a Justice of the Supreme Court of the United States of America; and of a fifth

jurist to be selected by the four persons so nominated, or in the event of their failure to agree within three months from the exchange of ratification of the present Treaty, to be so selected by His Majesty the King of Sweden and Norway. The jurist so selected shall be the President of the Tribunal".

29. Pursuant to Article II, the distinguished Russian jurist Fyodor Fyodorovich Martens was selected as the President of the Tribunal.

30. Article III set out the jurisdiction of the Tribunal:

"The Tribunal shall investigate and ascertain the extent of the territories belonging to, or that might lawfully be claimed by the United Netherlands or by the Kingdom of Spain respectively at the time of the acquisition by Great Britain of the Colony of British Guiana, and shall determine the boundary line between the Colony of British Guiana and the United States of Venezuela".

31. Article XIII provided for the binding force of the Arbitral Award "The High Contracting Parties engage to consider the result of the proceeds of the Tribunal of Arbitration as a full, perfect, and final settlement of all the questions referred to the Arbitrators".

32. Following extensive written pleadings and documentary evidence submitted by the parties, the Arbitral Tribunal held hearings in Paris between 15 June and 27 September 1899 in 54 sessions of four hours each. After deliberations, the Tribunal delivered a unanimous Award on 3 October 1899. The Award fixed the land Boundary between British Guiana and Venezuela as commencing, in the north, on th Atlantic Coast at Punta Playa, and extending southward to the border with Brazil.

33. The Award gave Venezuela the entire mouth of the Orinoco River, and the land on both sides. Venezuela treated this as a success, because the mouth of the Orinoco was considered by it to be the most important territory in dispute. On 7 October 1899, four days after the Award was issued, the Venezuelan Minister to London, José Andrade, described it as follows:

"Greatly indeed did justice shine forth when, in spite of all, in the determining of the frontier the exclusive dominion of the Orinoco was granted to us, which is the principal aim which we set ourselves to obtain through arbitration. I consider well spent the humble efforts which I devoted personally to this end during the last six years of my public life".

34. Having lost its claim to the mouth of the Orinoco River, the United Kingdom received and accepted what it considered to be the less valuable territory to the east extending to the Essequibo River. On 5 December 1899, in

his State of the Union message to the Congress of the United States, President William McKinley, who succeeded President Cleveland, celebrated the Award and its acceptance by both Parties:

"The International Commission of Arbitration appointed under the Anglo-Venezuelan Treaty of 1897 rendered an award on October 3 last whereby the boundaries line between Venezuela and British Guiana is determined; thus ending a controversy which had existed for the greater part of the century. The Award, as to which the arbitrators were unanimous, while not meeting the extreme contention of either party, gives to Great Britain a large share of the interior territory in dispute and to Venezuela the entire mouth of the Orinoco, including Barima Point and the Caribbean littoral for some distance to the eastwards. The decision appears to be equally satisfactory to both parties".

35. Consistent with the 1897 Washington Treaty and the 1899 Award, between 1900 and 1904 the land boundary between British Guiana and Venezuela was demarcated by a Joint Boundary Commission consisting of British and Venezuelan representatives. The Commission drew up and signed an official Boundary map, and on 10 January 1905, issued a joint declaration stating in relevant part:

"(1) That they regard this Agreement as having a perfectly official carácter with respect to the acts and rights of both Governments in the Territory demarcated; that they accept the positions of the points mentioned below as correct, the result of the mean of the observations and calculations made by both Commissioners together or separately as follows...

(2) That the two maps mentioned in this Agreement, signed by both Commissioners, are exactly the same... containing all the enumerated details relating to the aforesaid demarcation, with a clear specification of the Boundary line according with the Arbitral Award of Paris".

36. In his Report of 20 March 1905, the Venezuelan Commissioner, Abraham Tirado, declared that:

"The honourable task is ended and the delimitation between our Republic and the Colony of British Guiana an accomplished fact. I, satisfied with the part which it has been my lot to play, congratulate Venezuela in the person of the patriotic Administrator who rules her destinies and who sees with generous pride the long- standing and irritating dispute that has caused his country so much annoyance settled under his régime".

37. In a diplomatic Note to the British Foreign Office dated 4 September 1907, Venezuela rejected a request by the United Kingdom, originally proposed in the Report of the Joint Commissioners, for a slight adjustment of the boundary, and in doing so confirmed the validity and finality of the 1899 Award and the 1905 Agreement:

"I have the honour to inform you that the question of the modification of the boundary line... was laid before Congress... and that Congress, concurring in the opinion of the Federal Executive... declared the modification proposed to be unacceptable, principally because it amounts to a veritable cession of territory. The ratification of the Federal Executive is thus limited to the work done by the Mixed Delimitation Commissions in accordance with the Paris Award".

38. Venezuela further confirmed its recognition of the 1899 Award and the 1905 Agreement, *inter alia*, in working with the Commissioners of Brazil and the United Kingdom during the demarcation of the boundary between Brazil and British Guiana to ensure accuracy at the tri-junction point where the boundaries of Brazil, British Guiana, and Venezuela meet, based on the southern terminal point of the boundary established by the 1899 Award and the 1905 Agreement.

39. Prior to 1962, Venezuela never altered its official position that its boundary with British Guiana was definitively and permanently determined by the 1899 Award and Agreement of 1905. For example, in diplomatic exchanges between 1941 and 1943, Venezuela's Minister of Foreign Affairs, Esteban Gil Borges, responded to concerns by the United Kingdom about certain Venezuelan press reports with the reassurance that the boundary between British Guiana and Venezuela was *"chose jugée"* and that the views expressed by the press "were not shared by him or his Government".

B. *Venezuela's Change of Position*

40. On 18 December 1961, the Prime Minister of British Guiana, Cheddi Jagan, speaking before the United Nations General Assembly's Special Political and Decolonization (Fourth) Committee, called for the prompt independence of the colony. This was followed, on 14 February 1962, by a letter from the Permanent Representative of Venezuela to the Fourth Committee officially claiming, for the first time since the 1899 Award, that "there is a dispute between my country and the United Kingdom concerning the demarcation of the frontier between Venezuela and British Guiana". In a complete reversal of Venezuela's historic position on the validity of the 1899 Award, he claimed in a memorandum annexed to his letter:

"The Award was the result of a political transaction carried out behind Venezuela's back and sacrificing its legitimate rights. The frontier was demarcated arbitrarily, and no account was taken of the specific rules of the arbitral agreement or of the relevant principles of international law. Venezuela cannot recognize an award made in such circumstances...".

41. Contemporaneous evidence demonstrates that Venezuela's change of position, at the same time that British Guiana was preparing for independence, was not a mere coincidence. A dispatch of 15 May 1962 from the American Ambassador in Caracas, C. Allan Stewart, to the United States Department of State concerning the "border question" reported that:

"President Betancourt [of Venezuela] professes to be greatly concerned about an independent British Guiana with Cheddi Jagan as Prime Minister. He suspects that Jagan is already too committed to communism and that his American wife exercises considerable influence over him... This alarm may be slightly simulated since Betancourt's solution of the border dispute presupposes a hostile Jagan. His plan: through a series of conferences with the British before Guiana is awarded independence a cordon sanitaire would be set up between the present boundary line and one mutually agreed upon by the two countries (Venezuela and Britain). Sovereignty of this slice of British Guiana would pass to Venezuela...".

42. Venezuela sought to justify its claim for a major "slice of British Guiana" on the basis of a secret memorandum, purportedly written in 1944 by Severo Mallet- Prevost – a junior counsel for Venezuela in the 1899 Arbitration – with instructions that it be made public only upon his death, which it was in 1949. The memorandum alleged, without claiming or setting forth any evidence of direct knowledge, that the 1899 Award had been the result of some form of collusion between the two British arbitrators and the Russian President of the Tribunal. Venezuela did not invoke this "posthumous document" until 1962, when it raised it as a pretext for seeking territorial concessions on the eve of Guyana's independence.

43. With a view to resolving this controversy, the United Kingdom and Venezuela agreed at the United Nations Fourth Committee in November 1962 to examine documentary material relevant to the 1899 Award. A joint press communiqué of 7 November 1963 reported that British and Venezuelan experts would examine each other's archives and submit reports on their findings to their respective Governments as the basis for further discussions. The representative of the United Kingdom in the Fourth Committee

emphasized however that this did not imply any recognition of Venezuela's contentions in regard to changing the boundary determined by the 1899 Award: "In making this offer, I must make it very clear that it is in no sense an offer to engage in substantive talks about revision of the frontier. That we cannot do; for we consider that there is no justification for it".

44. The experts subsequently made their respective examinations. According to the United Kingdom, there was no evidence whatsoever to support Venezuela's contention that the 1899 Award is null and void, or of the alleged facts upon which it purported to rely. Nonetheless, by February 1965 Venezuela had issued an official map labelling the territory west of the Essequibo River that had been awarded to the United Kingdom as "Guayana Esequiba" identifying it as the "Zona en Reclamación".

C. The 1966 Geneva Agreement

45. The talks between the United Kingdom and Venezuela resulted in the adoption of the 1966 Geneva Agreement, which was registered with the United Nations on 5 May 1966. Guyana achieved independence three weeks later, on 26 May 1966, and expressed its accession to the Agreement. That accession has always been recognized by Venezuela.

46. Article I of the Agreement called for the establishment of a Mixed Commission "with the task of seeking satisfactory solutions for the practical settlement of the controversy between Venezuela and the United Kingdom which has arisen as the result of the Venezuelan contention that the Arbitral Award of 1899 about the frontier between British Guiana and Venezuela is null and void". 47. Article IV, paragraph 1, of the Agreement provided that:

> "If, within a period of four years from the date of this Agreement, the Mixed Commission should not have arrived at a full agreement for the solution of the controversy it shall, in its final report, refer to the Government of Guyana and the Government of Venezuela any outstanding questions. Those Governments shall without delay choose one of the means of peaceful Settlement provided in Article 33 of the Charter of the United Nations".

48. The Mixed Commission's four-year mandate expired on 17 February 1970 without an agreement for the solution of the controversy. The Parties then signed a Protocol to the Geneva Agreement reaffirming their commitment to it but agreeing to a moratorium on dispute settlement efforts, which lasted for 12 years. At the end of that period, the Parties again attempted to reach agreement "on the means of peaceful settlement provided in Article 33 of the Charter", as required by Article IV, paragraph 1, of the Geneva Agreement, but were unable to do so.

49. Accordingly, pursuant to Article IV, paragraph 2, of the Geneva Agreement, the Parties referred the decision as to the means of settlement to the Secretary-General. It was in response thereto that successive Secretaries- General decided upon settlement by the good offices process, until, finally, on 30 January 2018, after that means had failed to achieve progress in arriving at a settlement of the controversy, Secretary- General Guterres decided that the next means of Settlement is the International Court of Justice.

D. Violations of Guyana's Sovereignty and Territorial Integrity

50. From Guyana's independence in 1966 until the present, Venezuela has repeatedly violated Guyana's sovereignty and territorial integrity, including by sending its military and other officials across the border into Guyanese territory in violation of the 1899 Award and the 1905 Agreement. These and other action have been aimed at pressuring Guyana, a much smaller and weaker neighbour, to cede the so- called "Guayana Esequiba" territory west of the Essequibo River to Venezuela.

51. In October 1966, Venezuelan military forces seized the eastern half of Ankoko Island in the Cuyuni River, which is on the Guyana side of the Boundary established by the 1899 Award and the 1905 Agreement. Venezuela subsequently built military installations and an airstrip on this Guyanese territory, and, Despite Guyana's clear objections and protests, continues to occupy it unlawfully to the resent day.

52. There have been numerous other incursions into and overflights over Guyana's sovereign territory by Venezuelan military forces. These include, to provide just a few examples:

(a) Repeated overflight of Guyanese territory by Venezuelan F-15 fighter jets,
including in October 1999, on the 100th anniversary of the 1899 Award;

(b) The incursion by Venezuelan soldiers and bombing of two Guyanese pontoons
on the Cuyuni River in November 2007;

(c) The landing of Venezuelan soldiers at Eteringbang in August 2013;

(d) The landing of Venezuelan officials at Eteringbang in November 2013 to assert a claim of Venezuelan sovereignty;

(e) The incursion and seizure of property by Venezuelan soldiers at Bruk-Up in June 2014;

(f) The incursion of Venezuelan soldiers near Eteringbang in May 2016, and Their firing of weapons at officials of the Guyana Geology and Mines Commission.

53. Venezuela has also taken or threatened action to interfere with, discourage and prevent economic development activities authorized by Guyana in the Territory west of the Essequibo River. It has repeatedly blocked Guyanese and Foreign investors from carrying out projects in the territory and its adjacent maritime area, and threatened to take further similar actions. Examples include:

(a) On 15 June 1968, the notice placed by Venezuela in the *London Times* expressing strong exception to and warning against any "concessions either granted or to be granted by the Guyana Government over the territory stretching to the West of the Esequivo [sic] River...";

(b) In July 1968, the Decree by President Raúl Leoni asserting Venezuela's sovereignty over the land territory west of the Essequibo River, and its concomitant sovereignty over the territorial waters adjacent to the coast of that territory, between the boundary fixed by the 1899 Award in the west, and the mouth of the Essequibo River in the east, a distance of some 250 km beyond the land Boundary terminus at Punta Playa;

(c) In June 1981, the letter by Venezuela to the President of the World Bank objecting to financing for Guyana's Mazuruni hydroelectric project;

(d) In June 1982, the demarche by Venezuela to the European Economic Community to refrain from participation in Guyana's economic development;

(e) In August 1993, the note from Venezuela's Foreign Ministry protesting Guyana's issuance of concessions in the maritime area directly adjacent to the territory between the boundary fixed by the 1899 Award in the west, and the mouth of the Essequibo River in the east;

(f) In July 2000, the intervention by Venezuela with the People's Republic of China to object to the issuance of a forestry concession by Guyana to Jilin Industries, Ltd., a Chinese company;

(g) In August 2013, the seizure by the Venezuelan Navy of the *RV Teknik Perdana* research vessel, which had been contracted by Guyana's United States licensee, Anadarko Petroleum Corporation, while the vessel was conducting transitory seismic activities of Guyana's

Essequibo coast. The vessel and its crew were arrested and detained in Venezuela, resulting in the cessation of all further exploration activities in Guyana's waters by the licensee;

(h) In April 2014, the objections from Venezuela against a joint hydroelectric Project planned by Guyana and Brazil:

(i) In September 2014, a diplomatic Note from Venezuela warning Guyana to refrain from all economic activity west of the Essequibo River;

(j) In July 2015, the Decree issued by President Nicolás Maduro asserting Venezuela's sovereignty over the entire Guyanese coast between the boundary established by the 1899 Award and the mouth of the Essequibo River, and the assertion of exclusive jurisdiction in all the waters adjacent to that coast out to a distance beyond 200 nautical miles;

(k) In August 2015, the objection by Venezuela to mining concessions issued by the Guyana Geology and Mines Commission;

(l) In February 2018, the objection by Venezuela to Guyana's issuance of Petroleum licenses to Exxon in waters adjacent to the mouth of the Essequibo River, and Venezuela's warning that Guyana and its licensee should not take any actions under that license; and

(m) In February 2018, the protest by Venezuela regarding the issuance of concessions on Guyana's land territory by the Guyana Forestry Commission to Rong-An Inc. and RL Sudhram.

54. Guyana has reason to fear further violations of its sovereignty by its more powerful neighbour, absent a definitive settlement of the controversy by the Court. According to Venezuela's 31 January 2018 communiqué:

"The President of the Bolivarian Republic of Venezuela, Nicolás Maduro Moros, guarantees the Venezuelan people that they will continue defending the sovereign rights over the Guayana Esequiba and calls for national unity to protect the most sacred interests of the nation. Venezuela's sun rises in the Essequibo".

IV. Decision Requested

55. Based on the foregoing, and as further developed in the written pleadings in accordance with any Order that may be issued by the Court, Guyana requests the Court to adjudge and declare that:

(a) The 1899 Award is valid and binding upon Guyana and Venezuela, and the boundary established by that Award and the 1905 Agreement is valid and binding upon Guyana and Venezuela;

(b) Guyana enjoys full sovereignty over the territory between the Essequibo River and the boundary established by the 1899 Award and the 1905 Agreement, and Venezuela enjoys full sovereignty over the territory west of that boundary; Guyana and Venezuela are under an obligation to fully respect each other's sovereignty and territorial integrity in accordance with the boundary established by the 1899 Award and the 1905 Agreement;

(c) Venezuela shall immediately withdraw from and cease its occupation of the eastern half of the Island of Ankoko, and each and every other territory which is recognized as Guyana's sovereign territory in accordance with the 1899 Award and 1905 Agreement;

(d) Venezuela shall refrain from threatening or using force against any person and/or company licensed by Guyana to engage in economic or commercial activity in Guyanese territory as determined by the 1899 Award and 1905 Agreement, or in any maritime areas appurtenant to such territory overwhich Guyana has sovereignty or exercises sovereign rights, and shall not interfere with any Guyanese or Guyanese- authorized activities in those areas;

(e) Venezuela is internationally responsible for violations of Guyana's sovereignty and sovereign rights, and for all injuries suffered by Guyana as a consequence.

V. Reservation of Rights

56. Guyana reserves its right to supplement or amend the present Application.

VI. Appointment of Agent and Co-Agents

57. Guyana has appointed the Honourable Carl Greenidge, Minister of Foreign Affairs of Guyana, as Agent for the proceedings, and Sir Shridath Ramphal and Audrey Waddell as Co-Agents.

58. It is requested that all communications be notified to the Agent and Co- Agents at the following postal and e-mail addresses:

(a) Postal address:
Ministry of Foreign Affairs, Co- operative Republic of Guyana,
Takuba Lodge,
254 South Road,
Georgetown, Guyana
(b) E-mail addresses:
(i) Agent: carlbg@minfor.gov.gy

(ii) Co-Agent Sir Shridath Ramphal: ssramphal@msn.com
(iii) Co-Agent Ambassador Audrey Waddell: awaddell@minfor.gov.gy
Respectfully,
29 March 2018.

(Signed) Hon. Carl B. Greenidge,
Vice- President and Minister of Foreign Affairs,
Co-operative Republic of Guyana,
Agent.

CERTIFICATION

I certify that the annexes are true copies of the documents reproduced therein.

(Signed) Hon. Carl B. Greenidge,
Vice- President and Minister of Foreign Affairs,
Co- operative Republic of Guyana,
Agent.

LIST OF ANNEXES

Annex 1. Treaty of Arbitration between Great Britain and the United States of Venezuela, signed at Washington, 2 February 1897.

Annex 2. Award regarding the Boundary between the Colony of British Guiana and the United States of Venezuela, decision of 3 October 1899.

Annex 3. Agreement between the British and Venezuelan Boundary Commissioners with regard to the Map of the Boundary, 10 January 1905.

Annex 4. Agreement to Resolve the Controversy between Venezuela and the United Kingdom of Great Britain and Northern Ireland over the Frontier between Venezuela and British Guiana, signed at Geneva, 17 February 1966.

Annex 5. Letters from Secretary- General U Thant to Dr. Ignacio Iribarren, Borges Minister from Foreign Affairs of the Republic of Venezuela and the Rt. Hon. Lord Caradon, Permanent Representative of the United Kingdom to the United Nations, 4 April 1966.

Annex 6. Letter from Secretary- General Ban Ki-moon to H.E. Mr. David Arthur Granger, President of the Republic of Guyana, 15 December 2016.

Annex 7. Letter from Secretary- General António Guterres to H.E. Mr. David Arthur Granger, President of the Republic of Guyana, 30 January 2018.

28. SENTENCIA DE LA CORTE INTERNACIONAL DE JUSTICIA DE FECHA 18 DE DICIEMBRE DE 2020 SOBRE COMPETENCIA EN EL CASO DEL LAUDO ARBITRAL DEL 3 DE OCTUBRE DE 1899 (REPÚBLICA COOPERATIVA DE GUYANA CONTRA LA REPÚBLICA BOLIVARIANA DE VENEZUELA)[1364]

INTERNATIONAL COURT OF JUSTICE
REPORTS OF JUDGMENTS,
ADVISORY OPINIONS AND ORDERS
ARBITRAL AWARD OF 3 OCTOBER 1899
(GUYANA *v.* VENEZUELA)
JURISDICTION OF THE COURT
JUDGMENT OF 18 DECEMBER 2020

ARBITRAL AWARD OF 3 OCTOBER 1899
(GUYANA *v.* VENEZUELA)
JURISDICTION OF THE COURT
JUDGMENT

Present: President Yusuf; *Vice-President* Xue; *Judges* Tomka, Abraham, Bennouna, Cançado Trindade, Donoghue, Gaja, Sebutinde, Bhandari, Robinson, Crawford, Gevorgian, Salam, Iwasawa;

Judge ad hoc Charlesworth; *Registrar* Gautier.

In the case concerning the Arbitral Award of 3 October 1899,

between

the Co-operative Republic of Guyana,

represented by

Hon. Carl B. Greenidge,

as Agent;

Sir Shridath Ramphal, OE, OCC, SC,

H.E. Ms Audrey Waddell, Ambassador, CCH,

as Co-Agents;

Mr. Paul S. Reichler, Attorney at Law, Foley Hoag LLP, member of the Bars of the Supreme Court of the United States and the District of Columbia,

Mr. Alain Pellet, Emeritus Professor at the University Paris Nanterre, former Chairman of the International Law Commission, member of the Institut de droit international,

---

[1364] International Court of Justice, "Judgment of 18 December 2020: Jurisdiction of the Court", 18 de diciembre de 2020. Disponible en https://www.icj-cij.org/sites/default/files/case-related/171/171_20201218_JUD_01-00-EN.pdf.

Mr. Philippe Sands, QC, Professor of International Law, University College London (UCL) and Barrister, Matrix Chambers, London,

Mr. Payam Akhavan, LLM, SJD (Harvard University), Professor of International Law, McGill University, member of the Bar of the State of New York and the Law Society of Ontario, member of the Permanent Court of Arbitration,

as Counsel and Advocates;

Mr. Pierre d'Argent, *professeur ordinaire*, Catholic University of Louvain, member of the Institut de droit international, Foley Hoag LLP, member of the Bar of Brussels,

Ms Christina L. Beharry, Attorney at Law, Foley Hoag LLP, member of the Bars of the State of New York and the District of Columbia, member of the Law Society of Ontario,

Mr. Edward Craven, Barrister, Matrix Chambers, London, Mr. Ludovic Legrand, Researcher, Centre de droit international de Nanterre (CEDIN) and Adviser in international law,

Ms Philippa Webb, Professor of Public International Law, King's College London, member of the Bars of England and Wales and the State of New York, Twenty Essex Chambers, London,

as Counsel;

H.E. Mr. Rashleigh E. Jackson, OR, former Minister for Foreign Affairs,

Ms Gail Teixeira, Representative, People's Progressive Party/Civic,

H.E. Mr. Cedric Joseph, Ambassador, CCH,

H.E. Ms Elisabeth Harper, Ambassador, AA,

Ms Oneka Archer-Caulder, LLB, LEC, LLM, Legal Officer, Ministry of Foreign Affairs,

Ms Donnette Streete, LLB, LLM, Senior Foreign Service Officer, Ministry of Foreign Affairs,

Ms Dianna Khan, LLM, MA, Legal Officer, Ministry of Foreign Affairs,

Mr. Joshua Benn, LLB, LEC, Nippon Fellow, Legal Officer, Ministry of Foreign Affairs,

as Advisers;

Mr. Raymond McLeod, DOAR Inc.,

as Technical Adviser;

Mr. Oscar Norsworthy, Foley Hoag LLP,

as Assistant,

and

the Bolivarian Republic of Venezuela,

The Court, composed as above, after deliberation,
delivers the following Judgment:

1. On 29 March 2018, the Government of the Co-operative Republic of Guyana (hereinafter "Guyana") filed in the Registry of the Court an Application instituting proceedings against the Bolivarian Republic of Venezuela (hereinafter "Venezuela") with regard to a dispute concerning "the legal validity and binding effect of the Award regarding the Boundary between the Colony of British Guiana and the United States of Venezuela, of 3 October 1899". In its Application, Guyana seeks to found the jurisdiction of the Court, under Article 36, paragraph 1, of the Statute of the Court, on Article IV, paragraph 2, of the "Agreement to Resolve the Controversy between Venezuela and the United Kingdom of Great Britain and Northern Ireland over the Frontier between Venezuela and British Guiana" signed at Geneva on 17 February 1966 (hereinafter the "Geneva Agreement"). It explains that, pursuant to this latter provision, Guyana and Venezuela "mutually conferred upon the Secretary-General of the United Nations the authority to choose the means of settlement of the controversy and, on 30 January 2018, the Secretary-General exercised his authority by choosing judicial settlement by the Court".

2. In accordance with Article 40, paragraph 2, of the Statute, the Registrar immediately communicated the Application to the Government of Venezuela. He also notified the Secretary-General of the United Nations of the filing of the Application by Guyana.

3. In addition, by letter dated 3 July 2018, the Registrar informed all Member States of the United Nations of the filing of the Application.

4. Pursuant to Article 40, paragraph 3, of the Statute, the Registrar notified the Member States of the United Nations, through the Secretary-General, of the filing of the Application, by transmission of the printed bilingual text of that document.

5. On 18 June 2018, at a meeting held, pursuant to Article 31 of the Rules of Court, by the President of the Court to ascertain the views of the Parties with regard to questions of procedure, the Vice-President of Venezuela, H.E. Ms Delcy Rodríguez Gómez, stated that her Government considered that the Court manifestly lacked jurisdiction to hear the case and that Venezuela had decided not to participate in the proceedings. She also handed to the President of the Court a letter dated 18 June 2018 from the President of Venezuela, H.E. Mr. Nicolás Maduro Moros, in which he stated, *inter alia*, that his country had "never accepted the jurisdiction of [the] Court... due to its historical tradition and fundamental institutions [and still less] would it accept the unilateral presentation of the request made by Guyana nor the form and content of the

claims expressed therein". He further noted in the letter that not only had Venezuela not accepted the Court's jurisdiction "in relation with the controversy referred to in the so- called 'application' presented by Guyana", it also had not "accept[ed] the unilateral presentation of the mentioned dispute", adding that "there exists no basis that could establish... the Court's Jurisdiction to consider Guyana's claims". The President of Venezuela continued as follows:

> "In the absence of any disposition in Article IV, paragraph 2, of the Geneva Accord of 1966 (or in Article 33 of the UN Charter, to which the said disposition makes reference) on (i) the Court's jurisdiction and (ii) the modalities for resorting to the Court, the establishment of the Jurisdiction of the Court requires, according to a well-established practice, both the express consent granted by both Parties to the controversy in order to subject themselves to the jurisdiction of the Court, as well as joint agreement of the Parties notifying the submission of the said dispute to the Court. The only object, purpose, and legal effect of the decision of January 30, 2018 of the United Nations Secretary-General, in accordance with paragraph 2, Article IV of the Geneva Accord, is to 'choose' a specific means for the friendly resolution of the controversy.
>
> On the other hand, the Court's jurisdiction in virtue of Article 36 of the Statute and the modalities to resort to it in accordance with Article 40 of the Statute, are not regulated by the Geneva Accord. In the absence of an agreement of the Parties expressing their consent to the jurisdiction of the Court under Article 36, and in the absence of an agreement by the Parties accepting that the dispute can be raised unilaterally, and not jointly, before the Court, as established by Article 40, there is no basis for the jurisdiction of the Court with regard to the so-called 'Guyana application'. Under these circumstances, and taking into account the aforementioned considerations, the Bolivarian Republic of Venezuela will not participate in the proceedings that the Cooperative Republic of Guyana intends to initiate through a unilateral action".

During the same meeting, Guyana expressed its wish for the Court to continue its consideration of the case.

6. By an Order of 19 June 2018, the Court held, pursuant to Article 79, paragraph 2, of the Rules of Court of 14 April 1978 as amended on 1 February 2001, that in the circumstances of the case, it was necessary first of all to resolve the question of its jurisdiction, and that this question should accordingly be separately determined before any proceedings on the merits. To that end, the

Court decided that the written pleadings should first address the question of jurisdiction, and fixed 19 November 2018 and 18 April 2019 as the respective time- limits for the filing of a Memorial by Guyana and a Counter-Memorial by Venezuela. Guyana filed its Memorial within the time-limit prescribed.

7. The Court did not include upon the Bench a judge of the nationality of either of the Parties. Guyana proceeded to exercise the right conferred upon it by Article 31, paragraph 3, of the Statute to choose a judge *ad hoc* to sit in the case; it chose Ms Hilary Charlesworth. Following its decision not to participate in the proceedings (see paragraph 5 above), Venezuela, for its part, did not, at this stage, exercise its right to choose a judge *ad hoc* to sit in the case.

8. By a letter of 12 April 2019, the Minister of People's Power for Foreign Affairs of Venezuela, H.E. Mr. Jorge Alberto Arreaza Montserrat, confirmed the decision of his Government "not to participate in the written procedure". He recalled that, in a letter dated 18 June 2018 (see paragraph 5 above), the President of Venezuela, H.E. Mr. Nicolás Maduro Moros, had expressly informed the Court that Venezuela "would not participate in the proceedings initiated by... Guyana's suit, due to the manifest lack of a jurisdictional basis of the Court on [this] claim". He added, however, that "out of respect for the Court", Venezuela would provide the Court, "in a later timely moment, with information in order to assist [it] in the fulfillment of its [duty] as indicated in Article 53.2 of its Statute".

9. By a letter of 24 April 2019, Guyana indicated that it was of the opinion that, in the absence of a Counter-Memorial by Venezuela, the written phase of the proceedings should "be considered closed" and oral proceedings "should be scheduled as soon as possible".

10. By letters of 23 September 2019, the Parties were informed that the hearings on the question of the Court's jurisdiction would take place from 23 to 27 March 2020.

11. By a letter of 15 October 2019, the Registrar, referring to Venezuela's letter of 12 April 2019, informed the latter that, should it still intend to provide information to assist the Court, it should do so by 28 November 2019 at the latest.

12. On 28 November 2019, Venezuela submitted to the Court a document entitled "Memorandum of the Bolivarian Republic of Venezuela on the Application filed before the International Court of Justice by the Cooperative Republic of Guyana on March 29th, 2018" (hereinafter the "Memorandum"). This document was immediately communicated to Guyana by the Registry of the Court.

13. By a letter of 10 February 2020, H.E. Mr. Jorge Alberto Arreaza Monserrat, Minister of People's Power for Foreign Affairs of Venezuela, indicated that his Government did not intend to attend the hearings scheduled for March 2020.

14. By letters of 16 March 2020, the Parties were informed that, owing to the COVID-19 pandemic, the Court had decided to postpone the oral proceedings to a later date. On 19 May 2020, the Parties were further informed that the oral proceedings would take place by video link on 30 June 2020.

15. Pursuant to Article 53, paragraph 2, of its Rules, the Court, after ascertaining the views of the Parties, decided that copies of the Memorial of Guyana and documents annexed thereto would be made accessible to the public on the opening of the oral proceedings. It also decided, in light of the absence of objection by the Parties, that the Memorandum submitted on 28 November 2019 by Venezuela would be made public at the same time.

16. A public hearing on the question of the jurisdiction of the Court was held by video link on 30 June 2020, at which the Court heard the oral arguments of: *For Guyana:* Sir Shridath Ramphal, Mr. Payam Akhavan, Mr. Paul Reichler, Mr. Philippe Sands, Mr. Alain Pellet.

17. At the hearing, a question was put to Guyana by a Member of the Court, to which a reply was given in writing, in accordance with Article 61, paragraph 4, of the Rules of Court. Venezuela was invited to submit any comments that it might wish to make on Guyana's reply, but no such submission was made.

18. By a letter of 24 July 2020, Venezuela transmitted written comments on the arguments presented by Guyana at the hearing of 30 June 2020, indicating that the comments were submitted "[i]n the framework of the assistance that Venezuela has offered to provide to the Court in the performance of its duty set forth in Article 53.2 of its Statute". By a letter of 3 August 2020, Guyana provided its views on this communication from Venezuela.

19. In the Application, the following claims were presented by Guyana:
"Guyana requests the Court to adjudge and declare that: *(a)* The 1899 Award is valid and binding upon Guyana and Venezuela, and the boundary established by that Award and the 1905 Agreement is valid and binding upon Guyana and Venezuela; *(b)* Guyana enjoys full sovereignty over the territory between the Essequibo River and the boundary established by the 1899 Award and the 1905 Agreement, and Venezuela enjoys full sovereignty over the territory west of that boundary; Guyana and Venezuela are under an obligation to fully respect each other's sovereignty and territorial integrity in accordance

with the boundary established by the 1899 Award and the 1905 Agreement; *(c)* Venezuela shall immediately withdraw from and cease its occupation of the eastern half of the Island of Ankoko, and each and every other territory which is recognized as Guyana's sovereign territory in accordance with the 1899 Award and 1905 Agreement; *(d)* Venezuela shall refrain from threatening or using force against any person and/or company licensed by Guyana to engage in economic or commercial activity in Guyanese territory as determined by the 1899 Award and 1905 Agreement, or in any maritime areas appurtenant to such territory over which Guyana has sovereignty or exercises sovereign rights, and shall not interfere with any Guyanese or Guyanese authorized activities in those areas; *(e)* Venezuela is internationally responsible for violations of Guyana's sovereignty and sovereign rights, and for all injuries suffered by Guyana as a consequence".

20. In the written proceedings, the following submissions were presented on behalf of the Government of Guyana in its Memorial on the question of the jurisdiction of the Court:

"For these reasons, Guyana respectfully requests the Court: 1. to find that it has jurisdiction to hear the claims presented by Guyana, and that these claims are admissible; and 2. to proceed to the merits of the case".

21. At the oral proceedings, the following submissions were presented on behalf of the Government of Guyana at the hearing of 30 June 2020: "On the basis of its Application of 29 March 2018, its Memorial of 19 November 2018, and its oral pleadings, Guyana respectfully requests the Court: 1. To find that it has jurisdiction to hear the claims presented by Guyana, and that these claims are admissible; and 2. To proceed to the merits of the case".

22. Since the Government of Venezuela filed no pleadings and did not appear at the oral proceedings, no formal submissions were presented by that Government. However, it is clear from the correspondence and the Memorandum received from Venezuela that it contends that the Court lacks jurisdiction to entertain the case.

* * *

I. Introduction

23. The present case concerns a dispute between Guyana and Venezuela that has arisen as a result of the latter's contention that the Arbitral Award of 3 October 1899 regarding the boundary between the two Parties (hereinafter the "1899 Award" or the "Award") is null and void.

24. The Court wishes first of all to express its regret at the decision taken by Venezuela not to participate in the proceedings before it, as set out in the above-mentioned letters of 18 June 2018, 12 April 2019 and 10 February 2020 (see paragraphs 5, 8 and 13 above). In this regard, it recalls that, under Article 53 of its Statute, "[w]henever one of the parties does not appear before the Court, or fails to defend its case, the other party may call upon the Court to decide in favour of its claim" and that "[t]he Court must, before doing so, satisfy itself, not only that it has jurisdiction in accordance with Articles 36 and 37, but also that the claim is well founded in fact and law".

25. The non-appearance of a party obviously has a negative impact on the sound administration of justice (*Military and Paramilitary Activities in and against Nicaragua (Nicaragua v. United States of America), Merits, Judgment, I.C.J. Reports 1986*, p. 23, para. 27, referring, *inter alia*, to *Nuclear Tests (Australia v. France), Judgment, I.C.J. Reports 1974*, p. 257, para. 15; *Fisheries Jurisdiction (Federal Republic of Germany v. Iceland), Jurisdiction of the Court, Judgment, I.C.J. Reports 1973*, p. 54, para. 13). In particular, the non-appearing party forfeits the opportunity to submit evidence and arguments in support of its own case and to counter the allegations of its opponent. For this reason, the Court does not have the assistance it might have derived from this information, yet it must nevertheless proceed and make any necessary findings in the case.

26. The Court emphasizes that the non-participation of a party in the proceedings at any stage of the case cannot, in any circumstances, affect the validity of its judgment (*Military and Paramilitary Activities in and against Nicaragua (Nicaragua v. United States of America), Merits, Judgment, I.C.J. Reports 1986*, p. 23, para. 27). A judgment on jurisdiction, as on the merits, is final and binding on the parties under Articles 59 and 60 of the Statute (*ibid.*, p. 24, para. 27; *Corfu Channel (United Kingdom v. Albania), Assessment of Amount of Compensation, Judgment, I.C.J. Reports 1949*, p. 248). Should the examination of the present case extend beyond the current phase, Venezuela, which remains a Party to the proceedings, will be able, if it so wishes, to appear before the Court to present its arguments (*Military and Paramilitary Activities in and against Nicaragua (Nicaragua v. United States of America), Merits, Judgment, I.C.J. Reports 1986*, pp. 142-143, para. 284).

27. The intention of Article 53 of the Statute is that in a case of non-appearance neither party should be placed at a disadvantage (*ibid.*, p. 26, para. 31). While there is no question of a judgment automatically in favour of the party appearing (*ibid.*, p. 24, para. 28), the party which declines to appear cannot be permitted to profit from its absence (*ibid.*, p. 26, para. 31).

28. Though formally absent from the proceedings, non-appearing parties sometimes submit to the Court letters and documents in ways and by means not contemplated by its Rules (*ibid.*, p. 25, para. 31). In this instance, Venezuela sent a Memorandum to the Court (see paragraph 12 above). It is valuable for the Court to know the views of both parties in whatever form those views may have been expressed (*ibid.*, p. 25, para. 31). The Court will therefore take account of Venezuela's Memorandum to the extent that it finds it appropriate in discharging its duty, under Article 53 of the Statute, to satisfy itself as to its jurisdiction to entertain the Application (*Aegean Sea Continental Shelf (Greece* v. *Turkey), Judgment, I.C.J. Reports 1978*, p. 7, para. 14).

II. Historical and Factual Background

29. Located in the north-east of South America, Guyana is bordered by Venezuela to the west. At the time the present dispute arose, Guyana was still a British colony, known as British Guiana. It gained independence from the United Kingdom on 26 May 1966. The dispute between Guyana and Venezuela dates back to a series of events that took place during the second half of the nineteenth century.

30. The Court will begin by relating in chronological order the relevant events pertaining to the dispute between the two States.

A. The Washington Treaty and the 1899 Award

31. In the nineteenth century, the United Kingdom and Venezuela both claimed the territory comprising the area between the mouth of the Essequibo River in the east and the Orinoco River in the west.

32. In the 1890s, the United States of America encouraged both parties to submit their territorial claims to binding arbitration. The exchanges between the United Kingdom and Venezuela eventually led to the signing in Washington of a treaty of arbitration entitled the "Treaty between Great Britain and the United States of Venezuela Respecting the Settlement of the Boundary between the Colony of British Guiana and the United States of Venezuela" (hereinafter the "Washington Treaty") on 2 February 1897.

33. According to its preamble, the purpose of the Washington Treaty was to "provide for an amicable settlement of the question... concerning the boundary". Article I provided as follows: "An Arbitral Tribunal shall be immediately appointed to determine the boundary-line between the Colony of British Guiana and the United States of Venezuela". Other provisions set out the arrangements for the arbitration, including the constitution of the tribunal, the place of arbitration and the applicable rules. Finally, according to Article

XIII of the Washington Treaty, "[t]he High Contracting Parties engage[d] to consider the result of the proceedings of the Tribunal of Arbitration as a full, perfect, and final settlement of all the questions referred to the Arbitrators".

34. The arbitral tribunal established under this Treaty rendered its Award on 3 October 1899. The 1899 Award granted the entire mouth of the Orinoco River and the land on either side to Venezuela; it granted to the United Kingdom the land to the east extending to the Essequibo River. The following year, a joint Anglo- Venezuelan commission was charged with demarcating the boundary established by the 1899 Award. The commission carried out that task between November 1900 and June 1904. On 10 January 1905, after the boundary had been demarcated, the British and Venezuelan commissioners produced an official boundary map and signed an agreement accepting, *inter alia*, that the co-ordinates of the points listed were correct.

B. *Venezuela's Repudiation of the 1899 Award and the Search for a Settlement of the Dispute*

35. On 14 February 1962, Venezuela, through its Permanent Representative, informed the Secretary-General of the United Nations that it considered there to be a dispute between itself and the United Kingdom "concerning the demarcation of the frontier between Venezuela and British Guiana". In its letter to the Secretary-General, Venezuela stated as follows: "The award was the result of a political transaction carried out behind Venezuela's back and sacrificing its legitimate rights. The frontier was demarcated arbitrarily, and no account was taken of the specific rules of the arbitral agreement or of the relevant principles of international law. Venezuela cannot recognize an award made in such circumstances". In a statement before the Fourth Committee of the United Nations General Assembly delivered shortly thereafter, on 22 February 1962, Venezuela reiterated its position.

36. The Government of the United Kingdom, for its part, asserted on 13 November 1962, in a statement before the Fourth Committee, that "the Western boundary of British Guiana with Venezuela [had been] finally settled by the award which the arbitral tribunal announced on 3 October 1899", and that it could not "agree that there [could] be any dispute over the question settled by the award". The United Kingdom also stated that it was prepared to discuss with Venezuela, through diplomatic channels, arrangements for a tripartite examination of the documentary material relevant to the 1899 Award.

37. On 16 November 1962, with the authorization of the representatives of the United Kingdom and Venezuela, the Chairman of the Fourth Committee declared that the Governments of the two States (the Government of the

United Kingdom acting with the full concurrence of the Government of British Guiana) would examine the "documentary material" relating to the 1899 Award (hereinafter the "Tripartite Examination"). Experts appointed by the two Governments thus examined the archives of the United Kingdom in London and the Venezuelan archives in Caracas, searching for evidence relating to Venezuela's contention of nullity of the 1899 Award.

38. The Tripartite Examination took place from 1963 to 1965. It was completed on 3 August 1965 with the exchange of the experts' reports. While Venezuela's experts continued to consider the Award to be null and void, the experts of the United Kingdom were of the view that there was no evidence to support that position.

39. On 9 and 10 December 1965, the Ministers for Foreign Affairs of the United Kingdom and Venezuela and the new Prime Minister of British Guiana met in London to discuss a settlement of the dispute. However, at the close of the meeting, each party maintained its position on the matter. While the representative of Venezuela asserted that any proposal "which did not recognise that Venezuela extended to the River Essequibo would be unacceptable", the representative of British Guiana rejected any proposal that would "concern itself with the substantive issues".

C. The Signing of the 1966 Geneva Agreement

40. Following the failure of the talks in London, the three delegations agreed to meet again in Geneva in February 1966. After two days of negotiations, they signed, on 17 February 1966, the Geneva Agreement, the English and Spanish texts of which are authoritative. In accordance with its Article VII, the Geneva Agreement entered into force on the same day that it was signed.

41. The Geneva Agreement was approved by the Venezuelan National Congress on 13 April 1966. It was published as a White Paper in the United Kingdom, i.e. as a policy position paper presented by the Government, and approved by the House of Assembly of British Guiana. It was officially transmitted to the Secretary-General of the United Nations on 2 May 1966 and registered with the United Nations Secretariat on 5 May 1966 (United Nations, *Treaty Series*, Vol. 561, No. 8192, p. 322).

42. On 26 May 1966, Guyana, having attained independence, became a party to the Geneva Agreement, alongside the Governments of the United Kingdom and Venezuela, in accordance with the provisions of Article VIII thereof.

43. The Geneva Agreement provides, first, for the establishment of a Mixed Commission to seek a settlement of the controversy between the parties (Arts. I and II). Article I reads as follows: "A Mixed Commission shall be established with the task of seeking satisfactory solutions for the practical settlement of the controversy between Venezuela and the United Kingdom which has arisen as the result of the Venezuelan contention that the Arbitral Award of 1899 about the frontier between British Guiana and Venezuela is null and void". In addition, Article IV, paragraph 1, states that, should this Commission fail in its task, the Governments of Guyana and Venezuela shall choose one of the means of peaceful settlement provided for in Article 33 of the United Nations Charter. In accordance with Article IV, paragraph 2, should those Governments fail to reach agreement, the decision as to the means of settlement shall be made by an appropriate international organ upon which they both agree, or, failing that, by the Secretary-General of the United Nations.

44. On 4 April 1966, by letters to the Ministers for Foreign Affairs of the United Kingdom and Venezuela, the Secretary-General of the United Nations, U Thant, acknowledged receipt of the Geneva Agreement and stated as follows: 17 "I have taken note of the responsibilities which may fall to be discharged by the Secretary-General of the United Nations under Article IV (2) of the Agreement, and wish to inform you that I consider those responsibilities to be of a nature which may appropriately be discharged by the Secretary-General of the United Nations".

D. The Implementation of the Geneva Agreement 1. The Mixed Commission (1966-1970)

45. The Mixed Commission was established in 1966, pursuant to Articles I and II of the Geneva Agreement. During the Commission's mandate, representatives from Guyana and Venezuela met on several occasions.

46. A difference of interpretation regarding the Commission's mandate came to light from the time its work began. In Guyana's view, the task of the Mixed Commission was to find a practical solution to the legal question raised by Venezuela's contention of the nullity of the Award. According to Venezuela, however, the Commission was tasked with seeking practical solutions to the territorial controversy.

47. The discussions within the Mixed Commission took place against a backdrop of hostile actions which aggravated the controversy. Indeed, since the signature of the Geneva Agreement, both Parties have alleged multiple violations of their territorial sovereignty in the Essequibo region. The Mixed Commission reached the end of its mandate in 1970 without having arrived at a solution.

2. *The 1970 Protocol of Port of Spain and the moratorium put in place*

48. Since no solution was identified through the Mixed Commission, it fell to Venezuela and Guyana, under Article IV of the Geneva Agreement, to choose one of the means of peaceful settlement provided for in Article 33 of the United Nations Charter. However, in view of the dis agreements between the Parties, a moratorium on the dispute settlement process was adopted in a protocol to the Geneva Agreement (hereinafter the "Protocol of Port of Spain" or the "Protocol"), signed on 18 June 1970, the same day that the Mixed Commission delivered its final report. Article III of the Protocol provided for the operation of Article IV of the Geneva Agreement to be suspended so long as the Protocol remained in force. The Protocol was, pursuant to its Article V, to remain in force for an initial period of 12 years, which could be renewed thereafter. According to Article I of the Protocol, both States agreed to promote mutual trust and to improve understanding between themselves.

49. In December 1981, Venezuela announced its intention to terminate the Protocol of Port of Spain. Consequently, the application of Article IV of the Geneva Agreement was resumed from 18 June 1982 in accordance with Article V, paragraph 3, of the Protocol.

50. Pursuant to Article IV, paragraph 1, of the Geneva Agreement, the Parties attempted to reach an agreement on the choice of one of the means of peaceful settlement provided for in Article 33 of the Charter. However, they failed to do so within the three-month time-limit set out in Article IV, paragraph 2. They also failed to agree on the choice of an appropriate international organ to decide on the means of settlement, as provided for in Article IV, paragraph 2, of the Geneva Agreement.

51. The Parties therefore proceeded to the next step, referring the decision on the means of settlement to the Secretary-General of the United Nations. In a letter dated 15 October 1982 to his Guyanese counterpart, the Minister for Foreign Affairs of Venezuela stated as follows:

"Venezuela is convi[nced] that in order to comply with the provisions of Article IV (2) of the Geneva Agreement, the most appropriate international organ is the Secretary-General of the United Nations... Venezuela wishes to reaffirm its conviction that it would be most practical and appropriate to entrust the task of choosing the means of settlement directly to the Secretary-General of the United Nations. Since it is evident that no agreement exists between the parties in respect of the choice of an international organ to fulfil the functions provided for it in Article IV (2), it is obvious that this function now becomes the responsibility of the Secretary-General of the United Nations".

Later, in a letter dated 28 March 1983 to his Venezuelan counterpart, the Minister for Foreign Affairs of Guyana stated that, "proceeding regretfully on the basis that [Venezuela] is unwilling to seriously endeavour to reach agreement on any appropriate international organ whatsoever to choose the means of settlement, [Guyana] hereby agrees to proceed to the next stage and, accordingly, to refer the decision as to the means of settlement to [the] Secretary-General of the United Nations".

52. After the matter was referred to him by the Parties, the Secretary-General, Mr. Javier Pérez de Cuéllar, agreed by a letter of 31 March 1983 to undertake the responsibility conferred upon him under Article IV, paragraph 2, of the Geneva Agreement. Five months later, he sent the Under- Secretary-General for Special Political Affairs, Mr. Diego Cordovez, to Caracas and Georgetown in order to ascertain the positions of the Parties on the choice of the means of settlement of the controversy.

53. Between 1984 and 1989, the Parties held regular meetings and discussions at the diplomatic and ministerial levels. In view of the information provided by Mr. Cordovez, in early 1990 the Secretary- General chose the good offices process as the appropriate means of settlement.

3. From the good offices process (1990-2014 and 2017) to the seisin of the Court

54. Between 1990 and 2014, the good offices process was led by three Personal Representatives appointed by successive Secretaries- General: Mr. Alister McIntyre (1990-1999), Mr. Oliver Jackman (1999-2007) and Mr. Norman Girvan (2010-2014). The Parties, for their part, appointed facilitators to assist the different Personal Representatives in their work and to serve as a focal point with them. Regular meetings were held during this period between the representatives of both States and the Secretary- General, particularly in the margins of the annual session of the General Assembly.

55. In a letter to her Venezuelan counterpart dated 2 December 2014, the Minister for Foreign Affairs of Guyana observed that, after 25 years, the good offices process had not brought the Parties any closer to a resolution of the controversy. She stated that her Government was "reviewing the other options under Article 33 of the United Nations Charter, as provided for by the 1966 Geneva Agreement, that could serve to bring to an end the controversy". In response to that statement, on 29 December 2014, Venezuela invited the Government of Guyana to "agree, as soon as possible, [to] the designation of the Good Officer". On 8 June 2015, the Vice-President of Guyana asked the Secretary- General, 19 "within the context of [his] responsibility... and more

specifically, [his] mandate under the Geneva Agreement of 1966, to determine a means of... settlement which[,] in [his] judgement, w[ould] bring a definitive and conclusive end... to the controversy". In a letter dated 9 July 2015, the President of Venezuela asked the Secretary-General "to commence the process of appointing a Good Officer".

56. In September 2015, during the 70th Session of the United Nations General Assembly, the Secretary-General, Mr. Ban Ki-moon, held a meeting with the Heads of State of Guyana and Venezuela. Thereafter, on 12 November 2015, the Secretary-General issued a document entitled "The Way Forward", in which he informed the Parties that "[i]f a practical solution to the controversy [were] not found before the end of his tenure, [he] intend[ed] to initiate the process to obtain a final and binding decision from the International Court of Justice".

57. In his statement of 16 December 2016, the Secretary- General said that he had decided to continue the good offices process for a further year, with a new Personal Representative with a strengthened mandate of mediation. He also announced that 20 "[i]f, by the end of 2017, the Secretary-General concludes that significant progress has not been made toward arriving at a full agreement for the solution of the controversy, he will choose the International Court of Justice as the next means of settlement, unless both parties jointly request that he refrain from doing so".

58. The President of Venezuela, H.E. Mr. Nicolás Maduro Moros, replied to the Secretary-General in a letter of 17 December 2016, in which he underlined Venezuela's objection to "the intention... to recommend to the Parties that they resort to the Court", while at the same time stating its commitment to reaching a negotiated solution within the strict framework of the Geneva Agreement. In a letter dated 21 December 2016, the President of Guyana, H.E. Mr. David A. Granger, for his part, assured the President of Venezuela of his country's commitment "to fulfilling the highest expectations of the 'Good Office' process in the coming twelve-month period in accordance with the decision of the Secretary- General, to conclude a full settlement of the controversy and, should it become necessary, to thereafter resolve it by recourse to the International Court of Justice". He reaffirmed this position in a letter to the Secretary-General on 22 December 2016.

59. After taking office on 1 January 2017, the new Secretary- General, Mr. António Guterres, continued the good offices process for a final year, in conformity with his predecessor's decision. In this context, on 23 February 2017, he appointed Mr. Dag Nylander as his Personal Representative and gave him a strengthened mandate of mediation. Mr. Dag Nylander held several

meetings and had a number of exchanges with the Parties. In letters dated 30 January 2018 to both Parties, the Secretary-General stated that he had "carefully analyzed the developments in the good offices process during the course of 2017" and announced: "Consequently, I have fulfilled the responsibility that has fallen to me within the framework set by my predecessor and, significant progress not having been made toward arriving at a full agreement for the solution of the controversy, have chosen the International Court of Justice as the means that is now to be used for its solution".

60. On 29 March 2018, Guyana filed its Application in the Registry of the Court (see paragraph 1 above). 21 III. Interpretation of the Geneva Agreement

61. As described in paragraph 43 above, the Geneva Agreement establishes a three-stage process for settling the controversy between the Parties. The first step, set out in Article I, consists in establishing a Mixed Commission "with the task of seeking satisfactory solutions for the practical settlement of the controversy" arising from Venezuela's contention that the 1899 Award is null and void. Should the Mixed Commission fail to secure a full agreement on the resolution of the controversy within four years of the conclusion of the Geneva Agreement, Article IV provides for two additional steps in the dispute settlement process. That provision reads as follows:

"(1) If, within a period of four years from the date of this Agreement, the Mixed Commission should not have arrived at a full agreement for the solution of the controversy it shall, in its final report, refer to the Government of Guyana and the Government of Venezuela any outstanding questions. Those Governments shall without delay choose one of the means of peaceful settlement provided in Article 33 of the Charter of the United Nations.

(2) If, within three months of receiving the final report, the Government of Guyana and the Government of Venezuela should not have reached agreement regarding the choice of one of the means of settlement provided in Article 33 of the Charter of the United Nations, they shall refer the decision as to the means of settlement to an appropriate international organ upon which they both agree or, failing agreement on this point, to the Secretary-General of the United Nations. If the means so chosen do not lead to a solution of the controversy, the said organ or, as the case may be, the Secretary- General of the United Nations shall choose another of the means stipulated in Article 33 of the Charter of the United Nations, and so on until the controversy has been resolved or until all the means of peaceful settlement there contemplated have been exhausted".

62. According to Article 33 of the United Nations Charter:
"1. The parties to any dispute, the continuance of which is likely to endanger the maintenance of international peace and security, shall, first of all, seek a solution by negotiation, enquiry, mediation, conciliation, arbitration, judicial settlement, resort to regional agencies or arrangements, or other peaceful means of their own choice. 2. The Security Council shall, when it deems necessary, call upon the parties to settle their dispute by such means".

63. As already noted (see paragraph 50 above), the Parties failed to reach agreement on the choice of one of the means of peaceful settlement set out in Article 33 of the Charter, as provided for by Article IV, paragraph 1, of the Geneva Agreement. They then proceeded to the next step and referred this decision to the Secretary-General of the United Nations (see paragraph 51 above), pursuant to Article IV, paragraph 2, of the Agreement. The Court will interpret this provision in order to determine whether, in entrusting the decision as to the choice of one of the means of settlement provided for in Article 33 of the Charter to the Secretary- General, the Parties consented to settle their controversy by, *inter alia*, judicial means. If it finds that they did, the Court will have to determine whether this consent is subject to any conditions. As part of the interpretation of Article IV, paragraph 2, of the Geneva Agreement, the Court will first examine the use of the term "controversy" in this provision.

A. The "Controversy" under the Geneva Agreement

64. For the purpose of identifying the "controversy" for the resolution of which the Geneva Agreement was concluded, the Court will examine the use of this term in this instrument. The Court observes that the Geneva Agreement uses the term "controversy" as a synonym for the word "dispute". According to the established case law of the Court, a dispute is "a disagreement on a point of law or fact, a conflict of legal views or of interests between two persons" (*Mavrommatis Palestine Concessions, Judgment No. 2, 1924, P.C.I.J., Series A, No. 2*, p. 11). In this regard, the Court notes that Article IV of the Washington Treaty used the term "controversy" when referring to the original dispute that was submitted to the arbitral tribunal established under the Treaty to determine the boundary line between the colony of British Guiana and the United States of Venezuela. The Court further notes that, in the conclusion and implementation of the Geneva Agreement, the parties have expressed divergent views as to the validity of the 1899 Award rendered by the tribunal and the implications of this question for their frontier. Thus, Article I of the Geneva Agreement defines the mandate of the Mixed Commission as seeking satisfactory solutions for the practical settlement of "the controversy between

Venezuela and the United Kingdom which has arisen as the result of the Venezuelan contention that the Arbitral Award of 1899 about the frontier between British Guiana and Venezuela is null and void". That contention by Venezuela was consistently opposed by the United Kingdom in the period from 1962 until the adoption of the Geneva Agreement on 17 February 1966, and subsequently by Guyana after it became a party to the Geneva Agreement upon its independence, in accordance with Article VIII thereof.

65. It follows, in the view of the Court, that the object of the Geneva Agreement was to seek a solution to the frontier dispute between the parties that originated from their opposing views as to the validity of the 1899 Award. This is also indicated in the title of the Geneva Agreement, which is the "Agreement to Resolve the Controversy between Venezuela and the United Kingdom of Great Britain and Northern Ireland over the Frontier between Venezuela and British Guiana", and from the wording of the last paragraph of its preamble. The same idea is implicit in Article V, paragraph 1, of the Geneva Agreement which provides that "nothing contained in this Agreement shall be interpreted as a renunciation or diminution by the United Kingdom, British Guiana or Venezuela of any basis of claim to territorial sovereignty in the territories of Venezuela or British Guiana, or of any previously asserted rights of or claims to such territorial sovereignty, or as prejudicing their position as regards their recognition or non- recognition of a right of, claim or basis of claim by any of them to such territorial sovereignty". By referring to the preservation of their respective rights and claims to such territorial sovereignty, the parties appear to have placed particular emphasis on the fact that the "controversy" referred to in the Geneva Agreement primarily relates to the dispute that has arisen as a result of Venezuela's contention that the 1899 Award is null and void and its implications for the boundary line between Guyana and Venezuela.

66. Consequently, the Court is of the opinion that the "controversy" that the parties agreed to settle through the mechanism established under the Geneva Agreement concerns the question of the validity of the 1899 Award, as well as its legal implications for the boundary line between Guyana and Venezuela.

B. Whether the Parties Gave Their Consent to the Judicial Settlement of the Controversy under Article IV, Paragraph 2, of the Geneva Agreement

67. The Court notes that, unlike other provisions in treaties which refer directly to judicial settlement by the Court, Article IV, paragraph 2, of the Geneva Agreement refers to a decision by a third party with regard to the choice of the means of settlement. The Court must first ascertain whether the Parties conferred on that third party, in this instance the Secretary-General, the authority to choose, by a decision which is binding on them, the means of

settlement of their controversy. To this end, it will interpret the first sentence of Article IV, paragraph 2, of the Geneva Agreement, which provides that "[the parties] shall refer the decision... to the Secretary-General". If it finds that this was their intention, the Court will then determine whether the Parties consented to the choice by the Secretary- General of judicial settlement. It will do so by interpreting the last sentence of this provision, which provides that the Secretary- General "shall choose another of the means stipulated in Article 33 of the Charter of the United Nations, and so on until the controversy has been resolved or until all the means of peaceful settlement there contemplated have been exhausted".

1. Whether the decision of the Secretary- General has a binding character

68. Guyana considers that the decision of the Secretary-General cannot be regarded as a mere recommendation. It argues that it is clear from the use of the term "shall" in the English text of Article IV, paragraph 2, of the Geneva Agreement ("shall refer the decision") that there is an ensuing obligation. It adds that the use of the term "decision" in English shows that the Secretary-General's authority to choose the means of settlement was intended to produce a legally binding effect.

69. In its Memorandum, Venezuela contends that the Secretary- General's decision can only be taken as a recommendation. It relies on the preamble to the Geneva Agreement to argue that Guyana's proposed interpretation is inconsistent with the object and purpose of this instrument because "[i]t is not just a question of settling the dispute, but of doing it by means of a practical, acceptable and satisfactory settlement agreed by the Parties". Venezuela further argues that a choice on the means of settlement to be used by the Parties is not in itself sufficient to "materialize the recourse to a specific means of settlement".

* *

70. To interpret the Geneva Agreement, the Court will apply the rules on treaty interpretation to be found in Articles 31 and 32 of the Vienna Convention on the Law of Treaties (hereinafter the "Vienna Convention") (*Dispute regarding Navigational and Related Rights (Costa Rica* v. *Nicaragua), Judgment, I.C.J. Reports 2009*, p. 237, para. 47). Although that convention is not in force between the Parties and is not, in any event, applicable to instruments concluded before it entered into force, such as the Geneva Agreement, it is well established that these articles reflect rules of customary international law (*Question of the Delimitation of the Continental Shelf between Nicaragua and Colombia beyond 200 Nautical Miles from the Nicaraguan Coast (Nicaragua* v. *Colombia), Preliminary Objections, Judgment, I.C.J. Reports 2016 (I)*, p. 116, para. 33).

71. In accordance with the rule of interpretation enshrined in Article 31, paragraph 1, of the Vienna Convention, a treaty must be interpreted in good faith in accordance with the ordinary meaning to be given to the terms of the treaty in their context and in the light of its object and purpose. These elements of interpretation are to be considered as a whole (*Maritime Delimitation in the Indian Ocean (Somalia v. Kenya), Preliminary Objections, Judgment, I.C.J. Reports 2017*, p. 29, para. 64).

72. The first sentence of Article IV, paragraph 2, of the Geneva Agreement provides that the Parties "shall refer the decision... to the Secretary-General". The Court previously observed in its Judgment on the preliminary objections in the case concerning *Immunities and Criminal Proceedings (Equatorial Guinea v. France)* that the use of the word "shall" in the provisions of a convention should be interpreted as imposing an obligation on States parties to that convention (*I.C.J. Reports 2018 (I)*, p. 321, para. 92). The same applies to the paragraph of the Geneva Agreement cited above. The verb "refer" in the provision at hand conveys the idea of entrusting a matter to a third party. As regards the word "decision", it is not synonymous with "recommendation" and suggests the binding character of the action taken by the Secretary-General as to his choice of the means of settlement. These terms, taken together, indicate that the Parties made a legal commitment to comply with the decision of the third party on whom they conferred such authority, in this instance the Secretary- General of the United Nations.

73. As the Court has noted in a number of cases, the purpose of a treaty may be indicated in its title and preamble (see, for example, *Question of the Delimitation of the Continental Shelf between Nicaragua and Colombia beyond 200 Nautical Miles from the Nicaraguan Coast (Nicaragua v. Colombia), Preliminary Objections, Judgment, I.C.J. Reports 2016 (I)*, p. 118, para. 39; *Certain Norwegian Loans (France v. Norway), Judgment, I.C.J. Reports 1957*, p. 24). In the present case, the Agreement is entitled "Agreement to Resolve the Controversy... over the Frontier between Venezuela and British Guiana" and its preamble states that it was concluded "to resolve" that controversy. The Agreement also refers, in Article I, to the task of "seeking satisfactory solutions for the practical settlement of the controversy". This indicates that the object and purpose of the Geneva Agreement is to ensure a definitive resolution of the controversy between the Parties. 74. In view of the foregoing, the Court considers that the Parties conferred on the Secretary-General the authority to choose, by a decision which is binding on them, the means to be used for the settlement of their controversy.

75. This conclusion is also supported by the position of Venezuela set out in its Exposition of Motives for the Draft Law Ratifying the Protocol of Port of Spain of 22 June 1970, in which it is stated that 25 "the possibility existed that... an issue of such vital importance... as the determination of the means of dispute settlement, would have left the hands of the two directly interested Parties, to be decided by an international institution chosen by them, or failing that, by the Secretary- General of the United Nations".

76. In these proceedings, the Court need not, in principle, resort to the supplementary means of interpretation mentioned in Article 32 of the Vienna Convention. However, as in other cases, it may have recourse to these supplementary means, such as the circumstances in which the Geneva Agreement was concluded, in order to seek a possible confirmation of its interpretation of the text of the Geneva Agreement (see, for example, *Maritime Dispute (Peru v. Chile), Judgment, I.C.J. Reports 2014*, p. 30, para. 66; *Maritime Delimitation and Territorial Questions between Qatar and Bahrain (Qatar v. Bahrain), Jurisdiction and Admissibility, Judgment, I.C.J. Reports 1995*, p. 21, para. 40; *Territorial Dispute (Libyan Arab Jamahiriya/Chad), Judgment, I.C.J. Reports 1994*, p. 27, para. 55).

77. In this regard, the Court observes that, in his statement of 17 March 1966 before the National Congress on the occasion of the ratification of the Geneva Agreement, the Venezuelan Minister for Foreign Affairs, Mr. Ignacio Iribarren Borges, in describing the discussions that had taken place at the Geneva Conference, asserted that "[t]he only role entrusted to the Secretary-General of the United Nations [was] to indicate to the parties the means of peaceful settlement of disputes... provided in Article 33". He went on to state that, having rejected the British proposal to entrust that role to the General Assembly of the United Nations, "Venezuela [had] then suggested giving this role to the Secretary- General".

78. For the Court, the circumstances in which the Geneva Agreement was concluded support the conclusion that the Parties conferred on the Secretary-General the authority to choose, by a decision which is binding on them, the means of settlement of their controversy.

2. *Whether the Parties consented to the choice by the Secretary-General of judicial settlement*

79. The Court now turns to the interpretation of the last sentence of Article IV, paragraph 2, of the Geneva Agreement, which provides that the Secretary-General "shall choose another of the means stipulated in Article 33 of the Charter of the United Nations, and so on until the controversy has been

resolved or until all the means of peaceful settlement there con templated have been exhausted".

* *

80. According to Guyana, "[t]he unqualified *renvoi* to Article 33 empowers the Secretary-General to decide that the parties shall have recourse to judicial settlement". It adds that an interpretation of Article IV, paragraph 2, of the Geneva Agreement which excludes the possibility of judicial settlement would deprive the treaty of its effectiveness and would lock the Parties "into a never- ending process of diplomatic negotiation, where successful resolution could be permanently foreclosed by either one of them". The Applicant further contends that the circumstances surrounding the conclusion of the Geneva Agreement "confirm that the parties understood and accepted that their deliberate *renvoi* to Article 33 made it possible that the controversy ultimately would be resolved by judicial settlement".

81. In its Memorandum, Venezuela acknowledges that Article 33 of the Charter includes judicial settlement. However, it argues that since Article I of the Geneva Agreement refers to "seeking satisfactory solutions for the practical settlement of the controversy", this excludes judicial settlement unless the Parties consent to resort to it by special agreement.

* *

82. Given that Article IV, paragraph 2, of the Geneva Agreement refers to Article 33 of the Charter of the United Nations, which includes judicial settlement as a means of dispute resolution, the Court considers that the Parties accepted the possibility of the controversy being settled by that means. It is of the opinion that if they had wished to exclude such a possibility, the Parties could have done so during their negotiations. Equally, instead of referring to Article 33 of the Charter, they could have set out the means of settlement envisaged while omitting judicial settlement, which they did not do either.

83. The Court notes that, according to the wording of Article IV, paragraph 2, of the Geneva Agreement, the Parties conferred on the Secretary- General the authority to choose among the means of dispute settlement provided for in Article 33 of the Charter "until the controversy has been resolved". It observes that Article 33 of the Charter includes, on the one hand, political and diplomatic means, and, on the other, adjudicatory means such as arbitration or judicial settlement. The willingness of the Parties to resolve their controversy definitively is indicated by the fact that the means listed include arbitration and judicial settlement, which are by nature binding. The phrase "and so on until the controversy has been resolved" also suggests that the Parties conferred on the Secretary- General the authority to choose the most appropriate

means for a definitive resolution of the controversy. The Court considers that the Secretary-General's choice of a means that leads to the resolution of the controversy fulfils his responsibility under Article IV, paragraph 2, of the Geneva Agreement, in accordance with the object and purpose of that instrument.

84. In light of the above analysis, the Court concludes that the means of dispute settlement at the disposal of the Secretary- General, to which the Parties consented under Article IV, paragraph 2, of the Geneva Agreement, include judicial settlement.

85. It is recalled that, during the oral proceedings (see paragraph 17 above), the following question was put by a Member of the Court: "Article IV, paragraph 2, of the Geneva Agreement of 17 February 1966 concludes with an alternative, according to which either the controversy has been resolved or the means of peaceful settlement provided in Article 33 of the Charter of the United Nations have been exhausted. My question is the following: is it possible to conceive of a situation where all means of peaceful settlement have been exhausted without the controversy having been resolved?" In its reply to that question, Guyana argued that a situation in which all the means of peaceful settlement had been exhausted without the controversy being resolved was inconceivable. In its view, "[t]he 1966 Geneva Agreement established a procedure to ensure that the controversy would be finally and completely resolved" and "[b]ecause arbitration and judicial settlement are among the means of settlement listed in Article 33, a final and complete resolution of the controversy... is ensured".

86. The Court notes that its conclusion that the Parties consented to judicial settlement under Article IV of the Geneva Agreement is not called into question by the phrase "or until all the means of peaceful settlement there contemplated have been exhausted" at paragraph 2 of that Article, which might suggest that the Parties had contemplated the possibility that the choice, by the Secretary-General, of the means provided for in Article 33 of the Charter, which include judicial settlement, would not lead to a resolution of the controversy. There are various reasons why a judicial decision, which has the force of *res judicata* and clarifies the rights and obligations of the parties, might not in fact lead to the final settlement of a dispute. It suffices for the Court to observe that, in this case, a judicial decision declaring the 1899 Award to be null and void without delimiting the boundary between the Parties might not lead to the definitive resolution of the controversy, which would be contrary to the object and purpose of the Geneva Agreement.

87. In this regard, the Court notes that the joint statement on the ministerial conversations held in Geneva on 16 and 17 February 1966 between the

Venezuelan Minister for Foreign Affairs, his British counterpart and the Prime Minister of British Guiana declares that "[a]s a consequence of the deliberations an agreement was reached whose stipulations will enable a definitive solution for [the] problems [relating to the relations between Venezuela and British Guiana]". Similarly, the Venezuelan law ratifying the Geneva Agreement of 13 April 1966 states as follows: "Every single part and all parts of the Agreement signed in Geneva on 17 February 1966 by the Governments of the Republic of Venezuela and [the] United Kingdom of Great Britain and Northern Ireland in consultation with the Government of British Guiana, in order to solve the issue between Venezuela and [the] United Kingdom over the border line with British Guiana have been approved for any relevant legal purposes".

88. In light of the above, the Court concludes that the Parties consented to the judicial settlement of their controversy.

C. *Whether the Consent Given by the Parties to the Judicial Settlement of Their Controversy under Article IV, Paragraph 2, 29 of the Geneva Agreement Is Subject to any Conditions*

89. The Court observes that, in treaties by which parties consent to the judicial settlement of a dispute, it is not unusual for them to subject such consent to conditions which must be regarded as constituting the limits thereon (see *Application of the International Convention on the Elimination of All Forms of Racial Discrimination (Georgia v. Russian Federation), Preliminary Objections, Judgment, I.C.J. Reports 2011 (I)*, pp. 124-125, paras. 130-131; *Armed Activities on the Territory of the Congo (New Application: 2002) (Democratic Republic of the Congo v. Rwanda), Juris diction and Admissibility, Judgment, I.C.J. Reports 2006*, p. 39, para. 88). The Court must therefore now ascertain whether the Parties' consent to the means of judicial settlement, as expressed in Article IV, paragraph 2, of the Geneva Agreement, is subject to certain conditions.

90. The Parties do not dispute that the Secretary-General is required to establish that the means previously chosen have not "le[d] to a solution of the controversy" before "choos[ing] another of the means stipulated in Article 33 of the Charter of the United Nations". The Court will therefore interpret only the terms of the second sentence of this provision, which provides that, if the means chosen do not lead to a resolution of the controversy, "the Secretary-General... shall choose another of the means stipulated in Article 33 of the Charter of the United Nations, *and so on until the controversy has been resolved or until all the means of peaceful settlement there contemplated have been exhausted*" (emphasis added).

* *

91. Guyana maintains that the Secretary-General's decision to choose the judicial means of settlement of the controversy constitutes a proper exercise of his authority under Article IV, paragraph 2, of the Geneva Agreement. It contends that the use of the definite article "the" (one of "the" means) is "indicative of comprehensiveness" and implies that the Secretary-General can choose any of those means without following a particular order. It adds that "[i]f the means were to be applied mechanically, in the order in which they appear in Article 33, the role of a third party in the 'decision as to the means' would be unnecessary".

92. While Guyana acknowledges that, in the past, some Secretaries- General have consulted with the Parties during the process of choosing the means of settlement, it emphasizes that consultation with the Parties to ascertain their willingness to participate in such a process in no way detracts from the Secretary-General's authority to decide unilaterally on the means of settlement to be used.

*

93. In its Memorandum, Venezuela contends that the Secretary- General's decision is not consistent with his mandate under Article IV, paragraph 2, of the Geneva Agreement. It argues that the proper exercise of those powers consists in following the order in which the means of settlement appear in Article 33 of the Charter. It bases this interpretation on the expression "and so on" (in the equally authoritative Spanish text: "y así sucesivamente"), which appears in the last sentence of Article IV, paragraph 2, of the Geneva Agreement.

94. Venezuela adds that the practice whereby the Parties are consulted and give their consent to the choice contemplated by the Secretary- General must not be ignored.

* *

95. The Court must determine whether, under Article IV, paragraph 2, of the Geneva Agreement, the Parties' consent to the settlement of their controversy by judicial means is subject to the condition that the Secretary- General follow the order in which the means of settlement are listed in Article 33 of the United Nations Charter.

96. The Court observes that the use of the verb "choose" in Article IV, paragraph 2, of the Geneva Agreement, which denotes the action of deciding between a number of solutions, excludes the idea that it is necessary to follow the order in which the means of settlement appear in Article 33 of the Charter. In its view, the Parties understood the reference to a choice of "the" means and, should the first fail, of "another" of those means as signifying that any of those means could be chosen. The expression "and so on", on which Venezuela bases its argument ("y así sucesivamente" in the Spanish text), refers to a

series of actions or events occurring in the same manner, and merely conveys the idea of decision- making continuing until the controversy is resolved or all the means of settlement are exhausted. Therefore, the ordinary meaning of this provision indicates that the Secretary-General is called upon to choose any of the means listed in Article 33 of the Charter but is not required to follow a particular order in doing so.

97. In the view of the Court, an interpretation of Article IV, paragraph 2, of the Geneva Agreement whereby the means of settlement should be applied successively, in the order in which they are listed in Article 33 of the Charter, could prove contradictory to the object and purpose of the Geneva Agreement for a number of reasons. First, the exhaustion of some means would render recourse to other means pointless. Moreover, such an interpretation would delay resolution of the controversy, since some means may be more effective than others in light of the circumstances surrounding the controversy between the Parties. In contrast, the flexibility and latitude afforded to the Secretary-General in the exercise of the decision- making authority conferred on him contribute to the aim of finding a practical, effective and definitive resolution of the controversy.

98. The Court also recalls that the Charter of the United Nations does not require the exhaustion of diplomatic negotiations as a precondition for the decision to resort to judicial settlement (see, for example, *Land and Maritime Boundary between Cameroon and Nigeria (Cameroon v. Nigeria), Preliminary Objections, Judgment, I.C.J. Reports 1998*, p. 303, para. 56).

99. Furthermore, regarding the Parties' subsequent practice, the Court observes that both Guyana and Venezuela accepted that good offices were covered by the phrase "other peaceful means of their own choice", which appears at the end of the list of means set out in Article 33, paragraph 1, of the Charter. Yet both Parties welcomed the Secretary- General's decision to choose that means of settlement rather than begin with negotiation, enquiry or conciliation. In so doing, they acknowledged that the Secretary-General was not required to follow the order in which the means of settlement are listed in Article 33 of the Charter but instead had the authority to give preference to one means over another.

100. Regarding the question of consultation, the Court is of the view that nothing in Article IV, paragraph 2, of the Geneva Agreement requires the Secretary- General to consult with the Parties before choosing a means of settlement. It also observes that, although the successive Secretaries- General consulted with the Parties, it is clear from the various communications of the Secretaries- General (in particular the telegram of 31 August 1983 from the

Secretary-General, Mr. Javier Pérez de Cuéllar, to the Minister for Foreign Affairs of Guyana) that the sole aim of such consultation was to gather information from the Parties in order to choose the most appropriate means of settlement.

*

101. The Court concludes that, having failed to reach an agreement, the Parties entrusted to the Secretary-General, pursuant to Article IV, paragraph 2, of the Geneva Agreement, the role of choosing any of the means of settlement set out in Article 33 of the Charter. In choosing the means of settlement, the Secretary-General is not required, under Article IV, paragraph 2, to follow a particular order or to consult with the Parties on that choice. Finally, the Parties also agreed to give effect to the decision of the Secretary-General. IV. Jurisdiction of the Court

102. As the Court has established above (see paragraphs 82 to 88), by virtue of Article IV, paragraph 2, of the Geneva Agreement, the Parties accepted the possibility of the controversy being resolved by means of judicial settlement. The Court will therefore now examine whether, by choosing the International Court of Justice as the means of judicial settlement for the controversy between Guyana and Venezuela, the Secretary-General acted in accordance with Article IV, paragraph 2, of the Geneva Agreement. If it finds that he did, the Court will have to determine the legal effect of the decision of the Secretary-General of 30 January 2018 on the jurisdiction of the Court under Article 36, paragraph 1, of its Statute.

A. The Conformity of the Decision of the Secretary-General of 30 January 2018 with Article IV, Paragraph 2, of the Geneva Agreement

103. The Court recalls that on 30 January 2018, the Secretary- General addressed two identical letters to the Presidents of Guyana and Venezuela in relation to the settlement of the controversy. The letter addressed to the President of Guyana reads as follows:

"I have the honour to write to you regarding the controversy between the Co-operative Republic of Guyana and the Bolivarian Republic of Venezuela which has arisen as the result of the Venezuelan contention that the Arbitral Award of 1899 about the frontier between British Guiana and Venezuela is null and void ('the controversy'). As you will be aware, Article IV, paragraph 2 of the Agreement to Resolve the Controversy between Venezuela and the United Kingdom of Great Britain and Northern Ireland over the Frontier between Venezuela and British Guiana, signed at Geneva on 17 February 1966 (the 'Geneva Agreement'), confers upon the Secretary-General of the United Nations the power and the responsibility to choose from among those means of peaceful settlement contemplated in Article 33 of the Charter of the United Nations, the means of settlement to be used for the resolution of the controversy. If the means so chosen does not lead to a solution of the controversy, Article IV, paragraph 2 of the Geneva Agreement goes on to confer upon the Secretary-General the responsibility to choose another means of peaceful settlement contemplated in Article 33 of the Charter. As you will also be aware, former Secretary- General Ban Ki-moon communicated to you and to the President of the Bolivarian Republic of Venezuela a framework for the resolution of the border controversy based on his conclusions on what would constitute the most appropriate next steps. Notably, he concluded that the Good Offices Process, which had been conducted since 1990, would continue for one final year, until the end of 2017, with a strengthened mandate of mediation. He also reached the conclusion that if, by the end of 2017, I, as his successor, concluded that significant progress had not been made toward arriving at a full agreement for the solution of the controversy, I would choose the International Court of Justice as the next means of settlement, unless the Governments of Guyana and Venezuela jointly requested that I refrain from doing so. In early 2017, I appointed a Personal Representative, Mr. Dag Hal vor Nylander, who engaged in intensive high-level efforts to seek a negotiated settlement. Consistently with the framework set by my predecessor, I have carefully analyzed the developments in the good offices process during the course of 2017. Consequently, I have fulfilled the responsibility that has fallen to me within the framework set by my predecessor and, significant progress not having been made toward arriving at a full agreement for the solution of the controversy, have chosen the International Court of Justice as the means that is now to be used for its solution. At the same time, it is my considered view that your Government and that of the Bolivarian Republic of Venezuela could benefit from the continued good offices of the United Nations through a complementary process established on the basis of my power under the Charter. A good offices process could be supportive in at least the different ways set out below. Firstly, should both Governments accept the offer of a complementary good offices process, I believe this process could contribute to the use of the selected means of peaceful settlement. In addition, should both Governments wish to attempt to resolve the controversy through direct negotiations, in parallel to a judicial process, a good offices process could contribute to such negotiations. Thirdly, as the bilateral relationship between your Government and that of the Bolivarian Republic of Venezuela is broader than the controversy, both Governments may wish to address through a good offices process any other important pending issues that would benefit from third-party facilitation. I trust that a complementary good offices process would also con tribute to the continuation of the friendly and good-neighbourly relations that have characterized exchanges between the two countries. In closing, I should like to inform you that I will be making this way forward public. I have sent an identical letter to the President of the Bolivarian Republic of Venezuela, and I enclose a copy of that letter".

104. The Court first notes that, in taking his decision, the Secretary-General expressly relied upon Article IV, paragraph 2, of the Geneva Agreement. The Court further notes that, if the means of settlement previously chosen does not lead to a solution of the controversy, this provision calls upon the Secretary- General to choose another of the means of settlement provided for in Article 33 of the Charter of the United Nations, without requiring him to follow any particular sequence (see paragraph 101 above).

105. The Court is of the view that the means previously chosen by the Secretary-General "d[id] not lead to a solution of the controversy" within the terms of Article IV, paragraph 2. By 2014, the Parties had already been engaged in the good offices process within the framework of the Geneva Agreement for over twenty years, under the supervision of three Personal Representatives appointed by successive Secretaries-General, in order to find a solution to the controversy (see paragraph 54 above). As a result, in his decision of 30 January 2018, the Secretary-General stated that, no significant progress having been made towards arriving at a full agreement for the solution of the controversy in the good offices process, he had "chosen the International Court of Justice as the means that is now to be used for its solution", thereby fulfilling his responsibility to choose another means of settlement among those set out in Article 33 of the Charter of the United Nations.

106. Neither Article IV, paragraph 2, of the Geneva Agreement nor Article 33 of the Charter of the United Nations expressly mentions the International Court of Justice. However, the Court, being the "principal judicial organ of the United Nations" (Article 92 of the Charter of the United Nations), constitutes a means of "judicial settlement" within the meaning of Article 33 of the

Charter. The Secretary-General could therefore choose the Court, on the basis of Article IV, paragraph 2, of the Geneva Agreement, as the judicial means of settlement of the controversy between the Parties.

107. Moreover, the circumstances surrounding the conclusion of the Geneva Agreement, which include ministerial statements and parliamentary debates (see *Fisheries Jurisdiction (Spain v. Canada), Jurisdiction of the Court, Judgment, I.C.J. Reports 1998*, p. 454, para. 49, and p. 457, para. 60; *Aegean Sea Continental Shelf (Greece v. Turkey), Judgment, I.C.J. Reports 1978*, p. 29, para. 69), indicate that recourse to the International Court of Justice was contemplated by the parties during their negotiations. In particular, the Court notes that, on the occasion of the ratification of the Agreement, the Minister for Foreign Affairs of Venezuela stated the following before the Venezuelan National Congress: 34 "After some informal discussions, our Delegation chose to leave a proposal on the table similar to that third formula which had been rejected in London, adding to it recourse to the International Court of Justice. The Delegations of Great Britain and British Guiana, after studying in detail the proposal, and even though they were receptive to it by the end, objected to the specific mention of recourse to arbitration and to the International Court of Justice. *The objection was bypassed by replacing that specific mention by referring to Article 33 of the United Nations Charter which includes those two procedures, that is arbitration and recourse to the International Court of Justice*, and the possibility of achieving an agreement was again on the table. It was on the basis of this Venezuelan proposal that the Geneva Agreement was reached. Far from this being an imposition, as has been maliciously said, or a British ploy which surprised the naivety of the Venezuelan Delegation, it is based on a Venezuelan proposal which was once rejected in London and has now been accepted in Geneva". (Emphasis added.) The Court considers that the words of the Venezuelan Minister for Foreign Affairs demonstrate that the parties to the Geneva Agreement intended to include the possibility of recourse to the International Court of Justice when they agreed to the Secretary-General choosing among the means set out in Article 33 of the Charter of the United Nations.

108. In light of the foregoing, the Court is of the view that, by concluding the Geneva Agreement, both Parties accepted the possibility that, under Article IV, paragraph 2, of that instrument, the Secretary- General could choose judicial settlement by the International Court of Justice as one of the means listed in Article 33 of the Charter of the United Nations for the resolution of the controversy. The decision of the Secretary- General of 30 January 2018 was therefore taken in conformity with the terms of Article IV, paragraph 2, of the Geneva Agreement.

*

109. The Court observes that the fact that the Secretary-General invited Guyana and Venezuela, if they so wished, "to attempt to resolve the controversy through direct negotiations, in parallel to a judicial process" and his offer of good offices to that end do not affect the conformity of the decision with Article IV, paragraph 2, of the Geneva Agreement. The Court has already explained in the past that parallel attempts at settlement of a dispute by diplomatic means do not prevent it from being dealt with by the Court (see, for example, *Passage through the Great Belt (Finland* v. *Denmark), Provisional Measures, Order of 29 July 1991, I.C.J. Reports 1991*, p. 20, para. 35). In the present case, the Secretary- General simply reminded the Parties that negotiations were a means of settlement that remained available to them while the dispute was pending before the Court.

B. The Legal Effect of the Decision of the Secretary-General of 30 January 2018

110. The Court now turns to the legal effect of the decision of the Secretary- General on its jurisdiction under Article 36, paragraph 1, of its Statute, which provides that "[t]he jurisdiction of the Court comprises all cases which the parties refer to it and all matters specially provided for in the Charter of the United Nations or in treaties and conventions in force".

111. The Court recalls that "its jurisdiction is based on the consent of the parties and is confined to the extent accepted by them" (*Armed Activities on the Territory of the Congo (New Application: 2002) (Democratic Republic of the Congo* v. *Rwanda), Jurisdiction and Admissibility, Judgment, I.C.J. Reports 2006*, p. 39, para. 88).

112. Both this Court and its predecessor have previously observed in a number of cases that the parties are not bound to express their consent to the Court's jurisdiction in any particular form (*ibid.*, p. 18, para. 21; see also *Corfu Channel (United Kingdom* v. *Albania), Preliminary Objection, Judgment, 1948, I.C.J. Reports 1947-1948*, p. 27; *Rights of Minorities in Upper Silesia (Minority Schools), Judgment No. 12, 1928, P.C.I.J., Series A, No. 15*, pp. 23-24). Consequently, there is nothing in the Court's Statute to prevent the Parties from expressing their consent through the mechanism established under Article IV, paragraph 2, of the Geneva Agreement.

113. The Court must however satisfy itself that there is an unequivocal indication of the desire of the parties to a dispute to accept the jurisdiction of the Court in a voluntary and indisputable manner (*Certain Questions of Mutual Assistance in Criminal Matters (Djibouti* v. *France), Judgment, I.C.J. Reports 2008*, p. 204, para. 62).

114. The Court recalls that Venezuela has argued that the Geneva Agreement is not sufficient in itself to found the jurisdiction of the Court and that the subsequent consent of the Parties is required even after the decision of the Secretary- General to choose the International Court of Justice as the means of judicial settlement. However, the decision taken by the Secretary-General in accordance with the authority conferred upon him under Article IV, paragraph 2, of the Geneva Agreement would not be effective (see paragraphs 74 to 78 above) if it were subject to the further consent of the Parties for its implementation. Moreover, an interpretation of Article IV, paragraph 2, that would subject the implementation of the decision of the Secretary-General to further consent by the Parties would be contrary to this provision and to the object and purpose of the Geneva Agreement, which is to ensure a definitive resolution of the controversy, since it would give either Party the power to delay indefinitely the resolution of the controversy by withholding such consent.

115. For all these reasons, the Court concludes that, by conferring on the Secretary-General the authority to choose the appropriate means of settlement of their controversy, including the possibility of recourse to judicial settlement by the International Court of Justice, Guyana and Venezuela consented to its jurisdiction. The text, the object and purpose of the Geneva Agreement, as well as the circumstances surrounding its conclusion, support this finding (see paragraph 108 above). It follows that the consent of the Parties to the jurisdiction of the Court is established in the circumstances of this case.

V. Seisin of the Court

116. The Court now turns to the question whether it has been validly seised by Guyana.

117. The seisin of the Court is, as observed in the case concerning *Maritime Delimitation and Territorial Questions between Qatar and Bahrain (Qatar v. Bahrain)*, "a procedural step independent of the basis of jurisdiction invoked and, as such, is governed by the Statute and the Rules of Court" (*Jurisdiction and Admissibility, Judgment, I.C.J. Reports 1995*, p. 23, para. 43). Thus, for the Court to be able to entertain a case, the relevant basis of jurisdiction needs to be supplemented by the necessary act of seisin *(ibid.)*.

* *

118. Guyana submits that "[t]he decision of the Secretary-General is... a legal act materialising the parties' *a priori* consent to judicial settlement", therefore allowing the unilateral seisin of the Court by either Party to the dispute. The Applicant contends in particular that the seisin of the Court is independent of the basis of jurisdiction, and that Venezuela, having consented to the Court's jurisdiction, cannot object to Guyana's unilateral seisin of the Court.

119. In its Memorandum, Venezuela insists on the difference between Article IV of the Geneva Agreement and a compromissory clause. In Venezuela's view, in the absence of an explicit provision in the Geneva Agreement allowing the Court to be seised unilaterally, it must be presumed that the Court can only be validly seised by a "joint agreement" of the Parties.

* *

120. In the view of the Court, an agreement of the Parties to seise the Court jointly would only be necessary if they had not already consented to its jurisdiction. However, having concluded above that the consent of the Parties to the jurisdiction of the Court is established in the circumstances of this case, either Party could institute proceedings by way of a unilateral application under Article 40 of the Statute of the Court.

121. In light of the foregoing, the Court concludes that it has been validly seised of the dispute between the Parties by way of the Application of Guyana.

VI. Scope of the Jurisdiction of the Court

122. Having concluded that it has jurisdiction to entertain Guyana's Application and that it is validly seised of this case, the Court must now ascertain whether all the claims advanced by Guyana fall within the scope of its jurisdiction.

* *

123. Guyana contends that the Court's jurisdiction *ratione materiae* extends to all the claims submitted in its Application, on the grounds that the Court's jurisdiction is determined by the text of the Geneva Agreement in light of its object and purpose and the Parties' practice thereunder.

124. Relying on the title and preamble of the Geneva Agreement, and its Article I, Guyana argues that the controversy encompasses the dispute between the Parties regarding the validity of the 1899 Award as well as "any dispute 'which has arisen *as a result of* the Venezuelan contention'" (emphasis added by Guyana) that the 1899 Award is "null and void". In Guyana's view, this comprises any territorial or maritime dispute between the Parties resulting from the Venezuelan contention of the nullity of the Award, including any claims concerning the responsibility of Venezuela for violations of Guyana's sovereignty.

125. Specifically, Guyana argues that the wording of the Geneva Agreement, notably Article I, presents the controversy as being the "result" of Venezuela's contention that the 1899 Award about the frontier between British Guiana and Venezuela is null and void. According to Guyana, since the 1899 Award delimited the boundary between Venezuela and the colony of British Guiana, the controversy between the Parties is territorial and the Court must

therefore necessarily determine the boundary between Venezuela and Guyana, which implies first deciding whether the Award is valid. Guyana further argues that the Court would not be in a position to reach "a full agreement for the solution" of this dispute by addressing "*any* outstanding questions" (emphasis added by Guyana), which is the objective set forth under Article IV of the Geneva Agreement, without first ruling on the validity of the Award.

*

126. In its Memorandum, Venezuela alleges that the question of the validity of the 1899 Award is not part of the controversy under the Geneva Agreement. According to Venezuela, the Geneva Agreement was adopted on the basis that the merits of the contention of nullity of the Award could not be discussed between the Parties as the "validity or nullity of an arbitral award is non-negotiable". Venezuela considers that "the subject-matter of the Geneva Agreement is the territorial dispute, not the validity or nullity of the 1899 Award".

127. Venezuela adds that a legal dispute such as one regarding the validity of the 1899 Award is not susceptible to a "practical" settlement. In its view, the "countless references to a practical, acceptable and satisfactory settlement" in the Geneva Agreement would be deprived of legal effect if the controversy contemplated thereunder were considered as including the question of the validity of the 1899 Award.

* *

128. The Court notes that, in its Application, Guyana has made certain claims concerning the validity of the 1899 Award and other claims arising from events that occurred after the conclusion of the Geneva Agreement (see paragraph 19 above). Consequently, the Court will first ascertain whether Guyana's claims in relation to the validity of the 1899 Award about the frontier between British Guiana and Venezuela fall within the subject-matter of the controversy that the Parties agreed to settle through the mechanism set out in Articles I to IV of the Geneva Agreement, and whether, as a consequence, the Court has jurisdiction *ratione materiae* to entertain them. Secondly, the Court will have to deter mine whether Guyana's claims arising from events that occurred after the conclusion of the Geneva Agreement fall within the scope of the Court's jurisdiction *ratione temporis*.

129. With regard to its jurisdiction *ratione materiae*, the Court recalls that Article I of the Geneva Agreement refers to the controversy that has arisen between the parties to the Geneva Agreement as a result of Venezuela's contention that the 1899 Award about the frontier between British Guiana and Venezuela is null and void (see paragraphs 64 to 66 above). As stated in

paragraph 66 above, the subject-matter of the controversy which the parties agreed to settle under the Geneva Agreement relates to the validity of the 1899 Award and its implications for the land boundary between Guyana and Venezuela. The opposing views held by the parties to the Geneva Agreement on the validity of the 1899 Award is demonstrated by the use of the words "Venezuelan contention" in Article I of the Geneva Agreement. The word "contention", in accordance with the ordinary meaning to be given to it in the context of this provision, indicates that the alleged nullity of the 1899 Award was a point of disagreement between the parties to the Geneva Agreement for which solutions were to be sought. This in no way implies that the United Kingdom or Guyana accepted that contention before or after the conclusion of the Geneva Agreement. The Court therefore considers that, contrary to Venezuela's argument, the use of the word "contention" points to the opposing views between the parties to the Geneva Agreement regarding the validity of the 1899 Award.

130. This interpretation is consistent with the object and purpose of the Geneva Agreement, which was to ensure a definitive resolution of the dispute between Venezuela and the United Kingdom over the frontier between Venezuela and British Guiana, as indicated by its title and pre amble (see paragraphs 64 to 66, and 73 above). Indeed, it would not be possible to resolve definitively the boundary dispute between the Parties without first deciding on the validity of the 1899 Award about the frontier between British Guiana and Venezuela.

131. This interpretation is also confirmed by the circumstances sur rounding the conclusion of the Geneva Agreement. It may be recalled that the discussions between the parties as to the validity of the 1899 Award commenced with a Tripartite Examination of the documentary material relating to the Award, with the objective of assessing the Venezuelan claim with respect to its nullity. This was initiated by the Government of the United Kingdom, which asserted numerous times that it considered the Award to be valid and binding on the parties. As the Minister for Foreign Affairs of Venezuela reported, only two days before the Tripartite Examination concluded its work, the United Kingdom reaffirmed its position that the Award had settled the question of sovereignty in a valid and final manner.

132. In the discussions held on 9 and 10 December 1965 between British Guiana, the United Kingdom and Venezuela, which preceded the conclusion of the Geneva Agreement, the first item on the agenda was to "exchange [their] views on the experts' report on the examination of documents and discuss[ ] the consequences resulting therefrom", whereas the second item was "[t]o seek satisfactory solutions for the practical settlement of the controversy

which has arisen as a result of the Venezuelan contention that the 1899 Award is null and void". During these discussions, Venezuela reasserted its conviction that "the only satisfactory solution of the frontier problem with British Guiana lay in the return of the territory which by right belonged to her", while the United Kingdom and British Guiana rejected the Venezuelan proposal on the basis that it implied that the 1899 Award was null and void and that there was no justification for that allegation. British Guiana reiterated in the discussions that "the first question under discussion was the validity of the 1899 Award" and that it "could not accept the Venezuelan contention that the 1899 Award was invalid". The United Kingdom recalled that "the two sides had been unable to agree on the question of the 1899 Award's validity". Finally, the representative of British Guiana said that "it had never been his understanding that the territorial claim would be discussed unless the invalidity of the 1899 Award had first been established".

133. It is on that basis that the subsequent meetings took place in Geneva in February 1966, culminating in the adoption of the Geneva Agreement. In a Note Verbale dated 25 February 1966, the United Kingdom Foreign Secretary stated to the British Ambassador to Venezuela that 40 "[t]he Venezuelans also tried hard to get the preamble to the Agreement to reflect their fundamental position: first, that we were discussing the substantive issue of the frontier and not merely the validity of the 1899 Award and secondly, that this had been the basis for our talks both in London and in Geneva. With some difficulty I persuaded the Venezuelan Foreign Minister to accept a compromise wording which reflected the known positions of both sides".

134. The Court further notes that Venezuela's argument that the Geneva Agreement does not cover the question of the validity of the 1899 Award is contradicted by the statement of the Minister for Foreign Affairs of Venezuela before the Venezuelan National Congress shortly after the conclusion of the Geneva Agreement. He stated in particular that "[i]f the nullity of the Award of 1899, be it through agreement between the concerned Parties or through a decision by any competent international authority as per Agreement, is declared then the question will go back to its original state". This confirms that the parties to the Geneva Agreement understood that the question of the validity of the 1899 Award was central to the controversy that needed to be resolved under Article IV, paragraph 2, of the Geneva Agreement in order to reach a definitive settlement of the land boundary between Guyana and Venezuela.

135. The Court therefore concludes that Guyana's claims concerning the validity of the 1899 Award about the frontier between British Guiana and Venezuela and the related question of the definitive settlement of the land

boundary dispute between Guyana and Venezuela fall within the subject-matter of the controversy that the Parties agreed to settle through the mechanism set out in Articles I to IV of the Geneva Agreement, in particular Article IV, paragraph 2, thereof, and that, as a consequence, the Court has jurisdiction *ratione materiae* to entertain these claims.

136. With respect to its jurisdiction *ratione temporis*, the Court notes that the scope of the dispute that the Parties agreed to settle through the mechanism set out in Articles I to IV of the Geneva Agreement is circumscribed by Article I thereof, which refers to "the controversy... which has arisen as the result of the Venezuelan contention that the Arbitral Award of 1899... is null and void". The use of the present perfect tense in Article I indicates that the parties understood the controversy to mean the dispute which had crystallized between them at the time of the conclusion of the Geneva Agreement. This interpretation is not contradicted by the equally authoritative Spanish text of Article I of the Geneva Agreement, which refers to "la controversia entre Venezuela y el Reino Unido surgida como consecuencia de la contención venezolana de que el Laudo arbitral de 1899 sobre la frontera entre Venezuela y Guayana Británica es nulo e írrito". It is reinforced by the use of the definite article in the title of the Agreement ("Agreement to resolve *the* controversy"; in Spanish, "Acuerdo para resolver *la* controversia"), the reference in the preamble to the resolution of "any *outstanding* controversy" (in Spanish, "cualquiera controversia *pendiente*"), as well as the reference to the Agreement being reached "to resolve the *present* controversy" (in Spanish, "para resolver la *presente* controversia") (emphases added). The Court's jurisdiction is therefore limited *ratione temporis* to the claims of either Party that existed on the date the Geneva Agreement was signed, on 17 February 1966. Consequently, Guyana's claims arising from events that occurred after the signature of the Geneva Agreement do not fall within the scope of the jurisdiction of the Court *ratione temporis*.

137. In light of the foregoing, the Court concludes that it has jurisdiction to entertain Guyana's claims concerning the validity of the 1899 Award about the frontier between British Guiana and Venezuela and the related question of the definitive settlement of the dispute regarding the land boundary between the territories of the Parties. 42 138. For these reasons, The Court,

* * *

(1) By twelve votes to four, *Finds* that it has jurisdiction to entertain the Application filed by the Co-operative Republic of Guyana on 29 March 2018 in so far as it concerns the validity of the Arbitral Award of 3 October 1899 and the related question of the definitive settlement of the land

boundary dispute between the Co-operative Republic of Guyana and the Bolivarian Republic of Venezuela; in favour: *President* Yusuf; *Vice-President* Xue; *Judges* Tomka, Cançado Trindade, Donoghue, Sebutinde, Bhandari, Robinson, Crawford, Salam, Iwasawa; *Judge* ad hoc Charlesworth; against: *Judges* Abraham, Bennouna, Gaja, Gevorgian; (2) Unanimously, *Finds* that it does not have jurisdiction to entertain the claims of the Co-operative Republic of Guyana arising from events that occurred after the signature of the Geneva Agreement. Done in English and in French, the English text being authoritative, at the Peace Palace, The Hague, this eighteenth day of December, two thou - sand and twenty, in three copies, one of which will be placed in the archives of the Court and the others transmitted to the Government of the Co-operative Republic of Guyana and the Government of the Bolivarian Republic of Venezuela, respectively. *(Signed)* Abdulqawi Ahmed Yusuf, President. *(Signed)* Philippe Gautier, Registrar.

Judge Tomka appends a declaration to the Judgment of the Court; Judges Abraham and Bennouna append dissenting opinions to the Judgment of the Court; Judges Gaja and Robinson append declarations to the Judgment of the Court; Judge Gevorgian appends a dissenting opinion to the Judgment of the Court. *(Initialled)* A.A.Y. *(Initialled)* Ph.G.

29. SENTENCIA DE LA CORTE INTERNACIONAL DE JUSTICIA DE FECHA 6 DE ABRIL DE 2023 QUE DECLARÓ SIN LUGAR LAS EXCEPCIONES PRELIMINARES PRESENTADAS POR LA REPÚBLICA BOLIVARIANA DE VENEZUELA RELATIVAS A LA ADMISIBILIDAD DE LA DEMANDA DE LA REPÚBLICA COOPERATIVA DE GUYANA[1365]

INTERNATIONAL COURT OF JUSTICE

YEAR 2023 6 April 2023

General List No. 171

ARBITRAL AWARD OF 3 OCTOBER 1899 (GUYANA v. VENEZUELA) PRELIMINARY OBJECTION

JUDGMENT

Present: President DONOGHUE; Vice-President GEVORGIAN; Judges TOMKA, ABRAHAM, BENNOUNA, YUSUF, XUE, SEBUTINDE, BHANDARI, ROBINSON, SALAM, IWASAWA, NOLTE; Judges ad hoc WOLFRUM, COUVREUR; Registrar GAUTIER.

In the case concerning the Arbitral Award of 3 October 1899 between the Co-operative Republic of Guyana, represented by:

Hon. Carl B. Greenidge, as Agent;

H.E. Ms Elisabeth Harper, as Co-Agent;

Mr. Paul S. Reichler, Attorney at Law, 11 King's Bench Walk, London, member of the Bars of the Supreme Court of the United States and of the District of Columbia;

Mr. Philippe Sands, KC, Professor of International Law, University College London, 11 King's Bench Walk, London;

Mr. Pierre d'Argent, professeur ordinaire, Catholic University of Louvain, member of the Institut de droit international, Foley Hoag LLP, member of the Bar of Brussels;

Ms Christina L. Beharry, Foley Hoag LLP, member of the Bars of the District of Columbia, the State of New York, the Law Society of Ontario, and England and Wales, as Advocates;

[1365] Disponible en https://www.icj-cij.org/sites/default/files/case-related/171/171-20230406-JUD-01-00-EN.pdf.

Mr. Edward Craven, Matrix Chambers, London;

Mr. Juan Pablo Hugues Arthur, Foley Hoag LLP, member of the Bar of the State of New York;

Ms Isabella F. Uría, Attorney at Law, Foley Hoag LLP, member of the Bar of the District of Columbia, as Counsel;

Hon. Mohabir Anil Nandlall, Member of Parliament, Attorney General and Minister of Legal Affairs;

Hon. Gail Teixeira, Member of Parliament, Minister of Parliamentary Affairs and Governance;

Mr. Ronald Austin, Ambassador, Adviser to the Leader of the Opposition on Frontier Matters;

Ms Donnette Streete, Director, Frontiers Department, Ministry of Foreign Affairs;

Mr. Lloyd Gunraj, First Secretary, chargé d'affaires, Embassy of the Co-operative Republic of Guyana to the Kingdom of Belgium and the European Union, as Advisers;

Ms Nancy Lopez, Foley Hoag LLP, as Assistant;

And the Bolivarian Republic of Venezuela, represented by:

H.E. Ms Delcy Rodríguez, Executive Vice-President of the Bolivarian Republic of Venezuela;

H.E. Mr. Samuel Reinaldo Moncada Acosta, PhD, University of Oxford, Ambassador, Permanent Representative of the Bolivarian Republic of Venezuela to the United Nations, as Agent;

Ms Elsie Rosales García, PhD, Professor of Criminal Law, Universidad Central de Venezuela, as Co-Agent;

H.E. Mr. Reinaldo Muñoz, Attorney General of the Bolivarian Republic of Venezuela;

H.E. Mr. Calixto Ortega, Ambassador, Permanent Mission of the Bolivarian Republic of Venezuela to the Organisation for the Prohibition of Chemical Weapons, International Criminal Court and other international organizations, as Senior National Authorities.

Mr. Antonio Remiro Brotóns, PhD, Professor Emeritus of Public International Law, Universidad Autónoma de Madrid,

Mr. Carlos Espósito, Professor of Public International Law, Universidad Autónoma de Madrid,

Ms Esperanza Orihuela, PhD, Professor of Public International Law, Universidad de Murcia,

Mr. Alfredo De Jesús O., PhD, Paris 2 Panthéon-Assas University, Member of the Bars of Paris and the Bolivarian Republic of Venezuela, Member of the Permanent Court of Arbitration,

Mr. Paolo Palchetti, PhD, Professor, Paris 1 Panthéon-Sorbonne University,

Mr. Christian Tams, PhD, Professor of International Law, University of Glasgow, academic member of Matrix Chambers, London,

Mr. Andreas Zimmermann, LLM, Harvard, Professor of International Law, University of Potsdam, Member of the Permanent Court of Arbitration,

as Counsel and Advocates;

Mr. Carmelo Borrego, PhD, Universitat de Barcelona, Professor of Procedural Law, Universidad Central de Venezuela,

Mr. Eugenio Hernández-Bretón, PhD, University of Heidelberg, Professor of Private International Law, Universidad Central de Venezuela, Dean, Universidad Monteávila, member and former president of the Academy of Political and Social Sciences,

Mr. Julio César Pineda, PhD, International Law and International Relations, former ambassador,

Mr. Edgardo Sobenes, Consultant in International Law, LLM, Leiden University, Master, ISDE/Universitat de Barcelona,

as Counsel;

Mr. Jorge Reyes, Minister Counsellor, Permanent Mission of the Bolivarian Republic of Venezuela to the United Nations,

Ms Anne Coulon, Attorney at Law, member of the Bar of the State of New York, Temple Garden Chambers,

Ms Gimena González, DEA, International Law and International Relations,

Ms Arianny Seijo Noguera, PhD, University of Westminster,

Mr. John Schabedoth, LLM, assistant, University of Potsdam,

Mr. Valentín Martín, LLM, PhD student in International Law, Paris 1 Panthéon-Sorbonne University,

as Assistant Counsel;

Mr. Henry Franceschi, Director General of Litigation, Office of the Attorney General of the Republic,

Ms María Josefina Quijada, LLM, BA, Modern Languages,

Mr. Néstor López, LLM, BA, Modern Languages, Consul General of the Bolivarian Republic of Venezuela, Venezuelan Consulate in Barcelona,

Mr. Manuel Jiménez, LLM, Private Secretary and Personal Assistant to the Vice-President of the Republic,

Mr. Kenny Díaz, LLM, Director, Office of the Vice-President of the Republic,

Mr. Larry Davoe, LLM, Director of Legal Consultancy, Office of the Vice-President of the Republic,

Mr. Euclides Sánchez, Director of Security, Office of the Vice-President of the Republic,

Ms Alejandra Carolina Bastidas, Head of Protocol, Office of the Vice-President of the Republic,

Mr. Héctor José Castillo Riera, Security of the Vice-President of the Republic,

Mr. Daniel Alexander Quintero, Assistant to the Vice-President of the Republic,

as Members of the Delegation,

THE COURT,
composed as above,
after deliberation,
delivers the following Judgment:

1. On 29 March 2018, the Government of the Co-operative Republic of Guyana (hereinafter "Guyana") filed in the Registry of the Court an Application instituting proceedings against the Bolivarian Republic of Venezuela (hereinafter "Venezuela") with respect to a dispute concerning "the legal validity and binding effect of the Award regarding the Boundary between the Colony of British Guiana and the United States of Venezuela, of 3 October 1899".

2. In its Application, Guyana sought to found the jurisdiction of the Court, under Article 36, paragraph 1, of the Statute of the Court, on Article IV, paragraph 2, of the "Agreement to Resolve the Controversy between Venezuela and the United Kingdom of Great Britain and Northern Ireland over the Frontier between Venezuela and British Guiana" signed at Geneva on 17 February 1966 (hereinafter the "Geneva Agreement" or the "Agreement"). It explained that, pursuant to this latter provision, Guyana and Venezuela "mutually conferred upon the Secretary-General of the United Nations the authority to choose the means of settlement of the controversy and, on 30 January 2018, the Secretary-General exercised his authority by choosing judicial settlement by the Court".

3. In accordance with Article 40, paragraph 2, of the Statute, the Registrar immediately communicated the Application to the Government of Venezuela. He also notified the Secretary-General of the United Nations of the filing of the Application by Guyana.

4. In addition, by a letter dated 3 July 2018, the Registrar informed all Member States of the United Nations of the filing of the Application.

5. Pursuant to Article 40, paragraph 3, of the Statute of the Court, the Registrar notified the Member States of the United Nations, through the Secretary-General, of the filing of the Application, by transmission of the printed bilingual text.

6. On 18 June 2018, at a meeting held pursuant to Article 31 of the Rules of Court by the President of the Court to ascertain the views of the Parties with regard to questions of procedure, the Executive Vice-President of Venezuela, H.E. Ms Delcy Rodríguez, stated that her Government considered that the Court manifestly lacked jurisdiction to hear the case and that Venezuela had decided not to participate in the proceedings. During the same meeting, Guyana expressed its wish for the Court to continue its consideration of the case.

7. By an Order of 19 June 2018, the Court held, pursuant to Article 79, paragraph 2, of the Rules of Court of 14 April 1978 as amended on 1 February 2001, that, in the circumstances of the case, it was necessary first of all to resolve the question of its jurisdiction, and that this question should accordingly be separately determined before any proceedings on the merits. The Court thus fixed 19 November 2018 and 18 April 2019 as the respective time-limits for the filing of a Memorial by Guyana and a Counter-Memorial by Venezuela addressed to the question of the jurisdiction of the Court. Guyana filed its Memorial on the question of the jurisdiction of the Court within the time-limit thus fixed.

8. Since the Court included upon the Bench no judge of the nationality of either Party, Guyana proceeded to exercise the right conferred upon it by Article 31, paragraph 3, of the Statute of the Court to choose a judge ad hoc to sit in the case. By a letter dated 13 July 2018, Guyana informed the Court that it had chosen Ms Hilary Charlesworth. Venezuela, for its part, did not, at that stage, exercise its right to choose a judge ad hoc to sit in the case.

9. While Venezuela did not file a Counter-Memorial on the question of the jurisdiction of the Court within the time-limit fixed for that purpose, it submitted to the Court on 28 November 2019 a document entitled "Memorandum of the Bolivarian Republic of Venezuela on the Application filed before the International Court of Justice by the Cooperative Republic of Guyana on

March 29th, 2018" (hereinafter the "Memorandum"). This document was immediately communicated to Guyana by the Registry of the Court.

10. A public hearing on the question of the jurisdiction of the Court was held by video link on 30 June 2020, at which Venezuela did not participate. By a letter dated 24 July 2020, Venezuela transmitted written comments on the arguments presented by Guyana at the hearing of 30 June 2020. By a letter dated 3 August 2020, Guyana provided its views on this communication from Venezuela.

11 In its Judgment of 18 December 2020 (hereinafter the "2020 Judgment"), the Court found that it had jurisdiction to entertain the Application filed by Guyana on 29 March 2018 in so far as it concerns the validity of the Arbitral Award of 3 October 1899 and the related question of the definitive settlement of the land boundary dispute between Guyana and Venezuela. The Court also found that it did not have jurisdiction to entertain the claims of Guyana arising from events that occurred after the signature of the Geneva Agreement.

12. By an Order of 8 March 2021, the Court fixed 8 March 2022 and 8 March 2023 as the respective time-limits for the filing of a Memorial by Guyana and a Counter-Memorial by Venezuela on the merits. Guyana filed its Memorial within the time-limit thus fixed.

13. Following the election of Ms Charlesworth as a Member of the Court, Guyana chose Mr. Rüdiger Wolfrum to replace her as judge ad hoc in the case. Judge Charlesworth informed the President of the Court that, in the circumstances, she had decided no longer to take part in the decisión of the case. By letters dated 25 January 2022, the Registrar informed the Parties accordingly.

14. By a letter dated 6 June 2022, H.E. Ms Delcy Rodríguez, Executive Vice-President of Venezuela, informed the Court that the Venezuelan Government had appointed H.E. Mr. Samuel Reinaldo Moncada Acosta, Permanent Representative of Venezuela to the United Nations, as Agent and H.E. Mr. Félix Plasencia González, Former People's Power Minister for Foreign Affairs of Venezuela, and Ms Elsie Rosales García, Professor at the Universidad Central de Venezuela, as Co-Agents for the purposes of the case.

15. On 7 June 2022, within the time-limit prescribed by Article 79bis, paragraph 1, of the Rules of Court, Venezuela raised preliminary objections which it characterized as objections to the admissibility of the Application. Consequently, by an Order of 13 June 2022, the Court, noting that, by virtue of Article 79bis, paragraph 3, of the Rules of Court, the proceedings on the merits were suspended, and taking account of Practice Direction V, fixed 7 October 2022 as the time-limit within which Guyana could present a written

statement of its observations and submissions on the preliminary objections raised by Venezuela. Guyana filed its written observations on 22 July 2022.

16. By a letter dated 25 July 2022, Venezuela informed the Court that it had chose Mr. Philippe Couvreur to sit as a judge ad hoc in the case.

17. By a letter dated 28 July 2022, Venezuela commented on Guyana's written observations on the preliminary objections raised by Venezuela and requested the Court to provide the Partie with the opportunity to submit supplementary written pleadings on the admissibility of the Application, within a time-limit to be determined by the Court. By a letter dated 3 August 2022, Guyana opposed the request for further written pleadings.

18. By letters dated 8 August 2022, the Parties were informed that hearings on the preliminary objections raised by Venezuela would be held from 17 to 20 October 2022. Following a request from Guyana, and after having considered the comments of Venezuela thereon, the Court postponed the opening of the hearings until 17 November 2022. The Parties were informed of the Court's decision by letters dated 23 August 2022.

19. By a letter dated 8 November 2022, the Agent of Venezuela, referring to Article 56 of the Rules of Court and Practice Direction IX, expressed the wish of his Government to produce new documents. By a letter dated 14 November 2022, the Agent of Guyana informed the Court that his Government had decided not to object to the submission of the said documents. Accordingly, the documents were added to the case file.

20. Pursuant to Article 53, paragraph 2, of the Rules of Court, the Court, after ascertaining the views of the Parties, decided that copies of the written pleadings and documents annexed would be made accessible to the public at the opening of the oral proceedings.

21. Public hearings on the preliminary objections raised by Venezuela were held on 17, 18, 21 and 22 November 2022, at which the Court heard the oral arguments and replies of:

For Venezuela: H.E. Ms Delcy Rodríguez,
Mr. Andreas Zimmermann,
Ms Esperanza Orihuela,
Mr. Carlos Espósito,
Mr. Christian Tams,
Mr. Paolo Palchetti,
Mr. Antonio Remiro Brotóns.
For Guyana: Hon. Carl B. Greenidge,
Mr. Pierre d'Argent,
Ms Christina L. Beharry,

Mr. Paul S. Reichler,
Mr. Philippe Sands.

22. In the Application, the following claims were made by Guyana:

"Based on the foregoing, and as further developed in the written pleadings in accordance with any Order that may be issued by the Court, Guyana requests the Court to adjudge and declare that:

(a) The 1899 Award is valid and binding upon Guyana and Venezuela, and the boundary established by that Award and the 1905 Agreement is valid and binding upon Guyana and Venezuela;

(b) Guyana enjoys full sovereignty over the territory between the Essequibo River and the boundary established by the 1899 Award and the 1905 Agreement, and Venezuela enjoys full sovereignty over the territory west of that boundary; Guyana and Venezuela are under an obligation to fully respect each other's sovereignty and territorial integrity in accordance with the boundary established by the 1899 Award and the 1905 Agreement;

(c) Venezuela shall immediately withdraw from and cease its occupation of the eastern half of the Island of Ankoko, and each and every other territory which is recognized as Guyana's sovereign territory in accordance with the 1899 Award and 1905 Agreement;

(d) Venezuela shall refrain from threatening or using force against any person and/or company licensed by Guyana to engage in economic or commercial activity in Guyanese territory as determined by the 1899 Award and 1905 Agreement, or in any maritime areas appurtenant to such territory over which Guyana has sovereignty or exercises sovereign rights, and shall not interfere with any Guyanese or Guyanese-authorized activities in those areas;

(e) Venezuela is internationally responsible for violations of Guyana's sovereignty and sovereign rights, and for all injuries suffered by Guyana as a consequence".

23. In the written proceedings on the merits, the following submissions were presented on behalf of the Government of Guyana in its Memorial:

"For the reasons given in this Memorial, and reserving the right to supplement, amplify or amend the present Submissions, the Co-operative Republic of Guyana respectfully requests the International Court of Justice:

[t]o adjudge and declare that:

(1) The 1899 Award is valid and binding upon Guyana and Venezuela, and the boundary established by that Award and the 1905 Agreement is the Boundary between Guyana and Venezuela; and that

(2) Guyana enjoys full sovereignty over the territory between the Essequibo River and the boundary established by the 1899 Award and the 1905 Agreement, and Venezuela is under an obligation to fully respect Guyana's sovereignty and territorial integrity in accordance with the boundary established by the 1899 Award and the 1905 Agreement."

24. In the preliminary objections, the following submission was presented on behalf of the Government of Venezuela: "It is requested that the Court admits the preliminary objections to the admissibility of the application filed by the Co-operative Republic of Guyana and that it terminates the on-going proceeding".

25. In the written observations on the preliminary objections, the following submissions were presented on behalf of the Government of Guyana:

"For the foregoing reasons, Guyana respectfully submits that:

(1) Pursuant to Article 79ter, paragraph 2, of the Rules, the Court should dismiss forthwith Venezuela's preliminary objection as inadmissible or reject it on the basis of the Parties' written submissions without the need for oral hearings; or, alternatively

(2) Schedule oral hearings at the earliest possible date, to avoid needless delay in reaching a final Judgment on the Merits, and reject Venezuela's preliminary objection as early as possible after the conclusion of the hearings; and

(3) Fix a date for the submission of Venezuela's Counter-Memorial on the Merits no later than nine months from the date of the Court's ruling on Venezuela's preliminary objection."

26. At the oral proceedings on the preliminary objections, the following final submissions were presented by the Parties:

On behalf of the Government of Venezuela,

at the hearing of 21 November 2022:

"In the case concerning the Arbitral Award of 3 October 1899 (Guyana v Venezuela), for the reasons set forth in its written and oral pleadings on preliminary objections, the Bolivarian Republic of Venezuela requests the Court to adjudge and declare that Guyana's claims are inadmissible."

On behalf of the Government of Guyana,

at the hearing of 22 November 2022:

"In accordance with Article 60 of the Rules of Court, for the reasons explained in our Written Observations of 22 July 2022 and during these hearings, the Co-Operative Republic of Guyana respectfully asks the Court:

(a) Pursuant to Article 79ter, paragraph 4, of the Rules, to reject Venezuela's preliminary objections as inadmissible or reject them on the basis of the Parties' submissions; and

(b) To fix a date for the submission of Venezuela's Counter-Memorial on the Merits no later than nine months from the date of the Court's ruling on Venezuela's preliminary objections."

*

27. The Court notes that in the preliminary objections submitted on June 7, 2022, Venezuela referred to Guyana's possible lack of standing, and that Venezuela's final submissions include references to its "preliminary objections" in the plural. However, the Court understands Venezuela to be making only a single preliminary objection based on the argument that the United Kingdom is an indispensable third party without whose consent the Court cannot adjudicate the dispute. The Court will address the parties' arguments concerning Venezuela's preliminary objection on this basis.

I. HISTORICAL AND FACTUAL BACKGROUND

28. Guyana is located in the northeast of South America and bordered by Venezuela to the west. At the time the present dispute arose, Guyana was still a British colony known as British Guiana. It gained independence from the United Kingdom on May 26, 1966. The dispute between Guyana and Venezuela dates back to a series of events that took place during the second half of the nineteenth century.

29. The Court will begin by briefly recalling the historical and factual background to the present case, as set out in its Judgment of December 18, 2020 (see Arbitral Award of October 3, 1899 (Guyana v. Venezuela), Jurisdiction of the Court, Judgment, I.C.J. Reports 2020, pp. 464-471, paras. 29-60).

A. The 1897 Washington Treaty and the 1899 Award

30. In the nineteenth century, both the United Kingdom and Venezuela claimed the territory located between the mouth of the Essequibo River in the east and the Orinoco River in the west.

31. In the 1890s, the United States of America encouraged both parties to submit their territorial claims to arbitration. A treaty of arbitration entitled the "Treaty between Great Britain and the United States of Venezuela Respecting the Settlement of the Boundary between the Colony of British Guiana and the United States of Venezuela" (hereinafter the "Washington Treaty") was signed in Washington on February 2, 1897.

32. According to its preamble, the purpose of the Washington Treaty was to "provide for an amicable settlement of the question... concerning the boundary". Article I provided as follows: "An Arbitral Tribunal shall be immediately appointed to determine the boundary-line between the Colony of British Guiana and the United States of Venezuela." Other provisions set out the arrangements for the arbitration, including the constitution of the tribunal, the place of arbitration, and the applicable rules. Finally, according to Article XIII of the Washington Treaty, "[t]he High Contracting Parties engage[d] to consider the result of the proceedings of the Tribunal of Arbitration as a full, perfect, and final settlement of all the questions referred to the Arbitrators".

33. The arbitral tribunal established under the Washington Treaty rendered its Award on October 3, 1899 (hereinafter the "1899 Award" or the "Award"). The 1899 Award granted the entire mouth of the Orinoco River and the land on either side to Venezuela; it granted to the United Kingdom the land to the east extending to the Essequibo River. The following year, a joint Anglo-Venezuelan commission was charged with demarcating the boundary established by the 1899 Award. The commission carried out that task between November 1900 and June 1904. On January 10, 1905, after the boundary had been demarcated, the British and Venezuelan commissioners produced an official boundary map and signed an agreement accepting, inter alia, that the coordinates of the listed points were correct.

B. Venezuela's Repudiation of the 1899 Award and the Search for a Settlement of the Dispute

34. On 14 February 1962, Venezuela, through its Permanent Representative, informed the Secretary-General of the United Nations that it considered there to be a dispute between itself and the United Kingdom "concerning the demarcation of the frontier between Venezuela and British Guiana". In its letter to the Secretary-General, Venezuela stated as follows: "The award was the result of a political transaction carried out behind Venezuela's back and sacrificing its legitimate rights. The frontier was demarcated arbitrarily, and no account was taken of the specific rules of the arbitral agreement or of the relevant principles of international law. Venezuela cannot recognize an award made in such circumstances." In a statement before the Fourth Committee of the United Nations General Assembly delivered shortly thereafter, on 22 February 1962, Venezuela reiterated its position.

35. The Government of the United Kingdom, for its part, asserted on 13 November 1962, in a statement before the Fourth Committee, that "the Western boundary of British Guiana with Venezuela [had been] finally settled by the

award which the arbitral tribunal announced on 3 October 1899", and that it could not "agree that there [could] be any dispute over the question settled by the award". The United Kingdom also stated that it was prepared to discuss with Venezuela, through diplomatic channels, arrangements for a tripartite examination of the documentary material relevant to the 1899 Award. -14-

36. On 16 November 1962, with the authorization of the representatives of the United Kingdom and Venezuela, the Chairman of the Fourth Committee declared that the Governments of the two States (the Government of the United Kingdom acting with the full concurrence of the Government of British Guiana) would examine the "documentary material" relating to the 1899 Award (hereinafter the "Tripartite Examination"). Experts appointed by Venezuela and an expert appointed by the United Kingdom, who also acted on British Guiana's behalf at the latter's request, examined the archives of the United Kingdom in London and the Venezuelan archives in Caracas, searching for evidence relating to Venezuela's contention of nullity of the 1899 Award.

37. The Tripartite Examination took place from 1963 to 1965. It was completed on 3 August 1965 with the exchange of the experts' reports. While Venezuela's experts continued to consider the Award to be null and void, the expert of the United Kingdom was of the view that there was no evidence to support that position.

38. On 9 and 10 December 1965, the Ministers for Foreign Affairs of the United Kingdom and Venezuela and the new Prime Minister of British Guiana met in London to discuss a settlement of the dispute. However, at the close of the meeting, each party maintained its position on the matter. While the representative of Venezuela asserted that any proposal "which did not recognise that Venezuela extended to the River Essequibo would be unacceptable", the representative of British Guiana rejected any proposal that would "concern itself with the substantive issues".

C. The signing of the Geneva Agreement

39. Following the failure of the talks in London, the three delegations agreed to meet again in Geneva in February 1966. After two days of negotiations, they signed, on 17 February 1966, the Geneva Agreement, the English and Spanish texts of which are authoritative. In accordance with its Article VII, the Geneva Agreement entered into force on the same day that it was signed.

40. The Geneva Agreement was approved by the Venezuelan National Congress on 13 April 1966. It was published in the United Kingdom as a White Paper, i.e. as a policy position paper presented by the Government, and approved by the House of Assembly of British Guiana. It was officially

transmitted to the Secretary-General of the United Nations on 2 May 1966 and registered with the United Nations Secretariat on 5 May 1966 (United Nations, Treaty Series, Vol. 561, No. 8192, p. 322).

41. On 26 May 1966, Guyana, having attained independence, became a party to the Geneva Agreement, alongside the Governments of the United Kingdom and Venezuela, in accordance with the provisions of Article VIII thereof.

42. The Geneva Agreement provides, first, for the establishment of a Mixed Commission, comprised of representatives appointed by the Government of British Guiana and the Government of Venezuela, to seek a settlement of the controversy between the parties (Arts. I and II). Article I reads as follows:

"A Mixed Commission shall be established with the task of seeking satisfactory solutions for the practical settlement of the controversy between Venezuela and the United Kingdom which has arisen as the result of the Venezuelan contention that the Arbitral Award of 1899 about the frontier between British Guiana and Venezuela is null and void."

In addition, Article IV, paragraph 1, states that, should this Commission fail in its task, the Governments of Guyana and Venezuela shall choose one of the means of peaceful settlement provided for in Article 33 of the Charter of the United Nations. In accordance with Article IV, paragraph 2, should those Governments fail to reach agreement, the decision as to the means of settlement shall be made by an appropriate international organ upon which they both agree, or, failing that, by the Secretary-General of the United Nations.

43. On 4 April 1966, by letters to the Ministers for Foreign Affairs of the United Kingdom and Venezuela, the Secretary-General of the United Nations, U Thant, acknowledged receipt of the Geneva Agreement and stated as follows:

"I have taken note of the responsibilities which may fall to be discharged by the Secretary-General of the United Nations under Article IV (2) of the Agreement, and wish to inform you that I consider those responsibilities to be of a nature which may appropriately be discharged by the Secretary-General of the United Nations."

D. The implementation of the Geneva Agreement

44. The Mixed Commission was established in 1966, pursuant to Articles I and II of the Geneva Agreement, and reached the end of its mandate in 1970 without having arrived at a solution.

45. Since no solution was identified through the Mixed Commission, it fell to Venezuela and Guyana, under Article IV of the Geneva Agreement, to choose one of the means of peaceful settlement provided for in Article

33 of the Charter of the United Nations. Pursuant to a moratorium on the dispute settlement process adopted in a protocol to the Geneva Agreement and signed on 18 June 1970 (hereinafter the "Protocol of Port of Spain" or the "Protocol"), the operation of Article IV of the Geneva Agreement was suspended for a period of 12 years. In December 1981, Venezuela announced its intention to terminate the Protocol of Port of Spain. Consequently, the application of Article IV of the Geneva Agreement was resumed from 18 June 1982 in accordance with Article V, paragraph 3, of the Protocol.

46. Pursuant to Article IV, paragraph 1, of the Geneva Agreement, the Parties attempted to reach an agreement on the choice of one of the means of peaceful settlement provided for in Article 33 of the Charter of the United Nations. However, they failed to do so within the three-month time-limit set out in Article IV, paragraph 2. They also failed to agree on the choice of an Appropriate international organ to decide on the means of settlement, as provided for in Article IV, paragraph 2, of the Geneva Agreement.

47. The Parties therefore proceeded to the next step, referring the decision on the means of settlement to the Secretary-General of the United Nations. After the matter was referred to him by the Parties, the Secretary-General, Mr. Javier Pérez de Cuéllar, agreed by a letter of 31 March 1983 to undertake the responsibility conferred upon him under Article IV, paragraph 2, of the Geneva Agreement. In early 1990, the Secretary-General chose the good offices process as the Appropriate means of settlement.

48. Between 1990 and 2014, the good offices process was led by the following three Personal Representatives, appointed by successive Secretaries-General: Mr. Alister McIntyre (1990-1999), Mr. Oliver Jackman (1999-2007) and Mr. Norman Girvan (2010-2014).

49. In September 2015, during the 70th Session of the United Nations General Assembly, the Secretary-General, Mr. Ban Ki-moon, held a meeting with the Heads of State of Guyana and Venezuela. Thereafter, on 12 November 2015, the Secretary-General issued a document entitled "The Way Forward", in which he informed the Parties that "[i]f a practical solution to the controversy [were] not found before the end of his tenure, [he] intend[ed] to initiate the process to obtain a final and binding decision from the International Court of Justice".

50. In his statement of 16 December 2016, the Secretary-General said that he had decided to continue for a further year the good offices process, to be led by a new Personal Representative with a strengthened mandate of mediation.

51. After taking office on 1 January 2017, the new Secretary-General, Mr. António Guterres, continued the good offices process for a final year, in

conformity with his predecessor's decision. In this context, on 23 February 2017, he appointed Mr. Dag Nylander as his Personal Representative and entrusted him with a strengthened mandate of mediation. Mr. Nylander held several meetings and had a number of exchanges with the Parties. In letters dated 30 January 2018 to both Parties, the Secretary-General stated that he had "carefully analyzed the developments in the good offices process during the course of 2017" and announced:"Consequently, I have fulfilled the responsibility that has fallen to me within the framework set by my predecessor and, significant progress not having been made toward arriving at a full agreement for the solution of the controversy, have chosen the International Court of Justice as the means that is now to be used for its solution."

52. On 29 March 2018, Guyana filed its Application in the Registry of the Court.

II. THE ADMISSIBILITY OF VENEZUELA'S PRELIMINARY OBJECTION

53. Guyana argues that Venezuela's preliminary objection concerns the exercise of the Court's jurisdiction and should be rejected as inadmissible, because it is jurisdictional in nature and not an objection to admissibility. Guyana contends that the Court's Order of 19 June 2018, in which the Court decided that the written pleadings were first to be addressed to the question of its jurisdiction, required the Parties to plead "all of the legal and factual grounds on which the Parties rely in the matter of its jurisdiction". According to Guyana, the phrase "in the matter of its jurisdiction" covers not only the existence, but also the exercise of jurisdiction.

54. Guyana maintains that the "question of the jurisdiction of the Court", within the meaning of the Court's Order of 19 June 2018 necessarily encompasses the question whether the United Kingdom consented to the Court's jurisdiction to settle the dispute regarding the validity of the Award. According to Guyana, this question lies at the heart of Venezuela's preliminary objection based on the Court's Judgment in the case concerning Monetary Gold Removed from Rome in 1943 (Italy v. France, United Kingdom of Great Britain and Northern Ireland, and United States of America) and its subsequent jurisprudence.

55. Guyana contends that, in accordance with Article 79bis of the Rules of Court, Venezuela is no longer entitled to raise a preliminary objection which in substance concerns questions of jurisdiction that the Court raised proprio motu and decided in a binding judgment. Guyana asserts that it follows from the 2020 Judgment, in which the Court found that it had jurisdiction over part

of Guyana's claims, that the Court may not entertain Venezuela's preliminary objection without violating the principle of res judicata.

56. Guyana argues that Venezuela's preliminary objection is, in any event, time-barred because Venezuela could and should have raised its objection within the time-limit fixed by the Court's Order of 19 June 2018.

*

57. According to Venezuela, its preliminary objection is admissible. Venezuela accepts the res judicata effect of the Court's 2020 Judgment, but states that its preliminary objection concerns the exercise of jurisdiction and is thus an objection to the admissibility of the Application rather than to the Court's jurisdiction.

58. Venezuela argues that the Court, in its 2020 Judgment, only decided questions of jurisdiction and did not dispose, explicitly or implicitly, of questions of admissibility. Venezuela states that the 2020 Judgment consequently does not have the effect of rendering its preliminary objection inadmissible.

59. Venezuela further submits that its preliminary objection is not time-barred, because the Court's Order of 19 June 2018 only fixed time-limits for pleadings on the question of the Court's jurisdiction, referring, in Venezuela's view, to the question of the existence of the Court's jurisdiction and not its exercise. Venezuela therefore remained entitled, it argues, to raise any preliminary objection to admissibility within the time-limits set out in Article 79bis (1) of the Rules of Court.

* *

60. The Court recalls that it has, on a number of occasions, considered whether a State that is not party to the proceedings before it should be deemed to be an indispensable third party without the consent of which the Court cannot adjudicate.

61. In the operative paragraph of its Judgment in the case concerning Monetary Gold Removed from Rome in 1943 (Italy v. France, United Kingdom of Great Britain and Northern Ireland, and United States of America), the Court found "that the jurisdiction conferred upon it by the common agreement of France, the United Kingdom, the United States of America and Italy does not, in the absence of the consent of Albania, authorize it to adjudicate upon the first Submission in the Application of the Italian Government" (Preliminary Question, Judgment, I.C.J. Reports 1954, p. 34).

62. Similarly, in the case concerning East Timor (Portugal v. Australia), the Court concluded "that it cannot, in this case, exercise the jurisdiction it has by virtue of the declarations made by the Parties under Article 36, paragraph 2, of its Statute because, in order to decide the claims of Portugal, it would have to

rule, as a prerequisite, on the lawfulness of Indonesia's conduct in the absence of that State's consent" (Judgment, I.C.J. Report 1995, p. 105, para. 35).

63. When rejecting an objection that a third State is an indispensable party without the consent of which the Court cannot adjudicate in a given case, the Court has proceeded on the basis that the objection concerned the exercise of jurisdiction rather than the existence of jurisdiction (see, inter alia, Application of the Convention on the Prevention and Punishment of the Crime of Genocide (Croatia v. Serbia), Judgment, I.C.J. Reports 2015 (I), p. 57, para. 116; Military and Paramilitary Activities in and against Nicaragua (Nicaragua v. United States of America), Jurisdiction and Admissibility, Judgment, I.C.J. Reports 1984, p. 431, para. 88). For example, in the case concerning Certain Phosphate Lands in Nauru (Nauru v. Australia), the Court concluded that "the Court [could] decline to exercise its jurisdiction" on the basis of the principle referred to as "Monetary Gold" (hereinafter the "Monetary Gold principle") (Preliminary Objections, Judgment, I.C.J. Reports 1992, p. 262, para. 55).

64. The above-cited jurisprudence is thus premised on a distinction between two different concepts: on the one hand, the existence of the Court's jurisdiction and, on the other, the exercise of its jurisdiction where that jurisdiction is established. Only an objection concerning the existence of the Court's jurisdiction can be characterized as an objection to jurisdiction. The Court concludes that Venezuela's objection on the basis of the Monetary Gold principle is an objection to the exercise of the Court's jurisdiction and thus does not constitute an objection to jurisdiction.

65. The Court now turns to the principle of res judicata, which is reflected in Articles 59 and 60 of the Statute of the Court. As the Court has stated, that principle "establishes the finality of the decision adopted in a particular case" (Question of the Delimitation of the Continental Shelf between Nicaragua and Colombia beyond 200 Nautical Miles from the Nicaraguan Coast (Nicaragua v. Colombia), Preliminary Objections, Judgment, I.C.J. Reports 2016 (I), p. 125, para. 58).

66. The force of res judicata attaches not only to a judgment on the merits, but also to a judgment determining the Court's jurisdiction, such as the Court's 2020 Judgment (see Application of the Convention on the Prevention and Punishment of the Crime of Genocide (Bosnia and Herzegovina v. Serbia and Montenegro), Judgment, I.C.J. Reports 2007 (I), p. 91, para. 117).

67. Specifically, the operative part of a judgment of the Court possesses the force of res judicata (ibid., p. 94, para. 123). In order to determine what has been decided with the force of res judicata, "it is also necessary to ascertain the content of the decision, the finality of which is to be guaranteed", and

it "may be necessary to determine the meaning of the operative clause by reference to the reasoning set out in the judgment in question" (Question of the Delimitation of the Continental Shelf between Nicaragua and Colombia beyond 200 Nautical Miles from the Nicaraguan Coast (Nicaragua v. Colombia), Preliminary Objections, Judgment, I.C.J. Reports 2016 (I), p. 126, paras. 59 and 61; see also Maritime Delimitation in the Caribbean Sea and the Pacific Ocean (Costa Rica v. Nicaragua) and Land Boundary in the Northern Part of Isla Portillos (Costa Rica v. Nicaragua), Judgment, I.C.J. Reports 2018 (I), p. 166, para. 68). If a matter "has not in fact been determined, expressly or by necessary implication, then no force of res judicata attaches to it" (Application of the Convention on the Prevention and Punishment of the Crime of Genocide (Bosnia and Herzegovina v. Serbia and Montenegro), Judgment, I.C.J. Reports 2007 (I), p. 95, para. 126).

68. In the operative paragraph of its 2020 Judgment, the Court found "(1) that it has jurisdiction to entertain the Application filed by the Co-operative Republic of Guyana on 29 March 2018 in so far as it concerns the validity of the Arbitral Award of 3 October 1899 and the related question of the definitive settlement of the land boundary dispute between the Co-operative Republic of Guyana and the Bolivarian Republic of Venezuela; [and] (2) that it does not have jurisdiction to entertain the claims of the Co-operative Republic of Guyana arising from events that occurred after the signature of the Geneva Agreement" (Arbitral Award of 3 October 1899 (Guyana v. Venezuela), Jurisdiction of the Court, Judgment, I.C.J. Reports 2020, p. 493, para. 138).

69. The operative paragraph of the 2020 Judgment and the reasoning underlying it only address questions concerning the existence of the Court's jurisdiction. Moreover, that Judgment does not address, even implicitly, the issue of the exercise of jurisdiction by the Court. In particular, the question whether the United Kingdom is an indispensable third party without the consent of which the Court could not exercise its jurisdiction was not determined by necessary implication in the 2020 Judgment.

70. It follows that the force of res judicata attaching to the 2020 Judgment extends only to the question of the existence of the Court's jurisdiction and does not bar the admissibility of Venezuela's preliminary objection.

71. The Court also notes that, by using the phrases "in the matter of its jurisdiction" and "the question of the jurisdiction of the Court" in its Order of 19 June 2018, it was referring only to the existence and not to the exercise of jurisdiction. As the Order records, during the meeting between the President of the Court and the representatives of the Parties on 18 June 2018, Venezuela stated only that it contested the Court's jurisdiction.

72. As to Guyana's argument that Venezuela's preliminary objection is time-barred, the Court recalls that, in its Order of 19 June 2018, it considered that it was "necessary for the Court to be informed of all of the legal and factual grounds on which the Parties rely in the matter of its jurisdiction" (Arbitral Award of 3 October 1899 (Guyana v. Venezuela), Order of 19 June 2018, I.C.J. Reports 2018 (I), p. 403). Accordingly, the Court decided "that the written pleadings shall first be addressed to the question of the jurisdiction of the Court" and fixed time-limits for pleadings on that question (ibid.). The Court further recalls that, in other instances, it has expressly directed parties to address both questions of jurisdiction and admissibility in pleadings (see e.g. Relocation of the United States Embassy to Jerusalem (Palestine v. United States of America), Order of 15 November 2018, I.C.J. Reports 2018 (II), p. 710). The time-limits that the Court fixed in its Order of 19 June 2018 thus only concerned pleadings with respect to the question of the existence of the Court's jurisdiction.

73. In light of the Court's finding above that Venezuela's preliminary objection is not an objection to the Court's jurisdiction, the time-limits that the Court set out in the Order of 19 June 2018 did not apply to pleadings with respect to such objection. Venezuela thus remained entitled to raise that objection within the time-limit set out in Article 79bis, paragraph 1, of the Rules of Court.

74. For these reasons, the Court concludes that Venezuela's preliminary objection is admissible. The Court will now proceed to the examination of this preliminary objection.

III. EXAMINATION OF VENEZUELA'S PRELIMINARY OBJECTION

75. In its preliminary objection, Venezuela submits that the United Kingdom is an indispensable third party to the proceedings and that the Court cannot decide the question of the validity of the 1899 Award in the United Kingdom's absence. Venezuela argues that a judgment of the Court on the merits in this case would necessarily involve, as a prerequisite, an evaluation of the lawfulness of certain "fraudulent conduct" allegedly attributable to the United Kingdom in respect of the 1899 Award. Venezuela explains that since the United Kingdom was a party to the Washington Treaty and to the arbitration that resulted in the 1899 Award, and is a party to the Geneva Agreement, an evaluation of the allegedly fraudulent conduct would involve an examination of the United Kingdom's "commitments and responsibilities".

76. Venezuela alleges that it had been coerced and deceived by the United Kingdom to enter into the Washington Treaty. It also alleges that, during the arbitral proceedings, there were certain improper communications between the legal counsel of the United Kingdom and the arbitrators that it had appointed, and that the United Kingdom knowingly submitted "doctored" and "falsified" maps to the arbitral tribunal, which rendered the 1899 Award "null and void". According to Venezuela, each of these acts, independently, operates to invalidate the 1899 Award and to engage the international responsibility of the United Kingdom. Venezuela submits that the United Kingdom's participation is required in order for Venezuela's rights to be "duly protected" in the proceedings, and adds that it is not able to dispute the rights and obligations arising from the conduct of a State that is absent from these proceedings and whose participation cannot be enjoined by this Court.

77. Relying, inter alia, on the Court's jurisprudence in the cases concerning Monetary Gold Removed from Rome in 1943 (Italy v. France, United Kingdom of Great Britain and Northern Ireland, and United States of America), East Timor (Portugal v. Australia) and Certain Phosphate Lands in Nauru (Nauru v. Australia), Venezuela asserts that an application is inadmissible if the legal interests of a third State would constitute the very subject-matter of the decision that is applied for, and that State has not consented to adjudication by the Court. Venezuela submits that the commitments and responsibilities of the United Kingdom would constitute "the very object" and the "very essence" of the decision to be rendered in the present case because the invalidity of the 1899 Award arises from the allegedly fraudulent conduct of the United Kingdom in respect of the arbitration which resulted in the Award. In this regard, Venezuela maintains that the United Kingdom has not transferred its commitments and obligations in respect of the 1899 Award to Guyana.

78. Venezuela adds that if the Court determines that the United Kingdom is responsible for fraudulent conduct, the consequence would be not only that the 1899 Award would cease to have legal effect, as Guyana claims, but also that Venezuela would be entitled to rely on the consequences of the invalidity of a treaty, as set out in Article 69 of the Vienna Convention on the Law of Treaties (hereinafter the "Vienna Convention").

79. Venezuela further submits that the Geneva Agreement does not operate to make Guyana a successor in respect of all the rights and obligations relating to the dispute between Venezuela and the United Kingdom. It points out that Article VIII of the Geneva Agreement provides that, upon attaining independence, Guyana shall become a party to the Agreement, not in substitution of, but alongside the United Kingdom. Therefore, in the view of

Venezuela, "[t]he Agreement does not exempt the United Kingdom from its obligations and responsibilities ... The United Kingdom thus remains an active party to this dispute ... [and] its position has not changed in the years after the Agreement."

80. Venezuela argues that neither the United Kingdom's status as a party to the Geneva Agreement nor any conduct of that State subsequent to the conclusion of the Agreement can be regarded as consent to adjudication by the Court. It adds that, even if it is assumed that the United Kingdom gave its consent, the Court can only rule on its rights and obligations if that State accepts the Court's jurisdiction and becomes a party to the case.

*

81. Guyana submits that the Court should reject Venezuela's preliminary objection that, in these proceedings, the United Kingdom is an indispensable third party in the absence of which the Court cannot decide the question of the validity of the 1899 Award. Guyana argues that the United Kingdom does not have legal interests that could be affected by the Court's determination the validity of the 1899 Award, let alone interests that "constitute the very subject-matter" of the decision. Guyana maintains that the United Kingdom has no current legal interest in, or claim to, the territory in question, having relinquished all territorial claims in relation to this dispute when the United Kingdom granted independence to Guyana in 1966. It follows, therefore, that since the dispute concerns claims to territory contested between Guyana and Venezuela, the United Kingdom has no legal interests that could constitute the very subject-matter of this dispute, and there is no basis for the Court to decline to exercise its jurisdiction on account of the absence of the United Kingdom.

82. In support of its argument that the United Kingdom is not an indispensable third party in these proceedings, Guyana submits that it is not the lawfulness of any conduct by the United Kingdom that would be evaluated by the Court in determining the validity of the 1899 Award, but rather the conduct of the arbitral tribunal. Guyana submits that the conduct which the Court must address in this case is that of the arbitrators and not that of the United Kingdom, and even though a finding of misconduct by the arbitrators may require factual findings in relation to acts attributable to the United Kingdom, it would not require any legal findings in relation to the responsibility of the United Kingdom.

83. Guyana also submits that the United Kingdom consented to the Court's exercise of jurisdiction in this case by virtue of negotiating, and becoming a party to, the Geneva Agreement. It asserts that the United Kingdom has given

its consent for the Court to resolve this dispute between Guyana and Venezuela, by virtue of Article IV, paragraph 1, of the Geneva Agreement (reproduced in paragraph 92 below), which accorded to Guyana and Venezuela the sole right to refer the dispute to the Court, without any involvement on the United Kingdom's part. Guyana maintains that the United Kingdom gave its consent, knowing full well that any resolution of the controversy would require the examination of Venezuela's allegations of wrongdoing by the United Kingdom in the nineteenth century.

84. Guyana adds that it matters not whether the effect of the Geneva Agreement "is characterized as an expression of consent [by the United Kingdom] to the procedure being followed without its involvement, or as a waiver of any rights it may normally have in the conduct of those processes - including judicial processes". According to Guyana, the existence of consent on the part of the United Kingdom renders Venezuela's objection based on the Court's Judgment in the case concerning Monetary Gold Removed from Rome in 1943 and subsequent jurisprudence inapplicable.

85. Finally, Guyana cites certain statements made jointly by the United Kingdom and other States in multilateral fora, whereby they welcomed the 2020 Judgment of the Court and expressed their support for the ongoing judicial settlement of the dispute between Venezuela and Guyana. According to Guyana, these statements demonstrate that the United Kingdom itself considers that it has no legal interests that might be affected by a judgment on the merits in this case. In this respect, Guyana also refers to other conduct by the United Kingdom since Guyana attained independence. It adds that Venezuela's own conduct in that same period contradicts any contention that the United Kingdom has any legal interest in the issue of the validity of the 1899 Award.

* *

86. The Court recalls that Venezuela, invoking the Monetary Gold principle, maintains that the legal interests of the United Kingdom would be the very subject-matter of the Court's decision in the present case. Nonetheless, the Court notes that the two Parties to these proceedings, as well as the United Kingdom, are parties to the Geneva Agreement, on which the Court's jurisdiction is based. It is therefore appropriate for the Court to consider the legal implications of the United Kingdom being a party to the Geneva Agreement, which calls for an interpretation of the relevant provisions of the Agreement.

87. To interpret the Geneva Agreement, the Court will apply the rules of treaty Interpretation to be found in Articles 31 to 33 of the Vienna Convention

(Question of the Delimitation of the Continental Shelf between Nicaragua and Colombia beyond 200 Nautical Miles from the Nicaraguan Coast (Nicaragua v. Colombia), Preliminary Objections, Judgment, I.C.J. Reports 2016 (I), p. 116, para. 33). Although that Convention is not in force between the Parties and is not, in any event, applicable to instruments concluded before it entered into force, such as the Geneva Agreement, it is well established that these Articles reflect rules of customary international law (ibid.).

88. In accordance with the rule of interpretation enshrined in Article 31, paragraph 1, of the Vienna Convention, a treaty must be interpreted in good faith in accordance with the ordinarymeaning to be given to the terms of the treaty in their context and in the light of its object and purpose. These elements of interpretation are to be considered as a whole (Maritime Delimitation in the Indian Ocean (Somalia v. Kenya), Preliminary Objections, Judgment, I.C.J. Reports 2017, p. 29, para. 64).

89. The Court notes that the emphasis placed by the parties on British Guiana becoming independent is an important part of the context for purposes of interpreting Article IV of the Agreement. Indeed, the preamble makes clear that the United Kingdom participated in the elaboration of the Agreement in consultation with the Government of British Guiana. The preamble further indicates that, in elaborating the Agreement, the parties took into account the "forthcoming independence of British Guiana". The Court also observes that the references to "Guyana" in paragraphs 1 and 2 of Article IV presuppose the attainment of independence by British Guiana. This independence was attained on 26 May 1966, some three months after the conclusion of the Agreement; on that date, Guyana became a party to the Geneva Agreement in accordance with Article VIII thereof.

90. Articles I and II of the Geneva Agreement address the initial stage of the process for the settlement of the dispute between the Parties and identify the role of Venezuela and British Guiana in that process. Article I of the Agreement reads as follows: "A Mixed Commission shall be established with the task of seeking satisfactory solutions for the practical settlement of the controversy between Venezuela and the United Kingdom which has arisen as the result of the Venezuelan contention that the Arbitral Award of 1899 about the frontier between British Guiana and Venezuela is null and void." Paragraph 1 of Article II reads as follows: "Within two months of the entry into force of this Agreement, two representatives shall be appointed to the Mixed Commission by the Government of British Guiana and two by the Government of Venezuela."

91. The Court observes that, while Article I of the Agreement describes the dispute as one existing between the United Kingdom and Venezuela, Article II provides no role for the United Kingdom in the initial stage of the dispute settlement process. Rather, it places the responsibility for appointment of the representatives to the Mixed Commission on British Guiana and Venezuela. The Court notes that the reference to "British Guiana" contained in Article II, which can be distinguished from references to the "United Kingdom" contained elsewhere in the treaty and particularly in Article I, supports the interpretation that the parties to the Geneva Agreement intended for Venezuela and British Guiana to have the sole role in the settlement of the dispute through the mechanism of the Mixed Commission. It is noteworthy that such an understanding was arrived at notwithstanding that British Guiana was a colony which had not yet attained independence and was not yet a party to the treaty.

92. The Court notes that neither paragraph 1 nor paragraph 2 of Article IV of the Geneva Agreement contains any reference to the United Kingdom. These provisions read as follows:

"(1) If, within a period of four years from the date of this Agreement, the Mixed Commission should not have arrived at a full agreement for the solution of the controversy it shall, in its final report, refer to the Government of Guyana and the Government of Venezuela any outstanding questions. Those Governments shall without delay choose one of the means of peaceful settlement provided in Article 33 of the Charter of the United Nations.

(2) If, within three months of receiving the final report, the Government of Guyana and the Government of Venezuela should not have reached agreement regarding the choice of one of the means of settlement provided in Article 33 of the Charter of the United Nations, they shall refer the decision as to the means of settlement to an appropriate international organ upon which they both agree or, failing agreement on this point, to the Secretary-General of the United Nations. If the means so chosen do not lead to a solution of the controversy, the said organ or, as the case may be, the Secretary-General of the United Nations shall choose another of the means stipulated in Article 33 of the Charter of the United Nations, and so on until the controversy has been resolved or until all the means of peaceful settlement there contemplated have been exhausted."

93. Paragraphs 1 and 2 of Article IV, which set out the final stages of the process for the settlement of the dispute, refer only to the "Government of Guyana and the Government of Venezuela", and place upon them the

responsibility to choose a means of peaceful Settlement provided in Article 33 of the Charter of the United Nations or, failing agreement on such means, the responsibility to refer the decision on the means to an appropriate international organ upon which they both agree. Failing agreement on that point, the Parties would refer the matter to the Secretary-General of the United Nations who would choose one of the means of settlement provided in Article 33 of the Charter of the United Nations.

94. In the view of the Court, this examination of the relevant provisions of the Geneva Agreement, in particular the detailed provisions of Article IV, shows the importance that the parties to the Agreement attached to the conclusive resolution of the dispute. In that regard, the Court recalls that, in its 2020 Judgment, it determined that the object and purpose of the Agreement is to ensure a definitive resolution of the controversy between the Parties (I.C.J. Reports 2020, p. 476, para. 73).

95. Interpreting paragraphs 1 and 2 of Article IV in accordance with the ordinary meaning to be given to the terms in their context, and in the light of the Agreement's object and purpose, the Court concludes that the Geneva Agreement specifies particular roles for Guyana and Venezuela and that its provisions, including Article VIII, do not provide a role for the United Kingdom in choosing, or in participating in, the means of settlement of the dispute pursuant to Article IV.

96. Therefore, the Court considers that the scheme established by Articles II and IV of the Geneva Agreement reflects a common understanding of all parties to that Agreement that the controversy which existed between the United Kingdom and Venezuela on 17 February 1966 would be settled by Guyana and Venezuela through one of the dispute settlement procedures envisaged in the Agreement.

97. The Court further notes that when the United Kingdom accepted, through the Geneva Agreement, the scheme for the settlement of the dispute between Guyana and Venezuela without its involvement, it was aware that such a settlement could involve the examination of certain allegations by Venezuela of wrongdoing by the authorities of the United Kingdom at the time of the disputed arbitration.

98. In that respect, the Court recalls that, on 14 February 1962, Venezuela, through its Permanent Representative to the United Nations, informed the Secretary-General that it considered there to be a dispute between the United Kingdom and itself "concerning the demarcation of the frontier between Venezuela and British Guiana". In its letter to the Secretary-General, Venezuela stated as follows:

"The award was the result of a political transaction carried out behind Venezuela's back and sacrificing its legitimate rights. The frontier was demarcated arbitrarily, and no account was taken of the specific rules of the arbitral agreement or of the relevant principles of international law. Venezuela cannot recognize an award made in such circumstances."

Venezuela reiterated its position in a statement before the Fourth Committee of the United Nations General Assembly delivered shortly thereafter, on 22 February 1962.

99. In a statement to the Fourth Committee of the United Nations General Assembly delivered on 12 November 1962, the Minister for External Relations of Venezuela, Mr. Marcos Falcón Briceño, said that the 1899 Award "arose in circumstances which were clearly prejudicial to the rights of Venezuela". He added further that, "[v]iewing it in retrospect, there was no arbitral award, properly speaking. There was a settlement. There was a political compromise. And by means of this decision, the three judges who held a majority disposed of Venezuelan territory; for the two British judges were not . . . acting as judges. They were acting as government representatives, as advocates rather than as judges."

100. On 13 November 1962, the Government of the United Kingdom responded to Venezuela's statement at the Fourth Committee of the General Assembly. The United Kingdom "emphatically rejected" the "most serious allegation" of the Venezuelan Minister for External Relations that the members of the arbitral tribunal which rendered the 1899 Award "came to their decisions without reference to the rules of international law and to the other rules which the Tribunal under the terms of the Treaty ought to have applied". The United Kingdom also rejected the allegations that the 1899 Award was an "improper compromise" or a "diplomatic compromise", and stated that it could not "agree that there [could] be any dispute over the question settled by the award".

101. In the same statement, the United Kingdom offered to discuss with Venezuela, through diplomatic channels, arrangements for a tripartite examination of the documentary material relevant to the validity of the 1899 Award. Following the Tripartite Examination, on 9 and 10 December 1965, the Foreign Ministers of the United Kingdom and Venezuela and the Prime Minister of British Guiana met in London to discuss a settlement of the dispute. As the Court noted in its 2020 Judgment, in the discussion held on 9 and 10 December 1965, the United Kingdom and British Guiana rejected the Venezuelan proposal that the only solution to the frontier dispute lay in the return of the disputed territory to Venezuela, on the basis that it implied that

the 1899 Award was null and void and that there was no justification for that allegation.

102. After the failure of these talks, the United Kingdom participated in the negotiation and conclusion of the Geneva Agreement. The Court is of the view that the United Kingdom was aware of the scope of the dispute concerning the validity of the 1899 Award, which included allegations of its wrongdoing and recourse to unlawful procedures, but nonetheless accepted the scheme set out in Article IV, whereby Guyana and Venezuela could submit the dispute to one of the means of settlement set out in Article 33 of the Charter of the United Nations, without the involvement of the United Kingdom. The Court considers that the ordinary meaning of the terms of Article IV read in their context and in light of the object and purpose of the Geneva Agreement, as well as the circumstances surrounding its adoption, support this conclusion.

103. Article 31, paragraph 3, of the Vienna Convention provides that, in the interpretation of a treaty, there shall be taken into account, together with the context, any subsequent practice in the application of the treaty which establishes the agreement of the parties regarding its interpretation. Accordingly, the Court will now examine the subsequent practice of the parties to the Geneva Agreement to ascertain whether it establishes their agreement on the lack of involvement of the United Kingdom in the settlement of the dispute between Guyana and Venezuela.

104. The Court observes that, at the 11th meeting of the Mixed Commission held in Caracas on 28 and 29 December 1968, the Venezuelan commissioners issued an extensive statement in which they noted the following:

"[I]f the representatives from Guyana were willing to search in good faith satisfactory solutions for the practical settlement of the controversy, Venezuela would be willing to give reasonable time so that the Mixed Commission accomplished the mission and thus, will consent to extend the existence of that body for such periods as it deems appropriate for that purpose. Here is a proposal of practical content which we formally presented. If Guyana does not modify its behavior and continues to be intransigently locked up in its speculative position, it will corroborate with such attitude its reiterated determination to disregard the Geneva Agreement, and particularly, Article I."

The United Kingdom did not seek to participate in the above-mentioned Mixed Commission procedure; nor did Venezuela and Guyana request the United Kingdom's participation. Venezuela's exclusive engagement with the Government of Guyana at the Mixed Commission indicates that there was a common understanding among the parties that Article II did not provide a role for the United Kingdom in the dispute settlement process.

105. The Court notes that Venezuela engaged exclusively with the Government of Guyana when implementing Article IV of the Geneva Agreement. In its Memorandum, Venezuela described the Parties' disagreements over the implementation of Article IV as follows:

"Venezuela and Guyana failed to agree on the choice of a means of settlement and to designate an 'appropriate international organ' to proceed to do it, as provided for in the first subparagraph of Article IV.2 of the Agreement. Venezuela insisted on direct negotiations and Guyana insisted on submitting it to the International Court of Justice. Later, Venezuela proposed to entrust the UN Secretary-General with the choice of the means; Guyana committed it to the General Assembly, the Security Council or the International Court of Justice."

In respect of the good offices process conducted by the Secretary-General of the United Nations, Venezuela stated that "[i]t is worth highlighting that the designation of the good officers always took place upon acceptance by both Parties". Again, the Court observes that the United Kingdom did not seek to participate in the procedure set out in Article IV to resolve the dispute; nor did the Parties request such participation. Venezuela's exclusive engagement with the Government of Guyana during the good offices process indicates that there was agreement among the parties that the United Kingdom had no role in the dispute settlement process.

106. In view of the above, the practice of the parties to the Geneva Agreement further demonstrates their agreement that the dispute could be settled without the involvement of the United Kingdom.

107. In light of the foregoing, the Court concludes that, by virtue of being a party to the Geneva Agreement, the United Kingdom accepted that the dispute between Guyana and Venezuela could be settled by one of the means set out in Article 33 of the Charter of the United Nations, and that it would have no role in that procedure. Under these circumstances, the Court considers that the Monetary Gold principle does not come into play in this case. It follows that even if the Court, in its Judgment on the merits, were called to pronounce on certain conduct attributable to the United Kingdom, which cannot be determined at present, this would not preclude the Court from exercising its jurisdiction, which is based on the application of the Geneva Agreement. The preliminary objection raised by Venezuela must therefore be rejected.

*
* *

108. For these reasons,
THE COURT,
(1) Unanimously,
Finds that the preliminary objection raised by the Bolivarian Republic of Venezuela is admissible;
(2) By fourteen votes to one,
Rejects the preliminary objection raised by the Bolivarian Republic of Venezuela;
IN FAVOUR: President Donoghue; Vice-President Gevorgian; Judges Tomka, Abraham, Bennouna, Yusuf, Xue, Sebutinde, Bhandari, Robinson, Salam, Iwasawa, Nolte; Judge ad hoc Wolfrum;

AGAINST: Judge ad hoc Couvreur;
(3) By fourteen votes to one,
Finds that it can adjudicate upon the merits of the claims of the Co-operative Republic of Guyana, in so far as they fall within the scope of paragraph 138, subparagraph 1, of the Judgment of 18 December 2020.

IN FAVOUR: President Donoghue; Vice-President Gevorgian; Judges Tomka, Abraham, Bennouna, Yusuf, Xue, Sebutinde, Bhandari, Robinson, Salam, Iwasawa, Nolte; Judge ad hoc Wolfrum;

AGAINST: Judge ad hoc Couvreur.
Done in French and in English, the French text being authoritative, at the Peace Palace, The Hague, this sixth day of April, two thousand and twenty-three, in three copies, one of which will be placed in the archives of the Court and the others transmitted to the Government of the Co-operative Republic of Guyana and the Government of the Bolivarian Republic of Venezuela, respectively.
(Signed) Joan E. DONOGHUE,
President.
(Signed) Philippe GAUTIER,
Registrar.
Judge BHANDARI appends a declaration to the Judgment of the Court; Judge ROBINSON appends a separate opinion to the Judgment of the Court; Judge IWASAWA appends a declaration to the Judgment of the Court; Judge ad hoc WOLFRUM appends a declaration to the Judgment of the Court; Judge ad hoc COUVREUR appends a partially separate and partially dissenting opinion to the Judgment of the Court.
(Initialled) J.E.D.
(Initialled) Ph.G.

XIII. BIBLIOGRAFÍA

ABREU BURELLI, Alirio, "La prueba en los procesos ante la Corte Interamericana de Derechos Humanos" en Antônio Augusto Cançado Trindade (Coord.), *El sistema interamericano de protección de los derechos humanos en el umbral del siglo XXI*, Tomo I, Segunda edición, Corte Interamericana de Derechos Humanos, San José, 2001. Disponible en http://ru.juridicas.unam.mx/xmlui/bitstream/handle/123456789/28023/la-prueba-en-los-procesos-ante-la-corte-interamericana-de-derechos-humanos.pdf?sequence=2&isAllowed=y

ACADEMIA DE CIENCIAS POLÍTICAS Y SOCIALES, *Doctrina Académica Institucional. Pronunciamientos años 2012-2019*, tomo II, Academia de Ciencias Políticas y Sociales – Editorial Jurídica Venezolana, Caracas, 2019.

AGUIAR, Asdrúbal, "El compromiso arbitral de Washington sobre la reclamación Esequiba y el Derecho internacional", en *Boletín de la Academia de Ciencias Políticas y Sociales*, número 165, julio-septiembre, Caracas, 2021.

_____, "La competencia de la Corte Internacional de Justicia y la cuestión conexa sobre la frontera entre Guyana y Venezuela", en *Boletín de la Academia de Ciencias Políticas y Sociales*, número 167, enero-marzo, Caracas, 2022.

ÁLAMO YBARRA, Carlos, *Fronteras de Venezuela con la Guayana Británica*, Academia de Ciencias Políticas y Sociales – Editorial Élite, Caracas, 1938.

ALMÉCIJA BERMÚDEZ, Juan, *La estrategia imperial británica en la Guayana Esequiba*, Universidad Católica Andrés Bello, Caracas, 1987.

AREA PEREIRA, Leandro, "A vuelo de pájaro: La delimitación de las áreas marinas y submarinas al norte del Golfo de Venezuela", en GERBASI, Fernando (comp.), *La diplomacia venezolana en democracia (1958-1998)*. Kalathos Ediciones, Madrid, 2018.

ARRÁIZ LUCCA, Rafael, *Las constituciones de Venezuela (1811-1999)*, Editorial Alfa, Caracas, 2021.

AYALA CORAO, Carlos, "Palabras del Académico Carlos Ayala Corao, en la apertura del décimo encuentro sobre la plataforma continental y la frontera marítima entre Guyana y Venezuela", Héctor Faúndez Ledesma y Rafael Badell Madrid (coords.), *La controversia del Esequibo*, Academia de Ciencias Políticas y Sociales - Editorial Jurídica Venezolana, Serie Eventos 34, Caracas, 2022.

BADELL MADRID, Rafael, "La Nulidad del Laudo de París del 3 de octubre de 1899", *Boletín de la Academia de Ciencias Políticas y Sociales*, número 165, Caracas, 2021.

—————————, "Comentarios sobre la controversia con Guyana" en *Libro Homenaje a Cecilia Sosa Gómez*, Tomo I, Academia de Ciencias Políticas y Sociales, Caracas, 2021.

—————————, "Consideraciones sobre la Constitución de Colombia de 1821", *Boletín de la Academia de Ciencias Políticas y Sociales*, número 165, Caracas, 2021.

BASCUÑÁN MONTES, Aurelio, *Tratados aprobados en la Conferencia Internacional de La Haya*, Garnier Hermanos, París, 1900.

BETANCOURT, Milagros, El Laudo Arbitral del 3 de octubre de 1899 a la luz de la Jurisprudencia de la Corte Internacional de Justicia, en *Boletín de la Academia de Ciencias Políticas y Sociales*, número 165, julio-septiembre, Caracas, 2021.

BLANCO-URIBE QUINTERO, Alberto *La protección del ambiente y el contencioso administrativo,* Editorial Sherwood, colección cuadernos, Caracas, 1998.

BRAVO SUÁREZ, Temístocles Lastenio, *Derecho Internacional Público Contemporáneo*, Editorial Área de Innovación y Desarrollo, Alicante, 2018. Disponible en: https://www.3ciencias.com/libros/libro/derecho-internacional-publico-contemporaneo/.

BREWER-CARÍAS, Allan, "Conclusiones Coloquios de la Academia de Ciencias Políticas y Sociales sobre la reclamación del territorio Esequibo", en *Boletín de la Academia de Ciencias Políticas y Sociales*, número 168, abril-junio, Caracas, 2022.

—————————, "La formación de la república y de su territorio en las constituciones del siglo XIX. Un legado del proceso constitucional que comenzó con la Ley Fundamental de la República de Colombia promulgada por Simón Bolívar, en Angostura, el 17 de diciembre de 1819", en el *Boletín de la Academia de Ciencias Políticas y Sociales*, número 164 abril-junio, Caracas, 2021.

—————————, *La Constitución de la República de Colombia de 30 de agosto de 1821. Producto de la unión de los pueblos de Venezuela y de la Nueva Granada propuesta por Simón Bolívar. Sus antecedentes y condicionantes*, Academia de Ciencias Políticas y Sociales - Academia Colombiana de Jurisprudencia - Editorial Jurídica Venezolana - Editorial Temis, Caracas/Bogotá, 2021.

_____, *Historia constitucional de Venezuela*, Tomo I, Editorial Alfa, Caracas, 2008.

_____, "Guyana-Venezuela Border Dispute", *Max Planck Encyclopedia of Public International Law*, septiembre de 2006. Disponible en https://allanbrewercarias.net/Content/449725d9-f1cb-474b-8ab2-41efb849fea8/Content/Guyana-Venezuela%20Border%20Dispute.%20Max%20Planck%20EPIL,%202006.pdf.

_____, *Las constituciones de Venezuela*, Academia de Ciencias Políticas y Sociales, Caracas, 1997.

_____, "Territorio de Venezuela. Período Republicano", *Diccionario de Historia de Venezuela*, Tomo II, Fundación Polar, Caracas, 1989, pp. 867-874.

BRICEÑO MONZÓN, Claudio A., "La Guayana Esequiba: Frontera Oriental de Venezuela" en DONÍS RÍOS, Manuel (comp.) *El reclamo Esequibo un compromiso nacional vigente ante la historia y la justicia*, Universidad Católica Andrés Bello, 2021.

BRICEÑO MONZÓN, Claudio, OLIVAR, José Alberto y BUTTÓ, Luis Alberto (coords.), *La cuestión Esequibo. Memoria y soberanía.*, Universidad Metropolitana, Caracas, 2016.

BROWN SCOTT, James (dir.), *The proceedings of the Hague Peace Conference,* elaborado por la Carnegie Endowment for International Peace en Washington, Oxford University Press, Nueva York, 1920. Disponible en: https://www.loc.gov/rr/frd/Military_Law/pdf/Hague-Peace-Conference_1899.pdf.

BURGOS GUTIÉRREZ, Andrés E. (ed.), *Memorias de Venezuela*, número 34 enero-febrero 2016, Ministerio del Poder Popular para la Cultura – Centro Nacional de la Historia, Caracas, 2016.

CALDERA INFANTE, Jesús E., "El Esequibo es venezolano: El litigio estratégico de Venezuela contra Guyana en la Corte Internacional de Justicia", *Revista de Ciencias Humanas y Sociales*, número 93-2, Universidad del Zulia, Maracaibo, 2020.

CARDONA LLORENS, Jorge, "La competencia de la Corte Internacional de Justicia en materia contenciosa, el principio de la competencia sobre la competencia y la ejecución de las sentencias de la Corte", en *Boletín de la Academia de Ciencias Políticas y Sociales*, número 166, octubre-diciembre, Caracas, 2021.

CARRILLO BATALLA, Tomás Enrique (coord..), *La reclamación venezolana sobre la Guayana Esequiba*, Academia de Ciencias Políticas y Sociales, Serie Eventos 2, Caracas, 2008.

CORTE INTERNACIONAL DE JUSTICIA, *Judgment of 18 December 2020* sobre la jurisdicción de la corte de fecha 18 de diciembre de 2020. Disponible en: https://www.icj-cij.org/public/files/case-related/171/171-20201218-JUD-01-00-EN.pdf.

——————————————, *Dissenting opinion of Judge Abraham.* Disponible en: https://www.icj-cij.org/public/files/case-related/171/171-20201218-JUD-01-02-EN.pdf

——————————————, *Dissenting opinion of Judge Bennouna.* Disponible en: https://www.icj-cij.org/public/files/case-related/171/171-20201218-JUD-01-03-EN.pdf.

——————————————, *Dissenting opinion of Judge Gevorgian.* Disponible en: https://www.icj-cij.org/public/files/case-related/171/171-20201218-JUD-01-06-EN.pdf.

——————————————, *Application instituting proceedings* de la República Cooperativa de Guyana de fecha 29 de marzo de 2018. Disponible en: https://www.icj-cij.org/public/files/case-related/171/171-20180329-APP-01-00-EN.pdf

COVA ARRIA, Luis, "La Academia de Ciencias Políticas y Sociales y la defensa del territorio Esequibo, *Boletín de la Academia de Ciencias Políticas y Sociales*, número 164, Caracas, 2021.

——————————————, "Principales aspectos de la situación jurídica de la reclamación venezolana sobre la Guyana Esequiba", en SOSA GÓMEZ, Cecilia y CASAL, Jesús M. (Coords.), *¿Qué hacer con la justicia? El caso venezolano,* Academia de Ciencias Políticas y Sociales, Centro para la Integración y el Derecho Público, Caracas, 2020.

——————————————, "El Acuerdo de Ginebra visto a 53 años de su firma", *Boletín de la Academia de Ciencias Políticas y Sociales*, número 157, Caracas, 2019.

DÁVILA BARRIOS, William (ed.), *Libro blanco: La reclamación venezolana del territorio Esequibo*, Asamblea Nacional, Caracas, 2020.

DE SOLA, René, "Valuación actualizada del Acuerdo de Ginebra", *Boletín de la Academia de Ciencias Políticas y Sociales*, número 91, Caracas, 1983.

DE TOMA-GARCÍA, Ricardo Salvador, "Panorama y crítica de los intereses geopolíticos en la región", en *Boletín de la Academia de Ciencias Políticas y Sociales*, número 168, abril-junio, Caracas, 2022.

DIEZ DE VELASCO VALLEJO, Manuel, *Instituciones de Derecho Internacional Público*, decimoctava edición, Editorial Tecnos, Madrid, 2013.

DONÍS RÍOS, Manuel, *El Esequibo. Una reclamación histórica*, Abediciones – Konrad Adenauer Stifung, Caracas, 2016.

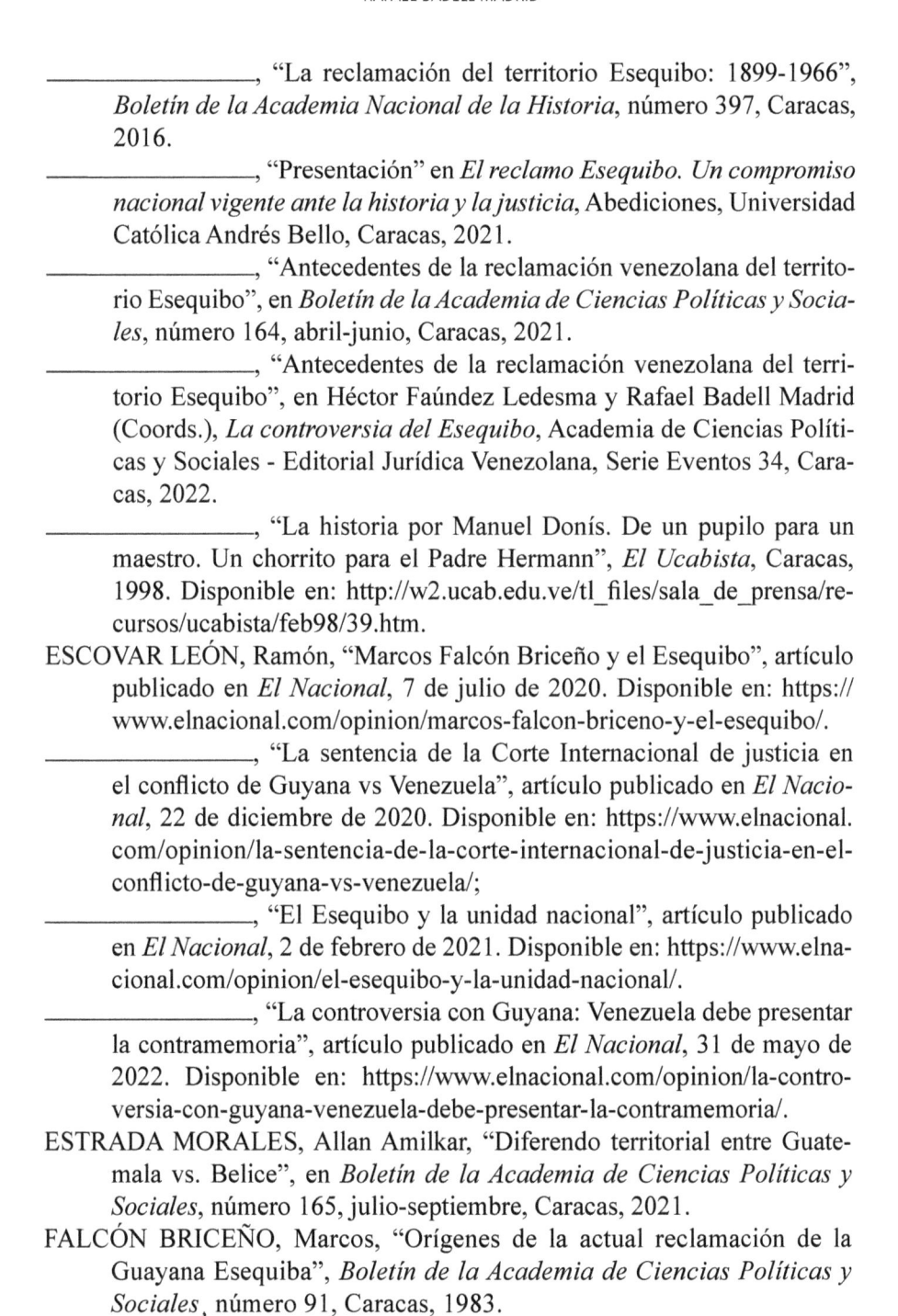

_____, "La reclamación del territorio Esequibo: 1899-1966", *Boletín de la Academia Nacional de la Historia*, número 397, Caracas, 2016.

_____, "Presentación" en *El reclamo Esequibo. Un compromiso nacional vigente ante la historia y la justicia*, Abediciones, Universidad Católica Andrés Bello, Caracas, 2021.

_____, "Antecedentes de la reclamación venezolana del territorio Esequibo", en *Boletín de la Academia de Ciencias Políticas y Sociales*, número 164, abril-junio, Caracas, 2021.

_____, "Antecedentes de la reclamación venezolana del territorio Esequibo", en Héctor Faúndez Ledesma y Rafael Badell Madrid (Coords.), *La controversia del Esequibo*, Academia de Ciencias Políticas y Sociales - Editorial Jurídica Venezolana, Serie Eventos 34, Caracas, 2022.

_____, "La historia por Manuel Donís. De un pupilo para un maestro. Un chorrito para el Padre Hermann", *El Ucabista*, Caracas, 1998. Disponible en: http://w2.ucab.edu.ve/tl_files/sala_de_prensa/recursos/ucabista/feb98/39.htm.

ESCOVAR LEÓN, Ramón, "Marcos Falcón Briceño y el Esequibo", artículo publicado en *El Nacional*, 7 de julio de 2020. Disponible en: https://www.elnacional.com/opinion/marcos-falcon-briceno-y-el-esequibo/.

_____, "La sentencia de la Corte Internacional de justicia en el conflicto de Guyana vs Venezuela", artículo publicado en *El Nacional*, 22 de diciembre de 2020. Disponible en: https://www.elnacional.com/opinion/la-sentencia-de-la-corte-internacional-de-justicia-en-el-conflicto-de-guyana-vs-venezuela/;

_____, "El Esequibo y la unidad nacional", artículo publicado en *El Nacional*, 2 de febrero de 2021. Disponible en: https://www.elnacional.com/opinion/el-esequibo-y-la-unidad-nacional/.

_____, "La controversia con Guyana: Venezuela debe presentar la contramemoria", artículo publicado en *El Nacional*, 31 de mayo de 2022. Disponible en: https://www.elnacional.com/opinion/la-controversia-con-guyana-venezuela-debe-presentar-la-contramemoria/.

ESTRADA MORALES, Allan Amilkar, "Diferendo territorial entre Guatemala vs. Belice", en *Boletín de la Academia de Ciencias Políticas y Sociales*, número 165, julio-septiembre, Caracas, 2021.

FALCÓN BRICEÑO, Marcos, "Orígenes de la actual reclamación de la Guayana Esequiba", *Boletín de la Academia de Ciencias Políticas y Sociales*, número 91, Caracas, 1983.

FAÚNDEZ LEDESMA, Héctor, *La competencia contenciosa de la Corte Internacional de Justicia y el caso Guayana vs. Venezuela*, Academia de Ciencias Políticas y Sociales – Editorial Jurídica Venezolana, Caracas, 2020.

_____, "Medidas cautelares en el caso Guyana c. Venezuela" artículo publicado en El Nacional en fecha 19 de noviembre de 2021. Disponible en: https://www.elnacional.com/opinion/medidas-cautelares-en-el-caso-guyana-c-venezuela/.

_____, "La necesidad de medidas provisionales en el caso Guyana c. Venezuela", en *Boletín de la Academia de Ciencias Políticas y Sociales*, número 166, octubre-diciembre, Caracas, 2021.

_____, "La controversia del Esequibo y las condiciones de validez del Laudo de París del 3 de octubre de 1899", en *Libro Homenaje a Cecilia Sosa Gómez*, Tomo I, Academia de Ciencias Políticas y Sociales, Caracas, 2021.

_____, "La competencia de la CIJ respecto de la cuestión relacionada con el arreglo definitivo de la controversia sobre la frontera entre Guyana y Venezuela", en *Boletín de la Academia de Ciencias Políticas y Sociales*, número 167, enero-marzo, Caracas, 2022.

_____, "La nulidad del Laudo de París, del 3 de octubre de 1899", en *Boletín de la Academia de Ciencias Políticas y Sociales*, número 167, enero-marzo, Caracas, 2022.

_____, "Presentación", en Héctor Faúndez Ledesma y Rafael Badell Madrid (coords.), *La controversia del Esequibo*, Academia de Ciencias Políticas y Sociales - Editorial Jurídica Venezolana, Serie Eventos 34, Caracas, 2022.

_____, "La controversia del Esequibo y el fantasma de Federico de Martens", *Revista de Derecho Público*, número 169-170, enero-junio, Editorial Jurídica Venezolana, Caracas, 2022.

_____, "Guyana y Venezuela ante la CIJ: los escenarios posibles", artículo publicado *en El Nacional* en fecha 25 de marzo de 2022. Disponible en: https://www.elnacional.com/opinion/guyana-y-venezuela-ante-la-cij-los-escenarios-posibles/.

_____, "La controversia del Esequibo como legado del colonialismo", artículo publicado en *El Nacional* en fecha 6 de mayo de 2022. Disponible en: https://www.elnacional.com/opinion/la-controversia-del-esequibo-como-legado-del-colonialismo/.

_____, "Estirando la mecha en la Corte Internacional de Justicia", artículo publicado en *El Nacional* en fecha 7 de octubre de 2022.

Disponible en: https://www.elnacional.com/opinion/columnista/estirando-la-mecha-en-la-corte-internacional-de-justicia/.

_____, "El Esequibo y el último conejo en la manga", artículo publicado en *El Nacional* en fecha 25 de noviembre de 2022. Disponible en: https://www.elnacional.com/opinion/el-esequibo-y-el-ultimo-conejo-en-la-manga/.

FERNÁNDEZ, Josmar, La plataforma continental y la frontera marítima entre Guyana y Venezuela, en *Boletín de la Academia de Ciencias Políticas y Sociales*, número 167, enero-marzo, Caracas, 2022.

FERNÁNDEZ ROZAS, José Carlos, "El arbitraje internacional y sus dualidades", *Anuario Argentino de Derecho Internacional*, número XV, Córdoba, 2006.

FIGUEREDO, Emilio, "El Acuerdo de Ginebra y su significado en la controversia territorial entre Venezuela y Guyana", en *Boletín de la Academia de Ciencias Políticas y Sociales*, número 165, julio-septiembre, Caracas, 2021.

FONZO, Erminio, "Italia y el bloqueo de Venezuela", en *Cultura Latinoamericana*, número 1, Universidad Católica de Colombia - Università degli Studi di Salerno, 2015.

GAMERO LANZ, José Rafael "Convenio de Status Quo del 18 de noviembre de 1850", artículo publicado en fecha 19 de noviembre de 2018. Disponible en: https://www.linkedin.com/pulse/convenio-de-status-quo-del-18-noviembre-1850-jos%C3%A9-rafael-gamero-lanz/?originalSubdomain=es.

GARAVINI DI TURNO, Sadio, "Guyana: El Acuerdo de Ginebra en la actualidad", en *Boletín de la Academia de Ciencias Políticas y Sociales*, número 153, Caracas, 2014.

_____, "El Acuerdo de Ginebra y la controversia del Esequibo", en *Boletín de la Academia de Ciencias Políticas y Sociales*, número 165, julio-septiembre, Caracas, 2021.

_____, "La demanda de Guyana, la competencia de la Corte Internacional de Justicia y las opciones de Venezuela", en *Boletín de la Academia de Ciencias Políticas y Sociales*, número 166, octubre-diciembre, Caracas, 2021.

GARCÍA-LOZANO, Soledad, "La sentencia de la Corte Internacional de Justicia del 27 de junio de 2001 en el caso La Grand", *Boletín mexicano de derecho comparado*, número 109, Universidad Nacional Autónoma de México, Ciudad de México, 2004.

_____, "La indicación de medidas cautelares por la Corte Internacional de Justicia: el asunto Breard. (Paraguay c. Estados Unidos)", *Themis*, número 40, Pontificia Universidad Católica del Perú, Lima, 2000.

GARCÍA-VELUTINI, Oscar, *Facultad, acción y efecto de arbitrar*, Editorial Arte, Caracas, 1960.

GOBIERNO NACIONAL, *Recopilación de leyes y decretos de Venezuela*, impresa por orden del Gobierno Nacional, Imprenta Bolívar, Caracas, 1896.

GÓMEZ, Abraham, "Guayana esequiba: ¿cómo ha sentenciado la corte en litigios similares?", publicado en *El Nacional* en fecha 14 de julio de 2022. Disponible en: https://www.elnacional.com/opinion/guayana-esequiba-como-ha-sentenciado-la-corte-en-litigios-similares/.

GONZÁLEZ OROPEZA, Hermann, "Dos aspectos del reclamo Esequibo" en *Boletín de la Academia de Ciencias Políticas y Sociales*, número 91, Caracas, 1983.

GONZÁLEZ OROPEZA, Hermann y OJER, Pablo, *Informe que los expertos venezolanos para la cuestión de límites con Guayana Británica presentan al gobierno nacional*, Ministerio de Relaciones Exteriores, Caracas, 1967.

GROS ESPIELL, Héctor, "Las medidas cautelares (provisionales) en los tribunales internacionales. El caso de la Corte Internacional de Justicia y el medio ambiente", *Anuario Hispano-Luso-Americano de derecho internacional*, número 18, Imprenta Hispano-arábiga, Granada, 2007.

_____, *Rusia e Inglaterra en Asia Central*, Ediciones de la Presidencia de la República, Caracas, 1981.

GUERRA IÑIGUEZ, Daniel, *Derecho Internacional Público*, Tomo II, 2ª edición, Grafiunica, Caracas, 1976.

GUERRERO MAYORGA, Orlando, "El Laudo del Rey de España Alfonso XIII del 23 de diciembre de 1906", en *Boletín de la Academia de Ciencias Políticas y Sociales*, número 167, enero-marzo, Caracas, 2022.

HAZELTINE, Mayo W., "The United States and the Late Lord Salisbury1", *The North American Review*, número 564, University of Northern Iowa, 1903

HERNÁNDEZ-BRETÓN, Eugenio, "La necesaria defensa del territorio Esequibo", en *Boletín de la Academia de Ciencias Políticas y Sociales*, número 164, Caracas, 2021.

_____, "El arbitraje internacional con entes del Estado venezolano", *Boletín de la Academia de Ciencias Políticas y Sociales*, número 147, Caracas, 2009.

INSTITUTO DE DERECHO INTERNACIONAL, *Projet de règlement pour la procédure arbitrale internationale*, Session de La Haye, 1875. Disponible en: https://www.idi-iil.org/app/uploads/2017/06/1875_haye_01_fr.pdf.

LAGOS VALENZUELA, Enrique, "Los Estados Unidos de América y el Arbitraje", *Anales de la Facultad de Derecho*, Vol. IV, N° 13 a 16, Universidad de Chile, 1938. Disponible en: http://web.uchile.cl/vignette/analesderecho/CDA/an_der_simple/0,1362,SCID%253D330%2526ISID%253D16%2526PRT%253D304,00.html.

LLANOS MANSILLA, Hugo, *Teoría y práctica del derecho internacional público*, primera edición, Editorial Jurídica de Chile, Santiago de Chile, 1977.

LORETO GONZÁLEZ, Irene, *Génesis del constitucionalismo en Venezuela*, Centro de Investigaciones Jurídicas, Caracas, 2005.

MA, Xuechan y GUO, Shuai, "An empirical study of the voting pattern of judges of the International Court of Justice (2005-2016)", *Erasmus Law Review*, número 3, 2017.

MARCANO SALAZAR, Luis Manuel, *La política exterior del gobierno de Rómulo Betancourt 1959-1964*, Academia Nacional de la Historia, Caracas, 2009.

MÁRQUEZ, Óscar José, "Programa de la Tesis sostenida por el Estudiante Tito Alfaro en 1842", Universidad Central de Venezuela. Disponible en: https://ley.exam-10.com/pravo/2546/index.html.

MATORANO, Juan, "La carta de Domingo Sifontes sobre el incidente del Cuyuní", publicado en *Aporrea* el 29 de julio de 2015. Disponible en: https://www.aporrea.org/actualidad/a211477.html.

MENDIZABAL, Santiago, "Jus Post Bellum: ¿Qué tan útil es para Relaciones Internacionales?", *El Outsider*, número 5, Universidad San Francisco de Quito, 2020.

MINISTERIO DEL PODER POPULAR PARA RELACIONES EXTERIORES, *Guayana Esequiba. Historia de un despojo*, Caracas, 2015.

MORALES PAÚL, Isidro, "El juicio arbitral sobre la Guayana Esequiba de 1899 y la violación de los principios del debido proceso en perjuicio de Venezuela", en Tomás Enrique Carrillo Batalla (coord.), *La reclamación venezolana sobre la Guayana Esequiba*, Academia de Ciencias Políticas y Sociales, Serie Eventos 2, Caracas, 2008.

_____, "Análisis crítico del problema fronterizo «Venezuela-Gran Bretaña»", *Boletín de la Academia de Ciencias Políticas y Sociales*, número 91, Caracas, 1983.

OJER CELIGUETA, Pablo, *Los documentos de la casa amarilla*, Editorial Arte, Caracas, 1982.

_____, *Robert H. Schomburgk explorador de Guayana y sus líneas de frontera*, Universidad Central de Venezuela, Caracas, 1969.

OLLARVES, Jesús, La plataforma continental y la frontera marítima entre Guyana y Venezuela. Reflexiones sobre los problemas en torno a la delimitación de la frontera marítima entre Venezuela y Guyana y el derecho aplicable, en *Boletín de la Academia de Ciencias Políticas y Sociales*, número 167, enero-marzo, Caracas, 2022.

ORGANIZACIÓN DE NACIONES UNIDAS, "El Consejo de Derechos Humanos declara que tener un medio ambiente limpio y saludable es un derecho humano" apartado de Noticias ONU, publicado el 8 de octubre de 2021. Disponible en: https://news.un.org/es/story/2021/10/1498132.

PACHECO BLANDINO, Tania Elena, *La res judicata en la Corte Internacional de Justicia: un enfoque práctico*, Universidad Autónoma de Madrid, Madrid, 2011.

PALENCIA HERNÁNDEZ, Alexis, "Escuadra venezolana en tiempos de Castro", en *Tiempo y espacio*, número 64, Universidad Pedagógica Experimental Libertador, Caracas, 2015.

PEÑA SILVA, Francisco, "Los actos unilaterales de los Estados", *Revista de Derecho (Valdivia)*, N°2 diciembre, Universidad Austral de Chile, Valdivia, 2020.

PICADO VARGAS, Carlos Adolfo, "El derecho a ser juzgado por un juez imparcial", *Revista de Iudex*, número 2, San José, 2014.

POSNER, Eric y DE FIGUEIREDO, Miguel, "Is the International Court of Justice biased?", *John M. Olin Program in Law and Economics Working Paper*, número 234, 2005.

PROVENZALI HEREDIA, Elbano, "Cronología de una solidaridad. Documentos brasileños revelan los derechos de Venezuela sobre la Guyana Esequiba", *Boletín de la Academia de Ciencias Políticas y Sociales*, número 93-94, Caracas, 1983.

RAJ, Meenakshi, "International Court of Justice", *Indian Legal Solution*. Disponible en: https://indianlegalsolution.com/international-court-of-justice-icj/

REAL ACADEMIA ESPAÑOLA, *Diccionario de la lengua española*, 23.ª ed., versión 23.4 en línea. Ver en: https://dle.rae.es. Consultado el 27 de octubre de 2021.

REMIRO BROTÓNS, Antonio, "El Acuerdo de Ginebra y la controversia del Esequibo", en *Boletín de la Academia de Ciencias Políticas y Sociales*, número 165, julio-septiembre, Caracas, 2021.

_____, "El Acuerdo de Ginebra y la controversia del Esequibo", en Héctor Faúndez Ledesma y Rafael Badell Madrid (coords.), *La controversia del Esequibo*, Academia de Ciencias Políticas y Sociales - Editorial Jurídica Venezolana, Serie Eventos 34, Caracas, 2022.

RESTREPO, José Manuel, *Historia de la Revolución de la República de Colombia*, tomo I, Librería Americana, París, 1827.

REVANALES, Gerson, "Venezuela: un caso de debilidad jurídica, política, y diplomática en la reclamación del Esequibo", en *Boletín de la Academia de Ciencias Políticas y Sociales*, número 158, Caracas, 2019.

RIVAS QUINTERO, Alfonso, *Derecho* constitucional, Clemente Editores, Valencia, 2002.

RODRÍGUEZ BERRIZBEITIA, Julio, "Las reglas del Tratado de Washington de 1897 y los títulos históricos del territorio del Esequibo", en *Boletín de la Academia de Ciencias Políticas y Sociales*, número 164, abril-junio, Caracas, 2021.

RODRÍGUEZ CEDEÑO, Víctor, "Las implicaciones de la no comparecencia en el procedimiento contencioso ante la Corte Internacional de Justicia: Reglas y principios aplicables a la luz de la práctica de la Corte", en *Boletín de la Academia de Ciencias Políticas y Sociales*, número 166, octubre-diciembre, Caracas, 2021.

_____, "Sobre el principio del uti possidetis iuris en el contexto de la controversia territorial sobre el Esequibo", en *Boletín de la Academia de Ciencias Políticas y Sociales*, número 167, enero-marzo, Caracas, 2022.

_____, "La nulidad del laudo arbitral de 1899 y la titularidad jurídica de Venezuela sobre el Territorio Esequibo", artículo publicado en *El Nacional* en fecha 14 de febrero de 2023. Disponible en: https://www.elnacional.com/opinion/la-nulidad-del-laudo-arbitral-de-1899-y-la-titularidad-juridica-de-venezuela-sobre-el-territorio-esequibo/.

RODRÍGUEZ VELTZÉ, Eduardo y ROJAS TUDELA, Farit, "Justicia en el ámbito internacional", *Revista Jurídica Derecho*, número 7, La Paz, 2017. Disponible en: http://www.scielo.org.bo/scielo.php?script=sci_arttext&pid=S2413-28102017000200004&lng=es&nrm=iso.

ROJAS, Armando, "La reclamación de la Guayana Esequiba. Gestiones diplomáticas realizadas por Venezuela durante el siglo XIX" en *Boletín de la Academia de Ciencias Políticas y Sociales*, número 91, Caracas, 1983.

RUAN SANTOS, Gabriel, "Los títulos de la reclamación por la Guayana esequiba. Especial referencia a la "cláusula de prescripción", en Héctor Faúndez Ledesma y Rafael Badell Madrid (coords), *La controversia del*

Esequibo, Academia de Ciencias Políticas y Sociales - Editorial Jurídica Venezolana, Serie Eventos 34, Caracas, 2022.

_____, "La Academia de Ciencias Políticas y Sociales y la reclamación de Venezuela por la Guayana Esequiba. Algunos antecedentes" en *Boletín de la Academia de Ciencias Políticas y Sociales*, número 164, abril-junio, Caracas, 2021.

_____, "Los títulos de la reclamación por la Guayana Esequiba. Especial referencia a la cláusula de prescripción", *Boletín de la Academia de Ciencias Políticas y Sociales,* número 165 julio-septiembre 2021, Caracas, 2021.

SAINZ-BORGO, Juan Carlos, "La recuperación de Esequibo. Anotaciones desde la estrategia procesal", *Revista de Derecho Público*, número 167-168, Editorial Jurídica Venezolana, Caracas, 2021.

_____, "El Acuerdo de Ginebra a la luz del Derecho de los Tratados", en *Boletín de la Academia de Ciencias Políticas y Sociales*, número 165, julio-septiembre, Caracas, 2021.

SALMON, Jean (dir.), *Dictionnaire de Droit international public*, Bruselas, 2001.

SCHACHT ARISTIGUETA, Efraín, "Aspectos jurídicos y políticos del Tratado de Ginebra", en Tomás Enrique Carrillo Batalla (Coord.), *La reclamación venezolana sobre la Guayana Esequiba*, Serie Eventos, 2, Academia de Ciencias Políticas y Sociales, Caracas, 2008.

SCHOENRICH, Otto, "Materia de excepcional importancia para la historia diplomática de Venezuela. La disputa de límites entre Venezuela y La Guayana Británica", *Boletín de la Academia de Ciencias Políticas y Sociales*, Vol. 14, No. 1-2-3-4, Caracas, 1949.

SEPÚLVEDA, César, *Derecho Internacional*, primera edición, Editorial Porrúa, México D.F, 1960.

SOL ALDONATE, María, "A 110 años. Formación de la Triple Entente", *Universidad de la Plata – Instituto de Relaciones Internacionales*, Buenos Aires, 2017.

SORENSEN, Max, *Manual de Derecho Internacional* Público, Fondo de Cultura Económica, México, 1973.

SOSA RODRÍGUEZ, Carlos, "El acta de Washington y el laudo de París", *Boletín de la Academia de Ciencias Políticas y Sociales*, número 91, Caracas, 1983.

SUÁREZ FIGUEROA, Naudy, (comp.), *Rómulo Betancourt. Selección de escritos* políticos *(1929-1981)*, Fundación Rómulo Betancourt, Caracas, 2006.

SUREDA DELGADO, Rafael, *Venezuela y Gran Bretaña. Historia de una usurpación*, Tomo I, Trabajo presentado a la ilustre Universidad Central de Venezuela para ascender, en el escalafón docente, a la categoría de Profesor Asistente, Caracas, 1974.

_____, *Venezuela y Gran Bretaña. Historia de una usurpación*, Tomo II, Trabajo presentado a la ilustre Universidad Central de Venezuela para ascender, en el escalafón docente, a la categoría de Profesor Asistente, Caracas, 1974

TORO HARDY, José, "Ponencia de José Toro Hardy ante la Academia de Ciencias Políticas y Sociales", en *Boletín de la Academia de Ciencias Políticas y Sociales*, número 168, abril-junio, Caracas, 2022.

TORRES ROMÁN, Eloy, "Los antecedentes de la controversia del Esequibo", en *Boletín de la Academia de Ciencias Políticas y Sociales*, número 164, abril-junio, Caracas, 2021.

VARGAS PONCE, José, "¡La Guayana Esequiba es de Venezuela!, Disponible en https://josevargasponce.wordpress.com/2011/10/29/la-guayana-esequiba-es-de-venezuela/.

VENEZUELA, *Historia oficial de la discusión entre Venezuela y la Gran Bretaña sobre sus límites en la Guayana,* L. Weiss & Company impresores, Nueva York, 1896.

VERDROSS, Alfred, *Derecho Internacional Público*, sexta edición, Biblioteca Jurídica Aguilar, Madrid, 1976.

Este libro se terminó de imprimir en el mes de mayo de 2023, en los talleres gráficos de Editorial Torino. RIF.: J-30143170-7, Teléfonos: (212) 239.7654, 235.2431. En su composición se emplearon tipos de la familia Times New Roman y Frutiger. Papel Bond 20 grs.

Milton Keynes UK
Ingram Content Group UK Ltd.
UKHW020634271123
433341UK00011B/910